古汉语常用字字典

第5版

原编者 王 力 岑麒祥 林 焘 等
修订者 蒋绍愚 唐作藩 张万起 等

古汉语常用字字典

第 5 版

原编者　王　力　岑麒祥　林　焘　戴　澧
唐作藩　蒋绍愚　张万起　徐敏霞　等
修订者　蒋绍愚　唐作藩　张万起　宋绍年
李树青
责任编辑　金欣欣　龚　英
特约审读　杜长明

第5版说明

《古汉语常用字字典》出版以来，重印次数已经超过100次。越是受到读者的欢迎，我们越感到自己责任的重大。为了进一步完善字典的质量，我们在第4版的基础上，又进行了一次修订。修订后的字典为《古汉语常用字字典》第5版。

这次修订的幅度较大，包括以下方面：

（一）字条做了个别的增删。字头及正文的繁简字和异体字，根据2013年国务院公布的《通用规范汉字表》做了全面的调整。

（二）不少条目增加了音项和义项，一些条目的义项做了调整。

（三）更改了一些条目的注音和释义。

（四）更换了一些例句。

经过修订，增强了字典的科学性和实用性。

这次修订，是由第4版的增订者蒋绍愚、唐作藩、张万起、宋绍年、李树青五人承担的，蒋绍愚负责统稿。

第5版的修订出版工作得到了商务印书馆的大力支持，责任编辑金欣欣和龚英为本书的出版做了不少工作，谨此致谢。

《古汉语常用字字典》修订组

2015年10月

第4版说明

《古汉语常用字字典》是1979年出版的，主要编写者是王力、岑麒祥、林焘、戴澧、唐作藩、蒋绍愚、张万起、徐敏霞。关于这本字典的编纂经过，已写在1988年的“修订说明”中，此处不再重复。字典出版以来，受到了读者的欢迎，至今已经印刷了60余次，印数已达上千万册。1995年，字典荣获首届中国辞书奖一等奖。这一方面使我们感到高兴，一方面也使我们感到自己的责任重大。字典的读者越多，我们越是应该进一步提高字典的质量。这本字典自出版以来，虽然做过几次修订，但仍然存在一些问题，所以我们决心做一次比较全面的增订。增订工作包括增补字条和修改原有字条，主要有以下几方面：

（一）增补字条。原字典正文中的字头4 200多个全部保留；取消原字典的《难字表》，《难字表》中的字头加以选择，僻字删除，比较常用的字约1 800个，增加例句，收入正文；另增补原字典正文和《难字表》中都没有收录的常用字400多个，写成字条，统一按音序编排。第4版共收古汉语常用字6 400余个（不包括异体字）。

我们选择字头的原则是：既然是《古汉语常用字字典》，那么顾名思义，它的收字应以“古汉语”为范围，以“常用”为标准。所谓“古汉语”，就是通常所说的“文言文”，指的是以先秦和两汉的传世文献以及后代“古文家”模仿这些文献的语言而写成的作品为代表的那种语言，不包括汉译佛典、六朝笔记、唐诗宋词以及近代戏曲、小说的语言，所以，本字典只收文言文中的常用字，至于在其他语体的作品中常用的字，本字典不收。所谓“常用”，指的是在阅读文言文作品中会经常碰到的，所以，那些只见于古代字书而没有书证的字，以及只用作很少见的人名、地名、动植物名、器物名的字，本字典不收。还有，这本字典是为中等以上文化程度的读者学习古汉语用的，那些古今意义完全一样的字，读者不需要查字典就能懂得，所以，这些字本字典也不收。

在增补字头的过程中，我们参考了《十三经》和《史记》的字频表，使我们在确定哪些字常用、哪些字不常用的时候有一个比较客观的依据。《十三经》和《史记》中没有的字，也就是东汉以后产生的字，如果不是很常用或者常用但古今意义没有差别，一般不收。

（二）调整义项。在增订工作中，我们遵循原字典关于义项的取舍和分合的原则，对每一字条的义项认真推敲，有不够妥当的就加以调整。义项取舍的原则是：重要的义项不能遗漏，较僻的义项不予列入；不是文言文中的意义一般也不列入。这是由这本字典的性质和对象决定的。义项分合的原则是：重视词义的概括性，义项的分立不要太细碎，有些义项中可再列㊀引㊀又㊀泛㊀特㊀喻，以体现这些意义的内部联系。

（三）改正注音和释义。我们重新审定了注音和释义。原字典（包括正文和《难字表》）中的注音和释义总体上是准确的，但也有个别不当之处，这次增订加以改正。

这次增订在注音方面做了一项较大的改动：注音符号全部去掉，只用汉语拼音。标注直音字的方法也做了一些改变：1.在音项下，原则上仍然既用汉语拼音又用直音字标音，但如果找不到和被注字的中古音韵地位基本相同的直音字则不用直音，如果是一个通假义，后面已经有了“通某”，也不再用直音。2.在双音词条目中以及在例句中为字注音时，只用汉语拼音，不用直音。这样做，是考虑到目前汉语拼音已非常普及，绝大多数读者都可以根据汉语拼音读出字音来，所以，直音只作为一种辅助的注音方法。

（四）调整例句。第 4 版选用例句的原则是：例句要和释义准确对应，而且尽量选用时代较早、典型性强、明白易懂的例句。根据这一原则，对原有的一些例句做了更换。为了帮助读者理解例句，在有的例句中适当地加注音释义或串讲，这是本字典的一个特色，这次增订仍然保持了这一特色，但考虑到今天读者的古文水平比 20 年前高，所以第 4 版例句的注音释义或串讲适当减少了。

（五）这次增订对异体字、简化字等也做了进一步的规范。

（六）附录原有《中国历代纪元表》做了修改，并增加了《古代汉语语法简介》《怎样学习古代汉语》两部分内容。

此外，第 4 版的初稿完成后，还请北京大学中文系的部分学生将全部例句与原书做了核对，以保证书证的准确可靠。

这次增订工作是从 1999 年 6 月开始的，增订工作由蒋绍愚负责，承担增订工作的是蒋绍愚、唐作藩、张万起、宋绍年、李树青五人，此外还有一些同志参加资料收集等辅助工作。我们五人一起讨论了增订的原则、分工和工作进度，由蒋绍愚提出具体的增订计划和增删字头的总表。字表确定后，五人分工撰写：唐作藩写 A—F，张万起写 G—J，宋绍年写 K—R，李树青写 S—T，蒋绍愚写 W—Z。初稿完成后，由蒋绍愚统稿，唐作藩审音，张万起审字头。附录《古代汉语语法简介》《怎样学习古代汉语》是蒋绍愚写的，附录《中国历代纪元表》的修改是张万起负责的。增订工作在 2004 年 6 月底最后完成，前后历时五年。在这五年中我们都是用业余时间进行增订工作的，再加之水平有限，第 4 版肯定还会有疏漏和错误，我们恳切地期望专家和读者予以指正，我们将在今后做进一步的修改。

这次增订虽然改动的幅度相当大，但是，我们时刻没有忘记，这本字典的良好的基础是由原编者打下的，特别是本字典的指导思想和编写原则，是语言学大师、我们的老师王力先生确定的。在这次增订工作中，我们依然遵循着字典的这些指导思想和编写原则。在进行增订工作的时候，我们更加怀念我们敬爱的老师王力先生，他对我们的教诲将永远铭刻在我们心中。

我们的增订工作得到了商务印书馆的大力支持，责任编辑金欣欣、编辑部乔永，都为本书的出版做了不少工作，谨此致谢。

《古汉语常用字字典》增订组

2005 年 1 月

1998 年改版说明

《古汉语常用字字典》1979 年出版以来，深受广大读者欢迎，学术界也给予了肯定性评价。1993 年出版修订版。1995 年该书获得中国辞书奖一等奖。

这次利用 1993 年修订版改版重排，借改版机会，我们又对全书做了一些改动，主要是：按照规范化要求审定了字形和注音，改正了某些条目的释义和例句中解释的不妥之处，更换和补充了一些例句。收字和全书体例，均仍其旧。欢迎读者对本书提出宝贵意见。

《古汉语常用字字典》编写组

1998 年 4 月

修订说明

《古汉语常用字字典》是在1974—1975年编写的。担负主要编写任务的是北京大学中文系的王力、岑麒祥、林焘、戴澧、唐作藩、蒋绍愚和商务印书馆的张万起、徐敏霞。当时参加编写工作的还有北京大学中文系汉语专业的其他一些老师和学生，以及北京齿轮厂等单位的一些工人。

这本字典是在王力主编的《古代汉语》"常用词"的基础上编写的，《古代汉语》"常用词"的编写原则和体例都为字典所遵循和沿用。字典初稿的绝大部分条目也都经过王力先生审定。所以，这本字典有一定的特色并受到读者的欢迎，是和王力先生的指导分不开的。但在当时，王力先生未能系统地审定全书，字典中的缺点错误当然不能由王力先生负责。

由于当时的历史条件，在字典初稿中有不少错误、不妥和粗疏之处。1976年以后，对初稿进行过一次修改。当时字典编写组已经解散，修改工作主要由蒋绍愚担负。但这次修改只是改正了字典中较明显的错误、不妥和粗疏之处，未能做较彻底的修改。

字典从1979年出版以来，受到了广大读者的欢迎，前后已印行多次。这一方面使我们感到高兴，另一方面也使我们感到自己的责任。所以，当商务印书馆提出希望我们对字典做一次全面的修订时，我们很高兴地接受了这一任务。参加修订工作的共五人：唐作藩、蒋绍愚、张万起、宋绍年、李树青。前三人是原字典编写组的主要成员，后二人也曾参加过字典初稿的编写。全书的统稿由蒋绍愚担负。

这次修订对原书的改动和增补较大，主要是做了下面一些工作：

(1) 增补条目。正文增加416条，《难字表》调整后又增加了将近200条。

(2) 对原有条目进行了较大幅度的修改，改正了原书一些错误和不当之处，更换了不少例句；有一些条目增加了义项或附收的双音词。

(3) 去掉了原书附录《古汉语语法简介》。

由于修订者水平有限，修订本《古汉语常用字字典》中的错误在所难免，敬请专家、读者予以指正。

《古汉语常用字字典》修订组

1988年12月

修订说明

目　　录

凡　例

一、本字典按汉语拼音字母次序排列，同音字按笔画多少和起笔排列，但声旁相同的同音字排在一起。书前附《汉语拼音音节索引》和《部首检字表》。

二、本字典第 5 版共收古汉语常用字8 000余个（包括繁体字、异体字）。

三、收字的原则是：先秦两汉传世文献比较常用的字一般都收入；虽然常用但古今意义相同而且现代汉语中也很常用的字不收。古书中很少出现的生僻字和生僻意义，以及古白话和现代汉语中才出现的字和意义不收，唐诗宋词特有的意义一般不收。

四、酌收少量的双音词，约 2 500 多个。一般排列在双音词第一个字的字头下，如果第一个字很好懂或本字典没有收，就排在第二个字的字头下。如：[九垓]收在“垓”字下。

五、已简化的汉字，以简体字作字头，在字头后面的括号中标明繁体字和异体字。汉字简化以前是几个不同的字，现在简化为同一个字的，分列字头，并在简体字的右上角标 1、2、3 加以区别。如干^1、干^2（乾）、干^3（幹）、干^4（榦）。简体字、繁体字和异体字都列在检字表中。所收简化字以 2013 年国务院公布的《通用规范汉字表》为准，《通用规范汉字表》不收的字，一律保持繁体，不做偏旁类推。

六、一个字的多种意义，不论读音相同与否，都排列在一个字头下。字头下用汉语拼音字母注音。适当注明旧读，一般不用又读。一字多音的，在字头下一般注现在最常见的读音。义项前面不注音的，表示这些义项就读字头下注的音。其余的读音，在有关义项前面分别注明。如果其他的读音也比较常见，则在其他比较常见的读音下重出字头，标明互见。如“朝”收在 44 页 cháo 下，但在 522 页 zhāo 下重出字头，标明“见 44 页”。

七、为了便于理解和掌握词义，义项一般按词义引申的远近次序排列。即先列本义（或基本意义），然后依次列引申义、假借义。

八、同一义项中的(引)表示很近的引申义，(又)表示相近而又并列的意义，

[特]表示特指，[泛]表示泛指，[喻]表示比喻义。

九、释义后面注明“后起意义”的，表示是魏晋以后出现的意义。

十、为了加深对词义的理解，有的义项在例句后面举了一些保留这个意义的双音词和成语等。

十一、在一些字条下有【注意】和【辨】。【注意】一般用于指出在词义的历史发展中应当注意的地方。【辨】一般用于同义词或近义词的辨析。【注意】和【辨】中有时提到“上古”，指的是商周和秦汉时期。

十二、例句的作用在于帮助读者理解词义。尽量选用时代较早、典型性强、明白易懂的例句。为了便于中等文化程度的读者使用字典，较难懂的例句适当做了注解或串讲。凡在注解中标明“指××”的，都是为了串通例句所做的随文解释，不能作为这个字的义项看待。

十三、例句中的～代表这个字头或这个字头的异体字。双音词下的例句中，～～代表这个双音词。

十四、本字典附录有《中国历代纪元表》《古代汉语语法简介》《怎样学习古代汉语》三种。

汉语拼音音节索引

部首检字表

【说明】1.《部首检字表》共189部。部首次序按部首笔画数目多少排列。查字时,先在《部首目录》中查到部首在《检字表》中的页码,然后查《检字表》。《检字表》内,同一部的字按除去部首笔画以外的画数排列。2.一些不容易确定部首的字,分两种方法处理:(1)分收在几个部首内。如"思"字既收在"心"部,又收在"田"部。"武"字收在"弋"部、"止"部,以及起笔的"一"部。(2)按起笔分别收在丶一丨丿乙五个部首中。如"为"字收在"丶"部,"书"字收在"乙"部。3.《检字表》中在字头右上角标1、2、3……的,表示这原是几个不同的字,汉字简化后简化成同一个字。后面括号中的字,是简化以前的繁体字和异体字。如:复[1](複),复[2](復);斗[1],斗[2](鬥鬦鬭鬪)。4.《检字表》中的繁体字和异体字都括在圆括号中。如:(萬),(為)。

(一)部首目录

(部首右边的号码指检字表的页码)

（二）检字表

（字右边的号码指字典正文的页码）

丿部

一至二画

三画

四画

五画

六画

七画

八画

九画

十画以上

乙(乛㇆乚)部

一至三画

四画

五画

六至九画

十画以上

亠部

一至四画

五至六画

七画

八画

九至十画

二 部

十 部

二至五画

六画

八至十画

十一画以上

七至八画

九画以上

人(入)部

一至三画

四至六画

七至十画

十一画以上

亻部

一画

二画

三画

四画

五画

六画

七画

八画

扌部

二画

三画

四画

五画

六画

七画

八画

九画

士 部

艹 部

一至三画

四画

五画

六画

七画

八画

九画

十画

囗 部

巾 部

山 部

马(馬)部

巛 部

灬 部

片 部

斤 部

爪(爫)部

月(月)部

二至三画

四画

五画

六画

七画

八画

九画

十画

十一画

十二画

十三画

十四画以上

欠 部

二至七画

八画以上

矢部

禾部

舶 28
鸼 537
艅 501
艋 272
艓 87
艎 166
(盤) 301
(鵃) 537
艟 53
艨 272
(艤) 484
(艪) 259
(艫) 258

羽 部

羽 503

三至八画

羿 487
翀 53
𦐂 269
翁 432
翊 487
翌 487
翎 253
翍 306
(習) 439
翔 448
翘 331
翙 170
翚 167
翕 438
(翖) 438
翛 451
翠 68
翥 542
翡 110
翟 80、518

九画以上

翦 189
翩 309
𬸣 157
(翬) 167
(翭) 157
(翫) 423
(翯) 155
翮 154
翰 149
翱 5
翳 487
翼 488
(翹) 331
翻 104
(翺) 5
翾 463
(翽) 170
翿 78
耀 479

艮(艮)部

艮 131
良 247
即 177
艰 187
既 182
暨 182
(艱) 187

糸 部

一画

系[1] 441
系[2](繫) 441
系[3](係) 441

四至七画

紊 431
素 394
索 399
萦 494
累[1] 239
累[2](纍) 238
絜 453
紫 530
絮 463

八画以上

綦 321
(緐) 105
(緜) 274
(縈) 494
(縣) 446、463
(縶) 530
繄 481
繇 478、499
繁 105
繠 355
(繫) 441
纂 551
(纍) 238
纇 240
纛 78

辛 部

辛 455
辜 135
辟[1] 20、308
辟[2](闢) 308
辞 63
(辠) 552
(辤) 63
辨 22
(辦) 10
辩 23
(辭) 63
(辯) 23

言 部

言 470
訇 156
訚 492
詟 524
詈 245
(詧) 38
誉 507
誊 407
訾 548
詹 519
誓 379
(誾) 492
(諐) 326
謷 5
(謄) 407
謦 336
警 205
(譽) 507
譬 309
譶 430
(讐) 55
(讋) 524

麦(麥)部

麸 153
麰 283
麴 341

走 部

走 550

二至五画

赴 121
赵 523
赶 207
起 322
越 510
趄 208
趋 340
超 44

六至八画

趑 547
(趌) 231
趍 341
(趙) 523
趠 62
趣 342

九画以上

(趦) 547
(趨) 340
趬 330
趭 196
趫 331
趯 409

赤 部

赤 52
赦 366
赧 287
赪 47
赨 415
赩 442
赫 154
赬 47
赭 524
(頳) 47

豆 部

豆 90
(豈) 322
豉 51
登 79
(豎) 385
(豐) 113
(艷) 473
(豔) 473

酉 部

酉 499

二至五画

酋 339
酊 88
酎 538
酌 545
配 304
(酖) 526
酝 511
酗 462
酕 268
酡 421
酤 136
酣 147
酢 553
酦 314

六至七画

(酧) 55
酰 295
酬 55
酪 238
酩 280
酽 474
酿 292
酾 372
酺 316
酲 48
酹 240
酴 417
酷 227

八至十画

醋 66
醅 304
醇 62
醉 552
醆 520
醄 405
醊 544
醁 259
(醕) 62
醓 403
醝 69
醐 159
(醞) 511
醍 408
(醜) 55
醑 461
醨 241
醢 147

十一画以上

醪 237
醯 439
醰 402
醮 196
(醱) 314

A

阿 ā ❶ ē 大山。《诗经·小雅·菁菁者莪》："菁菁者莪，在彼中～。"王勃《滕王阁序》："访风景于崇～。"（崇：高。）㊁山、水的转弯处。屈原《九歌·山鬼》："若有人兮山之～。"《穆天子传》卷一："天子饮于河水之～。"（河：指黄河。）❷ ē 屋檐。《古诗十九首·西北有高楼》："～阁三重阶。"（阁：楼阁。阶：台阶。）❸ ē 偏袒，迎合。《韩非子·有度》："法不～贵。"（贵：有权势的人。）成语有"刚直不阿"、"阿谀逢迎"。❹ 名词词头。多用于亲属称谓或人名前面。《木兰诗》："～姊闻妹来。"《三国志·魏书·武帝纪》裴注引《曹瞒传》："太祖一名吉利，小字～瞒。"也用于代词前。古诗《十五从军征》："道逢乡里人，家中有～谁？" ❺ hē 通"呵"。斥责。《老子·二十章》："唯之与～，相去几何？"

AI

哀 āi ❶ 悲痛，伤心。《庄子·大宗师》："中心不戚，居丧不～。"屈原《离骚》："～众芳之芜秽（huì）。"（芳：香草。芜秽：荒芜。）㊕父母之丧。《宋书·张敷传》："居～毁灭，孝道淳至。" ❷ 怜悯，同情。《韩非子·用人》："忧悲不～怜。" ❸ 爱。《吕氏春秋·报更》："人主胡可以不务～士？"《淮南子·说林》："鸟飞反乡，兔走归窟，狐死首丘，寒将翔水，各～其所生。"（寒将：水鸟。）【辨】哀，戚，悲，悼。四字都有悲伤的意思。但"戚"字一般是表示忧苦、悲哀；"哀"与"悲"有怜悯、同情的意思，"哀"的感情色彩要更重些；"悼"则是悲痛的意思，多用于对死者表示沉痛悼念。

埃 āi 尘土。《荀子·劝学》："上食～土，下饮黄泉。"李白《对酒》诗："自古帝王宅，城阙闭黄～。"

欸 āi ❶ 应声。扬雄《方言》卷十："欸、誓（yī），然也。" ❷ 叹息。屈原《九章·涉江》："乘鄂渚而反顾兮，～秋冬之绪风。" ❸ ǎi［欸乃］摇橹声。柳宗元《渔翁》诗："烟销日出不见人，～～一声山水绿。"

騃 ái ❶ 痴愚的样子。《汉书·息夫躬传》："外有直项之名，内实～不晓政事。"（直项：刚直。）熟语有"痴儿騃子"。❷ sì 奔跑的样子。张衡《西京赋》："众鸟翩翻，群兽駓（pī）～。"

硙（磑） ái ❶ wèi 石磨。史游《急就篇》卷三："碓（duì）～扇隤（tuí）舂簸扬。"颜师古注："～所以䃺（mò）也，亦谓之䃤（cuì）。古者雍父作舂，鲁班作～。"（隤：坠。䃺："磨"的异体。雍父、鲁班：人名。）也用于地名。㊁用作动词。磨（mó）。扬雄《太玄·疑》："阴阳相～，物咸彫离。"（咸：全，都。）贾思勰《齐民要术·法酒》："谷三石，蒸两石，生一石，别～之令细。" ❷［硙硙］1. 高峻的样子。宋玉《高唐赋》："盘岸巑岏（cuán wán），裖（zhěn）陈～～。"（巑岏：山峰峻峭。裖：重叠。陈：陈列。）2. 通"皑皑"。洁白的样子。枚乘《七发》："白刃～～，矛戟交错。" 3. 坚固的样子。张衡《思玄赋》："行积冰之～～兮，清泉冱（hù）而不流。"（冱：凝固冻结。）

皑（皚） ái 洁白。汉乐府《白头吟》："～如山上雪，皎若云间月。"［皑皑］形容霜雪洁白的样子。刘歆《遂初赋》："漂积雪之～～兮。"

毐 ǎi ❶ 品行不正的人。《说文·毋部》："毐，士之无行者。" ❷ 人名。战国秦时有嫪（lào）毐。

蔼（藹） ǎi ❶ 草木茂盛的样子。《汉书·扬雄传》："郁萧条其幽～兮，滃（wěng）泦沛以丰隆。"（滃：云气涌起。）㊁密集的样子。杜甫《雨》诗："行云递崇高，飞雨～而至。"［蔼蔼］1. 草木茂盛。束晳《补亡诗》六首之五："瞻彼崇丘，其林～～。" 2. 众多的样子。《诗经·大雅·卷阿》："～～王多吉士，维君子使，媚于天子。" 3. 光线暗淡的样子。司马相如《长门赋》："望中庭之～～兮，若季秋之降霜。" ❷ 和气的样子。韩愈《答李翊书》："仁义之人，其言～如也。"又如"蔼然可亲"。❸ 通"霭"。云气。陆机《挽歌》三首之三："悲风徽行轨，倾云结流～。"（徽：止。轨：指车。）

霭（靄） ǎi 云雾。李白《雨后望月》诗："四郊阴～散，开户半蟾生。"柳永《雨霖铃·寒蝉凄切》："暮～沉沉楚天阔。"［霭霭］1. 云雾密集的样子。陶潜《停云》诗："～～停云，濛濛时雨。"苏轼《题南溪竹上》诗:"山头～～暮云横。"2. 光线暗淡或柔和的样子。陆龟蒙《江城夜泊》诗:"月挂虚弓～～明。"韩愈《人日城南登高》诗:"～～野浮阳,晖晖水披冻。"

艾 ài ❶ 一种草本植物,叶制成艾绒,可供针灸用。《诗经·王风·采葛》:"彼采～兮,一日不见,如三岁兮。"贾思勰《齐民要术·收种》:"麦一石,～一把,藏以瓦器竹器。"㉛灰白色。元稹《郡斋感怀见寄》诗:"～发衰容惜寸辉。"(寸辉:指短暂的时间。)❷ 老,老年人。《汉书·武帝纪》:"然则于乡里先耆(qí)～,奉高年,古之道也。"(耆:年老。耆艾:指老年人。)❸ 停止,完结。《左传·哀公二年》:"忧未～也。"成语有"方兴未艾"。❹ 美好,美色。屈原《九歌·少司命》:"竦长剑兮拥幼～。"(幼艾:年轻美女。)《孟子·万章上》:"知好色则慕少～。"❺ 养护,养育。《诗经·小雅·南山有台》:"保～尔后。"❻ [艾艾]口吃的样子。《世说新语·言语》:"邓艾口吃,语称～～。"后因以"艾艾"形容口吃。❼ yì 通"忞"。惩戒,惩治。《孟子·万章上》:"太甲悔过,自怨自～。"❽ yì 通"刈"。割,收割。《荀子·王制》:"使民有所耘～。"(耘:除草。)《穀梁传·定公元年》:"是年不～,则无食矣。"㉛杀害,砍掉。《左传·哀公元年》:"亦不～杀其民。"《汉书·项籍传》:"斩将,～旗,乃后死。"❾ yì 通"乂"。治理。《史记·河渠书》:"诸夏～安。"㉛安宁。《左传·哀公十六年》:"若见君面,是得～也。"

爱(愛) ài ❶ 爱。《诗经·郑风·将仲子》:"岂敢～之,畏我父母。"《史记·陈涉世家》:"吴广素～人。"❷ 怜惜,同情。《左传·僖公二十二年》:"～其二毛。"(二毛:鬓发花白,指老人。)❸ 吝惜,舍不得。《老子·四十四章》:"甚～必大费。"(费:浪费。)

叆(靉) ài ❶ [叆叇(dài)] 1. 云气或烟浓盛的样子。潘尼《逸民吟》:"朝云～～,行露未晞。"(行:路。晞:晒干。)2. 一种器物,类似眼镜(后起意义)。田艺蘅《留青日札摘抄》卷二:"提学副使潮阳林公有二物,如大钱形,质薄而透明,如硝子石,如琉璃,色如云母,每看文章,目力昏倦,不辨细书,以此掩目,精神不散,笔画倍明……人皆不识,举以问余。余曰:此～～也。"❷ [叆霼(fèi)]云盛而昏暗的样子。木华《海赋》:"气似天霄,～～云布。"❸ yǐ [叆霼(xì)]依稀,不清晰的样子。木华《海赋》:"故可仿像其色,～～其形。"(大致描述其色和形。)

暧(曖) ài ❶ 昏暗。谢瞻《王抚军庾西阳集别》诗:"夕阴～平陆。"可叠用。昏暗不明的样子。屈原《离骚》:"时～～其将罢(pí)兮。"(时间已晚,人也感到疲倦了。罢:通"疲"。)❷ 遮蔽。谢灵运《会吟行》:"轻云～松杞。"可叠用。隐隐约约的样子。陶潜《归园田居》诗:"～～远人村,依依墟里烟。"❸ 温暖。王俭《褚渊碑文》:"～有余晖,遥然留想。"可叠用。温暖的样子。王维《赠裴十迪》诗:"～～日暖闺,田家来致词。"

僾(㤅) ài ❶ 呼吸急促不顺畅。《诗经·大雅·桑柔》:"如彼遡风,亦孔之～。"(遡:向。孔:很。)❷ 隐约,仿佛。《礼记·祭义》:"祭之日,入室,～然必有见乎其位。"

薆 ài ❶ 遮蔽。屈原《离骚》:"何琼佩之偃蹇(yǎn jiǎn)兮,众～然而蔽之。"(偃蹇:高高的样子。)[薆薆] 昏暗不明的样子。司马相如《大人赋》:"时若～～将混浊兮。"❷ 草木茂盛。曹植《临观赋》:"南园～兮果载荣。"(荣:花。)[薆薱(duì)]草木茂盛的样子。张衡《西京赋》:"郁蓊～～。"(郁蓊:茂盛的样子。)❸ 香气浓。江淹《齐太祖高皇帝诔》:"誉馥区中,道～岷外。"(区中:指世间。)

隘 ài ❶ 狭窄,狭小。《诗经·大雅·生民》:"诞寘之～巷,牛羊腓字之。"(腓:庇护。)《左传·昭公三年》:"子之宅近市,湫(jiǎo)～嚣尘,不可以居。"(湫:低下。嚣尘:嘈杂多尘。)❷ 险要的地方。左思《蜀都赋》:"一人守～,万夫莫向。"(向:指接近。)❸ è 通"阨"。阻塞,阻止。《战国策·楚策二》:"太子辞于齐王而归,齐王～之。"㉛穷困,窘迫。《荀子·大略》:"君子～穷而不失。"(不失:指不改变信仰。)

餲 ài 食物经久而变味。《论语·乡党》:"食饐(yì)而～,鱼馁(něi)而肉败,不食。"(饐:腐臭。馁:腐烂。)

AN

安 ān ❶ 安宁,安定。《诗经·小雅·常棣》:"丧乱既平,既～且宁。"《荀子·王霸》:"国～则无忧民。"❷ 安稳,稳固。杜甫《茅屋为秋风所破歌》:"风雨不动～如山。"㉝平安。《周易·系辞下》:"是故君子～而不忘危,存而不忘亡。"㉛妥当。《论衡·自纪》:"世书俗说,多所不～。"❸ 安逸,安乐。《论语·学而》:"君子食无求饱,居无求～。"《左传·僖公二十三年》："怀与～，实败名。"❹安心。《论语·阳货》："食夫稻，衣夫锦，于女～乎？"（女：汝。）《三国志·魏书·司马朗传》："郊境之内，民不～业。"❺舒缓。《战国策·齐策四》："晚食以当肉，～步以当车。"❻安放，设置（后起意义）。《世说新语·巧艺》："魏明帝起殿，欲～榜，使仲将登梯题之。"陆游《东阳道中》诗："先～笔砚对溪山。"❼疑问代词。什么，什么地方。《礼记·檀弓上》："泰山其颓，则吾将～仰？"《左传·僖公十四年》："皮之不存，毛将～傅？"（傅：附着。）㊇怎么，哪里。《史记·陈涉世家》："嗟乎，燕雀～知鸿鹄之志哉！"

庵（菴） ān ❶圆形草屋。《南齐书·竟陵文宣王子良传》："编草结～，不违凉暑。"㊕用为书斋名。如陆游有"老学庵"。❷僧人道士所居屋舍（后起意义）。《宋史·孟珙传》："亦通佛学，自号无～居士。"后多指尼姑居住的。如《红楼梦》里有"水月庵"。❸yǎn 通"奄"。忽然。《隶释·卫尉衡方碑》："受任浃旬，～离寝疾。"（浃旬：十天，一旬。浃：周匝。）

谙（諳） ān 熟悉，熟识。《晋书·刑法志》："故～事识体者，善权轻重，不以小害大，不以近妨远。"（权：衡量。）白居易《忆江南词》之一："江南好，风景旧曾～。"双音词有"谙练"、"谙熟"。

媕 ān ［媕婀（ē）］不置可否，曲意迎合。韩愈《石鼓歌》："中朝大官老于事，讵肯感激徒～～？"（讵：哪里。）洪迈《容斋随笔》卷四："～～当位，左掣右壅。"

盦（盫） ān ❶古代一种有盖的器皿。陶宗仪《南村辍耕录》卷一七："古器之名则有……壶、～、瓿（bù）。"（瓿：小瓮。）❷覆盖。李时珍《本草纲目·草部·续断》："闪朒（nǜ）骨节，用接骨草叶捣烂～之，立效。"（朒：残。）❸通"庵（菴）"。圆形草屋。徐珂《清稗类钞·孝友》："乃筑风木～以避寒暑。"㊇用于人名、别名或书斋名。如龚自珍号定盦。

黯 ān 声音微弱。《周礼·春官·典同》："微声～，回声衍。"刘基《大热遣怀》诗："鸟兽声尽～。"

唵 án ❶［唵呓（yì）］说梦话。《列子·周穆王》："眠中～～呻呼，彻旦息焉。"❷［唵啰（lòng）］鸟鸣声。柳宗元《乞巧文》："抽黄对白，～～飞走。"❸ān ［唵默］缄默不言。《新唐书·杨玚传》："公卿～～唯唯，独玚抗议。"

犴（豻） àn ❶古代北方一种野狗。司马相如《子虚赋》："其下则有白虎玄豹，蟃蜒（wàn yán）貙（chū）～。"（蟃蜒、貙：野兽名。）❷古代乡亭的牢狱。《荀子·宥坐》："狱～不治，不可刑也。"（不治：指处理得不当。）

岸（岍） àn ❶河岸。《诗经·卫风·氓》："淇则有～，隰（xí）则有泮。"（淇：淇水。）❷山崖。《荀子·宥坐》："三尺之～而虚车不能登也。"（虚车：空车。）❸高。《汉书·江充传》："充为人魁～。"（魁：大。）［伟岸］高大。《新唐书·段志玄传》："志玄姿质～～。"［傲岸］高傲。李白《赠宣城宇文太守兼呈崔侍御》诗："崔生何～～，纵酒复谈玄。"［岸帻（zé）］把帻（头巾）掀起，露出前额。形容态度洒脱，不拘束。《晋书·谢奕传》："～～笑咏，无异常日。"（笑咏：谈笑咏诗。）❹通"犴"。古代乡亭的牢狱。《诗经·小雅·小宛》："哀我填寡，宜～宜狱。"［岸狱］牢狱。杨万里《与张严州敬夫书》："某初至，见～～充盈。"【辨】岸，涯，垠。见491页"垠"字。

按 àn ❶用手压或摁。《世说新语·排调》："每共围棋，丞相欲举行，长豫～指不听。"㊇握，持。《史记·绛侯周勃世家》："于是天子乃～辔（pèi）徐行。"《汉书·邹阳传》："燕王～剑而怒。"❷压抑，止住。《管子·霸言》："～强助弱，圉暴止贪。"（圉：阻止。）成语有"按兵不动"。❸按照，依照。《商君书·君臣》："缘法而治，～功而赏。"（缘：依照。）成语有"按部就班"。❹考察。贾谊《治安策》："～之当今之务。"㊇追究，查办。《汉书·赵广汉传》："广汉使长安丞～贤。"（贤：人名。）❺巡行，巡视。《史记·卫将军骠骑列传》："遂西定河南地，～榆溪旧塞。"（榆溪：地名。塞：边塞。）❻于是，就。《荀子·富国》："我～起而治之。"【辨】按，抑。"按"、"抑"都有向下压的意思，但"抑"比"按"程度重，并且常用于压抑、抑制等抽象意义。

案 àn ❶盛食物的矮脚木托盘。《史记·田叔列传》："赵王张敖自持～进食，礼恭甚。"成语有"举案齐眉"。❷几案，矮长桌。《三国志·吴书·周瑜传》裴松之注："权拔刀斫（zhuó）前奏～。"（权：孙权。奏案：接受奏本的几案。）❸文书，案卷。《新唐书·陆贽传》："视～籍烦简。"（籍：指记录的本册。）［案牍］官府文书。刘禹锡《陋室铭》："无丝竹之乱耳，无～～之劳形。"❹用手压或摁。《史记·魏其武安侯列传》：

"～灌夫项令谢。"(灌夫：人名。项：脖颈。谢：道歉。)㊂握，持。《庄子·盗跖》："～剑瞋(chēn)目，声如乳虎。"(瞋目：瞪眼。乳虎：刚生子的母虎。) ❺ 压抑，止住。《三国志·蜀书·诸葛亮传》："何不～兵束甲？"(束甲：捆起铠甲，指停止战争。) ❻ 考察，核实。《论衡·问孔》："～贤圣之言，上下多相违。"(相违：互相矛盾。)[案问]审问，审查。《史记·秦始皇本纪》："于是使御史悉～～诸生。"(御史：官名。) ❼ 巡行，巡视。《三国志·蜀书·诸葛亮传》："宣王～行其营垒处所，曰：'天下奇才也。'" ❽ 按照，依照。《韩非子·孤愤》："～法而治官。"(按照法令来做官。) ❾ 于是，就。《荀子·王制》："财物积，国家～自富矣。"上述❹—❾又写作"按"。

晻 àn ❶ 暗。《汉书·五行志下》："大风起，天无云，日光～。"又用于抽象意义。指世道昏暗或人主昏庸。《荀子·不苟》："是奸人将以盗名于～世者也。" ❷ 不显露、不公开的，暗中。《荀子·儒效》："张法而度之，则～然若合符节。"上述❶❷又写作"暗"。 ❸ ǎn [晻蔼]阴暗的样子。屈原《离骚》："扬云霓之～～兮，鸣玉鸾之啾啾。" ❹ yǎn [晻晻]日无光。《楚辞·九叹·惜贤》："日～～而下颓。"

暗 àn ❶ 昏暗不明。《汉书·外戚传下》："广室阴兮帷幄～。"李白《古风五十九首》之二十四："大车扬飞尘，亭午～阡陌。"(亭午：正午。阡陌：道路。)㊃政治黑暗。杜甫《愁》诗："十年戎马～万国。" ❷ 愚昧。《三国志·蜀书·后主传》："否(pǐ)德～弱。"(道德低下，愚昧无能。否德：不德。) ❸ 不显露的，不公开的。《世说新语·言语》："简文在～室中坐，召宣武。"(宣武：指桓温。)陆游《入蜀记》卷六："龙门水尤湍急，多～石。"成语有"明察暗访"。㊂默默地，悄悄地。杜甫《可叹》诗："群书万卷常～诵。"

闇 àn ❶ 闭门。《说文·门部》："闇，闭门也。" ❷ 蒙蔽。《荀子·不苟》："不下比以～上。"(比：勾结。) ❸ 昏暗。《楚辞·九思·守志》："彼日月兮～昧。"(昧：昏暗无光。)㊀黄昏或夜间。《礼记·祭义》："周人祭日，以朝及～。"㊃政治黑暗。《商君书·说民》："治明则同，治～则异。"(同：指上下一心；异：指上下离散。) ❹ 昏庸，愚昧。《淮南子·主术》："主上～而不明，群臣党而不忠。"曹操《陈损益表》："以～钝之才，而奉明明之政。" ❺ 暗中。《管子·九守》："刑赏信必于耳目之所见，则其所不见莫不～化矣。"㊂默默地。《三国志·魏书·王粲传》："卿能～诵乎？"上述❸❹❺又写作"暗"。 ❻ ǎn 隐晦。《礼记·中庸》："故君子之道，～然而日章。"(章：彰显，显著。) ❼ yǎn 通"奄"。忽然，很快的样子。傅毅《舞赋》："翼尔悠往，～复辍(chuò)已。"(复：又。辍已：停止。) ❽ ān [谅闇]帝王居丧。《礼记·丧服四制》："高宗～～。"又写作"亮闇"、"谅阴"、"梁阴"。

黯 àn ❶ 深黑色。蔡邕《述行赋》："玄云～以凝结兮。"(玄：黑色。以：而。) ❷ [黯然]黑色的样子。《史记·孔子世家》："丘得其为人，～～而黑。"㊀暗淡无光的样子。刘禹锡《西塞山怀古》诗："金陵王气～～收。"成语有"黯然失色"。㊀神情沮丧的样子。江淹《别赋》："～～销魂者，唯别而已矣！"(销魂：形容人极度悲伤忧愁。) ❸ 昏暗。江淹《齐太祖高皇帝诔》："日月郁华，风云～色。"

ANG

卬 áng ❶ 第一人称代词。我。《诗经·邶风·匏有苦叶》："人涉～否，～须我友。"(涉：过河。须：等待。) ❷ 通"昂"。抬起，抬高。司马迁《报任安书》："迺欲～首伸眉，论列是非。"(迺：乃。列：陈述。)柳宗元《蝜蝂传》："～其首负之。"(负：背。)㊀高，升高。《汉书·食货志下》："万物～贵。"(卬贵：同"昂贵"。)司马相如《长门赋》："意慷慨而自～。"[卬卬]通"昂昂"。气宇轩昂的样子。《诗经·大雅·卷阿》："颙颙～～，如圭如璋。" ❸ yǎng 通"仰"。脸朝上。与"俯"相对。《汉书·灌夫传》："～视天，俛(fǔ)画地。"(俛：同"俯"。脸朝下。)㊀仰望，敬仰。《诗经·大雅·云汉》："瞻～昊天，有嘒其星。"《汉书·刑法志》："夫仁人在上，为下所～。"㊂仰仗，依赖。《汉书·原涉传》："费用皆～富人长者。"

昂 áng ❶ 抬起，抬高。屈原《远游》："服偃蹇(yǎn jiǎn)以低～兮。"(服：指驾辕的马。偃蹇：屈伸的样子。)《隋书·炀三子传》："～首扬眉，初无惭色。"成语有"昂首阔步"。㊀高，升高。《论衡·变动》："故谷价低～，一贵一贱矣。" ❷ [昂昂]形容志行高超、气度不凡。屈原《卜居》："宁～～若千里之驹乎？"

枊 àng ❶ 拴马的柱子。《三国志·蜀书·先主传》："解绶系其颈著马～。"

❷ 斗拱。何晏《景福殿赋》："飞～鸟踊，双辕是荷。"

盎 àng ❶ 一种腹大口小的盛器。《后汉书·逢萌传》："乃首戴瓦～，哭于市。"（戴：顶着。）韩愈《赠张籍》诗："箧中有余衣，～中有余粮。" ❷ 盈溢的样子。《孟子·尽心上》："其生色也，睟然见于面，～于背，施（yì）于四体。"（睟然：润泽的样子。施：延及。）又常"盎盎"、"盎然"连用。苏轼《新酿桂酒》诗："～～春溪带雨浑。"苏轼《答李邦直》诗："诗词如醇酒，～然薰四支。"成语有"春意盎然"。

AO

敖 áo ❶ 游玩，游逛。《诗经·邶风·柏舟》："微我无酒，以～以游。"（微：无。）《商君书·垦令》："民不～，则业不败。"（业：事业。）这个意义后来写作"遨"。❷ 通"嗷"。声音嘈杂。《荀子·强国》："而日为乱人之道，百姓讙（huān）～。"（讙：喧哗。）❸ 通"熬"。煎熬。《荀子·富国》："天下～然，若烧若焦。" ❹ ào 通"傲"。傲慢，狂妄。《汉书·萧望之传》："～慢不逊。"《论衡·问孔》："毋若丹朱～，惟慢游是好。"（丹朱：帝尧之子。）[笑敖]戏谑游乐，放纵不敬。《诗经·邶风·终风》："谑浪～～，中心是悼。" ❺ [敖敖] 1. 身长的样子。《诗经·卫风·硕人》："硕人～～，说（shuì）于农郊。"（说：通"税"。指停车止息。）2. 通"嗷嗷"。嘈杂声。《三国志·魏书·常林传》："林夜挝（zhuā）吏，不胜痛，叫呼～～彻曙。"（挝：击，打。彻曙：直到天明。）

遨 áo 遨游，游逛。《后汉书·刘盆子传》："犹从牧儿～。"（仍旧跟着牧童游逛。）[遨游] 1. 漫游。陆机《拟古诗·青青陵上柏》："～～放情愿，慷慨为谁叹？"李白《南都行》："～～盛宛洛，冠盖随风还。" 2. 奔走周旋。《后汉书·马援传》："卿～～二帝间，今见卿，使人大惭。"

嗷（嗸） áo [嗷嗷] 1. 哀鸣声。《诗经·小雅·鸿雁》："鸿雁于飞，哀鸣～～。"㊀哀号声。《楚辞·九叹·惜贤》："声～～以寂寥兮，顾仆夫之憔悴。" 2. 声音嘈杂。曹植《美女篇》："众人徒～～！安知彼所观？"

廒（厫） áo 储存粮食的仓库。马端临《文献通考》卷二一："凡十有四年，得息米造成仓～。"（息米：作为利息交纳的米。）

獒 áo 一种凶猛的狗。《左传·宣公二年》："公嗾（sǒu）夫～焉。"（嗾：唆使。）

熬 áo ❶ 烤干，煎干。《周礼·地官·舍人》："共饭米～谷。"（共：供给。）㊁煎焦。《后汉书·边让传》："多汁则淡而不可食，少汁则～而不可熟。"㊂受折磨，痛苦。《楚辞·九思·怨上》："我心兮煎～。" ❷ [熬熬] 1. 赤日炎炎的样子。张籍《山头鹿》诗："早日～～蒸野冈，禾黍不收无狱粮。" 2. 通"嗷嗷"。痛苦的喊叫声。《汉书·陈汤传》："下至众庶，～～苦之。" ❸ 长时间地煮（后起意义）。《新唐书·摩揭陀传》："太宗遣使取～糖法。"

磝 áo ❶ 多小石的山。《尔雅·释山》："多小石，磝。"[磝磝]山多石的样子。韩愈《别知赋》："山～～其相轧。"（相轧：石相挤压。）❷ qiāo [磝磝]坚硬瘠薄的土地。焦延寿《易林·巽之蹇》："～～秃白，不生黍稷。"

聱 áo ❶ 听不进别人的意见。《新唐书·元结传》："彼诮（qiào）以～者，为其不相从听。"（诮：责备。）❷ [聱牙]文句不顺口，指艰涩难读。韩愈《进学解》："周诰殷盘，佶屈～～。"

螯 áo 螃蟹等节肢动物的第一对脚，像钳子，能开合，用来取食、自卫。《荀子·劝学》："蟹六跪而二～。"（跪：脚。）㊀螃蟹的代称。苏轼《和穆父〈新凉〉》："紫～应已肥，白酒谁能劝？"

謷 áo ❶ 诋毁。《吕氏春秋·怀宠》："～丑先王，排訾（zǐ）旧典。"（訾：毁谤。）《新序·善谋》："有独知之虑者，必见～于民。"[謷謷]通"嗷嗷"。形容哀号。《汉书·食货志上》："天下～～然，陷刑者众。" ❷ ào 高大的样子。《庄子·德充符》："～乎大哉，独成其天！" ❸ ào 通"傲"。傲慢。《庄子·天地》："得其所谓，～然不顾。"

鳌（鰲、鼇） áo 传说中海里的大鳖。《淮南子·览冥》："于是女娲炼五色石以补苍天，断～足以立四极。"李白《猛虎行》："巨～未斩海水动，鱼龙奔走安得宁？"

翱（翺） áo 鸟扇动翅膀上下飞。《诗经·郑风·女曰鸡鸣》："将～将翔，弋凫与雁。"《竹书纪年》卷下："凤凰～兮于紫庭。"[翱翔]展开翅膀回旋地飞。《庄子·逍遥游》："～～蓬蒿之间，此亦飞之至也。"《淮南子·览冥》："～～四海之外。"㊁悠闲游乐的样子。《诗经·齐风·载驱》："鲁道有荡，齐子～～。"（齐子：指齐国女子

A

文姜。)

鏖 áo 激战,苦战。《汉书·霍去病传》:"合短兵,～皋兰下。"(皋兰:山名。)㊕喧扰。黄庭坚《仁亭》诗:"市声～午枕,常以此心观。"

拗(抝) ǎo ❶用手折断。《梁乐府·折杨柳枝歌》:"上马不捉鞭,反～杨柳枝。"㊀违逆,扭转。韩愈《答孟郊》诗:"古心虽自鞭,世路终难～。"《朱子语类》卷四:"被此生坏了后,理终是～不转来。"❷ào 不顺口。元稹《哭女樊四十韵》:"和蛮歌字～,学妓舞腰轻。"㊁出乎常格,不合格律。杨慎《升庵诗话·杜牧之》:"宋人评其诗,豪而艳,宕而丽,于律诗中特寓～峭,以矫时弊,信然。"(峭:指劲直有力。)❸niù 固执,倔强。《朱子语类》卷二十:"大概江西人好～,人说臭,他须要说香。"❹yù 抑制。班固《西都赋》:"乃～怒而少息。"

媪 ǎo ❶对老年妇女的敬称。《战国策·赵策四》:"老臣以～为长安君计短也。"(计短:考虑得太短浅了。)❷妇女的通称。《南史·袁昂传》:"昂年五岁,乳～携抱匿(nì)于庐山。"(乳媪:奶母。匿:躲藏。)

坳(坳) ào 低凹的地方。韩愈《咏雪·赠张籍》:"～中初盖底,垤(dié)处遂成堆。"(垤:小土堆。)[坳堂]堂上低洼的地方。《庄子·逍遥游》:"覆杯水于～～之上,则芥为之舟。"

奡 ào ❶传说中夏朝的大力士。《论衡·效力》:"～、育,古之多力者。"(育:夏育,传说中的大力士。)[排奡]矫健有力(多指文章)。韩愈《荐士》诗:"妥帖力～～。"❷通"傲"。傲慢。《尚书·益稷》:"无若丹朱～。"(若:像。丹朱:人名。)

傲(慠) ào ❶骄傲,傲慢。《左传·成公十四年》:"今夫子～,取祸之道也。"《韩非子·内储说下》:"令尹甚～而好兵。"㊀轻视。《商君书·修权》:"数加严令,而不致其刑,则民～死。"(不致其刑:不执行刑罚。死:指死刑。)❷急躁。《荀子·劝学》:"不问而告谓之～。"(告:告诉,指回答。)【辨】骄,傲。见193页"骄"字。

骜(驁) ào ❶骏马。《吕氏春秋·察今》:"良马期乎千里,不期乎骥～。"(乘良马是希望能跑千里,不是希望得到好马的名字。骥:好马。)㊀放纵奔驰。屈原《远游》:"骖连蜷(quán)以骄～。"(骖:驾在车前两侧的马。连蜷:形容马奔跑时的样子。)❷通"傲"。傲慢。《韩非子·十过》:"夫知伯之为人也,好利而～愎(bì)。"(知伯:人名。愎:固执,任性。)㊁轻视。《吕氏春秋·下贤》:"士～禄爵者,固轻其主。"❸áo 通"謷"。诋毁。《商君书·更法》:"有独知之虑者,必见～于民。"

奥 ào ❶屋子里的西南角。多为尊长居处或设神位处。《荀子·非十二子》:"～窔(yào)之间,簟(diàn)席之上。"(窔:屋子里的东南角。簟:竹席。)《论语·八佾》:"与其媚于～,宁媚于灶。"㊀指室内深处。《淮南子·时则》:"凉风始至,蟋蟀居～。"❷深。陆机《塘上行》:"结根～且坚。"❸深奥,隐微。《老子·六十二章》:"道者万物之～。"《宋史·蔡元定传》:"遂与对榻讲论诸经～义,每至夜分。"柳宗元《答韦中立论师道书》:"抑之欲其～。"(抑:抑制。指写文章不做详尽的发挥。)㊀隐蔽、机密的地方。《三国志·魏书·董昭传》:"往来禁～。"㊁指重要、机密的职务。谢朓《忝役湘州与宣城吏民别》诗:"薄晚忝华～。"❹yù 通"燠"。温暖。《诗经·小雅·小明》:"昔我往矣,日月方～。"❺yù 通"隩"。水涯深曲处。《诗经·卫风·淇奥》:"瞻彼淇～,绿竹猗(yī)猗。"(淇:水名。猗猗:美盛的样子。)

隩 ào ❶yù 水涯深曲处。谢灵运《从斤竹涧越岭溪行》诗:"逶迤傍隈～,苕递陟陉岘(xíng xiàn)。"(隈:山或水弯曲处。隈隩双声,常连用。苕递:通"迢递"。远的样子。陟:登上。陉岘:中间断开的高山。)㊀指水边。谢瞻《王抚军庾西阳集别》诗:"分手东城闉(yīn),发棹西江～。"❷yù 通"燠"。温暖,热。《尚书·尧典》:"厥民～,鸟兽氄(rǒng)毛。"(氄:鸟兽毛细软。)❸通"墺"。可居住的地方。《尚书·禹贡》:"九州攸同,四～既宅。"(宅:用作动词,指盖起房子。)❹通"奥"。室内西南角。《孔子家语·问玉》:"室而无～阼(zuò),则乱于堂室矣。"(阼:堂前东边的台阶,古时迎接宾客的地方。)㊁深。《国语·郑语》:"申、吕方强,其～爱太子,亦必可知也。"(申、吕:姜姓诸侯。)

澳 ào ❶yù 水边。《礼记·大学》:"《诗》云:'瞻彼淇～,菉竹猗(yī)猗。'"(淇:水名。猗猗:美盛的样子。)❷水湾。《宋史·向子諲传》:"曩有司三日一启闸,复作～储水。"㊁可泊船的水湾(后起意义)。《宋史·河渠志六》:"镇江府傍临大江,无港～以容舟楫。"❸刷洗。《世说新语·汰侈》:"王君夫以粭(yí)糒(bèi)～釜。"(粭:饴糖。糒:干饭。)

B

BA

巴 bā ❶［巴蛇］传说中的一种大蛇。《山海经·海内南经》:"～～食象。"❷周代诸侯国,在今四川和重庆东部一带。❸［巴人］民间曲名。张协《杂诗》之五:"阳春无和者,～～皆下节。"本称"下里巴人"。宋玉《对楚王问》:"客有歌于郢中者,其始曰下里～～。"

芭 bā ❶一种香草。屈原《九歌·礼魂》:"成礼兮会鼓,传～兮代舞。"❷芭蕉。张希复《赠诸上人联句》:"乘兴书～叶,闲来入豆房。"❸pā 通"葩"。花。《大戴礼记·夏小正》:"拂桐～。"(拂:拂拭。)

豝 bā 母猪。《诗经·召南·驺虞》:"一发五～。"(发:指射箭。)一说为两岁的猪。

茇 bá ❶草根。《淮南子·地形》:"凡浮生不根～者,生于萍藻。"沈括《梦溪笔谈》卷二五:"见路旁生葪,～甚大。"(葪:草名。)❷在草野中住宿。《诗经·召南·甘棠》:"蔽芾(fèi)甘棠,勿翦勿伐,召(shào)伯所～。"(蔽芾:小的样子。甘棠:杜梨。召伯:指召康公。)❸bèi［茇茇］飞翔的样子。宋玉《九辩》:"左朱雀之～～兮,右苍龙之躣躣(qú qú)。"(朱雀:南方七星宿的合称。苍龙:东方七星宿的合称。躣躣:蜿蜒而行的样子。)

拔 bá ❶拔起,拔出。《韩非子·说林上》:"使十人树之而一人～之。"《史记·秦始皇本纪》:"～剑自杀。"㉃选拔,提拔。《论衡·书虚》:"～宁戚于车下。"李白《与韩荆州书》:"山涛作冀州,甄(zhēn)～三十余人。"(山涛:人名。作冀州:当冀州的长官。甄:审察。)❷突出,超出。《孟子·公孙丑上》:"出于其类,～乎其萃。"成语有"出类拔萃"。李白《梦游天姥吟留别》:"势～五岳掩赤城。"(五岳:我国五座大山。赤城:山名。)❸攻取。《战国策·东周策》:"秦～宜阳。"《史记·魏公子列传》:"～二十城。"❹动摇,改变。《周易·乾》:"乐则行之,忧则违之,确乎其不可～。"成语有"坚韧不拔"。❺迅疾。《礼记·少仪》:"毋～来,毋报往。"❻［拔扈］通"跋扈"。蛮横霸道。张衡《西京赋》:"睢盱(huī xū)～～。"(睢盱:张目仰视。)【辨】拔,擢。见546页"擢"字。

胈 bá 大腿上的毛。《韩非子·五蠹》:"禹之王天下也,身执耒臿以为民先,股无～,胫不生毛。"

軷 bá 祭祀路神。祭后以车轮碾过牲体,以示出行无艰险。《诗经·大雅·生民》:"取羝(dī)以～。"(羝:公羊。)

跋 bá ❶踏草而行或翻山越岭。《左传·襄公二十八年》:"～涉山川。"成语有"跋山涉水"。㉃踩,践踏。《诗经·豳风·狼跋》:"狼～其胡。"(胡:野兽脖子下的垂肉。)❷文体的一种,写在书籍或文章的后面,多用来评价内容或说明写作经过。沈括《梦溪笔谈》卷五:"后人题～多盈巨轴矣。"(题:题写在书籍、文章或书画前面的文字。巨轴:指大卷的著作。)❸［跋扈］蛮横霸道。《后汉书·梁冀传》:"帝少而聪慧,知冀骄横,尝朝群臣,目冀曰:'此～～将军也。'"《北史·齐神武帝纪》:"景专制河南十四年矣,常有飞扬～～志。"(景:侯景,人名。)成语有"飞扬跋扈"。

魃 bá ［旱魃］传说中引起旱灾的鬼怪。《诗经·大雅·云汉》:"～～为虐,如惔(tán)如焚。"(惔:焚烧。)

把 bǎ ❶握,持。《战国策·燕策三》:"臣左手～其袖。"《论衡·顺鼓》:"操刀～杖以击之。"㉃控制,把守。《晏子春秋·谏下》:"然则后世孰将～齐国?"杨万里《松关》诗:"竹林行尽到松关,分付双松为～门。"❷量词。束,把。《三国志·吴书·陆逊传》:"乃敕各持一～茅,以火攻拔之。"(敕:命令。)❸介词。将,把(后起意义)。白居易《戏醉客》诗:"莫～杭州刺史欺。"苏轼《饮湖上初晴后雨》诗:"欲～西湖比西子。"(西子:西施,春秋时代越国有名的美女。)❹pá 通"爬"。扒,搔。《后汉书·戴就传》:"以大针刺指爪中,使以～土,爪悉堕落。"

罢(罷) bà ❶停止。《论语·子罕》:"欲～不能。"《史记·秦始皇本纪》:"秦出兵,五国兵～。"㉃结束,完了。《韩非子·外储说左上》:"及反,市～。"(到他回去时,集市已经散了。)❷罢免,停职。《史记·魏其武安侯列传》:"窦太后大怒,乃～逐赵绾、王臧等。"❸(旧读 bì)散,离散。《墨子·非攻中》:"吴有离～之心。"❹pí 通"疲"。疲劳,疲乏。《孙子兵法·军争》:"劲者先,～者后。"㉃疲沓,无能。与"贤"相对。《荀子·王霸》："无国而不有贤士，无国而不有～士。"（无国：没有一个国家。）

靶 bà ❶ 马笼头。左思《吴都赋》："回～乎行邪，睨观鱼乎三江。"㊀缰绳。《汉书·王褒传》："王良执～。"（王良：古代善驾马者。）❷ 器物的把柄。《北齐书·徐之才传》："又有以骨为刀子～者，五色斑斓。"（班：通"斑"。）㊀弓身的正中，开弓时手执握处。王维《出塞作》诗："玉～角弓珠勒马。"❸ bǎ 箭靶（后起意义）。王实甫《丽春堂》第一折："～内先知箭有功。"

霸（覇） bà ❶ pò 阴历月初时的月光。《汉书·律历志下》："惟四月哉生～。"（哉：始。）这个意义又写作"魄"。❷ 春秋战国时诸侯的盟主。《商君书·更法》："五～不同法而霸。"（五霸：指春秋时齐桓公、晋文公等五个诸侯的盟主。）❸ 做诸侯的盟主。《孟子·公孙丑上》："管仲以其君～。"㊁称霸。《三国志·蜀书·诸葛亮传》："诚如是，则～业可成。"【注意】在古代，"霸"没有蛮横不讲理的意义。

灞 bà 水名。渭水支流，在陕西境内。司马相如《上林赋》："终始～、浐（chǎn），出入泾、渭。"（浐：水名。）

BAI

白 bái ❶ 白色。《荀子·荣辱》："目辨～黑美恶。"（辨：辨别。）㊁纯洁，干净。《韩非子·说疑》："竦（sǒng）心～意。"（竦：恭敬。）㊀天亮。李贺《致酒行》："雄鸡一声天下～。"❷ 清楚，明了。《荀子·天论》："功名不～。"《汉书·贡禹传》："罪～者伏其诛，疑者以与民。"㊁显著。《汉书·冯奉世传》："威功～著，为世使表。"❸ 下对上告诉，陈述。《史记·滑稽列传》："巫妪弟子是女子也，不能～事，烦三老为入～之。"柳宗元《童区寄传》："虚吏～州，州～大府。"（虚吏：管理集市的官吏。）❹ 空白。《旧唐书·苗晋卿传》："而奭（shì）手持试纸，竟日不下一字，时谓之曳（yè）～。"[白丁][白衣][白身]都指没有功名的平民。《隋书·李敏传》："谓公主曰：'李敏何官？'对曰：'一～丁耳。'"《晋书·陶侃传》："侃坐免官，王敦表以侃～衣领职。"（坐：因罪。）高适《送桂阳孝廉》诗："桂阳年少西入秦，数经甲科犹～身。"❺ 徒然，白白地（后起意义）。李白《越女词》五首之四："相看月未堕，～地断肝肠。"❻ 葱、蒜茎部下端白色的部分。《世说新语·俭啬》："及食，啖薤，庾因留～。"❼ 古时罚酒用的酒杯。刘向《说苑·善说》："饮不嚼者，浮以大～。"（嚼：通"釂"。饮尽。浮：罚酒。）

佰 bǎi ❶ 数词"百"的大写。❷（旧读bó）古时军队编制单位，百人为佰。㊀管辖一百人的长官。《史记·陈涉世家》："蹑足行伍之间，俛（fǔ）仰仟～之中。"（参加到队伍里，处在仟长、佰长这样的人中间。仟：管辖一千人的长官。）❸ mò 通"陌"。田间小路。《汉书·匡衡传》："南以闽～为界。"（闽：田界的名称。）

捭 bǎi ❶ 两手分开横击。左思《吴都赋》："拉～摧藏。"❷ bò 通"擘"。掰开，分开。《礼记·礼运》："其燔黍～豚（tún）。"（燔：烧。豚：小猪。）❸［捭阖（hé）］或分开或联合。战国时纵横家的游说之术。《鬼谷子·捭阖》："～～者，天地之道。"成语有"纵横捭阖"。

败（敗） bài ❶ 毁坏，败坏。《诗经·大雅·桑柔》："大风有隧，贪人～类。"（有隧：风势急速的样子。）《韩非子·难一》："法～则国乱。"㊀食物变质变味。《论语·乡党》："鱼馁而肉～，不食。"（馁：指鱼腐烂。）㊁灾害，祸害。《吕氏春秋·孟夏》："（孟夏）行春令，则虫蝗为～。"《礼记·孔子闲居》："四方有～，必先知之。"❷ 失败，打败仗。与"胜"相对。《孙子兵法·军形》："善战者立于不～之地。"㊀把对方打败。《史记·廉颇蔺相如列传》："秦数～赵军。"❸ 衰落，凋残。李商隐《五月六日夜忆往岁与彻师同宿》诗："堕蝉翻～叶，栖鸟定寒枝。"㊕歉年。《穀梁传·庄公二十八年》："丰年补～。"

拜 bài ❶ 一种表示恭敬的礼节。《左传·僖公三十二年》："卜偃使大夫～。"（卜偃：人名。）《史记·绛侯周勃世家》："介胄（zhòu）之士不～，请以军礼见。"（介胄之士：穿铠甲戴战盔的军人。）㊁谒见，拜见。《论语·阳货》："孔子时其亡也，而往～之。"（时其亡：等到他不在家的时候。）❷ 授给官职。《三国志·蜀书·诸葛亮传》："～亮为丞相。"又"拜官"为旧时常用语。❸ 拔。《诗经·召南·甘棠》："勿剪勿～。"

稗 bài ❶ 稗子，稻田里的一种杂草。《潜夫论·述赦》："养稊（tí）～者，伤禾稼。"（稊：类似稗的植物。）这个意义又写作"粺"。❷ 微小的，琐细的。[稗官]小官。《汉书·艺文志》："小说家者流，盖出于～～。"（流：这一类的。）后来用作小说或小说家的代称。[稗史]记述遗闻琐事的书。如元代仇远著《稗史》一卷。有别于正史，故称稗史。

粺 bài ❶一种精米。《诗经·大雅·召旻》："彼疏斯～，胡不自替？"（疏：粗米。斯：此。）❷通"稗"。稗子。《孔子家语·相鲁》："若其不具，是用秕（bǐ）～。"（秕：不饱满的谷粒。）

BAN

肦 bān ❶fén 头大。元稹《望云骓马歌》："骥～驴骡少颜色。"❷颁赐。《仪礼·聘礼》："～肉及廋（sōu）、车。"（廋：廋人，养马官。）

颁（頒） bān ❶fén 头很大的样子。《诗经·小雅·鱼藻》："有～其首。"（有：形容词词头。）❷公布，颁布。《礼记·明堂位》："制礼作乐，～度量，而天下大服。"《宋史·律历志》："诏太史局更造新历～之。"（更造：重新制作。）㉡颁发，赐予。《宋史·岳飞传》："凡有～犒，均给军吏，秋毫不私。"（秋毫：比喻微小。）❸［颁白］通"斑白"。鬓发花白。喻指老人。《孟子·梁惠王上》："谨庠序之教，申之以孝悌之义，～～者不负戴于道路矣！"

班 bān ❶分玉。《尚书·舜典》："～瑞于群后。"（瑞：瑞玉，古代一种作为凭证的玉。群后：众诸侯。）㉡分开，摊开。《左传·襄公二十六年》："～荆相与食。"（把荆条摊在地上一起坐着吃饭。）李白《送友人》诗："挥手自兹去，萧萧～马鸣。"（班马：离群的马。）❷颁布。《吕氏春秋·仲夏》："～马正。"（正：政。颁布养马的政令。）《后汉书·崔骃传》："强起～春。"（勉强出来颁布春天的政令。）❸排列。《韩非子·存韩》："～位于天下。"㉡等级，次第。《隋书·百官志》："徐勉为吏部尚书，定为十八～。"（吏部尚书：官名。）㉡等同。《孟子·公孙丑上》："伯夷、伊尹于孔子，若是～乎？"❹返回。［班师］调回出去打仗的军队，也指出征的军队胜利归来。《尚书·大禹谟》："～～振旅。"《左传·襄公十年》："请～～。"❺通"斑"。杂色。屈原《离骚》："～陆离其上下。"（陆离：色彩繁杂的样子。）［班白］鬓发花白。喻指老人。《韩非子·外储说左下》："～～者多以徒行。"（徒行：步行。）

斑 bān ❶杂色的花纹或斑点。《晋书·王献之传》："管中窥豹，时见一～。"（从竹管里看豹，有时也能看见豹身上的一块斑纹。）［斑斓］色彩错杂鲜明的样子。王嘉《拾遗记·岱舆山》："玉梁之侧，有～～自然云霞龙凤之状。"又写作"斑兰"、"斒斓"。❷头发花白。李白《南都行》："谁识卧龙客，长吟愁鬓～。"［斑白］鬓发花白。喻指老人。《礼记·祭义》："～～者不以其任行乎道路。"陶潜《桃花源诗》："童孺纵行歌，～～欢游诣（yì）。"

般 bān ❶pán 旋转。常"般旋"、"般桓"、"般还"连用。《礼记·投壶》："宾再拜，受，主人～还。"㉢游乐。张衡《思玄赋》："惟～逸之无斁（yì）兮，惧乐往而哀来。"（斁：厌倦。）❷pán 通"磐"。山石。《汉书·郊祀志上》："鸿渐于～。"❸搬运。《旧唐书·裴延龄传》："若市送百万围草，即一府百姓，自冬历夏，～载不了。"这个意义后来写作"搬"。❹样，种类。张鷟《游仙窟》："一种天公，两～时节。"李煜《相见欢》词："别是一～滋味在心头。"❺通"班"。1. 分给。《墨子·尚贤中》："～爵以贵之，裂地以封之。"2. 还，回。《汉书·赵充国传》："明主～师罢兵。"3. 分布。《汉书·礼乐志》："先以雨，～裔裔。"（裔裔：散布的样子。）❻通"斑"。1. 斑纹。《周礼·天官·内饔》："马黑脊而～臂，蝼。"2. 杂乱。《汉书·贾谊传》："～纷纷其离此邮兮。"

瘢 bān 伤疤。《汉书·朱博传》："视其面，果有～。"㉡毛病，缺点。《后汉书·赵壹传》："所好则钻皮出其毛羽，所恶则洗垢求其～痕。"

斒 bān ［斒斓（lán）］灿烂多彩。元稹《台中鞫狱忆开元观旧事》诗："文章甚～～。"

阪 bǎn ❶山坡。《诗经·小雅·伐木》："伐木于～。"这个意义又写作"坂"。❷山腰小道。曹操《苦寒行》："羊肠～诘屈，车轮为之摧。"❸［阪田］土质坚硬不肥沃的田。《诗经·小雅·正月》："瞻彼～～。"（瞻：看。）

坂（岅、阪） bǎn 山坡。《后汉书·皇甫嵩传》："若欲辅难佐之朝，雕朽败之木，是犹逆～走丸。"李白《北上行》："汲水涧谷阻，采薪陇～长。"（薪：柴。）"坂"又写作"阪"。

板 bǎn ❶木板。《诗经·秦风·小戎》："在其～屋，乱我心曲。"㊕筑墙用的夹板。《史记·黥布列传》："项王伐齐，身负～筑，以为士卒先。"（筑：捣土的杵。）㉢板状物。《朱子语类》卷二七："千部万部虽多，只是一个印～。"❷诏板。帝王的诏书或官府文件。《后汉书·杨赐传》："念官人之重，割用～之恩。”[引]以板授官。《南齐书·褚炫传》：“～炫补五官。”❸笏板，官吏上朝时所持的手板。《后汉书·礼仪中》：“八能士各书～言事。”❹板结，结成硬块。《天工开物》卷一：“遇大雨～土，则不复生。”❺［板板］邪僻，反常。《诗经·大雅·板》：“上帝～～，下民卒瘅。”（卒、瘅：都指因劳致病。）

版 bǎn ❶筑土墙用的夹板。《诗经·大雅·绵》：“其绳则直，缩～以载。”《汉书·英布传》：“身负～筑。”（筑：木杵，筑墙时用以夯实土。）❷古时写字用的木片。《世说新语·方正》：“谢送～使王题之。”（谢：指谢安。王：指王献之。）❸图籍。《论语·乡党》：“式负～者。”（式：同“轼”。伏轼行礼。）[又]名册和户籍。柳宗元《梓人传》：“又其下皆有啬（sè）夫～尹。”（啬夫：官名。版尹：管理名册户籍的官。）［版图］户籍和地图。《周礼·天官·小宰》：“听闾里以～～。”（乡里之中对土地有争议者依照户籍和地图判决。听：判决诉讼。）[泛]国家的疆域。周昂《翠屏口》诗七首之三：“不须惊异域，曾在～～中。”❹古代大臣上朝时拿着的手板。《后汉书·范滂传》：“滂怀恨，投～弃官而去。”

蝂 bǎn ［蝜（fù）蝂］见122页“蝜”字。

办（辦） bàn ❶办理，治理。《管子·中匡》：“民～军事矣，则可乎？”《史记·项羽本纪》：“每吴中有大繇（yáo）役及丧，项梁常为主～。”（主：主持。）[引]处罚，惩办。《三国志·蜀书·费祎传》：“君信可人，必能～贼者也。”（君信可人：您确实是合适的人。）❷备办，做成。《后汉书·彭宠传》：“趣为诸将军～装。”（趣：赶快。）《晋书·石崇传》：“为客作豆粥，咄嗟（duō jiē）便～。”（咄嗟：仓促，很快的意思。）

半 bàn ❶二分之一，一半。《庄子·天下》：“一尺之捶，日取其～，万世不竭。”（捶：通“棰”。短木棍。竭：尽。）成语有“半壁江山”。[引]中，中间。《世说新语·任诞》：“或回至～路却返。”成语有“半途而废”。❷pàn 大块。《汉书·李陵传》：“令军士人持二升糒（bèi），一～冰。”（糒：干饭。）

伴 bàn 伙伴，伴侣。《三国志·蜀书·李严传》：“吾与孔明俱受寄托，忧深责重，思得良～。”吴融《倒次元韵》：“南陌来寻～。”（陌：道路。）[引]陪着，陪伴。《北史·李崇传》：“庶妻，元罗女也，庶亡后，岳使妻～之寝宿。”胡铨《戊午上高宗封事》：“天下望治，有如饥渴，而近～食中书，漫不敢可否事。”（近：人名。中书：官署名。）

拌 bàn ❶pàn 分开，剖开。《吕氏春秋·论威》：“今以木击木则～，以水投水则散。”《史记·龟策列传》：“镌石～蚌，传卖于市。”❷搅和。贾思勰《齐民要术·作豉法》：“细磨为面，以水～而蒸之。”

绊（絆） bàn ❶拴系马足的绳索。[泛]拴鸟兽的绳索。傅玄《鹰赋》：“饰五采之华～。”[又]用绳索拴住马足。《淮南子·俶真》：“是犹两～骐骥而求其致千里也。”❷约束，牵制。杜甫《曲江》诗之一：“细推物理须行乐，何用浮荣～此身？”

靽 bàn 套在马后部的皮带。《左传·僖公二十八年》：“晋车七百乘，韅（xiǎn）、靷（yǐn）、鞅、～。”（韅：马腹部的皮带。靷：马胸部的皮带。鞅：马颈部的皮带。）

BANG

邦（邦） bāng ❶诸侯的封国。《诗经·大雅·皇矣》：“王（wàng）此大～。”（王：指统治。）[引]分封。《墨子·非攻下》：“唐叔与吕尚～齐、晋。”柳宗元《封建论》：“周有天下，裂土田而瓜分之，设五等，～群后。”（邦群后：分封了许多诸侯。后：指诸侯。）❷国家。《论语·子路》：“一言而可以兴～。”杜甫《送顾八分文学适洪吉州》诗：“～以民为本。”

榜¹ bǎng ❶péng 矫正弓弩的工具。《韩非子·外储说右下》：“～檠（qíng）矫直。”（榜檠是用来矫直的。檠：矫正弓弩的工具。）❷péng 古代一种刑罚，捶击，捶打。司马迁《报任安书》：“受～箠。”（箠：鞭打。）❸告示，或特指公布应试录取名单的告示。《后汉书·崔骃传》：“灵帝时，开鸿都门～卖官爵。”《新唐书·安禄山传》：“诡言奉密诏讨杨国忠，腾～郡县。”（腾：传。）“告示”义又写作“牓”。❹木片，木板。《宋书·邓琬传》：“会琬送五千片～供胡军用。”[特]指匾额。《世说新语·巧艺》：“魏明帝起殿，欲安～，使仲将登梯题之。”（仲将：韦诞字仲将。）“匾额”义又写作“牓”。❺bèng 划船的工具。屈原《九章·涉江》：“乘舲船余上沅兮，齐吴～以击汰。”（舲船：有窗的小船。齐：同时并举。吴：通“艘”。船。汰：水的波纹。）[又]指代船。李贺《马》诗之十：“催～渡乌江。”[又]划船。《寒山诗》二十四：“快～三翼舟，善乘千里马。”

榜²（牓） bǎng ❶题榜，匾额。杜甫《八哀诗·故著作郎贬台州司户荥阳郑公虔》："文传天下口，大字犹在～。"❷ 告示。《北齐书·马嗣明传》："从驾往晋阳，至辽阳山中，数处见～。"㊂张贴告示。孟郊《织妇辞》："官家～村路，更索栽桑树。"

棓 bàng ❶ 一种农具，即连枷。扬雄《方言》卷五："佥，……或谓之度，自关而西谓之～。"郭璞注："今连枷，所以打谷者。"❷ 棍棒。《淮南子·诠言》："羿(yì)死于桃～。"(羿：后羿，古代传说中善于射箭的人。)㊂以棒打人。《战国策·秦策三》："勾践终～而杀之。"按："棓"是"棒"的本字。

蜯 bàng 同"蚌"。河蚌。《韩非子·五蠹》："民食果蓏(luǒ)～蛤，腥臊恶臭而伤害腹胃。"(蓏：瓜类植物的果实。)

傍 bàng ❶ 靠近，临近。《木兰诗》："双兔～地走，安能辨我是雄雌？"李颀《古从军行》："黄昏饮马～交河。"(交河：河名。)双音词有"傍晚"。㊀依靠，依附。《晋书·王彪之传》："公阿衡皇家，便当倚～先代耳。"(阿衡：指辅佐。倚：依仗。) ❷ páng 通"旁"。旁边，侧边。《史记·滑稽列传》："执法在～，御史在后。"《北史·周宗室传》："俄而水～有一小鸟，显和射中之。"(俄而：一会儿。显和：人名。)

谤(謗) bàng ❶ 公开指责别人的过失。《国语·周语上》："厉王虐，国人～王。"(厉王：周厉王。) ❷ 毁谤。《史记·屈原贾生列传》："信而见疑，忠而被～。"(信而见疑：诚实却被人怀疑。)双音词有"谤议"。【辨】谤，诽，讥。这三个字都是指责别人的过错或短处。但是，"谤"一般指公开地指责；"诽"是背地里议论、嘀咕；"讥"是微言讽刺。

BAO

包 bāo ❶ 裹。《诗经·召南·野有死麕》："野有死麕(jūn)，白茅～之。"(麕：一种野兽。白茅：一种草。)㊀包围，围绕。郦道元《水经注·河水》："河水分流，～山而过。"❷ 包括，包容。郭璞《江赋》："总括汉、泗，兼～淮、湘。"(汉、泗、淮、湘：水名。)㊂囊括。李斯《谏逐客书》："～九夷，制鄢、郢。"❸ 量词。《后汉书·杨由传》："五官掾(yuàn)献橘数～。"(五官掾：官名。)❹ 通"苞"。草木丛生、茂盛。《尚书·禹贡》："草木渐～。"❺ páo 通"庖"。厨房。《周易·姤》："～有鱼，无咎，不利宾。"

苞 bāo ❶ 席草，可编织席子和草鞋。司马相如《子虚赋》："其高燥则生葴(zhēn)菥(sī)～荔。"(葴、菥、荔：均草名。) ❷ 草木丛生，茂盛。《诗经·曹风·下泉》："洌彼下泉，浸彼～稂(láng)。"(洌：冷。稂：一种野草。)㊂草木的根或茎。《诗经·商颂·长发》："～有三蘖。"❸ 花苞。谢灵运《酬从弟惠连》诗："山桃发红萼，野蕨(jué)渐紫～。"❹ 通"包"。包，裹。《荀子·非十二子》："恢然如天地之～万物。"

胞 bāo ❶ 胎衣。《论衡·四讳》："人之有～，犹木实之有扶也。包裹儿身，因与俱出。"[同胞]同父母所生的。《汉书·东方朔传》："～～之徒，无所容居，其故何也？"❷ páo 通"庖"。祭祀时割肉的小吏。《礼记·祭统》："～者，肉吏之贱者也。"㊂厨师。《庄子·庚桑楚》："汤以～人笼伊尹。"❸ pāo 通"脬"。膀胱。嵇康《与山巨源绝交书》："每常小便而忍不起，令～中略转乃起耳。"

褒(襃) bāo ❶ 衣襟宽大。《淮南子·氾论》："岂必～衣博带句(gōu)襟委章甫哉？"(句襟：圆领衣。委：委貌冠。章甫：一种礼帽。)李白《嘲鲁儒》诗："秦家丞相府，不重～衣人。"㊀广大。《淮南子·主术》："是故得道者不为丑饰，不为伪善，一人被之而不～，万人蒙之而不褊。"❷ 表扬，赞扬。与"贬"相对。《汉书·王成传》："宣帝最先～之。"❸ 古国名。《史记·周本纪》："幽王嬖爱～姒。"(褒姒：褒国的女子，姓姒。)

宝(寶、寳) bǎo ❶ 宝物，珍贵的东西。《礼记·檀弓上》："南宫敬叔反，必载～而朝。"(反：返。)《史记·李斯列传》："今陛下致昆山之玉，有随、和之～。"(随：指随侯珠。和：指卞和璧。)㊃可贵的方法、东西。《老子·六十七章》："我有三～，持而保之。"佛教有"法宝"一词。㊂珍贵。《荀子·富国》："佩～玉。"❷ 视……为宝，珍爱。《尚书·旅獒》："不～远物，则远人格；所～惟贤，则迩人安。"(迩：近。) ❸ 封建社会里称帝王的东西。如"宝位"、"宝驾"。㊕皇帝的印。《新唐书·车服志》："至武后，改诸玺皆为～。"【辨】珍，宝。见524页"珍"字。

保 bǎo ❶ 抱。《尚书·召诰》："夫知～抱携持厥妇子，以哀吁天。"㊀抚养。《尚书·康诰》："若～赤子。"(赤子：初生的婴儿。)㊀安抚，安定。《盐铁论·地广》："以宽徭役，～士民。"[保氏]古时负责教育宫廷、贵族子弟的官员称保或保氏。《周礼·地官·保氏》："～～掌谏王恶，而养国子以道，乃教之六艺。"❷ 守住，保住，保全，保护。

B

《史记·秦始皇本纪》："阻其山以～魏之河内。"（河内：地名。）《左传·昭公八年》："民力雕尽……莫～其性。"（雕尽：竭尽。性：性命。）㊁保持。贾思勰《齐民要术·耕田》："立春～泽，冻虫死，来年宜稼。"（泽：湿润。稼：种庄稼。）❸ 保证，担保。《管子·小匡》："故卒伍之人，人与人相～。"（卒伍：指居住单位。）㊁户籍编制单位。《隋书·食货志》："制人五家为～，～有长。"❹ 仆役。《史记·季布栾布列传》："（布）穷困，赁（lìn）佣于齐，为酒人～。"（赁佣：为人雇用。齐：国名。）❺ 小土城。《庄子·盗跖》："所过之邑，大国守城，小国入～。"（邑：城市。）这个意义后来写作"堡"。❻ 通"褓"。婴儿的被子。《后汉书·桓荣传》："昔成王幼小，越在襁～。"

葆 bǎo ❶ 草木茂盛。《汉书·燕刺王旦传》："头如蓬～，勤苦至矣。"❷ 一种把羽毛挂在竿头制成的仪仗，常用在车上。张衡《西京赋》："垂翟～，建羽旗。"（翟：雉的羽毛。）❸ 通"保"。保全，保护。《墨子·号令》："尽～其老弱粟米畜产。"㊀保姆。《管子·入国》："五幼又予之～。"（五幼：指五个孤儿。予：给。）❹ 通"宝"。珍贵。《史记·乐书》："天子之～龟也。"❺ 通"保（堡）"。小土城。《史记·匈奴列传》："匈奴右贤王入居河南地，侵盗上郡～塞蛮夷，杀略人民。"❻ 通"褓"。婴儿的被子。《史记·鲁周公世家》："武王既崩，成王少，在强～之中。"（"强葆"即"襁褓"。）

堡 bǎo 城堡，小土城。《晋书·苻登载记》："各聚众五千，据险筑～以自固。"

褓（緥） bǎo 婴儿的被子。刘绩《征夫词》："但视～中儿。"（但：只。）［襁褓］见 330 页"襁"字。

鸨（鴇） bǎo ❶ 鸟名，比雁略大的一种鸟。《诗经·唐风·鸨羽》："肃肃～羽，集于苞栩（xǔ）。"（肃肃：鸟振羽声。苞：丛生。栩：柞树。）❷ 通"駂"。黑白杂色的马。《诗经·郑风·大叔于田》："叔于田，乘（chéng）乘（shèng）～。"（田：打猎。）

报（報） bào ❶ 断狱，判决罪人。《韩非子·五蠹》："以为直于君而曲于父，～而罪之。"（直于君：对君主正直。曲于父：对父亲不正直。报而罪之：判决而治他罪。）❷ 报答，报复。《诗经·卫风·木瓜》："投我以木桃，～之以琼瑶。"《左传·成公三年》："无怨无德，不知所～。"成语有"报仇雪恨"。㊁报效。王勃《滕王阁序》："孟尝高洁，空怀～国之情。"㊀古人认为"天"或"鬼神"的报应。如"善报"、"恶报"。❸ 报告，告知。《史记·蒙恬列传》："使者还～。"李贺《秦王饮酒》诗："宫门掌事～一更。"❹ 回信，答复。司马迁《报任安书》："阙然久不～，幸勿为过。"❺ 酬劳。《论衡·祭意》："～功以勉力，修先以崇恩。"（报功：酬报有功之人。）❻ 祭名。用以答谢神的恩德。《诗经·小雅·甫田》："～以介福，万寿无疆。"（介：求助。）

抱 bào ❶ 抱着。《诗经·卫风·氓》："氓之蚩蚩，～布贸丝。"《史记·滑稽列传》："即使吏卒共～大巫妪（yù）投之河中。"（即：就。使：命令。大巫妪：老巫婆。）㊀扶持。《吕氏春秋·下贤》："周公旦～少主而成之。"㊀环绕。杜甫《江村》诗："清江一曲～村流，长夏江村事事幽。"❷ 怀抱，怀有。《后汉书·蔡邕传》："或有～罪怀瑕，与下同疾，纲网弛纵，莫相举察。"王安石《上皇帝万言书》："常～边疆之忧。"❸ 胸怀。《宋书·范晔传》："然区区丹～，不负夙心。"韦应物《寒食日寄诸弟》诗："念离独伤～。"（离：离别。）❹ 两臂合抱的距离。《史记·司马相如列传》："槐檀木兰，豫章女贞，长千仞，大连～。"（女贞：木名。）

鲍（鮑） bào ❶ 盐渍鱼。《史记·货殖列传》："～千钧。"㊁干鱼。《周礼·天官·笾人》："朝事之笾，其实……～鱼、鱐（sù）。"（鱐：干鱼。）❷ 鳆鱼的别称，即石决明。徐珂《清稗类钞·动物类》："鳆，亦称～鱼。"❸ 通"鞄"。鞣制皮革的工匠。《周礼·考工记》："攻皮之工：函、～、韗（yùn）、韦、裘。"（韗：制鼓工匠。）

暴 bào ❶ pù 晒。《孟子·滕文公上》："秋阳以～之。"《汉书·王吉传》："夏则为大暑之所～炙。"（炙：烤。）成语有"一暴十寒"。这个意义后来又写作"曝（pù）"。㊀暴露，显露。司马迁《报任安书》："其所摧败，功亦足以～于天下矣。"❷ 凶恶残酷。《商君书·错法》："不畏强～。"㊁残暴的人。《论衡·逢遇》："武王诛残，太公讨～。"成语有"安良除暴"。❸ 又猛又急的。《礼记·月令》："行夏令，则国多～风。"㊀突然。《史记·扁鹊仓公列传》："太子病血气不时，交错而不得泄，～发于外，则为中害。"又如"暴雷"、"暴病"。❹ 欺凌，损害。《庄子·盗跖》："自是之后，以强凌弱，以众～寡。"《世说新语·自新》："并皆～犯百姓。"❺ 徒手搏击。《诗经·小雅·小旻》："不敢～虎，不敢冯（píng）河。"（冯河：徒步过河。）

虣 bào ❶ 猛兽。鲍照《芜城赋》："伏～藏虎。"❷ 通"暴"。徒手行猎。左思

《吴都赋》："～虦(hán)虪(shù)。"(虦：白虎。虪：黑虎。)⊗暴虐。《周礼·地官·大司徒》："以刑教中，则民不～。"(中：中正。)⊗突然。《后汉书·五行志三》："河南新城山水～出，突坏民田。"

BEI

陂 bēi ❶山坡，斜坡。《庄子·外物》："青青之麦，生于陵～。"陆游《思故山》诗："～南～北鸦阵黑，舍西舍东枫叶赤。"❷水边，水岸。《诗经·陈风·泽陂》："彼泽之～，有蒲与荷。"(泽：水聚集的地方。)《国语·越语下》："故滨于东海之～。"❸池塘，水泽。《盐铁论·贫富》："夫寻常之污，不能溉～泽。"(小水坑里的水，不能灌满大的池泽。污：小水坑。)《淮南子·说林》："十顷之～，可以灌四十顷。"❹bì 倾斜，不平。《周易·泰》："无平不～，无往不复。"❺bì 通"詖"。邪恶。《荀子·成相》："险～倾侧。"(险：奸险。倾侧：不正。)❻pō［陂陁(tuó)］倾斜不平的样子。司马相如《哀秦二世赋》："登～～之长阪兮。"(阪：山坡。)又写作"陂陀"。

卑 bēi ❶低下，卑贱。《礼记·中庸》："譬如登高必自～。"诸葛亮《出师表》："先帝不以臣～鄙，猥自枉屈，三顾臣于草庐之中。"(先帝：指刘备。鄙：见识短浅。)㊀贬低。《韩非子·有度》："～主之名以显其身。"(名：名声。显：显示。)《左传·僖公二十三年》："秦晋匹也，何以～我？"❷地势低。《史记·屈原贾生列传》："贾生既辞往行，闻长沙～湿。"❸衰微，衰弱。《国语·周语上》："王室其将～乎。"《史记·李斯列传》："自秦孝公以来，周室～微，诸侯相兼。"(相兼：互相吞并。)❹bǐ 通"俾"。使。《荀子·宥坐》："～民不迷。"

碑 bēi ❶古时宫、庙门前用来观测日影及拴牲畜的竖石。《礼记·祭义》："君牵牲……既入庙门，丽于～。"(丽：系，拴。)⊗墓穴旁引棺下葬用的木柱或石柱。《礼记·丧大记》："君葬用輴(chūn)，四綍(fú)二～。"(輴：载棺柩的车。綍：引棺的大绳。)❷石碑。石上刻着文字，作为纪念物或标记，也用以刻文告。秦代称刻石，汉以后称碑。《后汉书·祢衡传》："(黄射)尝与衡俱游，共读蔡邕所作～文。"刘勰《文心雕龙·诔碑》："自后汉以来，～碣(jié)云起。"(碣：石碑。)

北 běi ❶bèi 相背。《尚书·舜典》："庶绩咸熙，分～三苗。"(庶绩咸熙：众人功绩都大。三苗：古部族名。)《战国策·齐策六》："士无反～之心。"❷北方。《诗经·邶风·北门》："出自～门，忧心殷殷。"(殷殷：忧伤的样子。)❸打了败仗往回跑。《孙子兵法·军争》："佯～勿从。"(敌人假装逃跑，不能追赶。)《史记·项羽本纪》："未尝败～。"

贝(貝) bèi ❶贝壳类动物。《史记·司马相如列传》："罔玳瑁，钓紫～。"⊗贝壳。《荀子·大略》："玉～曰唅。"(把玉石贝壳放在死人嘴里叫作唅。)❷古代的货币。《汉书·食货志下》："大～四寸八分以上，二枚为一朋，直二百一十六。"(直：值。)

呗(唄) bèi 梵文译音。意为"赞叹"，本指以短偈形式赞唱宗教颂歌。㊁诵经，诵经声。慧皎《高僧传·经师论》："天竺方俗，凡是歌咏法言，皆称为呗。"刘长卿《秋夜北山精舍观体如师梵》诗："焚香奏仙～，向夕遍空山。"

狈(狽) bèi ［狼狈］见236页"狼"字。

孛 bèi ❶彗星出现时光芒四射的样子，因以为彗星的别称。《公羊传·昭公十七年》："有星～于大辰。～者何？彗星也。"❷通"悖"。悖乱，相冲突。《路史·次民氏》："类不～，虽久同理。"

悖[1] bèi ❶违背，相冲突。《周易·颐》："十年勿用，道大～也。"《韩非子·定法》："故新相反，前后相～。"这个意义又写作"誖"。㊀背叛，叛乱。《史记·匈奴列传》："高后时单于书绝～逆。"❷谬误，荒谬。《公孙龙子·白马论》："此天下之～言乱辞也。"《荀子·强国》："若是其～缪也，而求有汤、武之功名，可乎？"❸惑乱，糊涂。《战国策·楚策四》："先生老～乎？"❹遮蔽。《庄子·胠箧》："故上～日月之明。"❺bó 通"勃"。兴起的样子。《左传·庄公十一年》："禹、汤罪己，其兴也～焉。"［悖然］突然的样子。《韩非子·内储说下》："王～～怒曰：'劓(yì)之！'御因揄(yú)刀而劓美人。"(揄刀：拿刀。)

悖[2](誖) bèi 违背。《汉书·礼乐志》："礼乐政刑四达而不～，则王道备矣。"

邶 bèi 周朝诸侯国名，在今河南淇县以北、汤阴东南一带。《诗经》"国风"中有"邶风"，即邶地民歌。《左传·襄公二十九年》："请观于周乐……为之歌《～》、《鄘》、《卫》。"

B

背 bèi ❶ 脊背。《盐铁论·利议》:"议论无所依,如膝痒而搔～。"(依:根据。)㉒物体的背面,反面。《史记·绛侯周勃世家》:"狱吏乃书牍～示之。"(书:写。牍:公文。示之:给他看。)㉑背后,背地里。《庄子·盗跖》:"好面誉人者,亦好～而毁之。" ❷ 背对着。与"向"相对。《周礼·秋官·司仪》:"不正其主面,亦不～客。"柳宗元《唐铙歌鼓吹曲·铁山碎》:"～北海,专坤隅。"(专坤隅:独占大地的一方。)这个意义有时又写作"偝"。❸ 违反,违背。贾谊《治安策》:"若其它～理而伤道者,难遍以疏举。"(疏举:分条列举。)㉑背叛。《史记·高祖本纪》:"布果～楚。"(布:人名。果:果然。) ❹ 背离,离开。《汉书·食货志上》:"时民近战国,皆～本趋末。"曹植《洛神赋》:"～伊阙,越轘辕。"(伊阙、轘辕:地名。越:越过。) ❺ 背诵,凭记忆念出。周必大《承务郎胡君泳墓志铭》:"六岁随先生谪新州,已能～诵《春秋》。" ❻ bēi 背负。李商隐《李长吉小传》:"～一古破锦囊,遇有所得,即书投囊中。"这个意义后来写作"揹",现又简化为"背"。

偝 bèi 同"背"。背向。《荀子·非相》:"乡(xiàng)则不若,～则谩之。"(乡:面向。)㉑背弃。《礼记·坊记》:"利禄先死者而后生者,则民不～。"

鞁 bèi 鞍辔等车驾具的统称。《国语·晋语九》:"吾两～将绝,吾能止之。"(绝:断。)

精 bèi 干粮。《汉书·李陵传》:"令军士人持二升～,一半冰。"贾思勰《齐民要术·飧饭》:"五月多作～,以供出入之粮。"

鞴 bèi ❶ 把鞍辔等套在马身上。杜甫《短歌行赠四兄》:"长安秋雨十日泥,我曹～马听晨鸡。"(曹:辈。) ❷ bài 皮革制的鼓风囊。陈亮《贺新郎·酬辛幼安再用韵见寄》:"天地洪炉谁扇～?" ❸ bù [鞴靫(chā)]盛箭器。刘祁《征妇词》:"恨妾不为金～～,在君腰下随风埃。"

备(備、俻) bèi ❶ 完备,齐全。《荀子·天论》:"养～而动时,则天不能病。"(衣食齐备充足,又按时活动,那么天也不能使人生病。养:给养,指衣食。)成语有"德才兼备"、"求全责备"。❷ 防备,准备。《孙子兵法·计》:"攻其无～,出其不意。"杜甫《石壕吏》诗:"犹得～晨炊。"(还来得及准备早饭。)成语有"常备不懈"。㉑事先的准备,措施。《韩非子·五蠹》:"事异则～变。"(世上的事情变了,治理的措施就要改变。)【辨】完,备。这两个字都有"全"的意思,但侧重点不同。"备"着重在数量,有"应有尽有"的意思,"养备而动时"不能换成"养完而动时"。"完"着重在完整,杜甫《石壕吏》"出入无完裙",不能换成"出入无备裙"。

惫(憊) bèi 疲乏,困顿。《周易·既济》:"三年克之,～也。"㉑衰惫,憔悴。《庄子·让王》:"孔子穷于陈蔡之间,七日不火食,藜羹不糁(sǎn),颜色甚～。"(不糁:不加米粒。)王安石《送僧无惑归鄱阳》诗:"晚扶衰～寄人间。"(扶衰惫:指勉强支撑着衰老疲惫的身体。寄:寄居。)

倍 bèi ❶ 跟原数相同的数,一倍。《汉书·食货志上》:"田租口赋,盐铁之利,二十～于古。"㉒加倍,更加。《墨子·号令》:"皆～其爵赏。"王维《九月九日忆山东兄弟》诗:"独在异乡为异客,每逢佳节～思亲。" ❷ 背向,背着。《史记·淮阴侯列传》:"右～山陵。"(右:右面。)《淮南子·人间》:"单豹～世离俗,岩居谷饮,不衣丝麻,不食五谷。"(倍世:指脱离社会。)㉑违背。《荀子·天论》:"～道而妄行,则天不能使之吉。"(道:自然规律。)㉒背叛,反叛。《史记·楚世家》:"～齐而合秦。"

被 bèi ❶ 被子。宋玉《招魂》:"翡翠珠～,烂齐光些。"(些:语气词。)㉑覆盖。张衡《东京赋》:"芙蓉覆水,秋兰～涯。" ❷ 施及,加于……之上。《尚书·尧典》:"光～四表。"(四表:四海之外。)《荀子·不苟》:"去乱而～之以治。"㉑蒙受,遭受。《墨子·尚贤中》:"下施之万民,万民～其利。"《汉书·赵充国传》:"身～二十余创。"(创:伤。) ❸ 介词。表示被动。《史记·屈原贾生列传》:"信而见疑,忠而～谤。" ❹ pī 通"帔"。披在肩上的披风或斗篷。《左传·昭公十二年》:"王见之,去冠、～,舍鞭,与之语。"这个意义后来写作"帔"。㉒用作动词,披在身上或穿在身上。《论语·宪问》:"微管仲,吾其～发左衽矣。"《史记·陈涉世家》:"将军身～坚执锐。"(坚:指坚固的铠甲。锐:指锐利的兵器。) ❺ pī [被离]分散的样子。屈原《九章·哀郢》:"忠湛湛而愿进兮,妒～～而鄣之。"(湛湛:忠厚的样子。进:被进用。妒:指妒忌的人。鄣:同"障"。阻挡。)上述❹之㉒及❺后来写作"披"。【辨】衾,被。见334页"衾"字。

辈(輩) bèi ❶ 某一等级、某一类别的人或物。《史记·孙子吴起列传》:"马有上、中、下～。"《世说新语·政事》:"若不容置此～,何以为京都?" ❷ 放在数字后面，表示同类的人或物的多数。孙樵《书褒城驿壁》："一岁宾至者不下数百～。"（岁：年。宾：客人。）❸代，辈分（后起意义）。《晋书·吐谷浑传》："当在汝之子孙～耳。"❹批。《史记·张耳陈餘列传》："使者往十余～辄死，若何以能得王？"

BEN

奔（奔） bēn ❶跑。屈原《离骚》："忽～走以先后兮，及前王之踵武。"（踵武：追随足迹，指继承事业。）㊕战败逃跑。《左传·成公十六年》："臣之卒实～，臣之罪也。"❷逃亡。《左传·隐公元年》："五月辛丑，大叔出～共。"（大叔：指共叔段。共：地名。）《韩非子·难四》："鲁阳虎欲攻三桓，不克而～齐。"（阳虎：人名。三桓：指鲁国季孙、孟孙和叔孙三家。克：攻下。齐：指齐国。）❸旧时把女子不依照旧礼教的规定而私自投奔所爱的男子称为"奔"。《史记·司马相如列传》："文君夜亡～相如。"（文君：指卓文君。亡：逃跑。）

贲（賁） bēn ❶bì 装饰，打扮。《诗经·小雅·白驹》："皎皎白驹，～然来思。"（白色的小马，打扮得很美来到这里。）❷通"奔"。奔走。《荀子·强国》："下比周～溃以离上矣。"（下面的人相互勾结奔走溃散离开了国君。比周：勾结。）❸指孟贲，古代勇士。《战国策·楚策三》："～、诸怀锥刃，而天下为勇。"（诸：指专诸，古代勇士。）❹［虎贲］勇士。《尚书·牧誓》："武王戎车三百两，～～三百人。"（戎车：战车。两：辆。）❺fén 大。《诗经·大雅·灵台》："～鼓维镛（yōng）。"（维：语气词。镛：大钟。）

犇 bēn "奔"的古字。奔跑。《荀子·议兵》："劳苦烦辱则必～。"也用于人名。

本 běn ❶草木的根或茎干。《国语·晋语一》："伐木不自其～，必复生。"㊀根源，来源。《礼记·乐记》："乐者，音之所由生也，其～在人心之感于物也。"《韩非子·有度》："奸邪之臣安利不以功，则奸臣进矣，此亡之～也。"（安利不以功：指不凭借功劳就获得利禄。进：爬上去。亡：指亡国。）❷根本，基础的东西。《论语·学而》："君子务～，～立而道生。"《汉书·赵充国传》："臣闻兵以计为～，故多算胜少算。"（算：谋算。）㊕农桑业。《商君书·壹言》："能事～而禁末者，富。"（末：指工商业。）❸本来的，原来的。萧统《文选序》："变其～而加厉。"（厉：厉害。）㊀副词。本来。曹操《让县自明本志令》："自以～非岩穴知名之士。"❹根据。《周易·乾》："～乎天者亲上，～乎地者亲下。"㊀掌握。《汉书·爰盎传》："是时绛侯为太尉，～兵柄。"❺自己一边的，现今的。《淮南子·氾论》："立之于～朝之上。"又如"本国"、"本月"。❻底本，版本。《文选·左思〈魏都赋〉》注引刘向《别录》："一人持～，一人读书。"（书：指书写在竹简上的文字。）❼本钱（后起意义）。《新唐书·柳宗元传》："子～均。"（利息与本钱相等。）❽封建社会臣子给皇帝的奏章或书信（后起意义）。如"修本"、"奏本"。❾量词。株，棵，丛，撮。贾思勰《齐民要术·种薤》："率七八支为一～。"（率：大致。）㊀用于计量书籍。册，部。沈括《梦溪笔谈》卷一八："若印数十百千～，则极为神速。"

畚 běn 用蒲草编织的盛物工具。《左传·宣公二年》："杀之，置诸～。"（诸：之于。）《列子·汤问》："箕～运于渤海之尾。"（用箕畚把土石运到渤海边上。箕：竹编的盛物工具。）

坌 bèn ❶灰尘。元好问《戊戌十月山阳雨夜》诗："霏霏散浮烟，霭霭集微～。"㊀用作动词，指飞尘落于物体。元稹《说剑》诗："古今困泥滓，我亦～尘垢。"❷并，一齐。司马相如《哀秦二世赋》："登陂陁（pō tuó）之长阪兮，～入曾宫之嵯峨（cuó é）。"（陂陁：倾斜不平的样子。嵯峨：山势高峻的样子。）

BENG

伻 bēng 使，让。《尚书·立政》："乃～我有夏。"（有夏：朝代名。）㊀使者。《尚书·洛诰》："～来，以图及献卜。"

祊 bēng 古代宗庙门内设祭的地方。《诗经·小雅·楚茨》："祝祭于～。"

崩 bēng ❶山倒塌。《左传·成公五年》："梁山～。"㊁倒塌，崩裂。曹植《求通亲亲表》："～城陨霜，臣初信之。"沈括《梦溪笔谈》卷二一："近岁延州永宁关大河岸～。"（岁：年。大河：黄河。）㊀用于抽象意义，表示崩溃。《论语·阳货》："君子三年不为礼，礼必坏；三年不为乐，乐必～。"《左传·隐公元年》："厚将～。"（厚：指势力大。）❷古代帝王或王后死叫"崩"。诸葛亮《出师表》："先帝知臣谨慎，故临～寄臣以大事也。"（寄：托付。）《史记·楚元王世家》："一岁而高后～。"【辨】崩，薨，卒，死，没。五字都是古时对人死的称呼，它反映了奴隶社会和封建社会里严格的等级制度。《礼记·曲礼下》："天子死曰崩，诸侯曰薨，大夫曰卒，士曰不禄，庶人曰死。""没"等于说"去世"，后来写作"殁"。

絣 bēng ❶古代氏族的一种织品，用不同颜色的线织成的。《说文》："絣，氏人殊缕布也。"❷穿甲的绳。《战国策·燕策一》："妻自组甲～。"（组：织。）❸继续。《后汉书·班彪传》："将～万嗣。"❹bīng 交错。《汉书·扬雄传下》："～之以象类，播之以人事。"

菶 běng ❶[菶菶]1.茂盛的样子。《诗经·大雅·卷阿》："～～萋萋。"（萋萋：茂盛的样子。）2.散乱的样子。张元一《又嘲》诗："裹头极草草，掠鬓不～～。"❷[菶茸]茂密的样子。潘岳《射雉赋》："稊(tí)菽蘽䅎，蘙(yì)荟～～。"（稊：稗子的一种。菽：豆类。蘙荟：草木茂盛的样子。）

唪 běng ❶[唪唪]果实多的样子。《诗经·大雅·生民》："瓜瓞(dié)～～。"（瓞：小瓜。）❷fěng 高声朗诵。《燕京岁时记·盂兰会》："中元日各寺院设盂兰会，燃灯～经。"（盂兰会：又称盂兰盆会，梵文译音，一种于每年夏历七月十五日中元节举行的祭祀祖先的佛教仪式。）

琫（鞛） běng 佩刀刀把处的装饰物。《诗经·大雅·公刘》："维玉及瑶，鞞(bǐng)～容刀。"（瑶：美玉。鞞：同"琕"。刀鞘或刀鞘上的饰物。容：指装饰。）《左传·桓公二年》："藻、率、鞞、～、鞶(pán)、厉、游(liú)、缨，昭其数也。"（藻：垫玉的彩板。率：通"帅"。佩巾。鞶：束衣大带。厉：鞶带的垂饰。游：同"斿"。旌旗上的飘带。数：命数，礼数。）

迸 bèng ❶奔散，走散。《后汉书·樊准传》："时饥荒之余，人庶流～，家户且尽。"《三国志·魏书·满宠传》："督将～走，死伤过半。"❷喷射，涌流。潘岳《寡妇赋》："口呜咽以失声兮，泪横～而沾衣。"郦道元《水经注·谷水》："大水～瀑。"（瀑：水飞溅。）❸bǐng 通"屏"。排除。《礼记·大学》："唯仁人放流之，～诸四夷。"

堋 bèng ❶下棺木于土。《左传·昭公十二年》："朝而～。"❷péng 挂箭靶的矮墙，即射堋。庾信《北园射堂新成》诗："转箭初调筈，横弓先望～。"（筈：箭的尾端。）❸péng 分开水流的堤坝。郦道元《水经注·江水》："李冰作大堰于此，壅江作～。"

BI

逼（偪） bī ❶强迫，威胁。《孟子·万章上》："而居尧之宫，～尧之子，是篡也，非天与也。"《古诗为焦仲卿妻作》："我有亲父母，～迫兼弟兄。"❷接近，迫近。郦道元《水经注·沔水》："又有白马山，山石似马，望之～真。"《晋书·苻坚载记下》："列阵～肥水。"❸狭窄。《荀子·赋》："入郄(xì)穴而不～者。"（郄：隙，裂缝。）

鎞 bī ❶首饰名，即钗。《寒山诗》三十五："罗袖盛梅子，金～挑笋芽。"❷古代医生用以治疗眼病的器械。《北史·孝行传·张元》："其夜梦见一老翁以金～疗其祖目。"❸通"篦"。篦子。皮日休《鸳鸯》诗："钿～雕镂费深功。"

鼻 bí ❶鼻子。《荀子·荣辱》："口辨酸咸甘苦，～辨芬芳腥臊。"❷器物上凸出以供把握的部位。《隋书·礼仪志》："铜印铜～。"❸孔。庾信《七夕赋》："针～细而穿空。"❹初，开始。扬雄《方言》卷十三："鼻，始也。兽之初生谓之～，人之初生谓之首。梁益之间谓～为初，或谓之祖。"[鼻祖]最初的祖先。《汉书·扬雄传上》："有周氏之蝉嫣(chán yān)兮，或～～于汾隅。"（我是有周氏的后代，有周氏有一分支是我最初的祖先，住在汾河边上。有周氏：氏族名。蝉嫣：连绵不绝，指后代。）

匕 bǐ ❶食器，勺子。《三国志·蜀书·先主传》："先主方食，失～箸(zhù)。"（箸：筷子。）❷箭头。《左传·昭公二十六年》："射之，中楯瓦……～入者三寸。"（之：指洩声子，人名。）❸[匕首]短剑。《史记·刺客列传》："曹沫执～～劫齐桓公。"柳宗元《古东门行》："冯敬胸中函～～。"（函：指插入。）

比 bǐ ❶并列，挨着。刘勰《文心雕龙·情采》："五音～而成韶夏。"（韶夏：指古代音乐。）《韩非子·难势》："是～肩随踵(zhǒng)而生也。"（踵：脚后跟。）[比邻]近邻。王勃《杜少府之任蜀州》诗："海内存知己，天涯若～～。"❷接连。《汉书·外戚传》："～三年日蚀。"[比比]每每，频频。《汉书·哀帝纪》："郡国～～地动。"（地动：地震。）(引)处处，到处。陆游《上殿劄子》："行之数年……帅臣监司之加职者又～～而有。"又如"比比皆是"。❸亲近。《周礼·夏官·形方氏》："使小国事大国，大国～小国。"(又)勾结。《论语·为政》："君子周而不～，小人～而不周。"（周：结合。）"比周"常连用。《韩非子·孤愤》："朋党～周以弊主。"（结党营私，蒙蔽君主。）成语有"朋比为奸"。❹及，等到。《孟子·梁惠王下》："～其反也，则冻馁其妻子。"（反：返。）《三国志·蜀书·先主传》："～到当阳，众十余万。"（当阳：地名。）上述❶—❹旧读 bì。❺顺从，和顺。《诗经·大雅·皇矣》："王此大邦，克顺克～。"（克：能。）❻比较。屈原《九章·涉江》："与天地兮～寿，与日月兮齐光。"(又)比拟，比照。屈原《橘颂》："行～伯夷，置以为像兮。"《战国策·齐策四》："为之驾，～门下之车客。"(又)认为和……一样。《三国志·蜀书·诸葛亮传》："每自～于管仲、乐毅。"❼比喻。诗六艺之一，古代诗歌常用的一种表现方法。白居易《与元九书》："讽君子小人则引香草恶鸟为～。"（讽：用含蓄的话说明。）

妣 bǐ　母亲。《周易·小过》："遇其～。"(特)死去的母亲。《礼记·曲礼下》："生曰父、曰母、曰妻，死曰考、曰～、曰嫔。"《新唐书·高祖本纪》："追谥（shì）……～独孤氏曰元贞皇后。"（独孤：姓。）(又)祖母以上的女性祖先。欧阳修《泷冈阡表》："曾祖～，累封楚国太夫人。"

秕（粃） bǐ　不饱满的谷粒。《尚书·仲虺之诰》："若苗之有莠，若粟之有～。"(喻)坏，不好。《国语·晋语七》："公使祁午为军尉，殁平公，军无～政。"(又)败坏。《后汉书·安帝纪赞》："安德不升，～我王度。"（度：法度。）

彼 bǐ　❶指示代词。那。与"此"相对。《孟子·公孙丑下》："～一时此一时也。"《战国策·秦策二》："息壤在～。"（息壤：地名。）❷别人，对方。与"己"、"我"相对。《孙子兵法·谋攻》："知～知己，百战不殆。"（殆：危险。）《荀子·议兵》："～畏我威。"(又)第三人称代词。他，他们。《韩非子·说疑》："～又使谲（jué）诈之士。"（谲诈：玩弄手段。）贾谊《治安策》："～且为我死。"

笔（筆） bǐ　❶笔，书写工具。《战国策·齐策六》："取～牍受言。"（牍：写字用的狭长木板。）❷书写，记载。《史记·孔子世家》："至于为《春秋》，～则～，削则削，子夏之徒不能赞一辞。"（削：指删除。）(引)文笔。《论衡·自纪》："口辩者其言深，～敏者其文沉。"❸笔迹，书画墨迹。《新唐书·李白传》："观公～奇妙，欲以藏家尔。"（藏：珍藏。）❹散文。与"韵文"相对。刘勰《文心雕龙·总术》："今之常言，有文有～，以为无韵者～也，有韵者文也。"

俾 bǐ　❶使。《诗经·邶风·绿衣》："我思古人，～无訧（yóu）兮。"（訧：过失。）陆机《辨亡论》上："乃～一介行人抚巡外域。"（一介：一个。行人：外交使节。）❷pì［俾倪（nì）］1.通"埤堄"。城上齿状的矮墙。《墨子·备城门》："～～广三尺，高二尺五寸。"2.通"睥睨"。斜视。有厌恶或轻蔑的意思。《史记·魏公子列传》："（侯生）～～故久立，与其客语。"

鄙 bǐ　❶周代基层行政区划，五百户为鄙。《周礼·地官·遂人》："五家为邻，五邻为里，四里为酂，五酂为～，五～为县。"❷边疆，边远的地方。《左传·僖公二十六年》："齐孝公伐我北～。"《韩非子·存韩》："边～残。"（边疆残破。）❸庸俗，浅陋。《论语·子罕》："吾少也贱，故多能～事。"《左传·庄公十年》："肉食者～，未能远谋。"（肉食者：指有权位的贵族。）(又)俚俗。如"鄙谚"、"鄙语"。❹看不起，轻视。《左传·宣公十四年》："过我而不假道，～我也。"❺谦辞。谦称自己。《战国策·齐策一》："～臣不敢以死为戏。"白居易《答户部崔侍郎书》："垂问以～况。"（垂：敬辞，指对方。）又"鄙人"、"鄙夫"也用作谦辞。

币（幣） bì　❶古人用作祭祀或馈赠的丝织品。《吕氏春秋·仲春》："祀不用牺牲，用圭璧，更皮～。"《战国策·齐策三》："请具车马皮～，愿君以此从卫君游。"(泛)用作礼物的玉、马、皮、帛等。《周礼·秋官·小行人》："合六～。"❷货币。《管子·国蓄》："以珠玉为上～，以黄金为中～，以刀布为下～。"《史记·吴王濞列传》："乱天下～。"

必 bì　❶一定，必然。《论语·述而》："三人行，～有我师焉。"《商君书·更法》："治世不一道，便国不～法古。"（便国：对国家有利。法古：效法古代。）(又)表示一定要实行。《汉书·宣帝纪赞》："孝宣之治，信赏～罚。"（孝宣：汉宣帝。信赏必罚：奖赏守信用，刑罚坚决执行。）❷完全肯定。《论语·子罕》："子绝四：毋意，毋～，毋固，毋我。"❸倘若，假如。《史记·廉颇蔺相如列传》："王～无人，臣愿奉璧往使。"杜荀鹤《题会上人院》诗："～能行大道，何用在深山？"

苾 bì　芳香。《大戴礼记·曾子疾病》："与君子游，～乎如入兰芷之室。"（兰、芷：香草名。）［苾芬］芬芳，香。《诗经·小雅·楚茨》："～～孝祀，神嗜饮食。"（孝祀：指奉献祭品。）后用以指代祭品。《后汉书·乐成靖王党传》："乃敢擅损牺牲，不备～

～。”（牺牲：祭祀用的牲畜。）

泌 bì ❶泉水涌出的样子。[又]涌出的泉水。《诗经·陈风·衡门》：“～之洋洋，可以乐饥。”（洋洋：水流的样子。乐饥：指乐而忘饥。）❷过滤渣滓。《灵枢经·营卫生会》：“～糟粕，蒸津液，化其精微。”

柲 bì ❶兵器的柄。《周礼·考工记·庐人》：“戈～六尺有六寸。”❷弓檠（qíng），保护弓的一种器具。《仪礼·既夕礼》：“弓……有～。”

毖 bì ❶谨慎。《诗经·周颂·小毖》：“予其惩而～后患。”（予：我。惩：警戒。）成语有“惩前毖后”。[又]告诫。《尚书·酒诰》：“汝典听朕～，勿辩乃司民湎于酒。”❷操劳。《尚书·大诰》：“无～于恤（xù）。”（恤：忧虑。）❸通“泌”。泉水冒出的样子。《诗经·邶风·泉水》：“～彼泉水，亦流于淇。”左思《魏都赋》：“温泉～涌而自浪。”

閟 bì ❶闭门。《左传·庄公三十二年》：“初，公筑台临党氏，见孟任，从之，～，而以夫人言，许之。”（孟任：党氏之女。）❷停止，终尽。《诗经·鄘风·载驰》：“视尔不臧，我思不～。”《左传·闵公二年》：“今命以时卒，～其事也。”（时：指十二月，十二月为四时之终。）❸掩藏，掩蔽。《汉书·卢绾传》：“绾愈恐，～匿。”[引]掩埋。白居易《唐太原白氏之殇墓志铭》：“埋魂～骨长夜台。”❹[閟宫]神庙。指周祖先后稷母姜嫄之庙。《诗经·鲁颂·閟宫》：“～～有侐（xù），实实枚枚。”（有侐：清静。实实：坚固的样子。枚枚：细密的样子。）[泛]指祠堂。杜甫《古柏行》：“忆昨路绕锦亭东，先主武侯同～～。”

駜 bì 马肥壮的样子。《诗经·鲁颂·有駜》：“有～有～，～彼乘黄。”（有：形容词词头。乘黄：四匹黄马。）

毕（畢） bì ❶打猎用的有长柄的网。《论衡·偶会》：“雁鹄集于会稽，去避碣石之寒，来遭民田之～。”（民田：指老百姓的田里。）[又]用毕猎取。《诗经·小雅·鸳鸯》：“鸳鸯于飞，～之罗之。”（罗：用网捉捕。）❷完毕，结束。《左传·僖公二十七年》：“楚子将围宋，使子文治兵于睽，终朝而～，不戮一人。”（睽：地名。）《荀子·王制》：“王者之事～矣。”[引]用尽，竭尽。《列子·汤问》：“吾与汝～力平险。”❸都，全部。《战国策·齐策四》：“责～收，以何市而反？”（责：债。反：返。）《史记·太史公自序》：“天下遗文古事，靡不～集。”成语有“原形毕露”。❹星宿名。二十八宿之一。《诗经·小雅·渐渐之石》：“月离于～，俾滂沱矣。”

荜（蓽） bì 同“筚”。竹条或荆条编织的东西。《史记·楚世家》：“～露蓝蒌，以处草莽。”（荜露：用荆竹编的车，即柴车。蓝蒌：褴褛，衣服破旧。草莽：乡野。“荜露蓝蒌”比喻创业艰难，后多作“荜路蓝缕”。）陶潜《止酒》诗：“坐止高荫下，步止～门里。”

筚（篳） bì 竹条或荆条编织的东西。《左传·襄公十年》：“～门闺窦之人。”（筚门：用竹条或树枝编织的栅栏门。闺窦：小门。筚门闺窦：泛指穷苦人家。）《左传·宣公十二年》：“～路蓝缕，以启山林。”（驾着柴车，穿着破衣服以开垦土地。形容创业的艰苦。筚路：指柴车。蓝缕：指破衣服。）成语有“筚路蓝缕”。

跸（蹕） bì 帝王出行时开路清道，禁止他人通行。《史记·佞幸列传》：“天子车驾～道未行。”《三国志·魏书·武帝纪》：“天子命王设天子旌旗，出入称警～。”（王：即魏王，指曹操。警：警戒。）[泛]帝王出行的车驾。《北齐书·张耀传》：“帝驻～门外久之，催迫甚急。”（驻：停留。）上述意义都可写作“趩”。

庇 bì 遮蔽。《墨子·公输》：“天雨，～其间中。”（庇其间中：在里巷里避雨。）杜甫《茅屋为秋风所破歌》：“安得广厦千万间，大～天下寒士俱欢颜。”[引]庇护，保护。《国语·楚语下》：“夫从政者，以～民也。”

陛 bì 台阶。贾谊《治安策》：“人主之尊譬如堂，群臣如～，众庶如地。故～九级上，廉远地，则堂高。”（廉：房屋的边。）[特]皇宫的台阶。潘岳《西征赋》：“觅～殿之余基。”[陛下]对皇帝的敬称。《史记·秦始皇本纪》：“今～～兴义兵，诛残贼，平定天下。”

狴 bì 监狱。焦延寿《易林·比之否》：“失意怀忧，如幽～牢。”《孔子家语·始诛》：“有父子讼者，夫子同～执之。”又如“狴牢”、“狴狱”。[狴犴（àn）]传说中的兽名，又指监狱。《扬子法言·吾子》：“～～使人多礼乎？”（难道监狱能使人多礼吗？）

梐 bì [梐枑（hù）]古时设置在官府门前以阻挡行人的障碍物。也叫行马。《周礼·天官·掌舍》：“设～～再重。”

闭（閉） bì ❶关门。《左传·哀公十五年》：“门已～矣。”[泛]闭上。《史记·张仪列传》：“愿陈子～口，毋复言。”（陈子：陈轸。）成语有“闭目塞听”。[又]指闩门的孔。《礼记·月令》：“修键～，慎管籥（yuè）。”（键：同“楗”。木闩。管籥：锁钥。）

❷ 隐藏。《史记·吴王濞列传》："见责急，愈益～，恐上诛之。"❸ 堵塞，杜绝。《史记·乐书》："礼者，所以～淫也。"《汉书·李寻传》："～绝私路。"双音词有"闭塞"、"闭锁"。㊂禁止。《左传·僖公十五年》："晋饥，秦输之粟；秦饥，晋～之籴(dí)。"(饥：饥荒。籴：买进粮食。)❹ 古时称立秋、立冬为"闭"。《左传·僖公五年》："凡分、至、启、～，必书云物。"(分：春分、秋分。至：夏至、冬至。启：立春、立夏。云物：云色。)❺ 通"柲"。弓檠，一种护弓的用具。《诗经·秦风·小戎》："交韔(chàng)二弓，竹～绲(gǔn)縢。"(韔：弓袋。绲：绳。縢：缠束。)

诐(詖) bì 偏颇，邪僻。《孟子·公孙丑上》："～辞知其所蔽，淫辞知其所陷。"(淫：过分。)《孟子·滕文公下》："息邪说，距～行。"(距：通"拒"。拒绝。)

髲 bì 假发。《三国志·吴书·薛综传》："珠崖之废，起于长吏睹其好发，髡(kūn)取为～。"(髡：剃去头发。)《世说新语·贤媛》："湛头发委地，下为二～。"(湛：湛氏，陶侃母。下：指剪下来。)

畀 bì 给予。《诗经·鄘风·干旄》："彼姝(shū)者子，何以～之?"(姝：美丽。)《左传·隐公三年》："周人将～虢公政。"

痹(痺) bì 中医指由风、寒、湿等引起的肢体疼痛或麻木的病。《素问·痹论》："风、寒、湿三气杂至，合而为～也。"㊀麻木。柳宗元《断刑论下》："痒不得搔，～不得摇。"(摇：摇动，活动。)

敝 bì ❶ 破，破旧。《墨子·公输》："邻有～轝(yú)而欲窃之。"(轝：同"舆"。车。)成语有"敝帚自珍"。❷ 疲惫，衰败。《汉书·张敞传》："吏民凋～。"(凋：指衰落。)《左传·哀公元年》："吴日～于兵。"(吴国因兵事而日益衰败。)❸ 对自己或自己一方的谦称。《左传·僖公二年》："侵～邑之南鄙。"(敝邑：对本国的谦称。鄙：边疆。)又如"敝姓"、"敝处"。❹ 通"蔽"。遮蔽。《汉书·东方朔传》："上临山林，主自执宰～膝，道入登阶就坐。"(敝膝：衣前盖膝的围裙。)㊀蒙蔽。《隋书·李密传》："因伪与和，以～其众。"

蔽 bì ❶ 遮住，遮掩。屈原《九歌·国殇》："旌～日兮敌若云。"(旌：旗子。)㊀掩饰，隐藏。《管子·内业》："全心在中，不可～匿。"柳宗元《三戒·黔之驴》："～林间窥(kuī)之。"(窥：从缝隙里看。)❷ 蒙蔽。《荀子·解蔽》："凡人之患，～于一曲，而闇于大理。"(一曲：指事理的一端。闇：不明白。)❸ 概括。《论语·为政》："《诗》三百，一言以～之，曰：'思无邪。'"❹［蔽芾(fèi)］幼小的样子。《诗经·召南·甘棠》："～～甘棠，勿翦勿伐。"一说茂盛的样子。【辨】掩，蔽。这两个字都有遮盖的意思。但是"掩"比较具体，"蔽"比较抽象。"蒙蔽"的意义是"掩"所没有的。【辨】蔽，荫。见490页"荫(蔭)"字。

弊(獘) bì ❶ 破，破旧。《国语·晋语六》："今吾司寇之刀锯日～。"(司寇：官名。)《晏子春秋·内篇杂下》："乘～车，驾驽马。"❷ 困乏，疲惫。《三国志·蜀书·诸葛亮传》："曹操之众，远来疲～。"［弊弊］辛劳疲困的样子。《庄子·逍遥游》："之人也，之德也，将旁礴万物以为一世蕲(qí)乎乱，孰～～焉以天下为事!"(蕲：通"祈"。祈求。)❸ 弊病，害处。《旧唐书·黄巢传》："皆指目朝政之～。"(指目：指责。)成语有"兴利除弊"。㊀有弊病的，有害的。王安石《上皇帝万言书》："变更天下之～法。"❹ 通"蔽"。蒙蔽，欺骗。《韩非子·孤愤》："朋党比周以～主。"(朋党：指为争权夺利、排斥异己而结合起来的集团。比周：勾结。)❺ 通"敝"。谦称。《吕氏春秋·审应》："～邑不敢当也。"

庳 bì ❶ 房屋低矮。《吕氏春秋·召类》："西家高，吾宫～。"(宫：房舍。)㊁低矮，低下。《吕氏春秋·博志》："果实繁者木必～。"韩愈《进学解》："计班资之崇～。"(班资：指官位、资历。)❷［有庳］古国名。

婢 bì 使女，女仆。《战国策·赵策三》："叱嗟！而母，～也!"(而：通"尔"。你，你的。)《盐铁论·刺权》："妇女被罗纨，～妾曳絺紵(chī zhù)。"(絺紵：细苎麻布。)白居易《续古》诗："豪家多～仆，门内颇骄奢。"(骄奢：骄横奢侈。)成语有"奴颜婢膝"。

裨 bì 见307页。

髀 bì ❶ 大腿。《礼记·深衣》："带，下毋厌(yā)～。"(厌：压。)㊂大腿骨。《礼记·祭统》："骨有贵贱，殷人贵～，周人贵肩。"❷ 测定日影的表。《晋书·天文志上》："～，股也；股者，表也。"

毙(斃、獘) bì 因病或伤身体倒下去。《左传·哀公二年》："郑人击简子中肩，～于车中。"㊀垮台。《左传·隐公元年》："多行不义，必自～。"㊀死。《左传·僖公四年》："与犬，犬～。与小臣，小臣亦～。"【辨】偃，僵，仆，跌，毙，踣。见471页"偃"字。

奰（奰） bì 巨大、猛壮的样子。郦道元《水经注·河水》："其水尚崩浪万寻，悬流千丈，浑洪～怒，鼓若山腾。"[奰屃(xì)]猛壮有力的样子。张衡《西京赋》："巨灵～～。"

愎 bì 任性，固执。《左传·哀公二十六年》："君～而虐。"《韩非子·十过》："贪～喜利，则灭国杀身之本也。"

弼 bì ❶矫正弓弩的工具。〔引〕纠正。《尚书·益稷》："予违汝～，汝无面从，退有后言。"（予违汝弼：我违道，你当纠正过失。）《晋书·武帝纪》："择其能正色～违。"（正色：指严肃的态度。违：过失。）❷辅佐，辅助。《尚书·泰誓上》："尔尚～予一人，永清四海。"〔转〕辅佐之人。《尚书·说命上》："梦帝赉(jī)予良～。"（赉：赠送。）

辟[1] bì ❶法度，法律。《诗经·小雅·雨无正》："～言不信，如彼行迈，则靡所臻(zhēn)。"（不听信合乎法度的话，就像走路没有目标。迈：走。靡：没有。臻：至。）❷治理。《尚书·金縢》："我之弗～，我无以告我先王。"㊕治罪，惩罚。《左传·襄公二十五年》："先王之命，唯罪所在，各致其～。"〔转〕罪，罪行。《国语·周语上》："土不备垦，～在司寇。"（司寇：官名。）❸君主。《诗经·大雅·文王有声》："皇王维～。"（皇王：指周武王。维：句中语气词。）又如"复辟"。❹征召。《晋书·谢安传》："初～司徒府，除佐著作郎。"（当初受司徒府的征召，拜官为佐著作郎。除：拜官。）❺躲开，避免。《孟子·滕文公下》："～兄离母，处于於陵。"（於陵：地名。）《史记·张丞相列传》："高祖尝～吏。"这个意义后来又写作"避"。❻[辟易]退走。《史记·项羽本纪》："项王瞋目而叱之，赤泉侯人马俱惊，～～数里。"❼通"躄"。腿瘸。《荀子·正论》："王梁造父者，天下之善驭者也，不能以～马毁舆致远。"❽ pì 开垦，开辟。《商君书·弱民》："农～地。"《盐铁论·地广》："周宣王～国千里。"〔转〕开，打开。《左传·宣公二年》："晨往，寝门～矣。"〔引〕消除，排除。《荀子·成相》："～除民害。"这个意义后来写作"闢"。❾ pì 偏僻。《史记·范雎蔡泽列传》："秦国～远。"〔转〕邪僻。《商君书·弱民》："境内之民无～淫之心。"（辟淫：邪僻，淫乱。）这个意义后来又写作"僻"。❿ pì 通"譬"。比如，打比方。《荀子·王霸》："～之是犹立直木而求其景(yǐng)之枉也。"（景：影子。枉：弯曲。）

壁 bì ❶墙。《汉书·司马相如传》："相如与(卓文君)驰归成都，家徒四～立。"（徒：仅仅。）〔引〕陡峭的山崖(后起意义)。郦道元《水经注·庐江水》："高～缅然与霄汉连接。"（缅然：遥远的样子。霄汉：指天。）❷军营的围墙。《史记·项羽本纪》："及楚击秦，诸将皆从～上观。"〔引〕军营。《汉书·高帝纪上》："晨驰入张耳、韩信～，而夺之军。"〔转〕用作动词。建立军营，驻扎。《史记·项羽本纪》："项王军～垓下。"❸星宿名。二十八宿之一。

擗 bì ❶捶胸。《孝经·丧亲》："～踊哭泣，哀以送之。"（踊：顿脚。）❷分开，裂开。屈原《九歌·湘夫人》："罔薜荔兮为帷，～蕙櫋(mián)兮既张。"（分开蕙草以覆盖屋櫋。）曹植《送应氏》诗："宫室尽烧焚，垣墙皆顿～。"[擗析]分析。梅尧臣《读月石屏诗》："苏子苦豪迈，何用强引犀角蚌蛤巧～～。"

薜 bì ❶[薜荔]一种常绿灌木。屈原《离骚》："贯～～之落蕊。"（蕊：花。）❷ bó 破裂。《周礼·考工记·旊人》："凡陶旊(fǎng)之事，髻(yuè)垦(kěn)～暴不入市。"（旊：用黏土捏制陶器。髻：指形体歪斜。垦：损伤。暴：损坏。）❸ pì 通"僻"。偏僻。《汉书·扬雄传上》："狭三王之厄～。"（厄薜：指险要偏僻之处。）

嬖 bì 宠爱。《左传·襄公二十四年》："晋侯～程郑，使佐下军。"（程郑：人名。）《史记·周本纪》："幽王～爱褒姒(sì)。"（幽王：周幽王。褒姒：人名。）〔转〕受宠的人。《左传·僖公二十四年》："弃～宠而用三良。"（良：贤良的人。）

璧 bì 平而圆、中心有孔的玉。《吕氏春秋·观表》："酒酣而送我以～。"《史记·廉颇蔺相如列传》："臣愿奉～往使。"（奉：捧。使：出使。）

襞 bì 折叠衣服。《汉书·扬雄传上》："芳酷烈而莫闻兮，不如～而幽之离房。"（离房：别房，另外的房子。）王勃《铜雀妓》诗："锦衾(qīn)不复～。"（衾：被子。）〔泛〕折叠。刘禹锡《乐天寄忆旧游因作报白君以答》诗："酒酣～笺飞逸韵，至今传在人人口。"

躄（躃） bì ❶两腿瘸。《礼记·王制》："瘖(yīn)、聋、跛、～、断者、侏儒，百工各以其器食(sì)之。"（瘖：哑。）《史记·平原君虞卿列传》："民家有～者，槃散行汲。"（槃散：蹒跚，走路不稳的样子。）❷仆倒。法显《佛国记》："王来见之，迷闷～地，诸臣以水洒面，良久乃苏。"

碧 bì 青绿色的玉石。《山海经·北山经》："又北三百里，曰带山，其上多玉，其下多青～。”《汉书·司马相如传上》：“锡～金银，众色炫耀。”（炫耀：光彩夺目。）成语有“金碧辉煌”。⊗浅蓝色或青绿色。杜甫《越王楼歌》：“孤城西北起高楼，～瓦朱甍（méng）照城郭。”（朱甍：红色的屋脊。）李白《望天门山》诗：“～水东流至此回。”[碧落]天空。白居易《长恨歌》：“上穷～～下黄泉，两处茫茫皆不见。”【辨】青，苍，碧，绿，蓝。见235页“蓝”字。

觱 bì ❶[觱发（bō）]大风撼物声。《诗经·豳风·七月》：“一之日～～。”（一之日：指周历一月，即夏历的十一月。）❷[觱沸（fèi）]泉水涌出的样子。《诗经·小雅·采菽》：“～～槛泉，言采其芹。”（槛泉：同“滥泉”。喷涌而出的泉水。言：动词词头。）❸[觱篥（lì）]古代一种管乐器。杜甫《夜闻觱篥》诗：“夜闻～～沧江上，衰年侧耳情所向。”

篦 bì 篦子，一种比梳子密的梳头用具。白居易《琵琶行》：“钿（diàn）头银～击节碎。”（钿头：两头镶有花钿。击节：打拍子。）⊗用作动词。用篦子梳头。杜甫《水宿遣兴奉呈群公》诗：“耳聋须画字，发短不胜～。”

鞸 bì 蔽膝，古代官服上一种皮制装饰。《诗经·桧风·素冠》：“庶见素～兮，我心蕴结兮。”《礼记·玉藻》：“～，君朱，大夫素。”

BIAN

边（邊） biān ❶边界，边疆。《吕氏春秋·当赏》：“寇在～。”《盐铁论·利议》：“思念北～之未安。”㊀接壤，靠近。《史记·高祖本纪》：“齐～楚。”❷边缘。《礼记·深衣》：“续衽钩～。”（衽：衣襟。钩：曲。）杜甫《登高》诗：“无～落木萧萧下，不尽长江滚滚来。”（落木：落叶。萧萧：落叶声。）㊀旁边。《木兰诗》：“暮宿黄河～。”

笾（籩） biān 古代祭祀和宴会时盛食品用的一种竹器。《左传·昭公元年》：“具五献之～豆于幕下。”（五献：指五种宴享用的食品。豆：一种木制器皿。）

砭 biān 治病刺穴的石针。《素问·异法方宜论》：“其治宜～石。”（宜：指应当用。石：石针。）⊗用石针刺穴治病。《史记·扁鹊仓公列传》：“法不当～灸。”（当：应当。）

编（編） biān ❶用来穿连竹简的皮条或绳子。刘歆《移书让太常博士》：“或脱简，或脱～。”（或：有的。）《史记·孔子世家》：“读《易》，韦～三绝。”㊀一部书或书的一部分。卢照邻《乐府杂诗序》：“访遗～于四海。”⊗量词。《史记·留侯世家》：“出一～书。”（出：拿出。）❷编写。《韩非子·难三》：“法者，～著之图籍，设之于官府，而布之于百姓者也。”❸交织，编织。《荀子·劝学》：“以羽为巢，而～之以发。”《晋书·孙登传》：“夏则～草为裳。”❹排列，编排。《周礼·春官·宗伯》：“击～钟。”《汉书·东方朔传》：“目若悬珠，齿若～贝。”（贝：贝壳。）[编户][编户民][编人][编氓]均指编入户口的平民。《史记·货殖列传》：“夫千乘之王，万家之侯，百室之君，尚犹患贫，而况匹夫～户之民乎？”《汉书·高帝纪下》：“诸将故与帝为～户民。”（故：过去。）《宋史·汪大猷传》：“贷钱射利，隐寄田产，害及～氓。”【辨】篇，编。见309页“篇”字。

瓯 biān 盆一类的瓦器。刘向《说苑·反质》：“瓦～，陋器也。”《淮南子·说林》：“狗彘不择～瓯而食。”

鞭 biān ❶皮鞭，鞭子。《左传·宣公十五年》：“虽～之长，不及马腹。”成语有“鞭长莫及”。[鞭策]皮鞭和竹鞭。《荀子·性恶》：“前必有衔辔（pèi）之制，后有～～之威。”（衔辔：驾驭牲口用的嚼子和缰绳。制：控制。）㊉督促。归有光《示庙中诸生》：“愿更加～～，以成远大。”❷鞭打。《左传·庄公八年》：“～之，见血。”李白《赠友人》诗之二：“骏马不劳～。”（不劳：指不用。）❸竹根。苏轼《东坡八首并序》之二：“好竹不难栽，但恐～横逸。”

贬（貶） biǎn ❶减少。《左传·僖公二十一年》：“～食省用。”㊀抑制。《三国志·魏书·文帝纪》：“欲屈己以存道，～身以救世。”❷给予低的评价。与“褒”相对。《论衡·齐世》：“采毫毛之善，～纤介之恶。”《新唐书·房琯传》：“唐名儒多言琯德器有王佐材，而史载行事亦少～矣。”双音词有“贬低”。❸降低，降职。《诗经·大雅·召旻》：“我位孔～。”（孔：甚，很。）《旧唐书·刘禹锡传》：“～连州刺史。”（刺史：官名。）

窆 biǎn 落葬，将棺木下入墓穴。《周礼·地官·乡师》：“及～，执斧以莅（lì）匠师。”（莅：临，到。）《后汉书·范式传》：“既至圹，将～，而柩不肯进。”㊁埋葬。萧赜《加恩京师二县诏》：“～枯掩骼（gé）。”（枯：指枯骨。）⊗指墓穴。陆龟蒙《次幽独君韵》：“如何孤～里，犹自读《三坟》？”（三坟：传说中古书名。）

扁 biǎn ❶ 扁，平而薄。《后汉书·东夷列传》："（辰韩）儿生欲令其头～，皆押之以石。"（辰韩：民族名。令：使。押：压。）❷ 扁额，题字的长方形牌子，挂在门的上方或墙上。《宋史·吴皇后传》："梦至一亭，～曰侍康。"这个意义后来写作"匾"。❸ piān ［扁舟］小船。陶潜《归去来兮辞》："或命巾车，或棹～～。"（据《南史·陶潜传》）李白《还山留别金门知己》诗："书此谢知己，～～寻钓翁。"

褊 biǎn ❶ 衣服瘦小。《论衡·自纪》："夫形大，衣不得～。"（形：形体。）㉠地方狭小。《孟子·梁惠王上》："齐国虽～小，吾何爱一牛？"《北史·齐高祖纪》："土地～狭。"㊀气量狭小。《三国志·魏书·吕布传》："卓性刚而～。"（卓：董卓。）❷ 通"扁"。平而薄。贾思勰《齐民要术·种李》："盐入汁出，然后合盐晒令萎，手捻之令～。复晒更捻，极～乃止。"

卞 biàn ❶ 法，法规。《尚书·顾命》："临君周邦，率循大～。"（君：统治。率：率领。循：遵循。）❷ 性急。《左传·定公三年》："庄公～急而好洁。"（庄公性情急躁但又喜欢清洁。）

抃 biàn 鼓掌。《吕氏春秋·古乐》："帝喾（kù）乃令人～。"（帝喾：即高辛氏，传说中古帝名。）［抃舞］鼓掌跳舞，形容喜悦之状。《列子·汤问》："一里老幼，喜跃～～，弗能自禁。"

汴 biàn ❶ 水名。在今河南荥阳西南。❷［汴京］五代梁、晋、汉、周与北宋都定都于唐的汴州。正式称号是东京（梁称东都）开封府，当时又称为汴京。在今河南开封。

忭 biàn 喜乐。谢庄《谢赐貂裘表》："臣欢～自歌。"

弁 biàn ❶ 古代用皮革做成的一种帽子。《左传·襄公二十五年》："不说（tuō）～而死于崔氏。"（说：通"脱"。脱掉。）㊀男子成年加冠称弁。《诗经·齐风·甫田》："未几见兮，突而～兮。"㉠放在最前面。龚自珍《送徐铁孙序》："乃书是言，以～君之诗之端。"又"弁言"即"序言"。❷ 手发抖，惊恐的样子。《汉书·王莽传下》："乃壬午餔时，有列风雷雨发屋折木之变，予甚～焉，予甚栗焉，予甚恐焉。"【辨】冠，冕，巾，弁，帽。见 140 页"冠"字。❸ pán 快乐的样子。《诗经·小雅·小弁》："～彼鸒斯，归飞提提。"

拚 biàn 见 301 页。

变（變） biàn 变化，改变。《周易·系辞下》："《易》穷则～，～则通，通则久。"《商君书·更法》："虑世事之～。"㉠事变，兵变，突然发生的事件。《史记·李斯列传》："陛下不图，臣恐其为～也。"㊕灾异，某种反常的自然现象。《汉书·杜周传》："后有日蚀地震之～。"《宋史·王安石传》："天～不足畏，祖宗不足法。"

便 biàn ❶ 有利，便利。《商君书·更法》："治世不一道，～国不必法古。"［便宜］1. 利益，好处。常特指对国家有利的事。《汉书·娄敬传》："臣愿见上言～～。"2. 不须请示灵活处置。《史记·萧相国世家》："即不及奏上，辄（zhé）以～～施行。"（即：假如。不及奏上：来不及报告皇帝。辄：就。）❷ 灵便。《庄子·天地》："猿狙（jū）之～自山林来。"㉠熟习。《三国志·魏书·吕布传》："布～弓马。"❸ 时间副词。相当于现代汉语的"就"。《三国志·吴书·吴主传》："旬日～退。"（旬日：十天。）❹ 大小便。《汉书·张安世传》："郎有醉小～殿上。"❺ pián 安，安逸。《墨子·天志中》："百姓皆得暖衣饱食，～宁无忧。"（宁：平安。）《战国策·秦策三》："食不甘味，卧不～席。"❻ pián 能说会道。《古诗为焦仲卿妻作》："～言多令才。"（令才：美才。）❼ pián ［便便］1. 善于辞令的样子。《论语·乡党》："其在宗庙朝廷，～～言，唯谨尔。"2. 肥胖的样子。《后汉书·边韶传》："边孝先，腹～～。懒读书，但欲眠。"❽ pián ［便嬖（bì）］君主左右的宠信小臣。《荀子·富国》："观其～～，则其信者悫（què），是明主已。"（悫：诚实。）又写作"便辟"。

遍（徧） biàn ❶ 周遍，普遍。《左传·庄公十年》："小惠未～，民弗从也。"《荀子·性恶》："足可以～行天下，然而未尝有能～行天下者也。"（足：脚。）❷ 量词。次，回。《三国志·魏书·贾逵传》注引《魏略》："最好（hào）《春秋左传》，及为牧守，常自课读之，月常一～。"（课：规定分量。）

辨 biàn ❶ 分辨，辨别。《论语·颜渊》："子张问崇德～惑。"《荀子·荣辱》："目～白黑美恶。"❷ 通"辩"。辩论。《商君书·更法》："曲学多～。"（曲学：指学识片面的人。）㉠言辞动听。《吕氏春秋·荡兵》："故说虽强，谈虽～，文学虽博，犹不见听。"（文学：指文献。见：被。）❸ 通"遍"。普遍。《史记·礼书》："万民和喜，瑞应～至。" ❹ bàn 通"办"。治理，办理。《荀子·议兵》："城郭不～，沟池不拑。"（"拑"为"扫"之误字。扫：挖掘。）《盐铁论·世务》："事不豫～，不可以应卒（cù）。"（豫：预先。应：应付。卒：同"猝"。指突变。）

辩（辯） biàn ❶ 辩论，申辩。《孟子·滕文公下》："予岂好～哉！予不得已也。"㊀巧辩的话。《韩非子·难势》："此则积～累辞。"㊁言辞动听。《墨子·修身》："务言而缓行，虽～必不听。"（光说而行动跟不上，说得再动听也没人听他的。）㊁有口才。《韩非子·五蠹》："子贡～智而鲁削。" ❷ 通"辨"。辨别。《庄子·秋水》："不～牛马。"《后汉书·仲长统传》："目能～色，耳能～声。" ❸ 通"变"。变化。《庄子·逍遥游》："若夫乘天地之正，而御六气之～，以游无穷者，彼且恶乎待哉？"（正：正气。六气：阴、阳、风、雨、晦、明。恶乎：于何。） ❹ bàn 通"办"。治理，办理。《淮南子·泰族》："苍颉之初作书，以～治百官，领理万事。"（领理：了解，处理。） ❺ 通"遍"。普遍。《史记·五帝本纪》："望于山川，～于群神。"

BIAO

杓 biāo ❶ 北斗第五、六、七颗星的名称。也叫斗柄或标。李商隐《送从翁从东川弘农尚书幕》诗："少减东城饮，时看北斗～。" ❷ 拉开。《淮南子·道应》："孔子劲～国门之关，而不肯以力闻。墨子为守攻，公输般服，而不肯以兵知。" ❸ 打击。《淮南子·兵略》："故凌人者胜，待人者败，为人～者死。" ❹ sháo 舀酒的勺子。《韩诗外传》卷八："譬犹渴操壶～就江海而饮之。"

标（標） biāo ❶ 树梢。《庄子·天地》："上如～枝，民如野鹿。"（标枝：树梢的枝条。）卢谌《赠刘琨》诗："绵绵女萝，施（yì）于松～。"（连绵不断的女萝，蔓延在松树梢上。女萝：植物名。施：蔓延。）㊁末端。李白《秋日登扬州西灵塔》诗："～出海云长。"（标：指塔顶。出：露出。） ❷ 标杆，标记。《旧唐书·崔彦昭传》："但立直～，终无曲影。"郭璞《江赋》："玉垒作东别之～。"（玉垒：山名。东别：指沱江。）㊁标明，写明。孙绰《游天台山赋》："（天台山）名～于奇纪。"（奇纪：指《山海经》。）成语有"标新立异"。 ❸ 标格，风度。孔稚珪《北山移文》："夫以耿介拔俗之～，萧洒出尘之想……吾方知之矣。" ❹ 标准，楷模。杜甫《赠郑十八贲》诗："示我百篇文，诗家一～准。"《世说新语·品藻》："亡叔是一时之～，公是千载之英。"

熛 biāo ❶ 火星迸飞。《淮南子·说林》："一家失～，百家皆烧。"㊀焚烧。左思《吴都赋》："火烈～林。"㊁闪光。《后汉书·班固传》："海内云蒸，雷动电～。" ❷ 通"猋"。疾风。《史记·淮阴侯列传》："天下之士，云合雾集，鱼鳞杂遝（tà），～至风起。"

彪 biāo ❶ 虎身上的斑纹。㊣文采。《扬子法言·君子》："以其弸（péng）中而～外也。"（弸：满。）［彪炳］文采焕发的样子。钟嵘《诗品》卷中："文体相辉，～～可玩。" ❷ 虎。庾信《枯树赋》："熊～顾盼，鱼龙起伏。"㊣身体魁梧。《北史·斛律金传附斛律光》："马面～身，神爽雄杰。"

猋 biāo ❶ 犬奔跑的样子。㊁迅疾的样子。屈原《九歌·云中君》："灵皇皇兮既降，～远举兮云中。" ❷ 疾风。《礼记·月令》："～风暴雨。"这个意义又写作"飙"。

飙（飆、飇、飈） biāo 暴风。《盐铁论·世务》："匈奴贪狼，因时而动，乘可而发，～举电至。"（飙举电至：暴风起，闪电到。）㊂指风。白居易《立秋夕有怀梦得》诗："是夕凉～起。"

麃 biāo ❶ páo 兽名。《逸周书·王会》："～者，若鹿，迅走。" ❷ 耘田。《诗经·周颂·载芟》："厌厌其苗，绵绵其～。"（厌厌：茂盛的样子。） ❸［麃麃］1. 威武的样子。《诗经·郑风·清人》："清人在消，驷介～～。"（驷介：四匹马披着甲所驾的战车。）2. 盛大的样子。《汉书·楚元王传附刘向》："《诗》又云'雨（yù）雪～～'。"今本《诗经·小雅·角弓》作"瀌瀌"。

儦 biāo［儦儦］来回行走的样子。《诗经·齐风·载驱》："汶（wèn）水滔滔，行人～～。"一说众多的样子。㊀疾走的样子。《诗经·小雅·吉日》："～～俟俟，或群或友。"（俟俟：缓行的样子。）

瀌 biāo［瀌瀌］雨雪很大的样子。《诗经·小雅·角弓》："雨（yù）雪～～。"（雨：降落。）

镳（鑣） biāo ❶ 马嚼子。《楚辞·九叹·离世》："断～衔以驰骛（wù）兮。"（马挣断了嚼子狂奔起来。衔：马嚼子，衔在口内，镳在口外。驰骛：狂奔。）成语有"分道扬镳"。㊁指骑的马。鲍照《拟青青陵上柏》："飞～出荆路，骛服入秦川。" ❷［镳镳］马饰美盛的样子。《诗经·卫风·硕人》："四牡有骄，朱幩(fén)～～。"(骄：指马高大强壮。朱幩：装饰在马镳上的朱帛。)

穮 biāo 耘田锄草。《左传·昭公元年》："譬如农夫，是～是蓘(gǔn)，虽有饥馑，必有丰年。"(蓘：给庄稼培土。)

表 biǎo ❶穿在外面的衣服。《庄子·让王》："子贡乘大马，中绀(gàn)而～素。"(中：指里面的衣服。绀：红黑色。素：白色。)㊂衣服的表面。《盐铁论·利议》："文～而枲(xǐ)里。"(文：彩色的。枲：麻。)❷外。与"里"相对。《左传·僖公二十八年》："若其不捷，～里山河，必无害也。"❸中表，表亲。徐夤《赠表弟黄校书辂》诗："产破身穷为学儒，我家诸～爱诗书。"❹标志，标准。《墨子·备城门》："城上千步一～。"《庄子·天下》："以濡(rú)弱谦下为～。"(濡弱：柔弱。)❺表现。《世说新语·文学》："故当是丈夫之德，～于事行；妇人之美，非诔不显。"㊂表明，表白。刘知几《史通·惑经》："或援誓以～心。"(援：援引。)❻表彰，表扬。韦应物《石鼓歌》："刻石～功兮炜(wěi)煌煌。"(炜煌煌：指功业辉煌。)❼古代测量日影、定时刻的标杆。《吕氏春秋·功名》："犹～之与影，若呼之与响。"(响：回声。)㊁标准，表率。《史记·太史公自序》："国有贤相良将，民之师～也。"❽文章的一种，臣下给皇帝的奏章。如诸葛亮《出师表》、李密《陈情表》。㊂给皇帝上奏章。《三国志·蜀书·诸葛亮传》："亮自～后主。"㊕上表推荐某人。《三国志·吴书·吴主传》："曹公～权为骠骑将军。"(权：孙权。)❾表格，图表。如《史记》有《十二诸侯年表》、《六国年表》等。

摽 biào ❶落。《诗经·召南·摽有梅》："～有梅，其实七兮。"❷击。《左传·哀公十二年》："长木之毙，无不～也。"❸捶胸的样子。《诗经·邶风·柏舟》："静言思之，寤辟有～。"❹biāo 高举的样子。《管子·侈靡》："～然若秋云之远。"❺biāo 挥之使离去。《孟子·万章下》："～使者出诸大门之外。"㊂抛弃。《公羊传·庄公十三年》："已盟，曹子～剑而去之。"❻biāo 通"标"。标志。《后汉书·皇甫嵩传》："一时俱起，皆著黄巾为～帜。"

BIE

别 bié ❶分，分开。《尚书·禹贡》："禹～九州。"㊂辨别，区别。《荀子·君道》："知国之安危臧否(pǐ)，若～白黑。"(臧否：好坏。若：如同。)范缜《神灭论》："有何～焉？"❷离别，告别。《世说新语·文学》："身与君～多年，君义言了不长进。"杜甫《送韩十四江东省觐》诗："此～还须各努力。"❸另，另外。《史记·高祖本纪》："使沛公、项羽～攻城阳。"(沛公：刘邦。城阳：地名。)成语有"别开生面"。【注意】古代没有"另"字，"另"的意义都写成"别"。

襒 bié 拂拭。《史记·孟子荀卿列传》："(驺衍)适赵，平原君侧行～席。"(适：往。襒席：用衣服拂拭座席。)

蹩 bié ［蹩躠(xuè)］1. 腿脚不便，尽力前行的样子。㊁用心尽力。《庄子·马蹄》："及至圣人～～为仁，踶跂(zhì qǐ)为义，而天下始疑矣。"(踶跂：勉力的样子。)2. 盘旋起步的样子。卢照邻《五悲·悲人生》："钟鼓玉帛，～～蹁跹。"(蹁跹：脚步多变，后多用来形容舞姿。)又写作"蹩躠"。张衡《南都赋》："翘遥迁延，蹩躠蹁跹。"【注意】"蹩"的扭折义是很晚起的，古籍里无此用法。

BIN

宾(賓) bīn ❶客人。《诗经·小雅·鹿鸣》："我有嘉～，鼓瑟吹笙。"《荀子·礼论》："～出，主人拜送。"❷服从，归顺。《国语·周语上》："侯卫～服。"《盐铁论·相刺》："西～秦国。"❸bìn 排斥，抛弃。《庄子·徐无鬼》："先生居山林……以～寡人，久矣夫。"这个意义后来写作"摈"。【辨】宾，客。"宾"、"客"都有客人的意思，但"宾"的本义是贵客，"客"可以指门客、食客，意义不完全相同。

滨(濱) bīn ❶水边。《诗经·召南·采蘋》："于以采蘋，南涧之～。"(于以：在何处。涧：山间小溪。)《史记·屈原贾生列传》："屈原至于江～。"㊁边，边缘。《后汉书·袁安传》："降者十余万人，议者欲置之～塞。"❷靠近，接近。《史记·货殖列传》："邹、鲁～洙、泗，犹有周公遗风。"(邹、鲁：国名。洙、泗：水名。)《国语·齐语》："是以～于死。"这个意义又写作"濒"。

缤(繽) bīn 繁，众多。屈原《离骚》："九疑～其并迎。"(九疑山山神纷纷都来迎接。)［缤纷］1. 繁多，众多。张衡《南都赋》："男女姣服，骆驿～～。"(姣：美好。骆驿：来往不绝。)2. 纷乱。屈原《离骚》："时～～其变易兮。"(时：时世。)

邠 bīn ❶ 同"豳"。古国名,周代祖先公刘在此立国,在今陕西旬邑西南一带。《孟子·梁惠王下》:"昔者大王居～,狄人侵之。"(大王:指公刘的后代——周文王的祖父古公亶父。) ❷ 通"彬"。有文采。扬雄《太玄·文》:"斐(fěi)如～如,虎豹文如。"(斐:有文采。)

彬 bīn [彬彬]文质兼备的样子。《论语·雍也》:"文质～～,然后君子。"(文:文采。质:质地。文质彬彬:指既有文采,又有良好的道德品质。)后来又写作"斌斌"。㊀盛美的样子。《后汉书·冯衍传下》:"道德～～冯仲文。"

濒(瀕) bīn ❶ 水边。《汉书·地理志上》:"海～广潟(xì)。"(海边是一片广大的盐碱地。潟:咸水浸沤的地方。) ❷ 接近,靠近。《汉书·地理志下》:"～南山,近夏阳。"(南山、夏阳:地名。)《宋史·河渠志六》:"东南～江海,水易泄而多旱。"

豳 bīn 古国名,周代先祖公刘在此立国,在今陕西旬邑西南一带。《诗经·大雅·公刘》:"笃公刘,于～斯馆。"(笃:厚,忠诚。馆:用作动词,指建馆舍。)《诗经》十五国风有豳风。

傧(儐) bìn ❶ 出外迎接宾客。《周礼·春官·大宗伯》:"王命诸侯则～。"[傧相]本指接引宾客或赞礼的人。苏辙《齐州闵子祠堂记》:"笾豆有列,～～有位。"(笾、豆:都是祭祀的器具。)后指举行婚礼时赞礼的人。❷ 陈列,摆放。《诗经·小雅·常棣》:"～尔笾豆。"(尔:你的。) ❸ 通"摈"。排斥,抛弃。《汉书·主父偃传》:"诸儒生相与排～,不容于齐。" ❹ bīn 敬。《礼记·礼运》:"山川,所以～鬼神也。"

摈(擯) bìn ❶ 排斥,抛弃。《淮南子·说林》:"贤者～于朝。"《后汉书·赵壹传》:"而恃才倨傲,为乡党所～。" ❷ 通"傧"。出迎,接引宾客。《周礼·秋官·小行人》:"凡四方之使者,大客则～。"(大客:指地位高的宾客。)㊀接引客人的人。《礼记·聘义》:"卿为上～。"

殡(殯) bìn 停放灵柩。《荀子·礼论》:"～久不过七十日。"《礼记·檀弓上》:"夏后氏～于东阶之上。"㊀指灵柩。《左传·昭公五年》:"以书使杜洩告于～。"(杜洩:人名。)㊀指埋。孔稚珪《北山移文》:"道帙长～,法筵久埋。"(道帙:指道家的书。法筵:讲佛法的座席。)

膑(臏、髕) bìn 膝盖骨。《史记·秦本纪》:"王与孟说(yuè)举鼎,绝～。"(武王和孟说比赛举鼎,折断了膝盖骨。鼎:古代一种三足铜器。)㊕古代一种剔掉膝盖骨的酷刑。《韩非子·难言》:"孙子～脚于魏。"《汉书·刑法志》:"～罚之属五百。"(属:类。)

鬓(鬢) bìn 脸两旁靠近耳朵的头发。《国语·晋语九》:"美～长大则贤。"贺知章《回乡偶书》诗:"乡音无改～毛衰。"

BING

兵 bīng ❶ 兵器,武器。《诗经·秦风·无衣》:"修我甲～。"(甲:铠甲。)贾谊《过秦论》:"斩木为～,揭竿为旗。"(揭:举。)成语有"短兵相接"。㊀用兵器伤害人。《史记·伯夷列传》:"左右欲～之。" ❷ 军事,战争。《孙子兵法·计》:"～者,国之大事。"《汉书·匈奴传》:"～连祸结三十余年。" ❸ 军队。《墨子·鲁问》:"今又举～将以攻郑。"曹操《置屯田令》:"夫定国之术,在于强～足食。"㊀兵士。《三国志·吴书·吴主传》:"将军贺达等将～万人。"(将:率领。)【辨】兵,卒,士。见550页"卒"字。

掤 bīng 箭筒盖子。《诗经·郑风·大叔于田》:"抑释～忌。"(抑、忌:语气词。释:放下。)

丙 bǐng 天干的第三位。见126页"干[1]"字。又作"第三"的代称。[丙夜]汉魏以来把一夜分为五更,丙夜指三更,即晚上十二点。《南史·梁武帝纪下》:"先是一日～～,南郊令解涤之等到郊所履行。"唐彦谦《夜坐》诗:"愁鬓丁年白,寒灯～～青。"(丁年:壮年。)

炳 bǐng ❶ 光明,显著。《周易·革》:"大人虎变,其文～也。"(虎变:如虎的毛皮,至冬而变。文:斑纹。)《扬子法言·吾子》:"君子之道有四易:简而易用也,要而易守也,～而易见也,法而易言也。"[炳炳][炳然]光耀、显明的样子。《汉书·司马相如传下》:"采色玄耀,～～辉煌。"(玄耀:光彩夺目的样子。玄:通"炫"。)《汉书·刘向传》:"使是非～然可知。" ❷ 点燃。刘向《说苑·建本》:"老而好学,如～烛之明。"

柄 bǐng 斧柄,泛指器物的把儿。《墨子·备城门》:"长斧,～长八尺。"贾思勰《齐民要术·耕田》引《纂文》:"刬(chǎn)～长三尺。"(刬:一种农具。)㊉权柄,权力。《韩非子·问田》:"治天下之～。"《吕氏春秋·义赏》:"赏罚之～,此上之所以使也。"

又如“国炳”、“政炳”。㉑根本。《周易·系辞下》：“谦，德之～也。”《国语·齐语》：“治国家不失其～。”

秉 bǐng ❶一把庄稼。《诗经·小雅·大田》：“彼有遗～，此有滞穗。”（彼：那边。遗秉：指收获后掉在田里一把一把的庄稼。）❷手拿着，持着。《诗经·邶风·简兮》：“右手～翟（dí）。”（翟：指山雉的尾羽。）成语有“秉烛待旦”。㉑主持，掌握。《三国志·魏书·吕布传》：“共～朝政。”熟语有“秉公执法”。㉒保持，坚持。《诗经·周颂·清庙》：“济济多士，～文之德。”（济济：众多的样子。文：指周文王。）❸通“柄”。权力，权柄。《管子·小匡》：“治国不失～。”❹古代容量单位。十六斛为一秉。《仪礼·聘礼》：“十斗曰斛（hú），十六斗曰籔（shǔ），十籔曰秉。”《论语·雍也》：“冉子与之粟五～。”（冉子：人名。）

屏 bǐng 见313页。

禀（稟） bǐng ❶受，承受。《左传·昭公二十六年》：“先王所～于天地，以为其民也。”柳宗元《非国语下·戮仆》：“仆，～命者也。”（仆：指驾车的人。）❷天生的性情。陈琳《答东阿王笺》：“此乃天然异～。”［禀性］［禀气］指天生的性情、气质。《后汉书·郦炎传》：“贤愚岂常类，～性在清浊。”陶潜《饮酒》诗：“～气寡所谐。”（生性和人很少合得来。）❸指下对上报告（后起意义）。《新唐书·王虔休传》：“帅亡当～天子。”又如“禀报”、“禀告”、“禀奏”。❹lǐn 通“廪”。粮仓。《管子·轻重甲》：“请使州有一～。”㉒给予谷物。《后汉书·仲长统传》：“天灾流行，开仓库以～贷。”（贷：借。）

鞞（鞸） bǐng ❶刀剑套。《诗经·大雅·公刘》：“维玉及瑶，～琫（běng）容刀。”（琫：刀把上的装饰物。容刀：装饰过的佩刀。）❷pí 通“鼙”。古代祀神之鼓。《礼记·月令》：“是月也，命乐师修鞀（táo）～鼓。”（鞀：摇鼓。）㉒一种军用小鼓。鲍照《王昭君》诗：“霜～旦夕惊，边笳中夜咽。”

并¹ bìng ❶合并，吞并。《孙膑兵法·威王问》：“营而离之，我～卒而击之。”（营而离之：迷惑敌人，使之分散兵力。营：迷惑。并卒：集中兵力。）《荀子·尧问》：“昔虞不用宫之奇而晋～之。”（昔：从前。虞：国名。宫之奇：人名。之：指虞国。）❷一起，一并。《战国策·燕策二》：“渔者得而～擒之。”❸bǐng 通“屏（摒）”。抛弃。《庄子·天运》：“国爵～焉。”（国家给的爵位抛弃不要。）❹bǐng 通“屏”。屏住，抑制。《吕氏春秋·论威》：“～气专精，心无有虑。”❺bīng ［并州］古地名，在今山西太原一带。【辨】並（竝），并，併。见下“并³（併）”字。

并²（並、竝） bìng ❶并行，并列。《荀子·强国》：“则欲自～乎汤武。”（就想把自己和商汤王、周武王并列。）❷一起，一齐。《孟子·滕文公上》：“贤者与民～耕而食。”柳宗元《封建论》：“杀守劫令而～起。”（守：郡守。令：县令。）成语有“相提并论”。❸bàng 依傍，沿着。《史记·秦始皇本纪》：“～阴山至辽东。”（阴山：山名。辽东：秦代郡名。）这个意义后来写作“傍”。【辨】並（竝），并，併。见下“并³（併）”字。

并³（併） bìng ❶并行，并列。《汉书·平帝纪》：“亲迎，立轺（yáo），～马。”（立轺：站在小车上。轺：小车。）❷合并，兼并。《史记·秦本纪》：“周室微，诸侯力政，争相～。”谢朓《赋贫民田》诗：“敦本抑工商，均业省兼～。”（敦本：重视农业。抑：压制。均：平均。省：减少。）❸一起，一齐。贾谊《治安策》：“高皇帝与诸公～起。”❹bǐng 通“屏（摒）”。抛弃。《荀子·强国》：“～己之私欲。”【辨】並（竝），并，併。这三个字在古代并不完全通用。“并”和“併”是同义词，“并”和“並”不是同义词（古音也不相同）。“兼并”的意义写作“并”和“併”，不写作“並（竝）”。“一起”的意义一般写作“並（竝）”，很少写作“并”和“併”。“依傍”的意义只写作“並（竝）”，“抛弃”的意义只写作“并”和“併”。

病 bìng ❶病情加重。《论语·子罕》：“子疾～。”㉒指病，生病。《孟子·滕文公上》：“吾固愿见，今吾尚～；～愈，我且往见。”《后汉书·王充传》：“永元中，～卒于家。”（永元：年号。卒：死。）㉑精疲力尽。《韩非子·初见秦》：“士民疲～于内，霸王之名不成。”❷毛病，弊病。《庄子·让王》：“学而不能行谓之～。”《新唐书·杜希全传》：“献体要八章，砭切政～。”❸担心，忧虑。《论语·卫灵公》：“君子～无能焉，不～人之不己知也。”《左传·襄公二十四年》：“郑人～之。”❹辱，耻辱。《仪礼·士冠礼》：“恐不能共事，以～吾子。”《晏子春秋·内篇杂下》：“圣人非所与熙也，寡人反取～焉。”（熙：开玩笑。）❺失败。《国语·晋语三》：“以韩之～，兵甲尽矣。”【辨】病，疾。“病”常指病得很重，“疾”则常指一般的生病。“疾病”连用时有两种情况。一种情况，“病”含有“病重”的意思。比如《三国志·蜀书·诸葛亮传》：“亮疾病，卒于军。”译成现代汉语是：“诸葛亮病了，病得很重，死于军中。”另一种情况，“疾病”是同义搭配的双音词，和现代汉语没有区别。

BO

拨（撥） bō ❶去掉，除去。《史记·太史公自序》：“秦～去古文，焚灭《诗》《书》。”㊀拨开。李白《暖酒》诗：“～却白云见青天。”双音词有“拨冗”。❷治理。《史记·高祖本纪》：“高祖起微细，～乱世反之正，平定天下。”❸拨动，弹拨。白居易《琵琶行》：“转轴～弦三两声。”（转轴：转动琵琶上的弦柱。）㊀弹奏乐器时拨动弦的用具。白居易《琵琶行》：“曲终收～当心划。”（曲子弹完用拨子在琵琶当心划一下。）❹折，断绝。《诗经·大雅·荡》：“枝叶未有害，本实先～。”❺不正。《荀子·正论》：“不能以～弓曲矢中（zhòng）微。”（拨弓曲矢：不正的弓，弯曲的箭。中微：射中微小的目标。）

钵（鉢、缽） bō 佛教徒盛饭的器具。《晋书·佛图澄传》：“澄即取～盛水。”双音词有“衣钵”。

剥（剝） bō ❶去皮，剥去，剥落。《诗经·小雅·楚茨》：“或～或亨（pēng）。”（有的人剥皮，有的人煮肉。亨：同“烹”。煮。）《晋书·苏峻传》：“裸～士女。”（指强扒人衣服。）㊀去掉表面的东西。《荀子·强国》：“然而不～脱，不砥厉，则不可以断绳。”（剥脱：指除去刚刚铸成的剑上表面粗糙的部分。砥厉：指在磨刀石上磨。）㊀搜刮，剥削。元稹《钱货议状》：“又以为黎庶之重困，不在于赋税之圊加，患在于～夺之不已。”《梁书·贺琛传》：“故为吏牧民者，竞为～削。”❷脱落。《庄子·人间世》：“实熟则～。”（实：果实。）❸pū 通“扑”。击，打。《诗经·豳风·七月》：“八月～枣，十月获稻。”❹bó 通“驳”。辩驳。《后汉书·胡广传》：“若事下之后，议者～异，异之则朝失其便，同之则王言已行。”

播 bō ❶撒种。《诗经·豳风·七月》：“其始～百谷。”❷散布。张衡《思玄赋》：“～余香而莫闻。”（余：我。）㊀传扬，传布。《颜氏家训·后娶》：“～扬先人之辞迹，暴露祖考之长短。”柳宗元《敌戒》：“道大名～。”❸分。《尚书·禹贡》：“又北～为九河。”（又往北分为九条河道。）❹舍弃。《楚辞·九叹·思古》：“～规矩以背度兮。”（舍弃规矩，违反法度。）❺迁移，流亡。庾信《哀江南赋》：“彼凌江而建国，始～迁于吾祖。”《后汉书·史弼传》：“周有～荡之祸，汉有爰盎之变。”（爰盎：人名。）❻bǒ 通“簸”。摇，扬。《庄子·人间世》：“鼓筴～精，足以食十人。”（鼓：指抖动。筴：小簸箕。精：精米。）

磻 bō ❶石制的箭头。《战国策·楚策四》：“被礛（jiān）～，引微缴（zhuó），折清风而抎（yǔn）矣。”（被：遭受。礛：锐利。引：指拖着。缴：系于箭上的丝绳。抎：通“陨”。坠落。）这个意义又写作“碆”。❷pán ［磻石］同“磐石”。巨石。《后汉书·西南夷传》：“高山岐峻，缘崖～～。”［磻溪］溪水名，在今陕西宝鸡东南。相传为姜太公钓鱼的地方。

袯（襏） bō ［袯襫（shì）］蓑衣之类的粗而结实的雨具。《国语·齐语》：“首戴茅蒲，身衣（yì）～～。”（衣：用作动词，穿。）

伯 bó ❶排行第一的，老大。《诗经·小雅·何人斯》：“～氏吹埙（xūn），仲氏吹篪（chí）。”（哥哥吹埙，弟弟吹篪。埙、篪：古乐器名。）㊀伯父（后起意义）。李密《陈情表》：“既无～叔，终鲜兄弟。”杜甫《醉歌行》：“汝～何由发如漆？”❷古代五等爵位（公、侯、伯、子、男）的第三等。《左传·僖公三十年》：“晋侯秦～围郑。”❸古代一方的首领。《周礼·春官·大宗伯》：“九命作～。”（九命：官爵的最高一级。）❹bà 通“霸”。春秋时诸侯的盟主。《韩非子·难四》：“桓公，五～之上也。”㊀称霸，做诸侯的盟主。《荀子·儒效》：“一朝而～。”（一朝：一个早晨，指非常短促的时间。）❺bǎi 通“佰”。数目单位。《孟子·滕文公上》：“或相什～，或相千万。”晁错《论贵粟疏》：“亡（wú）农夫之苦，有仟～之得。”（亡：通“无”。仟、伯：千钱和百钱。）❻mò 通“陌”。田间小路。《汉书·食货志上》：“孝公用商君，坏井田，开仟～。”

帛 bó 丝织品的总称。《孟子·梁惠王上》：“五十者可以衣～矣。”（衣：穿衣。）《史记·陈涉世家》：“乃丹书～曰：‘陈胜王’。”（丹书：用红色写。）［帛书］写在白细绢上的文字。《汉书·苏武传》：“天子射上林中，得雁，足有系～～，言武等在某泽中。”

泊 bó ❶停船。《晋书·王濬传》：“风利不得～也。”（风利：指风很大。）杜甫《绝句四首》之三：“窗含西岭千秋雪，门～东吴万里船。”㉛止息。陈子昂《古意》诗：“栖～灵台侧。”❷恬静，安静。《老子·二十章》：“我独～兮其未兆。”（未兆：指没有产生欲望。）❸pō 湖泊（后起意义）。如“梁山泊”。❹通“薄”。不浓。《论衡·率性》：“酒之～厚。”（酒味的浓淡。）㉗微少。《论衡·自纪》：“官卑而禄～。”文天祥《与颜县尉复古书》：“谨上状，并致～礼。”

舶 bó 大船。郦道元《水经注·江水》：“昔孙权装大船，名之曰长安，亦曰大～。”

箔 bó ❶竹帘子。《新唐书·卢怀慎传》：“门不施～。”（施：安置。）㉗养蚕的器具，像筛子或席子。王建《簇蚕辞》：“蚕欲老，～头做茧丝皓皓。”（皓皓：形容颜色白。）❷金属制成的薄片。《南齐书·高帝纪上》：“不得以金银为～。”

驳（駁、駮） bó ❶传说中的兽名。《山海经·西山经》：“有兽焉，其状如马……其名曰～。”❷马毛色不纯。《庄子·田子方》：“乘～马。”㉛混杂，杂乱。刘禹锡《天论上》：“法小弛则是非～。”（弛：松弛。）❸驳斥，反驳。《后汉书·胡广传》：“广复与敞、虔上书～之。”《旧唐书·王世充传》：“或有～难之者，世充利口饰非，辞议锋起。”（难：非难。锋起：指滔滔不绝。）[驳议]臣属向皇帝上书的一种，多指在书中驳斥别人的意见。如柳宗元有《驳复仇议》。

勃 bó ❶兴盛，旺盛。《后汉书·冯衍传下》：“至汤、武而～兴。”徐弘祖《徐霞客游记·滇游日记》：“烟气郁～。”（郁：烟气浓的样子。）成语有“生气勃勃”。❷[勃然] 1. 突然的样子。《庄子·天地》：“忽然出，～～动。”2. 奋发的样子。《颜氏家训·勉学》：“～～奋厉。”3. 盛怒的样子。《孟子·万章下》：“王～～变乎色。”❸指渤海。《史记·天官书》：“故中国山川东北流，其维首在陇、蜀，尾没于～、碣。”[勃澥][勃解]渤海。司马相如《子虚赋》：“浮～澥，游孟诸。”（孟诸：泽名。）扬雄《解嘲》：“譬若江湖之雀，～解之鸟。”

浡 bó 兴起。《孟子·梁惠王上》：“天油然作云，沛然下雨，则苗～然兴之矣。”㉛涌出。《淮南子·原道》：“原流泉～，冲而徐盈。”（原：源。徐：缓慢地。）

渤 bó ❶海名，即今渤海。《列子·汤问》：“投诸～海之尾、隐土之北。”❷水波腾涌的样子。元稹《有酒诗》之八：“鲸归穴兮～溢，鳌载山兮低昂。”

亳 bó 古地名，商汤时的国都，在今河南商丘境内。《史记·殷本纪》：“汤始居～。”

艴 bó [艴然]恼怒的样子。《孟子·公孙丑上》：“曾西～～不悦。”

博 bó ❶宽广，广博。屈原《离骚》：“思九州之～大兮。”（九州：指天下。）㉗众多。《墨子·非攻下》：“为利人也～矣。”柳宗元《与裴埙书》：“何其优裕者～而局束者寡。”（局束：局促。）成语有“地大物博”。❷广泛。《论语·雍也》：“君子～学于文。”《荀子·天论》：“风雨～施。”㊕知识渊博，通达。《韩非子·外储说左上》：“其学甚～。”成语有“博古通今”。❸古代一种赌输赢的游戏（与棋相仿）。《史记·游侠列传》：“剧孟行大类朱家，而好～。”（剧孟、朱家：人名。行：行为。大类：很像。）❹换取，讨取（后起意义）。杨万里《长句寄周舍人子充》诗：“省斋先生太高寒，肯将好官～好山！”

搏 bó ❶对打，搏斗。《左传·僖公二十八年》：“晋侯梦与楚子～。”❷抓，扑。《管子·兵法》：“善者之为兵也，使敌若据虚，若～景（yǐng）。”（若：如同。据：依据。虚：空。景：影子。）柳宗元《三戒·黔之驴》：“（虎）终不敢～。”㉗捕捉。《周礼·夏官·环人》：“～谍贼。”（谍贼：做间谍的坏人。）㊕用手指抓取。张衡《西京赋》：“摭（zhí）紫贝，～耆（qí）龟。”（摭：拾取。耆龟：老龟。）❸拍，打。李斯《谏逐客书》：“弹筝～髀（bì）。”（髀：大腿。搏髀：指在腿上打节拍。）

餺 bó [餺饦（tuō）]一种用面或米粉制成的食品。贾思勰《齐民要术·饼法》：“～～，挼（ruó）如大指许，二寸一断，著水盆中浸。”（挼：揉搓。）

膊 bó ❶pò 暴露，指陈尸。《左传·成公二年》：“杀而～诸城上。”❷pò 切成块的肉。《淮南子·缪称》：“故同味而嗜厚～者，必其甘之者也。”❸胳膊。㉗指身体的上部。梁元帝《金楼子·箴戒》：“大怒，令此人袒～正立。”成语有“赤膊上阵”。

镈（鎛） bó ❶古代锄田去草的农具。《诗经·周颂·臣工》：“命我众人，庤（zhì）乃钱～。”（庤：准备。乃：你们的。钱：古代农具，类似铁铲。）❷大钟，一种打击乐器。《国语·周语下》：“细钧有钟无～，昭其大也。大钧有～无钟。”（细钧：指五音中的角、徵（zhǐ）、羽。大钧：指五音中的宫、商。）❸以金饰物。蔡邕《独断》下：“金根箱轮皆以金～，正黄。”（金根：车名。）

薄 bó ❶草木丛生的地方。屈原《九章·涉江》:"死林～兮。"(死于草木丛生的地方。)❷帘子。《庄子·达生》:"有张毅者,高门县～,无不走也。"(高门:指富贵人家。)㊈养蚕的器具,像筛子或席子。《宋书·礼志一》:"蚕宫生蚕著(zhuó)～上。"(著:放在。)上述❷㊈后来写作"箔"。❸薄。与"厚"相对。《诗经·小雅·小旻》:"战战兢兢,如临深渊,如履～冰。"(履:踩。)㊀微小,少。《荀子·非相》:"知行浅～。"成语有"薄物细故"。㊈不淳厚,不厚道。《汉书·艺文志》:"亦可以观风俗,知～厚云。"(云:语气词。)又如"刻薄"。❹稀薄,不浓。《庄子·胠箧》:"鲁酒～而邯郸围。"《三国志·魏书·臧洪传》:"使作～粥,众分歠(chuò)之。"(歠:喝。)❺(土地)贫瘠。《三国志·蜀书·诸葛亮传》:"成都有桑八百株,～田十五顷。"❻减轻,减损。《孟子·梁惠王上》:"省刑罚,～税敛。"❼轻视,看不起。《史记·孙子吴起列传》:"其母死,起终不归,曾子～之。"杜甫《戏为六绝句》之五:"不～今人爱古人。"成语有"厚今薄古"。❽迫近。李密《陈情表》:"日～西山,气息奄奄。"(奄奄:呼吸微弱的样子。)㊀止,停止。屈原《九章·哀郢》:"凌阳侯之氾滥兮,忽翱翔之焉～。"❾动词词头。《诗经·周南·葛覃》:"～污我私,～浣我衣。"

欂 bó [欂栌(lú)]立柱上的短木,即斗栱。《淮南子·本经》:"标枺～～,以相支持。"(标枺:柱子。)司马相如《长门赋》:"施瑰木之～～兮。"又写作"薄栌"。

礴 bó [磅礴]见303页"磅"字。

簙 bó 古代一种棋戏。宋玉《招魂》:"菎(kūn)蔽象棋,有六～些。"(菎:通"琨"。美玉。蔽:博棋时所投之箸。象棋:象牙制的棋子。些:语气词。)又写作"博"。

僰 bó 我国古代西南部的一个民族。《吕氏春秋·恃君》:"离水之西,～人,野人……多无君。"

踣 bó ❶仆倒,跌倒。《左传·襄公十四年》:"譬如捕鹿,晋人角(jué)之,诸戎掎(jǐ)之,与晋～之。"(角:比试较量。掎:抓住,拖住。)㊀颠覆,毁坏。《左传·襄公十一年》:"～其国家。"《吕氏春秋·行论》:"将欲～之,必高举之。"❷倒毙,死亡。《国语·鲁语上》:"(夏)桀奔南巢,(商)纣～于京。"(南巢:地名。京:京都。)㊈杀人后陈尸。《周礼·秋官·掌戮》:"凡杀人者～诸市,肆之三日。"【辨】偃,僵,仆,跌,毙,踣。见471页"偃"字。

襮 bó ❶绣有花纹的衣领。《诗经·唐风·扬之水》:"素衣朱～。"❷外衣。《吕氏春秋·忠廉》:"臣请为～。"㊀外表,表面上。班固《幽通赋》:"单(shàn)治里而外凋兮,张修～而内逼。"(单:指单豹,人名。张:指张毅,人名。)❸表明,暴露。《新唐书·李晟传》:"将务持重,岂宜自表～,为贼饵哉!"

跛 bǒ ❶瘸了一条腿。《周易·履》:"～能履,不足以与行也。"《荀子·修身》:"故跬(kuǐ)步而不休,～鳖千里;累土而不辍,丘山崇成。"(步:古半步,即今一步。跛鳖千里:瘸了一条腿的鳖也能走千里之远,比喻条件虽差只要努力不懈也能取得成就。)❷ bì 一只脚站着。《礼记·曲礼上》:"游毋倨,立毋～。"[跛倚]站立不正。《礼记·礼器》:"有司～～以临祭,其为不敬大矣。"㊀偏向。王安石《上田正言书》之一:"介然立朝,无所～～。"

簸 bǒ ❶用簸箕盛粮食等上下颠动,扬去糠秕、尘土等物。《诗经·大雅·生民》:"或～或蹂。"(蹂:踩。)《世说新语·排调》:"～之扬之,糠秕在前。"㊀颠簸摇动。张衡《西京赋》:"荡川渎,～林薄。"(林薄:草木丛生的地方。)韩愈《别赵子》诗:"婆娑海水南,～弄明月珠。"❷ bò [簸箕]扬去谷物中秕糠、尘土的器物。贾思勰《齐民要术·种槐柳楸梓梧柞》:"至秋,任为～～。"

檗(蘗) bò 树名,即黄檗。司马相如《子虚赋》:"桂椒木兰,～离朱杨。"(离:樆,即山梨。)鲍照《拟行路难》之八:"剉～染黄丝。"

擘 bò ❶大拇指。《尔雅·释鱼》:"首大如～。"[巨擘]喻指杰出人物。《孟子·滕文公下》:"于齐国之士,吾必以仲子为～～焉。"(仲子:人名。)❷剖,分裂。《史记·刺客列传》:"专诸～鱼,因以匕首刺王僚。"(专诸、王僚:人名。)贾思勰《齐民要术·种红蓝花栀子》:"取醋石榴两三个,～取子。"(醋石榴:酸石榴。)[擘画]筹划,谋划。《淮南子·要略》:"财制礼义之宜,～～人事之终始者也。"

BU

逋 bū ❶逃亡,逃跑。《左传·哀公十六年》:"蒯聩得罪于君父君母,～窜于晋。"《汉书·晁错传》:"外内咸怨,离散～逃。"(咸:都。)❷欠交,拖欠。《汉书·昭帝纪》:“三年以前～更赋未入者,皆勿收。”(更赋:一种出钱代役的赋税。)㊀拖延,迟延。《晋书·蔡谟传》:“司徒谟顷以常疾,久～王命。”

晡 bū 申时,即下午三时至五时。《汉书·武五子传》:“～时至定陶。”(定陶:地名。)杜甫《徐步》诗:“荒庭日欲～。”㊁傍晚。杜甫《白帝城放船四十韵》:“绝岛容烟雾,环洲纳晓～。”[晡食]晚餐。柳宗元《段太尉逸事状》:“吾未～～。”

餔 bū ❶申时食曰餔。㊁吃。《孟子·离娄上》:“孟子谓乐正子曰:‘子之从于子敖来,徒～啜(chuò)也。我不意子学古之道,而以～啜也。’”(子敖:人名。啜:喝。)❷通“晡”。申时,即午后三时至五时。《淮南子·天文》:“(日)至于悲谷,是谓～时。”(悲谷:指西南方。)一本作“晡”。❸bǔ 通“哺”。以食饲人。《史记·高祖本纪》:“吕后与两子居田中耨,有一老父过请饮,吕后因～之。”

卜 bǔ 占卜。古人根据龟甲被烧后的裂纹来预测凶吉。《尚书·召诰》:“太保朝至于洛,～宅,厥既得～,则经营。”(洛:地名。卜宅:这里指卜占建都的地方。)后用其他方法预测凶吉也叫卜。辛弃疾《祝英台近·春晚》:“试把花～归期。”(把:用。)㊁估计,猜测,预料。嵇康《与山巨源绝交书》:“自～已审,若道尽涂穷,则已耳。”柳宗元《答韦中立论师道书》:“仆自～固无取。”(无取:指没有可取的地方。)【辨】卜,筮,占。古代算卦用龟壳叫“卜”,用蓍草叫“筮”,根据龟壳的裂纹和蓍草的排列预测凶吉叫“占”。

补(補) bǔ ❶补衣服。《庄子·山木》:“庄子衣大布而～之。”㊁修整破损的东西。《淮南子·览冥》:“于是女娲炼五色石以～苍天。”杜甫《佳人》诗:“牵萝～茅屋。”(萝:一种植物。)❷弥补。晁错《贤良文学对策》:“～主之过。”❸补充。《左传·成公十六年》:“～卒乘,缮甲兵。”(卒:步兵。乘:兵车。)贾思勰《齐民要术·种谷》:“稀豁(huō)之处,锄而～之。”(稀豁:稀疏。)㊀填补官职空缺。《史记·平准书》:“人物者～官,出货者除罪。”㊁补助。《荀子·王制》:“收孤寡,～贫穷。”㊀补益,滋补。《庄子·外物》:“静然可以～病。”(静然:安静的样子。)

哺 bǔ ❶口中含嚼的食物。《庄子·马蹄》:“含～而熙,鼓腹而游。”《史记·留侯世家》:“汉王辍食吐～。”(辍:停止。)成语有“握发吐哺”。❷喂食,喂养。贾谊《治安策》:“抱～其子。”杜甫《杜鹃行》:“群鸟至今为～雏。”(为:指替它。雏:指小鸟。)㊀食,吃。《后汉书·赵孝传》:“天下乱,人相食……弟季,出遇赤眉,将为所～。”

不 bù ❶副词。不。表示否定。《论语·公冶长》:“敏而好学,～耻下问。”《商君书·开塞》:“圣人～法古,～修今。”❷fǒu 相当于“否”。《史记·廉颇蔺相如列传》:“秦王以十五城请易寡人之璧,可予～?”(易:交换。璧:指和氏璧,一种宝玉。予:给予。)【辨】弗,不。见116页“弗”字。

布 bù ❶麻布。《诗经·卫风·氓》:“氓之蚩蚩,抱～贸丝。”《礼记·礼运》:“治其麻丝,以为～帛(bó)。”(帛:丝织品的总称。)[布衣]1.麻布衣服。《汉书·王吉传》:“去位家居,亦～～疏食。”2.平民,老百姓。古代平民穿麻布衣服,所以“布衣”就成为平民的代称。《盐铁论·非鞅》:“商君起～～。”(商君:商鞅。)❷古代一种货币。《周礼·天官·外府》:“外府掌邦～之人出。”❸铺开,分布。贾思勰《齐民要术·种葱》:“收葱子,必薄～阴干。”《三国志·吴书·吴主传》:“天下英豪～在州郡。”㊀公布,宣告。《韩非子·难三》:“法者……设之于官府,而～之于百姓者也。”上述❸㊀后来写作“佈”,现简化为“布”。

怖 bù ❶惊惶,害怕。《淮南子·诠言》:“福至则喜,祸至则～。”《三国志·魏书·郭嘉传》:“虏卒(cù)闻太祖至,惶～合战。”(虏:对敌人的蔑称。)❷恐吓。《后汉书·第五伦传》:“巫祝有依托鬼神诈～愚民,皆案论之。”(巫:巫婆。祝:祭祷时向“鬼神”祷告的人。案论:审问定罪。)《列子·仲尼》:“怒其妻而～之。”

步 bù ❶行走。《战国策·赵策四》:“老臣今者殊不欲食,乃自强(qiǎng)～,日三四里。”(强:勉强。)㊀脚步,步伐。张衡《东京赋》:“驾不乱～。”(马的脚步不乱。驾:指驾车的马。)双音词有“步伐”。❷举足两次为一步。《荀子·劝学》:“不积跬(kuǐ)～,无以至千里。”(没有一步一步的积累,就不能达到千里远。跬:相当于现在的一步。至:达到。)㊀长度单位。历代不一,如周代以八尺为步,秦代以六尺为步。《史记·秦始皇本纪》:“舆(yú)六尺,六尺为～。”(舆:车。)成语有“步步为营”。❸水边停船的地方(后起意义)。柳宗元《永州铁炉步志》:“江之浒(hǔ),凡舟可縻(mí)而上下者曰～。”(浒:水边。縻:拴。上下:指上下船。)这个意义后来写作“埠”。

部 bù ❶统率,指挥。《史记·项羽本纪》:“汉王～五诸侯兵,凡五十六万人。”❷部分,类别。曹操《整齐风俗令》:“父子异～。”(父子不在同一派别。)《晋书·李充传》:“以类相从,分作四～。”❸官署,行政机关。《古诗为焦仲卿妻作》:“还～白府君。”(白:告诉。府君:指太守。)又如“工部”、“刑部”。❹量词。《魏书·刘昶传》:“又以其文集一～赐昶。”❺古时军队编制单位。《史记·李将军列传》:“及出击胡,而广行无～伍行阵。”(广:李广。)㉒指部队。《三国志·吴书·周瑜传》:“瑜为前～大督。”(大督:官名。)❻pǒu[部娄(lǒu)]通“培塿”。小土丘。《左传·襄公二十四年》:“～～无松柏。”

瓿 bù 古代盛酱醋之类的小瓮。《战国策·东周策》:“夫鼎者,非效醯(xī)壶酱～耳。”(醯:醋。)

蔀 bù ❶席棚。《周易·丰》:“丰其～,日中见斗。”㉑覆盖。《周易·丰》:“丰其屋,～其家。”❷古代历法专有名词。十九年为一章,四章为一蔀。《后汉书·律历志下》:“章首分尽,四之俱终,名之曰～。”

簿 bù ❶登记事物的册子。《史记·张释之冯唐列传》:“上问上林尉诸禽兽～。”(皇帝问上林尉登记各种禽兽的册子的情况。上林尉:官名。)❷文书,档案或审讯的记录。《史记·李将军列传》:“大将军使长史急责广之幕府对～。”(广:李广。)《论衡·谢短》:“儒生所短,不徒以不晓～书。”(徒:只,仅。晓:懂得。)

B

C

CAI

猜 cāi 怀疑。《左传·昭公七年》："虽吾子亦有～焉。"《后汉书·申屠刚传》："平帝时，王莽专政，朝多～忌。"㊀忌恨。《文选·潘岳〈马汧督诔〉》："忘尔大劳，～尔小利。"【注意】古代汉语中，"猜"字不当"猜测"讲。

才¹ cái ❶才能。《论语·泰伯》："如有周公之～之美，使骄且吝，其余不足观也已。"成语有"才疏学浅"。㊁人才，有才能的人。《国语·齐语》："夫管子，天下之～也。"曹操《求贤令》："唯～是举，吾得而用之。"❷通"才²"。副词。刚刚，仅仅。《晋书·谢混传》："～小富贵，便豫人家事。"（豫：干预。）❸通"裁"。裁决。《战国策·赵策一》："今有城市之邑七十，愿拜内(nà)之于王，唯王～之。"（内：纳，交纳。）

才²(纔) cái ❶副词。刚刚，方才。《汉书·晁错传》："救之，少发则不足，多发，远县～至，则胡又已去。"（远县：指远县的军队。胡：指匈奴。）❷副词。仅仅，只。《汉书·贾山传》："然身死～数月耳，天下四面而攻之。"陶潜《桃花源记》："初极狭，～通人。"

材 cái ❶木材，木料。《韩非子·内储说上》："～木尽则无以为守备。"（守备：指防备用的器物。）㊀材料，原料。《管子·小问》："致天下之精～，来天下之良工，则有战胜之器矣。"（致：使……到来。器：用具。）㊕棺材。《陈书·周弘直传》："气绝已后，便买市中见(xiàn)～，～必须小形者。"❷通"才¹"。才能。《史记·淮南衡山列传》："～干绝人。"柳宗元《答韦中立论师道书》："仆～不足。"（仆：自称的谦辞，相当于"我"。）㊀有才能的。《韩非子·饰邪》："奸臣愈进而～臣退，则主惑而不知所行。"（主：君主。惑：迷惑。）❸通"裁"。成，成就。《荀子·富国》："治万变，～万物，养万民。"

财(財) cái ❶财物。《韩非子·说难》："暮而果大亡其～。"（果：果然。亡：丢失。）㊁财富，财产。《荀子·成相》："务本节用～无极。"（务本：致力于农业。极：穷尽。）《太平天国天朝田亩制度》："凡天下婚姻不论～。"❷通"裁"。成，成就。《荀子·非十二子》："～万物，长养人民。"❸通"材"。木材，木料。贾思勰《齐民要术序》："殖～种树。"（殖：植。）㊁材料。《墨子·尚贤下》："有一衣裳之～不能制，必索良工。"❹通"裁"。裁决。晁错《言兵事疏》："唯陛下～择。"❺通"才¹"。才能。《孟子·尽心上》："有成德者，有达～者。"❻通"才²"。副词。仅仅。《汉书·李广利传》："士～有数千。"

裁 cái ❶裁制衣服。《古诗为焦仲卿妻作》："十三能织素，十四学～衣。"（素：白色丝织品。）㊂裁制，制作。《论衡·幸偶》："长数仞之竹，大连抱之木，工技之人～而用之。"杜甫《江亭》诗："故林归未得，排闷强～诗。"㊀剪裁，删减。刘勰《文心雕龙·镕裁》："剪截浮词谓之～。"（截：去掉。浮词：指无用的话。）《国语·吴语》："～其有余，使贫富皆利之。"❷裁度，衡量。《淮南子·主术》："及至乱主，取民则不～其力。"《后汉书·来歙传》："太中大夫段襄，骨鲠可任，愿陛下～察。"㊁裁决。《韩非子·初见秦》："臣愿悉言所闻，唯大王～其罪。"（唯：表示希望。）[自裁]自杀。贾谊《治安策》："其有大罪者，闻命则北面再拜，跪而～～。"❸成，成就。《荀子·王制》："故序四时，～万物，兼利天下。"❹样式，风格。张衡《西京赋》："取殊～于八都。"（从八方取来不同的建筑样式。八都：指八方。）《宋书·谢灵运传论》："延年之体～明密。"（颜延年的文章风格明白细致。）❺通"才²"。副词。仅仅，刚刚。《汉书·高惠高后文功臣表》："户口可得而数，～什二三。"（户口可以统计出来的，仅有十分之二三。）《世说新语·假谲》："范(汪)～坐，桓(温)便谢其远来意。"

采¹ cǎi ❶摘取。《诗经·周南·关雎》："参差(cēn cī)荇(xìng)菜，左右～之。"（参差：不齐的样子。荇菜：一种水生植物。）㊀采集，收集。《盐铁论·复古》："～铁石鼓铸，煮海为盐。"《汉书·艺文志》："古有～诗之官。"㊁选择，采取。《史记·秦始皇本纪》："～上古帝位号，号曰'皇帝'。"这个意义后来写作"採"，现简化为"采"。❷彩色的丝织品。晁错《论贵粟疏》："衣必文～。"（文：指色彩华美。）这个意义后来写作"綵"。❸彩色。《荀子·正论》："衣被则服五～。"（衣被：指衣着。服：穿。）这个意义后来写作"彩"。[引]文章的辞藻，文采。刘勰《文心雕龙·情采》："繁～寡情，味之必厌。"（堆砌辞藻、缺乏思想感情的文章，读起来必然令人厌烦。）[又]神采，神态。《汉书·霍光传》："天下想闻其风～。"李白《白马篇》："酒后竞风～，三杯弄宝刀。"（竞：比。弄：耍弄。）❹ 木名。即"栎（lì）"。也叫柞树。《韩非子·五蠹》："～椽（chuán）不斲（zhuó）。"（采椽：柞木椽子。斲：指修饰。）【注意】这个意义只用在"采椽"这个词组里，后来又写作"棌"。❺ 理睬，理会（后起意义）。杜荀鹤《登灵山水阁贻钓者》诗："未胜渔父闲垂钓，独背斜阳不～人。"这个意义后来写作"睬"。❻ cài 古代卿大夫受封的土地。也称"采地"、"采邑"、"食邑"。《汉书·刑法志》："此卿大夫～地之大者也。"这个意义后来写作"寀"或"埰"。

采^{2}（採） cǎi 摘取。《吕氏春秋·本味》："有侁氏女子～桑，得婴儿于空桑之中。"《晋书·刘琨传》："古语云，山有猛兽，藜藿为之不～。"（藜藿：指野菜。）[引]收集，选择。《晋书·谢尚传》："尚于是～拾乐人，并制石磬，以备太乐。"

彩^{1} cǎi ❶ 彩色，光彩。张衡《南都赋》："金～玉璞。"（璞：未经雕琢的玉石。）李白《早发白帝城》诗："朝辞白帝～云间，千里江陵一日还。"[引]文章的辞藻。《宋书·颜延之传》："延之与陈郡谢灵运俱以词～齐名。"[又]神采，神态。《晋书·王戎传》："幼而颖悟，神～秀彻。"❷ 博戏中的胜利品。李白《送外甥郑灌从军》诗："六博争雄好～来，金盘一掷万人开。"【辨】彩，綵。见下"彩^{2}（綵）"字。

彩^{2}（綵） cǎi 彩色的丝织品。《后汉书·安帝纪》："食不兼味，衣无二～。"（兼味：指两种以上的食品。二彩：指两种色彩的衣服。）【辨】彩，綵。古代"彩"和"綵"是两个字，"綵"仅用于彩色的丝织品，而"彩"则当"彩色、光彩"讲。

寀 cǎi ❶ cài 采地，古代卿大夫的封地。字本作"采"。❷ 官吏，官员。《晋书·王戎传》："虽位总鼎司，而委事僚～。"（鼎司：指重臣的职位。僚寀：同僚，同事的官员。）【注意】现在"寀"写作正字"采"。

蔡 cài ❶ 野草。左思《魏都赋》："～莽螫刺，昆虫毒噬。"❷ 占卜用的大龟。《左传·襄公二十三年》："且致大～焉。"（致：送给。）❸ 周代诸侯国，在今河南上蔡和新蔡一带。❹ sà 通"𥻦"。流放。《左传·昭公元年》："周公杀管叔而～蔡叔。"（管叔、蔡叔：人名。）

CAN

参（參） cān ❶ sān 配合成三的。《商君书·赏刑》："此臣所谓～教也。"（参教：指赏、刑、教三事。）[又]三分。《左传·隐公元年》："先王之制，大都不过～国之一。"（大都：指大都邑的城墙。国：指国都的城墙。）［参伍］三与五，表示错综复杂。《周易·系辞上》："～～以变，错综其数。"[引]反复比较检验。《荀子·成相》："～～明谨施赏刑。"（明谨：严明、慎重地。）❷ 参加，参与。《汉书·赵充国传》："朝庭每有四夷大议，常与～兵谋。"❸ ［参乘］在车右边陪乘。《史记·文帝本纪》："乃命宋昌～～。"[又]在车右边陪乘的人。《史记·项羽本纪》："沛公之～～樊哙者也。"（沛公：指刘邦。樊哙：人名。）又写作"骖乘"。❹ 检验。《韩非子·显学》："无～验而必之者，愚也。"（必：肯定。）❺ 古代下级见上级叫参。《战国策·秦策四》："臣之义不～拜。"双音词有"参见"、"参谒"。❻ cēn ［参差（cī）］长短不齐的样子。《诗经·周南·关雎》："～～荇（xìng）菜，左右采之。"（荇菜：一种水生植物。）❼ shēn 星宿名。二十八宿之一。《诗经·召南·小星》："嘒（huì）彼小星，维～与昴（mǎo）。"（嘒：微小的样子。昴：星宿名。）［参商］参星和商星。这两个星宿不同时出现在天空中，因此常用来比喻相隔遥远不能见面。曹植《与吴季重书》："面有逸景之速，别有～～之阔。"（面：见面。逸：飞奔。景：光阴。阔：远。）❽ shēn 参类植物的总称。如人参、丹参、苦参等。【辨】三，参（sān）。"三"的意义比"参"广。"参"只用于"配合成三"或"三分"。该用"参"的地方有时可以用"三"，但该用"三"的地方不能用"参"。"三"在古代汉语中有时表示多数，"参"则无此用法。

骖（驂） cān ❶ 三匹马驾一辆车。《诗经·小雅·采菽》："载～载驷。"（载：动词词头。驷：四匹马驾一辆车。）❷ 车前驾马中辕马边上的马。屈原《九歌·国殇》："左～殪（yì）兮右刃伤。"（殪：被箭射死。刃伤：为兵刃所伤。）❸ ［骖乘］同"参乘"。在车右边陪乘。《左传·文公十八年》："（齐懿公）纳阎职之妻，而使职～～。"[又]在车右边陪乘的人。《韩非子·难三》："知伯出，魏宣子御，韩康子为～～。"

C

餐(湌、飡) cān ❶吃(饭)。《诗经·魏风·伐檀》:“彼君子兮,不素～兮。”李白《北上行》:“草木不可～,饥饮零露浆。”(零露:露水。)成语有“餐风饮露”。❷饭食。《韩非子·十过》:“充之以～。”(充:充满。)李绅《古风》之二:“谁知盘中～,粒粒皆辛苦。”

残(殘) cán ❶杀害,伤害。《周礼·夏官·大司马》:“放弑其君,则～之。”柳宗元《断刑论下》:“秋冬之有霜雪也,举草木而～之。”(举:全部。)㊀消灭,毁灭。《战国策·中山策》:“魏文侯欲～中山。”❷凶暴,残忍。《论语·子路》:“善人为邦百年,亦可以胜～去杀矣。”《孟子·梁惠王下》:“～贼之人,谓之一夫。”㊂凶暴残忍的人。《史记·张耳陈餘列传》:“将军瞋目张胆,出万死不顾一生之计,为天下除～也。”《论衡·逢遇》:“武王诛～,太公讨暴。”❸残缺,不完整。司马迁《报任安书》:“顾自以为身～处秽,动而见尤。”《后汉书·儒林传》:“礼乐分崩,典文～落。”㊀残余,剩余。杜审言《大酺》诗:“梅花落处疑～雪。”

惨(慘) cǎn ❶残酷,狠毒。《荀子·议兵》:“～如蜂虿。”(虿:蝎类毒虫。)《汉书·陈汤传》:“～毒行于民。”❷忧愁。《诗经·陈风·月出》:“劳心～兮。”❸凄惨,悲惨。《后汉书·章帝纪》:“又久旱伤麦,忧心～切。”《晋书·刑法志》:“有酸～之声。”㊕指丧事。《晋书·王忱传》:“妇父尝有～,忱乘醉吊之。”❹通“黪”。色彩暗淡。蒋凝《望思台赋》:“烟昏日～。”张固《幽闲鼓吹》:“末座～绿少年何人也?”[惨惨]昏暗的样子。王粲《登楼赋》:“风萧瑟而并兴兮,天～～而无色。”

黪(黲) cǎn 灰黑色。《宋史·礼志二十八》:“大祥,素纱软脚折上巾,～公服,白鞓锡带。”(鞓:皮带。)㊀色彩暗淡。沈括《梦溪笔谈》卷二:“以～衣蒙之。”[黪黩(dú)]混浊不清。杜甫《三川观水涨二十韵》:“何时通舟车,阴气不～～。”

憯(憯) cǎn ❶痛,悲痛。《礼记·表记》:“中心～怛,爱人之仁也。”(怛:悲苦。)这个意义又写作“惨”。❷通“惨”。残酷,狠毒。《汉书·晁错传》:“法令烦～。”❸副词。用来加强否定语气。《诗经·小雅·十月之交》:“胡～莫惩?”(为什么竟没有人因此而警戒呢?)

噆 cǎn ❶口衔。《淮南子·览冥》:“人榛薄,食荐梅,～味含甘。”❷叮咬。《庄子·天运》:“蚊虻～肤,则通昔不寐矣。”

粲 càn ❶上等白米。《诗经·郑风·缁衣》:“予授子之～兮。”(予:我。子:你。)❷明亮,鲜明。曹植《赠徐干》诗:“众星～以繁。”《诗经·唐风·葛生》:“角枕～兮,锦衾烂兮。”[粲然]1.鲜明,明白的样子。《汉书·兒宽传》:“光辉充塞,天文～～。”《吕氏春秋·达郁》:“～～恶丈夫之状也。”2.笑的样子。形容笑时露出洁白的牙齿。郭璞《游仙》诗之二:“灵妃顾我笑,～～启玉齿。”(灵妃:神话中的仙人。顾:回头看。)[粲烂]通“灿烂”。光亮鲜明的样子。司马相如《上林赋》:“皓齿～～,宜笑的皪(dì lì)。”(的皪:鲜明的样子。)㊂指文辞华丽。《三国志·吴书·薛综传》:“卒造文义,信辞～～。”

璨 càn 明亮。《旧唐书·柳宗元传》:“精裁密致,～若珠贝。”[璨璨]明亮的样子。白居易《黑龙饮渭赋》:“气默默以黯黯,光～～而烂烂。”

CANG

仓(倉) cāng ❶粮仓。《商君书·去强》:“～府两虚,国弱。”❷船舱。杨万里《初二日苦热》诗:“船～周围各五尺。”这个意义后来写作“舱”。❸通“苍”。青色。《礼记·月令》:“驾～龙。”(龙:指大马。)❹[仓卒][仓猝]匆忙急迫的样子。《世说新语·言语》:“司徒、丞相、扬州官僚问讯,～卒不知何辞。”《论衡·逢遇》:“～猝之业,须臾之名。”

伧(傖) cāng 粗野,粗俗。《陈书·周铁虎传》:“周铁虎,不知何许人也。梁世南渡,语音～重,膂力过人。”㊂粗野、鄙俗的人。《世说新语·简傲》:“傲主人,非礼也;以贵骄人,非道也。失此二者,不足齿之～耳。”[伧父(fǔ)]粗野鄙贱的人。《晋书·左思传》:“此间有～～,欲作《三都赋》。”

苍(蒼) cāng ❶深蓝色或深绿色。《诗经·秦风·黄鸟》:“彼～者天,歼我良人。”李白《庐山谣寄卢侍御虚舟》诗:“谢公行处～苔没。”(谢公:谢灵运。)㊂灰白色。杜甫《赠卫八处士》诗:“少壮能几时,鬓发各已～。”[苍苍]1.深蓝色。《庄子·逍遥游》:“天之～～,其正色邪?”(正色:真正的颜色。)2.灰白色。白居易《卖炭翁》诗:“满面尘灰烟火色,两鬓(bìn)～～十指黑。”3.茂盛的样子。《诗经·秦风·蒹葭》:“蒹葭～～,白露为霜。”❷[苍生]百姓，众人。《晋书·王衍传》："然误天下～～者，未必非此人也。"【辨】青，苍，碧，绿，蓝。见235页"蓝"字。

沧（滄） cāng ❶寒冷。《逸周书·周祝》："天地之间有～热，善用道者终不竭。"[沧沧]寒冷的样子。《列子·汤问》："日初出，～～凉凉。"这个意义又写作"滄"。❷[沧海]大海。曹操《步出夏门行·观沧海》："东临碣石，以观～～。"（临：登临。碣石：山名。）成语有"沧海桑田"。❸通"苍"。青绿色。任昉《赠郭桐庐诗》："～江路穷此，湍险方自兹。"[沧浪（láng）]1. 青绿的水色。陆机《塘上行》："垂影～～泉。"2. 古河名。一说为汉水。屈原《渔父》："～～之水清兮。"

鸧（鶬） cāng ❶鸟名，又名鸧鸹（guā）。司马相如《子虚赋》："双～下，玄鹤加。"❷[鸧鹒]鸟名，即黄鹂。宋玉《登徒子好色赋》："～～喈喈，群女出桑。"（喈喈：鸟鸣声。）❸传说中怪鸟名。郭璞《江赋》："若乃龙鲤一角，奇～九头。"❹qiāng 金属饰物好看的样子。《诗经·周颂·载见》："鞗（tiáo）革有～，休有烈光。"（鞗：辔头。休：美。）[鸧鸧]通"锵锵"。金饰鸾铃声。《诗经·商颂·烈祖》："八鸾～～。"

藏 cáng ❶把谷物保藏起来。《荀子·王制》："春耕，夏耘，秋收，冬～。"㊀收藏，储藏。《墨子·天志下》："有书之竹帛，～之府库。"《抱朴子·时难》："～器俟时者，所以百无一遇。"❷隐藏，埋藏。《韩非子·难三》："术者，～之于胸中。"（术：指君主控制群臣的策略。）《吕氏春秋·节丧》："葬不可不～也。"❸zàng 贮藏财物的仓库。《左传·僖公二十四年》："晋侯之竖头须，守～者也。"（竖：宫中小臣。头须：人名。）❹zàng 埋葬。《列子·杨朱》："及其死也，无瘗（yì）埋之资，一国之人受其施者，相与赋而～之。"㊁葬地。《金史·世纪》："号其～曰光陵。"❺zàng 内脏。《论衡·论死》："人死五～腐朽。"这个意义后来写作"臟"，现简化为"脏"。❻zàng 佛教道教经典的总称。如"道藏"、"大藏经"。

CAO

操 cāo ❶拿着，握在手里。屈原《九歌·国殇》："～吴戈兮被犀甲。"（吴戈：指吴国制造的戈。被：披。犀甲：犀牛皮制成的铠甲。）㊀掌握，控制。《韩非子·定法》："～杀生之柄。"《史记·平原君虞卿列传》："且虞卿～其两权，事成，～右券以责。"（右券：指凭证。）㊁做，操作。《吕氏春秋·任地》："～事则苦。"《世说新语·方正》："嵇侍中善于丝竹，公可令～之。"刘禹锡《天论中》："若知～舟乎？"（若：你。）成语有"操之过急"。❷操守，能坚持自己认为正确的行为的一种品质。《论衡·知实》："欲观隐者之～。"㊀品德，品行。《史记·酷吏列传》："汤之客田甲，虽贾（gǔ）人，有贤～。"（田甲：人名。贾人：商人。）双音词有"节操"、"操行"。❸琴曲名。如"箕子操"、"龟山操"。

曹 cáo ❶对，双。宋玉《招魂》："分～并进。"㊁群。《诗经·大雅·公刘》："乃造其～，执豕于牢。"（造：到……去。）杜甫《曲江》诗："哀鸿独叫求其～。"❷辈。可以翻译为现代汉语的"们"。《汉书·东方朔传》："今欲尽杀若～。"（若：你，你们。）杜甫《戏为六绝句》诗："尔～身与名俱灭，不废江河万古流。"❸分科办事的官署或部门。《后汉书·百官志》："成帝初置尚书四人，分为四～。"❹周代诸侯国，在今山东定陶。

漕 cáo 通过水道运送粮食。《史记·萧相国世家》："萧何转～关中，给食不乏。"（给食：指供应军队。）㊁供运输的河道。班固《西都赋》："东郊则有通沟大～。"

螬 cáo [蛴（qí）螬]见319页"蛴"字。

屮 cǎo 草。《荀子·富国》："刺～殖谷。"（刺：铲除。殖：种植。）《汉书·卜式传》："式既为郎，布衣～蹻（jué）而牧羊。"（屮蹻：指草鞋。）后来写作"艸"或"草"。

草（艸） cǎo ❶草。《诗经·小雅·谷风》："无～不死，无木不萎。"《世说新语·尤悔》："简文见田稻不识，问是何～。"❷草野，未开垦过的荒地。《韩非子·显学》："耕田垦～以厚民产也。"（厚民产：增加人民的财产。）㊀乡野，民间。李白《梁甫吟》："君不见高阳酒徒起～中。"❸粗糙。《史记·陈丞相世家》："以恶～具进楚使。"（把粗糙的食物给楚国的使者吃。）❹草书，汉字字体的一种，汉代初期就已流行，特点是笔画相连，写起来快。《晋书·王羲之传》："因书之，真～相半。"又如"狂草"、"真草隶篆"。❺初稿。《三国志·魏书·崔琰传》："琰从训取表～视之。"（训：人名。）㊁起草。《南史·蔡景历传》："召令～檄（xí）。"（檄：檄文。）❻[草草]1. 忧劳、操心的样子。《诗经·小雅·巷伯》："骄人好好，劳人～～。”2. 骚扰不安的样子。《魏书·外戚传上》：“太祖崩，京师～～。”3. 匆忙仓促的样子。李白《南奔书怀》诗：“～～出近关，行行昧前算。”4. 草率。《金史·豫王永成传》：“临文～～，直写所怀。”

C

慅 cǎo ［慅慅］忧愁的样子。《诗经·小雅·白华》：“念子～～，视我迈迈。”（迈迈：不高兴的样子。）

CE

册（冊） cè ❶ 简册，编串好的许多竹简。《尚书·多士》：“殷先人有～有典。”（殷：商朝。典：典籍。）后指书册。陆游《纵笔》：“归从～府犹披卷。”（册府：帝王藏书的地方。）❷ 君主、帝王对臣下封土授爵或免官的文书。《新唐书·百官志二》：“临轩册命，则读～。”（临轩：指皇帝在殿前平台上召见臣属。）㊀册封，帝王封臣下。《新唐书·百官志二》：“～太子则授玺绶。”❸ 通“策”。计策，计谋。《汉书·赵充国传》：“此全师保胜安边之～。”（全师：保全军队。）

厕（厠、廁） cè ❶ 厕所。《史记·项羽本纪》：“沛公起如～。”（如：到……去。）❷ 猪圈。《汉书·燕刺王旦传》：“～中豕（shǐ）群出。”（豕：猪。）❸ 置身于，参加。司马迁《报任安书》：“向者仆亦常～下大夫之列。”（向者：过去。仆：我。常：尝，曾经。下大夫：官名。）❹ 通“侧”。旁边。《史记·张释之冯唐列传》：“从行至霸陵，居北临～。”（从行：跟皇帝出行。霸陵：地名。临厕：指在霸陵边上。）

侧（側） cè ❶ 旁边。《商君书·修权》：“君好言，则毁誉之臣在～。”（毁誉：说好话和说坏话。）苏轼《题西林壁》诗：“横看成岭～成峰。”❷ 斜，倾斜。《史记·项羽本纪》：“樊哙～其盾以撞。”《汉书·周昌传》：“吕后～耳于东箱听。”［侧目］斜着眼睛看。表示畏惧或愤恨等情绪。《战国策·秦策一》：“妻～～而视，倾耳而听。”《汉书·邹阳传》：“太后怫郁泣血，无所发怒，切齿～～于贵臣矣。”柳宗元《童区寄传》：“乡之行劫缚者，～～莫敢过其门。”❸ 通“厕”。置身于。《淮南子·原道》：“处穷僻之乡，～溪谷之间。”又如“侧足”。

测（測） cè ❶ 水的深度。《淮南子·说林》：“篙终而以水为～，惑矣。”㊀测量水的深浅。《淮南子·说林》：“以篙～江。”㊁测量。沈括《梦溪笔谈》卷七：“天文家有浑仪，～天之器。”❷ 估计，猜度，预料。《国语·晋语一》：“君之使我，非欢也，抑欲～吾心也。”《左传·庄公十年》：“夫大国，难～也，惧有伏焉。”魏征《十渐不克终疏》：“事之不～，其可救乎？”

恻（惻） cè ❶ 悲痛，忧伤。《汉书·成帝纪》：“未闻在位有～然者，孰当助朕忧之。”《旧唐书·柳宗元传》：“为骚文十数篇，览之者为之凄～。”（骚文：《离骚》一类的文体。）❷ 诚恳。常“恳恻”连用。《后汉书·史弼传》：“诏书疾恶党人，旨意恳～。”

畟 cè ❶［畟畟］锋利的样子。《诗经·周颂·良耜》：“～～良耜（sì）。”（耜：农具名。）❷ 清晰。干宝《搜神记》卷二十：“风静水清，犹见城郭楼橹～然。”❸ 整齐。萧统《殿赋》：“阑槛参差，栋宇齐～。”

策（筞） cè ❶ 竹制的马鞭子。《礼记·曲礼上》：“君车将驾，则仆执～立于马前。”贾谊《过秦论》：“振长～而御宇内。”（振：挥动。御：驾驭，控制。宇内：天下。）㊀鞭打，鞭策。《史记·管晏列传》：“拥大盖，～驷（sì）马。”（盖：古代车上伞形的篷子。驷马：同驾一辆车的四匹马。）《宋史·叶适传》：“可以～励期望者谁乎？”❷ 竹杖，拐杖。《淮南子·地形》：“夸父弃其～。”㊀拄着，扶着（拐杖）。曹植《苦思行》：“～杖从我游。”❸ 成编的竹简。《左传·隐公十一年》：“不书于～。”❹ 帝王对臣下封土、授爵或免官的文书。《左传·僖公二十八年》：“（晋侯）受～以出。”㊀帝王封臣下。《三国志·蜀书·诸葛亮传》：“先主于是即帝位，～亮为丞相。”❺ 策问。从汉代起，皇帝为选拔人才举行考试，事先把问题写在竹简上，叫“策”。《汉书·公孙弘传》：“上～诏诸儒。”（皇帝提出问题诏问儒生。）［对策］应考的人按策上的问题陈述自己的见解。如晁错的《举贤良对策》。刘勰《文心雕龙·议对》：“～～者，应诏而陈政也。”❻ 计策，计谋。《三国志·魏书·荀攸传》：“公达前后凡画奇～十二。”（公达：即荀攸。画：谋划。）㊀谋利。《孙子兵法·虚实》：“故～之而知得失之计。”❼ 古代占卜用的蓍（shī）草。屈原《卜居》：“詹尹乃释～而谢。”（詹尹：人名。释：放下。谢：辞谢。）这个意义又写作“筴”。㊁预知，预料。《后汉书·刘宽传》：“以先～黄巾逆谋，以事上闻。”

筴 cè ❶ 古时占卜用的蓍（shī）草。《礼记·曲礼上》：“龟为卜，～为筮。”❷ 竹简，用竹片编成的书简。《国语·鲁语上》："季子之言不可不法也，使书以为三～。"❸计谋。《史记·留侯世家》："留侯善画计～。"上述❶❷❸义与"策"同，后来一般写作"策"。❹jiā 箸类，夹东西的用具。陆羽《茶经·器》："火～，一名箸。"王安石《游土山示蔡天启秘校》诗："虽无膏污鼎，尚有羹濡～。"[引]挟制，钳制。韩愈《曹成王碑》："掇（duō）黄冈，～汉阳。"（掇：夺取。）

CEN

岑 cén ❶小而高的山。张衡《南都赋》："幽谷嶜（qín）～，夏含霜雪。"（嶜：高锐的样子。）[又]山峰，山顶。陆机《猛虎行》："静言幽谷底，长啸高山～。"柳宗元《零陵春望》诗："云断岣嵝～。"（岣嵝：衡山主峰，也是衡山的别名。）[引]高而锐的样子。《孟子·告子下》："方寸之木，可使高于～楼。"❷崖岸，河岸。《庄子·徐无鬼》："夜半于无人之时而与舟人斗，未始离于～。"（未始：未曾。）❸[岑寂]寂静。鲍照《舞鹤赋》："去帝乡之～～。"（帝乡：指仙境。）❹[岑岑]胀痛的样子。《汉书·孝宣许皇后传》："我头～～也，药中得无有毒？"

涔 cén ❶连续下雨，积水成涝。《淮南子·主术》："时有～旱灾害之患。"[又]路上的积水。《淮南子·俶真》："夫牛蹄之～，无尺之鲤。"[又]泪流不止的样子。江淹《杂体诗·谢法曹赠别》："芳尘未歇席，～泪犹在袂（mèi）。"（袂：衣袖。）❷[涔涔]1. 形容雨水、汗、泪不断地流下。杜甫《秦州杂诗二十首》之十："云气接昆仑，～～塞雨繁。"在诗赋中也省作"涔"。2. 天气阴沉的样子。黄庭坚《送杜子卿归西淮》诗："雪意～～满面风。"3. 病痛的样子。杜甫《风疾舟中伏枕书怀》诗："行药病～～。"

CENG

层（層） céng ❶重叠。屈原《招魂》："～台累榭，临高山些。"（些：语气词。）王勃《滕王阁序》："～峦耸翠，上出重霄。"（翠：翠绿。）成语有"层出不穷"。❷量词。层。王之涣《登鹳雀楼》诗："欲穷千里目，更上一～楼。"

曾 céng ❶zēng 指与自己隔着两代的亲属。祖父之父为曾祖，孙之子为曾孙。《晋书·荀勖传》："荀勖字公曾，颍川颍阴人，汉司空爽～孙也……从外祖魏太傅钟繇曰：'此儿当及其～祖。'"❷zēng 副词。用来加强语气，常与"不"连用，可以译为"连……都……"。《论语·八佾》："～谓泰山不如林放乎？"《列子·汤问》："～不若孀妻弱子。"（孀妻：死了丈夫的妇女。）❸zēng 通"增"。增加。《孟子·告子下》："～益其所不能。"❹曾经。《吕氏春秋·顺民》："失民心而立功名者，未之～有也。"李白《猛虎行》："萧曹～作沛中吏。"（沛：沛县。）❺通"层"。重叠。杜甫《望岳》诗："荡胸生～云。"（荡：动荡。）

嶒 céng [嶒崚（líng）]山势高险的样子。张协《七命》："琼巘（yǎn）～～。"（琼巘：神话中玉的山顶。）又写作"嶒棱"。

蹭 cèng [蹭蹬（dèng）]失势的样子。木华《海赋》："或乃～～穷波，陆死盐田。"（盐田：指海边。）[引]遭遇挫折。李白《赠张相镐》诗之二："晚途未云已，～～遭谗毁。"

CHA

差 chā ❶差别，相差。《韩非子·解老》："义者，君臣上下之事，父子贵贱之～也。"《史记·萧相国世家》："攻城略地，大小各有～。"（略：夺。）《汉书·东方朔传》："失之豪厘，～以千里。"（豪厘：毫厘。指非常少。）[引]辨别，区别。《韩非子·用人》："废尺寸而～短长，王尔不能半中。"（王尔：人名。）❷差错，错误。《庄子·则阳》："有所正者有所～。"《抱朴子·清鉴》："终如其言，一无～错。"❸副词。表示程度。稍微，比较地。《后汉书·光武帝纪》："今军士屯田，粮储～积。"《后汉书·吴汉传》："吴公～强人意。"（吴汉比较使人满意。）❹chāi 选择。宋玉《高唐赋》："必先斋戒，～时择日。"[又]差使，差遣（后起意义）。白居易《山石榴花》诗："好～青鸟使，封作百花王。"❺chài 病好了。《后汉书·方术·郭玉传》："帝乃令贵人羸服变处，一针即～。"（羸服：指穿破旧的衣服。）沈括《梦溪笔谈》卷二四："因病危甚，服医朱严药，遂～。"（朱严：人名。）这个意义后来写作"瘥"。❻cī [差池]不齐的样子。《诗经·邶风·燕燕》："燕燕于飞，～～其羽。"[参差（cēn cī）]见33页"参"字。❼cuō [差跌]通"蹉跌"。失足跌倒。比喻失误，失败。《汉书·陈遵传》："足下讽诵经书，苦身自约，不敢～～。"《宋书·临川王道规传》："若来攻城，宗之未必能固，脱有～～，大事去矣。"

锸（鍤、臿） chā 铁锹。挖土用的工具。《韩非子·五蠹》：

“（禹）身执耒（lěi）～。”（身执：亲自拿着。耒：一种农具。）

垞 chá 小土山。范成大《闰月四日石湖众芳烂熳》诗：“北～南冈总是家，儿童随逐任讙哗。”

C

楂 chá 见 518 页。

槎 chá ❶ 用刀或斧砍。《国语·鲁语上》：“且夫山不～蘖（niè），泽不伐夭（ǎo）。”（山中不砍伐树上刚生出的枝条。蘖：树木被砍伐后又生出的枝条。）❷ 用竹木编成的筏。张华《博物志》卷三：“年年八月有浮～，去来不失期。”（失：耽误，错过。）这个意义又写作“楂”。

察（詧） chá ❶ 观察。仔细看。《周易·系辞上》：“仰以观于天文，俯以～于地理。”成语有“察言观色”。㊀看清楚。《商君书·禁使》：“上别飞鸟，下～秋豪。”（秋豪：鸟兽在秋天新长的细毛。豪：通“毫”。）㊀明察，详审。东方朔《答客难》：“水至清则无鱼，人至～则无徒。”这个意义又写作“詧”。❷ 考察。《论语·卫灵公》：“众恶（wù）之，必～焉；众好之，必～焉。”《韩非子·外储说左上》：“夫信不然之物而诛无罪之臣，不～之患也。”（不然之物：不可能的事情。）❸ 考察后予以推荐，选举。《史记·刺客列传》：“严仲子乃～举吾弟困污之中而交之，泽厚矣。”《三国志·吴书·吴主传》：“郡～孝廉，州举茂才。”（孝廉、茂才：汉魏时期国家选拔人才的科目。）❹［察察］洁白，清洁的样子。屈原《渔父》：“安能以身之～～，受物之汶汶者乎？”（汶汶：污浊的样子。）

侘 chà ❶［侘傺（chì）］失意的样子。《楚辞·九叹·愍命》：“怀忧含戚，何～～兮！”（戚：悲伤。）❷ 通“诧”。夸耀。《史记·韩长孺列传》：“即欲以～鄙县，驱驰国中，以夸诸侯。”（鄙：边远的地方。）

诧（詫） chà ❶ 告知。《庄子·达生》：“有孙休者，踵门而～子扁庆子。”❷ 夸耀。《史记·司马相如列传》：“子虚过～乌有先生。”（子虚、乌有：司马相如在文章中虚构的人名。）㊀诳，欺骗。《晋书·司马休之传》：“甘言～方伯，袭之以轻兵。”（甘：甜。）❸ 惊讶，诧异。《新唐书·戴胄传》：“阅十数年，父子继为宰相，世～其荣。”魏学洢《核舟记》：“魏子详瞩既毕，～曰：‘嘻，技亦灵怪矣哉！’”

咤 chà 见 518 页。

姹（妊） chà ❶ 同“妊”。少女。［姹女］1. 少女。《后汉书·五行志》：“河间～～工数钱。”（河间：地名。工：善于。）2. 道家炼丹，称水银为姹女。魏伯阳《周易参同契》中：“河上～～，灵而最神。得火则飞，不见埃尘。”❷ 美丽。韩愈《县斋有怀》诗：“闲爱老农愚，归弄小女～。”韩维《和如晦游临淄园示元明》：“桃夭杏～通园蹊（xī）。”（夭：茂盛。蹊：小道。）成语有“姹紫嫣红”。❸ 通“诧”。夸耀。《汉书·司马相如传》：“子虚过～乌有先生。”

刹 chà ❶ 梵语。土地，世界。杜牧《题孙逸人山居》诗：“尘～无应免别离。”❷ 佛塔。张乔《兴善寺贝多树》诗：“势随双～直，寒出四墙遥。”㊁佛寺。许浑《僧院影堂》诗：“僧～残灯壁半斜。”❸“刹那”的省称。短时间。沈约《千佛颂》：“一～靡停，三念齐往。”［刹那］梵语音译。极短时间。白居易《和梦游春》：“欢荣～～促。”

CHAI

钗（釵） chāi 妇女的一种首饰，形状像叉。白居易《长恨歌》：“钿合金～寄将去。”

差 chāi 见 37 页。

侪（儕） chái ❶ 同辈，同类的人。《左传·僖公二十三年》：“晋郑同～。”《后汉书·仲长统传》：“或曾与我为等～矣。”（有的曾经与我为同辈。）❷ 共同，一起。《列子·汤问》：“长幼～居。”

柴 chái ❶ 枯枝。《庄子·达生》：“无入而藏，无出而阳，～立其中央。”《汉书·沟洫志》：“是时东郡烧草，以故薪～少。”（薪：柴火。）㊕烧柴祭祀。《礼记·郊特牲》：“天子适四方，先～。”《汉书·郊祀志上》：“～，望秩于山川。”（烧柴祭天，并遥望远处山川按次序而奠祭。）❷ zhài 通“寨”。树枝编成的篱栅。《三国志·吴书·甘宁传》：“羽闻之，住不渡，而结～营。”（羽：关羽。）❸ zhài 堵塞。《三国志·吴书·吕蒙传》：“分遣三百人～断险道。”

祡 chái 祭名。烧柴祭天。《史记·五帝本纪》：“岁二月，东巡狩，至于岱宗，～。”这个意义又写作“柴”。

茝（茞） chǎi 一种香草，即“白芷”。屈原《九歌·湘夫人》：“沅有～兮澧有兰。”（沅、澧：水名。）张华《杂诗》之一：“微风摇～若，层波动芰（jì）荷。”（茝若：

白芷和杜若。芰荷：菱角和荷花。）

虿（蠆） chài ❶ 蝎子一类的毒虫。《左传·僖公二十二年》："蜂～有毒，而况国乎？"《诗经·小雅·都人士》："彼君子女，卷发如～。"❷ dì ［虿芥］同"蒂（dì）芥"。草芥，比喻心中梗塞。张衡《西京赋》："睚眦（yá zì）～～，尸僵路隅。"（睚眦：怒目而视。）

CHAN

佔 chān ❶ 视。［佔毕］照书本诵读。《礼记·学记》："今之教者，呻其～～。"（呻：诵读。毕：简。呻其佔毕：诵读其所看的书本。）❷ ［佔佔］低语的样子。《史记·匈奴列传》："嗟土室之人，顾无多辞，令喋喋而～～，冠固何当？"【注意】"佔"在清代以前没有"佔有"的意义。"佔有"的"佔"现简化为"占"。

觇（覘） chān 偷看，侦察。《淮南子·俶真》："其兄掩户而入，～之。"《三国志·吴书·甘宁传》："张辽～望知之，即将步骑奄至。"（奄至：突然来到。）

幨 chān ❶ 车帷。皇甫冉《送崔使君赴寿州》诗："列郡专城分国忧，彤～皂盖古诸侯。"［幨幌］帷幔。谢灵运《日出东南隅行》："晨风拂～～，朝日照闺轩。"❷ 衣襟。《管子·揆度》："列大夫豹～。"（列大夫：指中大夫。）

襜 chān ❶ 系在身前的围裙。《诗经·小雅·采绿》："终朝采蓝，不盈一～。"（终朝：整个早晨。）［襜褕（yú）］一种短的便衣。《史记·魏其武安侯列传》："元朔三年，武安侯坐衣～～入宫，不敬。"❷ 车帷。《后汉书·刘盆子传》："乘轩车大马，赤屏泥，绛～络。"（屏泥：车前挡泥的部件。绛：深红色。络：马笼头。）这个意义又写作"幨"。㉠帷帐。刘向《新序·杂事》："（天子）不出～幄而知天下者，以有贤左右也。"❸ ［襜如］［襜襜］摇动的样子。《论语·乡党》："衣前后，～如也。"《楚辞·九叹·逢纷》："裳～～而含风兮，衣纳纳而掩露。"（纳纳：浸湿的样子。）

婵（嬋） chán ❶ ［婵媛］牵引，牵连。屈原《九章·哀郢》："心～～而伤怀兮。"又写作"掸援"。❷ ［婵娟］美好的样子。孟郊《婵娟》诗："花～～，泛春泉。竹～～，笼晓烟。"（笼晓烟：笼罩着晨烟。）㉠指代明月。苏轼《水调歌头·中秋》："但愿人长久，千里共～～。"

禅（禪） chán 见 361 页。

蝉（蟬） chán ❶ 一种昆虫。也叫知了。《荀子·大略》："饮而不食者，～也。"❷ 蝉冠。古代侍从官的冠饰。陶弘景《冥通记》卷一："著朱衣赤帻（zé），上戴～，垂缨极长。"（帻：头巾。）后因以"蝉冠"指代显贵。❸ ［蝉联］连续不断的样子。左思《吴都赋》："～～陵丘。"《梁书·王筠传》："自开辟已来，未有爵位～～，文才相继，如王氏之盛者也。"

鋋 chán 铁把小矛。《史记·匈奴列传》："其长兵则弓矢，短兵则刀～。"（兵：兵器。）㉠用作动词。刺杀。司马相如《上林赋》："格蝦蛤，～猛氏。"（蝦蛤、猛氏：兽名。）

谗（讒） chán 说别人的坏话。《荀子·修身》："伤良曰～，害良曰贼。"（良：好人。）㉠说别人坏话的人。《荀子·成相》："远贤近～。"（贤：贤人。）㉠谗言。《后汉书·五行志三》："安帝信～，无辜死者多。"

毚 chán 狡兔。《诗经·小雅·巧言》："跃跃～兔，遇犬获之。"

儳 chán ❶ 杂乱不整齐。《左传·僖公二十二年》："声盛致志，鼓～可也。"（鼓儳：指击鼓进攻杂乱不齐，即未列阵的敌军。）㉠苟且，不严肃。《礼记·表记》："君子不以一日使其躬～焉。"（躬：自身。）❷ chàn 疾，迅速。郑丰《答陆士龙诗·兰林》："趯（tì）趯～兔。"（趯趯：跳跃的样子。）㉠捷近。《后汉书·何进传》："进惊，驰从～道归营。"（儳道：捷径。）❸ chàn 打断别人说话插言。《礼记·曲礼上》："长者不及，毋～言。"

欃 chán ❶ ［欃檀］檀树的别称。司马相如《上林赋》："～～木兰。"❷ ［欃枪］彗星名。《淮南子·俶真》："～～衡杓（biāo）之气，莫不弥靡而不能为害。"（衡：北斗七星的第五星。杓：北斗七星柄部的三颗星。）

巉 chán 险峻。《新唐书·西域传下》："有铁门山，左右～峭，石色如铁。"［巉岩］高峻险要的样子。李白《蜀道难》诗："畏途～～不可攀。"㉠险峻的高山。宋玉《高唐赋》："登～～而下望兮。"［巉巉］高峻险要的样子。岑参《入剑门作》诗："凛凛三伏寒，～～五丁迹。"（三伏天还很冷，五个大力士曾走过的路险峻陡拔。）又写作"嶃嶃"。

镵（鑱） chán ❶ 锐利，用以形容治病的石针。《素问·汤液醪醴论》："必齐毒药攻其中，～石针艾治其外也。"[镵针]中医"九针"之一。《灵枢经·九针十二原》："～～者，头大末锐，去写阳气。"（写：泻。）❷ 针刺。《淮南子·泰族》："夫刻肌肤，～皮革。"㊀开凿。《新唐书·崔湜传》："自商～山出石门，抵北蓝田，可通輓道。"（镵山：凿山。）❸ 一种掘土工具。杜甫《乾元中寓居同谷县作歌七首》之二："长～长～白木柄，我生托子以为命。"

C

孱 chán ❶ 懦弱，弱小。《史记·张耳陈餘列传》："吾王，～王也。"㊁衰弱。杜甫《秋日夔府咏怀》："勇猛为心极，清羸任体～。"陆游《寄别李德远》诗："中原乱后儒风替，党禁兴来士气～。"㊀浅薄。宋祁《授龙图阁谢恩表》："伏念臣识局庸浅，术学肤～。"（术学：指道术学识。）❷ 谨小慎微。《大戴礼记·曾子立事》："君子博学而～守之，微言而笃行之。"❸[孱颜]通"巉岩"。高峻险要的样子。李华《含元殿赋》："峥嵘～～，下视南山。"（峥嵘：高峻的样子。）

潺 chán ❶[潺潺]1. 流水声。欧阳修《醉翁亭记》："山行六七里，渐闻水声～～。"㊁雨声。李煜《浪淘沙·帘外雨潺潺》："帘外雨～～，春意阑珊。"2. 水慢慢流动的样子。曹丕《丹霞蔽日行》："谷水～～，木落翩翩。"（翩翩：飘落的样子。）❷[潺湲(yuán)]水慢慢流动的样子。屈原《九歌·湘夫人》："观流水兮～～。"㊁流泪的样子。屈原《九歌·湘君》："横流涕兮～～。"（涕：泪。）

缠(纏) chán ❶ 盘绕，扎束。《战国策·秦策五》："～之以布。"刘禹锡《葡萄歌》："野田生葡萄，～绕一枝蒿。"㊀纠缠。《后汉书·班固传下》："汉兴已来，旷世历年，兵～夷狄，尤事匈奴。"❷ 通"躔"。日月五星运行时经过天空中某一区域。《汉书·王莽传中》："岁～星纪，在雒阳之都。"（木星移到"星纪"的位置上。岁：岁星，即木星。星纪：日月五星运行轨道一段的名称。）

廛(鄽) chán ❶ 古代一户人家所占的房地。《孟子·滕文公上》："愿受一～而为氓。"❷ 集市中储藏、堆积货物的栈房。《周礼·地官·廛人》："廛人掌敛市……～布而入于泉府。"（布：指税钱。）㊀卖东西的店铺。左思《魏都赋》："廓三市而开～。"（廓：扩大。三市：指早市、午市、晚市。）

躔 chán ❶ 行进中停留。左思《吴都赋》："未知英雄之所～也。"❷ 日月五星（金、木、水、火、土）在黄道上运行。也指运行时经过天空某一区域的轨迹。《汉书·律历志上》："日月初～，星之纪也。"成公绥《笔赋》："书日月之所～。"（书：记录。）❸ 足迹，行迹。《路史·循蜚纪·钜灵氏》："或云治蜀，盖以其迹～焉。"（有人说钜灵氏曾治蜀，那是凭他的足迹推断的。）

澶 chán ❶[澶渊]古湖泊名。在今河南濮阳西。❷[澶湉(tián)]水流平缓的样子。左思《吴都赋》："莫测其深，莫究其广，～～漠而无涯。"（没有谁能探测它的深度，也没有谁能探究它的广度，水流平缓，广阔无边。）❸ dàn [澶漫]1. 恣意，放荡不羁。《后汉书·仲长统传》："～～弥流，无所底极。"（放荡不羁越来越厉害，没有终止的时候。）2. 宽阔、广远的样子。张衡《西京赋》："～～靡迤，作镇于近。"杜甫《承闻河北诸道节度入朝》诗："～～山东一百州，削成如案抱青丘。"（案：指桌面。抱：指围绕。青丘：山名。）

蟾 chán [蟾蜍(chú)]1. 简称"蟾"。也叫癞蛤蟆。《淮南子·原道》："使蟹捕鼠，～～捕蚤。"元好问《蟾池》诗："小～徐行腹如鼓，大～张颐(yí)怒于虎。"（徐行：慢慢走。颐：腮。）㊁蟾形器物。《后汉书·张衡传》："下有～～张口承之。"又写作"詹诸"。2. 传说月中有蟾蜍，因而又用为月的代称。杜甫《八月十五夜月》诗之二："刁斗皆催晓，～～且自倾。"也简称"蟾"。《宋史·乐志十五》："残霞弄影，孤～浮天。"

产(産) chǎn ❶ 生，生育。《史记·高祖本纪》："已而有身，遂～高祖。"《晋书·羊祜传》："有私牛于官舍～犊(dú)。"㊁生长。《吕氏春秋·义赏》："春气至则草木～。"㊀产生，发生。《管子·任法》："彼幸而不得，则怨日～。"❷ 出产。柳宗元《捕蛇者说》："永州之野～异蛇。"㊁出产的东西。陆机《齐讴行》："海物错万类，陆～尚千名。"❸ 财产，产业。《韩非子·显学》："耕田垦草以厚民～也。"

刬(剗) chǎn ❶ 铲子。贾思勰《齐民要术·耕田》引《纂文》："～柄长三尺。"❷ 削去，铲平。贾思勰《齐民要术·耕田》："以～地除草。"这个意义后来写作"铲"。㊀铲除，消灭。《战国策·齐策一》："～而类，破吾家。"（而：你。）❸ zhàn 通"栈"。在险绝的山上用竹木架成的道路。《史记·田叔列传·褚少孙论》："谷口，蜀～道，近山。"

弗 chǎn 串肉烧烤用的器具。韩愈《赠张籍》诗："试将诗义授，如以肉贯～。"

㊂用作动词，用弗贯穿。贾思勰《齐民要术·炙法》："以竹弗～之。"

谄（諂、讇） chǎn 巴结，奉承。《论语·学而》："贫而无～，富而无骄。"《荀子·修身》："～谀（yú）我者，吾贼也。"（谀：阿谀奉承。）【辨】谀，谄。见501页"谀"字。

啴（嘽） chǎn ❶ 宽舒、和缓的样子。《礼记·乐记》："其乐心感者，其声～以缓。" ❷ tān ［啴啴］1. 喘气的样子。《诗经·小雅·四牡》："～～骆马。" 2. 众多而强盛的样子。《诗经·大雅·常武》："王旅～～。"

阐（闡） chǎn ❶ 开，开辟。班固《东都赋》："于是圣皇乃握乾符，～坤珍。"（坤珍：指洛书。）《史记·秦始皇本纪》："～并天下。"（并：合并，兼并。）潘岳《为贾谧作赠陆机》诗："粤有生民，伏羲始君，结绳～化，八象成文。"（粤：句首语气词。化：教化。） ❷ 公开，显露。《吕氏春秋·决胜》："隐则胜～矣，微则胜显矣。"㊀阐发，阐明。刘勰《文心雕龙·神思》："至精而后～其妙。"颜延之《皇太子释奠会作》诗："～扬文令。"（扬：宣扬。文令：指关于文化的政令。）

燀（燀） chǎn ❶ 炊，烧火做饭。《左传·昭公二十年》："水、火、醯（xī）、醢（hǎi）、盐、梅，以烹鱼肉，～之以薪。"（薪：柴。） ❷ 火起的样子。《国语·周语下》："火无灾～。"（灾：天然起的火。）㊀火焰，光焰。《史记·秦始皇本纪》："威～旁达。"（旁达：到达四方。） ❸ 炽热，炎热。何晏《景福殿赋》："故冬不凄寒，夏无炎～。" ❹ dǎn 通"亶"。厚实。《吕氏春秋·重己》："味不众珍，衣不～热。"

冁（囅） chǎn ［冁然］笑的样子。《庄子·达生》："桓公～～而笑。"

蒇（蕆） chǎn 完成，解决。《左传·文公十七年》："寡君又朝，以～陈事。"（朝：指郑国国君朝见晋侯。陈：国名。）后来把事情办完、办好叫"蒇事"。袁甫《余干县先贤祠堂记》："作新堂以祠之……～事之日，观听竦然。"

羼 chàn 掺杂。《颜氏家训·书证》："典籍错乱……皆由后人所～，非本文也。"

CHANG

伥（倀） chāng ❶ 无所适从的样子。岳珂《桯史·张元吴昊》："～无所适，闻夏酋有意窥中国，遂叛而往。"［伥伥］迷惘不知所措。《荀子·修身》："人无法则～～然。"（没有法律，人就无所适从。） ❷ 传说，被老虎咬死的人变成鬼，又去引导老虎吃人，这种鬼叫作"伥"或"伥鬼"。后因此比喻充当恶人的爪牙，帮助干坏事。成语有"为虎作伥"。

昌 chāng ❶ 壮大美好的样子。《诗经·齐风·猗嗟》："猗嗟（yī jiē）～兮，颀（qí）而长兮。"（猗嗟：叹词。颀：身体长的样子。） ❷ 昌盛。《荀子·成相》："君谨守之，下皆平正，国乃～。" ❸ 美善，正当。《汉书·扬雄传上》："又览累之～辞。"嵇康《太师箴》："治乱之原，岂无～教！"［昌言］1. 善言，正当的言论。《尚书·大禹谟》："禹拜～～。"（大禹接受善言。）2. 书名。全名是《仲长子昌言》，东汉仲长统著。

菖 chāng 草名，菖蒲。《吕氏春秋·任地》："冬至后五旬七日，～始生。～者，百草之先生者也。"

猖 chāng ❶［猖狂］随心所欲，肆意而行。《庄子·在宥》："～～，不知所往。"㊁狂妄而放肆。《三国志·魏书·董二袁刘传评》注："袁术无毫芒之功，纤（xiān）介之善，而～～于时，妄自尊立。"（纤介：细微。）㊂形容气势猛烈或奔放。元稹《有酒》诗之八："飓风作兮昼夜～～。"柳宗元《答韦珩示韩愈相推以文墨事书》："不若退之～～恣睢、肆意有所作。" ❷［猖獗］1. 凶猛而放肆。贾谊《新书·俗激》："其余～～而趋之者，乃豕羊驱而往。" 2. 倾覆。《三国志·蜀书·诸葛亮传》："而智术短浅，遂用～～，至于今日。"上述1、2又写作"猖蹶"、"猖蹷"。

阊（閶） chāng ［阊阖（hé）］1. 神话传说中的天门。屈原《离骚》："吾令帝阍（hūn）开关兮，倚～～而望予。"（帝阍：神话中掌管天门的人。予：我。）2. 皇宫的正门。白居易《中书寓直》诗："缭绕宫墙围禁林，半开～～晓沉沉。"（禁林：皇宫里的林木。晓：拂晓。沉沉：深远的样子。）

长（長） cháng ❶ 长。与"短"相对。屈原《九歌·国殇》："带～剑兮挟秦弓。"（挟：用胳膊夹着。秦弓：秦国制造的弓，指好弓。）㊁长度。《论语·乡党》："必有寝衣，～一身有半。"㊀长久。《诗经·大雅·卷阿》："尔受命～矣。"成语有"天长日久"。 ❷ 经常。《论语·述而》："君子坦荡荡，小人～戚戚。"王安石《书湖阴先生壁》诗："茅檐～扫净无苔。" ❸ 长处，专长。《晏子春秋·内篇问上二十四》："任人之～，不强其短。"㊂擅长。《孟子·公孙丑上》："敢问夫子恶乎～？"《世说新语·文学》："乐令善于清言，而不～于手笔。"❹ zhǎng 生长，成长，增长。《孟子·公孙丑上》："宋人有闵其苗之不～而揠(yà)之者。"(揠：拔。)㊀抚养。晁错《论贵粟疏》："养孤～幼在其中。"(孤：孤儿。)❺ zhǎng 年纪大的。与"幼"相对。《荀子·荣辱》："～幼之差。"㊂长大，成年。《荀子·劝学》："生而同声，～而异俗。"㊀位高者，上级。《孟子·梁惠王上》："入以事其父兄，出以事其～上。"㊂排行第一。《三国志·魏书·荀彧传》："太祖以女妻彧(yù)～子恽(yùn)。"(妻：嫁给。)❻ zhǎng 首领。《尚书·益稷》："咸建五～。"(咸：全。五长：管理五个诸侯国的方伯。)㊂做人君长，做首领。《周易·乾》："君子体仁，足以～人。"㊕秦汉时万户以下的县的长官。《后汉书·虞诩传》："诩(xǔ)为朝歌～。"(朝歌：县名。)❼ zhàng [长物]多余的东西。《世说新语·德行》："恭作人无～～。"(恭：王恭自称。)

苌(萇) cháng [苌楚]一种植物。也叫羊桃，或称猕猴桃。《诗经·桧风·隰有苌楚》："隰(xí)有～～。"(隰：低湿的地方。)

场(場、塲) cháng ❶平坦的空地。多指翻晒、碾轧粮食的地方。《诗经·豳风·七月》："十月涤～。"(涤场：把打谷场清扫干净。)㊂种瓜菜的地方。《墨子·天志下》："入人之～园，取人之桃李瓜姜者，上得且罚之。"❷祭坛周围的平地。《史记·淮阴侯列传》："择良日，斋戒，设坛～。"❸量词(后起意义)。李白《短歌行》："大笑亿千～。"❹ chǎng 处所，场所。多人聚集或事情发生的地方。《史记·天官书》："大水处，败军～。"❺ chǎng 市肆。班固《西都赋》："九市开～，货别隧分。"❻ chǎng 科举时代考试的地方。《旧唐书·哀帝纪》："永不许入举～。"

尝(嘗、甞) cháng ❶品尝，辨别滋味。《荀子·荣辱》："～之而甘于口。"(甘：好吃。)这个意义后来写作"嚐"，现简化为"尝"。㊀食，吃。《诗经·唐风·鸨羽》："不能艺稻粱，父母何～？"㊀试一试，试探。《孟子·梁惠王上》："我虽不敏，请～试之。"苏洵《权书·心术》："故古之贤将能以兵～敌。"㊂用于抽象意义，表示经历。《左传·僖公二十八年》："险阻艰难，备～之矣。"(备：全部，全都。)❷秋祭名。《诗经·小雅·天保》："禴(yuè)祠烝(zhēng)～，于公先王。"(禴：夏祭。祠：春祭。烝：冬祭。)❸副词。曾经。《论语·卫灵公》："俎豆之事，则～闻之矣。"《史记·陈涉世家》："陈涉少时，～与人佣耕。"(佣：被雇用。)

偿(償) cháng ❶偿还，赔偿。《战国策·齐策四》："使吏召诸民当～者，悉来合券。"晁错《论贵粟疏》："有卖田宅鬻(yù)子孙以～责者矣。"(鬻：卖。责：债。)㊂抵偿，抵充。《新唐书·齐映传》："臣虽死不足～责。"(责：责任。)熟语有"杀人偿命"。㊂实现。成语有"如愿以偿"。❷回报，回答。《史记·范雎蔡泽列传》："一饭之德必～。"《左传·僖公十五年》："西邻责言，不可～也。"(责言：责备的话。)

徜 cháng [徜徉]徘徊，自由自在地往来行走。宋玉《风赋》："～～中庭。"又写作"倘佯"、"尚羊"、"襐(xiāng)徉"。

常 cháng ❶绘有日月的一种旗帜。《国语·吴语》："载～建鼓，挟经秉枹。"❷永久的，固定的。《韩非子·五蠹》："不期修古，不法～可。"(期：希望。修：指学习。法：效法。常可：指永久合适的制度和习惯。)㊀常规，准则。《管子·幼官》："明法审数，立～备能，则治。"《荀子·天论》："天行有～。"㊕人伦的准则，伦常。《尚书·君陈》："狃于奸宄，败～乱俗。"又如"三纲五常"、"纲常"。❸经常，常常。《列子·天瑞》："～生～化者，无时不生，无时不化。"(化：变化。)❹普通，平常。《史记·扁鹊仓公列传》："扁鹊，非～人也。"(扁鹊：古代名医。)㊂日常。《世说新语·政事》："望卿摆拨～务，应对玄言。"❺古代长度单位。八尺为"寻"，两寻为"常"。《韩非子·扬权》："上失扶寸，下得寻～。"(扶：长度单位。四寸为扶。)❻通"尝"。曾经。《荀子·天论》："夫日月之有蚀，风雨之不时，怪星之党(tǎng)见(xiàn)，是无世而不～有之。"(党：通"傥"。偶然。见：出现。)

裳 cháng 古人穿的下衣。《诗经·邶风·绿衣》："绿衣黄～。"(衣：上衣。)㊀泛指衣服。郦道元《水经注·江水》："巴东三峡巫峡长，猿鸣三声泪沾～。"【注意】古代男女都穿"裳"，不是裤子，是裙的一种，但不同于现在的裙子。

昶 chǎng ❶白天时间长。《说文新附》："昶，日长也。"❷ chàng 通"畅"。舒畅，通畅。嵇康《琴赋》："雅～唐尧，终咏微子。"(微子：名启，商纣王庶兄。)

惝 chǎng ❶[惝怳(huǎng)]1. 失意的样子。屈原《远游》："怊(chāo)～～而

乖怀。”（怊：失意。乖：违背。）2. 模糊不清的样子。屈原《远游》：“听～～而无闻。”❷［惝然］怅惘失意的样子。《庄子·则阳》：“客出，而君～～若有亡也。”

敞 chǎng ❶宽阔。杨衒之《洛阳伽蓝记·修梵寺》：“皆高门华屋，斋馆～丽。”❷敞开。陶潜《桃花源诗》：“奇踪隐五百，一朝～神界。”（奇异的胜地隐没了五百年，如今突然敞开了这神妙的地方。）❸［敞怳］通“惝怳”。不清楚，模模糊糊的样子。司马相如《大人赋》：“视眩泯而亡（wú）见兮，听～～而亡闻。”（亡：无。）

氅 chǎng ❶用羽毛编成的外衣。也叫鹤氅。《世说新语·企羡》：“尝见王恭乘高舆，被（pī）鹤～裘。”（被：披着。）❷仪仗中用羽毛装饰的旗幡之类。《新唐书·仪卫志上》：“第一行，长戟，六色～。”

怅（悵） chàng 失意，不称心，不痛快。司马相如《长门赋》：“日黄昏而望绝兮，～独托于空堂。”［怅恨］失意遗憾的样子。《史记·陈涉世家》：“辍耕之垄上，～～久之。”［怅然］失意的样子。《三国志·吴书·吴主传》：“闻此～～。”

韔 chàng 弓套。《诗经·秦风·小戎》：“虎～镂膺（yīng）。”（虎：虎皮制的弓套。镂膺：弓套正面刻着花纹。膺：胸，指正面。）㊂用作动词，把弓放在弓套里。《诗经·小雅·采绿》：“之子于狩，言～其弓。”（之子：此人。狩：打猎。于、言：动词词头。）

畅（暢） chàng ❶畅通，无阻碍。《韩非子·说林上》：“登台四望，三面皆～。”㊀通晓。诸葛亮《出师表》：“晓～军事。”❷舒畅。《庄子·则阳》：“旧国旧都，望之～然。”《晋书·刘舆传》：“皆人人欢～，莫不悦附。”（附：归附。）㊀尽情，充分。王羲之《兰亭集序》：“一觞一咏，亦足以～叙幽情。”❸旺盛。《孟子·滕文公上》：“草木～茂，禽兽繁殖。”

倡 chàng ❶chāng 表演歌舞的人。《史记·范雎蔡泽列传》：“吾闻楚之铁剑利而～优拙。”（利：锋利。优：演剧的人。拙：笨拙。）❷chāng 妓女。白行简《李娃传》：“长安之～女也。”这个意义后来写作“娼”。❸领唱。《诗经·郑风·萚兮》：“叔兮伯兮，～予和女。”㊀唱歌。屈原《九歌·东皇太一》：“陈竽瑟兮浩～。”（陈：陈列。竽、瑟：乐器。浩：大。）这个意义后来写作“唱”。❹带头，倡导。《汉书·晁错传》：“陈胜行成至于大泽，为天下先～。”

唱 chàng ❶领唱。《荀子·乐论》：“～和有应，善恶相象。”这个意义又写作“倡”。㊀唱歌。王勃《滕王阁序》：“渔舟～晚。”（渔船上的渔民在傍晚唱歌。）❷高声报，大声念。《南史·檀道济传》：“道济夜～筹量沙，以所余少米散其上。”双音词有“唱名”、“唱票”。㊂称诵。刘向《说苑·君道》：“堂上～善，若出一口。”㊂宣讲，谈论。《世说新语·文学》：“王苟子来，与共语，便使其～理。”❸带头，倡导。《史记·陈涉世家》：“为天下～，宜多应者。”这个意义又写作“倡”。

鬯 chàng ❶古代祭祀用的香酒。《汉书·宣帝纪》：“荐～之夕。”（荐：献。）［秬（jù）鬯］用黑黍酿成的香酒。《三国志·吴书·吴主传》：“锡君～～一卣（yǒu）。”（锡：赐。卣：古代盛酒的器皿。）❷郁金草。《论衡·儒增》：“食白雉（zhì），服～草。”（雉：野鸡。）❸通“畅”。畅通。《汉书·律历志上》：“然后阴阳万物靡不条～该成。”（条：通达。该：齐备。）❹通“畅”。盛。《汉书·郊祀志上》：“草木～茂。”❺通“韔”。盛弓器。《诗经·郑风·大叔于田》：“抑～弓忌。”（鬯弓：把弓藏在弓袋里。忌：语气词。）

CHAO

抄 chāo ❶掠夺。《后汉书·郭伋传》：“时匈奴数～郡界，边境苦之。”❷用瓢或勺取物。杜甫《与鄠县源大少府宴渼陂》诗：“饭～云子白。”（盛出来的饭像云子石那么白。云子：碎云母石。）❸从侧面近路过去。《晋书·阎鼎传》：“流人谓北道近河，惧有～截。”❹抄写。《世说新语·巧艺》：“戴安道就范宣学，视范所为，范读书亦读书，范～书亦～书。”

钞（鈔） chāo ❶强取，掠夺。《后汉书·公孙瓒传》：“攻～郡县。”❷抄写（后起意义）。杜甫《赠李八秘书别三十韵》：“乞米烦佳客，～诗听小胥。”（胥：吏。）上述❶❷后来写作“抄”。❸纸币，钞票（后起意义）。《金史·食货志三》：“遂制交～，与钱并用。”（交钞：纸币的一种。）❹miǎo 通“杪”。末尾，最后。《管子·幼官》：“教行于～。”（教：政教。钞：这里指一年的末尾，即冬季。）

怊 chāo ［怊乎］［怊然］失意怅惘的样子。《庄子·天地》：“～乎若婴儿之失其母也。”《新唐书·隐逸传序》：“使人君常有所慕企，～然如不足。”[怊怊]怅惘的样子。《楚辞·九思·守志》：“乌鹊惊兮哑哑，余顾瞻兮～～。”[怊怅]失意的样子。宋玉《高唐赋》：“悠悠忽忽，～～自失。”

弨 chāo ❶弓弦松弛的样子。《诗经·小雅·彤弓》：“彤弓～兮，受言藏之。”（言：动词词头。）❷弓。韩愈《雪后寄崔二十六丞公》诗：“大～挂壁无由弯。”

超 chāo ❶一跃而上。《左传·僖公三十三年》：“秦师过周北门，左右免胄而下，～乘者三百乘。”（有三百辆车子的士兵都是一跃而上。超乘：跳跃上车。后来指勇士、武士。）㊇跳过。《墨子·兼爱下》：“犹挈(qiè)泰山以～江河也。”（挈：用手提。）㊈超出，胜过。韩非子《五蠹》：“～五帝、侔三王者，必此法也。”魏征《十渐不克终疏》：“听言则远～于上圣。”❷遥远。屈原《九歌·国殇》：“平原忽兮路～远。”（忽：空旷辽阔的样子。）【辨】过，越，逾，超。见146页“过”字。

晁(鼂) cháo ❶姓。如汉代有晁错。❷zhāo 通“朝”。早晨。《汉书·严助传》：“边境之民为之早闭晏开，～不及夕。”

巢 cháo ❶鸟窝。《荀子·劝学》：“南方有鸟焉，名曰蒙鸠(jiū)，以羽为～。”㊇筑巢。丘迟《与陈伯之书》：“燕～于飞幕之上。”㊉敌人盘踞的地方。《新唐书·杜牧传》：“不数月，必覆贼～。”（覆：消灭。）❷古国名。在今安徽巢湖市。

朝 cháo ❶zhāo 早晨。《诗经·小雅·北山》：“偕偕士子，～夕从事。”李白《早发白帝城》诗：“～辞白帝彩云间，千里江陵一日还。”㊈一日，一天。《孟子·告子下》：“虽与之天下，不能一～居也。”❷朝见。《韩非子·五蠹》：“割地而～者三十有六国。”㊇接受群臣的朝见。《荀子·尧问》：“王～而有忧色。”❸朝廷。《史记·萧相国世家》：“赐带剑履上殿，入～不趋。”（趋：快走。）❹拜见。《史记·司马相如列传》：“临邛(qióng)令缪(miù)为恭敬，日往～相如。”（缪：诈，装作。日：每天。）❺官府的大堂。《后汉书·刘宠传》：“山谷鄙生，未尝识郡～。”（鄙生：见识不广的人。）❻朝代。如“唐朝”、“宋朝”。㊇一代君主统治的时期。张籍《赠道士宜师》诗：“两～侍从当时贵。”（两朝侍从：两朝都在君王身边当侍从。）❼zhāo [朝歌]古地名，在今河南淇县。商朝曾在这里建都。❽对着，向着（后起意义）。李白《江西送友人之罗浮》诗：“桂水分五岭，衡山～九疑。”【辨】朝，觐。见203页“觐”字。

嘲(謿) cháo ❶嘲笑。《世说新语·文学》：“卫玠～之曰：‘一言可辟，何假于三？’”李商隐《行次西郊作》诗：“公卿辱～叱(chì)，唾弃如粪丸。”（叱：斥骂。）成语有“冷嘲热讽”。❷zhāo [嘲哳(zhā)]声音杂乱。白居易《琵琶行》：“呕哑～～难为听。”（呕哑：杂乱的乐曲声。）又写作“啁哳”或“嘲喳”。

CHE

车(車) chē ❶车子。《礼记·中庸》：“今天下～同轨，书同文。”㊕兵车，即战车。屈原《九歌·国殇》：“～错毂(gǔ)兮短兵接。”（错：相交错。毂：车轮中心的圆木。兵：兵器。）㊈利用轮轴来旋转的器具（后起意义）。《宋史·河渠志五》：“地高则用水～。”❷牙床。《左传·僖公五年》：“辅～相依，唇亡齿寒。”（辅：颊骨。）这个意义一般念jū。【辨】车，舆，辇，轺。见291页“辇”字。

彻(徹) chè ❶通达，贯通。《列子·汤问》：“汝心之固，固不可～。”（固：固执。）江淹《西洲曲》：“置莲怀袖中，莲心～底红。”㊈深透，透彻。刘禹锡《西山兰若试茶歌》：“清峭～骨烦襟开。”（清峭：指茶清凉。）❷通“撤”。撤去。《左传·襄公二十三年》：“平公不～乐。”㊇拆除。《诗经·小雅·十月之交》：“～我墙屋。”㊇撤退。《三国志·吴书·吴主传》：“合肥未下，～军还。”（下：攻下。）❸周代的田税制度，十一而税。《孟子·滕文公上》：“周人百亩而～，其实皆什一也。”

坼 chè 分裂，裂开。《战国策·赵策三》：“天崩地～。”《淮南子·本经》：“天旱地～。”㊈裂缝。《管子·四时》：“补缺塞～。”

呫 chè ❶[呫嗫(niè)]附耳小语。《史记·魏其武安侯列传》：“今日长者为寿，乃效女儿～～耳语！”❷[呫呫]喋喋不休。柳宗元《读韩愈所著〈毛颖传〉后题》：“犹～～然动其喙。”（喙：嘴。）

掣 chè ❶牵引，拉。潘岳《西征赋》：“～三牵两。”岑参《白雪歌送武判官归京》：“风～红旗冻不翻。”后以“掣肘”比喻从旁牵制。❷抽。《晋书·王羲之传》：“羲之密从后～其笔不得。”❸[掣电]电光划过，比喻疾速。杜甫《高都护骢马行》：“长安壮儿不敢骑，走过～～倾城知。”（走：跑。倾城：全城。）

撤 chè ❶撤去。《晏子春秋·谏上》：“损肉～酒。”❷拆除。《商君书·兵守》：“发梁～屋。”（取下屋梁，拆除房子。）㊀消除。王粲《公䜩诗》：“凉风～蒸暑，清云却炎晖。”❸撤退。《三国志·吴书·吕蒙传》：“羽闻之，必～备兵。”（羽：关羽。）

澈 chè ❶水清。郦道元《水经注·沅水》：“湾状半月，清潭镜～。”（潭里水清如镜。）❷通“彻”。透。柳宗元《小石潭记》：“日光下～，影布石上。”

CHEN

琛 chēn 珍宝。《诗经·鲁颂·泮水》：“来献其～。”

嗔 chēn 怒，生气。《世说新语·德行》：“丞相见长豫辄喜，见敬豫辄～。”（长豫、敬豫：丞相王导二子。）杜甫《丽人行》：“慎莫近前丞相～。”（慎莫：千万不要。）㊀抱怨，责怪。李贺《野歌》：“男儿屈穷心不穷，枯荣不等～天公。”

瞋 chēn 发怒时睁大眼睛。《庄子·盗跖》：“案剑～目，声如乳虎。”（案：按。乳虎：刚生子的母虎。）㊀生气，发怒。《后汉书·华佗传》：“因～恚（huì），吐黑血数升而愈。”（恚：发怒。愈：病好。）《世说新语·规箴》：“郗遂大～，冰衿而出，不得一言。”（郗：指郗鉴。）

臣 chén ❶男性奴隶。《韩非子·五蠹》：“虽～虏之劳，不苦于此矣。”（虽：即使。）❷做官的人。《荀子·君道》：“～不能而诬能，则是～诈也。”（诬能：自以为能。）㊁群臣百姓。《诗经·小雅·北山》：“率土之滨，莫非王～。”❸官吏、百姓对君主的自称。《商君书·更法》：“～闻之，疑行无成，疑事无功。”㊂秦汉以前在一般人面前表示谦卑也可以自称“臣”。《汉书·蒯通传》：“通说范阳令徐公曰：‘～范阳百姓蒯通也。’”（说：游说。令：县令。）❹用作动词。统治，役使。《战国策·秦策四》：“而欲以力～天下之主。”㊂称臣，做臣子。《晏子春秋·内篇杂上》：“晏子～于庄公，公不说（yuè）。”［臣服］称臣降服。《汉书·武帝纪》：“以匈奴弱，可遂～～，乃遣使说之。”

辰 chén ❶地支的第五位。见126页“干[1]”字。㊂十二时辰之一，等于现在的上午七时至九时。㊁日子，时辰。《仪礼·士冠礼》：“吉月令～，乃申尔服。”（令：美好。）贾思勰《齐民要术·耕田》：“择元～。”（元：好。）❷星的统称。《荀子·礼论》：“星～以行，江河以流。”［北辰］北极星。谢灵运《拟魏太子邺中集诗·魏太子》：“百川赴巨海，众星环～～。”（环：围绕。）㊕心宿，二十八宿之一，又称商星。《盐铁论·相刺》：“犹～参（shēn）之错。”（辰星夏季出现，参星冬季出现，所以互不相见。错：岔开。）❸［三辰］日、月、星。《左传·桓公二年》：“～～旂（qí）旗。”（画着日、月、星的旗帜。）❹通“晨”。早晨。《诗经·齐风·东方未明》：“不能～夜，不夙则莫（mù）。”（夙：早晨。莫：暮。）

宸 chén ❶屋檐。何晏《景福殿赋》：“芸若充庭，槐枫被～。”（芸香、杜若充满了庭院，槐树枫树覆盖着屋檐。）❷帝王住的地方，宫殿。王勃《九成宫颂》：“～扉（fēi）既辟。”（皇宫的大门已经打开。）㊀王位、帝王的代称。陈子昂《为永昌父老劝追尊中山王表》：“汉祖登～，加上皇之号。”李乂《奉和幸长安故城未央宫应制》：“肆览飞～札，称觞引御杯。”

尘（塵） chén ❶尘土。《左传·成公十六年》：“甚嚣，且～上矣。”晁错《论贵粟疏》：“春不得避风～，夏不得避暑热。”㊀尘污，尘染。《诗经·小雅·无将大车》：“无将大车，祇自～兮。”［烟尘］比喻战争。高适《燕歌行》：“汉家～～在东北。”❷踪迹，事迹。《后汉书·党锢传序》：“盖前哲之遗～，有足求者。”《宋史·南唐李氏世家》：“思追巢、许之余～。”（巢、许：指巢父、许由两个传说中的人物。）成语有“步人后尘”。❸人间，现实社会。陶潜《赴假还江陵》诗：“闲居三十载，遂与～事冥。”（冥：远离。）王维《愚公谷》诗：“寄言～世客，何处欲归临？”成语有“看破红尘”。

忱 chén ❶诚信，真诚而有信用。《尚书·大诰》：“天棐（fěi）～辞，其考我民。”（棐：辅助。）㊀真诚的心意。刘基《癸巳正月在杭州作》诗：“微微蝼蚁～，郁郁不得吐。”（蝼蚁忱：比喻自己微小的心意。郁郁：抑郁，忧闷。）❷信任。《诗经·大雅·大明》：“天难～斯，不易维王。”（斯：句末语气词。）元稹《桐花》诗：“五者苟不乱，天命乃可～。”

沉（沈） chén ❶没入水中。与“浮”相对。《诗经·小雅·菁菁者莪》：“泛泛杨舟，载～载浮。”刘禹锡《酬乐天扬州初逢席上见赠》诗：“～舟侧畔千帆过，病树前头万木春。”㊀沉埋，埋没。杜牧《赤壁》诗：“折戟～沙铁未销。”❷溺于所好，入迷。《吕氏春秋·达郁》："～于乐者反于忧。"(又)陷于。《战国策·赵策二》："学者～于所闻。"❸深入。萧统《文选序》："事出于～思。"(又)程度深。杜甫《新婚别》诗："～痛迫中肠。"❹沉着。《汉书·赵充国传》："为人～勇有大略。"（大略：远大的谋略。）【注意】"沉"字古代写作"沈"，和姓沈的"沈"（shěn）同字。后来为了区别，把"沈没"的"沈"写作"沉"。"沈阳"的"沈"原写作"瀋"。见368页"沈（瀋）"字。

陈（陳） chén ❶陈列，陈设。《左传·隐公五年》："～鱼而观之。"❷陈述。《史记·老子韩非列传》："韩非欲自～，不得见。"❸zhèn 交战时的战斗队列。《孙子兵法·军争》："勿击堂堂之～。"（堂堂：整齐强大。）(又)排列为阵。《商君书·兵守》："～而待敌。"这个意义后来写作"阵"。❹旧。与"新"相对。《荀子·富国》："年谷复孰，而～积有余。"成语有"新陈代谢"。❺周代诸侯国，在今河南淮阳一带。❻朝代名（公元557—589年）。南朝之一，第一代君主是陈霸先。【辨】说，陈，叙，述。见388页"说"字。

谌（諶） chén ❶相信。《诗经·大雅·荡》："天生烝民，其命匪～。"（烝民：众多的百姓。其命：指上帝的命令。）❷诚，确实。屈原《九章·哀郢》："外承欢之汋（chuò）约兮，～荏（rěn）弱而难持。"（汋约：美好的样子。荏弱：懦弱的样子。）

煁 chén 可移动的炉灶。《诗经·小雅·白华》："樵彼桑薪，卬（áng）烘于～。"（卬：我。）

趻 chěn ［趻踔（chuō）］跳着走。《庄子·秋水》："吾以一足～～而行，予无如矣。"（予无如：不如我。）

疢 chèn 热病。《诗经·小雅·小弁》："心之忧矣，～如疾首。"(引)灾祸。《孟子·尽心上》："人之有德慧术知者，恒存乎～疾。"(又)毛病，缺点。《抱朴子·博喻》："小疵不足以损大器，短～不足以累长才。"

龀（齔） chèn 儿童换牙。《列子·汤问》："邻人京城氏之孀妻有遗男，始～，跳往助之。"（孀：寡。始龀：刚换牙，指七八岁。）(比)童年。《后汉书·阎皇后纪》："显、景诸子年皆童～，并为黄门侍郎。"

称（稱） chèn 见本页。

榇（櫬） chèn 棺材。《左传·襄公二年》："穆姜使择美槚，以自为～。"（槚：楸树别名。）杜甫《别蔡十四著作》诗："扶～归咸秦。"（咸秦：指都城。）

谶（讖） chèn 古人认为将来能应验的预言或征兆。《史记·赵世家》："公孙支书而藏之，秦～于是出矣。"（公孙支：人名。）［谶纬］谶书和纬书。纬书附会六经，谶书则诡为隐语，预言吉凶。《后汉书·廖扶传》："专精经典，尤明天文、～～、风角、推步之术。"（风角：指占卜气候。推步：推算天文历法。）左思《魏都赋》："藏气～～，闕象竹帛。"［图谶］见416页"图"字。

CHENG

柽（檉） chēng 树名，柽柳。也叫三春柳或红柳。《诗经·大雅·皇矣》："启之辟之，其～其椐（jū）。"（椐：一种灌木。）

琤 chēng 玉声。《说文》："琤，玉声也。"［琤琤］1.玉石声。李商隐《燕台·春》诗："香眠冷衬～～珮。"2.琴声。孟郊《听琴》诗："前溪忽调琴，隔林寒～～。"3.水声。《梁书·张缵传》："风瑟瑟以鸣松，水～～而响谷。"

称（稱） chēng ❶chèng 称量物体轻重的器具。《淮南子·时则》："钧衡石，角（jué）斗～。"（角：指校正。）这个意义后来写作"秤"。❷称量。《商君书·算地》："度而取长，～而取重。"❸举起。《诗经·豳风·七月》："～彼兕（sì）觥（gōng）。"（兕觥：用犀牛角做的酒器。）(又)推举，举用。《左传·襄公三年》："祁奚请老，晋侯问嗣焉，～解（xiè）狐。"（解狐：人名。）［称兵］举兵，兴兵。《左传·襄公八年》："女（rǔ）何故～～于蔡？"（女：你。）❹称颂，赞许。《韩诗外传》卷八："人之所以好富贵安荣，为人所～誉者，为身也。"(又)说，称说。《世说新语·言语》："《易》～：'二人同心，其利断金；同心之言，其臭如兰。'"❺称作，号称。《史记·李斯列传》："今秦王欲吞天下，～帝而治。"成语有"称王称霸"。(又)称呼，名称。《世说新语·排调》："此药又名小草，何一物而有二～？"(引)声言，声称。《三国志·魏书·武帝纪》："～疾归乡里。"❻chèn 相称，合适，配得上。《荀子·富国》："德必～位，位必～禄，禄必～用。"《世说新语·贤媛》："若不～职，臣受其罪。"成语有"称心如意"。(又)随，按照。《韩非子·五蠹》："故罚薄不为慈，诛严不为戾，～俗而行也。"

赪(赬) chēng 红色。《诗经·周南·汝坟》:"鲂(fáng)鱼～尾。"(鲂:一种淡水鱼。)陆游《养疾》诗:"枫林晓渐～。"

経 chēng 同"赪"。浅红色。《仪礼·士丧礼》:"幎目用缁,方尺二寸,～里。"(幎目:覆盖死者面部的巾帕。缁:黑色帛。里:里层。)

噌 chēng [噌吰(hóng)]象声词。形容钟鼓声。司马相如《长门赋》:"声～～而似钟音。"苏轼《石钟山记》:"大声发于水上,～～如钟鼓不绝。"

瞠 chēng 瞪着眼睛直视。《管子·小问》:"～然视。"成语有"瞠目结舌"。

成 chéng ❶ 完成,实现。《诗经·大雅·灵台》:"庶民攻之,不日～之。"李斯《谏逐客书》:"使秦～帝业。"㊀使完成,成全。《论语·颜渊》:"君子～人之美,不～人之恶。"㊁成功。与"败"相对。《三国志·蜀书·诸葛亮传》:"～败之机,在于今日。"❷ 成为。《礼记·学记》:"玉不琢,不～器。"㊀成长,长成。《荀子·天论》:"(万物)各得其养以～。"(养:指滋养。)㊕成年。《史记·五帝本纪》:"长而敦敏,～而聪明。"❸ 定,平定。《国语·吴语》:"夫一人善射,百夫决拾,胜未可～也。"《春秋经·桓公二年》:"三月,公会齐侯、陈侯、郑伯于稷,以～宋乱。"㊀已定的,现成的。《诗经·周颂·昊天有成命》:"昊天有～命,二后受之。"(二后:指文王、武王。)《三国志·蜀书·蒋琬费祎传评》:"咸承诸葛之～规,因循而不革。"❹ 讲和,和解,不打仗。《左传·成公十一年》:"秦晋为～。"❺ 重叠。《史记·李斯列传》:"刑者相半于道,而死人日～积于市。"㊀重,层。《吕氏春秋·音初》:"为之九～之台。"❻ 十里见方的地方为一成。《左传·哀公元年》:"有田一～。"

诚(誠) chéng ❶ 真心,不虚伪。《礼记·乐记》:"著～去伪,礼之经也。"《列子·汤问》:"帝感其～。"❷ 确实,的确。《史记·留侯世家》:"沛公～欲倍项羽邪?"(倍:背。)❸ 表示假设,相当于现代汉语的"果真"。《史记·张耳陈餘列传》:"～听臣之计,可不攻而降城。"王安石《上皇帝万言书》:"～贤能也,然后随其德之大小,才之高下而官使之。"

城 chéng ❶ 城墙。《诗经·邶风·静女》:"静女其姝,俟我于～隅。"李贺《雁门太守行》:"黑云压～～欲摧。"㊀修筑城墙。《汉书·高帝纪》:"令天下县邑～。"❷ 城邑。《史记·孙子吴起列传》:"魏文侯以为将,击秦,拔五～。"(以为将:指让吴起做将军。)【辨】城,郭。"城"与"郭"并称时,"城"指内城,"郭"指外城。"城"、"郭"连用时,泛指城。

宬 chéng 容纳。《说文》:"宬,屋所容受也。"[皇宬][皇史宬]明清皇帝收藏历代帝王实录、秘典的地方。黄宗羲《谈孺木墓表》:"皇～烈焰,国灭而史亦随灭。"《清史稿·礼志八》:"乾隆间,定实录,圣训归皇史～。"

丞 chéng ❶ 辅助。《汉书·百官公卿表上》:"相国、丞相,皆秦官,金印、紫绶,掌～天子助理万机。"(掌:主管。万机:指国家政事。)[丞相]宰相。《汉书·周勃传》:"于是乃以太尉勃为右～～。"❷ 秦汉以后各级地方长官的副职。韩愈《蓝田县丞厅壁记》:"～之职,所以贰令,于一邑无所不当问。"如"县丞"、"府丞"。❸ 通"承"。秉承,承受。《史记·酷吏列传》:"于是～上指,请造白金及五铢钱。"(上指:皇帝的意旨。)❹ zhěng 通"拯"。救。扬雄《羽猎赋》:"～民乎农桑。"(乎:于。)

呈 chéng ❶ 呈现,显出。曹植《洛神赋》:"皓质～露。"《梁书·王筠传》:"此诗指物～形,无假题署。"❷ 恭敬地送上。《世说新语·文学》:"庾仲初作《扬都赋》成,以～庾亮。"李白《与韩荆州书》:"缮写～上。"(缮写:抄写。)❸ 通"程"。定量。《史记·秦始皇本纪》:"日夜有～,不中～不得休息。"

程 chéng ❶ 度量衡的总名。《荀子·致士》:"～者,物之准也。"(准:标准。)❷ 限额,定量。《汉书·刑法志》:"昼断狱,夜理书,自～决事。"(自程决事:自己按定额处理事情。)❸ 法度,法规。《韩非子·难一》:"中(zhòng)～者赏,弗中～者诛。"(中:合乎。弗:不。)《吕氏春秋·慎行》:"始而相与,久而相信,卒而相亲,后世以为法～。"㊀效法。屈原《远游》:"高阳邈以远兮,余将焉所～?"(高阳:颛顼,音 zhuān xū,五帝之一。邈:远。)❹ 衡量,估量。《汉书·东方朔传》:"武帝既招英俊,～其器能,用之如不及。"(器能:才能。)成语有"计日程功"。❺ 表现,显示。陆机《文赋》:"辞～才以效伎,意司契而为匠。"㊀施展。《韩非子·五蠹》:"民～于勇而吏不能胜也。"《后汉书·仲长统传》:"拥甲兵与我角才智,～勇力与我竞雌雄。"(甲兵:指军队。角:较量。)❻ 路程(后起意义)。白居易《同李十一醉忆元九》诗："忽忆故人天际去，计～今日到梁州。"

裎 chéng ❶ 裸体。《战国策·韩策一》："秦人捐甲徒～以趋敌。"（捐：弃。徒：赤脚。）❷ 系玉佩的带子。扬雄《方言》卷四："佩紟（jīn）谓之～。"（紟：丝带。）

酲 chéng 酒醒后神志不清有如患病的状态。《诗经·小雅·节南山》："忧心如～，谁秉国成？"《晏子春秋·谏上》："景公饮酒，～，三日而后发。"（发：指起身。）

枨（棖） chéng ❶ 竖立在门两旁的木柱。《礼记·玉藻》："大夫中～与闑（niè）之间。"（闑：竖立在门中央的短柱。）❷ 通"振"。触动，碰撞。《抱朴子·疾谬》："不～人之所讳。"❸ 通"橙"。橙子。梅尧臣《述酿赋》："渍（zì）以椒桂，侑（yòu）以～橘。"（渍：浸泡。侑：劝人进食。）

振 chéng 触动，碰撞。杜甫《四松》诗："终然～拨损，得愧千叶黄！"（拨：拨动，碰撞。）

承 chéng ❶ 捧着。《左传·襄公二十五年》："～饮而进献。"（饮：喝的东西。）㊀敬辞。相当于现代汉语"奉陪"、"奉送"中的"奉"。白居易《与元九书》："常欲～答来旨。"（来旨：来信中的意思。）❷ 接受，承受，表示在下的接受在上的命令或吩咐。《左传·僖公十五年》："苟列定矣，敢不～命？"❸ 继承，接续。《后汉书·班彪传》："汉～秦制。"成语有"承上启下"。❹ 通"乘"。趁着。《荀子·王制》："伺强大之间，～强大之敝。"（伺：观察。间：缝隙。敝：指衰败。）❺ 通"丞"。辅助。《左传·哀公十八年》："使帅师而行，请～。"（请承：指请王任命辅佐者。）

乘（乗） chéng ❶ 驾车，驱马拉车。《墨子·亲士》："良马难～，然可以任重致远。"㊂乘船。《诗经·邶风·二子乘舟》："二子～舟。"❷ 登，升。《列子·黄帝》："俱～高台。"《史记·高祖本纪》："兴关内卒～塞。"（乘塞：登塞，即守塞。）❸ 趁着，凭借。《孟子·公孙丑上》："虽有智慧，不如～势。"《三国志·吴书·吕蒙传》："将士～胜，进攻其城。"❹ 压服，欺压。《尚书·西伯戡黎》："周人～黎。"（黎：周代国名。）《荀子·强国》："三国必起而～我。"❺ 追逐。《吕氏春秋·权勋》："卒北，天下兵～之。"《汉书·陈汤传》："吏士喜，大呼～之。"❻ 计量，计算。《周礼·天官·宰夫》："～其财用之出入。"《韩非子·难一》："为人臣者，～事而有功则赏。"㊀计算的一种方法，即算术中的乘法。《淮南子·天文》："以五～八，五八四十。"❼ shèng 春秋时晋国史书叫"乘"。后因此称一般史书为"史乘"。❽ shèng 量词。古时一车四马叫"乘"。《史记·陈涉世家》："车六七百～，骑千余，卒数万人。"㊂乘车驾四马，所以"乘"有时作为"四"的代称。《诗经·郑风·大叔于田》："大叔于田，乘～马。"又如"乘矢"、"乘壶"。［乘舆］帝王乘的车子。《孟子·梁惠王下》："今～～已驾矣。"贾谊《新书·等齐》："天子车曰～～。"㊂帝王的代称。班固《东都赋》："损～～之服御。"（损：减少。服御：指帝王的衣物等用品。）㊇马车。《潜夫论·赞学》："是故造父疾趋，百步而废，自托～～，坐致千里。"（造父：传说古代善于驾驭车马的人。疾趋：指快步行走。）

惩（懲） chéng ❶ 因受打击而引起警戒或不再干。《诗经·周颂·小毖》："予其～而毖后患。"（予：我。其：语气词。表示期望。毖：谨慎。）屈原《九歌·国殇》："首身离兮心不～。"（首身离：头与身体分开。）❷ 责罚，处罚。《三国志·蜀书·诸葛亮传》："无恶不～，无善不显。"（显：指表扬。）成语有"惩一警百"。❸ 苦于。《列子·汤问》："～山北之塞，出入之迂也。"（塞：阻塞。迂：绕远路。）

塍（堘） chéng 田间的土埂。李贺《南园十三首》诗之二："宫北田～晓气酣。"（晓：清晨。酣：浓。）

椉 chéng "乘"的本字。❶ 乘坐，驾驭。屈原《离骚》："吾令丰隆～云兮，求宓妃之所在。"（丰隆：云神。宓妃：女神。）《汉武帝内传》："或驾龙虎，或～狮子。"❷ shèng 兵车。宋玉《九辩》："前轻辌（liáng）之锵锵兮，后辎～之从从。"（轻：轻捷的车。辌：开有窗户的卧车。从从：连续随行的样子。）

澂 chéng "澄"的古字。水清。《说文·水部》："澂，清也。"㊂使清。《后汉书·张衡传》："～淟涊（tiǎn niǎn）而为清。"（淟涊：污浊。）也用于人名。

澄 chéng ❶ 水清。《淮南子·说山》："人莫鉴于沫雨，而鉴于～水者，以其休止不荡也。"王安石《桂枝香·登临送目》："千里～江似练。"（练：一种白色的丝织品。）这个意义又写作"澂"。㊀安定。《后汉书·光武帝纪赞》："三河未～，四关重扰。"❷ dèng 澄清，使液体里的杂质沉淀下去。《三国志·吴书·孙静传》："顷连雨水浊，兵饮之多腹痛，令促具罂（yīng）缶（fǒu）数百口～水。"（顷：近来。罂缶：瓦罐之类。）

逞 chěng ❶满足。《左传·僖公三十三年》："使归就戮于秦，以～寡君之志。"㊁快心，称意。《左传·僖公二十三年》："淫刑以～，谁则无罪？"（淫：指滥用。）㊂放任，放肆。《左传·桓公六年》："今民馁而君～欲。"柳宗元《三戒》："不知推己之本，而乘物以～。"（靠外界条件而放纵逞强。）❷炫耀，显示。《韩非子·说林下》："故势不便，非所以～能也。"（情势不便，就不能显示才能。）

骋（騁） chěng ❶纵马奔驰。屈原《离骚》："乘骐骥以驰～兮。"（骐骥：传说一日行千里的良马。）❷尽情施展，不受拘束。《荀子·君道》："莫不～其能，得其志。"㊁放纵，放任。《吕氏春秋·下贤》："富有天下而不～夸。"《后汉书·仲长统传》："乃奔其私嗜（shì），～其邪欲。"（奔：指放纵。嗜：爱好。）

称（稱） chèng 见46页。

CHI

吃[1] chī ❶口吃。《汉书·周昌传》："昌为人～。"㊁行动迟缓的样子。孟郊《冬日》诗："冻马四蹄～。"❷qī［吃吃］笑声。蒲松龄《聊斋志异·婴宁》："但闻室中～～，皆婴宁笑声。"【注意】"吃"在古代一般不当"吃东西"讲。"吃东西"的意义古代写作"喫"。

吃[2]（喫） chī 吃。《世说新语·任诞》："友闻白羊肉美，一生未曾得～，故冒求前耳。"杜甫《病后遇王倚饮赠歌》："但使残年饱～饭。"（残年：指老年。）杜甫《送李校书二十六韵》："临岐意颇切，对酒不能～。"㊂经受。陆游《夏日》诗："～亏堪笑贺知章。"成语有"吃一堑，长一智"。【注意】在古代"饮"和"食"都可以说"喫"，但一般不写作"吃"。

蚩 chī ❶痴呆，无知。任昉《奉答敕示七夕诗启》："～鄙已彰。"（痴呆粗野已经很明显了。彰：明显。）［蚩蚩］憨厚的样子。《诗经·卫风·氓》："氓之～～，抱布贸丝。"❷欺侮。张衡《西京赋》："～眩边鄙。"（眩：迷惑。边鄙：指边远地区的人。）❸丑恶。《后汉书·赵壹传》："孰知辨其～妍（yán）。"（孰：谁。妍：美好。）这个意义后来写作"媸"。❹通"嗤"。讥笑，嘲笑。《三国志·吴书·吕蒙传》："他日与蒙会，又～辱之。"❺［蚩尤］传说中东方九黎族的首领。《史记·五帝本纪》："遂禽杀～～。"（禽：通"擒"。）

嗤 chī 讥笑，嘲笑。《后汉书·樊宏传》："尝欲作器物，先种梓漆，时人～之。"柳宗元《哭连州凌员外司马》诗："今为众所～。"成语有"嗤之以鼻"。

媸 chī 丑陋。与"妍（yán）"相对。柳宗元《掩役夫张进骸》诗："枯朽无妍～。"（妍：美好。）

鸱（鴟、雎） chī ❶一种凶猛的鸟。也叫鹞鹰。《庄子·秋水》："～得腐鼠。"［鸱鸮（xiāo）］1.古代指鹪鹩（jiāo liáo），一种小鸟。《诗经·豳风·鸱鸮》："～～，～～，既取我子，无毁我室。"（室：指鸟巢。）2.猫头鹰一类的鸟。李商隐《随师东》诗："岂假～～在泮（pàn）林。"（泮林：学宫前的树林。）这个意义又写作"鸱枭"。［鸱鸺（xiū）］猫头鹰。《庄子·秋水》："～～夜撮蚤。"（撮：抓。蚤：跳蚤。）❷传说中的怪鸟名。《山海经·西山经》："（三危之山）有鸟焉，一首而三身，其状如鸈（luò），其名曰～。"❸用皮革制作的酒囊。苏轼《和赠羊长史》："不特两～酒，肯借一车书。"（不特：不但，不仅。）

笞 chī 用竹板、荆条打。《史记·陈涉世家》："尉果～广。"（广：吴广。）㊕古代刑罚之一。《汉书·刑法志》："加～与重罪无异。"（重罪：死刑。）

痴（癡） chī ❶傻。《论衡·道虚》："～愚之人，尚知怪之。"（尚：尚且。）《世说新语·赏誉》："王蓝田为人晚成，时人乃谓之～。"㊂迷恋，入迷。《新唐书·窦威传》："独威尚文，诸兄诋为书～。"成语有"痴心妄想"。❷癫狂。《论衡·率性》："有～狂之疾，歌啼于路，不晓东西。"❸停滞不动。陆游《芒种后经旬无日不雨偶得长句》："～云不散常遮塔，野水无声自入池。"［痴雨］久雨不止。张养浩《久雨初霁》诗："～～歇檐滴，顽云开日华。"

摛 chī 舒展，铺陈。班固《西都赋》："若～锦布绣。"刘勰《文心雕龙·杂文》："及枚乘～艳，首制《七发》。"㊂传布。扬雄《剧秦美新》："宜命贤哲作《帝典》一篇……～之罔极。"（罔：无。）

螭 chī ❶传说中一种没有角的龙。屈原《九章·涉江》："驾青虬（qiú）兮骖白～。"㊁古代建筑或工艺品上的螭形饰物。《新唐书·郑朗传》："文宗与宰相议政，适见朗执笔～头下，谓曰：'向所论事，亦记之乎？'"❷［螭魅（mèi）］通"魑魅"。传说中山林里能害人的怪物。《左传·文公十八年》："投诸四裔，以御～～。"

魑 chī ［魑魅(mèi)］传说中山林里能害人的怪物。杜甫《天末怀李白》诗："～～喜人过。"

C

絺(絺) chī 用葛纤维织成的细布。《论语·乡党》："当暑，袗(zhěn)～绤(xì)，必表而出之。"（袗：单衣，这里用作动词，穿……单衣。绤：粗葛布。表而出：指露在外边。）《史记·五帝本纪》："尧乃赐舜～衣。"

池 chí ❶护城河。《孟子·公孙丑下》："城非不高也，～非不深也。"《韩非子·存韩》："筑城～以守固。"成语有"金城汤池"。❷池塘。《荀子·王制》："污～渊沼川泽。"（污池：贮水的池塘。渊沼：深水池。）❸承溜。房檐上安的接雨水用的长水槽。《汉书·宣帝纪》："金芝九茎产于函德殿铜～中。"

弛 chí ❶放松弓弦。《左传·襄公十八年》："乃～弓，而自后缚之。"（于是放松弓弦，不再射他，并从后面把他反绑起来。）东方朔《七谏·谬谏》："弧弓～而不张。"㊊放松，松懈。《韩非子·解老》："万物必有盛衰，万事必有～张。"（张：紧张。）《商君书·靳令》："农～奸胜，则国必削。"（农：农业。）❷延缓。《战国策·魏策二》："请～期更日。"（更日：改变日期。）❸解除。《左传·庄公二十二年》："免于罪戾，～于负担。"《三国志·蜀书·诸葛亮传》裴注："愿缓刑～禁，以慰其望。"❹毁坏，废弛。《国语·鲁语上》："文公欲～孟文子之宅。"《史记·河渠书》："延道～兮离常流。"（离常流：水离开河道乱流。）

驰(馳) chí ❶使劲赶马。《诗经·唐风·山有枢》："弗～弗驱。"（弗：不。驱：赶马。）㊕驱马进击。《左传·庄公十年》："齐师败绩，公将～之。"（败绩：军队大败。）㊊车马疾行。《庄子·秋水》："骐骥骅骝一日而～千里。"（骐骥、骅骝：良马名。）王安石《祭欧阳文忠公文》："快如轻车骏马之奔～。"【注意】"驰"原来是人赶马的行为，后来才指马的动作。㊊泛指疾行。诸葛亮《诫子书》："年与时～，意与日去。"❷传扬。《华阳国志·后贤志》："辞章粲丽，～名当世。"（辞章：指文章。）❸向往。《隋书·史祥传》："身在边隅，情～魏阙。"（魏阙：指朝廷。）成语有"心驰神往"。

迟(遲) chí ❶缓慢。《左传·昭公十三年》："元戎十乘，以先启行，～速唯君。"贾谊《新书·大政上》："自古至于今，与民为仇者，有～有速，而民必胜之。"㊊晚。《战国策·楚策四》："亡羊而补牢，未为～也。"《金史·食货志二》："地寒，稼穑～熟。"❷迟钝。《三国志·吴书·孙奂传》："初吾忧其～钝，今治军，诸将少能及者，吾无忧矣。"（及：比得上。）㊋迟疑，犹豫。白居易《琵琶行》："寻声暗问弹者谁，琵琶声停欲语～。"❸长久。欧阳修《苏氏文集序》："～久而不相及。"❹zhì 等待。《后汉书·章帝纪》："朕思～直士。"（我思念期待着正直之士。）谢安《与支遁书》："终日戚戚，触事惆怅，唯～君来，以晤言消之。"［迟明］黎明，天快亮的时候。《史记·卫将军骠骑列传》："～～，行二百余里。"

坻 chí ❶水中的小洲或高地。《诗经·秦风·蒹葭》："溯游从之，宛在水中～。"❷dǐ 山坡。张衡《西京赋》："右有陇～之隘。"❸zhǐ 同"抵"。止。［坻伏］潜藏不出。《左传·昭公二十九年》："官宿其业，其物乃至；若泯弃之，物乃～～。"（宿：安。泯：灭。）

持 chí ❶拿着，握着。《庄子·秋水》："庄子～竿不顾。"《战国策·赵策四》："媪之送燕后也，～其踵为之泣。"（踵：脚后跟。）❷掌握。《汉书·楚元王传》："王莽～政。"㊋执行。《汉书·黄霸传》："闻霸～法平，召以为廷尉正。"❸保持。《诗经·大雅·凫鷖序》："太平之君子，能～盈守成。"《韩非子·五蠹》："夫仁义辩智，非所以～国也。"成语有"持之以恒"。❹一只手从下托扶。《庄子·渔父》："左手据膝，右手～颐以听。"㊋支撑。《淮南子·主术》："十围之木，～千钧之屋。"㊋扶持，扶助。《论语·季氏》："危而不～，颠而不扶，则将焉用彼相矣。"张衡《东京赋》："西朝颠覆而莫～。"（西朝：指王莽的新朝。莫：没有人。）❺控制，挟制。《史记·酷吏列传》："为任侠，～吏长短，出从数十骑。"（短：指短处。）❻对立，对峙。《三国志·魏书·郭嘉传》："太祖与袁绍相～于官渡。"（太祖：指曹操。官渡：地名。）

匙 chí ❶匙子，饭勺。《后汉书·隗嚣传》："牵马操刀，奉盘错～，遂割牲而盟。"（奉：捧。错：措，置。割：宰。盟：订立盟约。）❷dí 通"镝"。箭头。贾谊《过秦论》："收天下之兵聚之咸阳，销锋～，铸以为金人十二。"（兵：兵器。）

篪 chí 见241页。

墀 chí 殿堂上涂饰过的地面。《韩非子·十过》："四壁垩～，茵席雕文。"《汉书·梅福传》："故愿壹登文石之陛，涉赤～之涂。"（陛：宫殿的台阶。）㊀涂色的阶。班固《西都赋》："于是玄～釦砌，玉阶彤庭。"（釦砌：在门限上镀金。）㊁台阶。白居易《庭槐》诗："我家渭水上，此树荫前～。"（荫：遮住。前墀：房前的台阶。）

踟 chí ［踟蹰(chú)］1. 徘徊，犹豫。《诗经·邶风·静女》："爱而不见，搔首～～。"曹植《洛神赋》："步～～于山隅。"（隅：边。）这个意义又写作"踟躇"、"踯躅"。2. 相连的样子。王延寿《鲁灵光殿赋》："西厢～～以闲宴。"（西厢与阁旁小室相连，而且很清静。宴：安静。）

篪（箎、竾） chí ❶ 一种竹子。郦道元《水经注·湘水》："山多～竹。" ❷ 一种管乐器。《诗经·小雅·何人斯》："伯氏吹埙，仲氏吹～。"（伯氏：指兄长。仲氏：指弟弟。）《礼记·月令》："调竽笙～簧。"

尺 chǐ ❶ 长度单位。十寸为一尺。《荀子·非相》："身长七～。"【注意】古代的尺寸一般比现代短。［尺牍］［尺纸］都指书信。《汉书·陈遵传》："性善书，与人～牍，主皆藏去以为荣。"《宋书·沈璞传》："聊因～纸，使卿等具知厥心。"㊂量长度的器具。《古诗为焦仲卿妻作》："左手持刀～，右手执绫罗。" ❷ 中医切脉部位名称之一。《难经》："脉有三部九候……三部者，寸、关、～也。"

齿（齒） chǐ ❶ 门牙。《韩非子·存韩》："唇亡则～寒。"㊁牙齿。桓谭《新论·祛蔽》："～堕发白。"（堕：脱落。）㊃排列如齿状的物品。贾思勰《齐民要术·耕田》："耕荒毕，以铁～鳎榛(lòu zòu)再遍杷(pá)之。"（鳎榛：耙一类的农具。杷：把土块弄碎。） ❷ 岁数，年龄。《汉书·赵充国传》："臣位至上卿……犬马之～七十六。"（犬马之齿：指自己的年龄。） ❸ 并列，排列。《庄子·天下》："百官以此相～。" ❹ 录用。《三国志·蜀书·诸葛亮传》："循名责实，虚伪不～。"【辨】牙，齿。"牙"的本义指口腔后部的槽牙，"齿"的本义指门牙。"齿"的其他意义"牙"都没有。

侈 chǐ ❶ 奢侈，浪费。与"俭"相对。《韩非子·解老》："多费之谓～。"《吕氏春秋·节丧》："～靡者以为荣，俭节者以为陋。"㊀多余的。刘向《说苑·修文》："故其民虽有余财～物而无仁义功德，则无所用其余财～物。" ❷ 放纵，放肆。《孟子·梁惠王上》："苟无恒心，放辟邪～，无不为已。"《荀子·正论》："暴国独～，安能诛之。"（安：连词。于是就。诛：讨伐。） ❸ 大，广。《国语·吴语》："伯父秉德已～大哉！"《汉书·王莽传中》："莽为人～口蹷顄(jué hàn)，露眼赤精。"

哆 chǐ ❶ 张口的样子。《诗经·小雅·巷伯》："～兮侈兮，成是南箕。"（箕：星宿名，二十八宿之一，形如簸箕。） ❷ ［哆然］涣散的样子。《穀梁传·僖公四年》："齐人者齐侯也。其人之何也？于是～～外齐侯也。" ❸ 同"侈"。放荡。《扬子法言·吾子》："述正道而稍邪～者有矣。"

胣 chǐ 把腹破开掏出肠子。《庄子·胠箧》："昔者龙逢斩，比干剖，苌弘～，子胥靡。"（靡：糜烂。）

耻（恥） chǐ ❶ 耻辱，可耻的事情。《吕氏春秋·顺民》："越王苦会稽之～。"（会稽：地名。）㊂使耻辱，侮辱。《国语·越语上》："昔者夫差～吾君于诸侯之国。" ❷ 羞愧。《孟子·尽心上》："人不可以无～。"柳宗元《与顾十郎书》："其或少知～惧。"（或：有的人。）【辨】羞，耻，辱。见354页"辱"字。

豉 chǐ 豆豉，一种用豆类制成的调味食品。王羲之《豉酒帖》："小服～酒至佳。"《世说新语·言语》："有千里莼(chún)羹，但未下盐～耳。"

褫 chǐ ❶ 夺去衣服或带。《周易·讼》："或锡之鞶(pán)带，终朝三～之。"（锡：赐。鞶带：皮带。终朝：指一个早上。）㊂脱去，解下。谢惠连《雪赋》："解珮而～绅。"（珮：衣带上佩的玉。绅：系在腰间的大带子。）㊀剥夺，革除。谢庄《上搜才表》："张勃进陈汤而坐以～爵。"（张勃因为推荐陈汤而被革除爵位。坐：因为……过错。）㊁夺去。张衡《东京赋》："罔然若酲，朝罢(pí)夕倦，夺气～魄之为者。"（酲：醉酒。） ❷ 通"弛"。松弛，废弛。《荀子·非相》："守法数之有司，极礼而～。"（极：疲。）

彳 chì ［彳亍(chù)］1. 慢步行走。潘岳《射雉赋》："～～中辍。" 2. 徘徊，犹豫。柳宗元《答周君巢书》："～～而无所趋。"袁宏道《初度戏题》诗："欲留色枯槁，欲归心～～。"

叱 chì ❶ 大声呵斥。《礼记·曲礼上》："尊客之前不～狗。"《三国志·魏书·庞德传》："庞德授命～敌。" ❷ 呼喝，呼喊。《晋书·赵至传》："闻父耕～牛声。"成语有

"叱石成羊"。[叱咤(zhà)]怒喝。李白《上云乐》诗:"~~四海动。"成语有"叱咤风云"(形容声势威力很大)。

斥 chì ❶ 排斥,斥退。《汉书·武帝纪》:"与闻国政而无益于民者~。"《盐铁论·利议》:"是孔丘~逐于鲁君,曾不用于世也。" ❷ 责备,斥责。《穀梁传·僖公五年》:"目晋侯~杀,恶晋侯也。"王夫之《论秦始皇废分封行郡县》:"~秦之私,而欲私其子孙以长存,又岂天下之大公哉?" ❸ 指。《诗经·周颂·雝》"假哉皇考"郑玄笺:"皇考:~文王也。"柳宗元《六逆论》:"盖~言择嗣(sì)之道。"(大概指的是选择继承人的道理。) ❹ 开拓,扩大。《盐铁论·非鞅》:"~地千里。"[引]大。刘向《说苑·奉使》:"赐之~带,则不更其造。"《后汉书·马融传》:"暴~虎,搏狂兕。" ❺ 出,拿出。韩愈《答元侍御书》:"~其余以救人之急。"双音词有"斥资"。 ❻ 侦察,探测。《左传·襄公十八年》:"晋人使司马~山泽之险。"[斥候]侦察敌情的士兵。《汉书·贾谊传》:"~~望烽燧,不得卧。"《三国志·吴书·诸葛恪传》:"远遣~~。"又写作"斥堠"。 ❼ 碱卤,盐碱地。《管子·地员》:"五沃之土,干而不~。"(五沃之土:一种较好的土壤。)[斥卤]盐碱地。《吕氏春秋·乐成》:"终古~~,生之稻粱。"

赤 chì ❶ 红色。《周礼·考工记·画缋》:"杂五色,东方谓之青,南方谓之~。"贾思勰《齐民要术·种椒》:"色~椒好。" ❷ 空,一无所有。《韩非子·十过》:"晋国大旱,~地三年。"成语有"赤手空拳"。[引]杀光,诛灭。杜甫《壮游》诗:"朱门任倾夺,~族迭罹殃。" ❸ 光着,裸露。杜甫《早秋苦热》诗:"安得~脚踏层冰。"熟语有"赤膊上阵"。 ❹ 忠诚。李白《与韩荆州书》:"推~心于诸贤之腹中。"成语有"赤胆忠心"。【辨】赤,朱,丹,绛,红。五个字都表示红色,按其由深及浅的不同程度排列,应是绛、朱、赤、丹、红。到后来"红"和"赤"没有区别。

迣 chì ❶ 飞越。《汉书·礼乐志》:"体容与,~万里。"(容与:从容的样子。) ❷ liè 遮拦。《汉书·鲍宣传》:"部落鼓鸣,男女遮~。"

饬(飭) chì ❶ 整顿,整治。《诗经·小雅·六月》:"戎车既~。"《汉书·燕刺王旦传》:"~武备。"双音词有"整饬"。 ❷ 谨慎。《宋史·吴潜程元凤等传论》:"程元凤谨~有余而乏风节。"(乏风节:缺少气节。) ❸ 通"敕"。告诫,(帝王)命令。《汉书·黄霸传》:"宜令贵臣明~长吏守丞。"(明:明白地。)《汉书·五行志上》:"又~众官,各慎其职。"(慎:谨慎,指慎守。) ❹ shì 同"饰"。修饰,妆饰。《吕氏春秋·先己》:"钟鼓不修,子女不~。"[又]巧饰。《战国策·秦策一》:"文士并~,诸侯乱惑,万端俱起。"

抶 chì 鞭打。《左传·文公十年》:"无畏~其仆以徇(xùn)。"(无畏:人名。徇:示众。)

炽(熾) chì ❶ 火旺。《韩非子·内储说下》:"奉~炉,炭火尽赤红。"《北史·齐纪总论》:"火既~矣,更负薪以足之。"(负薪:背柴。)[引]旺盛,强盛。《论衡·艺增》:"齐虽~盛,不能如此。" ❷ 通"饎"(chì)。烹煮。《论衡·异虚》:"畅草可以~酿。"(畅草:一种香草。)

眙 chì ❶ 直视,瞪着眼看。屈原《九章·思美人》:"思美人兮,擥(lǎn)涕而竚(zhù)~。"(擥:收。涕:眼泪。竚:久立。)[引]惊视。王延寿《鲁灵光殿赋》:"观艺于鲁,睹斯而~。" ❷ yí [盱(xū)眙]县名,在江苏。

敕(勅、勑) chì ❶ 告诫,嘱咐。《三国志·魏书·武帝纪》:"公~诸将:关西兵精悍,坚壁勿与战。"《世说新语·贤媛》:"(王经)被收,涕泣辞母曰:'不从母~,以至今日。'"(王经:人名。收:逮捕。)[特]皇帝的命令或诏书。《汉书·平帝纪》:"其明~百寮。"(其:语气词。明:明白地。)《宋书·谢弘微传》:"书皆是太祖手~。"(太祖:指宋文帝刘义隆。手敕:亲手写的诏书。) ❷ 通"饬"。整顿,整治。《韩非子·主道》:"贤者~其材,君因而任之。"[又]谨慎。《汉书·元后传》:"舜素谨~,太后雅爱信之。"(舜:人名。)上述❶[特]❷又写作"勑"。

啻 chì 仅仅,只有。常和"不"、"岂"、"奚"、"何"等连用。王夫之《小云山记》:"岂~大云、岳之观。"(大云、岳:山名。观:壮观的景象。)[不啻]1.不异,和……一样。《尚书·秦誓》:"其心好之,~~如自其口出。"2.不仅,不只。《后汉书·冯衍传上》:"死亡之数,~~太半。"3.不过。《颜氏家训·文章》:"且《太玄》今竟何用乎?~~覆酱瓿(bù)而已。"

饎(糦) chì ❶ 酒食。《诗经·小雅·天保》:"吉蠲(juān)为~,是用孝享。"(吉:善。蠲:清洁,干净。孝享:指祭献鬼神。) ❷ 烹煮。《仪礼·特牲馈食礼》:

"主妇视～爨(cuàn)于西堂下。"(爨:烧火做饭。)❸ 黍稷。《诗经·商颂·玄鸟》:"龙旂十乘,大糦是承。"《玉篇零卷》食部引作"大饎是承"。(是:代词,复指前置宾语"大糦"。承:捧着进献。)

CHONG

冲[1](沖) chōng ❶ 向上冲。《韩非子·喻老》:"虽无飞,飞必～天。"❷ 虚,空虚。《老子·四十五章》:"大盈若～,其用不穷。"(大盈:指非常充足。若:像,如同。)❸ 淡泊,谦虚。《晋书·乐广传》:"性～约,有远识。"《三国志·魏书·荀彧传》:"皆谦～节俭。"❹ 幼小。谢朓《齐敬皇后哀策文》:"方年～藐。"(正在年纪幼小的时候。藐:小。)[冲人]幼童。《梁书·袁昂传》:"藐藐～～,未达朱紫。"(朱紫:指是非、优劣。)㊕古代帝王自称的谦辞。《旧唐书·高骈传》:"朕虽～～,安得轻侮?"

冲[2](衝) chōng ❶ 交通要道。《左传·昭公元年》:"执戈逐之,及～,击之以戈。"《汉书·郦食其传》:"夫陈留,天下之～,四通五达之郊也。"(陈留:地名。郊:指要道。)❷ 冲击,撞。《战国策·齐策一》:"使轻车锐骑～雍门。"(雍门:齐国国都的西门。)㊀刺。《汉书·贾谊传》:"剡手以～仇人之匈。"㊁冲撞敌城的战车。《淮南子·原道》:"是故革坚则兵利,城成则～生。"陆机《辨亡论上》:"～輣(péng)息于朔野,齐民免干戈之患。"(輣:瞭望用的战车。朔:北方。)❸[冲(衝)风]暴风。屈原《九歌·少司命》:"与女游兮九河,～～至兮水扬波。"❹ chòng 向,对着。《山海经·海外北经》:"有一蛇,虎色,首～南方。"(虎色:虎皮色。首:头。)【注意】在古代,"冲"和"衝"是两个字,意义各不相同。上述义项都不写作"冲"。汉字简化后,"衝"写作"冲"。参见上"冲[1](沖)"字。

忡(憧) chōng 忧愁的样子。《诗经·邶风·击鼓》:"不我以归,忧心有～。"(以:与。有:词头。)也常叠用。《诗经·召南·草虫》:"未见君子,忧心～～。"

翀 chōng 同"冲"。直向上(飞)。杜挚《赠毌丘荆州》诗:"鹄(hú)飞举万里,一飞～昊苍。"(鹄:天鹅。昊苍:天。)

充 chōng ❶ 塞。《诗经·卫风·淇奥》:"～耳琇莹。"成语有"充耳不闻"。㊀满,实。《孟子·梁惠王下》:"而君之仓廪实,府库～。"《荀子·儒效》:"～虚之相施易也。"(实和虚互相变化。施:移。易:变。)㊁充实,充足。《三国志·蜀书·诸葛亮传》:"调其赋税,以～军实。"❷ 充当,当作。白居易《卖炭翁》诗:"半匹红绡一丈绫,系向牛头～炭直。"(系向牛头:系在牛头上。直:值,价值。)成语有"滥竽充数"。

舂 chōng ❶ 把谷类的壳捣掉。《诗经·大雅·生民》:"或～或揄(yú),或簸或蹂。"(揄:舀。)❷ 通"冲"。撞击。《史记·鲁周公世家》:"富父终甥～其喉,以戈杀之。"(富父终甥:人名。)

惷 chōng 愚蠢。《淮南子·氾论》:"愚夫～妇皆能论之。"常与"愚"连用,义同。《战国策·魏策一》:"寡人～愚,前计失之。"

憧 chōng ❶[憧憧]往来不停的样子。《周易·咸》:"～～往来,朋从尔思。"白居易《和大嘴乌》:"慈乌尔奚为?来往何～～!"(慈乌:乌鸦。)㊁摇曳不定的样子。《盐铁论·刺复》:"心～～若涉大川,遭风而未薄。"❷ zhuàng 愚昧。《史记·三王世家》:"愚～而不逮事。"

艟 chōng [艨(méng)艟]见272页"艨"字。

虫[1](蟲) chóng 昆虫,虫子。《诗经·齐风·鸡鸣》:"～飞薨薨。"(薨薨:虫子飞的声音。)《荀子·劝学》:"肉腐出～。"㊁动物的通称。《庄子·应帝王》:"而曾二～之无知。"(曾:语气词。二虫:指鸟和鼷鼠。)[大虫]指老虎。李肇《唐国史补》上:"～～老鼠,俱为十二相属。"参见168页"虫[2]"字。

重 chóng 见537页。

崇 chóng ❶ 高。司马相如《上林赋》:"～山矗矗。"(矗矗:高耸的样子。)成语有"崇山峻岭"。❷ 尊崇,推崇。《尚书·武成》:"～德报功。"韩愈《进学解》:"登～畯良。"(登:选拔提升。)㊀被尊崇的人。《左传·宣公十二年》:"师叔,楚之～也。"(师叔:人名。)❸ 充满。柳宗元《送薛存义序》:"～酒于觞(shāng)。"(觞:酒杯。)❹ 增长。《左传·成公十八年》:"今将～诸侯之奸,而披其地。"❺ 终尽,终了。《荀子·赋》:"周流四海,曾不～日。"《三国志·魏书·凉茂传》:"而将军乃欲称兵西向,则存亡之效,不～朝而决,将军其勉之!"

宠(寵) chǒng ❶ 荣耀。《国语·楚语上》:"抚征南海,训及诸夏,其～大矣。"(抚征:安定征服。训:教。诸夏:我国古代对中原地区的称呼。)㉕使荣耀,尊崇。《史记·蒙恬列传》:"蒙恬威振匈奴,始皇甚尊～蒙氏。"❷宠爱。《左传·昭公二年》:"少姜有～于晋侯。"(少姜:人名,晋侯的妃子。)㉗受宠爱的人。《左传·僖公十七年》:"易牙入,与寺人貂因内～以杀群吏。"❸骄纵。张衡《东京赋》:"好殚(dān)物以穷～。"(好用尽财物来满足穷奢极侈的生活。殚:尽。)

CHOU

抽 chōu ❶拔出,抽出。《左传·昭公二十一年》:"～矢,城射之。"(城:人名。)李白《宣州谢朓楼饯别校书叔云》诗:"～刀断水水更流。"㉕提取。元稹《织妇词》:"今年丝税～征早。"㉕植物出芽或出穗。束皙《补亡诗》六首之四:"草以春～。"(草在春天发芽。)孔平仲《风雨有秋色率然成小诗》:"蓼花～穗出墙端。"❷拔掉,去除。《诗经·小雅·楚茨》:"楚楚者茨,言～其棘。"(楚楚:茂盛。茨:蒺藜。言:动词词头。棘:带刺的灌木。)㉕提拔。《南史·颜延之传》:"延之昔坐事屏斥,复蒙～进。"❸抒发。屈原《九章·抽思》:"与美人～怨兮。"

怞 chōu ❶同"妯"。不平静。《诗经·小雅·鼓钟》:"忧心且妯。"《说文》引作"忧心且怞"。❷yóu[怞怞]忧愁的样子。《楚辞·九怀·危俊》:"永余思兮～～。"

瘳 chōu ❶病好了。《诗经·郑风·风雨》:"既见君子,云胡不～!"(胡:何。)《后汉书·华佗传》:"病皆～。"㉕治,治愈。《庄子·列御寇》:"国其有～乎?"《晋书·王坦之传》:"良药效于～疾。"❷益,有益。《国语·晋语二》:"君不度而贺大国之袭,于己也何～?"《左传·昭公十三年》:"若为夷弃之,使事齐、楚,其何～于晋?"

仇 chóu ❶qiú 同伴。《诗经·周南·兔罝》:"赳赳武夫,公侯好～。"㉗配偶。曹植《浮萍篇》:"结发辞严亲,来为君子～。"❷仇敌。《诗经·秦风·无衣》:"王于兴师,修我戈矛,与子同～。"这个意义又写作"雠"。[仇雠]仇敌。《史记·秦始皇本纪》:"属疏远,相攻击如～～。"(属:亲属。)成语有"同仇敌忾"。㉗仇恨。《史记·游侠列传》:"雒阳人有相～者。"(雒:洛。)❸qiú 姓。

紬 chóu ❶丝织品。《盐铁论·散不足》:"茧～缣练者,婚姻之嘉饰也。"这个意义后来写作"绸"。❷chōu 缀集。《史记·太史公自序》:"(父)卒三岁而迁为太史令,～史记石室金匮之书。"❸chōu 抽引。宋玉《高唐赋》:"～大弦而雅声流,冽风过而增悲哀。"[紬绎(yì)]引出头绪。《汉书·谷永传》:"燕见～～,以求咎愆(jiù qiān)。"(燕见:指在皇帝内廷朝见。)

俦(儔) chóu 同伴,伴侣。颜延之《重释何衡阳》诗:"田家节隙,野老为～。"李白《赠崔郎中宗之》诗:"时哉苟不会,草木为我～。"㉗同类,类别。《三国志·魏书·崔林传》:"忠直不回,则史鱼之～。"(回:邪恶。史鱼:人名。)㉕相比。杜甫《陪王侍御同登东山最高顶宴姚通泉》诗:"姚公美政谁与～?"【注意】汉代以前,"俦"一般都写作"畴"。如《荀子·劝学》:"草木畴生。"(同类的草木生长在一起。)

帱(幬) chóu ❶床帐。宋玉《招魂》:"蒻(ruò)阿(ē)拂壁,罗～张些。"(蒻:细而软。阿:细缯。些:语气词。)㉘帷幕。韩缜《东山寺》诗:"像设严珠殿,经声隐绛～。"❷车帷。《史记·礼书》:"大路之素～也。"(路:车。)❸dào 覆盖。《左传·襄公二十九年》:"如天之无不～也,如地之无不载也。"

畴(疇) chóu ❶已耕种的田地。《荀子·富国》:"其田～秽。"(秽:荒芜。)㉘田亩。《吕氏春秋·慎大》:"朝不易位,农不去～。"㉗用作动词,培土。《淮南子·俶真》:"～以肥壤。"❷谁。《列子·天瑞》:"运转亡已,天地密移,～觉之哉?"❸同类,类别。《荀子·劝学》:"草木～生,禽兽群焉,物各从其类也。"《战国策·齐策三》:"物各有～。"这个意义后来写作"俦"。❹[畴人]历算家。《史记·历书》:"～～子弟分散。"清代阮元著有《畴人传》。❺[畴昔]过去,以前。《左传·宣公二年》:"～～之羊,子为政;今日之事,我为政。"

踌(躊) chóu [踌躇]1.徘徊,犹豫。曹丕《出妇赋》:"马～～而回顾,野鸟翩(piān)而高飞。"(翩:急飞。)向秀《思旧赋》:"心徘徊以～～。"(以:而。)这个意义又写作"踌蹰"、"踌伫"。2.从容自得的样子。《庄子·养生主》:"提刀而立,为之四顾,为之～～满志。"

筹(籌) chóu ❶计数的用具。《汉书·五行志下之上》:"～所以纪数。"双音词有"筹码"。❷谋划,计划。《史记·黥布列传》:"果如薛公～之。"《盐铁论·非鞅》:"夫蓄积～策,国家之所以强也。”⑫计策，计谋。《晋书·宣帝纪》：“非经国远～。”（经国：治国。）成语有“一筹莫展”。

惆 chóu ［惆怅］［惆然］伤感，失意。陶潜《归去来兮辞》：“奚～怅而独悲？”（奚：为什么。）《荀子·礼论》：“则其于志意之情者～然不嗛（qiè）。”（嗛：满足。）

绸（綢） chóu ❶ 缠绕。《尔雅·释天》：“素锦～杠。”（素：白。杠：旗杆。）屈原《九歌·湘君》：“薜荔柏兮蕙～。”［绸缪］1. 缠绕。《诗经·唐风·绸缪》：“～～束薪。”（束薪：成捆的柴。）成语有“未雨绸缪”（喻事先做好准备）。2. 情意缠绵。《三国志·蜀书·先主传》：“先主至京见（孙）权，～～恩纪。”又如“情意绸缪”。❷ 绸缎，一种丝织品。《周书·武帝纪下》：“初令民庶已上，唯听衣～、绵～、丝布、圆绫、纱、绢、绡、葛、布等九种。”这个意义又写作“紬”。❸ 通“稠”。多而密。《北史·北海王详传》：“往来～密。”

稠 chóu 多而密。《史记·魏其武安侯列传》：“～人广众，荐宠下辈。”《汉书·百官公卿表上》：“县大率方百里，其民～则减，稀则旷。”成语有“地窄人稠”。㊀浓厚。与“稀”相对。贾思勰《齐民要术·种谷》：“挠令洞洞如～粥。”（搅拌使它像浓粥一样。洞洞：很浓的样子。）

裯 chóu 单被。《诗经·召南·小星》：“肃肃宵征，抱衾与～。”㊁被子。杨万里《霜夜无睡闻画角孤雁》诗：“拥～起坐何人伴？只有残灯半晕青。”

酬（酧、醻） chóu ❶ 客人给主人祝酒后，主人再次给客人敬酒。《诗经·小雅·楚茨》：“为宾为客，献～交错。”杜牧《念昔游》诗：“樽（zūn）前自献自为～。”（樽：酒器。献：主人给客人敬酒。）［酬酢］主客相互敬酒。《世说新语·赏誉》：“寻温元甫、刘王乔、裴叔则俱至，～～终日。”（酢：客人向主人回敬酒。）❷ 酬报，报答。《左传·昭公二十七年》：“为惠已甚，吾无以～之。”李白《走笔赠独孤驸马》诗：“壮心剖出～知己。”㊀应对，赠答。《颜氏家训·勉学》：“问一言辄～数百。”谢灵运《拟魏太子邺中集诗·应玚》：“调笑辄～答。”（辄：就，即。）❸ 偿付，偿还。《新唐书·李朝隐传》：“成安公主夺民园，不～直。”（直：价钱。）❹ 实现（志愿）。李频《春日思归》诗：“壮志未～三尺剑，故乡空隔万重山。”

愁 chóu 忧虑，发愁。《左传·襄公二十九年》：“哀而不～，乐而不荒。”李白《秋浦歌》之十五：“白发三千丈，缘～似个长。”（缘：因为。个：这般。）⑫形容凄惨、惨淡的景象。谢惠连《雪赋》：“寒风积，～云繁。”辛弃疾《鹧鸪天·赋牡丹》：“～红惨绿今宵看，恰似吴宫教阵图。”

雠（讎、讐） chóu ❶ 应答。《诗经·大雅·抑》：“无言不～，无德不报。”㊀相应，应验。《汉书·灌夫传》：“于是上使御史簿责婴所言灌夫颇不～。”（簿：文书。婴、灌夫：人名。）《史记·封禅书》：“其方尽，多不～。”（方：方术。尽：用完了。）❷ 相当，相匹配。《汉书·霍光传》：“卒不得遂其谋，皆～有功。”（雠有功：指其功相等。）❸ 售，卖出去。《墨子·经下》：“贾（jià）宜则～。”（贾：价。）《史记·高祖本纪》：“高祖每酤留饮，酒～数倍。”❹ 同“仇”。仇敌，仇人。《尚书·微子》：“小民方兴，相为敌～。”⑫仇恨。屈原《九章·惜诵》：“又众兆之所～。”（众兆：众人。）❺ ［雠校］校对，校勘。《后汉书·和熹邓皇后纪》：“乃博选诸儒刘珍等……诣东观～～传记。”（东观：汉代皇帝藏书的地方。）

丑¹ chǒu 地支第二位。丑属牛。⑫十二时辰之一，等于现在的凌晨一时至三时。见126页“干¹”字。

丑²（醜） chǒu ❶ 相貌难看。与“美”相对。《史记·滑稽列传》：“呼河伯妇来，视其好～。”（河伯：指河神。好：美。）❷ 恶，不好。《诗经·小雅·十月之交》：“日有食之，亦孔之～。”《汉书·项籍传》：“今尽王故王于～地。”㊀羞耻，耻辱。《庄子·外物》：“终身之～。”⑫憎恶。《荀子·荣辱》：“我甚～之。”❸ 类。《国语·楚语下》：“官有十～。”《尔雅·释鸟》：“凫（fú），雁～。”（凫：野鸭。）㊀类似。《孟子·公孙丑下》：“今天下地～德齐，莫能相尚。”❹ 指恶人，敌人。《晋书·陶侃传》：“无征不克，群～破灭。”成语有“跳梁小丑”。【注意】在古代，“丑”和“醜”是两个字，意义各不相同。上述义项都不写作“丑”。现在“醜”简化为“丑”。

臭 chòu ❶ xiù 气味。《周易·系辞上》：“同心之言，其～如兰。”《荀子·王霸》：“口欲綦（qí）味，鼻欲綦～。”（綦：极，尽。味：滋味。）❷ xiù 嗅，闻。《荀子·荣辱》：“彼～之而无嗛（qiè）于鼻，尝之而甘于口。”（嗛：满足。）这个意义后来写作“嗅”、“齅”。❸ 臭。与“香”相对。《后汉书·仲长统传》：“三牲之肉，～而不可食。”（三牲：指牛、羊、猪。）

CHU

出 chū ❶出。与“入”相对。屈原《九歌·国殇》：“～不入兮往不反。”（反：返。）《战国策·赵策四》：“必以长安君为质，兵乃～。”❷发出。《商君书·更法》：“于是遂～垦草令。”《古诗为焦仲卿妻作》：“何意～此言！”❸拿出，交纳。《汉书·文翁传》：“富人至～钱以求之。”曹操《抑兼并令》：“户～绢二匹。”❹出产，生产。《荀子·富国》：“田肥以易则～实百倍。”（以：而且。易：治理，这里指管理得好。实：果实。）〈又〉出生，生育。《荀子·礼论》：“无先祖，恶（wū）～？”〈引〉产生，发生。《荀子·劝学》：“肉腐～虫。”❺出现，显露。《墨子·备城门》：“凤鸟之不～。”苏轼《后赤壁赋》：“山高月小，水落石～。”〈引〉至，到。《世说新语·栖逸》：“少孤未尝～京邑，人士思欲见之。”❻超出，超过。《论语·乡党》：“祭肉不～三日。”白居易《与元九书》：“自思所陈亦无～足下之见。”（陈：陈述。足下之见：您的见解。）❼释放，放出。《世说新语·方正》：“后数日，诏～周，群臣往省之。”（周：指周伯仁。）〈又〉遗弃。《孟子·离娄下》：“～妻屏子，终身不养焉。”❽出逃，逃亡。《国语·晋语三》：“以师奉公子重耳，臣之属内作，晋君必～。”

初 chū ❶开始。《周易·既济》：“～吉终乱。”《史记·屈原贾生列传》：“年少～学。”❷当初。多用于追述往事时。《左传·隐公元年》：“～，郑武公娶于申。”《后汉书·华佗传》：“～，军吏李成苦欬（ké），昼夜不寐……后五六岁，有里人如成先病，请药甚急。”（欬：咳，咳嗽。岁：年。）❸第一个。表示次序。《史记·秦本纪》：“二年～伏，以狗御蛊。”白居易《暮江吟》：“可怜九月～三夜，露似珍珠月似弓。”❹副词。才，刚刚。《史记·秦始皇本纪》：“天下～定，又复立国，是树兵也。”（立国：指建立诸侯国。）❺副词。与否定词“不”、“无”等连用，表示强调。《后汉书·盖勋传》：“群臣～无是言也。”（初无：从来没有，并没有。）《世说新语·品藻》：“谢遏诸人共道‘竹林’优劣，谢公云：‘先辈～不臧贬七贤。’”（初不：从不。）

貙（貙） chū 一种野兽。柳宗元《罴说》：“鹿畏～，～畏虎，虎畏罴（pí）。”

樗 chū ❶樗树，即臭椿树。《诗经·豳风·七月》：“采荼（tú）薪～。”（荼：苦菜。薪樗：以樗为柴。）〈喻〉无用之材。杜甫《送郑十八虔贬台州司户》：“郑公～散鬓成丝，酒后常称老画师。”（樗散：本指像樗树那样被散置的无用之材，比喻不合世用。）❷[樗蒲]古代赌博。《世说新语·方正》：“王子敬数岁时，尝看诸门生～～，见有胜负，因曰：‘南风不竞。’”

刍（芻） chú ❶割草。《汉书·赵充国传》：“令军毋燔聚落，～牧田中。”（在田里割草放牲口。）〈又〉割草的人。《诗经·大雅·板》：“先民有言，询于～荛。”（荛：打柴。这里指打柴的人。）〈喻〉卑微鄙陋的人。谢庄《上搜才表》：“陈愚于侧，敢露～言。”❷牲口吃的草。《庄子·列御寇》：“子见夫牺牛乎，衣以文绣，食以～叔。”（叔：通“菽”。豆子。）〈又〉用作动词，用草料喂牲口。《周礼·地官·充人》：“～之三月。”[刍豢]指家畜。《庄子·齐物论》：“民食～～，麋鹿食荐。”（荐：草。）

雏（雛） chú 小鸡。《礼记·内则》：“～尾不盈握弗食。”〈比〉幼禽。《孟子·告子下》：“力不能胜一匹～，则为无力人矣。”白居易《晚燕》诗：“百鸟乳～毕。”（乳：指孵出幼禽。）〈喻〉幼儿，幼小的动物。杜甫《彭衙行》：“众～烂漫睡。”（烂漫：睡得很香的样子。）李商隐《娇儿诗》：“探～入虎穴。”〈引〉幼小的，年轻的。李商隐《韩冬郎即席为诗相送》：“～凤清于老凤声。”龚自珍《点绛唇·补记四月之游》：“窗三面，推开扇，故使～鬟见。”（雏鬟：指年轻女孩。）

除 chú ❶台阶。张衡《东京赋》：“乃羡公侯卿士，登自东～。”❷清除，去掉。《史记·秦始皇本纪》：“诛乱～害。”成语有“除恶务尽”。[除夕]农历一年最后一天的夜晚。❸修治，修整。《左传·昭公十三年》：“将为子～馆于西河，其若之何？”贾思勰《齐民要术·种谷》：“虾蟆（há ma）鸣燕降而通路～道矣。”（蛤蟆叫、燕子到来的时候就开始开通修整道路。）❹任命，授职。李密《陈情表》：“～臣洗（xiǎn）马。”（洗马：官名。）❺数学计算方法之一。

滁 chú ❶古州名。在今安徽滁州。欧阳修《醉翁亭记》：“环～皆山也。”❷水名，在今安徽境内。

蜍 chú [蟾蜍]见40页“蟾”字。

篨 chú [籧（qú）篨]见341页“籧”字。

鉏 chú ❶同“锄”。翻土及除草的农具。《汉书·循吏传·龚遂》：“诸持～钩田器者，皆为良民。”（钩：镰刀。）㊂用作动词。锄地。屈原《卜居》：“宁诛～草茅以力耕乎？”㊉铲除。《史记·齐悼惠王世家》：“非其种者～而去之。”❷ jǔ ［鉏铻（yǔ）］同“龃龉”。不相吻合。宋玉《九辩》：“圜凿而方枘（ruì）兮，吾固知其～～而难入。”（枘：榫子。）❸ xú 古国名。在今河南滑县。㊂姓。

厨（廚、㕑） chú ❶厨房。《孟子·梁惠王上》：“是以君子远庖～也。”㊂厨师。《吕氏春秋·知分》：“鹿生于山，而命悬于～。”❷柜子。《晋书·顾恺之传》：“恺之尝以一～画糊题其前寄桓玄。”（糊题：指贴封条。）这个意义后来写作“橱”。

幮（㡡） chú 橱形的帐子。陆游《入蜀记》卷一：“自到京口无蚊，是夜蚊多，始复设～。”

蹰（躕） chú ［踟蹰］见51页“踟”字。

躇 chú ［踌躇］见54页“踌”字。

处（処、處、䖏） chǔ ❶停留。《孙子兵法·军争》：“卷甲而趋，日夜不～。”（卷甲：卷起盔甲。趋：奔赴。）❷居住。屈原《九章·涉江》：“幽独～乎山中。”（幽：寂寞。）㊉处于，处在。《论衡·逢遇》：“～尊居显未必贤。”［处士］隐居的人。《荀子·非十二子》：“今之所谓～～者，无能而云能者也。”（云：说。）❸占，占据。《商君书·徕民》：“地方百里者，山陵～什一，薮泽～什一。”（什一：十分之一。薮泽：湖泊。）❹相处，交往。《庄子·德充符》：“久与贤人～则无过。”❺处理，安排。《左传·文公十八年》：“先君周公制周礼曰：‘则以观德，德以～事，事以度功，功以食民。’”《三国志·蜀书·诸葛亮传》：“将军量力而～之。”❻ chù 地方，位置，处所。《孙子兵法·虚实》：“角之而知有余不足之～。”《汉书·张骞传》：“知水草～，军得以不乏。”（乏：缺乏。）

杵 chǔ ❶舂米的棒槌。《周易·系辞下》：“断木为～，掘地为臼。”杜甫《暂往白帝复还东屯》诗：“落～光辉白，除芒子粒红。”（芒：稻谷的皮。）㊇捣物的棒槌。《孟子·尽心下》：“以至仁伐至不仁，而何其血之流～也？”张籍《筑城词》：“筑城处，千人万人齐把～。”㊂捣，捶。贾谊《新书·春秋》：“舂筑者不相～。”陆游《捣药鸟》诗：“幽禽似欲嘲衰病，故学禅房～药声。”❷古兵器。《宋史·呼延赞传》：“及作破阵刀、降魔～，铁折上巾，两旁有刃，皆重十数斤。”

础（礎） chǔ 柱子底下的石礅。《淮南子·说林》：“山云蒸，柱～润。”范成大《次韵汉卿舅即事》：“晚来～汗南风壮，会有溪云载雨过。”（汗：指石上冒出水珠。会：当，该。）成语有“月晕而风，础润而雨”。

楮 chǔ ❶一种树，树皮可以造纸。《山海经·西山经》：“鸟危之山，其阳多磬（qìng）石，其阴多檀～。”（鸟危：山名。阳：指山南。磬石：可以制磬的石头。磬：古乐器名。阴：指山北。）❷纸的代称。苏轼《书鄢陵王主簿所画折枝》诗之二：“春色入毫～。”（毫：笔。）［楮墨］纸和墨，借指诗文或书画。浦起龙《史通通释·暗惑》：“无礼如彼，至性如此，猖狂生态，正复跃见～～间。”❸一种纸币。用楮纸印行的钱币。《宋史·常楙传》：“值水灾，捐万～以振之。”（值：遇到。振：赈救。）

储（儲） chǔ ❶储存，积蓄。《盐铁论·力耕》：“丰年岁登，则～积以备乏绝。”《汉书·何并传》：“～兵马以待之。”❷古称皇太子为“储”。李肇《唐国史补》卷中：“上召学士郑絪于小殿，令草立～诏。”又称储君、储贰或储副、储嗣。《后汉书·郑众传》：“太子～君，无外交之义。”《后汉书·皇后纪上》：“及元兴、延平之际，国无～副。”（元兴、延平：年号。）《晋书·礼志下》：“皇太子虽国之～贰，犹在臣位。”❸等待。张衡《东京赋》：“并夹既设，～乎广庭。”（并夹：从箭靶上取下箭来的工具。）

楚 chǔ ❶一种矮小丛生的木本植物。也叫荆。《诗经·周南·汉广》：“翘翘错薪，言刈其～。”《韩非子·十过》：“公宫之垣皆以荻蒿楛（hù）～墙之。”（垣：墙。荻：芦草。蒿：蒿草。楛：荆一类植物。墙：用作动词，筑墙的意思。）❷打人的荆条。《礼记·学记》：“夏～二物，收其威也。”㊉打。《新唐书·严郢传》：“即逮捕河中观察使赵惠伯下狱，～掠惨棘。”（掠：拷打。）❸痛苦。《史记·文帝本纪》：“何其～痛而不德也。”傅咸《斑鸠赋》：“慨感物而哀鸣，声～切以怀伤。”❹［楚楚］1. 茂盛的样子。《诗经·小雅·楚茨》：“～～者茨，言抽其棘。”（茨：蒺藜。）2. 鲜明、华美的样子。《诗经·曹风·蜉蝣》：“蜉蝣之羽，衣裳～～。”3. 凄苦的样子。元稹《听庾及之弹乌夜啼引》：“后人写出乌啼引，吴调哀弦声～～。”❺粗俗。《宋书·长沙景王道怜传》：“道怜素无才能，言音甚～。”❻周代诸侯国，战国时为七雄之一。原来在今湖北和湖南一带，后来扩展到今河南、安徽、江苏、浙江、江西和四川。

亍 chù ❶慢步行走。左思《魏都赋》：“喬(yù)云翔龙，泽马～阜。”(喬云：一种彩云。泽马：传说中的一种神马。阜：土山。)㊁步。颜延之《赭白马赋》：“纤骊接趾，秀骐齐～。”(纤骊、秀骐：好马。接趾：形容一匹接一匹。齐亍：形容行走整齐。)❷[彳(chì)亍]见51页“彳”字。

处(処、處、䖏) chù 见57页。

怵(怵) chù ❶恐惧，害怕。《庄子·应帝王》：“劳形～心者也。”❷警惕。《庄子·养生主》：“～然为戒。”[怵惕]1.害怕，提心吊胆。《尚书·冏命》：“～～惟厉。”(厉：祸害。)李白《古风五十九首》之二十四：“行人皆～～。”2.惊惧，戒惧。《孟子·公孙丑上》：“今人乍见孺子将入于井，皆有～～恻隐之心。”杜甫《北征》诗：“拜辞诣阙下，～～久未出。”❸悲伤。《礼记·祭统》：“心～而奉之以礼。”❹xù 诱惑，引诱。《汉书·食货志下》：“善人～而为奸邪。”(好人被引诱去做坏事。)

绌(絀) chù ❶不足。《荀子·非相》：“缓急嬴～。”(嬴：通“赢”。盈余。)成语有“相形见绌”。❷通“黜”。废，贬退。《左传·庄公八年》：“僖公之母弟曰夷仲年，生公孙无知，有宠于僖公，衣服礼秩如适(dí)，襄公～之。”(适：嫡子，太子。)《荀子·成相》：“展禽三～。”(展禽：人名。)❸屈，屈服。这个意义通常作“诎”。《荀子·不苟》：“君子能则宽容易直以开道人，不能则恭敬缚～以畏事人。”

黜 chù ❶废，贬退。《左传·文公十八年》：“莒(jǔ)纪公生大子仆，又生季佗，爱季佗而～仆。”(莒：国名。大子：太子。)柳宗元《封建论》：“有罪得以～，有能得以赏。”❷消除，去掉。《三国志·魏书·武帝纪》：“克～其难。”(克：能够。)《旧唐书·礼仪志六》：“当圣上严禋(yīn)敬事之时，会相公尚古～华之日。”(禋：升烟祭天。华：指浮华。)㊁减少。《左传·襄公十年》：“子驷与尉止有争，将御诸侯之师而～其车。”

俶 chù ❶开始。《诗经·大雅·既醉》：“高朗令终，令终有～。”《管子·弟子职》：“～衽(rèn)则请。”(衽：席子，这里指铺席。)❷作，筑。《诗经·大雅·崧高》：“有～其城。”(有：动词词头。)❸tì [俶傥(tǎng)]通“倜傥”。卓越，不拘于俗。《论衡·超奇》：“非～～之才不能任也。”《后汉书·仲长统传》：“统性～～，敢直言。”

畜 chù ❶家畜。《墨子·杂守》：“民献粟米、布帛、金钱、牛马～产，皆为置平贾(jià)。”贾思勰《齐民要术·种谷》：“教民养育六～。”(六畜：马、牛、羊、鸡、狗、猪。)❷xù 畜养。《论语·乡党》：“君赐生，必～之。”㊁养育，培养。《诗经·小雅·蓼莪》：“拊我～我，长我育我。”《周易·大畜》：“君子以多识前言往行以～其德。”❸xù 积聚，储藏。《三国志·魏书·高柔传》：“～财积谷而有忧患之虞者，未之有也。”㊁积蓄，财物。《穀梁传·庄公二十八年》：“国无三年之～。”上述❸和㊁的意义又写作“蓄”。

搐 chù 抽搐，牵动。贾谊《新书·大都》：“一二指～，身固无聊也。”(聊：依赖。)

滀 chù ❶水聚积。《盐铁论·授时》：“通～水，出轻系，使民务时也。”(轻系：指罪轻的囚犯。)㊀郁结。《庄子·达生》：“夫忿～之气，散而不反，则为不足。”❷湍急。《后汉书·公孙瓒传》：“鸟厄(è)归人，～水陵高。”(厄：受困。)❸勃然变色的样子。《庄子·大宗师》：“～乎进我色也，与乎止我德也。”(与乎：宽厚随和的样子。)

蓫 chù 草名。即羊蹄草。《诗经·小雅·我行其野》：“我行其野，言采其～。”

触(觸) chù ❶用角顶撞。《周易·大壮》：“羝羊～藩。”(藩：篱笆。)《淮南子·兵略》：“有角者～。”㊀碰撞，接触。《韩非子·五蠹》：“兔走～株，折颈而死。”(走：跑。)❷触动，触犯。《汉书·食货志下》：“民摇手～禁，不得耕桑。”(摇手：指稍一举动。禁：禁令。)成语有“触类旁通”。

矗 chù 直通。谢灵运《山居赋》：“直陌～其东西。”(直陌：笔直的小路。)㊁直立，高耸。杜牧《阿房宫赋》：“蜂房水涡，～不知其几千万落。”王安石《桂枝香·登临送目》：“背西风，酒旗斜～。”(酒旗：酒店的标志。)

CHUAI

揣 chuǎi 测量。《左传·昭公三十二年》：“计丈数，～高卑，度厚薄。”(高卑：高低。)㊀估量，猜测。《史记·郦生陆贾列传》：“生～我何念？”(生：先生。)《三国志·蜀书·魏延传》：“(杨)仪令(费)祎往～延意指。”

嘬 chuài ❶叮，咬。《孟子·滕文公上》：“狐狸食之，蝇蚋(ruì)姑～之。”

(蚋：蚊子。)❷吞，一口吃下去。《礼记·曲礼上》："毋～炙。"

CHUAN

川 chuān ❶水道，河流。《周礼·考工记·匠人》："两山之间，必有～焉。"《商君书·弱民》："济大～而无舡(xiāng)楫(jí)也。"(济：渡。舡：船。楫：船桨。)❷平野，平地。崔颢《黄鹤楼》诗："晴～历历汉阳树，芳草萋萋鹦鹉洲。"[平川]1.平地的河流。杜甫《白帝城放船四十韵》："不有～～决，焉知众壑趋。"(壑：沟。)2.平地。《新五代史·周德威传》："～～广野，骑兵之所长也。"

穿 chuān ❶穿透，穿破。《诗经·召南·行露》："谁谓雀无角？何以～我屋！"《三国志·蜀书·诸葛亮传》："强弩之末，势不能～鲁缟。"(鲁缟：鲁地生产的薄绸子。)㊀挖掘，凿通。《吕氏春秋·察传》："及其家～井。"《汉书·沟洫志》："皆～渠为溉田。"(溉：灌溉。)❷穿过孔洞。《论衡·状留》："针锥所～，无不畅达。"㊁通过。徐弘祖《徐霞客游记·滇游日记》："为东江～峡之所。"(东江：水名。)❸洞，孔。《宋书·刘秀之传》："厅事柱有一～，穆之谓子弟及秀之曰：'汝等试以栗遥掷此柱，若能入～，后必得此郡。'"㊂墓穴。《汉书·外戚传下》："时有群燕数千，衔土投丁姬～中。"❹贯串，贯通。刘勰《文心雕龙·杂文》："欲～明珠，多贯鱼目。"白居易《与元九书》："贯～今古。"❺穿戴衣帽鞋袜(后起意义)。《世说新语·雅量》："帻堕几上，以头就～取。"

传(傳) chuán 见542页。

遄 chuán 快，迅速。《诗经·邶风·泉水》："～臻(zhēn)于卫。"(很快地到了卫国。臻：至，到。)曹植《应诏诗》："指日～征。"(指日：时间不长，为期不远。征：出发，出征。)王勃《滕王阁序》："遥襟俯畅，逸兴～飞。"

篅 chuán 盛谷物的圆囤。贾思勰《齐民要术·水稻》："(稻种)渍经三宿，漉出，内(nà)草～中裛(yì)之。"(内：纳，收进。裛：包裹。)

椽 chuán 椽子，放在檩(lǐn)上架着屋顶的圆木条。《韩非子·五蠹》："茅茨(cí)不翦，采～不斲(zhuó)。"(茅草盖的屋顶不加修剪，栎木做的椽子也不砍削。茨：用草盖的屋顶。采：栎木。斲：砍削。)㊀量词。指房屋的间数(后起意义)。陆游《夜雨》诗之二："寒雨连三夕，幽居只数～。"

舛 chuǎn ❶相违背，错乱。贾谊《治安策》："本末～逆。"(本末：指主次。)《梁书·陶弘景传》："言无烦～。"❷困厄，不顺利。王勃《滕王阁序》："时运不齐，命途多～。"

喘(歂) chuǎn 喘气，急促呼吸。《史记·扁鹊仓公列传》："令人～，逆气，不能食。"[喘喘]呼吸急促的样子。《庄子·大宗师》："俄而子来有病，～～然将死。"(子来：人名。)

踳 chuǎn 同"舛"。乖违，相背。《淮南子·泰族》："趋行～驰不归善者，不为君子。"(趋：快走。踳驰：相背而奔驰。)

钏(釧) chuàn 手镯。《南史·王玄象传》："女臂有玉～。"杜甫《喜闻官军已临贼境二十韵》："家家卖钗～，只待献春醪(láo)。"(醪：浊酒，泛指酒。)

CHUANG

创(創、剏、剙) chuāng ❶创伤，伤口。《战国策·燕策三》："秦王复击轲，轲被八～。"《后汉书·华佗传》："四五日～愈。"成语有"创巨痛深"。㊀伤害。《汉书·薛宣传》："欲令～咸面目，使不居位。"(咸：人名。)❷通"疮"。疮疖。《礼记·杂记下》："首有～则沐。"《论衡·书虚》："吾君背有疽～。"(疽：毒疮。)这个意义后来写作"疮"。❸chuàng 开创，首创。《孟子·梁惠王下》："君子～业垂统，为可继也。"《后汉书·黄琼传》："～基冰泮(pàn)之上。"(冰泮：喻处境危险。)❹惩，惩戒。《汉书·匈奴传下》："兵连祸结三十余年，中国罷(pí)耗，匈奴亦～艾(yì)。"(艾：通"忞"。惩戒。)

摐 chuāng ❶撞，打。司马相如《子虚赋》："～金鼓，吹鸣籁。"❷高耸。扬雄《太玄·逃》："乔木维～，飞鸟过之或止降。"❸[摐摐]1.众多的样子。陆龟蒙《和忆洞庭观步十韵》："闻君游静境，雅具更～～。"2.象声词。王建《霓裳词》："弦索～～隔彩云，五更初发满宫闻。"

床(牀) chuáng ❶供坐卧的器具。《诗经·豳风·七月》："十月蟋蟀入我～下。"《古诗为焦仲卿妻作》："媒人下～去，诺诺复尔尔。"❷安放器物的架子。徐陵《玉台新咏序》："翡翠笔～，无时离手。”❸井上围栏。《宋书·乐志四》：“后园凿井银作～，金瓶素绠汲寒浆。”❹量词。《北史·源贺传》：“城置万人，给强弩十二～。”

C

幢 chuáng ❶古时作仪仗用的一种旗帜。《汉书·韩延寿传》：“千人持～旁毂(gǔ)。”(旁毂：指站在车旁。)❷经幢，佛教刻写经文的石柱或圆形绸伞。岑参《酬畅当嵩山寻麻道士见寄》诗：“阴洞石～微有字，古坛松树半无枝。”❸zhuàng 车船上的帘子。《隋书·礼仪志五》：“乌漆轮毂黄金雕装，上加青油～。”(乌：黑。毂：车轮中心的圆木可以插轴的部分。青油：乌臼木榨出来的油。)❹chuáng［幢幢］摇晃的样子。元稹《闻乐天授江州司马》诗：“残灯无焰影～～，此夕闻君谪九江。”

橦 chuáng ❶木杆，木柱。张衡《西京赋》：“乌获扛鼎，都卢寻～。”(乌获：古代力士。都卢：指都卢国人，善攀高。)木华《海赋》：“决帆摧～。”(决：断。)❷chōng 刺，击。《战国策·秦策一》：“宽则两军相攻，迫则杖戟相～。”❸chōng 通“幢”。古代冲锋车。《宋书·索虏传》：“虏以～攻城。”❹tóng 一种树木，花可织布。左思《蜀都赋》：“布有～华。”(华：古“花”字。)❺zhōng 量词。用于计量木头。《资治通鉴·唐太宗贞观十四年》：“尚书左丞韦悰句(gōu)司农木～价贵于民间，奏其隐没。”(句：查考。)

创(創、刅、剏) chuàng 见59页。

怆(愴) chuàng ❶悲伤。曹操《让县自明本志令》：“孤每读此二人书，未尝不～然流涕也。”(孤：曹操自称。二人：指乐毅、蒙恬。)❷chuǎng［怆怳(huǎng)］失意的样子。宋玉《九辩》：“～～懭悢兮，去故而就新。”(懭悢：不得志的样子。)

CHUI

吹 chuī ❶合拢嘴唇用力出气。《韩非子·大体》：“不～毛而求小疵。”㊀吹奏乐器。《诗经·小雅·鹿鸣》：“我有嘉宾，鼓瑟～笙。”杜甫《遣兴》诗：“高楼夜～笛。”㊁风吹拂。陶潜《归去来兮辞》：“风飘飘而～衣。”❷(旧读 chuì)管乐。陶潜《述酒》诗：“王子爱清～。”(清：指幽雅的。)杜牧《题扬州禅智寺》诗：“谁知竹西路，歌～是扬州。”【辨】吹，嘘。见461页“嘘”字。

歙 chuī 同“吹”。吹奏。《周礼·春官·籥师》：“籥(yuè)师掌教国子舞羽～籥。”(籥：管乐器。)

垂 chuí ❶边疆。《荀子·臣道》：“边境之臣处，则疆～不丧。”(处：用。)《后汉书·李膺传》：“今三～蠢动，王旅未振。”这个意义后来写作“陲”。㊀边，旁边。王粲《咏史》：“妻子当门泣，兄弟哭路～。”❷垂挂。《庄子·逍遥游》：“鹏之背不知其几千里也。怒而飞，其翼若～天之云。”柳宗元《三戒·临江之麋》：“群犬～涎。”(涎：口水。)㊀施，赐。《盐铁论·本议》：“陛下～大惠。”❸流传。《荀子·王霸》：“名～乎后世。”(乎：于。)成语有“永垂不朽”。❹临近。杜甫《垂老别》诗：“四郊未宁静，～老不得安。”成语有“垂暮之年”。❺敬辞。表示对方高于自己。白居易《答崔侍郎书》：“～问以鄙况。”(鄙况：指我的情况。鄙：自我谦称。)

倕 chuí 古代传说中的巧匠名。贾思勰《齐民要术·耕田》：“～作耒耜(lěi sì)。”(耒耜：耕地的农具。)

陲 chuí 边疆。《史记·律书》：“连兵于边～。”(连兵：陈兵。)㊀边缘地方。王维《从军行》：“日暮沙漠～，战声烟尘里。”

捶 chuí ❶用棍棒打。《论衡·变动》：“张仪游于楚，楚相掠之，被～流血。”❷通“棰”。棍棒。《庄子·天下》：“一尺之～，日取其半，万世不竭。”(竭：尽。)❸通“锤”。锻打，锻炼。《庄子·知北游》：“臣之年二十，而好～钩。”(钩：带钩。)刘孝标《广绝交论》：“雕刻百工，炉～万物。”

棰(箠) chuí ❶木棍。江淹《杂体诗·效张绰〈杂述〉》：“静观尺～义，理足未尝少。”㊁用棍打，杖刑。《荀子·儒效》：“笞(chī)～暴国，齐一天下。”(笞：鞭打。)❷鞭子。《史记·秦始皇本纪》：“执～拊以鞭笞天下，威振四海。”【注意】古代“木棍”的意思多写作“棰”，“鞭子”的意思多写作“箠”，但也有两者通用的。

甀 chuí 小口瓮。《淮南子·氾论》：“抱～而汲。”

锤(錘) chuí ❶古代重量单位。一说八铢(一两的二十四分之一)为一锤。《淮南子·说山》：“有千金之璧，而无锱(zī)～之礛(jiān)诸。”(璧：玉。锱：比锤还轻的重量单位，六铢为锱。礛诸：磨玉石。)❷锤子。《论衡·辨祟》：“不动镢(jué)～，不更居处。”(镢：镢头。)❸通“垂”。垂挂。扬雄《太玄·周》：“～以玉环。”

椎 chuí ❶ 槌子，敲击的器具。《史记·留侯世家》："为铁～重百二十斤。"㉆用作动词。槌打。《史记·魏公子列传》："朱亥袖四十斤铁椎，～杀晋鄙。"（朱亥、晋鄙：人名。）❷ 朴实。《史记·绛侯周勃世家》："勃不好文学，每召诸生说士，东乡坐而责之：'趣为我语。'其～少文如此。"（东乡：向东。趣：通"促"。赶快。少文：缺少文采。）❸ zhuī 脊椎骨。《素问·刺热》："三～下间主胸中热。"（三椎：指第三节脊椎骨。）

CHUN

杶 chūn 树名，即香椿。《尚书·禹贡》："厥贡羽毛齿革，惟金三品，～、榦、栝（kuò）、柏。"（厥：其。榦：柘树。栝：桧树。）

春（旾） chūn ❶ 四季的第一季。《荀子·王制》："～耕、夏耘、秋收、冬藏，四者不失时，故五谷不绝。"㉈年。高适《人日寄杜二拾遗》诗："一卧东山三十～。"（卧：指居住。）❷ 指男女情欲。《诗经·召南·野有死麕》："有女怀～，吉士诱之。"❸ 唐人称酒为春。司空图《诗品·典雅》："玉壶买～，赏雨茆屋。"

椿 chūn ❶ 香椿。《太平御览》卷九六一引《左传·襄公十八年》："孟庄子斩雍门之～为公琴。"今本《左传》作"橁"。[大椿]树名。《庄子·逍遥游》："上古有～～者，以八千岁为春，八千岁为秋。"后"椿寿"、"椿年"、"椿岁"、"椿龄"成为祝人长寿之词。杜甫《寄刘峡州伯华使君四十韵》："但求～寿永，莫虑杞天崩。"钱起《柏崖老人命予赋诗》："帝力言何有，～年喜渐长。"吴筠《步虚词》之七："绵绵庆不极，谁谓～龄多。"❷ 父亲的代称，取"大椿"高寿之义。牟融《送徐浩》诗："知君此去情偏切，堂上～萱雪满头。"（萱：代指母亲。）

輴 chūn ❶ 古代用于泥泞路上的交通工具。《吕氏春秋·慎势》："水用舟，陆用车，涂用～。"（涂：泥。）❷ 载灵柩的车。《吕氏春秋·节丧》："世俗之行丧，载之以大～。"

纯（純） chún ❶ 丝。《论语·子罕》："麻冕，礼也。今也～，俭，吾从众。"《汉书·王褒传》："难与道～绵之丽密。"❷ 纯正，纯粹。《汉书·礼乐志》："既畏兹威，惟慕～德，附而不骄，正心翊翊。"❸ 诚信，真诚。《左传·隐公元年》："颍考叔，～孝也，爱其母，施及庄公。"㊀善，美。《史记·汉兴以来诸侯王年表》："非德不～，形势弱也。"❹ zhǔn 衣服鞋帽的镶边。《荀子·正论》："赭（zhě）衣而不～。"（赭衣：古代犯人穿的赤褐色的衣服。）❺ tún 捆，包。《诗经·召南·野有死麕》："野有死鹿，白茅～束。"㊀量词。匹。《史记·苏秦列传》："锦绣千～。"

肫 chún ❶ 古代祭祀所用牲的肢骨。《仪礼·特牲馈食礼》："尸俎（zǔ），右肩臂、臑（nào）、～、胳。"（尸：祭祀时代表死者的受祭人。俎：盛祭品的礼器。臑：牲畜的前肢。）❷ 通"纯"。整块的干肉。《仪礼·士昏礼》："腊一，～髀不升。"❸ zhūn 鸟类的胃。《玉篇》："肫，鸟藏也。"❹ zhūn [肫肫]诚恳的样子。《礼记·中庸》："～～其仁。"❺ tún 通"豚"。小猪。《晋书·阮籍传》："及将葬，食一蒸～，饮二斗酒，然后临诀。"

莼（蒓、蓴） chún 莼菜，水葵。《世说新语·言语》："有千里～羹，但未下盐豉耳。"李贺《南园十三首》之十一："手牵苔絮长～花。"成语有"莼羹鲈脍"。

淳（湻） chún ❶ 质朴，朴实。《汉书·朱邑传》："为人～厚。"陶潜《扇上画赞》："三五道邈，～风日尽。"（三五：指三皇五帝。）❷ 通"纯"。纯粹。《潜夫论·本训》："～粹之气。"❸ 通"醇"。酒味厚，纯。《论衡·自然》："～酒味甘，饮之者醉不相知。"❹ zhūn 浇，灌。《周礼·考工记·钟氏》："～而渍（zì）之。"（渍：浸，沤。）

錞（錞） chún ❶ 古代一种军乐器。也叫錞于。《周礼·地官·鼓人》："以金～和鼓。"（和：应和。）《国语·晋语五》："是故伐备钟鼓，声其罪也；战以～于、丁宁，儆（jǐng）其民也。"（丁宁：乐器名。儆：告诫。）❷ 依附。《山海经·西山经》："又西二百五十里曰騩（guī）山，是～于西海，无草木，多玉。"❸ duì 古代武器矛和戟柄末端的铜套。《诗经·秦风·小戎》："厹（qiú）矛鋈（wù）～。"（厹矛：有三棱锋刃的矛。鋈：用白铜镀的。）

鹑（鶉） chún ❶ 鸟名，鹌鹑。《诗经·魏风·伐檀》："不狩不猎，胡瞻尔庭有县（xuán）～兮！"（胡：为什么。县：悬挂。）❷ 星宿名。十二星次中有鹑首、鹑火、鹑尾，此三星次包括南方朱雀七宿井、鬼、柳、星、张、翼、轸。《国语·周语下》："昔武王伐殷，岁在～火，月在天驷。"

（天驷：星宿名。）❸ tuán 通“鷻”。雕类猛禽。《诗经·小雅·四月》：“匪～匪鸢，翰飞戾（lì）天。”（匪：彼。翰：高飞。戾：至，到。）

醇（醕） chún ❶ 酒味厚，纯。《史记·曹相国世家》：“至者，（曹）参辄饮以～酒。”❷ 通“淳”。朴实，质朴。《汉书·景帝纪赞》：“黎民～厚。”（黎民：老百姓。）［醇化］敦厚的教化。《晋书·乐志上》：“～～既穆，王道协隆。”❸ 通“纯”。纯粹。《汉书·食货志上》：“自天子不能具～驷。”（具：具备。醇驷：毛色一样的四匹驾车的马。）

漘 chún 水边。《诗经·魏风·伐檀》：“坎坎伐轮兮，寘之河之～兮。”（寘：放置。）

惷 chǔn ❶ 动乱。《说文》：“惷，乱也……《春秋传》曰：‘王室日～～焉。’”今本《左传·昭公二十四年》作“蠢蠢”。❷ 愚笨。《战国策·魏策一》：“寡人～愚，前计失之。”【辨】蠢，惷。二字本义不同，但古今读音相同，在蠢动和愚蠢的意义上亦相通，后代多用“蠢”而少用“惷”。

蠢 chǔn ❶ 昆虫慢慢地爬动。傅玄《阳春赋》：“幽蛰（zhé）～动，万物乐生。”（幽：隐藏的。蛰：冬眠动物。）成语有“蠢蠢欲动”。❷ 骚动。《后汉书·李膺传》：“今三垂～动，王旅未振。”（垂：陲，边疆。）❸ 愚昧无知，愚笨。《论衡·自然》：“时人愚～，不知相绳责也。”上述❷❸又写作“惷”。【辨】蠢，惷。见上“惷”字。

CHUO

逴 chuō 远。《史记·卫将军骠骑列传》：“取食于敌，～行殊远，而粮不绝。”（殊远：很远。）［逴跞（luò）］超越，超过。班固《西都赋》：“封畿之内，厥土千里，～～诸夏，兼其所有。”（诸夏：指中原地区。）

趠 chuō ❶ 远。《晋书·曹毗传》：“游不践绰约之室，～不希騄駬之踪。”（绰约：柔美的样子。騄駬：良马名。）❷ 通“踔”。跳跃，腾跃。左思《吴都赋》：“狖（yòu）鼯猓然，腾～飞超。”（狖：一种似狸的兽。鼯：飞鼠。猓然：一种似猴的兽。）❸ zhuō 通“卓”。特出，高超。许有壬《文丞相传序》：“丞相文公，少年～厉，有经济之志。”

踔 chuō ❶ 跳，腾跃。《后汉书·马融传》：“～橝（xún）枝，杪标端。”（橝：长枝条。）韩愈《陆浑山火和皇甫湜用其韵》：“天跳地～颠乾坤。”㉑超越。《后汉书·蔡邕传》：“～宇宙而遗俗兮，眇翩翩而独征。”（征：远行。）［踔绝］超越寻常。《汉书·孔光传》：“尚书以久次转迁，非有～～之能，不相逾越。”❷［踸（chěn）踔］见46页“踸”字。❸ zhuō 远。《史记·货殖列传》：“地～远，人民希。”

擉 chuō 戳，刺。《庄子·则阳》：“冬则～鳖于江。”

辵 chuò 忽走忽停。《说文》：“辵，乍行乍止也。”［辵辵］行走踌躇的样子。卫元嵩《元包经·孟阴》：“睛睒（shǎn）睒，步～～。”（睒睒：目光闪烁的样子。）

娖 chuò ❶［娖娖］拘谨的样子。《史记·张丞相列传》：“～～廉谨，为丞相备员而已。”❷ 整齐。《后汉书·中山简王焉传》：“今五国各官骑百人，称～前行。”

龊（齪） chuò ❶［龊龊］拘谨，谨小慎微的样子。《史记·货殖列传》：“俗好儒，备于礼，故其民～～。”❷ 整齐，整治。《三朝北盟会编》卷二十一：“日久整～兵马，为必取之计。”❸［龌（wò）龊］见433页“龌”字。

啜 chuò ❶ 尝。枚乘《七发》：“抟（tuán）之不解，一～而散。”（抟：把东西揉成团。）㉑吃。《荀子·天论》：“君子～菽饮水，非愚也，是节然也。”（菽：豆类总称，此指粗粮。）❷ 饮，喝。杜甫《重过何氏》诗：“落日平台上，春风～茗时。”（茗：茶。）❸ 哭时抽咽的样子。《诗经·王风·中谷有蓷》：“有女仳（pǐ）离，～其泣矣。”（仳离：夫妻离散。）

惙 chuò ❶ 忧愁。《说文》：“惙，忧也。”［惙惙］忧愁的样子。《诗经·召南·草虫》：“未见君子，忧心～～。”❷ 疲乏，衰弱。《魏书·任城王澄传》：“疾患淹年，气力～弊。”（终年生病，气力不足，身体疲惫。）❸ chuì 气短，呼吸急促。陆龟蒙《奉酬袭美先辈吴中苦雨》诗：“其时心力愦，益使气息～。”❹ 通“辍”。停止。《庄子·秋水》：“孔子游于匡，宋人围之数匝，而弦歌不～。”

辍（輟） chuò 停止，废止。《荀子·天论》：“天不为人之恶寒也～冬。”《庄子·人间世》：“匠伯不顾，遂行不～。”元陶宗仪有《南村辍耕录》（简称《辍耕录》）。

绰（綽） chuò ❶ 宽，舒缓。《诗经·卫风·淇奥》：“宽兮～兮，猗重较（jué）兮。”（重较：卿士车名。）《后汉书·蔡邕传》：“～有余裕。”成语有“绰绰有余”。

❷ 姿态柔美。曹植《洛神赋》："柔情～态，媚于语言。"[绰约]姿态柔美的样子。《庄子·逍遥游》："肌肤若冰雪，～～若处子。"（处子：处女。）白居易《长恨歌》："楼阁玲珑五云起，其中～～多仙子。"（五云：五色云。）

歠 chuò 饮，喝。屈原《渔父》："众人皆醉，何不餔其糟而～其釃（lí）。"（餔：吃。釃：薄酒。）㊂用作名词。指饮用之物。《战国策·燕策一》："即酒酣乐，进热～。"

ci

疵 cī ❶ 小毛病。《韩非子·大体》："不吹毛而求小～。"（求：找。）㊀缺点，过失。刘勰《文心雕龙·程器》："古之将相，～咎（jiù）实多。"（咎：过失。）[疵厉]灾害。《列子·黄帝》："人无夭恶，物无～～。"又写作"疵疠"。❷ 挑毛病。《吕氏春秋·精谕》："殷虽恶周，不能～矣。"《三国志·蜀书·廖立传》："诽谤先帝，～毁众臣。"

词（詞） cí ❶ 言辞，词句。《盐铁论·刑德》："惑于愚儒之文～。"（惑于：被……迷惑。）这个意义又写作"辞"。成语有"义正词严"。㊂文辞，辞章。曹丕《典论·论文》："然不能持论，理不胜～。"㊕虚词。《说文》："皆、俱，词也。"清王引之著有《经传释词》。❷ 一种韵文形式。也叫长短句。如"宋词"、"辛弃疾词"。【辨】辞，词。在"言辞"这个意义上，"辞"和"词"是同义词。在较古的时代，一般只说"辞"，不说"词"。汉代后逐渐以"词"代"辞"。

祠 cí ❶ 春祭。《诗经·小雅·天保》："禴（yuè）～烝尝。"（禴：夏祭。烝：冬祭。尝：秋祭。）㊀祭祀。《汉书·元帝纪》："～后土。"（后土：土地神。）㊂祠庙，祭神的地方。《史记·陈涉世家》："又间令吴广之次所旁丛～中。"（丛：树丛。）❷ 祠堂。同姓族人供奉祖宗或生前有功德的人的房屋（后起意义）。陶宗仪《辍耕录·黄道婆》："又为立～，岁时享之。"（岁时享之：逢年过节用食物祭祀她。）

茨 cí ❶ 用芦苇、茅草盖屋。《庄子·让王》："环堵之室，～以生草。"㊂用芦苇、茅草盖的屋顶。《韩非子·说林上》："舍茅～之下。"（舍：居住。）❷ 堆积。《淮南子·泰族》："掘其所流而深之，～其所决而高之。"❸ 蒺藜。《诗经·鄘风·墙有茨》："墙有～，不可埽也。"（埽：同"扫"。）

兹（玆） cí 见547页。

慈 cí ❶ 慈爱。《庄子·盗跖》："尧不～，舜不孝。"㊕母亲。谢朓《齐敬皇后哀策文》："闵予不佑，～训早违。"㊂对父母的孝敬。《庄子·渔父》："事亲则～孝。"❷[慈石]即磁石，天然的吸铁石。《管子·地数》："上有～～者，下有铜金。"

鹚（鷀、鶿） cí [鸬鹚]一种水鸟，俗称鱼鹰。

辞（辭、辤） cí ❶ 讼辞，口供。《周礼·秋官·乡士》："听其狱讼，察其～。"柳宗元《断刑论下》："使犯死者自春而穷其～。"㊀解说，申辩。《左传·僖公四年》："子～，君必辩焉。"❷ 言辞，文辞。《庄子·盗跖》："多～缪说。"《周易·乾》："修～立其诚。"㊀说词，借口。《论语·季氏》："君子疾夫舍曰欲之而必为之～。"《三国志·吴书·周瑜传》："挟天子以征四方，动以朝廷为～。"㊂告诉，讲话。《礼记·檀弓上》："使人～于狐突。"（狐突：人名。）柳宗元《段太尉逸事状》："请～于军。"（请让我对军队说一说。）❸ 推辞，不接受。《论语·雍也》："与之粟九百，～。"曹操《让县自明本志令》："固～不受。"（固：坚决。）成语有"不辞辛苦"。❹ 告别。陶潜《桃花源记》："停数日，～去。"❺ 文体的一种。如汉武帝《秋风辞》、陶潜《归去来兮辞》。【辨】辞，词。见本页"词"字。

雌 cí ❶ 母的。与"雄"相对。《诗经·小雅·小弁》："雉之朝雊，尚求其～。"《木兰诗》："双兔傍地走，安能辨我是雄～？"㊍柔弱。《晋书·桓温传》："形甚似，恨短，声甚似，恨～。"（形：体形。）[雌雄]雌性与雄性。㊍胜负，高下。《宋史·虞允文传》："愿一战，以决～～。"❷[雌黄]矿物名，可做颜料，古时用来涂改文字。沈括《梦溪笔谈》卷一："馆阁新书净本有误书处，以～～涂之。"㊀更改文字。《颜氏家训·勉学》："观天下书未遍，不得妄下～～。"㊍信口更改，随便乱说。《晋书·王衍传》："义理有所不安，随即改更，世号口中～～。"（不安：不妥当。世号：世人称作。）成语有"信口雌黄"。

骴（髊） cí 肉未烂完的骸骨。《周礼·秋官·蜡氏》："蜡氏掌除～。"

餈 cí 糯米糕饼。《周礼·天官·笾人》："羞笾之实，糗饵，粉～。"干宝《搜神记》卷十九："（蛇）闻～香气，先啗食之。"后多写作"糍"。

薋 cí ❶ 草多的样子。《说文》："薋，艸多貌。"㊀积聚。屈原《离骚》："～菉葹以盈室兮，判独离而不服。”（菉：荩草。葹：苍耳。）一说“薋”是“茨”的假借，草名，即“蒺藜”。❷古县名。在今河北遵化境内。

此 cǐ 指示代词。这。与“彼”相对。《孟子·公孙丑下》：“彼一时，～一时也。”《左传·襄公二十四年》：“～之谓不朽。”㊀这样，这般。庾信《哀江南赋》：“天何为而～醉！”（何为：为什么。）

佌 cǐ 小，卑微。《管子·轻重乙》：“～诸侯度百里。”[佌佌]小的样子。《诗经·小雅·正月》：“～～彼有屋。”

泚 cǐ ❶清澈的样子。谢朓《始出尚书省》诗：“寒流自清～。”❷通“玼”。鲜明的样子。《诗经·邶风·新台》：“新台有～。”（有：形容词词头。）❸汗水流出的样子。《孟子·滕文公上》：“其颡有～，睨而不视。”苏轼《蜜酒歌》：“六月田夫汗流～。”❹[泚笔]用笔蘸墨。《新唐书·岑文本传》：“敕吏六七人～～待。”（敕：命令。待：等待。）

玼 cǐ ❶鲜明的样子。《诗经·鄘风·君子偕老》：“～兮～兮，其之翟（dí）也。”（翟：指绘有野鸡花纹的衣服。）❷cī 玉上的斑点。《盐铁论·晁错》：“夫以玙璠（yú fán）之～而弃其璞。”（玙璠：美玉。璞：未雕琢的玉。）㊁缺点，毛病。《后汉书·吕强传》：“愿陛下详思臣言，不以记过见～为责。”

次 cì ❶临时驻扎和住宿。《左传·僖公四年》：“师退，～于召陵。”（师：军队。召陵：地名。）《尚书·泰誓中》：“王～于河朔。”㊀止，停留。屈原《九歌·湘君》：“鸟～兮屋上，水周兮堂下。”㊀临时住宿之处。《周易·旅》：“旅即～。”❷中，间。《庄子·田子方》：“喜怒哀乐，不入于胸～。”《世说新语·轻诋》：“言～及刘真长死，孙流涕。”（孙：指孙绰。）❸次序。《左传·桓公十三年》：“及鄢，乱～以济，遂无～。”㊀按顺序排列，等次。《荀子·王制》：“贤能不待～而举。”（待次：指按等次。举：提拔。）❹在排列上次一等。《孙子兵法·谋攻》：“凡用兵之法……全军为上，破军～之。”（全军为上：指使敌人全军完整地投降是上策。）❺量词。表示动作的次数（后起意义）。张籍《祭退之》诗：“三～论诤退，其志亦刚强。”

佽 cì ❶相次，有序。《诗经·小雅·车攻》：“决拾既～，弓矢既调。”（决：扳指，套在右拇指上，用来勾开弓。拾：臂套，射箭时用以护臂的。）❷帮助。《诗经·唐风·杕杜》：“人无兄弟，胡不～焉。”（胡：何，为什么。）杜牧《唐故歙州刺史邢君墓志铭》：“日夕闻（邢）涣思～助并州，钜细合宜。”

刺 cì ❶扎，用尖利的东西刺。《韩非子·外储说左下》：“树枳（zhǐ）棘者，成而～人。”（树：栽种。枳棘：一种多刺的树。）《史记·李斯列传》：“利剑～之。”❷尖利像针的东西。陆龟蒙《蔷薇》诗：“中含芒～欲伤人。”成语有“芒刺在背”。❸斥责，指责。《战国策·齐策一》：“能面～寡人之过者，受上赏。”❹刺探。《汉书·丙吉传》：“驭吏因随驿骑至公车～取，知虏入云中、代郡。”（驭吏：掌管车马的官。驿骑：为朝廷传达信件的骑者。公车：官署名。云中、代郡：地名。）❺撑。多用于“刺船”，即撑船。《庄子·渔父》：“乃～船而去。”《史记·陈丞相世家》：“平恐，乃解衣裸而佐～船。”❻名帖，相当于后来的名片。《论衡·骨相》：“通～倪宽。”（送名帖给倪宽。倪宽：人名。）❼[刺促][刺蹙]忙碌的样子。《世说新语·政事》“山公以器重朝望”注引王隐《晋书》：“和峤～促不得休。”李白《古风五十九首》之四十：“凤饥不啄粟，所食唯琅玕，焉能与群鸡，～蹙争一飡（cān）。”（琅玕：一种像珠子的美石。）

赐（賜） cì ❶赏赐。《论语·乡党》：“君～食，必正席先尝之。”《史记·留侯世家》：“汉王～良金百溢。”（良：张良。溢：通“镒”。古时二十四两为一镒。）㊀赏赐的财物。《左传·昭公三十二年》：“大夫皆受其～。”❷尽。潘岳《西征赋》：“若循环之无～。”这个意义又写作“儩”。

CONG

枞（樅） cōng ❶树名。松叶柏身。张衡《西京赋》：“木则～、栝（guā）、椶、楠。”（栝：桧树。）❷悬挂钟磬的木架上所刻锯齿状物。也叫崇牙。《诗经·大雅·灵台》：“虡（jù）业维～，贲（fén）鼓维镛。”（虡：悬挂钟磬的木架的立柱。业：立柱间的横木。贲鼓：大鼓。镛：大钟。）

葱（蔥） cōng ❶葱，一种蔬菜。贾思勰《齐民要术·种葱》：“七月可种大小～。”㊀青绿色。《诗经·小雅·采芑》：“朱芾斯皇，有玱～珩。”（有玱：玱玱，佩玉声。葱珩：青绿色佩玉。）❷[葱葱][葱翠][葱茏]草木青翠茂盛的样子。《论衡·吉验》：“见其郁郁～～耳。”潘岳《射雉赋》：“尔乃擎（pó）场拄翳，停僮～翠。”（擎场：除地为场。拄翳：在草地上竖起障蔽物。停憧：遮蔽的样子。）柳宗元《酬贾鹏山人》诗之一："积雪表明秀，寒花助～茏。"

骢（驄、騘） cōng 青白杂毛的马。《古诗为焦仲卿妻作》："金车玉作轮，踯躅（zhí zhú）青～马。"（踯躅：踏步不前。）㊈指骏马。杜甫《渝州候严六侍御不到先下峡》诗："闻道乘～发，沙边待至今。"

聪（聰） cōng ❶听力好。《荀子·性恶》："目明而耳～。"（目明：视力好。）㊀听清楚。《荀子·劝学》："目不能两视而明，耳不能两听而～。"（两视：同时看两处。）❷聪明，有智慧。《三国志·蜀书·诸葛亮传》："瞻今已八岁，～慧可爱。"（瞻：人名。）

鏦 cōng ❶小矛。《淮南子·兵略》："修铩短～。"（修：长。铩：长矛。）㊋用作动词。用矛撞刺。《汉书·南粤王传》："太后怒，欲～嘉以矛。"（嘉：人名，即吕嘉。）❷chuāng 撞击。唐太宗《伐龟兹诏》："～金悬米之源，掩河津而电击。"［鏦鏦］金属撞击声。欧阳修《秋声赋》："其触于物也，～～铮铮，金铁皆鸣。"

从（從） cóng ❶跟随。《论语·微子》："子路～而后。"《史记·李斯列传》："乃～荀卿学帝王之术。"（帝王之术：辅助帝王治理国家的方法。）㊀追赶。《孙子兵法·军争》："佯北勿～。"（佯：假装。北：败退。）㊋使……随从。《史记·项羽本纪》："沛公旦日～百余骑来见项王。"这个用法旧读 zòng。❷顺从，听从。《左传·庄公十年》："小惠未遍，民弗～也。"《荀子·天论》："～天而颂之，孰与制天命而用之？"㊀任凭，听凭。杜甫《屏迹》诗："失学～儿懒，长贫任妇愁。"❸参与。《论语·微子》："已而已而，今之～政者殆而。"（殆：危险。而：语气词。）❹介词。由，自。柳宗元《至小丘西小石潭记》："～小丘西行百二十步。"❺堂房亲属。《晋书·谢安传》："谢安，字安石，尚～弟也。"（尚：人名。）❻副。与"正"相对。《唐六典》："司封郎中员外郎掌邦之封爵，凡有九等。一曰王，正一品，食邑一万户；二曰郡王，～一品，食邑五千户。"（凡：共。食邑：封地。）❼zòng 南北方向。《诗经·齐风·南山》："衡～其亩。"（衡：东西方向。亩：田垄。）㊕合纵。战国时期六国反对秦国的联盟。李斯《谏逐客书》："遂散六国之～。"这个意义后来写作"纵"。❽zòng 放纵，纵容。《汉书·晁错传》："其行罚也，非以忿怒妄诛而～暴心也。"这个意义后来写作"纵"。❾［从容］1. 不慌不忙。《史记·留侯世家》："（张）良尝闲～～步游下邳（pī）圯（yí）上。"（下邳：地名。圯：桥。）成语有"从容不迫"。2. 怂恿，鼓动人做坏事。《史记·淮南衡山列传》："日夜～～王密谋反事。"

丛（叢、菆、藂） cóng ❶聚集。司马相如《上林赋》："攒（cuán）立～倚，连卷欐佹。"（攒：聚集。倚：靠。）㊋丛生的树木。《淮南子·俶真》："兽走～薄之中。"（薄：丛生的草。）杜甫《秦州杂诗二十首》之九："～篁低地碧，高柳半天青。"（篁：竹。）❷众多，繁杂。柳宗元《永州刺史崔公墓志》："政令烦拏（ná），贡举～沓。"（烦拏：纷乱。）

悰 cóng ❶欢乐。谢朓《游东田》诗："戚戚苦无～，携手共行乐。"（戚戚：忧愁的样子。）❷思绪，心情。陆游《无题》诗："画阁无人昼漏稀，离～病思两依依。"

淙 cóng ❶［淙淙］［淙潺］1. 流水声。白居易《草堂前新开一池》诗："～～三峡水，浩浩万顷陂。"（陂：池。）陆游《游圆觉乾明祥符三院至暮》诗："洗耳古涧听～潺。"（洗耳：指洗去尘俗之声。）2. 乐器声。元结《补乐歌·六英》："我有金石兮，击拊（fǔ）～～。"（拊：拍，击。）❷流水，急流。刘克庄《题龙眠十八尊者》诗："或踞怪石临飞～。"［悬淙］瀑布。沈约《守山东》诗："万仞倒危石，百丈注悬～。"

琮 cóng 八角形的玉，中间有圆孔。《周礼·考工记·玉人》："璧～九寸，诸侯以享天子。"（九寸：指玉的直径。享：献。）

潨 cóng ❶水流相汇的地方。《诗经·大雅·凫鹥》："凫鹥（fú yī）在～。"❷急流。李白《送王屋山人魏万还王屋》诗："龙潭下奔～。"❸［潨潨］同"淙淙"。水流声。李白《玉真公主别馆》诗二首之二："～～奔溜闻，浩浩惊波转。"

COU

凑（湊） còu ❶会合，聚集。郭璞《江赋》："川流之所归～。"王融《永明十一年策秀才文五首》："～其智略。"（智略：才智谋略。）㊀会聚的地方。《论衡·儒增》："五脏，气之主也，犹头，脉之～也。"❷奔向。《战国策·燕策一》："乐毅自魏往，邹衍自齐往，剧辛自赵往，士争～燕。"❸［凑理］通"腠理"。皮肤的纹理。《盐铁论·大论》："扁鹊攻于～～，绝邪气，故痈疽不得成形。”

辏(輳) còu 车轮上的辐条集中于毂上。常与“辐”连用。《史记·刘敬叔孙通列传》：“四方辐～。”喻聚集。《汉书·叔孙通传》：“人人奉职，四方辐～。”(辐辏：形容如同车辐一样聚集到中心上。)

腠 còu 肌肤的纹理。《素问·生气通天论》：“清静则肉～闭拒。”司马相如《难蜀父老》：“躬～胝(zhī)无胈(bá)。”(胝：皮肤起茧。胈：汗毛。)[腠理]肌肤的纹理。《史记·扁鹊仓公列传》：“君有疾在～～，不治将深。”㉒事物的条理。《吕氏春秋·先己》：“啬其大宝，用其新，弃其陈，～～遂通。”(啬：吝啬。)

CU

粗(麤、麁) cū ❶粗米，粗粮。《左传·哀公十三年》：“粱则无矣，～则有之。”(粱：精美的饭食。)㉑粗糙，粗略。《荀子·正名》：“～布之衣。”《荀子·正名》：“故愚者之言，芴(hū)然而～。”(芴然：没有根据的样子。)❷粗大。《礼记·月令》：“其器高以～。”(以：而。)㉑声大，气壮。《礼记·乐记》：“其声～以厉。”顾况《从军行》：“少年胆气～。”❸大概，大致。诸葛亮《谕谏》：“纲纪～定。”(纲纪：法规。)❹鲁莽，粗鲁。《三国志·吴书·吕蒙传》：“甘宁～暴好杀。”(甘宁：人名。)

徂 cú ❶往。《诗经·大雅·桑柔》：“自西～东，靡所定处。”(靡：无。)[徂暑]盛夏的开始。《诗经·小雅·四月》：“四月维夏，六月～～。”白居易《庐山草堂记》：“洞北户，来阴风，防～～也。”(草堂北面开门，引来北风，预防盛暑。)❷通“殂”。死亡。《史记·伯夷列传》：“于嗟～兮，命之衰矣。”颜真卿等《登岘山观李左相石尊联句》崔弘句：“怀贤久～谢。”(谢：凋谢，指死亡。)❸[徂来]山名，在山东。又写作“徂徕”。

殂 cú 死亡。《尚书·舜典》：“二十有八载，帝乃～落，百姓如丧考妣。”诸葛亮《出师表》：“先帝创业未半，而中道崩～。”(中道：中途。)

促 cù ❶靠近。左思《蜀都赋》：“合樽(zūn)～席。”成语有“促膝谈心”。㉑紧迫。柳宗元《与萧翰林俛书》：“长来觉日月益～。”㉑急促，赶快。《三国志·魏书·武帝纪》：“太祖乃自力劳军，令军中～为攻具。”❷催促，促成。李白《鲁郡尧祠送吴五之琅琊》诗：“日色～归人。”《晋书·宣帝纪》：“亮欲～其事，乃遣郭模诈降。”❸短，短促。陆机《吊魏武帝文》：“何命～而意长。”(何：为什么。)㉑狭小。《世说新语·言语》：“江左地～，不如中国。”㉑缩短。《抱朴子·广譬》：“大川不能～其涯以适速济之情。”

猝 cù 突然，出乎意外。《新唐书·兵志》：“而禁兵不精，其数削少，后有～故，何以待之？”(故：变故。)张溥《五人墓碑记》：“非常之谋，难于～发。”

醋 cù ❶zuò 客人向主人回敬酒。《仪礼·有司》：“宾受爵，易爵于篚，洗酌～于主人。”❷醋，酸性调味液体。本作“酢”。贾思勰《齐民要术·作酢法》：“酢，今～也。”㉑味道酸。白居易《东院》诗：“老去齿衰嫌橘～，病来肺渴觉茶香。”

簇 cù ❶聚集。韦庄《听赵秀才弹琴》诗：“蜂～野花吟细韵。”双音词有“簇拥”。❷量词。丛，用于成堆成团的东西。杜甫《江畔独步寻花》诗：“桃花一～开无主，可爱深红映浅红。”成语有“花团锦簇”。

踧 cù ❶[踧踖(jí)]恭敬不安的样子。《论语·乡党》：“复其位，～～如也。”《后汉书·东平宪王苍传》：“每会见，～～无所措置。”❷通“蹙”。紧迫，窘迫。《三国志·魏书·钟会传》：“壹等穷～归命。”(孙壹等人穷困窘迫，归顺了魏国。)❸通“蹙”。紧缩，皱。《后汉书·五行志》：“～眉啼泣。”❹通“蹴”。踩踏，踢。《后汉书·陈蕃传》：“遂执蕃送黄门北寺狱，黄门从官驺蹋～蕃。”(驺：骑士。)❺dí [踧踧]平坦的样子。《诗经·小雅·小弁》：“～～周道，鞫为茂草。”(鞫：尽。)

蹴 cù 同“蹙”。紧缩，缩小。《左传·成公十六年》：“国～王伤，不败何待？”㉑皱缩。柳宗元《河间传》：“闻河间之名，则掩鼻～頞(è)。”(頞：鼻梁。)

蹙 cù ❶紧迫，窘迫。《诗经·小雅·小明》：“曷云其还，政事愈～。”《三国志·吴书·吕蒙传》：“兵追～击。”柳宗元《捕蛇者说》：“而乡邻之生日～。”成语有“蹙国丧师”。㉑逼近，使紧迫。《三国志·吴书·陆逊传》：“逊督促诸军四面～之。”❷紧缩。《诗经·大雅·召旻》：“昔先王受命，有如召公，日辟国百里。今也日～国百里。”㉑皱。柳宗元《乞巧文》：“眉矉(pín)頞(è)～。”(矉：颦，皱眉。頞：鼻梁。)❸[蹙蹙][蹙然]局促不安的样子。《诗经·小雅·节南山》：“我瞻四方，～～靡所骋。”《荀子·富国》：“墨子大有天下，小有一国，将～然衣粗食恶，忧戚而非乐。”(非乐：否定、排斥音乐。）❹ 通“蹴”。踩，踏。苏轼《申王画马图》诗：“扬鞭一～破霜蹄，万骑如风不能及。”㊀踢。王定保《唐摭言》卷三：“新进士集于月灯阁为～鞠之会。”（鞠：球。）

顣 cù 同“蹙”。皱缩。《孟子·滕文公下》：“他日归，则有馈其兄生鹅者，己频～曰：‘恶（wū）用是鶂（yì）鶂者为哉？’”（恶：何。鶂鶂：指鹅。）

蹴（蹵） cù ❶ 踩，踏。《汉书·贾谊传》：“～其刍（chú）者有罚。”（刍：喂牲畜的草。）成语有“一蹴而就”。❷ 踢。《汉书·枚皋传》：“临山泽，弋猎射驭狗马～鞠（jū）刻镂（lòu）。”（弋猎：射猎。鞠：球。）❸［蹴然］吃惊不安的样子。《庄子·田子方》：“诸大夫～～。”

CUAN

攒（攢） cuán ❶ 聚集。《墨子·备城门》：“城上为～火。”张衡《西京赋》：“～珍宝之玩好。”❷ 停棺待葬（后起意义）。《宋史·哲宗孟皇后传》：“遗命择地～殡，俟军事宁，归葬园陵。”❸ zuān 通“钻”。穿孔。《礼记·内则》：“柤（zhā）梨曰～之。”（指穿孔看其虫孔。）【注意】“攒”古代没有“积蓄”的意义，也不读 zǎn。

巑 cuán ［巑岏（wán）］峻峭的山峰。《楚辞·九叹·忧苦》：“登～～以长企兮。”㊀高峻的样子。宋玉《高唐赋》：“盘岸～～。”（盘岸：盘曲的崖岸。）

窜（竄） cuàn ❶ 躲藏。贾谊《吊屈原赋》：“鸾凤伏～兮，鸱枭（chī xiāo）翱翔。”（鸾凤：传说中凤凰一类的灵鸟。鸱枭：猫头鹰一类的凶恶的鸟。）李白《猛虎行》：“～身南国避胡尘。”（南国：中国南部。胡尘：指安史之乱。）成语有“抱头鼠窜”。㊀奔逃。《世说新语·德行》：“王仆射在江州，为殷、桓所逐，奔～豫章。”❷ 放逐，贬官。《尚书·舜典》：“～三苗于三危。”（三苗：古部族名。三危：山名。）孙樵《书何易于》：“明府公免～海裔（yì）耶？”（明府公：对县令的尊称。海裔：海边，这里泛指边远的地方。）❸ 删改。《三国志·魏书·武帝纪》：“公又与遂书，多所点～。”（遂：韩遂。点：涂抹。）

篡（篹） cuàn ❶ 非法地夺取。《墨子·天志上》：“处大国不攻小国，处大家不～小家。”（处：处于。家：大夫的封地。）《汉书·梁孝王传》：“谋～死罪囚。”（图谋劫取已判死罪的囚犯。）㊕臣子夺取君位。《后汉书·逸民传》：“王莽～位。”❷ 中医指人体会阴部位。《素问·骨空论》：“（督脉）其络循阴器，合～间，绕～后。”

爨 cuàn ❶ 烧火做饭。《孟子·滕文公上》：“许子以釜甑（zèng）～，以铁耕乎？”（釜甑：做饭瓦器。）杜甫《空囊》诗：“不～井晨冻，无衣床夜寒。”㊀煮，烧。《论衡·感虚》：“夫熯（hàn）一炬火～一镬水，终日不能热也。”郦道元《水经注·漯水》：“以草～之，则烟腾火发。”❷ 灶。《墨子·备城门》：“二舍共一井～。”（两户共用一口井一个灶。）《礼记·礼器》：“燔柴于～。”

CUI

缞（縗） cuī 古代丧服，用麻布制成，披在胸前。《左传·襄公十七年》：“齐晏桓子卒，晏婴粗～斩。”（斩：丧服不缝下边。）

榱 cuī 房屋的椽子。《左传·襄公三十一年》：“栋折～崩。”《孟子·尽心下》：“堂高数仞，～题数尺。”（榱题：屋檐的椽子头。）

摧 cuī ❶ 折断。焦延寿《易林·坤·屯》：“苍龙单独，与石相触，～折两角。”范仲淹《岳阳楼记》：“樯（qiáng）倾楫（jí）～。”（樯：桅杆。倾：倒。楫：桨。）❷ 摧毁，毁坏。李贺《雁门太守行》：“黑云压城城欲～。”成语有“无坚不摧”。❸ 悲伤。常“摧藏”、“摧伤”、“悲摧”、“摧怆”连用。《古诗为焦仲卿妻作》：“未至二三里，～藏马悲哀。”《古诗为焦仲卿妻作》：“阿母大悲～。”《三国志·吴书·孙皎传》：“临书～怆，心悲泪下。”

漼 cuǐ ❶ 水深的样子。《诗经·小雅·小弁》：“有～者渊，萑苇淠（pì）淠。”（淠淠：茂盛的样子。）❷ 落泪的样子。陆机《吊魏武帝文》：“指季豹而～焉。”❸ cuī 通“摧”。摧毁。《后汉书·崔骃传》：“王纲～以陵迟。”（陵迟：衰败。）❹ cuī ［漼溰（yí）］（霜雪）积聚的样子。《楚辞·九思·悯上》：“霜雪兮～～。”

璀 cuǐ ［璀璨（càn）］玉石有光泽，色彩鲜明。孙绰《游天台山赋》：“建木灭景于千寻，琪树～～而垂珠。”（琪树：玉树。）刘胜《文木赋》：“制为枕案，文章～～。”（枕案：枕头和小桌。文章：指花纹。）这个意义又写作“璀采”、“翠粲”、“璀粲”、“璀璀”。

脆（脃） cuì ❶ 易折，易碎。与“韧”相对。《老子·七十六章》：“万物草木之生也柔～，其死也枯槁。”柳宗元《读韩愈所著毛颖传后题》:"肥皮厚肉,柔筋～骨。"㊀软弱,脆弱。《吕氏春秋·介立》:"～弱者拜请以避死。"《宋史·夏国列传下》:"若～怯无他伎者,迁河外耕作。"(他伎:其他的技能。河外:指黄河以北。)❷声音清脆。顾云《池阳醉歌》:"弦索紧快管声～。"

倅 cuì ❶副。《周礼·夏官·戎仆》:"戎仆掌驭戎车,掌王～车之政。"《旧唐书·裴向传》:"天下方镇副～多自选于朝。"[倅贰]辅佐的官,副职。《宋史·刑法志二》:"每岁冬夏,诏提刑行郡决囚,提刑惮行,悉委～～。"❷cù 通"猝"。[倅然]突然。《墨子·鲁问》:"今有刀于此,试之人头,～～断之,可谓利乎?"

萃 cuì ❶聚集。屈原《天问》:"苍鸟群飞,孰使～之?"(苍鸟:指鹰。孰:谁。)㊁指人群、物类。《孟子·公孙丑上》:"出于其类,拔乎其～。"❷停止。屈原《天问》:"北至回水～何喜?"(北面到达回水就停止了,为什么高兴呢?回水:地名。)❸通"悴"。劳苦,困病。《荀子·富国》:"劳苦顿～而愈无功。"(顿:困顿。愈:越。)

啐 cuì 尝,饮。《礼记·杂记下》:"主人之酢也,嚌(jì)之,众宾兄弟则皆～之。"(嚌:指放到嘴边。)

淬 cuì 淬火,制作刀剑时,把烧红了的刀剑浸入水或其他液体中,急速冷却,使之硬化。王褒《圣主得贤臣颂》:"清水～其锋。"㊀锤炼。范仲淹《南京书院题名记》:"～词为锋,则浮云我决,良玉我切。"[淬励][淬厉]磨炼,锻炼。常璩《华阳国志·先贤士女总赞》:"少读五经,不为章句,处陋巷,～励金石之志。"苏轼《策略四》:"是以人人各尽其材,虽不肖者亦自～厉,而不至于怠废。"

悴(顇) cuì ❶忧愁,悲伤。赵至《与嵇茂齐书》:"吁其悲矣,心伤～矣。"❷面色黄瘦,憔悴。谢灵运《长歌行》:"朽貌改鲜色,～容变柔颜。"❸劳苦,困病。《晋书·简文帝纪》:"干戈未戢(jí),公私疲～。"(戢:停止。)

綷 cuì ❶错杂,五色相杂。《史记·司马相如列传》:"屯余车其万乘兮,～云盖而树华旗。"左思《吴都赋》:"孔雀～羽以翱翔。"❷[綷粲(càn)][綷縩(cài)]衣服摩擦声。陆机《百年歌》五:"罗衣～粲金翠华,言笑雅舞相经过。"《汉书·孝成班倢伃传》:"感帷裳兮发红罗,纷～縩兮纨素声。"

焠 cuì ❶烧灼。《荀子·解蔽》:"有子恶卧而～掌,可谓能自忍矣。"(有子:人名。)❷同"淬"。淬火,把烧红的金属放入水中冷却使之坚硬。《汉书·王褒传》:"清水～其锋。"㊀浸染。《史记·刺客列传》:"使工以药～之。"

瘁 cuì ❶劳苦,困病。《诗经·小雅·蓼莪》:"哀哀父母,生我劳～。"成语有"鞠躬尽瘁"。㊀憔悴,枯槁。《抱朴子·畅玄》:"与之不荣,夺之不～。"❷忧伤,悲伤。宋玉《高唐赋》:"愁思无已,叹息垂泪,登高远望,使人心～。"

粹 cuì ❶纯粹。《淮南子·说山》:"貂裘而杂,不若狐裘而～。"㊀精华。《后汉书·张衡传》:"朋精～而为徒。"王安石《读史》诗:"糟粕所传非～美。"❷通"萃"。聚集。《荀子·正名》:"凡人之取也,所欲未尝～而来也。"❸suì 通"碎"。破碎。《荀子·儒效》:"舍～折无适也。"(除了破碎折断没有别的出路。)

翠 cuì 一种青绿色的雌鸟。也叫翠鸟。左思《蜀都赋》:"孔～群翔,犀象竞驰。"(孔:孔雀。驰:奔跑。)㊀翠鸟的羽毛。如"翠被"、"翠盖"。㊀青绿色。司马相如《上林赋》:"扬～叶,扤(wù)紫茎。"(扤:摇动。)李白《庐山谣寄卢侍御虚舟》诗:"～影红霞映朝日。"

毳 cuì ❶鸟兽的细毛。《汉书·晁错传》:"鸟兽～毛,其性能寒。"❷毡。《文选·李陵〈答苏武书〉》:"韦鞲(gōu)～幕,以御风雨;膻肉酪浆,以充饥渴。"❸通"脆"。易碎。《汉书·丙吉传》:"数奏甘～食物。"(数奏:多次进献。甘:甜。)㊁脆弱。《荀子·议兵》:"是事小敌～,则偷可用也。"(对付脆弱的小敌还勉强可以使用。偷:苟且,勉强。)❹qiāo 通"橇"。一种在泥路上滑行的交通工具。《汉书·沟洫志》:"水行乘舟,泥行乘～。"

竁 cuì ❶掘地为墓穴。《周礼·春官·小宗伯》:"卜葬兆甫～,亦如之。"(甫:开始。)㊁掘(地)。徐弘祖《徐霞客游记·滇游日记十》:"～地丈许。"❷墓穴。《周礼·夏官·量人》:"掌丧祭奠～之俎实。"(俎:盛祭品的礼器。)㊀窟,洞穴。颜延年《宋郊祀歌》之一:"月～来宾。"(月竁:指月亮,传说月亮上有兔窟。宾:指归服。)

CUN

皴 cūn ❶皮肤皱裂。贾思勰《齐民要术·种红蓝花栀子》:"令手软滑,冬不～。"㊀物体表面起皱褶,粗糙。白居易《与沈杨二舍人阁老同食敕赐樱桃玩物感恩因成十四韵》："肉嫌卢橘厚，皮笑荔枝～。"袁枚《游丹霞记》："山皆突起平地，有横～，无直理。" ❷ 中国画的一种技法。用侧笔染擦，以表现山石等的脉络纹理及凹凸向背。

存 cún ❶ 存在。与"亡"相对。范缜《神灭论》："是以形～则神～，形谢则神灭也。"（形：形体。神：精神。形谢：指人死。）㊂保全，保存。《汉书·叙传上》："申重茧以～荆。"（申：指申包胥。荆：指楚国。）《后汉书·盖勋传》："～活者千余人。"成语有"存心养性"。❷ 思念。《诗经·郑风·出其东门》："出其东门，有女如云；虽则如云，匪我思～。"《论衡·订鬼》："凡天地之间有鬼，非人死精神为之也，皆人思念～想之所致也。" ❸ 看望，问候。《战国策·秦策五》："无一介之使以～之。"曹操《短歌行》："越陌度阡，枉用相～。" ❹ 抚恤。《礼记·月令·仲春之月》："养幼少，～诸孤。"沈括《梦溪笔谈》卷二五："录用材能，～抚良善，号令严明，所至一无所犯。"

踆 cún ❶ 用脚踢。《公羊传·宣公六年》："祁弥明逆而～之。"（祁弥明：人名。逆：迎着。）❷ zūn 蹲，两腿弯曲如坐，但臀不着地。《庄子·外物》："纪他闻之，帅弟子而～于窾（kuǎn）水。"（纪他：人名。窾水：古水名。）❸ qūn 退，退去。张衡《东京赋》："千品万官，已事而～。"

忖 cǔn 思量，揣度。《三国志·蜀书·诸葛亮传》："昔萧何荐韩信，管仲举王子城父（fǔ），皆～己之长，未能兼有故也。"［忖度（duó）］1. 推测。《诗经·小雅·巧言》："他人有心，予～～之。"曹操《让县自明本志令》："妄相～～。"（胡乱猜测。妄：胡乱。）2. 思量。《后汉书·郑玄传》："吾自～～，无任于此。"

寸 cùn ❶ 长度单位，十寸为一尺。《商君书·靳令》："四～之管无当，必不满也。"（当：底。）㊕短小。如"寸土"、"寸草"、"寸步"、"寸阴"。❷ 中医切脉，称离手掌一寸的手腕经脉部位为"寸口"，简称"寸"。《难经》："脉有三部九候……三部者，～、关、尺也。"（关、尺：都是切脉的部位。）

CUO

瑳 cuō ❶ 玉色洁白，光润。《诗经·鄘风·君子偕老》："～兮～兮，其之展也。"（展：一种用红或白绉纱做的单衣。）常"瑳瑳"连用。《宋史·乐志十四》："琱（diāo）琚～～。"（琱琚：雕刻过的玉石。）㊂牙齿洁白的样子。《诗经·卫风·竹竿》："巧笑之～，佩玉之傩。"（傩：行走有节奏。）❷［切瑳］通"切磋"。共同商讨研究。《荀子·天论》："日～～而不舍也。"

磋 cuō 把骨、角磨制成器物。《诗经·卫风·淇奥》："如切如～，如琢如磨。"（琢：雕刻玉石。）㊂研讨。《管子·弟子职》："相切相～，各长其仪。"［切磋］共同商讨研究。《后汉书·马援传》："言君臣邪？固当谏争；语朋友邪？应有～～。"

蹉 cuō ❶ 差误。扬雄《并州牧箴》："宗周罔职，日用爽～。"（爽：违背。）❷ 通过。张华《轻薄篇》："孟公结重关，宾客不得～。" ❸［蹉跌］失足跌倒，比喻失误。《后汉书·董卓传》："诸将有言语～～，便戮于前。" ❹［蹉跎］1. 失足。《楚辞·九怀·株昭》："骥垂两耳兮中坂～～。"（坂：坡。）2. 时光过去，虚度光阴。《世说新语·自新》："并云欲自修改，而年已～～。"陈亮《上孝宗皇帝第一书》："日月～～，而老将至矣。"

撮 cuō ❶ 用指爪取物，多指粒状物。《庄子·秋水》："鸱鸺（chī xiū）夜～蚤。"（鸱鸺：猫头鹰。蚤：跳蚤。）㊂摘录，提取。刘知几《史通·书志·五行》："～其机要，收彼菁华。"（菁华：精华。）❷ 聚集，聚合。《后汉书·袁绍传》："拥一郡之卒，～冀州之众。"（冀州：地名。）❸ 容量单位，六粟为一圭，十圭为一撮。《汉书·律历志上》："量多少者，不失圭～。"（量容量多少，连圭撮那样小的单位都没有差错。）

嵯 cuó ［嵯峨（é）］山势高峻。《史记·司马相如列传》："于是乎崇山巃嵸（lóng zōng），崔巍～～。"（巃嵸：山势险峻。崔巍：山高不平。）李白《早秋单父南楼酬窦公衡》诗："泰山～～夏云在。"

瘥 cuó ❶ 疫病。《诗经·小雅·节南山》："天方荐～，丧乱弘多。"（老天正在接连地降灾病。荐：重，频。弘：大。）❷ chài 病愈，病好了。《宋书·何偃传》："世祖遇偃既深，备加治疗。名医上药，随所宜须，乃得～。"

醝 cuó 白酒。张华《轻薄篇》："苍梧竹叶青，宜城九醖～。"

痤 cuó 疖子，一种皮肤病。《韩非子·六反》："弹～者痛，饮药者苦。"（弹：用手指挤弄。）《素问·生气通天论》："汗出见湿，乃生～痱。"

脞 cuǒ 烦琐细碎。《宋史·王信传》："论除官～冗之敝。"［丛脞］细碎。《尚书·益稷》："元首～～哉，股肱(gōng)惰哉。"(君主没有大谋略，大臣就会懒惰。)陆龟蒙《笠泽丛书序》："丛书者，～～之书也。"

剉 cuò ❶折损。《吕氏春秋·必己》："廉则～。"(刀口锋利就容易折损。廉：锋利。)这个意义又写作"挫"。❷磋磨东西。贾思勰《齐民要术·种谷》："取马骨，～一石，以水三石煮之。"(石：容量单位。)❸通"莝"。铡碎。《世说新语·贤媛》："～诸荐以为马草。"(荐：草垫。)

挫 cuò ❶折损。《淮南子·时则》："锐而不～。"(锐：锐利。)❷挫折，失败。《史记·屈原贾生列传》："兵～地削。"(地削：地被割去。)这个意义又写作"锉"。❸压制。《后汉书·史弼传》："弼为政，特～抑强豪。"(特：独，只)。❹屈辱。《韩非子·亡征》："～辱大臣而狎(xiá)其身。"(狎：亲慢。)[顿挫]语调、音律的停顿转折。陆机《文赋》："箴(zhēn)～～而清壮。"(箴：一种以规劝、告诫为目的的文体。)

莝 cuò 铡草。《说文》："莝，斩刍(chú)也。"(刍：牲口吃的草。)㊂铡碎的草。《史记·范雎蔡泽列传》："坐须贾于堂下，置～豆其前。"(须贾：人名。)

锉(銼) cuò ❶小锅。杜甫《闻斛斯六官未归》诗："荆扉深蔓草，土～冷疏烟。"❷通"挫"。挫败。《史记·楚世家》："亡地汉中，兵～蓝田。"(蓝田：地名。)这个意义又写作"挫"。

厝 cuò ❶放置，安放。贾谊《治安策》："抱火～之积薪之下而寝其上。"(积薪：柴堆。)这个意义又写作"措"。❷葬。潘岳《寡妇赋》："将迁神而安～。"(神：指灵柩。)㊀把棺材浅埋等待改葬(后起意义)。归有光《与沈养吾书》："山妻在殡，便欲权～。"(山妻：指自己的妻子，是一种客套话。殡：停棺待葬。权：暂且。)❸通"错"。交错，交叉。《汉书·地理志下》："是故五方杂～，风俗不纯。"

剒 cuò ❶把犀角雕刻成器物。《尔雅·释器》："犀谓之～。"周邦彦《汴都赋》："～犀剫(duó)玉。"(剫：治。)❷zhuó通"斮"。斩，割。《北齐书·齐纪总论》："刳(kū)～被于忠良，禄位加于犬马。"(刳：挖空腹。被：施加。)

措 cuò ❶放置，安放。《论语·子路》："刑罚不中，则民无所～手足。"《潜夫论·德化》："放之大荒之外，～之幽冥之内。"(放：驱逐。大荒：边远的地方。幽冥：昏暗的地方。)这个意义又写作"厝"。❷施行。《周易·系辞上》："举而～之天下之民，谓之事业。"一本作"错"。㊂处理，置办。《宋史·徽宗纪》："令工部侍郎孟揆亲往～置。"❸废弃，放弃。柳宗元《断刑论》："此刑之所以不～也。"❹zé 通"笮"。挤压。《史记·梁孝王世家》："李太后与争门，～指。"(指：手指。)

错(錯) cuò ❶镶嵌。钟嵘《诗品》："颜(延之诗)如～彩镂金。"㊀涂饰。《战国策·赵策二》："被发文身，～臂左衽。"❷磨刀石。《诗经·小雅·鹤鸣》："它山之石，可以为～。"㊀磨。《潜夫论·赞学》："虽有玉璞……不琢不～，不离砾(lì)石。"(玉璞：未经雕琢过的美玉。不离砾石：与一般的石头没有差别。)❸交错，交叉。《战国策·秦策三》："秦韩之地形，相～如绣。"❹不合。《汉书·五行志上》："刘向治《穀梁春秋》……与仲舒～。"(治：研究。)㊀错误(后起意义)。王定保《唐摭言·误放》："主司头脑太冬烘，～认颜标作鲁公。"【注意】上古"错"不当"错误"讲，后来文言中也多用"误"，不用"错"。❺通"厝"。放置，安放。《庄子·达生》："～之牢筴(cè)之中。"(牢筴：指牲口圈。)❻通"措"。施行。《商君书·错法》："～法而民无邪。"❼通"措"。废弃，放弃。《荀子·天论》："小人～其在己者，而慕其在天者，是以日退也。"

D

DA

达（達） dá ❶ 通。《荀子·君道》："公道～而私门塞矣，公义明而私事息矣。"（塞：堵塞。）㊀到达。《荀子·修身》："横行天下，虽～四方，人莫不弃。"李白《秋浦歌》之一："遥传一掬泪，为我～扬州。"成语有"四通八达"。㊁通晓。《汉书·元帝纪》："且俗儒不～时宜，好是古非今。"❷豁达，心怀宽阔。《汉书·高帝纪》："高祖不修文学，而性明～。"（不修：不学习。）双音词有"达观"。❸表达，传达。《论语·卫灵公》："子曰：'辞～而已矣。'"《史记·滑稽列传》："《书》以道事，《诗》以～意。"❹得志，显贵。《孟子·尽心上》："穷则独善其身，～则兼善天下。"杜甫《哀王孙》诗："又向人家啄大屋，屋底～官走避胡。"❺通行的，共同的。《礼记·中庸》："知（zhì）、仁、勇三者，天下之～德也。"

怛 dá ❶痛苦，忧伤。《诗经·桧风·匪风》："顾瞻周道，中心～兮。"（周道：大路。中心：心中。）《盐铁论·诛秦》："支体伤而心憯～。"（支：同"肢"。憯：通"惨"。）［怛怛］忧伤不安的样子。杜甫《秋日夔府咏怀奉寄郑监李宾客》："别离忧～～。"❷惊恐。《史记·文帝本纪》："为之～惕不安。"（惕：害怕。）㊀使害怕，吓唬。柳宗元《三戒·临江之麋》："群犬垂涎，扬尾皆来，其人怒，～之。"

妲 dá ❶用于人名。［妲己］商纣王的妃子。《国语·晋语一》："殷辛伐有苏，有苏氏以～～女焉。"❷dàn 通"诞"。荒诞。《宋书·颜延之传》："窃议以迷寡闻，～语以敌要说。"

笪 dá ❶粗竹席。用于覆盖房顶等。《南史·徐嗣伯传》："闻～屋中有呻吟声。"❷拉船用的竹索。《齐东野语·舟人称谓有据》："百丈者，牵船篾，内地谓之～。"❸击，鞭挞。古诗《妇病行》："有过慎莫～笞（chī）。"（笞：用竹板或荆条打。）这个意义又读 dàn。

大 dà ❶大。与"小"相对。《诗经·鄘风·载驰》："控于～邦，谁因谁极。"《论衡·说日》："见日出入时～，日中时小也。"（日中：正午。）㊀用作动词。以为大，重视。《荀子·天论》："～天而思之，孰与物畜而制之？"❷远大的，重要的。《左传·襄公二十五年》："崔子将有～志。"《论语·子路》："见小利则～事不成。"［大方］大道理，引申为专家、内行。《庄子·秋水》："吾长见笑于～～之家。"❸年长的，排行第一的。《木兰诗》："阿爷无～儿，木兰无长兄。"❹敬辞。多用于称呼前。如"大禹"、"大唐"、"大王"。［大夫］1. 官职。位于卿之下，士之上。大夫又分上、中、下三级。2. 官名。如卿大夫、冢大夫、公族大夫、御史大夫、光禄大夫等。3. 宋医官有大夫、郎、医效、祗候等官阶。后称医生为大夫。此"大"字念dài。❺大大地。表示范围广，程度深。《庄子·天地》："～惑者终身不解，～愚者终身不灵。"《史记·孙子吴起列传》："～破梁军。"成语有"大动干戈"。❻tài 太。《左传·昭公十九年》："～子奔晋。"（晋：国名。）这个意义后来写作"太"。❼tài 通"泰"。平安，安定。《荀子·富国》："天下～而富。"【注意】上古"太"、"泰"多写作"大"。

DAI

代 dài ❶代替。《庄子·秋水》："庄子来，欲～子相。"❷交替，轮流。屈原《离骚》："春与秋其～序。"（其：句中语气词。序：次序。）❸朝代。《史记·秦始皇本纪》："三～之事，何足法也。"（三代：指夏、商、周三个朝代。法：效法。）❹父子相继为一代，世代。王维《李陵咏》："三～将门子。"【注意】这个意义唐代以前写作"世"，唐人为避唐太宗李世民的讳，多将"世"写作"代"，后人一直沿用了这个意义。【辨】世，代。见 376 页"世"字。

岱 dài 泰山的别称。也叫岱宗、岱岳。《管子·小匡》："地南至于～阴，西至于济。"（阴：山的北边。济：水名。）杜甫《望岳》诗："岱宗夫如何，齐鲁青未了。"

玳（瑇） dài ［玳瑁］一种大海龟。《淮南子·泰族》："瑶碧玉珠，翡翠～～。"《古诗为焦仲卿妻作》："头上～～光。"

贷（貣） dài ❶施予。《左传·文公十六年》："宋饥，竭其粟而～之。"（饥：荒年。）㊀借出。《潜夫论·忠贵》：

"宁积粟腐仓而不忍～人一斗。"(不忍：舍不得。)[又]借入。《史记·平津侯主父列传》："家贫，假～无所得。"❷宽恕，宽免。《后汉书·袁安传》："示中国优～，而使边人得安。"成语有"严惩不贷"。❸ tè 通"忒"。失误。《礼记·月令》："毋有差～。"

黛 dài 青黑色的颜料。古代女子用以画眉。《楚辞·大招》："粉白～黑，施芳泽只。"(只：句末语气词。)[引]青黑色。杜甫《古柏行》："～色参天二千尺。"[喻]女子的眉毛。白居易《醉后题李、马二妓》诗："愁凝歌～欲生烟。"(歌黛：指歌者眉毛。)

轪(軑) dài ❶车毂端头的帽盖。屈原《离骚》："屯余车其千乘(shèng)兮，齐玉～而并驰。"[又]指车轮。韩愈等《秋雨联句》："深路倒羸(léi)骖，弱途拥行～。"(羸：瘦弱。骖：辕马两旁的马。)❷古地名。1. 西汉侯国。汉初封长沙相利仓于此。故址在今河南光山西北息县界。2. 晋代县名。故址在今湖北浠水一带。

迨 dài ❶及，趁着。《诗经·小雅·伐木》："～我暇矣，饮此湑(xǔ)矣。"(暇：闲空。湑：漉过的酒。)《公羊传·僖公二十二年》："请～其未毕陈(zhèn)而击之。"(未毕陈：没有完全摆好阵势。)❷等到，到。《宋书·谢弘微传》："若年～六十，必至公辅。"这两个意义又写作"逮"。

绐(紿) dài 哄骗，欺骗。《史记·项羽本纪》："项王至阴陵，迷失道，问一田父，田父～曰：'左。'"(田父：种田人。)

殆 dài ❶危险。《孙子兵法·谋攻》："知彼知己，百战不～。"❷近于。《荀子·王制》："若是，则大事～乎弛，小事～乎遂。"(弛：松弛。遂：通"坠"。坠失。)[又]几乎。沈括《梦溪笔谈》卷一七："用笔极新细，～不见墨迹。"(新细：新颖、细致。)❸副词。大概，恐怕。《史记·赵世家》："吾尝见一子于路，～君之子也。"(尝：曾。子：小孩。)《汉书·赵充国传》："此～空言，非至计也。"(至计：最好的主意。)❹通"怠"。懒惰。《商君书·农战》："农者～则土地荒。"

怠 dài ❶怠慢，轻慢，不恭敬。《荀子·儒效》："以是尊贤畏法而不敢～傲。"《宋史·杨愿传》："守卒皆～炎。"(炎：人名。)❷懒惰，松懈。《商君书·弱民》："民畏死，事乱而战，故兵农～而国弱。"《盐铁论·击之》："耕～者无获也。"❸疲倦。宋玉《高唐赋》："昔者，先王尝游高唐，～而昼寝。"柳宗元《蝜蝂传》："及其～而踬(zhì)也。"(直到它疲倦不堪而摔倒了。踬：跌倒。)

带(帶) dài ❶腰带。《论语·公冶长》："束～立于朝。"《荀子·儒效》："逢衣浅～。"(逢：大。浅带：指宽阔的腰带。)成语有"衣不解带"。[喻]被围绕。郦道元《水经注·浙江水》："亭～山临江。"❷佩带。《汉书·龚遂传》："民有～持刀剑者。"[引]带着，夹杂着。杜甫《别赞上人》诗："颇～憔悴色。"❸兼任，兼管。《宋书·蔡廓传·附子兴宗》："改授臣府元僚，兼～军郡。"❹相连的地区，地带。《宋史·李纲传》："如鼎澧岳鄂若荆南一～，皆当屯宿重兵。"(鼎、澧、岳、鄂、荆：皆地名。若：及，与。)

待 dài ❶等待，等候。《左传·隐公元年》："多行不义必自毙，子姑～之。"成语有"枕戈待旦"。[引]依靠。《商君书·农战》："国～农战而安。"(安：安全。)❷防备。《韩非子·外储说左上》："今城郭不完，兵甲不备，不可以～不虞。"(不虞：意外。)❸对待。《左传·僖公三十三年》："相～如宾。"《三国志·吴书·吴主传》："吾～蜀不薄。"❹招待(后起意义)。《北史·齐本纪上》："出瓮中酒，烹羊以～客。"【辨】俟，待，等，候。见391页"俟"字。

埭 dài 堵水的土坝。郦道元《水经注·浙江水》："～下开渎(dú)，直指南津。"(渎：水沟。津：渡口。)庾信《明月山铭》："船横～下，树夹津门。"

逮 dài ❶及，达到。《论语·里仁》："古者言之不出，耻躬之不～也。"《荀子·尧问》："魏武侯谋事而当，群臣莫能～。"(魏武侯：魏国的国君。当：恰当。)❷趁，趁着。《左传·定公四年》："～吴之未定，君其取分焉。"❸捉拿，逮捕。《史记·文帝本纪》："诏狱～徙系长安。"(诏狱：奉诏命关押犯人的牢狱。)【辨】捕，逮，捉。"捕"和"逮"都指捉人，"捕"还可用于其他动物，如"捕鱼"、"捕鹿"。"捉"在上古是"握"的意思，如"捉刀"。"捕捉"的意义大约在中古才开始使用。

叇(靆) dài [叆(ài)叇]见2页"叆"字。

戴 dài ❶头上戴着。《荀子·正名》："乘轩～絻(miǎn)。"(轩：大夫乘的车子。絻：通"冕"。大夫戴的帽子。)[喻]头顶着。《吕氏春秋·离俗》："于是乎夫负妻～，携子以入于海。"成语有"披星戴月"。❷拥护，爱戴。《国语·周语上》："庶民不忍，欣～武王。"㊀感激。《史记·五帝本纪》："四海之内，咸～帝舜之功。"《三国志·吴书·朱桓传》："士民感～之。"（感戴：感激。）

DAN

丹 dān ❶丹砂，朱砂。《史记·货殖列传》："巴寡妇清，其先得～穴，而擅其利数世。"（清：人名。先：祖先。穴：指矿井。擅其利：专有其利。）❷红色。杜甫《垂老别》诗："积尸草木腥，流血川原～。"（川原：山川、平原。）㊁变红色。李白《幽州胡马客歌》："白刃洒赤血，流沙为之～。"［丹心］赤诚的心。文天祥《过零丁洋》诗："人生自古谁无死，留取～～照汗青。"（汗青：指史册。）❸古代方士用丹砂、丹汞炼制的所谓"长生不老"药。江淹《别赋》："守～灶而不顾。"㊂一种依成方制成的中药，通常是颗粒状或粉末状的。❹［丹青］红色和青色的颜料。《管子·小称》："～～在山，民知而取之。"㊂指绘画。《晋书·顾恺之传》："尤善～～，图写特妙。"㊁指史籍。文天祥《正气歌》："时穷节乃见，一一垂～～。"【辨】赤，朱，丹，绛，红。见52页"赤"字。

单（單） dān ❶单一，单独。《荀子·正名》："～足以喻则～，～不足以喻则兼。"（喻：说明白。兼：双，复。）《论衡·率性》："久居～处，性必变易。"成语有"单枪匹马"。❷薄弱，单薄。《后汉书·耿恭传》："耿恭以～兵固守孤城。"白居易《卖炭翁》诗："可怜身上衣正～。"㊀贫寒。赵壹《刺世疾邪赋》："恩泽不逮于～门。"❸记载事物的纸条（后起意义）。胡太初《昼帘绪论·听讼》："令每遇决一事……不若令自逐一披览案卷，切不要案吏具～。"❹通"殚（dān）"。竭尽。《荀子·富国》："事之以货宝，则货宝～而交不结。"（事：侍奉。结：结交。）❺dǎn 通"亶"。忠厚，诚实。《诗经·小雅·天保》："俾尔～厚，何福不除（zhù）！"（除：予，赐给。）❻chán［单于］匈奴君长的称号。《后汉书·南匈奴传》："～～骄踞。"（骄踞：傲横，不恭敬。）❼shàn 姓。

郸（鄲） dān ［邯郸］见147页"邯"字。

殚（殫） dān ❶尽，竭尽。《吕氏春秋·本味》："相为～智竭力，犯危行苦，志欢乐之。"张衡《东京赋》："征税尽，人力～。"成语有"殚精竭虑"。❷通"惮"。惊恐。班固《西都赋》："六师发逐，百兽骇～。"

箪（簞） dān 古代盛饭的圆形竹器。《论语·雍也》："一～食，一瓢饮，在陋巷。"《孟子·梁惠王下》："～食壶浆，以迎王师。"（箪食壶浆：竹篮里盛了干粮，壶里盛了饮料。）㊂指盛物的竹器。《左传·哀公二十年》："与之一～珠。"

禅 dān 单衣。《礼记·玉藻》："～为䌹（jiǒng），帛为褶（dié）。"（䌹：单衣。褶：夹衣。）㊀单，单薄。《吕氏春秋·淫辞》："今子之衣，～缁也。"

眈 dān ［眈眈］注视的样子。《周易·颐》："虎视～～，其欲逐逐。"《文选·陆机〈汉高祖功臣颂〉》："烈烈黥布，～～其眄。"㊁深邃（suì）的样子。左思《魏都赋》："翼翼京室，～～帝宇。"（翼翼：庄严的样子。帝宇：皇宫。）

耽 dān ❶耳朵大而且下垂。《淮南子·地形》："夸父～耳，在其北方。"❷沉溺，爱好而沉浸其中。《韩非子·十过》："～于女乐，不顾国政，则亡国之祸也。"李白《赠闾丘处士》诗："且～田家乐。"这个意义又写作"躭"。㊀耽误。《金史·五行志》："～误尽，少年人。"

聃（聸） dān ❶耳朵又长又大。苏轼《补禅月罗汉赞》："～耳属肩，绮（qǐ）眉覆颧。"（绮：美丽。）❷通"耽"。沉溺，迷恋。《列子·杨朱》："方其～于色也，屏亲昵，绝交游，逃于后庭，以昼足夜。"❸周代诸侯国名。后为郑国所灭。❹古代哲学家老子的名字。《史记·老子韩非列传》："老子者……姓李氏，名耳，字～。"

儋 dān ❶同"担（擔）"。肩挑。《世说新语·黜免》："殷中军废后，恨简文曰：'上人著百尺楼上，～梯将去。'"《汉书·西域传》："负水～粮，送迎汉使。"❷通"甔"。瓦器。《汉书·货殖传》："浆千～。"❸dàn 量词。《史记·淮阴侯列传》："守～石之禄者，阙卿相之位。"

甔 dān 瓦器，似瓮，口小腹大。《史记·货殖列传》："浆千～。"古书中常借"擔"、"儋"为甔。㊁指酒坛。皮日休《奉和鲁望秋日遣怀次韵》："酒～香竹院，鱼笼挂茅簷。"

紞（紞） dǎn ❶古代冠冕上用以系瑱（塞耳玉）的丝带。《国语·鲁语下》："王后亲织玄～。"❷缝在被头上的丝带。《礼记·丧服大记》："紟（jìn）五幅，无～。"（紟：单被。）❸象声词。欧阳修《御街行》:"落星沉月,～～城头鼓。"苏轼《永遇乐》词:"～如三鼓,铿然一叶,黯黯梦云惊断。"

亶 dǎn ❶忠厚,诚实。《诗经·大雅·板》:"不实於～。"(没有足够的诚意。)㊀诚然,实在。《诗经·小雅·常棣》:"～其然乎?"(确实是这样吗?) ❷ dàn 通"但"。只,仅仅。贾谊《治安策》:"非～倒悬而已。"㊀徒然,空。扬雄《解难》:"～费精神于此。"

黕 dǎn 黑斑,污垢。宋玉《九辩》:"窃不自聊而愿忠兮,或～点而汙之。"㊀黑的样子。潘岳《藉田赋》:"青坛蔚其岳立兮,翠幕～以云布。"

黵 dǎn ❶大污点。《说文》:"黵,大污也。"㊁黑色,苍黑色。李德裕《剑门铭》:"翠岭中横,～然黛色。" ❷[黵面]古代刑罚,南朝梁律,死刑遇赦免死者,于面部刺"劫"字,涂以墨。《隋书·刑法志》:"遇赦降死者,～～为'劫'字。" ❸涂改。黄伯思《东观余论下·跋昌谷别集后》:"某尽记贺篇咏,然～改处多。"(贺:指李贺。)

旦 dàn ❶天明,早晨。与"暮"相对。《论衡·变动》:"晨将～而鸡鸣。"《木兰诗》:"～辞爷孃去,暮宿黄河边。"(爷:父亲。)成语有"枕戈待旦"。㊀天,日。《战国策·赵策四》:"一～山陵崩,长安君何以自托于赵?" ❷[旦旦]1. 诚恳的样子。《诗经·卫风·氓》:"信誓～～。"(誓言很诚恳。) 2. 天天。柳宗元《捕蛇者说》:"岂若吾乡邻之～～有是哉。"(哪里像我的乡邻那样天天有担惊害怕的事呢?) ❸[城旦]秦汉时刑罚之一,判刑的人罚做苦工,白天侦察贼寇,晚上修筑长城,所以叫城旦。《史记·秦始皇本纪》:"令下三十日不烧,黥为～～。"(黥:在犯人脸上刺字。) ❹戏曲中扮演妇女的角色(后起意义)。如小旦、花旦、老旦等。

但 dàn ❶只,仅。《史记·扁鹊仓公列传》:"太子起坐,更适阴阳,～服汤二旬而复故。"《三国志·魏书·武帝纪》:"～赏功而不罚罪,非国典也。"(国典:国法。)㊀不过。曹丕《与吴质书》:"公干有逸气,～未遒(qiú)耳。"(公干:人名,指刘桢。逸气:超出一般的气概。遒:指文章刚健有力。) ❷徒然。《汉书·匈奴传上》:"何～远走,亡匿(nì)于幕北寒苦无水草之地为?"(亡匿:逃亡隐藏。幕:沙漠。何……为:表示"要……干什么?")【注意】在古汉语里,"但"字不当"但是"讲。"但是"的意义用"然"或"而"来表示。

诞(誕) dàn ❶荒诞,没有事实根据的。《荀子·成相》:"信～以分赏罚必。"(真实的和荒诞的就能分辨清楚,该赏就一定赏,该罚就一定罚。)刘向《说苑·尊贤》:"口锐者多～而寡信。"㊁诈,欺骗。《吕氏春秋·应言》:"宜阳令许绾～魏王。"《列子·黄帝》:"吾不知子之有道而～子。"(子:您。有道:指德行高超。) ❷大,宽阔。《汉书·叙传》:"国之～章,博载其路。"(诞章:大宪章。)《诗经·邶风·旄丘》:"旄(máo)丘之葛兮,何～之节兮。"(旄丘上的葛,为什么节长得那么宽啊?葛:一种草本植物。) ❸放纵,放荡。《后汉书·窦融传》:"子孙纵～,多不法。"杜甫《寄题江外草堂》诗:"我生性放～。" ❹诞生。《后汉书·襄楷传》:"昔文王一妻,～致十子。"[降诞日]生日。《旧唐书·德宗本纪下》:"庚辰,上～～～。" ❺句首语气词。《诗经·大雅·生民》:"～弥厥(jué)月。"(弥:满。厥月:指怀胎的十个月。)

萏 dàn [菡萏]见149页"菡"字。

啖(啗、噉) dàn ❶吃。《汉书·霍光传》:"与从官饮～。"(从官:随从的官员。)《世说新语·排调》:"顾长康～甘蔗,先食尾。人问所以,云渐至佳境。"㊀给……吃。李白《侠客行》:"将炙(zhì)～朱亥。"(将:拿着。炙:烤肉。朱亥:人名。)㊁利诱,引诱。《史记·高祖本纪》:"～以利,因袭攻武关,破之。"(袭攻:袭击,攻打。) ❷通"淡"。味薄,清淡。《史记·刘敬叔孙通列传》:"吕后与陛下攻苦食～。"

淡 dàn (味)淡。《老子·三十五章》:"～乎其无味。"《抱朴子·广譬》:"味～则加之以盐。"㊁含某种成分少,稀薄。与"浓"相对。杨万里《过百家渡》诗:"一晴一雨路干湿,半～半浓山叠重。"㊁清淡,没有意味。《庄子·山木》:"且君子之交～若水,小人之交甘若醴。"苏轼《游庐山次韵章传道》:"莫笑吟诗～生活,当令阿买为君书。"㊀淡泊。《世说新语·赏誉》:"简文道王怀祖,才既不长,于荣利又不～。"[淡淡]1.(颜色)浅。杜甫《行次盐亭》诗:"云溪花～～。"(云溪:上面有烟云的溪流。) 2. 隐隐约约的样子。《列子·汤问》:"～～焉若有物存,莫识其状。"(莫识:没有人认识。) 3. 水波动的样子。潘岳《金谷集作》诗:"绿池泛～～,青柳何依依。"(依依:轻柔的样子。)

惮(憚) dàn ❶畏惧,害怕。《论语·学而》:"过则勿～改。"《管子·

乘马》："民不～劳苦。"❷通"瘅"。因劳成病。《诗经·小雅·大东》："哀我～人。"❸dá 通"怛"。惊恐，使害怕。《周礼·考工记·矢人》："虽有疾风，亦弗之能～矣。"

弹(彈) dàn ❶弹弓。《战国策·楚策四》："左挟～，右摄丸。"(左手夹着弹弓，右手拿着弹丸。)❷tán 用弹弓射。《左传·宣公二年》："从台上～人，而观其辟丸也。"㉡用手指轻敲。《楚辞·渔父》："新沐者必～冠。"(沐：洗头。冠：帽子。)㉢弹奏乐器。《荀子·富国》："击鸣鼓，吹笙竽，～琴瑟，以塞其耳。"(塞：充满。)❸tán 批评，抨击。曹植《与杨德祖书》："仆常好人讥～其文，有不善者，应时改定。"(仆：自称的谦辞。)㉢弹劾，检举。《后汉书·史弼传》："州司不敢～纠。"❹tán 以针砭治病。《韩非子·说林下》："秦医虽善除，不能自～也。"

瘅(癉) dàn ❶因劳成病。《诗经·大雅·板》："上帝板板，下民卒～。"(板板：反常。)❷憎恨。《尚书·毕命》："彰善～恶。"(表彰善的，憎恨恶的。)❸dǎn 通"燀"。炽热，炎热。《汉书·严助传》："南方暑湿，近夏～热。"(近：接近。)❹dān 消渴症，今名糖尿病。《素问·奇病论》："此五气之溢也，名曰脾～。"(五气：五脏之气。溢：充满而流出来。)❺dǎn 通"疸"。黄疸病。《山海经·西山经》："(翼望之山)有兽焉，其状如狸……服之已～。"(已疸：治黄疸病。)

髧 dàn 头发下垂的样子。《诗经·鄘风·柏舟》："～彼两髦，实维我特。"(髦：古代儿童下垂至眉的短发。特：配偶。)

倬(僤) dàn 厚，盛。《诗经·大雅·桑柔》："我生不辰，逢天～怒。"

餤 dàn ❶tán 进食。㉡增加。《诗经·小雅·巧言》："盗言孔甘，乱是用～。"(盗：指小人。孔：很。是用：因此。)❷同"啖"。吃。杜牧《罪言》："食尽，～尸以战。"㉥以利诱人。《史记·赵世家》："秦非爱赵而憎齐也，欲亡韩而吞二周，故以齐～天下。"(二周：指战国时的两个小国西周、东周。)❸饼类食物。冯贽《云仙杂记·洛阳岁节》："腊日造脂花～。"

憺 dàn ❶安然。屈原《九歌·东君》："羌声色兮娱人，观者～兮忘归。"(羌：句首语气词。)㉢清静，淡泊。《淮南子·本经》："～然无欲，而民自朴。"❷忧虑。宋玉《九辩》："心烦～兮忘食事。"❸通"惮"。畏惧。《汉书·李广传》："是以名声暴于夷貉，威稜～乎邻国。"(稜：威势。)

澹 dàn ❶荡，波动。《汉书·礼乐志》："相放悲，震～心。"❷[澹澹]1.波浪起伏或流水迂回的样子。曹操《步出夏门行·观沧海》："水何～～，山岛竦峙(sǒng zhì)。"(竦峙：耸立。)2.恬静的样子。《楚辞·九叹·愍命》："情～～其若渊。"❸平静，安静。《淮南子·俶真》："蜂虿螫指，而神不能～。"贾谊《鹏鸟赋》："～乎若深渊之静。"❹通"淡"。浅淡，薄。与"浓"相对。《吕氏春秋·本味》："辛而不烈，～而不薄。"杜甫《两当县吴十侍御江上宅》诗："寒城朝烟～。"㉢淡泊。《新唐书·韦述传》："～荣利，为人纯厚长者。"❺shàn 通"赡"。富足，充足。《荀子·王制》："物不能～则必争。"

黮 dàn ❶黑色。《淮南子·主术》："问瞽师曰：'白素何如？'曰：'缟然。'曰：'黑何若？'曰：'～然。'"[黮黕(duì)]黑的样子。左思《魏都赋》："榱(cuī)题～～。"(榱题：屋檐的椽子头。)❷不明的样子。柳宗元《吊苌弘文》："版上帝以飞精兮，～寥廓而殄(tiǎn)绝。"(殄：尽，灭。)[黮闇]不明的样子。《庄子·齐物论》："我与若不能相知也，则人固受其～～，吾谁使正之？"❸shèn 通"葚"。桑葚。《诗经·鲁颂·泮水》："食我桑～，怀我好音。"

DANG

当(當) dāng ❶对着，面对。《礼记·檀弓上》："既歌而入，～户而坐。"《论衡·变动》："盛夏之时，～风而立。"成语有"当机立断"。㉡挡住。《庄子·人间世》："汝不知夫螳螂乎，怒其臂以～车辙。"(汝：你。夫：那个。)❷处在某个地方或某个时候。如"当场"。《墨子·兼爱下》："然～今之时。"㉡占着，把着。李白《蜀道难》诗："一夫～关，万夫莫开。"❸担当，承担。《孟子·离娄下》："不祥之实，蔽贤者～之。"㉡掌管，主持。《左传·襄公二年》："于是子罕～国。"❹适应，相当。《商君书·更法》："各～时而立法。"❺判罪。《史记·蒙恬列传》："～高罪死。"(判赵高死罪。)❻应当。《后汉书·皇甫嵩传》："苍天已死，黄天～立。"㉢将要。《后汉书·卓茂传》："知王莽～篡，乃变名姓，抱经书隐避林薮。"❼dàng 抵押。《左传·哀公八年》："以王子姑曹～之而后止。"❽dàng 当作。《战国策·齐策四》："安步以～车。"

（安步：慢慢地步行。）❾ dàng 适合，得当。《礼记·乐记》："古者天地顺而四时～。"《吕氏春秋·义赏》："岂非用赏罚～邪？" ❿ dàng 器皿的底部。《韩非子·外储说右上》："今有千金之玉卮，通而无～，可以盛水乎？"

珰（璫） dāng ❶ 瓦当。司马相如《上林赋》："华榱（cuī）璧～。"（榱：椽子。璧珰：以璧为瓦当，装饰在椽头上。）❷ 汉代武官的冠饰。《后汉书·舆服志下》："武冠，一曰武弁大冠，诸武官冠之。侍中、中常侍加黄金～。"（侍中、中常侍：多为皇帝近臣。）㉢ 东汉以后，侍中等专以宦者充任，因而"珰"也用来指称宦官。夏允彝《幸存录·门户大略》："东林初负气节，每与内～为难。" ❸ 古代妇女的耳饰。《古诗为焦仲卿妻作》："耳著明月～。"（明月：指明月珠，珠宝名。）❹ 象声词。[珰琅]击鼓声。卢仝《月蚀诗》："始撾天鼓鸣～～。"

铛（鐺） dāng ❶ [铛铛]象声词，形容金声或更漏声。徐陵《与杨仆射书》："～～晓漏。" ❷ [锒（láng）铛]见237页"锒"字。❸ chēng 温酒器。《北史·孟信传》："乃自出酒，以铁～温之。" ❹ chēng 一种铁锅。《世说新语·德行》："吴郡陈遗，家至孝，母好食～底焦饭。" ❺ tāng [铛鼟（tà）]鼓声。《史记·司马相如列传》："金鼓迭起，铿鎗～～。"（铿鎗：同"铿锵"。形容声音洪亮有节奏。）

党¹ dǎng ❶ [党项]古代民族名。汉西羌的一支。❷ 姓。

党²（黨） dǎng ❶ 古代的一种居民组织，五百家为一党。《周礼·地官·大司徒》："五族为～。"（族：一百家。）㉢ 乡里。《论语·子路》："吾～有直躬者，其父攘羊，而子证之。" ❷ 集团。屈原《离骚》："惟夫～人之偷乐兮，路幽昧以险隘。"《盐铁论·禁耕》："私门成～。"（私门：指官僚贵族私人的门下。）成语有"党同伐异"。【注意】"党"指集团时，在古代一般只用于贬义，与现代汉语不同。㉢ 结为同党。《论语·述而》："吾闻君子不～。" ❸ 亲族。《三国志·魏书·常林传》："年七岁，有父～造门。"（造门：登门拜访。）❹ 袒护，偏袒。《尚书·洪范》："无偏无～，王道荡荡。"《韩非子·外储说左下》："子～于师人。"（子：你。师人：指老上司。）❺ tǎng 通"倘"。偶然。《荀子·天论》："怪星之～见（xiàn）。"（见：出现。）❻ 通"谠"。正直，敢于直言。《荀子·非相》："博而～正。"（知识广博，直言公正。）【注意】在古代，"党"和"黨"是两个字，意义各不相同。上述义项都不写作"党"。现"黨"简化为"党"。

谠（讜） dǎng 正直，敢于直言。《汉书·叙传上》："今日复闻～言。"曹操《拒王芬辞》："昌邑即位日浅，未有贵宠，朝乏～臣。"

当（當） dàng 见75页。

砀（碭） dàng ❶ 有花纹的石头。何晏《景福殿赋》："墉垣～基，其光昭昭。"（墉垣：高墙。）㉢ 地名。汉有砀山、砀县。❷ 通"荡"。荡溢出来，振荡。《庄子·庚桑楚》："吞舟之鱼，～而失水，则蚁能苦之。" ❸ 通"荡"。广大。《淮南子·本经》："当此之时，玄元至～而运照。"（玄元：指天。）

荡（蕩） dàng ❶ 摇动。《韩非子·外储说左上》："蔡女为桓公妻，桓公与之乘舟。夫人～舟，桓公大惧。"㉡ 动摇，不安定。《荀子·劝学》："是故权利不能倾也，群众不能移也，天下不能～也。" ❷ 放纵，放荡。《论语·阳货》："古之狂也肆，今之狂也～。"《荀子·荣辱》："～悍者常危害。"[荡然] 1. 放纵的样子。《史记·鲁仲连邹阳列传》："～～肆志，不诎于诸侯。"（肆志：放任自己的心意。诎：屈。）2. 败坏的样子。王安石《上皇帝万言书》："风俗～～。" ❸ 涤除，洗掉。《史记·乐书》："万民咸～涤邪秽。"（咸：皆。）《晋书·刘琨传》："扫～仇耻。"上述❶❷❸都可以写作"盪"。❹ 平坦。《诗经·齐风·南山》："鲁道有～，齐子由归。"（有：形容词词头。）㉢ 广大。《左传·襄公二十九年》："美哉～乎，乐而不淫。"[荡荡] 1. 平坦的样子。《楚辞·九叹·离世》："路～～其无人兮。" 2. 广大的样子。《汉书·礼乐志》："大海～～水所归。"又写作"盪盪"。

宕 dàng ❶ 摇动，振荡。《宋书·袁淑传》："绝波之鳞，～流则枯。" ❷ 流动，流荡。《穀梁传·文公十一年》："弟兄三人，佚～中国。"㉢ 放纵。《后汉书·孔融传》："发辞偏～，多致乖忤。"《晋书·姚兴载记上》："刑网峻急，风俗奢～。"

逿 dàng ❶ 跌倒。《汉书·王式传》："式耻之，阳醉～墬（dì）。"（墬：同"地"。）❷ táng 摇动，冲击。《史记·扁鹊仓公列传》："周身热，脉盛者为重阳，重阳者，～心主。"

盪 dàng ❶ 动荡，摇动。《左传·昭公二十六年》："兹不穀震～播越，窜在荆蛮。"《周易·系辞上》："刚柔相摩，八卦相～。"❷洗涤，冲击。《汉书·艺文志》："聊以～意平心，同死生之域，而无怵惕于胸中。"（怵惕：担心害怕。）柳宗元《晋问》："若江汉之水，疾风驱涛，击山～壑。"㊀清除。《汉书·食货志》："后二年，世祖受命，～涤烦苛，复五铢钱，与天下更始。"❸放荡，放纵。《汉书·丙吉传》："不得令晨夜去皇孙敖～。"❹碰撞，撞击。《晋书·刘曜载记》："丈八蛇矛左右盘，十～十决无当前。"❺táng 通"搪"。涂抹。《新唐书·食货志四》："江淮多铅锡钱，以铜～外。"

簜 dàng 大竹。《尚书·禹贡》："瑶琨篠（xiǎo）～。"（瑶、琨：美玉名。篠：箭竹。）㊁竹管制的乐器。《仪礼·大射仪》："～在建鼓之间。"（建鼓：大鼓。）

DAO

刀 dāo ❶切割工具，古代也是兵器。《庄子·养生主》："良庖岁更～，割也。"《三国志·吴书·吴主传》："于安平之世而～剑不离于身。"[刀笔]刀和笔，书写时的用具。古代书写时用笔写在竹简上，错了就用刀刮去。《史记·酷吏列传》："临江王欲得～～，为书谢上。"（为书谢上：写信向皇帝道歉。）㊁称掌刀笔、管文书的小官为"刀笔吏"，简称"刀笔"。《战国策·秦策五》："臣少为秦～～。"《史记·汲郑列传》："天下谓～～吏不可以为公卿。"❷古代一种钱币，因形状如刀而得名。《荀子·富国》："厚～布之敛以夺之财。"（加重征收货币以掠夺人民的钱财。布：古代钱币。）❸小船。《诗经·卫风·河广》："谁谓河广？曾不容～。"这个意义后来写作"舠"。

忉 dāo 忧伤。《李翊夫人碑》："谁不～兮作哀声。"[忉忉]1.忧伤的样子。《诗经·齐风·甫田》："无思远人，劳心～～。"2.唠叨，絮烦。欧阳修《与王懿敏公书》："客多，偷隙作此简，鄙怀欲述者多，不觉～～。"[忉怛（dá）]忧伤、悲哀的样子。李陵《答苏武书》："异方之乐，祇令人悲，增～～耳。"

舠 dāo 小船。刘勰《文心雕龙·夸饰》："是以言峻则嵩高极天，论狭则河不容～。"李白《酬张卿夜宿南陵见赠》诗："河汉挂户牖，欲济无轻～。"

导（導） dǎo ❶疏导，流通。《尚书·禹贡》："～黑水至于三危，入于南海。"（三危：山名。）《国语·周语上》："为川者决之使～。"（治河的人决除障碍使水流通。）❷开发。《后汉书·马援传》："开～水田，劝以耕牧。"❸引，引导。《史记·孙子吴起列传》："善战者因其势而利～之。"《北史·西域传序》："发使～路。"㊁向导，引路的人。《史记·大宛列传》："乌孙发～译送骞还。"（乌孙：西域国名。译：翻译。骞：张骞。）❹导源，发源。郦道元《水经注·巨洋水》："丹水有二源，各～一山。"❺开导，教导，启发。《墨子·非儒下》："其道不可以期世，其学不可以～众。"柳宗元《封建论》："明谴而～之。"（公开批评并劝导他们。）❻发饰用具，引发入冠帻。《晋书·桓玄传》："玄拔头上玉～与之。"

捣（擣、擣） dǎo ❶捣，舂。贾思勰《齐民要术·种谷》："～麋（mí）鹿羊矢。"（麋：鹿的一种。矢：屎。）李白《捣衣篇》："夜～戎衣向明月。"（戎衣：军服。）❷攻击，攻打。《史记·孙子吴起列传》："批亢～虚。"（批：攻击。亢：吭，咽喉。比喻要害。）《新唐书·苏定方传》："逾岭驰～贼营。"

祷（禱） dǎo 祈祷。《论语·八佾》："获罪于天，无所～也。"《淮南子·主术》："汤之时，七年旱，以身～于桑林之际。"（汤：商汤王。）

蹈 dǎo ❶踩，踏。《尚书·君牙》："心之忧危，若～虎尾。"㊀踏上，奔赴。《史记·鲁仲连邹阳列传》："则连有～东海而死耳，吾不忍为之民也。"成语有"赴汤蹈火"。❷顿足，踏地。《孟子·离娄上》："恶（wū）可已，则不知足之～之手之舞之。"（恶：何。已：止。）蔡琰《胡笳十八拍》："羌胡～舞兮共讴歌。"（讴：唱歌。）❸遵循，实行。《荀子·王制》："聚敛者，召寇、肥敌、亡国、危身之道也，故明君不～也。"（聚敛：搜刮钱财。）成语有"循规蹈矩"。【辨】履，践，蹈，蹑。见293页"蹑"字。

到 dào ❶到，到达。《论语·季氏》："民～于今称之。"《三国志·吴书·吴主传》："蒙～，二郡皆服。"（蒙：吕蒙，人名。）《旧唐书·李渤传》："似投石井中，非～底不止。"㊕指前往任职，到任。《世说新语·文学》："王东亭～桓公吏。"❷周到。《后汉书·谅辅传》："为民祈福，精诚恳～。"❸颠倒。《庄子·外物》："草木之～植者过半，而不知其然。"《吕氏春秋·爱类》："公之学去尊，今又王齐王，何其～也？"这个意义后来写作"倒"。

盗（盜） dào ❶盗窃，偷东西。《荀子·修身》："窃货曰～。"㊁偷东西的人。《庄子·胠箧》:“将为胠箧(qū qiè)探囊发匮之～。”(胠箧:从旁打开箱子。探囊:掏口袋。发匮:打开柜子。)❷强盗。《庄子·盗跖》:“天下何故不谓子为～丘?”(谓:称。子:你。)❸指地位低贱的小人。《诗经·小雅·巧言》:“君子信～,乱是用暴。”【辨】盗,贼。“盗”、“贼”两字,古代和现代的意义几乎相反:现代普通话所谓“贼”(偷东西的人),古代叫“盗”;现在所谓“强盗”(抢东西的人),古代也可以叫“盗”,但一般都称“贼”。

悼 dào ❶悲伤。《诗经·卫风·氓》:“静言思之,躬自～矣。”(躬自:指自己。)㉿悼念。元稹《遣悲怀》诗:“潘岳～亡犹费词。”(亡:指亡妻。犹:还。)❷恐惧。《吕氏春秋·论威》:“敌人之～惧惮恐。”㉗战栗。《三国志·魏书·文帝纪》注引《献帝传》:“心慄手～,书不成字。”【辨】哀,戚,悲,悼。见1页“哀”字。

道 dào ❶路。《诗经·小雅·大东》:“周～如砥,其直如矢。”《史记·陈涉世家》:“会天大雨,～不通。”(会:恰巧。)成语有“任重道远”。㉿途径,方法,措施。《论语·里仁》:“富与贵,是人之所欲也;不以其～得之,不处也。”(处:居,指占有。)《商君书·更法》:“治世不一～,便国不必法古。”(便:有利。)❷规律,道理。《庄子·养生主》:“臣之所好者～也,进乎技矣。”(进乎:超过。)《荀子·天论》:“修～而不贰,则天不能祸。”(遵循事物的道理而坚定不移,就是天也不能给人祸害。)㉿道义。《孟子·公孙丑下》:“得～者多助,失～者寡助。”❸指道家,道教。《三国志·魏书·张鲁传》:“祖父陵,客蜀,学～鹄鸣山中,造作～书,以惑百姓。”白居易《首夏同诸校正游开元观因宿玩月》诗:“沈沈～观中,心赏期在兹。”(道观:道教的庙宇。)❹主张,思想,学说。《论语·里仁》:“吾～一以贯之。”《孟子·滕文公上》:“从许子之～,则市贾不贰。”㉗技艺,技能。《论语·子张》:“虽小～,必有可观者焉。”❺从,由。《管子·禁藏》:“凡治乱之情,皆～上始。”(上:君主。)《史记·高祖本纪》:“太尉周勃～太原人,定代地。”❻说,讲。《诗经·鄘风·墙有茨》:“中冓之言,不可～也。”(中冓之言:指内室中淫僻的话。)《盐铁论·遵道》:“饰虚言以乱实,～古以害今。”❼dǎo 引导。《论语·为政》:“～之以德,齐之以礼。”《汉书·张骞传》:“唯王使人～送我。”(唯:语气词。表示希望。)❽dǎo 通,疏导。《左传·襄公三十一年》:“不如小决使～。”(不如决一个小口子,疏导河水。)上述❼❽后来写作“导”。❾量词。元稹《望喜驿》诗:“子规惊觉灯又灭,一～月光横枕前。”❿古代行政区划名。汉代在某些少数民族聚居区所设的县称道;唐代分全国为十道;清朝在省与府、州之间设道。

翿 dào 古乐舞中所用的上有羽毛装饰的旗子。《诗经·王风·君子阳阳》:“君子陶陶,左执～。”㉗葬礼中用以引导灵柩的旗帜。《周礼·地官·乡师》郑玄注:“匠人执～以御柩。”

纛 dào ❶古代用旄牛尾或野鸡尾做成的舞具,也用来做帝王车上的装饰物。《隋书·音乐志下》:“二人执～,引前,在舞人数外,衣冠同舞人。”张籍《寒食内宴》诗:“彩～鱼龙四面稠。”《汉书·高帝纪上》:“纪信乃乘王车,黄屋左～。”(纪信:人名。黄屋:黄缎子做衬里的车盖。左:指车前横木左上方。)❷军中大旗(后起意义)。欧阳修《相州昼锦堂记》:“高牙大～。”(牙:牙旗,将军的旗子。)

DE

得 dé ❶得到,获得。与“失”相对。《孙子兵法·军争》:“不用乡导者,不能～地利。”《后汉书·班超传》:“不入虎穴,不～虎子。”㉿心得,收获。《南史·陶潜传》:“开卷有～,便欣然忘食。”❷成功,事情做对了。《汉书·叙传上》:“历古今之～失。”㉗得意。《史记·管晏列传》:“意气扬扬,甚自～也。”(自得:自认为得意。)㉿投合。《史记·魏其武安侯列传》:“相～欢甚,无厌,恨相知晚也。”❸表示情况允许,有“能够”、“可以”的意思。晁错《论贵粟疏》:“春不～避风尘,夏不～避暑热。”❹表示完成(后起意义)。《世说新语·假谲》:“已觅～婚处,门地粗可。”聂夷中《咏田家》:“医～眼前疮,剜却心头肉。”

德(悳) dé ❶道德,品行。《荀子·王制》:“无～不贵,无能不官。”❷恩德,恩惠。《韩非子·解老》:“有道之君,外无怨雠于邻敌,而内有～泽于人民。”《史记·秦始皇本纪》:“刻石颂秦～。”㉗感激。《韩非子·外储说左下》:“以功受赏,臣不～君。”❸心意。《诗经·卫风·氓》:“士也罔极,二三其～。”(罔极:无常,没有定准。二三其德:指变了心。)成语有“同心同德”。

DENG

登 dēng ❶升，由低处到高处。《荀子·劝学》："故不～高山，不知天之高也。"《左传·庄公十年》："～轼而望之。"㉂踏上。杜甫《石壕吏》诗："天明～前途，独与老翁别。"❷进献。《礼记·月令》："是月也，农乃～谷，天子尝新，先荐寝庙。"❸进用。《后汉书·仲长统传》："善者早～，否者早去。"杜甫《上韦左相二十韵》："才杰俱～用，愚蒙但隐沦。"❹记载，登记。《周礼·秋官·司民》："司民掌～万民之数。"(司民：官名。掌：主管。)❺庄稼成熟。《孟子·滕文公上》："五谷不～。"成语有"五谷丰登"。❻副词。当即。郦道元《水经注·洛水》："自晨至中，紫云沓起，甘雨～降。"

簦 dēng 古时有柄的笠，类似后代的伞。《国语·吴语》："(夫差)遵汶(wèn)伐博，～笠相望于艾陵。"(遵：沿着。汶：水名。博、艾陵：古地名。)《吕氏春秋·介立》："或遇之山中，负釜盖～。"

等 děng ❶相同，一样。《淮南子·主术》："有法者而不用，与无法～。"成语有"等量齐观"。❷等级，次序。《礼记·文王世子》："正君臣之位，贵贱之～焉。"《三国志·蜀书·诸葛亮传》："请自贬三～。"㊕台阶的层级。《吕氏春秋·召类》："故明堂茅茨蒿柱，土阶三～，以见节俭。"㉂区分等级、次序。《荀子·君子》："～贵贱，分亲疏，序长幼。"❸衡量。孟浩然《闺情》诗："裁缝无处～，以意忖情量。"❹等待(后起意义)。范成大《州桥》诗："父老年年～驾廻。"(廻：回。)❺用在人称代词或指人、物的名词后，表示多数或列举未尽。《史记·陈涉世家》："公～遇雨，皆已失期。"《三国志·蜀书·诸葛亮传》："亮与张飞、赵云～率众泝(sù)江。"(泝：同"溯"。逆水而行。)贾思勰《齐民要术·杂说》："如去城郭近，务须多种瓜菜、茄子～。"【辨】俟，待，等，候。见391页"俟"字。

磴(墱、隥) dèng ❶石阶。庾信《和从驾登云居寺塔》："危～九层台。"(危：高。)❷有台阶的石桥。孙绰《游天台山赋》："跨穹隆之悬～，临万丈之绝冥。"(穹隆：中间高起。)❸tèng 增益，增加。郭璞《江赋》："～之以瀿(fán)濆(yì)，渫(xiè)之以尾闾。"(瀿濆：暴涨急流的水。渫：泄漏。尾闾：传说中海水汇合处。)

镫(鐙) dèng ❶dēng 古代盛放熟食的器具。《仪礼·公食大夫礼》："实于～，宰右执～左执盖，由门入。"(宰：厨师。右：右手。左：左手。)这个意义又写作"登"。❷dēng 油灯。刘桢《赠五官中郎将》诗："众宾会广座，明～熺(xī)炎光。"(熺：炽。)这个意义后来写作"燈"，现简化为"灯"。❸马鞍两旁的脚踏(后起意义)。李白《赠从弟南平太守之遥》诗："龙驹雕～白玉鞍。"(龙驹：指骏马。)

蹬 dèng [蹭(cèng)蹬]见37页"蹭"字。

DI

氐 dī 见80页。

羝 dī 公羊。《诗经·大雅·生民》："取～以軷(bá)。"(軷：祭祀路神。)《后汉书·左慈传》："忽有一老～屈前两膝。"

堤(隄) dī ❶河堤，堤坝。《管子·度地》："令甲士作～大水之旁……大者为之～，小者为之防。"李白《赠清漳明府侄聿》诗："河～绕绿水。"㉂用作动词。筑堤。《管子·度地》："地高则沟之，下则～之。"这个意义又写作"隄"。❷陶器的底座。《淮南子·诠言》："瓶瓯(ōu)有～。"(瓯：杯盆一类的陶器。)

鞮 dī ❶皮革制的鞋。《说文》："鞮，革履也。"《盐铁论·散不足》："古者庶人贱骑绳控，革～皮荐而已。"(荐：荐，马鞍垫子。)❷[鞮译]翻译。《新唐书·李蔚传赞》："～～差殊，不可研诘。"[狄鞮]古代做翻译工作的人。《礼记·王制》："五方之民，言语不通，嗜欲不同；达其志，通其欲，东方曰寄，南方曰象，西方曰～～，北方曰译。"

滴 dī ❶液体一点一点落下来。李白《金陵城西楼月下吟》："白露垂珠～秋月。"杜甫《发同谷县》诗："临歧别数子，握手泪再～。"成语有"滴水成冰"。❷水点。贾岛《感秋》诗："朝云藏奇峰，暮雨洒疏～。"(疏：稀疏。)❸量词。王建《伤邻家鹦鹉词》："十日不饮一～浆。"(浆：指水。)

狄 dí ❶我国古代北部一个民族。后又泛称北方诸少数民族。《尚书·仲虺之诰》："南征北～怨。"❷通"翟(dí)"。野鸡尾巴上的长毛。《礼记·乐记》："干戚旄(máo)～以舞之。"(拿着盾、斧、牦牛尾、野鸡羽来舞蹈。)❸tì 通"逖"。远。《荀子·赋》："修洁之为亲而杂污之为～者邪！"(亲近品行清廉的人而疏远品行肮脏的人。）❹ tì 通“剔”。剪除，整治。《诗经·鲁颂·泮水》：“桓桓于征，～彼东南。”（桓桓：威武的样子。）

荻 dí 一种多年生草本植物。《韩非子·十过》：“公宫之垣（yuán），皆以～、蒿、楛（hù）、楚墙之。”（垣：墙。楛、楚：荆棘类植物。墙：用作动词，筑墙。）白居易《琵琶行》：“浔阳江头夜送客，枫叶～花秋瑟瑟。”

迪 dí ❶ 道路。屈原《九章·怀沙》：“易初本～兮，君子所鄙。”（易初本迪：改变最初的道路。）㊀道理。《尚书·大禹谟》：“惠～吉，从逆凶。”（惠：遵循。）❷ 行，行动。《尚书·微子》：“诏王子出～。”❸ 开导，引导。《尚书·太甲上》：“启～后人。”（启：启发。）❹ 遵循，因袭。《扬子法言·先知》：“为国不～其法而望其效。”《汉书·叙传下》：“汉～于秦，有革有因。”❺ 进用，引进。《诗经·大雅·桑柔》：“维此良人，弗求弗～。”（求：寻求。）❻ 句首、句中语气词。《尚书·立政》：“古之人～惟有夏。”

籴（糴） dí 买进粮食。《商君书·垦令》：“使商无得～，农无得粜（tiào）。”（粜：卖出粮食。）《史记·晋世家》：“晋饥而秦贷我，今秦饥请～，与之何疑？”

敌（敵） dí ❶ 仇敌，敌人。《左传·僖公三十三年》：“一日纵～，数世之患也。”贾谊《新书·大政》：“与民为～者，民必胜之。”❷ 抵挡，抵抗。《史记·项羽本纪》：“剑，一人～，不足学。学万人～。”成语有“寡不敌众”。❸ 相当，匹敌。《孙子兵法·谋攻》：“五则攻之，倍则分之，～则能战之。”成语有“势均力敌”。

涤（滌） dí ❶ 洗。《韩非子·说林下》：“器有～则洁矣。”❷ 打扫，扫除。《诗经·豳风·七月》：“十月～场。”（十月打扫打谷场。）㊁清除。《汉书·路温舒传》：“～烦文，除民疾。”❸ 古时饲养祭祀用的牛羊的房子。《公羊传·宣公三年》：“帝牲在于～三月。”（帝牲：祭祀天帝的牛羊。）❹［涤涤］光秃秃没有草木的样子。《诗经·大雅·云汉》：“旱既大甚，～～山川。”【辨】濯，涤，洗。见440页“洗”字。

滌 dí ❶［滌滌］贪利的样子。《汉书·叙传下》：“六世眈眈，其欲～～。”（眈眈：贪婪注视的样子。）❷ yóu［滌滌］水流的样子。《楚辞·大招》：“东有大海，溺（ruò）水～～只。”（溺：通“弱”。柔弱。只：句尾语气词。）

靮 dí 马缰绳。《礼记·少仪》：“牛则执纼（zhèn），马则执～。”（纼：牛鼻绳。）

觌（覿） dí 见，相见。《论语·乡党》：“私～，愉愉如也。”曹植《洛神赋》：“尔有～于彼者乎？”（你看见那个人了吗？）㊀看，察看。《淮南子·主术》：“简子欲伐卫，使史黯往～焉。”㊁显现。郭璞《山海经图赞》：“昼隐夜～。”

髢 dí （旧读 dì）假发。《左传·哀公十七年》：“见己氏之妻发美，使髡（kūn）之以为吕姜～。”（髡：剃发。）㊀装假发。《诗经·鄘风·君子偕老》：“鬒（zhěn）发如云，不屑～也。”（鬒发：又黑又密的发。）

鍉 dí 见50页。

嫡 dí 正妻。与“庶”相对。《诗经·召南·江有汜序》：“有～不以其媵备数。”（媵：随嫁女子。）㊀正妻所生的儿子。有时也专指正妻所生的长子。《左传·文公十七年》：“归生佐寡君之～夷。”（归生辅佐我国国君的嫡子夷。归生、夷：人名。）㊁正宗，正支。《聊斋志异·宦娘》：“少喜琴筝，筝已颇能谙之，独此技未有～传。”

甋 dí ［瓴（líng）甋］见253页“瓴”字。

镝（鏑） dí 箭头。《史记·秦楚之际月表》：“堕坏名城，销锋～。”张华《博物志》卷二：“以燋铜为～，涂毒药于～锋，中人即死。”（燋铜：烧过的铜。中：射中。）㊁指箭。《汉书·匈奴传》：“以鸣～射单于善马。”上述意义又写作“鍉”。

蹢 dí ❶ 蹄子。《诗经·小雅·渐渐之石》：“有豕白～。”（豕：猪。）❷ zhí［蹢躅（zhú）］［蹢躅］通“踯躅”。徘徊不进的样子。《庄子·秋水》：“蹢躅而屈伸，反要而语极。”韩驹《题双牛图》诗：“騃（ái）牛蹢躅知何事。”（騃：笨。）❸ zhì 通“擿”。抛弃，投。《庄子·徐无鬼》：“齐人～子于宋者，其命阍也不以完。”（阍：指看门人。不以完：不能保全。）

翟 dí 见518页。

篴 dí “笛”的古字。一种管乐器。《周礼·春官·笙师》：“掌教吹竽、笙、埙（xūn）、籥（yuè）、箫、篪（chí）、～、管。”（埙：一种陶土烧制的乐器。籥、篪：两种管乐器。）

氐 dǐ ❶ 根本。《诗经·小雅·节南山》：“尹氏大师，维周之～。”（太师尹氏地位重要，是周朝的根本。大师：即太师，周代官名。）❷［大氐］大都，大概。《汉书·

礼乐志》："～～皆因秦旧事焉。"（因：沿袭。秦旧事：指秦代的制度、规矩。）又写作"大抵"。❸ dī 通"低"。《汉书·食货志下》："其贾（jià）～贱减平者，听民自相与市。"（如果卖价低于政府规定的平价，就听凭百姓到市上去自由买卖。）❹ dī 我国古代西部的一个民族。晋时曾建立前秦、后凉、成汉等国。❺ 星名。二十八宿之一。《汉书·天文志》："荧惑入～中。"

阺 dǐ ❶ 山的侧坡。宋玉《高唐赋》："登巉岩而下望兮，临大～之稸（xù）水。"（巉岩：险峻的高山。稸：同"蓄"。积聚。）❷ 山旁突出欲坠的部分。《汉书·扬雄传下》："功若泰山，响若～隤（tuí）。"（隤：坠落。）

邸 dǐ ❶ 古时王、侯或朝见皇帝的官员在京城的住所。《史记·吕太后本纪》："迎代王于～。"㉒官员办事或居住的处所。查继佐《徐光启传》："宦～萧然。"（萧然：清静寂寞。）双音词有"官邸"、"府邸"。❷ 旅舍，客店。《宋史·黄榦传》："时大雪，既至而熹它出，榦因留客～。"（熹：指朱熹。榦：指黄榦。）㉂店铺。《新唐书·德宗纪》："禁百官置～贩鬻。"❸ 停留。屈原《九章·涉江》："～余车兮方林。"（余：我。方林：地名。）[邸阁]粮食仓库。《三国志·蜀书·后主传》："亮使诸军运米，集于斜谷口，治斜谷～～。"（亮：诸葛亮。斜谷：地名。）❹ 通"抵"。到。《史记·河渠书》："令凿泾水自中山西～瓠（hù）口为渠。"（中山、瓠口：地名。）㉂投奔。《汉书·张耳传》："外黄富人女甚美，庸奴其夫，亡～父客。"

诋（詆） dǐ ❶ 毁谤，诬蔑。《史记·酷吏列传》："所治即豪，必舞文巧～。"（即：如果。）㉁责骂（后起意义）。文天祥《指南录后序》："～大酋当死，骂逆贼当死。"❷ 通"柢"。根底，重要的事情。《淮南子·兵略》："兵有三～。"❸ 通"抵"。抵偿。《史记·酷吏列传》："吏卒格信时，射中上林苑门，宣下吏～罪。"（信、宣：人名。）

抵[1] dǐ ❶ 推，挤。《后汉书·桓谭传》："憙非毁俗儒，由是多见排～。"（憙：同"喜"。喜欢。）❷ 用角顶，触。扬雄《羽猎赋》："犀兕（sì）之～触。"（兕：雌的犀牛。）㉁触犯，抵触。《汉书·礼乐志》："习俗薄恶，民人～冒。"柳宗元《辩文子》："其意绪文辞叉牙相～而不合。"（意绪：指思想内容。叉牙：交错。）❸ 否认，抵赖。《汉书·田延年传》："延年～曰。"❹ 抵偿。《三国志·魏书·武帝纪》："败军者～罪，失利者免官爵。"㉁抵得上，相当。杜甫《春望》诗："烽火连三月，家书～万金。"❺ 到达。《史记·蒙恬列传》："始皇欲游天下，道九原，直～甘泉。"（道：取道。九原、甘泉：地名。）㉂投奔。《后汉书·彭宠传》："即与乡人吴汉亡至渔阳，～父时吏。"㉂拜访。李白《与韩荆州书》："三十成文章，历～卿相。"❻ zhǐ 同"抵"。击。《盐铁论·崇礼》："昆山之旁，以玉璞～乌鹊。"㉁掷，扔。《明史·海瑞传》："帝得疏，大怒，～之地。"

抵[2]（牴、觝） dǐ 用角顶，触。《淮南子·说山》："兕（sì）牛之动以～触。"（兕：雌的犀牛。）[抵牾]抵触，矛盾。刘知几《史通·自叙》："流俗鄙夫，贵远贱近，传兹～～，自相欺惑。"

底 dǐ ❶ 最下面，底端。《列子·汤问》："有大壑焉，实惟无～之谷。"柳宗元《酬贾鹏山人》诗："青松遗涧～。"（涧：山涧。）㉂里，里面。杜甫《昼梦》诗："故乡门巷荆棘～，中原君臣豺虎边。"㉁尽头，末了。徐弘祖《徐霞客游记·楚游日记》："数转达洞～。"又如"年底"。❷ 至，到。《列子·天瑞》："林类年且百岁，～春被裘。"（林类：人名。且：将。被裘：披上皮衣。）㉁达到，具有。《汉书·杨恽传》："恽材朽行秽，文质无所～。"❸ 止，停滞不流通。柳宗元《天说》："人之血气败逆壅～。"（壅：堵塞。）❹ 何，什么（后起意义）。范成大《双燕》诗："～处飞双燕，衔泥上药栏。"（药栏：药园的栏杆。）❺ 通"砥"。磨刀石。《孟子·万章下》："周道如～，其直如矢。"㉁磨炼。《汉书·邹阳传》："圣王～节修德。"

弤 dǐ 雕弓。《孟子·万章上》："干戈，朕；琴，朕；～，朕。"（朕：指归我。）

柢 dǐ 树根，根底。《韩非子·解老》："～固则生长。"（固：结实，牢靠。）《后汉书·东夷传》："万物～地而出。"（柢地：以地做根柢。）㉁底部。《论衡·是应》："司南之杓，投之于地，其～指南。"[根柢]树根。《史记·鲁仲连邹阳列传》："蟠（pán）木～～，轮囷离诡。"（蟠结的树根弯曲奇特。）㉁基础。左思《吴都赋》："霸王之所～～，开国之所基趾。"（基趾：基础。）

砥 dǐ ❶ 质地很细的磨刀石。《诗经·小雅·大东》："周道如～，其直如矢。"《淮南子·说山》："厉利剑者，必以柔～。"（厉：磨。柔：不硬。）㉁磨。刘向《说苑·权谋》："晋人已胜智氏，归而缮甲～兵。"㉂磨炼。《淮南子·道应》："文王～德修政。"[砥砺] 1. 磨刀石。《山海经·西山经》："崦嵫

(yān zī)之山……其中多～～。" 2. 磨炼，锻炼。《荀子·王制》："～～百姓。"又写作"砥厉"。《史记·鲁仲连邹阳列传》："臣闻盛饰入朝者不以利汙义，砥厉名号者不以欲伤行。" ❷ 平。鲍照《登大雷岸与妹书》："东则～原远隰(xí)。"(隰：低湿地。)㊀均平。《国语·鲁语下》："藉田以力，而～其远迩。" ❸ 阻挡。徐弘祖《徐霞客游记·粤西游日记二》："又数丈有石～中流。" ❹ 通"底"。止，停滞。《管子·法法》："商无废利，民无游日，财无～墆。"(墆：积滞。)

玓 dì [玓瓅(lì)]珠子发光的样子。司马相如《上林赋》："明月珠子，～～江靡(mǐ)。"(江靡：江边。)

杕 dì ❶ 树木挺立的样子。《诗经·唐风·杕杜》："有～之杜，其叶湑湑(xǔ xǔ)。"(湑湑：茂盛的样子。) ❷ duò 通"柁"。船尾梢木。《淮南子·说林》："毁舟为～。"

釱 dì ❶ 古代脚镣类的刑具。《汉书·陈万年传附陈咸》："或私解脱钳～。"(钳：古代束颈刑具。)㊁用作动词。脚镣戴上脚。《史记·平准书》："敢私铸铁器煮盐者，～左趾。"(趾：脚。) ❷ dài 通"軑"。车毂端头的帽盖。扬雄《甘泉赋》："陈众车于东阬兮，肆玉～而下驰。"(肆：放开。)

地 dì ❶ 大地，田地。《庄子·德充符》："夫天无不覆，～无不载。"《管子·形势解》："～生养万物。" ❷ 地区，区域。《史记·秦始皇本纪》："王翦遂定荆江南～。"(王翦：人名。) ❸ 处所，地点。《孙子兵法·虚实》："先处战～而待敌者佚。"(佚：安逸。这里指以逸待劳。)㊀处境，境地。《史记·李斯列传》："久处卑贱之位，困苦之～。" ❹ 地位。《孟子·离娄下》："禹、稷、颜子，易～则皆然。"㊀门第。骆宾王《代李敬业讨武氏檄》："伪临朝武氏者，性非和顺，～实寒微。" ❺ 质地，底子。《三国志·魏书·东夷传》："今以绛～交龙锦五匹……答汝所献贡直。" ❻ 副词词尾(后起意义)。《世说新语·方正》："使君如馨～，宁可斗战求胜！"李白《越女词》："相看月未堕，白～断肝肠。" ❼ 通"第"。副词。但，只。《汉书·丙吉传》："西曹～忍之，此不过汙丞相车茵耳。"

弟 dì ❶ 弟弟。《诗经·小雅·斯干》："兄及～矣，式相好矣。"【注意】古代有对妹妹也称"弟"或"女弟"的。《史记·陈丞相世家》："樊哙……且又乃吕后～吕须之夫。"[弟子] 1. 年轻人。《仪礼·乡射礼》："命～～设丰。"(丰：一种器皿。) 2. 学生，门徒。《史记·孔子世家》："孔子～～多仕于卫。" ❷ 次序，等第。《汉书·朱博传》："以高～入为长安令。"(长安令：长安地方的行政长官。) ❸ 副词。但，只管。《史记·孙子吴起列传》："君～重(zhòng)射，臣能令君胜。"(重射：重重地打赌。令：使。)上述❷❸又写作"第"。 ❹ tì 弟弟顺从兄长。《论语·学而》："孝～也者，其为仁之本与?"(与：语气词。吧。)这个意义后来写作"悌"。

递(遞) dì ❶ 轮流，顺次。《荀子·天论》："列星随旋，日月～炤。"(炤：照。)《宋史·真宗纪》："死罪以下，～减一等。" ❷ 传递(后起意义)。沈括《梦溪笔谈》卷一一："驿传旧有三等，曰步～，马～，急脚～。"(驿传：古代传递公文的车马、人员。)㊁指驿站车马。白居易《缚戎人》诗："黄衣小使录姓名，领出长安乘～行。"【辨】传，递。两字都有"传递"的意思，但"传"多是传给后人或后代的意思，而"递"是指一个接一个地更替。

娣 dì ❶ 古代妇女出嫁时随嫁的女子。《诗经·大雅·韩奕》："诸～从之，祁祁如云。" ❷ 古代妾中的年幼者。《旧唐书·独孤皇后传》："内和群～。" ❸ 古代兄弟之妻即妯娌中的年幼者。《新唐书·窦皇后传》："元贞太后羸(léi)老有疾，而性素严，诸姒～皆畏，莫敢侍。"(姒：兄弟之妻中的年长者。)

睇 dì 斜视。屈原《九章·怀沙》："离娄微～兮，瞽以为无明。"(离娄：相传古代视力极好的人。)㊁看视。张衡《思玄赋》："亲所～而弗识兮。"

第 dì ❶ 次第，次序。《左传·哀公十六年》："楚国～，我死，令尹、司马，非胜而谁?"(楚国第：依照楚国用人的次序。令尹、司马：官职。胜：人名。)《论衡·程材》："设置三科，以～补吏。" ❷ 按一定等级建造的大宅院。㊁官僚和贵族的大住宅。《三国志·魏书·曹真传》："帝自幸其～省疾。" ❸ 科举考试的等级。《宋史·王安石传》："擢(zhuó)进士上～。"(擢：提拔。上第：前几名。)又如"及第"(科举考中)、"落第"(科举没考中)。 ❹ 表次序的词头。《汉书·叙传》："述贾谊传～十八。" ❺ 副词。但，只管。《后汉书·贾复传》："大司马刘公在河北，必能相施，～持我书往。"

的 dì ❶ 鲜明、明亮的样子。宋玉《神女赋》："朱唇～其若丹。"(朱：红色。其：语气词。丹：丹砂，一种鲜红色的矿物。)[的皪(lì)]明亮的样子。司马相如《上林赋》:“明月珠子,～～江靡。”又写作“的历”、“的砾”。韦应物《横塘行》:“玉盘的历双白鱼。”张衡《思玄赋》:“颜的砾以遗光。”❷箭靶的中心,一说指箭靶。《韩非子·外储说左上》:“设五寸之～,引十步之远。”成语有“有的放矢”。㊀目的,目标。《韩非子·外储说左上》:“人主之听言也,不以功用为～。”❸古代女子点在额上作为装饰的红点。傅咸《镜赋》:“点双～以发姿。”(发姿:显现出美貌。)❹dí 真实。《三国志·蜀书·董允传》裴注:“以此疑习氏之言为不审～也。”㊁确实。白居易《出斋日喜皇甫十早访》诗:“～应不是别人来。”

菂 dì 莲子。王延寿《鲁灵光殿赋》:“绿房紫～,窋咤(zhú zhà)垂珠。”(窋咤:从穴中突出来的样子。)也用于地名。

帝 dì ❶天帝。宗教或神话中称宇宙的创造者和主宰者。《尚书·吕刑》:“上～监民。”屈原《九歌·少司命》:“夕宿兮～郊。”❷帝王,君主。《战国策·赵策三》:“秦所以急围赵者,前与齐闵王争强为～。”

谛(諦) dì ❶细察,详审。《关尹子·九药》:“～毫末者,不见天地之大。”㊀详细,仔细。《列子·汤问》:“王～料之。”白居易《霓裳羽衣歌和微之》:“当时乍见惊心目,凝视～听殊未足。”㊁弄清楚,明了。《刘子·专学》:“若心不在学而强讽诵,虽入于耳,而不～于心。”(讽诵:背诵。)❷佛教用语。指真实无谬的道理。泛指真理。常“真谛”连用。周权《游山寺》诗:“偶逢赤髭(zī)侣,嘱我听真～。”(髭:胡须。侣:僧侣。)❸tí 通“啼”。啼哭。《荀子·礼论》:“歌谣謸笑,哭泣～号。”(謸:通“敖”。戏谑,开玩笑。)

蒂(蔕) dì 花、叶或瓜、果与枝茎连接的部分。《后汉书·五行志》:“有瓜异本共生,八瓜同～。”杜甫《寒雨朝行视园树》诗:“叶～辞枝不重苏。”(辞:指离开。不重苏:不能再重新活过来。)成语有“瓜熟蒂落”。[蒂芥]心里想不开的疙瘩。《汉书·贾谊传》:“细故～～,何足以疑!”也常作“芥蒂”。元好问《游黄华山》诗:“～～一洗平生胸。”

缔(締) dì 结在一起。屈原《九章·悲回风》:“气缭转而自～。”(缭转:缭绕。)㊀缔结。贾谊《过秦论》:“合从～交,相与为一。”(采用合纵的策略,缔结盟约,结为一体。)㊁连接。王谠《唐语林·方正》:“车马相接,～以组绣。”

禘 dì 古代祭祀名。指帝王诸侯祀始祖。《左传·僖公八年》:“秋七月,～于太庙。”《后汉书·章帝纪》:“～祭光武皇帝、孝明皇帝。”㊁宗庙中夏季举行的祭祀。《礼记·王制》:“天子诸侯宗庙之祭,春曰礿(yuè),夏曰～,秋曰尝,冬曰烝。”

棣 dì ❶一种树。即常棣。《诗经·秦风·晨风》:“山有苞～。”(苞:丛生的。)潘岳《闲居赋》:“梅、杏、郁、～之属。”(郁:树名。属:类。)❷dài [棣棣]从容文静的样子。李华《吊古战场文》:“穆穆～～,君臣之间。”(穆穆:庄重的样子。)❸tì [棣通]相通,通达。《汉书·律历志上》:“万物～～。”

蝃(螮、蝀) dì [蝃蝀(dōng)]虹。《诗经·鄘风·蝃蝀》:“～～在东,莫之敢指。”(莫:没有人。)《晋书·隐逸传·夏统》:“～～之气见(xiàn),君子尚不敢指。”

墬 dì “地”的古字。《淮南子·墬形》:“～形之所载,六合之间,四极之内。”(六合:天地四方。)

踶 dì ❶踢。《庄子·马蹄》:“怒则分背相～。”㊁踩踏。陆龟蒙《采药赋》:“莺～枝而易落。”❷chí 通“驰”。快跑。《汉书·武帝纪》:“马或奔～而致千里。”❸zhì [踶跂(qǐ)]勉力行走的样子。《庄子·马蹄》:“～～为义,而天下始疑矣。”

DIAN

滇 diān ❶[滇池]湖名。在云南昆明西南。❷战国时西南地区国名。《史记·西南夷列传》:“西南夷君长以百数,独夜郎、～受王印。”(夜郎:古国名。)❸tián [滇滇]盛大的样子。《汉书·礼乐志》:“泛泛～～从高斿(yóu),殷勤此路胪所求。”(泛泛:广大无边的样子。斿:遨游。胪:陈述。)

瘨 diān ❶“癫”的本字。癫狂,精神失常。《素问·腹中论》:“石药发～,芳草发狂。”❷病,疾苦。《诗经·大雅·云汉》:“胡宁～我以旱?憯(cǎn)不知其故!”(瘨:用作使动。憯:副词。曾,用以加强否定语气。)㊀晕倒。《战国策·楚策一》:“水浆无入口,～而殚闷,旄不知人。”(旄:通“眊”。昏。)

蹎 diān ❶跌倒。《荀子·正论》:“～跌碎折,不待顷矣。”(顷:顷刻。)❷[蹎蹎]安详缓慢的样子。《淮南子·览冥》:“其行～～,其视瞑瞑。”

D

颠（顛） diān ❶头顶。《诗经·秦风·车邻》："有车邻邻，有马白～。"㊀物体的顶部。《史记·孝武本纪》："乃令人上石立之泰山～。"㊁起始。刘克庄《重修太平陂记》："复属笔于予，俾纪～末。"❷跌倒，倒下。《论语·季氏》："危而不持，～而不扶，则将焉用彼相矣？"柳宗元《逐毕方文》："民气不舒兮，僵踣（bó）～颓。"（僵踣：倒下。颓：崩坏，倒塌。）㊂跌下。《左传·隐公十一年》："颍考叔取郑伯之旗蝥弧以先登，子都自下射之，～。"㊀颠倒，倒置。《楚辞·九叹·愍命》："今反表以为里兮，～裳以为衣。"❸精神失常。张籍《罗道士》诗："持花歌咏似狂～。"这个意义后来写作"癫"。

巅（巔） diān 山顶。《诗经·唐风·采苓》："采苓采苓，首阳之～。"（首阳：山名。）李白《蜀道难》诗："可以横绝峨眉～。"（绝：越过。峨眉：山名。）

典 diǎn ❶重要的文献、书籍。《尚书·五子之歌》："有～有则，贻厥子孙。"《左传·昭公十五年》："司晋之～籍。"（司：掌管。晋：晋国。）❷法则，制度。《三国志·魏书·武帝纪》："但赏功而不罚罪，非国～也。"❸前代的文物、制度、故事。《左传·昭公十五年》："数（shǔ）～而忘其祖。"（数：讲说。祖：祖业。）双音词有"典故"。❹典雅，多指文章写得规范，不粗俗。萧统《答玄圃园讲颂启令》："辞～文艳，既温且雅。"❺主管。《三国志·吴书·是仪传》："专～机密。"❻典当，用实物做抵押借钱。过期不赎，所抵实物则被没收。白居易《杜陵叟》诗："～桑卖地纳官租，明年衣食将何如？"《金史·百官志》："民间质～，利息重者至五、七分。"（质：抵押。五、七分：五、七成。）❼典礼。《宋书·蔡廓传》："朝廷仪～，皆取定于亮。"（亮：人名。）

点（點） diǎn ❶小黑点。㊁斑点。《晋书·袁宏传》："如彼白珪，质无尘～。"（珪：一种玉器。质：质地。）㊀污辱，玷污。司马迁《报任安书》："终不可以为荣，适足以见笑而自～耳。"❷用笔所做的点。王羲之《题卫夫人笔阵图后》："每作一～，常隐锋而为之。"（锋：指笔锋。）㊂用笔点。《世说新语·巧艺》："顾长康画人，或数年不～目精。"成语有"画龙点睛"。㊂涂抹，涂改。《三国志·魏书·武帝纪》："公又与遂书，多所～窜。"（与遂书：给韩遂信。窜：改动。）❸一触即起。杜甫《曲江》诗："穿花蛱蝶深深见，～水蜻蜓款款飞。"（款款：缓慢的样子。）❹检查，核对。辛弃疾《破阵子·为陈同甫赋壮词以寄之》："沙场秋～兵。"（沙场：指战场。）❺燃火。岑参《自潘陵尖还少室居止秋夕凭眺》诗："火～伊阳村。"❻液体的滴。陆游《雨》诗："实厌空阶～滴声。"（阶：台阶。）❼更点。古代用铜壶滴漏计时，把一夜分为五更，一更分为五点。《元史·兵志四》："一更三～钟声绝，禁人行。"（绝：指停。）

电（電） diàn 闪电。《诗经·小雅·十月之交》："烨烨震～，不宁不令。"（烨烨：闪光的样子。令：善。）《世说新语·容止》："双眸闪闪若岩下～。"

佃 diàn ❶tián 耕种土地。郦道元《水经注·河水一》："其人山居，～于石壁间。"❷租种土地。《宋史·食货志上》："公租额重而纳重，则～不堪命。"（公租：国家的租税。）㊂佃户。《宋史·食货志上》："订其主～。"（确定地主和佃户的关系。）❸tián 打猎。《周易·系辞下》："作结绳而为网罟，以～以渔。"《潜夫论·贤难》："有似于司原之～也。"（和司原打猎很相似。司原：管理山林野兽的官。）这个意义又写作"畋"。

【辨】田，佃，畋。见409页"田"字。

甸 diàn ❶上古时国都城外百里以内称"郊"，郊外称"甸"。《左传·昭公九年》："人我郊～。"㊁都城的郊外，田野。谢朓《晚登三山还望京邑》诗："杂英满芳～。"（英：花。）❷田野的出产物，指布帛和珍品。《礼记·少仪》："臣为君丧，纳货贝于君，则曰纳～于有司。"（纳：交纳。有司：主管官吏。）❸治理。《诗经·小雅·信南山》："信彼南山，维禹～之。"（维：语气词。）❹tián 通"田（畋）"。打猎。《周礼·春官·司服》："凡～，冠弁服。"❺tián［甸甸］象声词。形容车马声。《古诗为焦仲卿妻作》："府吏马在前，新妇车在后，隐隐何～～，俱会大道口。"（隐隐：车马声。）❻shèng 古代划分田地或居所的单位。《汉书·刑法志》："四井为邑，四邑为丘……四丘为～。"

钿（鈿） diàn ❶用金翠珠宝等制成的形如花朵的首饰。刘孝威《采莲曲》："露花时湿钏，风茎乍拂～。"（乍：忽然。）白居易《长恨歌》："花～委地无人收。"（委地：指掉在地上。）❷以金、银、贝等镶嵌的器物。李贺《春怀引》："～合碧寒龙脑冻。"（合：盒。龙脑：一种香料。）又如"宝钿"、"螺钿"（一种把贝壳镶嵌在器物上的工艺品）。㊂用作动词。用金银、玉石等镶嵌器物。《魏书·食货志》："镂以白银，～以玫瑰。"

阽 diàn 临近。《汉书·文帝纪》："而吾百姓鳏寡孤独穷困之人或～于死亡。"（或：有人。）[阽危]面临危险。贾谊《论积贮疏》："安有为天下～～者若是而上不惊者？"（安：哪里。若是：像这样。）

坫 diàn 古代设于堂中供祭祀、宴会时放礼器和酒具的土台。低者用来供诸侯相会饮酒后放置空杯，叫反坫。《论语·八佾》："邦君为两君之好，有反～。"《新唐书·礼乐志二》："受虚爵复于～。"（接过空酒器放回土台上。爵：酒器。）

玷 diàn ❶缺损。《诗经·大雅·抑》："白圭之～，尚可磨也。"（圭：一种玉器。）❷白玉上的斑点。郑愔《贬降至汝州广城驿》诗："荆玉终无～，随珠忽已弹。"㉺缺点，过失。《世说新语·德行》："攸素有德业，言行无～。"（攸：邓攸，人名。）❸弄脏，玷污。《论衡·累害》："以～污言之，清受尘而白取垢（gòu）。"《晋书·苻坚载记上》："何可盘于游田，以～圣德。"杜甫《春日江村五首·三》："岂知牙齿落，名～荐贤中。"（名字列在被推荐的贤人中，玷污了那些贤人。）

垫（墊） diàn ❶下陷，沉没。《汉书·王莽传下》："武功中水乡民三舍～为池。"（武功：县名。中水乡：地名。）柳宗元《愚溪对》："西海有水，散涣而无力，不能负芥，投之则委靡～没，及底而后止，故其名曰弱水。"㉺困苦。《左传·成公六年》："民愁则～隘，於是乎有沉溺重膇之疾。"❷用东西支、铺或衬着（后起意义）。复音词有"垫脚石"。

淀[1] diàn 浅水湖泊。左思《魏都赋》："掘鲤之～。"《颜氏家训·归心》："凡数年，向幽州～中捕鱼。"【辨】淀，澱。见下"淀[2]（澱）"字。

淀[2]（澱） diàn ❶淤泥。沈括《梦溪笔谈》卷二五："汴渠有二十年不浚，岁岁堙～。"❷浅水湖泊。郭璞《江赋》："栫（jiàn）～为涔（qián）。"（栫：用木柴壅塞。涔：聚积柴木于水中以捕鱼。）❸蓝靛，蓝色染料。《通志·昆虫草木》："蓝有三种：……三蓝（蓼蓝、大蓝、槐蓝）皆可作～。"【辨】淀，澱。本是两个不同的字，"淀"的本义是浅水湖泊，"澱"的本义是淤泥。"澱"也通用为"淀"，指浅水湖泊，但"淀"一般不指淤泥。现在"澱"简化为"淀"。

奠 diàn ❶用酒食祭祀死者。《诗经·召南·采苹》："于以～之，宗室牖下。"《仪礼·士丧礼》："～脯醢醴酒。"❷献。《仪礼·乡饮酒礼》："主人坐，～爵于阶前。"（爵：酒器。）❸放置。《礼记·内则》："～之而后取之。"❹定。扬雄《太玄·玄摛》："天地～位。"又如"奠基"。

殿 diàn ❶高大的房屋。《庄子·说剑》："庄子入～门不趋，见王不拜。"《后汉书·蔡茂传》："梦坐大～。"㊕帝王朝会或宗教徒供奉神佛的地方。《晋书·谢安传》："诏以甲仗百人入～。"（甲仗：披铠甲执锐器的卫士。）杨衒之《洛阳伽蓝记》卷一："浮图北有佛～一所。"（浮图：塔。）[殿下]1.殿阶下面。《庄子·说剑》："使奉剑于～～。"（奉：两手捧着。）2.臣子对诸侯王或皇太子的尊称。《旧唐书·隐太子建成传》："～～何以自安？"❷行军走在最后的。《左传·襄公二十六年》："晋人寘诸戎车之～，以为谋主。"（戎车：兵车。诸：之于。谋主：出谋划策的人。）[殿最]古代考核军功、政绩划分的等级，上等为最，下等为殿。《汉书·宣帝纪》："丞相御史课～～以闻。"（课：考核。）❸镇守。《诗经·小雅·采菽》："乐只君子，～天子之邦。"

簟 diàn ❶竹席。《诗经·小雅·斯干》："下莞（guān）上～，乃安斯寝。"（莞：莞草编成的席。）❷竹名。王维《林园即事寄舍弟紞》诗："青～日何长，闲门昼方静。"

DIAO

刁 diāo [刁斗]古代军中用具，白天用来烧饭，晚上用来打更。《汉书·西域传上·罽宾国》："夜击～～自守。"【注意】"刁"在唐宋以前没有"狡猾"、"无赖"的意思。

凋 diāo 草木衰落。《史记·伯夷列传》："岁寒，然后知松柏之后～。"杜牧《寄扬州韩绰判官》诗："秋尽江南草木～。"㊀使草木衰落。薛耀《子夜冬歌》："朔风扣群木，严霜～百草。"㉺衰败，使衰败。李白《邯郸才人嫁为厮养卒妇》诗："自倚颜如花，宁知有～歇！"陆游《楼上醉书》诗："八年梁益～朱颜。"（梁益：梁州和益州。凋朱颜：指衰老。）【辨】雕，琱，彫，凋。见86页"雕[1]"字。

琱 diāo ❶对玉进行雕琢加工。《汉书·王吉传》："古者工不造～瑑（zhuàn）。"（工：做工的人。瑑：玉器上高起的花纹。）❷ 通“雕[3]（彫）”。雕饰，刻画。《汉书·贡禹传》：“墙涂而不～。”【辨】雕，琱，彫，凋。见下“雕[1]”字。

雕[1] diāo ❶ 一种凶猛的鸟。《史记·李将军列传》：“是必射～者也。”这个意义又写作“鵰”。❷ 刻，画。《论语·公冶长》：“朽木不可～也。”《韩非子·十过》：“茵席～文，此弥侈矣。”（茵：古代车子上垫席。文：纹。弥：更，更加。侈：浪费。）这个意义又写作“琱”、“彫”。㊀文辞上的修饰。刘勰《文心雕龙·情采》：“绮（qǐ）丽以艳说，藻饰以辩～。”（绮：美。藻饰：修饰。）❸ 通“凋”。衰败。《宋书·礼制二》：“魏武帝以天下～弊，下令不得厚葬。”【辨】雕，琱，彫，凋。“雕”与“鵰”在凶猛的鸟的意义上，“琱”、“彫”与“雕”在刻、画的意义上，“凋”与“彫”在草木衰落的意义上，分别是同义词。“雕”偶尔也可以通“凋”，表示衰败之义。但“鵰”、“琱”、“凋”除此之外，再无其他意义。

雕[2]（鵰） diāo 一种凶猛的鸟。《汉书·李广传》：“是必射～者也。”杜甫《寄董卿嘉荣十韵》：“落日思轻骑，秋天忆射～。”（轻骑：装备轻快、行动迅速的骑兵。）成语有“一箭双雕”。【辨】雕，琱，彫，凋。见上“雕[1]”字。

雕[3]（彫） diāo ❶ 刻，画。司马相如《子虚赋》：“乘～玉之舆。”（舆：车子。）《左传·宣公二年》：“晋灵公不君，厚敛以～墙。”（厚：多。敛：税收。以：用来。）❷ 通“凋”。草木衰落。《论语·子罕》：“岁寒，然后知松柏之后～也。”㊀损伤，衰败。《荀子·子道》：“劳苦～萃。”（萃：通“悴”。憔悴。）《后汉书·仲长统传》：“时政～敝，风俗移易。”（敝：败坏。）【辨】雕，琱，彫，凋。见上“雕[1]”字。

貂 diāo 一种哺乳动物。也称貂鼠。皮毛轻暖。《战国策·秦策一》：“黑～之裘弊，黄金百斤尽。”（弊：破旧。）

吊（弔） diào ❶ 慰问。《左传·庄公十一年》：“秋，宋大水，公使～焉。”㊀悼念死者。《汉书·贾山传》：“死则往～哭之。”❷ 伤痛。《诗经·桧风·匪风》：“顾瞻周道，中心～兮。”（周道：大道。中心：心中。）❸ 忧虑，怜悯。《左传·襄公十四年》：“有君不～，有臣不敏。”（不吊：指不忧虑国事。）❹ 善。《左传·昭公二十六年》：“帅群不～之人，以行乱于王室。”❺ dì 至，到。《诗经·小雅·天保》：“神之～矣，诒（yí）尔多福。”（诒：送给，留给。）【辨】吊，唁。“吊”是悼念死人，“唁”是对和死者有关的活人表示同情或慰问。

调（調） diào ❶ tiáo 协调，调和。《史记·历书》：“阴阳～，风雨节。”（节：节制。指不过分。）㊁调节。《战国策·秦策三》：“夫商君为孝公平权衡，正度量，～轻重。”《汉书·食货志下》：“以～盈虚。”❷ tiáo 训练野兽或牲畜。《盐铁论·利议》：“御之良者善～马。”（御：驾车的人。）❸ tiáo 挑逗，嘲笑。谢灵运《拟魏太子邺中集·应玚》：“～笑辄酬答。”（辄：就。）《世说新语·排调》：“康僧渊目深而鼻高，王丞相每～之。”（康僧渊：人名。）❹ 调动，调迁。《汉书·爰盎传》：“～为陇西都尉。”㊁征调。《三国志·蜀书·诸葛亮传》：“～其赋税，以充军实。”❺ 计算。《汉书·晁错传》：“要害之处，通川之道，～立城邑，毋下千家。”（调立城邑：计算建立城邑。）❻ 音调，曲调。颜延年《秋胡》诗：“声急由～起。”《世说新语·任诞》：“踞胡床，为作三～。”❼ 风度，风格。谢灵运《七里濑》诗：“谁谓古今殊，异世可同～。”秦韬玉《贫女》诗：“谁爱风流高格～。”

掉 diào ❶ 摇动，摆动。《左传·昭公十一年》：“末大必折，尾大不～，君所知也。”《史记·孟尝君列传》：“过市朝者，～臂而不顾。”❷ 交替。《三国志·魏书·典韦传》：“未及还，会布救兵至，三面～战。”（布：指吕布。）㊁调转，回转。《庄子·在宥》：“鸿蒙拊髀雀跃～头曰‘吾弗知！吾弗知！’”❸ 抛弃，落下（后起意义）。韩愈《元和圣德诗》：“～弃兵革，私习簋簠。”元稹《和李校书新题乐府十二首·五弦弹》：“促节频催渐繁拨，珠幢斗绝金铃～。”

蓧 diào ❶ 一种竹制的耘田锄草农具。《论语·微子》：“子路从而后，遇丈人，以杖荷（hè）～。”（丈人：老人。荷：扛。）❷ tiáo 草名，即羊蹄草。《三国志·吴书·诸葛恪传》：“藜～稂（láng）莠，化为善草。”（藜、稂、莠：都是危害庄稼的杂草。）

DIE

跌 diē ❶ 失足跌倒，摔倒。陆贾《新语·辅政》：“以赵高、李斯为杖，故有倾仆～伤之祸。”《后汉书·黄琼传》：“任力危而不～。”㊃挫折。《汉书·晁错传》：“～而不振。”（振：奋起。）❷ 差误。《荀子·王霸》：“此夫过举跬（kuǐ）步而觉～千里者夫。”（走错半步就会差误千里。跬：半步。觉跌：差误。觉，差也。）张衡《思玄赋》：“遵绳墨而不～。”❸脚掌。傅毅《舞赋》：“跗(fū)蹋摩～。”(跗：脚背。蹋：踏。摩：摩擦。)❹[跌宕]放纵不拘。《三国志·蜀书·简雍传》：“性简傲～～。”又写作“跌踢”、“跌荡”。【辨】偃，僵，仆，跌，毙，踣。见471页“偃”字。

迭 dié ❶交替地，轮流地。《庄子·天运》：“四时～起，万物循生。”《孟子·万章下》：“～为宾主。”❷接连，连续。《吕氏春秋·知分》：“以处于晋，而～闻晋事。”《后汉书·袁绍传》：“分为奇兵，乘虚～出。”❸通“叠”。堆积，重叠(后起意义)。周密《癸辛杂识续集下·捕狸法》：“然狸性至灵，每于穴中～土作台以处。”❹yì 通“轶”。袭击。《左传·成公十三年》：“～我殽(xiáo)地。”(殽：地名。)

昳 dié ❶日过午偏斜。《汉书·游侠传》：“诸客奔走市买，至日～皆会。”(会：聚合，集合。)❷yì[昳丽]漂亮，好看。《战国策·齐策一》：“邹忌修八尺有余，身体～～。”(修：高，长。身体：指形貌。)

瓞 dié 小瓜。《诗经·大雅·绵》：“绵绵瓜～。”(绵绵：接连不断的样子。)

垤 dié 蚂蚁做窝时堆在穴口的小土堆。也叫蚁封、蚁冢。《诗经·豳风·东山》：“鹳(guàn)鸣于～。”(鹳鸟在蚁穴口的小土堆上叫。)㉢小土堆。《韩非子·六反》：“山者大，故人顺之；～微小，故人易之也。”(顺：通“慎”。谨慎，小心。易：轻视。)

绖(絰) dié 用麻做的丧带，服丧时系在腰上或头上。《礼记·檀弓上》：“孔子之丧，二三子皆～而出。”(二三子：指学生们。)《三国志·吴书·吴主传》：“要～而处事。”(腰上结着丧带去办事。要：腰。)

耋 dié 年老。《诗经·秦风·车邻》：“今者不乐，逝者其～。”(逝者：将来。)《左传·僖公九年》：“以伯舅～老，加劳，赐一级无下拜。”(以：因为。劳：慰劳。)㉠八十岁老人，也泛指老人。《魏书·崔光传》：“白首之～，欣遇牺年。”(牺年：太平盛世。)

谍(諜) dié ❶刺探，侦察。《左传·桓公十二年》：“罗人欲伐之，使伯嘉～之。”(罗：国名。伯嘉：人名。)㉠侦探消息的人。《左传·宣公八年》：“晋人获秦～。”❷通“牒”。谱谍，簿册。《史记·三代世表》：“余读～记，黄帝以来皆有年数。”(余：我。谍记：指记载远古帝王世系的书。)❸[谍谍]通“喋喋”。形容说话多。《史记·张释之冯唐列传》：“此两人言事曾不能出口，岂敩(xiào)此啬(sè)夫～～利口捷给哉！”(敩：效法。啬夫：官名。利口捷给：能言善辩。)

堞 dié 城上如齿状的矮墙。《墨子·备梯》：“行城之法，高城二十尺，上加～，广十尺。”㉠筑堞。《左传·襄公二十七年》：“使卢蒲嫳帅甲以攻崔氏，崔氏～其宫而守之。”(卢蒲嫳：人名。帅：率领。甲：带甲的士兵。)

喋 dié ❶[喋喋]形容说话多。《汉书·张释之传》：“～～利口。”《元史·太祖纪》：“汝乃～～不已耶?”成语有“喋喋不休”。❷[喋血]形容激战而血流得很多。《史记·淮阴侯列传》：“新～～阏与(yù yú)。”(新：新近。阏与：地名。)❸zhá[唼(shà)喋]鱼或水鸟吃东西。司马相如《上林赋》：“～～菁藻，咀嚼菱藕。”

惵 dié 恐惧。《后汉书·班固传》：“～然意下，捧手欲辞。”

牒 dié ❶简札，古人在发明造纸前写字用的小而薄的木片、竹片等。《汉书·路温舒传》：“截以为～，编用写书。”(写书：抄书。)❷书籍，簿册。王安石《送江宁彭给事赴阙》诗：“壮志异时开史～，妙龄终日对书龛。”(异时：指将来。)《后汉书·质帝纪》：“其高第者上名～。”(高第：名次在前的。名牒：名册。)㉠谱牒。刘知几《史通·烦省》：“家～宗谱，各成私传。”❸文书。李商隐《行次西郊作》诗：“夜半军～来，屯兵万五千。”(屯兵：驻扎军队。)❹通“叠”。重叠。《淮南子·本经》：“积～旋石。”(旋：通“璇”。玉。)

褋 dié 单衣。扬雄《方言》卷四：“衣，江、淮、南楚之间谓之衣褋。”屈原《九歌·湘夫人》：“捐余袂(mèi)兮江中，遗余～兮澧浦。”(袂：袖子。澧：水名。浦：岸边。)

艓 dié 小船。《宋书·沈攸之传》：“轻～一万，截其津要。”杜甫《最能行》：“富豪有钱驾大舸，贫穷取给行～子。”

蹀 dié ❶踏，踩，顿。《淮南子·俶真》：“足～阳阿之舞。”(阳阿：古代名倡。)《列子·黄帝》：“康王～足。”❷骑乘。张说《温泉冯刘二监客舍观妓》诗：“佳人～骏马，乘月夜相过。”㉠奔跑。谢庄《从驾顿上》诗：“冀马依风～，边箫当夜闻。”❸[蹀蹀]小步行走的样子。范成大《三月十五日华容湖尾看月出》诗：“～～恐颠坠。”(颠坠：掉下来。)㉡物体缓慢飘落的样子。鲍照《过铜山掘黄精》诗：“～～寒叶离，瀺灂秋水积。”❹[蹀躞(xiè)]1.小步行走。温庭筠

《春洲曲》："紫骝(liú)～～金衔嘶。"(紫骝：紫色的马。)2. 衣带饰物。司马光《涑水记闻》卷九："衣绯，佩～～。"

鲽(鰈) dié 鱼名，即比目鱼。刘勰《文心雕龙·封禅》："然则西鹣(jiān)东～，南茅北黍。"(鹣：鹣鹣，比翼鸟。)

跕 dié ❶坠落。元稹《和乐天送客游岭南二十韵》："鸢～方知瘴，蛇苏不待春。"[跕跕]坠落的样子。《后汉书·马援传》："仰视飞鸢～～堕水中。"❷ tiē 拖着鞋走路。《史记·货殖列传》："女子则鼓鸣瑟，～屣(xǐ)，游媚贵富。"(屣：鞋。)❸ tiē 贴近。宋之问《为韦特进已下祭汝南王文》："鸢忌南而～水，雁爱北而随车。"

嵽(嵽) dié ❶[嵽嵲(niè)]高山或山的高峻处。杜甫《自京赴奉先县咏怀五百字》："凌晨过骊山，御榻在～～。"❷ dì [岧(tiáo)嵽]见411页"岧"字。

叠(疊、疉、曡) dié ❶重叠，一层加一层。郦道元《水经注·江水二》："重岩～嶂，隐天蔽日。"(嶂：高峻的山。)成语有"叠床架屋"。㊀折叠。王建《宫词》之五："内人对御～花笺，绣坐移来玉案边。"㊀接连，连续。岳飞《奉诏移伪齐檄》："驿骑交驰，羽檄～至。"❷乐曲重复地演奏、演唱。如"阳关三叠"。白居易《何满子》诗："一曲四调歌八～。"(歌：唱。)❸恐惧。刘孝标《广绝交论》："四海～其燻灼。"杜牧《为中书门下请追尊号表》："震～雷霆。"(像雷霆一样使人震恐。)❹振动。左思《吴都赋》："钲鼓～山，火烈熛林。"㊁击打。岑参《献封大夫破播仙凯歌六章》："鸣笳～鼓拥回军，破国平蕃昔未闻。"

氎 dié 细棉布。杜甫《大云寺赞公房诗》之二："细软青丝履，光明白～巾。"《新唐书·南蛮传》："古贝，草也。缉其花为布，粗曰贝，精曰～。"

DING

丁 dīng ❶健壮。《论衡·无形》："齿落复生，身气～强。"❷成年男子。白居易《新丰折臂翁》诗："无何天宝大征兵，户有三～点一～。"(无何：不久。天宝：唐玄宗年号。)㊁从事某种劳动的人。《庄子·养生主》："庖～为文惠君解牛。"范成大《咏怀自嘲》："园～应窃笑，犹自说心灰。"❸人口。《南史·何承天传》："计～课仗。"(仗：兵器。)❹天干的第四位。见126页"干[1]"字。❺当，遭逢。《楚辞·九叹·惜贤》："～时逢殃，可奈何兮。"[丁忧]遭到父母的丧事。《晋书·袁悦之传》："始为谢玄参军，为玄所遇，～～去职。"(参军：官名。)也叫"丁艰"。《世说新语·仇隙》："蓝田于会稽～～，停山阴治丧。"(蓝田：指王述。会稽、山阴：地名。)❻钉子。《晋书·陶侃传》："及桓温伐蜀，又以侃所贮竹头作～装船。"❼ zhēng 伐木声。《诗经·小雅·伐木》："伐木～～。"

酊 dǐng [酩(mǐng)酊]见280页"酩"字。

鼎 dǐng ❶古代烹煮用的器物，多用青铜制成，圆形三足两耳，也有方形四足的。《庄子·徐无鬼》："吾能冬爨(cuàn)～而夏造冰矣。"(爨：烧火做饭。)[鼎沸]鼎水沸腾，比喻形势或人心动荡。《晋书·祖逖传》："四海～～，豪杰并起。"㊄三方并立。《三国志·吴书·陆凯传》："近者汉之衰末，三家～立。"成语有"鼎足三分"。❷古代曾用鼎作为传国的宝器，因以喻王位、帝业或三公宰辅之职。《左传·宣公三年》："桀有昏德，～迁于商。"《宋书·武帝纪中》："～祚(zuò)再隆。"(祚：指王位，君主的统治。隆：兴盛。)《后汉书·陈球传》："公出自宗室，位登台～。"❸显赫。左思《吴都赋》："其居则高门～贵。"❹通"正"。正，正要。《汉书·匡衡传》："无说《诗》，匡～来。"(无：不要。《诗》：指《诗经》。匡：匡衡，当时人认为他善于解说《诗经》。)

订(訂) dìng ❶评议，评定。《论衡·案书》："二论相～，是非乃见。"㊀订正，改正。《晋书·荀崧传》："亦足有所～正。"❷订立，约定(后起意义)。辛文房《唐才子传》卷三戎昱："有女国色，欲以妻昱，而不喜姓戎，能改则～议。"❸效法。《新唐书·黎干传》："我以神尧为始祖，～夏法汉，于义何嫌？"

饤 dìng 堆叠果蔬在器皿中以供陈设。韩愈《赠刘师服》诗："妻儿恐我生怅望，盘中不～栗与梨。"[饤饾(dòu)]堆叠果蔬在器皿中，以供陈设。韩愈《南山》诗："或如临食案，肴核纷～～。"(肴核：肉类、果类食品。)又写作"饾饤"。田汝成《西湖游览志余》卷三："进杂煎品味，如春盘～～，羊羔儿酒。"㊀堆砌，罗列。杨万里《归涂观刘寺新叠石山》诗："细看分明非饤饾，如何雕得许玲珑。"

定 dìng ❶安定，稳定。《周易·家人》："正家而天下～矣。"曹操《置屯田令》：

“夫～国之术，在于强兵足食。”（术：办法。）㊀平定。《史记·绛侯周勃世家》：“沛公～魏地。”（沛公：指刘邦。）㊁停止。《诗经·小雅·节南山》：“不吊昊天，乱靡有～。”❷决定，确定。《商君书·更法》：“君亟（jí）～变法之虑。”（亟：赶快。虑：指计划。）《北史·邢峦传》：“于是开地～境，东西七百，南北千里。”（定境：确定疆界。）❸副词。确实，一定。《史记·项羽本纪》：“项梁闻陈王～死，召诸别将会薛计事。”（薛：地名。）杜甫《寄高适》诗：“～知相见日，烂漫倒芳尊。”（芳尊：指酒杯。）❹副词。到底，究竟（后起意义）。《世说新语·言语》：“卿云‘艾艾’，～是几艾？”李白《答族侄僧中孚赠玉泉仙人掌茶》诗：“举世未见之，其名～谁传。”❺星宿名。即营室，二十八宿之一。《诗经·鄘风·定之方中》：“～之方中，作于楚宫。”（方：正。中：指南方中天。）

DONG

蝀（蝀） dōng ［螮蝀］见83页“螮”字。

涷 dōng ❶［涷雨］暴雨。屈原《九歌·大司命》：“令飘风兮先驱，使～～兮洒尘。”❷水名。郦道元《水经注·浊漳水》：“漳水又东，～水注之。”【注意】“涷”和“冻”是两个字，形音义都不同。

董 dǒng ❶督察，监督。《尚书·大禹谟》：“～之用威。”《三国志·魏书·夏侯玄传》：“惧宰官之不修，立监牧以～之。”❷正，整顿。屈原《九章·涉江》：“余将～道而不豫兮。”（董道：使道正。豫：犹豫。）❸深藏。《史记·扁鹊仓公列传》：“年六十已上，气当大～。”

动（動） dòng ❶运动，活动，振动。与“静”相对。《周易·豫》：“天地以顺～。”《左传·襄公二十三年》：“夫鼠昼伏夜～。”李商隐《瑶池》诗：“黄竹歌声～地哀。”（黄竹：歌名。）㊁行动。《孙膑兵法·见威王》：“事备而后～。”（事备：指做好战争的准备。）❷变动。《后汉书·班固传》：“君臣～色，左右相趋。”❸感动。《史记·绛侯周勃世家》：“天子为～，改容式车。”（式车：指靠在车上致敬。）❹副词。动不动，常常。《汉书·食货志上》：“又～欲慕古，不度时宜。”（慕：羡慕。度：度量。）成语有“动辄得咎”。

冻（凍） dòng ❶冻结，水遇冷凝结。《礼记·月令》：“水始冰，地始～。”岑参《白雪歌送武判官归京》：“纷纷暮雪下辕门，风掣红旗～不翻。”❷寒冷。《墨子·非命上》：“是以衣食之财不足，而饥寒～馁之忧至。”

栋（棟） dòng 正梁。《周易·系辞下》：“上古穴居而野处，后世圣人易之以宫室，上～下宇，以待风雨。”㊉担负国家重任的人。《左传·襄公三十一年》：“子于郑国，～也。”《国语·晋语一》：“太子，国之～也。”成语有“栋梁之材”。

洞 dòng ❶孔穴，窟窿。张衡《西京赋》：“赴～穴，探封狐。”徐弘祖《徐霞客游记·楚游日记》：“水由～出。”❷贯穿，穿透。《汉书·司马相如传上》：“弓不虚发，中必决眦（zì），～胸达掖。”《南史·蔡道恭传》：“道恭用四石乌漆大弓射，所中皆～甲饮羽。”（饮羽：指箭尾羽毛都射到里面去了。）❸通，通达。袁宏《后汉纪·桓帝纪下》：“第舍十六区皆高楼，四周连阁～殿。”白居易《草堂记》：“～北户，来阴风。”❹通晓。《晋书·郭璞传》：“由是遂～五行、天文、卜筮之术。”㊀明察。《晋书·刘曜载记》：“神鉴～远。”❺深入，透彻。《论衡·实知》：“先知之见、方来之事，无达视～听之聪明。”刘知几《史通·叙事》：“～识此心，始可言史矣。”双音词有“洞察”、“洞晓”。成语有“洞若观火”。

湩 dòng ❶乳汁。《穆天子传》卷四：“因具牛羊之～，以洗天子之足。”❷鼓声。《管子·轻重甲》：“～然击鼓，士忿怒。”

DOU

兜（兠） dōu ❶［兜鍪（móu）］头盔，打仗时戴的盔。《三国志·吴书·太史慈传》：“慈亦得策～～。”（策：孙策。）❷蒙蔽，迷惑。《国语·晋语六》：“在列者献诗，使勿～。”❸便轿（后起意义）。《宋史·占城国传》：“国人多乘象或软布～。”这个意义又写作“篼”。

斗¹ dǒu ❶古代盛酒器。《诗经·大雅·行苇》：“酌以大～，以祈黄耇（gǒu）。”（黄耇：指老人长寿。）《史记·项羽本纪》：“玉～一双，欲与亚父。”（亚父：指范增。）❷量器。《庄子·胠箧》：“为之～斛以量之。”❸容量单位。十升为一斗。《汉书·律历志上》：“十升为～，十～为斛。”［斗筲（shāo）］形容才识短浅。《论语·子路》：“～～之人，何足算也。”❹星宿名，二十八宿之一，也称“南斗”。苏轼《赤壁赋》：“月出于东山之上，徘徊于～牛之间。”（牛：星宿名。）㊁北斗星。《淮南子·齐俗》：“夫乘舟而惑者，不知东西，见～极则寤矣。”（极：北极星。寤：醒悟。）❺通“陡”。陡峭。《汉书·郊祀志上》：“盛山～入海。”（盛山：山名，即成山。）㊂突然。韩愈《答张十一功曹》：“吟君诗罢看双鬓，～觉霜毛一半加。”❻[斗擞]同“抖擞”。振动，抖动。贾思勰《齐民要术·作豉法》：“急～～箧，令极净，水清乃止。”

抖 dǒu 振动，抖动。张宪《读战国策》诗：“～尽祖龙囊底智，咸阳回首亦成尘。”（祖龙：指秦始皇。）[抖擞]1.抖动，振动。孟郊《夏日谒智远禅师》诗：“～～尘埃衣，谒师见真宗。”王炎《夜半闻雨》诗：“～～胸中三斗尘。”2.振作，奋发。龚自珍《己亥杂诗》：“我劝天公重～～，不拘一格降人才。”

枓 dǒu ❶[枓栱]栱是建筑上弧形承重结构，枓是垫栱的方木块，合称枓栱。段谷《市中狂吟》：“～～斜攲（qī），看著倒也。”（攲：倾斜。）❷zhǔ 勺子。《礼记·丧大记》：“浴水用盆，沃水用～。”（沃：浇。）

斗[2]（鬥、鬦、鬬、鬭） dòu ❶争斗，打架。《论语·季氏》：“及其壮也，血气方刚，戒之在～。”《荀子·荣辱》：“凡～者，必自以为是而以人为非也。”㊁战斗。《史记·李将军列传》：“且引且战，连～八日。”❷比赛争胜。《史记·项羽本纪》：“吾宁～智，不能～力。”❸凑在一块儿，合在一处。《国语·周语下》：“谷、洛～，将毁王宫。”（谷、洛：水名。）李贺《梁台古意》诗：“台前～玉作蛟龙，绿粉扫天愁露湿。”（斗玉：指将玉石斗合为栏。）【注意】在古代，“鬥（鬦、鬬、鬭）”和“斗”是两个字，意义各不相同。上述义项都不写作“斗”。现在“鬥”简化为“斗”。参见89页“斗[1]”字。

豆 dòu ❶古代一种盛食物的器皿，形似高脚盘。《国语·吴语》：“觞酒～肉箪食。”（觞：酒器。箪：盛饭的圆形竹器。）❷豆类植物的总称。贾思勰《齐民要术·大豆》：“四月时雨降，可种大小～。”❸古代容量单位。四升为一豆。《左传·昭公三年》：“齐旧四量：～、区、釜、钟。四升为～。”（齐旧四量：齐国原来的四种容量单位。）㊁重量单位。刘向《说苑·辨物》：“十六黍为一～，六～为一铢，二十四铢重一两。”【辨】菽，豆。上古时“豆”是一种盛食品的器皿，与“菽”的意义完全不同。汉代以后，“豆”才逐渐代替“菽”，成为豆类的总称。

脰 dòu 脖子。《史记·田单列传》：“自奋绝～而死。”（自奋：自己用力。绝：断。）㊈山腰至山峰之间。王夫之《小云山记》：“自麓至山之～，皆高柯丛樾（yuè）。”（麓：山脚下。高柯丛樾：枝干高大，树叶茂密。）㊁头。张溥《五人墓碑记》：“有贤士大夫发五十金，买五人之～而函之，卒与尸合。”

餖 dòu [飣（dìng）餖]见88页“飣”字。

窦（竇） dòu ❶孔穴，洞。《左传·哀公元年》：“后缗方娠（shēn），逃出自～。”（缗：人名。娠：怀孕。）㊁水道。《韩非子·五蠹》：“泽居苦水者，买庸而决～。”（住在低洼处饱受水涝之灾的人，要雇人挖水道。庸：佣。）㊁地窖。《吕氏春秋·仲秋》：“是月也，可以筑城郭，建都邑，穿～窌（jiào）。”（窦窌：地窖。）㊁侧门，小门。《左传·襄公十七年》：“阖门塞～，乃自后逾。”❷穿通，决开。《国语·周语下》：“不防川，不～泽。”（泽：水聚集的地方。）

DU

都 dū ❶大城市。《荀子·富国》：“田畴秽，～邑露。”（秽：荒芜。邑：小城市。露：败坏。）㊕有先君宗庙的城市。《左传·庄公二十八年》：“凡邑，有宗庙先君之主曰～。”㊂首都。《三国志·吴书·吴主传》：“秋九月，权迁～建业。”（权：孙权。建业：地名。）[都会]1.诸侯的都城。柳宗元《封建论》：“秦有天下，裂～～而为之郡邑。”2.繁华的大城市。《史记·货殖列传》：“然邯郸亦漳、河之间一～～也。”（漳：漳河。河：黄河。）❷古代行政区划名。历代建制不一。《周礼·地官·小司徒》：“四县为～。”《管子·度地》：“州十为～。”《宋史·袁燮传》：“合保为～，合～为乡，合乡为县。”❸优美，漂亮。《诗经·郑风·有女同车》：“彼美孟姜，洵美且～。”《三国志·吴书·孙韶传》：“身长八尺，仪貌～雅。”❹表示赞美的叹词。《尚书·皋陶谟》：“皋陶曰：‘～！在知人，在安民。’”❺总，总共。《汉书·食货志下》：“置平准于京师，～受天下委输。”（平准：调整物价的机构。委输：货物运输。）曹丕《与吴质书》：“顷撰其遗文，～为一集。”（顷：近来。撰：指汇编。）❻dōu 副词。全，都（后起意义）。《论衡·谢短》：“儒不能～晓古今，欲各别说其经。”《世说新语·术解》：“殷中军妙解经脉，中年～废。”【辨】京，都。“京”的本义是“大”。在先秦，“京师”连用才指国都，“京”指国都是后来的事。“都”本指大城市。汉以后才可指国都。

阇（闍） dū ❶ 城门上的台。《诗经·郑风·出其东门》：“出其闉(yīn)～，有女如荼(tú)。”（闉：城门外的曲城。荼：茅、苇的白花，形容女子白净可爱。）❷ shé ［阇黎（梨）］梵语音译。高僧。也泛称和尚。《梁书·侯景传》：“人并呼为～～，景甚信敬之。”

督 dū ❶ 监察，监督。《盐铁论·刑德》：“法者所以～奸也。”（奸：坏人。）《三国志·蜀书·诸葛亮传》：“亮使马谡(sù)～诸军在前。”（马谡：人名。）㊀统率诸军的将领。《后汉书·郭躬传》：“军征，校尉一统于～。”❷ 正，纠正。《逸周书·本典》：“能～民过者，德也。”㊀责罚。《三国志·蜀书·诸葛亮传》：“请自贬三等，以～厥咎。”（厥：其，那。咎：过失。）❸ 中，中间。扬雄《太玄·周》：“植中枢，立～虑也。”

裻 dū 衣背缝。《国语·晋语一》：“使申生伐东山，衣之偏～之衣。”㊁衫襦的横腰。《史记·佞幸列传》：“顾见其衣～带后穿。”

毒 dú ❶ 毒物，有毒的。《周易·噬嗑》：“六三，噬(shì)腊肉，遇～。”（噬：吃。）《汉书·贾捐之传》：“多～草虫蛇水土之害。”㊁放毒，毒死。《左传·襄公十四年》：“秦人～泾上流，师人多死。”（泾：水名。师人：军人。）《山海经·西山经》：“有白石焉，其名曰礜(yù)，可以～鼠。”❷ 毒害，危害。柳宗元《捕蛇者说》：“孰知赋敛之～，有甚是蛇者乎？”（哪里知道搜括钱粮的毒害比这些毒蛇更厉害呢？）王夫之《论秦始皇废分封立郡县》：“交兵～民。”（诸侯交战，危害百姓。）❸ 痛恨，憎恨。《后汉书·袁绍传》：“每念灵帝，令人愤～。”❹ 猛烈，凶狠。《国语·吴语》：“以与楚昭王～逐于中原柏举。”（柏举：地名。）白居易《夏日与闲禅师林下避暑》诗：“每因～暑悲亲故，多在炎方瘴海中。”又如“毒手”。❺ dài ［毒瑁］即玳瑁。一种海中甲壳类动物。《汉书·司马相如传上》：“其中则有神龟蛟鼍，～～鳖鼋。”

独（獨） dú ❶ 单独。《左传·定公十三年》：“与其害于民，宁我～死。”《礼记·大学》：“故君子慎其～也。”成语有“无独有偶”。㊀独特。《庄子·人间世》：“回闻卫君其年壮，其行～。”（回：人名，颜回。）㊕老而无子。如“鳏(guān)寡孤独”。（鳏：老而无妻。）［独夫］1. 独身男子。《管子·问篇》：“问～～寡妇孤寡疾病者几何人也。”（几何：多少。）2. 残暴无道，为人民所憎恨的统治者。萧衍《净业赋序》：“～～既除，苍生苏息。”成语有“独夫民贼”。❷ 独自。柳宗元《捕蛇者说》：“而吾以捕蛇～存。”❸ 副词。仅，只有。《世说新语·贤媛》：“密觇之，～见一女子，状貌非常。”陈亮《甲辰答朱晦书》：“～亮自以为死灰有时而复然也。”（然：燃。）❹ 副词。表示转折或强调。却，偏偏。《论语·颜渊》：“人皆有兄弟，我～亡。”（亡：无。）❺ 副词。表示反问，相当于“难道”。《韩非子·说林上》：“子～不闻涸(hé)泽之蛇乎？”（子：你。涸泽：干枯了的湖泽。）《史记·廉颇蔺相如列传》：“相如虽驽(nú)，～畏廉将军哉？”

读（讀） dú ❶ 诵读，宣读。《周礼·地官·州长》：“正月之吉，各属其州之民而～法。”㊁阅读，看。《庄子·天道》：“桓公～书于堂上。”❷ 说出，宣扬。《诗经·鄘风·墙有茨》：“中冓之言，不可～也。”❸ dòu 不足一句，而读时须稍有停顿的地方叫读。何休《公羊传解诂序》：“援引他经，失其句～。”（援引：引用。失：指弄错。）

渎（瀆） dú ❶ 小水沟，小水渠。贾谊《吊屈原赋》：“彼寻常之汙～兮，岂能容夫吞舟之巨鱼！”（那小小的池塘和水沟，怎能容下能吞舟船的大鱼！）㊂河川。《韩非子·五蠹》：“天下大水而鲧(gǔn)禹决～。”（鲧：传说是禹的父亲。决：挖掘，疏通。）❷ 通“嬻”。轻慢，亵渎。《左传·昭公二十六年》：“国有外援，不可～也。”《左传·成公十六年》：“～齐盟而食话言。”（轻视同盟而自食其言。）❸ 通“黩”。贪。《左传·昭公十三年》：“晋有羊舌鲋者，～货无厌。”（渎货：贪财。无厌：毫不满足。）❹ dòu 通“窦”。洞，穴。《左传·襄公三十年》：“晨自墓门之～入。”（墓门：指春秋时期郑国城门。）

椟（櫝、匵） dú ❶ 木柜，木匣。《韩非子·外储说左上》：“郑人买其～而还其珠。”㊁用椟装。孙樵《书褒城驿壁》：“囊帛～金。”（囊：指用口袋装。帛：丝织品。）❷ 棺材。《左传·昭公二十九年》：“（马）堑(qiàn)而死，公将为之～。”（堑：壕沟，这里指掉入壕沟。）

犊（犢） dú 小牛。《韩非子·内储说上》：“有黄～食苗道左者。”

牍(牘) dú 古代写字用的狭长的木板。杨修《答临淄侯笺》："握～持笔。"[引]书籍，文书。《后汉书·荀悦传》："所见篇～，一览多能诵记。"（览：看。）[尺牍]书信。《汉书·陈遵传》："性善书，与人～～，主皆藏去(jǔ)以为荣。"（主：指受信人。去：通"弆"。收藏。）

黩(黷) dú ❶污浊。孔稚珪《北山移文》："先贞而后～。"（先前坚贞，后来却变成污秽了。）[引]黑色。左思《吴都赋》："林木为之润～。"（润：潮湿。）❷轻慢，亵渎。《公羊传·桓公八年》："～则不敬。"《抱朴子·尚博》："世俗率神贵古昔，而～贱同时。"[黩武]滥用武力。《后汉书·刘虞传》："虞患其～～。"（患：忧虑。）[黩货]贪财。柳宗元《封建论》："列侯骄盈，～～事戎。"（骄盈：骄傲自满。事戎：好战。）这个意义又写作"渎"。

嬻 dú 亵渎，侮辱。《国语·周语中》："弃其伉俪妃嫔，而帅其卿佐以淫于夏氏，不亦～姓矣乎？"

殰(殰) dú 动物未出生而死。《礼记·乐记》："胎生者不～。"

韣 dú ❶古时占卜用的蓍草筒。《仪礼·士冠礼》："筮(shì)人执策抽上～。"（筮人：负责用蓍草占卜者。策：蓍草。）❷藏箭的器具。《说文》："韣，弓矢韣也。"又写作"韣"。又称韣丸。《后汉书·南匈奴传》："弓鞬(jiān)韣丸一，矢四发。"（弓鞬：藏弓的器具。）

讟 dú 诽谤，怨言。《左传·宣公十二年》："君无怨～，政有经矣。"屈原《九章·惜往日》："何贞臣之无辜兮，被～谤而见尤。"（见尤：被加罪。）

髑 dú [髑髅]死人头骨。《庄子·至乐》："庄子之楚，见空～～，髐(xiāo)然有形。"（髐：枯骨暴露的样子。）

韣 dú 弓袋，弓套。《吕氏春秋·仲春》："带以弓～，授以弓矢。"

笃(篤) dǔ ❶厚重。《诗经·唐风·椒聊》："彼其之子，硕大且～。"[又]忠诚，厚道。《论语·泰伯》："君子～于亲，则民兴于仁。"❷坚定，专一。《荀子·修身》："～志而体。"（意志坚定，并且努力去实践。）《南史·沈德威传》："虽处乱离，而～学无倦。"[引]深，甚。《南史·文学传》："盖由时主儒雅，～好文章。"[特]（病）重。《三国志·蜀书·诸葛亮传》："孙权病～。"

堵 dǔ 古代建筑墙的单位。堵的长度诸说不一，多认为长高各一丈为一堵。《诗经·小雅·鸿雁》："之子于垣，百～皆作。"《三国志·魏书·管宁传》："环～筚(bì)门，偃息穷巷。"（环堵：四面围墙各一堵，比喻院子很小。筚门：柴门。）[泛]墙。杜甫《莫相疑行》："集贤学士如～墙，观我落笔中书堂。"（集贤：集贤院。如堵墙：形容人多而密集。）

睹(覩) dǔ ❶见，看见。《荀子·王霸》："其谁能～是而不乐也哉！"（是：此，这个。）《史记·伯夷列传》："余悲伯夷之意，～轶诗可异焉。"（轶诗：未编入三百篇之诗。轶，通"逸"。）成语有"耳闻目睹"、"熟视无睹"。❷察看，观察。《吕氏春秋·召类》："赵简子将袭卫，使史默往～之。"

杜 dù ❶棠梨，一种木本植物。《诗经·唐风·杕杜》："有杕(dì)之～，其叶萋萋。"（杕：挺立的样子。）贾思勰《齐民要术·插梨》："～树大者插五枝，小者或三或二。"❷杜衡，香草名。杨衒之《洛阳伽蓝记·城内》："芳～匝阶。"（匝：环绕。）❸杜绝，堵塞。李斯《谏逐客书》："强公室，～私门。"（公室：指王室。私门：指贵族的家族。）魏征《十渐不克终疏》："此直意在～谏者之口。"（直：简直是。）成语有"防微杜渐"。❹[杜撰]没有根据，凭自己的想象去捏造。王楙《野客丛书》卷二十："杜默为诗，多不合律，故言事不合格者为～～。"（杜默：人名。律：指诗词的格律。）❺[杜康]传说为古代造酒的人，借指酒。曹操《短歌行》："何以解忧，惟有～～。"

妒(妬) dù 妇女相忌妒。《左传·襄公二十一年》："叔向之母～叔虎之母美而不使。"《世说新语·惑溺》："贾公闾后妻郭氏酷～。"[泛]忌妒。《荀子·大略》："君有～臣，则贤人不至。"（妒臣：忌妒贤者的臣子。）

度 dù ❶duó 量长短。《孟子·梁惠王上》："～，然后知长短。"枚乘《上书谏吴王》："寸寸而～之。"[引]揣度，推测。《史记·陈涉世家》："会天大雨，道不通，～已失期。"（会：适逢，恰巧。）❷量长短的标准。《汉书·律历志》："～者，分、寸、尺、丈、引也，所以度长短也。"（引：十丈为引。）[引]限度，尺度。贾谊《论积贮疏》："生之有时，而用之亡(wú)～，则物力必屈。"（生：生产，出产。亡：无。屈：竭，穷尽。）❸制度，法度。《左传·昭公三年》："公室无～。"《史记·孝文本纪》："居处毋～，出入拟于天子。"❹度量，气度。《汉书·高帝纪》："常有大～，不事家人生产作业。”《潜夫论·交际》：“有～之士。”❺ 渡过，越过。贾谊《治安策》：“犹～江河亡(wú)维楫(jí)。”(犹：如同。亡：无。维：系船的绳子。楫：船桨。)渡水的意义后来写作“渡”。❻ 量词。表示次数(后起意义)。王勃《滕王阁序》：“物换星移几～秋。”(物换：景物变换。) ❼ 装饰金属物表面的一种工艺。《南齐书·高帝纪上》：“马乘具不得金银～。”这个意义后来写作“镀”。

蠹(蝨、蠧) dù ❶ 蛀虫。《商君书·修权》：“～众而木折。”❷ 蛀蚀。《庄子·人间世》：“散木也……以为柱则～。”韩愈《杂诗》：“岂殊～书虫，生死文字间。”成语有“流水不腐，户枢不～”。㊀损害，败坏。《后汉书·宦者传序》：“败国～政之事，不可单书。”范缜《神灭论》：“浮屠害政，桑门～俗。”(浮屠：指佛教。桑门：指僧尼。)

DUAN

端 duān ❶ 事物的一头或一方。《孙子兵法·势》：“循环之无～，孰能穷之？”(孰：谁。穷：找到尽头。)㊀开头。《荀子·君道》：“法者，治之～也。”㊁头绪，方面。《三国志·魏书·郭嘉传》：“多～寡要，好谋无决。”(头绪多可是缺少要领，喜欢谋划、想主意可是没有决断。)《论语·为政》：“攻乎异～。斯害也已。”㊀端由。陆机《君子行》：“祸集非无～。”❷ 端正。《墨子·非儒下》：“席不～，弗坐。”《荀子·成相》：“水至平，～不倾。”㊀正直。贾谊《治安策》：“于是皆选天下之～士孝悌博闻、有道术者以卫翼之，使与太子居处出入。”(卫翼：保卫辅助。)[端门]宫殿或都城的南正门。《史记·吕太后本纪》：“代王即夕入未央宫，有谒者十人持戟卫～～。”❸ 仔细，详审。司空图《障车文》：“且子细思量，内外～相，事事相称，头头相当。”❹ 量词。布帛的长度单位，倍丈为端，一说六丈为一端。《盐铁论·力耕》：“一～之缦(màn)。”(缦：没有花纹的帛。)《世说新语·雅量》：“南郡太守刘肇，遗筒中笺布五～。”❺ 副词。恰巧，正好。《汉书·外戚传·孝成许皇后》：“妾薄命，～遇竟宁前。”(竟宁：汉元帝年号。) ❻ 副词。终究，真正(后起意义)。鲍照《行药至城东桥》诗：“容华坐销歇，～为谁苦辛？”蔡伸《满庭芳·鹦鹉洲边》：“～不负生平。”(负：辜负。生平：平生。)

短 duǎn ❶ 短。与“长”相对。《庄子·至乐》：“绠(gěng)～者不可以汲深。”(绠：汲水用的绳子。汲：从井里打水。)《吕氏春秋·大乐》：“四时代兴，或暑或寒，或～或长。”❷ 不足，缺陷。《荀子·大略》：“言其所长而不称其所～也。”㊁浅短，浅陋。鲍照《代升天行》：“穷途悔～计，晚志重长生。”《抱朴子·微旨》：“世人信其臆断，仗其～见，自谓所度，事无差错。”❸ 陷害，说别人的坏话。《史记·屈原贾生列传》：“令尹子兰闻之大怒，卒使上官大夫～屈原于顷襄王。”

段 duàn ❶ 锤打。《周礼·考工记·䡄人》：“～氏为镈器。”(段氏：锻铸工。)这个意义后来写作“锻”。❷ 量词。节，段落，部分。《晋书·邓遐传》：“遐挥剑截蛟数～而出。”(蛟：蛟龙。) ❸ 把整体或条形物分开，截断。《孙膑兵法·擒庞涓》：“于是～齐城、高唐为两，直将蚁傅平陵。”❹ 缎子。杜甫《戏为双松图歌》：“我有一匹好素绢，重之不减锦绣～。”(素绢：白色的精细丝织品。重：珍重。不减：不亚于。)这个意义后来写作“缎”。

腶 duàn 用姜与桂腌制的干肉。也称“腶脩”或“腶脯”。《仪礼·有司》：“取糗(qiǔ)与腶脩，执以出。”(糗：小米干饭。)《左传·哀公十一年》：“道渴，其族辕咺(xuǎn)进稻醴、粱糗、腶脯焉。”(辕咺：人名。稻醴：稻米酿的甜酒。)

碫 duàn 磨刀石。《说文》：“碫，砺石也。”㊁石头。《孙子·势》：“兵之所加，如以～投卵者。”

锻(鍛) duàn ❶ 打铁。《尚书·费誓》：“～乃戈矛，砺乃锋刃。”(乃：你们的。)《世说新语·简傲》：“康方大树下～，向子期为佐鼓排。”(康：嵇康。向子期：向秀。)㊀捶击。《庄子·列御寇》：“其子没于渊，得千金之珠。其父谓其子曰：‘取石来～之。’”㊀用酷刑罗织罪名，给人定罪。《隋书·嗣王集传》：“宪司希旨，～成其狱。”❷ 捶锻金属所用的砧石。《诗经·大雅·公刘》：“取厉取～。”这个意义又写作“碫”。❸ 通“腶”。肉脯。《穀梁传·庄公二十四年》：“妇人之贽，枣栗～脩。”(贽：初见尊长时所送的礼物。脩：干肉。)

毈 duàn 鸟卵孵不出小雏。《吕氏春秋·明理》：“鸡卵多～。”

断(斷) duàn ❶ 截断，断开。《周易·系辞上》：“二人同心，其利～金。”《史记·文帝本纪》：“刑至～支体，刻肌肤。”㉠断绝，中止。李白《大堤曲》：“天长音信～。”❷ 判断，决断。《国语·晋语九》：“及～狱之日，叔鱼抑邢侯。”（狱：诉讼。）《史记·春申君列传》：“语曰：‘当～不～，反受其乱。’”成语有“当机立断”。❸ 绝对，一定。《周易·系辞下》：“介如石焉，宁用终日，～可识矣。”李商隐《无题》诗：“～无消息石榴红。”

踹 duàn ❶ 顿足，跳脚。《淮南子·人间》：“追者至，～足而怒。”❷ chuǎn 胫肠，小腿肚。《灵枢经·经脉》：“脾足太阴之脉……上内踝前廉，上～内。”【注意】“踹”在宋元以前没有“踢”、“踩”义，也不读chuài。

DUI

碓 duī ❶ 撞击。木华《海赋》：“五岳鼓舞而相～。”（五岳：形容海浪似五岳一样高。）❷ 坠落。李白《上崔相百忧章》：“火焚昆山，玉石相～。”❸ 堆积。《敦煌变文集·无常经讲经文》：“垒珍珠，～白玉。”❹ zhuì 通“硾”。捣。李贺《官街鼓》诗：“～碎千年日长白，孝武秦皇听不得。”

队（隊） duì ❶ zhuì 从高处掉下来。《荀子·天论》：“夫星之～，木之鸣，是天地之变。”（木之鸣：树木发出响声。变：指反常现象。）㉠失掉。《国语·楚语下》：“自先王莫～其国。”（莫：没有一个人。）这个意义后来写作“坠”。❷ 军队的编制，一百人为一队。《史记·孙子吴起列传》：“孙子分为二～，以王之宠姬二人各为～长。”（孙子：孙武。）㉡队列。司马相如《子虚赋》：“车按行，骑就～。”❸ suì 通“隧”。隧道。《穆天子传》卷一：“天子猎于钘（xíng）山之西阿，于是得绝钘山之～。”

对（對） duì ❶ 回答。《论语·述而》：“叶公问孔子于子路，子路不～。”《史记·张释之冯唐列传》：“～上所问禽兽簿甚悉。”（上：指皇帝。禽兽簿：记载有关禽兽的簿册。悉：详细。）【注意】在古代汉语里“对”多用于对上的回答或对话。㊕指一种文体，即奏对，对策。刘勰《文心雕龙·议对》：“公孙之～，简而未博，然总要以约文，事切而情举。”（公孙：指公孙弘。）❷ 对着，向着。曹操《短歌行》：“～酒当歌，人生几何。”韦应物《休暇日访王侍御不遇》诗：“门～寒流雪满山。”㉡相对。《世说新语·方正》：“遂举觞～语，宾主无愧色。”㉠适合。如“对症下药”。❸ 敌对，对立。《三国志·蜀书·诸葛亮传》：“而所与～敌，或值人杰。”（值：遇着。）㉡敌手。《三国志·吴书·陆逊传》：“刘备天下知名，曹操所惮，今在境界，此强～也。”❹ 对付。《韩非子·初见秦》：“夫一人奋死可以～十，十可以～百。”（奋死：奋力死战。）❺ 配偶。《后汉书·梁鸿传》：“择～不嫁。”（择：选择。）❻ 对偶，对仗。刘勰《文心雕龙·丽辞》：“言～为易，事～为难。反～为优，正～为劣。”❼ 量词（后起意义）。双，套。皮日休《重元寺双矮桧》诗：“一～狻猊相枕眠。”白居易《缭绫》诗：“春衣一～直千金。”（直：值。）

怼（懟） duì 怨恨。《管子·宙合》：“厚藉敛于百姓，则万民～怨。”（藉敛：收税。）《史记·周本纪》：“今杀王太子，王其以我为雠而～怒乎？”

兑 duì ❶ 八卦之一，代表沼泽。见139页“卦”字。❷ 通行。《诗经·大雅·绵》：“行道～矣。”❸ 洞穴。《老子·五十二章》：“塞其～，闭其门。”❹ 兑换（后起意义）。丁仙芝《余杭醉歌赠吴山人》：“十千～得余杭酒。”（十千：指十千文钱。余杭：地名。）❺ yuè 通“悦”。高兴。《荀子·不苟》：“见由则～而倨（jù），见闭则怨而险。”（被进用则得意忘形而傲慢，不被进用则满腹牢骚而狠毒。）❻ ruì 通“锐”。尖。《史记·天官书》：“三月生天枪，长数丈，两头～。”

祋 duì 古代撞击用的兵器。《诗经·曹风·候人》：“彼候人兮，何（hè）戈与～。”（何：荷，扛着。）《后汉书·马融传》：“～殳（shū）狂击，头陷颅碎。”（殳：兵器名。）

碓 duì 用木、石制成的捣米用具。杜甫《雨》诗：“柴扉临野～，半湿捣香杭。”

憞 duì ❶ 同“憝”。怨恨，憎恶。《扬子法言·重黎》：“楚～群策而自屈其力。”❷ ［憞溷（hùn）］烦乱。宋玉《风赋》：“故其风中人，状直～～郁邑。”（郁邑：忧愁的样子。）

憝（譈） duì ❶ 怨恨，憎恶。《尚书·康诰》：“暋（mǐn）不畏死，罔弗～。”（暋：强横。罔：无。）《孟子·万章下》：“凡民罔不～。”❷ 奸恶（è），恶人。《后汉书·宦者传》：“故郑众得专谋禁中，终除大～。”《新唐书·李晟传》：“晟荡夷凶～，而市不易廛。”

嵟 duì 茂盛的样子。宋玉《高唐赋》：“其始出也，～兮若松榯（shí）。”（榯：树木直立的样子。）

鐓 duì ［黮（dàn）鐓］见75页“黮”字。

DUN

惇 dūn ❶ 敦厚，厚道，诚实。《国语·晋语七》："荀家～惠。"（荀家：人名。）《韩非子·诡使》："～悫（què）纯信，用心怯言。"（悫：诚实。）㊀注重，推崇。《尚书·武成》："～信明义，崇德报功。"❷ 专一，勤勉。《国语·晋语四》："行年五十矣，守学弥～。"《汉书·翼奉传》："奉～学不仕。"

敦 dūn ❶ 厚。《国语·周语上》："夫民之大事在农……～庞纯固，于是乎成。"（敦庞：指厚大，丰足。）《荀子·儒效》："知之而不行，虽～必困。"（敦：指知识渊博。）㊀厚道。《韩非子·难言》："～祗（zhī）恭厚。"（祗：恭敬。）㊁注重，推崇。《礼记·曲礼上》："～善行而不怠。"谢朓《赋贫民田》诗："～本抑工商，均业省兼并。"（本：指农业。）❷ 敦促，督促。《孟子·公孙丑下》："使虞～匠事。"《晋书·谢安传》："累下郡县～逼，不得已赴召。"（累：屡次。赴召：应召前往。）❸ tún 通"屯"。驻扎。扬雄《甘泉赋》："～万骑于中营兮，方玉车之千乘。"（中营：指皇帝的军营。）❹ duì 古时盛黍稷的器具。《礼记·明堂位》："有虞氏之两～。"

墩（墪） dūn 土堆。李白《登金陵冶城西北谢安墩》诗："冶城访古迹，犹有谢安～。"㊁堆状物。高适《同李员外贺哥舒大夫破九曲》诗："唯有关河渺，苍茫空树～。"《宋史·丁谓传》："遂赐坐，左右欲设～。"

燉 dūn 火盛。《玉篇·火部》："燉，火盛貌。"［温燉］温暖。白居易《别毡帐火炉》诗："婉软蛰鳞苏，～～冻肌活。"【注意】古代"燉"没有"烹煮"的意义。

蹲 dūn ❶ 蹲坐。《庄子·外物》："～乎会稽，投竿东海。"（会稽：地名。竿：指钓鱼竿。）❷ cún ［蹲蹲］1. 跳舞的样子。《诗经·小雅·伐木》："～～舞我。"2. 举止庄重的样子。《汉书·扬雄传上》："穆穆肃肃，～～如也。"

囤（笹） dùn ❶ 储粮食的盛器。《淮南子·精神》："与守其篅（chuán）～，有其井，一实也。"（篅：储存粮食的器具。）《魏书·高祖纪上》："诏诸仓～谷麦充积者，出赐贫民。"❷ tún 囤积，贮存。黄生《义府·诸贾人》："贮积诸物，如今之～户。"成语有"囤积居奇"。

沌 dùn ❶［沌沌］蒙昧无知的样子。《老子·二十章》："我愚人之心也哉，～～兮。"❷ tún ［沌沌］水势汹涌的样子。枚乘《七发》："～～浑浑，状如奔马。"（浑浑：大水奔流的样子。）

钝（鈍） dùn ❶ 不锋利。与"锐"、"利"相对。《潜夫论·考绩》："剑不试则利～暗。"（暗：不清楚。）㊀不顺利。诸葛亮《后出师表》："至于成败利～，非臣之明所能逆睹也。"（逆：指预先。）❷ 迟钝，愚笨。《汉书·鲍宣传》："臣宣呐～于辞。"（呐：同"讷"。言语迟钝。）刘知几《史通·叙事》："夫以～者称敏，则明贤达所嗤。"（被愚笨的人称为聪敏，那就表明他是被贤明通达人所讥笑的。）

顿（頓） dùn ❶ 叩，磕。《史记·秦始皇本纪》："群臣皆～首。""顿首"旧时常用于书信首尾。㊁跺，踏。杜甫《兵车行》："牵衣～足拦道哭，哭声直上干云霄。"（干云霄：冲云霄。）❷ 上下抖动使整齐，整顿。陆机《演连珠》之七："～网探渊。"（整顿好渔网，到深渊里去捕鱼。）❸ 停顿，屯驻。陆机《赴洛道中作》诗："～辔倚嵩岩。"（停下马来倚在高峻的山崖上。）《史记·淮阴侯列传》："～之燕坚城之下。"㊁停宿的地方。《隋书·炀帝纪下》："每之一所，辄数道置～。"（之：到……去。辄：总是。道：隋唐时行政区域。置：设置。）❹ 倒下。《汉书·陈遵传》："～仆坐上。"（仆：倒下。坐：座位。）❺ 困顿，疲弊。《左传·昭公元年》："师徒不～，国家不罢（pí）。"（罢：通"疲"。）㊁废坏，败坏。《韩非子·初见秦》："兵甲～，士民病。"（兵甲：指武器。）❻ 立刻，马上。《列子·天瑞》："凡一气不～进，一形不～亏，亦不觉其成，不觉其亏。"❼ 量词。顿，次（后起意义）。《旧唐书·食货志上》："痛杖一～处死。"（杖：用棍棒打。）❽ 通"钝"。不锋利。《史记·屈原贾生列传》："莫邪（yé）为～兮，铅刀为銛（xiān）。"（莫邪：传说中的宝剑名。铅刀：指软而钝的刀。銛：锋利。）❾［顿顿］诚恳的样子。《荀子·王制》："我今将～～焉，日日相亲爱也。"❿ dú ［冒（mò）顿］汉初匈奴单于（chán yú）名。

盾 dùn 盾牌。古代打仗时用来护卫身体，挡住敌人刀箭的兵器。《史记·项羽本纪》："哙（kuài）即带剑拥～入军门。"（哙：樊哙。拥：拿，持。）又写作"楯"。

遁（遯） dùn ❶ 逃。《左传·庄公二十八年》："楚师夜～。"（师：军队。）㊀回避。《后汉书·杜林传》："法不能禁，令不能止，上下相～，为敝弥深。"（敝：通

"弊"。弥:更加。) ❷ 隐匿。《淮南子·俶真》:"若藏天下于天下,则无所~其形矣。"柳宗元《始得西山宴游记》:"莫得~隐。"成语有"遁迹销声"。❸ qūn [遁巡]同"逡巡"。犹豫徘徊的样子。《汉书·陈胜项籍传赞》:"九国之师~~而不敢进。"【辨】遁,逃。两字都指逃离某个地方,但"遁"比"逃"更隐蔽,多指悄悄地溜走,不知去向。

D

楯 dùn ❶ shǔn 栏杆的横木。何晏《景福殿赋》:"~类腾蛇。"(类:好像。) ❷ 通"盾"。盾牌。《韩非子·难一》:"楚人有鬻(yù)~与矛者。"(鬻:卖。)

DUO

多 duō ❶ 多。与"少"相对。《诗经·小雅·小旻》:"谋夫孔~。"(孔:甚。)《左传·隐公元年》:"~行不义必自毙。" ❷ 称赞。《史记·商君列传》:"反古者不可非,而循礼者不足~。"(非:责怪。不足:不值得。) ❸ 大多,大都。《后汉书·顺帝纪》:"而即位仓卒,典章~缺。"《世说新语·政事》:"谢公时,兵厮逋亡,~近窜南塘下诸舫中。" ❹ 只,仅仅。《论语·子张》:"~见其不知量也。"

咄 duō 叹词。表示呵叱或轻蔑。《汉书·东方朔传》:"朔笑之曰:'~!'"(笑:讥笑。)[咄嗟] 1. 叹词。表示呵叱悲叹。李白《金陵歌送别范宣》:"扣剑悲吟空~~。" 2. 一呼一应的工夫,即一霎时。《晋书·石崇传》:"崇为客作豆粥,~~便办。"(便办:就做成了。)[咄咄]叹词。表示惊异,惊叹。《后汉书·严光传》:"~~子陵,不可相助为理邪!"(子陵:严光。理:指治理国家。)成语有"咄咄怪事"、"咄咄逼人"。

剟 duō ❶ 削,删改。《商君书·定分》:"有敢~定法令,损益一字以上,罪死不赦。"㊀割取。《汉书·贾谊传》:"盗者~寝户之帘。" ❷ 刺。《史记·张耳陈馀列传》:"吏治榜笞数千,刺~,身无可击者,终不复言。"

掇 duō ❶ 拾取。《诗经·周南·芣苢》:"采采芣苢(fú yǐ),薄言~之。"(采采:茂盛的样子。芣苢:一种草,这里指它结的籽。薄、言:都是句首语气词。)《论衡·知实》:"颜渊炊饭,尘落甑中……~而食之。"㊀摘取,选取。《汉书·贾谊传》:"凡所著述五十八篇,~其切于世事者著于传云。"(凡:一共。切于世事:与当代的事关系密切。著于传:写到传记里。云:语气词。) ❷ 通"剟"。削。《汉书·王嘉传》:"上于是定躬宠告东平本章,~去宋弘,更言因董贤以闻。"《世说新语·赏誉》:"谢公称蓝田~皮皆真。"

夺(奪) duó ❶ 丧失,耽误。《荀子·富国》:"罕兴力役,无~农时,如是则国富矣。"《史记·郦生陆贾列传》:"方今楚易取而汉反却,自~其便,臣窃以为过矣。" ❷ 强取,夺取。《左传·文公十八年》:"人~女妻而不怒。"《史记·萧相国世家》:"毋为势家所~。"(毋:不要。)㊀强行改变。《论语·子罕》:"三军可~帅也,匹夫不可~志也。"《汉书·梅福传》:"诸侯~宗,圣庶~適(dí)。"

铎(鐸) duó 大铃,古代宣布政教法令时或有战事时使用。《韩非子·存韩》:"边鄙残,国固守,鼓~之声于耳,而乃用臣斯之计,晚矣。"《汉书·食货志上》:"行人振木~徇(xùn)于路。"(行人:指传达命令的官。振:摇动。徇于路:指巡行各地传达政令。)㊀风铃(后起意义)。杨衒之《洛阳伽蓝记·永宁寺》:"宝~含风,响出天外。"

朵(朶) duǒ ❶ 花朵。白居易《画木莲花图寄元郎中》诗:"花房腻似红莲~,艳色鲜如紫牡丹。"(腻:光滑,润滑。) ❷ 量词。杜甫《江畔独步寻花》诗:"黄四娘家花满蹊,千~万~压枝低。"(蹊:小路。) ❸ 通"垛"。建筑物两侧的突出部分。《宋史·仪卫志一》:"陈腰舆、小舆于东西~殿。" ❹ [朵颐]鼓动腮颊嚼食。柳宗元《游南亭夜还叙志七十韵》:"~~进芰(jì)实,擢手持蟹螯。"

埵 duǒ ❶ 防水的土坝。《淮南子·说林》:"窟穴者托~防,便也。"(窟穴者:指钻洞的鼠类。) ❷ 冶炉风箱的铁管。《淮南子·本经》:"鼓橐(tuó)吹~,以销铜铁。"(橐:风箱。) ❸ duò [埵堁(kè)]小土堆。《淮南子·说山》:"泰山之容,巍巍然高,去之千里,不见~~,远之故也。"

亸(嚲、軃) duǒ ❶ 垂,下垂。刘禹锡《和乐天鹦鹉》:"敛毛睡足难销日,~翅愁时愿见风。"岑参《和刑部成员外秋夜寓直寄台省知己》:"竹喧交砌叶,柳~拂窗条。" ❷ 摆动。白居易《酬郑侍御多雨春空过诗三十韵》:"楚柳腰肢~,湘筠涕泪滂。"

鬌 duǒ ❶ 毛发脱落。《说文》:"鬌,发堕也。" ❷ 幼儿剪发时留下的头发。《礼记·内则》:"三月之末,择日剪发为~。"

惰 duò 懒，懈怠。《孙子兵法·军争》："避其锐气，击其～归。"（避开敌军初来时的锐气，等到敌人疲惫懈怠而退却时再打他。）《荀子·非十二子》："佚（yì）而不～，劳而不慢。"（佚：逸。慢：怠慢。）

堕（墮） duò ❶ 落，掉下来。《史记·屈原贾生列传》："怀王骑，～马而死。"（怀王：指梁怀王。）❷ 通"惰"。懈怠。《盐铁论·散不足》："作业～怠，食必趣时。"❸ huī 毁坏。《史记·秦始皇本纪》："～坏城郭。"（城郭：指各诸侯国的旧城墙。）这个意义又写作"隳"。

隋 duò 狭长的小山。《诗经·周颂·般》："～山乔岳。"（乔：高。）

E

E

阿 ē 见1页。

婀(娿) ē ［媕(ān)婀］见3页“媕”字。

讹(訛、譌) é ❶谣言。《汉书·成帝纪》:“京师无故～言大水至。”㊀错误。刘知几《史通·自叙》:“～音鄙句。”(鄙:简陋,肤浅。)成语有“以讹传讹”。❷感化。《诗经·小雅·节南山》:“式～尔心,以畜万邦。”(式:语气词。尔:你。畜:养育。)❸通“吪”。行动。《诗经·小雅·无羊》:“或降于阿,或饮于池,或寝或～。”(寝:睡觉。)

吪 é ❶行动。《诗经·王风·兔爰》:“逢此百罹,尚寐无～。”❷感化。《诗经·豳风·破斧》:“周公东征,四国是～。”

俄 é ❶倾斜。《诗经·小雅·宾之初筵》:“侧弁之～,屡舞傞傞(suō suō)。”(弁:皮帽子。傞傞:醉舞的样子。)张华《鹪鹩赋》:“鹰鹯(zhān)过犹～翼,尚何惧于罿罻(tóng wèi)。”(鹯:一种猛禽。罿罻:捕鸟的小网。)❷顷刻,片刻。萧子良《请停台使检课表》:“～刻十催。”(催:催促。)杜甫《别蔡十四著作》诗:“忆念凤翔都,聚散～十春。”［俄而］［俄尔］不久。《三国志·蜀书·诸葛亮传》:“～而表卒。”(表:刘表。卒:死。)《晋书·五行志下》:“有一马尾有烧状……～尔不见。”

莪 é 莪蒿,一种多年生草本植物。《诗经·小雅·菁菁者莪》:“菁菁(jīng jīng)者～,在彼中阿(ē)。”(菁菁:草木茂盛的样子。阿:大山。)

哦 é 吟诵。韩愈《蓝田县丞厅壁记》:“对树二松,日～其间。”

峨(峩) é ❶山高。常“峨峨”连用。张衡《西京赋》:“华岳～～。”(华岳:指华山。)㊀高。李贺《河南府试十二月乐词·二月》:“金翘～髻(jì)愁暮云。”(金翘:妇女首饰。髻:梳在头顶上的发结。)又如“峨冠博带”。❷峨眉山的简称。郦道元《水经注·江水》:“乃当抗峰岷～。”(抗峰:比山峰高低。岷:指岷山。)

娥 é ❶美好。扬雄《方言》卷一:“娥、𡣕,好也。秦曰娥,宋、魏之间谓之𡣕。”常“娥娥”、“娥媌”、“娥姣”等连用,形容女子美貌。《古诗十九首·青青河畔草》:“～～红粉妆。”《列子·周穆王》:“简郑卫之处子,～媌(miáo)靡曼者。”(简:选择。处子:未婚女子。靡曼:美丽。)《列子·杨朱》:“乡有处子之～姣者。”❷美女。谢灵运《江妃赋》:“天台二～,宫亭双媛。”(天台:山名。宫亭:湖名,即今鄱阳湖。媛:美女。)❸指女子眉毛。王粲《神女赋》:“扬～微眄,悬藐流离。”(眄:斜视。)

睋 é ❶望。班固《西都赋》:“于是睎秦岭,～北阜。”(睎:望。)❷通“俄”。［睋而］不久,一会儿。《公羊传·定公八年》:“～～曰:‘彼哉彼哉!’”

蛾 é ❶虫名。蛾子。《荀子·赋》:“蛹以为母,～以为父。”张协《杂诗》:“飞～拂明烛。”㊃女子眉毛。刘长卿《王昭君歌》:“纤腰不复汉宫宠,双～长向胡天愁。”［蛾眉］蚕蛾的触须细长,因以喻女子的眉毛。《诗经·卫风·硕人》:“螓首～～,巧笑倩兮。”(螓:蝉的一种。)㊁形容女子容貌美丽。屈原《离骚》:“众女嫉余之～～兮。”❷通“俄”。［蛾而］不久。《汉书·班倢伃传》:“帝初即位选入后宫。始为少使,～～大幸,为倢伃(jié yú)。”❸yǐ 通“蚁”。蚂蚁。《礼记·学记》:“～子时术之。”屈原《天问》:“蜂～微命,力何固?”

頟 é ❶“额”的本字。前额。《汉书·赵皇后传》:“～上有壮发,类孝元皇帝。”❷［頟頟］1.无休止的样子。《尚书·益稷》:“傲虐是作,罔昼夜～～。”(傲虐:肆虐害民。罔:无。)2.高大而坚固的样子。韩愈《平淮西碑》:“～～蔡城,其壃千里。”(壃:同“疆”。疆域。)

额(額) é ❶额头,脑门。《史记·滑稽列传》:“叩头且破,～血流地。”❷牌匾(后起意义)。《太平广记》卷二百六引羊欣《笔阵图》:“前汉萧何善篆籀(zhòu),为前殿成,覃思三月,以题其～,观者如流。”(籀:大篆。覃思:深思。)❸规定的数目(后起意义)。《新唐书·崔衍传》:“蠲(juān)减租～。”(蠲:免除。)

厄[1](戹) è ❶穷困,灾难。《公羊传·宣公十五年》:“君子见人之～则矜之。”《后汉书·马融传》:“伏见元年已来，遭值～运。”左思《魏都赋》：“能济其～。”（济：救。）㊂遭遇困境，使……遭遇困境。《孟子·尽心下》：“君子之～于陈蔡之间，无上下之交也。”《史记·季布栾布列传》：“两贤岂相～哉！”上述❶㊂又写作“阸”、“阨”。❷两边高峻的狭窄地势。《孙膑兵法·八阵》：“险则多其骑，～则多其弩。”❸阻遏，扼制。《史记·太史公自序》：“亚夫驻于昌邑，以～齐、赵。”这个意义后来写作“扼”。❹通“轭”。驾车时套在牲口脖子上的曲木。《诗经·大雅·韩奕》：“鞗（tiáo）革金～。”（鞗革：用皮革制成的辔头。）

厄[2]**（阸、阨）** è ❶阻塞，险要的（地势）。《史记·汉兴以来诸侯王年表》：“秉其～塞地利，强本干，弱枝叶之势也。”（秉：把握，掌握。厄塞地利：险要难通行的有利地势。）《汉书·西域传上》：“东则接汉，～以玉门、阳关。”㊂阻塞险要之地。《吕氏春秋·长攻》：“岂能逾五湖九江、越十七～以有吴哉！”❷穷困，灾难。《史记·平津侯主父列传》：“我～日久矣。”《汉书·元帝纪》：“百姓仍遭凶～。”㊂受困，使受困。《汉书·景十三王传》：“孔子～于陈、蔡。”董仲舒《春秋繁露·王道》：“不鼓不成列，不～人。”这个意义又写作“戹（戹）”。❸ài 通“隘”。狭隘。《汉书·赵充国传》：“道～狭，充国徐行驱之。”（徐：慢慢。驱：驱赶。）

扼（搹） è ❶用力掐住。《汉书·李陵传》：“力～虎，射命中。”双音词有“扼腕”。㊀扼制，控制。《新唐书·高崇文传》：“鹿头山南距成都百五十里，～二川之要。”❷通“轭”。驾车时套在牲口脖子上的曲木。《庄子·马蹄》：“夫加之以衡～。”（衡：车辕前面的横木。）

轭（軛、軶） è 驾车时套在牲口脖子上的曲木。《古诗十九首·明月皎夜光》：“牵牛不负～。”（牵牛星不能负轭拉车。）

垩（堊） è ❶白色土，可用来粉饰墙壁。司马相如《子虚赋》：“其土则丹、青、赭（zhě）、～。”（赭：红褐色的土。）㊈可用来涂饰的有色土。《山海经·北山经》：“（天池之山）其中多黄～。”❷粉刷墙。《周礼·考工记·匠人》郑玄注：“以蜃（shèn）灰～墙。”（蜃灰：蛤蜊壳烧成的灰粉。）

咢 è ❶只击鼓而不歌唱。《诗经·大雅·行苇》：“或歌或～。”❷屋檐的棱。《晋书·赫连勃勃载记》：“飞檐舒～，似翔鹏之矫翼。”❸通“锷”。刀剑的刃。《汉书·王褒传》：“清水焠（cuì）其锋，越砥敛其～。”（焠：淬火，金属热处理的一种工艺。越砥：越地出产的磨刀石。）❹［咢咢］1. 直言的样子。《汉书·韦贤传》：“睮睮（yú yú）谄夫，～～黄发，如何我王，曾不是察！”（睮睮：谄媚的样子。黄发：指长寿老人。）2. 冠高的样子。《后汉书·张衡传》：“冠～～其映盖兮，佩綝纚（lín lí）以辉煌。”（綝纚：盛装的样子。）

鄂 è ❶殷代古国名。在今河南沁阳西北。《史记·殷本纪》：“以西伯昌、九侯、～侯为三公。”❷古地名。在今湖北鄂州。《史记·楚世家》：“乃兴兵伐庸、杨粤，至于～。”❸古邑名。春秋晋邑，在今山西乡宁。❹通“愕”。惊讶。《汉书·霍光传》：“群臣皆惊～失色，莫敢发言，但唯唯而已。”❺通“谔”。直言。马融《长笛赋》：“蒯聩（kuì）能退敌，不占成节～。”（不占：人名。）［鄂鄂］直言进谏的样子。《史记·赵世家》：“诸大夫朝，徒闻唯唯，不闻周舍之～～。”❻通“萼”。花萼。《诗经·小雅·常棣》：“常棣之华，～不（fū）韡（wěi）韡。”（不：通“柎”。花蒂。韡韡：鲜明茂盛的样子。）❼通“堮”。边际。《文选·扬雄〈甘泉赋〉》：“攒并闾与茇葀（bá kuò）兮，纷被（pī）丽其亡～。”（并闾：树。茇葀：草名。被丽：分散的样子。）

谔（諤） è 言语正直。《列子·力命》：“在朝～然，有敖朕之色。”［谔谔］直言进谏的样子。《楚辞·惜誓》：“或直言之～～。”《史记·商君列传》：“千人之诺诺，不如一士之～～。”

堮 è 边际。张协《七命》：“旌拂霄～，轨出苍垠（yín）。”（垠：岸，边际。）

萼（蕚） è 花萼。束皙《补亡诗》六首之二：“白华朱～。”谢灵运《酬从弟惠连》诗：“山桃发红～。”［萼跗（fū）］花萼和花托。比喻兄弟。张愿《秀士张点墓志》：“痛～～之不禄，悲涕泗之无从。”

愕 è ❶惊讶。《战国策·燕策三》：“群臣惊～。”［愕然］吃惊的样子。沈括《梦溪笔谈》卷一四：“其人～～无对。”❷通“谔”。言语正直。《后汉书·陈蕃传》：“謇（jiǎn）～之操，华首弥固。”（謇：正直。华首：指年老。弥：更加。）［愕愕］通“谔谔”。直言进谏的样子。《盐铁论·国疾》：“闻诸生之～～，此乃公卿之良药针石。”

遌（遻） è ❶抵触。马融《长笛赋》：“犨距劫～，又足怪也。”❷wù

遇到。屈原《九章·怀沙》："重华不可～兮。"(重华：虞舜的名。)

鹗(鶚) è 雕类猛禽，栖于江河湖泽，又称鱼鹰。宋玉《高唐赋》："雕～鹰鹞，飞扬伏窜。"

锷(鍔) è ❶刀剑的刃。《庄子·说剑》："天子之剑，以燕谿石城为锋，齐岱为～。"骆宾王《在军中赠先还知己》诗："胡霜如剑～，汉月似刀环。"❷通"堮"。边际。张衡《西京赋》："在彼灵囿之中，前后无有垠～。"

鳄(鱷、鰐) è 鳄鱼。左思《吴都赋》："鼅鼊(gōu bì)鲭(qīng)～，涵泳乎其中。"(鼅鼊：龟类。鲭：鱼名。)

恶(惡) è ❶罪恶，不良行为。与"善"相对。《论语·颜渊》："攻其～，无攻人之～。"(其：指自己。)《三国志·蜀书·诸葛亮传》："无～不惩，无善不显。"(显：指表彰。)㉆恶人，坏人。《荀子·王制》："元～不待教而诛。"(元恶：首恶分子。诛：杀。)❷丑。与"美"相对。《韩非子·说林上》："今子美而我～。"(子：你。)㉇坏，不好。贾思勰《齐民要术·耕田》："田虽薄～，收可亩十石。"(亩：指每亩。)❸wù 讨厌，不喜欢。与"好"(hào)相对。《荀子·天论》："天不为人之～寒也辍(chuò)冬。"(辍：停止。)㉇诽谤，说人坏话。《战国策·燕策一》："人有～苏秦于燕王者。"❹wū 疑问代词。哪里，怎么。《孟子·尽心上》："路～在？"《战国策·赵策三》："先生又～能使秦王烹醢(hǎi)梁王。"(烹醢：古代两种杀人的酷刑。)[恶乎]从哪里，在哪里。《荀子·劝学》："学～～始，～～终。"(学习从哪里开始，在哪里结束呢？)❺wū 叹词。《孟子·公孙丑上》："～，是何言也！"

饿(餓) è 严重的饥饿。《韩非子·饰邪》："家有常业，虽饥不～。"(常业：指有固定的生产作业。饥：肚子饿。)【辨】饥，饿。"饥"指一般的肚子饿；"饿"是严重的饥饿，指没有饭吃而受到死亡的威胁，不当一般的"肚子饿"讲。

阏(閼) è ❶阻塞。蔡邕《樊惠渠歌》："我有长流，莫或～之。"(长流：指泾水。莫或：没有谁。)❷挡水的堤坝。《汉书·召信臣传》："开通沟渎(dú)，起水门提～，凡数十处，以广溉灌。"(渎：水渠。起：指兴建。提阏：即堤堰。)❸yān [阏氏(zhī)]汉时匈奴王后的称号。《史记·匈奴列传》："后有所爱～～，生少子。"❹yù [阏与(yú)]地名，在今山西。

堨 è ❶拦水的土堰。《三国志·魏书·刘馥传》："兴治芍陂及茹陂、七门、吴塘诸～，以溉稻田。"㉆用作动词。拦截水流。郦道元《水经注·涑水》："故公私共～水径，防其淫滥。"❷ài 尘埃。《淮南子·兵略》："扬尘起～。"

遏 è 阻止，阻拦。《诗经·大雅·民劳》："式～寇虐，无俾民忧。"《三国志·魏书·武帝纪》："～淇水入白沟，以通粮道。"㉆抑制。《周易·大有》："君子以～恶扬善，顺天休命。"成语有"怒不可遏"。

搤 è ❶掐住，捉住。《战国策·魏策一》："莫不日夜～腕瞋目切齿。"扬雄《长杨赋》："～熊罴，拕(tuō)豪猪。"(拕："拖"的本字。)❷握持。《史记·周本纪》："养由基怒，释弓～剑。"㉆扼守。《新唐书·逆臣传下》："即发兵三万～蓝田道。"

頞(齃) è 鼻梁。《孟子·梁惠王下》："举疾首蹙～而相告。"(举：皆，全都。疾首：头痛。)《后汉书·周燮传》："(周)燮生而钦颐折～，丑状骇人。"(钦：弯曲。)

噩 è ❶可怕的，惊人的。[噩梦]可怕的梦。范成大《江州庾楼夜宴》诗："客从三峡来，～～随奔泷(lóng)。"(奔泷：奔腾的流水。)又如"噩耗"(指人死的消息)。❷严正。贾谊《新书·劝学》："既遇老聃，～若慈父。"[噩噩]严正的样子。《扬子法言·问神》："虞夏之书浑浑尔，商书灏灏尔，周书～～尔。"

嶭 è [岝(zuó)嶭]见 552 页"岝"字。

EN

恩 ēn ❶恩惠。《孟子·梁惠王上》："今～足以及禽兽，而功不至于百姓者，独何与？"(独何与：却是为什么呢？与：语气词。)魏征《谏太宗十思疏》："～所加，则思无因喜以谬赏。"(谬赏：指奖赏不当。)㉆施恩惠。贾谊《新书·傅职》："天子不～于亲戚。"❷亲爱，有情义。《韩非子·六反》："不养～爱之心而增威严之势。"(养：培养。)《三国志·蜀书·刘晔传》："且关羽与备，义为君臣，～犹父子。"

ER

儿(兒) ér ❶儿童。《史记·扁鹊仓公列传》："闻秦人爱小～，即为小～医。"❷儿子。《木兰诗》："阿爷无大

～，木兰无长兄。”[泛]青年男子。干宝《搜神记》卷十一：“王梦见一～，眉间广尺，言欲报仇。”❸年轻女子的自称。《古诗为焦仲卿妻作》：“兰芝惭阿母，～实无罪过。”（兰芝：人名。惭阿母：指惭愧地对母亲说。）❹指人。《世说新语·赏誉》：“桓温行经王敦墓边过，望之云：‘可～，可～！’”❺名词词尾（后起意义）。杜甫《水槛遣兴》诗：“细雨鱼～出，微风燕子斜。”

而 ér ❶第二人称代词。你，你的。《左传·昭公二十年》：“余知～无罪也。”（余：我。）《史记·项羽本纪》：“必欲烹～翁，则幸分我一桮羹。”（烹：煮。翁：父亲。桮：杯。）❷连词。表示前后两个词或词组之间的并列、转折、相承等关系。《韩非子·定法》：“故其国富～兵强。”《盐铁论·和亲》：“知文～不知武，知一～不知二。”《荀子·劝学》：“林木茂～斧斤至焉。”❸连词。连接状语和中心语。《庄子·养生主》：“提刀～立。”《列子·汤问》：“北山愚公者，年且九十，面山～居。”❹连词。连接主语和谓语，含有“如果”或“却”的意思。《左传·襄公三十年》：“子产～死，谁其嗣之？”（子产：人名。嗣：继承。）《战国策·赵策三》：“先生独未见夫仆乎？十人～从一人者，宁力不胜，智不若耶？”（宁：难道。）❺语气词。用于句末表示感叹。《论语·微子》：“已～，已～！今之从政者殆～。”❻如，像。《荀子·强国》：“黭（yǎn）然～雷击之，如墙厌（yā）之。”（黭：通“奄”。突然，急速。厌：压。）

洏 ér ❶煮熟。《说文》：“洏，洝也，一曰煮熟也。”❷流泪的样子。陶潜《形赠影》诗：“但余平生物，举目情凄～。”［涟洏］泪流不断的样子。王粲《赠蔡子笃诗》：“中心孔悼，涕泪～～。”（孔：很。悼：悲伤。）

耏 ér ❶颊须。《后汉书·章帝纪》：“沙漠之北，葱领之西，冒～之类，跋涉悬度。”（冒耏：连鬓胡子。）❷水名。在今山东淄博西北。《左传·襄公三年》：“（齐侯）乃盟于～外。”❸nài 剃除颊须，古代一种轻的刑罚。又写作“耐”。《说文》：“耏，罪不至髡（kūn）也。”《新唐书·波斯传》：“刑有髡、钳、刖、劓，小罪～。”

栭 ér ❶柱顶上支持屋梁的小方木，也称“枓”。张衡《西京赋》：“雕楹玉碣（xí），绣～云楣。”（碣：柱下石。楣：门框上的横木。）❷木头上长的菌类植物。《礼记·内则》：“芝～蔆椇（jǔ），枣栗榛柿。”（椇：树名。）❸［栭栗］一种果类植物，即茅栗。李时珍《本草纲目·果部·栗》：“栗之大者为板栗……小如指顶者为茅栗，即《尔雅》所谓～～也。”

胹 ér 煮熟。《左传·宣公二年》：“宰夫～熊蹯（fán）不熟，杀之。”（蹯：兽足。）

輀 ér 古代的丧车。《汉书·王莽传下》：“百官窃言，此似～车，非仙物也。”

鲕（鮞） ér ❶鱼苗，小鱼。《国语·鲁语上》：“鱼禁鲲（kūn）～。”（鱼：同“渔”。捕鱼。鲲：鱼子。）❷一种鱼。《吕氏春秋·本味》：“鱼之美者，洞庭之鱄（zhuān），东海之～。”（鱄：鱼名。）

咡 ér ❶［嚅（rú）咡］强笑的样子。屈原《卜居》：“将哫訾栗斯，喔咿～～，以事妇人乎？”❷wā［咡嘔（ōu）］小儿语声。《荀子·富国》：“垂事养民，拊（fǔ）循之，～～之。”（拊循：抚摩，安抚。）

尔（爾、尒） ěr ❶第二人称代词。你（们），你（们）的。《庄子·盗跖》：“～作言造语，妄称文武。”（作言造语：编造一些谎话。妄：荒谬的。文武：周文王、周武王。）《诗经·卫风·氓》：“以～车来，以我贿迁。”（以我贿迁：把我的财物运走。贿：财物。）❷指示代词。这，那。《世说新语·赏誉》：“～夜风恬月朗。”（恬：静。）《南齐书·张敬儿传》：“～时盘石之心既固，义无贰计。”[又]这样，如此。陶潜《饮酒》诗：“问君何能～。”《晋书·阮咸传》：“未能免俗，聊复～耳。”（聊：姑且。复：也。）❸近。《周礼·地官·肆长》：“名相近者相远也，实相近者相～也。”[又]浅近。《荀子·天论》：“其说甚～。”这个意义又写作“迩”。❹形容词或副词词尾。《论语·阳货》：“夫子莞（wǎn）～而笑。”（莞尔：微笑的样子。）陆机《文赋》：“或操觚（gū）以率～。”（操觚：指写文章。率尔：轻率的样子。）❺语气词。通“耳”。相当于“而已”。《荀子·非相》：“诛白公，定楚国，如反手～。”（定：平定。）❻语气词。表示肯定。《公羊传·僖公二年》：“君若用臣之谋，则今日取郭而明日取虞～。”（若：如果。郭、虞：国名。）

迩（邇） ěr 近。《尚书·太甲下》：“若升高，必自下；若陟遐，必自～。”（遐：远。）《史记·屈原贾生列传》：“其称文小而其指极大，举类～而见义远。”（称文：指写文章。举类：用类似的事物举例。）[引]浅近。《礼记·中庸》：“舜好问，而好察～言。”（迩言：浅近俚俗之言。）

耳 ěr ❶耳朵。《老子·十二章》：“五音令人～聋。”[引]附于物体两边的。《史记·封禅书》:"有雉登鼎～雊(gòu)。"(雊:雉鸣。) ❷ 听,听说。欧阳修《赠潘景温叟》诗:"通宵～高论,饮恨知何涯。" ❸ 语气词。相当于"而已"、"罢了"。《论语·阳货》:"前言戏之～。"《史记·郦生陆贾列传》:"如反覆手～。" ❹ 语气词。表示肯定。《史记·刺客列传》:"且吾所为者极难～。"《世说新语·识鉴》:"恨吾老,不见其盛时～。"

饵(餌) ěr ❶ 糕饼。史游《急就篇》二:"饼～、麦饭、甘豆羹。"(甘豆羹:甜豆粥。)㊂食物。《老子·三十五章》:"乐与～,过客止。"(乐:音乐。) ❷ 钓饵。《淮南子·说林》:"无～之钓,不可以得鱼。"刘禹锡《楚望赋》:"罟(gǔ)张～啗(dàn),不可遁伏。"(罟:渔网。啗:引诱。遁伏:逃跑,躲藏。)㊃引诱。《三国志·魏书·武帝纪》:"此所以～敌,如何去之!"(去:离开。)㊂用作引诱的东西,诱饵。《汉书·司马迁传》:"足历王庭,垂～虎口。" ❸ 服食,吃。《后汉书·马援传》:"援在交阯,常～薏苡实。"(交阯:地名。薏苡实:即薏仁米,可以吃,也可以入药。)王维《赠李颀》诗:"闻君～丹砂,甚有好颜色。" ❹ 药物。柳宗元《捕蛇者说》:"得而腊之以为～,可以已大风、挛踠、瘘疠。"

洱 ěr 洱海,在云南大理东。[洱水] 1.古水名。故道在今河南境内。《汉书·地理志上》:"又有～～,东南至鲁阳,亦入沔。" 2.指洱海。吴伟业《赠苍雪》诗:"～～与苍山,佛教之齐鲁。"

珥 ěr ❶ 用珠玉做的耳饰。《史记·外戚世家》:"帝谴责钩弋夫人,夫人脱簪～叩头。" ❷ 剑鼻。屈原《九歌·东皇太一》:"抚长剑兮玉～,璆(qiú)锵鸣兮琳琅。"(璆:美玉名。琳琅:玉石声。) ❸ 日、月晕的一种。《隋书·天文志下》:"月晕有两～,白虹贯之,天下大战。" ❹ 插戴,一般指插在帽上。潘岳《秋兴赋》:"～蝉冕而袭纨绮之士,此焉游处。" ❺ 通"刵"。古时打猎,割取所获禽兽的左耳以报功。《周礼·地官·山虞》:"植虞旗于中,致禽而～焉。"

毦 ěr ❶ 用羽毛做的装饰品。《后汉书·单超传》:"金银罽(jì)～,施于犬马。"(罽:一种毛织品。) ❷ 草花。郭璞《江赋》:"扬皜(hào)～,擢紫茸。"(皜:白。擢:拔。紫茸:植物的紫色细茸花。)

駬 ěr [騄(lù)駬]见259页"騄"字。

二 èr ❶ 数词。《荀子·劝学》:"问一而告～谓之囋(zá)。"(囋:啰唆。)㊅第二。杜牧《山行》诗:"停车坐爱枫林晚,霜叶红于～月花。" ❷ 不专一,不一致。《汉书·王陵传》:"毋以老妾故持～心。"(妾:古时女子对自己的谦称。)《后汉书·韩康传》:"口不～价。"【辨】二,两。见247页"两"字。

贰(貳、貳) èr ❶ 副,副的。《周礼·天官·大宰》:"建其正,立其～。"《国语·鲁语下》:"谁为之～?"㊀副贰,辅佐。《后汉书·仲长统传》:"冢宰～王而理天下。"㊀匹敌,并列。《左传·哀公七年》:"且鲁赋八百乘,君之～也。" ❷ 不专一。《诗经·卫风·氓》:"女也不爽,士～其行。"《荀子·解蔽》:"～则疑惑。"㊅不一致,两样。《荀子·王制》:"法不～后王。"㊀从属二主。《左传·僖公三十年》:"以其无礼于晋,且～于楚也。"(贰于楚:在从属于晋的同时又从属于楚。)㊀离心,背叛。《左传·襄公二十四年》:"夫诸侯之贿聚于公室,则诸侯～。"(贿:财物。则:于是。) ❸ 重复。《论语·雍也》:"有颜回者好学,不迁怒,不～过。" ❹ 数词"二"的大写。

刵 èr 古代割耳的刑罚。《尚书·康诰》:"无或劓(yì)～人。"(劓:古代割去鼻子的刑罚。)

佴 èr ❶ 贰,副。《尔雅·释言》:"佴,贰也。"郭璞注:"佴,次,为副贰。"㊀随后,居次。司马迁《报任安书》:"李陵既生降(xiáng),隤(tuí)其家声,而仆又～之蚕室,重为天下观笑。"(隤:堕落,败坏。蚕室:宫刑狱室。) ❷ nài 姓。汉有佴毋伤,晋有佴湛。

F

FA

发[1]**（發）** fā ❶ 把箭射出去。《史记·孙子吴起列传》："于是令齐军善射者万弩，夹道而伏，期曰：'暮见火举而俱～。'"（期：约定。）成语有"百发百中"。㊀量词。《汉书·匈奴传》："弓一张，矢四～。"（矢：箭。）❷ 出发，派遣。《楚辞·九怀·通路》："朝～兮葱岭。"《史记·秦始皇本纪》："王知之，令相国昌平君、昌文君～卒攻毐（ǎi）。"（毐：人名，嫪毐。）❸ 兴起，产生。《韩非子·显学》："猛将必～于卒伍。"（卒伍：军队基层组织。）《淮南子·主术》："是故草木之～若蒸气。"（是故：因此。）㊀发作。多指疾病。《后汉书·华佗传》："此病后三期当～。"❹ 表现，显露。《荀子·礼论》："歌谣謸笑，哭泣谛号，是吉凶忧愉之情～于声音者也。"（謸：同"傲"。戏谑，开玩笑。谛：通"啼"。）❺ 打开，开掘。《韩非子·难二》："使桓公～仓囷（qūn）而赐贫穷。"（囷：圆形的谷仓。）《三国志·吴书·吴主传》："穿堑～渠。"㊁启发。《论语·述而》："不愤不启，不悱不～。"㊀花开。李商隐《无题》诗："春心莫共花争～。"❻ 掀开，揭发。《史记·项羽本纪》："于是大风从西北而起，折木～屋。"《汉书·郑当时传》："司马安为淮阳太守，～其事。"❼ 发放。《韩非子·外储说右下》："～五苑之蓏（luǒ）蔬枣栗足以活民。"（五苑：指帝王养禽兽种果木的地方。蓏：瓜。活民：使民活。）㊁发布。《淮南子·主术》："天子～号令，行禁止。"

乏 fá ❶ 缺少。《战国策·齐策四》："孟尝君使人给其食用，无使～。"《盐铁论·力耕》："丰年岁登，则储积以备～绝。"（岁登：大丰收。绝：完，尽。）㊕官位空缺。《左传·成公二年》："敢告不敏，摄官承～。"❷ 疲乏。《新五代史·周德威传》："因其劳～而乘之，可以胜也。"（乘：追击。）❸ 荒废。《战国策·燕策三》："光不敢以～国事也。"（光：人名。）

伐 fá ❶ 砍伐。《诗经·小雅·伐木》："～木丁丁，鸟鸣嘤嘤。"《汉书·赵充国传》："入山～材木。"成语有"伐性之斧"。㊀敲打。高适《燕歌行》："摐（chuāng）金～鼓下榆关。"（摐金：指敲锣。榆关：即山海关。）❷ 讨伐，进攻。《商君书·农战》："兴兵而～，必取。"（兴兵：起兵。）㊀声讨。成语有"口诛笔伐"、"党同伐异"。❸ 功劳。《左传·庄公二十八年》："且旌（jīng）君～。"（旌：表彰。）㊁夸耀。《庄子·山木》："自～者无功。"

垡 fá ❶ 翻耕土地。韩愈《送文畅师北游》诗："余期报恩后，谢病老耕～。"❷ 翻起的土块。贾思勰《齐民要术·大豆》："若泽多者，先深耕讫，逆～掷豆，然后劳之。"

茷 fá ❶ 草叶茂盛。柳宗元《始得西山宴游记》："斫（zhuó）榛莽，焚茅～。"❷ pèi 通"旆"。大旗。《左传·定公四年》："分康叔以大路、少帛、綪（qiàn）～、旃旌、大吕。"（綪茷：红旗。）[茷茷]旗帜飘扬的样子。《诗经·鲁颂·泮水》："其旂～～，鸾声哕（huì）哕。"（哕哕：车铃声。）

阀（閥） fá ❶ 功劳。《新唐书·张献诚传》："子煦，积～亦至夏州节度使。"㊕仕宦之家门前旌表功绩的柱子。杜甫《奉赠卢五丈参谋琚》诗："门～冠云霄。"❷ 名门巨室，即有权势有地位的世家。《新唐书·柳玭传》："子孙众盛，实为名～。"韩愈《送文畅师北游》诗："声誉耀前～。"上述"阀"的义项，古籍中也常用"阀阅"表示。

罚（罰、罸） fá ❶ 处分，惩罚。《荀子·王制》："无功不赏，无罪不～。"《三国志·蜀书·诸葛亮传》："犯法怠慢者虽亲必～。"❷ 出钱赎罪。《周礼·秋官·职金》："掌受士之金～货～。"（受：接受。金罚：用金银赎罪。货罚：用货币赎罪。）❸ 过错。刘向《列女传·陈女夏姬传》："贪色为淫，淫为大～。"

瞂 fá 古兵器名，盾。《逸周书·王会》："鲛～利剑为献。"（鲛瞂：鲛鱼皮制的盾。）

法 fǎ ❶ 法令，法律，制度。《荀子·王制》："～不贰后王。"（贰：不一致。指背离。）《韩非子·和氏》："燔（fán）诗书而明～令。"（燔：焚烧。诗书：《诗经》和《尚书》。）《孟子·离娄上》："遵先王之～而过者，未之有也。"❷ 方法。《孙子兵法·九变》："故用兵之～，无恃（shì）其不来，恃吾有以待也。”(用兵的方法,不要幻想敌人不来,而要依靠自己有准备。) ❸ 效法。《商君书·更法》:“治世不一道,便国不必～古。”(道:方法。便:有利。) ❹ 准则,标准。《盐铁论·相刺》:“居则为人师,用则为世～。”㈢规范的。如“～帖”(习字帖)。【辨】法,律。见261页“律”字。

发[2](**髮**) fà 头发。《东汉民谣》:“小民～如韭,剪复生。”《论衡·无形》:“人少则～黑,老则～白。”【注意】在古代“發”和“髮”是两个字,意义各不相同。头发的意义不写作“發”。现“發”、“髮”都简化为“发”。参见103页“发[1](發)”字。

F

FAN

帆(**颿**) fān ❶ 帆,利用风力使船前进的布篷。李白《行路难》诗:“直挂云～济沧海。”(济:渡。)㈡借指船。刘禹锡《酬乐天扬州初逢席上见赠》诗:“沉舟侧畔千～过,病树前头万木春。” ❷ fàn 张帆行驶。韩愈《除官赴阙》诗:“不枉故人书,无因～江水。”

番 fān ❶ 更替,替代,轮流。《北史·贺若弼传》:“请广陵顿兵一万,～代往来。”(广陵:地名。顿:驻守。)《新唐书·马怀素传》:“与褚无量同为侍读,更日～入。”(褚无量:人名。侍读:官名。更日番入:隔日轮流入宫。) ❷ 量词。次,回。辛弃疾《摸鱼儿·置酒小山亭》:“更能消几～风雨。” ❸ 我国古代西南部民族的统称。㈢少数民族的。张籍《旧宫人》诗:“全家没～地,无处问乡程。”㈡外国的。宋濂《阅江楼记》:“～舶接迹而来廷。” ❹ bō [番番]勇武的样子。《尚书·秦誓》:“～～良士。” ❺ pó [番番]通“皤皤”。形容头发白。《史记·秦本纪》:“黄发～～。”

蕃 fān 见105页。

幡 fān ❶ 挑起来直着挂的长条形旗子。《汉书·鲍宣传》:“博士弟子济南王咸举～太学下。”(太学:古代的最高学府。)这个意义又写作“旛”。 ❷ 冠上的巾饰。《后汉书·舆服志下》:“负赤～,青翅燕尾,诸仆射～皆如之。” ❸ [幡然]很快而彻底地(改变)。《荀子·大略》:“君子之学如蜕,～～迁之。”(学:学习。蜕:蝉蜕壳。)后来写作“翻然”。

藩 fān ❶ 篱笆。《周易·大壮》:“羝羊触～。”(羝羊:公羊。)曹植《鰕䱇篇》:“燕雀戏～柴,安识鸿鹄(hú)游!”(戏:玩耍。)㈢屏障。《汉书·叙传下》:“建设～屏,以强守圉。”(守圉:守卫。)㈡用作动词。做屏障,捍卫。《汉书·王莽传上》:“所以～汉国,辅汉宗也。” ❷ 遮盖。《荀子·荣辱》:“以相～饰。”(饰:文饰。) ❸ 藩车,四面有帷帐的车。《左传·襄公二十三年》:“以～载栾盈。”(栾盈:人名。) ❹ 封建王朝分给诸侯王的封国。《后汉书·明帝纪》:“骠骑将军东平王苍罢归～。”(苍:人名。罢:免职。)㈡属国,属地。《三国志·吴书·吴主传》:“魏辽东太守公孙渊……称～于权。”(权:孙权。)[藩镇]唐朝在边境及重要的州设置节度使,掌管一个地区的军政大权,这些重要的军事设防区叫藩镇。后来节度使的权力逐渐扩大,兼管民政、财政,形成军人割据。

旛 fān 同“幡”。挑起来直着挂的长条形旗子。《后汉书·礼仪志上》:“立青～。”刘禹锡《西塞山怀古》诗:“千寻铁锁沉江底,一片降～出石头。”(石头:指石头城。)

翻(**繙**) fān ❶ 鸟飞。王维《辋川闲居》诗:“白鸟向山～。” ❷ 翻腾,翻动。李白《姑孰十咏》其一:“波～晓霞影。”(晓:早晨。)岑参《白雪歌送武判官归京》:“风掣红旗冻不～。”上述❶❷又写作“飜”。 ❸ 翻转,倾倒。杜甫《白帝》诗:“白帝城下雨～盆。”㈢推翻,改变。《世说新语·政事》:“陆太尉诣王丞相咨事,过后辄～异。” ❹ 翻译。《旧唐书·姚崇传》:“今之佛经,罗什所译,姚兴执本与什对～。”(罗什、姚兴:人名。) ❺ 同“反”。回返。王维《同比部杨员外十五夜游有怀》诗:“万户千门辟,夜出曙～归。”㈡指反切。 ❻ 副词。反而。李白《猛虎行》:“胡马～衔洛阳草。”(胡:指安禄山的军队。衔:指吃。)

轓 fān 车的两旁挡泥的部件。《汉书·景帝纪》:“令长吏二千石车朱两～。”(长吏:官吏中位尊秩高的人。二千石:俸禄二千石的官吏。朱:用作动词。染红或做成红色。)㈡指代车。谢朓《三日侍宴曲水代人应诏》诗:“华～徒驾,长缨未饰。”

飜 fān 同“翻”。❶(鸟)飞。曹植《临观赋》:“俯无鳞以游遁,仰无翼以～飞。” ❷ 翻转,翻覆。鲍照《拟古诗》之三:“汉虏方未和,边城屡～覆。” ❸ 副词。反而。《梁书·武帝纪上》:“俾我危城,～为强镇。”

凡(**凢**) fán ❶ 凡是,表示概括。《礼记·中庸》:“～事豫则立,不豫则废。”[大凡]大概,大致。柳宗元《封建论》："（殷周）～～乱国多，理国寡。"（理：治理得好。）❷ 总共，一共。《史记·陈涉世家》："陈胜王～六月。"贾思勰《齐民要术序》："～九十二篇，分为十卷。"❸ 大概，大要。《汉书·扬雄传下》："请略举～，而客自览其切焉。"成语有"发凡起例"。❹ 平凡，平常。《三国志·蜀书·诸葛亮传》："尽众人～士。"㊀ 尘世，世俗的。王恽《灵岩寺》诗："地灵连海岱，境胜隔仙～。"李逢吉《石壁禅寺甘露义坛碑》："不严重何以肃～心。"

氾 fán ❶ 古地名。春秋郑邑。有南氾、东氾，两地均在今河南。《左传·僖公二十四年》："鄙在郑地～。"㊁ 水名。氾水，在今河南。另一氾水，在今山东曹县北，史云汉高祖即位处。《史记·高祖本纪》："甲午，乃即皇帝位～水之阳。"❷ 姓。汉代有氾胜之。

烦（煩） fán ❶ 烦躁，烦闷。蔡邕《释诲》："瞻仰此事，体躁心～。"《三国志·魏书·华佗传》："胸中～懑（mèn），面赤不食。"（懑：闷。）❷ 繁多，烦琐。《尚书·说命中》："礼～则乱。"《商君书·农战》："～言饰辞，而无实用。"（烦言饰辞：言语啰唆，辞藻华丽。）㊀ 烦扰。《左传·昭公三年》："唯惧获戾，岂敢惮～。"《史记·乐书》："水～则鱼鳖不大。"（鳖：甲鱼。）❸ 烦劳，相烦。《史记·滑稽列传》："～大巫妪（yù）为入报河伯。"（烦劳大巫婆为我到河里去报告河伯。）

袢 fán ❶ 夏天穿的白色内衣。《诗经·鄘风·君子偕老》："蒙彼绉絺（chī），是绁（xiè）～也。"（蒙：覆盖。绉：极细的葛布。絺：细葛布。绁：通"亵"。贴身的内衣。）❷ 溽热。赵长卿《谒金门》："今夜雨，扫尽一番～暑。"

笲 fán 盛物的竹器。《仪礼·士昏礼》："妇执～枣、栗，自门入。"

墦 fán 坟墓。《孟子·离娄下》："卒之东郭～间，之祭者，乞其余。"（卒：最后。之：（走）到。祭者：祭扫坟墓的人。余：指剩余菜饭。）

蕃 fán ❶ 茂盛。《周易·坤》："天地变化，草木～。"《荀子·天论》："繁启～长于春夏，畜积收臧于秋冬。"（繁：繁多。启：萌芽。长：生长。畜：蓄，积聚。）㊀ 多。《汉书·食货志下》："今农事弃捐，而采铜者日～。"❷ 繁殖，滋生。《周礼·地官·大司徒》："以阜人民，以～鸟兽。"《管子·四时》："五谷～息。"❸ fān 通"番"。少数民族的。如"蕃兵"。㊁ 外国的。《新唐书·孔戣传》："～舶泊步。"（泊：停靠。步：埠，船埠。）❹ fān 通"藩"。屏障。《三国志·吴书·陆抗传》："西陵建平，国之～表。"（表：指屏障。）❺ fān 封建王朝分封的诸侯国。《汉书·司马相如传》："今齐列为东～而外私肃慎。"㊁ 属国、属地。《汉书·息夫躬传》："且匈奴赖先帝之德，保塞称～。"

璠 fán ❶ 宝玉。陆云《答顾秀才》诗之五："有斐君子，如珪如～。"（有斐：有文采的样子。珪：上圆下方的玉。）❷ ［玙（yú）璠］见503页"玙"字。

膰 fán 古代祭祀用的烤肉。《穀梁传·定公十四年》："脤（shèn）者何也？……祭肉也。生曰脤，熟曰～。"

燔 fán ❶ 焚烧。《韩非子·和氏》："～《诗》、《书》而明法令。"㊁ 烧炙（肉食）。《诗经·小雅·瓠叶》："炮之～之。"❷ 通"膰"。古代祭祀用的烤肉。《左传·襄公二十二年》："与执～焉。"（与：参与。）

蹯 fán 野兽的足掌。《左传·文公元年》："冬十月，以宫甲围成王，王请食熊～而死。"（请：请求。）

樊 fán ❶ 关鸟兽的笼子。《庄子·养生主》："泽雉十步一啄，百步一饮，不蕲（qí）畜乎～中。"（泽雉：泽地的野鸡。蕲：通"期"。希望。）❷ 篱笆。《诗经·小雅·青蝇》："营营青蝇，止于～。"（营营：往来盘旋的样子。）黄庭坚《庚申宿观音院》诗："僧屋无陶瓦，剪茅苍竹～。"（剪茅：指用剪过的茅草做屋顶。）㊁ 用篱笆围住。《诗经·齐风·东方未明》："折柳～圃。"（圃：种植蔬菜瓜果的园子。）❸ 边，旁。《庄子·则阳》："夏则休乎山～。"（乎：于。）白居易《中隐》诗："大隐住朝市，小隐入丘～。"❹ ［樊然］纷杂的样子。《庄子·齐物论》："～～淆（xiáo）乱。"（淆乱：混乱。）

繁（緐） fán ❶ 多，盛。《诗经·小雅·正月》："正月～霜，我心忧伤。"魏征《谏太宗十思疏》："善始者实～，能克终者盖寡。"（克终：指坚持到底。盖：表示不肯定的语气。）㊁ 频繁，多次。《世说新语·言语》："管弦～奏，钟、夔先听其音。"❷ 繁杂。《后汉书·郑玄传论》："删裁～诬，刊改漏失。"（诬：欺骗。）❸ 茂盛。李商隐《和马郎中移白菊见示》诗："～花疑自月中生。"❹ 繁殖。《管子·八观》："荐草多衍，则六畜易～也。"❺ pó 姓。

蘩 fán 植物名，即白蒿。《诗经·召南·采蘩》："于以采～，于沼于沚。"

F

F

瀪 fán 水暴溢。郭璞《江赋》:"磴(dèng)之以～瀷(yì)。"(磴:指小水汇聚。瀷:水潦。)

反 fǎn ❶ 翻转。《荀子·非相》:"诛白公,定楚国,如～手尔。"(尔:通"耳"。语气词。)❷ 反。与"正"相对。《庄子·秋水》:"知东西之相～而不可以相无。"㊁违反。《商君书·更法》:"～古者未必可非,循礼者未足多是也。"(非:非难,责备。循:遵守,依照。多:赞美,推重。)❸ 返回。《孟子·公孙丑下》:"孟子自齐葬于鲁,～于齐,止于嬴。"这个意义后来写作"返"。㊀归还。《左传·僖公二十三年》:"公子受飧～璧。"(飧:餐。)❹ 回复。《世说新语·贤媛》:"～书责侃。"(侃:陶侃,人名。)㊁重复。《论语·述而》:"子与人歌而善,必使～之。"❺ 反叛,造反。贾谊《治安策》:"十年之间,～者九起。"❻ 反而。《荀子·王制》:"是强者之所以～弱也。"杜甫《兵车行》:"信知生男恶,～是生女好。"❼ fān 通"翻"。倾倒。《后汉书·光武帝纪上》:"～水不收。"㊁翻案。《史记·平准书》:"杜周治之,狱少～者。"(杜周:人名。狱:官司,案件。)❽ fàn 通"贩"。做买卖。《荀子·儒效》:"积～货而为商贾(gǔ)。"(商贾:商人。)❾即反切。我国古代的一种注音方法,用两个字拼成一个字的音,即用上一字的声母,和下一字的韵母和声调相拼。如:"南,那含反(或称'那含切')",就表示"南"的读音是n+án=nán。

犯 fàn ❶ 触犯,侵犯。《韩非子·五蠹》:"儒以文乱法,侠以武～禁。"(禁:禁令。)《三国志·吴书·吴主传》:"数～边境。"㊀犯罪。《北齐书·祖珽传》:"珽自知有～。"㊁犯人。方苞《狱中杂记》:"及他～同谋多人者,止主谋一二人立决。"❷ 危害,损害。《国语·楚语下》:"若防大川焉,溃而所～必大矣。"《礼记·檀弓下》:"季子皋葬其妻,～人之禾。"❸ 遭遇,冒犯。《庄子·山木》:"吾～此数患,亲交益疏,徒友益散。"柳宗元《捕蛇者说》:"触风雨,～寒暑。"

范[1] fàn ❶ 铸造器物的模子。《荀子·强国》:"刑～正,金锡美。"(刑:型。美:指质地好。)❷ 规范。扬雄《太玄·文》:"鸿文无～。"(鸿:大。)❸ 姓。

范[2]**(範、笵)** fàn ❶ 铸造器物的模子。王融《永明九年策秀才文五首》:"事兹镕～。"(做这种用模子铸钱的事。镕范:钱模。)㊁用模子铸造。《抱朴子·任命》:"洪陶～物,大象流形。"❷ 规范,模范。《三国志·魏书·邓艾传》:"文为世～,行为士则。"王勃《滕王阁序》:"宇文新州之懿(yì)～。"(宇文新州:指姓宇文的一个新任州官。懿范:好的模范。)【注意】在古代,"范"和"範"是两个字。"范"本草名,在做姓时,也只能用"范"。

饭(飯) fàn ❶ 吃饭。《论语·述而》:"～疏食,饮水。"(吃粗米饭,喝生冷水。)辛弃疾《永遇乐·京口北固亭怀古》:"廉颇老矣,尚能～否?"㊀给……吃,喂。《史记·淮阴侯列传》:"有一母见信饥,～信。"(信:韩信。)《盐铁论·论儒》:"百里以～牛要穆公。"(百里:百里奚,人名。要:求取信任。穆公:秦穆公。)㊅将珠、玉、米等放在死人口中。《战国策·赵策三》:"生则不得事养,死则不得～含。"(含:指将珠玉等放在死者的口中。)❷ 饭食。《庄子·大宗师》:"裹～而往食(sì)之。"(包上饭食给他吃。)徐弘祖《徐霞客游记·滇游日记》:"食携～于路隅(yú)。"(隅:边。)

泛[1]**(氾、汎)** fàn ❶ 泛滥,大水漫流。《汉书·武帝纪》:"河水决濮阳,～郡十六。"❷ 漂浮。《诗经·邶风·柏舟》:"～彼柏舟。"陆云《答车茂安书》:"～船长驱,一举千里。"[泛滥] 1. 大水漫流。《论衡·感虚》:"洪水之时,～～中国。"2. 漂浮游荡。《史记·司马相如列传》:"～～水嬉兮。"❸ 广泛,普遍。《庄子·天下》:"墨子～爱兼利而非斗。"《楚辞·九叹·思古》:"且倘佯而～观。"(倘佯:从容往来。)上述❶❷❸义"氾"又写作"泛"或"汎",三字通用。【注意】姓氏义只写作"氾"。

泛[2] fàn ❶ 漂浮。汉武帝《秋风辞》:"～楼船兮济汾河。"(楼船:有楼的大船。济:渡。)❷ 泛滥。郦道元《水经注·河水》:"河水盛溢,～浸瓠(hù)子。"(瓠子:河名。)成语有"泛滥成灾"。❸ 广泛,普遍。《三国志·吴书·诸葛瑾传》:"～论物理。"(论:论述。物理:事物的道理。)上述❶❷❸又写作"氾"、"汎"。❹ fěng 通"覂"。翻,覆。《汉书·武帝纪》:"夫～驾之马……亦在御之而已。"(御:驾驭。)

梵 fàn ❶ 佛教用语。清净,寂静。《妙法莲华经》卷三:"净修～行。"❷ 与佛教有关的事物。如"梵钟"、"梵学"、"梵宇"、"梵服"。❸ 古印度的事物。如"梵语"、"梵文"、"梵历"。

FANG

方 fāng ❶ 方。《荀子·王霸》:"犹规矩之于～圆也。"(规:圆规。矩:曲尺。)㊀

正直。《三国志·魏书·邴原传》："志行忠～。"（志行：志向和行为。）❷ 古代称面积的用语，"方十里"即纵横十里。《列子·汤问》："太行、王屋二山，～七百里。"❸ 方向，方位。《荀子·君道》："尚贤使能，则民知～。"《韩非子·扬权》："事在四～，要在中央。"（要：指大权。）㊀区域，地方。《孟子·滕文公上》："远～之人闻君行仁政。"❹ 地的代称。古时有人认为天是圆的，地是方的。《淮南子·本经》："戴圆履～。"（圆：指天。履：踩，踏。）❺ 方法，办法。《荀子·大略》："博学而无～。"（博：广，多。而：但是。）㊀处方，药方。《后汉书·华佗传》："精于～药。"❻ 两船并行。《史记·郦生陆贾列传》："蜀汉之粟，～船而下。"㊀两车并行。《后汉书·马防传》："临洮（táo）道险，车骑不得～驾。"（临洮：地名。车骑：车马。驾：车乘。）❼ 比拟，相比。魏征《十渐不克终疏》："论功则汤武不足～。"（汤：商汤王。武：周武王。）❽ 副词。正在。《史记·刺客列传》："秦王～环柱走，卒惶急，不知所为。"㊁将要。枚乘《上书谏吴王》："系～绝，又重镇之。"

坊 fāng ❶ 城市中的住宅区。《魏书·世宗纪》："筑京师三百二十～。"白居易《失婢》诗："～门帖牓迟。"（帖牓：指张贴文告。）❷ 店铺。孟元老《东京梦华录》卷三："各有茶～酒店。"❸ 工场，作坊。《隋书·食货志》："官置酒～收利。"《旧五代史·史弘肇传》："闻作～锻甲之声。"❹ 牌坊（后起意义）。旧时表彰功德等而立的建筑物。如"贞节坊"、"忠孝坊"等。❺ 官署名。白居易《琵琶行》："名属教～第一部。"❻ fáng 通"防"。堤防。《礼记·郊特牲》："祭～与水庸。"（水庸：水沟。）㊁防止，防备。《礼记·坊记》："命以～欲。"（命：教令，法令。欲：贪欲。）

芳 fāng ❶ 花草发出的香味。《荀子·宥坐》："芷（zhǐ）兰生于深林，非以无人而不～。"（芷、兰：香草名。以：因。）㊁花草。杜甫《叹庭前甘菊花》诗："篱边野外多众～。"❷ 美好的。李白《望瓦屋山怀古赠同旅》诗："～名动千古。"（动：震动，影响。）王勃《滕王阁序》："接孟氏之～邻。"㊁美好的名声。《世说新语·尤悔》："既不能流～后世，亦不足复遗臭万载邪？"㊉贤德之人。屈原《离骚》："昔三后之纯粹兮，固众～之所在。"（三后：指夏禹、商汤和周文王。）

妨 fāng 见本页。

枋 fāng ❶ 树名。《庄子·逍遥游》："我决起而飞，抢（qiāng）榆～。"（决：快速。抢：突过。）❷ 大木桩。郦道元《水经注·淇水》引卢谌《征艰赋》："后背洪～巨堰。"❸ bǐng 通"柄"。器物的把儿。《仪礼·士冠礼》："加柶（sì）面～。"（柶：古礼器。）㊁权柄。《周礼·春官·内史》："内史掌王之八～之法。"❹ fǎng 通"舫"。［枋箄（pái）］木筏。《后汉书·岑彭传》："公孙述遣其将任满、田戎、程汎将数万人乘～～下江关。"

防 fáng ❶ 堤坝。《商君书·算地》："薮（sǒu）泽堤～足以畜。"（湖泊池泽的堤坝可以蓄水。）❷ 筑堤防，堵塞。《左传·襄公三十一年》："然犹～川，大决所犯，伤人必多。"㊀防止，防备。《三国志·吴书·吴主传》："夫法令之设，欲以遏（è）恶～邪。"（遏：制止。）成语有"防患未然"、"防微杜渐"。㊀作防卫的工事。《史记·苏秦列传》："虽有长城钜～，恶足以为塞。"这两个意义又写作"坊"。❸ 比，相当。《诗经·秦风·黄鸟》："维此仲行，百夫之～。"

坊 fáng 见本页。

妨 fáng ❶ fāng 损害，有害于。《荀子·解蔽》："不以自～也。"（不用这些来伤害自己。）❷ 阻碍，妨碍。杜甫《雨晴》诗："今朝好晴景，久雨不～农。"

房 fáng ❶ 正室两边的房间。《尚书·顾命》："垂之竹矢，在东～。"（垂：人名。）㊁住室。杜甫《病后遇王倚饮赠歌》："遣人向市赊香粳，唤妇出～亲自馔。"㊀结构或作用似房室的物体。《淮南子·氾论》："蜂～不容鹄卵。"❷ 官署单位名。《北史·柳庆传》："君职典文～。"（职：任职。典文房：主管文书的机构。）又如唐代政制有"兵房、户房、刑礼房、枢机房"等。❸ 星宿名，二十八宿之一（即东方苍龙七宿之第四宿）。《吕氏春秋·季秋》："季秋之月，日在～。"❹ 家族的分支。《新唐书·宰相世系表·李氏》分陇西赵郡二支，陇西有四房，赵郡有六房。❺ páng ［阿房］秦宫名。❻ páng ［房皇］同"徬徨"。徘徊。《史记·礼书·论》："～～周浃（jiā）。"（周浃：普遍。）

【辨】房，屋，室。三字本义不同。"房"和"室"比较接近。"室"指内室，古代堂的内中为正室，正室的两边为房。二字都是指的房间、住室。但"房"的引申义指整个房舍，"室"则无此用法。"屋"的本义是房顶。《诗经·豳风·七月》："亟其乘屋。"（快登上那房顶。）此“屋”字不能换成“房”或“室”。后来“屋”也可指室，方言里还可用于整个房舍。

鲂（魴） fáng 一种淡水鱼。也叫鳊鱼，今名武昌鱼。《诗经·齐风·敝笱》：“敝笱在梁，其鱼～鱮（xù）。”（敝笱：破旧的捕鱼器。梁：鱼梁，拦鱼的堤坝。鱮：鱼名，即鲢鱼。）杜甫《观打鱼歌》：“～鱼肥美知第一。”

仿 fǎng ❶照样做，效法。《盐铁论·未通》：“民相～效。”这个意义又写作“倣”。❷［仿佛］好像，似乎。扬雄《甘泉赋》：“犹～～其若梦。”《汉书·眭弘等传赞》：“察其所言，～～一端。”又写作“彷彿”、“髣髴”。❸páng［仿偟（huáng）］徘徊，游移不定。《国语·吴语》：“屏营～～于山林之中。”又写作“彷徨”、“傍偟”、“方皇”等。

访（訪） fǎng ❶询问。《左传·僖公三十二年》：“穆公～诸蹇（jiǎn）叔。”（诸：之于。蹇叔：人名。）【注意】上古“访”字只有询问的意思，没有拜访义。❷看望，拜访（后起意义）。韩翃《送丹阳刘太真》诗：“相～不辞千里远。”[引]寻求，探寻。王勃《滕王阁序》：“～风景于崇阿。”（崇阿：高大的山岭。）❸查访，侦察（后起意义）。方苞《狱中杂记》：“九门提督所～缉纠诘，皆归刑部。”（九门提督：守卫京城的官。访缉纠诘：查访缉捕，纠举查究。刑部：司法部门。）

彷 fǎng ❶［彷彿］相似，好像。扬雄《甘泉赋》：“虽方征侨与偓（wò）佺兮，犹～～其若梦。”（征侨、偓佺：都是仙人名。）又写作“仿佛”、“髣髴”。❷páng［彷徨（huáng）］徘徊。《庄子·逍遥游》：“～～乎无为其侧，逍遥乎寝卧其下。”又写作“傍徨”、“仿偟”。❸páng［彷徉］徘徊，游荡。宋玉《招魂》：“～～无所倚，广大无所极些。”《史记·吴王濞列传》：“故吴王欲内以晁错为讨，外随大王后车，～～天下。”又写作“仿佯”。

纺（紡） fǎng ❶把丝、麻等纤维制成纱或线。《左传·昭公十九年》：“及老，托于纪鄣，～焉以度而去之。”（托：指寄居。纪鄣：地名。度：指量城的高度。去：指藏起来。）❷一种丝织品。《仪礼·聘礼》：“迎大夫贿，用束～。”

昉 fǎng 天明。[引]开始。《公羊传·隐公二年》：“始不亲迎，～于此乎？”

舫 fǎng 并舟，相并的两船。《战国策·楚策一》：“～船载卒，一～载五十人。”[泛]指船。《世说新语·德行》：“时夏月，暴雨卒至，～至狭小而又大漏，殆无复坐处。”

髣 fǎng ［髣髴］仿佛，好像。屈原《远游》：“时～～以遥见兮。”陶潜《桃花源记》：“山有小口，～～若有光。”

放 fàng ❶驱逐，流放。屈原《卜居》：“屈原既～，三年不得复见。”（既：已经。复：再。）❷释放，解脱。《管子·小匡》：“～旧罪。”（释放拘禁已久的罪人。）❸放纵，放任。《汉书·严延年传》：“宾客～为盗贼。”《世说新语·尤悔》：“又～船从横，撞人触岸，公初不呵谴。”成语有“放荡不羁”。❹开放。杜甫《留别公安太易沙门》诗：“江县红梅已～春。”❺放置，搁。《晋书·谢安传》：“便摄～床上。”（摄：拿来。）❻fǎng 通“仿”。依照，仿效。《后汉书·吕强传》：“竞相～效。”

FEI

飞（飛） fēi ❶鸟飞。屈原《天问》：“苍鸟群～。”（苍鸟：指鹰。）[泛]飞。刘邦《大风歌》：“大风起兮云～扬。”[喻]很快的。李白《自巴东舟行》诗：“～步凌绝顶。”❷无根据的，无缘无故的。《后汉书·梁松传》：“乃县（xuán）～书诽谤，下狱死。”（县：同“悬”。指张贴。飞书：匿名信。）上述❶❷又写作“蜚”。❸意外的。《后汉书·周荣传》：“若卒遇～祸，无得殡敛。”（卒：猝，突然。殡敛：入殓和停灵。）

妃 fēi ❶配偶，常指妻。《礼记·曲礼下》：“天子之～曰后。”《仪礼·少牢馈食礼》：“以某～配某氏。”[特]古代帝王的妾或太子、王侯的妻。《左传·文公十四年》：“邾文公元～齐姜生定公。”（元妃：正妻。齐姜：人名。）❷pèi 通“配”。匹配，婚配。《左传·昭公九年》：“火，水～也。”《商君书·画策》：“夫妇～匹之合。”（合：结合。）

非 fēi ❶不对的，不合理的。与“是”相对。《荀子·王制》：“是～不乱，则国家治。”陶潜《归去来兮辞》：“实迷途其未远，觉今是而昨～。”成语有“文过饰非”。❷非难，责怪。《吕氏春秋·慎行》：“莫不～令尹。”《史记·商君列传》：“反古者不可～，而循礼者不足多。”（循：遵循。足：值得。多：称赞。）❸不是。《庄子·秋水》：“子～鱼，安知鱼之乐？”《史记·老子韩非列传》：“今者所养～所用，所用～所养。”❹无。《史记·孔子世家》：“夫子则～罪。”左思《三都赋序》：“虽宝～用。”

菲 fēi 见本页。

骓(騑) fēi ❶ 驾车时辕马两边的马。也叫骖。《墨子·七患》："彻骖～，涂不芸。"(彻：通"撤"。撤去。芸：锄草。)[泛]指马。班彪《北征赋》："纷吾去此旧都兮，～迟迟以历兹。"❷［骓骓］马行走不停的样子。《诗经·小雅·四牡》："四牡～～，周道倭(wēi)迟。"(牡：雄(马)。周道：大路。倭迟：弯曲长远的样子。)

绯(緋) fēi (帛)红色。《晋书·安平献王司马孚传》："衣一袭，～练百匹。"韩愈《送区弘南归》诗："佩服上色紫与～。"

扉 fēi 门扇。《左传·襄公二十八年》："子尾抽桷(jué)击～三。"(子尾：人名。桷：方形椽子。)杜甫《草阁》诗："柴～永不关。"

蜚 fēi 见110页。

霏 fēi 雨雪或烟云很盛的样子。常叠用。《诗经·邶风·北风》："雨雪其～。"(其：形容词词头。)杜甫《望兜率寺》诗："～～云气重，闪闪浪花翻。"王维《送友人归山歌二首》之二："云冥冥兮雨～～。"

屝 féi 屋角隐蔽之处。《仪礼·士虞礼》："彻设于西北隅；如其设也，几在南，～用席。"(几：几案。)

腓 féi ❶ 胫后肌肉。俗称腿肚子。《韩非子·扬权》："～大于股，难以趣(qū)走。"(趣走：奔跑。)❷ 古代剔去膝盖骨的刑罚。也叫膑或刖。班固《白虎通·五刑》："～者，脱其膑也。"❸ 枯萎。《诗经·小雅·四月》："秋日凄凄，百卉具～。"[又]疾病。鲍照《代苦热行》："毒泾尚多死，渡泸宁具～。"❹ 隐蔽，庇护。《诗经·小雅·采薇》："君子所依，小人所～。"

痱 féi 病名。中风。《灵枢经·热病》："～之为病也，身无痛者，四肢不收。"《史记·魏其武安侯列传》："病～，不食欲死。"【注意】"痱(fèi)子"古代多写作"疿"。《素问·生气通天论》："汗出见湿，乃生痤(cuó)疿。"(痤：疖子。)

肥 féi ❶ 肥，胖。《孟子·梁惠王上》："庖有～肉，厩有～马。"《世说新语·言语》："君何所欣说(yuè)而忽～？"(说：悦。)[引]茁壮，粗大。贾思勰《齐民要术·种葵》："枿(niè)生～嫩。"(枿：同"蘖"。根部新生的枝条。)[引]富，富足。《论衡·别通》："治国～家之术。"❷ 肥沃，富饶。《韩非子·说林下》："争～饶之地。"

淝 féi ［淝水］水名，又称肥水，在安徽。《晋书·谢玄传》："(苻坚)众号百万……列阵临肥水。"

匪 fěi ❶ 圆形的盛物竹器。《周礼·春官·肆师》："共设～瓮之礼。"这个意义后来写作"篚"。❷ 非，不是。《诗经·邶风·柏舟》："我心～石，不可转也。"［匪人］不是自己亲近的人。《周易·比》："比之～～，不亦伤乎？"[引]指行为不正的人。李朝威《柳毅传》："不幸见辱于～～。"❸ 指示代词，与"彼"义同。《诗经·桧风·匪风》："～风发兮，～车偈兮。顾瞻周道，中心怛兮。"(偈：疾驱的样子。)【注意】古代"匪"字不当"土匪"讲。

诽(誹) fěi 批评，指责过失。《墨子·经说下》："以理之可～，虽多～，其～是也。"《韩非子·八经》："赏者有～焉，不足以劝；罚者有誉焉，不足以禁。"[又]毁谤，说别人的坏话。《荀子·非十二子》："是以不诱于誉，不恐于～。"(不为赞誉所引诱，不因毁谤而恐惧。)【辨】谤，诽，讥。见11页"谤"字。

菲 fěi ❶ 一种蔬菜，属萝卜一类。《诗经·邶风·谷风》："采葑(fēng)采～，无以下体。"(葑：一种蔬菜名，即蔓菁。)❷ 微薄。萧衍《入屯阅武堂下令》："～食薄衣。"［菲薄］轻视。诸葛亮《出师表》："不宜妄自～～。"❸ fēi 常"芳菲"连用，形容花草芳香。陆龟蒙《阖闾城北有卖花翁》诗："十亩芳～为旧业。"❹ fēi ［菲菲］1. 花草芳香的样子。屈原《九歌·东皇太一》："芳～～兮满堂。"2. 花美的样子。左思《吴都赋》："郁兮葳(ruì)茂，晔(yè)兮～～。"(葳：草初生的样子。晔：光辉。)3. 错乱的样子。扬雄《太玄·昆》："白黑～～。"4. 上下不定的样子。《后汉书·梁鸿传》："志～～兮升降。"❺ fèi 通"屝"。草鞋。古乐府《孤儿行》："足下无～。"

悱 fěi 想说而说不出来。《论语·述而》："不愤不启，不～不发。举一隅不以三隅反，则不复也。"(愤：激愤。发：启发。)

棐 fěi ❶ 辅助。《尚书·洛诰》："朕教汝于～民彝。"(彝：常道，正常伦理。)❷ 通"菲"。菲薄。《汉书·武五子传》："毋作～德。"❸ 通"榧"。树名。《晋书·王羲之传》："尝诣门生家，见～几滑净，因书之，真草相半。"(棐几：用榧木做的几案。)❹ 通"篚"。圆形的盛物竹器。《汉书·地理志上》："厥贡漆丝，厥～织文。"❺ 古地名。春秋郑邑。《左传·文公十三年》："公还自晋，郑伯会公于～。"

斐 fěi 有文采。《论衡·案书》："文辞～炳。"（炳：鲜明。）[斐斐] 1. 有文采的样子。《三国志·蜀书·杨戏传》："藻丽辞理，～～有光。"（理：条理。）2. 很轻的样子。谢惠连《泛湖归出楼中玩月》诗："～～气幂(mì)岫(xiù)。"（幂：覆盖，罩。岫：山。）

榧 fěi 树名，果实名榧子，可以食用。李德裕《平泉山居草木记》："木之奇者，有天台之金松、琪树，稽山之海棠、～、桧。"

蜚 fěi ❶ 一种有害的小飞虫。《左传·庄公二十九年》："秋，有～为灾也。"❷ 传说中的一种怪兽。《山海经·东山经》："（太山）有兽焉，其状如牛而白首，一目而蛇尾，其名曰～。"❸ fēi 通"飞"。鸟飞。《韩非子·外储说左上》："墨子为木鸢(yuān)，三年而成，～一日而败。"（为：做。鸢：一种鹰。败：失败。）㊁ 无根据的，无缘无故的。《史记·魏其武安侯列传》："乃有～语，为恶言闻上。"（闻上：使皇帝听到。）成语有"流言蜚语"。

翡 fěi ❶ 一种羽毛红色的鸟。《管子·轻重丁》："请挟弹怀丸游水上，弹～燕小鸟。"❷ [翡翠] 1. 鸟名，羽毛可做装饰品。司马相如《子虚赋》："揜(yǎn)～～。"（揜：捕捉。）2. 绿色的硬玉。《淮南子·泰族》："瑶碧玉珠，～～玳瑁，文彩明朗，润泽若濡。"

篚 fěi 圆形的盛物竹器。《孟子·滕文公下》："其君子实玄黄于～，以迎其君子。"（玄黄：指彩色的丝帛。）

朏 fěi ❶ 月初生明。《尚书·召诰》："三月，惟丙午～。"㊁ 用作阴历每月初三的代称。庾阐《海赋》："～魄昏微，乍明乍没。"（朏魄：本指阴历每月初三晚上的月光，引申为新月的光亮。）❷ [朏朏] 1. 天刚发亮。《楚辞·九思·疾世》："时～～兮且旦，尘漠漠兮未晞。"2. 尘埃高积。葛洪《西京杂记》卷六："床上石枕一枚，尘埃～～甚高。"3. 兽名。《山海经·中山经》："（霍山）有兽焉，其状如狸，而白尾有鬣，名曰～～，养之可以已忧。"（已：止。）

芾 fèi 见 117 页。

杮（柹） fèi 削木片。潘岳《马汧督诔》："～梠(lǔ)桷(jué)之松。"（梠：屋檐。桷：方椽子。）㊁ 木片。《晋书·王濬传》："濬(jùn)造船于蜀，其木～蔽江而下。"【注意】"杮"字与果树"柿(shì)"形体相近，而音、义殊异，不可混同。

肺 fèi ❶ 肺，呼吸器官。《诗经·大雅·桑柔》："自有～肠，俾民卒狂。"（俾：使。卒：尽。狂：惑，困惑。）㊙ 内心。《新唐书·封伦传》："人莫能探其膺～。"（膺：胸。）❷ pèi [肺肺] 茂盛的样子。《诗经·陈风·东门之杨》："东门之杨，其叶～～。"

吠 fèi 狗叫。陶潜《归园田居》诗之一："狗～深巷中，鸡鸣桑树巅。"成语有"狂犬吠日"。㊁ 动物鸣叫。蔡琰《悲愤诗》："豺狼号且～。"

剕（䠊） fèi 古代断足刑。《尚书·吕刑》："～辟(bì)疑赦。"（辟：法，刑法。这句是说，犯了断足罪而事有可疑的人应予赦免。）

陫 fèi [陫侧] 忧伤的样子。屈原《九歌·湘君》："隐思君兮～～。"

屝 fèi 草鞋。《左传·僖公四年》："共其资粮～屦(jù)。"（屦：用麻、葛制成的鞋。）

狒 fèi [狒狒] 兽名。《尔雅·释兽》："～～如人，被(pī)发迅走，食人。"又写作"𥜿𥜿"。左思《吴都赋》："猩猩啼而就禽，𥜿𥜿笑而被格。"（禽：擒。格：打。）

沸 fèi ❶ 水翻腾的样子。《诗经·小雅·十月之交》："百川～腾，山冢崒崩。"㊁ 水烧开时翻滚的状态。贾思勰《齐民要术·种红蓝花栀子》："数～后便缓火微煎。"（缓火：小火。）成语有"扬汤止沸"。❷ fú 洒，飞溅。李白《望庐山瀑布》诗："飞珠散轻霞，流沫～穹石。"㊁ 波涛澎湃之声。司马相如《上林赋》："～乎暴怒，汹涌澎湃。"

费（費） fèi ❶ 花费，耗损。《商君书·垦令》："商贾(gǔ)少则上不～粟。"㊁ 浪费。《老子·四十四章》："甚爱必大～，多藏必厚亡。"㊕ 言语浪费，不节约。《礼记·缁衣》："口～而烦。"❷ 费用。《盐铁论·非鞅》："足军旅之～。"（使军队的费用充足。）❸ 地名。即今山东费县（旧读 bì）。《论语·先进》："子路使子羔为～宰。"

废（廢） fèi ❶ 崩坏，倒塌。《淮南子·览冥》："往古之时，四极～，九州裂。"❷ 衰败。《汉书·楚元王传》："而国家有～兴。"❸ 废弃，停止。《韩非子·问田》："～先王之教。"《论语·卫灵公》："不以人～言。"成语有"废寝忘食"、"半途而废"。㊀ 黜废，罢官。《管子·明法解》："不胜其任者～免。"❹ 残废。《盐铁论·诛秦》："无手足则支体～。"

偑 fèi 背弃，败坏。《史记·三王世家》："毋作怨，毋～德。"

FEN

分 fēn ❶分开。《史记·秦始皇本纪》："～天下以为三十六郡。"㊀区别，分辨。《论语·微子》："丈人曰：'四体不勤，五谷不～，孰为夫子？'"㊀一半。《列子·周穆王》："人生百年，昼夜各～。"㊕指春分、秋分。《左传·昭公十七年》："日过～而未至。"（至：指夏至。）❷分给，分配。《左传·庄公十年》："衣食所安，弗敢专也，必以～人。"（衣食所安：衣食一类用来安身的东西。弗：不。专：专有。以：用。）㊂分享。扬雄《解嘲》："～人之禄。"❸单位名：1. 长度单位。十分为一寸。2. 土地面积单位。十分为一亩。3. 重量单位。十分为一钱。❹ fèn 名分，职分。《荀子·正论》："犯～乱理。"（犯：触犯。）❺ fèn 料想。《汉书·苏武传》："自～已死久矣。"❻ fèn 情分，关系或感情。曹植《赠白马王彪》诗："恩爱苟不亏，在远～日亲。"（苟：假如。亏：指损害。）❼ fèn 量词。份（后起意义）。贾思勰《齐民要术·笨麴并酒》："看酿多少，皆平分米作三～，一～一炊。"

芬 fēn ❶香，香气。《荀子·荣辱》："鼻辨～芳腥臊。"傅咸《感别赋》："兰蕙含～。"㊅美名。《晋书·桓彝传》："扬～千载之上。"（扬：传扬。载：年。）❷通"纷"。众多的样子。《汉书·礼乐志》："～哉芒芒。"

纷（紛） fēn ❶缀在旗上的飘带。扬雄《羽猎赋》："青云为～。"❷众多的样子。屈原《离骚》："～吾既有此内美兮。"杜甫《故武卫将军挽歌三首》："路人～雨泣。"（雨泣：泣泪如雨。）❸杂乱。《史记·鲁仲连邹阳列传》："为人排患释难解～乱而无取也。"李白《送张秀才从军》诗："壮士怀远略，志存解世～。"

氛 fēn ❶凶气，预示不祥的云气。《左传·襄公二十七年》："楚～甚恶，惧难。"㊁云气。《左传·昭公二十年》："梓慎望～。"㊂雾气。《礼记·月令》："～雾冥冥。"❷［氛氲］1. 雨雪盛的样子。谢惠连《雪赋》："其为状也，散漫交错，～～萧索。"（萧索：回旋的样子。）2. 愁思、心绪纷乱的样子。高适《蓟门行》之一："蓟门逢故老，独立思～～。"

雰 fēn ❶雾气。《素问·六元正纪大论》："寒～结为霜雪。"❷［雰雰］雪下得很大的样子。《诗经·小雅·信南山》："雨雪～～。"（雨雪：下雪。）

饙（餴） fēn 蒸饭。《诗经·大雅·泂酌》："可以～饎（chì）。"（饎：酒食。）㊂蒸熟的饭。贾思勰《齐民要术·造神麴并酒等》："良久，水尽，～极熟软。"

坟（墳） fén ❶土堆，高地。屈原《九章·哀郢》："登大～以远望兮。"㊂大堤。《诗经·周南·汝坟》："遵彼汝～，伐其条枚。"（沿着汝水边那条大堤砍伐树枝和树干。条：树枝。枚：树干。）❷有封土的墓，泛指坟墓。《史记·文帝本纪》："不治～，欲为省。"（治：修。欲为省：想节约。）❸大。《诗经·小雅·苕之华》："牂（zāng）羊～首。"（牂羊：母羊。）❹古代典籍。《颜氏家训·勉学》："夫文字者，～籍根本。"［三坟］传说中远古时代三皇所作的书。《左传·昭公十二年》："能读～～五典。"（五典：传说中远古时五帝所作的书。）❺ fèn 高起。《国语·晋语二》："公祭之地，地～。"【辨】坟，墓。"坟"有土堆的意义，"墓"没有。作为坟墓讲时，上古"坟"和"墓"也有区别：坟高，墓平。所以《礼记·檀弓上》说："古也墓而不坟。"

汾 fén 水名，汾河，黄河支流。在山西境内。《诗经·魏风·汾沮洳》："彼～沮洳（jù rù），言采其莫。"（沮洳：低湿地。言：动词词头。莫：草名。）

枌 fén ❶一种乔木。即白榆树。《诗经·陈风·东门之枌》："东门之～，宛丘之栩（xǔ）。"（宛丘：平而圆的高地。栩：树名。）❷通"棼"。阁楼的栋。张协《七命》："～栱嵯峨。"（嵯峨：高大的样子。）

棼 fén ❶阁楼的栋。《三国志·吴书·太史慈传》："贼于屯里缘楼上行詈（lì），以手持楼～，慈引弓射之，矢贯手著～。"（詈：骂。）❷麻布。《周礼·春官·巾车》："素车～蔽。"这个意义旧读 fán。❸纷乱。《左传·隐公四年》："臣闻以德和民，不闻以乱。以乱，犹治丝而～之也。"［棼棼］纷乱的样子。《尚书·吕刑》："民兴胥渐，泯泯～～。"（胥：皆。泯泯：纷扰。）

蚡 fén ❶同"鼢"。田鼠。《新唐书·东夷传·高丽》："狼狐入城，～穴于门，人心危骇。"（穴：用作动词。打洞穴。）❷［蚡缊］通"纷缊"。纷乱纠结的样子。马融《长笛赋》："～～缙纡（fān yū）。"（缙纡：杂乱的样子。）

鼢 fén 鼢鼠，即田鼠。也叫鼹（yǎn）鼠。《说文》："鼢，地行鼠，伯劳所化也，一曰

F

偃(yǎn)鼠。”李时珍《本草纲目·兽部·鼹鼠》:“《别录》曰:鼹鼠在土中行。五月取令干,燔之。弘景曰:此即～鼠也。”

焚 fén 烧。《韩非子·难一》:“～林而田,偷取多兽,后必无兽。”(田:畋,打猎。偷取:苟且获取。)㊀古代酷刑,用火烧死。《左传·僖公二十一年》:“夏大旱,公欲～巫尪。”(巫尪:女巫。)

渍(濆) fén ❶水边,河旁高地。《诗经·大雅·常武》:“铺敦淮～,仍执丑虏。”(铺敦:指陈屯军队。敦:通“屯”。)❷汝水的岔流。《尔雅·释水》:“河有灉(yōng),汝有～。”❸pēn 水从地下涌出。《公羊传·昭公五年》:“叔弓帅师败莒(jǔ)师于～泉。～泉者何?直泉也。直泉者何?涌泉也。”[渍薄]水波腾涌的样子。左思《吴都赋》:“百川派别,归海而会……～～沸腾,寂寥长迈。”

隫 fén ❶水边高地。《管子·地员》:“五粟之土,若在陵、在山、在～、在衍。”(衍:沼泽地。)❷通“坟”。坟墓。曾慥《类说》卷二十八引沈既济《任氏传》:“自北之东,谁氏之宅?旧～墉弃地也。”(墉:墙垣。)

蕡 fén ❶草木果实硕大。《诗经·周南·桃夭》:“桃之夭夭,有～其实。”❷fèi 大麻,大麻的种子。《周礼·天官·笾人》:“朝事之笾,其实麷(fēng)～。”(麷:炒麦。)

幩 fén 缠在马嚼子上的帛,可以起扇汗作用。《诗经·卫风·硕人》:“四牡有骄,朱～镳镳(biāo biāo)。”(骄:高大强壮。镳镳:马饰繁盛的样子。)

豮(豶) fén 阉割过的猪。《周易·大畜》:“六五,～豕之牙,吉。”

鼖 fén 古代军中用的大鼓。《周礼·考工记·鼓人》:“以～鼓鼓军事。”

分 fèn 见111页。

坋 fèn ❶尘土。《说文》:“坋,尘也。”❷涂饰。《后汉书·东夷传·倭》:“并以丹朱～身,如中国之用粉也。”

忿 fèn 愤怒,怨恨。《孙子兵法·谋攻》:“不胜其～。”(非常愤怒。)曹操《让县自明本志令》:“为强豪所～。”

奋(奮) fèn ❶鸟类展翅。《诗经·邶风·柏舟》:“不能～飞。”㊀举起来。《史记·张耳陈馀列传》:“陈王～臂,为天下倡始。”㊀奋力,尽力。《史记·田单列传》:“遂经其颈于树枝。自～绝脰而死。”(脰:脖颈。)❷振作,发扬。贾谊《过秦论》:“及至始皇,～六世之余烈。”(余烈:遗留下来的功业。)李白《代寿山答孟少府移文书》:“～其智能,愿为辅弼。”㊀奋起。《盐铁论·褒贤》:“(陈胜)～于大泽,不过旬月。”

偾(僨) fèn ❶仆倒,跌倒。《庄子·天运》:“一死一生,一～一起。”㊀倒毙。晁错《言守边备塞疏》:“输者～于道。”(运输的人倒毙在路上。)㊀覆败,灭亡。韩愈《衢州徐偃王庙碑》:“上下相贼害,卒～其国而沈其宗。”《宋史·南唐李氏世家》:“薄伐太原,遂～北汉,而海内一矣。”❷奋起。《左传·僖公十五年》:“张脉～兴,外强中干。”(张脉:中医的一种脉象。)㊀突起,鼓起。陶宗仪《辍耕录》卷三贞烈:“石上血～起,如始写时,不为风雨所剥蚀。”

愤(憤) fèn ❶烦闷。《论语·述而》:“不～不启,不悱不发。”《后汉书·王符传》:“志意蕴～。”(心中烦闷。)[发愤]1.发泄心中的不平。屈原《九章·惜诵》:“～～以抒情。”2.因愤激而决心努力。《论语·述而》:“～～忘食,乐以忘忧。”成语有“发愤图强”。❷愤怒。陈子昂《感遇诗三十八首》之三十四:“每～胡兵入,常为汉国羞。”陈亮《上孝宗皇帝第三书》:“盖国家之大耻而天下之公～也。”

粪(糞) fèn ❶扫除,除去秽土。《荀子·强国》:“堂上不～,则郊草不瞻旷芸(yún)。”(郊:野外。芸:耘,除草。)[粪土]脏土。《论语·公冶长》:“～～之墙不可杇也。”❷屎(后起意义)。贾思勰《齐民要术·耕田》:“其美与蚕矢熟～同。”(矢:屎,粪便。熟粪:经过发酵的粪肥。)❸施肥。《礼记·月令》:“(季夏之月)可以～田畴,可以美土疆。”沈括《梦溪笔谈》卷二六:“一亩之稼,则～溉者先牙。”(粪溉:施肥灌溉。牙:发芽。)

瀵 fèn ❶地底喷出来的水。《列子·汤问》:“有水涌出,名曰神～。”㊀用作动词。指水自地下喷出。刘禹锡《机汲记》:“虽～涌于庭,莫尚其霈洽也。”(霈洽:水量充沛。)❷浸。郭璞《江赋》:“翘茎～蘂,濯颖散裹。”(颖:穗。裹:草实。蘂:同“蕊”。)

FENG

丰[1] fēng ❶容貌丰满、美好的样子。《诗经·郑风·丰》:“子之～兮,俟(sì)我乎巷兮。”(子:对男子的称呼。俟:等待。乎:于。)[丰茸]茂盛的样子。司马相如《长门赋》:“罗～～之游树兮。”❷通“风”。风度。

蒲松龄《聊斋志异·娇娜》："偶过其门，一少年出，～采甚都。"（都：美好，漂亮。）

丰[2]**（豐）** fēng ❶ 茂密，茂盛。《诗经·小雅·湛露》："湛湛露斯，在彼～草。"（湛湛：露水浓重的样子。）曹操《步出夏门行·观沧海》："树木丛生，百草～茂。"㊀盛，多。《吕氏春秋·当染》："从属弥众，弟子弥～，充满天下。" ❷ 丰收。柳宗元《田家》诗："今年幸少～。"（少丰：年成稍好。）成语有"人寿年丰"。❸ 富足，丰富。贾思勰《齐民要术序》："家家～实。"刘知几《史通·叙事》："文约而事～。"（约：简要。）❹ 大，高大。《列子·杨朱》："～屋美服，厚味姣色。"成语有"丰功伟绩"。❺ 古代放酒器的托盘。《仪礼·公食大夫礼》："饮酒实于觯（zhì），加于～。"（觯：古代酒器。加：放在上面。）【注意】古代"丰"和"豐"是两个字，意义各不相同。"丰"一般只用来形容容貌和神态，"豐"形容各种事物，如"豐草"、"豐年"。现"豐"简化为"丰"。参见112页"丰[1]"字。

沣（灃） fēng 水名，在陕西境内。《史记·封禅书》："霸、产、长水、～、涝、泾、渭皆非大川。"

风（風） fēng ❶ 风。《诗经·郑风·萚兮》："萚（tuò）兮萚兮，～其吹女（rǔ）。"（萚：草木脱落的皮或叶。女：汝，你。）许浑《咸阳城东楼》诗："山雨欲来～满楼。"［风伯］风神。也叫飞廉。《论衡·祀义》："～～、雨师、雷公，是群神也。"㊥势头。《三国志·吴书·吴主传》："是时曹公新得表众，形势甚盛，诸议者皆望～畏惧。"（是时：这时。表众：指刘表的军队。议者：参加讨论的人。）❷ 风俗，风气。《荀子·乐论》："移～易俗。"㊂政教，风化。《史记·秦始皇本纪》："秦并海内，兼诸侯，南面称帝，以养四海，天下之士斐然乡～。"（乡：向。）❸ 作风，风度。《魏书·杜铨传》："铨学涉，有长者～。"（学涉：指学问渊博。）❹ 民歌，歌谣。《左传·隐公三年》："～有《采蘩》、《采苹》。"（《采蘩》、《采苹》：《诗经》"国风"里的篇名。）［风骚］《诗经》和《离骚》。《宋书·谢灵运传》："原其飙（biāo）流所始，莫不同祖～～。"（推究一下他们的渊源，都是效法《诗经》和《离骚》。原：推究根源。飙流：风和水。祖：效法。）❺ 某些疾病的名称。《后汉书·华佗传》："操积苦头～眩。"（操：曹操。积苦：久病。）❻ 走失。《左传·僖公四年》："君处北海，寡人处南海，唯是～马牛不相及也。"（意指两国相隔很远，即使马牛走失也不会跑到对方境内去。）❼ fěng 通"讽"。含蓄地暗示、劝告。《汉书·田蚡传》："蚡乃微言太后～上。"

封 fēng ❶ 加土培育树木。《左传·昭公二年》："宿敢不～殖此树！"（宿：人名。殖：植，种植。）㊀聚土筑坟。《左传·文公三年》："～殽（xiáo）尸而还。"（殽：地名。）❷ 古代帝王在泰山上筑坛祭天。《史记·秦始皇本纪》："乃遂上泰山，立石，～，祠祀。"（遂：于是。祠祀：祭祀。）❸ 封闭，封合。《史记·李斯列传》："书已～，未授使者，始皇崩。"（崩：称帝王死。）㊂量词。封（后起意义）。杜甫《述怀》诗："自寄一～书。"（书：信。）❹ 边界，界域。《史记·商君列传》："开阡陌～疆。"（阡陌：田间小路。封疆：疆界。）《左传·僖公三十年》："又欲肆其西～。"（肆：指扩张。）成语有"故步自封"。❺ 帝王授予臣子土地或封号。《孔丛子·答问》："（陈涉曰）六国之后君，吾不能～也。"《史记·李斯列传》："使秦无尺土之～。" ❻ 大，厚。屈原《离骚》："羿淫游以佚畋兮，又好射夫～狐。"成语有"封豕长蛇"。

葑 fēng ❶ 菜名，即芜菁。也叫蔓菁。《诗经·邶风·谷风》："采～采菲，无以下体。"（无：勿，不。下体：指根、茎。）❷ fèng 菰根，即茭白根。《晋书·毛璩传》："四面湖泽，皆是菰～。"

烽（熢、㷭） fēng 古代边防报警举的火。《史记·魏公子列传》："公子与魏王博，而北境传举～，言'赵寇至，且入界。'"蔡谟《与弟书》："军中耳目，当用～鼓，～可遥见，鼓可遥闻，形声相传，须臾百里。"（须臾：极短的时间。）［熢燧（suì）］古时遇敌人来犯，边防人员点火报警，夜里点的火叫烽，白天烧的烟叫燧。贾谊《治安策》："斥候望～～不得卧，将吏被介胄而睡。"（斥候：侦察兵。介胄：盔甲。）

锋（鋒） fēng ❶ 兵器锐利的部分。《荀子·议兵》："兑则若莫邪之利～，当之者溃。"（兑：锐，锐利。莫邪：传说中古代的宝剑。）㊂借指兵器。《晋书·慕容垂载记》："时出挑战，～戈屡交。"㊀器物尖锐犀利的部分。沈括《梦溪笔谈》卷二四："方家以磁石磨针～，则能指南。"（方家：指方术之士。）❷ 作战或行军时的先头部队。《三国志·魏书·张郃传》："从讨柳城，与张辽俱为军～。"（从：跟随。）❸ 锋利。《宋史·兵志十一》："京师所制军器，多不～利。"㊀锐气，战斗气势。《汉书·吴王濞传》："吴（楚）兵锐甚，难与争～。"

蜂（蠭、𧒂） fēng ❶ 一种昆虫。有蜜蜂、胡蜂、细腰蜂等。《管子·轻重戊》："～螫（shì）也。"（螫：蜇人。）屈原《天问》："～蛾微命，力何固？"成语有"蜂目豺声"。㊕蜜蜂。如"蜂蜜"、"蜂蜡"。《论衡·言毒》："蜜为～液。"㊙成群地。《史记·项羽本纪论》："豪杰～起。"成语有"蜂拥而至"。❷ 通"锋"。锋利。《新唐书·高叡传》："突厥～锐。"

酆 fēng ❶ 古地名，在今陕西户县东。《史记·匈奴列传》："武王伐纣而营雒邑，复居于～、鄗（hào）。"（鄗：同"镐"。周武王的国都。）❷ 通"丰²（豐）"。丰盛，丰富。《论衡·须颂》："汉德～广，日光海外也。"

葑 fēng 同"葑"。即芜菁。扬雄《方言》卷三："～、荛，芜菁也。陈、楚之郊谓之～。"曹操《步出夏门行》："锥不入地，～藾深奥。"（藾：草名，即蒿。）

冯（馮） féng ❶ píng 盛，大。《屈原·天问》："康回～怒。"（康回：人名。）❷ píng 烦闷。严忌《哀时命》："愿舒志而抽～兮。"❸ píng 登。《荀子·宥坐》："百仞（rèn）之山而竖子～而游焉。"（竖子：小孩子。仞：古时以八尺或七尺为一仞。）❹ píng 欺凌。《左传·襄公十三年》："小人伐其技，以～君子。"（伐：夸耀。技：才能。）❺ píng 涉水。《诗经·小雅·小旻》："不敢暴虎，不敢～河。"（暴虎：徒手打老虎。）❻ píng 依靠，依据。《汉书·王莽传下》："读军书倦，因～几寐。"《左传·哀公七年》："～恃其众。"（依仗着他人多。）上述❶至❻后来都写作"凭²（憑）"。❼ 古地名，春秋周邑。在今河南荥阳西。❽ 姓。

沨（渢） féng ❶ 水声。《玉篇》："沨，水声。"［沨沨］象声词。形容水声、风声、雷声等。司马光《潜虚·行图·声》："空谷来风，有声～～。"石介《庆历圣德颂》诗："大声～～，震摇六合。"❷ fán ［沨沨］形容乐声宛转抑扬。《左传·襄公二十九年》："为之歌《魏》，（季札）曰：'美哉，～～乎！'"

逢 féng ❶ 遭遇。《诗经·邶风·柏舟》："薄言往愬，～彼之怒。"㊀遇见，遇到。李白《古风五十九首》之二十四："路～斗鸡者，冠盖何辉赫。"❷ 迎接。王维《与卢象集朱家》诗："主人能爱客，终日有～迎。"㊁迎合，讨好。《孟子·告子下》："～君之恶其罪大。"成语有"阿谀逢迎"。❸ 大。《礼记·儒行》："衣～掖之衣。"（逢掖：大袖子。）❹ péng ［逢逢］象声词。鼓声。《诗经·大雅·灵台》："鼍（tuó）鼓～～。"（鼍：鳄鱼的一种，皮可蒙鼓。）❺ páng 姓。古有逢丑父（《左传·成公二年》）、逢蒙（《孟子·离娄下》）。这个意义后来写作"逄"。

讽（諷） fěng ❶ 背诵。《荀子·大略》："少不～诵。"（少：年少。）❷ 用含蓄的话暗示或劝告。《史记·滑稽列传》："常以谈笑～谏（jiàn）。"（谏：规劝君主。）刘勰《文心雕龙·杂文》："然～一劝百，势不自反。"【注意】唐代以前"讽"没有恶意讽刺义。

覂 fěng ❶ 翻覆，倾覆。孔颖达《礼记正义序》："～驾之马，设衔策以驱之。"（覂驾：覆驾，指不受驾驭。衔：指马嚼子。策：马鞭。）❷ fá 通"乏"。缺乏，疲乏。《新唐书·宋务光传》："公私～竭，户口减耗。"

凤（鳳） fèng 凤凰，古代传说中的鸟王。一说雄的叫"凤"，雌的叫"凰"，通常都称作"凤"。《论语·微子》："～兮～兮，何德之衰！"宋玉《对楚王问》："鸟有～而鱼有鲲（kūn）。"（鲲：古代传说中的一种大鱼。）

奉 fèng ❶ 两手捧着。《史记·廉颇蔺相如列传》："臣愿～璧往使。"㊀进献，送。《汉书·匈奴传下》："即遣弟右贤王舆～马牛，随将率入谢。"（舆：人名。率：通"帅"。）❷ 恭敬地接受。《三国志·吴书·吴主传》："鲁肃乞～命吊表二子。"㊁遵从，遵守。《史记·李斯列传》："谨～法令。"（谨：谨慎。）成语有"克己奉公"。❸ 尊奉，信奉。柳宗元《封建论》："必求其嗣（sì）而～之。"（必：一定。嗣：后嗣，子孙。）《世说新语·排调》："二郗～道，二何～佛。"（二郗：郗愔、郗昙。二何：何充、何准。）成语有"奉若神明"、"奉为圭臬"。❹ 敬辞。如"奉答"、"奉和"。双音词有"奉陪"。❺ 供给，供养。《韩非子·和氏》："损不急之枝官，以～选练之士。"《潜夫论·浮侈》："以一～百。"❻ 俸禄，薪俸。《战国策·赵策四》："～厚而无劳。"这个意义后来写作"俸"。

俸 fèng 俸禄，薪俸。旧时官吏所得的薪金。《韩非子·奸劫弑臣》："尊官厚～。"

赗（賵） fèng 送车马等给人办丧事。《仪礼·既夕礼》："公～玄纁束马两。"㊁送给丧家的车马等财物。《左传·隐公元年》："天王使宰咺（xuǎn）来归（kuì）惠公、仲子之～。"（宰：官名。咺：人名。归：通"馈"。赠送。）

FO

佛 fó ❶ bì 辅助。《诗经·周颂·敬之》："～时仔肩，示我显德行。"（时：是，指示代词。仔肩：担负。）这个意义后来写作"弼"。❷ fú 通"拂"。拗转。《礼记·曲礼上》："献鸟者～其首，畜鸟者则勿～也。"［仿佛］见108页"仿"字。❸ 佛陀的简称。义为"大觉有行者"，指释迦牟尼及其创立的佛教。《魏书·释老志》："（司徒崔浩）尤不信～，与帝言，数加非毁。"

FOU

紑 fóu 衣服整洁鲜明的样子。《诗经·周颂·丝衣》："丝衣其～。"（其：形容词词头。）

缶 fǒu ❶ 盛酒浆的瓦器。李商隐《行次西郊作》诗："浊酒盈瓦～。"（浊酒：自酿的没有过滤的酒。盈：满。）❷ 打水用的瓦器。《左传·襄公九年》："具绠（gěng）～，备水器。"（具：备办。绠：汲水用的绳子。）❸ 瓦制的打击乐器。李斯《谏逐客书》："击瓮（wèng）叩～。"（瓮：一种瓦制的打击乐器。叩：敲打。）❹ 量词。十六斗为一缶。

否 fǒu ❶ 不然，不是这样。《战国策·魏策四》："～，非若是也。"（不，不是这个样子。）❷ 在用肯定、否定式表示选择的句子里，表示否定的一方面。李斯《谏逐客书》："不问可～，不论曲直。"（曲直：是非。）❸ pǐ 恶，邪恶。《史记·秦始皇本纪》："善～陈前，靡有隐情。"（陈：陈列，指呈现。靡有：没有。）❹ pǐ 闭塞不通。《素问·六元正纪大论》："地气腾，天气～隔。"［否泰］本是《周易》的两个卦名，天地相交，通顺叫"泰"，天地不相交，不通顺叫"否"。后来把运气的好坏称为"否泰"。《古诗为焦仲卿妻作》："～～如天地。"成语有"否极泰来"。

缻 fǒu 同"缶"。❶ 盛水、酒等的瓦器。《墨子·备城门》："水～，容三石以上，小大相杂。"❷ 瓦制的打击乐器。《史记·廉颇蔺相如列传》："秦王不肯击～。"

FU

夫 fū ❶ 成年男子。贾谊《论积贮疏》："一～不耕，或受之饥。"（或受之饥：有人就要挨饿。）李白《蜀道难》诗："一～当关，万～莫开。"［丈夫］成年男子。《韩非子·五蠹》："古者～～不耕，草木之实足食也。"（实：果实。足：足够。）［夫子］1. 古代对男子的尊称。李白《赠孟浩然》诗："吾爱孟～～，风流天下闻。"（孟夫子：指孟浩然。）2. 学生称老师。《论语·微子》："子路问曰：'子见～～乎？'"［夫人］诸侯的妻子或皇帝的妾。《左传·桓公二年》："晋穆侯之～～姜氏。"《礼记·曲礼下》："天子有后，有～～。"后来官吏的妻子也称"夫人"。❷ 丈夫。《庄子·让王》："于是～负妻戴。"（负：背东西。戴：头顶着东西。）❸ 古代井田制，一夫受田百亩，故以百亩为一夫。《周礼·地官·小司徒》："九～为井。"❹ fú 指示代词。这，那。《左传·成公十六年》："则～二人者，鲁国社稷（jì）之臣也。"（社稷之臣：国家所倚靠的大臣。）㊂ 彼。《左传·襄公二十六年》："～独无族姻乎？"❺ fú 语气词。放在句首，表示将发议论。《左传·庄公十年》："～战，勇气也。"㊂ 放在句尾，表示感叹。《论语·子罕》："逝者如斯～！"柳宗元《三戒·黔之驴》："悲～！"

玞 fū ［珷（wǔ）玞］见434页"珷"字。

肤（膚） fū ❶ 皮肤。《商君书·算地》："衣不暖～。"㊀ 肤浅，浅薄。张衡《东京赋》："所谓末学～受。"（末学：没有根底的学问。受：感受。）❷ 古代长度单位。一指为寸，四指为肤。［肤寸］较短的距离。《战国策·秦策三》："昔者齐人伐楚……～～之地无得者，岂齐不欲地哉，形弗能有也。"（无得：没得到。）又写作"扶寸"。《韩非子·扬权》："故上失扶寸，下得寻常。"（寻：八尺。常：十六尺。）❸ 大。《诗经·小雅·六月》："薄伐玁狁，以奏～公。"（公：通"功"。功绩。）【辨】皮，革，肤。"皮"、"革"是兽皮，带毛的叫"皮"，去掉毛的叫"革"。"肤"是人皮的专称。

砆 fū ［碔（wǔ）砆］见434页"碔"字。

鈇（鉄） fū ❶ 切草的刀，即铡刀。《汉书·尹翁归传》："极者至以～自到而死。"㊂ 杀人的刑具。《史记·廉颇蔺相如列传》："请就～质之诛。"（就：指接受。质：锧。杀人时垫在下面的砧板。）❷ fǔ 通"斧"。斧头。《列子·说符》："人有亡～者，意其邻之子。"（亡：丢失。意：怀疑。）

荴 fū 敷布，散开。《汉书·外戚传上》："函荾（suī）～以俟风兮，芳杂袭以弥章。"（荾：花蕊。）

跗 fū ❶ 花托。束皙《补亡诗》六首之二："白华绛～，在陵之陬（zōu）。"（陬：角落。）也写作"柎"或"趺"。❷ 石碑、雕刻佛像的底座。《隋书·礼仪志三》："三品以上立碑，螭首龟～。"❸ 通"趺"。脚背。《北史·艺术传下·马嗣明》："嗣明为灸两足～上各三七壮，便愈。"（壮：指中药艾灸，一灼为一壮。）[泛]指脚。苏轼《菩萨蛮·咏足》："偷穿宫样稳，并立双～困。"[引]脚印。《宋史·张九成传》："在南安十四年，每执书就明，倚立庭砖，岁久，双～隐然。"[跏（jiā）趺]见184页"跏"字。❹ 通"俯"。趴伏。杨泉《蚕赋》："仰似龙腾，伏似虎～。"

泭 fū 筏，竹排或木排。《国语·齐语》："方舟设～，乘桴济河。"（方舟：两船相并。）

柎 fū ❶ 悬挂钟磬木架的脚。❷ 花托（花萼的底部）。《山海经·西山经》："有木焉，员叶而白～。"（员：圆。）❸ fǔ 凭依，倚仗。《管子·轻重戊》："父老～枝而论，终日不归。"❹ 同"泭"。竹、木筏子。《管子·小匡》："方舟投～，乘桴济河，至于石沈。"（河：黄河。石沈：地名。）❺ fǔ 通"弣"。弓把。《周礼·考工记·弓人》："于挺臂中有～焉，故剽。"❻ fù 通"附"。附着，涂注。《仪礼·士冠礼》："素积白屦，以魁～之。"（魁：蜃蛤。）

胕 fū ❶ 同"肤"。皮肤。《战国策·楚策四》："服盐车而上太行，蹄申膝折，尾湛～溃。"（申：伸展。湛：湿润。）❷ fú 浮肿。《素问·五常政大论》："寒热～肿。"❸ fǔ 通"腐"。腐烂。《素问·异法方宜论》："其民嗜酸而食～。"

趺 fū ❶ 脚背。《庄子·秋水》："赴水则接腋持颐，蹶泥则没足灭～。"[泛]脚。刘祁《归潜志》卷十二："有蛇四～。"[引]器物的底托。《后汉书·祭祀志上》："距石下皆有石～，入地四尺。"❷ 花托。《管子·地员》："其种雁膳黑实，朱～黄实。"（雁膳：菰米。）

尃（旉） fū 同"敷"。敷布，散布。《周易·说》："震为雷，为龙，为玄黄，为～。"《史记·司马相如列传》："旁魄四塞，云～雾散。"

敷 fū ❶ 普遍。《尚书·伊训》："～求哲人。"《诗经·周颂·般》："～天之下。"❷ 布，施。《尚书·大禹谟》："文命～于四海。"《孟子·滕文公上》："举舜而～治焉。"[引]搽，涂。王安石《赠陈君景初》诗："神膏既～之，顷刻活残朽。"❸ 铺，铺展。贾思勰《齐民要术·养鹅鸭》："于笼中高处，～细草，令寝处其上。"[引]陈述，铺陈。谢灵运《山居赋》："～文奏怀。"（奏怀：表明自己的想法。）刘勰《文心雕龙·镕裁》："引而申之，则两句～为一章。"

稃 fū 谷皮。《尔雅·释草》："秠（pī），一～二米。"（秠：一种黑黍，一实有二米。）[引]草籽的壳。贾思勰《齐民要术·种紫草》："九月中，子熟，刈（yì）之，候～燥载聚，打取子。"（刈：割。）

鄜 fū 鄜县，古地名。在今陕西富县。《史记·封禅书》："文公梦黄蛇自天下属地，其口止于～衍。"（衍：山坡。）

夫 fú 见115页。

扶 fú ❶ 搀扶，扶着。《战国策·齐策四》："民～老携幼，迎君道中。"《汉书·贾山传》："～杖而往听之。"❷ 扶植，扶持。《荀子·劝学》："蓬生麻中，不～而直。"[又]扶助，支援。《战国策·宋卫策》："～梁伐赵。"（伐：讨伐。）成语有"救死扶伤"。❸ 沿着。陶潜《桃花源记》："便～向路，处处志之。"（向路：原来的路。志：做标志。）❹ 古代长度单位。四寸为扶。《礼记·投壶》："筹，室中五～，堂上七～。"（筹：竹签。）[扶寸]同"肤寸"。见115页"肤"字。❺ pú [扶服][扶伏]通"匍匐"。趴在地上爬行。《礼记·檀弓下》："凡民有丧，扶服救之。"《左传·昭公二十一年》："扶伏而击之，折轸。"

芙 fú [芙蓉]1. 荷花的别名。屈原《离骚》："制芰（jì）荷以为衣兮，集～～以为裳。"（芰：菱。裳：下裙。）2. 一种落叶乔木，即木芙蓉。江总《南越木槿赋》："千叶～～讵（jù）相似，百枝灯花复羞燃。"（讵：哪里。）[芙蕖]荷花。刘禹锡《赏牡丹》诗："庭前芍药妖无格，池上～～净少情。"

蚨 fú [青蚨]一种母子不相离的水虫。也叫蚨母。干宝《搜神记》卷十三："南方有虫……又名～～，形似蝉而稍大。"《鬼谷子·内揵》："若蚨母之从其子也。"传说用青蚨血涂钱，可引钱还归，因以青蚨指代钱。《寒山诗》一二一："囊里无～～，箧中有黄绢。"

弗 fú 副词。不。《左传·隐公元年》："公～许。"《韩非子·有度》："法之所加，智者～能辞，勇者～敢争。"【辨】弗，不。都表示一般的否定。"不"用的范围广，凡用"弗"的地方都可以用"不"。但在先秦时期"弗"字后面的动词一般不带宾语。

剕 fú 刀砍。《左传·昭公二十六年》："苑子～林雍，断其足。"

拂 fú ❶ 拂拭，轻轻擦过。《仪礼·大射仪》："一小射正授弓～弓。"（小射正：侍候射箭的人。）李白《扶风豪士歌》："梧桐杨柳～金井。"熟语有"春风拂面"。㊀除去。韩愈《重答张籍书》："～其邪心，增其所未高。"❷ 碰触，击打。《世说新语·巧艺》："客着葛巾角，低头～棋。"《北史·斛律金传》："神武据鞍未动，金以鞭～马，神武乃还。"❸ 振动，抖动。谢灵运《述祖德》诗："高揖七州外，～衣五湖里。"成语有"拂袖而去"。❹ 违背，不顺。《韩非子·外储说左上》："忠言～于耳。"❺ 连枷，脱谷农具。《汉书·王莽传中》："予之北巡，必躬载～。"❻ bì 通"弼"。辅助。《汉书·盖宽饶传》："乃欲以太古久远之事匡～天子。"（匡：辅助。）

茀 fú ❶ 草多塞路。《国语·周语中》："道～不可行。"❷ 除草。《诗经·大雅·生民》："～厥丰草，种之黄茂。"（黄茂：嘉谷。）❸ 古代车上的遮蔽物。《诗经·卫风·硕人》："翟～以朝。"（翟：指翟车，即用野鸡羽毛装饰的车子，贵族妇女所乘。）❹ 通"鬅"。妇人的首饰。《周易·既济》："妇丧其～。"❺ 通"福"。幸福，福气。《诗经·大雅·卷阿》："尔受命长矣，～禄尔康矣。"❻ 通"绋"。引棺的绳索。《左传·宣公八年》："冬葬敬嬴，旱，无麻，始用葛～。"（敬嬴：人名。）❼ bó 通"勃"。呼吸急促或暴怒的样子。《庄子·人间世》："兽死不择音，气息～然，于是并生心厉。"（心厉：心生伤人恶念。）

岪（岪） fú 山势曲折的样子。《楚辞·招隐士》："山曲～。"［岪郁（鬱）］山势曲折险要的样子。司马相如《子虚赋》："其山则盘纡～～。"

咈 fú 乖戾，违背。《尚书·大禹谟》："罔～百姓以从己之欲。"（罔：不要。）

佛 fú ❶ 郁结。《素问·六元正纪大论》："其病气～于上。"［佛郁］心情不舒畅。曹操《苦寒行》："我心何～～。"（何：多么。）❷［佛然］生气、发怒的样子。《庄子·天地》："则～～作色。"《战国策·魏策四》："秦王～～怒。"❸ bèi 通"悖"。违反，违背。柳宗元《断刑论》："知权者不以常人～吾虑。"（权：权宜，变通。）

绋（紼） fú ❶ 大绳。《诗经·小雅·采菽》："汎汎（fàn fàn）杨舟，～纚（lí）维之。"（汎汎：漂流的样子。纚：通"缡"。带子。）㊕指引棺的绳索。《左传·昭公三十年》："晋之丧事，敝邑之间，先君有所助执～矣。"❷ 通"绂"。系印章的丝绳。《汉书·丙吉传》："临当封，（丙）吉疾病，上将使人加～而封之。"

鬅 fú ❶ 妇女首饰。欧阳修《班班林间鸠寄内》诗："又云子亦病，蓬首不加～。"❷［髣（fǎng）鬅］见108页"髣"字。❸ fèi 通"狒"。［鬅鬅］动物名，即"狒狒"。《尚书大传》五："～～，周成王时州靡国献之。"

伏 fú ❶ 趴。贾谊《治安策》："～中行说（yuè）而笞其背。"（中行说：人名。笞：鞭打。）㊀敬辞。用于上疏或章表，对君主表示恭敬。［伏惟］伏着想。下对上（多用于对皇帝）陈述自己的想法时用的敬辞。魏征《十渐不克终疏》："～～陛下年甫弱冠。"❷ 藏匿，埋伏。《老子·五十八章》："祸兮福之所倚，福兮祸之所～。"《左传·庄公十年》："惧有～焉。"❸ 屈服，接受。《左传·隐公十一年》："许既～其罪矣。"（许：许庄公。）㊁降伏。如"伏魔"、"降龙伏虎"。❹ 通"服"。敬佩，信服。韩愈《与崔群书》："～其为人。"庾信《谢赵王赉丝布启》："自然心～。"㊁适应，习惯。如"不～水土"。❺ 受到（应得的惩罚）。《三国志·吴书·吴主传》："后壹奸罪发露～诛。"（后来吕壹的罪恶暴露而被杀了。）❻ 伏天。《汉书·东方朔传》："～日，诏赐从官肉。"（诏：皇帝命令。从官：身边的官吏。）❼ 祭名。［伏腊］夏祭为伏，冬祭为腊。杨恽《报孙会宗书》："田家作苦，岁时～～，烹羊炮羔，斗酒自劳。"（岁时：年节。自劳：慰劳自己。）❽ fù 孵化。《庄子·庚桑楚》："越鸡不能～鹄卵。"（鹄卵：天鹅蛋。）

茯 fú ［茯苓］一种寄生在松树根上的块状菌。《淮南子·说山》："千年之松，下有～～。"又写作"伏灵"。《史记·龟策列传》："～～者，千岁松根也，食之不死。"

洑 fú ❶ 回流，旋涡。郦道元《水经注·沔水》："夏水急盛，川多湍～，行旅苦之。"❷ 水伏流地下。杜甫《崔驸马山亭宴集》诗："～流何处入，乱石闭门高。"

凫（鳧） fú ❶ 野鸭。《诗经·郑风·女曰鸡鸣》："将翱将翔，弋～与雁。"（弋：用带有绳子的箭射。）❷［凫茈（cí）］荸荠。《后汉书·刘玄传》："王莽末，南方饥馑，人庶群入野泽，掘～～而食之。"

芾 fú ❶ 通"韨"。古代贵族祭祀时戴的蔽膝。《诗经·曹风·候人》："彼其之子，三百赤～。"❷ fèi ［蔽芾］见19页"蔽"字。

芣 fú ［芣苡(yǐ)］车前子，多年生草本植物。《诗经·周南·芣苡》："采采～～，薄言采之。"(薄言：动词词头。)

罘(罦) fú ❶ 捕兔的网。《礼记·月令》："田猎，罝(jū)～、罗罔、毕翳、餧兽之药，毋出九门。"(罝：捕兔网，泛指捕兽网。毕：长柄网。翳：通"弋"。用矰缴射飞鸟。)[泛]捕鸟兽的网。《吕氏春秋·慎人》："编蒲苇，结～网。" ❷ ［罘罳(sī)］1. 古代一种屏风，设在门外。刘熙《释名·释宫室》："～～在门外。罘，复也；罳，思也，臣将入请事，于此复重思之也。" 2. 设在宫阙上呈网状的窗棂。《汉书·文帝纪》："六月癸酉，未央宫东阙～～灾。"[又]指设在屋檐下或窗户上防鸟雀的金属网。杜甫《大云寺赞公房》诗："黄鹂度结构，紫鸽下～～。"

孚 fú ❶ fū 鸟孵卵。《淮南子·人间》："夫鸿鹄之未～于卵也。" ❷ 信用。《诗经·大雅·下武》："永言配命，成王之～。"[又]为人所信服。《左传·庄公十年》："小信未～。"熟语有"深孚众望"。

郛 fú 外城。《左传·隐公五年》："伐宋，入其～。"(宋：宋国。)又写作"垺"。

莩 fú ❶ 芦苇秆里的薄膜。《汉书·中山靖王传》："今群臣非有葭(jiā)～之亲，鸿毛之重。"(葭莩：比喻微薄，常用来指疏远的亲戚。葭：初生的芦苇。) ❷ 种子的外皮。贾思勰《齐民要术·插梨》："梨叶微动为上时，将欲开～为下时。" ❸ piǎo ［饿莩］通"饿殍"。饿死的人。《孟子·梁惠王上》："民有饥色，野有～～。"

浮 fú ❶ 漂，漂浮。与"沉"相对。《史记·滑稽列传》："令女居其上，～之河中。"李白《古风五十九首》之三："挥剑决～云。"(决：断。)[引]行船。《史记·秦始皇本纪》："～江下。"(乘船沿长江而下。) ❷ 虚浮。《世说新语·言语》："而虚谈废务，～文妨要。"魏征《十渐不克终疏》："必先淳朴而抑～华。"(先：指倡导。抑：压制。) ❸ 浮躁，轻浮。《国语·楚语上》："教之乐，以疏其秽而镇其～。"《后汉书·公孙瓒传》："性本淫乱，情行～薄。" ❹ 超过，多余。《礼记·表记》："耻名之～于行也。"龚自珍《平均篇》："则取其～者而挹(yì)之乎？不足者而注之乎？"(挹：舀，把液体盛出来。)成语有"人浮于事"。 ❺ 罚人饮酒。刘向《说苑·善说》："饮不釂(jiào)者，～以大白。"(釂：饮尽。白：指酒杯。) ❻ ［浮图］［浮屠］1. 佛。《后汉书·襄楷传》："宫中立黄老～屠之祠。"(黄老：黄帝和老子。道教把他们尊为始祖。) 2. 和尚。王安石《游褒禅山记》："唐～图慧褒始舍于其址。"(慧褒：人名。舍：建房舍。) 3. 佛塔。韩愈《张中丞传后叙》："抽矢射佛寺～图。"(矢：箭。)

桴 fú ❶ 房屋的二梁。班固《西都赋》："荷栋～而高骧(xiāng)。"(荷：扛。高骧：高举。) ❷ 鼓槌。《韩非子·功名》："至治之国，君若～，臣若鼓。"(至治之国：治理得最好的国家。若：如，像。)这个意义又写作"枹"。 ❸ 竹木筏子。《论语·公冶长》："道不行，乘～浮于海。"

烰 fú ❶ ［烰烰］蒸气上升的样子。《说文》："烰，烝也……《诗》曰：烝之～～。"今本《诗经·大雅·生民》作"浮浮"。 ❷ ［烰人］庖人，即厨师。《吕氏春秋·本味》："其君令～～养之。"

蜉 fú ❶ ［蜉蝣］一种昆虫。生存期极短。《诗经·曹风·蜉蝣》："～～之羽，衣裳楚楚。"郭璞《游仙》诗："借问～～辈，宁知龟鹤年？"(宁：难道。)又写作"蜉蝤"。[喻]浅薄的人。白居易《酬吴七见寄》诗："莫忘～～内，进士有同年。" ❷ ［蚍蜉］见307页"蚍"字。

苻 fú ❶ 草名，即鬼目草。《尔雅·释草》："苻，鬼目。" ❷ 通"莩"。芦苇秆里的薄膜。《淮南子·俶真》："芦～之厚。" ❸ ［萑(huán)苻］古代湖泽名。《左传·昭公二十年》："郑国多盗，取人于～～之泽。" ❹ 姓。

符 fú ❶ 古代朝廷传达命令或征调兵将用的凭证，双方各执一半，以验真假。《史记·魏公子列传》："如姬果盗晋鄙兵～与公子。"(如姬、晋鄙：人名。与：给予。)[又]出入关口的凭证。《后汉书·郭丹传》："后从师长安，买～入函谷关。"[引]符合。《韩非子·用人》："发矢中的，赏罚当～。"沈括《梦溪笔谈》卷七："与天行相～。"(天行：指天体的运行。) ❷ 符箓。方士画的所谓能驱使鬼神、消灾求福的图形或线条。《后汉书·刘焉传》："造作～书，以惑百姓。" ❸ 符命。古指表明君主"受命于天"的祥瑞征兆。董仲舒《举贤良对策一》："此盖受命之～也。"《史记·张丞相列传》："鲁人公孙臣上书，言汉土德时，其～有黄龙当见。"

服 fú ❶ 衣服，服装。屈原《九章·涉江》："余幼好此奇～兮。"[特]丧服。《史记·魏其武安侯列传》："会仲孺有～。"(仲孺：人名。有服：有丧服在身，指在丧期。) ❷ 穿，戴。《论衡·语增》："～五采之服。"

《论语·卫灵公》:"乘殷之辂,~周之冕。"㊂佩带。李斯《谏逐客书》:"~太阿之剑。" ❸ 从事,做。《尚书·盘庚上》:"若农~田力穑。"㊂承当(劳役与刑罚)。晁错《论贵粟疏》:"今农夫五口之家,其~役者不下二人。" ❹ 服从。《荀子·王制》:"甲兵不劳而天下~。"㊂降服。《韩非子·二柄》:"夫虎之所以能~狗者,爪牙也。" ❺ 敬佩,信服。《三国志·蜀书·诸葛亮传》:"权既宿~仰备。"(权:孙权。备:刘备。)这个意义又写作"伏"。❻ 习惯,适应。《汉书·晁错传》:"卒不~习。"(卒:士卒。)《宋书·索虏传》:"道里来远,或不~水土。" ❼ 吃(药)。《史记·扁鹊仓公列传》:"但~汤二旬而复故。"(只服汤药,二十天就恢复健康。)㊂量词。中药一剂称一服。这种量词的用法读fù。❽ 驾,拉车。《盐铁论·本议》:"~牛驾马。"贾谊《吊屈原赋》:"骥垂两耳,~盐车兮。" ❾ 古代一车驾四马,居中的两匹叫"服"。《诗经·郑风·大叔于田》:"两~上襄,两骖雁行。"(上襄:指马头昂举。两骖:两服外边的两匹马。)❿ 上古王畿之外,五百里为一服,即甸服、侯服、绥服、要服、荒服。《尚书·禹贡》:"五百里甸~。" ⓫ 盛箭的器具。《国语·齐语》:"弢无弓,~无矢。" ⓬ 鸟名。《史记·屈原贾生列传》:"庚子日施兮,~集予舍。"这个意义又写作"鵩"。

菔 fú [芦菔]萝卜。《后汉书·刘盆子传》:"掘庭中~~根,捕池鱼而食之。"又写作"莱菔"、"萝服"。

箙 fú 用竹、木或兽皮制作的盛箭器。《周礼·夏官·缮人》:"凡乘车,充其笼~,载其弓弩。"

鵩 fú 一种鸟,又名山鸮。贾谊《鵩鸟赋》:"庚子日斜兮,~集予舍。"

帗 fú ❶ 用五色帛制成的舞具。《周礼·春官·乐师》:"凡舞,有~舞,有羽舞。" ❷ 通"韨"。蔽膝。《穆天子传》一:"天子大服,冕祎(huī)~带。"

绂(紱) fú ❶ 系印章或佩玉用的丝带。绂的颜色依官位品级而不同。《汉书·匈奴传下》:"解故印~奉上,将率受,著新~。"又写作"韨"。❷ 通"韨"。蔽膝。《周易·困》:"困于酒食,朱~方来。"

韨(韍) fú ❶ 古代贵族祭祀时戴的蔽膝,用熟皮做成,遮在膝前。《汉书·王莽传上》:"服天子~冕。"(冕:帝王的帽子。)又写作"黻"。❷ 通"绂"。系印章或佩玉用的丝带。《汉书·诸侯王表》:"奉上玺(xǐ)~。"(玺:皇帝的印。)

祓 fú 古代为了除灾求福而举行的祭祀活动。《韩非子·说林下》:"巫咸虽善祝,不能自~也。"(咸:相传是古代最著名的神巫。)㊀消除。姜夔《翠楼吟》:"天涯情味,仗酒~清愁。"

黻 fú ❶ 古代礼服上青黑相间的花纹。《周礼·考工记·画繢》:"画繢(huì)之事……黑与青谓之~。"(画繢之事:指在衣服上绘画的事。繢:通"绘"。)❷ 通"韨"。古代贵族祭祀时戴的蔽膝,用熟皮做成,遮在膝前。古诗《偕隐歌》:"我~子佩。"(子:你。)❸ 通"绂"。系印章或佩玉用的丝带。江淹《杂体诗·谢光禄郊游》:"云装信解~,烟驾可辞金。"(云装:云衣。)

枹 fú ❶ 同"桴"。鼓槌。屈原《九歌·国殇》:"援玉~兮击鸣鼓。"(援:拿起。)❷ 用于地名。

匐 fú [匍匐]见 316 页"匍"字。

蒠 fú 一种多年生蔓草,根可食。《诗经·小雅·我行其野》:"我行其野,言采其~。"

幅 fú ❶ 布帛的宽度。《汉书·食货志下》:"布帛广二尺二寸为~。"㊀指宽度。《淮南子·天文》:"黄钟之律修九寸,物以三生……故~广二尺七寸。"[幅员]幅为宽度,员为周围,合指领土面积。柳宗元《岭南节度使飨军堂记》:"内之~~万里。" ❷ 量词。韩愈《桃源图》诗:"流水盘回山百转,生绡数~垂中堂。"(绡:生丝。)❸ 绑腿布,古称行縢。《诗经·小雅·采菽》:"赤芾(fú)在股,邪~在下。"(赤芾:蔽膝。)

辐(輻) fú 车轮的辐条。《老子·十一章》:"三十~共一毂(gǔ)。"(毂:车轮中心的圆木,可以插轴的部分。)

福 fú ❶ 幸福。与"祸"相对。《老子·五十八章》:"祸兮~之所倚,~兮祸之所伏。"(倚:依托。伏:隐藏。)㊂用作动词。赐福,保佑。《左传·庄公十年》:"小信未孚,神弗~也。" ❷ 祭过神的酒肉。《国语·晋语二》:"骊姬受~。"(骊姬:人名。受:接受。)

涪 fú ❶ 水名。涪江,发源于今四川,流经今重庆,入嘉陵江。郦道元《水经注·涪水》:"水发平洛郡西溪,西南流,屈而东,南流入于~。" ❷ 古州名。在今重庆涪陵。杜甫《长江二首》诗之一:"众水会~万,瞿塘争一门。"

紼 fú ❶ 大绳索。《礼记·缁衣》:"王言如丝,其出如纶;王言如纶,其出如

～。”㊞引棺的绳索。《礼记·杂记下》：“升正柩，诸侯执～五百人。”❷［如綍］帝王的诏书。刘禹锡《谢贷钱物表》：“特遂诚请，远承～～之旨。”

榑 fú ［榑桑］传说中的神树，在日出的地方。《淮南子·览冥》：“朝发～～，日入落棠。”又写作“榑木”。《吕氏春秋·求人》：“禹东至～～之地。”

幞 fú ［幞头］古代男子用的一种头巾。《新唐书·车服志》：“～～起于后周。”

抚（撫） fǔ ❶抚摩。《国语·晋语八》：“叔向见司马侯之子，～而泣之。”（叔向、司马侯：人名。）㊀拍，弹。《三国志·吴书·鲁肃传》：“权～掌欢笑。”庾信《春赋》：“鸣弦暂～。”（暂：初。）❷按，握。《左传·襄公二十三年》：“右～剑，左援带。”（援：指拉着。）❸抚慰，安抚。《史记·高祖本纪》：“镇国家，～百姓。”（镇：安定。）㊂抚养。《三国志·吴书·吴主传》：“～其老弱。”㊀占有，据有。《左传·昭公三年》：“若惠顾敝邑，～有晋国，赐之内主……举群臣实受其贶。”上述意义除“抚有”外，又写作“拊”。

㕮 fǔ ［㕮然］惊讶的样子。《汉书·韩信传》：“诸将皆～～。”

斧 fǔ ❶斧子，伐木的工具。《荀子·劝学》：“林木茂而～斤至焉。”（斤：斧子的一种。）㊂用斧子砍。曹操《苦寒行》：“～冰持作糜。”（砍碎冰块拿来煮粥。糜：粥。）❷古代的兵器。《国语·晋语八》：“偃也以～钺从于张孟。”（偃：人名。钺：一种兵器。张孟：人名。）

釜 fǔ ❶古代炊具，一种锅。曹植《七步诗》：“萁在～下然，豆在～中泣。”（萁：豆茎。然：燃。）成语有“釜底抽薪”。❷古代量器，也是容量单位，六斗四升为一釜。《左传·昭公三年》：“齐旧四量：豆、区（ōu）、～、钟。”（量：量器。豆、区、钟：容量单位。）

甫 fǔ ❶古代在男子名字下加的美称。《诗经·大雅·烝民》：“肃肃王命，仲山～将之。”（肃肃：严肃。仲山甫：人名。将：奉行。）这个意义又写作“父”。后代尊称别人的字，叫“台甫”。❷开始，刚刚。《汉书·匈奴传上》：“伤痍者～起。”（受伤的人刚刚能起来。）❸大。《诗经·齐风·甫田》：“无田～田。”（不要种大田。）

莆 fǔ ❶［莎（shà）莆］见360页“莎”字。❷pú 同“蒲”。水草名。屈原《天问》：“咸播秬（jù）黍，～雚（guàn）是营。”（咸：皆，都。秬：黑黍。雚：草名。）❸pú ［莆田］地名，在福建。

脯 fǔ 干肉。《诗经·大雅·凫鹥》：“尔殽伊～。”（伊：句中语气词。）㊂指脱水处理的瓜果。贾思勰《齐民要术·种枣》：“枣～法：切枣曝之，干如～也。”

䩉 fǔ ❶古代量器名。《周礼·考工记·㮚氏》：“量之以为～。”❷同“釜”。古代一种锅。《汉书·匈奴传下》：“胡地秋冬甚寒，春夏甚风，多赍（jī）～鍑（fù）薪炭。”（赍：携带。鍑：大口锅。）陆游《午枕》诗：“清泉洗～煎山茗。”

辅（輔） fǔ ❶车轮外的两条直木，用以增强车辐的承载力。《诗经·小雅·正月》：“其车既载，乃弃尔～。”❷面颊。黄庭坚《进叔》诗：“小儿丰颊～。”成语有“辅车相依，唇亡齿寒”。❸辅助，协助。《孙子兵法·谋攻》：“夫将者，国之～也。”（将：将领。）㊂辅佐的人，指宰相。《世说新语·容止》：“相王作～，自然湛若神君。”㊀护卫。王勃《送杜少府之任蜀州》诗：“城阙～三秦，烽烟望五津。”［辅弼］1. 辅佐皇帝。《汉书·汲黯传》：“天子置公卿～～之臣。”（置：设置。公卿：三公九卿，指朝廷中的高级官员。）2. 辅佐皇帝的大臣，常指宰相。《后汉书·伏湛传》：“柱石之臣，宜居～～。”❹古代称京城附近的地区。鲍照《代升天行》：“家世宅关～。”

簠 fǔ 古代盛食物的方形器具。《周礼·地官·舍人》：“凡祭祀，共～簋（guǐ）。”（共：供。簋：古代盛食物的圆形器具。）

黼 fǔ 古代礼服上绣的黑白相间的花纹。《周礼·考工记·画缋》：“画缋（huì）之事……白与黑谓之～。”（画缋之事：指在衣服上绘画的事。）㊂指绣有黑白相间斧形花纹的礼服。《礼记·礼器》：“礼，有以文为贵者，天子龙衮，诸侯～。”［黼黻（fú）］古代礼服所绣的花纹，也泛指花纹和有文采。刘勰《文心雕龙·情采》：“五色杂而成～～。”

拊 fǔ ❶抚摩。《史记·吴王濞列传》：“因～其背。”（因：于是。）㊀拍，敲击。《三国志·魏书·武帝纪》：“～手欢笑。”屈原《九歌·东皇太一》：“扬桴兮～鼓。”（桴：鼓槌。）❷抚慰，安抚。《左传·宣公十二年》：“王巡三军，～而勉之。”㊀抚养。《诗经·小雅·蓼莪》：“～我畜我。”（畜：养活。）上述❶㊀❷㊀又写作“抚”。❸柄。《礼记·少仪》：“削授～。”（曲刀交给人时要给人刀把儿。削：曲刀。）❹一种乐器，即搏拊。《周礼·春官·大师》：“令奏击～。”

弣 fǔ 弓把中部。《仪礼·乡射礼》："有司左执～，右执弦而授弓。"

輔 fǔ 推送。《淮南子·览冥》："～车奉饷。"（饷：粮饷。）

府 fǔ ❶古时国家收藏文书或财物的地方。《左传·僖公五年》："藏于盟～。"（盟府：收藏盟书的地方。）《商君书·去强》："金粟两生，仓～两实，国强。"（金：金钱。粟：指粮食。仓：粮仓。实：充实。）㊗事物聚集的地方。《左传·昭公十二年》："吾不为怨～。"❷官府。诸葛亮《出师表》："宫中～中俱为一体。"（府中：指丞相府。）[府帖]官府征兵文书。杜甫《新安吏》诗："～～昨夜下，次选中男行。"㊋达官贵人的住宅。杨炯《夜送赵纵》诗："送君还旧～，明月满前川。"❸唐宋时大州称府。明清时府是县以上的行政区域。如唐朝的"京兆府"、清朝的"奉天府"。❹脏腑。《吕氏春秋·达郁》："五藏六～。"（藏：脏。）这个意义后来写作"腑"。【辨】府，库。古代藏文书或财物的地方叫府，藏兵车的地方叫库。《左传·昭公十八年》讲到"府人"、"库人"。可见府和库是有分别的。后来"府"、"库"变成了同义词，都可以指藏财物的地方。

俯 fǔ ❶低头。与"仰"相对。《荀子·解蔽》："～而出城门。"成语有"俯首帖耳"。❷蛰伏。动物冬眠。贾思勰《齐民要术·耕田》："季秋之月，蛰（zhé）虫咸～。"（季秋之月：阴历九月。蛰虫：藏伏在土中过冬的虫子。咸：都。）上述❶❷又写作"俛"。❸敬辞。尊称对方的行为。杜牧《上盐铁裴侍郎书》："伏惟～察愚衷，不赐罪责。"双音词有"俯允"、"俯念"等。

拊 fǔ ❶捍卫。扬雄《太玄·迎》："见血入门，～迎中庭。"❷同"抚（撫）"。安抚。《汉书·赵充国传》："选择良吏知其俗者～循和辑。"（拊循：抚巡，抚慰。和辑：和睦团结。）

腐 fǔ ❶腐烂，腐臭。《荀子·劝学》："肉～出虫，鱼枯生蠹。"（枯：干枯。蠹：蛀虫。）成语有"流水不腐，户枢不蠹"。㊀思想陈腐。《史记·黥布列传》："为天下安用～儒。"（为：治。安：哪里。）❷宫刑。《汉书·景帝纪》："赦徒作阳陵者死罪，欲～者许之。"[腐刑]即"宫刑"。古代阉割男子生殖器的酷刑。司马迁《报任安书》："最下～～极矣。"（最下：指侮辱最大的。极：到了头。）

俛 fǔ ❶同"俯"。向下，低头，和"仰"相对。《史记·货殖列传》："～有拾，仰有取。"韩愈《应科目时与人书》："若～首帖耳，摇尾而乞怜者，非我之志也。"❷miǎn 通"勉"。勤劳。《礼记·表记》："～焉日有孳孳。"

頫（頫） fǔ ❶同"俯"、"俛"。低头。《汉书·陈胜项籍传赞》："百粤之君～首系颈，委命下吏。"❷tiào 通"眺"、"覜"。望。张衡《思玄赋》："流目～夫衡阿（ē）兮，睹有黎之圮（pǐ）坟。"（衡：山名。阿：大山。有黎：即祝融，古代传说中帝喾高辛氏的火官，死后为火神。圮：毁坏。）

父 fù ❶父亲。《韩非子·五蠹》："～母之爱不足以教子。"[大父]祖父。《史记·蒙恬列传》："恬～～蒙骜（ào）。"㊋对和父亲同辈的男性亲属的称呼。如"季父"、"从父"。❷fǔ 对老年人的尊称。《史记·张释之冯唐列传》："（文帝问冯唐）曰：'吾居代时，吾尚食监高祛数为我言赵将李齐之贤……～知之乎？'"《汉书·张良传》："有一老～，衣褐，至良所。"㊀称从事某种职业的老年男子。柳宗元《钴鉧潭西小丘记》："农夫渔～过而陋之。"（过：路过。陋之：看不起它。）❸fǔ 古代在男子名字下加的美称。如"仲父"（称管仲）、"尼父"（称孔子）。《史记·齐太公世家》："封师尚～于齐营丘。"（把齐国营丘这个地方封给了师尚父。）这个意义又写作"甫"。

讣（訃） fù 报丧，报告人死了的消息。《论衡·书虚》："齐乱，公薨三月乃～。"颜延之《陶征士诔》："省～却赙（fù）。"（人死了少通知亲友，不受丧礼。却：推辞。赙：拿财物帮别人办丧事。）双音词有"讣闻"、"讣告"。

赴 fù ❶奔赴，投入。《孟子·梁惠王上》："天下之欲疾其君者，皆欲～愬于王。"《古诗为焦仲卿妻作》："揽裙脱丝履，举身～清池。"㊕指奔赴危险的境地。《汉书·晁错传》："～汤火，视死如生。"成语有"赴汤蹈火"。❷报丧，讣告。《战国策·赵策三》："周烈王崩，诸侯皆吊，齐后往。周怒，～于齐。"这个意义后来写作"讣"。

负（負） fù ❶背，用背驮东西。《庄子·盗跖》："～石自投于河。"成语有"负荆请罪"。㊋承载，承受。《庄子·逍遥游》："风之积也不厚，则其～大翼也无力。"㊀蒙受，遭受。《管子·法禁》："废上之法制者，必～以耻。"❷背靠着。《商君书·兵守》："四战之国贵守战，～海之国贵攻战。"（四战之国：四面受敌的国家。贵：重视。）㊀依仗。《史记·魏其武安侯列传》：

"武安～贵而好权。"(贵:尊贵。好权:喜欢玩弄权术。)成语有"负隅顽抗"。❸ 违背,背弃。《史记·高祖本纪》:"项羽～约。"㊀辜负,对不起。《战国策·齐策四》:"孟尝君笑曰:'客果有能也!吾～之,未尝见也。'"❹ 失败。与"胜"相对。《孙子兵法·谋攻》:"不知彼而知己,一胜一～。"❺ 亏欠。《汉书·邓通传》:"通家尚～责数巨万。"(责:债。数巨万:数量很大。)【辨】负,任,担,荷。这四个字都是表示携带东西的方式。"负"是背,"任"是抱,"担"是挑,"荷"是扛。这四个字都可以用来泛指携带东西。

F

偩 fù ❶ 依照,依顺。《礼记·乐记》:"礼乐～天地之情。"❷ 同"负"。依恃。《淮南子·诠言》:"自～而辞助。"

蝜 fù [蝜蝂(bǎn)]一种小虫。柳宗元《蝜蝂传》:"～～者,善负小虫也。"

妇(婦) fù ❶ 已婚的女子。《周易·渐》:"～孕不育。"杜甫《石壕吏》诗:"听～前致辞,三男邺(yè)城戍。"(听到妇人上前说,三个儿子都在邺城当兵。)㊁妻子。《古诗为焦仲卿妻作》:"十七为君～。"㊁儿媳。《论衡·偶会》:"父殁(mò)而子嗣,姑死而～代。"(殁:死。嗣:继承。姑:丈夫的母亲。)成语有"妇姑勃谿(xī)"。(勃谿:争斗)。❷ 女性的通称。《韩非子·外储说右下》:"丈夫二十而室,～人十五而嫁。"(丈夫:男子。妇人:女子。)《礼记·昏义》:"祖庙既毁,教于宗室,教以～德、～言、～容、～功。"

附(坿) fù ❶ 附着。《左传·襄公三十一年》:"衣服～在吾身。"㊀增益。《荀子·礼论》:"刻生而～死谓之惑。"(对活人刻薄,对死人厚待叫作糊涂。惑:迷乱,糊涂。)❷ 依附。《三国志·魏书·武帝纪》:"长吏多阿～贵戚。"(阿:迎合,奉承。贵戚:皇帝的亲属。)《古诗十九首·冉冉孤竹生》:"与君为新婚,兔丝～女萝。"这个意义又写作"傅"。㊁归附。《三国志·蜀书·诸葛亮传》:"荆州之民～操者,偪兵势耳,非心服也。"(操:曹操。偪:同"逼"。威胁。)❸ 靠近。《淮南子·说林》:"～耳之言,闻于千里也。"❹ 捎(信)。杜甫《石壕吏》诗:"一男～书至,二男新战死。"

驸(駙) fù 驾副车或备用的马。张衡《东京赋》:"～承华之蒲梢。"(用承华厩中名叫"蒲梢"的骏马做驸马。)[驸马]驸马都尉的简称。原是汉代官名,魏晋以后皇帝的女婿必担任驸马都尉一职。后来"驸马"成为皇帝女婿的专称。

祔 fù ❶ 祭名。合祭新亡者与祖先,叫作祔祭。《左传·僖公三十三年》:"凡君薨,卒哭而～,～而作主。"(主:木主,灵牌。)❷ 合葬。《礼记·檀弓下》:"卫人之～也离之,鲁人之～也合之。"韩愈《扶风郡夫人墓志铭》:"～于其夫之封。"

鲋(鮒) fù ❶ 鲫鱼。《墨子·公输》:"江汉之鱼鳖鼋(yuán)鼍(tuó)为天下富,宋所为无雉兔～鱼者也。"(据《太平御览》引)❷ 虾蟆。《周易·井》:"九二,井谷射～。"

阜 fù ❶ 土山。《诗经·小雅·天保》:"如山如～。"《荀子·赋》:"生于山～。"❷ 肥大,高大。《诗经·小雅·车攻》:"田车既好,四牡孔～。"(孔:甚,很。)㊀盛,丰富,兴盛。张衡《西京赋》:"百物殷～。"(殷:丰富。)《左传·襄公二十六年》:"韩氏其昌～于晋乎!"❸ 繁衍,生长。《周礼·地官·大司徒》:"以～人民,以蕃鸟兽。"《国语·鲁语上》:"助生～也。"❹ [阜螽]蝗虫幼虫。《诗经·召南·草虫》:"喓喓草虫,趯趯(tì tì)～～。"(喓喓:虫鸣声。趯趯:跳跃的样子。)

复[1](複) fù ❶ 夹衣。《世说新语·夙惠》:"晋孝武年十二时,冬天昼日不着(zhuó)～衣。"(昼日:白天。着:穿。)㊀夹层的。《旧唐书·王锷传》:"作～垣(yuán)洞穴,实金钱于其中。"(垣:墙。实:指装。)❷ 繁复,重复。陆游《游山西村》诗:"山重水～疑无路,柳暗花明又一村。"《三国志·蜀书·诸葛亮传》:"辄删除～重,随类相从,凡为二十四篇。"【辨】复,覆,複。见123页"覆"字。

复[2](復) fù ❶ 回来,回去。屈原《九章·哀郢》:"至今九年而不～。"㊀恢复。《史记·孟尝君列传》:"王召孟尝君而～其相位。"❷ 报复。《盐铁论·本议》:"有北面～匈奴之志。"❸ 再,又。《韩非子·五蠹》:"冀～得兔,兔不可～得。"(冀:希望。)《东汉民谣》:"小民发如韭,剪～生,头如鸡,割～鸣。"❹ 回答。《史记·司马相如列传》:"王辞而不～。"❺ 免除赋税徭役。《史记·高祖本纪》:"沛幸得～,丰未～。"(沛、丰:地名。)❻ 通"复[1](複)"。夹层的。《汉书·张良传》:"从～道望见诸将往往数人偶语。"(复道:古代宫中楼阁相通,上下都有通道,上面架空的通道叫"复道"。偶语:相对私语。)㊁重复。《左传·桓公十七年》:"～恶已甚矣。"《史记·秦始皇本纪》:"五帝不相～,三代不相袭。"【辨】复,覆,複。见123页"覆"字。

腹 fù ❶肚子。《庄子·马蹄》:“含哺而熙,鼓～而游。”(熙:通“嬉”。嬉戏。)晁错《论贵粟疏》:“～饥不得食。”㊥中心部分。《盐铁论·刺复》:“方今为天下～居,郡诸侯并臻(zhēn)。”(臻:到,达到。)❷怀抱。《诗经·小雅·蓼莪》:“出入～我。”

蝮 fù 蝮蛇,一种毒蛇。《史记·田儋列传》:“～螫手则斩手,螫足则斩足。”

輹 fù 车厢下面钩住车轴的木头。《左传·僖公十五年》:“车说(tuō)其～。”(说:通“脱”。脱落。)

鍑 fù 大口锅。《汉书·匈奴传下》:“胡地秋冬甚寒,春夏甚风,多赍(jī)鬴(fǔ)～薪炭。”(赍:携带。鬴:同“釜”。)

覆 fù ❶遮盖,掩蔽。《庄子·天下》:“天能～之而不能载之;地能载之而不能～之。”蔡琰《悲愤诗》:“白骨不知谁,从横莫～盖。”㊀伏兵。《左传·隐公九年》:“君为三～以待之。”(为:布置。)❷翻,翻转过来。《荀子·王制》:“水则载舟,水则～舟。”《史记·郦生陆贾列传》:“如反～手耳。”(耳:而已。)成语有“天翻地覆”。㊀覆没。《商君书·赏刑》:“战必～人之军。”❸倾覆,颠覆。《后汉书·仲长统传》:“信天道而背人事者,是昏乱迷惑之主,～国亡家之臣也。”❹审察。《汉书·元帝纪》:“今不良之吏～案小罪,征召证案,兴不急之事,以妨百姓。”❺反,反而。《诗经·小雅·节南山》:“不惩其心,～怨其正。”【辨】复,覆,複。这三个字很少通用。只有“複”字的“夹层的”、“重复”的意义、“覆”字的“翻过来”的意义有时写作“复”;“复”的“回答”意义也有写作“覆”的。如“複道”写作“复道”,“反覆”写作“反复”,“复信”写作“覆信”。但是“復”字的❶❷❸❺各项意义都不写作“複”或“覆”。现“復”和“複”都简化为“复”。

馥 fù 香,香气。谢朓《思归赋》:“晨露晞(xī)而草～。”(晞:干。)杨衒之《洛阳伽蓝记·景明寺》:“流香吐～。”

鳆 fù 一种海生软体动物,即鲍鱼。《汉书·王莽传下》:“莽忧懑不能食,亶(dàn)饮酒,啖(dàn)～鱼。”(亶:通“但”。仅,只。啖:吃。)

副 fù ❶副的。与“正”相对。《汉书·张骞传》:“骞即分遣～使使大宛、康居、月氏、大夏。”(使:出使。)㊕图籍、文书的副本。《史记·太史公自序》:“为太史公书……藏之名山,～在京师。”❷相称,符合。《后汉书·黄琼传》:“阳春之曲,和者必寡,盛名之下,其实难～。”(阳春之曲:古代一种高雅的歌曲。)成语有“名副其实”。❸帮助。《素问·疏五过论》:“为万民～。”(为:给。)❹贵族妇女的头饰。《诗经·鄘风·君子偕老》:“君子偕老,～笄六珈。”(笄:簪子。六珈:头饰上玉珠有六。)❺量词。套。《唐会要》卷十七:“造两～供用。”❻pì 剖开,剖分。《礼记·曲礼上》:“为天子削瓜者～之。”

富 fù ❶财产多,富裕。《诗经·鲁颂·閟宫》:“俾尔寿而～。”《管子·形势解》:“地大国～,民众兵强。”㊀丰富,多。潘岳《马汧督诔》:“城小粟～。”枚乘《七发》:“太子方～于年。”(这是一种修辞方法,指太子年岁还轻,来日方长。)❷通“福”。降福,福佑。《诗经·大雅·瞻卬》:“何神不～?”

赋(賦) fù ❶赋税。《管子·小匡》:“省刑罚,薄～敛,则民富矣。”(省:减少。薄:减轻。敛:征收。)㊀兵赋,交纳的兵甲车马等。《左传·成公二年》:“此城濮之～也。”(城濮:地名。晋楚两国曾在此大战。)❷授予,给予。《韩非子·八奸》:“～禄者称其功。”(称:适合,相称。)❸论述,陈述。《论衡·对作》:“～奸伪之说。”㊀朗诵(诗)。《左传·文公十三年》:“文子～《采薇》之四章。”(文子:人名。)㊀创作。陶潜《归去来兮辞》:“临清流而～诗。”❹古代诗歌的一种表现手法。钟嵘《诗品序》:“直书其事,寓言写物,～也。”㊀一种文体,有韵,句式像散文。如宋玉有《风赋》。

傅 fù ❶教导、辅佐帝王或王子的人。《史记·商君列传》:“刑其～公子虔(qián)。”(公子虔:人名。)㊀教导、辅佐帝王或王子。《史记·屈原贾生列传》:“故令贾生～之。”(故:因此。贾生:指贾谊。)❷通“附”。附着,靠近。《左传·僖公十四年》:“皮之不存,毛将安～?”(安:哪里。)《诗经·大雅·卷阿》:“凤皇于飞,翙翙(huì huì)其羽,亦～于天。”㊀依附,依据。《淮南子·兵略》:“～堞而守。”《汉书·张汤传》:“汤决大狱,欲～古义。”[傅会] 1.把……合在一起。《列子·汤问》:“皆～～革木胶漆白黑丹青之所为。”成语有“牵强傅会”。2.指组织文句。《后汉书·张衡传》:“精思～～,十年乃成。”(精思:精密构思。乃:然后。)3.随声附和。《续资治通鉴·宋高宗绍兴八年》:“顷者孙近～～桧议。”(桧:秦桧。)❸通“附”。增益,增加。《韩非子·难势》:“毋为虎～翼。”❹fū 通“敷”。分布,涂。《荀子·成相》:“禹～土,平天下。”《后汉书·华佗传》："～以神膏。"

缚（縛） fù 捆绑。《史记·陈涉世家》："宫门令欲～之。"（宫门令：守宫门的官吏。）②捆绑东西的绳索。柳宗元《童区寄传》："童自转，以～即炉火，烧绝之。"（即：靠近。绝：断。）③束缚。《韩非子·备内》："～于势而不得不事也。"

【辨】束，缚。见384页"束"字。

赙（賻） fù 送布帛财物助人办丧事。《春秋·隐公三年》："秋，武氏子来求～。"《后汉书·中山简王焉传》："嗣王薨，～钱千万，布万匹。"

F

G

GAI

该(該) gāi 具备。《管子·小问》："昔者天子中立，地方千里，四言者～焉。"枚乘《七发》："滋味杂陈，肴糅(yáo róu)错～。"(滋味：美味。肴：荤菜。糅：杂食。)㉡完备，包括。《庄子·天下》："不～不遍，一曲之士也。"曹植《与杨德祖书》："吾王于是设天网以～之。"这个意义又写作"赅"。㉡广博。《晋书·祖逖传》："后乃博览书记，～涉古今。"【注意】古代"该"没有"应该"的意义。

陔 gāi ❶台阶的层次。《汉书·郊祀志上》："具泰一祠坛……三～。"(泰一：坛名。三陔：三重，三层。)这个意义又写作"垓"。❷田埂。束皙《补亡诗》六首之一："循彼南～，言采其兰。"(循：沿着。南陔：南边的田埂。言：动词词头。)

垓 gāi ❶八极之内的广大土地。扬雄《大鸿胪箴》："经通～极。"(治理八极之内的广大区域。)❷界限。扬雄《卫尉箴》："重垠(yín)累～，以难不律。"(设置了重重界限，以阻难不法者。垠：边。)❸数词。古代万万为垓。《太平御览》卷七五〇："十万谓之亿，十亿谓之兆，十兆谓之经，十经谓之～。"❹通"陔"。台阶的层次。《史记·封禅书》："坛三～。"(坛：祭祀用的高台。)[九垓] 1. 九重天。《史记·司马相如列传》："上畅～～，下溯(sù)八埏(yán)。"(畅：达。溯：流。埏：地的边际。) 2. 八极之内的土地。萧纲《南郊颂序》："～～同轨。"

荄 gāi 草根。《论衡·自然》："霈然而雨，物之茎叶根～莫不洽濡。"葛洪《抱朴子·广譬》："惊风摧千仞之木，不能拔弱草之～。"

赅(賅) gāi 完备，包括。《庄子·齐物论》："百骸(hái)、九窍、六藏～而存焉。"(百骸：指全身的骨头。六藏：六脏。)成语有"言简意赅"。又写作"该"。

改 gǎi 改变，更正。《诗经·小雅·都人士》："彼都人士，狐裘黄黄，其容不～，出言有章。"《荀子·臣道》："故因其惧也而～其过。"【辨】更，改。"更"除了有"改变"的意义之外，还有"调换"、"交替"的意义，而"改"字却没有此意义。

丐(匄、匃) gài ❶乞求。《左传·昭公六年》："不强～。"㉡乞丐。柳宗元《寄许京兆孟容书》："皂隶佣～，皆得上父母丘墓。"❷施予，给予。《汉书·西域传下》："秦人，我～若马。"(若：你，你们。)❸免除。《晋书·慕容皝载记》："以久旱，～百姓田租。"

盖(蓋) gài ❶用芦苇或茅草编的覆盖物。《左传·襄公十四年》："被苫(shàn)～，蒙荆棘。"(苫盖：用草编成的覆盖物。)㉡搭盖。王褒《僮约》："治舍～屋。"❷车盖，伞盖。《史记·管晏列传》："拥大～，策驷马。"❸器物的盖子。《仪礼·公食大夫礼》："宰右执镫，左执～。"(镫：一种器皿。)❹遮蔽，掩盖。《商君书·禁使》："不能相为弃恶～非。"(弃恶：放任别人的恶行。)㉡胜过，超过。《史记·秦始皇本纪》："功～五帝。"《三国志·蜀书·诸葛亮传》："英才～世。"❺崇尚。《国语·吴语》："夫固知君王之～威以好胜也。"❻副词。大概。《论语·里仁》："～有之矣，我未之见也。"❼连词。连接上句或上一段，表示推论原因。《史记·屈原贾生列传》："屈平之作《离骚》，～自怨生也。"(屈平：即屈原。)❽句首语气词。《史记·孝文本纪》："朕闻～天下万物之萌生，靡不有死。"(朕：皇帝自称。靡：没有。)❾hé 通"盍"。何不。《诗经·小雅·黍苗》："我行既集，～云归哉。"(集：成。云、哉：语气词。)㉡何。《庄子·养生主》："善哉！技～至此乎？"

溉 gài ❶洗涤。《诗经·桧风·匪风》："谁能亨(pēng)鱼，～之釜鬵(qín)。"(亨：烹。鬵：大锅。)❷灌溉。《史记·河渠书》："西门豹引漳水～邺，以富魏之河内。"

概(槩) gài ❶量米粟时刮平斗斛(hú)用的木板。《韩非子·外储说左上》："～者，平量者也。"㉡刮平，削平。《管子·枢言》："釜鼓满，则人～之。"(釜、鼓：量器。)❷大略，大体。《史记·伯夷列传》："其文辞不少～见。"❸节操，风度。《后汉书·周黄徐姜申屠传序》："若二三子，可谓识去就之～。"《晋书·桓温传》："温豪爽有风～。"❹景象，状况(后起意义)。杜甫《奉留赠集贤院崔于二学士》诗：

G

"故山多药物，胜～忆桃源。"（胜概：美丽的景象。）

GAN

干1 gān ❶盾牌。《尚书·大禹谟》："舞～羽于两阶。"（羽：用羽毛做成的舞具。）［干戈］泛指兵器，多用来比喻战争。王粲《从军》诗："身服～～事，岂得念所私？"❷冒犯，冲犯。《左传·文公四年》："其敢～大礼以自取戾！"（戾：罪。）[引]冲。杜甫《兵车行》："哭声直上～云霄。"❸求，求取。《吕氏春秋·举难》："甯戚欲～齐桓公。"《论语·为政》："子张学～禄。"（子张：孔子弟子。）❹干预，涉及（后起意义）。《后汉书·董皇后纪》："后每欲参～政事，太后辄相禁塞。"《晋书·王衍传》："好～预人事。"[引]关涉，关系。李清照《凤凰台上忆吹箫》词："新来瘦，非～病酒，不是悲秋。"❺水边，河岸。《诗经·魏风·伐檀》："坎坎伐檀兮，置之河之～兮。"❻［干支］天干和地支的合称。天干有十个：甲乙丙丁戊己庚辛壬癸。地支有十二个：子丑寅卯辰巳午未申酉戌亥。古代以天干和地支搭配，组合成"甲子"、"乙丑"……"癸亥"共六十个干支数，用来纪年、纪日，周而复始，循环使用。【辨】干，乾，榦，幹。见127页"干4（幹）"字。

干2（乾） gān 干。与"湿"相对。《韩非子·外储说左上》："材～则直，涂～则轻。"（材：木材。涂：泥。）[引]枯竭，尽。《左传·僖公十五年》："张脉偾兴，外强中～。"（偾兴：突起。）参见327页"乾"字。【辨】干，乾，榦，幹。见127页"干4（幹）"字。

玕 gān ［琅玕］见237页"琅"字。

甘 gān ❶甜。《诗经·邶风·谷风》："谁谓荼苦，其～如荠。"[引]味美，味道好。《礼记·月令》："其味～，其臭（xiù）香。"（臭：气味。）[又]认为味美。《史记·货殖列传》："民各～其食，美其服。"[又]味美好吃的东西。《韩非子·外储说右上》："～肥周于堂。"（周：遍布。）❷美好，动听。《左传·昭公十一年》："今币重而言～，诱我也，不如无往。"❸情愿，甘心乐意。《诗经·齐风·鸡鸣》："虫飞薨薨，～与子同梦。"成语有"不甘示弱"。❹爱好，喜好。《尚书·五子之歌》："～酒嗜音，峻宇彫墙。"【辨】甘，旨。"甘"除了泛指美味以外，还有甜的含义。现代汉语"甜"的意思，在秦以前多用"甘"表示。"旨"仅指一般味美好吃的东西。

泔 gān ❶淘米水。王衮《博济方·秘金散》："用米～煮熟，淡吃，每个作三服。"[又]用淘米水浸渍。《荀子·大略》："曾子食鱼有余，曰：'～之。'"❷hàn ［泔淡］盈满的样子。扬雄《甘泉赋》："秬鬯（jù chàng）～～。"（秬鬯：用黑黍酿的香酒。）

皯 gǎn 面色黝黑。《列子·黄帝》："焦然肌色～黣（měi），昏然五情爽惑。"（黣：黑。）

笴 gǎn 箭杆。《周礼·考工记·矢人》："参分其长而杀其一，五分其长而羽其一，以其～厚，为之羽深。"

敢 gǎn ❶勇敢。《荀子·非十二子》："刚毅勇～。"[引]敢于。《汉书·赵充国传》："用兵深入～战者吉。"❷谦辞。有冒昧的意思。《左传·宣公十二年》："～布腹心。"（布腹心：指讲出心里话。）❸副词。用于反问，有"岂敢"的意思。《左传·僖公四年》："～不共给？"（共：供。）

感 gǎn ❶感动。《荀子·乐论》："其～人深。"[引]感应。《周易·咸》："天地～而万物化生。"❷感触，感慨。曹植《洛神赋序》："～宋玉对楚王神女之事，遂作斯赋。"（斯：这。）《北史·刘璠传》："尝卧疾居家，对雪兴～。"❸感觉，感受。《庄子·刻意》："～而后应，迫而后动。"❹碰触。《庄子·山木》："（异鹊）～周之颡而集于栗林。"（周：庄周。）❺hàn 通"憾"。不满意。《左传·昭公十一年》："王贪而无信，唯蔡于～。"（蔡于感：对蔡国不满意。）❻hàn 通"撼"。动摇。枚乘《七发》："夏则雷霆霹雳之所～也。"【注意】在古代"感"字单用时一般不当"感谢"讲。

簳 gǎn ❶小竹。张衡《南都赋》："其竹则籦笼箽篾，筱～箛箠。"❷箭杆，也指箭。《列子·汤问》："乃以燕角之弧、朔蓬之～射之。"白居易《答箭镞》诗："插以青竹～，羽之赤雁翎。"

干3（幹） gàn ❶树干。左思《蜀都赋》："擢修～，竦长条。"（修：长。）徐弘祖《徐霞客游记·游黄山日记》："柏虽大～如臂，无不平贴石上。"[又]躯干。南北朝乐府《陇上歌》："陇上壮士有陈安，躯～虽小腹中宽。"（陇上：地名。陈安：人名。腹中宽：指度量大。）[引]根本。《汉书·五行志中之上》："礼，国之～也。"❷才干。《三国志·蜀书·诸葛亮传》："理民之～优于将略。"（理：治理。优于：胜过。将略：用兵的策略。）❸管理，治理。《周易·乾》：“贞固足以～事。”《后汉书·史弼传》：“弼有～国之器。”（器：才能。）❹hán 井栏。《庄子·秋水》：“出跳梁乎井～之上。”【辨】干，乾，榦，幹。见下“干⁴（榦）”字。

干⁴（榦） gàn ❶筑土墙时两边所用的木板。一般只见于“桢（zhēn）榦”一词中。《尚书·费誓》：“峙（zhì）乃桢～。”（峙：具备。乃：你的。桢：筑土墙时两头所用的木板。）后以“桢榦”比喻骨干、人才。又写作“桢幹”。❷树干，树的主干。《淮南子·主术》：“枝不得大于～。”㊊根本。《淮南子·原道》：“是故柔弱者，生之～也。”❸木名。柘树。《尚书·禹贡》：“杶～栝柏。”（杶、栝：均木名。）【辨】干，乾，榦，幹。古代“干”、“乾”、“幹”是完全不同的三个字，各不相通。在古书中，乾湿的“乾”、树幹的“幹”，都不写作“干”。“榦”和“幹”在树榦的意义上通用，但是才幹的“幹”，一般不写作“榦”。现都简化为“干”。

旰 gàn ❶晚。《左传·襄公十四年》：“日～不召。”成语有“宵衣旰食”。❷hàn［旰旰］盛大的样子。《史记·河渠书》：“皓皓～～兮，闾殚为河。”（皓皓：盛大。）

绀（紺） gàn 一种深青带红的颜色。《论语·乡党》：“君子不以～緅（zōu）饰。”（緅：青赤色的帛。）祢衡《鹦鹉赋》：“～趾丹觜，绿衣翠衿。”

赣（贛） gàn ❶gòng 赐给。《淮南子·精神》：“今～人敖仓，予人河水。”贾谊《新书·匈奴》：“出好衣闲，且自为～之。”❷zhuàng 通“戆”。愚笨而刚直。《墨子·非儒下》：“以为实在，则～愚甚矣。”❸水名，在今江西。

GANG

冈（岡） gāng 山脊。《诗经·周南·卷耳》：“陟彼高～，我马玄黄。”（陟：登。玄黄：指马病。）

刚（剛） gāng ❶坚硬。《诗经·大雅·烝民》：“柔则茹之，～则吐之。”（茹：吃。）成语有“以柔克刚”。㊊刚强，坚强。《论语·公冶长》：“吾未见～者。”《世说新语·规箴》：“才拙而性～。”❷强劲，旺盛。《论语·季氏》：“及其壮也，血气方～，戒之在斗。”❸钢铁（后起意义）。《新唐书·元德秀传》：“颖士若百炼之～，不可屈。”这个意义后来写作“钢”。❹方才，刚才（后起意义）。苏轼《花影》诗：“～被太阳收拾去，却教明月送将来。”（却：又，再。）

纲（綱） gāng ❶渔网上的总绳。《尚书·盘庚上》：“若网在～，有条而不紊。”（紊：乱。）㊊起决定作用的部分。《北史·源贺传》：“为政贵当举～。”成语有“纲举目张”。㊊准则，法度。《诗经·大雅·卷阿》：“岂弟（kǎi tì）君子，四方为～。”（岂弟：恺悌。）［纲常］封建社会伦理道德“三纲五常”的简称。（三纲：君为臣纲，父为子纲，夫为妻纲；五常：仁、义、礼、智、信。）❷唐、宋时成批运输货物的组织。如“茶纲”、“盐纲”、“花石纲”。

犅 gāng 公牛。《公羊传·文公十三年》：“周公用白牡，鲁公用骍（xīng）～。”（骍：赤色马。）

扛 gāng 双手举。《史记·项羽本纪》：“籍长八尺余，力能～鼎。”㊋抬。《后汉书·费长房传》：“又令十人～之，犹不举。”

杠 gāng ❶竹木杆子。《仪礼·乡射礼》：“以白羽与朱羽糅～。”《尔雅·释天》：“素锦绸～。”❷独木桥，小桥。《孟子·离娄下》：“岁十一月，徒～成；十二月，舆梁成。”㊋桥。左思《魏都赋》：“石～飞梁，出控漳渠。”（漳渠：漳河。）❸通“扛”。抬。康有为《东事战败》诗：“～棺摩拳，击鼓三挝。”

釭 gāng ❶车毂中用以穿轴的金属孔眼。刘向《新序·杂事二》：“淳于髡曰：‘方内而员～，如何？’”（内：通“枘”。榫子。员：通“圆”。）㊋形状如釭的东西。《汉书·赵皇后传》：“壁带往往为黄金～，函蓝田璧，明珠、翠羽饰之。”（壁带：壁上的横木露出如带者。）❷油灯。王融《咏幔诗》：“但愿置樽酒，兰～当夜明。”

瓨 gāng 长身的瓮坛。《史记·货殖列传》：“醯（xī）酱千～。”（醯：醋。）

罡 gāng ❶北斗七星的斗柄。也叫天罡。《抱朴子·杂应》：“又思作七星北斗，以魁覆其头，以～指前。”（魁：北斗七星中排列成方形像斗一样的那四颗星的总称。）❷通“冈”。山冈。郦道元《水经注·溷水》：“城北有尉他墓，墓后有大～。”（尉他：人名。）

GAO

皋（臯、皐） gāo ❶沼泽。《诗经·小雅·鹤鸣》：“鹤鸣于九～，声闻于天。”（九皋：深泽。）❷水边的地。屈原《离骚》："步余马于兰～兮。"曹操《步出夏门行·艳》："云行雨步，超越九江之～。"（雨步：下雨。九江：指沿海各河道。）❸［皋比］虎皮。《左传·庄公十年》："公子偃……自雩门窃出，蒙～～而先犯之。"❹［皋陶（yáo）］人名。相传是舜臣，掌刑法。

槔（槹） gāo ［桔（jié）槔］见198页"桔"字。

高（髙） gāo ❶高。与"低"相对。《荀子·劝学》："不登～山，不知天之～也。"㊀高度。《列子·汤问》："太形、王屋二山，方七百里，～万仞。"（太形：即太行山。仞：古代七尺或八尺为一仞。）❷等级或程度高。《孟子·离娄上》："惟仁者宜在～位。"李白《夜宿山寺》诗："不敢～声语，恐惊天上人。"㊀年龄大。《战国策·秦策五》："王年～矣。"❸高超，高尚。《汉书·晁错传》："臣窃观皇太子材智～奇。"（窃观：私下看。这是一种自谦的说法。）《韩非子·五蠹》："轻辞天子，非～也，势薄也。"（辞：辞去不做。）成语有"高风亮节"。㊀尊敬，崇尚。《商君书·君臣》："行不中法者，不～也。"（中：符合。）

膏 gāo ❶油脂，脂肪。《诗经·桧风·羔裘》："羔裘如～，日出有曜。"《三国志·吴书·周瑜传》："实以薪草，～油灌其中。"（实：塞满。薪：柴火。）㊀药膏。《后汉书·华佗传》："既而缝合，傅以神～。"（傅：敷。）❷［膏肓（huāng）］古代医学家把心尖脂肪叫"膏"，心脏与膈膜之间叫"肓"。《左传·成公十年》："疾不可为也，在肓之上，膏之下。"孙楚《为石仲容与孙皓书》："夫治～～者，必进苦口之药。"（膏肓者：比喻病情极为严重。）成语有"病入膏肓"。❸肥沃。《史记·货殖列传》："～壤沃野千里。"仲长统《昌言·理乱》："豪人之室，连栋数百，～田满野。"（连栋：指房屋连结。）［膏腴］肥沃。《后汉书·公孙述传》："蜀地沃野千里，土壤～～。"❹ gào 滋润。《诗经·曹风·下泉》："芃（péng）芃黍苗，阴雨～之。"（芃芃：茂盛的样子。）㊀用油脂涂抹。韩愈《送李愿归盘谷序》："～吾车兮秣吾马。"

櫜 gāo ❶收藏衣甲或弓矢的袋子。《左传·昭公元年》："伍举知其有备也，请垂～而入。"《礼记·檀弓下》："军有忧，则素服哭于库门之外，赴车不载～韔（chàng）。"（韔：盛放弓的袋子。）❷将弓矢收藏在袋里。《诗经·周颂·时迈》："载～弓矢。"《后汉书·隗嚣传》："然后还师振旅，～弓卧鼓。"

鼛 gāo 大鼓。《诗经·小雅·鼓钟》："鼓钟伐～。"《周礼·地官·鼓人》："以～鼓鼓役事。"

杲 gǎo 明亮。《管子·内业》："～乎如登于天，杳乎如入于渊。"［杲杲］形容太阳明亮。《诗经·卫风·伯兮》："其雨其雨，～～出日。"

缟（縞） gǎo ❶白绢。《韩非子·说林上》："鲁人身善织屦（jù），妻善织～。"（身：自己。屦：草鞋。）❷白色。《礼记·王制》："～衣而养老。"张载《扇赋》："飘～羽于清霄，拟妙姿于白雪。"（清霄：指天空。拟：比。）［缟素］白色丧服。《汉书·高帝纪上》："寡人亲为发丧，兵皆～～。"

槁（槀） gǎo 草木枯干。《墨子·耕柱》："譬若匠人然，智～木也，而不智生木。"（智：知。）《孟子·公孙丑上》："其子趋而往视之，苗则～矣。"㊀指干枯的草木。《荀子·王霸》："及以燕赵起而攻之，若振～然。"㊁干，枯干。《孟子·滕文公下》："夫蚓上食～壤，下饮黄泉。"《庄子·知北游》："形若～骸。"（骸：尸骨。）成语有"形容枯槁"。

稿（稾、藁） gǎo ❶禾秆，稻草。《汉书·萧何传》："长安地陿，上林中多空地，弃，愿令民得入田，毋收～为兽食。"❷诗文的草稿。《史记·屈原贾生列传》："怀王使屈原造为宪令，屈平属草～未定，上官大夫见而欲夺之。"❸［稿本］草药名。《淮南子·氾论》："夫乱人者，芎䓖（xiōng qióng）之与～～也……此皆相似者。"（芎䓖：香草名。）

告 gào ❶告诉。《庄子·庚桑楚》："吾固～汝曰。"（固：本来。汝：你。）㊀报告。《史记·绛侯周勃世家》："越人斩吴王头以～。"❷告诫，劝勉。《论语·颜渊》："忠～而善道之。"❸请求。《国语·鲁语上》："国有饥馑，卿出～籴（dí）。"（籴：买粮食。）双音词有"告假"、"告饶"、"告退"。❹告发，控告。《商君书·开塞》："赏施于～奸。"（赏给告发奸邪的人。）❺古代官吏休假。《史记·汲郑列传》："黯多病，病且满三月，上常赐～者数。"（上：指皇帝。赐：赐予。数：多次。）【辨】告，诰，诏。见下"诰"字。【辨】告，诉。见394页"诉"字。

诰（誥） gào ❶告诉。《尚书·太甲下》："伊尹申～于王。"（伊尹：人名。申：再，重。）❷皇帝给臣子的命令。李阳冰《草堂集序》："潜草诏～，人无知者。"（潜草：秘密起草。诏：皇帝的诏书。）❸告诫，劝勉。《国语·楚语上》："近臣谏，远臣谤，舆人诵，以自～也。"（谤：公开指出过失。舆：众。诵：述说。）《尚书·多方》："成王归自奄，在宗周，～庶邦。"❹ 文体的一种，用于告诫或勉励。刘勰《文心雕龙·辨骚》："故其陈尧舜之耿介，称汤武之祗敬，典～之体也。"【辨】告，诰，诏。"告"和"诰"原来都是告诉的意思，后来用法不同，下告上叫"告"，上告下叫"诰"或"诏"。秦以后"诏"只限于皇帝下命令用。宋以后"诰"只限于皇帝任命高级官吏或封爵时用。

GE

戈 gē 一种长柄兵器。《荀子·议兵》："古之兵，～、矛、弓、矢而已矣。"（兵：兵器。已矣：罢了。）

哥 gē ❶ 歌唱。《史记·燕召公世家》："召公卒，而民人思召公之政，怀棠树不敢伐，～咏之，作《甘棠》之诗。"这个意义后来写作"歌"。❷ 兄（后起意义）。白居易《祭浮梁大兄文》："再拜跪奠大～于座前。"《新五代史·伶官传》："三司使孔谦兄事之，呼为八～。"❸ 唐时或称父为哥。《旧唐书·王琚传》："玄宗泣曰：'四～仁孝，同气唯有太平……'"（太平：指太平公主。）

歌（謌） gē ❶ 唱。《诗经·魏风·园有桃》："心之忧矣，我～且谣。"《论语·微子》："楚狂接舆～而过孔子。"成语有"歌舞升平"。❷ 歌曲，能唱的诗。《尚书·舜典》："诗言志，～永言。"《诗经·小雅·四牡》："是用作～，将母来谂（shěn）。"（谂：思念。）㊀ 作歌，编歌。《诗经·陈风·墓门》："～以讯之。"（编歌来劝告他。讯：劝告。）❸ 歌颂。《论衡·须颂》："虞氏天下太平，夔～舜德。"

割 gē ❶ 用刀切断，截下。《左传·襄公三十一年》："犹未能操刀而使～也。"陆游《初夏幽居》诗："雨霁（jì）郊原～麦忙。"（雨霁：雨停天晴。）㊕ 切肉，宰割。《论语·阳货》："～鸡焉用牛刀。"《韩非子·说疑》："～烹、刍（chú）牧、饭牛之事。"（烹：指烹调。刍牧：放牧。饭牛：喂牛。）❷ 分割，划分。《史记·项羽本纪》："～鸿沟以西者为汉，鸿沟而东者为楚。"《汉书·贾谊传》："～而为四。"㊀ 割去，割取。《世说新语·黜免》："应～近情，以存远计。"《史记·李斯列传》："～膏腴之壤。"（割取肥沃的土地。）

革 gé ❶ 去了毛的兽皮。《诗经·召南·羔羊》："羔羊之～。"㊀ 人的皮肤。《礼记·礼运》："四体既正，肤～充盈。"❷ 用革制成的甲胄。《礼记·乐记》："贯～之射息也。"（贯：穿通。息：停止。）《史记·礼书》："故坚～利兵不足以为胜。"❸ 兵车。《史记·留侯世家》："殷事已毕，偃～为轩。"㊀ 兵卒。《三国志·蜀书·彭羕传》："老～荒悖，可复道邪？"［兵革］1. 军队。《战国策·秦策一》："～～大强，诸侯畏惧。"2. 战争。《论衡·命义》："～～并起，不得终其寿。"（不得终其寿：指在战争中死去。）❹ 八音（金、石、土、木、丝、竹、匏、革）之一。鼓一类的乐器。见491页"音"字。❺ 改变，变革。《周易·革》："天地～而四时成。"《尚书·多士》："殷～夏命。"㊀ 除去。《魏书·食货志》："今～旧从新，为里党之法。"成语有"革故鼎新"。❻ 马笼头。《诗经·小雅·蓼萧》："既见君子，鞗～忡忡。"㊀ 马缰绳。《韩非子·外储说右下》："使王良操左～而叱咤之。"❼ jí 急，重。《礼记·檀弓上》："夫子之病～矣。"【辨】皮，革，肤。见115页"肤（膚）"字。

愅 gé 改变，变动。《荀子·礼论》："～诡悒僾，而不能无时至焉。"（愅诡悒僾：指人感动或忧郁的情感。）

蛤 gé ❶ 一种有介壳的软体动物。《国语·晋语九》："雀入于海为～。"《韩非子·五蠹》："民食果蓏蚌～。"❷ há 蛤蟆，青蛙类动物。刘恂《岭表录异》上："闻田中有～鸣。"

閤 gé ❶ 旁门，小门。《史记·滑稽列传》："建章宫后～重栎中有物出焉。"（栎：栏杆。）《汉书·公孙弘传》："开东～以延贤人。"（延：迎接。）❷ 一种小楼。《世说新语·尤悔》："因在卞太后～共围棋，并啖枣。"白居易《两朱阁》诗："妆～伎楼何寂静，柳似舞腰池似镜。"❸ 官署。《汉书·朱博传》："于是府丞诣～，博乃见丞。"（诣：到官署中请见。）上述❷❸又写作"阁"。❹ hé 全（后起意义）。如"閤家"。这个意义又写作"阖"。

鞈 gé ❶ 革制的胸甲。《管子·小匡》："轻罪入兰盾～革二戟。"❷ 坚固。《荀子·议兵》："楚人鲛革犀兕以为甲，～如金石。"❸ tà 通"鼛"。鼓声。《淮南子·兵略》："善用兵若声之与响，若镗之与～。"

韐 gé 蔽膝。《仪礼·士丧礼》："设～带，搢笏。"又称韎（mèi）韐，见271页"韎"字。

阁（閣） gé ❶ 存放食物的木橱柜。《礼记·内则》："大夫七十而有

～。"㉛放东西的木架子。《晋书·庾翼传》："此辈宜束之高～。"❷ 用木材架于空中的道路。《战国策·齐策六》："故为栈道木～，而迎王与后于城阳山中。"诸葛亮《与兄瑾言赵云烧赤崖阁道书》："前赵子龙退军，烧坏赤崖以北～道。"㉜楼与楼之间架空的通道。《史记·秦始皇本纪》："殿屋复道周～相属(zhǔ)。"（属：接连。）❸ 一种小楼。《木兰诗》："开我东～门。"杜牧《阿房宫赋》："五步一楼，十步一～。"成语有"空中楼阁"。㉜收藏书籍或供佛的地方。《汉书·扬雄传下》："时雄校书天禄～上。"（校书：校订书籍。天禄阁：汉朝的书楼名。）今故宫有"文渊阁"，颐和园有"佛香阁"。❹ 官署。陆机《答张士然》诗："絜身跻秘～。"（絜：洁。跻：登，升。秘阁：秘书省。）上述❸❹又写作"閤"。❺ 放置，搁置。《新唐书·刘知几传》："～笔相视。"这个意义后来写作"搁"。【辨】亭，臺，榭，楼，阁。见401页"台[2]（臺）"字。

格 gé ❶ 树木的长枝条。庾信《小园赋》："枝～相交。"㉛栅栏。杜甫《潼关吏》诗："连云列战～。"（战格：作战时用来阻止敌人的栅栏。）㉛架子，格子。《梁书·王茂传》："梦钟磬在～，无故自堕。"沈括《梦溪笔谈》卷一："窗～上有火燃处。"❷ 格式，标准。《礼记·缁衣》："言有物而行有～也。"成语有"不拘一格"。㊕法律条文。《旧唐书·刑法志》："武德二年，颁新～五十三条。"㉜风格。沈括《梦溪笔谈》卷一七："徐熙至京师，送图画院品其画～。"（徐熙：人名。）成语有"别具一格"。❸ 阻止，阻碍。《史记·孙子吴起列传》："形～势禁。"（被形势所阻止。）《汉书·淮南王安传》："～明诏，当弃市。"成语有"格格不入"。㉛抵挡，抵御。《荀子·议兵》："服者不禽，～者不舍。"（禽：擒。舍：放弃。）《汉书·晁错传》："劲弩长戟，射疏及远，则匈奴之弓弗能～也。"（弩：一种弓。戟：一种兵器。疏：远。弗：不。）❹ 击，打。《史记·殷本纪》："手～猛兽。"双音词有"格杀"、"格斗"。❺ 推究，研究。《礼记·大学》："致知在～物。"成语有"格物致知"。❻ 正，纠正。《孟子·离娄上》："惟大人为能～君心之非。"❼ 至，到。《尚书·君奭》："～于皇天。"（皇：大。）㉜来。《尚书·汤誓》："～，尔众庶！"（尔众庶：你们大家。）

骼 gé ❶ 禽兽之骨。㉜枯骨。《三国志·魏书·崔琰传》："宜敕郡县掩～埋胔(zì)。"（胔：腐烂的肉。）❷ 通"胳"。羊腋下的肉。《仪礼·有司》："司士设俎于豆北，羊～一。"

葛 gé 一种植物，纤维可以织布。《诗经·周南·葛覃》："～之覃兮，施(yì)于中谷，维叶萋萋。"（覃：长。施：蔓延。）《韩非子·五蠹》："冬日麑(ní)裘，夏日～衣。"（麑裘：用鹿皮制的皮袄。）

隔 gé ❶ 隔开，隔离。《韩非子·难一》："一人之力能～君臣之间。"《古诗为焦仲卿妻作》："誓不相～卿，且暂还家去。"㉜阻隔，隔阂。《史记·西南夷列传》："患匈奴～其道。"李白《君马黄》诗："马色虽不同，人心本无～。"㉜（时间）相隔，间隔。杜甫《奉待严大夫》诗："不知旌节～年回。"（旌节：指节度使所持的旌旗和符节。）❷ 通"膈"。膈膜，体腔中分隔胸腔和腹腔的肌肉膜。《管子·水地》："五脏已具，而后生肉：脾生～，肺生骨……"

槅 gé ❶ 车轭，驾车时套在牛颈上的曲木。张衡《西京赋》："商旅联～，隐隐展展。"《晋书·潘岳传》："发～写鞍，皆有所憩。"❷ hé 通"核"。指有核的果品。左思《蜀都赋》："金罍中坐，肴～四陈。"

膈 gé ❶ 膈膜。《灵枢经·经脉》："其支者复从肝，别贯～，上注肺。"❷ 悬钟的木格。《史记·礼书》："县一钟尚拊～。"

哿 gě ❶ 嘉好。《诗经·小雅·正月》："～矣富人，哀此惸独。"《诗经·小雅·雨无正》："～矣能言，巧言如流。"❷ jiā 通"珈"。古代妇女的首饰。扬雄《太玄·觷》："男子折笄，妇人易～。"

舸 gě 大船。左思《吴都赋》："弘～连舳(zhú)。"（弘：大。舳：船尾。）㉜船。李白《赠江夏韦太守良宰》诗："万～此中来，连帆过扬州。"

个[1] gè ❶ 量词。用于竹，后泛用。《史记·货殖列传》："竹竿万～。"《国语·吴语》："譬如群兽然，一～负矢，将百群皆奔。"（负矢：中箭，带箭。）这个意义又写作"箇"、"個"，现简化为"个"。❷ 厢房。《礼记·月令》："天子居青阳左～。"（青阳：古代诸侯朝见天子的地方叫"明堂"，共分四室，青阳是明堂的东室。）

个[2]（個、箇） gè ❶ 量词。《汉书·景武昭宣元成功臣表》："入竹二万～。"（入：交纳。）贾思勰《齐民要术·种瓜》："大豆三～。"❷ 这，此。李白《秋浦歌》之十五："白发三千丈，缘愁似～长。"（缘：因为。）

GEN

亘（亙） gèn 横贯。张衡《西京赋》："～雄虹之长梁。"（横贯着像彩虹一样的殿梁。雄虹：虹分雄雌，双虹出现时，颜色鲜明者叫雄虹，又称主虹。梁：殿梁。）㊁绵延。《晋书·许孜传》："列植松柏～五六里。"[亘古]自古以来，从古到现在。鲍照《河清颂》："～～通今。"成语有"亘古未有"。

艮 gèn ❶卦名。八卦之一，象征山。《周易·说》："～为山。"《三国志·魏书·管辂传》："又鼻者～，此天中之山。"❷止。朱熹《斋居感兴》诗："反躬～其背，肃容正冠襟。"❸艰难。扬雄《太玄·守》："象～有守。"❹方位名。指东北。《论衡·难岁》："人或以立春东北徙，抵～之下，不被凶害。"《梁书·沈约传》："回余眸于～域，觌（dí）高馆于兹岭。"❺时辰名。约指深夜一时至三时。《旧唐书·吕才传》："若依葬书，多用乾、～二时，并是近半夜，此即文与礼违。"

GENG

更 gēng ❶改变。《商君书·更法》："贤者～礼。"（更礼：改变旧礼制。）㊁调换，交替。《庄子·养生主》："良庖岁～刀，割也。"《汉书·晁错传》："然令远方之卒守塞，一岁而～。"❷经过，经历。《韩非子·外储说左上》："～日久则涂干而椽燥。"（涂：泥。）《汉书·张骞传》："欲通使，道必～匈奴中。"❸抵偿。《史记·平准书》："悉巴蜀租赋不足以～之。"（悉：尽。巴、蜀：地名，今重庆、四川一带。）❹gèng 另，另外。《后汉书·班超传》："～立元孟为焉耆王。"（元孟：人名。）㊁再。王之涣《登鹳雀楼》诗："欲穷千里目，～上一层楼。"（穷：尽，极。）❺gèng 更加。《战国策·韩策一》："弃前功，而后～受其祸。"❻夜里的计时单位，一夜分为五更，每更约两小时（后起意义）。李贺《秦王饮酒》诗："宫门掌事报一～。"（宫门掌事：指掌管内外宫门的官吏。）熟语有"夜半三更"。㊁更鼓。杜甫《晓望》诗："白帝～声尽，阳台曙色分。"（白帝：白帝城。）【辨】更，改。见125页"改"字。

庚 gēng ❶天干第七位。见126页"干[1]"字。❷年龄。如"年庚"、"同庚（同岁）"。❸赔偿。《礼记·檀弓下》："季子皋葬其妻，犯人之禾，申祥以告，曰：'请～之。'"（季子皋、申祥：人名。犯：侵害。禾：庄稼。）

赓（賡） gēng ❶继续，连续。《尚书·益稷》："乃～载歌曰。"《宋史·杨微之传》："献《雍熙词》，上～其韵以赐。"（上：皇帝。赓其韵：指接着《雍熙词》的用韵填词。赐：赏赐。）双音词有"赓续"、"赓和（hè）"。❷抵偿，补偿。《管子·国蓄》："智者有什倍人之功，愚者有不～本之事。"（什倍：十倍或一倍。本：本钱。）

鹒（鶊） gēng [鸧（cāng）鹒]见35页"鸧"字。

絚（緪、縆） gēng ❶粗索。《三国志·魏书·王昶传》："昶诣江陵，两岸引竹～为桥，渡水击之。"❷紧，急。《淮南子·缪称》："治国譬若张瑟，大弦～则小弦绝矣。"❸gèn 通"亘"。通贯两头，贯通。班固《西都赋》："自未央而连桂宫，北弥明光而～长乐。"（未央、桂宫、明光、长乐：均宫名。）

羹 gēng 用肉或菜调和五味做成的带汤的食物。《荀子·非相》："啜（chuò）其～，食其胾（zì）。"（啜：喝。胾：大块的肉。）《韩非子·五蠹》："藜（lí）藿（huò）之～。"（藜藿：两种野生植物。）【辨】羹，汤。"羹"，在上古是指用肉或菜等做成的带汁的食物，和"菜汤"不同。"汤"，在唐以前一般只指热水，后来才指菜汤。

耿 gěng ❶光明。《尚书·立政》："以觐文王之～光，以扬武王之大烈。"屈原《离骚》："～吾既得此中正。"（中正：指正道。）㊁照耀。《国语·晋语三》："其光～于民矣。"[耿介]光明正大，正直。《韩非子·五蠹》："人主不除此五蠹之民，不养～～之士，则海内虽有破亡之国，削灭之朝，亦勿怪矣。"（虽有：即使有。勿怪：不足为奇。）❷刚正。《北史·魏辽西公意烈传》："意烈性雄～。"❸心里有事，不安。杜甫《遣闷》诗："百年从万事，故国～难忘。"❹[耿耿]1.形容心中不安的样子。《诗经·邶风·柏舟》："～～不寐，如有隐忧。"2.微明的样子。白居易《上阳白发人》诗："～～残灯背壁影。"

绠（綆） gěng 井绳。《荀子·荣辱》："短～不可以汲深井之泉。"（汲：从井里打水。）成语有"绠短汲深"。

梗 gěng ❶植物的枝或茎。《战国策·齐策三》："有土偶人与桃～相与语。"沈括《梦溪笔谈》卷二四："自后人有为蜂螫者，授芋～傅之则愈。”❷ 正直。屈原《九章·橘颂》：“淑离不淫，～其有理兮。”（美丽无邪，正直而有法度。离：通“丽”。美丽。）㊂强硬，顽固。《商君书·赏刑》：“强～焉，有常刑而不赦。”［梗直］刚直。《北史·景穆十二王传上》：“子文都性～～。”（文都：人名。）❸ 阻塞。郦道元《水经注·河水》：“其山虽辟，尚～湍流。”（辟：开辟。尚：还。湍：急流的水。）双音词有“梗塞”。❹ 害，祸患。《诗经·大雅·桑柔》：“谁生厉阶，至今为～。”❺［梗概］大概，大略。左思《吴都赋》：“略举其～～。”

鲠（鯁、骾） gěng ❶ 鱼骨，鱼刺。杜牧《感怀》诗：“茹～喉尚隘，负重力未壮。”㊂鱼刺卡在喉咙里。《汉书·贾山传》：“祝餲（yē）在前，祝～在后。”（先祝愿别噎着，又祝愿别让鱼刺卡着。餲：通“噎”。）❷ 直爽，正直。《后汉书·任隗传》：“～言直议，无所回隐。”（回隐：回避、隐藏。）㊂正直的人。《抱朴子·臣节》：“匡过弼违者，社稷之～也。”❸ 害，祸患。《国语·晋语六》：“除～而避强，不可谓刑。”❹ 通“梗”。阻塞。《后汉书·孔融传》：“虑～大业。”庾肩吾《乱后行经吴御亭》诗：“獯戎～伊洛。”❺ 通“哽”。哽咽。《后汉书·何皇后纪》：“太后～涕，群臣含悲莫敢言。”

更 gèng 见131页。

堩 gèng 道路。《仪礼·既夕礼》：“唯君命止柩于～，其余则否。”

GONG

工 gōng ❶ 工匠。《论语·卫灵公》：“～欲善其事，必先利其器。”㊂纺织、刺绣、雕刻等手工艺方面的工作。《管子·问篇》：“处女操～事者几何人？”（操：指从事，做。几何：多少。）❷ 乐工，乐人。《左传·襄公二十九年》：“使～为之歌《周南》、《召南》。”（为之歌：为他歌唱。）❸ 精，精巧。《吕氏春秋·知接》：“说者虽～，不能喻矣。”柳宗元《与李睦州论服气书》：“如是十年，以为极～。”成语有“异曲同工”。㊂善于，擅长。《韩非子·五蠹》：“～文学者非所用，用之则乱法。”（非所用：不应该使用。）❹ 官吏。《尚书·益稷》：“百～熙哉。”（熙：高兴。）❺ 通“功”。功效。《尚书·皋陶谟》：“天～人其代之。”《韩非子·五蠹》：“此言多资之易为～也。”（多资：指物质条件好。）

功 gōng ❶ 工作，事情。《诗经·豳风·七月》：“上入执宫～。”❷ 成绩，功效。《荀子·劝学》：“驽马十驾，～在不舍。”（驽马：不好的马。十驾：十天的路程。舍：放弃。）成语有“事半功倍”。㊂功业，事业。《孟子·公孙丑上》：“管仲晏子之～，可复许乎？”❸ 功劳，功勋。《史记·项羽本纪》：“劳苦而～高如此。”❹ 功能。《荀子·天论》：“以全其天～。”（天功：自然功能。）❺ 精善。《管子·七法》：“器械不～。”❻ 丧服名。大功丧服期九个月，小功五个月。

攻 gōng ❶ 攻打。《孙子兵法·形》：“不可胜者守也，可胜者～也。”㊂以药物治疗疾病。《墨子·兼爱上》：“譬之如医之～人之疾者然，必知疾之所自起。”（疾：病。如：像。然：那样。）❷ 抨击，指责。《论语·先进》：“小子鸣鼓而～之，可也。”《世说新语·文学》：“时人～难之，莫能折。”❸ 制作。《诗经·大雅·灵台》：“庶民～之，不日成之。”㊕工匠及其他手工业的工作。《左传·襄公十五年》：“使玉人为之～之。”（使玉人替他雕琢玉石。玉人：雕琢玉石的工匠。）㊂深入钻研。韩愈《师说》：“闻道有先后，术业有专～。”柳宗元《与李睦州论服气书》：“独得国故书，伏而～之。”双音词有“攻读”。❹ 精善。柳宗元《说车赠杨诲之》：“材良而器～。”这个意义又写作“功”、“工”。❺ 坚固。《诗经·小雅·车攻》：“我车既～，我马既同。”

公 gōng ❶ 公正，无私。《论语·尧曰》：“宽则得众，信则民任焉，敏则有功，～则说。”❷ 公家。与“私”相对。《论语·雍也》：“非～事，未尝至于偃之室也。”《孟子·滕文公上》：“方里而井，井九百亩，其中为～田。”❸ 共同的。《韩非子·孤愤》：“此人主之所～患也。”（患：祸患。）❹ 公然，公开地。贾谊《论积贮疏》：“残贼～行。”❺ 古代五等爵位的第一等。《公羊传·隐公五年》：“王者之后称～，其余大国称侯，小国称伯、子、男。”㊂先秦时诸侯的通称。如齐桓公、晋文公、秦穆公。❻ 古代以太师、太傅、太保为三公，是最高级的官。［公卿］三公九卿。泛指朝廷中的高级官员。李白《行路难》诗：“汉朝～～忌贾生。”（忌：嫉妒。）❼ 对人的尊称。《史记·留侯世家》：“吾求～数岁，～辟逃我。”（求：找。辟逃：逃避。）㊂称祖父或父亲。《吕氏春秋·异用》：“子之～不有恙乎？”（公指祖父）《战国策·魏策一》：“其子陈应止其～之行。”

㊋丈夫的父亲。《古诗为焦仲卿妻作》:"便可白～姥,及时相遣归。"

肱 gōng 胳膊由肘到肩的部分。㊣手臂。《诗经·小雅·无羊》:"麾之以～。"(用手臂赶它们。麾:挥。指赶。)

宫 gōng ❶房屋,住宅。《墨子·号令》:"父母妻子,皆同其～。"㊕帝王的房屋、宫殿。《史记·秦始皇本纪》:"作～阿房,故天下谓之阿房～。"(作:建造。)❷宗庙。《公羊传·文公十三年》:"周公称大庙,鲁公称世室,群公称～。"(鲁公:指周公的儿子伯禽。群公:指伯禽以外鲁国历代国君。)㊋神庙。吴自牧《梦粱录》卷八:"诏建道～,赐名龙翔。"❸五音(宫、商、角、徵(zhǐ)、羽)之一。见491页"音"字。❹阉割男性生殖器的刑罚。司马迁《报任安书》:"诟(gòu)莫大于～刑。"(诟:耻辱。)【辨】宫,室。先秦时代"宫"与"室"是同义词。后来"宫"专指宫殿,与"室"的意义就不同了。

恭 gōng 恭敬,谦逊有礼。《论语·公冶长》:"其行己也～,其事上也敬。"《史记·萧相国世家》:"相国年老,素～谨。"(相国:官名,指萧何。素:向来。)【辨】恭,敬。见206页"敬"字。

躬(躳) gōng 身体。《尚书·牧誓》:"尔所弗勖,其于尔～有戮。"(尔:你,你们。弗:不。勖:勉力。)《汉书·元帝纪》:"百姓愁苦,靡所错～。"(靡:无。错躬:指安身。错:措,放置。)㊅自身,自己。《史记·文帝本纪》:"百官之非,宜由朕～。"《世说新语·假谲》:"庾乃引咎责～,深相逊谢。"㊅亲自。贾思勰《齐民要术序》:"～劝耕农。"

觥(觵) gōng ❶古代一种酒器。《诗经·周南·卷耳》:"我姑酌彼兕(sì)～。"(我姑且用那个兕牛角杯斟酒。兕:雌性犀牛。)成语有"觥筹交错"。❷大,丰盛。《国语·越语下》:"谚有之曰:'～饭不及壶飧。'"❸[觥觥]1.刚强正直的样子。《后汉书·郭宪传》:"常闻'关东～～郭子横',竟不虚也。"(郭子横:郭宪。)2.健壮魁梧的样子。龚自珍《题王子梅盗诗图》诗:"君状亦～～,可啖(dàn)健牛百。"(啖:吃。)

巩(鞏) gǒng ❶用皮革捆东西。《周易·革》:"～用黄牛之革。"㊅坚固,巩固。《诗经·大雅·瞻卬》:"藐藐昊天,无不克～。"(没有不能巩固的。克:能够。)❷通"恐"。恐惧,害怕。《荀子·君道》:"恭而不难,敬而不～。"(难:通"戁(nǎn)"。惧怕。)

拱 gǒng ❶拱手。两手在胸前相合,表示恭敬。《论语·微子》:"子路～而立。"(子路:人名,孔子弟子。)❷两手合围,常用来表示树木的粗细。《左传·僖公三十二年》:"尔墓之木～矣。"(尔:你。墓:坟墓。木:树。)❸环绕。傅玄《明君》诗:"众星～北辰。"(北辰:北极星。)

珙 gǒng 大璧。梁僧祐《续撰失译杂经录》:"言贵～璧,况法施哉。"元稹《蛮子朝》诗:"求天叩地持双～。"

栱 gǒng 传统建筑中梁、柱间的弓形承重结构。何晏《景福殿赋》:"栾～夭蟜而交结。"[科栱]见90页"科"字。

拲 gǒng 两手同械。《周礼·秋官·掌囚》:"凡囚者,上罪梏～而桎。"《隋书·刑法志》:"凡死罪枷而～,流罪枷而梏。"

蛬 gǒng 蟋蟀。鲍照《拟古》诗之七:"秋～扶户吟,寒妇成夜织。"尚颜《送独孤处士》诗:"喧～壁近床。"

共 gòng ❶共有,共享。《论语·公冶长》:"愿车马,衣轻裘,与朋友～,敝之而无憾。"《世说新语·栖逸》:"衣食有无,常与村人～。"㊋共同,一道。《汉书·晁错传》:"幼则同游,长则～事。"㊅总共。徐弘祖《徐霞客游记·楚游日记》:"北下龙头岭,～五里。"㊅介词。与,和。《世说新语·文学》:"稍～诸生叙其短长。"王勃《滕王阁序》:"秋水～长天一色。"❷gōng 通"恭"。恭敬。《史记·屈原贾生列传》:"～承嘉惠兮,俟罪长沙。"(承:接受。嘉惠:美好的恩惠。俟罪:待罪,指做官。)❸gōng 供给。《左传·僖公四年》:"尔贡包茅不入,王祭不～,无以缩酒。"《史记·扁鹊仓公列传》:"适其～养。"(适:舒适。)这个意义后来写作"供"。❹gǒng 拱手,两手在胸前相合,表示恭敬。《荀子·赋》:"圣人～手。"❺gǒng 环绕。《论语·为政》:"居其所而众星～之。"上述❹❺又写作"拱"。

供 gòng ❶gōng 供给,供应。《尚书·费誓》:"我惟筑,无敢不～。"(筑:指修建城堡。)《孟子·梁惠王上》:"王之诸臣,皆足以～之。"❷供奉,奉献。多指在祭祀时摆设祭品。《孟子·滕文公下》:"无以～牺牲也。"(牺牲:祭祀用的牲畜。)《南史·晋安王子懋传》:"有献莲华～佛者。"(华:花。)㊋供奉的东西。《世说新语·雅量》:"竟日皆美～。"❸受审者陈述案情(后起意义)。刘克庄《书考》诗:"考中～状是吟诗。"陈襄《州县提纲二·面审所供》:"吏辈责～,多不足凭。”【辨】贡，供，献。见下“贡”字。

贡(貢) gòng ❶ 把物品进献给君主。《左传·桓公十五年》：“诸侯不～车服。”㊂进献的物品。《左传·僖公四年》：“～之不入，寡君之罪也。”杜甫《洗兵马》诗：“寸地尺天皆入～。”❷ 赋税。传说中夏代的租赋制度。《孟子·滕文公上》：“夏后氏五十而～。”❸ 推荐，选举。《后汉书·章帝纪》：“举人～士。”【辨】贡，供，献。三个字都有“奉”、“献”的意思。但是“贡”一般指献东西给君主。“献”则只表示恭敬地把东西送给人。“供”指供给、供奉等，与“贡”和“献”的区别较大。

G

GOU

勾 gōu ❶ 弯曲。刘桢《斗鸡》诗：“轻举奋～喙，电击复还翔。”❷ 用笔打钩，涂去。韩元吉《跋司马公倚几铭》：“～注涂改甚多。”❸ 钩住。刘向《新序·义勇》：“直兵将推之，曲兵将～之。”[勾留]逗留。章孝标《上浙东元相》：“雪晴山水～～客。”又写作“句留”。❹ 捕，捉。《北史·毕义云传》：“令普～伪官，专以车辐考掠，所获甚多。”❺ gòu 同“够”。能够，足够。秦观《满园花》词：“从今后，休道共我，梦见也不能得～。”❻ 不等腰直角三角形中构成直角的较短的边。见211页“句”字。

沟(溝) gōu ❶ 田间水沟。《周礼·地官·遂人》：“十夫有～。”(十夫：指十户所种的田。)㊂水道。《汉书·晁错传》：“丈五之～。”❷ 护城河。《礼记·礼运》：“城郭～池以为固。”《史记·齐世家》：“楚方城以为城，江汉以为～。”(方城：山名。江：长江。汉：汉水。)❸ 壕沟。《韩非子·说林下》：“将军怒，将深～高垒。”❹ kòu [沟瞀(mào)]通“怐愗”。愚昧无知。《荀子·儒效》：“愚陋～～。”

钩(鈎、鉤) gōu ❶ 衣带上的钩。《左传·僖公二十四年》：“齐桓公置射～而使管仲相。”㊀钓鱼或挂物用的钩。陆机《文赋》：“若游鱼衔～。”❷ 钩取。《左传·襄公二十三年》：“或以戟～之。”成语有“钩深致远”。㊀牵引，连接。李白《蜀道难》诗：“天梯石栈相～连。”❸ 木匠用来画圆的工具。《庄子·马蹄》：“曲者中～，直者应绳。”(中：符合。应：指合乎。绳：墨绳，木匠用来取直的工具。)❹ 一种兵器。左思《吴都赋》：“吴～越棘。”(吴国的钩，越国的戟。棘：通“戟”。)❺ 镰刀。《汉书·龚遂传》：“诸持鉏～田器者皆为良民。”(鉏：同“锄”。)

鞲(韝) gōu 臂套。《史记·张耳陈馀列传》：“赵王朝夕袒～蔽，自上食。”元稹《酬翰林白学士代书一百韵》：“逸骥初翻步，～鹰暂脱羁。”

篝 gōu 竹笼。宋玉《招魂》：“秦～齐缕，郑绵络些。”《史记·滑稽列传》：“瓯窭满～，污邪满车。”(瓯窭：高狭之地。污邪：地势低洼的田地。)

苟 gǒu ❶ 苟且，不严肃。《周礼·地官·大司徒》：“以祀礼教敬，则民不～。”陈亮《上孝宗皇帝第一书》：“一日之～安，数百年之大患也。”成语有“一丝不苟”。❷ 姑且，暂且。《三国志·蜀书·诸葛亮传》：“～全性命于乱世，不求闻达于诸侯。”❸ 连词。如果，假设。《商君书·更法》：“～可以利民，不循其礼。”(循：遵守。礼：指旧的礼制。)《礼记·大学》：“～日新，日日新，又日新。”

耇(耈) gǒu 年老，寿高。《诗经·小雅·南山有台》：“乐只君子，遐不黄～。”㊂指老年人。《尚书·召诰》：“今冲子嗣，则无遗寿～。”

笱 gǒu 竹制的捕鱼器具。《诗经·邶风·谷风》：“毋逝我梁，毋发我～。”《庄子·胠箧》：“钩饵网罟罾～之知多，则鱼乱于水矣。”

诟(詬、訽) gòu ❶ 耻辱。《荀子·解蔽》：“厚颜而忍～。”司马迁《报任安书》：“～莫大于宫刑。”(宫刑：阉割男性生殖器的刑罚。)❷ 辱骂，骂。《左传·哀公八年》：“曹人～之。”《旧唐书·黄巢传》：“及巢见诏，大～执政。”(执政：即执政者。)

垢 gòu ❶ 污秽，尘土一类的脏东西。《韩非子·大体》：“不洗～而察难知。”(察：看。)成语有“藏污纳垢”。❷ 耻辱。《左传·宣公十五年》：“国君含～。”(含垢：容忍耻辱。)

姤 gòu ❶ 通“遘”。遇到。《周易·姤》：“彖曰：～，遇也。”❷ 善，美好。《管子·地员》：“士女皆好，其民工巧，其泉黄白，其人夷～。”(夷：平。)

构(構、搆) gòu ❶ 架(木)，搭建。《韩非子·五蠹》：“～木为巢，以避群害。”柳宗元《凌助教蓬屋题诗序》：“家本吴地，欲归而不可得，遂～蓬室。”㊀建立。《梁书·蔡道恭传》：“王业肇～，致力陕西。”(肇：始。)❷ 构成，造成。《孟子·梁惠王上》："～怨于诸侯。"㉀构成的事物(房屋、诗文等)。《世说新语·言语》："柏梁云～，工匠先居其下。"(柏梁：柏梁台。)徐弘祖《徐霞客游记·滇游日记》："不意殊方反得此神～也。"(殊方：指边远地方。)又如"佳构"。❸ 交接。《战国策·秦策四》："秦楚之兵～而不离。"又如"构兵"(交战)。❹ 图谋，谋划。《淮南子·说林》："纣醢梅伯，文王与诸侯～之。"(纣：商纣王。梅伯：人名。)㉀把某些事情牵合在一起作为罪状陷害人。《左传·桓公十六年》："宣姜与公子朔～急子。"(急子：人名。)

购(購) gòu ❶ 重赏征求，重金收买。《史记·项羽本纪》："吾闻汉～我头千金，邑万户，吾为若德。"(若：你们。)《汉书·高帝纪下》："乃多以金～豨(xī)将，豨将多降。"(豨：陈豨，人名。) ❷ 通"媾"。讲和。《史记·韩世家》："将西～于秦。"【辨】购，买。古代"购"和"买"不是同义词。购的东西往往不是商品，跟"买"的性质不相同。直到宋代，"购"字也只能表示重金收买，跟"买"还有区别。

冓 gòu ❶ 木材交积。[中冓]内室。《诗经·鄘风·墙有茨》："～～之言，不可道也。" ❷ gōu 数目字。十亿为兆，十兆为京，十京为垓，十垓为秭，十秭为冓。

遘 gòu ❶ 遇，遭遇。《楚辞·哀时命》："夫何予生之不～时。"《三国志·蜀书·诸葛亮传》："～疾陨丧。"(陨丧：去世。)这个意义又写作"覯"。❷ 通"构"。造成，结成。王粲《七哀诗》："豺虎方～患。"(方：正。)

媾 gòu ❶ 结亲，结婚。《国语·晋语四》："今将婚～以从秦。" ❷ 交合。《魏书·世宗纪》："男女怨旷，务令～会。" ❸ 讲和，求和。《史记·平原君虞卿列传》："割六县而～。" ❹ 厚待，宠爱。《诗经·曹风·候人》："彼其之子，不遂其～。"

觏(覯) gòu ❶ 遇，遇见。《诗经·邶风·柏舟》："～闵既多，受侮不少。"(闵：忧患。)《诗经·豳风·伐柯》："我～之子。"(我遇见这个人。)这个意义又写作"遘"。㉀看见。《诗经·大雅·公刘》："乃陟(zhì)南冈，乃～于京。"(登上南冈，就看见高高的丘陵。陟：登高。京：高的丘陵。) ❷ 通"构"。造成，结成。《左传·成公六年》："其恶易～。"(恶：灾患。)

彀 gòu 拉满弓，张满弩。《列子·汤问》："甘蝇，古之善射者，～弓而兽伏鸟下。"《韩非子·外储说左上》："～弩而射。"(弩：利用机械发射的弓。)[彀者]善于射箭的人。《史记·廉颇蔺相如列传》："～～十万人。"[彀中]指射出的箭所能达到的有效范围。《庄子·德充符》："游于羿(yì)之～～。"(羿：后羿，传说他善于射箭。)㉁牢笼，圈套。王定保《唐摭言·述进士上》："天下英雄，入吾～～矣。"

雊 gòu 野鸡鸣叫。《诗经·小雅·小弁》："雉之朝～，尚求其雌。"《史记·封禅书》："其声殷云，野鸡夜～。"

GU

沽 gū ❶ 买。《墨子·公孟》："当为子～酒。"成语有"沽名钓誉"。㉀卖。《论语·子罕》："有美玉于斯，韫椟而藏诸，求善贾而～诸？"陆龟蒙《酒垆》诗："当垆自～酒。"(当：对着。垆：酒店里安放酒瓮的土台子。)成语有"待价而沽"。❷ gǔ 卖酒的人。《旧唐书·黄巢传》："(唐军)佣雇负贩屠～及病坊穷人以为战士。"(负：挑担的。贩：小贩。屠：屠夫。病坊：收容贫病者的地方。) ❸ gǔ 简略，粗疏。《礼记·檀弓上》："杜桥之母之丧，宫中无相，以为～也。"(相：主持礼仪者。)【辨】鬻，卖，沽，售。见 380 页"售"字。

姑 gū ❶ 父亲的姊妹。《荀子·仲尼》："～姊妹之不嫁者七人。" ❷ 丈夫的母亲。《左传·昭公二十八年》："子容之母走谒诸～。"(子容：人名。谒：拜见。)杜甫《新婚别》诗："妾身未分明，何以拜～嫜。"(妾：古代妇女对自己的谦称。嫜：丈夫的父亲。) ❸ [小姑]丈夫的妹妹。《古诗为焦仲卿妻作》："新妇初来时，～～始扶床。"(扶床：刚刚学走路。) ❹ 副词。姑且，暂且。《韩非子·说林下》："子～待之。"(子：你。)

蛄 gū ❶ 蝼蛄，农作物害虫。李贺《宫娃歌》："啼～吊月钩栏下。" ❷ [蛄䗐(shī)]一种米麦中的小黑虫。❸ [蟪蛄]见 170 页"蟪"字。

辜 gū ❶ 罪。《诗经·小雅·正月》："民之无～。"成语有"死有余辜"。[伏辜]服罪。《史记·太史公自序》："京师行诛，七国～～。"㉂祸害。《汉书·哀帝纪》："朕之不德，民反蒙～。" ❷ 分裂肢体，古代的一种酷刑。《韩非子·内储说上》："罪莫重～磔(zhé)于市。"(磔：分裂肢体的酷刑。) ❸ 辜负，对不起(后起意义)。杜甫《后出塞》诗之五："跃马二十年，恐～明主恩。"《资治通鉴·唐高祖武德三年》："今君既～付托，徇利求全，妾将如君何！”

酤 gū ❶ 酒。《诗经·商颂·烈祖》：“既载清～。”（载：设。）❷ 买酒。《诗经·小雅·伐木》：“无酒～我。”（没酒就去给我买酒。）㊂卖酒。《史记·司马相如列传》：“买一酒舍～酒。”

苽 gū ❶ 同“菰”。生长在池沼中的多年生草本植物，俗称茭白。《周礼·天官·食医》：“鱼宜～。”《淮南子·原道》：“浸潭～蒋。”❷ guā 通“瓜”。《南齐书·韩灵敏传》：“兄弟共种～半亩。”

呱 gū 小儿啼哭声。《诗经·大雅·生民》：“鸟乃去矣，后稷～矣。”[呱呱]小儿啼哭声。《尚书·益稷》：“启～～而泣，予弗子。”

孤 gū ❶ 幼年死去父亲。《淮南子·原道》：“童子不～，妇人不孀。”《三国志·蜀书·先主传》：“先主少～，与母贩履织席为业。”（少：年幼时。贩：贩卖。履：鞋。）㊂幼年死去父亲的人。《论语·泰伯》：“可以托六尺之～。”❷ 孤独，孤单。《韩非子·奸劫弑臣》：“是以主～于上而臣成党于下。”《史记·张仪列传》：“今闭关绝约于齐，则楚～。”❸ 封建时代君主对自己的谦称。《老子·三十九章》：“是以侯王自谓～、寡、不穀。”曹操《让县自明本志令》：“设使国家无有～，不知当几人称帝，几人称王。”（设使：假使。当：将。）成语有“称孤道寡”。❹ 辜负。《后汉书·袁敞传》：“臣～恩负义。”

罛（罛） gū 捕鱼的大网。《诗经·卫风·硕人》：“施～濊（huò）濊。”（濊濊：撒网入水声。）《淮南子·说山》：“好鱼者先具罟与～。”（罟：网。）

菰 gū ❶ 生长在池沼中的多年生草本植物，俗称茭白。《史记·司马相如列传》：“莲藕～芦。”❷ 菌类植物。俗称蘑菇。

軱 gū 大骨。《庄子·养生主》：“技经肯綮之未尝，而况大～乎？”

觚 gū ❶ 一种酒器。《论语·雍也》：“～不～，～哉，～哉！”（觚不觚：觚不像觚。）《论衡·语增》：“文王饮酒千钟，孔子百～。”（钟：酒器。）❷ 棱角，棱形。《汉书·郊祀志》：“甘泉泰畤紫坛，八～宣通象八方。”《汉书·律历志上》：“二百七十一枚而成六～。”（把二百七十一根竹棍捆成六棱状。）❸ 古代用来写字的木简。陆机《文赋》：“操～以率尔。”（操觚：拿木简写文章。率尔：轻率地，漫不经心地。）❹ 剑柄。《淮南子·主术》：“操其～，招其末，则庸人能以制胜。”

箛 gū ❶ 竹名。张衡《南都赋》：“其竹则䉁笼篁篾，篠簳～箠。”❷ 一种乐器，即笳。《宋书·乐志一》：“唯有骑执～。”

估 gǔ ❶ 物价。《抱朴子·审举》：“中正、吏部并为魁侩，各责其～。”（中正、吏部：指州郡办理贡举的官吏。魁侩：居间买卖的人。）李商隐《行次西郊作》诗：“高～铜与铅。”❷ 通“贾”。商人。《后汉书·灵帝纪》：“帝著商～服。”（帝：指汉灵帝。著：穿。）❸ gū 估量物的价值或数量（后起意义）。何薳《春渚纪闻》卷四：“令监库使臣如市酤酝酒，各～其值。”

诂（詁） gǔ 对古代语言文字的解释。《后汉书·东平宪王苍传》：“特令校书郎贾逵为之训～。”（校书郎：官名。贾逵：人名。训：解释词义。）

牯 gǔ 公牛。《隋书·礼仪志二》：“牲用黄～牛。”陆龟蒙《祝牛宫辞》：“四牸三～，中一去乳。”

罟 gǔ 网。《墨子·公孟》：“是犹无鱼而为鱼～也。”（是犹：这如同。为：制作。）

钴（鈷） gǔ ［钴鉧］熨斗。又写作“钴鏻”。柳宗元有《钴鉧潭记》一文。

盬 gǔ ❶ 古盐池名，在今山西临猗（yǐ）南。㊂指盐。《周礼·天官·盐人》：“凡齐事，鬻～以待戒令。”❷ 不坚牢。《汉书·息夫躬传》：“器用～恶，孰当督之！”❸ 止息。《诗经·唐风·鸨羽》：“王事靡～，不能艺稷黍。”（艺：种植。）❹ 吸饮。《左传·僖公二十八年》：“晋侯梦与楚子搏，楚子伏己而～其脑。”

扢 gǔ ❶ 摩拭。《汉书·礼乐志》：“～嘉坛，椒兰芳。”❷ qì 奋舞的样子。《庄子·让王》：“子路～然执干而舞。”

谷¹ gǔ ❶ 两山之间的水道或夹道。《荀子·强国》：“山林川～美。”（川：河流。）㊃困境，没有出路。《诗经·大雅·桑柔》：“进退维～。”（无论是进还是退，都处在困境之中。）❷ 深坑。《庄子·天运》：“在～满～，在阬满阬。”❸ 通“穀”。粮食的总称。陆贾《新语·慎微》：“弃二亲，捐骨肉，绝五～。”❹ yù ［吐谷浑］见 417 页“吐”字。

谷²（穀） gǔ 庄稼和粮食的总称。《诗经·豳风·七月》：“其始播百～。”【辨】穀，禾，粟，黍，稷。“穀”是庄稼和粮食的总称。“禾”原指穀子，“粟”原指穀子颗粒（小米），后来“禾”字常用作庄稼的代称，“粟”字常用作粮食的代称。“黍”是黏黄米，也叫黍子。“稷”指穀子。

汩 gǔ ❶ 治水，疏通。屈原《天问》："不任～鸿，师何以尚之。"（不任：不胜任。鸿：指洪水。师：众。尚：荐举。）❷ 弄乱，扰乱。《尚书·洪范》："～陈其五行。"（弄乱了五行的序列。五行：即金、木、水、火、土。）❸ yù 水流迅疾的样子。屈原《九章·怀沙》："浩浩沅湘，分流～兮。"（沅：沅江。湘：湘江。）㉿快，迅疾。江淹《恨赋》："悲风～起。"❹ 淹没。韩愈《杂说》之一："水下土，～陵谷。"［汩没］沉没，沉溺。李白《日出行》："汝奚～～于荒淫之波？"（奚：为什么。荒淫：指浩瀚无边。）㊋埋没。杜甫《赠陈二补阙》诗："世儒多～～，夫子独声名。"❺［汩汩］1. yùyù 水流很急的样子。枚乘《七发》："恍兮忽兮，聊兮慄兮，混～～兮。"㊗文思勃发。韩愈《答李翊书》："当其取于心而注于手也，～～然来矣。"2. gǔgǔ 水急流的声音。木华《海赋》："崩云屑雨，浤浤～～。"

股 gǔ ❶ 大腿。从胯到膝盖的部分。《左传·僖公二十二年》："宋师败绩，公伤～。"《韩非子·奸劫弑臣》："贾举射公，中其～。"［股肱（gōng）］比喻辅助的大臣。《尚书·益稷》："臣作朕～～耳目。"（朕：我。）又用作动词，辅佐。《左传·僖公二十六年》："～～周室。"❷ 车辐近毂较粗的部分。《周礼·考工记·轮人》："参分其～围，去一以为骹围。"❸ 不等腰直角三角形中构成直角的较长的边。沈括《梦溪笔谈》卷一八："又以半径减去所割数，余者为～。"❹ 事物的分支或总体的一部分。《汉书·沟洫志》："诸渠皆往往～引取之。"❺ 量词（后起意义）。白居易《长恨歌》："钗留一～合一扇。"（钗：一种首饰。合：盒。）【辨】股，胫，腿。"股"是大腿。"胫"是小腿，指从膝盖到脚腕的部分。"腿"是后出现的字，开始专指小腿，后来成为大腿和小腿的总称。

羖 gǔ 黑色的公羊。《史记·秦本纪》："请以五～羊皮赎之。"

骨 gǔ ❶ 骨头。《战国策·燕策一》："马已死，买其～五百金。"❷ 人的品质、气概。《世说新语·赏誉》："王右军目陈玄伯垒块有正～。"（目：品评。）又如"傲骨"、"媚骨"。❸ 比喻文学作品的刚健风格。刘勰《文心雕龙·风骨》："结言端直，则文～成焉。"（结言：用词造句。）

愲 gǔ 心乱。《汉书·息夫躬传》："涕泣流兮萑（huán）兰，心结～兮伤肝。"（萑兰：同"汍兰"。泪流纵横的样子。）

鹘（鶻） gǔ ❶［鹘鸼（zhōu）］一种像山鹊而体小的鸠鸟。张衡《东京赋》："～～春鸣。"❷ hú 一种鹰类猛禽。杜甫《送率府程录事还乡》诗："莫作翻云～，闻呼向禽急。"❸ hé 回鹘。民族名。

贾（賈） gǔ 见 185 页。

蛊（蠱） gǔ ❶ 古人所说的害人的毒虫。《周礼·秋官·庶氏》："庶氏掌除毒～。"（庶氏：官名。）❷ 害人的邪术。指祈祷鬼神、诅咒。《史记·酷吏列传》："治陈皇后～狱，深竟党与。"［巫蛊］用巫术毒害人。《汉书·江充传》："奏言上疾祟在～～。"❸ 指伤害人的热毒恶气。《史记·秦本纪》："初伏，以狗御～。"❹ 诱惑，欺骗。《左传·庄公二十八年》："楚令尹子元欲～文夫人。"《墨子·非儒下》："孔某盛容脩饰以～世。"（孔某：指孔丘。脩：同"修"。）❺ 陈谷中所生的虫。《论衡·商虫》："谷虫曰～，～若蛾矣。"

淈 gǔ ❶ 混浊，混乱。㊋搅浑，搅乱。屈原《渔父》："世人皆浊，何不～其泥而扬其波？"《扬子法言·吾子》："书恶淫辞之～法度也。"［淈淈］1. 水泉涌出的样子。司马相如《上林赋》："潏潏～～，湁潗（chì jí）鼎沸。"（潏潏：水涌出的样子。湁潗：水涌起的样子。）2. 混乱的样子。《楚辞·九思·怨上》："哀哉兮～～，上下兮同流。"❷ 通"屈"。竭，枯竭。《逸周书·五权》："极赏则～，～得不食。"《荀子·宥坐》："其洸洸乎不～尽，似道。"

鹄（鵠） gǔ 见 159 页。

鼓（鼔） gǔ ❶ 鼓，一种打击乐器。《诗经·小雅·采芑》："伐～渊渊。"（渊渊：鼓声。）《荀子·礼论》："钟～管磬琴瑟竽笙，所以养耳也。"❷ 击鼓。《诗经·唐风·山有枢》："子有钟鼓，弗～弗考。"（子：你。弗：不。考：敲。）㊕击鼓进攻。《左传·庄公十年》："公将～之。"（公：指鲁庄公。之：指敌军。）㉿弹奏、敲击乐器。《诗经·小雅·鹿鸣》："我有嘉宾，～瑟吹笙。"《史记·乐书》："吾闻～琴音。"❸ 古代夜间击鼓报时，一夜报五次。"三鼓"、"五鼓"就是"三更"、"五更"。❹ 振动。《庄子·盗跖》："摇唇～舌，擅生是非。"《论衡·道虚》："～翼邪飞，趋西北之隅。"㊕鼓风（用以冶铁）。《史记·货殖列传》："即铁山～铸。"❺ 鼓起，突起。《庄子·马蹄》："含哺而熙，～腹而游。"

瞽 gǔ ❶ 瞎眼。《荀子·解蔽》："～者仰视而不见星。"❷ 古代以瞽者为乐官，

G

故为乐官的代称。《汉书·贾谊传》："～史诵诗。"（史：史官。）

毂（轂） gǔ 车轮中心的圆木，周围与车辐的一端相接，中有圆孔，可以插轴。《老子·十一章》："三十辐共一～。"（辐：辐条。）屈原《九歌·国殇》："车错～兮短兵接。"㉒车。《汉书·食货志下》："转～百数。"（百数：指数量多。）［毂下］辇毂之下，指京城。《隋书·杨玄感等传论》："既而祸生～～。"

穀 gǔ ❶俸禄。《荀子·王霸》："～禄莫厚焉。"（俸禄再没有比这多的了。）㊂做官领俸禄。《论语·宪问》："邦无道，～，耻也。"❷养活。《诗经·小雅·甫田》："以～我士女。"❸活着。《诗经·王风·大车》："～则异室，死则同穴。"❹善，好。《诗经·陈风·东门之枌》："～旦于差。"（选了好时光。穀旦：美好的早晨。于：动词词头。差：选择。）《周礼·春官·典瑞》："～圭以和难。"［不穀］不善，古代诸侯自称的谦辞。《左传·僖公四年》："齐侯曰：'岂～～是为？'"❺小孩。《庄子·骈拇》："臧与～，二人相与牧羊。"（臧：奴仆。相与：指一起。）【注意】上述义项的"穀"不简化为"谷"。参见136页"谷²（穀）"字。

故 gù ❶事，事故。《周礼·地官·乡大夫》："国有大～，则令民各守其闾。"（闾：古代居民编制单位，二十五家为闾。）李商隐《行次西郊作》诗："中原遂多～。"❷旧。与"新"相对。《韩非子·五蠹》："古今异俗，新～异备。"（备：指政治措施。）㉛旧有的，原来的。《史记·文帝本纪》："徙立～琅邪王泽为燕王。"（徙：调动官职。泽：人名。）㉛老朋友。曹丕《与吴质书》："昔年疾疫，亲～多离其灾。"（离：遭受。）❸原因，缘故。《诗经·郑风·狡童》："维子之～，使我不能餐兮。"《世说新语·排调》："郝隆七月七日出日中仰卧，人问其～，答曰：'我晒书。'"成语有"无缘无故"。❹副词。故意。《史记·陈涉世家》："广～数言欲亡，忿恚（huì）尉。"（广：吴广。亡：逃亡。忿恚：使……愤怒。）成语有"明知故犯"。❺副词。本来。《韩非子·难一》："微君言，臣～将谒之。"（微：如果没有。谒：指报告。）㊂仍然，依旧。《抱朴子·对俗》："江淮间居人为儿时，以龟枝床。至后老死，家人移床，而龟～生。"（生：活着。）㊂必定。《战国策·秦策三》："吴不亡越，越～亡吴。"❻连词。所以，因此。《论语·先进》："求也退，～进之。"（求：冉求，孔子学生。冉求做事退缩不前，所以鼓励他。）《汉书·赵充国传》："臣闻兵以计为本，～多算胜少算。"

固 gù ❶坚固，特指地形险要和城郭坚固。《荀子·王制》："兵劲城～。"（劲：强。）《战国策·秦策一》："东有肴、函之～。"（肴：山名，又写作"殽"。函：指函谷关。）㉛坚持。《史记·齐世家》："管仲～谏，不听。"㊂固定，稳固。《韩非子·五蠹》："法莫如一而～。"《左传·宣公二年》："君能有终，则社稷之～也。"㊂固执，顽固。《列子·汤问》："汝心之～，～不可彻。"（彻：通。）❷鄙陋。司马相如《上林赋》："鄙人～陋，不知忌讳。"❸副词。本来。司马迁《报任安书》："人～有一死，或重于泰山，或轻于鸿毛。"（或：有的。）❹通"故"。连词。所以，因此。柳宗元《封建论》："吾～曰：非圣人之意也，势也。"（势：指事物发展的必然性。）

锢（錮） gù ❶用熔化的金属堵塞空隙。《汉书·贾山传》："合采金石，冶铜～其内，桼涂其外。"（桼：漆。）❷禁锢，禁止人做官或参加政治活动。《左传·成公二年》："子反请以重币～之。"（子反：人名。）《晋书·谢安传》："有司奏安被召，历年不至，禁～终身。"（有司：官吏。）㉛监禁。《后汉书·崔寔传》："～之，锒铛铁锁。"❸独占，垄断。《汉书·货殖传》："上争王者之利，下～齐民之业。"❹通"痼"。经久难愈的疾病。《汉书·贾谊传》："失今不治，必为～疾。"（失：失掉。）

痼 gù 经久难愈的疾病。刘桢《赠五官中郎将》诗："余婴沉～疾。"（婴：缠绕。）㉛长期养成的不容易克服的习惯。如"痼习"、"痼癖"。

顾（顧） gù ❶回头看。屈原《离骚》："瞻前而～后兮。"（瞻：向前看。）㉛看。《论衡·谈天》："从雒阳北～，极正在北。"《新五代史·秦王从荣传》："君臣相～，泣下沾襟。"（泣：眼泪。）❷探望，拜访。诸葛亮《出师表》："三～臣于草庐之中。"❸关心，照顾。《诗经·魏风·硕鼠》："三岁贯女，莫我肯～。"（贯：侍奉。女：同"汝"。你。）《商君书·修权》："大臣争于私而不～其民。"㊂顾及。《后汉书·张宗传》："将军有亲弱在营，奈何不～？"㉛思念。潘岳《杨仲武诔》："～恋慈母。"❹通"雇"。酬，酬报。《汉书·晁错传》："敛民财以～其功。"❺副词。表示轻微的转折，相当于"而"、"不过"。《后汉书·马援传》："卿非刺客，～说客耳。"（说客：游说的人。耳：罢了。）❻副词。反而，却。《汉书·贾谊传》："足反居上，首～居下。"（首：头。）

梏 gù ❶木制的手铐。《礼记·月令》："命有司，省囹圄（líng yǔ），去桎～。"（囹圄：监狱。桎：脚镣。）《史记·鲁仲连邹阳列传》："束缚桎～，辱也。"㊇戴上手铐。《左传·成公十七年》："执而～之。"❷监禁。《山海经·海内西经》："帝乃～之疏属之山。"（疏属：山名。）

雇（僱） gù 雇用。出钱让别人替自己做事。《后汉书·虞诩传》："开漕船道，以人僦直～借佣者。"（僦直：租钱。借：义同"雇"。佣者：被雇用的人。）后来写作"僱"，现简化为"雇"。

GUA

鸹（鴰） guā ［鸧（cāng）鸹］白顶鹤。班固《西都赋》："鸟则玄鹤白鹭，黄鹄䴔鹳，～～鸨鶂，凫鹥鸿雁。"

緺 guā ❶紫青色的丝绸带子。《史记·滑稽列传》："及其拜为二千石，佩青～出宫门，行谢主人。"❷guō 一种妇女发髻（后起意义）。李煜《长相思》词："云一～，玉一梭，淡淡衫儿薄薄罗。"

騧 guā 黑嘴的黄马。《诗经·秦风·小戎》："～骊是骖。"杜甫《韦讽录事宅观曹将军画马图》诗："昔日太宗拳毛～，近时郭家师子花。"［騧騟（yú）］良马名，传为周穆王八骏之一。

剐（剮） guǎ 古代一种残酷的死刑。也叫凌迟，即把犯人的皮肉一块块地割下来。陶宗仪《说郛》卷二九："遂擒赪（chēng），钉于车上，将～之。"（赪：人名。）

寡 guǎ ❶少。《论语·季氏》："不患～而患不均。"《孟子·公孙丑下》："得道者多助，失道者～助。"［寡人］君主自称。《史记·老子韩非列传》："秦王见《孤愤》、《五蠹》之书，曰：'嗟乎，～～得见此人与之游，死不恨矣。'"（嗟乎：叹词。游：交游，交往。）❷老而无夫的人。《墨子·辞过》："振孤～。"（振：通"赈"。救济。）【注意】上古男子丧妻也称寡，后多指妇人丧夫。㉑死了丈夫。《史记·司马相如列传》："卓王孙有女文君新～。"【辨】寡，少。"寡"和"少"是同义词。"少"与"多"相对；"寡"除了与"多"相对外，还与"众"相对。

卦 guà 古代占卜用的符号，以阳爻（⚊）和阴爻（⚋）相配合而成。基本的有"八卦"，即☰（乾）、☷（坤）、☳（震）、☴（巽）、☵（坎）、☲（离）、☶（艮）、☱（兑）。每卦代表同一属性的若干事物。八卦相互排列组合为六十四卦。

诖（註） guà ❶牵累，连累。常"诖误"连用。《战国策·韩策一》："夫不顾社稷之长利，而听须臾之说，～误人主者，无过于此者矣。"❷欺骗。《史记·吴王濞列传》："～乱天下，欲危社稷。"（社稷：指国家。）

挂（掛） guà ❶悬挂。《世说新语·任诞》："以百钱～杖头。"李白《襄阳歌》："车傍侧～一壶酒。"❷钩住，牵绊。崔骃《达旨》："冠～不顾。"（冠挂：帽子被牵挂在树上。）曹植《责躬》诗："举～时网，动乱国经。"（一举一动都和当时的规矩相抵触。）又如"挂怀"、"挂念"。

罣 guà ❶悬挂。古代特指挂网捕鱼。《淮南子·说林》："钓者静之，罛者扣舟，罩者抑之，～者举之，为之异，得鱼一也。"❷牵挂，牵连。苏辙《次韵孔平仲著作见寄》之四："因缘～罪罟，未许即潜伏。"双音词有"罣碍"。

絓 guà 绊住，阻碍。《左传·成公二年》："将及华泉，骖～于木而止。"《韩非子·说林下》："君闻大鱼乎？网不能止，缴不能～也，荡而失水，蝼蚁得意焉。"㉑触犯。《论衡·辨祟》："故发病生祸，～法入罪。"

GUAI

乖 guāi 违背，不协调。《韩非子·亡征》："内外～者，可亡也。"【注意】在古代，"乖"字不当乖巧讲。

怪（恠） guài ❶奇异的，不常见的。《荀子·天论》："～星之党见。"（党：通"傥"。偶然。）㊇怪物，怪事。《庄子·逍遥游》："齐谐者，志～者也。"（齐谐：书名。志：记。）❷奇怪，惊疑。《史记·商君列传》："民～之，莫敢徙。"（徙：迁移。）❸责怪，埋怨。《荀子·正论》："不～朱象而非尧舜。"（朱、象：人名。）

廥 guài 储存草料的房屋。《韩非子·内储说下》："有烧仓～窌（窖）者而不知其人。"《史记·赵世家》："邯郸～烧。"

GUAN

关（關） guān ❶门闩。《左传·襄公二十三年》："臧纥（hé）斩鹿门之～以出。"（臧纥：人名。鹿门：城门名。）㉑

关闭。陶潜《归去来兮辞》："门虽设而常～。"❷ 关口，要塞。《左传·襄公十四年》："从近～出。"㉑关卡，税关。《商君书·垦令》："重～市之赋。"（重：加重。市：市场。赋：赋税。）双音词有"海关"。❸［关节］骨与骨相连接、可活动的部分。《后汉书·华佗传》："引挽腰体，动诸～～，以求难老。"（引挽：牵引。难老：不容易衰老。）❹ 中医切脉部位名称之一。《难经》："脉有三部九候……三部者，寸、～、尺也。"❺ 机械的发动处。《后汉书·张衡传》："施～发机。"（施：设置。发：发动。）❻ 贯，穿。《汉书·王嘉传》："大臣括发～械，裸躬就笞。"（括：结。械：指枷等刑具。躬：身体。笞：鞭打。）❼ 牵连，涉及（后起意义）。《后汉书·井丹传》："自是隐闭不～人事。"刘知几《史通·叙事》："言有～涉，事便显露。"㉒交接，关联。《后汉书·西羌传》："隔绝羌胡，使南北不得交～。"❽ 经由，经过。《史记·酷吏列传》："事大小皆～其手。"❾ 关白，告知。《汉书·元后传》："此小事，何须～大将军？"❿ 古代公文的一种，平行机关互相质询时使用。刘勰《文心雕龙·书记》："百官询事，则有～、刺、解、牒。"

观（觀） guān ❶ 仔细看。《周易·系辞下》："仰则～象于天，俯则～法于地。"㉒看。《史记·孙子吴起列传》："吴王从台上～，见且斩爱姬，大骇。"㉑观察。《荀子·议兵》："～敌之变动。"成语有"察言观色"、"听其言，观其行"。❷ 观赏。《三国志·蜀书·诸葛亮传》："琦乃将亮游～后园。"（琦：刘琦。将：带领。）㉑值得观赏的景物和景象。范仲淹《岳阳楼记》："此则岳阳楼之大～也。"❸ 给人看，显示。《吕氏春秋·博志》："此其所以～后世已。"又如"观兵"（炫耀兵力）。❹ 认识，看法。《后汉书·文苑传》："左右莫不改～。"❺ guàn 宗庙或宫廷大门外两旁的高建筑物。《礼记·礼运》："出游于～之上。"㉒宫廷中高大华丽的楼台。《史记·廉颇蔺相如列传》："大王见臣列～。"（列观：一般的台观。）❻ guàn 道教的庙宇，道观（后起意义）。刘禹锡《玄都观桃花》诗："玄都～里桃千树，尽是刘郎去后栽。"【辨】庙，寺，观。见277页"庙"字。

官 guān ❶ 官府，办公的地方。《礼记·玉藻》："在～不俟屦，在外不俟车。"（俟：等待。屦：鞋。）㉑行政机关。柳宗元《童区寄传》："愿以闻于～。"（希望把这件事报告给官府。）㉒属于官方的，国家的。《韩非子·五蠹》："州部之吏操～兵。"（兵：兵器。）❷ 官职，官位。《尚书·咸有一德》："任～惟贤材。"《荀子·正论》："量能而授～。"㉒职责。《韩非子·难一》："耕、渔与陶，非舜～也。"《荀子·解蔽》："则万物～矣。"❸ 官员，官吏。《论衡·明雩》："百～共职于下。"㉒做官，使……做官。郦道元《水经注·沁水》："鲁国孔氏，～于洛阳。"曹操《论吏士行能令》："故明君不～无功之臣。"❹ 感觉器官，耳、目、口、鼻、身称五官。《庄子·养生主》："～知止而神欲行。"㉒功能。《孟子·告子上》："心之～则思。"【辨】官，吏。古代，特别是在两汉之前，"官"通常是指行政机关或职务，"吏"则专指官吏。荀子著作里多次提到"官人"，意思是政府里的人。"官"本身不是官员的意思。汉以后，"官"有时指一般官员，而"吏"则指低级官员，但"官"字行政职务的意义仍旧沿用。

倌 guān ［倌人］驾车的小臣。《诗经·鄘风·定之方中》："灵雨既零，命彼～～，星言夙驾，说于桑田。"

冠 guān ❶ 帽子。屈原《渔父》："新沐者必弹～。"（沐：洗头。弹冠：掸掸帽子。）成语有"怒发冲冠"。㉒像帽子的东西。徐陵《斗鸡诗》："花～已冲力，芥爪复惊媒。"㉒guàn 戴帽子。《汉书·郦食其传》："沛公不喜儒，诸客～儒冠来者，沛公辄解其冠。"（辄：总是。解：指摘掉。）［冠盖］旧指做官人的冠服和他们车乘的篷盖。晁错《论贵粟疏》："～～相望，乘坚策肥。"（坚：指好车。肥：指好马。）㉓做官的人。杜甫《梦李白》诗："～～满京华。"（京华：国都。）❷ guàn 古代的一种礼仪。男子二十岁举行冠礼，表示已经成人。《礼记·曲礼上》："男子二十～而字。"（字：取字。）❸ guàn 位居第一。《史记·萧相国世家》："位～群臣，声施后世。"（施：传。）双音词有"冠军"。㉒加在前头或上头。孔安国《尚书序》："各～其篇首。"【辨】冠，冕，巾，弁，帽。"冠"是帽子的总称。"冕"是帝王、诸侯、卿、大夫所戴的礼帽。"巾"是扎在头上的织物。"弁"是用皮革做成的帽子。"帽"是后起字。

瘝 guān ❶ 病。《尚书·康诰》："小子封，恫～乃身，敬哉！"❷ 旷废。《尚书·冏命》："非人其吉，惟货其吉，若时～厥官。"

鳏（鰥） guān ❶ 一种大鱼。《孔丛子·抗志》："卫人钓于河，得～鱼焉。"❷ 老而无妻，也指死了妻子的人。

《诗经·周南·桃夭序》："婚姻以时，国无～民也。"《管子·五辅》："恤～寡，问疾病。"（恤：救济。寡：老而无夫的人。）成语有"鳏寡孤独"。

莞 guān ❶蒲草，水葱一类的植物。王褒《僮约》："种～织席。"㊀莞草编的席。《诗经·小雅·斯干》："下～上簟（diàn）。"（簟：竹席。）❷wǎn ［莞尔］微笑的样子。屈原《渔父》："渔父～～而笑。"

馆（館、舘） guǎn ❶宾馆，客舍。《左传·襄公三十一年》："乃筑诸侯之～。"㊂住在宾馆、客舍里。《左传·僖公五年》："师还，～于虞。"（师：军队。虞：周代国名。）❷华丽的房屋、住宅（后起意义）。《晋书·谢安传》："又于土山营墅，楼～林竹甚盛。"（营：建筑。墅：别墅。）

琯 guǎn 古代一种乐器，玉管。《大戴礼记·少间》："西王母来献其白～。"

痯 guǎn ［痯痯］疲劳的样子。《诗经·小雅·杕杜》："檀车幝幝（chǎn chǎn），四牡～～。"（幝幝：破旧的样子。）

管 guǎn ❶一种像笛的管乐器。《诗经·商颂·那》："嘒嘒～声。"（嘒嘒：清亮的声音。）《荀子·乐论》："～籥（yuè）发猛。"（籥：一种管乐器。）㊀管乐器的统称。《世说新语·言语》："～弦繁奏，钟夔先听其音。"（钟、夔：指钟子期和舜乐官夔。）李商隐《齐宫词》："梁台歌～三更罢。"❷竹管。曹操《论吏士行能令》："一似～窥虎欤！"（好像是从竹管里看老虎一样。一似：好像。欤：语气词。）成语有"管中窥豹"。㊀笔管，笔。刘孝标《答刘之遴借类苑书》："搦～联册，纂兹英奇。"❸钥匙。《左传·僖公三十二年》："郑人使我掌其北门之～。"❹掌管，管理。《史记·李斯列传》："进入秦宫，～事二十余年。"

筦 guǎn ❶络丝的竹管。《说文·竹部》："筦，竹孚也。"筦的本义是绾丝的工具。❷用于地名。❸一种管乐器。《汉书·董仲舒传》："圣王已没，钟鼓～弦之声未衰。"❹钥匙。《战国策·赵策三》："天子巡狩，诸侯辟（bì）舍，纳于～键。"❺掌管，管理。《史记·平准书》："尽代（孔）仅～天下盐铁。"㊂管理机构。《汉书·王莽传下》："犅和鲁匡设六～，以穷工商。"上述❸❹❺义又写作"管"。

丱 guàn 儿童束发成两角的样子。《诗经·齐风·甫田》："婉兮娈兮，总角～兮。"

毌 guàn ❶"贯"的古字。❷姓。

贯（貫） guàn ❶穿钱的绳索。《史记·平准书》："京师之钱累巨万，～朽而不可校。"（朽：腐坏。校：数。）㊀古代的铜钱用绳穿，一千个为一贯。《金史·宣宗纪》："兴定宝泉，每一～当通宝四百～。"（泉：钱。当：相当。）❷穿，穿连。《诗经·齐风·猗嗟》："射则～兮。"屈原《离骚》："～薜荔之落蕊。"（薜荔：一种蔓生的香草。蕊：花心。）㊀通，贯通。《论语·里仁》："吾道一以～之。"成语有"融会贯通"。❸连贯，连续。《汉书·谷永传》："以次～行，固执无违。"《三国志·魏书·邓艾传》："将士皆攀木缘崖，鱼～而进。"❹籍贯。《汉书·元帝纪》："惟德浅薄，不足以充入旧～之居。"白居易《新丰折臂翁》诗："翁云～属新丰县。"❺事例。《论语·先进》："仍旧～，如之何？"❻通"惯"。熟习，熟练。《左传·襄公三十一年》："譬如田猎，射御～则能获禽。"（比如打猎，射箭、驾车习惯了就能捕获野兽。）㊂习惯。《孟子·滕文公下》："我不～与小人乘。"❼wān 通"弯"。弯曲。《史记·伍子胥列传》："伍胥～弓执矢向使者。"

掼（摜） guàn ❶"惯"的本字。习惯。《说文解字·手部》："掼，习也……《春秋传》曰：'～渎鬼神。'"今《左传·昭公二十六年》作"贯渎鬼神"。❷披戴。《抱朴子·博喻》："～甲缨胄，非庙堂之饰。"

悺（悹） guàn 忧。贾谊《新书·匈奴》："天子不怵，人民～之。"

涫 guàn ❶沸滚，沸腾。《史记·龟策列传》："寡人念其如此，肠如～汤。"［涫涫］沸腾的样子。《荀子·解蔽》："～～纷纷，孰知其形。"❷通"盥"。洗手。《列子·黄帝》："进～漱巾栉。"

冠 guàn 见140页。

祼 guàn ❶一种祭祀仪式，斟酒浇地以降神。《尚书·洛诰》："王入太室～。"《礼记·祭统》："君执圭瓒～尸。"❷斟酒敬客。《周礼·春官·典瑞》："～圭有瓒，以肆先王，以～宾客。"

盥 guàn ❶洗手。《左传·僖公二十三年》："奉匜沃～，既而挥之。"（奉：捧着。匜：洗手时盛水的器具。沃：浇水。）《论衡·讥日》："洗去足垢，～去手垢，浴去身垢。"❷盥洗的器皿。庾信《周安昌公夫人郑氏墓志铭》："承姑奉～，训子停机。"❸通"祼"。一种祭祀仪式，斟酒浇地以降神。

《周易·观》："～而不荐，有孚颙若。"

雚 guàn ❶同"鹳"。一种水鸟。《说文解字·隹部》："《诗》曰：'～鸣于垤。'"今《诗经·豳风·东山》作"鹳鸣于垤"。❷huán 同"萑"。荻。《墨子·旗帜》："凡守城之法……～苇有积。"《汉书·货殖传》："五谷六畜及至鱼鳖鸟兽～蒲材干器械之资。"

灌 guàn ❶浇，灌溉。《庄子·逍遥游》："时雨降矣，而犹浸～。"《史记·滑稽列传》："引河水～民田。"❷注入，倒进去。《韩非子·说疑》："不能饮者以筒～其口。"（筒：竹筒。）[引]浇铸。《论衡·奇怪》："烁一鼎之铜，以～一钱之形，不能成一鼎。"（烁：熔化。形：型，模型。）❸一种祭祀仪式，奠酒献神。《论语·八佾》："禘自既～而往者，吾不欲观之矣。"❹丛生的矮小树木。《诗经·周南·葛覃》："黄鸟于飞，集于～木。"白居易《庐山草堂记》："松下多～丛。"

瓘 guàn 一种玉，即圭。《左传·昭公十七年》："若我用～、斝、玉瓒，郑必不火。"（火：着火，指发生火灾。）

爟 guàn [爟火]为消除不祥而举的火。《吕氏春秋·本味》："汤得伊尹，祓之于庙，爝以～～。"[特]指烽火。庾信《周上柱国齐王宪神道碑》："匈奴突于武川，～～通于灞上。"

鹳（鸛） guàn 一种水鸟。《诗经·豳风·东山》："～鸣于垤，妇叹于室。"（垤：小土堆。）李白《淮阴书怀寄王宗成》诗："大舶夹双橹，中流鹅～鸣。"

GUANG

光 guāng ❶光芒，光亮。《孟子·尽心上》："日月有明，容～必照焉。"陶潜《桃花源记》："山有小口，仿佛若有～。"❷发光。《世说新语·言语》："夜～之珠，不必出于孟津之河。"[喻]光彩，光荣。《荀子·不苟》："言己之～美。"《诗经·小雅·南山有台》："乐只君子，邦家之～。"❸发扬光大。诸葛亮《出师表》："以～先帝遗德。"❹光阴。左思《悼离赠妹》诗："仰瞻曜灵，爱此寸～。"

洸 guāng ❶水波荡漾闪光。郭璞《江赋》："澄澹汪～。"（澄：清。澹：安静。汪：深广。）❷[洸洸]1. 威武的样子。《诗经·大雅·江汉》："江汉汤汤，武夫～～。"2. huǎng 通"滉滉"。汹涌的样子。《荀子·宥坐》："其～～乎不淈尽，似道。"（淈：枯竭。）❸huàng [洸洋]水势盛大的样子。比喻言辞等恣肆。《史记·老子韩非列传》："其言～～自恣以适己。"

广（廣） guǎng ❶大，宏大。《荀子·修身》："君子贫穷而志～。"[引]扩大。《史记·乐毅列传》："破宋，～地千余里。"[又]多，广泛地。《论衡·定贤》："且～交多徒，求索众心者，人爱而称之。"《汉书·食货志上》："～畜积，以实仓廪，备水旱。"[又]广博。《抱朴子·崇教》："学之～，在于不倦。"❷宽阔。与"狭"相对。《诗经·卫风·河广》："谁谓河～，曾不容刀。"（刀：小船。）《汉书·晁错传》："平原～野，此车骑之地。"[引]宽慰。司马迁《报任安书》："欲以～主上之意。"❸guàng 春秋时楚国兵制，兵车十五辆为一广。《左传·宣公十二年》："其君之戎，分为二～。"（戎：兵车。）❹guàng 横向距离、东西距离为广。《仪礼·士丧礼》："（握手）长尺二寸，～五寸。"白居易《庐山草堂记》："前有平地，轮～十丈。"（轮：南北距离。）[广袤]指土地面积的宽和长。东西距离叫广，南北距离叫袤。《汉书·西域传》："蒲昌海……～～三百里。"【注意】在古代，"广（yǎn）"和"廣"是两个字，意义各不相同。上述义项都不写作"广"。现"廣"简化为"广"。

犷（獷） guǎng 凶猛，强悍。《后汉书·段颎传》："招降～敌。"刘希夷《谒汉世祖庙》诗："～兽血涂地，巨人声沸天。"

俇 guàng ❶[俇俇]心神不定的样子。《楚辞·九叹·思古》："魂～～而南行兮。"❷[俇攘（ráng）]慌乱的样子。宋玉《九辩》："悼余生之不时兮，逢此世之～～。"

GUI

归（歸） guī ❶女子出嫁。《诗经·周南·桃夭》："之子于～，宜其室家。"（之子：这个女子。）❷返回。《孙子兵法·军争》："避其锐气，击其惰～。"（惰：懈怠。）成语有"返璞归真"。❸归还。《汉书·陈平传》："平惧诛，乃封其金与印，使使～项王。"（使使：派遣使者。）❹归附，归属。《孟子·公孙丑上》："天下～殷久矣。"[又]归到一处。《三国志·蜀书·诸葛亮传》："若水之～海。"❺归趋，归宿。《周易·系辞下》："天下同～而殊涂。"（涂：道路。）❻kuì 通"馈"。赠送。《左传·闵公二年》："～公乘马。"（乘马：四匹马。）

圭 guī ❶用作凭信的玉，形状上圆（或上尖）下方。《汉书·扬雄传》："析人之～。"（析：分。）㊕帝王、诸侯在举行朝会、祭祀的典礼时拿的一种玉器。《仪礼·聘礼》："执～入门，鞠躬焉，如恐失之。"《后汉书·明帝纪》："亲执～璧，恭祀天地。"这个意义又写作"珪"。❷测日影的器具。张衡《东京赋》："土～测景。"（景：日影。）❸容量单位。一升的万分之一。《汉书·律历志一》："量多少者不失～撮。"（撮：一升的千分之一。）

闺（閨） guī ❶上圆下方的小门。《荀子·解蔽》："俯而出城门，以为小之～也，酒乱其神也。"（俯：低头。）❷内室。枚乘《七发》："宫居而～处。"（住在深宫内室之中。）㊕女子居住的内室。《后汉书·刘瑜传》："女嬖（bì）令色，充积～帷。"（女嬖令色：指宫女、妃子。）

珪 guī 同"圭"。上圆（或上尖）下方的玉器。《左传·襄公三十年》："用两～质于河。"《史记·仲尼弟子列传》："三复白～之玷。"

袿 guī ❶妇女的上衣。宋玉《神女赋》："振绣衣，被～裳。"《后汉书·和熹邓皇后纪》："簪珥光采，～裳鲜明。"❷衣袖。夏侯湛《雀钗赋》："理～襟，整服饰。"元稹《青云驿》诗："各各扬轻～。"❸衣后襟。嵇康《兄秀才公穆入军赠诗》之十六："微风动～，组帐高褰。"

龟（龜） guī ❶乌龟。《尚书·禹贡》："九江纳锡大～。"《史记·龟策列传》："江傍家人常畜～。"（傍：通"旁"。畜：养。）❷占卜用的龟甲。屈原《卜居》："～策诚不能知事。"（策：占卜用的蓍草。诚：确实。）㊁秦以前用作货币的龟甲。《周易·损》："十朋之～。"（朋：两串为一朋。）❸jūn 皮肤受冻开裂。《庄子·逍遥游》："宋人有善为不～手之药者。"范成大《次韵李子永雪中长句》："手～笔退不可捉。"这个意义后来又写作"皲"。❹qiū［龟兹（cí）］汉代西域国名。在今新疆库车。

规（規） guī ❶圆规，画圆形的工具。《荀子·赋》："圆者中（zhòng）～，方者中矩。"（中：符合。矩：画方形的工具。）㊀圆形。沈括《梦溪笔谈》卷七："图为一圆～，乃画极星于～中。"❷法度，准则。《史记·司马相如列传》："创业垂统，为万世～。"㊁效法，取法。韩愈《进学解》："上～姚姒，浑浑无涯。"❸规划，谋划。《三国志·蜀书·诸葛亮传》："与豫州协～同力。"（豫州：指刘备。）㊁谋求。《商君书·错法》："是以明君之使其民也，使必尽力以～其功。"（是以：因此。使：役使。）❹告诫。《荀子·成相》："不听～谏忠是害。"（忠是害：残害忠良。）《左传·襄公十一年》："有备无患，敢以此～。"❺kuī 通"窥"。窥测。《管子·君臣上》："大臣假于女之能，以～主情。"（假：凭借，借助。）

瞡 guī ［瞡瞡］浅陋的样子。《荀子·非十二子》："吾语汝学者之嵬容……莫莫然，～～然。"（嵬容：怪容，丑态。）

皈 guī ❶通"归"。返回。杨万里《晚皈再度西桥》诗："～近溪桥东复东，蓼花迎路舞西风。"❷［皈依］佛家称归向佛教。李颀《宿莹公禅房闻梵》诗："始觉浮生无住著，顿令心地欲～～。"

傀 guī ❶伟大。《庄子·列御寇》："达生之情者～。"❷［傀然］独立的样子。《荀子·性恶》："天下不知之，则～～独立天地之间而不畏，是上勇也。"❸怪异。《周礼·春官·大司乐》："大～异烖。"❹kuǐ［傀儡］木偶戏中的木偶人。段成式《酉阳杂俎》卷八"黥"："（宋元素）右臂上刺葫芦，上出人首，如～～戏郭公者。"

瑰（瓌） guī ❶次于玉的美石。《诗经·秦风·渭阳》："何以赠之，琼～玉佩。"（琼：美玉。）❷奇异，珍奇。《淮南子·诠言》："圣人无屈奇之服，无～异之行。"王安石《游褒禅山记》："～怪非常之观。"这个意义又写作"瓌"。

嶲（巂） guī ❶鸟名。也称"子嶲"。❷xī［越嶲］汉代郡名，在今四川境内。

瓌 guī 奇异，珍奇。宋玉《神女赋》："～姿玮（wěi）态。"（玮：奇。）这个意义又写作"瑰"。

氿 guǐ 泉水从侧面流出。《诗经·小雅·大东》："有冽～泉，无浸获薪。"《列子·黄帝》："～水之潘为渊。"（潘：旋涡。）［氿滥］小泉。《后汉书·黄宪传》："奉高之器，譬诸～～，虽清而易挹。"

宄 guǐ 犯法作乱的人。《尚书·盘庚中》："颠越不恭，暂遇奸～。"《三国志·魏书·武帝纪》："禁断淫祀，奸～逃窜。"

轨（軌） guǐ ❶车两轮间的距离。《史记·秦始皇本纪》："车同～，书同文字。"㊀车辙。《孟子·尽心下》："城门之～，两马之力与？"❷轨道，一定的路线。《淮南子·本经》："五星循～而不失其行。"（循：沿着。行：行列。）❸法则，法度。《管子·山国轨》："国有～。"《汉书·叙传》："东平失～。"（东平：东平王。）㊀遵循，符合。《韩非子·五蠹》："是境内之民，其言谈者必～于法。"（是：这样。）❹通"宄"。犯法作乱的人。《汉书·辛庆忌传》："奸～不得萌动而破灭。"

匭（匭） guǐ ❶同"簋"。盛黍稷的器具。《史记·李斯列传》："饭土～，啜土铏（xíng）。"（铏：古代盛汤的器具。）❷匣子，箱子。《旧唐书·则天皇后纪》："初置～于朝堂，有进书言事者听投之。"

庋 guǐ ❶搁放器物的架子。《世说新语·贤媛》："王家见二谢，倾筐倒～。"洪迈《夷坚丁志·蔡河秀才》："见床内小板～上乌纱帽存。"❷收藏食物。《礼记·内则》郑玄注："阁以板为之，～食物也。"㊁收藏，保存。《新唐书·牛仙客传》："前后锡与，缄～不敢用。"（锡：赐。缄：封。）双音词有"庋藏"。

佹 guǐ ❶乖戾。《周礼·考工记·轮人》郑玄注："菑与爪不相～。"❷诡异。《荀子·赋》："天下不治，请陈～诗。"《淮南子·齐俗》："争为～辩，久稽而不决。"

诡（詭） guǐ ❶要求。《汉书·京房传》："今臣得出守郡，自～效功。"（效：献出。）❷欺诈。《汉书·苏武传》："匈奴～言武死。"❸差异，差别。《淮南子·说林》："衡虽正必有差，尺寸虽齐必有～。"㊀奇异。班固《西都赋》："殊形～制，每各异观。"《新唐书·吐蕃传上》："上宝器数百具，制冶～殊。"❹违背，违反。《吕氏春秋·淫辞》："言行相～，不祥莫大焉。"

垝 guǐ 毁坏，倒塌。《诗经·卫风·氓》："乘彼～垣，以望复关。"㊁倒塌的墙。《管子·霸形》："东山之西，水深灭～。"

恑 guǐ 变异。《庄子·齐物论》："恢～憰怪，道通为一。"

姽 guǐ ［姽婳（huà）］美好的样子。宋玉《神女赋》："既～～于幽静兮，又婆娑乎人间。"

鬼 guǐ ❶迷信的人认为人死后有"灵魂"，称之为"鬼"。屈原《九歌·国殇》："子魂魄兮为～雄。"《论衡·死伪》："物死不能为～，人死何故独能为～？"㊁指万物的精灵。《诗经·小雅·何人斯》："为～为蜮，则不可得。"成语有"鬼蜮伎俩"。㊃隐秘，不可捉摸。《韩非子·八经》："其用人也～。"成语有"鬼鬼祟祟"。❷［鬼方］殷周时活动于今陕西北部的一个民族。

癸 guǐ 天干的第十位。见126页"干[1]"字。

晷 guǐ ❶日影。张衡《西京赋》："白日未及移其～。"㊃时光，时间。潘尼《赠陆机》诗："寸～惟宝。"（寸晷：一寸光阴。惟宝：是宝贝。）❷按照日影测定时刻的仪器。《晋书·鲁胜传》："立～测影。"❸通"轨"。轨道。《汉书·叙传下》："五星同～。"

簋 guǐ 古代盛食物的圆形器具。《韩非子·十过》："饭于土～，饮于土铏（xíng）。"（铏：古代盛汤的器具。）

刿（劌） guì 刺伤，划伤。《老子·五十八章》："廉而不～。"（有棱角但不至于把人划伤。廉：侧边。）也用于人名。春秋时有曹刿（见《左传·庄公十年》）。

桧（檜） guì ❶木名。一种常绿乔木，也称桧柏。《诗经·卫风·竹竿》："淇水滺滺，～楫松舟。"❷古代棺盖上的装饰。《左传·成公二年》："椁有四阿，棺有翰～。"❸huì 用于人名。如宋代有秦桧。

贵（貴） guì ❶物价高。与"贱"相对。《左传·昭公三年》："国之诸市，屦贱踊～。"陆游《首春连阴》诗："今年米～如黄金。"㊀珍贵，宝贵。《论语·学而》："礼之用，和为～。"《潜夫论·赞学》："天地之所～者人也。"❷显贵，禄位高。与"卑贱"相对。《老子·三十九章》："故～以贱为本，高以下为基。"（本：根本。基：基础。）㊁显贵的人，权贵。《韩非子·有度》："法不阿～。"（阿：偏袒。）❸重视，崇尚。《商君书·画策》："圣王者不～义而～法。"《礼记·中庸》："贱货而～德。"❹敬辞。放在要称说的事物前面，表示尊敬。《三国志·蜀书·张裔传》："～土风俗何以乃尔乎？"（乃尔：如此，这样。）双音词有"贵姓"。

獚 guì 壮勇。左思《吴都赋》："猿臂骿胁，狂趭犷～。"

跪 guì ❶跪着。古人席地而坐，坐时两膝着地，以臀部放在脚跟上。跪时则伸直腰股。《礼记·曲礼上》："主人～正席。"［长跪］挺直上身而跪，以示庄重恭敬。《史记·留侯世家》："因～～履之。"（履之：给他穿上鞋。）❷跪拜。《汉书·贾谊传》："～而自裁。"（自裁：自杀。）❸脚。《韩非子·内储说下》："门者刖（yuè）～。"（门者：看门的人。刖：古代砍掉脚的刑罚。）《荀子·劝学》："蟹六～而二螯。"（螯：螃蟹等节肢动物的第一对脚。）【辨】跪，坐。在古代，跪、坐都是两膝着地。抬起臀部，保持要拜伏的姿势叫“跪”；臀部放在脚后跟上叫“坐”。

禬 guì 衣领交叉的地方。《左传·昭公十一年》：“衣有～，带有结。”（带：指衣带。）

鐀 guì 同“匱”。柜子。一种收藏东西的用具。《汉书·司马迁传》：“卒三岁而迁为太史令，紬（chōu）史记石室金～之书。”

鳜（鱖） guì 鱼名。一种肉味鲜美的淡水鱼。张志和《渔歌子》词：“桃花流水～鱼肥。”元结《雪中怀孟武昌》诗：“烧柴为温酒，煮～为作瀋。”（瀋：汁。）

GUN

衮（袞） gǔn ❶古代帝王或三公（古代最高的官）穿的礼服。《后汉书·张衡传》：“服～而朝。”（服：穿。朝：上朝。）㊋用作动词。穿上帝王或三公的礼服。《周礼·春官·司服》：“享先王则～冕。”㊀指三公。张衡《思玄赋》：“董弱冠而司～兮。”（董：指董贤。弱冠：二十岁左右年纪。司衮：做三公。）［衮职］天子或三公之职。《诗经·大雅·烝民》：“～～有阙。”（阙：缺失。）《后汉书·杨赐传》：“五登～～。”（五次登上三公之位。）❷［衮衮］连续不断。杜甫《醉时歌》：“诸公～～登台省。”（台省：尚书省、中书省、门下省。）成语有“衮衮诸公”。

绲（緄） gǔn ❶织成的带子。《后汉书·南匈奴传》：“遗冠帻，绛单衣三袭，童子佩刀、～带各一。”❷绳子。《诗经·秦风·小戎》：“交韔二弓，竹闭～縢。”❸量词。捆，束。《战国策·宋卫策》：“卫君惧，束组三百～，黄金三百镒，以随使者。”

鲧（鯀、鮌） gǔn 人名，夏禹的父亲。相传治水无功，被杀。《左传·昭公七年》：“昔尧殛～于羽山。”（殛：诛杀。）

GUO

郭 guō ❶在城的外围加筑的一道城墙，外城。《管子·度地》：“内为之城，城外为之～。”❷物体的外围四周。《汉书·食货志下》：“卒铸大钱，文曰‘宝货’，肉好（hào）皆有周～。”（肉：指钱边。好：指钱孔。）【辨】城，郭。见47页“城”字。

聒 guō 喧扰，声音嘈杂。《左传·襄公二十六年》：“左师闻之，～而与之语。”嵇康《与山巨源绝交书》：“宾客盈坐，鸣声～耳。”（盈：满。）双音词有“聒噪”。

蝈（蟈） guō 蛙。《淮南子·时则》：“蝼～鸣，邱螾出。”（蝼：蝼蛄。邱螾：蚯蚓。）

国（國、国） guó ❶国家。《尚书·吕刑》：“惟吕命，王享～百年。”《商君书·更法》：“治世不一道，便～不必法古。”（道：方法。便：有利。法：效法。）❷周代诸侯国及汉以后王或侯的封地、食邑。《左传·僖公二十八年》：“楚一言而定三～。”《战国策·齐策四》：“孟尝君就～于薛。”柳宗元《封建论》：“汉兴，天子之政行于郡，不行于～。”（政：政令。行：推行。）❸国都，京城。屈原《九章·哀郢》：“出～门而轸（zhěn）怀兮。”（轸：悲痛。怀：怀念。）

帼（幗、簂） guó 古代妇女的发饰。《后汉书·乌桓传》：“饰以金碧，犹中国有～步摇。”李贤注引《续汉舆服志》曰：“公卿列侯夫人绀缯～。”另见200页“巾帼”。

虢 guó 周代诸侯国。1.在今陕西宝鸡东，后来迁到河南陕县东南，又称西虢。2.在今河南郑州东北，又称东虢。

馘（聝） guó ❶战争中割取的敌人的左耳（用以计数报功）。《左传·僖公二十八年》：“献俘受～，饮至大赏。”《三国志·魏书·武帝纪》：“献～万计。”❷xù 面孔。《庄子·列御寇》：“槁项黄～。”（槁：枯槁。项：脖子。）

果 guǒ ❶果子，果实。《韩非子·五蠹》：“民食～蓏（luǒ）蚌蛤。”（果蓏：瓜果。）这个意义后来又写作“菓”。［因果］佛教认为人做善事或恶事必然会产生相应的结果，称为“因果”。《南史·范缜传》：“贵贱虽复殊途，～～竟在何处？”（贵贱虽然很不一样，但究竟有什么因果呢？）❷成为事实，实现。《孟子·梁惠王下》：“君是以不～来也。”陶潜《桃花源记》：“闻之，欣然规往，未～。”（规：计划。）❸充实，饱。《庄子·逍遥游》：“三餐而反，腹犹～然。”成语有“食不果腹”。❹坚决，果敢。《论语·子路》：“言必信，行必～，硁硁然小人哉！”双音词有“果断”。❺副词。果然，果真。《国语·晋语一》：“骊姬～作难。”（骊姬：人名。）❻副词。究竟。《荀子·君道》：“～何道而便？”（便：便利。）《战国策·秦策一》：“张仪入，问王曰：‘陈轸～安之？’”（安之：何往。）

G

猓 guǒ ［猓然］长尾猴。左思《吴都赋》："狖鼯（yòu wú）～～，腾趠（chuō）飞超。"

蜾 guǒ ［蜾蠃（luǒ）］一种黑色细腰蜂。《诗经·小雅·小宛》："螟蛉有子，～～负之。"

裹 guǒ 包，缠。《左传·庄公十二年》："以犀革～之。"（犀革：犀牛皮。）㊀包裹着的物品。王维《酬黎居士淅川作》诗："松龛（kān）藏药～。"㊕花房。宋玉《高唐赋》："绿叶紫～，丹茎白蒂。"㊂包括。《吕氏春秋·本生》："其于物无不受也，无不～也，若天地然。"《淮南子·兵略》："（楚人地）西包巴蜀，东～郯（tán）邳（pī）。"（郯、邳：均古地名，在今山东、江苏。）

輠 guǒ ❶车上盛脂膏的器具。《史记·孟子荀卿列传》裴骃集解引刘向《别录》："～者，车之盛膏器也。"《晋书·儒林传赞》："炙～流誉，解颐飞辩。"（炙輠：比喻言辞滔滔不绝。）❷huà 车毂转动。《礼记·杂记下》："叔孙武叔朝，见轮人以其杖关毂而～轮者。"（輠轮：使车轮转动。）

椁（槨） guǒ 棺材外面套的大棺材。《论语·先进》："鲤也死，有棺而无～。"（鲤：人名，孔丘之子。）

过（過） guò ❶走过，经过。《孟子·滕文公上》："三～其门而不入。"《韩非子·外储说左上》："乘白马而～关。"㊂过去。杜甫《阻雨不得归瀼西甘林》诗："三伏适已～。"（三伏：三伏天。适：恰好。）㊂婉辞。指人去世。曹植《赠白马王彪》诗："存者忽复～，亡没身自衰。"❷胜过，超越。《论语·公冶长》："由也好勇～我。"（由：仲由，孔子学生。）《左传·隐公元年》："大都不～参国之一。"（参国之一：国都三分之一。）成语有"过犹不及"。㊀过分，太甚。《世说新语·夙惠》："陛下昼～冷，夜～热，恐非摄养之术。"❸错误，过失。《商君书·开塞》："夫～有厚薄，则刑有轻重。"（厚薄：指大小。）㊀犯错误。《论语·学而》："～则勿惮改。"（惮：害怕。）❹访，探望。《史记·田叔列传》："会贤大夫少府赵禹来～卫将军。"（会：恰好。）❺量词。表示行为次数。《世说新语·纰漏》："时道此，非复一～。"【辨】过，越，逾，超。这四个字是同义词，但也有细微差别。"过"指一般经过，"越"、"逾"有时表示爬过，如"越墙"、"逾墙"。"超"的本义是跳过。

H

HAI

哈 hāi ❶嗤笑。屈原《九章·惜诵》:"又众兆之所～。"(众兆:众多的人。)❷喜悦,欢笑。左思《吴都赋》:"东吴王孙辴(chǎn)然而～。"(辴然:笑的样子。)王安石《彭蠡》诗:"观者胆堕余方～。"(胆堕:吓破了胆。余:我。)❸[哈台]人睡时呼吸声。《世说新语·雅量》:"许上床便～～大鼾。"(许:指许璪,人名。)

孩 hái ❶小儿笑。《老子·二十章》:"如婴儿之未～。"(未孩:还不会笑。)这个意义又写作"咳"。㊀幼小。《国语·吴语》:"今王播弃黎老而～童焉比谋。"(比:合。)[孩提]刚会笑而处于提抱之中。《孟子·尽心上》:"～～之童,无不知爱其亲者。"❷小孩(后起意义)。杜甫《山寺》诗:"自哂同婴～。"(哂:笑。)

骸 hái ❶胫骨,小腿骨。《素问·骨空论》:"～下为辅。"(辅:腓骨。)❷人骨,骨骼。《公羊传·宣公十五年》:"易子而食之,析～而炊之。"(炊:烧火做饭。)❸身体,形体。《吕氏春秋·重己》:"其为舆马衣裘也,足以逸身暖～而已矣。"《列子·黄帝》:"有七尺之～。"双音词有"形骸"、"遗骸"。

海 hǎi 海洋。《韩非子·说林上》:"失火而取水于～……远水不救近火也。"[四海][海内]古人认为我国疆土四面滨海,因此称全国、国内为"四海"、"海内"。《三国志·蜀书·诸葛亮传》:"遂破荆州,威震四～。"王勃《送杜少府之任蜀州》诗:"～内存知己,天涯若比邻。"㊁古代又称大的湖泊为海。如"蒲菖海"(即今罗布泊)。㊃数量多的事物。徐光启《刻几何原本序》:"百家之学～。"双音词有"人海"、"火海"。

醢 hǎi 肉酱。《诗经·大雅·行苇》:"醓(tǎn)～以荐,或燔或炙。"(醓:肉酱的汁。)也指做成肉酱。《左传·昭公二十九年》:"龙一雌死,潜～以食夏后。"㊁古代的一种刑罚,把人杀死后剁成肉酱。《左传·襄公十九年》:"～卫于军。"(卫:人名。)

亥 hài 地支的第十二位。㊁十二时辰之一,等于现在的晚上九时至十一时。见126页"干[1]"字。

骇(駭) hài ❶马受惊。《左传·哀公二十三年》:"知伯视齐师,马～,遂驱之。"(知伯:人名。)㊀害怕,吃惊。《韩非子·说林下》:"人见蛇则惊～。"《史记·孙子吴起列传》:"吴王从台上观,见且斩爱姬,大～。"❷惊扰,骚动。《吕氏春秋·审应》:"盖闻君子犹鸟也,～则举。"《左传·昭公二十七年》:"吴新有君,疆埸日～。"(疆埸:边界。)❸起。陆机《辨亡论上》:"于是群雄蜂～,义兵四合。"

害 hài ❶损害,伤害。《周易·节》:"节以制度,不伤财,不～民。"《商君书·靳令》:"法已定矣,不以善言～法。"❷杀害。《三国志·魏书·武帝纪》:"为陶谦所～。"(为:被。陶谦:人名。)❸祸害,害处。《荀子·臣道》:"除国之大～。"《战国策·赵策三》:"凡强弱之举事,强受其利,弱受其～。"❹忌妒。《史记·屈原贾生列传》:"上官大夫与之同列,争宠而心～其能。"❺hé 通"曷"。何。《诗经·周南·葛覃》:"～澣～否,归宁父母。"(澣:洗。归宁:回娘家看望父母。)《孟子·梁惠王上》:"时日～丧,予及女偕亡。"(时:通"是"。此。日:太阳。予:我。女:你。偕:一起。)

HAN

顸(頇) hān [颟(mán)顸]见266页"颟"字。

酣 hān 酒喝得很畅快。《战国策·赵策三》:"平原君乃置酒,酒～,起前,以千金为鲁连寿。"(平原君:人名。鲁连:即鲁仲连,人名。)《史记·廉颇蔺相如列传》:"秦王饮酒～。"㊀畅快,尽情。曹丕《善哉行》:"朝日乐相乐,～饮不知醉。"㊃浓,盛。《论衡·感虚》:"战～,日暮,公援戈而麾之。"王安石《题西太一宫壁》诗:"荷花落日红～。"

憨 hān 傻,痴。刘勰《文心雕龙·程器》:"文举傲诞以速诛,正平狂～以致戮。"陈羽《古意》诗:"姑嫜严肃有规矩,小姑娇～意难取。"

邯 hán [邯郸]地名,战国时赵国都城,在今河北邯郸西南。《战国策·赵策三》:"秦围赵之～～。"

含 hán ❶含在嘴里。《庄子·马蹄》:"～哺而熙,鼓腹而游。"(哺:口里嚼的食物。熙:通“嬉”。嬉戏。鼓腹:吃饱肚子。)❷ hàn 古代给贵族办丧事时,塞在死人口里的珠、玉等物。《左传·文公五年》:“王使荣叔来～且赗(fèng)。”(荣叔:人名。赗:用财物帮助别人办丧事。)这个意义又写作“唅”、“琀”。❸ 包含,包容。《周易·坤》:“～万物而化光。”杜甫《绝句四首》之三:“窗～西岭千秋雪。”❹ 心里怀着。《战国策·秦策一》:“～怒日久。”《后汉书·皇后纪下》:“群臣～悲,莫敢言。”

函(圅) hán ❶ 包含,包容。《诗经·周颂·载芟》:“播厥百谷,寔～斯活。”《淮南子·诠言》:“夫～牛之鼎沸,而蝇蚋(ruì)弗敢入。”(函牛:容得下一头牛。鼎:古代煮东西的器具。蚋:蚊类。弗:不。)❷ 铠甲。《孟子·公孙丑上》:“矢人惟恐不伤人,～人惟恐伤人。”(函人:做铠甲的人。)❸ 匣子,套子。《战国策·燕策三》:“荆轲奉樊於期头～,而秦武阳奉地图匣,以次进至陛下。”《晋书·张华传》:“得一石～。”❹ 信封。吴质《答东阿王书》:“发～伸纸。”(打开信封,拿出信纸。)㉧书信。《三国志·魏书·刘晔传》注引《傅子》:“每有疑事,辄(zhé)以～问晔。”(辄:总是。)双音词有“来函”、“公函”。❺ 指函谷关,在河南崤山,常连称“崤函”。贾谊《过秦论》:“秦孝公据殽～之固,拥雍州之地。”

涵 hán ❶ 沉浸。《管子·度地》:“水之性,行至曲必留退……倚则环,环则中,中则～。”又指沉浸于某事物中。左思《吴都赋》:“～泳乎其中。”❷ 包含,包容。《诗经·小雅·巧言》:“乱之初生,僭始既～。”(僭:通“谮”。谗言。)辛弃疾《木兰花慢·席上送张仲固帅兴元》:“正江～秋影雁初飞。”[涵澹]水摇荡的样子。苏轼《石钟山记》:“山下皆石穴罅……微波入焉,～～澎湃而为此。”

韩(韓) hán ❶ 周代诸侯国。❷ 战国时七雄之一。原是晋国的一部分(参看202页“晋”字)。在今河南中部和山西东南部。

寒 hán ❶ 凉,冷。《荀子·劝学》:“冰,水为之,而～于水。”(为:生成。)㉧使寒,冷却。《孟子·告子上》:“一日暴之,十日～之。”❷ 贫困。《史记·范雎蔡泽列传》:“范叔一～如此哉。”双音词有“寒门”、“贫寒”。❸ 痛心、害怕。常“寒心”、“胆寒”连用。《战国策·秦策四》:“梁氏～心。”(梁氏:魏国。)《新唐书·席豫传》:“乃上疏请立皇太子,语深切,人为～惧。”

罕 hǎn ❶ 一种捕鸟的网。宋玉《高唐赋》:“弓弩不发,罘～不倾。”(罘:捕兔的网。)左思《吴都赋》:“罼(bì)～琐结。”(罼:一种捕鸟的网。琐结:指联结很密。)❷ 旌旗。《史记·周本纪》:“百夫荷～旗以先驱。”(荷:扛。先驱:在前面走。)❸ 少。《论语·子罕》:“子～言利与命与仁。”《荀子·富国》:“～兴力役,无夺农时。”(力役:劳役。无夺:不耽误。)

阚(闞) hǎn 虎怒吼。柳宗元《三戒·黔之驴》:“因跳踉大～,断其喉,尽其肉,乃去。”

汉(漢) hàn ❶ 汉水。《诗经·周南·汉广》:“～之广矣,不可泳思。”(泳:游泳。思:句末语气词。)❷ 银河。曹丕《燕歌行》:“明月皎皎照我床,星～西流夜未央。”(央:尽。)柳宗元《行路难》诗:“披霄决～出沆漭。”(披霄:拨开云霄。沆漭:指无边的太空。)成语有“气冲霄汉”。❸ 男子(后起意义)。《北齐书·魏兰根传》:“何虑无人作官职,苦用此～何为?”(苦用:硬要用。何为:干什么。)❹ 朝代名。1. 公元前206—公元220年,第一代君主是刘邦,都城在长安(今陕西西安)。公元8年王莽代汉称帝,国号新。公元25年刘秀重建汉朝,建都洛阳。史称公元前206—公元8年为“西汉”或“前汉”,公元25—220年为“东汉”或“后汉”。2. 公元947—950年,五代之一,又称后汉,第一代君主是刘知远。

扞 hàn ❶ 抵御。《战国策·西周策》:“设以国为王～秦,而王无之～也。”(设:施设,安排。)《三国志·魏书·杨阜传》:“无～难之功。”㉧保卫。《左传·文公六年》:“尽具其帑(nú),与其器用财贿,亲帅～之,送致诸竟。”(帑:通“孥”。妻子儿女。财贿:财产。帅:率领。送致诸竟:送到国境上。)《汉书·刑法志》:“若手足之～头目。”❷ 拉开,张开。《淮南子·原道》:“射者～乌号之弓。”(乌号之弓:良弓名。)❸ 射箭手的一种皮质护袖。《汉书·尹赏传》:“被铠～,持刀兵。”(被:披。铠:铠甲。)❹ 触犯,冲犯。《史记·游侠列传》:“虽时～当世之文网。”(文网:指法网。罔:网。)

汗 hàn ❶ 汗水。《战国策·齐策一》:“举袂成幕,挥～成雨。”(袂:衣袖。)《史记·陈丞相世家》:“～出沾背,愧不能对。”㉧出汗,使出汗。《韩非子·五蠹》:“弃私家之事而必～马之劳。”《世说新语·言语》:“卿何以不～?”成语有“汗牛充栋”。❷ [汗漫]广阔无边的样子。《淮南子·俶真》:“而徙倚于～～之宇。”[引]没有标准，不着边际。《新唐书·选举志上》：“舍是则～～而无所守。”（是：此。）❸ hán ［可（kè）汗］见 223 页“可”字。

閈 hàn ❶ 闾里的门，巷门。《管子·立政》：“审闾～，慎管键。”（闾：里巷的门。管键：锁钥。）[泛]门。《左传·襄公三十一年》：“高其～闳，厚其墙垣。”（闳：门。）[引]闾里，乡里。《汉书·叙传下》：“绾自同～，镇我北疆。”（绾：人名。卢绾和汉高祖刘邦同里。）❷ 墙。张衡《西京赋》：“～庭诡异，门千户万。”（诡异：奇异。）

馯 hàn 同“駻”。马凶悍。《淮南子·氾论》：“欲以朴重之法，治既弊之民，是犹无镝衔橜策錣（zhuì）而御～马也。”（镝衔：马口所衔铁。橜：马口所衔横木。策錣：马鞭和前端的针刺。）

捍 hàn ❶ 抵御。《礼记·祭法》：“能～大患则祀之。”《史记·楚世家》：“吴三公子奔楚，楚封之以～吴。”（奔：投奔，投靠。）[又]保卫。《商君书·赏刑》：“若有～城者，攻将凌其城。”（凌：登上，指攻陷。）❷ 射箭手的一种皮质护袖。《礼记·内则》：“右佩玦（jué）～。”（玦：一种佩玉。）❸ 坚实。《管子·地员》：“五浮之状，～然如米。”（五浮：一种土壤。）❹ 通“悍”。勇猛，强悍。《史记·货殖列传》：“而民雕～少虑。”（雕捍：像雕一样强悍。）

悍 hàn ❶ 勇猛。《庄子·盗跖》：“勇～果敢，聚众率兵。”贾谊《治安策》：“陛下之臣虽有～如冯敬者，适启其口匕首已陷其匈矣。”（冯敬：人名。）[引]强劲。《史记·游侠列传》：“解为人短小精～，不饮酒。”❷ 凶狠，蛮横。《韩非子·说林下》：“有与～者邻，欲卖宅而避之。”柳宗元《捕蛇者说》：“～吏之来吾乡。”❸ 猛烈，迅急。《淮南子·兵略》：“故水激则～，矢激则远。”

睅 hàn （眼睛）瞪大突出。《左传·宣公二年》：“～其目，皤（pó）其腹。”（瞪着眼睛，鼓着肚子。皤：大。）

騂 hàn 马凶悍。《韩非子·五蠹》：“如欲以宽缓之政，治急世之民，犹无辔策而御～马。”（辔：缰绳。）[泛]凶悍。《史记·卫将军骠骑列传》：“诛獟（xiāo）～，获首虏八千余级。”（獟：勇悍。）

晗 hàn ❶ 古代把玉贝等物放入死者口中。《荀子·礼论》：“饭以生稻，～以槁骨。”（槁骨：乃“犒贝”之讹。白色贝。）这个意义又写作“含”、“琀”。❷ hán 通“含”。含在口里。《汉书·货殖传》：“～菽饮水。”

颔（頷） hàn ❶ 下巴颏。《公羊传·宣公六年》：“祁弥明逆而踆（cún）之，绝其～。”（祁弥明：人名。逆：迎。踆：用脚踢。）白居易《东南行》：“满～白髭须。”❷ 点头。《左传·襄公二十六年》：“逆于门者，～之而已。”（逆：迎。）❸［顑（kǎn）颔］见 220 页“顑”字。

菡 hàn ［菡萏（dàn）］荷花。《诗经·陈风·泽陂》：“彼泽之陂，有蒲～～。”刘桢《公讌》诗：“～～溢金塘。”（溢：满。金塘：指池塘。）

頷 hàn ❶ 下巴。《汉书·王莽传中》：“莽为人侈口蹷（jué）～。”（侈：大。蹷：短。）❷［頷淡］水摇荡的样子。马融《长笛赋》：“～～滂流，碓投瀺（chán）穴。”（碓投：如舂米之石碓投下，形容水冲击力之强。瀺穴：水注冲入岩穴。）

暵 hàn ❶ 干枯。《诗经·王风·中谷有蓷》：“中谷有蓷，～其干矣。”[又]干旱。《周礼·春官·女巫》：“旱～则舞雩。”（雩：祭祀求雨。）❷ 翻晒田地。贾思勰《齐民要术·大小麦》：“大小麦皆须五月六月～地。”

熯 hàn ❶ 干燥。《周易·说》：“燥万物者，莫～乎火。”❷ 晒。郭璞《山海经图赞·海外西经》：“十日并～，女丑以毙。”（女丑：神名。）❸ 烧。《论衡·谴告》：“今～薪燃釜，火猛则汤热。”❹ rǎn 恭敬。《诗经·小雅·楚茨》：“我孔～矣，式礼莫愆。”（孔：甚。愆：过失。）

撼 hàn 摇动。贾思勰《齐民要术·种枣》：“收法：日日～而落之为上。”《宋史·岳飞传》：“～山易，～岳家军难。”成语有“蚍蜉撼树”。[引]用言语打动人。《宋史·徐勣传》：“微言～之。”（微言：隐晦的语言。）

憾 hàn ❶ 遗憾，心感不足，不满意。《论语·公冶长》：“愿车马衣裘与朋友共，敝之而无～。”《左传·庄公十四年》：“人又不念寡人，寡人～焉。”（人：指回国。）❷ 怨恨。《世说新语·仇隙》：“孙秀既恨石崇不与绿珠，又～潘岳昔遇之不以礼。”【辨】憾，恨，怨。见 155 页“恨”字。

翰 hàn ❶ 天鸡。也叫锦鸡或山鸡。《逸周书·王会》：“文～者，若皋鸡。”（文：彩色的。皋鸡：一种羽毛很美丽的野鸭。）[又]羽毛。左思《吴都赋》：“理翮整～，容与自玩。”❷ 毛笔。曹丕《典论·论文》：“古之作者，寄身于～墨，见意于篇籍。”（寄身：寄托自身。见意：表达自己的志向。篇籍：指文章。）[引]文辞。萧统《文选序》：“事出于沉思，义归乎～藻。”（藻：文采。）[特]书信。

H

宋之问《答田征君》诗："忽枉岩中～。"（忽然收到你从山中寄来的信。枉：谦辞。）❸ 高飞。《诗经·小雅·小宛》："宛彼鸣鸠，～飞戾天。"（宛：小。戾：至，到。）❹ gàn 通"干⁴（榦）"。骨干，栋梁。《诗经·小雅·桑扈》："之屏之～，百辟为宪。"（屏：屏障。辟：君。宪：法则。）

瀚 hàn ❶［瀚海］两汉六朝时指北方的一个湖泊。其地众说不一，一说即今贝加尔湖。唐代泛称从蒙古高原大沙漠以北直到今准噶尔盆地一带广大地区。《通志·匈奴》："临～～而还。"❷［瀚瀚］［浩瀚］广大的样子。《淮南子·俶真》："浩浩～～，不可隐仪揆度而通光耀者。"刘勰《文心雕龙·事类》："夫经典沈深，载籍浩～。"

H

HANG

行 háng 见 457 页。

远 háng 野兽或车辆经过后留下的痕迹。许慎《说文解字叙》："见鸟兽蹄～之迹。"张衡《东京赋》："轨尘掩～，匪疾匪徐。"（轨尘：车轮轧起的尘土。掩：覆盖。）㉢ 小路。张衡《西京赋》："结罝（jū）百里，～杜蹊（xī）塞。"（罝：捕兽的网。杜：堵塞。蹊：小路。）

杭 háng ❶ 渡。《诗经·卫风·河广》："谁谓河广，一苇～之。"（河：黄河。苇：芦苇。）㉢ 渡船。《史记·司马相如列传》："～绝浮渚而涉流沙。"（绝：渡过。）❷ kāng［杭庄］同"康庄"。宽阔平坦的大道。《管子·轻重丁》："请以令决瓁洛之水，通之～～之间。"

颃（頏） háng ❶［颉（xié）颃］见 453 页"颉"字。❷ gāng 同"亢"。咽喉。《说文·亢部》："亢，人颈也……或从页。"

航（斻） háng ❶ 船。张衡《思玄赋》："譬临河而无～。"杜甫《壮游》诗："东下姑苏台，已具浮海～。"❷ 船相连为桥。《晋书·五行志上》："朱雀大～缆断，三艘流入大江。"（朱雀：地名。）❸ 以船渡河。《后汉书·杜笃传》："造舟于渭，北～泾流。"㉢ 在水上行船。《宋史·张藏英传》："～海归周。"

沆 hàng ❶［沆漭］［漭沆］广阔无边的样子。柳宗元《行路难》诗："披霄决汉出～漭。"（披霄决汉：拨开云霄，决开银河。沆漭：无边的太空。）张衡《西京赋》："顾临太液，沧池漭～。"❷［沆瀣（xiè）］1. 夜间的水汽。司马相如《大人赋》："呼吸～～兮餐朝霞。"2. 比喻意气相投（后起意义）。冯桂芬《重建张忠敏公祠记》："盖有瓣香之诚，～～之契焉。"成语有"沆瀣一气"。

HAO

蒿 hāo ❶ 草名，即蒿子。《诗经·小雅·鹿鸣》："呦呦鹿鸣，食野之～。"［蒿莱］野草，杂草。《韩诗外传一》："环堵之室，茨以～～。"（茨：以草盖屋。）㉢ 指野外、草野。陈子昂《感遇》诗之三十五："感时思报国，拔剑起～～。"［蒿里］墓地。李贺《绿章封事》诗："休令恨骨填～～。"❷ 通"耗"。损耗，消耗。《国语·楚语上》："若敛民利以成其私欲，使民～焉忘其安乐而有远心，其为恶也甚矣。"柳宗元《憎王孙文》："故王孙之居山恒～然。"（王孙：猴子。）

嚆 hāo［嚆矢］会发出响声的箭。响声先于箭到达，故比喻事物的开端、先声。《庄子·在宥》："焉知曾史之不为桀跖～～也。"

薅 hāo 去掉田草。《诗经·周颂·良耜》："其镈斯赵，以～荼蓼。"（荼蓼：草名。）韩愈《平淮西碑》："大慝（tè）适去，稂（láng）莠不～。"（稂莠：危害庄稼的杂草。）

号（號） háo 见 151 页。

毫 háo ❶ 长而尖细的毛。《孟子·梁惠王上》："明足以察秋～之末。"（明：视力，眼力。）《荀子·赋》："精微乎～毛。"（和毫毛一样精微。）又写作"豪"。㉢ 极细小的东西。《老子·六十四章》："合抱之木，生于～末。"❷ 毛笔。陆机《文赋》："或含～而邈然。"黄庭坚《病起荆江亭即事》诗："对客挥～秦少游。"（秦少游：人名。）❸ 长度单位。十丝为一毫，十毫为一厘。《抱朴子·道意》："有丘山之损，无～厘之益。"

嗥（嘷） háo ❶ 野兽吼叫。《左传·襄公十四年》："狐狸所居，豺狼所～。"❷ 号哭。《庄子·庚桑楚》："儿子终日～而嗌不嗄。"（嗌：咽喉，嗓子。嗄：通"哑"。沙哑。）

豪 háo ❶ 豪猪。《山海经·西山经》："（鹿台之山）其兽多炸牛、羬羊、白～。"㉣ 长而刚硬的毛。《山海经·北山经》："（谯明之山）有兽焉，其状如貆而赤～，其音如榴榴。"［豪猪］一种动物。也叫箭猪。肩至尾部密布长而刚硬的刺。扬雄《长杨赋》：

"捕熊罴、～～。"❷卓越的人物，豪杰。《管子·七法》："收天下之～杰。"㊀强横，有势力。《汉书·尹齐传》："～恶吏伏匿，而善吏不能为治。"成语有"巧取豪夺"。㊁强横的人，豪强。《史记·酷吏列传》："所居郡，必夷其～。"❸豪爽，豪迈，行为不拘常格。《史记·魏公子列传》："平原君之游，徒～举耳，不求士也。"李白《扶风豪士歌》："扶风～士天下奇。"（扶风：唐代郡名。奇：奇特。）❹豪富，奢侈。《世说新语·汰侈》："石崇与王恺争～，并穷绮丽以饰舆服。"❺通"毫"。长而尖细的毛。《商君书·弱民》："离娄见秋～之末。"（离娄：相传古代眼力最好的人。秋豪：通"秋毫"。鸟兽秋天身上长的细毛。末：末梢。）【辨】英，豪，俊，杰。四字都指人具有高超的才能和品德。但"英"、"俊"、"杰"一直用于褒义，"豪"有时用于贬义，如"豪强"。

濠 háo ❶水名。在安徽。《庄子·秋水》："庄子与惠子游于～梁之上。"（梁：水坝。）［濠上］指自得其乐的境地。慧皎《高僧传·竺道壹》："一吟一咏，有～～之风。"❷护城河。刘禹锡《浙西李大夫述梦四十韵》："山是千重障，江为四面～。"这个意义又写作"壕"。

好 hǎo ❶容貌美。《战国策·赵策三》："鬼侯有子而～。"（鬼侯：商代诸侯名。子：这里指女儿。）㊀美好，善。《诗经·周南·关雎》："窈窕淑女，君子～逑。"（逑：配偶。）贾思勰《齐民要术·收种》："选～穗纯色者。"❷友好。《诗经·卫风·木瓜》："匪报也，永以为～也。"（匪：非，不是。）《三国志·蜀书·诸葛亮传》："外结～孙权。"❸hào 喜欢，喜爱。《孟子·离娄上》："人之患在～为人师。"陶潜《五柳先生传》："～读书，不求甚解。"❹hào 古代圆形有孔的钱币或玉器，孔外叫"肉"，孔内叫"好"。《汉书·食货志下》："肉～皆有周郭。"（周郭：边壁四周。）

号（號） hào ❶háo 大声喊叫。屈原《天问》："妖夫曳衒，何～于市？"柳宗元《童区寄传》："因大～，一虚皆惊。"（虚：集市。）㊁动物长鸣，大风吼叫。《史记·历书》："时鸡三～，卒明。"杜甫《茅屋为秋风所破歌》："八月秋高风怒～。"㊀大声哭。《庄子·养生主》："秦失吊之，三～而出。"（秦失：人名。）李白《北上行》："悲～绝中肠。"（绝中肠：断肠，形容悲痛到极点。）❷宣称，称。《史记·高祖本纪》："沛公兵十万，～二十万。"（沛公：指刘邦。）杨衒之《洛阳伽蓝记·城西》："民间～为王子坊。"❸号令，命令。《庄子·田子方》："何不～于国中？"《韩非子·初见秦》："秦之～令赏罚，地形利害，天下莫若也。"（莫若：没有一个比得上。）❹称号。《史记·秦始皇本纪》："采上古帝位～，号曰'皇帝'。"（采：采取。）㊁别号，指人名字以外的自称。陶潜《五柳先生传》："宅边有五柳树，因以为～焉。"（因以为号焉：就把"五柳"作为自己的别号。）【辨】哭，号（號），泣，啼。见226页"哭"字。

好 hào 见本页。

昊 hào 大。常用来指天。《诗经·小雅·节南山》："不吊～天。"（吊：好，善。）［昊苍］［苍昊］天。班固《答宾戏》："超忽荒而躆～苍也。"《梁书·武帝纪》："上达苍～，下及川泉。"

耗（秏） hào ❶亏损，消耗。《礼记·王制》："视年之丰～。"《汉书·刑法志》："百姓贫～。"《后汉书·西羌传》："摇动数州之境，日～千金之资。"❷消息，音信。李商隐《即日》诗："赤岭久无～，鸿门犹合围。"（赤岭、鸿门：地名。）㊁多指坏消息。如"噩耗"。❸máo 尽，完。《汉书·高惠高后文功臣表》："靡有孑（jié）遗，～矣。"（没有一个遗留下来，完全灭绝了。）❹mào 通"眊"。昏昧，糊涂。《史记·日者列传》："官～乱不能治。"

浩 hào ❶大，盛大，广大。《汉书·扬雄传》："涣若天星之罗，～如涛水之波。"《后汉书·隗嚣传》："则爵禄获全，有～大之福矣。"㊁多。李白《秋日登扬州西灵塔》诗："露～梧楸（qiū）白，霜催橘柚黄。"（梧、楸：树名。）［浩浩］水大的样子。《尚书·尧典》："荡荡怀山襄陵，～～滔天。"（怀：包围。襄：上升。）㊀广大。《诗经·小雅·雨无正》："～～昊天。"（昊天：苍天。）❷［浩汗］水盛大的样子。《宋书·沈庆之传》："夏水～～，河水流通。"《晋书·孙楚传》："三江五湖～～无涯。"❸［浩荡］1.水势盛大而壮阔的样子。潘岳《河阳县作》诗："洪流何～～。"2.广阔远大的样子。李白《梦游天姥吟留别》："青冥～～不见底。"（青冥：指天空。）3.糊涂。屈原《离骚》："怨灵修之～～兮，终不察夫民心。"（灵修：指楚怀王。）

皓（皜、暠） hào ❶明，明亮。《诗经·陈风·月出》："月出～兮。"范仲淹《岳阳楼记》："～月千里。"❷

白。《楚辞·大招》："朱唇～齿。"《后汉书·刘宠传》："有五六老叟，龙眉～发。"（龙：杂色，指花白。）[喻]老翁。扬雄《解嘲》："四～采荣于南山。"（四皓：秦汉时的四个年老的隐士。采荣：取得荣誉。）❸通"昊"。大。常用来指天。左思《咏史》："～天舒白日。"（舒：展。）

滈 hào ❶水名，滈水，在今陕西。❷通"镐"。镐京，周朝初年的国都。在今陕西西安西南。《荀子·议兵》："古者汤以薄，武王以～，皆百里之地也。"❸［滈汗］通"浩汗"。水势浩大。郭璞《江赋》："～～六州之域。"

镐（鎬） hào 西周初年的国都，在今陕西西安西南。又写作"鄗"。

皞（皡、暤） hào ❶明亮。《广韵·皓韵》："皞，明也。"❷通"昊"。大。［皞天］同"昊天"。《庄子·人间世》："易之者～～不宜。"（不宜：不允许。）❸［皞皞］同"浩浩"。心胸开阔、舒畅的样子。《孟子·尽心上》："王者之民～～如也。"

颢（顥） hào ❶白色的（天光或云气）。《楚辞·大招》："天白～～。"柳宗元《桂州裴中丞作訾家洲亭记》："列星下布，～气回合。"（列星：群星。回合：曲折环绕。）❷通"昊"。大。《汉书·司马相如传》："伊上古之初肇，自～穹生民。"（肇：始。）

灏（灝） hào 广大、无边无际的样子。司马相如《上林赋》："然后～溔潢漾，安翔徐回。"（灏溔潢漾：都指水大的样子。）柳宗元《始得西山宴游记》："悠悠乎与～气俱，而莫得其涯。"［灏灏］同"浩浩"。博大的样子。《扬子法言·问神》："商书～～尔。"

HE

诃（訶） hē 大声呵斥。《韩非子·内储说下》："明日，王出而～之，曰：'谁溺于是？'"【辨】诃，呵。在"大声呵斥"意义上，二字通用。"呵"的其他意义，均不用"诃"。

呵 hē ❶怒责，大声呵斥。《史记·田叔列传》："主家皆怪而恶之，莫敢～。"张溥《五人墓碑记》："厉声以～。"这个意义又写作"诃"。❷哈气使暖。《关尹子·二柱》："衣摇空得风，气～物得水。"欧阳修《诉衷情·眉意》："清晨帘幕卷轻霜，～手试梅妆。"（梅妆：古代贵族妇女的一种妆饰。）[又]［呵护］爱护，保护。李商隐《骊山有感》诗："九龙～～玉莲房。"【辨】诃，呵。见上"诃"字。

欱 hē 吸吮。班固《东都赋》："吐爓生风，～野歕山。"

禾 hé 谷子。《诗经·豳风·七月》："～麻菽麦。"（菽：豆类。）[又]稻子（后起意义）。张舜民《打麦》诗："麦秋正急又秧～。"[泛]庄稼。《诗经·魏风·伐檀》："不稼不穑，胡取～三百廛兮。"聂夷中《田家》诗："六月～未秀，官家已修仓。"（秀：庄稼吐穗开花。）【辨】穀，禾，粟，黍，稷。见136页"谷^2（穀）"字。

和 hé ❶音乐和谐。《老子·二章》："音声相～。"[引]和睦，协调。《左传·襄公二十六年》："秦、晋不～久矣。"《论语·子路》："君子～而不同，小人同而不～。"❷温和，暖和。陶潜《桃花源》诗："草荣识节～，木衰知风厉。"李白《雉朝飞》诗："春天～，白日暖。"成语有"风和日丽"。[又]和悦。《战国策·齐策三》："齐王～其颜色。"❸调和。《国语·郑语》："～五味以调口……～六律以聪耳。"[引]掺和。杜甫《岁晏行》："今许铅锡～青铜。"[又]连带。杜荀鹤《山中寡妇》诗："时挑野菜～根煮，旋斫生柴带叶烧。"成语有"和盘托出"。❹连词。与，和。岳飞《满江红·写怀》："八千里路云～月。"❺介词。连……都。秦观《阮郎归·湘天风雨破寒初》："衡阳犹有雁传书，郴（chēn）阳～雁无。"（衡阳、郴阳：地名。）❻车轼上的铃。《荀子·正论》："～鸾（luán）之声。"（鸾：车铃。）❼hè 跟着唱。《诗经·郑风·萚兮》："叔兮伯兮，倡，予～女。"（倡：唱。）《后汉书·黄琼传》："阳春之曲，～者必寡。"（阳春之曲：古代所谓高雅的歌曲。）[引]依照别人诗词的格律或内容写作诗词。白居易《初冬早起寄梦得》诗："诗成遣谁～，还是寄苏州。"

合 hé ❶闭合，合拢。与"开"相对。《战国策·燕策二》："蚌方出曝，而鹬啄其肉，蚌～而拑其喙。"谢灵运《从斤竹涧越岭溪行》诗："岩下云方～。"（方：刚刚。）[引]符合。《荀子·性恶》："～于文理。"❷会合。《论语·宪问》："桓公九～诸侯，不以兵车，管仲之力也。"[又]联合。《战国策·韩策三》："齐楚～，燕赵不敢不听。"❸和谐，和睦。《诗经·小雅·常棣》："妻子好～，如鼓琴瑟。"❹匹配，配偶。《诗经·大雅·大明》："文王初载，天作之～。"❺盒子。贾思勰《齐民要术·种红蓝花栀子》："作香粉法：唯多著丁香于粉～中，自然芬馥。"白居易《长恨歌》："惟将旧物表深情，钿～金钗寄将去。”这个意义后来写作“盒”。❻ 两军交锋。《左传·成公二年》：“自始～，而矢贯余手及肘。”《史记·萧相国世家》：“多者百余战，少者数十～。” ❼ 全，满。《后汉书·陈蕃传》：“事觉系狱，～门桎梏。”《旧唐书·陆德明传》：“～朝赏叹。” ❽ 应当（后起意义）。杜甫《岁晏行》：“好恶不～长相蒙。”（长：长久。蒙：蒙骗。） ❾ gě 容量单位。一升的十分之一。《汉书·律历志》：“十～为升，十升为斗。”

纥（紇） hé ［回纥］隋唐时代我国西北部的一个民族。也称回鹘。

麧（籺） hé 糠里的粗屑。喻指粗食。元结《漫酬贾沔州》诗：“岂欲皂枥中，争食～与藖（xián）。”（藖：未能铡碎的草茎节。）

何 hé ❶ hè 背，扛。《诗经·小雅·无羊》：“～蓑（suō）～笠（lì）。”《诗经·曹风·候人》：“～戈与祋（duì）。”（祋：一种兵器。）这个意义后来写作“荷”。❷ 疑问代词。什么。《商君书·更法》：“前世不同教，～古之法？”（何古之法：效法哪一个古代呢？）[又]怎么，为什么。《论语·公冶长》：“赐也～敢望回？”（赐：子贡，孔子弟子。回：颜回，孔子弟子。）《论语·先进》：“夫子～哂由也？”（哂：讥笑。由：仲由，孔子弟子。）［何则］相当于“为什么？这是因为……”（用于自问自答）。《荀子·宥坐》：“百仞之山，任负车登焉。～～？陵迟故也。”（仞：古代长度单位，七尺或八尺为一仞。任负车：载重的车。陵迟：山势逐渐倾斜。）［何如］怎么样。《公羊传·昭公二十五年》：“季氏为无道……吾欲弑之，～～？”（弑：古称子杀父或臣杀君为弑。） ❸ 副词。多么。《汉书·东方朔传》：“受赐不待诏，～无礼也！”李白《古风五十九首》之三：“秦王扫六合，虎视～雄哉！”（六合：天地四方。虎视：像猛虎怒视一样。）［何其］多么。《左传·僖公十五年》：“二三子～～戚也！”《世说新语·言语》：“足下言～～谬也！故不相答。”［一何］多么。《史记·外戚世家》：“帝非我不得立，已而弃捐吾女，～～不自喜而倍本乎！”

河 hé ❶ 黄河的专称。《尚书·禹贡》：“伊、洛、瀍、涧，既入于～。”《韩非子·有度》：“燕襄王以～为境。”[引]一般的河流（后起意义）。《三国志·吴书·吴主传》：“信著金石，义盖山～。”（信：信用。著金石：指被刻写在铜器和石碑上。） ❷ 银河。谢朓《暂使下都夜发新林至京邑》诗：“秋～曙耿耿。”（曙：天快亮时。耿耿：微明的样子。）

荷 hé ❶ 荷花，莲。《诗经·陈风·泽陂》：“彼泽之陂，有蒲与～。”杨衒之《洛阳伽蓝记·城西》：“朱～出池，绿萍浮水。” ❷ hè 扛，担。《列子·汤问》：“遂率子孙～担者三夫。”（夫：成年男子。）[引]承当，担任。张衡《东京赋》：“～天下之重任。”【辨】负，任，担，荷。见121页“负”字。

劾 hé ❶ 判罪。《史记·淮南衡山列传》：“王怒，故～庆死罪。”（庆：人名。） ❷ 揭发罪状。《汉书·楚元王传》：“吏～更生铸伪黄金，系当死。”（更生：人名。）王安石《上皇帝万言书》：“为在事者所～。”（在事者：当权的人。）双音词有“弹劾”。❸ 用符咒降服鬼魅。干宝《搜神记》卷二：“能～百鬼众魅，令自缚见形。”

阂（閡） hé ❶ 阻碍，阻隔。《后汉书·隗嚣传》：“（嚣）又多设支～，帝知其终不为用，叵欲讨之。”（叵：就。）《抱朴子·博喻》：“学而不思，则疑～实繁。”双音词有“隔阂”。[引]界限。陆机《文赋》：“恢万里而无～。”（恢：扩大。） ❷ 止。郭璞《山海经图赞·海外北经》：“厥形惟大，斯脚则企。跳步雀踊，踵不～地。” ❸ gāi 通“陔”。台阶的层次。［九阂］九重天。《汉书·礼乐志》：“专精厉意逝～～。”

核 hé ❶ 果核。《礼记·玉藻》：“食枣桃李，弗致于～。”《世说新语·俭啬》：“王戎有好李，卖之，恐人得其种，恒钻其～。”马中锡《中山狼传》：“我杏也，往年老圃种我时，费一～耳。”（老圃：老园丁。）[引]有核的果实。常“殽核”或“肴核”连用。苏轼《前赤壁赋》：“肴～既尽，杯盘狼藉。” ❷ 核心。《论衡·量知》：“文吏不学，世之教无～也。” ❸ 核实，审查。《庄子·人间世》：“剋～大至，则必有不肖之心应之。”《论衡·问孔》：“～道实义，证定是非。”（核道实义：核实道理和含义。） ❹ 真实，实在。《汉书·司马迁传赞》：“其文直，其事～。”

曷 hé ❶ 疑问代词。何，什么。《诗经·王风·扬之水》：“怀哉怀哉，～月予还归哉？”（予：我。）《汉书·王褒传》：“其得意若此，则胡禁不止，～令不行？”（胡：何。）[又]怎么，为什么。《尚书·盘庚上》：“汝～弗告朕？”（朕：我。）[特]何时。《尚书·汤誓》：“时日～丧，予及汝皆亡。”《左传·昭公元年》：“赵孟曰：‘吾子其～归？’” ❷ 岂，难道。《荀子·强国》：“～若是而可以持国乎？”（若是：如此。持：保持。） ❸ 通“盍”。何不。《诗经·唐风·有杕之杜》：“中心好之，～饮食之？”（中心：心里。） ❹ è 通“遏”。遏止。

H

《诗经·商颂·长发》:“如火烈烈,则莫我敢～。”

毼 hé ❶毛织的布。《新唐书·突厥传上》:“牧马之童,乘羊之隶,赍毳～邀利者,相错于路。”(赍:拿着,抱着。)❷通“鶡”。鶡鸡,一种善斗的鸟。《后汉书·西南夷传》:“有五角羊、麝香、轻毛～鸡。”❸[㲛(lǘ)毼]见261页“㲛”字。

鹖(鶡) hé 一种善斗的鸟。《山海经·中山经》:“辉诸之山……其鸟多～。”(辉诸:山名。)[鹖鴠(dàn)]一种报晓的鸟。《盐铁论·利议》:“～～夜鸣,无益于明。”(无益:无用。)

蝎 hé ❶木中蛀虫。《论衡·商虫》:“桂有蠹,桑有～。”❷xiē 一种毒虫,蝎子。干宝《搜神记》卷十八:“乃握剑至昨夜应处,果得老～。”

鞨 hé ❶[靺(mò)鞨]见281页“靺”字。❷mò [鞨巾]古代男子束发的头巾。《列子·汤问》:“北国之人,～～而裘。”

盍(盇) hé 何不。《论语·公冶长》:“～各言尔志?”《史记·楚世家》:“伍奢有二子,不杀者,为楚国患,～以免其父召之,必至。”(免其父:免了他父亲的罪。召:召唤。)㊁何。《管子·戒》:“～不出从乎?”(为什么不跟从出去呢?)

阖(闔) hé ❶门扇,门板。《礼记·月令》:“是月也,耕者少舍,乃修～扇。”(是:这。少舍:稍停。)㊂门。《荀子·儒效》:“故外～不闭。”❷关闭。《左传·定公八年》:“筑者～门。”柳宗元《三戒·永某氏之鼠》:“～门撤瓦灌穴。”❸全。《汉书·武帝纪》:“今或至～郡而不荐一人。”(或:有的。至:甚至于。)❹通“合”。符合。《战国策·秦策三》:“意者臣愚而不～于王心耶?”(也许是自己愚昧而不能符合王的心意吧?)❺通“盍”。何,何不。《管子·小称》:“桓公谓鲍叔牙曰:‘～不起为寡人寿乎?’”(寿:奉酒祝寿。)《庄子·天地》:“夫子～行邪?”

涸 hé 水干。《庄子·大宗师》:“泉～,鱼相与处于陆。”《韩非子·说林上》:“子独不闻～泽之蛇乎?”㊀竭,尽。《管子·牧民》:“积于不～之仓,藏于不竭之府。”

貉 hé ❶一种野兽。《列子·汤问》:“～逾汶则死矣。”(逾汶:过了汶水。)❷mò 我国古代东北部一个民族。《荀子·劝学》:“干越夷～之子,生而同声,长而异俗。”

翮 hé 羽毛中间的硬管。刘向《说苑·尊贤》:“鸿鹄高飞远翔,其所恃者六～也。”《世说新语·言语》:“有人遗其双鹤,少时翅长欲飞,支意惜之,乃铩其～。”(支:支遁,人名。铩:伤残。)㊂鸟的翅膀。曹植《送应氏》诗:“愿为比翼鸟,施～起高翔。”(比翼鸟:一起飞的鸟。施:展。翔:飞。)

龁(齕) hé 咬。《荀子·正论》:“彼乃将食其肉而～其骨也。”《韩非子·外储说右上》:“夫大臣为猛狗而～有道之士矣。”

覈 hé ❶核实。张衡《东京赋》:“研～是非。”(研:审。)㊀考核。仲长统《昌言·损益》:“～才蓺(yì)以叙官宜。”(蓺:艺。叙:按次序排列。)㊁研究,考索。《后汉书·张衡传》:“遂乃研～阴阳。”❷真实,确实。《后汉书·班固传论》:“迁文直而事～,固文赡而事详。”(迁:司马迁。固:班固。)❸果实的核。《周礼·地官·大司徒》:“其植物宜～物。”这个意义后来写作“核”。❹麦糠中的粗屑。《史记·陈丞相世家》:“亦食糠～耳。”(糠:同“糠”。)这个意义后来写作“麧”、“籺”。

龢 hé 古“和”字。❶和谐,协调。《吕氏春秋·孝行》:“正六律,～五声,杂八音,养耳之道也。”❷和睦。《国语·周语下》:“言惠必及～。”

贺(賀) hè ❶奉送礼物表示庆祝。《诗经·大雅·下武》:“受天之祜,四方来～。”(祜:福。)《史记·楚世家》:“宣王六年,周天子～秦献公。”㊂庆祝,庆贺。杜甫《雨》诗:“始～天休雨,还嗟地出雷。”(嗟:叹。)❷嘉奖,犒赏。《吴越春秋·夫差内传》:“故使贱臣以奉前王所藏甲二十领……以～军吏。”

喝 hè ❶恫吓,吓唬。《战国策·赵策二》:“是故横人日夜务以秦权恐～诸侯,以求割地。”(横人:主张连横的人。)❷大声喊叫。《晋书·刘毅传》:“裕厉声～之,即成卢焉。”❸yè 声音嘶哑。司马相如《子虚赋》:“榜人歌,声流～。”(榜人:船夫。)

褐 hè ❶粗布或粗布衣服。《诗经·豳风·七月》:“无衣无～,何以卒岁?”(卒岁:过完一年。)❷黄黑色。白居易《三适赠道友》诗:“～绫袍厚暖。”(绫:一种丝织品。)

赫 hè ❶火红色。《诗经·邶风·简兮》:“～如渥赭(zhě)。”(渥:浓厚。赭:红褐色。)❷显著,显赫。《荀子·天论》:“故日月不高,则光晖不～。”(晖:辉。)李白《古风五十九首》之二十四:“路逢斗鸡者,冠盖何辉～。”(冠盖:指仕宦的衣帽车盖。)❸发怒、威严的样子。《诗经·大雅·皇矣》:

"王～斯怒,爰整其旅。"《晋书·挚虞传》:"皇震其威,～如雷霆。"(雷霆:暴雷。) ❹ [赫然] 1. 触目惊心的样子。《公羊传·宣公六年》:"赵盾就而视之,则～～死人也。"(就:靠近。) 2. 声威盛大的样子。《三国志·吴书·吕蒙传》:"陈列～～,兵人练习。" 3. 发怒的样子。《后汉书·张纲传》:"天子～～震怒。"

嚇 hè (又读 xià) ❶ 怒叱声。《庄子·秋水》:"鸱得腐鼠,鹓鶵过之,仰而视之曰:'～!'"杜甫《赤霄行》:"江中淘河～飞燕。"(淘河:鹈鹕,一种食鱼的水鸟。) ❷ 张开。郭璞《江赋》:"或～鳃乎岩间。"

嗃 hè ❶ [嗃嗃] 严酷的样子。《周易·家人》:"家人～～。" ❷ xiāo 吹管的声音。《庄子·则阳》:"夫吹管也,犹有～也。" ❸ xiào 大声呼号。马融《长笛赋》:"铮镄訇(hōng)～。"(訇:大声。) [嗃嗃] 嚎叫。《南齐书·五行志》:"野猪虽～～,马子空闾渠。"

暤(皬、翯) hè [暤暤] 羽毛洁白的样子。何晏《景福殿赋》:"悠悠玄鱼,～～白鸟。"

壑 hè ❶ 蓄水的洼地。《庄子·秋水》:"擅(shàn)一～之水。"(擅:占据。) ㊀坑,沟。《孟子·滕文公上》:"其亲死,则举而委之于～。"《礼记·郊特牲》:"土反其宅,水归其～。" ㊀指海。《庄子·天地》:"夫大～之为物也,注焉而不满,酌焉而不竭。" ❷ 山沟,山谷。《国语·晋语八》:"溪～可盈。"(盈:充满。) ㊀山中溪流。《世说新语·言语》:"千岩竞秀,万～争流。"徐弘祖《徐霞客游记·游黄山日记》:"四顾奇峰错列,众～纵横。"

HEN

痕 hén 疮伤痊愈后留下的疤。《后汉书·赵壹传》:"洗垢求其瘢(bān)～。"(瘢:疮伤的疤。) ㊁痕迹,留下的迹印。刘禹锡《陋室铭》:"苔～上阶绿。"(苔:青苔。阶:台阶。)

佷 hěn 乖戾,不听从。《国语·晋语九》:"宣子曰:'宵也～。'"(宵:人名。)

很 hěn ❶ 违背,不听从。《国语·吴语》:"今王将～天而伐齐。"《史记·项羽本纪》:"猛如虎,～如羊,贪如狼。" ❷ 争讼。《礼记·曲礼上》:"～毋求胜,分毋求多。" ❸ 通"狠"。心狠,残忍。《左传·襄公二十六年》:"大子痤美而～,合左师畏而恶之。"(大:太。合左师:人名。)【注意】"很"直到明代才有"甚"的意义。

恨 hèn 遗憾,不满意。《荀子·尧问》:"禄厚者民怨之,位尊者君～之。"(禄厚者:俸禄高的人。位尊者:地位尊贵的人。)《史记·魏其武安侯列传》:"侯自我得之,自我捐之,无所～。"(侯:指侯的爵位。捐:抛弃。)【辨】憾,恨,怨。"憾"和"恨"是同义词,都表示遗憾。先秦一般用"憾",汉以后多用"恨"。"怨"和"恨"不是同义词。在古书中"怨"表示仇视、怀恨,"恨"不表示仇视、怀恨。只有"怨恨"二字连用时才有仇恨的意思。

HENG

亨 hēng ❶ 通达,顺利。《周易·坤》:"品物咸～。"(品:众。咸:都。)许浑《送人之任邛州》诗:"～衢(qú)自有横飞势。"(衢:大路。)成语有"官运亨通"。 ❷ xiǎng 献。《周易·大有》:"公用～于天子。"这个意义一般写作"享"。 ❸ pēng 煮。《诗经·豳风·七月》:"～葵及菽(shū)。"(葵:冬葵,古代的一种主要蔬菜。菽:豆类。)这个意义后来写作"烹"。

恒(恆) héng ❶ 经常,常常。《诗经·小雅·小明》:"嗟尔君子,无～安处。"(无:不要。)柳宗元《答韦中立论师道书》:"庸蜀之南,～雨少日。"(庸蜀:指今四川。)成语有"持之以恒"。 ❷ 固定的,永久的。《孟子·梁惠王上》:"无～产而有～心者,惟士为能。"柳宗元《送韦七秀才下第求益友序》:"其文懿且高,其行愿以～。" ㊀常规,准则。《国语·越语下》:"因阴阳之～,顺天地之常。" ㊕恒心。《论语·子路》:"人而无～,不可以作巫医。" ❸ 平常,一般。《战国策·秦策二》:"甘茂贤人,非～士也。"(甘茂:人名。) ❹ 恒山,在山西,五岳中的北岳。

姮 héng [姮娥] 即嫦娥。传说是月中女神。《淮南子·览冥》:"譬若羿请不死之药于西王母,～～窃以奔月。"

珩 héng 佩上的横玉。《国语·楚语下》:"若夫白～,先王之玩也,何宝之焉?"《宋书·乐志二》:"鸣～佩,观典章。"

桁 héng ❶ 屋梁上的横木,檩子。何晏《景福殿赋》:"～梧复叠,势合形离。" ❷ háng 夹在犯人颈上、小腿上的刑具。用作动词,用这种刑具施刑。《隋书·刑法志》:"流罪已上加杻械,死罪者～之。" ❸

háng 浮桥。《晋书·成帝纪》:"新作朱雀浮～。"❹ hàng 衣架。《宋书·乐志三》:"盎中无斗储,还视～上无县衣。"(县:悬。)

胻 héng 人的小腿。《史记·龟策列传》:"圣人剖其心,壮士斩其～。"

衡 héng ❶ 车辕头上套牲畜用的横木。《庄子·马蹄》:"加之以～扼。"(扼:通"轭"。搁在牛马颈上的曲木。) ❷ 秤杆,秤。《庄子·胠箧》:"为之权～以称之,则并与权～而窃之。"《史记·五帝本纪》:"同律度量～。"㊀衡量,称量。《淮南子·主术》:"～之于左右,无私轻重。" ❸ 通"横"。横。与"纵"相对。《诗经·齐风·南山》:"～从其亩。"(从:纵。亩:播种的垄。)㊕指连横。《史记·苏秦列传》:"故从合则楚王,～成则秦帝。" ❹ 衡山,在湖南,五岳中的南岳。

H

蘅 héng ❶ 即杜蘅,一种香草。《楚辞·九思·伤时》:"～芷彫兮莹嫇。"(芷:白芷,一种香草。莹嫇:光彩暗淡。) ❷ [蘅芜]香草名。王嘉《拾遗记·前汉上》:"梦李夫人授帝～～之香。"

横 héng ❶ 横。与"纵"相对。地理上东西为横,南北为纵。《淮南子·览冥》:"纵～间之,举兵而相角。"(间:挑拨离间。)柳宗元《岭南节度飨军堂记》:"～八楹(yíng),从十楹。"(楹:柱子。从:纵。)这个意义又写作"衡"。㊀成横状,横着。《墨子·备穴》:"左右～行。"韦应物《滁州西涧》诗:"野渡无人舟自～。"(渡:指渡口。)㊕连横。战国时齐楚六国分别与秦交好的策略。《战国策·秦策三》:"破～散从,使驰说之士无所开其口。"(从:纵,合纵,六国联合抗秦的策略。) ❷ 纵横错杂。《孟子·滕文公上》:"洪水～流,泛滥于天下。" ❸ 充溢。《礼记·祭义》:"置之而塞乎天地,溥(fū)之而～乎四海。"㊁广,广阔。范仲淹《岳阳楼记》:"浩浩汤汤,～无际涯。" ❹ hèng 蛮横,残暴。《史记·魏其武安侯列传》:"武安日益～。" ❺ hèng 出乎意料地。《三国志·吴书·吴主五子传》:"～遇飞祸矣。"(飞祸:意外的祸患。)

HONG

訇 hōng 象声词,形容声音大。李白《梦游天姥吟留别》:"洞天石扇,～然中开。"

渹 hōng ❶ [渹湱(huò)]波涛冲击声。周光镐《黄河赋》:"莫不～～澎湃。" ❷ qìng 冰凉,冷。《世说新语·排调》:"时盛暑之月,丞相以腹熨弹棋局,曰:'何乃～!'"

烘 hōng ❶ 烧。《诗经·小雅·白华》:"樵彼桑薪,卬～于煁(chén)。"(卬:我。煁:灶。)㊀烤。韩偓《此翁》诗:"玉寒曾试几炉～。" ❷ 渲染(后起意义)。范成大《春后微雪一宿而晴》诗:"朝暾不与同云便,～作晴空万缕霞。"(朝暾:早晨的太阳。同云:一色之云,要下雪的征兆。)

薨 hōng 死。周代诸侯死叫作"薨"。唐代以后二品以上的官死也叫作"薨"。《左传·昭公三十二年》:"鲁文公～而东门遂杀適立庶。"(东门遂:人名。適:嫡,正妻所生的儿子。)【辨】崩,薨,卒,死,没。见15页"崩"字。

弘 hóng 大。《诗经·小雅·节南山》:"丧乱～多。"《论衡·问孔》:"世间～才大知。"(知:智。)㊀扩大,光大。《论语·卫灵公》:"人能～道,非道～人。"《汉书·叙传下》:"思～祖业。"

泓 hóng ❶ 水深的样子。郭璞《江赋》:"极～量而海运,状滔天以淼茫。"㊁深彻。《世说新语·赏誉》:"入理～然,我已上人。"㊀深而广的水。杜甫《刘九法曹郑瑕丘石门宴集》诗:"晚来横吹好,～下亦龙吟。"(横吹:指笛子。) ❷ 量词。用于水。李贺《梦天》诗:"一～海水杯中泻。"

红(紅) hóng ❶ 粉红。《论语·乡党》:"～紫不以为亵服。"(亵服:平日穿的内衣。)刘勰《文心雕龙·情采》:"间色屏(bǐng)于～紫。"(把粉红、紫色这些不正的颜色除掉。间色:不正的颜色。屏:除去,抛弃。)㊀大红(后起意义)。白居易《忆江南》:"日出江花～胜火。" ❷ gōng 通"工"。指妇女纺织、刺绣等工作。《汉书·哀帝纪》:"(绮绣)害女～之物,皆止。"【注意】这个意义先秦写作"工"或"功"。两汉后多作"红"。❸ gōng 通"功"。丧服名。《汉书·文帝纪》:"服大～十五日,小～十四日。"【辨】赤,朱,丹,绛,红。见52页"赤"字。

鸿(鴻) hóng ❶ 大型雁类的泛称。司马迁《报任安书》:"人固有一死,或重于泰山,或轻于～毛。" ❷ 通"洪"。洪水。《荀子·成相》:"禹有功,抑下～。"(抑:遏止。) ❸ 大。《论衡·自纪》:"盖贤圣之材～,故其文语与俗不通。"刘禹锡《陋室铭》:"谈笑有～儒,往来无白丁。"

吰 hóng ❶ [噌(chēng)吰]见47页"噌"字。❷ 同"宏"。大。《文选·司马相如〈难蜀父老〉》:"必将崇论～议,创业垂统，为万世规。"

闳(閎) hóng ❶巷门。《左传·成公十七年》："与妇人蒙衣乘辇(niǎn)而入于～。"(辇：车。)❷宏大，宽广。《韩非子·难言》："～大广博，妙远不测。"

宏 hóng 大，广大，宏大。《尚书·康诰》："汝惟小子，乃服惟～。"柳宗元《柳浑年七十四状》："度量～大。"㊀使宏大，发扬。《颜氏家训·勉学》："汉时贤俊，皆以一经～圣人之道。"㊁指声音大，洪亮。《周礼·考工记·梓人》："其声大而～。"

纮(紘) hóng ❶系于颔下的帽带。《左传·桓公二年》："衡、紞、～、綖，昭其度也。"(衡：把冠固定在发髻上的簪子。紞：冠两边挂玉石饰物的带子。綖：一种帽饰。)❷编磬成组的绳子。《仪礼·大射仪》："鼗(táo)倚于颂磬西～。"(鼗：一种长柄小鼓。)㊂绳子。班固《西都赋》："罘网连～，笼山络野。"(罘：网。)❸罗网。扬雄《羽猎赋》："遥噱乎～中。"(噱：张口吐舌，形容禽兽疲于奔命的样子。)❹维系。《淮南子·原道》："～宇宙而章三光。"(三光：指日、月、星。)[八纮]指八方极远的地方。《史记·司马相如列传》："遍览～～而观四荒兮。"❺通"宏"。广大。《淮南子·精神》："天地之道，至～以大。"

竑 hóng 量度。《周礼·考工记·轮人》："故～其辐广，以为之弱，则虽有重任，毂不折。"

耾 hóng [耾耾]形容大的声音。宋玉《风赋》："～～雷声，回穴错迕。"

浤 hóng [浤浤]形容波浪汹涌。木华《海赋》："崩云屑雨，～～汩汩(gǔ)。"

谹(谹) hóng 深，大。《汉书·司马相如传下》："必将崇论～议，创业垂统，为万世规。"

洪 hóng ❶大水。《诗经·商颂·长发》："～水芒芒，禹敷下土方。"屈原《天问》："～泉极深，何以寘(tián)之？"(洪水的渊泉很深，用什么把它填满呢？洪泉：洪水的渊泉。寘：填。)❷大。张衡《西京赋》："～钟万钧。"(钧：三十斤。)

硔 hóng 大山谷。苏轼《开先漱玉亭》诗："余流滑无声，快泻双石～。"

黉(黌) hóng 古代学校称黉。《后汉书·仇览传》："农事既毕，乃令子弟群居，还就～学。"

讧(訌) hòng 争吵，混乱。《诗经·大雅·召旻》："蟊贼内～。"《新唐书·郭子仪传》："外阻内～。"

澒 hòng ❶[澒濛]宇宙形成以前的混沌状态。《淮南子·精神》："古未有天地之时……～～鸿洞，莫知其门。"❷[澒溶]形容水深广。左思《吴都赋》："～～沆瀁，莫测其深，莫究其广。"❸[澒洞(tóng)]弥漫无际的样子。贾谊《旱云赋》："运清浊之～～兮，正重沓而并起。"❹gǒng 水银。《淮南子·地形》："黄～五百岁生黄金。"

哄(鬨) hòng ❶争斗。《孟子·梁惠王下》："邹与鲁～。"❷喧闹。《扬子法言·学行》："一～之市，不胜异意焉。"【注意】"鬨"与"哄"在古代原是不同的字，意义也不相同，今"鬨"简化作"哄"。

HOU

侯 hóu ❶箭靶。《诗经·齐风·猗嗟》："终日射～，不出正兮。"(正：靶的中心。)❷古代五等爵位的第二等。《礼记·王制》："王者之制禄爵，公、～、伯、子、男凡五等。"(禄爵：俸禄和爵位。凡：共。)㊀秦汉以后仅次于王的爵位。《史记·陈涉世家》："王～将相宁有种乎！"(宁：难道。)㊁对士大夫的尊称。《世说新语·文学》："羊～，羊～，百口赖卿。"(羊侯：指羊孚。赖：依赖，仰仗。)

镔(鍭) hóu ❶一种箭。《周礼·夏官·司弓矢》："杀矢、～矢，用诸近射田猎。"❷箭头。班固《西都赋》："尔乃期门佽飞，列刃钻～。"❸通"翭"。计算羽毛的量词，根。《后汉书·南蛮传》："其民户出幏布八丈二尺，鸡羽三十～。"

篌 hóu [箜篌]见225页"箜"字。

糇(餱) hóu 干粮。《诗经·小雅·无羊》："或负其～。"(负：背。)《左传·宣公十一年》："具～粮，度有司。"

翭(翭) hóu ❶计算羽毛的量词，根。《九章算术·粟米》："买羽二千一百～。"❷同"镔"。一种箭。《仪礼·既夕礼》："～矢一乘。"

后1 hòu ❶君主，帝王。《尚书·说命上》："惟木从绳则正，～从谏则圣。"《左传·襄公四年》："有穷～羿(yì)。"(有穷：国名。羿：人名。)❷君王的正妻。《后汉书·郭皇后纪》："～叔父梁，早终。"(梁：人名。)❸通"後"。时间或位置在后的。与"先"或"前"相对。《墨子·尚贤上》："敬之誉之，然～国之良士亦将可得而众也。"

（誉：称颂，赞美。）

后²（後） hòu ❶走在后面，落在后面。《论语·微子》："子路从而～，遇丈人。"（子路：孔子弟子。）《韩非子·外储说左上》："君不亟（jí）伐，将～齐、燕。"（亟：赶快。伐：征伐。）❷时间或位置在后的。与"先"或"前"相对。《左传·文公二年》："先大～小，顺也。"《孙子兵法·虚实》："前不能救～，～不能救前。"❸后代，子孙。《孟子·梁惠王上》："始作俑者，其无～乎？"（俑：古代殉葬用的木偶或陶人。）【注意】在古代，"后"和"後"是两个字，意义差别很大。"君王"、"君王的妻子"两个意义都不写作"後"。而"先後"、"前後"的"後"，也很少写作"后"。现"後"简化为"后"。参见157页"后¹"字。

逅 hòu ［邂逅］见455页"邂"字。

厚 hòu ❶厚。与"薄"相对。《荀子·劝学》："不临深谿，不知地之～也。"（谿：山谷。）❷重，深。《商君书·修权》："赏～而利，刑重而威必。"杜甫《石笋行》："政化错迕失大体，坐看倾危受～恩。"㊀看重。屈原《离骚》："伏清白以死直兮，固前圣之所～。"（伏清白：做清白的事情。以：而。死直：指为正义的事业而死。）❸忠厚，厚道。《论语·学而》："慎终追远，民德归～矣。"《史记·绛侯周勃世家》："勃为人木强敦～。"（木强：性格质直倔强。）❹醇厚，味道浓。《韩非子·扬权》："～酒肥肉。"

候 hòu ❶守望，放哨。《墨子·备穴》："城内为高楼，以谨～望适人。"（适：通"敌"。）㊀哨所。《史记·律书》："愿且坚边设～。"（坚边：加强边防。）这个意义又写作"堠"。㊀侦察兵。《韩非子·说林上》："子胥出走，边～得之。"❷窥伺，侦察。《吕氏春秋·贵因》："武王使人～殷。"㊀观测。沈括《梦溪笔谈》卷七："天文家有浑仪，测天之器，设于崇台，以～垂象者。"（崇：高。垂象：天象。）❸问候。《汉书·张禹传》："上临～禹。"❹等候。陶潜《归去来兮辞》："僮仆欢迎，稚子～门。"（稚子：小孩子。）❺五天为一候。《素问·藏象论》："五日谓之～，三～谓之气，六气谓之时，四时谓之岁。"❻征候，征兆。《晋书·天文志中》："凡游气蔽天，日月失色，皆是风雨之～也。"（游气：指云。）【辨】俟，待，等，候。见391页"俟"字。

堠 hòu ❶瞭望敌情的土堡，哨所。陈子昂《感遇》诗："亭～何摧兀（wù）。"❷记里程的土堆。柳宗元《诏追赴都回寄零陵亲故》诗："岸傍古～应无数，次第行看别路遥。"

HU

乎 hū ❶介词。用法相当于"于"。屈原《九章·涉江》："吾又何怨～今之人。"《荀子·劝学》："学至～没而后止也。"（学到死那天然后停止。没：殁，死。）韩愈《答李翊书》："志～古必遗～今。"❷语气词。用在句末表示疑问或反问。相当于现代汉语的"吗"或"呢"。《论语·卫灵公》："君子亦有穷～？"《史记·陈涉世家》："王侯将相宁有种～？"（宁：难道。）❸语气词。用在句末表示感叹。相当于现代汉语的"啊"、"呀"。《孟子·滕文公上》："荡荡～，民无能名焉。"《史记·孙子吴起列传》："美哉～，山河之固！"❹语气词。用在句中表示语气和缓或停顿。《论语·子路》："子曰：'苟正其身矣，于从政～何有？不能正其身，如正人何？'"❺形容词词尾。司马相如《上林赋》："汩～混流，顺阿而下。"（汩：水势急促。混：水势盛大。阿：大山。）

呼¹ hū ❶吐气。与"吸"相对。《庄子·刻意》："吹呴（xǔ）～吸，吐故纳新。"（呴：张嘴出气。）❷呼叫，呼号。《韩非子·显学》："慈母治之，然犹啼～不止。"杜甫《北风》诗："三更鸟兽～。"❸呼唤。《后汉书·华佗传》："～佗视脉。"㊀称举，称道。《荀子·儒效》："～先王以欺愚者而求衣食焉。"㊀称呼。《庄子·天道》："昔者子～我牛也，而谓之牛。"《世说新语·方正》："太傅醉，～王为小子。"

呼²（嘑） hū ❶通"呼"。呼叫，呼唤。《周礼·春官·御史》："及墓，～启关陈车。"（关：墓门。）❷hù ［嘑尔］没礼貌地喊叫别人。《孟子·告子上》："～～而与之，行道之人弗受。"【注意】在古代"呼"和"嘑"是两个不同的字，现"嘑"的义项❶写作"呼"。

呼³（謼） hū 呼唤，叫喊。《汉书·息夫躬传》："躬仰天大～，因僵仆。"【注意】"呼"与"謼"在古代是不同的字，现"謼"写作"呼"。

忽 hū ❶不注意，不重视。《韩非子·存韩》："愿陛下幸察愚臣之计，无～。"（察：审察。）❷快速。《左传·庄公十一年》："其亡也～焉。"㊀忽然。《晋书·谢安传》："金鼓～破。"㊀轻捷，轻易。《荀子·强国》："（莫邪剑）劙（lí）盘盂，刎牛马～然耳。"

（鳌：割。盘盂：指铜器。刎：杀。）❸ 灭亡，堙没。《诗经·大雅·皇矣》："是伐是肆，是绝是～。"《大戴礼记·武王践阼》："黄帝颛顼之道存乎？意亦～不可得见与？"❹ 辽阔渺茫的样子。屈原《九歌·国殇》："平原～兮路超远。"（超远：遥远。）[忽忽]恍忽。司马迁《报任安书》："居则～～若有所亡。"（居：指在家时。亡：失。）❺ 古代长度单位。尺的百万分之一。《孙子算经》卷上："十～为一丝，十丝为一毫。"

惚 hū ❶ [惚恍(huǎng)]模糊不清。潘岳《西征赋》："寥廓～～，化一气而甄三才。"❷ [恍惚]见 166 页"恍"字。

幠 hū ❶ 覆盖。《仪礼·士丧礼》："死于适室，～用敛衾。"❷ 大。《诗经·小雅·巧言》："无罪无辜，乱如此～。"❸ 怠慢。《礼记·投壶》："毋～毋敖。"

膴 hū ❶ 大块鱼肉。《礼记·少仪》："羞濡鱼者进尾，冬右腴，夏右鳍，祭～。"❷ 无骨的干肉。《周礼·天官·腊人》："凡祭祀，共豆脯，荐脯、～、胖。"❸ 法则。《诗经·小雅·小旻》："民虽靡～，或哲或谋。"❹ wǔ 盛，厚。《诗经·小雅·节南山》："琐琐姻亚，则无～仕。"㊕ 土地肥美。刘禹锡《连州刺史厅壁记》："原鲜而～，卉物柔泽。"

狐 hú 狐狸。《战国策·楚策一》："虎求百兽而食之，得～。"[狐疑]怀疑，犹豫。屈原《离骚》："心犹豫而～～。"

弧 hú ❶ 木弓。《左传·僖公十五年》："寇张之～。"《周易·系辞下》："弦木为～。"[弧矢] 1. 弓和箭。《周易·系辞下》："～～之利，以威天下。" 2. 星名。《宋史·天文志》："～～九星，在狼星东南，天弓也。"㊀用以撑开旗子的竹弓。《礼记·明堂位》："载～韣(dú)。"（韣：盛放弓的袋子。）❷ wū 弯曲。《周礼·冬官·辀人》："凡揉辀欲其孙而无～深。"（辀：车辕。孙：顺其纹理。）❸ 歪曲。东方朔《七谏·谬谏》："邪说饰而多曲兮，正法～而不公。"（正法被歪曲，人心就背公而向私。）

胡 hú ❶ 兽颈下的垂肉。《诗经·豳风·狼跋》："狼跋(bá)其～。"（跋：踩。）❷ 疑问代词。什么。《礼记·檀弓上》："古之人～为而死其亲乎？"㊀怎么，为什么。《诗经·魏风·伐檀》："不稼不穑(sè)，～取禾三百亿兮？"（稼：播种。穑：收获。亿：十万，指禾束的数目大。）❸ 长寿。常"胡考"、"胡耇"连用。《诗经·周颂·丝衣》："～考之休。"（休：福。）❹ 我国古代西北部民族的统称。秦汉时多指匈奴。贾谊《过秦论》："～人不敢南下而牧马。"㊁外国的。杨衒之《洛阳伽蓝记·白马寺》："～人号曰佛。"（号曰：叫作。）❺ [东胡]先秦时我国东北部的一个民族，后分为乌桓、鲜卑两族。

瑚 hú ❶ [瑚琏]古代宗庙盛放黍稷的祭器。比喻有用的人才。《论语·公冶长》："子贡问曰：'赐也何如？'子曰：'女器也。'曰：'何器也？'曰：'～～也。'"杜甫《赠左仆射郑国公严公武》诗："郑公～～器，华岳金天晶。"❷ [珊(shān)瑚]见 360 页"珊"字。

糊(餬) hú 稠粥。[糊口]食粥以维持生命。《庄子·人间世》："挫针治繲，足以～～；鼓筴播精，足以食十人。"《史记·范雎蔡泽列传》："夜行昼伏，至于陵水，无以～其口。"

醐 hú [醍(tí)醐]见 408 页"醍"字。

壶(壺) hú ❶ 古代容器，腹大口小，多用来盛酒浆或粮食。《诗经·大雅·韩奕》："清酒百～。"《孟子·梁惠王下》："箪食～浆，以迎王师。"❷ 古代计时器，滴水以计时。也叫壶漏。《周礼·夏官·挈壶氏》："凡丧，县～以代哭者，皆以水火守之，分以日夜。"（县：悬。）❸ 投壶，古代宴饮时宾主投矢娱乐的器具。《礼记·投壶》："投～之礼，主人奉矢，司射奉中，使人执～。"❹ 通"瓠"。瓠瓜。也叫葫芦。《诗经·豳风·七月》："七月食瓜，八月断～。"

斛 hú 古量器名。也是容量单位。十斗为一斛，南宋末年改五斗为一斛。《庄子·胠箧》："为之斗～以量之，则并与斗～而窃之。"《史记·李斯列传》："平斗～度量文章，布之天下。"《三国志·魏书·武帝纪》："是岁谷一～五十余万钱。"（是岁：这一年。）

搰 hú ❶ 掘出。《国语·吴语》："狐埋之而狐～之。"❷ kū [搰搰]用力的样子。《庄子·天地》："～～然用力甚多而见功寡。"杜甫《秋行官张望督促东渚耗稻向毕》诗："功夫竞～～，除草置岸旁。"

鹄(鵠) hú ❶ 天鹅。《庄子·天运》："夫～不日浴而白。"《史记·陈涉世家》："燕雀安知鸿～之志哉。"㊀白色。《后汉书·吴良传赞》："大仪～发，见表宪王。"（大仪：吴良字。宪王：指刘苍。）❷ gǔ 箭靶子。《礼记·射义》："射者各射己之～。"❸ hè 通"鹤"。李商隐《圣女祠》诗：

"寡～迷苍壑，羁凰怨翠梧。"［鹄卵］鹤之卵。形体大于一般鸟卵，用以比喻大材。《庄子·庚桑楚》："越鸡不能伏～～。"《淮南子·氾论》："蜂房不容～～，小形不足以包大体也。"

縠 hú 有绉纹的纱。《战国策·齐策四》："王之忧国爱民，不若王爱尺～也。"《史记·滑稽列传》："为治新缯绮～衣。"

觳 hú ❶一种量器。也是容量单位。一说一斗二升为一觳。《周礼·考工记·陶人》："鬲（lì）实五～。"（鬲：古器皿。实：充，装。）❷ què 通"确"。薄。《管子·地员》："刚而不～。" ❸［觳觫（sù）］恐惧的样子。《孟子·梁惠王上》："吾不忍其～～。" ❹ jué 通"角"。较量。《韩非子·用人》："强弱不～力，冰炭不合形。"［觳抵］通"角抵"。摔跤。《史记·李斯列传》："作～～优俳（pái）之观。"（优俳：演戏。观：状态，样子。）

H

浒（滸） hǔ 水边。《诗经·王风·葛藟》："緜緜葛藟，在河之～。"柳宗元《送薛存义序》："追而送之江之～。"

琥 hǔ ❶雕成虎形的玉器。《左传·昭公三十二年》："赐子家子双～一环一璧。" ❷［琥珀］矿物名。黄褐色透明的化石。可做香料及装饰品。《梁书·诸夷传》："多大秦珍物，珊瑚、～～、金碧珠玑……"

互 hù ❶挂肉的架子。《周礼·地官·牛人》："凡祭祀，共其牛牲之～。"张衡《西京赋》："置～摆牲。" ❷交错，交替。李陵《答苏武书》："侧耳远听，胡笳～动，牧马悲鸣。"《汉书·谷永传》："百官盘～，亲疏相错。"《世说新语·文学》："左太冲作《三都赋》初成，时人～有讥訾（zǐ）。"㉡互相。何晏《〈论语集解〉序》："所见不同，～有得失。"范仲淹《岳阳楼记》："渔歌～答。"

沍（冱） hù ❶冰冻，冻结。《庄子·齐物论》："大泽焚而不能热，河汉～而不能寒。"张衡《思玄赋》："清泉～而不流。"㉡寒冷。杜甫《西枝村寻置草堂地夜宿赞公土室》诗："要求阳冈暖，苦涉阴岭～。" ❷闭塞。张养浩《上都道中》诗："穷～惟沙漠，昔闻今信然。"

枑 hù 古时设置在官府门前以阻挡行人的障碍物。也叫梐（bì）枑或行马。潘岳《藉田赋》："封人壝（wěi）宫，掌舍设～。"（封人、掌舍：官名。壝：矮墙。）

户 hù ❶单扇的门。㉒门。《诗经·豳风·七月》："塞向墐～。"（向：朝北的窗子。墐：涂。）《吕氏春秋·尽数》："流水不腐，～枢不蝼，动也。"晁错《募民徙塞下疏》："门～之闭。" ❷住户。在户籍中，一家为一户。《史记·秦始皇本纪》："徙（xǐ）天下豪富于咸阳十二万～。" ❸洞穴。《礼记·月令》："蛰虫咸动，启～始出。"《淮南子·天文》："百虫蛰伏，静居闭～。" ❹阻止。《左传·宣公十二年》："屈荡～之。"（屈荡：人名。）❺酒量。白居易《久不见韩侍郎》诗："～大嫌甜酒，才高笑小诗。"

护（護） hù ❶保卫，保护。《史记·萧相国世家》："高祖为布衣时，何数以吏事～高祖。"（布衣：百姓，平民。）㉡爱护。《汉书·张良传》："烦公幸卒调～太子。" ❷庇护，袒护。曹丕《与吴质书》："观古今文人，类不～细行。"《抱朴子·勤求》："又多～短匿愚，耻于不知。" ❸统辖，统率。《史记·陈丞相世家》："今日大王尊官之，令～军。" ❹占据。《宋书·羊玄保传》："占山～泽，强盗律论。"

扈 hù ❶止，制止。《左传·昭公十七年》："～民无淫者也。"（无淫：使之不要邪恶。）❷披。屈原《离骚》："～江离与辟芷兮。"（江离：香草名。辟：幽静。芷：香草名，即白芷。）❸一种鸟。《诗经·小雅·小宛》："交交桑～。"（交交：鸟叫的声音。）❹［扈从］皇帝出巡时的侍从、护卫人员。司马相如《上林赋》："～～横行。" ❺养马人。《公羊传·宣公十二年》："厮役～养死者数百人。" ❻［扈扈］广大，宽阔。《礼记·檀弓上》："尔毋从从尔，尔毋～～尔。"（从从：高的样子。）❼古国名。《左传·昭公元年》："夏有观～。"

鳸 hù 与农桑关系密切的候鸟。郑樵《通志·昆虫草木二》："～之类多，皆雀属也。"㉡农官名。《左传·昭公十七年》："九～为九农正。"

怙 hù 依仗，凭借。《诗经·小雅·蓼莪》："无父何～，无母何恃。"柳宗元《封建论》："～势作威。"（势：权势。）双音词有"怙恃"。成语有"怙恶不悛（quān）"。㉡特指父亲。白居易《祭乌江十五兄文》："孩失其～，幼丧所亲。"（孩：婴儿。）

岵 hù 有草木的山。《诗经·魏风·陟岵》："陟彼～兮，瞻望父兮。"

祜 hù 福。《诗经·周颂·载见》："永言保之，思皇多～。"何晏《景福殿赋》："其～伊何？"（伊：语气词。）

笏 hù 古代朝见时大臣所执的手板，用以记事。《礼记·玉藻》："凡有指画于君前，用～。"柳宗元《答韦中立论师道书》：

"荐～言于卿士。"(荐:插。)

瓠 hù ❶一种葫芦,嫩时可吃,老时可做盛物器。《庄子·逍遥游》:"魏王贻我大～之种,……剖之以为瓢。"《韩非子·外储说左上》:"夫～所贵者,谓其可以盛也。"❷hú 瓦壶。贾谊《吊屈原赋》:"斡弃周鼎宝康～兮。"(康:空。)

嫭(嫮) hù 貌美。《楚辞·大招》:"朱唇皓齿,～以姱只。"(姱:美好。)㊀貌美的人,美女。《汉书·扬雄传》:"知众～之嫉妒兮,何必飏累之蛾眉?"

頀 hù 商汤时的一种音乐。董仲舒《春秋繁露·楚庄王》:"汤之时,民乐其救之于患害也,故《～》。～者,救也。"

HUA

砉 huā 见460页。

划1 huá 拨水前进。张镃《崇德道中》诗:"破艇争～忽罢喧,野童村女闯篱边。"参见本页"划²(劃)"字。

华(華) huá ❶huā 花。《诗经·周南·桃夭》:"灼灼其～。"(灼灼:鲜艳的样子。)[华发]花白头发。辛弃疾《清平乐·独宿博山王氏庵》:"平生塞北江南,归来～～苍颜。"(苍颜:苍老的脸色。)㊁开花。《淮南子·时则》:"桃李始～。"❷华丽,美丽。《史记·滑稽列传》:"衣以文绣,置之～屋之下。"㊀精华,精美的东西。王勃《滕王阁序》:"物～天宝。"㊁文才。刘勰《文心雕龙·程器》:"昔庾元规才～清英。"(庾元规:人名。)❸浮华。《后汉书·王符传》:"是以朋党用私,背实趋～。"成语有"华而不实"。❹光彩。《淮南子·地形》:"末有十日,其～照下地。"(末:树梢。十日:十个太阳。)㊀显贵,显耀。《潜夫论·论荣》:"所谓贤人君子者,非必高位厚禄,富贵荣～之谓也。"❺汉族的古称。《左传·襄公十四年》:"我诸戎饮食衣服不与～同。"(戎:民族名。)[华夏]1.汉族的古称。《尚书·武成》:"～～蛮貊(mò),罔不率俾。"(俾:服从。)2.古代称我国中原地区。《三国志·蜀书·关羽传》:"羽威震～～。"❻huà 华山,在陕西,五岳中的西岳。❼huà 姓。

哗(嘩、譁) huá 喧哗,声大而杂乱。《孙子兵法·军争》:"以静待～。"《史记·秦本纪》:"听无～,余誓告汝。"(无:不要。)宗泽《早发》诗:"眼中形势胸中策,缓步徐行静不～。"(策:策略,谋略。)㊀言辞浮夸。《韩诗外传》卷三:"夫慎于言者不～,慎于行者不伐。"成语有"哗众取宠"(用浮夸的言辞博取众人的喜爱)。

骅(驊) huá [骅骝]良马。《庄子·秋水》:"骐骥～～一日而驰千里。"《汉书·扬雄传上》:"骋～～以曲艰兮。"(曲艰:曲折险阻之地。)

猾 huá ❶扰乱。《尚书·舜典》:"蛮夷～夏,寇贼奸宄(guǐ)。"(夏:古代称我国中原地区。奸宄:违法作乱。)《国语·晋语二》:"君若求置晋君以成名于天下,则不如置不仁以～其中,且可以进退。"❷狡诈,狡猾。《左传·昭公二十六年》:"奖顺天法,无助狡～。"《史记·高祖本纪》:"项羽为人僄(piào)悍～贼。"(僄悍猾贼:轻捷勇悍,狡猾凶狠。)

滑 huá ❶滑溜,光滑,不粗涩。《周礼·考工记·鲍人》:"进而握之,欲其柔而～也。"《三国志·魏书·王肃传》:"加之以霖雨,山坂峻～。"(霖雨:久雨,连绵大雨。山坂:山坡。)❷gǔ [滑稽]古代一种盛酒的器具,能不断地往外流酒。扬雄《酒箴》:"鸱(chī)夷～～,腹如大壶。尽日盛酒,人复借酤。"(鸱夷:皮袋。)㊉能言善辩,语言流畅。《史记·滑稽列传》:"～～多辩,数使诸侯未尝屈辱。"(使:出使。)❸通"猾"。狡猾。《史记·酷吏列传》:"～贼任威。"(任:放任。)❹gǔ 通"汩"。弄乱,扰乱。《淮南子·齐俗》:"～乱万民。"

化 huà ❶变化,改变。《庄子·逍遥游》:"北冥有鱼,其名为鲲……～而为鸟,其名为鹏。"㊀消除。《韩非子·五蠹》:"钻燧取火以～腥臊。"❷造化,大自然的功能。《素问·五常政大论》:"～不可代,时不可违。"❸教化,用教育感化的方法改变人心风俗。《礼记·学记》:"君子如欲～民成俗,其必由学乎?"《论衡·佚文》:"无益于国,无补于～。"㊁风俗,风气。《汉书·叙传下》:"败俗伤～。"❹表示死的一种委婉说法。陶潜《自祭文》:"余今斯～,可以无恨。"(余:我。斯:语气词。)

划²(劃) huà ❶huá 割开,分开。孟浩然《行出东山望汉川》诗:"万壑归于汉,千峰～彼苍。"❷划分。《颜氏家训·归心》:"九州未～,列国未分。"❸忽然(后起意义)。韩愈《调张籍》诗:"垠崖～崩豁,乾坤摆雷硠。"❹[划然]1.忽然,突然。韩愈《听颖师弹琴》诗:"～～变轩昂,勇士赴敌场。"2.象声词。苏轼《后赤壁赋》:"～～长啸,草木震动,山鸣谷应,风起水涌。"【注意】在古代，"划"和"劃"是两个字，意义各不相同。"劃开"、"分开"的意义不写作"划"。现在"劃"简化为"划"。参见161页"划[1]"字。

画(畫) huà ❶ 划分，划分界线。《孙子兵法·虚实》："虽～地而守之，敌不得与我战。"[引]划地为限，停止。《论语·雍也》："力不足者，中道而废，今女～。"这个意义后来写作"劃"，现简化为"划"。❷ 绘画。《战国策·齐策二》："请～地为蛇，先成者饮酒。"《韩非子·十过》："墨染其外，而朱～其内。"[又]图画。《世说新语·巧艺》："顾长康～，有苍生来所无。"《东坡题跋·书摩诘蓝关烟雨图》："味摩诘之诗，诗中有～；观摩诘之画，～中有诗。"❸ 汉字的一笔叫一画。王羲之《题卫夫人笔阵图后》："每作一横～，如列阵之排云。"❹ 谋划，筹划。《左传·哀公二十六年》："君请六子～。"[又]计策。《史记·太史公自序》："为国家树长～。"柳宗元《封建论》："谋臣献～。"❺ 署名，画押(后起意义)。《陈书·世祖沈皇后传》："仍自草敕请～，以师知付廷尉治罪。"(师知：人名。)

槬(摦) huà 宽，洪大。《左传·昭公二十一年》："而钟，音之器也……小者不窕(tiǎo)，大者不～，则和于物。"(窕：细微而不饱满。)《汉书·五行志》引《左传》作"摦"。

HUAI

怀(懷) huái ❶ 胸前。《论语·阳货》："子生三年，然后免于父母之～。"❷ 揣着，怀抱。《史记·屈原贾生列传》："于是～石遂自投汨罗以死。"(汨罗：汨罗江。)[又]怀(胎)。《论衡·奇怪》："母之～子，犹土之育物也。"(犹：如同。)❸ 心里包藏着某种思想感情。《战国策·魏策四》："～怒未发。"[引]心意，心情，情绪。《史记·高祖本纪》："慷慨伤～，泣数行下。"(慷慨：情绪激昂。泣：眼泪。)成语有"正中下怀"。❹ 包围。《尚书·尧典》："荡荡～山襄陵，浩浩滔天。"(襄陵：冲上高处。)❺ 想念，怀念。《诗经·周南·卷耳》："嗟我～人，寘彼周行。"(寘：安置。周行：大路。)曹操《苦寒行》："远行多所～。"[引]留恋，爱惜。《管子·立政》："民不～其产，国之危也。"曹植《白马篇》："弃身锋刃端，性命安可～。"❻ (人心)归向。《尚书·大禹谟》："黎民～之。"(黎民：百姓。)❼ 安抚。贾谊《论积贮疏》："～敌附远。"(附远：使远方归附。)[怀柔]用政治手段笼络人心，使归附自己。《左传·僖公二十四年》："其～～天下也，犹惧有外侮。"

徊 huái [徘徊]见300页"徘"字。

踝 huái ❶ 踝骨及踝关节。杨衒之《洛阳伽蓝记·城西》："唯融与陈留侯李崇负绢过任，蹶倒伤～。"❷ 脚跟。《礼记·深衣》："负绳及～以应直。"(负绳：指衣和裳的背缝。)

坏[1](壞) huài ❶ 倒塌。《商君书·修权》："蠹(dù)众而木折，隙大而墙～。"(蠹众：蛀虫多。隙：缝。)[引]毁坏，拆毁。《论衡·佚文》："恭王～孔子宅以为宫。"❷ 衰败。《论语·阳货》："君子三年不为礼，礼必～。"贾谊《新书·大政上》："国以民为兴～。"(国家以民为兴亡的依据。)❸ 战败。《三国志·吴书·周瑜传》注引《江表传》："北军大～，曹公退走。"❹ 变质。贾思勰《齐民要术·养羊》："作干酪法……又曝使干，得经数年不～，以供远行。"【注意】在古代，"坏(pēi)"和"壞"是两个字，意义各不相同。上述义项都不写作"坏"。现"壞"简化为"坏"。

HUAN

欢[1](歡、懽) huān ❶ 喜悦，高兴。《孟子·梁惠王上》："文王以民力为台为沼，而民～乐之。"《汉书·高帝纪下》："沛父老诸母故人日乐饮极～。"(沛：地名。)这个意义又写作"驩"、"讙"。[引]交好。《战国策·秦策二》："吾欲伐齐，齐楚方～。"❷ 古乐府中常用作相爱男女的互称。乐府诗《莫愁乐》："闻～下扬州，相送楚山头。"陆龟蒙《子夜变歌》三首之一："人传～负情，我自未尝见。"

欢[2](驩) huān ❶ 喜悦，高兴。《左传·昭公五年》："君若～焉好逆使臣，滋敝邑休殆，而忘其死，亡无日矣。"《孟子·尽心上》："霸者之民，～虞如也。"(虞：通"娱"。快乐。)[引]交好。《左传·昭公四年》："寡人愿结～于二三君。"❷ [驩兜]传说中的古代部族首领。《尚书·舜典》："流共工于幽洲，放～～于崇山。"

嚾 huān 大声呼叫。《抱朴子·酒诫》："仰～天堕，俯呼地陷。"[嚾嚾]喧哗叫嚷。《荀子·非十二子》："世俗之沟犹瞀(mào)儒，～～然不知其所非也。"(沟犹瞀儒：愚昧无知。）［嚾呼］呼叫。《全唐诗·汴州人歌》："阒道～呼，公来之初。"

讙 huān ❶喧哗。《墨子·号令》："救火者无敢～哗。"《史记·陈丞相世家》："（汉王）乃拜平为都尉……诸将尽～。"❷通"欢"。喜悦，高兴。贾谊《过秦论》："四海之内，皆～然各自安乐其处。"

还（還） huán ❶返回。《左传·文公十四年》："使贼杀子孔，不克而～。"（子孔：人名。）李白《蜀道难》诗："问君西游何时～。"㊀恢复，复原。《汉书·史丹传》："（上）谓丹曰：'吾病寖加，恐不能自～。'"❷交还，归还。《史记·滑稽列传》："诸侯振惊，皆～齐侵地。"（齐：齐国。）《世说新语·巧艺》："作书与母取剑，仍窃去不～。"（仍：于是。）㊕交纳。杜甫《岁晏行》："割慈忍爱～租庸。"（庸：抵偿劳役的布帛。）❸通"环"。环绕。《战国策·燕策三》："荆轲逐秦王，秦王～柱而走。"《汉书·食货志上》："～庐树桑。"（庐：房舍。树：种。）❹xuán 旋转。《庄子·庚桑楚》："寻常之沟，巨鱼无所～其体。"（八尺为寻，十六尺为常。）❺xuán 轻快敏捷的样子。《诗经·齐风·还》："子之～兮，遭我乎猺（náo）之间兮。"（子：你。猺：齐国山名。）❻仍然（后起意义）。柳宗元《田家》诗："子孙日已长，世世～复然。"（还复然：仍然是原来老样子。）

环（環） huán ❶玉圈。《左传·昭公十六年》："宣子有～。"（宣子：人名。）㊁环形之物。曹植《美女篇》："皓腕约金～。"［环玦（jué）］指官员的内召和外贬。古人常以环暗示回还、复好；以玦（有缺口的玉环）暗示决绝。刘禹锡《望赋》："俟（sì）～～兮思帝乡。"（俟环玦：等待着朝廷内召或外贬的决定。帝乡：京都。）❷围绕。《孟子·公孙丑下》："～而攻之而不胜。"《史记·刺客列传》："秦王～柱而走。"（走：跑。）❸遍，周遍。韩愈《进学解》："昔者孟轲好辩，孔道以明，辙～天下。"

桓 huán ❶古代立在驿站、官署等建筑物旁做标志的木柱，后称华表。《汉书·尹赏传》："瘗（yì）寺门～东。"（瘗：掩埋尸体。寺：官署。）❷盘桓。《庄子·应帝王》："鲵～之审为渊。"（审：通"潘"。水深处。）❸［桓桓］威武的样子。《诗经·鲁颂·泮水》："～～于征，狄彼东南。"杜甫《北征》诗："～～陈将军，仗钺奋忠烈。"

貆 huán ❶小貉。《诗经·魏风·伐檀》："不狩不猎，胡瞻尔庭有县～兮。"（县：悬。）❷通"貆"。豪猪。《山海经·北山经》："（谯明之山）有兽焉，其状如～而赤豪。"❸huān 通"獾（貛、鑵）"。獾子，猪獾。《周礼·地官·草人》："渴泽用鹿，鹹潟用～。"

垸 huán ❶转动。《淮南子·时则》："规之为度也，转而不复，员而不～。"（员：圆。）❷通"锾"。古代重量单位。《周礼·考工记·冶氏》："冶氏为杀矢，刃长寸，围寸，铤十之，重三～。"

萑 huán ❶芦类植物。《诗经·豳风·七月》："七月流火，八月～苇。"《汉书·晁错传》："～苇竹萧。"（萧：蒿子。）❷tuī 通"蓷"。益母草。也叫茺蔚。

圜 huán ❶围绕。《列子·说符》："～流九十里。"❷yuán 通"圆"。圆形。《墨子·经上》："～，一中同长也。"（圆是一个圆心，同样长的半径。）㊀天。屈原《天问》："～则九重，孰营度之？"（孰：谁。营度：营谋，设计。）❸yuán 牢狱。《周礼·秋官·司寇》："司～中士六人。"❹yuán 指钱币。《汉书·食货志下》："太公为周立九府～法。"（九府：管理钱币的机构。）

寰 huán ❶靠近国都的地方。《穀梁传·隐公元年》："～内诸侯，非有天子之命，不得出会诸侯。"❷广大的地域。魏征《十渐不克终疏》："道洽～中，威加海外。"（洽：周遍。）双音词有"寰宇"。❸通"环"。围绕。柳宗元《岭南节度飨军堂记》："～观于远迩，礼成乐遍，以叙而贺。"㊀居住。韩愈《题炭谷湫祠堂》诗："万生都阳明，幽暗鬼所～。"

澴 huán ❶水流回旋涌起的样子。郦道元《水经注·河水四》："激石云洄，～波怒溢。"❷水名，澴水，在今湖北。

嬛 huán ❶［嫏（láng）嬛］神话中天帝藏书的地方。❷qióng［嬛嬛］孤独无依的样子。《诗经·周颂·闵予小子》："遭家不造，～～在疚。"（疚：病。）❸yuān［嬛嬛］柔美的样子。《史记·司马相如列传》："柔桡～～，妩媚姌嫋。"

缳（繯） huán ❶捕捉野兽的绳套。《吕氏春秋·上农》："然后制四时之禁，山不敢伐材下木……～网罝罦不敢出于门。"（罝：捕兽的网。罦：捕鸟的网。）❷绳套，绞索。《后汉书·吴祐传》："因投～而死。"❸旗上的系结。扬雄《羽猎赋》："青云为纷，红蜺为～。"❹缠绕，包络。马融《广成颂》："揫（jiū）敛九薮之动物，～橐四野之飞征。"

H

镮(鐶) huán 同“环(環)”。圆形有孔可贯穿的东西。《战国策·齐策五》:“矛戟折,～弦绝。”李贺《公莫舞歌》:“大旗五丈撞双～。”

阛 huán 围绕市区的墙。张衡《西京赋》:“尔乃廓开九市,通～带阓(huì)。”(阓:市区的门。)[阛阓]市区。左思《蜀都赋》:“～～之里,伎巧之家。”

鬟 huán ❶古代妇女梳的一种环形发髻。刘禹锡《同乐天和微之深春二十首》之十六:“双～梳顶髻。”《宋书·五行志一》:“民间妇人结发者,三分发,抽其～直向上,谓之‘飞天紒’。”❷婢女。梅尧臣《听文都知吹箫》诗:“欲买小～试教之。”

H

锾(鍰) huán ❶古代重量单位。《尚书·吕刑》:“墨辟疑赦,其罚百～。”❷通“环”。环形之物。《汉书·外戚传·孝成赵皇后》:“仓琅根,宫门铜～也。”㊀钱币。段成式《酉阳杂俎》续集卷八“支动”:“贩药人徐仲,以五～获之。”

貆(獂、貛) huán 豪猪。《逸周书·周祝》:“故狐有牙而不敢以噬,～有爪而不敢以撅。”

缓(緩) huǎn ❶宽,松。《汉书·贾山传》:“平狱～刑,天下莫不说喜。”(说:通“悦”。)《古诗十九首·行行重行行》:“相去日已远,衣带日已～。”❷慢,迟缓。与“急”相对。《孟子·滕文公上》:“民事不可～也。”李白《嘲鲁儒》诗:“～步从直道,未行先起尘。”【辨】徐,缓,慢。见461页“徐”字。

幻 huàn ❶欺诈,惑乱。《尚书·无逸》:“民无或胥譸张为～。”(百姓没有相欺诳骗的惑乱。)《六韬·文韬》:“不祥之言,～惑良民。”❷变化。《列子·周穆王》:“因形移易者谓之化,谓之～。”张衡《西京赋》:“奇～儵忽,易貌分形,吞刀吐火,云雾杳冥。”❸虚幻。《列子·周穆王》:“有生之气,有形之状,尽～也。”白居易《对酒》诗:“～世如泡影,浮生抵眼花。”

奂(奐) huàn ❶众多,盛大。《礼记·檀弓下》:“美哉轮焉,美哉～焉。”(轮:高大。)成语有“美轮美奂”。[伴(pàn)奂]广大而有文采。《诗经·大雅·卷阿》:“～～尔游矣,优游尔休矣。”❷[奂奂]华丽,光辉鲜明。丘光庭《补新宫》诗:“～～新宫。”

涣 huàn ❶离散,散开。《老子·十五章》:“～兮若冰之将释。”柳宗元《愚溪对》:“西海有水,散～而无力,不能负芥。”(负:指浮起。芥:小草。)成语有“涣然冰释”。❷[涣涣]水流盛大的样子。《诗经·郑风·溱洧》:“溱(zhēn)与洧(wěi)方～～兮。”(溱、洧:水名。)

焕 huàn 鲜明,光亮。《论语·泰伯》:“～乎其有文章。”班固《西都赋》:“～若列宿。”(宿:星宿。)成语有“焕然一新”。

宦 huàn ❶贵族的奴仆。《国语·越语上》:“卑事夫差,～士三百人于吴。”(卑下地侍奉吴王夫差,送三百人给吴国做奴仆。)《韩非子·喻老》:“越王入～于吴。”❷外出游历学为官事。《左传·宣公二年》:“～三年矣,未知母之存否。”㊀做官。《世说新语·赏誉》:“年二十八始～。”❸宦官,太监。《三国志·蜀书·后主传》:“～人黄皓(hào)始专政。”(专政:掌握政权。)

浣(澣) huàn ❶洗涤。《公羊传·庄公三十一年》:“临民之所漱～也。”《史记·扁鹊仓公列传》:“湔(jiān)～肠胃,漱涤五藏(zàng)。”(湔:洗。藏:脏器。)㊀消除,排遣。马戴《岐阳逢曲阳故人话旧》诗:“积愁何计遣,满酌～相思。”❷唐代规定官吏每十天休息沐浴一次叫浣。李白《朝下过卢郎中叙旧游》诗:“复此休～时,闲为畴昔言。”(畴昔:过去。)㊀每月上旬、中旬、下旬为上浣、中浣、下浣。

睆 huàn ❶浑圆的样子。《诗经·小雅·杕杜》:“有杕之杜,有～其实。”❷明亮的样子。《诗经·小雅·大东》:“～彼牵牛,不以服箱。”❸华美。刘禹锡《汴州郑门新亭记》:“帘炉茵帟,文椸(yí)～榻。”(椸:衣架。)❹hàn 同“睅”。眼睛瞪大突出。东方虬《蟾蜍赋》:“～目锐头皤(pó)腹。”(皤腹:大肚子。)

患 huàn ❶担忧,忧虑。《论语·学而》:“不～人之不己知,～不知人也。”《商君书·错法》:“地诚任,不～无财。”(地诚任:土地真正被利用。)㊀不满意。《新唐书·敬播传》:“玄龄～颜师古注《汉书》文繁,令掇其要为四十篇。”❷忧患,灾祸。《韩非子·内储说下》:“苟成其私利,不顾国～。”(苟:如果。)《诗经·周颂·小毖》:“予其惩而毖后～。”成语有“有备无患”。㊀缺点,毛病。《孟子·离娄上》:“人之～在好为人师。”㊀疾病。《太平广记》卷一百三:“儿小时染～,遂杀一螃蟹,取汁涂疮得瘥。”㊂得……病。《晋书·桓石虔传》:“时有～疟疾者。”

漶 huàn [漫漶]模糊不可辨别的样子。韩愈《新修滕王阁记》:“盖瓦级砖之破缺者，赤白之～～不鲜者，治之则已。”

逭 huàn ❶ 逃避。《尚书·太甲中》：“天作孽，犹可违；自作孽，不可～。”《新唐书·张说传》：“后～暑三阳宫，汔（qì）秋未还。”（汔：终。）❷ 饶恕，免除（后起意义）。沈德符《万历野获编》卷二十二：“愿夺官以～其罪，如郭子仪之雪李白。”

豢 huàn ❶ 喂养，饲养。《礼记·乐记》：“夫～豕为酒，非以为祸也。”（豕：猪。）双音词有“豢养”。㉠指以草和谷料喂养的牲畜。曹植《七启》：“玄熊素肤，肥～脓肌。”㉠以利引诱、收买。《左传·哀公十一年》：“是～吴也夫。”❷ 贪图。岳珂《桯史·张元吴昊》：“边帅～安，皆莫之知。”[刍豢]见56页“刍”字。

擐 huàn ❶ 穿戴。《左传·成公二年》：“～甲执兵，固即死也。”《后汉书·蔡邕传》：“～甲扬锋。”（锋：指兵器。）❷ xuān 通“揎”。捋起。《礼记·王制》郑玄注：“～衣出其臂胫。”❸ juǎn 系，拴。《乐府诗集·横吹曲辞五·折杨柳歌辞》：“出入～郎臂，蹀座郎膝边。”

轘 huàn ❶ 用车马分裂人的肢体的酷刑。《左传·桓公十八年》：“齐人杀子亹而～高渠弥。”刘熙《释名·释丧制》：“车裂曰～，～散也，肢体分散也。”❷ huán [轘辕]1. 山名。在今河南。《史记·高祖本纪》：“因张良遂略韩地～～。”2. 险要的路。《管子·地图》：“凡兵主者，必先审知地图～～之险。”

HUANG

肓 huāng 心脏和膈膜之间。[膏肓]见128页“膏”字。

荒 huāng ❶ 荒芜。《庄子·渔父》：“故田～室露，衣食不足。”㉡荒地。聂夷中《田家》诗：“父耕原上田，子斸（zhú）山下～。”（斸：刨，挖。）㉠荒废。《荀子·王霸》：“主好要则百事详，主好详则百事～。”（君主善于提纲挈领，百事都可以处理得好，如果抓不住要领则百事都要荒废。）❷ 荒年，年成不好。《后汉书·鲍永传》：“时岁多～灾，唯南阳丰穰。”（丰穰：丰收。）《旧唐书·黄巢传》：“乾符中，仍岁凶～。”（乾符：年号。仍岁：连年。）❸ 远方。《三国志·魏书·陈留王奂传》：“乞赐褒奖，以慰边～。”柳宗元《登柳州城楼寄漳汀封连四州》诗：“城上高楼接大～。”[荒服]边远地区。《论衡·恢国》：“唐虞国界，吴为～～。”（吴：吴国。）[八荒]八方。贾谊《过秦论》：“有席卷天下、包举宇内、囊括四海之意，并吞～～之心。”[荒唐]广大，漫无边际。《庄子·天下》：“以谬悠之说～～之言。”[荒忽]1. 隐约不清的样子。屈原《九歌·湘夫人》：“～～兮远望。”2. 神志不定的样子。《后汉书·王衍传》：“衍后病～～。”❹ 逸乐过度，放纵。《诗经·大雅·抑》：“颠覆厥德，～湛（dān）于酒。”（湛：沉溺。）《史记·吴太伯世家》：“乐而不～。”❺ 掩盖，覆盖。《诗经·周南·樛木》：“南有樛木，葛藟～之。”㉠占有。《诗经·周颂·天作》：“天作高山，大王～之。”

皇 huáng ❶ 大。《诗经·大雅·文王有声》：“～王维辟。”（辟：君主。）㉠美好。《诗经·大雅·文王》：“思～多士，生此王国。”㉡对已故长辈的尊称。如“皇考”、“皇祖”。❷ [皇皇]1. 美盛鲜明的样子。《诗经·小雅·皇皇者华》：“～～者华。”（华：花。）2. 心神不安的样子。《礼记·檀弓下》：“～～焉，如有求而弗得。”3. 匆匆忙忙的样子。《楚辞·九叹·怨思》：“征夫～～，其孰依兮。”上述2、3又写作“遑遑”。❸ 传说中远古的帝王。《庄子·天运》：“余语女三～五帝之治天下。”（语：告诉。）[皇帝]封建社会的最高统治者。《史记·秦始皇本纪》：“朕为始～～。”（朕：皇帝的自称。）后来“皇帝”也简称“皇”或“帝”。❹ 传说中的雌凤。屈原《九章·涉江》：“鸾（luán）鸟凤～，日以远兮。”（鸾鸟：类似凤凰的鸟。）这个意义后来写作“凰”。参见114页“凤”字。❺ 通“遑”。闲暇，闲空。《左传·昭公三十二年》：“不～启处，于今十年。”（不皇启处：没有闲空安居。启处：指安居。）❻ kuàng 通“况”。况且。《尚书大传·甫刑》：“君子之于人也，有其语也，无不听者，～于听狱乎？”（狱：讼事。）❼ kuāng 通“匡”。纠正。《诗经·豳风·破斧》：“周公东征，四国是～。”

凰 huáng 传说中的雌凤。《孟子·公孙丑上》：“凤～之于飞鸟，泰山之于丘垤，河海之于行潦，类也。”

隍 huáng 没有水的护城壕。《列子·周穆王》：“藏诸～中。”（把它藏在护城壕里边。诸：之于。）

喤 huáng [喤喤]1. 小儿啼声。《诗经·小雅·斯干》：“其泣～～。”2. 形容洪亮而和谐的声音。《诗经·周颂·执竞》：“钟鼓～～。”

遑 huáng 闲暇，空闲。《诗经·小雅·小弁》：“心之忧矣，不～假寐。”（假寐：

不脱衣帽而睡。)㉛何暇，怎能。《诗经·邶风·谷风》："我躬不阅，～恤我后。"[遑遑]1. 心神不安的样子。《后汉书·明帝纪》："忧惧～～，未知其方。"柳宗元《兴州江运记》："相与怨咨，～～如不饮食。"(相与怨咨：大家都怨叹。)这个意义又写作"惶惶"。2. 匆匆忙忙的样子。《梁书·韦叡传》："弃骐骥而不乘，焉～～而更索?"(骐骥：良马。焉：为什么。更：另。索：求。)

徨 huáng ［徨徨］心神不安的样子。《汉书·扬雄传》："徒回回以～～兮。"［彷徨］见 108 页"彷"字。

惶 huáng ❶ 恐惧，惊慌。《潜夫论·卜列》："孟贲(bēn)狎(xiá)猛虎而不～。"(孟贲：人名。狎：接近，亲近。)［惶惶］恐惧的样子。《世说新语·言语》："战战～～，汗出如浆。"❷ 通"遑"。空闲。《世说新语·雅量》："子猷遽走避，不～取屐。"

煌 huáng 光明，明亮。张衡《东京赋》："～火驰而星流。"［煌煌］明亮。《诗经·陈风·东门之杨》："明星～～。"㊀鲜明。宋玉《高唐赋》："～～荧荧，夺人目精。"(荧荧：光艳。精：通"睛"。)［煌灼］焦虑不安。张九龄《薛王薨上损膳请复膳状》："伏闻寝膳有改乎常，臣等下情不安，夙夜～～。"

锽(鍠) huáng ❶ 古代一种兵器。崔豹《古今注·舆服》："秦改铁钺作～，秦制也。"❷ 钟声。孟郊、韩愈《城南联句》："铁钟孤舂～。"

篁 huáng ❶ 竹田。《史记·乐毅列传》："蓟丘之植，植于汶～。"❷ 竹林。屈原《九歌·山鬼》："余处幽～兮，终不见天。"［篁竹］丛生的竹子。柳宗元《至小丘西小石潭记》："隔～～闻水声，如鸣佩环。"❸ 竹子。白居易《奉酬侍中夏中雨后游城南庄见示八韵》："新～千万竿。"陆游《初夏幽居》诗："微风解箨看新～。"㉛指竹制的管形乐器。韩愈《听颖师弹琴》诗："嗟余有两耳，未省听丝～。"

艎 huáng ［艅(yú)艎］见 501 页"艅"字。

黄 huáng ❶ 黄色。《诗经·邶风·绿衣》："绿兮衣兮，绿衣～裳。"李商隐《行次西郊作一百韵》："旱久多～尘。"㊕草木枯黄。《诗经·小雅·何草不黄》："何草不～，何日不行。"［黄口］指幼儿。《淮南子·氾论》："古之伐国不杀～～。"［黄耇］指老人，也指长寿。《诗经·小雅·南山有台》："乐只君子，遐不～～。"(遐：何。)《论衡·无形》："～～无疆。"［花黄］古时妇女的面饰。《木兰诗》："当窗理云鬓，对镜帖～～。"❷ 黄帝(传说中的古代帝王)的简称。《汉书·叙传下》："自昔～唐，经略万国。"(唐：唐尧，传说中的古代帝王。经略：治理。)

潢 huáng ❶ 积水池。木华《海赋》："决陂～而相浚。"❷ huàng ［潢然］水深广的样子。《荀子·富国》："～～兼覆之。"(兼覆：指全部覆盖。)❸ 染纸。贾思勰《齐民要术·杂说》："染～及治书法。"注："凡～纸，灭白便是，不宜太深。"

璜 huáng 半璧形的玉器。《周礼·春官·大宗伯》："以玄～礼北方。"《潜夫论·赞学》："夏后之～，楚和之璧。"(夏后：夏后氏，即夏代。楚：楚国。和：人名。)

簧 huáng ❶ 乐器中发声的薄片。《诗经·小雅·鹿鸣》："吹笙鼓～，承筐是将。"［簧舌］指善于言辞。陆龟蒙《感事》诗："古来信～～，巧韵凄锵曲。"成语有"巧舌如簧"。❷ 笙。《诗经·王风·君子阳阳》："左执～，右招我由房。"

怳 huǎng ❶ 失意的样子。屈原《九歌·少司命》："望美人兮未来，临风～兮浩歌。"❷［怳忽］1. 隐隐约约，看不清楚的样子。《淮南子·原道》："乘云车，入云蜺，游微雾，骛(wù)～～。"2. 神志不定的样子。宋玉《神女赋序》："精神～～，若有所喜。"【注意】在古代"怳"和"恍"是不同的两个字，部分字义相通。现"怳忽"写作"恍忽"。

恍 huǎng ❶ 模糊，不清楚。《老子·二十一章》："～兮惚兮，其中有物。"［恍惚］模糊不清。《韩非子·忠孝》："～～之言，恬淡之学，天下之惑术也。"又写作"恍忽"。《史记·司马相如列传》："芒芒～～，视之无端，察之无崖。"❷［恍然］1. 猛然明白。陈亮《甲辰答朱元晦书》："发读～～。"(发：打开。)成语有"恍然大悟"。2. 仿佛。范成大《吴船录》："平江亲戚故旧来相迓者，陆续于道，～～如隔世焉。"

慌 huǎng ［慌忽］同"怳忽"。不真切，不清楚的样子。屈原《九歌·湘夫人》："～～兮远望。"又写作"慌惚"。《三国志·蜀书·刘琰传》："琰失志～～。"【注意】"慌"直到元代才有"恐慌"的意义，读 huāng。

幌 huǎng ❶ 帷幔，窗帘。谢灵运《燕歌行》："辟窗开～弄秦筝。"杜甫《月夜》诗："何时倚虚～，双照泪痕干。"李贺《恼公》诗："细管吟朝～，芳醪落夜枫。"❷ 酒店的招子。陆龟蒙《和袭美初冬偶作》："小炉低～还遮掩，酒滴灰香似去年。"

滉 huàng ❶［滉漾］水广大无边的样子。潘岳《西征赋》："～～弥漫，浩如河汉。"《抱朴子·博喻》："沧海～～，不以含垢累其无涯之广。"❷［瀇（wǎng）滉］水深广的样子。郭璞《江赋》："澄澹汪洸，～～困泫。"

HUI

㧑（撝） huī ❶剖开，破开。《后汉书·马融传》："～介鲜，散毛族。"（介鲜：指禽兽。）❷通"挥"。指挥，挥动。《公羊传·宣公十二年》："庄公亲自手旌，左右～军，退舍七里。"程公许《念奴娇·中秋玩月》词："谁与冰轮～玉斧，恰好今宵圆足。"㊀指斥，指责。《淮南子·览冥》："武王……瞋目而～之曰：'余在，天下谁敢害吾意者。'"［指㧑］1.指点，指挥。《淮南子·兵略》："修政庙堂之上，而折冲千里之外，拱揖～～而天下响应，此用兵之上也。"2.所指，意向。许慎《说文解字叙》："会意者，比类合谊，以见～～。"❸谦逊。王仲宝《褚渊碑文》："功成弗有，固秉～挹。"（秉：保持。挹：通"抑"。指不骄傲。）

挥（揮） huī ❶挥动，舞动。刘琨《扶风歌》："～手长相谢，哽咽不能言。"李白《古风五十九首》之三："～剑决浮云。"（决：断。）❷甩出，散出（液体）。《战国策·齐策一》："举袂成幕，～汗成雨。"㊀指饮酒。范云《赠张徐州谡》诗："恨不具鸡黍，得与故人～。"❸［挥霍］疾速的样子。陆机《文赋》："纷纭～～，形难为状。"李商隐《行次西郊作一百韵》："奚寇西北来，～～如天翻。"（奚寇：指安禄山军队。）【注意】古代"挥霍"不作"任意花钱"讲。

晖（暉） huī 阳光。陆机《日出东南隅行》："扶桑升朝～，照此高台端。"（扶桑：指东方日出处。）李白《春日独酌》诗："水木荣春～。"（荣：指欣欣向荣。）㊁光辉。陆机《拟迢迢牵牛星》诗："昭昭清汉～。"（清汉：指银河。）㊂用作动词。发光，映照。左思《蜀都赋》："金铺交映，玉题相～。"《世说新语·宠礼》："使太阳与万物同～，臣下何以瞻仰？"（使：假使。）㊀昌明，光大。《庄子·天下》："不侈于后世，不靡于万物，不～于数度。"（数度：指礼法。）

煇 huī ❶光辉，光彩。《诗经·小雅·庭燎》："庭燎有～。"（燎：火炬。）《汉书·韦玄成传》："四方遐尔，观国之～。"❷ xūn 通"熏"。烧烤，熏灼。《史记·吕太后本纪》："太后遂断戚夫人手足，去眼，～耳，饮瘖药，使居厕中。"【注意】在古代"煇"和"輝"是两个不同的字，部分字义相通。现"煇"义项❶写作"辉"。

辉（輝） huī 光彩，光辉。《后汉书·李膺传》："虹蜺（ní）扬～。"（虹蜺：彩虹。）曹植《求自试表》："萤烛末光，增～日月。"

翚（翬） huī ❶具有五彩的雉。《诗经·小雅·斯干》："如～斯飞，君子攸跻（jī）。"（攸跻：就登上。）❷飞。张衡《西京赋》："若夫游鷮（jiāo）高～，绝阬逾斥。"（鷮：野雉。斥：小泽。）

恢 huī 广大，宽广。《荀子·非十二子》："～然如天地之苞万物。"（苞：通"包"。）［恢恢］大，广大。《老子·七十三章》："天网～～，疏而不失。"㊀扩大。《汉书·叙传》："～我疆宇，外博四荒。"《三国志·魏书·文帝纪》："～文武之大业。"［恢复］收复。多指收复失地。《新五代史·南唐世家·李景》："苟不能～～内地，申画边疆，便议班旋。"岳飞《南京上高宗书略》："～～故疆。"

豗 huī ❶撞击。木华《海赋》："磊匒匌（dā kē）而相～。"（匒匌：重叠的样子。）韩愈《祭河南张员外文》："风涛相～，中作霹雳。"❷喧闹的声音。李白《蜀道难》诗："飞湍瀑流争喧～。"❸通"虺"。疲极而病。蔡琰《胡笳十八拍》："风霜凛凛兮春夏寒，人马饥～兮筋力单。"

麾 huī ❶指挥作战用的旗子。《墨子·号令》："城上以～指之。"［麾下］1.将帅的大旗下。《史记·魏其武安侯列传》："驰入吴军，至吴将～～。"2.将帅的部下。《史记·李将军列传》："广谓其～～。"3.尊称将帅。《三国志·吴书·张纮传》："今～～恃盛壮之气。"（恃：依靠，凭借。）❷指挥，挥动。《尚书·牧誓》："王左杖黄钺，右秉白旄以～。"曹操《步战令》："～不闻令，而擅前后左右者斩。"（擅：擅自。）《论衡·感虚》："恶日之暮，以此一戈～。"

袆（禕） huī ❶蔽膝，古代男子佩于前身的佩巾。曹植《鼙舞歌·灵芝篇》："退咏《南风》诗，洒泪满～抱。"❷王后的祭服。《礼记·明堂位》："夫人副～立于房中。"（副：首饰。）

徽 huī ❶三股线合成的绳索。《周易·坎》："系用～纆。"（纆：两股线合成的绳索。）㊀捆绑，束缚。扬雄《解嘲》："～以纠墨，制以锧鈇（zhì fū）。"（用绳子捆绑，用锧鈇杀人。纠墨：绳索。锧鈇：杀人的刑具。）㊕琴徽，系琴弦的绳子。陆机《文赋》："犹弦么而～急。”（么：短。急：指紧。）❷ 佩巾。张衡《思玄赋》：“扬杂错之袿（guī）～。”（杂错：指色彩缤纷。袿：妇女穿的上衣。）❸ 标识，符号。左思《魏都赋》：“～帜以变，器械以革。”（革：改革。）❹ 美好。《诗经·大雅·思齐》：“大姒嗣～音，则百斯男。”鲍照《数诗》：“宾友仰～容。”❺ 通“挥”。弹奏。《淮南子·主术》：“夫荣启期一弹而孔子三日乐，感于和；邹忌一～而威王终夕悲，感于忧。”

隳 huī 毁坏。《吕氏春秋·顺说》：“～人之城郭。”《韩非子·八经》：“是以法令～。”（是以：因此。）［隳突］冲撞，破坏。柳宗元《捕蛇者说》：“悍吏之来吾乡，叫嚣乎东西，～～乎南北。”（悍吏：凶暴的官吏。乎：于。）

H

回[1]**（囬）** huí ❶ 旋转。《荀子·致士》：“水深而～。”㊂ 掉转。屈原《离骚》：“～朕（zhèn）车以复路兮。”（朕：我。复路：到原来的道路。）㊀ 违背，违逆。《诗经·大雅·常武》：“徐方不～，王曰还归。”㊀ 改变志向。柳宗元《与韩愈论史官书》：“道苟直，虽死不可～也。”（苟：如果。）成语有“百折不回”。❷ 奸邪。《诗经·小雅·鼓钟》：“淑人君子，其德不～。”双音词有“奸回”。❸ 回来，回去（后起意义）。李白《将进酒》诗：“黄河之水天上来，奔流到海不复～。”❹ 量词。次（后起意义）。刘禹锡《酬乐天偶题酒瓮见寄》诗：“世路荣枯见几～。”❺［回纥（hé）］隋唐时代我国西北部的一个民族。也称“回鹘”。【辨】迴，回。见下“回[2]（迴、廻）”字。

回[2]**（迴、廻）** huí ❶ 旋转。屈原《九章·悲回风》：“悲～风之摇蕙兮，心冤结而内伤。”㊂ 掉转。《史记·司马相如列传》：“道尽涂殚，～车而还。”（殚：尽。）㊀ 改变志向。《北史·骨仪传》：“开皇初，为御史，处法平当，不为势利所～。”❷ 回来，回去（后起意义）。贾思勰《齐民要术·园篱》：“匪直奸人惭笑而返，狐狼亦自息望而～。”（匪直：不但。惭笑：羞愧地笑。息：停止。）㊀ 回避。《晋书·熊远传》：“协醉，使绯避之，绯不～。”（协：刁协，人名。绯：卢绯，人名。）❸ 量词。次（后起意义）。杜甫《漫兴》诗：“渐老逢春能几～？”【辨】迴，回。“迴”是后起字，它的意义早先写作“回”。后来两字相通，但“迴”字没有“奸邪”的意思。“迴”、“廻”现简化为“回”。

洄 huí ❶ 曲折的水道。《诗经·秦风·蒹葭》：“遡～从之，道阻且长。”❷ 水回旋而流。《后汉书·王景传》：“十里立一水门，令更相～注。”《宋书·张兴世传》：“江有～洑，船下必来泊。”（洑：旋涡。）

虫[2] huǐ 毒蛇。《山海经·南山经》：“羽山……多蝮～。”又写作“虺”。参见53页“虫[1]（蟲）”字。

虺 huǐ ❶ 毒蛇。屈原《天问》：“雄～九首。”（首：脑袋。）❷ huī ［虺虺］雷声。《诗经·邶风·终风》：“～～其雷。”❸［虺隤（tuí）］疲病的样子。《诗经·周南·卷耳》：“我马～～。”

悔 huǐ ❶ 懊悔，悔恨。《论语·述而》：“暴虎冯河，死而无～者，吾不与也。”❷ 灾祸，不吉利。与“吉”相对。张衡《思玄赋》：“占既吉而无～兮。”

毁 huǐ ❶ 破坏，毁坏。《诗经·豳风·鸱鸮》：“无～我室。”《孙子兵法·谋攻》：“～人之国。”［毁齿］儿童换牙。又指儿童换牙的年龄。柳宗元《童区寄传》：“自～～已上。”㊕ 哀痛过度而伤害身体。《韩非子·内储说上》：“宋崇门之巷人服丧而～，甚瘠。”（崇门：地名。巷人：指平民。瘠：消瘦。）❷ 诽谤，讲别人的坏话。与“誉”相对。《庄子·盗跖》：“好面誉人者，亦好背而～之。”（面誉人：当面说人好话。）这个意义后来写作“譭”，现简化为“毁”。

燬（焜） huǐ ❶ 烈火。《诗经·周南·汝坟》：“虽则如～，父母孔迩。”杜甫《种莴苣》诗：“枯旱于其中，炎方惨如～。”❷ 燃烧。《晋书·温峤传》：“峤遂～犀角而照之。”

卉 huì 草的总称。《诗经·小雅·四月》：“秋日凄凄，百～具腓。”（腓：病。）

汇[1]**（彙）** huì ❶ 同类。扬雄《太玄·周》：“物继其～。”《周易·泰》：“拔茅茹，以其～。”（茅茹：茅草之根。）❷ 繁密。《汉书·叙传》：“柯叶～而灵茂。”❸ 汇集，聚集。《新唐书·儒学传序》：“博～群书至六万卷，经籍大备。”❹ wèi 通“猬”。一种带刺的小动物。《山海经·中山经》：“有兽焉，其状如～。”《尔雅·释兽》：“彙，毛刺。”

汇[2]**（匯）** huì 河流相会合。《尚书·禹贡》：“东～泽为彭蠡。”韩愈《岳阳楼别窦司直》诗：“南～群崖水，北注何奔放。”

会（會） huì ❶ 会合，聚会。《尚书·禹贡》：“灉沮～同。”（灉、沮：二水名。）阮籍《咏怀》之六：“嘉宾四面～。”（嘉宾：贵宾。）㊕ 盟会，宴会。《孟子·告子下》：“葵丘之～，诸侯束牲载书而不歃血。”㊂ 会见，会面。《史记·留侯世家》："与上～留。"（上：皇帝。留：地名。）❷ 相合，符合。《世说新语·识鉴》："山涛不学孙、吴，而暗与之理～。"❸ 时机，机会。《论衡·命禄》："逢时遇～。"成语有"适逢其会"。❹ 领悟，理解。陶潜《五柳先生传》："好读书，不求甚解。每有～意，便欣然忘食。"成语有"心领神会"。❺ 副词。正好，恰巧。《史记·陈涉世家》："～天大雨，道不通。"【注意】在这个意义上"会"与"适"同义，所以二字可连用。司马迁《报任安书》："适会召问，即以此指推言陵之功。"（陵：李陵。）❻ 必然，一定。《古诗为焦仲卿妻作》："吾已失恩义，～不相从许。"李白《行路难》诗："长风破浪～有时，直挂云帆济沧海。"（济：渡。）❼ kuài 算账。[会计][计会]算账的工作。《周礼·地官·舍人》："岁终则～计其政。"（岁终：年底。政：指用谷的多少。）《战国策·齐策四》："谁习计～能为文收责于薛者乎？"（习：熟习，精通。）❽ kuài [会稽(jī)]古地名，今浙江绍兴（秦和西汉时指今江苏苏州）。

荟(薈) huì 草多的样子。郭璞《江赋》："潜～葱茏。"（葱茏：青翠而茂盛。）[荟蔚] 1. 草木茂盛的样子。柳宗元《永州龙兴寺东丘记》："幽荫～～。" 2. 云雾弥漫的样子。木华《海赋》："～～云雾。"双音词有"荟萃"，多用于指人才和精美物品的汇集。

绘(繪) huì ❶ 彩绣。刘勰《文心雕龙·总术》："视之则锦～。"㉠ 图画。殷璠《河岳英灵集·王维》："词秀调雅，意新理惬，在泉为珠，著壁成～。"❷ 绘画。《论语·八佾》："～事后素。"（先有白色底子，然后绘画。）

讳(諱) huì ❶ 避忌。因有所顾忌而躲开某些事或不说某些话。《战国策·秦策一》："公平无私，罚不～强大。"《左传·庄公十八年》："不言其来，～之也。"㊀ 避忌的事物。东方朔《七谏·谬谏》："恐犯忌而干～。"❷ 封建社会称死去的帝王或尊长的名。《三国志·魏书·武帝纪》："太祖武皇帝，沛国谯人也，姓曹，～操。"（谯：地名。）

诲(誨) huì 教导，指教。《论语·述而》："学而不厌，～人不倦。"《孟子·告子上》："使弈秋～二人弈。"（弈秋：人名。弈：下棋。）

晦 huì ❶ 阴历每月的最后一天。《左传·僖公十五年》："（九月）己卯～，震夷伯之庙。"《史记·文帝本纪》："十一月～，日有食之。"（日有食之：日食。）㊕ 唐代的一个节日，正月的最后一天。长孙正隐《晦日宴高氏林亭》诗："～晚属烟霞，遨游重岁华。"❷ 昏暗。《诗经·郑风·风雨》："风雨如～，鸡鸣不已。"㊀ 天黑，晚上。屈原《天问》："自明及～，所行几里？"（及：到。）❸ 隐晦，不显著。《左传·成公十四年》："《春秋》之称，微而显，志而～。"（志：记。）㊀ 隐藏。《晋书·隐逸传论》："君子之行殊途，显～之谓也。"杜甫《岳麓山道林二寺行》："昔遭衰世皆～迹。"（迹：踪迹。）

恚 huì 恼怒，发怒。《史记·陈涉世家》："广故数言欲亡，忿～尉。"《三国志·吴书·吕蒙传》："归以告蒙母，母～，欲罚之。"（蒙：吕蒙。）

贿(賄) huì ❶ 财物。《诗经·卫风·氓》："以尔车来，以我～迁。"❷ 赠送财物。《左传·文公十二年》："厚～之。"（送他很多财物。）❸ 贿赂，用财物收买。《左传·襄公十年》："今自王叔之相也，政以～成，而刑放于宠。"《世说新语·政事》："亮亦寻为～败。"（亮：陆亮，人名。）柳宗元《答元饶州论政理书》："弊政之大，莫若～赂行而征赋乱。"（弊政：腐败的政治。）❹ 贪财。《国语·晋语九》："吾主以不～闻于诸侯，今以梗阳之贿殃之，不可。"

彗 huì ❶ 扫帚。《汉书·高帝纪下》："太公拥～，迎门却行。"（拥：拿着。）㊀ 扫。《后汉书·光武帝纪下》："高锋～云。"（强大的兵势像风扫残云一样。）❷ 彗星，也称扫帚星。《左传·昭公十七年》："～，所以除旧布新也。"屈原《九歌·少司命》："登九天兮抚～星。"

嘒 huì ❶ 明亮的样子。《诗经·召南·小星》："～彼小星，三五在东。"杜甫《宿凿石浦》诗："回塘澹暮色，日没众星～。"❷ [嘒嘒] 1. 蝉鸣声。《诗经·小雅·小弁》："菀彼柳斯，鸣蜩～～。"潘岳《秋兴赋》："蝉～～而寒吟兮。" 2. 乐管声。《诗经·商颂·那》："鞉(táo)鼓渊渊，～～管声。" 3. 车行时的铃声。《诗经·小雅·采菽》："鸾声～～。"

槥 huì 小棺材。《汉书·高帝纪下》："令士卒从军死者为～，归其县。"

慧 huì ❶ 聪明，有才智。《左传·成公十八年》："周子有兄而无～，不能辨菽麦。"（菽：豆类。）《荀子·富国》："所以说之者，必将雅文辩～之君子也。"❷ 狡黠。《三国志·蜀书·董允传》："（黄）皓便辟佞～。”

篲 huì 同“彗”。扫帚。《庄子·达生》：“(田)开之操拔～以侍门庭，亦何闻于夫子。”《史记·高祖本纪》：“后高祖朝，太公拥～，迎门却行。”(却行：向后倒行。)㊀用作动词。扫。枚乘《七发》：“凌赤岸，～扶桑，横奔似雷行。”

秽(穢) huì ❶杂草多，荒芜。《荀子·富国》：“民贫则田瘠以～。”(瘠：指不肥沃。)❷邪恶的行为或杂乱的文辞。《荀子·劝学》：“邪～在身，怨之所构。”(人有邪恶的行为，怨恨就会集中在他身上。构：集结。)刘勰《文心雕龙·熔裁》：“芟繁剪～，弛于负担。”㊀淫乱。《韩非子·亡征》：“后妻淫乱，主母畜～。”(畜：蓄，藏。)❸污秽。班固《东都赋》：“涤瑕荡～。”㊃丑陋。《晋书·卫玠传》：“珠玉在侧，觉我形～。”❹粪便。《世说新语·文学》：“何以将得位而梦棺器，将得财而梦矢～？”(矢：粪便。)

翙(翽) huì [翙翙]鸟飞的声音。《诗经·大雅·卷阿》：“凤皇于飞，～～其羽。”

濊 huì ❶水深。[汪濊]很深的样子。司马相如《难蜀父老》：“威武纷纭，湛恩～～。”《乐府诗集·汉郊祀歌》：“泽～～，辑万国。”❷通“秽”。浑浊。《淮南子·齐俗》：“河水欲清，沙石～之。”❸huò [濊濊]撒网入水声。《诗经·卫风·硕人》：“施罛～～，鳣鲔发(bō)发。”❹wèi 古地名与民族名。《后汉书·东夷传·三韩》：“国出铁，～、倭、马韩并从市之。”(马韩：民族名。)

惠 huì ❶仁慈，仁爱。《诗经·小雅·节南山》：“昊天不～，降此大戾。”(戾：乖戾，指反常事。)《盐铁论·忧边》：“故民流溺而弗救，非～君也。”(流溺：指处于苦难之中。弗：不。)❷恩惠。《论语·卫灵公》：“群居终日，言不及义，好行小～，难矣哉！”《韩非子·有度》：“不为～于法之内。”(一切依法办事，不行恩惠。)㊀给予好处。《荀子·君道》：“以～天下。”❸柔顺，柔和。《诗经·邶风·燕燕》：“终温且～。”(终：既。)王羲之《兰亭集序》：“～风和畅。”❹通“慧”。聪明。《列子·汤问》：“甚矣，汝之不～。”❺一种兵器，三棱矛。《尚书·顾命》：“二人雀弁执～。”(雀弁：一种帽子，此处指戴这种帽子。)

蕙 huì ❶一种香草。俗称佩兰。屈原《离骚》：“余既滋兰之九畹兮，又树～之百亩。”㊀芳香，美好。左思《魏都赋》：“～风如薰，甘露如醴。”鲍照《芜城赋》：“南国丽人，～心纨质，玉貌绛唇。”(纨：洁白的细绢。)❷蕙兰，一种多年生草本植物。罗愿《尔雅翼·释草》：“今野人谓兰为幽兰，～为蕙兰。”

蟪 huì [蟪蛄]一种比较小的蝉。《庄子·逍遥游》：“～～不知春秋。”

喙 huì 鸟兽的嘴。《战国策·燕策二》：“鹬啄其肉，蚌合而拑其～。”《汉书·匈奴传》：“摧饿虎之～。”㊀人的嘴。《庄子·秋水》：“今吾无所开吾～。”[喙息]指用口呼吸的动物。《史记·匈奴列传》：“跂行～～蠕动之类。”(跂行：指有脚能走的动物。蠕动：指能蠕动的昆虫。)

繢 huì ❶成匹布帛的头尾，又称机头。可用来系物，也可做装饰品。《说文·糸部》：“繢，织余也。”㊀带子。杨衒之《洛阳伽蓝记·城西》：“以五色～为绳。”❷通“绘”。五彩的刺绣或图画。《周礼·考工记·画繢》：“画～之事，杂五色。”《礼记·曲礼上》：“饰羔雁者以～。”㊀用作动词。绘画，画。柳宗元《永州龙兴寺修净土院记》：“余遂周延四阿，环以廊庑，～二大士之像。”

闠 huì [闤(huán)闠]见164页“闤”字。

靧(頮) huì 洗脸。《礼记·内则》：“其间面垢，燂(qián)潘请～。”(燂：烧热。潘：淘米水。)

HUN

昏(昬) hūn ❶天黑，傍晚。《诗经·陈风·东门之杨》：“～以为期。”(以黄昏为约会的时候。)㊀黑暗，无光。魏伯阳《周易参同契》：“～久则昭明。”(昭：光明。)成语有“天昏地暗”。❷惑乱，糊涂。《左传·襄公二十五年》：“君～不能匡，危不能救。”《南史·刘显传》：“老夫～忘，不可受策。”(策：策问。)❸目不明。韩愈《与崔群书》：“目视～花，寻常间便不分人颜色。”《新唐书·魏征传》：“臣眊～，不能见。”❹神志不清。《战国策·赵策四》：“此皆能乘王之醉～，而求所欲于王者也。”《三国志·吴书·贺邵传》：“偶有逆迕，～醉之言耳。”❺结婚。《诗经·邶风·谷风》：“宴尔新～，如兄如弟。”《汉书·晁错传》：“男女有～，生死相恤。”(恤：救济。)这个意义后来写作“婚”。❻mǐn 通“暋”。尽力。《尚书·盘庚上》：“惰农自安，不～作劳。”《三国志·魏书·武帝纪》："穑人～作，粟帛滞积。"（穑人：农夫。）

阍（閽） hūn ❶ 守门的人。《左传·襄公二十九年》："吴人伐楚，获俘焉，以为～。"《汉书·五行志下》："后～戕（qiāng）吴子。"（戕：杀害。）❷ 门。常指天门或宫门。扬雄《甘泉赋》："选巫咸兮叫帝～，开天庭兮延群神。"

惛（惽） hūn ❶ 不明白，糊涂。《战国策·秦策一》："今之嗣主，忽于至道，皆～于教。"《论衡·论死》："病则～乱，精神扰也。"❷ 神志不清。《南史·宋孝武帝纪》："仍复命饮，俄顷数斗，凭几～睡，若大醉者。"（仍：于是。）［惛惛］1. 默默无闻。《荀子·劝学》："无～～之事者，无赫赫之功。"2. 糊涂，神志不清。《汉书·王温舒传》："～～不辩。"（辩：通"辨"。辨别。）

荤（葷） hūn ❶ 指葱姜蒜等辛辣味的菜。《荀子·哀公》："黼衣黻裳者不茹～，非口不能味也，服使然也。"（黼衣、黻裳：都是绣有花纹的礼服。）❷ 指肉食。宗懔《荆楚岁时记》："梁有天下不食～，荆自此不复食鸡子。"❸ xūn ［荤粥（yù）］古代我国北方民族。《史记·五帝本纪》："北逐～～。"也写作"荤允"、"薰育"、"熏鬻"等。

浑（渾） hún ❶ 水势盛大。［浑浑］1. 水势很大的样子。《荀子·富国》："财货～～如泉源。"2. 浑浊的样子。陆云《九愍·考志》："世～～其难澄。"（澄：澄清。）❷ 浑浊。《老子·十五章》："～兮其若浊。"杜甫《示从孙济》诗："淘米少汲（jí）水，汲多井水～。"（汲：打水。）❸ 未分剖的。《晋书·王戎传》："尝目山涛如璞玉～金。"（目：把……看作。山涛：人名。璞玉：未雕琢的玉。）❹ hùn 杂，掺和在一起。《汉书·刘向传》："贤不肖～淆，白黑不分。"（淆：杂乱。）《论衡·案书》："阴阳相～，旱湛相报，天道然也。"❺ 全，满。李白《少年行》："～身装束皆绮罗。"❻ 简直。杜甫《春望》诗："白头搔更短，～欲不胜簪。"

圂 hùn ❶ 猪圈。《汉书·五行志中之下》："燕王宫永巷中豕出～，坏都灶。"㊀ 厕所。《说文·口部》："圂，厕也。"❷ huàn 通"豢"。指猪、犬。《礼记·少仪》："君子不食～腴。"（腴：指猪、犬的肠、胃。）

溷 hùn ❶ 混浊，污浊。屈原《离骚》："世～浊而嫉贤兮，好蔽美而称恶。"（蔽美称恶：指压抑好的，推崇坏的。）㊀ 污秽之物，粪便。《世说新语·排调》："就而视之，其根则群狐所托，下聚～而已。"❷ 混乱。《后汉书·陈宠传》："时司徒辞讼，久者数十年，事类～错。"❸ 通"圂"。猪圈。《论衡·吉验》："捐于猪～中。"（扔到猪圈里。捐：抛弃，扔。）❹ 通"圂"。厕所。《南史·范缜传》："（花）自有关篱墙落于粪～之中。"（关：穿过。）

慁 hùn ❶ 忧，忧虑。《左传·昭公六年》："舍不为暴，主不～宾。"❷ 打扰，烦扰。《史记·范雎蔡泽列传》："是天以寡人～先生而存先王之宗庙也。"❸ 污辱。《礼记·儒行》："不～君王，不累长上。"❹ 混乱。刘勰《文心雕龙·议对》："烦而不～者，事理明也。"

混 hùn ❶ 水势盛大。司马相如《上林赋》："汩（gǔ）乎～流，顺阿而下。"（汩：水流急促。阿：大山。）❷ 污浊，混浊。孙樵《书褒城驿壁》："视其沼，则浅～而污。"（沼：池。）❸ ［混然］未分剖的样子。《荀子·非十二子》："使天下～～不知是非。"❹ 杂，掺和在一起。《老子·十四章》："～而为一。"柳宗元《永州韦使君新堂记》："远～天碧。"（和远处天空的蔚蓝色混合在一起。）成语有"鱼目混珠"。

HUO

騞（騞） huō 刀割裂开物的声音。《庄子·养生主》："奏刀～然，莫不中音。"《列子·汤问》："其触物也，～然而过。"

豁 huō 见173页。

佸 huó 相会，来会。《诗经·王风·君子于役》："君子于役，不日不月，曷其有～？"

活 huó ❶ 生存。与"死"相对。《韩非子·解老》："以肠胃为根本，不食则不能～。"㊀使……活，救活。《后汉书·华佗传》："此可以～人。"❷ 活计，谋生的手段。杜甫《闻斛斯六官未归》诗："本卖文为～。"❸ 活动，不固定。沈括《梦溪笔谈》卷一八："有布衣毕昇，又为～板。"（布衣：平民。毕昇：人名。活板：活字排版。）❹ 生动，活泼。杜牧《池州送孟迟先辈》诗："雨余山态～。"（雨余：雨后。态：姿态。）❺ guō ［活活］流水声。《诗经·卫风·硕人》："河水洋洋，北流～～。"李白《江上寄元六林宗》诗："流水鸣～～。"

火 huǒ ❶ 火焰。《尚书·盘庚上》："若～之燎于原。"《论衡·言毒》："若～灼人。"(灼:烧。)[又]用作动词。着火,发生火灾。《礼记·曾子问》:"太庙～,则从天子救火。"[特]火把。《庄子·天地》:"厉之人夜半生其子,遽取～而视之。"[火急]紧急。柳宗元《叠后》诗:"劝君～～添功用。"❷古时兵制,十人为一火。《新唐书·兵志》:"十人为～,～有长。"[火伴]同伴。《木兰诗》:"出门看～～,～～皆惊惶。""火伴"的"火"后来写作"伙"。❸星名。也叫大火,即心宿。《诗经·豳风·七月》:"七月流～,九月授衣。"【注意】古书中的"火"不是五大行星的火星。火星古代称"荧惑"。❹五行(金、木、水、火、土)之一。见457页"行"字。

夥 huǒ 多。《史记·司马相如列传》:"鱼鳖欢声,万物众～。"《新唐书·突厥传序》:"晋地狭而人～。"[夥颐]叹词。表示惊讶或感叹。《史记·陈涉世家》:"～～!涉之为王沈沈者。"(沈沈:宫殿深邃的样子。)

或 huò ❶有的,有的人。《论语·为政》:"～谓孔子曰:'子奚不为政?'"(奚:为什么。)司马迁《报任安书》:"人固有一死,～重于泰山,～轻于鸿毛。"❷也许,或许。《左传·宣公三年》:"天～启之,必将为君。"李白《梦游天姥吟留别》:"云霞明灭～可睹。"(明灭:或明或暗。睹:看见。)[引]表示选择,或者。《汉书·韩安国传》:"吾势已定,～营其左,～营其右,～当其前,～绝其后,单于可禽。"❸又。《诗经·小雅·宾之初筵》:"既立之监,～佐之史。"(监、史:指奴隶主贵族宴饮时的辅佐人员。)❹语气词。常用在否定句中加强否定语气。《孟子·滕文公上》:"虽使五尺之童适市,莫之～欺。"贾谊《论积贮疏》:"残贼公行,莫之～止。"(莫之或止:没有人制止它。)❺通"惑"。迷惑。《汉书·霍去病传》:"别从东道,～失道。"(别:另外。)

惑 huò ❶疑惑。《左传·桓公十五年》:"雍氏舍其室而将享子于郊,吾～之,以告。"韩愈《师说》:"师者,所以传道受业解～也。"[又]糊涂。《孟子·离娄下》:"乡邻有斗者,被发缨冠而往救之,则～也。"[引]怀疑。曾巩《本朝政要策·任将》:"取董遵诲于仇雠,取姚内斌于俘虏,皆用之不～。"❷迷惑,蛊惑。《韩非子·孤愤》:"～主败法,以乱士民。"❸佛教称烦恼为惑。王中《头陀寺碑文》:"理胜则～亡。"(亡:无。)

货(貨) huò ❶财物。《尚书·洪范》:"一曰食,二曰～。"《商君书·立本》:"治行则～积。"(治行:指国家治理得好。)❷钱,货币。《汉书·食货志下》:"百姓愦乱,其～不行,民私以五铢钱市买。"(五铢钱:汉代的一种钱币。)❸行贿。《孟子·公孙丑下》:"无处而馈之,是～之也。"(处:原因。馈:馈赠。)《后汉书·黄琼传》:"诛税民受～者九人。"❹出卖。柳宗元《钴鉧潭西小丘记》:"～而不售。"(不售:卖不出去。)

湱 huò ❶[渹(hōng)湱]见156页"渹"字。❷[漰(pēng)湱]水冲击声。郭璞《江赋》:"～～㶁灂(xiào zhuó)。"(均为波涛相击声。)

获[1](獲) huò ❶猎得禽兽。《诗经·秦风·驷驖》:"舍拔则～。"(舍拔:指射箭。)[又]俘获,缴获。李斯《谏逐客书》:"～楚魏之师。"(师:军队。)❷得到。《论语·雍也》:"仁者,先难而后～。"《盐铁论·诛秦》:"初虽劳苦,卒～其庆。"(卒:终了。庆:福。)❸通"获²(穫)"。收获庄稼。《荀子·富国》:"今是土之生五谷也,人善治之……一岁而再～之。"(岁:年。再:两次。)❹女奴隶。《墨子·大取》:"爱～之爱人也,生于虑～之利。"[臧获]见514页"臧"字。【辨】獲,穫。见下"获²(穫)"字。

获[2](穫) huò 收割庄稼。《诗经·豳风·七月》:"八月剥枣,十月～稻。"《汉书·食货志上》:"春耕,夏耘,秋～,冬臧(cáng)。"(臧:收藏。)【辨】獲,穫。捕获人或鸟兽写作"獲";获得农产品写作"穫"。有时候,农业收成也写作"獲",但捕获不写成"穫"。现在,两字都简化为"获"。

祸(禍、旤) huò ❶灾害,祸害。《老子·五十八章》:"～兮福之所倚,福兮～之所伏。"❷危害。《左传·昭公元年》:"子木有～人之心。"(子木:人名。)成语有"祸国殃民"。❸罪过。《荀子·成相》:"罪～有律,莫得轻重威不分。"

𦞦(臛) huò 带汁的肉(不加菜的)。宋玉《招魂》:"露鸡～蠵(xī),厉而不爽些。"用作动词。烹煮。曹植《七启》:"～江东之潜鼍。"

霍 huò ❶鸟疾飞的声音。《说文·雔部》:"霍,飞声也。"[引]疾速的样子。司马相如《大人赋》:"焕然雾除,～然云消。"❷[霍霍]1.闪动疾速的样子。刘子翚《谕俗》诗:"晚电明～～。"2.磨刀声。《木兰诗》:"磨刀～～向猪羊。"❸通"藿"。豆类植物的叶子。《汉书·鲍宣传》:"使奴从宾客,浆酒～肉。"(霍:动词,把……当作豆叶。)

藿 huò ❶豆叶。《诗经·小雅·白驹》："皎皎白驹，食我场～。"《史记·李斯列传》："冬日鹿裘，夏日葛衣，粢粝之食，藜～之羹。"❷一种草，即藿香，茎叶可入药。左思《吴都赋》："草则～蒳豆蔻。"

矐 huò 使人失明。《史记·刺客列传》："秦皇帝惜其善击筑，重赦之，乃～其目。"

嚄 huò ❶叹词。表示惊讶。《史记·外戚世家》："武帝下车泣曰：'～！大姊，何藏之深也！'"❷［嚄唶(zé)］呼笑大声，表示勇悍。《史记·魏公子列传》："晋鄙～～宿将，往恐不听，必当杀之。"

濩 huò ❶煮。《诗经·周南·葛覃》："维叶莫莫，是刈是～。"❷［濩渃(ruò)］水势激荡的样子。《楚辞·九思·疾世》："望江汉兮～～。"❸［濩落］空廓。韩愈《赠徐州族侄》诗："萧条资用尽，～～门巷空。"❹ hù 同"頀"。汤时乐名。又称大濩。《庄子·天下》："禹有大夏，汤有大～。"《晋书·庾阐传》："虽有惠音，莫过韶～。"❺ hù［布濩］散布，遍布。张衡《东京赋》："声教～～，盈溢天区。"

雘 huò 赤石风化后的东西，可为颜料。《尚书·梓材》："若作梓材，既勤朴斲(zhuó)，惟其涂丹～。"

镬(鑊) huò 古代的一种大锅。《吕氏春秋·察今》："尝一脟肉，而知一～之味，一鼎之调。"(一脟肉：一小块肉。)

蠖 huò ❶尺蠖，蛾类的幼虫，行动时身体先屈后伸。俗称吊死鬼。《晋书·庾阐传》："是以道隐则～屈，数感则凤睹。"❷［温蠖］昏聩。《史记·屈原贾生列传》："宁赴常流而葬乎江鱼腹中耳，又安能以皓皓之白而蒙世俗之～～乎！"

豁 huò ❶开阔的山谷。张协《七命》："画长～以为限，带流溪以为关。"㉓开阔。郭璞《江赋》："～若天开。"(若：像。)㉔大度。《史记·高祖本纪》："仁而爱人，喜施，意～如也。"［豁然］开阔的样子。陶潜《桃花源记》："复行数十步，～～开朗。"［豁达］心胸开阔。《旧唐书·高祖本纪》："倜傥(tì tǎng)～～。"(倜傥：洒脱，不拘束。)❷消散，散开。郭璞《江赋》："集若霞布，散如云～。"❸深。徐悱《古意酬到长史溉》诗："此江称～险。"❹免除(后起意义)。王士禛《书剑侠二事》："传令吏归舍，释妻子，～其赔偿。"双音词有"豁免"。❺ huō 缺。贾思勰《齐民要术·种谷》："稀～之处，锄而补之。"❻ huō 舍弃。《世说新语·德行》："勿以我受任方州，云我～平昔时意。"

謋 huò ［謋然］迅速分离的声音。《庄子·养生主》："视为止，行为迟，动刀甚微。～～已解，如土委地。"

瀖 huò ［瀖瀖］流水声。韩愈《蓝田县丞厅壁记》："水～～循除鸣。"

H

J

JI

几[1] jī 矮而小的桌子，用以陈放东西或倚靠休息。《孟子·公孙丑下》："隐～而卧。"(隐：倚，靠。)《史记·吴王濞列传》："文帝弗忍，因赐～杖。"(弗：不。杖：拐杖。)

几[2]**(幾)** jǐ 见179页。

讥(譏) jī ❶讥讽。《左传·隐公元年》："称郑伯，～失教也。"苏辙《李氏园》诗："游人足～骂，百世遭舌讨。"❷非难，指责。《三国志·蜀书·孟光传》："(光)好公羊春秋而～呵左氏。"(左氏：指《春秋左氏传》。)《世说新语·任诞》："阮籍嫂尝还家，籍见与别，或～之。籍曰：'礼岂为我辈设也。'"❸检查，查看。《礼记·王制》："关～而不征。"(关：关卡。征：收税。)【辨】谤，诽，讥。见11页"谤"字。

饥[1]**(飢)** jī ❶饿。与"饱"相对。《孟子·公孙丑上》："～者易为食，渴者易为饮。"《韩非子·饰邪》："家有常业，虽～不饿。国有常法，虽危不亡。"(常业：指有固定的产业。饿：极度的饿。)❷通"饥[2](饑)"。饥荒。《汉书·翼奉传》："今东方连年～馑。"【辨】飢，饑。"飢"指肚子饿，"饑"指饥荒。在先秦不相混同，到后来才逐渐通用。【辨】饥，饿。见100页"饿"字。

饥[2]**(饑)** jī ❶饥荒，年成不好。《商君书·垦令》："多岁不加乐，则～岁无裕利。"(岁：年。裕利：指商人所获的厚利。)《史记·天官书》："四时不出，天下大～。"❷通"饥[1](飢)"。饿。《孟子·梁惠王上》："黎民不～不寒。"【辨】飢，饑。见上"饥[1]"字。【辨】饥，馑。见201页"馑"字。

玑(璣) jī ❶不圆的珠子。李斯《谏逐客书》："傅～之珥。"(镶着珠子的耳环。傅：附着。)❷[玑衡]即璿(xuán)玑玉衡。古代观察天象的仪器。沈括《梦溪笔谈》卷七："天文家有浑仪，测天之器，设于崇台，以候垂象者，则古～～是也。"(浑仪：浑天仪。崇：高。候：指观察。垂象：指天象。)❸北斗七星中的第三颗星。《隋书·天文志上》："北斗第二星名琁，第三星名～。"

机(機) jī ❶弓弩上发射箭的机件。《韩非子·说林下》："操弓关～。"(操：持。关：拉动。)[引]作战设备或其他机械。《战国策·宋卫策》："公输般为楚设～。"(公输般：鲁班。设：设置。)[特]织布机。《史记·樗里子甘茂列传》："其母投杼(zhù)下～。"(投：放下。杼：织布机上的梭子。)❷关键，要点。《潜夫论·本政》："故国家存亡之本，治乱之～，在于明选而已矣。"❸时机，机会。《三国志·蜀书·诸葛亮传》："成败之～，在于今日。"❹机灵。《三国志·魏书·武帝纪》："太祖少～警。"(少：年少时。)❺通"几[2](幾)"。事情的苗头或预兆。《三国志·蜀书·先主传》："睹其～兆。"(兆：征兆。)[又]事务。《汉书·百官公卿表》："相国、丞相……掌丞天子，助理万～。"(掌丞天子：主管辅佐皇帝。)【辨】幾，机。见179页"几[2](幾)"字。

肌 jī ❶肌肉。《史记·扁鹊仓公列传》："乃割皮解～。"(乃：就，于是。解：解剖。)❷指皮肤。宋玉《登徒子好色赋》："眉如翠羽，～如白雪。"【辨】肌，肉。在先秦时，二字有严格的区别。一般地说，"肌"是指人的肉，"肉"是指禽兽的肉。汉代以后，"肉"也用来指人的肌肉，但"肌"却不能指称禽兽的肉。

矶(磯) jī 水边突出的大石。李贺《昌谷诗》："竹薮添堕简，石～引钩饵。"

击(擊) jī ❶敲击，敲打。《诗经·邶风·击鼓》："～鼓其镗(tāng)。"(镗：击鼓声。)[引]碰撞，接触。《战国策·齐策一》："临淄之途，车毂～，人肩摩。"(到临淄去的路上，车挨着车，人挨着人。毂：车轮中心的圆木。摩：摩擦，挨近。)❷攻击，攻打。《孙子兵法·虚实》："兵之形，避实而～虚。"(兵之形：指作战的方法、规律。)[引]击杀。《后汉书·马援传》："援乃～牛酾(shāi)酒，劳飨(xiǎng)军士。"(酾酒：斟酒。劳飨：以酒肉慰劳。)

枅 jī 柱上的横木。《淮南子·主术》："短者以为朱儒～栌(lú)。"(栌：柱上承梁的方木。)

奇 jī 见321页。

剞 jī ❶[剞劂(jué)]1. 雕刻用的刀。《楚辞·哀时命》："握～～而不用兮，操规矩而无所施。" 2. 雕版。韩愈《送文畅师北游》:"先生閟(bì)穷巷,未得窥~~。" ❷ 抢夺。左思《吴都赋》:"劫~熊罴之室,剽掠虎豹之落。"

畸 jī ❶ 零星,剩余。贾谊《新书·铜币》:"以调盈虚,以收~羡。"(羡:多余的。) ❷ 不整齐。《荀子·天论》:"墨子有见于齐,无见于~。"(齐:整齐。)[引]偏。《荀子·天论》:"中则可从,~则不可为。" ❸ 单数。《新唐书·李逊传》:"故事,天子以~日听政,对群臣。"

觭 jī ❶ 角一俯一仰的样子。《尔雅·释畜》:"角一俯一仰,觭。"[引]偏向一边。《战国策·赵策四》:"齐秦非复合也,必有~重者矣。" ❷ 单,只。《汉书·五行志中之下》:"匹马~轮无反者。"(反:返。) ❸ 通"奇"。数目不成双的。与"偶"相对。《新唐书·朱泚传》:"时四方无事,天子~日视朝。"

唧 jī 象声词。[唧唧] 1. 形容叹息声。《木兰诗》:"~~复~~,木兰当户织。" 2. 形容虫鸟鸣叫声。白居易《闻虫》诗:"暗虫~~夜绵绵。"[啾唧]小声嘀咕。寒山《有乐且须乐》诗:"寄世是须臾,论钱莫~~。"

积(積) jī ❶ 堆积谷物。《诗经·周颂·载芟》:"有实其~,万亿及秭。"(实:广大。秭:数目,十亿为秭。)曹操《步出夏门行·冬十月》:"钱镈停置,农收~场。"(钱、镈:两种农具。)[引]堆积,聚积。《荀子·儒效》:"~土而为山,~水而为海。" ❷ 积蓄,积累。《盐铁论·错币》:"故人主~其食,守其用,制其有余,调其不足。"(制:控制。调:调剂。) ❸ 多。《汉书·食货志下》:"夫县法以诱民,使入陷阱,孰~于此?"(县:悬,张设。)[又]久。《世说新语·文学》:"明公启晨光于~晦,澄百流以一源。"

笄 jī 古代盘头发或别住帽子用的簪子。《列子·周穆王》:"施芳泽,正娥眉,设~珥(ěr)。"(珥:用玉石做的耳环。)[引]女子可以插笄的年龄,即成年。《国语·郑语》:"既~而孕。"

屐 jī 木头鞋。《晋书·宣帝纪》:"使军士二千人著软材平底木~前行。"[引]穿木鞋。《汉书·爰盎传》:"盎解节旄怀之,~步行七十里。"

姬 jī ❶ 帝王之妾。《史记·孙子吴起列传》:"以王之宠~二人各为队长。" ❷ 汉代宫中女官名。《汉官仪》卷下:"~,内官也。" ❸ 古时对妇女的美称,也称美女。《诗经·陈风·东门之池》:"彼美淑~,可与晤歌。"李白《玩月金陵城西》诗:"半道逢吴~。"(吴姬:吴地的女子。)

基 jī ❶ 地基,墙基。《诗经·周颂·丝衣》:"自堂徂~。"(徂:往。)贾思勰《齐民要术·园篱》:"于墙~之所,方整深耕。"(于:在。) ❷ 基础,根本。《老子·三十九章》:"贵以贱为本,高以下为~。"《左传·昭公十三年》:"足以为国~矣。" ❸ 开始。《诗经·周颂·昊天有成命》:"成王不敢康,夙夜~命宥密。"(康:安乐。宥:宽仁。密:安宁。)

期²(朞) jī ❶ 一周(年、月)。《尚书·尧典》:"~,三百有六旬有六日。"(一年有三百六十六天。)[期年]一周年。《左传·襄公九年》:"行之~~,国乃有节。"[期月]一整月。《后汉书·耿纯传》:"~~之间,兄弟称王。" ❷ 期服。服为期一年的丧服。《墨子·公孟》:"伯父、叔父、兄弟,~。"

赍(齎、賫) jī ❶ 送物给人。《荀子·大略》:"非其人而教之,~盗粮,借贼兵也。"(兵:兵器。) ❷ 携带。《史记·李斯列传》:"秦王乃拜斯为长史,听其计,阴遣谋士,~持金玉以游说诸侯。"(长史:官名。阴:暗地。)[引]怀着。江淹《恨赋》:"~志没地。"(没地:死去。) ❸ zī 通"资"。钱财。《史记·陈丞相世家》:"~用益饶。"(资财费用更加丰富。)

稽 jī ❶ 考证,考核。《荀子·正名》:"无~之言。" ❷ 计较,争辩。《汉书·贾谊传》:"妇姑不相说,则反唇而相~。"(说:悦。) ❸ 停留,拖延。《管子·君臣上》:"令出而不~。" ❹ 至,到。《庄子·逍遥游》:"大浸~天而不溺。"(大浸:大水。) ❺ 合,相合。《韩非子·解老》:"道者,万物之所然也,万理之所~也。" ❻ qǐ 叩头。[稽首]古时的一种礼节。跪下,拱手至地,头也至地。《左传·僖公五年》:"士蒍(wěi)~~而对曰:'臣闻之……'"(士蒍:人名。)

缉(緝) jī ❶ qī 绩,把麻搓捻成线。《管子·事语》:"女勤于~绩徽织。"(徽:搓绳。)[引]缝(衣边)。《仪礼·丧服》:"斩者何?不~也。" ❷ jí 通"辑"。聚集。颜延之《阳给事诔》:"立乎将卒之间,以~华裔之众,罢困相保,坚守四旬。"(裔:后代。) ❸ jí 通"辑"。和睦。《后汉书·蔡茂传》:"使执平之吏永申其用,以厌远近不~之情。"(执平:办事公平。申:发挥。厌:使……协调。远近:指各地。) ❹ jí 编辑,整理。《晋书·陈寿等传论》:"咸能综~遗文,垂诸不朽。" ❺ 捉拿,搜捕(后起意义)。

如"缉拿"、"缉获"、"缉私"。

跻(隮) jī ❶登上。《尚书·顾命》："王麻冕黼裳，由宾阶～。"（黼裳：绣有花纹的礼服。宾阶：堂前西面的台阶。）《抱朴子·守塉》："夫欲～阆风、陟嵩、华者，必不留行于丘垤。"❷升起。《诗经·鄘风·蝃蝀》："朝～于西，崇朝其雨。"（早晨云从西边升起，整个早晨都下雨。）《史记·乐书》："地气上～，天气下降。"❸坠落。《尚书·微子》："王子弗出，我乃颠～。"李贺《送秦光禄北征》诗："太常犹旧宠，光禄是新～。"

跻(躋) jī 升，登。《诗经·豳风·七月》："～彼公堂。"《后汉书·韦彪传》："爵位不～。"

错(錤) jī ［镃(zī)錤］见547页"镃"字。

諆 jī 见319页。

齑(齏、虀、韲) jī ❶切碎的姜、葱、蒜等。屈原《九章·惜诵》："惩于羹者而吹～兮。"（被羹烫过，存了戒心，对齑也要吹一吹。惩：因受打击而警戒。）《世说新语·汰侈》："韭蓱～是捣韭根，杂以麦苗尔。"（韭蓱齑：一种细碎的咸菜。）❷［齑粉］粉末，常用以比喻粉身碎骨。《梁书·武帝纪上》："而一朝～～，孩稚无遗。"《新五代史·苏逢吉传》："史公一处分，吾～～矣。"（史公：指史弘肇。）

畿 jī ❶国都四周的广大地区。《诗经·商颂·玄鸟》："邦～千里，维民所止。"（邦畿：以国都为中心的广大土地。维：语气词。止：居住。）⊗京城所管辖的地区。魏征《十渐不克终疏》："～内户口，并就关外。"❷地域，地区。宋之问《送李侍御》诗："南登指吴服，北走出秦～。"❸门槛，门限。《诗经·邶风·谷风》："不远伊迩，薄送我～。"（薄：动词词头。）㉠边，际。颜延年《归鸿》诗："相鸣去涧汜，长引发江～。"

激 jī ❶阻遏水流，使腾涌或飞溅。《孙子兵法·兵势》："～水之疾，至于漂石者，势也。"（疾：急速。）《论衡·书虚》："水～沸起，故腾为涛。"㉠水的冲击。沈括《梦溪笔谈》卷七："象天之器，以水～之。"（象天之器：指浑天仪。）❷急速，猛烈。《史记·屈原贾生列传》："矢～则远。"（矢：箭。）王羲之《兰亭集序》："又有清流～湍。"（湍：水流急速。）双音词有"激变"。❸指声调的高亢激昂。柳宗元《陪永州崔使君游宴南池序》："匏(páo)竹～越。"（匏竹：指乐器。越：响亮。）❹激励，激发。《战国策·燕策一》："苏代欲以～燕王。"司马迁《报任安书》："至～于义理者不然。"（义理：正义和道理。然：这样。）㉠激动。柳宗元《贞符序》："臣不胜奋～。"［感激］由于感动而激发出某种情绪。《汉书·淮南王安传》："其群臣宾客……以厉王迁死～～安。"诸葛亮《出师表》："由是～～，遂许先帝以驱驰。"【注意】由于感动可以激发出不同的情绪，"感激"专用于表示感谢是较晚的事。

襀(襀) jī ［襞(bì)襀］衣服上的褶子。司马相如《子虚赋》："～～褰绉，纡徐委曲。"

禨 jī ❶信神，向神求福的举动。《列子·说符》："楚人鬼而越人～。"❷jì 洗头之后饮酒。《礼记·少仪》："饮酒者，～者、醮者，有折俎不坐。"⊗洗头之后饮的酒。《礼记·玉藻》："进～进羞，工乃升歌。"

鐖 jī ❶鱼钩的倒刺。《类篇·金部》："～，钩逆铓。"❷通"机"。指弓弩发射的机件。《淮南子·齐俗》："若夫工匠之为连～运开。"❸qí 大镰刀。《史记·淮南衡山列传》："非直适戍之众，～凿棘矜也。"

鞿 jī 马嚼子。《汉书·刑法志》："是犹以～而御駻突。"（駻突：凶悍的马。）㉠束缚。韩愈《山石》诗："人生如此自可乐，岂必局束为人～。"

墼 jī ❶已烧成的砖。《隶辨》卷五："永初七年官～。"❷未烧的砖坯。《后汉书·周纡传》："纡廉洁无资，常筑～以自给。"

羁(羈、覊、羇) jī ❶马笼头。曹植《白马篇》："白马饰金～。"⊗将马笼头套在马上。贾谊《吊屈原赋》："使骐骥可得系而～兮，岂云异夫犬羊。"（骐骥：良马。）㉠拘束，束缚。司马迁《报任安书》："仆少负不～之才。"（仆：谦称，我。负：指具有。不羁：指不受拘束。）成语有"放荡不羁"。［羁縻(mí)］1.拘留，束缚。文天祥《指南录后序》："予～～不得还。"（予：我。）2.笼络。《史记·孝武本纪》："天子益怠厌方士之怪迂语矣，然终～～弗绝。"❷寄居在外。《史记·陈杞世家》："～旅之臣，幸得免负担。"⊗寄居在外的人，外乡人。《左传·昭公七年》："单(shàn)献公弃亲用～。"

及 jí ❶赶上，追上。《左传·成公二年》："故不能推车而～。"❷到，至。《荀子·王制》："自古～今，未尝闻也。"（未尝：未曾。）㉠涉及，牵扯。《论语·卫灵公》："群居终日，言不～义。"《盐铁论·毁学》：

"邪行不～于己。"㊁参与。《左传·襄公四年》:"两君相见之乐也,臣不敢～。"❸赶着。《左传·僖公二十二年》:"彼众我寡,～其未既济也,请击之。"(济:渡河。)❹如,比得上。李白《赠汪伦》诗:"桃花潭水深千尺,不～汪伦送我情。"❺和,与。《诗经·豳风·七月》:"女心伤悲,殆(dài)～公子同归。"(殆:只怕。公子:指贵族之子。)《史记·南越列传》:"称病,不肯见王～使者。"

岌 jí [岌岌]1. 很高的样子。屈原《离骚》:"高余冠之～～兮。"(余:我。冠:帽子。)2. 危险。《汉书·韦贤传》:"～～其国。"成语有"岌岌可危"。也可省作"岌"。《管子·小问》:"危哉!君之国～乎。"

恆 jí 同"急"。迫切。《淮南子·缪称》:"～于不己知者,不自知也。"

汲 jí ❶从井里取水。《荀子·荣辱》:"短绠(gěng)不可以～深井之泉。"(绠:井绳。)㊁打水,取水。《韩非子·五蠹》:"夫山居而谷～者,膢(lóu)腊而相遗(wèi)以水。"(住在山上要到溪谷里去打水的人,节日里把水作为互相赠送的礼品。膢腊:指节日。遗:赠送。)㊀荐举,提拔。《汉书·刘向传》:"禹、稷与皋陶传相～引,不为比周。"(比周:结党营私。)㊀引导。《穀梁传·襄公十年》:"～郑伯,逃归陈侯。"❷[汲汲]1. 心情急切的样子。《汉书·扬雄传》:"不～～于富贵,不戚戚于贫贱。"2. 惶恐不安的样子。《三国志·魏书·陈思王植传》:"常～～无欢,遂发疾薨。"

级(級) jí ❶等级。《韩非子·定法》:"斩一首者爵一～。"颜延之《陶征士诔》:"蔑彼名～。"(轻视名誉和等级地位。)❷台阶。《左传·僖公二十三年》:"公降一～而辞焉。"徐弘祖《徐霞客游记·楚游日记》:"在石隙中转折数～而下。"❸首级。《汉书·赵充国传》:"斩虏数百～。"

极¹(極) jí ❶脊檩,房脊。张衡《西京赋》:"跱(zhì)游～于浮柱。"(跱:置。游:指凌空的。浮柱:梁上的柱子。)㊀最高处。《庄子·则阳》:"其邻有夫妻臣妾登～者。"《世说新语·文学》:"佛经以为祛练神明,则圣人可致。简文云:'不知便可登峰造～不?'"❷尽头,极点。《诗经·唐风·鸨羽》:"悠悠苍天,曷其有～。"李贺《秦王饮酒》诗:"秦王骑虎游八～。"(八极:指八方最远的地方。)㊀到极点。《吕氏春秋·大乐》:"天地车轮,终则复始,～则复反。"❸最,非常。《庄子·盗跖》:"子之罪大～重。"❹底线,准则。《诗经·卫风·氓》:"士也罔～,二三其德。"刘禹锡《天论上》:"建～闲邪。"(树立标准,防止邪恶。)❺疲乏,疲劳。《汉书·王褒传》:"匈喘肤汗,人～马倦。"(匈:胸。)《世说新语·言语》:"丞相小～,对之疲睡。"❻通"亟"。急。《荀子·赋》:"出入甚～,莫知其门。"【注意】在古代,"极"和"極"是两个字,意义各不相同。上述义项都不写作"极"。现"極"简化为"极"。见下"极²"字。

极² jí 放在驴背上用来驮物的架子。《说文·木部》:"极,驴上负也。"

笈 jí 书箱。《晋书·王裒传》:"负～游学。"(背着书箱到远处去求学。)㊀以笈放置;携带。柳宗元《送辛殆庶下第游南郑序》:"遂～典坟,袖文章,北来王都。"

吉 jí ❶吉祥,吉利。与"凶"相对。《穀梁传·哀公元年》:"卜之不～则如之何?"成语有"凶多吉少"。❷善,好。《诗经·唐风·无衣》:"不如子之衣,安且～兮。"

佶 jí 壮健。《诗经·小雅·六月》:"四牡既～,既～且闲。"

即 jí ❶走近,靠近。《诗经·卫风·氓》:"来～我谋。"(谋:商量。)柳宗元《童区寄传》:"以缚～炉火烧绝之。"(缚:指捆在手上的绳子。绝:断。)成语有"若即若离"、"可望而不可即"。[即位]就位。指做皇帝或诸侯。《史记·东越列传》:"吾初～～。"❷就在(某时、某地),就(某物)。《史记·吴王濞列传》:"～山铸钱,煮海水为盐。"《汉书·高帝纪上》:"项伯许诺,～夜复去。"(许诺:答应。)《汉书·赵充国传》:"召黄门郎扬雄～充国图画而颂之。"❸副词。立即,马上。《三国志·蜀书·诸葛亮传》:"～遣兵三万人以助备。"(备:刘备。)❹副词。1.就是,就要。《左传·襄公八年》:"民死亡者,非其父兄,～其子弟。"《史记·陈涉世家》:"壮士……死～举大名耳。"2.便,就。《史记·李将军列传》:"度不中不发,发～应弦而倒。"❺连词。如果,假如。《史记·高祖本纪》:"萧相国～死,令谁代之?"❻连词。即使。《史记·魏公子列传》:"公子～合符,而晋鄙不授公子兵而复请之,事必危矣。"

塈 jí ❶烧土为砖。《礼记·檀弓上》:"夏后氏～周。"(烧土为砖,放在棺材的四周。)❷烛灰。《礼记·檀弓上》郑玄注引《弟子职》:"右手折～。"❸通"疾"。憎恨。《尚书·舜典》:"朕～谗说殄行。"

蝍 jí [蝍蛆(jū)]1. 蟋蟀。《淮南子·说林》:"腾蛇游雾,而殆于～～。"(殆:畏惧。）2. 蜈蚣。又写作“蝍且”。《庄子·齐物论》：“～～甘带，鸱鸦耆鼠。”（带：蛇。）

亟 jí ❶ 急，赶快。《商君书·更法》：“君～定变法之虑。”《史记·陈涉世家》：“趣（cù）赵兵～入关。”（趣：通“促”。催促。）❷ qì 屡次。《左传·隐公元年》：“～请于武公。”

慖 jí 急，性急。《毛诗传笺通释》卷十八：“《淮南·览冥训》：‘安之不～。’高注：‘～，急也。’”

殛 jí 诛杀。《尚书·舜典》：“～鲧（gǔn）于羽山。”（鲧：人名，夏禹的父亲。）《左传·僖公二十八年》：“有渝此盟，明神～之。”（渝：改变。）㊀ 惩罚。《尚书·康诰》：“爽惟天其罚～我，我其不怨。”

急 jí ❶（性情）急躁。《韩非子·观行》：“西门豹之性～。”❷ 迫切，紧急。《孟子·尽心上》：“尧舜之知而不遍物，～先务也。”杜甫《兵车行》：“县官～索租，租税从何出？”㊀ 急需的、紧急严重的事情。《论语·雍也》：“君子周～不继富。”（周：救济。）《盐铁论·非鞅》：“盐铁之利，所以佐百姓之～。”（佐：指帮助解决。）成语有“当务之急”。㊁ 危急。《左传·僖公三十年》：“吾不能早用子，今～而求子，是寡人之过也。”❸ 快，急速。郦道元《水经注·河水》：“水流迅～，势同三峡。”❹ 紧，紧缩。贾思勰《齐民要术·种桃柰》：“桃性皮～。”

疾 jí ❶ 病。《尚书·金縢》：“武王有～，周公作《金縢》。”㊁ 生病。《韩非子·外储说左上》：“婴～甚，且死。”（婴：人名。且：将。）㊀ 痛苦，疾苦。《管子·小问》：“凡牧民者，必知其～。”《史记·萧相国世家》：“汉王所以具知天下阨塞，户口多少强弱之处，民所～苦者，以何具得秦图书也。”㊀ 缺点，毛病。《荀子·修身》：“不由礼则触陷生～。”《孟子·梁惠王下》：“寡人有～，寡人好货。”❷ 厌恶，憎恨。《论语·泰伯》：“人而不仁，～之已甚，乱也。”成语有“疾恶如仇”。❸ 妒忌。《史记·孙子吴起列传》：“庞涓恐其贤于已，～之。”（庞涓：人名。）上述❷❸又写作“嫉”。❹ 快，急速。《周礼·考工记·鲍人》：“鼓大而短，则其声～而短闻。”《三国志·魏书·武帝纪》：“～雷不及掩耳。”㊀ 急切地从事。《商君书·弱民》：“万民～于耕战。”【辨】病，疾。见 26 页“病”字。【辨】快，速，疾，捷。见 395 页“速”字。

蒺 jí ［蒺藜］1. 一种长刺的野生植物。古乐府《孤儿行》：“拔断～～肠月中。”（肠：腓肠，即小腿肚子。月：同“肉”。）2. 用来御敌的一种器具，有尖刺像蒺藜。《墨子·备城门》：“皆积絫石～～。”（絫石：礌石。）

嫉 jí 嫉妒。屈原《离骚》：“世溷（hùn）浊而～贤兮。”（溷：浊。）《世说新语·言语》：“淳酪养性，人无～心。”㊁ 憎恨。《史记·孟子荀卿列传》：“荀卿～浊世之政。”（浊世：乱世。）

棘 jí ❶ 酸枣树。《诗经·邶风·凯风》：“吹彼～薪。”（棘薪：指酸枣树已长成薪柴。）㊂ 有刺的灌木。如“荆棘”。㊀ 刺，刺伤。黄庭坚《龙眠操》诗：“我为直兮～余趾。”❷ 通“戟”。一种兵器。《左传·隐公十一年》：“子都拔～以逐之。”（子都：人名。）❸ 通“急”。急迫。《诗经·小雅·采薇》：“岂不日戒，玁狁孔～。”（玁狁：古代北方民族。孔：甚。）㊁ 急躁。王夫之《船山记》：“蠲（juān）其不欢，迎其不～。”（蠲：弃。）❹ 通“瘠”。瘠薄。《吕氏春秋·任地》：“～者欲肥。”

襋 jí 衣领。《诗经·魏风·葛屦》：“要之～之，好人服之。”（缝腰又缝领，美人穿上衣。）

集 jí ❶ 群鸟停在树上。《诗经·周南·葛覃》：“黄鸟于飞，～于灌木。”㊁ 降落。《韩非子·解老》：“时雨降～，旷野间（xián）静。”㊀ 停留。屈原《离骚》：“欲远～而无所止兮，聊浮游以逍遥。”❷ 聚集。贾谊《过秦论》：“天下云～而响应。”❸ 诗文集子。《三国志·蜀书·诸葛亮传》：“亮言教书奏多可观，别为一～。”（言教书奏：四种文体。）❹ 成功。《左传·襄公二十六年》：“今日之事幸而～，晋国赖之；不～，三军暴骨。”（事：指秦、晋和好。幸：侥幸。）《左传·成公二年》：“此车一人殿之，可以～事。”❺ 安定。《史记·秦始皇本纪》：“天下初定，远方黔首未～。”

楫（檝） jí 船桨。《商君书·弱民》：“背法而治，此任重道远而无马牛，济大川而无舡～也。”（任：背负。济：渡。舡：船。）

辑（輯） jí ❶ 车厢。㊂ 车子。《列子·汤问》：“齐～乎辔（pèi）衔之际。”（齐：齐整，整备。辔：马缰绳。衔：马嚼子。）❷ 聚集。《韩非子·说林下》：“甲～而兵聚。”（甲：铠甲。兵：兵器。）㊁ 纂集，编辑。《国语·晋语八》：“端刑法，～训典。”（训典：训辞和礼仪规范。）❸ 和睦。《左传·僖公十五年》：“群臣～睦，甲兵益多。”㊀ 安抚，安定。柳宗元《封建论》：“卧而委之以～一方可也。”（委：委托。）❹ 敛。《礼记·丧大记》："大夫于君所则～杖。"（辑杖：指收起拐杖。）

戢 jí ❶收藏兵器。《诗经·周颂·时迈》："载～干戈。"（载：句首语气词。）㊁记住。《世说新语·方正》刘注引《孙绰集》："永～话言，口诵心悲。"㊁止息，禁止。《左传·隐公四年》："夫兵犹火也，弗～，将自焚也。"《宋史·度宗纪》："申严～贪之令。"❷收敛。陶潜《归鸟》诗："翼翼归鸟，～羽寒条。"（翼翼：翅膀一扇一扇的样子。条：树枝。）❸聚集。《国语·周语上》："夫兵～而时动，动则威。"

濈 jí ❶水向外流。张衡《南都赋》："流湍投～。"张仲景《金匮要略·妇人杂病》："～然汗出者愈。"❷形容迅速。曹植《七启》："翔尔鸿翥（zhù），～然凫没。"❸[濈濈]聚集的样子。《诗经·小雅·无羊》："尔羊来思，其角～～。"

耤 jí ❶[耤田]名义上由皇帝亲自耕种的田地。又写作"藉田"。《汉书·文帝纪》："其开～～，朕亲率耕。"❷jiè 借。《汉书·郭解传》："以躯～友报仇。"

藉 jí ❶jiè 用草编的垫。屈原《九歌·东皇太一》："蕙肴（yáo）蒸兮兰～。"（用蕙草包着肉食放在用兰草编的垫子上。肴蒸：古代的一种肉食。）㊈动词。垫。柳宗元《捕蛇者说》："往往而死者相～也。"㊁坐卧在某物上。孙绰《游天台山赋》："～萋萋之纤草。"（萋萋：草茂盛的样子。纤草：小草。）❷践踏，欺凌。《汉书·灌夫传》："我在也，而人皆～吾弟。"❸jiè 凭借。《商君书·开塞》："～刑以去刑。"❹jiè 借给，供给。李斯《谏逐客书》："此所谓～寇兵而赍盗粮者也。"❺jiè 假使。《史记·陈涉世家》："～第令毋斩，而戍死者固十六七。"（假使能免于斩刑，去守边也要死掉十分之六七的人。）【注意】义项❸的"藉"在现代汉语中写作"借"。【辨】藉，籍。二字古多通用。但"户籍"、"典籍"、"书籍"、"籍没"的"籍"不写作"藉"，草垫的意义一般也不写作"籍"。

籍 jí ❶名册，户口册。《史记·平准书》："河南上富人助贫人者～。"《汉书·高帝纪》："萧何尽收秦丞相府图～文书。"㊁登记。《汉书·武帝纪》："～吏民马。"[门籍]写有朝臣姓名状貌的竹签，悬挂在宫门上，查对相符，朝臣才得入宫门。《史记·魏其武安侯列传》："太后除窦婴～～，不得入朝请。"（窦婴：人名。朝：指春天朝见天子。请：指秋天朝见天子。）❷典籍，书籍。《孟子·万章下》："诸侯恶其害己也，而皆去其～。"《汉书·艺文志》："皆灭去其～。"❸jiè 通"藉"。凭借。《韩非子·五蠹》："是故乱国之俗，其学者则称先王之道以～仁义。"❹通"藉"。践踏，欺凌。《风俗通·穷通》："～夫子者不禁。"[狼籍]通"狼藉"。纵横杂乱。《三国志·魏书·董卓传》："死者～～。"【辨】籍，藉。见上"藉"字。

膌 jí 同"瘠"。瘦。《管子·问》："时简稽帅马牛之肥～，其老而死者皆举之。"

瘠 jí ❶瘦。与"肥"相对。《荀子·非相》："叶公子高，微小短～，行若将不胜其衣。"《史记·刘敬叔孙通列传》："今臣往，徒见羸～老弱。"㊈贫困。《国语·楚语上》："民实～矣，君安得肥。"《三国志·吴书·陆逊传》："民～国强者，未之有也。"㊁地力贫弱。《国语·鲁语下》："择～土而处之。"❷薄，少。《左传·襄公二十九年》："何必～鲁以肥杞。"《荀子·富国》："若是则～，～则不足欲。"❸zì 通"胔"。腐烂的肉。《荀子·荣辱》："是其所以不免于冻饿，操瓢囊为沟壑中～者也。"文天祥《正气歌》："一朝蒙雾露，分作沟中～。"

鹡（鶺） jí [鹡鸰（líng）] 1. 一种鸟。东方朔《答客难》："譬若～～，飞且鸣矣。" 2. 比喻兄弟。袁宏《三国名臣序赞》："岂无～～，固慎名器。"

蹐 jí 走小碎步，即后脚脚尖紧接着前脚脚跟。《诗经·小雅·正月》："谓地盖厚，不敢不～。"（地该是很厚的，但不敢不小步走。形容受压抑。）成语有"蹐地跼天"。（跼：弯着腰。）

踖 jí 跨越。《礼记·曲礼上》："毋～席。"[蹴（cù）踖]见66页"蹴"字。

几²（幾） jǐ ❶jī 隐微，不明显。《周易·系辞上》："～事不密则害成。"《后汉书·陈宠传》："今不蒙忠能之赏，而计～微之故，诚伤辅政容贷之德。"㊕指事情的苗头或预兆。《周易·系辞下》："君子见～而作。"㊁危险。《左传·宣公十二年》："利人之～，而安人之乱。"❷jī 事务。多见于"万幾"，指政事。《尚书·皋陶谟》："一日二日万～。"上述❶❷又写作"机"。❸jī 将近，接近。贾谊《论积贮疏》："汉之为汉，～四十年矣。"㊈差一点儿，几乎。《世说新语·排调》："民虽吴人，～为伧鬼。"文天祥《指南录后序》："～自刭（jǐng）死。"（刭：割脖子。）❹jī 通"讥"。检查，查看。《荀子·王制》："关市～而不征。"（关市：关卡和市场。征：收税。）❺qǐ 通"岂"。《荀子·大略》："～为知计哉？"❻

表疑问。问数量。《孟子·离娄上》："子来～日矣？"《汉书·赵充国传》："当用～人？"❼ jì 通"冀"。希望。《左传·哀公十六年》："国人望君，如望岁焉，日月以～。"【注意】在古代，"幾"和"几"是两个字，意义各不相同。上述义项都不写作"几"。现"幾"简化为"几"。参见174页"几[1]"字。【辨】幾，机。"幾"的本义是微，"机"的本义是机械。"幾"除了❶❷义项后来也写作"机"以外，其他意义都不写作"机"。"机械"的意义也不写作"幾"。

虮(蟣) jǐ ❶虱子的卵。《韩非子·喻老》："甲胄生～虱，燕雀处帷幄。"❷酒上的泡沫。《晋书·张载传》："浮～星沸，飞华萍接。"

己 jǐ ❶自己。《论语·颜渊》："～所不欲，勿施于人。"《孙子兵法·谋攻》："知彼知～，百战不殆(dài)。"(殆：危险。)❷天干的第六位。见126页"干[1]"字。

给(給) jǐ ❶足，丰足。《孟子·梁惠王下》："秋省敛而助不～。"贾思勰《齐民要术序》："岁岁开广，百姓充～。"(岁岁开广：指开垦的土地逐年增多。)❷供给，供应。《战国策·齐策四》："孟尝君使人～其食用。"成语有"自给自足"。❸供事，供职。《史记·萧相国世家》："何乃～泗水卒史事。"(何：萧何，人名。泗水：地名。卒史：官名。)《三国志·魏书·吕布传》："以骁武～并州。"❹口齿伶俐。《荀子·非十二子》："辩说譬谕齐～便利。"(譬谕：比喻。齐：快。便利：敏捷。)【注意】在古代汉语中"给"字不表示"给予"，只表示"供给"。"给予"的意思用"与"、"予"表示。

脊 jǐ ❶脊椎骨。《庄子·则阳》："忌也出走，然后抶(chì)其背，折其～。"(抶：鞭打。)㊈指脊背。《周礼·天官·内饔》："马黑～而般臂。"(般：通"斑"。斑纹。)❷物体中间高起的部分。《汉书·郊祀志上》："江淮间一茅三～，所以为藉也。"《宋书·谢灵运传》："山～曰冈。"《梁书·康绚传》："依岸以筑土，合～于中流。"㊇事物的关键或要害部分。《战国策·楚策一》："席卷常山之险，折天下之～。"❸条理。《诗经·小雅·正月》："维号斯言，有伦有～。"

掎 jǐ ❶抓住，拖住。《诗经·小雅·小弁》："伐木～矣，析薪杝(zhì)也。"(伐木要拖住它防止倒错了方向，劈柴要顺着木头的纹理。)《汉书·叙传》："昔秦失其鹿，刘季逐而～之。"㊀牵制。《三国志·魏书·满宠传》："羽所以不敢遂进者，恐吾军～其后耳。"(羽：关羽，人名。)[掎角]分兵牵制或夹击。《三国志·吴书·陆逊传》："～～此寇，正在今日。"❷发射。班固《西都赋》："机不虚～，弦不再控。"

戟(㦸) jǐ ❶古代一种兵器。《诗经·秦风·无衣》："王于兴师，修我矛～。"《三国志·魏书·典韦传》："帐下壮士有典君，提一双～八十斤。"㊀伸出食指和中指指人，其状似戟。《左传·哀公二十五年》："公～其手。"❷刺激(后起意义)。柳宗元《与崔饶州论石钟乳书》："～喉痒肺。"

撠 jǐ ❶击刺。《史记·孙子吴起列传》："救斗者不搏～。"❷接触。《汉书·扬雄传下》："不阶浮云，翼疾风，虚举而上升，则不能～胶葛，腾九闳。"(胶葛：上清之气。九闳：九天之门。)㊀握持。荀悦《前汉纪》卷六："高后梦见物如苍狗，～后腋。"

计(計) jì ❶算账，计算。《战国策·齐策四》："谁习～会。"(会：年终算账。)诸葛亮《出师表》："可～日而待也。"㊀考察，审核。《管子·八观》："行其田野，视其耕芸，～其农事，而饥饱之国可以知也。"㊀记载，登记。《左传·襄公十九年》："夫铭，天子令德，诸侯言时～功，大夫称伐。"《管子·立政》："州长以～于乡师。"(州长把情况登记在乡师那里。州长、乡师：官名。)㊀账簿。《汉书·武帝纪》："受～于甘泉。"(受：接受。甘泉：地名。)❷盘算，谋划。《战国策·赵策四》："父母之爱子，则为之～深远。"❸计谋，策略。《盐铁论·利议》："诸生无能出奇～。"【辨】计，虑。这两字在盘算、谋划的意义上，只有细微的分别。"计"着重在计划或策划，"虑"是反复思考。

记(記) jì ❶记住。与"忘"相对。《尚书·益稷》："挞以～之。"(鞭挞使记住过错。)《后汉书·应奉传》："凡所经履，莫不暗～。"❷记载，记述。《战国策·东周策》："《春秋》～臣弑君者以百数。"范仲淹《岳阳楼记》："属予作文以～之。"(属：嘱托。予：我。)㊀史书。《盐铁论·结和》："藏于～府。"❸文体的一种。如《钴鉧潭西小丘记》、《岳阳楼记》。❹印章。《宋史·职官志七》："铸铜～给之。"【辨】记，纪。在"记载"这个意义上，二字相通。但各有一些习惯用法，不相混淆。如《秦始皇本纪》不作《秦始皇本记》，而《史记》也不作《史纪》。"记"又是一种文体，如奏记、游记、杂记，而"纪"作为文体是指纪传体史书中记述帝王事迹的部分。

纪(紀) jì ❶ 丝的头绪。《墨子·尚同上》:“譬若丝缕之有～,网罟(gǔ)之有纲。”(譬若:比如。罟:网的总称。纲:提网的总绳。)❷ 法度,准则。《墨子·小取》:“审治乱之～。”《后汉书·邓禹传》:“师行有～。”㊕人与人之间的道德关系。《吕氏春秋·贵公》:“无乱人之～。”(无:不要。)[纪纲] 1. 法度。《左传·哀公六年》:“乱其～～。”2. 治理。《国语·晋语四》:“此大夫管仲之所以～～齐国。”❸ 治理,管理。《国语·周语上》:“～农协功。”(管理农事,协同工作。)❹ 记年单位。1. 十二年为一纪。《尚书·毕命》:“既历三～。”2. 一代为一纪。史岑《出师颂》:“历～十二。”❺ 古代纪传体史书中记述帝王历史事迹的部分。如《史记·秦始皇本纪》、《汉书·高帝纪》。❻ 通“记”。记载。《论衡·须颂》:“司马子长～黄帝以至孝武。”(司马子长:即司马迁。黄帝:传说中的古代帝王。孝武:汉武帝。)【辨】记,纪。见180页“记”字。

忌 jì ❶ 憎恨。《管子·大匡》:“诸侯加～于君。”(加:施加。)(又)嫉妒。《史记·陈丞相世家》:“项王为人,意～信谗。”❷ 顾忌,畏惧。《荀子·大略》:“齐人欲伐鲁,～卞庄子。”(卞庄子:人名。)《三国志·吴书·吕蒙传》:“羽不足～。”(羽:指关羽。)❸ 忌讳,禁忌。《韩非子·外储说左下》:“公室卑,则～直言。”(卑:低下,卑贱。)❹ 语气词。《诗经·郑风·大叔于田》:“叔善射～,又良御～。”(大叔善于射箭,又善于驾车。御:驾车。)

跽(曁) jì 长跪,挺直上身两膝着地。《战国策·秦策三》:“秦王～曰:先生是何言也。”《史记·项羽本纪》:“项王按剑而～,曰:‘客何为者?’”

誋 jì 告诫。《淮南子·缪称》:“目之精者,可以消泽,而不可以昭～。”(消泽:消释,消亡。)

伎 jì ❶ 技艺。《荀子·王制》:“案谨募选阅材～之士。”(严格谨慎地招募选择有才能技艺的人。案:于是,就。)这个意义又写作“技”。❷ 歌女。李白《寄韦南陵冰》诗:“闻君携～访情人,应为尚书不顾身。”这个意义又写作“妓”。

技 jì 技艺,本领。《左传·襄公十三年》:“小人伐其～以冯君子。”(伐:夸耀。冯:欺凌。)《后汉书·华佗传》:“佗之绝～,皆此类也。”㊕工匠。《荀子·富国》:“百～所成。”

芰 jì 菱角。《国语·楚语上》:“屈到嗜～。”杜甫《壮游》诗:“剑池石壁仄,长洲荷～香。”

际(際) jì ❶ 交界处,边缘处。《左传·定公十年》:“居齐鲁之～而无事,必不可矣。”李白《黄鹤楼送孟浩然之广陵》诗:“孤帆远影碧空尽,唯见长江天～流。”❷ 先后交接的时候。《史记·秦楚之际月表》:“太史公读秦楚之～。”(太史公:指司马迁。秦楚之际:指秦朝和楚汉时期相交接时的历史。)(引)时候。《论语·泰伯》:“唐、虞之～,于斯为盛。”岳飞《南京上高宗书略》:“(乘)敌穴未固之～,亲帅六军,迤逦(yǐ lǐ)北渡。”(敌穴未固:敌人巢穴还不稳固。迤逦:曲折绵延的样子。)❸ 彼此之间。《韩非子·难一》:“君臣之～,非父子之亲也。”❹ 会合,交际。《周易·坎》:“刚柔～也。”《庄子·则阳》:“不应诸侯之～。”(不参加诸侯之间的交际。)❺ 到,接近。《庄子·刻意》:“上～于天,下蟠于地。”《汉书·严助传》:“～天接地。”

季 jì ❶ 排行在后的。《诗经·召南·采蘋》:“有齐～女。”《新唐书·李勣传》:“～弟感年十五。”(感:人名。)❷ 一个季节或一个朝代的末了。刘桢《赠五官中郎将》诗:“～冬风且凉。”蔡琰《悲愤诗》:“汉～失权柄,董卓乱天常。”[季月]每季的最后一月。《北史·魏孝文帝本纪》:“自今选举,每以～～。”❸ 三个月为一季,一年分春、夏、秋、冬四季(后起意义)。张蠙《次韵和友人冬月书斋》:“四～多花木,穷冬亦不凋。”(穷冬:指冬末。凋:凋落,枯萎。)【注意】“四季”这个意义在上古时期称为“四时”。

悸 jì 因害怕而心跳。《楚辞·九思·悼乱》:“惶～兮失气。”(惶:恐惧。失气:气快要断了。)(引)心跳病。《汉书·田延年传》:“使我至今病～。”这个义项后来写作“痵”。

剂(劑) jì ❶ 剪断,割破。贾谊《新书·谕诚》:“豫让～面而变容。”(豫让:人名。)(引)齐平。元稹《和乐天早春见寄》:“湖添水～消残雪,江送潮头涌漫波。”❷ 商业交易用的一种契约。左思《魏都赋》:“质～平而交易。”(质:契约的一种。平:平等。)❸ 调和。《后汉书·刘梁传》:“和如羹焉,酸苦以～其味。”❹ 药剂。《新唐书·吴凑传》:“诏侍医敦进汤～。”❺ 量词。中药一服为一剂。《宋书·范晔传》:“为合汤一～,耀疾即损。”(耀:许耀,人名。损:减轻。)

荠(薺) jì ❶ 荠菜。《诗经·邶风·谷风》:"谁谓荼苦,其甘如～。" ❷ cí 通"茨"。蒺藜。

济(濟) jì ❶ 过河,渡。《公羊传·僖公二十二年》:"楚人～泓而来。"(泓:水名。)成语有"同舟共济"。❷ 成。《左传·文公十八年》:"世～其美,不陨其名。"(陨:坠落。)《三国志·蜀书·先主传》:"夫～大事必以人为本。" ❸ 帮助,接济。《后汉书·何颙传》:"为求援救,以～其患。"㊂有利,有益。《周易·系辞下》:"万民以～。" ❹ 停止。《淮南子·天文》:"大风～。" ❺ jǐ 水名,故道在今山东。❻ jǐ [济济]众多的样子。《诗经·大雅·旱麓》:"瞻彼旱麓,榛楛～～。"(榛、楛:两种树名。)成语有"人才济济"。

霁(霽) jì 雨雪停止,云雾散,天放晴。《晏子春秋·谏上》:"雨雪三日而不～。"《韩非子·难势》:"云罢雾～。"成语有"光风霁月"。㊉怒气消除,气色转和。《汉书·魏相传》:"相心善其言,为～威严。"《新唐书·裴度传》:"帝色～,乃释寰。"(释:释放。寰:人名。)

洎 jì ❶ 往锅里添水。《吕氏春秋·应言》:"市丘之鼎以烹鸡,多～之则淡而不可食,少～之则焦而不熟。"(市丘:地名。鼎:古代烹煮用的器具。烹:煮。)㊂汤汁。《左传·襄公二十八年》:"去其肉,而以其～馈(kuì)。"(馈:送。) ❷ 浸泡,浸润。《管子·水地》:"越之水,浊重而～。"(越地的水很混浊而且向外浸润。) ❸ 到,至。《庄子·寓言》:"后仕,三千钟而不～,吾心悲。"张衡《东京赋》:"泽～幽荒。"(泽:恩泽。幽荒:偏远的地方。)《论衡·程材》:"～入文吏之科,坚守高志,不肯下学。"(下学:降低学问的标准。) ❹ 连词。及,与。柳宗元《曹溪第六祖赐谥大鉴禅师碑并序》:"公命部吏～州司功掾,告于其祠。"

迹(跡、蹟) jì ❶ 脚印。《孟子·滕文公上》:"兽蹄鸟～之道交于中国。"《汉书·枚乘传》:"人性有畏其景而恶其～者。"(景:影子。)㊂痕迹,遗迹。沈括《梦溪笔谈》卷一七:"用笔极新细,殆(dài)不见墨～。"(殆:几乎。)李白《登金陵冶城西北谢安墩》诗:"冶城访古～,犹有谢安墩。"㊂事迹。《史记·秦始皇本纪》:"从臣思～。" ❷ 追踪行迹。《汉书·季布传》:"汉求将军急,～且至臣家。"(且:将要。) ❸ 推究,考察。贾谊《治安策》:"臣窃～前事,大抵强者先反。"(臣:我。窃:谦辞。私下。)

既 jì ❶ 尽,完了,终了。《左传·僖公二十二年》:"楚人未～济。"(济:渡河。)孙樵《书褒城驿壁》:"语未～,有老甿(méng)笑于旁。"(老甿:指老农民。) ❷ 副词。已经。《诗经·周南·汝坟》:"～见君子,不我遐弃。"《韩非子·外储说左下》:"三军～成陈,使士视死如归。"(陈:阵。) ❸ 副词。既然(后起意义)。《世说新语·识鉴》:"～与人同乐,亦不得不与人同忧。"沈括《梦溪笔谈》卷一四:"～云孟子不见诸侯,因何见梁惠王。"(云:说。因何:为什么。) ❹ 副词。不久。常"既而"连用。《左传·文公元年》:"～又欲立王子职,而黜太子商臣。"《后汉书·华佗传》:"～而缝合。" ❺ [既……且……][既……又……]表示两种情况同时存在。《孙子兵法·谋攻》:"三军既惑且疑。"曹操《让县自明本志令》:"既为子孙计,又己败则国家倾危。"

塈 jì ❶ 用泥涂抹屋顶。《尚书·梓材》:"若作室家,既勤垣墉,惟其涂～茨。"(盖房子既要垒好墙,也要用泥涂抹好茅草屋顶。)《汉书·谷永传》:"凶年不～涂。" ❷ 取。《诗经·召南·摽有梅》:"摽有梅,顷筐～之。" ❸ 休息,安宁。《诗经·大雅·假乐》:"不解于位,民之攸～。"(在上者不懈怠,民所以得安宁。一说"塈"为"归附"义。)

暨 jì ❶ 和,同。《左传·定公十年》:"母弟辰～仲佗、石彄(kōu)出奔陈。"(辰、仲佗、石彄:都是人名。陈:国名。) ❷ 到,至。《庄子·列御寇》:"跣而走,～乎门。"魏征《十渐不克终疏》:"～乎今岁,天灾流行。"(岁:年。)这个意义又写作"洎"。

穊 jì 稠密(多用于农作物的密植)。《史记·齐悼惠王世家》:"深耕～种,立苗欲疏。"

觊(覬) jì 希望得到。《汉书·游侠传》:"众庶荣其名迹,～而慕之。"柳宗元《童区寄传》:"自毁齿已上,父兄鬻(yù)卖,以～其利。"(毁齿:指儿童换牙的年龄。已:以。鬻:卖。)[觊觎(yú)]非分的希望和企图。《三国志·魏书·武帝纪》:"群凶～～,分裂诸夏。"(诸夏:我国古代对中原地区的称呼。)

紒 jì 束发为髻。《仪礼·士冠礼》:"将冠者,采衣,～。"

继(繼) jì ❶ 连续,紧接着。屈原《离骚》:"吾令凤鸟飞腾兮,～之以日夜。"(令:使。凤鸟:凤凰。) ❷ 承接,继承。《荀子·儒效》:"工匠之子,莫不～事。"《汉书·昭帝纪》:"昔周成以孺子～统。" ❸

接着，跟着。《孟子·公孙丑下》："～而有师命。"《韩非子·和氏》："泣尽而～之以血。"❹增益。《论语·雍也》："君子周急不～富。"（周：救济。）《墨子·非命上》："绝长～短，方地百里。"

寄 jì ❶寄居，依附。《战国策·齐策四》："使人属孟尝君，愿～食门下。"（属：嘱托。）《世说新语·言语》："～人国土，心常怀惭。"❷寄托，托付。《论语·泰伯》："可以托六尺之孤，可以～百里之命。"诸葛亮《出师表》："先帝知臣谨慎，故临崩～臣以大事也。"（臣：诸葛亮自称。临崩：临死。）㊀寄存。《北齐书·高德政传》："德政妻出宝物满四床，欲以～人。"❸传送（后起意义）。沈括《梦溪笔谈》卷五："弯弓莫射云中雁，归雁如今不～书。"（莫：不要。书：书信。）

寂 jì ❶没有声音。《老子·二十五章》："～兮寥兮。"（无声无形。寥：空廓，没有形体。）[寂然]安静的样子。《周易·系辞上》："～～不动，感而遂通。"《晋书·谢安传》："既而～～。"（既而：不久。）❷寂寞。《论衡·程材》："儒者～于空室，文吏哗于朝堂。"

绩（績） jì ❶缉线，把麻搓成绳或线。《诗经·陈风·东门之枌》："不～其麻。"㊀继承。《左传·昭公元年》："子盍亦远～禹功而大庇民乎？"❷成绩，功绩。《穀梁传·成公五年》："伯尊其无～乎？"

惎 jì ❶毒害。《左传·定公四年》："管蔡启商，～间王室。"（管蔡：管叔、蔡叔。）❷憎恨。《左传·哀公二十七年》："赵襄子由是～知伯。"❸教导。《左传·宣公十二年》："晋人或以广队不能进，楚人～之脱扃。"（脱扃：抽去车前横木。）张衡《西京赋》："天启其心，人～之谋。"

勣（勣） jì 功。刘勰《文心雕龙·封禅》："劳深～寡，飇焱缺焉。"（飇焱：气势雄壮。）

鲼 jì ❶一种小贝。《尔雅·释鱼》："大者魧，小者鲼。"❷鲫鱼。《楚辞·大招》："煎～臛雀，遽爽存只。"

蓟（薊） jì ❶一种多年生草本植物。沈括《梦溪笔谈》卷二五："大～茇（bá）如车盖。"（茇：草根。）❷古地名。在今北京东边。《战国策·燕策二》："～丘之植，植于汶皇。"

稷 jì ❶谷类，一说即谷子。《诗经·王风·黍离》："彼黍离离，彼～之苗。"陶潜《桃花源诗》："桑竹垂余荫，菽～随时艺。"（荫：阴影。菽：豆类。艺：种植。）❷古代掌农事的官。《左传·昭公二十九年》："～，田正也。"㊁谷神。《礼记·祭法》："其子曰农，能殖百谷……故祀以为～。"[社稷]见365页"社"字。❸[稷下]古地名，在今山东临淄北。【辨】穀，禾，粟，黍，稷。见136页"谷²（穀）"字。

髻 jì 发髻。《史记·货殖列传》："贾椎～之民。"（与椎髻之民通商。）《世说新语·贤媛》："有人走从门入，出～中疏示重。"（重：李重，人名。）

冀 jì 希望。《韩非子·五蠹》："～复得兔。"（复：再。）《世说新语·言语》："～罪止于身。"

骥（驥） jì 骏马，好马。《荀子·修身》："夫～一日而千里。"曹操《步出夏门行·龟虽寿》："老～伏枥，志在千里。"（枥：马槽。）

穄 jì 穄子，一种谷物。也叫糜（méi）子。《后汉书·乌桓传》："其土地宜～及东墙。"（东墙：黏黍子。）

罽 jì 一种毛织品。《汉书·东方朔传》："木土衣绮绣，狗马被缋（huì）～。"（缋：通"绘"。）《后汉书·文苑传》："烧～帐，系阏氏（yān zhī）。"

嚌 jì 尝。《礼记·杂记下》："小祥之祭，主人之酢也，～之。"㊀品味。苏轼《洞酌亭》诗："既味我泉，亦～我诗。"

䆅 jì 猛火急炊。《说文·火部》："䆅，炊餔疾也。"㊀疾，盛。屈原《离骚》："荃不察余之中情兮，反信谗而～怒。"

穧 jì 割了而未收起的谷物。《诗经·小雅·大田》："彼有不获穉，此有不敛～。"（不获穉：没有收割的嫩庄稼。）

JIA

加 jiā ❶加在……上面，放上。《庄子·马蹄》："夫～之以衡扼（è）。"（之：指马。衡：车辕上的横木。扼：通"轭"。驾车时搁在牛马脖子上的曲木。）㊀施加。诸葛亮《赏罚》："刑罚知其所～，则邪恶知其所畏。"（知道刑罚如何施加，邪恶的人也就知道害怕什么了。）❷增加。《公羊传·昭公十九年》："乐正子春之视疾也，复～一饭则脱然愈。"❸副词。更，更加。《左传·昭公三年》："其如旧而～敬焉。"《孟子·梁惠王上》："邻国之民不～少，寡人之民不～多。"❹连词。加上，加之。《后汉书·袁术传》："术兵弱，大将死，众情离叛。～天旱岁荒，士民冻馁，江淮间相食殆尽。”

珈 jiā 古代妇女首饰。《诗经·鄘风·君子偕老》：“君子偕老，副笄六～。”

枷 jiā ❶一种打谷用的农具。也叫连枷。《国语·齐语》：“耒耜～芟（shān）。”（芟：大镰刀。）❷一种套在犯人脖子上的刑具。《北史·流求国传》：“狱无～锁，唯用绳缚。”⑫用作动词。上枷。《北齐书·库狄干传》：“士文～之于狱累日，杖之二百。”❸jià 通“架”。衣架。《礼记·曲礼上》：“男女不杂坐，不同椸（yí）～。”（椸：衣架。）

笳 jiā 胡笳。一种乐器，类似笛子。《后汉书·董祀妻传》：“胡～动兮边马鸣。”杜甫《后出塞》诗：“悲～数声动，壮士惨不骄。”（悲：悲壮。）

跏 jiā ［跏趺（fū）］佛教徒的一种坐法，即双足交叉盘腿而坐。白居易《在家出家》诗：“中宵入定～～坐，女唤妻呼多不应。”

嘉 jiā ❶好，美好。《诗经·小雅·頍弁》：“尔酒既旨，尔殽既～。”（旨：味美。）屈原《离骚》：“肇（zhào）锡余以～名。”（肇：始。锡：赐。余：我。）❷赞美，嘉奖。曹操《表论田畴功》：“畴文武有效，节义可～。”（畴：人名。效：功。节义：节操。）

夹（夾） jiā ❶在两旁。《荀子·正论》：“庶士介而～道。”（庶士：指军士。介：指穿着铠甲。）《史记·伍子胥列传》：“与楚～汉水而陈。”（陈：排列为阵。）❷江河汉口停泊船只的地方。陆游《长歌行》：“朝浮杜若洲，暮宿芦花～。”❸jiá 双层的。陆游《示客》诗：“漠漠新寒试～衣。”这个意义后来写作“袷”。❹jiá 通“铗”。剑把。《庄子·说剑》：“以豪桀士为～。”（把豪杰人士作为剑把。桀：杰。）❺xiá 通“狭”。狭窄。《后汉书·东夷列传》：“其地东西～，南北长。”

浃（浹） jiā ❶沾湿，湿透。《后汉书·伏皇后纪》：“操出，顾左右，汗流～背。”❷通，透。《荀子·解蔽》：“其所以贯理焉，虽亿万，已不足以～万物之变。”《淮南子·原道》：“不浸于肌肤，不～于骨髓。”❸普遍，周遍。《后汉书·和帝纪》：“餘虽颇登，而多不均～。”《汉书·礼乐志》：“于是教化～洽，民用和睦。”［浃日］从甲日到癸日，其周期是十天。《国语·楚语下》：“远不过三月，近不过～～。”又写作“挟日”。［浃辰］从子日到亥日，其周期是十二天。《左传·成公九年》：“～～之间，而楚克其三都。”❹xiá ［浃渫（dié）］水流的样子。郭璞《江赋》：“长波～～，峻湍崔嵬。”

梜（梜） jiā ❶匣子。沈辽《德相惠新茶复次前韵奉谢》：“修竹为之规，黄金为之～。”❷箸，筷子。《礼记·曲礼上》：“羹之有菜者，用～。”

佳 jiā 美，好。屈原《九章·抽思》：“好姱～丽兮，牉独处此异域。”（牉：半。）陶潜《饮酒》诗：“秋菊有～色。”贾思勰《齐民要术·耕田》：“必须燥湿得所为～。”（必须干湿合适才好。）［佳人］1. 美女。《汉书·外戚传上》：“北方有～～，绝世而独立。”2. 美好的人。常用以指自己所想念的人。汉武帝《秋风辞》：“兰有秀兮菊有芳，～～兮不能忘。”3. 有才干的人。《三国志·魏书·曹爽传》注引《魏氏春秋》：“曹子丹～～，生汝兄弟，犊耳！”（曹子丹：曹真。犊：牛犊子。）

家 jiā ❶家庭。《诗经·周颂·访落》：“维予小子，未堪～多难。”《韩非子·显学》：“儒者破～而葬，服丧三年。”（儒家主张倾家荡产来举行丧礼，守孝三年。）沈琼莲《送弟溥送春官》诗：“少小离～侍禁闱，人间天上两依稀。”㊀安家，定居。《史记·乐毅列传》：“乐羊死，葬于灵寿，其后子孙因～焉。”❷卿大夫统治的地方叫家。《左传·襄公二十九年》：“大夫皆富，政将在～。”（大夫都很富足，政权将移到他们手中去了。）❸学派。《汉书·艺文志》：“诸子十～，其可观者九～而已。”㊀掌握某种专门学识或从事某种专门活动的人（后起意义）。沈括《梦溪笔谈》卷七：“天文～有浑仪。”（浑仪：浑天仪。）

葭 jiā ❶初生的芦苇。《诗经·召南·驺虞》：“彼茁者～。”（茁：茁壮。）［葭莩］芦苇秆里的薄膜，比喻疏远的亲戚。《汉书·中山靖王传》：“非有～～之亲。”❷通“笳”。胡笳。一种乐器，类似笛子。谢灵运《九日从宋公戏马台集送孔令》诗：“鸣～戾朱宫。”（戾：到。朱宫：帝王豪华的宫殿。）

豭 jiā 公猪。《左传·隐公十一年》：“郑伯使卒出～。”《史记·秦始皇本纪》：“夫为寄～，杀之无罪。”

麚 jiā 雄鹿。《楚辞·招隐士》：“白鹿麏～兮，或腾或倚。”（麏：獐子。）

恝 jiá 忽视，不在意。《孟子·万章上》：“夫公明高以孝子之心为不若是～。”

戛（戞） jiá ❶长矛，一种兵器。张衡《东京赋》：“立戈迤～。”（立：直竖。迤：斜靠着。）❷敲击，弹奏。《尚书·

益稷》："～击鸣球，搏拊琴瑟以咏。"元稹《华原磬》诗："铿（kēng）金～瑟徒相杂。"（铿：撞击。金、瑟：两种乐器。徒：徒然。）❸ 象声词。白居易《画雕赞》："～然欲鸣。"成语有"戛然而止"。❹［戛戛］1. 象声词。李邕《鹘赋》："吻～～而雄厉，翅翩翩而劲逸。"2. 费力的样子。韩愈《答李翊书》："当其取于心而注于手也，惟陈言之务去，～～乎其难哉！"

铗（鋏） jiá ❶ 剑把。《战国策·齐策四》："居有顷，复弹其～。"（过了不久，又敲弹他的剑把。）〔泛〕剑。屈原《九章·涉江》："带长～之陆离兮。"（带着长长的剑。陆离：长的样子。）❷ 铗子，夹取东西的工具。庾信《对烛赋》："铁～染浮烟。"梁简文帝《对烛赋》："夜久唯烦～，天寒不畏蛾。"（烦：烦劳。）

颊（頰） jiá 脸的两侧。《左传·定公八年》："偃且射子鉏，中～，殪。"〔泛〕两边，侧面。《魏书·逸士传·李谧》："户之两～裁各七尺耳。"

蛱（蛺） jiá ［蛱蝶］蝴蝶。《抱朴子·官理》："髫孺背千金而逐～蝶。"（蝶：同"蝶"。）

跲 jiá 绊倒。《吕氏春秋·不广》："鼠前而兔后，趋则～，走则颠。"

甲 jiǎ ❶ 草木萌芽时种子所带的皮。《周易·解》："雷雨作，而百果草木皆～坼。"（坼：裂开。）贾思勰《齐民要术·大豆》："戴～而生。"（戴：带。）❷ 动物身上起保护作用的硬壳。《山海经·中山经》："有兽焉，其状如犬，虎爪，有～，其名曰獜（lìn）。"❸ 古代军人穿的皮做的护身衣服。《左传·成公二年》："擐（huàn）～执兵。"（擐：穿。兵：兵器。）屈原《九歌·国殇》："操吴戈兮被犀～。"（被：披。犀：犀牛皮。）〔泛〕铠甲。黄巢《不第后赋菊》诗："满城尽带黄金～。"〔引〕披甲的士兵。《左传·宣公二年》："伏～将攻之。"❹ 天干的第一位。见126页"干[1]"字。〔引〕居第一位或顺序的第一。《汉书·货殖传》："秦杨以田农而～一州。"今有"桂林山水甲天下"之语。

岬 jiǎ 山间。左思《吴都赋》："倾薮（sǒu）薄，倒～岫（xiù）。"（薮薄：指杂草丛生的地方。岫：洞穴。）

贾（賈） jiǎ ❶ gǔ 买。《左传·昭公二十九年》："平子每岁～马。"〔又〕做买卖。《韩非子·五蠹》："长袖善舞，多钱善～。"《汉书·宁成传》："仕不至二千石，～不至千万，安可比人乎！"（至：到。）❷ gǔ 商人。《孟子·梁惠王上》："商～皆欲藏于王之市。"《盐铁论·轻重》："笼天下盐铁诸利，以排富商大～。"（笼：掌握。）❸ gǔ 谋取。《国语·晋语八》："谋于众，不以～好。"〔又〕招引，招惹。如"贾祸"、"贾害"。❹ jià 价格。《论语·子罕》："求善～而沽诸？"（沽：卖。诸：之乎。）《汉书·食货志上》："当具有者半～而卖。"这个意义后来写作"價"，现简化为"价"。❺ 姓。【辨】商，贾。运货贩卖的叫"商"，囤积营利的叫"贾"，所以说"行商坐贾"。后来二字才渐渐没有区别。

槚（檟、榎） jiǎ ❶ 楸树的别称。《左传·襄公四年》："初，季孙为己树六～于蒲圃东门之外。"❷ 茶树的古称。陆羽《茶经·源》："其名一曰茶，二曰～。"

假 jiǎ ❶ 借。《左传·僖公二年》："～道于虞以伐虢（guó）。"（虞、虢：国名。）〔引〕凭借，借助。《荀子·劝学》："君子生非异也，善～于物也。"（生非异：不是本性与别人不同。）〔又〕出租。《汉书·酷吏传·甯成》："乃贳貣（tè）陂田千余顷，～贫民。"（贳貣：租借。）❷ 宽容。《史记·春申君列传》："敌不可～，时不可失。"《北史·魏世祖纪》："大臣犯法，无所宽～。"❸ 如果，假如。刘向《新序·杂事四》："～有贤于子方者，君又何以加之？"曹操《与王脩书》："～有斯事，亦庶钟期不失听也。"（假如真有这种事，也希望你像知音的钟子期一样不致误听。）［假令］［假使］如果。《史记·淮阴侯列传赞》："～令韩信学道谦让，不伐己功，不矜其能，则庶几哉。"《颜氏家训·杂艺》："～使吾不知书，可不至今日邪！"❹ 非正式的。《史记·陈涉世家》："乃以吴叔为～王。"（吴叔：即吴广。）❺ 假。与"真"相对（后起意义）。《世说新语·雅量》："庾太尉风仪伟长，不轻举止，时人皆以为～。"【注意】这个意义在上古时代不说"假"，只说"伪"或"赝（yàn）"。❻ jià 假期，休假。《三国志·魏书·胡质传》注引《晋阳秋》："请～还家。"【辨】伪，假。见428页"伪"字。

嘏 jiǎ （又读 gǔ）福。《诗经·鲁颂·閟宫》："天锡公纯～，眉寿保鲁。"柳宗元《贞符》："载扬于雅，承天之～。"双音词有"祝嘏"。

瘕 jiǎ ❶ 腹中鼓胀病。《史记·扁鹊仓公列传》："蛲（náo）～为病，腹大。"《山海经·南山经》："其中多育沛，佩之无～疾。"❷ xiá 通"瑕"。污点，缺点。柳宗元《同刘二十八院长述旧言怀》诗："敢辞亲耻污，唯恐长疵～。”

斝（斚） jiǎ 一种铜制酒器。《诗经·大雅·行苇》：“或献或酢，洗爵奠～。”（奠：放置。）

驾（駕） jià ❶ 把车套在马身上。《诗经·小雅·采薇》：“戎车既～，四牡业业。”（戎车：兵车。牡：雄马。业业：健壮的样子。）❷ 驾驶。《韩非子·难一》：“～往救之。”（驾车去救他。）韩愈《送石处士序》：“若驷马～轻车，就熟路。”[引]驾驭，控制。《吕氏春秋·贵因》：“其乱至矣，不可以～矣。”（至：极。）❸ 车。《战国策·齐策四》：“为之～，比门下之车客。”《后汉书·窦融列传》：“官属宾客相随，～乘千余两。”（官属：属下官吏。两：辆。）[特]帝王的车。又指帝王。《旧唐书·王希夷传》：“及玄宗东巡，敕州县以礼征召，至～前，年已九十六。”❹ 凌驾，超越。《左传·昭公元年》：“子木之信，称于诸侯，犹诈晋而～焉。”李白《古风五十九首》之三：“大略～群才。”❺ 马驾车行一日的路程为一驾。《荀子·劝学》：“驽马十～，功在不舍。”❻ 通“架”。构架。杜甫《桔柏渡》诗：“青冥寒江渡，～竹为长桥。”（青冥：指秋季天高气爽的景象。）

嫁 jià ❶ 女子出嫁。《诗经·大雅·大明》：“来～于周，曰嫔于京。”《韩非子·外储说左上》：“昔秦伯～其女于晋公子。”❷ 转移，转嫁。《史记·赵世家》：“韩氏所以不入于秦者，欲～其祸于赵也。”❸ 以某种方法使果实增多。贾思勰《齐民要术·种李》：“～李法，正月一日或十五日，以砖石著李树歧中，令实繁。”

稼 jià ❶ 耕种，种田。《诗经·魏风·伐檀》：“不～不穑，胡取禾三百廛兮。”《荀子·解蔽》：“好～者众矣。”❷ 庄稼。《诗经·豳风·七月》：“十月纳禾～。”沈括《梦溪笔谈》卷二六：“一亩之～，则粪溉者先牙。”（同一亩地的庄稼，上过粪和浇过水的则先发芽。牙：芽。）[稼穑（sè）] 1. 泛指农业生产。《史记·货殖列传》：“好～～，殖五谷。”2. 庄稼。《金史·食货志》：“～～迟熟。”

JIAN

戋（戔） jiān [戋戋] 1. 众多的样子。《周易·贲》：“贲于丘园，束帛～～。”白居易《买花》诗：“灼灼（zhuó）百朵红，～～五束素。”（灼灼：形容花的艳盛。素：白绸子。）2. 少，微薄。《聊斋志异·小官人》：“～～微物，想太史亦无所用。”

笺（箋、牋） jiān ❶ 一种文体，写给尊贵者的书信。《晋书·谢安传》：“安投～求归。”又如陈琳《答东阿王笺》、吴质《答魏太子笺》。❷ 一种注释。《后汉书·卫宏传》：“后马融作毛诗传，郑玄作毛诗～。”❸ 精美的纸张，供题诗或写字用。李白《草书歌行》：“～麻素绢排数箱。”（麻、素、绢：这里都是用来写字的物品。）杜甫《秋日夔府咏怀》：“佳句染华～。”双音词有“信笺”。

奸1 jiān ❶ gān 干涉，干扰。《左传·襄公十四年》：“君制其国，臣敢～之？”（制：控制。）❷ gān 通“干1”。求取。《史记·齐太公世家》：“以渔钓～周西伯。”❸ 通“奸2（姦）”。邪恶，狡诈。《晋书·王敦传》：“以诛～臣。”【辨】奸，姦。见下“奸2（姦）”字。

奸2（姦） jiān ❶ 邪恶，狡诈。《商君书·农战》：“不可巧取则～不生。”[又]邪恶、狡诈的人。《尚书·泰誓下》：“崇信～回。”《后汉书·李膺传》：“纠罚～倖。”（倖：宠臣。）❷ 男女私通。《左传·庄公二年》：“夫人姜氏会齐侯于禚，书～也。”《后汉书·李业传》：“（冯）信侍婢亦对信～通。”【辨】奸，姦。古代“奸”和“姦”是两个字，音义各不相同。“奸”是干扰的意思，“姦”是邪恶的意思。到了后代，“姦”也可以写作“奸”。

歼（殲） jiān 杀尽，消灭。《诗经·秦风·黄鸟》：“彼苍者天，～我良人。”《左传·僖公二十二年》：“宋师败绩，公伤股，门官～焉。”

坚（堅） jiān ❶ 坚硬，坚固，结实。《周易·坤》：“履霜～冰，阴始凝也。”《韩非子·难势》：“誉其楯之～，物莫能陷也。”（夸耀他的盾很坚固，没有任何东西可以刺穿它。）[中坚]古代中军所率领的部队，是全军的主力。《后汉书·光武帝纪上》：“敢死者三千人，从城西水上冲其～～。”[又]充实。《诗经·大雅·生民》：“实发实秀，实～实好。”（实：庄稼的籽粒。）《吕氏春秋·任地》：“子能使穗大而～均乎？”[引]坚强，坚定。《后汉书·马援传》：“穷当益～，老当益壮。”❷ 坚持。《战国策·魏策一》：“不敢～战。”[又]固执。《荀子·非十二子》：“行辟而～，饰非而好。”❸ 安定，稳定。《史记·留侯世家》：“群臣见雍齿封，则人人自～矣。”

间（間、閒） jiān ❶ jiàn 夹缝，间隙，空隙。《史记·管晏列传》:“晏子为齐相,出,其御之妻从门~而窥其夫。”(御:赶车人。窥:从缝隙中看。) ❷ jiàn 间隔,间断。《汉书·西域传下》:“~以河山。”㊀间或,断断续续地。《战国策·齐策一》:“数月之后,时时而~进。” ❸ jiàn 隔阂,疏远。《左传·哀公二十七年》:“君臣多~。”㊀离间。《史记·廉颇蔺相如列传》:“赵王信秦之~。” ❹ jiàn 秘密地,悄悄地。《战国策·赵策三》:“魏王使客将军辛垣衍~入邯郸。”[间行]从小路走。《史记·项羽本纪》:“道芷阳~~。”(芷阳:地名。) ❺ 中间,期间。《论语·先进》:“千乘之国,摄乎大国之~。”《孟子·梁惠王上》:“七八月之~旱,则苗槁矣。” ❻ jiàn 置身其间,参与。《左传·庄公十年》:“肉食者谋之,又何~焉?” ❼ 近来。《汉书·叙传上》:“帝~颜色瘦黑。” ❽ 量词。《世说新语·赏誉》:“三~瓦屋,士龙住东头,士衡住西头。”(士龙、士衡:人名。)杜甫《茅屋为秋风所破歌》:“安得广厦千万~?” ❾ xián 空闲。《后汉书·东平宪王苍传》:“忧念遑遑,未有~宁。”(遑遑:心神不安的样子。)这个意义后来写作“闲”。【辨】閒,间,闲。上古没有“间”字,后代写作“间”的,上古都写作“閒”。后代把读 jiān 和 jiàn 的写作“间”,把读 xián 的写作“閒”。“闲”的本义是栅栏,在一般情况下,“閒”和“闲”是不相通的;只有在“空閒”的意义上有时写作“闲”。汉字简化后,“空閒”的意义写作“闲”。

肩 jiān ❶ 肩膀。《韩非子·难势》:“是比~随踵而生也。”(比:并。踵:脚后跟。)㊂动物肢体和躯干相连的部分。《史记·项羽本纪》:“则与一生彘~。”(彘:猪。) ❷ 任用。《尚书·盘庚下》:“朕不~好(hào)货。”(朕:我。好货:指贪财的人。)

艰(艱) jiān ❶ 艰难,困难。《尚书·说命中》:“非知之~,行之惟~。”屈原《离骚》:“哀民生之多~。”㊀艰险,险恶。《周易·泰》:“无平不陂,无往不复,~贞无咎。”(艰贞:艰险而守正。)《诗经·小雅·何人斯》:“彼何人斯?其心孔~。” ❷ 父母丧。王俭《褚渊碑文》:“又以居母~去官。”又如“丁艰”(遭遇父母丧事)。

监(監) jiān 见 190 页。

礛 jiān ❶ 通“劘”。锋利。《战国策·楚策四》:“被~磻,引微缴,折清风而抎矣。”(飞鸟被系着细绳的锋利石头击中,从空中陨落。) ❷ [礛诸]治玉的石头。《淮南子·说山》:“玉待~~而成器。”

兼 jiān ❶ 同时进行几件事或具有几样东西。《荀子·君道》:“~听齐明而百事不留。”《孟子·告子上》:“鱼我所欲也,熊掌亦我所欲也,二者不可得~。” ❷ 兼并,吞并。《尚书·仲虺之诰》:“~弱攻昧,取乱侮亡。”(昧:政治黑暗的国家。)曹操《置屯田令》:“秦人以急农~天下。”(急农:把农业生产放在重要地位。)㊀整个,全部。《商君书·画策》:“~天下之众,莫敢不为其所好,而辟其所恶。”㊀倍,加倍。《三国志·魏书·郭嘉传》:“轻兵~道以出,掩其不意。”(兼道:指加倍赶路。) ❸ 尽,竭尽。《晏子春秋·谏上》:“(婴)遂走而出,公从之,~于涂而不能逮。”(涂:路。逮:赶上。)《荀子·解蔽》:“圣人纵其欲,~其情,而制焉者理矣。” ❹ 连词,表示并列。和,与。《尚书·康王之诰》:“宾称奉圭~幣。”

蒹 jiān 没长穗的芦苇。《诗经·秦风·蒹葭》:“~葭苍苍,白露为霜。”(葭:初生的芦苇。)

缣(縑) jiān 双丝的细绢。《汉书·外戚传上》:“媪为翁须作~单衣。”《后汉书·王丹传》:“丹乃怀~一匹,陈之于主人前。”

菅 jiān 一种多年生的草。《诗经·陈风·东门之池》:“东门之池,可以沤~。”宋玉《招魂》:“五谷不生,藂~是食些(suò)。”(藂:同“丛”。丛生。些:语气词。)[草菅]草和菅。《汉书·贾谊传》:“其视杀人,若艾(yì)~~然。”(艾:刈,割。)成语有“草菅人命”。

犍 jiān [犁(lí)犍]见 241 页“犁”字。

犍 jiān ❶ 阉割过的公牛。《魏书·蠕蠕传》:“每来抄掠,驾牸牛奔遁,驱~牛随之。”㊂阉割。贾思勰《齐民要术·养猪》:“其子三日掐尾,六十日后~。” ❷ qián [犍为]县名,在今四川。《史记·大宛列传》:“乃令骞因蜀~~发间使,四道并出。”

鞬 jiān 马上盛弓箭的器具。《汉书·韩延寿传》:“骑士从者带弓~罗后。”(罗:列。)

鞯(韉) jiān 垫马鞍的东西。《木兰诗》:“东市买骏马,西市买鞍~。”李贺《马诗》:“内马赐宫人,银~刺骐驎。”

湔 jiān ❶ 洗涤。《史记·扁鹊仓公列传》:“~浣肠胃,漱涤五藏(zàng)。”(浣:洗。五藏:五脏。)《三国志·魏书·华佗传》:“病若在肠中,便断肠~洗。”㊀洗刷

（污垢、耻辱）。《旧唐书·刘晏传》："使仆～洗瑕秽，率罄愚懦。"（率罄：尽除。）❷水名。在今四川。❸jiàn 通"溅"。溅洒。《战国策·齐策三》："臣请以臣之血～其衽。"

缄（緘） jiān ❶捆东西的绳索。《庄子·胠箧》："唯恐～縢扃鐍之不固也。"（縢：绳子。扃：门闩。鐍：锁钥。）《汉书·外戚传下》："使客子解箧（qiè）～。"（客子：人名。箧：箱子。）㊀束缚。《墨子·节葬下》："榖木之棺，葛以～之。"㊁封锁。《三国志·魏书·钟会传》："～制众城，罔罗进逸。"❷封闭，收敛。《晋书·顾恺之传》："玄乃发其厨后，窃取画，而～闭如旧以还之。"（玄：桓玄，人名。）李白《秋浦感主人归燕寄内》诗："寄书道中叹，泪下不能～。"㊀闭口。《南齐书·豫章文献王传》："所以息意～默，一委时运。"《宋史·郑侠传》："御史～默不言。"成语有"缄口不言"。❸书信。王禹偁《回襄阳周奉礼同年因题纸尾》诗："两月劳君寄两～。"（劳君：麻烦你。）这个意义又写作"椷"。

椷 jiān ❶杯子。扬雄《方言》卷五："盃、～……杯也。秦晋之郊谓之盃，自关而东赵魏之间曰～。"《广韵·咸韵》："～，杯也。"❷小箱子。《说文·木部》："椷，箧也。"《广雅·释器》："匧谓之～。"❸hán 通"含"。容纳。《汉书·天文志》："辰星过太白，间可～剑。"❹通"缄"。信函，信件（后起意义）。郑东《和郭熙仲》诗："麻姑相许寄银～。"

豜 jiān 三岁的猪。泛指大猪。《诗经·豳风·七月》："言私其豵，献～于公。"（豵：一岁的猪，泛指小猪。）

蕑（蕳） jiān 兰草的古称。《诗经·郑风·溱洧》："士与女，方秉～兮。"

熸 jiān ❶火灭。蔡邕《释诲》："惧烟炎之毁～。"❷溃败。《左传·昭公二十三年》："吴人御诸钟离，子瑕卒，楚师～。"

瀸 jiān ❶浸渍。曹植《谏伐辽东表》："退则有归涂不通，道路～洳。"（洳：地低湿。）左思《魏都赋》："隰壤～漏而沮洳，林薮石留而芜秽。"❷和洽。《吕氏春秋·圜道》："～于民心，遂于四方。"❸通"歼（殲）"。消灭。《公羊传·庄公十七年》："齐人～于遂。"（遂：地名。）

藆 jiān 同"艰（艱）"。《周礼·地官·乡师》："以岁时巡国及野，而赒（zhōu）万民之～阨。"（赒：救济。）

柬 jiǎn ❶选择。《荀子·修身》："安燕而血气不惰，～理也。"❷通"简"。信札。《汉书·京房传》："皆持～与淮阳王。"

俭（儉） jiǎn ❶俭省，节省。《尚书·大禹谟》："克勤于邦，克～于家。"（克：能，能够。）《汉书·辛庆忌传》："居处恭～，食饮被服尤节约。"（居处：指平日居住生活。）❷约束，不放纵。《左传·僖公二十三年》："晋公子广而～，文而有礼。"《礼记·乐记》："恭～而好礼者，宜歌小雅。"❸歉收，年成不好。《晋书·食货志》："丰则籴，～则粜。"（籴：买进粮食。粜：卖出粮食。）

检（檢） jiǎn ❶法式，法度，法则。《荀子·儒效》："礼者，人主之所以为群臣寸尺寻丈～式也。"曹丕《典论·论文》："节奏同～。"刘勰《文心雕龙·物色》："然物有恒姿，而思无定～。"（恒姿：常态。思：思想。）❷约束，收敛。《尚书·伊训》："与人不求备，～身若不及。"成公绥《啸赋》："宁子～手而叹息。"（宁子：指宁戚。）㊀节操。《三国志·蜀书·向朗传》："朗少时虽涉猎文学，然不治素～。"❸查看，查验。曹操《抑兼并令》："郡国守相明～察之。"

睑（瞼） jiǎn ❶眼皮。《周书·姚僧垣传》："口不能言，～垂覆目，不复瞻视。"❷收敛。《鬼谷子·反应》："欲闻其声反默，欲张反～。"❸唐时南诏人称州为睑。《新唐书·南蛮传上》："夷语～若州，曰云南～、白厓～。"

趼 jiǎn 手、脚上因摩擦而生的硬皮。《庄子·天道》："百舍重～而不敢息。"（舍：三十里。）

崄 jiǎn ❶狭小。《周礼·考工记·鲍人》："若苟自急者先裂，则是以博为～也。"❷jiān 通"鞯（韉）"。垫马鞍的东西。《晋书·张方传》："于是军人便乱入宫阁，争割流苏武帐而为马～。"

减（減） jiǎn 减少。与"加"相对。宋玉《登徒子好色赋》："增之一分则太长，～之一分则太短。"《三国志·吴书·吴主传》："～征赋。"㊀少于，次于。《世说新语·假谲》："王右军年～十岁时，大将军甚爱之。"（王右军：王羲之。大将军：指王敦。）《晋书·谢安传》："此儿风神秀彻，后当不～王东海。"（风神：风度，神态。王东海：王承，曾任东海内史。）

揃 jiǎn ❶剪下，剪断。《仪礼·士丧礼》："蚤～如他日。"（蚤：通"爪"。指甲。）《史记·蒙恬列传》："及成王有病甚殆，公旦自～其爪以沈于河。"（河：指黄河。）❷剪除，消灭。《魏书·明亮传》："卿欲为朕拓定江表，～平萧衍。”❸ 分割。《史记·西南夷列传》：“西夷后～，剽分二方，卒为七郡。”（剽：分。）

谫(譾、讓) jiǎn 浅薄。《史记·李斯列传》：“能薄而材～。”（材：才能。）又如“谫陋”。

翦 jiǎn ❶ 剪断。《诗经·召南·甘棠》：“蔽芾甘棠，勿～勿伐。”（蔽芾：小的样子。）贾思勰《齐民要术·种韭》：“韭高三寸，便～之。”㊀裁去，铲去。刘知几《史通·二体》：“～截班史，篇才三十。”《南齐书·孔珪传》：“门庭之内，草莱不～。”❷ 削弱，消灭，灭掉。《左传·成公十三年》：“又欲阙（quē）～我公室。”（阙：破坏。公室：指诸侯所拥有的权力和财富。）《左传·成公二年》：“余姑～灭此而朝食。”（余：我。姑：暂且。此：指敌军。朝食：吃早饭。）❸ 用剪刀铰（后起意义）。杜甫《戏题王宰画山水图歌》：“焉得并州快翦刀，～取吴松半江水。”这个意义后来写作“剪”。

锏(鐗) jiǎn ❶ jiàn 嵌在车轴上的铁，用以减少轮毂与轴之间的摩擦。《吴子·治兵》：“膏～有余，则车轻人。”（润锏的油充足，则车载着人不显得重。）❷ 古代兵器，形状像鞭，有棱（后起意义）。《封神演义》第四十回：“魔礼寿使两根～，似猛虎摇头，杀将过来。”

简(簡、簡) jiǎn ❶ 竹简。《韩非子·外储说左上》：“昭王读法十余～而睡卧矣。”（昭王：秦昭王。法：法律。）㊀书信。柳宗元《答贡士元公瑾论仕进书》：“辱致来～，受赐无量。”（承蒙您来信，受益不浅。）❷ 简易，简略。《论语·雍也》：“居敬而行～。”《礼记·乐记》：“大乐必易，大礼必～。”❸ 忽视，怠慢。《韩非子·五蠹》：“服事者～其业。”《吕氏春秋·骄恣》：“自骄则～士，自智则专独。”❹ 选拔，选择。《尚书·冏命》：“慎～乃僚。”诸葛亮《出师表》：“是以先帝～拔以遗陛下。”（先帝：指刘备。遗：留给。）㊀抛弃，剔除。《礼记·王制》：“上贤以崇德，～不肖以绌恶。”（上：尚，尊崇。）❺ 检阅，检查。《左传·昭公十八年》：“乃～兵大蒐。”（蒐：检阅。）《三国志·吴书·吕蒙传》：“及～日，陈列赫然。”（及：到。赫然：威武雄壮的样子。）

戬 jiǎn ❶ 剪除，灭除。《说文·戈部》引《诗》：“实始～商。”今《诗经·鲁颂·閟宫》作“翦”。❷ 吉祥，福。《诗经·小雅·天保》：“天保定尔，俾尔～谷。”《隋书·音乐志下》：“方凭～福，伫咏丰年。”

蹇 jiǎn ❶ 跛，行动迟缓。《庄子·达生》：“无中道夭于聋盲跛～。”（中道：中途，半道。夭：夭折。）东方朔《七谏·谬谏》：“驾～驴而无策兮，又何路之能极？”㊕劣马或跛驴。孟浩然《唐城馆中早发寄杨使君》诗：“策～赴前程。”（策：鞭打。）㊀行走。《荀子·赋》：“卬卬兮天下之咸～也。”（咸蹇：指都走遍。）❷ 困苦，不顺利。屈原《九章·哀郢》：“～侘傺（chà chì）而含感。”（侘傺：失意的样子。感：悲伤。）❸ 句首语气词。屈原《九歌·湘君》：“君不行兮夷犹，～谁留兮中洲。”（夷犹：犹豫。中洲：洲中。）❹ 口吃，结巴。庾信《谢滕王集序启》：“言辞～吃，更甚扬雄。”（甚：超过。扬雄：人名。）❺ qiān 通“褰”。提起。《庄子·山木》：“～裳躩步，执弹而留之。”❻ qiān 通“搴”。拔取。《管子·四时》：“毋～华绝芋。”

謇 jiǎn ❶ 口吃。《北史·李谐传》：“因～而徐言。”（徐言：慢慢地说话。）[謇喫]口吃。《世说新语·排调》：“此数子者，或～～无宫商，或尪（wāng）陋希言语。”（尪：孱弱。）❷ 忠诚，正直。《后汉书·胡广传》：“虽无～直之风，屡有补阙之益。”《北史·徐纥传》：“外似～正，内实谄谀。”（谄谀：谄媚讨好，阿谀奉承。）[謇謇]忠诚正直的样子。屈原《离骚》：“余固知～～之为患兮，忍而不能舍也。”❸ 句首语气词。屈原《离骚》：“～朝谇（suì）而夕替。”（谇：谏。替：废。）

见(見) jiàn ❶ 看见。《诗经·王风·采葛》：“一日不～，如三秋兮。”《史记·老子韩非列传》：“寡人得～此人与之游，死不恨矣。”（寡人：帝王的自称。得：能够。游：交往。恨：遗憾。）㊂拜见，谒（yè）见。《左传·庄公十年》：“曹刿（guì）请～。”❷ 见解，见识。《晋书·王浑传》：“敢陈愚～。”双音词有“远见”。❸ 表示被动，相当于“被”。《孟子·尽心下》：“盆成括～杀。”❹ 放在动词前，表示对自己怎么样。《世说新语·言语》：“先公以礼～待，故得以礼进退。”王安石《答司马谏议书》：“冀君实或～恕也。”（冀：希望。君实：司马光。或：或许。见恕：原谅我。）双音词有“见教”、“见谅”。❺ xiàn 出现。《三国志·吴书·吴主传》：“彗星～于东方。”【注意】上古没有“现”字，凡“出现”的意义都写作“见”。【辨】视，见。见377页“视”字。

间(間、閒) jiàn 见186页。

涧(澗) jiàn 夹在两山间的水沟。《韩非子·内储说上》：“行石邑山中，见深～，峭如墙。”（石邑：山名。峭：陡。）【辨】谿，涧。见 438 页“谿”字。

饯(餞) jiàn 用酒食送行。《诗经·大雅·崧高》：“王～于郿。”（郿：地名。）鲍照《数》诗：“五侯相～送。”双音词有“饯别”、“饯行”。

贱(賤) jiàn ❶ 物价低。与“贵”相对。《商君书·外内》：“食～则农贫，钱重则商富。”（食：指粮食。重：贵重。）❷ 地位低下，卑贱。与“贵”相对。《论语·子罕》：“吾少也～，故多能鄙事。”曹操《举贤勿拘品行令》：“昔伊挚、傅说出于～人。”（伊挚、傅说：人名。）❸ 鄙视，轻视。《尚书·旅獒》：“不贵异物～用物，民乃足。”贾思勰《齐民要术序》：“明君贵五谷而～金玉。”（明君：明智的君主。）❹ 谦辞。表示谦虚。《战国策·赵策四》：“老臣～息舒祺。”（息：子女。）司马迁《报任安书》：“又迫～事。”（又被自己的烦琐私事所迫。）

践(踐) jiàn ❶ 踩，践踏。《诗经·大雅·行苇》：“敦彼行苇，牛羊勿～履。”贾思勰《齐民要术·收种》：“以马～过为种。”（种：种子。）(引)踏上，登上。《吕氏春秋·离俗》：“无道之世，不～其土。”（土：国土。）❷ 履行，实践。《左传·僖公十二年》：“往～乃职，无逆朕命。”又如“践言”、“践约”。❸ 通“翦”。消灭，灭掉。《尚书·蔡仲之命》：“成王既～奄，将迁其君于蒲姑。”（奄：国名。蒲姑：地名。）【辨】履，践，蹈，蹑。见 293 页“蹑”字。

建 jiàn ❶ 设立，建立。《尚书·说命中》：“明王奉若天道，～邦设都。”《史记·李斯列传》：“六国皆弱，无可为～功者。”❷ 竖起，树立。《诗经·小雅·出车》：“设此旐矣，～彼旄矣。”（旐：画有龟蛇图案的旗。旄：用牦牛尾做装饰的旗。）❸ 建议。《汉书·邹阳传》：“爰盎等皆～以为不可。”（爰盎：人名。）❹ 建造（后起意义）。郦道元《水经注·庐江水》：“（龙泉精舍）沙门释慧远所～也。”（精舍：佛堂。沙门释惠远：惠远和尚。）

健 jiàn ❶ 强壮有力。《荀子·王制》：“材技、股肱、～勇、爪牙之士，彼将日日挫顿竭之于仇敌。”《晋书·郭璞传》：“得～夫二三十人。”⊗刚强。《周易·泰彖》：“内～而外顺。”(引)健康。《三国志·魏书·华佗传》：“好自将爱，一年便～。”❷ 有才能。《战国策·秦策二》：“楚客来使者，多～。”❸ 善，善于（后起意义）。《后汉书·冯异传》：“诸将非不～斗，然好虏掠。”白居易《偶作寄朗之》诗：“老来多～忘。”有双音词“健谈”。

楗 jiàn ❶ 门闩。《老子·二十七章》：“善闭，无关～而不可开。”《淮南子·人间》：“其家无筦籥之信、关～之固。”❷ 在河堤缺口处打下的竹木桩。《史记·河渠书》：“而下淇园之竹以为～。”(引)堵塞。《墨子·兼爱中》：“以～东土之水，以利冀州之民。”❸ jiǎn 通“蹇”。跛。《周礼·冬官·辀人》：“终日驰骋，左不～。”（左：指左面的马。）

键(鍵) jiàn ❶ 门闩。《礼记·月令》：“修～闭，慎管籥(yuè)。”（籥：同“钥(鑰)”。锁，钥匙。）❷ 锁簧。旧式锁可以插入和拔出的部分。《周礼·地官·司门》：“司门掌授管～，以启闭国门。”（司门：官名。掌：掌管。管：钥匙。）(引)钥匙。郭璞《尔雅序》：“诚九流之津涉，六艺之钤～。”❸ 车轴两端管住车轮使不脱落的装置。《尸子》：“文轩六驮，题无四寸之～，则车不行。”

荐(薦) jiàn ❶ 动物能吃的草。《庄子·齐物论》：“麋鹿食～。”（麋：鹿的一种。）❷ 草席，草垫。曹植《九咏》：“茵～兮兰席。”(引)动词。垫。贾谊《吊屈原赋》：“章甫～履。”（章甫：一种礼帽。履：鞋。）❸ 一再，频频。《国语·鲁语上》：“饥馑～降。”❹ 献，进献祭品。《诗经·周颂·潜》序：“潜，季冬～鱼，春献鲔也。”《汉书·晁错传》：“上以～先帝之宗庙。”❺ 推荐。《孟子·万章上》：“诸侯能～人于天子。”《三国志·魏书·郭嘉传》：“彧(yù)～嘉。”（彧：荀彧。嘉：人名。）【注意】在古代，“荐”和“薦”是两个字。在❹❺两个意义上，古代不写作“荐”。现“薦”简化为“荐”。

洊 jiàn 再。《周易·坎》：“水～至，习坎。”王融《永明九年策秀才文》：“下贫无兼辰之业，中产阙～岁之赀。”

栫 jiàn 用柴木壅塞。《左传·哀公八年》：“囚诸楼台，～之以棘。”

监(監) jiàn ❶ 照影。《尚书·酒诰》：“人无于水～，当于民～。”《左传·昭公二十六年》：“我无所～。”这个意义又写作“鑑”、“鉴”。❷ 借鉴。《论语·八佾》：“周～于二代。”（二代：指夏、商。）《荀子·解蔽》：“成汤～于夏桀。”❸ jiān 自上视下。《诗经·大雅·皇矣》：“～观四方。”(引)监视，监督。《史记·陈涉世家》：“～诸将以西击荥阳。”双音词有“监督”。❹ 古代主管检察的官名。《史记·秦始皇本纪》：“郡置守、尉、～。”⊗官署名。如国子监、钦天监。[又]太监。《史记·秦本纪》："（卫鞅）因景～求见孝公。"（卫鞅：指商鞅。因：依靠。景：人名。）

槛（檻） jiàn ❶围野兽的栅栏。《庄子·天地》："而虎豹在于囊～。"司马迁《报任安书》："猛虎处深山，百兽震恐，及其在阱～之中，摇尾而求食。"（阱：陷阱。）[引]栏杆。屈原《九歌·东君》："照吾～兮扶桑。"王勃《滕王阁》诗："阁中帝子今何在，～外长江空自流。"（帝子：指滕王。）❷囚禁犯人的槛车或牢笼。《晋书·纪瞻传》："瞻觉其诈，便破～出之。"［槛车］囚禁押解犯人的车。《史记·陈丞相世家》："哙受诏，即反接载～～，传诣长安。"❸舰船。左思《吴都赋》："弘舸连轴，巨～接舻。"

鉴（鑒、鑑） jiàn ❶古代用来盛水或冰的大盆。《周礼·天官·凌人》："春始治～。"❷照影。《庄子·德充符》："人莫～于流水，而～于止水。"❸镜子。《左传·庄公二十一年》："王以后之鞶（pán）～予之。"（鞶：革带。）《新唐书·魏征传》："以铜为～，可正衣冠。"❹可以引为借鉴或教训的事。《诗经·大雅·荡》："殷～不远，在夏后之世。"[引]借鉴。《国语·吴语》："今齐侯壬不～于楚。"王安石《上皇帝万言书》："臣愿陛下～汉唐五代之所以乱亡。"（所以乱亡：混乱灭亡的原因。）❺察看，审察。《吕氏春秋·离谓》："～其表而弃其意。"《世说新语·言语》："纷纭之议，裁之圣～。"[引]审察、识别能力。《梁书·到洽传》："乐安任昉，有知人之～。"（乐安：地名。）

僭 jiàn 浅，薄。《诗经·秦风·小戎》："小戎～收。"（小戎：兵车。收：指车厢。）《管子·参患》："甲不坚密，与～者同实。"

诫（諓） jiàn ［诫诫］能言善辩的样子。《公羊传·文公十二年》："惟～～善竫（jìng）言。"（竫：花言巧语。）《汉书·李寻传》："昔秦穆公说（yuè）～～之言，任仡仡之勇，身受大辱，社稷几亡。"

渐（漸） jiàn ❶jiān 浸，浸染。《诗经·卫风·氓》："淇水汤汤，～车帷裳。"（汤汤：水势大的样子。帷裳：车围篷。）《汉书·龚遂传》："今大王亲近群小，～渍邪恶。"（渍：浸染。）❷jiān 慢慢流入。《尚书·禹贡》："东～于海。"[引]疏导。《史记·越王勾践世家》："禹之功大矣，～九川。"❸渐进，逐步发展。《周易·坤》："非一朝一夕之故，其所由来者～矣。"《史记·太史公自序》："其～久矣。"熟语有"西学东渐"。[引]副词。逐渐，慢慢地。《世说新语·排调》："～至佳境。"❹端倪，兆头。《史记·宋微子世家》："舆马宫室之～自此始。"《论衡·纪妖》："吉凶之～，若天告之。"[又]起始，开端。《新唐书·王绑传》："及建言不斥太子名，以动群臣，示中兴之～。"❺加重。《尚书·顾命》："（周成王）疾大～。"（疾：病。）❻jiān 欺诈。《荀子·正论》："上幽险则下～诈矣。"（幽险：阴险。）

谏（諫） jiàn 规劝君主、尊长或朋友，使之改正错误和过失。《战国策·赵策四》："太后不肯，大臣强～。"（强：竭力。）[引]纠正。《论语·微子》："往者不可～，来者犹可追。"

僭 jiàn ❶超越本分。《公羊传·昭公二十五年》："诸侯～于天子，大夫～于诸侯，久矣。"[引]过分。《荀子·致士》："赏不欲～。"（不欲：不要。）❷虚假，不真实。《左传·昭公八年》："小人之言，～而无征。"（征：证明。）

箭 jiàn ❶一种竹子，可以做箭杆。《韩非子·显学》："夫必恃自直之～，百世无矢。"《史记·河渠书》："且褒斜材木竹～之饶，拟于巴蜀。"❷用弓弩发射的兵器。《战国策·齐策五》："坚～利金，不得弦机之利，则不能远杀矣。"司马相如《子虚赋》："左乌号之雕弓，右夏服之劲～。"❸漏箭，放在漏壶中用来计时的带刻度的标尺。杜甫《奉和贾至舍人》："五夜漏声催晓～。"

瞯（覸） jiàn ❶窥探。《孟子·离娄下》："王使人～夫子。"❷xián ［瞯然］英武的样子。潘岳《马汧督诔》："～～马生，傲若有余。"

JIANG

江 jiāng 长江的专称。《尚书·禹贡》："～汉朝宗于海。"[泛]一般的江河。《史记·秦始皇本纪》："临浙～，水波恶。"柳宗元《江雪》诗："孤舟蓑笠翁，独钓寒～雪。"（蓑笠：防雨用具。）

将（將） jiāng ❶扶，持。《诗经·小雅·无将大车》："无～大车，只自尘兮。"《木兰诗》："爷娘闻女来，出郭相扶～。"（郭：外城。）[又]供养，奉献。《诗经·小雅·四牡》："王事靡盬，不遑～父。"（靡盬：没完没了。）《诗经·周颂·我将》："我～我享，维羊维牛，维天其右之。"[引]抽象意义。拿，用。《战国策·赵策一》："而～其头以为饮器。”成语有“将功赎罪”。❷ 带领。《论衡·道虚》：“～我上天。”李白《送窦明府薄华还西京》诗：“遂～三五少年辈，登高远望形神开。”（形神开：指喜笑颜开。）❸ 送。《诗经·召南·鹊巢》：“之子于归，百两～之。”《孟子·万章下》：“以君命～之。”❹ jiàng 带兵。《国语·晋语一》：“公～上军，太子申生～下军。”[又]带兵的人，将领。《史记·陈涉世家》：“王侯～相宁有种乎！”（宁：难道。）❺ 副词。将要。《左传·僖公十四年》：“皮之不存，毛～安傅？”（安傅：附在哪里。）❻ 副词。且，又。《诗经·小雅·谷风》：“～恐～惧。”成语有“将信将疑”。❼ 连词。和，与，同。李白《月下独酌》诗：“暂伴月～影。”

浆（漿、醬） jiāng 古代一种带酸味的饮料，用来代酒。《诗经·小雅·大东》：“或以其酒，不以其～。”（或：有人。以：用。）《孟子·梁惠王下》：“箪食壶～以迎王师。”[引]酒。《列子·杨朱》：“朝之室也，聚酒千钟……糟～之气逆于人鼻。”（朝：公孙朝，人名。）

螀 jiāng ［寒螀］一种蝉。谢惠连《捣衣》诗：“肃肃莎鸡羽，烈烈～～啼。”

僵 jiāng ❶ 向后倒下。《战国策·燕策一》：“乃阳～弃酒。”（阳：通“佯”。假装。）❷ 僵硬。《史记·淮南衡山列传》：“～尸千里，流血顷亩。”这个意义又写作“殭”。【辨】偃，僵，仆，跌，踣，踣。见471页“偃”字。

缰（繮、韁） jiāng 系马的绳子。班固《白虎通·诛伐》：“人衔枚，马勒～，昼伏夜行为袭也。”《晋书·五行志中》：“青青御路杨，白马紫游～。”

疆 jiāng ❶ 边界，边境。《诗经·大雅·皇矣》：“依其在京，侵自阮～。”（阮：诸侯国名。）《史记·秦始皇本纪》：“圣法初兴，清理～内。”[又]指田界。［疆埸］田界。《诗经·小雅·信南山》：“中田有庐，～～有瓜。”张衡《东京赋》：“兆民劝于～～。”（兆民：百姓。劝：受到勉励。）❷ 极限，尽头。《诗经·豳风·七月》：“万寿无～。”

讲（講） jiǎng ❶ 研究，商讨。《国语·鲁语上》：“夫仁者～功，而智者处物。”《史记·太史公自序》：“～业齐鲁之都。”[引]练习。《国语·周语上》：“三时务农，而一时～武。”[引]讲究，讲求。《礼记·礼运》：“选贤与能，～信修睦。”❷ 讲和，和解。《战国策·秦策四》：“寡人欲割河东而～。”《史记·穰侯列传》：“今王背楚赵而～秦。”（楚、赵：国名。）❸ 讲解，解释。《庄子·德充符》：“请～以所闻。”《梁书·阮孝绪传》：“后于钟山听～。”（于：在。）【注意】在古代，“讲”字不当“说话”讲。

奖（奬、獎） jiǎng ❶ 劝勉，勉励。《左传·昭公二十二年》：“无亢不衷，以～乱人。”（亢：保护。不衷：不善。）诸葛亮《出师表》：“当～率三军。”❷ 奖励（后起意义）。《北齐书·赵彦深传》：“提～人物，皆行业为先。”（行业：品行学业。）❸ 辅助。《左传·僖公二十八年》：“皆～王室，无相害也。”（王室：指天子。）

颟 jiǎng 直白，明确。《史记·曹相国世家》：“萧何为法，～若画一。”

匠 jiàng 木工。《庄子·马蹄》：“陶～善治埴木。”（陶：陶工。埴：黏土。）《孟子·梁惠王下》：“～人斫而小之。”[泛]指手工业工人。《韩非子·定法》：“夫～者手巧也，而医者齐药也。”（齐：剂，调剂。齐药：和药，配药。）

降 jiàng ❶ 从高处往下走。《左传·僖公二十三年》：“公～一级而辞焉。”（降一级：走下一层台阶。）[引]降下，降落。《荀子·议兵》：“若时雨之～，莫不说喜。”（说：悦。）[又]下降，降低。《史记·李斯列传》：“如此不禁，则主势～乎上，党与成乎下。”（党与：朋党。）❷ 降生。屈原《离骚》：“惟庚寅吾以～。”❸ xiáng 投降。《史记·吴王濞列传》：“不～者灭之。”[又]使……投降。《汉书·苏建传》：“欲因此时～武。”（武：苏武，人名。）

洚 jiàng 大水泛滥。［洚水］洪水。《孟子·告子下》：“～～者，洪水也。”

绛（絳） jiàng 深红色。《墨子·公孟》：“～衣博袍，以治其国。”《三国志·吴书·吕蒙传》：“为兵作～衣行縢（téng）。”（行縢：绑腿布。）【辨】赤，朱，丹，绛，红。见52页“赤”字。

JIAO

交 jiāo ❶ 纵横交错，交叉。《孟子·滕文公上》：“兽蹄鸟迹之道，～于中国。”屈原《九歌·国殇》：“矢～坠兮士争先。”（矢：箭。坠：落。）[引]接触。《世说新语·简傲》：“傍若无人，移时不～一言。”又如“交兵”、“交战”。[又]用作名词。交接的时候。《国语·晋语二》：“其九月、十月之～乎？”❷ 交往，结交。屈原《九歌·湘君》：“～不忠兮怨长。”[引]交情。《史记·廉颇蔺相如列传》：“为刎颈之～。”[又]交流。《盐铁论·

本议》："～庶物而便百姓。"（庶物：各种物品。）❸ 交配。《吕氏春秋·仲冬》："鹖鴠不鸣，虎始～。" ❹ 互相。《左传·隐公三年》："周郑～恶。"（恶：憎恨。）㊀并，一起。陈亮《甲辰答朱元晦书》："风雨云雷，～发而并至。"

郊 jiāo ❶ 上古时代国都城外百里以内称"郊"。㊁城外，野外。《战国策·齐策一》："军于邯郸之～。"（军：驻扎。）❷ 古代皇帝每年冬至在南郊祭天。《礼记·中庸》："～社之礼，所以事上帝也。"

茭 jiāo ❶ 干草饲料。《尚书·费誓》："峙（zhì）乃刍～，无敢不多。"（峙：储备。刍：草料。）❷ 植物名。《尔雅·释草》："茭，牛蘄。" ❸ 篾缆，用竹片或芦苇编成的绳索。《史记·河渠书》："搴长～兮沉美玉，河伯许兮薪不属。" ❹ 茭白，一种蔬菜名，又称菰。李时珍《本草纲目·草部》："江南人呼菰为～。" ❺ jǐ 辅正弓弩的器具。《周礼·考工记·弓人》："今夫～解中有变焉。"

姣 jiāo 美好。《孟子·告子上》："不知子都之～者，无目者也。"（子都：人名。）张衡《南都赋》："男女～服。"（服：衣服。）

蛟 jiāo ❶ 古代传说中能发水的一种龙。❷ 鳄鱼类动物。《晋书·周处传》："因投水搏～。"

鲛（鮫） jiāo 鲨鱼。《史记·秦始皇本纪》："蓬莱药可得，然常为大～鱼所苦，故不得至。"

浇（澆） jiāo ❶ 灌溉。《三国志·魏书·邓艾传》："宜开河渠，可以引水～溉。"杜甫《佐还山后寄三首》诗："几道泉～圃。" ❷ 使……变薄。《汉书·黄霸传》："～淳散朴，并行伪貌。"㊀刻薄，不淳厚。《淮南子·齐俗》："于是百姓糜沸豪乱，暮行逐利，烦挐（rú）～浅。"（挐：纷乱。）李世民《执契静三边》诗："～俗庶反淳，替文聊就质。"双音词有"浇薄"。❸ 水回旋的样子。《楚辞·九叹·离世》："波澧澧而扬～兮，顺长濑之浊流。" ❹ ào 人名。又写作"奡"。

娇（嬌） jiāo ❶ 美好可爱。杜甫《宿昔》诗："花～迎杂树。"㊀宠爱，娇惯。李白《上元夫人》诗："偏得王母～。" ❷ 困倦，倦怠。白居易《长恨歌》："侍儿扶起～无力。"（侍儿：婢女。）

骄（驕） jiāo ❶ 马高大健壮的样子。《诗经·卫风·硕人》："四牡有～。"（牡：公马。）❷ 自满，自高自大。《论语·学而》："贫而无谄，富而无～。"《商君书·战法》："王者之兵，胜而不～，败而不怨。"（怨：悔恨。）成语有"戒骄戒躁"。㊀放纵。《史记·扁鹊仓公列传》："～恣不论于理。"（恣：放纵。论：讲。）❸ 骄宠，宠爱。《孙子兵法·地形》："譬若～子，不可用也。"嵇康《与山巨源绝交书》："少加孤露，母兄见～。"成语有"天之骄子"。【辨】骄，傲。"骄"是自满，是一种心理状态；"傲"是傲慢，没礼貌，是一种行为表现。

教 jiāo 见 195 页。

椒 jiāo ❶ 花椒。《诗经·陈风·东门之枌》："视尔如荍（qiáo），贻我握～。"（荍：荆葵花。贻我握椒：送我一把花椒籽。）《史记·礼书》："～兰芬茝，所以养鼻也。"（茝：通"芷"。白芷。）❷ 山顶。《汉书·外戚传上》："释舆马于山～兮。"谢庄《月赋》："菊散芳于山～。"

僬 jiāo ［僬侥（yáo）］古代传说中的矮人。《列子·汤问》："从中州以东四十万里得～～国，人长一尺五寸。"又写作"焦侥"。

蕉 jiāo ❶ 蕉麻。白居易《东城晚归》诗："晚入东城谁识我，短靴低帽白～衫。" ❷ 芭蕉。庾信《奉和夏日应令》："衫含～叶气，扇动竹花凉。" ❸ qiáo 通"憔"。［蕉萃］即憔悴。《左传·成公九年》："虽有姬姜，无弃～～。" ❹ qiáo 通"樵"。柴。《列子·周穆王》："恐人见之也，遽而藏诸隍中，覆之以～。"（遽：匆忙。隍：护城壕。覆：遮盖。）

嶕 jiāo ［嶕峣（yáo）］高耸的样子。《汉书·扬雄传下》："泰山之高，不～～则不能浡滃云而散歊烝。"张衡《西京赋》："闾阖之内，别风～～。"（闾阖：宫门。别风：阙名。）

燋 jiāo ❶ 引火之物。《礼记·少仪》："凡饮酒为献，主者执烛抱～。" ❷ 通"焦"。火伤。《论衡·说日》："生物入火中，～烂而死焉。"㊀焦急。《后汉书·朱浮传》："上下～心，相望救护。" ❸ qiáo 通"憔"。憔悴。《庄子·天地》："孝子操药以修慈父，其色～然，圣人羞之。" ❹ zhuó 通"灼"。烧灼，灼热。班固《白虎通·五行》："其火～金。"《论衡·雷虚》："烧石色赤，投于井中，石～井寒，激声大鸣。"

鷦（鷦） jiāo ［鷦鹩（liáo）］一种捕食小虫的小鸟。也叫巧妇。《庄子·逍遥游》："～～巢于深林，不过一枝。"

蟭 jiāo ［蟭螟（míng）］一种小虫。《抱朴子·刺骄》："～～屯蚊眉之中，而笑弥天之大鹏。”

鐎 jiāo ［鐎斗］古代一种温器，三足有柄，也可用以煮物。也叫刁斗。《史记·李将军列传》“不击刁斗以自卫”裴骃集解引孟康曰：“以铜作鐎器，受一斗，昼炊饭食，夜击持行，名曰刁斗。”

憍 jiāo 同“骄”。骄傲，骄纵。屈原《九章·抽思》：“～吾以其美好兮，敖朕辞而不听。”《论衡·非韩》：“贪故能立功，～故能轻生。”

轇 jiāo ［轇轕(gé)］❶广阔深远的样子。《史记·司马相如列传》：“张乐乎～～之宇。”又写作“漻濄”。木华《海赋》：“襄陵广舃，～～浩汗。”❷交错纵横的样子。又写作“轇輵”。《楚辞·九叹·远游》：“潺湲～～，雷动电发。”

角 jiǎo ❶动物的角。《墨子·经说下》：“牛有～，马无～。”㉠形状像角的东西。《诗经·卫风·氓》：“总～之宴，言笑晏晏。”（总角：小孩子的角形发髻，这里指童年时候。宴：快乐。晏晏：和悦的样子。）［羊角］旋风名。《庄子·逍遥游》：“抟扶摇～～而上者九万里。”（抟：盘旋。扶摇：暴风。）［角立］1.超群出众。《后汉书·徐穉传》：“～～杰出，宜当为先。”（宜当：应当。）2.对立。陈亮《上孝宗皇帝第一书》：“南北～～之时。”❷jué 较量。仲长统《昌言·理乱》：“与我～才智。”❸古代军中的一种乐器。李贺《雁门太守行》：“～声满天秋色里。”❹jué 五音（宫、商、角、徵(zhǐ)、羽）之一。见491页“音”字。❺jué 古代一种酒器。《仪礼·特牲馈食礼》：“主人左执～。”❻古代量器名。《管子·七法》：“尺寸也，绳墨也，规矩也，衡石也，斗斛也，～量也，谓之法。”❼角落（后起意义）。《世说新语·惑溺》：“唯东北～如有人迹，而墙高非人所逾。”杜甫《雨过苏端》诗：“红稠屋～花，碧委墙隅草。”❽星宿名，二十八宿之一。

侥（僥） jiǎo ❶yáo ［僬(jiāo)侥］见193页“僬”字。❷［侥幸］由于偶然的原因得到成功或免去不幸的事。《潜夫论·述赦》：“或抱罪之家，～～蒙恩。”（或：有的。蒙：受。）又写作“儌倖”。

佼 jiǎo ❶美好。《诗经·陈风·月出》：“月出皎兮，～人僚兮。”（僚：美好的样子。）《论衡·骨相》：“陈平贫而饮食不足，貌体～好而众人怪之。”❷通“狡”。狡诈。《管子·七臣七主》：“好～反而行私请。”（好：喜欢。）❸jiāo 通“交”。交往。《管子·明法解》：“则群臣皆忘主而趋私～矣。”

狡 jiǎo ❶健壮。《淮南子·俶真》：“～狗之死也。”㉡凶暴。《墨子·节用中》：“猛禽～兽，暴人害民。”❷狡猾。《战国策·齐策四》：“～兔有三窟，仅得免其死耳。”

绞（絞） jiǎo ❶用绳索勒。《左传·哀公二年》：“若其有罪，～缢以戮。”《史记·楚世家》：“围入问王疾，～而弑之。”❷缠绕。《墨子·节葬下》：“葛以缄之，～之不合。”柳宗元《晋问》：“根～怪石，不土而植。”㉠缠尸用的带子。《礼记·丧大记》：“小敛布～。”❸拧，挤压。贾思勰《齐民要术·作菹、藏生菜法》：“生布薄～去汁，即下杭汁。”❹急切。《论语·泰伯》：“直而无礼则～。”

晈 jiǎo 洁白明亮。《诗经·陈风·月出》：“月出～兮。”［晈晈］洁白的样子。《诗经·小雅·白驹》：“～～白驹。”㉡明亮的样子。屈原《九歌·东君》：“夜～～兮既明。”

矫（矯） jiǎo ❶把弯曲的东西弄直。《荀子·性恶》：“枸木必将待檃栝(yǐn guā)烝～然后直。”（枸木：弯曲的木料。檃栝：矫正曲木的工具。烝：用火烤。）㉠纠正。《三国志·魏书·管宁传》：“足以～俗。”成语有“矫枉过正”。❷假托，假传（命令）。《穀梁传·宣公十五年》：“～王命以杀之。”❸举起，抬起来。陶潜《归去来兮辞》：“时～首而遐(xiá)观。”（首：头。遐观：远望。）❹刚强的样子。《礼记·中庸》：“至死不变，强哉～。”

撟 jiǎo ❶举起，翘起。扬雄《甘泉赋》：“仰～首以高视兮，目冥眴而亡见。”《史记·扁鹊仓公列传》：“舌～然而不下。”❷使……弯曲。《周礼·冬官·弓人》：“～干欲孰于火而无赢。”（孰：熟。赢：过度。）㉥使屈服。《荀子·臣道》：“率群臣百吏而相与强君～君。”㉠纠正。《汉书·诸侯王表》：“可谓～枉过其正矣。”（枉：通“枉”。）《汉书·燕刺王旦传》：“寡人欲～邪防非。”❸假传（命令）。《汉书·齐悼惠王刘肥传》：“～制以令天下。”❹揉。《周礼·冬官·弓人》：“～干欲孰于火而无赢。”（赢：过度。）❺刚强的样子。《荀子·臣道》：“忠信而不谀，谏争而不谄，～然刚折端志而无倾侧之心。”

脚（腳） jiǎo ❶小腿。《韩非子·难言》：“孙子膑(bìn)～于魏。”（膑：古代剔去膝盖骨的一种刑罚。）❷脚，足（后起意义）。《宋书·胡藩传》：“以刀头穿岸，少容～指，于是径上。”杜甫《乾元中寓居同谷县作》诗：“手～冻皴(cūn)皮肉死。”（皴：皮冻裂。）㉠根部，最下部分。张耒《宿樊溪》诗："扁舟横江来，山～系吾缆。"（扁舟：小船。）㊥搬运费用（后起意义）。刘禹锡《夔州论利害表》之二："漕运七百万石，省～三十余万贯。"【注意】"脚"在上古的意义是小腿，后来"脚"才有了"足"的意义。

剿（勦、劋） jiǎo ❶消灭。《尚书·甘誓》："天用～绝其命。"（用：因而。）《后汉书·窦宪传》："铄王师兮征荒裔，～凶虐兮截海外。"❷劳。《左传·宣公十二年》："无及于郑而～民。"❸chāo 抄袭。《礼记·曲礼上》："毋～说，毋雷同。"[剿袭]套用窃取别人的文章或言论以为己说。《红楼梦》二一回："无端弄笔是何人，～～《南华》庄子文。"

徼 jiǎo ❶jiào 边界。《史记·司马相如列传》："南至牂牁（zāng kē）为～。"（牂牁：地名。）❷jiào 巡察。《汉书·百官公卿表》："中尉，秦官，掌～循京师。"❸yāo 求，求取。《左传·成公二年》："吾子惠～齐国之福。"㊥拦截。《史记·司马相如列传》："～麋鹿之怪兽。"上述❸㊥后来写作"邀"。❹[徼倖]同"侥幸"。见194页"侥"字。

缴（繳） jiǎo ❶zhuó 拴在箭上的生丝绳。《战国策·楚策四》："不知夫射者方将修其䃂（bō）卢，治其缯～，将加己乎百仞之上。"（䃂卢：弓箭名。䃂，一本作"碆"。）《淮南子·说山》："好弋（yì）者先具～与矰（zēng）。"（弋：用带着绳子的箭射鸟。具：准备。矰：带有丝绳的短箭。）❷[缴绕]缠绕，纠缠不清。《史记·太史公自序》："名家苛察～～，使人不得反其意。"白居易《早梳头》诗："年事渐蹉跎，世缘方～～。"（蹉跎：时间白白地过去。世缘：世间的事情。方：正在。）【注意】"缴"在古代不作"交出"讲。

皦 jiǎo ❶白，明亮。《诗经·王风·大车》："谓予不信，有如～日。"《魏书·高闾传》："忠者发心以附道。譬如玉石，～然可知。"[皦皦]洁白明亮的样子。《后汉书·黄琼传》："峣峣者易缺，～～者易污。"左思《杂诗》："明月出云崖，～～流素光。"❷清晰，分明。《论语·八佾》："乐其可知也。始作，翕如也。从之，纯如也，～如也。"

敫 jiǎo 系连。《尚书·费誓》："善敹（liáo）乃甲胄，～乃干。"（敹：缝缀。干：盾牌。）

轿（轎） jiào 古代过山用的小车。《汉书·严助传》："舆～而隃领。"（隃：越过。领：山岭。）㊂指肩舆，轿子。《朱子语类》卷一二八"法制"："南渡以前，士大夫皆不甚用～。"

校 jiào 见452页。

较（較） jiào ❶jué 古代车厢上的曲钩，可做扶手。《诗经·卫风·淇奥》："宽兮绰兮，猗重～兮。"（猗：通"倚"。靠。）张衡《西京赋》："戴翠帽倚金～。"❷jué 竞逐。《孟子·万章下》："鲁人猎～。"❸比较，较量。《老子·二章》："长短相～，高下相倾。"钱珝《为中书崔相公让官第六表》："论才～智。"这个意义又写作"校"。❹明显。《史记·平津侯主父列传》："身行俭约，轻财重义，～然著明。"❺[大较]大概，大略。《史记·货殖列传》："此其～～也。"

珓 jiào 占卜用的器具。陆游《入蜀记》卷四："拥兵过庙下，相率卜～。"[杯珓]用来占卜吉凶的器具。韩愈《谒衡岳庙遂宿岳寺题门楼》诗："手持～～导我掷，云此最吉余难同。"

窌 jiào 地窖。《吕氏春秋·季春》："命有司，发仓～，赐贫穷。"

教 jiào ❶教育，教导。《论语·卫灵公》："子曰：有～无类。"《荀子·劝学》："生而同声，长而异俗，～使之然也。"（声：声音。俗：习俗。然：这样。）㊕政教，教化。《商君书·更法》："前世不同～，何古之法？"成语有"教学相长"。❷诸侯王公的文告。如萧统《文选》有傅亮为南朝宋刘裕所作的《修张良庙教》。❸宗教。《新唐书·后妃传上》："佛老异方～耳。"❹jiāo 使。《国语·鲁语上》："今鱼方别孕，不～鱼长，又行网罟。"白居易《琵琶行》："曲罢曾～善才服。"（曲罢：乐曲奏完。善才：乐师。服：佩服。）❺jiāo 教授，传授。《史记·扁鹊仓公列传》："臣意～以上下经脉五诊。"《古诗为焦仲卿妻作》："十三～汝织，十四能裁衣。"

噭 jiào ❶高声大呼。《周礼·秋官·衔枚氏》："禁～呼叹鸣于国中者。"❷一种古乐器。《尔雅·释乐》："大埙（xūn）谓之～。"（埙：一种陶制乐器。）

斠 jiào ❶古代量谷物时刮平斗斛的器具。《说文·斗部》："斠，平斗斛也。"㊈平，划一。如"斠然一概"（像刮板刮过的那样绝对平均）。❷通"校"。校正。通常用于书名，如《说文解字斠诠》。

噍 jiào ❶嚼，吃东西。《荀子·荣辱》："呥（rán）呥而～，乡乡而饱。"（呥呥：咀嚼的样子。乡乡：吃得很满足的样子。）[噍类]能吃东西的动物，特指活着的人。《汉书·高帝纪》："尝攻襄城，襄城无～～。"❷ jiū ［噍噍］鸟叫声。扬雄《羽猎赋》："～～昆鸣。"（昆：共同，一起。）❸ jiāo 急促。《史记·乐书》："其声～以杀。"（以：而。杀：声音细小。）

趭 jiào 奔跑。《汉书·司马相如列传下》："蕿蒙踊跃，腾而狂～。"（蕿蒙：飞扬。）

醮 jiào ❶古代用于冠礼和婚礼的一种斟酒仪式。《仪礼·士昏礼》："使人～之。"❷旧时称妇女出嫁。《晋书·刑法志》："既～之妇，从夫家之罚。"《聊斋志异·陆判》："未嫁而丧二夫，故十九犹未～也。"❸祭祀，祈祷。宋玉《高唐赋》："～诸神。"《竹书纪年》卷上："见大鱼，杀五牲以～之。"㊀道士设坛祭祀。王建《同于汝锡游降圣观》诗："闻说开元斋～日。"（开元：年号。斋：指人祭祀前整洁身心。）❹尽。《荀子·礼论》："利爵之不～也。"（利爵：佐食的人所献的酒。不醮：不把酒喝尽。）

噭 jiào ❶号呼声。《礼记·曲礼上》："毋侧听，毋～应。"司马相如《长门赋》："白鹤～以哀号兮。"❷哭声。《公羊传·昭公二十五年》："昭公于是～然而哭。"［噭噭］形容啼哭声。阮瑀《驾出北郭门行》："顾闻丘林中，～～有悲啼。"❸ qiào 口。《汉书·货殖传》："马蹄～千，牛千足。"（马蹄噭千：马之蹄与口共一千，即二百四匹。）

皭（皭） jiào 白色。《广韵·笑韵》："～，白色也。"㊀洁净。左思《蜀都赋》："蔚若相如，～若君平。"（相如、君平：人名。）［皭皭］［皭然］洁净的样子。《韩诗外传》卷一："莫能以己之～～，容人之混污然。"《史记·屈原贾生列传》："不获世之滋垢，～然泥而不滓者也。"

釂 jiào 把杯中酒喝干。《礼记·曲礼上》："长者举未～，少者不敢饮。"

JIE

阶（階、堦） jiē ❶台阶。《尚书·顾命》："立于侧～。"《荀子·乐论》："三揖（yī）至于～。"（揖：拱手礼。）㊀梯子。《盐铁论·刑德》："犹释～而欲登高。"（犹：如同。释：放下，舍弃。）㊁根由，原因。《国语·周语中》："夫婚姻，祸福之～也。"❷凭借。《汉书·异姓诸侯王表》："汉亡尺土之～……五载而成帝业。"（亡：无，没有。五载：五年。）❸旧时官员的品级。《旧唐书·职官志一》："文武普加二～。"（普：普遍。）❹升，登。扬雄《太玄》："鸣鹤升自深泽，～天不作。"（怍：畏惧。）陆云《答兄平原》诗："漫漫长路，或降或～。"

皆 jiē ❶普遍。《诗经·周颂·丰年》："降福孔～。"（孔：甚，很。）❷俱，一同。《尚书·汤誓》："予及汝～亡。"（予：我。汝：你。）❸都，全。《论语·颜渊》："人～有兄弟，我独亡。"（亡：无。）《庄子·盗跖》："丘之所言～吾之所弃也。"成语有"放之四海而皆准"。

喈 jiē 鸟叫的声音。常"喈喈"连用。《诗经·周南·葛覃》："黄鸟于飞，集于灌木，其鸣～～。"㊁和谐的声音。《诗经·小雅·鼓钟》："鼓钟～～。"

湝 jiē ［湝湝］水流盛大的样子。《诗经·小雅·鼓钟》："淮水～～，忧心且悲。"

秸（稭、藍） jiē 农作物收获以后的茎秆。《尚书·禹贡》："三百里纳～服。"（服：指劳役。）《资治通鉴·梁武帝中大通三年》："谷～之税，足济军资。"

接 jiē ❶接触。《孟子·梁惠王上》："兵刃既～，弃甲曳兵而走。"《汉书·晁错传》："剑戟相～。"成语有"短兵相接"。❷连接，连续。屈原《九章·哀郢》："忧与愁其相～。"❸承接。《史记·平准书》："汉兴，～秦之弊。"（弊：指衰败。）❹接待。《史记·屈原贾生列传》："出则～遇宾客。"（遇：会见。）

痎 jiē 一种疟疾。《素问·生气通天论》："夏伤于暑，秋为～疟。"柳宗元《吕侍御恭墓志》："至广州，病～疟加瘃（zhì）。"（瘃：痢疾。）

揭 jiē ❶高举，举。《诗经·小雅·大东》："维北有斗，西柄之～。"贾谊《过秦论》："斩木为兵，～竿为旗。"（斩木为兵：砍下树木作为武器。）㊀翘起。《战国策·韩策二》："唇～者，其齿寒。"㊂持，拿着。《后汉书·冯衍传》："～节奉使。"（节：古代使者拿来做凭证的符节。）❷扛。《庄子·胠箧》："负匮（guì）～箧（qiè）担囊而趋。"（负：背。匮：柜子。箧：箱子。囊：口袋。趋：快走。）❸揭开（后起意义）。白居易《醉吟先生传》："～瓮（wèng）拨醅（pēi）。"（瓮：酒坛。醅：未滤过的酒。）❹标志。郭璞《江赋》："峨嵋为泉阳之～。"❺ qì 提起衣服过河。《诗经·邶风·匏有苦叶》："深则厉，浅则～。"（厉：和衣而渡。）司马相如《上林赋》："涉冰～河。"

嗟 jiē ❶表示感叹或叹息。《诗经·周南·卷耳》："～我怀人，寘彼周行。"李白《扶风豪士歌》:"洛阳城中人怨～。"⑵赞叹。贾思勰《齐民要术·园篱》:"行人见者,莫不～叹。"❷表示召唤。《礼记·檀弓下》:"～!来食!"

孑 jié ❶孤单,孤独。张衡《思玄赋》:"～不群而介立。"李密《陈情表》:"茕(qióng)茕～立,形影相吊。"(茕茕:孤独无依的样子。吊:慰问。)[孑遗]经过变故以后遗留下来的人。《诗经·大雅·云汉》:"周馀黎民,靡有～～。"❷戟。古代一种兵器。《左传·庄公四年》:"授师～焉。"(把戟授给了军队。)

节(節) jié ❶植物分枝长叶的地方。《诗经·邶风·旄丘》:"旄丘之葛兮,何诞之～兮。"《后汉书·虞诩传》:"不遇槃根错～,何以别利器乎?"(别:区别。)㊀人或动物的骨节。《素问·生气通天论》:"五藏十二～。"(藏:脏。)❷时节,季节。《列子·汤问》:"寒暑易～,始一反焉。"(寒暑易节:指一年。反:返。)㊀节日。刘沧《送李休秀才归岭中》诗:"故园新过重阳～。"(故园:故乡。)❸符节。古代用来做凭证的东西。《汉书·苏武传》:"杖汉～牧羊。"(杖:拄着。汉:指汉朝。)❹气节,节操。《汉书·高帝纪下》:"上壮其～,为流涕。"文天祥《正气歌》:"时穷～乃见。"(时穷:困难的时候。)㊕贞节。封建礼教所提倡的女子不"失身"、不改嫁的道德。《二程遗书》卷二十二:"饿死事极小,失～事极大。"❺节制,节约。《荀子·天论》:"强本而～用,则天不能贫。"❻一种用竹编成的,可起和弦作用的古乐器。左思《蜀都赋》:"巴姬弹弦,汉女击～。"(巴姬、汉女:指蜀地的妇女。)㊀节拍。屈原《九歌·东君》:"应律兮合～。"《盐铁论·相刺》:"(歌者)贵在中～。"

讦(訐) jié 攻击或揭发别人的短处。《论语·阳货》:"恶～以为直者。"《商君书·赏刑》:"周官之人,知而～之上者,自免于罪。"(他周围的官吏,有知道他的罪行,向上级揭发出来的,自己就免了罪。)双音词有"攻讦"。

劫(刦、刧、刼) jié ❶强夺,掠取。《史记·高祖本纪》:"今乃与王黄等～掠代地。"《三国志·吴书·吴主传》:"逆臣乘衅,～夺国柄。"(国柄:国家的政权。)❷威逼,威胁。《荀子·王制》:"桓公～于鲁庄。"《史记·高祖本纪》:"因～众,众不敢不听。"❸佛教用语,梵(fàn)语"劫波"的简称。佛经把天地的一成一败叫一劫,表示一段很长的时间。李白《短歌行》:"苍穹浩茫茫,万～太极长。"(苍穹:苍天。)

岊 jié 山的曲折隐秘处。左思《吴都赋》:"夤缘山岳之～,幂历江海之流。"(夤缘:攀缘。幂历:遍历。)

杰(傑) jié ❶才能出众的人。屈原《九章·怀沙》:"非俊疑～兮,固庸态也。"(诽谤、怀疑俊杰,本来就是小人的一种常态。)❷特异的,超出一般的。《三国志·蜀书·诸葛亮传》:"雄姿～出。"陆游《夜读岑嘉州诗集》诗:"崔嵬(wéi)多～句。"(崔嵬:高的样子,指诗句奇特。)【辨】英,豪,俊,杰。见150页"豪"字。

桀 jié ❶鸡栖的木桩。《诗经·王风·君子于役》:"鸡栖于～。"❷凶暴。《韩非子·亡征》:"官吏弱而人民～。"《史记·货殖列传》:"～黠奴,人之所患也。"(黠:狡猾。)❸优秀,杰出,高出。《诗经·卫风·伯兮》:"邦之～兮。"(邦国中杰出的人物。)郦道元《水经注·江水》:"比之诸岭,尚为竦(sǒng)～。"(尚:还。竦:高耸。)❹举。《左传·成公二年》:"～石以投人。"❺夏朝末代君主。相传是暴君。

诘(詰) jié ❶责问,追问。《国语·鲁语上》:"明日有司复命,公～之。"《左传·襄公二十五年》:"士庄伯不能～。"(士庄伯:人名。)㊀查,查办。《礼记·月令》:"～诛暴慢。"(慢:怠慢。)❷[诘屈]弯曲。曹操《苦寒行》:"羊肠坂～～,车轮为之摧。"(羊肠坂:地名。为之:因此。摧:坏。)❸[诘朝][诘旦]次日早晨。《左传·僖公二十八年》:"～朝将见。"《北史·齐安德王延宗传》:"～旦还攻东门,克之。"(克:攻克。)【辨】问,讯,诘。"问"的意义很广,既表示一般的问,也可以表示审问。"讯"字则较多用于审问,"诘"字较多用于追问。

拮 jié ❶[拮据]操作劳苦,以致手病,伸屈不能自如。《诗经·豳风·鸱鸮》:"予手～～。"㊀困顿,窘迫。杜甫《秋日荆南送石首薛明府》诗:"文物陪巡狩,亲贤病～～。"后指经济窘迫。❷jiá 逼迫。《战国策·秦策三》:"大夫种为越王垦草创邑,辟地殖谷……勾践终～而杀之。"(种:人名。)

洁(潔) jié 干净,清洁。《韩非子·说林下》:"宫有垩(è)器,有涤则～矣。"(涤:洗。)㊞纯洁。《吕氏春秋·贵公》:"清廉～直。"双音词有"廉洁"。

结(結) jié ❶打结。《庄子·胠箧》:"民～绳而用之。"(结绳:古时以结绳记事。)⑵绳子的结。《论衡·实知》："天下事有不可知，犹～有不可解也。"〔引〕问题所在处。《史记·扁鹊仓公列传》："尽见五藏症～。"（藏：脏。）❷ 系，扎缚。《楚辞·九歌·山鬼》："乘赤豹兮从文狸，辛夷车兮～桂旗。"《史记·张释之冯唐列传》："为我～袜。"成语有"张灯结彩"。❸ 缔结，结交。《左传·隐公七年》："齐侯使夷仲年来聘，～艾之盟也。"《三国志·蜀书·诸葛亮传》："外～好孙权。"❹ 结果实。杜甫《少年行》："江花～子也无多。"（江花：江边之花。子：籽。）❺ 搭，构建。陶潜《饮酒》诗："～庐在人境。"（结庐：盖房子。人境：人间。）❻ jì 通"髻"。发髻。《汉书·李陵传》："两人皆胡服椎～。"

桔 jié ［桔槔（gāo）］一种用杠杆从井中汲水的装置。《庄子·天运》："且子独不见夫～～者乎，引之则俯，舍之则仰。"李白《赠张公洲革处士》诗："井无～～事，门绝刺绣文。"

袺 jié 提衣襟盛东西。《诗经·周南·芣苢》："采采芣苢，薄言～之。"

倢 jié ❶ 敏捷。扬雄《方言》卷一郭璞注："～，言便～也。"❷ ［倢伃（yú）］同"婕妤"。汉代女官名。《汉书·昭帝纪》："母曰赵～～。"

捷（㨗） jié ❶ 胜利，成功。《诗经·小雅·采薇》："一月三～。"《史记·卫将军骠骑列传》："军大～，皆诸校尉力战之功也。"（校尉：武官名。）❷ 战利品。《左传·襄公二十五年》："郑子产献～于晋。"（郑、晋：国名。子产：人名。）❸ 迅速，敏捷。《韩非子·难言》："～敏辩给。"（辩给：口才好。）曹植《七启八首》诗之六："蹻（jiǎo）～若飞。"（蹻：行走得很快。）❹ 抄近路。《左传·成公五年》："待我，不如～之速也。"双音词有"捷径"。【辨】快，速，疾，捷。见395页"速"字。

婕 jié ［婕妤（yú）］汉代宫中女官名。一直沿用到明代。《史记·外戚世家》："常从～～迁为皇后。"（迁：升。）又写作"倢伃"。

睫 jié ❶ 眼睫毛。《韩非子·喻老》："能见百步之外，而不能自见其～。"《汉书·爰盎传》："陛下不交～解衣。"❷ 眨眼。《列子·仲尼》："矢来注眸子而眶不～。"

偈 jié ❶ 勇武。扬雄《太玄·闘》："其人晖且～。"（晖：阳光，这里指人的性格开朗。）这个意义又写作"揭"。〔引〕快速有力的样子。宋玉《高唐赋》："～兮若驾驷马。"❷ qì 通"憩"。休息。扬雄《甘泉赋》："度三峦兮～棠黎。"（度：过。三峦、棠黎：宫殿名。）❸ jì 佛经中的唱诵词。李白《登梅冈望金陵赠族侄高座寺僧中孚》诗："谈经演金～。"（演：发挥。）

楬 jié ❶ 用作标记的小木桩。《周礼·秋官·蜡氏》："若有死于道路者，则令埋而置～焉。"《封氏闻见记》卷六："然则物有标榜皆谓之～。"❷ qià 古代用以终止乐声的一种乐器。即"敔（yǔ）"。《礼记·乐记》："然后圣人作为鞉、鼓、椌、～、埙、篪。"

碣 jié ❶ 圆顶的碑石。《三国志·蜀书·诸葛亮传》注引《蜀记》："晋永兴中，镇南将军刘弘至隆中，观亮故宅，立～表间。"柳宗元《故御史周君碣》："柳宗元立～于其墓左。"❷ 地名，指碣石。《史记·天官书》："故中国山川东北流，其维首在陇、蜀，尾没于勃、～。"［碣石］山名。曹操《步出夏门行·观沧海》："东临～～，以观沧海。"

竭 jié ❶ 干涸。《左传·成公五年》："故山崩川～，君为之不举。"曹操《步出夏门行·河朔寒》："水～不流，冰坚可蹈。"（蹈：踩。）❷ 完，尽。《庄子·天下》："一尺之捶（chuí），日取其半，万世不～。"（捶：同"棰"。短木棍。）成语有"竭尽全力"。

羯 jié ❶ 被阉的公羊。《说文·羊部》："羯，羊羖犗也。"〔泛〕羊。蔡琰《胡笳十八拍》："～膻为味兮，枉遏我情。"（把羊肉做的食品给我吃，也没能阻止我怀念家乡的心情。膻：同"膻"。膻气。枉：徒然，白白地。遏：阻止。）❷ 我国古代北部的一个民族。东晋时曾建立后赵。

䀹 jié ❶ 同"睫"。眼睫毛。《史记·扁鹊仓公列传》："流涕长潸，忽忽承～。"❷ jiá 一只眼睛闭着。《韩非子·说林上》："今有人见君，则～其一目，奚如？"

楶 jié 柱头斗栱。《汉书·叙传上》："～棁（zhuō）之材不荷栋梁之任。"（棁：梁上短柱。）

截 jié ❶ 断，割断。《战国策·赵策三》："夫吴干之剑，肉试则断牛马，金试则～盘匜（yí）。"（匜：一种盛水的容器。）《论衡·量知》："～竹为筒。"成语有"斩钉截铁"。❷ 整齐，整治。《诗经·商颂·殷武》："有～其所，汤孙之绪。"《诗经·大雅·常武》："～彼淮浦，王师之所。"❸ 拦截。《三国志·魏书·张既传》："胡果争奔之，因发伏～其后。"❹ ［截然］态度严正的样子。严羽《沧浪诗话·诗辨》："～～谓当以盛唐为法。"

巀 jié ［巀嶭(niè)］形容山势高峻。《汉书·司马相如传上》："九嵕～～，南山峨峨。"

解 jiě ❶分割动物的肢体。《庄子·养生主》："庖丁为文惠君～牛。"《仪礼·士虞礼》："杀于庙门西，主人不视豚～。"❷把系着的东西解开。《韩非子·难一》："桓公～管仲之束缚而相之。"(相之：拜他为相。)❸分解，融化。仲长统《昌言·理乱》："土崩瓦～。"贾思勰《齐民要术·水稻》："二月冰～。"❹调解，排解，和解。《战国策·赵策三》："为人排患、释难、～纷乱而无所取也。"(无所取：不取报酬。)《史记·项羽本纪》："项王、范增疑沛公之有天下，业已讲～，又恶负约，恐诸侯叛之。"❺消除。《荀子·臣道》："遂以～国之大患。"❻解释。《论衡·问孔》："孔子自～，安能～乎？"❼理解，懂得。《庄子·天地》："大惑者终身不～。"❽xiè 懈怠，松弛。《诗经·大雅·烝民》："夙(sù)夜匪～。"(夙夜：早晚。匪：同"非"。不。)这个意义后来写作"懈"。❾xiè 姓。

介 jiè ❶界线，疆界。《诗经·周颂·思文》："无此疆尔～。"(不分这个那个界线。尔：那。)这个意义后来写作"界"。㊂间隔。《汉书·翼奉传》："后～大河。"(后：后面。)❷居中，在中间。《左传·襄公九年》："～居二大国之间。"(夹在两个大国中间。)㊂传宾主之言的人。《荀子·大略》："诸侯相见，卿为～。"㊀介绍。《战国策·赵策三》："胜请为绍～而见之于将军。"(胜：人名。)李康《运命论》："其所以相亲也，不～而自亲。"❸凭借，依靠。《左传·文公六年》："～人之宠，非勇也。"❹独，独特。《庄子·庚桑楚》："夫函车之兽，～而离山。"郦道元《水经注·庐江水》："又有孤石，～立大湖中。"❺耿介，操守。《孟子·尽心上》："柳下惠不以三公易其～。"❻铠甲。《韩非子·显学》："国平则养儒侠，难至则用～士。"㊂甲士。《左传·宣公二年》："既而与为公～。"㊀虫或水族动物的甲壳。《吕氏春秋·孟秋》："～虫败谷，戎兵乃来。"❼［一介］1.一个。《尚书·秦誓》："如有～～臣。"2.谦辞。表示藐小，微贱。王勃《滕王阁序》："勃三尺微命，～～书生。"❽通"芥"。比喻微小。《战国策·齐策四》："无纤～之祸者。"(纤：细。)

价 jiè ❶善，大。《诗经·大雅·板》："～人维藩。"(藩：藩篱，屏障。)❷仆役，差人(后起意义)。《宋史·曹彬传》："会邻道守将走～驰书来诣。"

芥 jiè ❶小草。《庄子·逍遥游》："覆杯水于坳堂之上，则～为之舟。"㊃微小的。《论衡·累害》："行完迹洁，无纤～之毁。"(纤：细。)❷芥菜。贾思勰《齐民要术·种蜀芥芸苔芥子》："七月八月可种～。"

界 jiè ❶地域的界限。《孟子·公孙丑下》："域民不以封疆之～。"《史记·秦始皇本纪》："发兵守其西～。"㊀不同事物的分界。《后汉书·马融传》："奢俭之中，以礼为～。"❷地域，境域。《论衡·感虚》："使一郡皆寒，贤者长一县，一县之～能温乎？"《三国志·魏书·武帝纪》："禁断淫祀，奸宄(guǐ)逃窜，郡～肃然。"(奸宄：坏人。肃然：安宁。)❸毗连，接连。《战国策·齐策三》："三国之与秦壤～而患急。"❹离间，使疏远。扬雄《解嘲》："～泾阳抵穰(ráng)侯而代之。"(离间泾阳君与秦王的关系，排挤穰侯并取代他的职位。)

疥 jiè 疥疮。《礼记·月令》："民多～疠。"《论衡·商虫》："人之病～，亦希非常。"

髯 jiè 以簪固定的发髻。《南史·夷貊传下》："男女皆露～。"

戒 jiè ❶警戒，戒备。《诗经·小雅·采薇》："岂不日～，玁狁孔棘。"(玁狁：中国古代北方少数民族。孔：甚。棘：通"亟"。急。)贾谊《新书·大政上》："～之哉，与民为敌者，民必胜之。"❷告诫，警告。《左传·宣公十二年》："军政不～而备。"《荀子·成相》："观往事，以自～。"这个意义后来写作"诫"。❸戒除。《三国志·魏书·管辂传》："恩使客节酒～肉慎火。"(恩：人名。)❹斋戒。《庄子·达生》："十日～，三日齐。"(齐：通"斋"。斋戒。)

诫(誡) jiè ❶告诫，警告。《史记·鲁周公世家》："作此以～成王。"❷警戒，戒备。《左传·桓公十一年》："郧人军其郊，必不～。"贾谊《治安策》："前车覆，后车～。"(覆：翻倒。)

届(屆) jiè 至，到达。《诗经·小雅·小弁》："譬彼舟流，不知所～。"《三国志·魏书·武帝纪》："致～官渡。"(到达官渡。)双音词有"届期"、"届时"。

借 jiè ❶借，借出，借进。《论语·卫灵公》："有马者～人乘之。"《穀梁传·僖公二年》："公遂～道而伐虢。"(虢：国名。)㊂帮助。《汉书·朱云传》："少时通轻侠，～客报仇。"㊀凭借，借助。《左传·成公二年》："子又不许，请收合余烬，背城～一。"(一：指一战。)❷假使。《诗经·大雅·

抑》："～曰未知，亦既抱子。"常"借使"连用。《三国志·魏书·荀攸传》："～使二子和睦以守其成业，则天下之难未息也。"（息：停止。）这个意义又写作"藉"。

藉 jiè 见179页。

犗 jiè 阉割过的牛。《庄子·外物》："任公子为大钩巨缁，五十～以为饵。"（缁：黑色绳子，这里指钓鱼的绳索。）《世说新语·排调》："故是千斤～特。"

JIN

巾 jīn ❶古代擦抹用的布，相当于今天的手巾。《三国志·魏书·武帝纪》注引《曹瞒传》："被服轻绡，身自佩小鞶囊，以盛手～细物。"张俞《蚕妇》诗："昨日入城市，归来泪满～。遍身罗绮者，不是养蚕人。"（罗：轻软有稀孔的丝织品。绮：有文采的丝织品。）❷裹头或缠束、覆盖用的丝麻织品。《汉书·贾山传》："怜其亡发，赐之～。"李白《嘲鲁儒》诗："首戴方山～。"（方山巾：一种儒生所戴的头巾。）[巾帼]古代妇女的头巾或发饰，后用作妇女的代称。如"巾帼英雄"。❸包裹，覆盖。《庄子·天运》："盛以箧衍，～以文绣。"（箧衍：浅竹筐。）[引]给车子装上帷幕。潘尼《赠陆机出为吴王郎中令》诗："我车既～，我马既秣。"【辨】冠，冕，巾，弁，帽。见140页"冠"字。

斤 jīn ❶斧子一类的工具。《荀子·劝学》："林木茂而斧～至焉。"❷重量单位。十六两为一斤。《史记·绛侯周勃世家》："赐金五千～。"❸[斤斤]1.明察的样子。《诗经·周颂·执竞》："奄有四方，～～其明。"（奄：覆盖，占有。）2.谨慎的样子。《后汉书·吴汉传》："及在朝廷，～～谨质，形于体貌。"

釿（釿） jīn ❶斫木的斧头。《庄子·在宥》："于是乎～锯制焉。"❷重量单位。斤两。

今 jīn ❶现在。《诗经·小雅·采薇》："昔我往矣，杨柳依依；～我来思，雨雪霏霏。"《论语·子罕》："后生可畏，焉知来者之不如～也。"❷即将，就。《战国策·韩策一》："十日之内，数万之众，～涉魏境。"❸若，如果。《孟子·梁惠王下》："～王与百姓同乐，则王矣。"

衿 jīn ❶衣领。《诗经·郑风·子衿》："青青子～，悠悠我心。"❷衣襟。《庄子·让王》："捉～而肘见。"王粲《七哀》诗："白露霑衣～。"（霑：沾。）这个意义又写作"襟"、"裣"。❸系，结。扬雄《反离骚》："～芰(jì)茄之绿衣兮，被夫容之朱裳。"（芰：菱。这里指菱角的叶。茄：指荷叶。夫容：芙蓉。）

矜 jīn ❶qín 矛柄。《汉书·徐乐传》："起穷巷，奋棘～。"（棘：通"戟"。一种兵器。）这个意义又写作"穜"。❷怜悯，同情。《左传·僖公十五年》："吾怨其君而～其民。"《论语·子张》："嘉善而～不能。"❸持重，慎重。《论语·卫灵公》："君子～而不争。"[又]庄重。《汉书·冯参传》："参为人～严，好修容仪。"[矜持]竭力保持庄重。《晋书·王羲之传》："然闻信至，咸自～～。"（信：使者。咸：全，都。）❹骄傲。《老子·三十章》："果而勿～。"（果：指得到胜利。）[又]夸耀。《史记·文帝本纪》："今又～其功，受上赏，处尊位。"❺注重，崇尚。《汉书·贾谊传》："婴以廉耻，故人～节行。"❻guān 通"鳏"。年老无妻的人。《诗经·大雅·烝民》："不侮～寡。"（侮：欺侮。）

紟 jīn ❶系衣带。《礼记·内则》："～缨綦屦。"（系好帽带、鞋带。）❷jìn 单被。《礼记·丧服大记》："布～二衾。"

金 jīn ❶金属。《周易·系辞上》："二人同心，其利断～。"（利：锋利。）《荀子·劝学》："锲(qiè)而不舍，～石可镂(lòu)。"（锲：用刀刻。舍：停止。镂：雕刻。）[特]黄金。《史记·文帝本纪》："不得以～、银、铜、锡为饰。"[引]像金属一样坚固。《韩非子·用人》："不谨萧墙之患，而固～城于远境。"[引]金属制的乐器或兵器。《汉书·李陵传》："闻～声而止。"（金声：指锣声。）《荀子·劝学》："～就砺则利。"（砺：磨刀石。利：锋利。）[金革]武器和盔甲，常用来比喻战争。扬雄《解嘲》："天下已定，～～已平。"❷古代计算货币的单位。1.先秦以黄金二十两为一镒，一镒称一金。《墨子·公输》："请献十～。"2.汉代以黄金一斤为一金。3.后来以银为货币，银一两称一金。❸五行（金、木、水、火、土）之一。见457页"行"字。❹朝代名（公元1115—1234年）。第一代君主是完颜阿骨打。

觔 jīn 重量单位，斤。《淮南子·天文》："十六两而为一～。"《旧唐书·文宗纪上》："每一石灰得盐一十二～一两。"（石：重量单位，一百二十斤为一石。）这个意义又写作"斤"。

津 jīn ❶渡口。《论语·微子》："长沮桀溺耦而耕，孔子过之，使子路问～焉。"

《史记·秦始皇本纪》："缮～关，据险塞。"（缮：修缮。关：关口。）❷ 中医指人体内分泌出的液体。《素问·调经论》："人有精气～液。"㊕唾液，口水。陆佃《埤雅·芥》："令人望梅生～。"

仅（僅） jǐn ❶ 只，不过。《庄子·人间世》："方今之时，～免刑焉。"《三国志·吴书·吴主传》："刘备奔走，～以身免。"❷ jìn 几乎，将近（后起意义）。杜甫《泊岳阳城下》诗："山城～百层。"

尽²（侭、儘） jǐn 任凭。武衍《宫词》："惟有落红官不禁，～教飞舞出宫墙。"（落红：落花。）

卺（巹、巹） jǐn 古代婚礼用的酒器，以瓢为之。《仪礼·士昏礼》："三酳（yìn）用～。"（酳：食毕用酒漱口。）[合卺]新婚夫妇喝交杯酒。《礼记·昏义》："～～而酳。"

堇 jǐn ❶ 堇菜，一种多年生草本植物。《诗经·大雅·绵》："周原膴膴（wǔ wǔ），～荼如饴。"李时珍《本草纲目·菜部》："～菜野生，非人所种，叶似蕺菜，花紫色。"❷ 一种毒草。也叫乌头，是药用植物，块根有剧毒。《国语·晋语二》："骊姬受福，乃置鸩于酒，置～于肉。"❸ [堇堇]仅仅。《史记·货殖列传》："豫章出黄金，长沙出连锡，然～～物之所有，取之不足以更费。"（物之所有：开采取得的价值。更费：抵偿开采的费用。）

谨（謹） jǐn 谨慎，小心。《论语·学而》："弟子入则孝，出则悌，～而信。"《史记·李斯列传》："～奉法令。"（奉：遵守，奉行。）㊀严，严格。《荀子·宥坐》："嫚令～诛，贼也。"（法令松弛而诛杀甚严，是残害的行为。嫚：慢。）

廑（廑） jǐn ❶ 仅，才。《汉书·贾谊传》："诸公幸者乃为中涓，其次～得舍人。"❷ qín 通"勤"。勤劳。《汉书·扬雄传下》："三旬有余，其～至矣。"

馑（饉） jǐn 饥荒。蔬菜和野菜都吃不上。常"饥（饑）馑"连用。《左传·昭公元年》："虽有饥～，必有丰年。"《韩非子·显学》："征赋钱粟以实仓库，且以救饥～、备军旅也。"（军旅：军队。备军旅：指备战。）【辨】饥，馑。分开讲时，五谷没有收成叫"饥"；蔬菜和野菜都吃不上叫"馑"。但连用时"饥"、"馑"无区别。

瑾 jǐn 美玉。常"瑾瑜"连用。屈原《九章·怀沙》："怀～握瑜兮穷不知所示。"（瑜：美玉。）《山海经·西山经》："其阳多～瑜之玉。"（阳：山的南坡。）

槿 jǐn 木槿，一种落叶灌木。《宋书·乐志二》："水雨方降木～荣。"《南齐书·祥瑞志》："乌程县陈文则家～树连理。"㊇指木槿花。《北齐书·魏收传》："～荣于枝，望暮而萎。"

锦（錦） jǐn ❶ 有彩色花纹的丝织品。《诗经·秦风·终南》："～衣狐裘。"❷ 色彩鲜艳华丽。李群玉《鸂鶒（xī chì）》诗："～羽相呼暮沙曲。"

尽¹（盡） jìn ❶ 完，没有了。《左传·襄公八年》："楚师辽远，粮食将～，必将速归。"晁错《言守边备塞疏》："（胡人）美草甘水则止，草～水竭则移。"（甘水：指可以饮用的水。止：指驻扎下来。）❷ 竭尽，全部用出。《商君书·错法》："功分明则民～力。"❸ 达到顶点。《论语·八佾》："子谓韶～美矣，又～善也。"（韶：舜时乐曲名。）❹ 都，全部。《孟子·尽心下》："～信书，则不如无书。"（书：指《尚书》。）黄巢《不第后赋菊》诗："满城～带黄金甲。"❺ jǐn 尽可能，尽量。《礼记·曲礼上》："虚坐～后，食坐～前。"（虚坐：指闲坐。）❻ jǐn 任凭。白居易《题山石榴花》诗："争及此花檐户下，任人采弄～人看。"

荩（藎） jìn ❶ 一种野草，可用来编织器物。元稹《遣悲怀》诗："顾我无衣搜～箧（qiè）。"（荩箧：用荩草编的小箱子。）❷ [荩臣]忠臣。《诗经·大雅·文王》："王之～～。"

赆（贐、賮） jìn ❶ 赠送的路费或财物。《孟子·公孙丑下》："行者必以～。"《梁书·杨公则传》："～送一无所取。"❷ 进贡的财物。颜延之《赭白马赋》："或逾远而纳～。"（有的远道而来交纳贡品。逾：跨越。）

烬（燼、㶳） jìn ❶ 物体燃烧后的灰。《北史·吕思礼传》："烛～夜有数升。"杜甫《壮游》诗："哭庙灰～中，鼻酸朝未央。"（朝未央：指皇帝于宫中接受朝拜。未央，宫殿名。）❷ 受灾后残余的人。《左传·成公二年》："请收合余～，背城借一。"（借一：指凭借一战。）《左传·襄公四年》："收二国之～。"

进（進） jìn ❶ 前进。与"退"相对。《论语·雍也》："非敢后也，马不～也。"《孙子兵法·军争》："勇者不得独～，怯者不得独退。"㊀到朝廷。《商君书·农战》："～则曲主，退则虑私。"（曲主：曲意讨好君主。退：退朝，指回家。虑私：谋私

J

利。)⑫出来做官。《荀子·大略》:"君子~则能益上之誉而损下之忧。"(益上之誉:增加在上者的好名声。损下之忧:减少在下者的忧患。)❷ 进献。宋玉《高唐赋》:"~纯牺,祷琁室。"《战国策·齐策一》:"群臣~谏。"(谏:规劝使改正错误。)❸ 推荐。《史记·孙子吴起列传》:"于是忌~孙子于威王。"(忌:田忌,人名。孙子:指孙膑。威王:齐威王。)❹ 通"赆"。赠送的财物。《史记·高祖本纪》:"萧何为主吏,主~。"(主:主管。)❺ 进入(后起意义)。王嘉《拾遗记·秦始皇》:"驾朱马而至宫门,云欲见秦王子婴,阍者许~焉。"【辨】进,入。在上古时代,"进"和"入"是两个不同的概念。"进"的反面是退,"入"的反面是出。现代汉语所谓"进去"、"进来",古人只说"入",不说"进"。

J

近 jìn ❶ 近。与"远"相对。《论语·卫灵公》:"人无远虑,必有~忧。"《韩非子·说林上》:"远水不救~火也。"❷ 亲近,接近。《战国策·赵策一》:"襄子必~幸子。"(子:对人的尊称。)⑬受到宠爱。《战国策·齐策三》:"齐王夫人死,有七孺子皆~。"(孺子:指齐王的妾。)❸ 浅近。《孟子·尽心下》:"言~而指远者,善言也。"(指:意思,意义。)《新唐书·高骈传》:"语言俚(lǐ)~。"(俚:粗俗。)❹ 相近,近似。张俨《默记·述佐》:"昔子产治郑,诸侯不敢加兵,蜀相其~之矣。"(加:施加。蜀相:指诸葛亮。其:语气词。)

靳 jìn ❶ 套在辕马胸部的皮革,也用作辕马的代称。《左传·定公九年》:"吾从子如骖之~。"(我跟随你就像骖马跟随辕马一样。骖:辕马两旁的马。)❷ 吝惜,吝啬。《后汉书·崔寔传》:"悔不小~。"(小靳:稍微吝啬一点。)❸ 奚落,嘲笑。《左传·庄公十一年》:"宋公~之。"

晋(晉) jìn ❶ 前进,上进。班固《幽通赋》:"盍(hé)孟~以迨(dài)群兮。"(为什么不勉力上进而赶上大家呢?盍:何不。孟:勉力。迨:赶上。)又如"晋见"。❷ 通"搢"。插。《周礼·春官·典瑞》:"王~大圭。"(圭:玉制礼器。)❸ 周代诸侯国,在今山西、河北南部和陕西中部等地,公元前 403 年分为韩、赵、魏三国。❹ 朝代名。1. 公元 265—420 年,第一代君主是司马炎。原建都洛阳,公元 317 年迁都到建康(今南京市),迁都以前称为西晋,迁都以后称为东晋。2. 公元 936—947 年,五代之一,又称后晋,第一代君主是石敬瑭。

搢 jìn 插。《商君书·赏刑》:"~笏(hù)作为乐,以申其德。"(笏:古代官僚上朝时手里拿着的手板。)[搢绅] 1. 古代高级官吏的装束。《庄子·天下》:"诗书礼乐者,邹鲁之士,~~先生,多能明之。"《后汉书·杨震传》:"今天下缨緌(ruí)~~所以瞻仰明公者。"(缨:帽带。緌:帽带结子下垂的部分。)2. 古代有官职或做过官的人的代称。《史记·封禅书》:"~~之属皆望天子封禅改正度也。"《晋书·舆服志》:"所谓~~之士者,搢笏而垂绅带也。"(绅:腰间大带。)上述 1、2 又写作"缙绅"、"荐绅"。

缙(縉、搢) jìn [缙绅]通"搢绅"。1. 古代高级官吏的装束。《荀子·礼论》:"~~而无钩带矣。"2. 古代有官职或做过官的人的代称。《汉书·郊祀志上》:"~~之属皆望天子封禅改正度也。"文天祥《指南录后序》:"~~大夫士萃于左丞相府,莫知计所出。"(萃:汇集。)

浸 jìn ❶ 泡,淹没。《诗经·小雅·大东》:"有冽氿泉,无~获薪。"(凉凉的泉水,不要浸湿了我砍的柴。)《史记·赵世家》:"引汾水灌其城,城不~者三版。"❷ 灌溉。《诗经·小雅·白华》:"滮池北流,~彼稻田。"《庄子·天地》:"有械于此,一日~百畦,用力甚寡。"⑬润泽,滋润。张衡《东京赋》:"泽~昆虫。"❸ 大水,湖泽。《庄子·逍遥游》:"之人也,物莫之伤。大~稽天而不溺,大旱金石流、土山焦而不热。"(稽:至,到。)顾炎武《答人书》:"正值淫雨,沂沭下流,并为巨~。"❹ 渐渐,逐渐。许慎《说文解字叙》:"字者,言孳乳而~多也。"这个意义又写作"寖"。❺ qīn [浸淫]渗透。《汉书·司马相如传》:"六合之内,八方之外,~~衍溢。"⑬逐渐扩展,逐渐接近。东方朔《七谏·沉江》:"贤俊慕而自附兮,日~~而合同。"韩愈《送孟东野序》:"孟郊东野始以其诗鸣……其他~~乎汉氏矣。"

寖 jìn ❶ 渗透。《汉书·沟洫志》:"泉流灌~,所以育五谷也。"❷ qīn 渐,逐渐。《史记·酷吏列传》:"故盗贼~多。"《后汉书·皇后纪下》:"逆害饮食,~以沈困。"

祲 jìn 古人所说的不祥之气。《左传·昭公十五年》:"吾见赤黑之~,非祭祥也。"

唫 jìn ❶ 闭口。《吕氏春秋·重言》:"君呿(qū)而不~。"(呿:张开口。)❷ 吸。扬雄《太玄·玄攡》:"嘘则流体,~则凝形。"(嘘:呼。)❸ yín 同"吟"。吟咏。屈原《九章·悲回风》:"孤子~而抆(wěn)泪兮。"

(拉:擦。)《汉书·匈奴传上》:"今歌～之声未绝。"

禁 jìn ❶禁止。《荀子·性恶》:"重刑罚以～之。"㊀禁令。《韩非子·五蠹》:"侠以武犯～。"(侠:游侠。)㊁禁忌。《礼记·曲礼上》:"入竟而问～,入国而问俗。"(竟:境。)❷皇帝居住的地方。《史记·秦始皇本纪》:"二世常居～中。"(二世:指秦二世胡亥。)❸jīn 禁得起,受得住。白居易《杨柳枝》诗:"小树不～攀折苦,乞君留取两三条。"(乞:求。君:你。留取:留下。)成语有"弱不禁风"。

僸 jìn ❶我国古代一种北方民族音乐。班固《东都赋》:"～佅兜离,罔不具集。"(四方民族音乐,无不具备。)❷yǐn 仰头。《汉书·司马相如传下》:"～祲寻而高纵兮,纷鸿溶而上厉。"(抬头仰望而身体渐渐高纵啊,纷然腾跃疾飞上天。)

噤 jìn 闭口,不说话。《史记·袁盎晁错列传》:"臣恐天下之士～口不敢复言也。"成语有"噤若寒蝉"。㊀关闭。潘岳《西征赋》:"有～门而莫启。"

墐 jìn ❶用泥涂塞。《诗经·豳风·七月》:"穹窒熏鼠,塞向～户。"(堵好窟窿熏老鼠,封起北窗涂门缝。)❷沟上的路。《国语·齐语》:"陆、阜、陵、～、井、田、畴均,则民不憾。"(均:有序。)❸通"殣"。掩埋。《诗经·小雅·小弁》:"行有死人,尚或～之。"

覲(覲) jìn ❶古代诸侯秋天朝见帝王。《周礼·秋官·大行人》:"春朝诸侯而图天下之事,秋～以比邦国之功。"㊁朝见帝王。《穀梁传·僖公五年》:"天子微,诸侯不享～。"(微:衰弱。享:进献。)㊀祭祀。班固《东都赋》:"～明堂,临辟雍。"(辟雍:太学名。)❷拜见。《左传·昭公十六年》:"宣子私～于子产。"(宣子、子产:人名。)❸显现。《尚书·立政》:"以～文王之耿光,以扬武王之大烈。"(耿:明亮的。)【辨】朝,觐。"觐"原指诸侯在秋季朝见天子,"朝"指诸侯春天朝见天子,后来都泛指朝见帝王。"朝"用的范围比较广,除见帝王外,子见父母也可以叫"朝"。

殣 jìn ❶饿死。《大戴礼记·千乘》:"道无～者。"㊁饿死的人。《后汉书·马融传》:"米谷踊贵,自关以西,道～相望。"(踊贵:价格上涨。道殣相望:指道路上饿死的人很多。)❷掩埋,埋葬。《荀子·礼论》:"刑余罪人之丧……不得昼行,以昏～。"(昏:黄昏。)

JING

泾(涇) jīng 泾水。发源于甘肃,流入陕西与渭水相合。[泾渭]泾水和渭水。古人认为泾浊渭清(实际上是泾清渭浊),所以用来比喻清浊或是非。任昉《出郡传舍哭范仆射》诗:"伊人有～～,非余扬浊清。"(伊人:那个人。)成语有"泾渭分明"。

经(經) jīng ❶织布的纵线叫"经",横线叫"纬"。刘勰《文心雕龙·情采》:"～正而后纬成,理定而后辞畅。"(理:文理,文章内容。辞:文辞。)㊀道路以南北为"经",东西为"纬"。《周礼·考工记·匠人》:"国中九～九纬。"❷中医把人体气血运行通路的主干叫"经"。如"经络"、"经脉"。❸常规,原则。《尚书·大禹谟》:"与其杀不辜,宁失不～。"(不经:不合常法。)成语有"荒诞不经"。《史记·太史公自序》:"守～事而不知其宜,遭变事而不知其权。"❹经典,中国古代以《易》、《书》、《诗》、《礼》、《乐》、《春秋》为六经。㊁载一事一艺的专书。如《黄帝内经》、《山海经》等。❺经过。《汉书·五行志中之上》:"还～鲁地。"㊁经历。杨衒之《洛阳伽蓝记·城西》:"～河阴之役,诸元歼尽。"(河阴:地名。役:变故。诸元:指元姓贵族。)❻度量,划分。《周礼·天官·冢宰》:"体国～野。"(划分城中区域,度量郊外土地。)《盐铁论·相刺》:"古者～井田。"㊀治理。《史记·秦始皇本纪》:"皇帝明德,～理宇内。"(宇内:指国家。)❼上吊。《史记·田单列传》:"～其颈于树枝。"

京 jīng ❶高丘,高冈。《诗经·鄘风·定之方中》:"望楚与堂,景山与～。"(景山:大山。)㊕指人工筑起的高土堆。《三国志·魏书·公孙瓒传》:"于堑(qiàn)里筑～,皆高五六丈。"(堑:壕沟。)❷谷仓。《史记·扁鹊仓公列传》:"见建家～下方石,即弄之。"(建:人名。弄:玩弄。之:指方石。)❸大。《左传·庄公二十二年》:"八世之后,莫之与～。"(莫之与京:没有人比他更大的。)❹国都,首都。《汉书·赵充国传》:"遂克西戎,还师于～。"岳飞《南京上高宗书略》:"为今之计,莫若请车驾还～。"(车驾:皇帝乘坐的车,这里代指皇帝。)[京师][京国][京华]国都。《后汉书·王充传》:"后到～师,受业太学。"【辨】京,都。见90页"都"字。

J

惊(驚) jīng ❶马受惊。《战国策·赵策一》："襄子至桥而马～。"㉿惊骇，震惊。《史记·淮阴侯列传》："一军皆～。"❷惊动，震动。李白《猛虎行》："战鼓～山欲倾倒。"成语有"惊天动地"。

荆 jīng ❶一种灌木。李商隐《行次西郊作》诗："下田长～榛。"（榛：一种灌木。）㉿用荆条做的刑杖。《史记·廉颇蔺相如列传》："肉袒负～。"（肉袒：光着上身。负：背。）❷周代诸侯国，楚国的别称。见57页"楚"字。

菁 jīng ❶韭菜的花。张衡《南都赋》："秋韭冬～。"㉿花。宋玉《高唐赋》："江离载～。"❷指芜菁。《吕氏春秋·本味》："云梦之芹，具区之～。"[芜菁]一种植物，块根可食。贾思勰《齐民要术·蔓菁》："七月可种～～。"❸水草。司马相如《上林赋》："唼喋(shà zhá)～藻。"（唼喋：水鸟或鱼吃食。）❹[菁华]通"精华"。刘知几《史通·书志》："撮其机要，收彼～～。"（撮：摘取。）❺[菁菁]茂盛的样子。《诗经·唐风·杕杜》："其叶～～。"

精 jīng ❶上等细米。与"粗"相对。《庄子·人间世》："鼓筴(cè)播～。"（用小簸箕簸细米。）㉿精细。《论语·乡党》："食不厌～，脍不厌细。"❷精华，精粹。《汉书·律历志》："铜为物之至～。"杜牧《阿房宫赋》："齐楚之～英。"㉿精锐，精良。《史记·项羽本纪》："使人收下县，得～兵八千人。"❸精心，专诚。《荀子·解蔽》："倾则不～。"（倾：指心另有偏向。）❹精通。《汉书·楚元王传》："闻申公为诗最～，以为博士。"韩愈《进学解》："业～于勤。"❺指精气。《论衡·论死》："夫生人之～在于身中。"（生人：活人。）㉿指精液。《周易·系辞下》："男女构～，万物化生。"❻精神。《汉书·宣帝纪》："其赦天下，与士大夫厉～更始。"（厉精更始：振奋精神重新开始。）王安石《上皇帝万言书》："使其耗～疲神。"成语有"励精图治"。❼精灵，神怪。杜甫《陪郑广文游何将军山林》诗："山～白日藏。"❽明亮。《汉书·李寻传》："日月光～。"

旌 jīng ❶古时一种用五色羽毛装饰的旗子。《国语·吴语》："建～提鼓。"㉿旗子的通称。屈原《九歌·国殇》："～蔽日兮敌若云。"（蔽：遮掩。若：像。）熟语有"旌旗招展"。❷表彰。《左传·僖公二十四年》："且～善人。"

旍 jīng 同"旌"。旗的一种。屈原《九歌·少司命》："孔盖兮翠～。"《吕氏春秋·季秋》："命仆及七驺(zōu)咸驾，载～旐(zhào)。"（驺：养马兼管驾车的人。旐：画有龟蛇的旗子。）

粳(稉、秔) jīng 一种不黏的稻。《汉书·扬雄传下》："驰骋～稻之地。"《后汉书·杜笃传》："渐泽成川，～稻陶遂。"（陶：畅。遂：生。）

兢 jīng [兢兢]1.小心谨慎的样子。《诗经·小雅·小旻》："战战～～，如临深渊，如履薄冰。"2.强健的样子。《诗经·小雅·无羊》："尔羊来思，矜矜～～，不骞不崩。"（尔：你。思：语气词。矜矜：坚强。骞：瘦小。崩：疫病。）

井 jǐng ❶水井。《荀子·荣辱》："短绠不可以汲深～之泉。"（绠：打水用的绳子。汲：从井里打水。）[井田]我国奴隶制时代井字形的方块田。《穀梁传·宣公十五年》："古者三百步为里，名曰～～。～～者，九百亩，公田居一。"❷[井井]整齐，有秩序。《荀子·儒效》："～～兮其有理也。"（理：条理。）成语有"井井有条"。

阱(穽) jǐng 为防御或捕捉野兽而挖的坑。《孟子·梁惠王下》："为～于国中。"李白《君马黄》诗："猛虎落陷～。"㉿拘囚人之所。《楚辞·九叹·愍命》："庆忌囚于～室兮，陈不占战而赴围。"（庆忌、陈不占：人名。）《汉书·谷永传》："又以掖庭狱大为乱～。"

刭(剄) jǐng 用刀割脖子。《左传·定公十四年》："遂自～也。"《史记·孙子吴起列传》："庞涓自知智穷兵败，乃自～。"（庞涓：人名。）

景 jǐng ❶日光。班固《东都赋》："吐金～兮歊浮云。"（歊：气上升的样子。）江淹《别赋》："日出天而耀～，露下地而腾文。"（耀：闪耀。文：文采。）❷景象，景色。《汉书·梅福传》："阴盛阳微，金铁为飞，此何～也！"《世说新语·容止》："秋夜气佳～清。"李白《游敬亭寄崔侍御》诗："良辰与美～。"双音词有"光景"。❸仰慕。《后汉书·刘恺传》："百僚～式，海内归怀。"《南齐书·王融传》："窃～前修，敢蹈轻节。"[景仰]佩服尊敬。《后汉书·刘恺传》："今恺～～前修，有伯夷之节。"❹大。《诗经·鄘风·定之方中》："～山与京。"（京：高丘。）❺yǐng 影子。贾谊《过秦论》："天下云集响应，赢(yíng)粮而～从。"（赢粮：背粮。）这个意义后来写作"影"。

憬 jǐng 远行的样子。《诗经·鲁颂·泮水》："～彼淮夷，来献其琛。"（琛：珍宝。）双音词有“憧憬”。一说觉悟的样子。双音词有“憬悟”。

儆 jǐng ❶警备，戒备。《左传·襄公九年》：“令司宫、巷伯～宫。”（司宫、巷伯：管理宫内事务的官。）❷告诫，警告。《尚书·大禹谟》：“降水～予。”《三国志·吴书·吴主传》：“夫法令之设，欲以遏（è）恶防邪，～戒未然也。”（遏：阻止。未然：未发生的事。）成语有“惩一儆百”。❸紧急的情况或消息。《后汉书·郭伋传》：“并部尚有卢芳之～。”（并部：地区名。卢芳：人名。）

憼 jǐng 同“儆”。警备，戒备。《荀子·赋》：“无私罪人，～革贰兵。”（不要姑息罪犯，努力增强武备。）

警 jǐng ❶告诫，警告。《左传·庄公三十一年》：“王以～于夷。”❷戒备。《左传·宣公十二年》：“军卫不彻，～也。”（彻：通“撤”。撤除。）❸紧急的情况或消息。《汉书·终军传》：“边境时有风尘之～。”上述❶❷❸又写作“儆”。❹敏锐，敏感。《三国志·魏书·武帝纪》：“太祖少机～，有权数。”（少：年少时。权数：指善于出谋划策。）

劲（勁） jìng ❶强，坚强有力。《孙子兵法·军争》：“～者先，疲者后。”贾谊《过秦论》：“良将～弩，守要害之处。”（弩：一种利用机械力量射箭的弓。）成语有“疾风知劲草”。❷正直，刚正。《荀子·儒效》：“行法至坚，不以私欲乱所闻；如是，则可谓～士矣。”

径（徑） jìng ❶小路。《论语·雍也》：“行不由～。”㊀取道，经过。《史记·高祖本纪》：“夜～泽中。”❷直往。《汉书·王莽传下》：“李松遣偏将军韩臣等～西至新丰。”（新丰：地名。）㊁直截了当。《荀子·性恶》：“少言则～而省。”（省：简略。）❸直径。郦道元《水经注·渐江水》：“下有石井，口～七尺。”❹［径庭］相差太远。《庄子·逍遥游》：“大有～～，不近人情焉。”成语有“大相径庭”。上述❶㊀、❷㊁、❹又写作“逕”。

胫（脛） jìng 小腿。《论语·宪问》：“以杖叩其～。”（叩：敲打。）《韩非子·五蠹》：“股无胈（bá），～不生毛。”（股：大腿。胈：腿上的毛。）【辨】股，胫，腿。见137页“股”字。

痉（痙） jìng 痉挛。俗叫抽筋。《灵枢·热病》：“热而～者死。”

竞（競） jìng ❶争逐，比赛。屈原《离骚》：“众皆～进以贪婪兮，凭不厌乎求索。”（凭不厌乎求索：凭，满。已经得到了许多利益，却还不满足，还在贪婪地求索。）《商君书·错法》：“功赏明，则民～于功。”❷强劲。《左传·襄公十八年》：“南风不～。”

竟 jìng ❶完毕，终了。《史记·司马穰苴列传》：“余读司马兵法，闳廓深远，虽三代征伐，未能～其义。”《论衡·正说》：“义穷理～，文辞备足。”《晋书·谢安传》：“看书既～。”（既：已经。）㊀终于。《史记·陈涉世家》：“陈胜虽已死，其所置遣侯王将相～亡秦，由涉首事也。”（首事：首倡其事。）❷从头至尾。如“竟世”、“竟天”。曹叡《善哉行》：“轻舟～川。”❸究竟，终究。《世说新语·品藻》：“人问抚军：‘殷浩谈～何如？’”❹追究。《汉书·霍光传》：“此县官重太后，故不～也。”（县官：指皇帝。）❺竟然，居然。《史记·伯夷列传》：“暴戾恣睢，聚党数千人横行天下，～以寿终。”❻边境，国境。《商君书·徕民》：“～内不失须臾之时。”（须臾：时间很短。时：指农时。）这个意义后来写作“境”。

境 jìng ❶边境，国境。《孟子·梁惠王下》：“臣始至于～，问国之大禁。”㊀地方，区域。《史记·越王勾践世家》：“愿齐之试兵南阳莒地，以聚常、郯之～。”（常、郯：地名。）沈括《梦溪笔谈》卷二四：“鄜（fū）、延～内有石油。”（鄜、延：鄜州、延州，地名。）❷境地，处境。《世说新语·排调》：“人问所以，云：‘渐至佳～。’”❸［境界］1. 疆界。《后汉书·仲长统传》：“当更制其～～，使远者不过二百里。”2. 境况，情景。陆游《怀昔》诗：“老来～～全非昨。”3. 事物所达到的程度。《无量寿经》卷上：“比丘白佛，斯义弘深，非我～～。”

獍 jìng 传说中的一种恶兽，生下来就吃生它的母兽。也叫破镜。庾信《哀江南赋序》：“大则有鲸有鲵，小则为枭为～。”

婧 jìng ❶旧时称有才的女子。多用于人名。刘向《列女传·辩通·齐管妾婧》：“妾～者，齐相管仲之妾也。”《南齐书·皇后传》：“郁林王何妃名～英，庐江灊（qián）人。”❷美好。《后汉书·张衡传》：“舒妙～之纤腰兮。”

靓（靚） jìng ❶妆饰，打扮。《汉书·司马相如列传上》：“～庄刻饰，便嬛绰约。”《后汉书·南匈奴传》：“昭君丰容～饰，光明汉宫。”❷通“静”。《汉书·贾谊传》：“澹虖若深渊之～。”《后汉书·张衡传》：“潜服膺以永～兮。”

J

靖 jìng ❶安定，平定。《诗经·大雅·召旻》："实～夷我邦。"（夷：平。邦：国。）《左传·僖公九年》："君务～乱。"双音词有"绥靖"。㊀安静。《左传·昭公二十五年》："～以待命犹可。"❷恭敬。《管子·大匡》："士处～，敬老与贵。"（处：居处。）

竫 jìng ❶安静。《吕氏春秋·贵因》："～立安坐而至者，因其械也。"❷[竫言]作言造语，耸人听闻。《公羊传·文公十二年》："惟諓諓善～～。"

静 jìng ❶静止。与"动"相对。《庄子·天道》："水～则明烛须眉。"《韩诗外传》卷九："树欲～而风不止。"❷平静，安静。《诗经·卫风·氓》："～言思之，躬自悼矣。"杜甫《甘林》诗："喧～不同科。"（科：类别。）❸通"净"。清洁。张衡《东京赋》："涤濯(zhuó)～嘉。"（涤濯：洗涤。嘉：美好。）

敬 jìng ❶严肃，慎重。《管子·内业》："～慎无忒(tè)。"（忒：差错。）《荀子·礼论》："～始而慎终。"❷尊敬，尊重。《论语·先进》："门人不～子路。"（子路：人名，孔子弟子。）《三国志·蜀书·诸葛亮传》："又覩(dǔ)亮奇雅，甚～重之。"（覩：看见。）

【辨】恭，敬。"恭"与"敬"是同义词。"恭"着重在外貌方面，"敬"着重在内心方面。

JIONG

坰 jiōng 遥远的郊野。《列子·黄帝》："出行经～外。"

驷(駉) jiōng [驷驷]形容马肥壮。《诗经·鲁颂·驷》："～～牡马，在坰之野。"（坰：远郊。）

扃 jiōng ❶从外面关门的门闩。《礼记·曲礼上》："入户奉～。"白居易《游悟真寺》诗："门户无～关。"❷门户。鲍照《野鹅赋》："瞰东西之绣户，眺左右之金～。"❸上闩，关门。任昉《齐竟陵文宣王行状》："玉关靖柝，北门寝～。"（柝：巡夜打更用的梆子。）杜甫《奉酬薛十二丈判官见赠》诗："卓氏近新寡，豪家朱门～。"❹车上插兵器或插旗的横木。张衡《西京赋》："旗不脱～。"❺jiǒng [扃扃]明察的样子。《左传·襄公五年》："《诗》曰：'周道挺挺，我心～～。'"

冏 jiǒng [冏冏]明亮的样子。江淹《张廷尉杂述》诗："～～秋月明。"又写作"炯炯"。

迥(逈) jiǒng 远。《汉书·叙传上》："梦登山而～眺兮。"王粲《登楼赋》："路逶迤(wēi yí)而修～兮。"（逶迤：曲折而长。修：长。）㊀差别很大。沈括《梦溪笔谈》卷三："其色清明……与常铁～异。"成语有"迥然有别"。

泂 jiǒng ❶远。《诗经·大雅·泂酌》："～酌彼行潦，挹彼注兹。"（挹：舀。）❷深广。郭璞《江赋》："鼓帆迅越，趠(pò)涨截～。"（趠：越过。）[泂泂]深广的样子。《北史·颜恶头传》："登高临下水～～，唯闻人声不见形。"

絅(絅、褧) jiǒng 罩在外面的单衣。《礼记·中庸》："《诗》曰'衣锦尚～'，恶其文之著也。"

炯(烱) jiǒng 明亮，光亮。《抱朴子·安堵》："向～烛而背白日。"（烛：烛光。）成语有"目光炯炯"。

炅 jiǒng ❶光。《广韵·迥韵》："～，光也。"㊀明亮。李白《明堂赋》："～乎琼华之室。"❷热。《素问·举痛论》："卒然而痛，得～则痛立止。"

颎(熲) jiǒng ❶火光。《说文·火部》："颎，火光也。"❷光明。《诗经·小雅·无将大车》："无思百忧，不出于～。"[颎颎]光明的样子。《楚辞·九思·哀岁》："神光兮～～。"❸警枕，一种用圆木做成的枕头，使人易醒。《礼记·少仪》："～、杖、琴、瑟……其执之，皆尚左手。"

窘 jiǒng ❶生活或处境困迫，没有办法。《诗经·小雅·正月》："终其永怀，又～阴雨。"贾思勰《齐民要术序》："穷～之来，所由有渐。"双音词有"窘促"、"窘迫"。❷急迫。屈原《离骚》："何桀纣之猖披兮，夫唯捷径以～步。"

JIU

纠(糾) jiū ❶绳子。贾谊《鹏鸟赋》："夫祸之与福兮，何异～纆(mò)。"（祸福像绳子一样连在一起。纆：绳子。）㊀缠绕，纠缠。《史记·陈丞相世家》："常出奇计，救纷～之难，振国家之患。"（纷：杂乱。振：拯救。）❷纠集，集合。《左传·僖公二十六年》："桓公是以～合诸侯。"《后汉书·荀彧传》："收离～散。"（离、散：指散兵游勇。）❸督察。《周礼·秋官·司寇》："以五刑～万民。"《荀子·王制》："严刑罚以～之。"双音词有"纠察"。❹检举。《后汉书·桓谭传》："今可令诸商贾自相～告。"《梁书·丘迟传》："为有司所～。"❺矫正，纠正。《尚书·冏命》："绳愆～谬，格其非心。”（绳愆：纠正错误。格：纠正。）《周礼·夏官·大司马》：“以～邦国。”

赳 jiū ［赳赳］雄壮威武的样子。《诗经·周南·兔罝》：“～～武夫，公侯腹心。”《汉书·赵充国传》：“充国作武，～～桓桓。”（桓桓：威武的样子。）

鸠（鳩） jiū ❶ 鸟名，也称鹘鸠、斑鸠。《诗经·召南·鹊巢》：“维鹊有巢，维～盈之。”❷ 聚集，收集。《三国志·魏书·王朗传》：“～集兆民，于兹魏土。”孔颖达《礼记正义·序》：“俱以所见，各记旧闻，错总～聚，以类相附。”这个意义又写作“勼”。❸ 安定。《左传·隐公八年》：“君释三国之图以～其民，君之惠也。”《左传·定公四年》：“若～楚竟，敢不听命。”❹ 度量（土地）。《左传·襄公二十五年》：“度山林，～薮泽。”《庄子·天下》：“禹亲自操橐耜而～杂天下之川。”（鸠杂：又写作“九杂”，度量并汇合。）

究 jiū ❶ 到底，终极。《韩非子·难一》：“有擅主之臣，则君令不下～。”（擅主：独断专行。不下究：不能贯彻到底。）㊋ 终究。《诗经·小雅·鸿雁》：“虽则劬劳，其～安宅。”（劬劳：辛苦，劳累。）❷ 研究，探求。《世说新语·文学》：“初，注《庄子》者数十家，莫能～其旨要。”㊀ 明白，清楚。《后汉书·应劭传》：“邹靖居近边塞，～其态诈。”

啾 jiū 象声词。屈原《离骚》：“鸣玉鸾之～～。”《木兰诗》：“但闻燕山胡骑鸣～～。”

摎 jiū ❶ 缠绕，纠结。《汉书·五行志》：“天雨草而叶相～结，大如弹丸。”郭璞《江赋》：“骊虬～其址。”❷ 求。《后汉书·张衡传》：“～天道其焉如。”❸ jiǎo ［摎蓼(liǎo)］搜索。张衡《西京赋》：“～～淬浪，干池涤薮。”（淬浪：惊扰不安的样子。）

樛 jiū ❶ 树枝向下弯曲。《诗经·小雅·南有嘉鱼》：“南有～木，甘瓠累之。”杜甫《画鹘行》：“充君眼中物，乌鹊满～枝。”❷ 缠绕，纠结。杜甫《乾元中寓居同谷县作歌》：“古木巃嵸枝相～。”［樛流］缭绕。班彪《北征赋》：“涉长路之绵绵兮，远纡回以～～。”

九 jiǔ 数词。㊂ 多数或多次。屈原《离骚》：“亦余心之所善兮，虽～死其犹未悔。”成语有“九死一生”。

旧（舊） jiù ❶ 久，历时长的。《尚书·无逸》：“其在高宗，时～劳于外。”㊀ 陈旧的，过时的。《盐铁论·论儒》：“孟轲守～术，不知世务。”（术：思想，学说。）㊀ 原来的，从前的。《论语·公冶长》：“～令尹之政，必以告新令尹。”杜甫《散愁》诗：“收取～山河。”❷ 故交，老交情。《三国志·蜀书·诸葛亮传》：“玄素与荆州牧刘表有～。”（玄：人名。荆州：地名。牧：官名。）双音词有“怀旧”、“故旧”。

臼 jiù 舂米的器具。贾思勰《齐民要术·作酱》：“择满～，舂之而不碎。”（选择好的装满了臼，舂击但不舂碎。）

舅 jiù ❶ 舅舅，母亲的兄弟。《左传·昭公十九年》：“丝以告其～。”（丝：人名。）❷ 公公，丈夫的父亲。《礼记·檀弓下》：“昔者吾～死于虎，吾夫又死焉，今吾子又死焉。”❸ 丈人，妻子的父亲。《礼记·坊记》：“昏礼，壻亲迎，见于～姑，～姑承子以授壻。”（壻：同“婿”，女儿的丈夫。姑：妻子的母亲。子：指女儿。）❹ 妻子的兄弟。《战国策·楚策四》：“李园不治国，王之～也。”（李园：人名。李园不可能代王治国，因其为王之舅。）❺ 古代天子称异姓诸侯，诸侯称异姓大夫为舅。《诗经·小雅·伐木》：“既有肥牡，以速诸～。”（速：招致，招请。）

咎 jiù ❶ 灾祸。《左传·昭公八年》：“诸侯必叛，君必有～。”❷ 罪过，过失。《诗经·小雅·伐木》：“宁适不来，微我有～。”（宁可去请他不来，不许我有过失。）《世说新语·假谲》：“庾乃引～责躬，深相逊谢。”（庾：人名，即庾亮。）㊀ 归罪，责怪。《左传·僖公二十二年》：“国人皆～公。”成语有“既往不咎”。

疚 jiù ❶ 久病。《韩非子·显学》：“无饥馑疾～祸罪之殃。”（殃：灾。）❷ 忧苦，心内痛苦。《诗经·小雅·大东》：“使我心～。”双音词有“负疚”、“愧疚”。

柩（匶） jiù 装有尸体的棺材。《左传·昭公十八年》：“里析死矣，未葬，子产使舆三十人迁其～。”（里析：人名。舆：奴隶。）

救 jiù ❶ 止，阻止。《左传·襄公三十一年》：“濯以～热。”（濯：洗。）《论语·八佾》：“季氏旅于泰山。子谓冉有曰：‘女弗能～与？’”（旅：祭祀山川。）双音词有“救火”。❷ 挽救，拯救。《孟子·滕文公下》：“～民于水火之中。”《后汉书·华佗传》：“遇良医可～。”㊋ 援助，帮助。《诗经·邶风·谷风》：“凡民有丧，匍匐～之。”【辨】拯，救。见528页“拯”字。

厩（廄、廏） jiù 马圈。《诗经·小雅·鸳鸯》：“乘马在～，摧之秣之。”（乘马：拉车的四匹马。摧：用干

J

草喂。秣：用粟喂。）《孟子·梁惠王上》："庖有肥肉，～有肥马，民有饥色，野有饿莩。"

就 jiù ❶接近，靠近，趋向。《荀子·劝学》："金～砺则利。"（砺：磨刀石。）《商君书·定分》："避祸～福。"❷完成，达到。《战国策·齐策四》："三窟已～。"（三窟：指三个安身之处。）李斯《谏逐客书》："河海不择细流，故能～其深。"（不择细流：指对大小流水不加选择，一律容纳。）❸即使。《三国志·魏书·荀彧传》："～能破之，尚不可有也。"（破：击破。有：占有。）

僦 jiù 租赁，雇。曹操《褒枣祗令》："～牛输谷。"（输：运输。）㊕雇车运送。《史记·平准书》："而天下赋输或不偿其～费。"㊀雇车的运费。《商君书·垦令》："令送粮无取～。"（取：收取。）

鹫（鷲） jiù 雕，一种很凶猛的鸟。《史记·大宛列传》张守节正义引《括地志》："山是青石，石头似～。"《梁书·诸夷传》："山非过高……中有～鸟噉（dàn）羊。"（噉：吃。）

JU

苴 jū ❶麻的籽。《诗经·豳风·七月》："九月叔～。"（叔：拾取。）㊀结籽的麻。《庄子·让王》："～布之衣。"❷枯草。屈原《九章·悲回风》："草～比而不芳。"（比：挨在一起。）❸用草做成的鞋垫，也做动词衬、垫。贾谊《治安策》："冠虽敝，不以～履。"（帽子虽然破了也不拿它做鞋垫。敝：破。苴履：垫鞋。）㊄填补，修补。韩愈《进学解》："补～罅（xià）漏，张皇幽眇。"（罅：裂缝。）❹包裹。《三国志·魏书·武帝纪》："封君为魏公，锡君玄土，～以白茅。"（锡：赐。玄：黑色。）成语有"苴茅裂土"（指帝王分封土地）。❺zhǎ 渣滓，糟粕。《庄子·让王》："道之真以治身，其绪余以为国家，其土～以治天下。"

岨 jū ❶同"砠"。戴土的石山。阮籍《咏怀》之三十五："登彼列仙～，采此秋兰芳。"❷［岨峿（jǔ yǔ）］同"龃龉"。不合的样子。陆机《文赋》："或妥帖而易施，或～～而不安。"❸zǔ 险要的地方。《诗经·周颂·天作》："彼～矣岐。"又写作"阻"。

狙 jū ❶猕猴。《庄子·齐物论》："众～皆怒。"❷窥伺，暗中观察动静。《管子·七臣七主》："从～而好小察。"（从狙：采取暗中观察的办法。）双音词有"狙击"。

砠 jū 同"岨"。有土的石山。《诗经·周南·卷耳》："陟彼～矣，我马瘏（tú）矣。"（瘏：病。）

罝 jū 捕兽的网。《诗经·周南·兔罝》："肃肃兔～，施于中林。"（肃肃：齐整的样子。）张衡《西京赋》："结～百里，迒杜蹊塞。"（迒：道。杜：堵塞。）

疽 jū 一种毒疮。《史记·项羽本纪》："行未至彭城，～发背而死。"

趄 jū ［趑（zī）趄］见547页"趑"字。

雎 jū ［雎鸠］一种水鸟。《诗经·周南·关雎》："关关～～，在河之洲。"（关关：雌雄二鸟相互应和的叫声。河：黄河。洲：水中的陆地。）

拘 jū ❶拘留，拘禁。《尚书·酒诰》："尽执～以归于周。"《庄子·盗跖》："小盗者～，大盗者为诸侯。"❷拘泥，拘束。《史记·孟子荀卿列传》："鄙儒小～。"（庸俗的儒者拘泥于小节。）㊀束缚，限制。《商君书·更法》："贤者更礼，而不肖者～焉。"（拘焉：指受礼制的束缚。）

居 jū ❶坐。《论语·阳货》："～，吾语女。"（女：汝。）㊄处于。《史记·孙子吴起列传》："～辎（zī）车中。"（辎车：有帷幔的车。）成语有"居安思危"。❷居住。《列子·汤问》："北山愚公者，年且九十，面山而～。"（且：将近。）㊀住处。《左传·宣公二年》："问其名～。"（名：姓名。）❸留，停留。《左传·僖公二十八年》："不有～者，谁守社稷？不有行者，谁扞牧圉？"❹处在某种地位或某个地方。《世说新语·品藻》："但布衣超～宰相之位。"（布衣：指平民百姓。）柳宗元《永州龙兴寺息壤记》："永州～楚越间。"❺占，占据。《礼记·王制》："数各～其上之三分。"❻积蓄。《史记·吕不韦列传》："此奇货可～。"《汉书·张汤传》："～物致富。"❼平时。《论语·先进》："～则曰：'不吾知也。'如或知尔，则何以哉？"双音词有"平居"、"居常"。❽用于"有顷"、"久之"、"顷之"等前面，表示相隔一段时间，意义较虚。《战国策·齐策四》："～有顷，倚柱弹其剑。"（居有顷：过了不久。）《史记·屈原贾生列传》："～顷之，拜贾生为梁怀王太傅。"（居顷之：过了不久。拜：授予官职。太傅：官名。）

据1 jū ❶［拮（jié）据］见197页"拮"字。❷jù 通"据²（據）"。依凭。《汉书·酷吏传赞》："赵禹～法守正。"❸jù 通"倨"。傲慢。《战国策·齐策四》："～慢骄奢，则凶从之。”《吕氏春秋·怀宠》：“子之在上无道，～傲荒怠，贪戾虐众，恣睢自用也。”

琚 jū 古人佩戴的一种玉。《诗经·卫风·木瓜》：“投我以木瓜，报之以琼～。”贾谊《新书·容经》：“～瑀以杂之。”（瑀：一种美石。）

裾 jū ❶衣服的前襟。《晋书·温峤传》：“其母崔氏固止之，峤绝～而去。”李贺《钓鱼诗》：“为看烟浦上，楚女泪沾～。”㊀衣服宽大。《淮南子·齐俗》：“楚庄王～衣博袍。”❷jù 通“据²（據）”。依据。左思《魏都赋》：“由重山之束阨，因长川之～势。”❸jù 通“倨”。傲慢。《汉书·赵禹传》：“禹为人廉～，为吏以来，舍无食客。”

捄 jū ❶盛土于器。《诗经·大雅·绵》：“～之陾（réng）陾，度之薨薨。”（陾陾：众多的样子。薨薨：装土的声音。）❷qiú 长的样子。《诗经·小雅·大东》：“有～棘匕。”❸jiù 救援。《战国策·秦策五》：“诸侯必惧，惧而相～。”《汉书·翼奉传》：“已诏吏虚仓廪，开府藏，振～贫民。”

挶 jū ❶握持。《说文·手部》：“挶，戟持也。”㊀附着。孟郊、韩愈《城南联句》：“干穟（suì）纷拄地，化虫枯～茎。”（穟：谷穗。）❷运土的器具。《左传·襄公九年》：“陈畚（běn）～，具绠缶。”（绠缶：带绳的打水器具。）❸一种耳病。《吕氏春秋·尽数》：“精不流则气郁……处耳则为～为聋。”

痀 jū （又读 gōu）［痀偻］驼背。《庄子·达生》：“仲尼适楚，出于林中，见～～者承蜩，犹掇之也。”（承蜩：用竿粘蝉。掇：拾取。）

掬（匊） jū ❶双手捧取。《公羊传·宣公十二年》：“晋师大败。晋众之走者，舟中之指可～矣。”《礼记·曲礼上》：“受珠玉者以～。”❷量词。一捧。《诗经·唐风·椒聊》：“椒聊之实，蕃衍盈～。”杜甫《佳人》诗：“采柏动盈～。”

鞠 jū ❶古代一种用来踢打玩耍的球。《史记·苏秦列传》：“其民无不吹竽鼓瑟，弹琴击筑，斗鸡走狗，六博蹋～者。”曹植《名都篇》：“连翩击～壤，巧捷惟万端。”（连翩：轻快地，一个接一个。壤：古代一种游戏用品。）❷养育，抚养。《诗经·小雅·蓼莪》：“父兮生我，母兮～我。”❸弯曲。《史记·滑稽列传》：“若亲有严客，髡帣鞲（juàn gōu）～䠟（jì），侍酒于前。”（髡：人名。帣鞲：敛起衣袖。䠟：半跪。）［鞠躬］弯腰，表示恭敬谦逊。《论语·乡党》：“入公门，～～如也。”㊀小心谨慎。诸葛亮《后出师表》：“臣～～尽瘁，死而后已。”❹通“鞫”。审讯，审问。《史记·李斯列传》：“辄下高，令～治之。”（高：人名。）

鞫 jū ❶审讯，审问。《后汉书·酷吏传论》：“袁安未尝～人臧罪，而猾恶自禁。”《新唐书·百官志四下》：“参军事，掌～狱。”（参：参与。狱：官司，案件。）❷穷困。《诗经·大雅·云汉》：“～哉庶正。”（庶正：指众官。）

局 jú ❶弯曲。《诗经·小雅·正月》：“谓天盖高，不敢不～。”❷局限，拘束。潘尼《乘舆箴》：“意～而辞野。”❸棋盘。《史记·宋微子世家》：“遂以～杀滑（mǐn）公于蒙泽。”（蒙泽：地名。）㊁棋局。《南史·萧惠基传》：“自食时至日暮，一～始竟。”（竟：完了。）❹部分。《礼记·曲礼上》：“各司其～。”（司：掌管。）❺官署名。如“中药藏局”（专门收藏中药的部门）、“导客局”（负责引导客人的部门）。❻度量，器量。《晋书·任恺传》：“通敏有智～。”（通敏：通达敏锐。）

跼 jú ❶曲身。《后汉书·仲长统传》：“当君子困贱之时，～高天，蹐厚地，犹恐有镇厌之祸也。”（蹐：小步走路）。❷［跼蹙］同“局促”。拘束，窘迫。贺铸《答杜仲观登丛台见寄》诗：“老步失腾骧，短辕甘～～。”❸［跼躅（zhú）］徘徊不前。《史记·淮阴侯列传》：“骐骥之～～，不如驽马之安步。”

椈 jú 柏树。《礼记·杂记上》：“臼以～，杵以梧，枇以桑。”（臼：舂米的容器。杵：舂米的棒槌。枇：木勺。）

輂 jú ❶用马驾的大车。《史记·淮南衡山列传》：“以～车四十乘反谷口。”❷运土的器具。《汉书·五行志上》：“陈畚～，具绠缶，备水器。”（畚：盛土等的器具。绠：井绳。缶：汲水瓦器。）

鶪（鵙） jú 一种鸟。也叫伯劳。《吕氏春秋·仲夏》：“小暑至，螳螂生，～始鸣。”

咀 jǔ 品味，细嚼。司马相如《上林赋》：“～嚼菱藕。”（菱：菱角。）韩愈《进学解》：“沈浸酿郁，含英～华。”

沮 jǔ ❶jù 低湿地带。《孙子兵法·军争》：“不知山林险阻～泽之形者，不能行军。”（山林险阻沮泽：六种地形。）❷阻止。《左传·宣公十七年》：“左右或～之。”（或：有的人。）《商君书·靳令》：“其次，为赏劝罚～。”（赏：赏赐。劝：勉励。）㊁停止，终止。《诗经·小雅·巧言》:“乱庶遄(chuán)～。”(祸乱可以很快终止。庶:表示希望和可能。遄:快。) ❸ 败坏,毁坏。《韩非子·二柄》:“妄举,则事～不胜。”(妄举:乱举,指不选择有贤能的人。不胜:不能胜任。) ❹ 丧气,颓丧。嵇康《幽愤诗》:“神辱志～。”(神:精神。志:意志。)

龃(齟) jǔ [龃龉(yǔ)]上下牙齿对不上。徐渭《秦望山花蕊峰》诗:“宛如齿～～,张吻讼所苦。” [喻]不合,相抵触。何逊《还渡五洲》诗:“方圆既～～,贫贱岂怨尤?”(方圆:指正直和邪恶。贫贱:指自己处于贫贱。怨尤:怨恨。)

莒 jǔ 周代诸侯国,在今山东莒县一带。《左传·宣公四年》:“～人不肯,公伐～。”

筥 jǔ ❶ 圆形的竹筐。《诗经·召南·采蘋》:“于以盛之?维筐及～。”《仪礼·聘礼》:“米百～。” ❷ 量名。古代四秉(指刈割的禾把)为筥。《仪礼·聘礼》:“四秉曰～,十～曰稯(zōng)。”

枸 jǔ ❶ 枳椇,一种落叶乔木。《诗经·小雅·南山有台》:“南山有～,北山有楰(yú)。”(楰:楸树。) ❷ 木名,果实可做酱,出蜀中。《史记·西南夷列传》:“南越食蒙蜀～酱。” ❸ gǒu [枸杞]一种落叶灌木,果实可食用或入药。《金史·地理志上》:“产铁、荆三稜、～～。” ❹ gōu 弯曲。《荀子·性恶》:“故～木必将待檃栝烝矫然后直。”(檃栝:矫正弯木的工具。)

矩(榘) jǔ 画直角或方形的工具。《荀子·赋》:“圆者中规,方者中～。”(中:符合。规:画圆形的仪器。) [引]法度。《论语·为政》:“七十而从心所欲,不逾～。”成语有“循规蹈矩”。

举(舉) jǔ ❶ 举起,抬起。《孟子·梁惠王上》:“吾力足以～百钧。”李白《静夜思》诗:“～头望明月,低头思故乡。” [又]向上的动作。《庄子·胠箧》:“今遂至使民延颈～踵曰:‘某所有贤者’,赢粮而趣之。” [引]提出,举出。《论语·述而》:“～一隅不以三隅反,则不复也。” [又]发动。《韩非子·外储说左上》:“～兵而伐中山。”《三国志·魏书·武帝纪》:“～义兵以诛暴乱。” ❷ 推荐,推举。《左传·襄公三年》:“～其偏,不为党。”(偏:指任副职的人。) [又]检举,告发。《论衡·语增》:“吏见知弗～与同罪。”(见知:发现。弗:不。) ❸ 行,行事。《管子·禁藏》:“～事而不时,力虽尽,其功不成。”《庄子·让王》:“曾子居卫……三日不～火,十年不制衣。”双音词有“举债”、“举丧”。 [又]举动。《韩非子·五蠹》:“～行如此。” ❹ 攻下,占领。《穀梁传·僖公二年》:“献公亡虢(guó),五年而后～虞。”(献公:晋献公。虢、虞:古代国名。) ❺ 全。《左传·哀公六年》:“君～不信群臣乎?”成语有“举国欢腾”、“举世无双”。

椇 jǔ ❶ 枳椇,一种落叶乔木。果实可食。《礼记·曲礼下》:“妇人之挚,～、榛、脯、脩、枣、栗。”(挚:指初次见面时的礼品。) ❷ 祭祀时放牲的木架。《礼记·明堂位》:“殷以～,周以房俎。”(殷:殷代。)

踽 jǔ ❶ [踽踽]独自走路孤零零的样子。《诗经·唐风·杕杜》:“独行～～,岂无他人,不如我同父。”(同父:指兄弟。)《孟子·尽心下》:“古之人,行何为～～凉凉?”(凉凉:寂寞的样子。) ❷ [踽偻(lǚ)]弯腰曲背的样子。宋玉《登徒子好色赋》:“其妻蓬头挛耳,齞(yǎn)唇历齿,旁行～～。”(挛耳:耳朵卷曲。齞唇:豁嘴唇。历齿:门牙稀疏。)

巨 jù ❶ 大。《尚书·说命上》:“若济～川,用汝作舟楫。”《三国志·蜀书·诸葛亮传》:“事无～细,亮皆专之。”(无:无论。专:指亲自处理。) ❷ 通“讵”。副词。表示反问,相当于现代汉语的“难道”、“哪里”。《汉书·高帝纪上》:“沛公不先破关中兵,公～能入乎?”

讵(詎) jù ❶ 副词。表示反问,相当于现代汉语的“难道”、“哪里”。《公孙龙子·迹府》:“～士也?见侮而不斗,辱也。”《世说新语·排调》:“阿翁,～宜以子戏父?”李白《行路难》诗:“华亭鹤唳～可闻。”(华亭:地名。) ❷ 连词。假如。《国语·晋语》:“～非圣人,不有外患,必有内忧。”

拒 jù ❶ 抵御,抵抗。《荀子·君道》:“内以固城,外以～难。”(固:巩固。难:指战乱。) ❷ 拒绝。《论语·子张》:“可者与之,其不可者～之。”《孟子·尽心下》:“来者不～。” ❸ jǔ 军队排列的方阵。《左传·桓公五年》:“郑子元请为左～以当蔡人、卫人,为右～以当陈人。”(子元:人名。当:抵挡。)

岠 jù ❶ 大山。《玉篇·山部》:“岠,大山也。” ❷ 通“距”。距离。《汉书·食货志下》:“元龟～冉长尺二寸。”(冉:龟甲边缘。) ❸ 通“拒”。抵御,抗拒。《汉书·五行志下之下》:“后郑～王师,射桓王。”

歫 jù ❶ 同“拒”。据守。《宋书·刘钟传》:“钟率麾下～栅。” ❷ 超越。《汉书·扬雄传上》:“腾空虚,～连卷。” ❸ 通

"距"。距离。《汉书·叙传下》:"自兹～汉，北亡八支。"

炬 jù ❶火把。《淮南子·说山》:"亡者不敢夜揭～。"(揭:举。)⊗用作动词。烧一把火。杜牧《阿房宫赋》:"楚人一～，可怜焦土。"❷蜡烛。李商隐《无题》诗:"蜡～成灰泪始干。"

钜(鉅) jù ❶钢铁。《荀子·议兵》:"宛～铁釶，惨如蜂虿。"(宛:地名。釶:矛。)❷钩子。潘岳《西征赋》:"于是弛青鲲于网～。"(弛:松弛，解下。鲲:传说中的一种大鱼。)❸通"巨"。大。《史记·礼书》:"宜～者～，宜小者小。"[钜万]万万。形容数量极多。《汉书·食货志上》:"京师之钱累百～～。"❹通"讵"。难道，哪里。《荀子·正论》:"是岂～知见侮之为不辱哉?"

秬 jù 黑色的黍。《诗经·鲁颂·閟宫》:"有稷有黍，有稻有～。"屈原《天问》:"咸播～黍，莆雚(huán)是营。"(雚:草名。)

距 jù ❶鸡爪。《左传·昭公二十五年》:"季、郈(hòu)之鸡斗，季氏介其鸡，郈氏为之金～。"(季、郈:季平子、郈昭伯，人名。介:铠甲。金:金属。)⊛公鸡脚爪后面突出像脚趾的部分。《后汉书·五行志》:"未央宫雌鸡化为雄，不鸣无～。"❷到。《史记·苏秦列传》:"不至四、五日而～国都矣。"❸距离。《国语·周语上》:"～今九日。"贾思勰《齐民要术·园篱》:"至明年春，剥去横枝，剥必留～。"❹通"拒"。抗拒，抵御。《战国策·齐策六》:"今公又以弊聊之民，～全齐之兵。"《史记·高祖本纪》:"与项羽相～岁余。"(岁余:一年多。)⊗拒绝。《论衡·问孔》:"～或人之谏也。"(或人:有的人。)❺通"巨"。大。《管子·国蓄》:"前有千乘之国，而后有万乘之国，谓之～国。"(乘:一车四马。)

駏 jù [駏驉(xū)]一种似骡的动物。《淮南子·道应》:"蹷有患害，蛩蛩～～必负而走。"(蹷:紧急。蛩蛩:忧惧的样子。)《古文苑·黄香〈九宫赋〉》:"乘～～而先驱。"

句 jù ❶gōu 弯曲。《礼记·月令》:"～者毕出，萌者尽达。"《史记·天官书》:"钩云～曲。"(钩云:一种云。)⊗勾住。《左传·哀公十七年》:"越子为左右～卒。"(越子:人名。句卒:勾住阵脚的部队。)《史记·天官书》:"其两旁各有三星，鼎足～之。"(鼎足句之:像鼎足那样勾住它。)[句留]逗留。白居易《春题湖上》诗:"未能抛得杭州去，一半～～是此湖。"❷gōu 不等腰直角三角形中构成直角的较短的一边。《九章算术》卷九:"今有～三尺股四尺，问为弦几何。"上述❶⊗、❷后来写作"勾"。❸句子。《论衡·效力》:"况乃连～结章，篇至十百哉?"李贺《南园十三首》之六:"寻章摘～老雕虫。"[句读(dòu)]现在所说的句子和分句末尾的停顿处，古人叫"句"，句中语气停顿的地方，古人叫"读"。"句读"指标点、读通文章。韩愈《师说》:"彼童子之师，授之书而习其～～者。"

具 jù ❶准备，备办。《左传·隐公元年》:"缮甲兵，～卒乘。"《孙子兵法·谋攻》:"～器械。"㊀具备，完备。郦道元《水经注·江水》:"须发皆～，因名曰人滩也。"王安石《上皇帝万言书》:"今朝廷法严令～，无所不有。"❷饭食，酒肴。《战国策·齐策四》:"食以草～。"(草具:粗劣的饭食。)《史记·陈丞相世家》:"汉王为太牢～。"(为:准备。太牢具:有牛肉、羊肉、猪肉的饭食。)⊗用作动词。准备饭食或酒席。《汉书·灌夫传》:"请语魏其～，将军旦日蚤临。"(魏其:魏其侯。蚤:通"早"。)❸全，都。《诗经·小雅·节南山》:"民～尔瞻。"《史记·项羽本纪》:"良乃入，～告沛公。"(良:张良。)❹陈述。《宋史·梁克家传》:"命条～风俗之弊。"(命:命令。条具:逐条陈述。)❺器械，器具。《三国志·魏书·武帝纪》:"令军中促为攻～。"(促为:急速准备。攻具:进攻的器具。)《世说新语·任诞》:"观君船上当有脍～，是故来耳。"(脍具:切鱼肉的工具。)❻才能。《三国志·魏书·武帝纪》注引皇甫谧《逸士传》:"儁(jùn)亦称公有治世之～。"(儁:人名。公:指曹操。)❼量词。《史记·货殖列传》:"旃(zhān)席千～。"(旃席:毛毯。)【辨】俱，具。见下"俱"字。

俱 jù ❶在一起。《战国策·齐策二》:"衍也吾雠，而仪与之～。"(衍、仪:人名。)㊀副词。一起。《孟子·告子上》:"虽与之～学，弗若之矣。"贾思勰《齐民要术·种葵》:"春暖草生，葵亦～生。"(亦:也。)❷副词。全，都。《世说新语·德行》:"王戎、和峤同时遭大丧，～以孝称。"杜甫《春夜喜雨》诗:"野径云～黑，江船火独明。"【辨】俱，具。二字都有"全"、"都"的意思，但"俱"的主要意义是两个以上的人同做一件事，在这个意义上一般不写作"具"。

惧(懼) jù 害怕，恐惧。《论语·宪问》:"勇者不～。"《孟子·滕文公下》:"一怒而诸侯～。"⊗使恐惧。《老

J

子·七十四章》："民不畏死，奈何以死～之。"㉛担心。《史记·汲郑列传》："公卿皆为黯～。"

冣 jù 积聚，蓄积。《史记·殷本纪》："大～乐戏于沙丘。"【注意】"冣"和"最"篆文形体相近，古书中有时两字相混。

倨 jù ❶傲慢。《左传·襄公二十九年》："直而不～，曲而不屈。"《汉书·汲黯传》："（黯）为人性～少礼。"❷通"踞"。蹲坐。《庄子·天运》："老聃（dān）方将～堂。"（老聃：老子。）

剧（劇） jù ❶厉害，严重。《荀子·非十二子》："犹然而材～志大，闻见杂博。"《汉书·赵充国传》："即疾～，留屯毋行。"（屯：驻扎。毋：不。）❷复杂，繁难。与"易"相对。《三国志·吴书·吕蒙传》："子明少时，孤谓不辞～易，果敢有胆而已。"（子明：吕蒙。孤：我，孙权自称。）《商君书·算地》："事～而功寡。"（寡：少。）❸嬉戏。李白《长干行》之一："妾发初覆额，折花门前～。"❹戏剧（后起意义）。杜牧《西江怀古》诗："魏帝缝囊真戏～。"

据²（據） jù ❶靠着。《庄子·盗跖》："～轼低头，不能出气。"（轼：车前的横木。）㉜按着。《庄子·渔父》："左手～膝。"㉛依靠，凭借。《诗经·邶风·柏舟》："亦有兄弟，不可以～。"《论语·述而》："～于德，依于仁。"❷依据，根据。《后汉书·鲁丕传》："难者必明其～，说者务立其义。"（难：反驳，质问。）《宋史·范质传》："律条繁冗，轻重无～。"成语有"引经据典"。❸占据，盘踞。《史记·廉颇蔺相如列传》："先～北山上者胜，后至者败。"《三国志·蜀书·诸葛亮传》："孙权～有江东。"【注意】古代"據"和"据"是两个字，音义各不相同。

踞 jù ❶蹲坐。《史记·高祖本纪》："不宜～见长者。"（宜：应该。）［箕踞］坐时随意伸开两腿，像个簸箕，是一种不拘礼节的坐法。《战国策·燕策三》："轲自知事不就，倚柱而笑，～～以骂。"《世说新语·简傲》："唯阮籍在坐，～～啸歌，酣放自若。"又写作"箕倨"、"踑踞"。❷倚靠。《史记·留侯世家》："汉王下马，～鞍而问曰。"❸通"倨"。骄傲，傲慢。《汉书·萧望之传》："至不奉法自修，～慢不逊攘……请逮捕系治。"（攘：谦让。）《抱朴子·行品》："捐贫贱之故旧，轻人士而～傲者，骄人也。"（故旧：老朋友。轻：轻视。）

J

虡（簴） jù 悬挂钟磬的架子两旁的柱子。《礼记·檀弓上》："有钟磬而无簨（sǔn）～。"（簨：悬挂钟磬的横木。）《汉书·司马相如传》："立万石之～。"又写作"鐻"。

聚 jù ❶村落，居民点。《战国策·赵策二》："禹无百人之～，以王诸侯。"《史记·五帝本纪》："一年而所居成～，二年成邑。"（邑：小城镇。）❷聚集，积聚。《周易·系辞上》："方以类～，物以群分。"（方：事。）

窭（窶） jù 贫寒。《诗经·邶风·北门》："终～且贫，莫知我艰。"《后汉书·桓荣传》："贫～无资。"

懅 jù ❶慌张，惶恐。《后汉书·徐登传》："主人见之惊～。"江淹《丹砂可学赋》："～生死于半气。"❷羞愧。《后汉书·王霸传》："市人皆大笑，举手邪揄之，霸惭～而还。"（邪揄：揶揄。）

屦（屨） jù ❶用麻、葛等制成的鞋。《庄子·列御寇》："列子提～，跣（xiǎn）而走。"（跣：光脚。）❷践踏。扬雄《羽猎赋》："～般首。"（般首：猛兽。）

遽 jù ❶送信的快车或快马。《左传·昭公二年》："乘～而至。"❷迅速，急速。《左传·僖公二十四年》："仆人以告，公～见之。"㉜匆忙，仓促。《韩非子·外储说左上》："景公～起。"㉛劳碌。《淮南子·诠言》："神劳于谋，智～于事。"❸就，竟。《吕氏春秋·察今》："其父虽善游，其子岂～善游哉？"《淮南子·人间》："塘有万穴，塞其一，鱼何～无由出？"（塞：堵。由：从。）❹恐惧。屈原《九章·惜诵》："众骇～以离心兮。"《世说新语·雅量》："孙、王诸人色并～。"（色：脸色。并：一起。）

鐻 jù ❶悬挂钟磬的架子两旁的柱子。《史记·秦始皇本纪》："收天下兵，聚之咸阳，销以为钟～。"（兵：兵器。销：熔炼。）这个意义又写作"虡"。❷一种乐器。《庄子·达生》："梓（zǐ）庆削木为～。"（梓庆：人名，传说为古代木工。）❸qú 古代少数民族用的金或银耳环。《后汉书·张奂传》："先零酋长又遗（wèi）金～八枚，奂并受之。"（先零：民族名。）

䝻 jù ❶兽相持争斗。扬雄《太玄·众》："～战喈喈，若熊若螭。"❷占据。《汉书·叙传上》："超忽荒而～颢苍也。"（颢苍：指天。）

醵 jù 凑钱喝酒。《礼记·礼器》："周礼其犹～与？"《旧唐书·严挺之传》："合～为欢。"㉜众人凑钱。陶宗仪《辍耕录·

暖屋》："邻里～金治具。"

JUAN

捐 juān ❶弃，舍弃。屈原《九歌·湘君》："～余玦(jué)兮江中。"(玦：环形有缺口的佩玉。)《史记·魏其武安侯列传》："侯自我得之，自我～之。"❷除去。《史记·孙子吴起列传》："～不急之官。"(不急之官：指无关紧要的官。)❸捐献，捐助。《汉书·货殖传》："唯毋盐氏出～千金贷。"(毋盐氏：人名。贷：借给。)【注意】上古时这个用法很少。

涓 juān ❶细小的水流。《后汉书·周紆传》："～流虽寡，浸成江河。"(浸：渐渐。)[涓涓]细水缓慢流动的样子。陶潜《归去来兮辞》："木欣欣以向荣，泉～～而始流。"❷除去，清除。《汉书·礼乐志》："～选休成。"(除去恶的，选取好而成功的。休：美，善。)[涓人]宫中掌洒扫的官员。《史记·陈涉世家》："陈王故～～将军吕臣为仓头军。"❸选择。左思《魏都赋》："～吉日。"

娟 juān 美好。韩愈《殿中少监马君墓志铭》："幼子～好静秀。"[娟娟]美好，多指姿态美。杜甫《小寒食舟中作》诗："～～戏蝶过闲幔。"双音词有"娟秀"。

鹃(鵑) juān [杜鹃]1.一种鸟。也叫杜宇、布谷、子规。《乐府诗集·清商曲辞·子夜四时歌之春歌》："～～竹里鸣，梅花落满道。"2.常绿或落叶灌木。也叫映山红。李白《泾溪东亭寄郑少府谔》诗："～～花开春已阑，归向陵阳钓鱼晚。"

鋗 juān ❶ xuān 古代一种烹煮器。《说文·金部》："鋗，小盆也。"❷ xuān 玉声。《汉书·礼乐志》："展诗应律～玉鸣，函宫吐角激徵清。"❸[鋗人]即涓人。宫中掌洒扫的官员。《史记·楚世家》："王行，遇其故～～。"

朘 juān ❶剥削。《汉书·董仲舒传》："民日削月～，寖以大穷。"(寖：渐。)㉑减缩。《新唐书·沙陀传》："文楚～损用度，下皆怨。"❷ zuī 小儿的生殖器。《老子·五十五章》："未知牝牡之合而～作，精之至也。"

镌(鎸、鐫) juān ❶凿，开掘。《汉书·沟洫志》："患底柱隘(ài)，可～广之。"(底柱：即砥柱，山名。)㉑刻。《后汉书·蔡邕传》："使工～刻，立于太学门外。"❷官吏降级。《宋史·食货志上四》："扰民及不实者～罚。"(不实：指虚报情况。)㉒降低，削减(后起意义)。赵彦卫《云麓漫钞》卷四："知江阴军赵售之稍～房金，民间乐之。"

蠲 juān ❶除去，免除。《史记·太史公自序》："～除肉刑。"《周书·武帝纪下》："逋租悬调，兵役残功，并宜～免。"❷清洁，干净。《墨子·节用中》："其中～洁。"❸显明，显示。《左传·襄公十四年》："惠公～其大德。"(惠公：指晋惠公。)

卷[1](捲) juǎn ❶把东西弯曲卷成圆筒形。庾信《咏画屏风》："玉柙珠帘～。"《世说新语·排调》："不如～角牸，有盘辟之好。"(牸：母牛。盘辟：盘旋。)崔珏《岳阳楼晚望》诗："楼上北风斜～席。"❷ quán 通"拳"。拳头。《礼记·中庸》："今夫山，一～石之多。"

臇 juǎn 少汁的羹。用作动词，指烹制少汁的肉羹。宋玉《招魂》："鹄酸～凫，煎鸿鸧些。"曹植《名都篇》："脍鲤～胎鰕，寒鳖炙熊蹯。"

卷[2] juàn ❶ juǎn 弯曲成圆筒形。《诗经·邶风·柏舟》："我心匪席，不可～也。"(匪席：不是席子。匪：非，不是。)这个意义后来写作"捲"，现简化为"卷"。❷ quán 弯曲。《庄子·逍遥游》："其小枝，～曲而不中规矩。"(规：画圆形的工具。矩：画方形的工具。)❸古代的书写在帛或纸上，卷起来收藏，因此书的数量论卷，一部书可以分成多少卷，后代沿用下来指书籍的册本或篇章。《论衡·超奇》："通书千篇以上，万～以下。"葛洪《西京杂记》卷六："作传百三十～。"㉑书。《三国志·吴书·鲁肃传》注引《吴书》："虽在军陈，手不释～。"(陈：阵。释：放下。)

倦(勌) juàn ❶疲劳，劳累。《荀子·修身》："劳～而容貌不枯。"《史记·屈原贾生列传》："劳苦～极。"❷厌倦，不耐烦。《论语·述而》："学而不厌，诲人不～。"

惓 juàn ❶病情严重。《淮南子·人间》："是犹病者已～而索良医也。"(索：求。)❷同"倦"。疲倦。扬雄《太玄·玄文》："仰天而天不～，俯地而地不怠。"❸ quán [惓惓]诚恳的样子。《汉书·戾太子刘據传》："臣不胜～～，出一旦之命，待罪建章阙下。"

帣 juàn ❶口袋。《说文·巾部》："帣，囊也。今盐官三斛为一帣。"❷卷束衣袖。《史记·滑稽列传》："髡～韝鞠䏶

(jì),侍酒于前。"(髠:人名。韝:套袖。用作动词,加套袖。䐡:半跪。)

卷 juàn ❶ 回顾的样子。《诗经·大雅·皇矣》:"乃~西顾。"(西顾:回头向西看。)㊀留恋,思慕。潘岳《哀永逝文》:"想孤魂兮~旧宇。"柳宗元《愚溪诗序》:"能使愚者喜笑~慕,乐而不能去也。"(去:离开。)❷ 关怀,器重。《世说新语·宠礼》:"王珣、郗超并有奇才,为大司马所~拔。"❸ 亲属(后起意义)。白居易《自咏老身示诸家属》:"~属幸团圆。"

隽(雋) juàn ❶ 鸟肉肥美,味道好。㊀言辞、文章含蓄有内容。常"隽永"连用。赵蕃《次韵斯远三十日见寄》:"书味真~永。"(隽永:意味深长。)❷ jùn 通"俊"。才智出众。《汉书·礼乐志》:"至武帝即位,进用英~。"

J

悁 juàn ❶ 急躁。《南史·王准之传》:"然寡风素,情~急,不为时流所重。"❷ yuān 生气,气愤。《战国策·赵策二》:"然而心忿~含怒之日久矣。"❸ yuān 忧愁。江淹《杂体诗》:"无陈心~劳,旅人岂游遨。"

狷 juàn ❶ 心胸狭窄,急躁。《后汉书·范冉传》:"以~急不能从俗,常佩韦于朝。"(以:因为。)❷ 洁身自好。《国语·晋语二》:"小心~介,不敢行也。"(介:耿直。)《论语·子路》:"狂者进取,~者有所不为也。"

绢(絹) juàn ❶ 一种生丝织成的丝织品,古代多作书画、装潢用。《管子·乘马》:"无金则用其~。"《史记·孝武本纪》张守节正义:"书~帛上为怪言语,以饲牛。"❷ 通"罥"。挂,系。《淮南子·齐俗》:"~以绮绣,缠以朱丝。"

罥 juàn ❶ 牵绊,挂碍。鲍照《芜城赋》:"泽葵依井,荒葛~涂。"李白《公无渡河》诗:"公乎公乎挂~于其间。"❷ 网。蔡邕《琴操·思亲操》:"深谷鸟鸣兮嘤嘤,设罝张~兮,思我父母力耕。"

羂 juàn ❶ 用绳索系住野兽。《汉书·司马相如传上》:"~要褭(niǎo),射封豕。"(要褭:良马名。封豕:大野猪。)❷ 同"罥"。网。扬雄《太玄·翕》:"撝(huī)其罦(fú),绝其~,殆。"(撝:挥动。罦:鸟网。)

JUE

屩 juē 用麻、草编的鞋。《史记·范雎蔡泽列传》:"夫虞卿蹑~檐簦,一见赵王,赐白璧一双。"(檐簦:背着斗笠。)《史记·平准书》:"式乃拜为郎,布衣~而牧羊。"

决(決) jué ❶ 排除阻塞物,疏通水道。《孟子·滕文公上》:"~汝汉,排淮泗,而注之江。"贾思勰《齐民要术·种谷》:"禹~江疏河。"(疏:疏通。)㊀水把堤防冲开。《汉书·武帝纪》:"河水~濮阳,泛郡十六。"(濮阳:地名。泛:泛滥。)❷ 断,绝。《礼记·曲礼上》:"濡肉齿~,干肉不齿~。"李白《古风五十九首》之三:"挥剑~浮云,诸侯尽西来。"❸ 决定。屈原《卜居》:"余有所疑,愿因先生~之。"(余:我。因:依靠。)㊀一定。胡铨《上高宗封事》:"太后~不可复。"❹ 判决。《史记·陈丞相世家》:"天下一岁~狱几何?"(岁:年。狱:诉讼。几何:多少。)❺ 辞别,告别。《史记·外戚世家》:"姊去我西时,与我~于传舍中。"(去:离开。西:往西去。传舍:供旅客暂宿的房屋。)这个意义后来写作"诀"。❻ 通"抉"。挖出。《史记·刺客列传》:"因自皮面~眼,自屠出肠,遂以死。"❼ xuè 迅疾的样子。《庄子·逍遥游》:"我~起而飞,抢(qiāng)榆枋而止。"(抢:触碰。榆、枋:两种树。)❽ quē 通"缺"。破裂。《庄子·让王》:"捉衿而肘见,纳履而踵~。"

诀(訣) jué ❶ 辞别,告别。《史记·孙子吴起列传》:"东出卫郭门,与其母~。"(郭门:城门。)❷ 高明的办法,秘诀。《晋书·鲍靓传》:"靓尝见仙人阴君,授道~。"文同《送棋僧惟照》诗:"学成九章开方~。"(九章:《九章算术》,古代的数学著作。)

抉 jué ❶ 挑(tiǎo)出,挖出。《庄子·盗跖》:"比干剖心,子胥~眼。"《史记·伍子胥列传》:"~吾眼县吴东门之上。"(县:悬。吴东门:指吴国国都的东门。)双音词有"抉择"。❷ 戳,穿。《左传·襄公十七年》:"以杙(yì)~其伤而死。"(杙:尖锐的小木条。)

駃(駃) jué ❶ [駃騠(tí)] 1. 驴骡。《史记·鲁仲连邹阳列传》:"王按剑而怒,食以~~。"2. 一种骏马。《史记·李斯列传》:"郑卫之女不充后宫,而骏良~~不实外厩。"《淮南子·齐俗》:"故六骐骥、驷~~,以济江河。"❷ kuài 快速。崔豹《古今注·杂注》:"曹真有~马,名为惊帆。"

玦 jué 环形而有缺口的佩玉。屈原《九歌·湘君》:"捐余~兮江中。"(捐:抛弃。余:我的。)

趹 jué ❶ 马奔跑时用力蹬后蹄。《战国策·韩策一》:"秦马之良,戎兵之众,探前～后，蹄间三寻者，不可称数也。"㉄疾行。《淮南子·修务》："淬霜露，敕蹻～，跋涉山川。"❷ guì 马用后蹄踢。《淮南子·兵略》："有角者触，有齿者噬，有毒者螫，有蹏者～。"（蹏：蹄。）

觖 jué ❶［觖如］不满的样子。《淮南子·缪称》："禹无废功，无废财，自视犹～～也。"❷［觖望］失望，怨。《汉书·卢绾传》："上欲王绾，为群臣～～。"柳宗元《送辛殆庶下第游南郑序》："方之于钓者，丝纶不属，钩喙甚直，怀有美饵，而～～获鱼之暮，则善取者皆指而笑之。"❸通"抉"。挑剔。《汉书·孙宝传》："故欲擿～以扬我恶。"（擿：挑。）❹ kuì 希望，希求。《后汉书·李通传论》："况乃亿测微隐，猖狂无妄之福，汙灭亲宗，以～一切之功哉。"［觖望］希求。《后汉书·臧洪传》："今王室衰弱，无扶翼之意，而欲因际会～～非冀，多杀忠良，以立奸威。"

駃 jué ❶［鶗（tí）駃］见407页"鶗"字。❷［鸋（níng）駃］见294页"鸋"字。

角 jué 见194页。

泬 jué ❶水从洞穴中奔泻出来。《说文·水部》："泬，水从孔穴疾出也。"❷［泬水］即潏水。在今陕西。郦道元《水经注·渭水》："渭水又东北迳渭城南……南有～～注之。"❸［回泬］参差不齐的样子。《后汉书·王充王符仲长统列传》："用明居晦，～～于曩时。"（曩时：过去，以往。）㊂邪僻不正。潘岳《西征赋》："事～～而好还。"❹ xuè［泬寥］寥阔空虚的样子。宋玉《九辩》："～～兮，天高而气清。"庾信《和颍川公秋夜》："～～空色远，叶黄凄序变。"

蹻 jué 见330页。

玨（瑴、珏） jué 合在一起的两块玉。《左传·庄公十八年》"皆赐玉五瑴，马三匹"陆德明释文："瑴，字又作玨。"又用于人名。《新唐书》有李玨传。

觉（覺） jué ❶省悟。《荀子·成相》："不～悟，不知苦。"❷发觉。《史记·秦始皇本纪》："长信侯毐（ǎi）作乱而～。"（毐：嫪毐，人名。）㊂感觉，感到。贾思勰《齐民要术·园篱》："不～白日西移。"❸（旧读 jiào）睡醒。《诗经·王风·兔爰》："逢此百忧，尚寐无～。"柳宗元《始得西山宴游记》："～而起。"【注意】在古代"睡觉"没有睡眠的意思，只表示睡醒的意思。❹ jiào 通"较"。相差。《世说新语·捷悟》："我才不及卿，乃～三十里。"

绝（絶） jué ❶断，断绝。《论语·卫灵公》："在陈～粮，从者病，莫能兴。"《淮南子·天文》："天柱折，地维～。"（维：绳。）㉄竭，尽。《庄子·渔父》："疾走不休，～力而死。"❷极，非常。《史记·伍子胥列传》："秦女～美，王可自取。"《后汉书·东夷列传》："所在～远，不可往来。"❸超越，超过。《世说新语·惑溺》："寿蹻捷～人，逾墙而入，家中莫知。"㊂高超，绝妙。《三国志·魏书·华佗传》："佗之～技，凡此类也。"❹横渡，横穿。《荀子·劝学》："假舟楫（jí）者，非能水也，而～江河。"（假：凭借。楫：桨。能水：指能游泳。）陆游《夜泊水村》诗："老子犹堪～大漠。"（老子：老汉。犹堪：还能。大漠：沙漠。）

倔 jué ❶顽强，固执。《盐铁论·论功》："～强倨敖。"（倨敖：傲慢。）❷通"崛"。突出。《史记·秦始皇本纪》："～起什伯之中。"（什伯：古代军队编制，十人为什，百人为伯。这里泛指军队基层。）

掘 jué ❶挖。《周易·系辞下》："～地为臼。"《孟子·尽心上》："～井九轫而不及泉。"（轫：通"仞"。七尺或八尺为一仞。）❷竭尽。扬雄《太玄·文》："是以圣人仰天则常穷神～变，极物穷情。"❸通"崛"。高起，突出。《汉书·扬雄传上》："洪台～其独出兮。"

崛 jué 高起，突出。《潜夫论·慎微》："凡山陵之高，非削成而～起也。"

厥 jué ❶代词。他的，那个。《尚书·武成》："予小子其承～志。"《诗经·小雅·大田》："俶载南亩，播～百谷。"（俶：开始。）❷副词。乃，就。《史记·太史公自序》："左丘失明，～有《国语》。"（左丘：指左丘明。）❸昏厥，晕倒。《素问·生气通天论》："使人薄～。"㊕一种病，冷气从脚下上升。《素问·五藏生成篇》："凝于足者为～。"❹挖掘。《山海经·海外北经》："禹～之三仞。"（禹：夏禹。仞：七尺或八尺为一仞。）

劂 jué ［剞（jī）劂］见174页"剞"字。

蕨 jué 一种多年生草本植物。嫩叶可食，也叫蕨菜。《诗经·召南·草虫》："陟彼南山，言采其～。"杜甫《遣遇》诗："石间采～女，鬻市输官曹。"

撅 jué ❶拔起。《韩诗外传》卷二："草木根荄浅，未必～也。"（荄：根。）❷挖掘。《论衡·效力》："锸所以能～地者，跖蹈之也。"（跖：脚。）㉄撬开。《三国志·魏书·

杨阜传》注："时适有解毒药良汤，～口灌之，良久乃苏。"❸击。《新唐书·褚遂良传》："昔侯君集、李靖皆庸人尔，犹能～高昌。"

橛（橜） jué ❶短木桩。卫杰《蚕桑萃编·染政》："苗高二三尺，每路打～，缚绳横阑，以备狂风拗折。"❷树木或庄稼的残根。《诗经·小雅·大田》孔颖达疏："以冬土定，故稼～于地与地平，孟春土气升长而冒覆于～，则旧陈之根可拔。"❸马口中衔的横木。《庄子·马蹄》："前有～饰之患，而后有鞭筴（cè）之威。"（鞭筴：打马的工具。）《汉书·司马相如传下》："且夫清道而后行，中路而驰，犹时有衔～之变。"❹量词。一小段。《五灯会元·石头希迁禅师》："师乃指一～柴曰：'马师何似这个？'"❺通"撅"。击，打。《山海经·大荒东经》："以其皮为鼓，～以雷兽之骨，声闻五百里。"

J

蹶（蹷） jué ❶倒下，跌倒。《吕氏春秋·慎小》："人之情不～于山，而～于垤（dié）。"（垤：小土堆。）㊀受挫折。《三国志·蜀书·诸葛亮传》："必～上将军。"成语有"一蹶不振"。❷踩，踏。《庄子·秋水》："～泥则没足灭跗。"（跗：脚背。）班固《西都赋》："～嶄岩。"（嶄岩：高峻的岩石。）❸竭尽，枯竭。贾谊《论积贮疏》："生之者甚少而靡之者甚多，天下财产何得不～？"（靡：浪费。）❹guì 急速，急忙。《国语·越语下》："～而趋之，唯恐弗及。"《韩非子·说疑》："奸臣闻此，～然举耳以为是也。"（举耳：竖起耳朵。）❺guì 动，摇动。宋玉《风赋》："～石伐木。"

谲（譎） jué ❶欺诈，玩弄手段。《论语·宪问》："齐桓公正而不～。"❷奇，奇异。《汉书·匈奴传下》："时奇～之士、石画之臣甚众。"傅毅《舞赋》："瑰姿～起。"[谲诡]奇异。张衡《东京赋》："龙雀蟠蜿，天马半汉。瑰异～～，灿烂炳焕。"

潏 jué ❶水名。潏水，在今陕西。《汉书·地理志上》"右扶风……鄠"注："鄠水出东南，又有～水。"❷水涌出。江淹《学梁王兔园赋》："奔水激集，瀴溟洁渠，～湟吐吸。"岑参《石犀》诗："江水初荡～，蜀人几为鱼。"[潏潏]水涌出的样子。屈原《九章·悲回风》："氾～～其前后兮，伴张弛之信期。"《汉书·司马相如传上》："～～淈淈，湁（chì）潗鼎沸。"

镭（鐍、𫗦） jué ❶有舌的环。《后汉书·舆服志下》："紫绶以上，縌绶之间，得施玉环～云。"❷箱子上安锁的环状物。《庄子·胠箧》："则必摄缄縢，固扃～。"

臄 jué 口盖，即上腭。《诗经·大雅·行苇》："嘉殽脾～，或歌或咢（è）。"（咢：只击鼓而不歌唱。）

爵 jué ❶古代一种酒器。《左传·庄公二十一年》："虢（guó）公请器，王予之～。"（虢：国名。请：请求。）❷爵位，君主国家所封的等级。《荀子·儒效》："君子无～而贵。"《韩非子·定法》："官～之迁与斩首之功相称也。"（迁：提升。斩首之功：杀敌的功劳。）❸què 通"雀"。鸟雀。《孟子·离娄上》："为丛驱～者，鹯也。"

矍 jué ❶左右惊顾。班固《东都赋》："主人之辞未终，西都宾～然失容。"❷[矍铄（shuò）]形容老年人精神好。《后汉书·马援传》："帝笑曰：'～～哉是翁也。'"李白《答杜秀才五松山见赠》诗："陶公～～呵赤电。"

攫 jué 用爪迅速抓取。《荀子·哀公》："鸟穷则啄，兽穷则～。"柳宗元《笼鹰词》："下～狐兔腾苍茫。"（腾苍茫：指飞上青天。）㊀夺取。《列子·说符》："因～其金而去。"

懏 jué [懏然]惶遽的样子。东方朔《非有先生论》："于是吴王～～易容。"《史记·管晏列传》："晏子～～，摄衣冠谢。"

玃 jué 大母猴。张衡《南都赋》："虎豹黄熊游其下，縠（hù）～猱挺戏其巅。"（縠：兽名。）

蠼 jué ❶传说中一种像龙的动物。也指像龙的卷曲形貌。《史记·司马相如列传》："诎折隆穷～以连卷。"❷通"玃"。大猴。《论衡·遭虎》："豺狼蜼（wèi）～，皆复杀人。"（蜼：长尾猿。）❸qú [蠼螋（sōu）]一种昆虫，即蛐蜒，蜈蚣的一种。段成式《酉阳杂俎》卷十一"广知"："古～～、短狐、踏影蛊，皆中人影为害。"

躩 jué ❶跳。《淮南子·精神》："熊经鸟伸，凫浴蝯～。"李白《东海有勇妇》诗："十步两～跃，三呼一交兵。"❷快步行走。《庄子·山木》："蹇裳～步，执弹而留之。"（蹇：通"褰"。提起衣服。）[躩如]走得很快的样子。《论语·乡党》："君召使摈，色勃如也，足～～也。"（摈：通"傧"。出迎。）

镢 jué 大锄。《淮南子·齐俗》："今之修干戚而笑～插。"用作动词。挖掘，铲除。《后汉书·杜笃传》："镭（fán）～株林。"（镭：铲除。）

爝 jué 火炬，火把。《庄子·逍遥游》："日月出矣，而～火不息。"用作动词，指以火祓除不祥。《吕氏春秋·本味》："汤得伊尹，祓之于庙，～以爟火。"（爟火：祭祀时点燃的火。）

JUN

军（軍） jūn ❶驻扎。《左传·桓公六年》："楚武王侵随……～于瑕以待之。"（随：国名。瑕：地名。）《史记·绛侯周勃世家》："以河内守亚夫为将军，～细柳。"（亚夫：人名。细柳：地名。）❷包围，围攻。《周礼·秋官·朝士》："凡盗贼～乡邑及家人，杀之无罪。"❸军队。《战国策·秦策四》："秦取楚汉中，再战于蓝田，大败楚～。"❹军队的编制单位。《管子·小匡》："万人为一～。"

皲（皸） jūn 皮肤因寒冷或干燥而破裂。《汉书·赵充国传》："将军士寒，手足～瘃（zhú）。"（瘃：冻疮。）《旧五代史·晋书·郑云叟传》："虽寒风大雪，临簷对局，手足～裂，亦无倦焉。"

均 jūn ❶平均，均匀。《诗经·小雅·北山》："大夫不～，我从事独贤。"《论语·季氏》："不患寡而患不～。"[引]协调。《诗经·小雅·皇皇者华》："我马维骃（yīn），六辔（pèi）既～。"（骃：毛色浅黑杂白的马。辔：驾驭牲口的缰绳。既：已经。）❷同，同样的。《左传·僖公五年》："～服振振，取虢（guó）之旂。"（均服：一式的战衣。振振：衣装整齐的样子。虢：国名。旂：同"旗"。）[又]皆，全都。《墨子·尚同下》："其乡里未之～闻见也。"❸制造陶器所用的转轮。《管子·七法》："不明于则，而欲出号令，犹立朝夕于运～之上。"（立朝夕：指测定东西向的方位。）这个意义又写作"钧"。❹yùn 通"韵"。韵律。成公绥《啸赋》："音～不恒，曲无定制。"

钧（鈞） jūn ❶古代重量单位，三十斤为一钧。《孟子·梁惠王上》："吾力足以举百～。"枚乘《上书谏吴王》："系千～之重。"（系：挂。）成语有"千钧一发"。❷制作陶器所用的转轮。《墨子·非命上》："譬犹运～之上而立朝夕者也。"（立朝夕：指测定东西向的方位。）《盐铁论·遵道》："转若陶～。"❸通"均"。平均。《荀子·议兵》："明道而分～之。"

君 jūn ❶君主。《论语·八佾》："～使臣以礼，臣事～以忠。"《荀子·非相》："彼后王者，天下之～也。"❷封号。如"商君"、"春申君"。❸对对方的尊称，相当于"您"。《战国策·齐策四》："今～有一窟，未得高枕而卧也。"《三国志·魏书·武帝纪》："能安之者，其在～乎！"（安：安定。其：大概。）❹［君子］1. 贵族，做官的人。《孟子·滕文公上》："无～～莫治野人，无野人莫养～～。"2. 道德高尚的人。《荀子·致士》："刑滥则害及～～。"（刑滥：乱用刑罚。）

麇（麕） jūn ❶獐子。《诗经·召南·野有死麇》："野有死～，白茅包之。"❷qún 成群。颜延年《皇太子释奠会作》："怀仁憬（jǐng）集，抱智～至。"（憬：远行。）

俊（儁、㑺） jùn ❶才智出众。《荀子·大略》："国有～士，世有贤人。"[又]才智出众的人。《孟子·公孙丑上》："尊贤使能，～杰在位。"❷容貌出众，美好。《世说新语·容止》："裴令公有～容仪，脱冠冕，粗服乱头皆好。"【辨】英，豪，俊，杰。见150页"豪"字。

峻 jùn ❶高而陡峭。《礼记·孔子闲居》："嵩高惟岳，～极于天。"《韩非子·奸劫弑臣》："上高陵之颠，堕～谿（xī）之下而求生，必不几矣。"（高陵：高山。峻谿：深谷。不几：没有希望。）[引]高，大。《尚书·五子之歌》："～宇雕墙。"屈原《离骚》："冀枝叶之～茂兮。"（冀：希望。茂：茂盛。）❷严厉，严峻。《史记·酷吏列传》："吏务为严～。"《论衡·非韩》："严刑～法，富国强兵。"

浚（濬） jùn ❶疏通。《左传·庄公九年》："冬，～洙。"（洙：水名。）《汉书·赵充国传》："～沟渠。"❷深。《诗经·小雅·小弁》："莫高匪山，莫～匪泉。"（没有高度不是山，没有深度不是泉。）《晋书·谢安传》："临～谷。"❸取，榨取。《国语·晋语九》："～民之膏泽以实之。"（民之膏泽：人民的血汗。实之：充实仓库。）

骏（駿） jùn ❶好马。东方朔《七谏·谬谏》："驽～杂而不分兮。"《列子·周穆王》："命驾八～之乘。"（八骏：神话传说中的八种好马。）[引]急速。《诗经·周颂·清庙》："～奔走在庙。"❷通"俊"。才智出众。《盐铁论·讼贤》："当此之时，非无远筋～才也。"（远筋：指具有能够远行千里筋骨的马。）[又]才智出众的人。《管子·七法》："收天下之豪杰，有天下之～雄。"❸通"峻"。高而陡峭。《诗经·大雅·崧高》："～极于天。"（山高大，以至顶天。极：至。）

J

焌 jùn 点火。《周礼·春官·菙氏》："凡卜，以明火爇(ruò)燋，遂吹其～契，以授卜师。"(爇燋：点燃烧灼龟甲用的柴草。契：刻龟甲用的凿子。)

畯 jùn ❶古代管农事的官。《诗经·小雅·大田》："馌(yè)彼南亩，田～至喜。"(馌：送饭到田里吃。)❷通"俊"。才智出众。《史记·宋微子世家》："～民用章。"(用：因此。)⊗才智出众的人。韩愈《进学解》："拔去凶邪，登崇～良。"[寒畯]指贫寒的读书人。《资治通鉴·唐玄宗天宝六年》："不若用～～胡人，胡人则勇决习战，寒族则孤立无党。"

竣 jùn 退，返回。《管子·小匡》："有司已于事而～。"(有司：指官吏。)㉛完毕。《清波杂志》卷六："往贺虏酋生辰，～事而旋。"双音词有"竣工"。

餕 jùn ❶吃剩的食物。《礼记·曲礼上》："～余不祭。"用作动词，指吃剩余的食物。《礼记·玉藻》："日中而～。"❷sūn 通"飧"。熟食。《公羊传·昭公二十五年》："吾寡君闻君在外，～饔(yōng)未就。"(饔：熟肉。)柳宗元《祭崔氏外甥文》："庶几来归，～以侑(yòu)兮。"(侑：劝人饮食。)

鵔 jùn [鵔鸃(yí)]鸟名。即锦鸡。《史记·司马相如列传》："揜(yǎn)翡翠，射～～。"也写作"鵕鸃"。

郡 jùn 古代的行政区域。《史记·秦始皇本纪》："分天下以为三十六～。"

捃(攈、攟、擄) jùn 摘取，拾取，搜集。《墨子·贵义》："舍言革思者，是犹舍获而～粟也。"《史记·十二诸侯年表》："及如荀卿、孟子、公孙固、韩非之徒，各往往～摭(zhí)《春秋》之文以著书。"(摭：拾取。)陆法言《切韵序》："欲更～选精切，除削疏缓。"

菌 jùn ❶蕈，菌类植物。《庄子·齐物论》："乐出虚，蒸成～。"庾信《枯树赋》："莫不苔埋～压，鸟剥虫穿。"[朝菌]生长期很短的菌类植物，因朝生暮死，故称。《庄子·逍遥游》："～～不知晦朔。"潘岳有《朝菌赋》。❷通"箘"。竹笋。《吕氏春秋·本味》："和之美者，阳朴之姜，招摇之桂，越骆之～，鳣鲔之醢。"

箘(簵) jùn ❶一种竹子。《尚书·禹贡》："惟～簬楛(lù hù)，三邦厎(zhǐ)贡厥名。"(簬：一种竹，可制箭杆。楛：一种树，可做箭杆。厎：致。)❷竹笋。

J

K

KAI

开（開） kāi ❶开门。《老子·二十七章》："善闭，无关楗而不可～。"（关楗：关门用的木闩。）㊀打开，张开。《史记·陈涉世家》："秦人～关而延敌。"（延：引进。）《庄子·盗跖》："～口而笑者。"㊀花朵开放，放。黄巢《题菊花》诗："他年我若为青帝，报与桃花一处～。"㊕云雾等消散。陶潜《咏贫士》："朝霞～宿雾，众鸟相与飞。"㊕冰雪融化。鲍照《拟古》诗之六："河渭冰未～。"❷分开。杜甫《雨》诗："蛟龙斗不～。"❸开辟，开发。《汉书·张骞传》："骞～外国道。"贾思勰《齐民要术·耕田》："草干即放火，至春而～垦。"❹开创，开始。《潜夫论·思贤》："三代～国建侯。"❺开导，启发。《潜夫论·卜列》："移风易俗之本，乃在～其心而正其精。"（本：根本。精：精神。）❻开设，摆开，设置。《后汉书·班固传》："窃见幕府新～，广延群俊。"李商隐《行次西郊作》诗："五里一换马，十里一～筵。"

剀（剴） kǎi ❶讽喻，以此喻彼。《周礼·春官·大司乐》"以乐语教国子兴道"郑玄注："道读若导。导者，言古以～今也。"《新唐书·杜如晦传》："监察御史陈师合上《拔士论》，谓一人不可总数职，阴～讽如晦等。"（监察御史：官名。上：呈上。总：指兼任。阴：暗中。）❷中肯，切实。《新唐书·刘昌裔传》："为环檄李纳，～晓大谊。"（环：人名。）［剀切］切合事理，切实。《新唐书·魏征传》："凡二百余奏，无不～～当帝心者。"（奏：奏章，奏书。当：符合。）

凯（凱） kǎi ❶军队打胜仗后所奏的乐曲。《后汉书·蔡邕传》："城濮捷而晋～入。"刘克庄《破阵曲》："六军张～声如雷。"［凯旋］得胜归来。宋之问《军中人日登高赠房明府》诗："闻道～～乘骑入，看君走马见芳菲。"❷通"恺"。欢乐，和乐。陆机《演连珠》："是以万邦～乐。"（邦：国。）❸［凯风］南风。《诗经·邶风·凯风》："～～自南。"潘岳《河阳县作》诗："～～扬微绡。"（绡：薄纱。）

垲（塏） kǎi 地势高而干燥。《左传·昭公三年》："子之宅近市，湫隘嚣尘……请更诸爽～者。"

闿（闓） kǎi ❶开。《论衡·奇怪》："蝉之生复育也，～背而出。"❷通"恺"。欢乐，和乐。司马相如《封禅文》："昆虫～怿（yì）。"（怿：高兴。）

恺（愷） kǎi ❶欢乐，和乐。《汉书·主父偃传》："天下既平，天子大～。"［恺悌］平易近人。《后汉书·贾逵传》："性～～，多智思。"又写作"岂弟"、"凯悌"。❷通"凯"。军队打胜仗后所奏的乐曲。《左传·僖公二十八年》："振旅，～以入于晋。"（振旅：整顿军队。）

铠（鎧） kǎi 古代打仗时穿的一种战衣，上面缀有金属片，用来保护身体。《汉书·尹赏传》："被～扞（hàn），持刀兵者。"（扞：射箭手的一种皮质护袖。）

楷 kǎi ❶jiē 楷树。也叫黄连木。《说文·木部》："楷，木也。孔子冢盖树之者。"段成式《酉阳杂俎》续集卷十"支植下"："蜀中有木类柞……蜀人呼为～木。"❷法式，典范。《礼记·儒行》："今世行之，后世以为～。"❸楷书，现在通行的一种汉字字体。《晋书·卫恒传》："上谷王次仲始作～法。"（上谷：地名。王次仲：人名。）

锴（鍇） kǎi ❶铁。张衡《南都赋》："铜锡铅～，赭垩流黄。"㊈好铁。左思《吴都赋》："其琛赂则琨瑶之阜，铜～之垠。"（垠：指山谷。）❷坚固。扬雄《方言》卷二："～，坚也。自关而西，秦晋之间曰～。"

慨 kǎi 感慨，叹息。《礼记·檀弓下》："既葬，～焉如不及，其反而息。"《晋书·谢安传》："自以本志不遂，深自～失。"（遂：实现。）［慨然］1. 感慨的样子。陶潜《有会而作》诗："岁云夕矣，～～永怀。"（岁云夕矣：将要年终了。）2. 情绪激昂的样子。《宋史·王安石传》："～～有矫世变俗之志。"（矫：纠正。世：世道。）［慷慨］见221页"慷"字。

忾（愾） kài ❶愤恨，愤怒。《左传·文公四年》："诸侯敌王所～而献其功。"（敌王所忾：指抗击王所痛恨的人。）成语有"同仇敌忾"。❷叹息的样子。《诗经·曹风·下泉》："～我寤（wù）叹。"（寤：不寐，睡不着觉。）

K

K

KAN

刊(栞) kān ❶砍削。《左传·襄公二十五年》："井堙木～。"(水井被堵塞，树木被砍伐。)《礼记·杂记》："毕用桑，长三尺，～其柄与末。"(毕：捕捉禽兽的长柄网。)㉠除去，失掉。徐弘祖《徐霞客游记·游黄山日记》："洞南向，正对天都之阴，僧架阁连板于外，而内犹穹然，天趣未尽～也。"❷改定(文字)。杜预《春秋左氏传序》："其教之所存，文之所害，则～而正之。"［不刊］无可删改。扬雄《答刘歆书》："是县诸日月～～之书也。"❸刻石。班固《封燕然山铭》："乃遂封山～石，昭铭盛德。"㉠刻版。《宋史·毕士安传》："真宗然之，遂命～刻。"

勘 kān ❶校订，核对。如"校勘"、"勘误"。白居易《题诗屏风绝句》："自书自～不辞劳。"苏舜钦《送韩三子华还家》诗："～书春雨静，煮药夜火绫。"❷调查，查问。《新唐书·徐坚传》："诏使者～当，得实辄决。"(辄：就。)㉠审问。《旧唐书·来俊臣传》："请付来俊臣推～，必获实情。"❸通"戡"。用武力平定。王禹偁《建谿处士赠大理评事柳府君墓碣铭》："有唐以武～乱，以文化人。"

堪 kān ❶经得起，承受得住。《左传·隐公元年》："今京不度，非制也，君将不～。"《荀子·正论》："老者不～其劳而休也。"(休：休息，休养。)成语有"疲惫不堪"、"不堪其辱"。❷能够，可以。《韩非子·难三》："君令不二。除君之恶，惟恐不～。蒲人翟人，余何有焉！"杜甫《房兵曹胡马》诗："所向无空阔，真～托死生。"成语有"不堪设想"。

嵁 kān ［嵁岩］峭壁。《庄子·在宥》："故贤者伏处大山～～之下，而万乘之君忧栗乎庙堂之上。"柳宗元《永州新堂记》："将为穹谷～～渊池于郊邑之中。"

戡 kān 攻克，平定。《尚书·西伯戡黎》："西伯既～黎，祖伊恐。"《新唐书·郭子仪传》："昔回纥涉万里，～大憝，助复二京。"(大憝：大恶之人。)

龛(龕) kān ❶佛塔。许浑《送僧南归》诗："绕～藤叶盖禅床。"㊕葬僧人的塔。贯休《送人归夏口》诗："倘经三祖寺，一为礼～坟。"(倘经：倘若经过。礼：礼拜。)❷供奉神佛像的石室或柜子。江总《摄山栖霞寺碑》："庄严～像，首于西峰石壁。"❸通"戡"。平定。《扬子法言·重黎》："刘～南阳，项救河北。"(刘：指刘邦。项：指项羽。)

坎 kǎn ❶坑穴。《周易·坎》："～不盈。"贾思勰《齐民要术·大豆》："～方深各六寸，相去二尺。"(相去：相距。)［坎井］浅井。《荀子·正论》："～～之蛙不可与语东海之乐。"［坎坷(kě)］1.不平坦。《汉书·扬雄传上》："濊(huì)南巢之～～兮，易豳岐之夷平。"(濊：通"秽"。污浊。)2.不得志，不顺利。杜甫《醉时歌》："德尊一代常～～，名垂万古知何用？"文天祥《平原》诗："崎岖～～不得志。"❷敲击乐器的声音。《诗经·陈风·宛丘》："～其击鼓。"［坎坎］1.象声词。《诗经·魏风·伐檀》："～～伐檀兮。"(檀：檀树。)2.心绪不平。柳宗元《吊屈原文》："哀余衷之～～兮，独蕴愤而增伤。"❸八卦之一。代表水。见139页"卦"字。

埳 kǎn ❶同"坎"。坑，地洞。《墨子·节葬》："满～无封。"［埳井］废井。《庄子·秋水》："子独不闻乎～～之蛙乎？"❷［埳坷］同"坎坷"。1.路不平的样子。《论衡·宣汉》："夷～～为平均，化不宾为齐民。"(不宾：不服从、不归顺的人。)2.受挫，不得志。《后汉书·冯衍传》："非惜身之～～兮，怜众美之憔悴。"【注意】现代汉语中"埳"是"坎"的异体字。

欿 kǎn ❶［欿然］不自满。《孟子·尽心上》："如其自视～～，则过人远矣。"❷忧愁的样子。严忌《哀时命》："～愁悴而委惰兮，老冉冉而逮之。"❸通"坎"。坑，挖坑。《左传·襄公二十六年》："至则～，用牲，加书征之。"(加书：把盟书放在祭祀用的牺牲上。)

顑 kǎn ［顑颔(hàn)］憔悴。屈原《离骚》："苟余情其信姱(kuā)以练要兮，长～～亦何伤。"(姱：美好。)

侃(偘) kǎn ❶［侃侃］从容不迫的样子。《论语·乡党》："朝与下大夫言，～～如也。"(如：形容词词尾。)成语有"侃侃而谈"。❷［侃然］刚毅正直的样子。《后汉书·向栩传》："每朝廷大事，～～正色，百官惮之。"《三国志·魏书·杨阜传》："阜常～～以天下为己任。"

轗(輡) kǎn ［轗轲］同"坎坷"。1.不平的样子。《北史·文苑传序》："道～～而未遇，志郁抑而不申。"2.不得志的样子。东方朔《七谏·怨世》："年既已过太半兮，然～～而留滞。"

看 kàn ❶以手遮目而望。王筠《说文句读》："凡物见不审，则手遮目～之。"㊀看望，探访。《韩非子·外储说左下》："梁车新为邺令，其姊(zǐ)往～之。"(梁车：人名。邺：地名。)❷瞧，看。杜甫《九日蓝田崔氏庄》诗："醉把茱萸仔细～。"(把：持，握。)㊂观察。《三国志·吴书·周鲂传》："～伺空隙，欲复为乱。"❸kān 看待。高适《咏史》："不知天下士，犹作布衣～。"(布衣：平民。)

衎 kàn ❶快乐。《诗经·小雅·南有嘉鱼》："君子有酒，嘉宾式燕以～。"(式燕：宴饮。)《诗经·商颂·那》："奏鼓简简，～我烈祖。"❷[衎然]安定的样子。《孔子家语考次·七十二弟子解》："原宪衣敝衣冠，并日蔬食，～～有自得之志。"❸[衎衎]1.和乐的样子。《周易·渐》："鸿渐于磐，饮食～～，吉。"2.刚直的样子。《汉书·张敞传赞》："张敞～～，履忠进言。"

阚(闞) kàn ❶俯视。嵇康《琴赋》："俯～海湄。"(湄：岸边水草相接处。)❷hǎn [阚如][阚然]1.老虎发威的样子。《诗经·大雅·常武》："进厥虎臣，～如虓(xiāo)虎。"2.雄辩的样子。《庄子·天道》："而口～然，而状义然。"

瞰(矙) kàn 远望。扬雄《羽猎赋》："东～目尽，西畅亡厓。"㊂俯视。《后汉书·光武帝纪上》："云车十余丈，～临城中。"(云车：可以把人升高以瞭望敌情的车子。)

KANG

康 kāng ❶平安，安乐。《尚书·洪范》："身其～强。"(其：语气词。强：强健。)❷赞美，表扬。《礼记·祭统》："～周公，故以赐鲁也。"❸空。《诗经·小雅·宾之初筵》："酌彼～爵。"贾谊《吊屈原赋》："斡(wò)弃周鼎，宝～瓠(hú)兮。"(斡弃：抛弃。周鼎：宝鼎，比喻杰出之士。宝康瓠：把空酒器看作宝贝。康瓠：空酒器，比喻庸才。)❹[康庄]宽阔平坦的大道。《史记·孟子荀卿列传》："为开第～～之衢。"沈约《郊居赋》："固无情于轮奂，非有欲于～～。"(轮奂：高大美丽的房子。)

慷(忼) kāng [慷慨]1.情绪激昂。屈原《哀郢》："憎愠惀之修美兮，好夫人之～～。"(愠惀：忠诚厚道。)成语有"慷慨激昂"。2.感慨，叹息。《汉书·高帝纪下》："～～伤怀。"《古诗十九首·西北有高楼》："一弹再三叹，～～有余哀。"3.胸怀大志。《抱朴子·擢才》："贾谊～～怀经国之术。"(经：理，治理。)魏征《述怀》诗："～～志犹存。"【注意】现代汉语中"慷慨"有不吝啬的意思，古代没有这个意思。

槺(康) kāng [槺梁]屋宇空阔的样子。司马相如《长门赋》："施瑰木之欂栌兮，委参差以～～。"

骯 kǎng [骯髒(zǎng)]1.体胖。庾信《拟连珠》："～～之马，无复千金之价。"2.刚直的样子。李白《鲁郡尧祠送张十四游河北》诗："有如张公子，～～在风尘。"【注意】现代"骯"字又读 āng，"骯髒"是不洁净的意思，为"肮脏"的繁体，与古代"骯"字的音、义都不同。

亢 kàng ❶gāng 咽喉，喉咙。《汉书·张耳传》："乃仰绝～而死。"(绝：割断。)❷高。《庄子·人间世》："牛之白颡(sǎng)者，与豚(tún)之～鼻者。"(颡：额。豚：猪。)双音词有"高亢"。❸极，非常。《三国志·吴书·陆逊传》："县连年～旱。"❹遮蔽，庇护。《左传·昭公元年》："吉不能～身，焉能～宗？"(吉：人名。焉能：怎能。宗：宗族。)❺刚强，刚直。《三国志·魏书·杜恕传》："论议～直。"❻通"抗"。抵御，抵抗。《左传·宣公十三年》："～大国之讨。"(讨：讨伐。)㊀担负，承受。屈原《卜居》："宁与骐骥～轭乎？将随驽马之迹乎？"㊂匹敌，相当。扬雄《赵充国颂》："料敌制胜，威谋靡～。"(预料敌情，出奇制胜，威严远谋，无人匹敌。)❼星宿名，二十八宿之一。

伉 kàng ❶配偶，常"伉俪(lì)"连用。《左传·成公十一年》："已不能庇其～俪而亡之。"(庇：庇护，保护。俪：配偶。亡：失去。)❷强健。《汉书·赵充国传》："发郡骑及属国胡骑～健各千。"(属国：从属国。)㊂刚强，刚直。《史记·酷吏列传》："郅(zhì)都～直。"(郅都：人名。)❸通"抗"。抵御，抵抗。《战国策·秦策一》："天下莫之能～。"㊂匹敌，相当。《韩非子·外储说左上》："～礼下布衣之士。"(布衣：平民。)❹通"亢"。高。《诗经·大雅·緜》："皋门有～。"㊂极。《荀子·王制》："～隆高。"

坑 kàng 见 224 页。

抗 kàng ❶违抗，抵御。《荀子·臣道》："有能～君之命。"《三国志·蜀书·诸葛亮传》："安能～此难乎？"(安能：怎么能。)❷匹敌，相当。《墨子·非攻中》："计其土地之博，人徒之众，欲以～诸侯，以为英名。"《史记·货殖列传》："礼～万乘，名显天下。"（万乘：指帝王。）郦道元《水经注·江水》："有大巫山，非惟三峡所无，乃当～峰岷、峨。"（非惟：不只。当：应当。岷、峨：山名。）成语有"分庭抗礼"。❸ 刚正不屈。文天祥《指南录后序》："～辞慷慨。"（辞：言辞。）❹ 竖，举起。《诗经·小雅·宾之初筵》："大侯既～，弓矢斯张。"（大侯：大箭靶子。）曹植《洛神赋》："～罗袂（mèi）以掩涕兮。"（罗：一种丝织品。袂：袖子。掩涕：掩面流泪。）❺ 通"亢"。高。沈括《梦溪笔谈》卷五："边兵每得胜回，则连队～声凯歌。"

闶（閌） kàng 门高大的样子。左思《魏都赋》："古公草创，而高门有～。"㊀高大。扬雄《甘泉赋》："～阆阆其寥廓兮，似紫宫之峥嵘。"（阆阆：高大的样子。）

KAO

尻 kāo 脊骨末端，屁股。《庄子·大宗师》："浸假而化予之～以为轮，以神为马。"

考 kǎo ❶ 老，年纪大。《诗经·小雅·楚茨》："使君寿～。"❷ 死去的父亲。《礼记·曲礼下》："生曰父、曰母、曰妻，死曰～、曰妣、曰嫔。"屈原《天问》："遂成～功。"（遂：终于。）成语有"如丧考妣"。❸ 落成，完成。《左传·隐公五年》："～仲子之宫。"（仲子：人名。）❹ 考察，考核。《尚书·周官》："王乃时巡，～制度于四岳。"《尚书·舜典》："三载～绩。"㊀拷问。《后汉书·皇后纪上》："有因实不杀人，而被～自诬。"❺ 敲。《庄子·天地》："故金石有声，不～不鸣。"（金、石：乐器。）上述❸❹又写作"攷"。

栲 kǎo ❶ 树名。也叫山樗。《诗经·小雅·南山有台》："南山有～，北山有杻。"❷［栲栳（lǎo）］同"笺笺"。一种用竹或柳条编的盛物器具。贾思勰《齐民要术·作酢法》："量饭著盆中或～～中。"❸ 通"拷"。拷打。《周书·苏绰传》："然后～讯以法，不苛不暴。"

薨 kǎo 干鱼干肉。《周礼·天官·庖人》："凡其死、生、鲜、～之物，以共王之膳。"

犒 kào 用酒食款待、犒劳军队。《左传·僖公二十六年》："公使展喜～师。"（展喜：人名。师：军队。）㉒指以酒食财物慰劳人。《左传·僖公二十六年》："使下臣～执事。"（执事：办事人员。）双音词有"犒劳"。

KE

苛 kē ❶ 烦琐，繁杂。《国语·晋语八》："内无～慝。"（慝：恶念。）王褒《四子讲德论》："去烦蠲（juān）～。"（蠲：免除。）成语有"苛捐杂税"。㊀烦扰，骚扰。《国语·晋语一》："朝夕～我边鄙。"（边鄙：边境。）❷ 苛刻，狠。《礼记·檀弓下》："～政猛于虎也。"❸ hē 通"呵"。怒责，大声呵斥。《汉书·王莽传中》："夜过奉常亭，亭长～之。"（奉常亭：地名。亭长：官名。）❹ 通"疴"。病。《吕氏春秋·审时》："殈（xiōng）气不入，身无～殃。"（殈：恶。）

珂 kē 像玉的美石，多用为马笼头上的装饰品。张华《轻薄篇》："文轩树羽盖，乘马鸣玉～。"

柯 kē ❶ 斧柄。《诗经·豳风·伐柯》："伐～如何，匪斧不克。"《国语·晋语八》："今若大其～，去其枝叶，绝其本根，可以少间。"（少间：逐渐平息。祸乱之因好比一棵树，加大斧柄削去树的枝叶，破坏树桩和树根，祸乱就会平息。）❷ 树枝。贾思勰《齐民要术·园篱》："交～错叶。"

轲（軻） kē ❶ 轴为两木接成的车。泛指一般的车。《说文·车部》："轲，接轴车也。"❷［轗（kǎn）轲］通"坎坷"。见 220 页"轗"字。❸ 通"柯"。斧柄。《管子·轻重乙》："一车必有一斤一锯一釭一钻一凿一铼一～，然后成为车。"

疴 kē 病。《汉书·五行志》："时则有下体生上之～。"（下体生上：指怪胎，如牛腿生于背上。）韦应物《闲居赠友》诗："闲居养～瘵（zhài）。"（瘵：病。）

痾 kē （旧读 ē）❶ 疾病。潘岳《闲居赋》："旧～有痊。"㊁灾祸。张协《洛禊赋》："祈休吉，蠲百～。"❷ 旧仇。《后汉书·袁绍刘表传附袁谭》："愿捐弃百～。"❸ ē 通"屙"。排泄（大便）。苏轼《醉僧图颂》："今年且～东禅屎。"

科 kē ❶ 品级，类别。《论语·八佾》："射不主皮，为力不同～，古之道也。"《论衡·幸偶》："与此同～。"❷ 法律条文。《三国志·蜀书·诸葛亮传》："～教严明，赏罚必信。"（信：守信。）成语有"金科玉律"。［科取］依法征收。《三国志·魏书·任峻传》注引《魏武故事》："～取官牛。"㊀依法判决。《晋书·王濬传》："大不敬，付廷尉～罪。"❸ 科举制取士的名目。如"进士科"。㊁科举考试。《宋史·选举志一》："（太宗）谓侍臣曰：

朕欲博求俊彦于～场中。”（俊彦：人才。）❹ 颗粒。贾思勰《齐民要术·种红蓝花栀子》：“亦有锄掊而掩种者，子～大而易料理。”❺ 量词。棵。贾思勰《齐民要术·种谷》：“良田，率一尺留一～。”（率：大概，大约。）这个意义后来写作“棵”。❻ 通“窠”。坑，坎。《孟子·离娄下》：“原泉混混，不舍昼夜，盈～而后进。”❼ ［科头］不戴冠盔，裸露发髻。《战国策·韩策一》：“虎挚之士，跿跔（tú jū）～～，贯颐、奋戟者，至不可胜计也。”（跿跔：赤脚。贯颐：两手捧腮，不执兵器，表示蔑视敌人。）

颏（頦） kē 下巴。韩愈《记梦》诗：“石坛坡陀可坐卧，我手承～肘拄座。”

窠 kē ❶ 巢穴。左思《蜀都赋》：“穴宅奇兽，～宿异禽。”白居易《问鹤》诗：“乌鸢（yuān）争食雀争～。”（乌：乌鸦。鸢：老鹰。）㊀坑，穴。岑参《送李卿赋得孤岛石》诗：“绿～攒剥藓，尖顶坐鸬鹚。”（藓：苔藓。）㊍人们聚会或安居的处所。辛弃疾《鹧鸪天·三山道中》：“抛却山中诗酒～。”双音词有“窠臼”。❷ 篆印的界格。李贺《沙路曲》：“金～篆字红屈盘。”❸ 通“棵”。量词，植物一株。李煜《长相思》词：“帘外芭蕉三两～。”

榼 kē 盛酒或贮水的器具。《左传·成公十六年》：“使行人执～承饮。”

磕 kē ［磕磕］水石相击的声音。屈原《九章·悲回风》：“惮涌湍之～～兮，听波声之汹汹。”

咳 ké ❶ hái 小儿笑。《礼记·内则》：“父执子之右手，～而名之。”《史记·扁鹊仓公列传》：“曾不可以告～婴之儿。”（咳婴：刚会笑的婴儿。）❷ 咳嗽。柳宗元《宥蝮蛇文》：“闻人～喘步骤。”

可 kě ❶ 可以。《尚书·盘庚上》：“若火之燎于原，不～向迩。”㊂许可，允许。《论语·先进》：“小子鸣鼓而攻之～也。”❷ 合宜，适合。《庄子·天运》：“其味相反，而皆～于口。”❸ 大约，约计。《史记·高祖本纪》：“夺其军，～四千余人。”❹ 正，当。刘禹锡《生公讲堂》诗：“一方明月～中庭。”❺ kè ［可汗（hán）］我国古代鲜卑、突厥、回纥等少数民族的君长的称号。《木兰诗》：“昨夜见军帖，～～大点兵。”《新唐书·突厥传上》：“至吐门，遂强大，更号～～，犹单于（chán yú）也。”

渴 kě ❶ 口渴。《诗经·王风·君子于役》：“君子于役，苟无饥～。”㊍急忙，迫切。《公羊传·隐公三年》：“不及时而日，～葬也。”（不及时而日：不按照规定的月份和日子。）范成大《洪景卢内翰使还入境》诗：“国人～望公颜色。”（颜色：指容貌。）❷ jié 水干。《周礼·地官·草人》：“凡粪种……坟壤用麋，～泽用鹿。”（坟壤：高处的地。）

克[1] kè ❶ 能够。《尚书·大禹谟》：“～勤于邦，～俭于家。”成语有“克勤克俭”。❷ 战胜，攻破。《左传·庄公十年》：“彼竭我盈，故～之。”《三国志·蜀书·诸葛亮传》：“操遂能～绍。”（操：曹操。遂：终于。绍：袁绍。）成语有“克敌制胜”。❸ 克制。《论语·颜渊》：“～己复礼为仁。”成语有“克己奉公”。❹ 约定或限定（时间）。《潜夫论·交际》：“怀不来而外～期。”（担心不来而违了约定的期限。）《三国志·魏书·武帝纪》：“公乃与～日会战。”（公：指曹操。）上述❷❸❹又写作“剋”、“尅”、“尅”。

克[2]（剋、尅、尅） kè ❶ 战胜，攻破。《庄子·让王》：“汤遂与伊尹谋伐桀，～之。”《韩非子·初见秦》：“秦战未尝不～，攻未尝不取。”❷ 克制。《后汉书·周泽传》：“奉公～己，矜恤孤羸。”（矜：怜悯。恤：周济。羸：弱。）❸ 约定或限定（时间）。《后汉书·钟离意传》：“与～期俱至，无或违者。”（俱：一起。无或：没有人。违：违背。）❹ 通“刻”。刀刻，雕刻。《史记·李斯列传》：“更～画，平斗斛（hú）、度量、文章。”（更改器物上刻的徽饰，统一升斗、度量的制度和书奏文牍的格式。）❺ 通“刻”。苛刻。《宋书·朱脩之传》：“然性俭～，少恩情。”

恪 kè 谨慎，恭敬。《诗经·商颂·那》：“温恭朝夕，执事有～。”（有：形容词词头。）

客 kè ❶ 外来的人。《周易·需》：“有不速之～三人来。”（速：招致。）李斯《谏逐客书》：“臣闻吏议逐～，窃以为过矣。”㊕请来的客人。李白《赠范金乡》诗：“爱～多逢迎。”㊂寄居他乡。杜甫《去蜀》诗：“五载～蜀郡。”（载：年。蜀郡：地名。）❷ 门客，食客。即寄食于贵族豪门并为他们服务的人。《战国策·齐策四》：“孟尝君出记，问门下诸～。”【辨】宾，客。见24页“宾”字。

课（課） kè ❶ 按一定的标准检验，考核。《管子·七法》：“成器不～不用，不试不藏。”（成器：指已制成的兵器。）《汉书·京房传》：“房奏考功～吏法。”❷ 督促完成指定的工作（后起意义）。《南齐书·武帝纪》：“宜严～农桑。”㊀按规定的内

K

容和分量学习或教授。白居易《与元九书》："苦节读书，二十已来，昼～赋，夜～书，间又～诗。"（苦节：刻苦。间：有时候。）❸按规定的数额和时间征收赋税（后起意义）。《宋书·孝武帝本纪》："是岁，始～南徐州侨民租。"（是岁：这年。侨民：当时从北方流亡到南方的人。）㉂赋税。鲍照《拟古》诗："岁暮井赋讫（qì），程～相追寻。"（讫：完结。程课：赋税。）❹占卜的一种（后起意义）。惠洪《冷斋夜话》："有日者能～，使之～，莫不奇中。"

堁 kè ❶尘土。宋玉《风赋》："夫庶人之风，塕然起于穷巷之间，堀～扬尘。"《淮南子·主术》："譬犹扬～而弭尘，抱薪以救火也。"❷［埵（duò）堁］小土堆。《淮南子·说山》："泰山之容，巍巍然高，去之千里，不见～～，远之故也。"

刻 kè ❶刀刻，雕刻。《史记·秦始皇本纪》："～石颂秦德。"成语有"刻舟求剑"。❷刻薄，苛刻。柳宗元《封建论》："奸利浚（jùn）财，怙（hù）势作威，大～于民者。"（奸利：非法取利。浚：搜刮。怙势：依靠权势。）❸减损，削减。《荀子·礼论》："～生而附死谓之惑。"（削减活人的耗费而增加死人的葬品叫作糊涂。附：增益。）［刻意］1.约束自己的心意。《庄子·刻意》："～～尚行，离世异俗。"《后汉书·党锢传》："夫～～则行不肆。"2.用尽心思。《新唐书·张九龄传》："必～～修饰。"❹计时单位。古时用漏壶计时，一昼夜共一百刻。《汉书·宣帝纪》："烛燿齐宫，十有余～。"（燿：照亮。）❺通"剋"。约定或限定（时间）。《宋史·张浚传》："～日决战。"

㕎 kè 山旁洞穴。张衡《南都赋》："潜～洞出。"

溘 kè ❶忽然，突然。屈原《离骚》："宁～死以流亡兮，余不忍为此态也。"（宁：宁愿。）成语有"溘然而逝"。❷［溘溘］1.水声。李贺《塘上行》："塘水声～～。"2.寒冷的样子。刘崧《江南弄》："沙堤十里寒～～。"

峈（喀、咯） kè 吐血。《国语·晋语九》："郑人击我，吾伏弢（tāo）～血，鼓音不衰。"（弢：盛弓的袋子。）

KEN

肯（肎） kěn ❶贴附在骨上的肉。《庄子·养生主》："技经～綮（qìng）之未尝，而况大軱（gū）乎？"（綮：骨肉相合处。軱：大骨。）双音词有"中肯"。❷愿意。《左传·成公四年》："楚虽大，非吾族也，其～字我乎？"（字：爱护。）《韩非子·人主》："今人主非～用法术之士。"（非：不。）

恳（懇） kěn 诚恳，真诚。《后汉书·东平宪王苍传》："辞甚～切。"薛逢《题筹笔驿》诗："出师表上留遗～，犹自千年激壮夫。"王安石《上皇帝万言书》："以吾至诚～恻之心，力行而为之倡。"（恻：诚恳。倡：领头，带头。）

KENG

坑 kēng ❶地面上凹下去的地方。东方朔《七谏·初放》："死日将至兮，与麋鹿同～。"贾思勰《齐民要术·种椒》："先作小～，圆深三寸。"❷活埋。孔安国《尚书序》："及秦始皇，灭先代典籍，焚书～儒。"《盐铁论·利议》："秦王燔（fán）去其术而不行，～之渭中而不用。"（燔：焚烧。渭中：指咸阳。）❸kàng 用土坯等砌成的睡觉的台。《旧唐书·高丽传》："其俗贫窭（jù）者多冬月皆作长～，下燃熅火以取暖。"（窭：贫穷。熅：没有火苗的火。）这个意义后来写作"炕"。

阬 kēng ❶gāng 大土山。扬雄《甘泉赋》："陈众车于东～兮，肆玉轪而下驰。"（轪：车轮。）❷山谷，土坑。《史记·货殖列传》："驰～谷。"《南史·齐本纪下》："不避～阱。"（阱：陷阱。）❸活埋。《史记·秦始皇本纪》："乃自除犯禁者四百六十余人，皆～之咸阳。"

硁（硜、䃘） kēng ❶击石声。《史记·乐书》："石声～，～以立别，别以致死，君子听磬声则思死封疆之臣。"❷［硁硁］浅陋而固执的样子。《论语·子路》："言必信，行必果，～～然小人哉。"

铿（鏗） kēng ❶象声词。指比较响的声音。《论语·先进》："鼓瑟希，～尔。"杜甫《桃竹杖引》："怜我老病赠两茎，出入爪甲～有声。"［铿锵（qiāng）］音乐声。《汉书·张禹传》："优人管弦～～。"❷撞击。宋玉《招魂》："～钟摇簴（jù）。"（簴：挂钟的架子。）班固《东都赋》："～华钟。"

䡵 kēng ［䡵䡵］奔逐而无知的样子。《庄子·至乐》："吾观夫俗之所乐，举群趣者，～～然如将不得已。"（举群趣者：指众人群起追求。）

KONG

空 kōng ❶ 空，什么都没有。《诗经·小雅·大东》："小东大东，杼柚其～。"（东方小国和大国，织布机上空荡荡。）《管子·五辅》："仓廪实而囹圄～。"（囹圄：牢狱。）㉠深，大。《诗经·小雅·白驹》："在彼～谷。" ❷ 空洞，不实际。《史记·老子韩非列传》："皆～语无事实。"㉠徒然，白白地，只是。《汉书·匈奴传》："兵不～出。"李白《醉后赠从甥高镇》诗："丈夫何事～啸傲。"（啸傲：傲然长啸。）李颀《古从军行》："年年战骨埋荒外，～见蒲萄入汉家。" ❸ 天空，空中。《列子·黄帝》："乘～如履实。"沈括《梦溪笔谈》卷三："若鸢（yuān）飞～中。"（鸢：老鹰。） ❹ 佛教用语。佛教认为世界一切皆空。因此佛教又称"空门"。如"遁入空门"。 ❺ kǒng 通"孔"。洞，通道。《史记·五帝本纪》："舜穿井为匿～旁出。"（舜把井壁穿一暗孔通到别的井而出来。）《汉书·张骞传》："骞凿～，诸后使往者皆称博望侯。"（凿：开辟。） ❻ kòng 贫穷。《诗经·小雅·节南山》："不宜～我师。"（师：众，众人。） ❼ kòng 间隙，空子。《三国志·吴书·周鲂传》："看伺～隙，欲复为乱。"

倥 kōng ❶［倥侗（tóng）］蒙昧，无知。《汉书·扬雄传下》："天降生民，～～颛蒙。"柳宗元《贞符》："孰称古初朴蒙～～而无争？"（谁说古代初始阶段人们蒙昧无知而没有斗争？） ❷ kǒng［倥偬（zǒng）］1. 困苦。《楚辞·九叹·思古》："悲余生之无欢兮，愁～～于山陆。"（山陆：指山岭。）《后汉书·张衡传》："诚所谓将隆大位必先～～之也。" 2. 事多，繁忙。孔稚珪《北山移文》："牒（dié）诉～～装其怀。"（繁多的文书、诉讼充塞他的胸怀。牒：文书。诉：诉讼，官司。）上述1、2又写作"倥偬"。成语有"戎马倥偬"。

崆 kōng ❶［崆峒（tóng）］山名，在今甘肃。《太平寰宇记》卷三十三："西至于～～。" ❷［崆峒（dòng）］山洞。高适《赴彭州山行之作》诗："峭壁连～～。" ❸［崆峣（yáng）］山石高峻的样子。张衡《南都赋》："其山则～～嵑嵑（kě kě）。"（嵑嵑：高峻的样子。）

悾 kōng ［悾悾］诚恳的样子。《论语·泰伯》："狂而不直……～～而不信，吾不知矣。"

箜 kōng ［箜篌（hóu）］古代乐器，似瑟而较小。《古诗为焦仲卿妻作》："十五弹～～，十六诵诗书。"

孔 kǒng ❶ 很，甚。《诗经·豳风·东山》："其新～嘉，其旧如之何？"（嘉：好。如之何：怎么样呢？） ❷ 小洞，窟窿。《山海经·海外西经》："一臂国在其北，一臂，一目，一鼻～。"杜甫《枯柟》诗："万～虫蚁萃。"（萃：聚积。） ❸ 通。《汉书·西域传》："去长安六千三百里，辟在西南，不当～道。"（去：离。辟：偏僻。不当孔道：不在通道上。）

恐 kǒng ❶ 惊恐，害怕。《左传·僖公二十六年》："室如悬罄，野无青草，何恃而不～？"《荀子·非十二子》："是以不诱于誉，不～于诽。"（是以：因此。诽：毁谤。）㉡威吓，吓唬。《史记·秦始皇本纪》："李斯因说秦王，请先取韩以～他国。"（韩：韩国。） ❷ 恐怕。《孟子·梁惠王上》："此惟救死而～不赡，奚暇治礼义哉？"（不赡：来不及。）《史记·廉颇蔺相如列传》："偿城～不可得。"（偿：补偿。）

控 kòng ❶ 拉，特指拉住马缰，勒马。《诗经·郑风·大叔于田》："抑磬～忌，抑纵送忌。"（抑：表示选择，或者。磬控：勒住缰绳。忌：语气词。）㉠控制。《穀梁传·僖公五年》："桓～大国，扶小国。"李白《赠江夏韦太守良宰》诗："秉旄（máo）～强楚。"（秉旄：持节。指任节度使。） ❷ 开弓。《史记·刘敬叔孙通列传》："冒顿为单于，兵强，～弦三十万。"班固《西都赋》："弦不再～，矢不单杀。" ❸ 告，控诉。《诗经·鄘风·载驰》："～于大邦，谁因谁极？" ❹ 投，落下。《庄子·逍遥游》："时则不至，而～于地而已矣。"（有时或者飞不到，那就落到地上来罢了。）

鞚 kòng 带嚼子的马络头。李白《走笔赠独孤驸马》诗："银鞍紫～照云日。"

KOU

抠（摳） kōu ❶ 提起（衣服）。《礼记·曲礼上》："～衣趋隅，必慎唯诺。" ❷ 投，掷。《列子·黄帝》："以瓦～者巧，以钩～者惮，以黄金～者惛。"【注意】在明代以前，"抠"没有"用手挖"的意义。

弜（彄） kōu ❶ 弓弩两端系弦处。蔡邕《黄钺铭》："马不带鈌，弓不受～。"（鈌：马的一种饰品。弓不受弜：不给弓上弦。） ❷ 环状物。葛洪《西京杂记》卷一："戚姬以百炼金为～环，照见指骨。"

口 kǒu ❶ 嘴。《孟子·告子上》："～之于味，有同耆也。"（耆：嗜。） ❷ 人口。

《孟子·梁惠王上》："百亩之田，勿夺其时，八～之家可以无饥矣。"《商君书·垦令》："食～众者，败农者也。"（食口众：不劳而食的人口多。败：败坏。）[生口]活人。指奴隶、俘虏等。《汉书·李陵传》："捕得～～，言李陵教单于为兵以备汉军。"《三国志·魏书·东夷传》："献男～～四人，女～～六人。"❸出入通过的地方。陶潜《桃花源记》："山有小～，仿佛若有光。"柳宗元《小石城山记》："自西山道～，径北逾黄茅岭而下。"（逾：越过。）❹中医诊脉，把离手掌后一寸的手腕经脉部位叫"寸口"，简称为"寸"或"口"。《史记·扁鹊仓公列传》："切其脉时，右～气急。"（切：按。）❺量词。《晋书·刘曜载记》："献剑一～。"【注意】古代对牲畜动物的计数不用"口"。

叩 kòu ❶敲打。《论语·宪问》："以杖～其胫。"李斯《谏逐客书》："击瓮～缶(fǒu)。"（瓮、缶：都是瓦制的乐器。）[叩头]磕头。《汉书·元后传》："左右～～争之。"❷发问，询问。《论语·子罕》："我～其两端而竭焉。"（两端：指事物的首尾。）方苞《狱中杂记》："余～所以。"（所以：为什么会这样。）蒲松龄《聊斋志异·香玉》："生～生平。"双音词有"叩问"。❸通"扣"。拉住，牵住。《史记·伯夷列传》："伯夷叔齐～马而谏。"

扣 kòu ❶拉住，牵住。《左传·襄公十八年》："太子与郭荣～马。"（与：替。）❷通"叩"。敲打。《荀子·法行》："～之其声清扬而远闻。"苏轼《日喻》："～槃而得其声。"（槃：盘。）[扣头]同"叩头"。磕头。《论衡·儒增》："人之～～，痛者血流。"

怐 kòu [怐愗(mào)]愚昧。宋玉《九辩》："直～～而自苦。"这个意义又写作"沟瞀"、"佝瞀"。

寇 kòu ❶劫掠，入侵。《尚书·费誓》："无敢～攘。"（攘：窃取。）《宋史·寇瑊传》："既赦贷其罪，复来～边。"（赦贷：赦免。复：又，再。）❷盗匪。《左传·昭公三年》："民闻公命，如逃～雠。"（公命：指国君的命令。雠：仇敌。）㉢入侵者。《吕氏春秋·壅塞》："左右有言秦～之至者。"

鷇 kòu 待母哺食的幼鸟。《国语·鲁语上》："鸟翼～卵。"

KU

矻 kū [矻矻]勤劳不倦的样子。王褒《圣主得贤臣颂》："劳筋苦骨，终日～～。"

刳 kū ❶挖空。《周易·系辞下》："～木为舟。"❷剖，剖开。《后汉书·华佗传》："～破腹背，抽割积聚。"

枯 kū ❶草木枯萎。《管子·度地》："伐～木而去之。"㉠干涸。《荀子·致士》："川渊～则龙鱼去之。"❷干瘪，憔悴。《荀子·修身》："劳倦而容貌不～。"

哭 kū 啼哭，悲痛出声。《论语·先进》："颜渊死，子～之恸。"㊕为哀悼死者而哭泣，是一种礼仪。《仪礼·士丧礼》："主人要节而踊，皆如朝夕～之仪。"㉢指吊唁。《淮南子·说林》："（夏）桀辜谏者，（商）汤使人～之。"（辜：分裂人的肢体的酷刑。）【辨】哭，号（號），泣，啼。都是表示"哭"的意义，但有细微差别。一般来说，"哭"是有声有泪；"泣"是有泪无声；"号"则哭而有言；"啼"是号、哭的同义词，后来多用于小儿哭。

堀 kū 同"窟"。洞穴。《左传·昭公二十七年》："光伏甲于～室而享王。"（享：宴请。）㉠挖洞。《荀子·法行》："夫鱼鳖鼋鼍，犹以渊为浅而～其中。"

窟 kū 洞穴。《战国策·齐策四》："狡兔有三～，仅得免其死耳。"（狡兔：狡猾的兔子。）又写作"堀"。㉠水洼。陈琳《饮马长城窟行》："饮马长城～，水寒伤马骨。"㉢人或物的汇集处。郭璞《游仙诗》之一："京华游侠～，山林隐遁栖。"

苦 kǔ ❶苦菜。《诗经·唐风·采苓》："采～采～，首阳之下。"㉠苦味。与"甜"、"甘"相对。《诗经·邶风·谷风》："谁谓荼(tú)～，其甘如荠(jì)。"（荼：苦菜。荠：荠菜。）❷劳苦，辛苦。《商君书·外内》："农之用力最～。"㉢刻苦。白居易《与元九书》："盖以～学力文所致。"（盖以：大概是因为。）㉢竭，极力。《战国策·赵策二》："常～出辞断绝人之交。"《世说新语·识鉴》："杨朗～谏不从。"❸苦恼，痛苦。《后汉书·华佗传》："病者不堪其～。"❹gǔ 通"盬"。粗劣，不坚固。《国语·齐语》："辨其功～。"（功：坚固。）

楛 kǔ ❶hù 一种树，可做箭杆。《诗经·大雅·旱麓》："瞻彼旱麓，榛～济济。"《韩非子·十过》："有～高至于丈。"❷粗糙，不坚固。《荀子·议兵》："兵革窳(yǔ)～。"（兵器粗制滥造而不坚固。窳：恶劣，坏。）㉢恶劣，不正当。《荀子·劝学》："问～者，勿告也；告～者，勿问也。"（问不正当事物的人，不必教导他；讲述不正当事物的人，不必向他求教。）

库(庫) kù 存放兵甲战车的地方。《左传·昭公十八年》:"使府人、～人各儆其事。"《韩非子·十过》:"仓无积粟,府无储钱,～无甲兵。"㉠泛指存放物品的地方。《礼记·月令》:"是月也,命工师令百工审五～之量。"《宋史·艺文志》:"又分三馆书万余卷,别为书～。"【辨】府,库。见121页"府"字。

袴(絝) kù ❶无裆的套裤。《礼记·内则》:"衣不帛襦～。"《韩非子·外储说左下》:"危子曰:吾父独冬不失～。"旧注:"刖足者不衣～。"[袴褶(xí)]一种军服,上身服褶,下身套袴。李贺《追赋画江潭苑》诗:"罗薰～～香。"㉠指一般的裤子。《汉书·叙传》:"(班伯)出与王、许子弟为群,在于绮襦纨～之间,非其好也。"❷kuà 通"胯(骻)"。两腿之间。《史记·淮阴侯列传》:"信能死,刺我;不能死,出我～下。"

喾(嚳、俈) kù 传说中的"五帝"之一。《史记·五帝本纪》:"帝～高辛者,黄帝之曾孙也。"

酷 kù ❶酒味浓,香气浓。司马相如《上林赋》:"芬香沤郁,～烈淑郁。"曹植《七启》:"浮蚁鼎沸,～烈馨香。"(浮蚁:酒表面的泡沫。)温庭筠《病中书怀呈友人》诗:"蕊多劳蝶翅,香～坠蜂须。"㉠程度深的,甚,很。《吕氏春秋·本味》:"酸而不～。"《晋书·何无忌传》:"何无忌,刘牢之之甥,～似其舅。"双音词有"酷爱"、"酷暑"。❷残酷,暴虐。《韩非子·显学》:"今上急耕田垦草,以厚民产也,而以上为～。"晁错《贤良文学对策》:"刑罚暴～,轻绝人命。"(轻绝:轻率地杀害。)

KUA

夸¹ kuā ❶奢侈,过度。《荀子·仲尼》:"贵而不为～。"❷夸口,夸耀。《吕氏春秋·下贤》:"富有天下,而不骋～。"《南史·袁淑传》:"淑喜～,每为时人所嘲。"❸通"姱"。美好。《淮南子·修务》:"曼颊皓齿,形～骨佳。"傅毅《舞赋》:"～容乃理。"(理:装饰。)❹kuà 通"跨"。兼有。《汉书·诸侯王表》:"而藩国大者,～州兼郡,连城数十。"

夸²(誇) kuā 夸大,夸口。《论衡·道虚》:"自知以必然之事见责于世,则作～诞(dàn)之语。"(诞:虚妄,欺诈。)㉡夸耀。扬雄《长杨赋》:"上将大～胡人以多禽兽。"

侉 kuā ❶疲惫。《说文·人部》:"侉,惫词。"❷通"夸¹"、"夸²(誇)"。夸大。《尚书·毕命》:"骄淫矜～,将由恶终。"

姱 kuā 美好。宋玉《招魂》:"～容修态,絙(gèn)洞房些。"(修态:优美的姿态。絙:贯通。)

胯(骻) kuà ❶大腿和大腿之间。《史记·淮阴侯列传》:"(韩)信至国……召辱己之少年令出～下者,以为楚中尉。"❷腰胯骨。《梁书·武帝纪》:"两～骈骨,顶上隆起。"

KUAI

蒯 kuǎi ❶一种多年生草本植物。《左传·成公九年》:"《诗》曰:'虽有丝麻,无弃菅～。'"❷地名。《左传·昭公二十三年》:"丙寅攻～,～溃。"

凷 kuài "块(塊)"的本字。土块。《汉书·律历志下》引《左传》:"野人举～而与之。"

侩(儈) kuài 买卖的中间人。《汉书·货殖传》:"节驵～。"(节制马匹交易的经纪人。)《后汉书·逢萌传》:"～牛自隐。"(侩牛:撮合牛只买卖。)

郐(鄶) kuài 周代诸侯国,在今河南密县东北。郐国很小,成语有"自郐以下",比喻其余不值一提的部分。

哙(噲) kuài ❶鸟兽的嘴。《淮南子·俶真》:"蚑(qí)行～息。"❷[哙哙]宽敞明亮的样子。《诗经·小雅·斯干》:"～～其正。"㉡[哙然]愉快的样子。《淮南子·精神》:"当此之时,～～得卧。"

狯(獪) kuài 狡猾。《宋史·侯陟传》:"性狡～好进,善事权贵。"(好进:喜欢往上爬。善:善于。)

浍(澮) kuài 田间大沟渠。《孟子·离娄下》:"沟～皆盈。"《荀子·王制》:"修堤梁,通沟～,行水潦,安水臧。"

脍(膾) kuài 细切的肉、鱼。《论语·乡党》:"食不厌精,～不厌细。"《孟子·尽心下》:"公孙丑问曰:'～炙与羊枣孰美?'孟子曰:'～炙哉!'"成语有"脍炙人口"。㉡细切(鱼或肉)。《诗经·小雅·六月》:"饮御诸友,炰鳖～鲤。"

鲙(鱠) kuài 细切的鱼肉。《吴越春秋·阖闾内传》:"吴王闻三师将至,治鱼为～。"㉡细切(鱼肉)。柳宗元

K

《设渔者对智伯》："脱其鳞，～其肉。"

块（塊） kuài ❶土块。《左传·僖公二十三年》："乞食于野人，野人与之～。"［大块］天地宇宙。《庄子·齐物论》："夫～～噫气，其名为风。"❷孤独。宋玉《九辩》："～独守此无泽兮，仰浮云而永叹。"（无：芜，荒芜。）［块然］孤独的样子。《庄子·应帝王》："～～独以其形立。"❸量词。块（后起意义）。《宋史·帝昺纪》："赵氏一～肉。"

快 kuài ❶高兴，痛快。《战国策·秦策五》："文信侯去而不～。"宋玉《风赋》："～哉此风。"❷放纵，放肆。《战国策·赵策二》："恭于教而不～，和于下而不危。"成语有"大快人心"。❸快。与"慢"相对（后起意义）。杨衒之《洛阳伽蓝记·城西》："～马健儿。"❹锐利，锋利（后起意义）。李商隐《行次西郊作》诗："～刀断其头。"【注意】"快"在上古只作"高兴"、"痛快"讲。【辨】快，速，疾，捷。见395页"速"字。

旝 kuài 一种旗。《左传·桓公五年》："～动而鼓。"

KUAN

宽（寬） kuān ❶宽阔，宽广。《后汉书·刘般传》："府寺～敞。"（府寺：官署。）❷宽宏，度量大。《荀子·不苟》："君子～而不僈。"（僈：通"慢"。懈怠。）❸松缓，和平。《史记·老子韩非列传》："～则宠名誉之人，急则用介胄之士。"（介胄之士：指武士。）㊀放宽，放松。《盐铁论·诛秦》："～徭役。"

髋（髖、臗） kuān 胯骨。《汉书·贾谊传》："至于～髀之所，非斤则斧。"

梡 kuǎn ❶huán 树名。❷huán 未破开的木柴。❸huán 刮摩。《扬子法言·吾子》："断木为棋，～革为鞠，亦皆有法焉。"（鞠：古人玩的一种球。）❹带四足的案板。《礼记·明堂位》："俎，有虞氏以～。"（置食的礼器，有虞氏用带四足的梡。）

款（欵） kuǎn ❶诚恳，恳切。《荀子·修身》："愚～端悫（què），则合之以礼乐。"（愚：老实。端：端正。悫：忠厚。）魏征《十渐不克终疏》："莫能申其忠～。"❷款待，招待（后起意义）。戴复古《汪见可约游青原》诗："一茶可～从僧话。"❸敲，叩。《吕氏春秋·爱士》："广门之官夜～门而谒。"《史记·商君列传》："～关请见。"（关：关塞。）㊀到。张衡《西京赋》："绕黄山而～牛首。"（牛首：山名。）❹通"窾"。空，不真实。《汉书·司马迁传》："～言不听，奸乃不生。"❺缓慢。梅尧臣《送胥裴二子回马上作》诗："岂惟游子倦，疲马行亦～。"❻［款识（zhì）］古代钟鼎彝器上铸刻的文字。《汉书·郊祀志下》："今此鼎细小，又有～～。"❼［款款］1. 忠实诚恳的样子。司马迁《报任安书》："诚欲效其～～之愚。"2. 徐缓的样子。杜甫《曲江》诗："点水蜻蜓～～飞。"

窾 kuǎn 空。《庄子·养生主》："批大郤，导大～。"《淮南子·说山》："见～木浮而知为舟。"（人们看到了中空的树木浮在水上，就知道了造船。）㊀挖空，掏空。《汉书·杨王孙传》："～木为椟（dú）。"（椟：小棺材。）

KUANG

匡 kuāng ❶饭器。同"筐"。《周易·归妹》："有女承～。"❷正，纠正。《左传·襄公十四年》："善则赏之，过则～之。"㊀端正。《庄子·让王》："上漏下湿，～坐而弦。"（弦：弹琴。）❸辅助。《国语·晋语九》："今范中行氏之臣，不能～相其君，使至于难。"㊀救助。《左传·成公十八年》："～乏困。"❹眼眶。《史记·淮南衡山列传》："涕满～而横流。"（涕：眼泪。）❺弯曲。《周礼·考工记·轮人》："轮虽敝不～。"（轮：车轮。敝：破。不匡：指辐条不弯曲。）

劻 kuāng ［劻勷（ráng）］急迫不安的样子。韩愈《刘统军碑》："新师不牢，～～将逋。"（逋：逃亡。）

筐 kuāng ❶方形竹器。《诗经·周南·卷耳》："采采卷耳，不盈顷～。"（顷：倾斜。）㊀用作动词，用筐盛。《诗经·小雅·采菽》："采菽采菽，～之筥（jǔ）之。"（菽：豆类。筥：圆形竹器，此处亦用作动词。）㊁方形的。《淮南子·诠言》："心有忧者，～床衽（rèn）席，弗能安也。"❷［筐篚（fěi）］本指两种竹制盛物器，特指皇帝的恩赐。杜甫《自京赴奉先县咏怀五百字》："圣人～～恩，实欲邦国活。"

狂 kuáng ❶狗发疯。《晋书·五行志中》："旱岁，犬多～死。"（岁：年。）㊁失却常态，疯癫。《老子·十二章》："驰骋田猎令人心发～。"《后汉书·翟酺传》："臣闻微子佯～而去殷。"（微子：人名。佯：装作。）❷放荡，不受拘束。《国语·周语下》："气佚则不和，于是乎有～悖之言。"杜甫《狂夫》诗："欲填沟壑唯疏放，自笑～夫老更～。"[狂简]有大志而少谋略。《论语·公冶长》："吾党之小子～～，斐然成章，不知所以裁之。"[狂狷]勇于进取与洁身自好。《论语·子路》："不得中行而与之，必也～～乎？狂者进取，狷者有所不为也。"❸ 气势猛烈。韩愈《进学解》："障百川而东之，回～澜于既倒。"李白《司马将军歌》："～风吹古月。"

诓（誑） kuáng 欺骗，迷惑。《韩非子·和氏》："王以和为～，而刖其左足。"（和：人名。）《史记·乐毅列传》："设诈～燕军。"（设诈：设假象。）

懭 kuǎng ［懭悢（lǎng）］失意，不得志的样子。宋玉《九辩》："怆怳～～兮，去故而就新。"《楚辞·九叹·惜贤》："心～～以冤结兮，情舛错以曼忧。"

卝 kuàng "矿（礦）"的古字。《周礼·地官·卝人》："～人，掌金玉锡石之地。"

圹（壙） kuàng ❶ 墓穴。《礼记·檀弓下》："吊于葬者必执引，若从柩及～，皆执绋。"❷ 旷野，野外。《孟子·离娄上》："民之归仁也，犹水之就下、兽之走～也。"❸ 通"旷"。荒废。《管子·七法》："不失天时，毋～地利。"《荀子·议兵》："敬事无～。"❹ 通"旷"。历时久远。《汉书·孝武李夫人传》："托沉阴以～久兮。"（托：寄托。沉阴：指地下。）

纩（纊、絖） kuàng 丝绵絮。《仪礼·士丧礼》："瑱（tiàn）用白～。"（人死后用白纩塞耳。）《庄子·逍遥游》："宋人有善为不龟手之药者，世世以洴澼（píng pì）～为事。"（洴澼：漂洗。）

旷（曠） kuàng ❶ 明朗，开朗。《后汉书·窦融传》："义士则～若发矇。"（发矇：让盲人恢复视力。矇：眼睛失明。）成语有"心旷神怡"。❷ 广大，空阔。《诗经·小雅·何草不黄》："匪兕匪虎，率彼～野。"陶潜《桃花源记》："土地平～。"❸ 历时久远。《后汉书·朱儁传》："皆～年历载，乃能克敌。"成语有"旷日持久"。❹ 空着，空缺。《孟子·离娄上》："～安宅而弗居，舍正路而不由。"刘禹锡《秋霖即事联句》："欢娱久～焉。"[旷古]古来所没有的。《北史·赵彦深传》："～～绝伦。"（绝伦：指超群。）双音词有"旷课"、"旷工"。❺ 荒废。《吕氏春秋·无义》："以义动，则无～事矣。"《汉书·贾山传》："～日十年。"《北史·李元忠传》："庭室芜～。"

爌 kuàng ❶ huǎng 明亮，照亮。《汉书·扬雄传》："北～幽都，南炀丹厓。"❷ ［爌炾（huǎng）］宽敞明亮的样子。王延寿《鲁灵光殿赋》："鸿～～以爣（tǎng）阆，飋萧条而清泠。"（飋：风很凉的样子。）

穬 kuàng 有芒的谷物。㊕指去了壳的大麦。《文选·潘岳〈马汧督诔〉》："内焚～火薰之，潛氏殲焉。"

况（況） kuàng ❶ 比拟，比较。《盐铁论·忧边》："乃欲以闾里之治，而～国家之大事。"（闾里：乡里。）[自况]（以某人、某事）自比。《宋书·陶潜传》："潜少有高趣，尝著《五柳先生传》以～～。"❷ 情况（后起意义）。杜荀鹤《赠秋浦张明府》诗："他日亲知问官～，但教吟取杜家诗。"❸ 连词。何况，况且。表示更进一层。《左传·隐公元年》："蔓草犹不可除，～君之宠弟乎？"❹ 副词。更加。《国语·晋语一》："众～厚之。"❺ 通"贶"。赐，赏赐。《国语·鲁语下》："君以诸侯之故，～使臣以大礼。"司马相如《封禅文》："号以～荣。"

贶（貺） kuàng 赐，赏赐。《左传·昭公六年》："小国之事大国也，苟免于讨，不敢求～。"又如"厚贶"、"嘉贶"、"贶赠"。

KUI

亏（虧） kuī ❶ 欠缺，短少。《管子·白心》："日极则仄（zè），月满则～。"（日极：太阳到了正午。仄：偏斜。）成语有"功亏一篑（kuì）"（只欠一筐土没有成功）。❷ 毁坏。《诗经·鲁颂·閟宫》："不～不崩。"（崩：崩溃。）㊀损害。《墨子·兼爱上》："子自爱，不爱父，故～父而自利。"《晋书·王戎传》："～败风俗。"㊀违背。《吕氏春秋·察今》："其时已与先王之法～矣。"

刲 kuī ❶ 刺、割（羊）。《周易·归妹》："士～羊。"《国语·楚语下》："必自射牛，～羊，击豕。"❷ 割取（土地）。《战国策·齐策三》："今又劫赵魏，疏中国，～卫之东野。"

岿（巋） kuī ［岿然］高大独立的样子。《庄子·天下》："～～而有余。"王延寿《鲁灵光殿赋》："而灵光～～独存。"（灵光：灵光殿。）

悝 kuī 嘲讽。张衡《东京赋》："由余以西戎孤臣，而～缪公于宫室。"（由余：人名。）

窥（窺） kuī ❶ 从小孔或缝隙里看。《礼记·少仪》："不～密，不旁狎，不道旧故，不戏色。"《孟子·滕文公下》："不待父母之命，媒妁之言，钻穴隙相～，逾墙相从，则父母国人皆贱之。"成语有"管中窥豹"。㊀观察，侦探。《荀子·议兵》："～敌观变，欲潜以深。"（潜以深：指行动机密。）㊁探索。《礼记·中庸》："非道同志一，莫～其奥。" ❷ kuǐ 通"跬"。现在的两步古代称"步"，现在的一步古代称"跬"。《汉书·息夫躬传》："京师虽有武蜂精兵，未有能～左足而先应者也。"（武蜂：军队名号。窥左足：左脚迈出一步。应：响应。）【注意】"闚"与"窥"在窥视、偷看的意义上同音同义，今"闚"写作"窥"，但"窥❷"不写作"闚"。

闚 kuī 同"窥❶"。从门中或小孔中看。《晏子春秋·杂上》："晏子为齐相，出，其御之妻从门间而～。"权德舆《早春南亭即事》诗："～镜叹华颠。"（华颠：指头发花白。）㊁偷看。宋玉《登徒子好色赋》："然此女登墙～臣三年，至今未许也。"㊀探索。《史记·老子韩非列传》："其学无所不～，然其要本归于老子之言。"

奎 kuí ❶ 胯，两大腿之间。《庄子·徐无鬼》："～蹄曲限，乳间股脚，自以为安室利处。"（猪身上的虱子选择胯下蹄边、大腿根部、乳腹小腿等毛疏的地方安身。曲限：指大腿根部。）❷ 星宿名。二十八宿之一。西方十六星，像两大腿，故曰奎。

逵（馗） kuí 四通八达的道路。《左传·隐公十一年》："子都拔棘以逐之，及大～，弗及。"（子都：人名。棘：通"戟"。逐：追。弗及：没有追上。）王粲《从军诗》之五："馆宅充鄽里，士女满庄～。"（庄：四通八达的路。）

魁 kuí ❶ 勺子，调羹。贾思勰《齐民要术·种榆白杨》："十年之后，～、碗、瓶、榼（hé）、器皿，无所不任。"（榼：酒杯。）❷ 头目，首领。《尚书·胤征》："歼厥渠～，胁从罔治。"《汉书·游侠传》："闾里之侠，原涉为～。"（闾里：乡里。原涉：人名。）成语有"罪魁祸首"。㊁科举考试中第一名。《宋史·章衡传》："卿为仁宗朝～甲。"（魁甲：第一名，即状元。）❸ 高大，魁梧。《史记·孟尝君列传》："始以薛公为～然也，今视之，乃眇小丈夫耳。"《汉书·张良传》："闻张良之智勇，以为其貌～梧奇伟。" ❹ 星名。北斗七星中形成斗形的四颗星。《三国志·吴书·吴主传》："犯～第二星而东。"（犯：指经过。）

揆 kuí ❶ 度量，考察。《诗经·鄘风·定之方中》："～之以日，作于楚室。"㊀揣测，估量。《汉书·律历志上》："准者，所以～平取正也。"（准：一种测定水平的工具。）陆机《演连珠》："临渊～水，而浅深难察。"（渊：深水。）❷ 准则，道理。《孟子·离娄下》："先圣后圣，其～一也。"刘知几《史通·疑古》："以古方今，千载一～。"（方：比。）❸ 管理。《左传·文公十八年》："以～百事，莫不时序。"㊀官职。《尚书·舜典》："纳于百～。"㊁特指宰相。《晋书·礼志上》："桓温居～，政由己出。"双音词有"阁揆"。

葵 kuí ❶ 菜名，即冬葵。也叫冬寒菜。《诗经·豳风·七月》："七月亨（pēng）～及菽。"（亨：煮。菽：豆类。）❷ [蒲葵]叶可做蒲扇。《晋书·谢安传》："有～～扇五万。" ❸ 向日葵（后起意义）。司马光《居洛初夏》诗："更无柳絮因风起，惟有～花向日倾。" ❹ 通"揆"。度量，考察。《诗经·大雅·板》："民之方殿屎（xī），则莫我敢～。"（殿屎：痛苦呻吟。）

骙（騤） kuí ❶ [骙骙]马强壮的样子。《诗经·小雅·采薇》："驾彼四牡，四牡～～。" ❷ [骙瞿（qú）]急遽奔走的样子。张衡《西京赋》："百禽㥄遽，～～奔触。"

暌 kuí ❶ 背离，不合。刘勰《文心雕龙·杂文》："或文丽而义～，或理粹而辞驳。"杜甫《奉赠太常张卿均二十韵》："吹嘘人所羡，腾跃事仍～。"又写作"睽"。❷ [暌暌]通"睽睽"。众目注视的样子。司马光《上谨习疏》："是以在上者惴惴焉畏其下，在下者～～焉伺其上。"

戣 kuí 古兵器名。似戟。《尚书·顾命》："一人冕执～，立于东垂。"

睽 kuí ❶ 背离，不合。《庄子·天运》："下～山川之精。"谢朓《敬亭山》诗："兹理庶无～。"（兹：此。庶：庶几，差不多。）❷ [睽睽]睁大眼睛注视的样子。韩愈《郓州溪堂诗序》："万目～～。"

頯 kuí ❶ 颧骨。《睡虎地秦墓竹简·法律答问》："黥颜～。"又写作"頄"。❷ 质朴的样子。《庄子·大宗师》："其容寂，其颡～。"（颡：额头。）❸ 中央宽两头尖。《尔雅·释鱼》："蚆，博而～。"（蚆：一种鱼。）

夔 kuí ❶ 古代传说中的一种怪物。《国语·鲁语下》："木石之怪曰～、蝄蜽。" ❷ [夔夔]敬惧的样子。《尚书·大禹谟》："～～斋慄。"（斋：恭敬。慄：害怕。）《孟子·万章上》："祗载见瞽瞍，～～斋栗。" ❸ [夔州]古地名，在今四川奉节一带。

頍（頍） kuǐ 古代固冠的一种发饰。《诗经·小雅·頍弁》："有～者弁，实维在首。”

跬（趌、蹞） kuǐ 古代的半步。《荀子·劝学》：“不积～步，无以至千里。”（积：积累。）贾谊《新书·审微》：“故墨子见衢路而哭之悲，一～而缪千里也。”（缪：通“谬”。错误。）【注意】现在的两步古代称“步”，现在的一步古代称“跬”。㊄眼前的，一时的。《庄子·骈拇》：“敝～誉无用之言。”（为眼前的名誉和无用的言论而奔波。敝：疲，劳累。）

硊 kuǐ ❶［硊磊（lěi）］不平的样子。郭璞《江赋》：“蜛蝫（jū zhū）森衰以垂翘，玄蛎～～而碨硊。”（蜛蝫：一种水生动物。）❷ wěi［硊硊（wěi）］山石高险的样子。《楚辞·招隐士》：“嵚岑碕礒兮，硱磳～～。”

匮（匱） kuì ❶ guì 柜子。《尚书·金縢》：“乃纳册于金縢之～中。”这个意义后来写作“柜”。❷ 缺乏，不足。《吕氏春秋·长攻》：“财～而民恐，悔无及也。”《商君书·算地》：“国贫则上～赏。”双音词有“匮乏”。❸ 通“篑”。盛土的竹筐。《尚书·旅獒》：“为山九仞，功亏一～。”（堆起九仞高的山，只差一筐土，没有成功。仞：七尺或八尺。）

蒉（蕢） kuì 草编的筐子。《论语·宪问》：“有荷～而过孔氏之门者。”

馈（饋、餽） kuì ❶ 馈赠，以食物送人。《左传·桓公六年》：“齐人～之饩（xì）。”（饩：生肉。）㊂赠送。《孟子·公孙丑下》：“前日于齐，王～兼金一百而不受。”（兼金：优质的金。）《宋史·宗室四·子潚传》：“迁户部郎中，总领江淮军马钱粮，诸司～礼。”❷ 吃饭。《淮南子·氾论》：“一～而十起。”（吃一顿饭站起来十次。）❸ 通“匮”。缺乏。《墨子·七患》：“四谷不收谓之～。”

溃（潰） kuì ❶ 水冲破堤坝。《国语·晋语二》：“恐其如壅大川，～而不可救御也。”㊀冲破（包围）。《三国志·吴书·孙坚传》：“坚与数十骑～围而出。”❷ 散乱，瓦解。《左传·僖公四年》：“齐侯以诸侯之师侵蔡，蔡～，遂伐楚。”成语有“溃不成军”。❸ 烂。《周礼·天官·疡医》：“掌肿疡、～疡、金疡、折疡之祝药。”《素问·气交变大论》：“其灾霖～。”（霖溃：久雨而草木溃烂。）双音词有“溃烂”、“溃疡”。

愦（憒） kuì 昏乱，糊涂。《战国策·齐策四》：“文倦于事，～于忧。”《汉书·王莽传中》：“政令烦多……前后相乘，～眊不渫（xiè）。”（眊：昏乱。渫：通畅。）［愦愦］糊涂的样子。《庄子·大宗师》：“逍遥乎无为之业，彼又恶能～～然为世俗之礼。”

聩（聵） kuì ❶ 耳聋。《国语·晋语四》：“聋～不可使听。”《旧唐书·司空图传》：“耄而～。”❷ 糊涂无知。扬雄《太玄·玄摛》：“晓天下之～～，莹天下之晦晦者，其唯玄乎？”（莹：照亮。）韩愈《朝归》诗：“坐食取其肥，无堪等聋～。”成语有“振聋发聩”。

篑（簣） kuì 盛土的竹筐。《论语·子罕》：“譬如为山，未成一～。”成语有“功亏一篑”。

喟 kuì 叹息。《论语·先进》：“夫子～然叹曰：‘吾与点也。’”（与：赞同。点：人名，指曾点。）［喟喟］叹息声。《楚辞·九叹·愍命》：“声～～兮。”

愧（媿） kuì 惭愧，羞愧。《诗经·大雅·抑》：“尚不～于屋漏。”《孟子·尽心上》：“仰不～于天，俯不怍于人。”（怍：惭愧。）成语有“问心无愧”。

KUN

坤（堃） kūn 八卦之一，代表地。《周易·系辞上》：“天尊地卑，乾～定矣。”杜甫《后苦寒行》：“杀气南行动～轴。”见 139 页“卦”字。㊈女性的，阴性的。《周易·系辞上》：“乾道成男，～道成女。”《汉书·王莽传中》：“驾～六马。”（用六匹母马驾车。）双音词有“坤角”、“坤表”等。

昆[1] kūn ❶ 兄。《诗经·王风·葛藟》：“终远兄弟，谓他人～。”《汉书·张骞传》：“汉遣公主为夫人，结～弟，其势宜听。”❷ 后裔，子孙。《国语·晋语二》：“天降祸于晋国，谗言繁兴，延及寡君之绍续～裔。”左思《吴都赋》：“虞、魏之～。”❸ 一齐，共同。扬雄《羽猎赋》：“噍噍（jiū jiū）～鸣。”（噍噍：鸟叫声。）㊀众。《荀子·富国》：“然后～虫万物生其间。”❹［昆阳］古地名，在今河南。公元 23 年东汉刘秀曾在这里打败王莽的军队。

昆[2]（崑、崐） kūn ❶［昆仑（崙）］山名。《庄子·大宗师》：“以袭～～。”❷ 高。《后汉书·荀爽传》：“察法于地，则～山象夫，卑泽象妻。”

琨 kūn 一种玉。《尚书·禹贡》：“厥贡惟金三品，瑶、～、篠簜。”

焜 kūn ❶ 光明。《左传·昭公三年》：“～耀寡人之望。”《新唐书·李适之传》：“褒册典物，～照都邑。”❷ 通“昆”。

同，齐。《汉书·扬雄传上》："樵蒸～上，配藜四施。"

鹍(鵾、鶤) kūn ［鹍鸡］一种像鹤的鸟。宋玉《九辩》："雁廱廱而南游兮，～～啁哳而悲鸣。"

锟(錕) kūn ［锟铻(wú)］山名。也指产于此山的剑。《列子·汤问》："西戎献～～之剑……用之切玉如切泥焉。"

鲲(鯤) kūn 传说中的一种大鱼。《庄子·逍遥游》："北冥有鱼，其名为～。"(北冥：北海。)

晜 kūn ❶兄。陆游《幽居即事九首》诗之五："野人求其类，金埙实弟～。"这个意义又写作"昆"。❷［晜孙］五世孙。《尔雅·释亲》："玄孙之子为来孙，来孙之子为～～。"

裈(褌、幝) kūn 有裆的裤子。《史记·司马相如列传》："相如身自著犊鼻～，与保庸杂作。"

髡(髠) kūn 古代一种剃去头发的刑罚。屈原《九章·涉江》："接舆～首兮，桑扈臝行。"(接舆、桑扈：人名。)㉠剪去树的枝梢。贾思勰《齐民要术·栽树》："大树～之，小则不～。"

捆 kǔn ❶编织时敲打使密实牢固。《孟子·滕文公上》："～屦(jù)织席以为食。"(屦：鞋。)❷捆扎(后起意义)。徐弘祖《徐霞客游记·滇游日记八》："闻人声在绝壁下，乃樵者拾枯枝于此，～缚将返。"

阃(閫) kǔn ❶门槛。扬雄《甘泉赋》："天～决兮，地垠开。"(垠：边界。)《南史·沈颢传》："送迎不越～。"㊕城门的门槛。《史记·张释之冯唐列传》："～以内者寡人制之，～以外者将军制之。"㉠统兵在外的将帅。文天祥《指南录后序》："即具以北虚实告东西二～。"(北：指北方的敌人。)❷通"壸"。古代宫中的路。㉠妇女居住的内室。《后汉书·皇后纪上》："内无出～之言，权无私溺之授。"［阃闱］宫闱，后妃居住的地方。班固《述成纪》："～～恣赵。"(恣：放纵。赵：指赵飞燕姊妹。)

悃 kǔn 诚恳，诚实。《楚辞·九叹·愍命》："亲忠正之～诚兮，招贞良与明智。"［悃款］忠诚的样子。屈原《卜居》："吾宁悃悃款款朴以忠乎？将送往劳来斯无穷乎？"柳宗元《吊乐毅文》："仁夫对赵之～～兮，诚不忍其故邦。"

梱 kǔn ❶门限。《礼记·曲礼上》："外言不入于～，内言不出于～。"❷叩，敲击。《晏子春秋·谏下》："吾将左手拥格，右手～心，立饿枯槁而死。"(格：通"辂"。车前的横木。)❸ kùn 使齐平。《仪礼·大射仪》："既拾，取矢～之。"(取矢梱之：取回箭矢，摆放整齐。)

稇(稛) kǔn 用绳索捆。《国语·齐语》："诸侯之使垂橐而入，～载而归。"

壸(壼) kǔn 古代宫中的路。《诗经·大雅·既醉》："其类维何？室家之～。"

困 kùn ❶困窘，困难。《荀子·儒效》："知之而不行，虽敦必～。"《史记·屈原贾生列传》："齐竟怒不救楚，楚大～。"(竟：竟然。)《史记·魏公子列传》："公子能急人之～。"㉦被困，困住。诸葛亮《后出师表》："其用兵也，仿佛孙、吴，然～于南阳。"(孙、吴：孙膑、吴起。南阳：地名。)成语有"困兽犹斗"。❷贫乏，贫困。《史记·宋微子世家》："岁饥民～。"❸困倦，疲乏。《盐铁论·击之》："犹耕者倦休而～止也。"(就像农民因困倦而休息，因疲乏而停止耕作一样。)

KUO

括(捪) kuò ❶结扎，束结。《庄子·寓言》："向也～而今也被发。"(从前束结头发，而现在披头散发。向：过去。被：披。)成语有"括囊守禄"。㉠约束。《孔丛子·执节》："以礼～其君，使入于善。"❷到来，会合。《诗经·王风·君子于役》："日之夕矣，牛羊下～。"❸包容，包括。贾谊《过秦论》："有席卷天下，包举宇内，囊～四海之意。"㉦搜求。《北史·孙搴传》："时大～人为军士。"❹箭的末端。张衡《西京赋》："寻景追～。"(景：日光。)也指箭。刘向《说苑·谈丛》："～既离弦，虽有所悔焉，不可从而追已。"

适²(适) kuò 疾速。多用于人名。《论语·宪问》："南宫～出。"

阔(闊、濶) kuò ❶远，疏远。《诗经·邶风·击鼓》："于嗟～兮，不我活兮。"扬雄《太玄·断》："尔仇不～。"❷宽缓，放宽。《汉书·王莽传下》："～其租赋。"❸宽阔，广阔。杜甫《旅夜书怀》诗："星垂平野～，月涌大江流。"［阔达］豁达，心胸开阔。《后汉书·马武传》："武为人嗜(shì)酒，～～敢言。"(嗜：特别爱好。)❹远于实际。《史记·孟子荀卿列传》："梁惠王不果所言，则见以为迂远而～于事情。”[迂阔]不切合实际。《三国志·魏书·杜畿传》：“竞以儒家为～～。”❺久别。嵇康《与山巨源绝交书》：“时与亲旧叙～，陈说平生。”[阔别]久别。王羲之《杂帖》四：“～～稍久。”❻长。白居易《寄微之》诗：“有江千里～。”

筈 kuò （又读 guā）箭的尾端。陆机《为顾彦先赠妇》诗二首之二：“离合非有常，譬彼弦与～。”

廓 kuò ❶空阔，广大。《诗经·大雅·皇矣》：“上帝耆之，憎其式～。”（耆：厌恶。式：因而。）张衡《思玄赋》：“～荡荡其无涯兮。”（空阔广大而没有边际。）❷开拓，扩大。《荀子·修身》：“狭隘褊小，则～之以广大。”《孙子兵法·军争》：“～地分利。”（扩大地盘，分兵把守对我有利的地方。）❸空寂，空虚。曹植《王仲宣诔》：“虚～无见。”㉿清除。王禹偁《桑魏公》诗：“挥手～氛霾，放出扶桑日。”双音词有“廓清”。❹通“郭”。外城。《晏子春秋·外篇不合经术者》：“婢妾，在～之野人也。”杨衒之《洛阳伽蓝记·永明寺》：“皆因城～而居。”㉿轮廓，边沿。徐弘祖《徐霞客游记·楚游日记》：“北为马蹄石，皆～高里降，有同釜底。”

髻（鬠） kuò 束发。《仪礼·士丧礼》：“主人～发。”

彍（彉） kuò 拉满弓。《孙子兵法·势》：“势如～弩，节如发机。”

鞹（鞟） kuò ❶去了毛的兽皮。《诗经·齐风·载驱》：“簟茀朱～。”（簟茀：竹席。）《论语·颜渊》：“虎豹之～，犹犬羊之～。”李贺《送秦光禄北征》诗：“虎～先蒙马，鱼肠且断犀。”（鱼肠：剑名。）❷用皮革捆缚。《吕氏春秋·赞能》：“使吏～其拳，胶其目。”

K

L

LA

拉　lā　摧折，扳断。《史记·郑世家》："齐襄公使彭生醉～杀鲁桓公。"邹阳《狱中上梁王书》："范雎～胁折齿于魏。"【注意】古代"拉"字不当拉开讲。

擸（搚）　lā　同"拉"。折断。《公羊传·庄公元年》："于其乘焉，～干而杀之。"

剌　là　违背。司马迁《报任安书》："今少卿乃教以推贤进士，无乃与仆私心～谬乎。"《汉书·杜钦传》："外戚亲属无乖～之心。"（乖：违背。）

腊[1]（臘）　là　古代阴历十二月的一种祭祀。《左传·僖公五年》："宫之奇以其族行，曰：'虞不～矣。'"《韩非子·五蠹》："夫山居而谷汲者，膢（lóu）～而相遗（wèi）以水。"（谷汲者：从山谷中取水的人。膢：春秋战国时代楚国人的一种祭祀。遗：赠给。）[腊月]阴历十二月。贾思勰《齐民要术·种葵》："～～中汲井水。"（汲：取。）【注意】在古代，"臘"和"腊（xī）"是两个字，意义各不相同。上述义项都不写作"腊"。现在"臘"简化为"腊"。参见437页"腊[2]"字。

LAI

来（來）　lái　❶小麦。《诗经·周颂·思文》："贻我～牟。"（贻：赠送。牟：大麦。）这个意义后来写作"麳"。❷来。与"往"相对。《孟子·梁惠王上》："不远千里而～。"㊀招来，使……来。《孟子·滕文公上》："劳之～之，匡之直之。"《史记·文帝本纪》："将何以～远方之贤良。"这个意义又写作"徕"。❸lài　慰劳，勉励。《诗经·小雅·大东》："东人之子，职劳不～。"《汉书·王莽传中》："力～农事，以丰年谷。"❹将来。《荀子·解蔽》："不慕往，不闵～。"（不羡慕过去，也不忧虑未来。闵：忧虑。）㊀某一时间以后。晁错《言兵事疏》："臣闻汉兴以～，胡虏数入边地。"（数：屡次。）❺句尾语气词。相当于现代汉语的"咧"。《庄子·人间世》："尝以语我～。"（尝：尝试。）

莱（萊）　lái　❶草名，即藜，俗称胭脂菜。《诗经·小雅·南山有台》："南山有台，北山有～。"（台：通"薹"。即莎草。）《韩非子·难势》："此味非饴蜜也，必苦～亭历也。"（亭历：一种野菜。）㊀指杂草。张衡《西京赋》："芟～平场。"杜甫《夏日叹》诗："万人尚流冗，举目唯蒿～。"❷长满杂草，荒芜。《诗经·小雅·十月之交》："田卒汙～。"❸休耕的田。《周礼·地官·县师》："掌邦国都鄙稍甸郊里之地域，而辨其夫家人民田～之数。"㊀指荒地。《孟子·离娄上》："辟草～任土地者次之。"❹除草。《周礼·地官·山虞》："若大田猎，则～山田之野。"❺古国名，在今山东。《左传·襄公六年》："齐侯灭～。"

徕（徠）　lái　❶招来，使……来。《商君书·徕民》："～三晋之民，而使之事本。"（三晋：指赵、韩、魏三国。事本：指从事农业。）❷同"来"。与"往"相对。屈原《九歌·少司命》："望嫩人兮未～。"《汉书·武帝纪》："氐羌～服。"

崃（崍）　lái　[邛（qióng）崃]见337页"邛"字。

騋　lái　七尺以上的马。《诗经·鄘风·定之方中》："～牝三千。"

斄　lái　❶（又音 lí）西南边远地区一种黑色野牛。《庄子·逍遥游》："今夫～牛，其大若垂天之云。"❷tái　古邑名。即"邰"。在今陕西武功西南。《汉书·郊祀志下》："后稷封于～。"

勑　lài　❶[劳（lào）勑]勉励，慰问。《淮南子·氾论》"以劳天下之民"高诱注："劳，读～～之劳。"这个意义又写作"劳来"或"劳徕"。❷chì　通"敕"。皇帝的命令或诏书。杜甫《送杨六判官使西蕃》诗："～书怜赞普，兵甲望长安。"❸chì　通"饬"。整治，整顿。《尚书·皋陶谟》："天叙有典，～我五典五惇（dūn）哉。"（惇：厚道，诚实。）《周易·噬嗑》："先王以明罚～法。"㊀命令。《后汉书·光武帝纪下》："往年已～郡国，异味不得有所献御。"

赉（賚）　lài　赏赐。《论语·尧曰》："周有大～。"《新唐书·许景先传》："～绢三千遣之。"

睐（睞）　lài　向旁边看。《南史·梁简文帝纪》："眄～则目光烛人。"（眄：斜看。烛：照耀。）

赖（賴） lài ❶利益，好处。《国语·齐语》："相语以利，相示以～。"《国语·晋语一》："仓廪盈，四邻服，封疆信，君得其～。" ❷依赖，依靠。《尚书·吕刑》："一人有庆，兆民～之。"[无赖]1.生活无依靠，游手好闲。《史记·高祖本纪》："始大人常以臣～～，不能治产业。"（始：开始。大人：指刘邦的父亲。以：以为。）2.流氓（后起意义）。胡铨《上高宗封事书》："王伦本一狎邪小人，市井～～。"（王伦：人名。狎邪：轻佻邪恶。市井：街市。）

濑（瀨） lài 流得很急的水。左思《吴都赋》："直冲涛而上～，常沛沛以悠悠。"

籁（籟） lài 古代一种三孔管乐器。《淮南子·说山》："物莫不因其所有而用其所无，以为不信，视～与竽。"《汉书·司马相如传》："吹鸣～。"㉑从孔穴中发出的声音。《庄子·齐物论》："地～则众窍是已。"（地籁就是许多孔穴发出来的声音。）㉒一般的声响。如"万籁俱寂"。双音词有"天籁"。

藾 lài ❶蒿类植物，即"苹"。也叫藾萧。曹操《步出夏门行·土不同》："锥不入地，蘴～深奥。" ❷庇荫。《庄子·人间世》："见大木焉，有异，结驷千乘，隐将芘其所～。"（芘：掩蔽。）

LAN

兰（蘭） lán ❶兰草。一种香草。《周易·系辞上》："同心之言，其臭如～。"屈原《离骚》："扈江离与辟芷兮，纫秋～以为佩。"（纫：连缀。） ❷通"栏"。栅栏。《汉书·王莽传》："（秦）又置奴婢之市，与牛马同～。"《后汉书·东夷列传》："复徙于马～。"

岚（嵐） lán 山林中的雾气。谢灵运《晚出西射堂》诗："晓霜枫叶丹，夕曛～气阴。"李贺《南园十三首》诗："古刹疏钟度，遥～破月悬。"

婪 lán 贪食，贪心。常"贪婪"连用。《左传·昭公二十八年》："贪～无餍（yàn）。"（餍：饱，满足。）【辨】贪，婪。见402页"贪"字。

惏 lán ❶同"婪"。贪食，贪心。《左传·昭公二十八年》："贪～无餍。"现代汉语中这个义项写作"婪"。 ❷ lǐn [惏悷（lì）]悲伤的样子。宋玉《高唐赋》："令人～～憯凄。"

阑（闌） lán ❶门前的栅栏。《史记·楚世家》："令仪亦不得为门～之厮也。"（仪：张仪。厮：仆役。）㉑栏杆（后起意义）。周邦彦《满庭芳·夏日溧水无想山作》："凭～久。"（凭：依靠。）这个意义又写作"栏"。 ❷阻隔，分割。《史记·魏世家》："国去梁千里，有河山以～之。" ❸擅自（出入）。《史记·汲郑列传》："～出财物于边关。" ❹残尽。《史记·高祖本纪》："酒～，吕公因目固留高祖。"（目：使眼色。高祖：指刘邦。）陆游《十一月四日风雨大作》诗："夜～卧听风吹雨。"（夜阑：夜将尽。）[阑珊（shān）]将尽，衰落的样子。白居易《咏怀》："诗情酒兴渐～～。"成语有"意兴阑珊"。 ❺[阑干]1.纵横交错的样子。白居易《长恨歌》："玉容寂寞泪～～。"2.栏杆。李白《清平调》："沉香亭北倚～～。"

谰（讕） lán 诬陷，欺骗。董仲舒《春秋繁露·深察名号》："诘其名实，观其离合，则是非之情不可以相～已。"《新唐书·儒学传中》："使者十辈临按，余庆谩～。"（临：到来。按：查。余庆：人名。谩：欺骗。）[抵谰]抵赖。《汉书·文三王传》："王阳病～～。"（阳：通"佯"。假装。）双音词有"谰言"。

澜（瀾） lán ❶大波澜。《孟子·尽心上》："观水有术，必观其～。" ❷[澜澜]泪涌下的样子。元稹《听庾及之弹乌夜啼引》："乌啼啄啄泪～～。" ❸[澜汗]水势浩大的样子。木华《海赋》："洪涛～～，万里无际。"

斓（斕） lán [斑斓]灿烂多彩。《后汉书·南蛮西南夷传》："衣裳～～，语言侏离。"（侏离：不易懂。）

襕（襴、𧞫） lán ❶一种上衣下衣相连的服装。段成式《酉阳杂俎》卷八"黥"："忽有一人，白～屠苏，倾首微笑而去。" ❷通"栏"。界栏。《金史·百官志》四："铁券……状如卷瓦，刻字画～，以金填之。"

籣（韊） lán 装箭的袋子。《汉书·韩延寿传》："被甲鞮鞪居马上，抱弩负～。"

蓝（藍） lán 一种草本植物，叶子可以提制蓝色染料。《荀子·劝学》："青，取之于～而青于～。"㉑蓝色（后起意义）。杜甫《冬到金华山观》诗："上有蔚～天。"熟语有"青出于蓝而胜于蓝"。【辨】青，苍，碧，绿，蓝。"青"是蓝色，"苍"是深蓝，"碧"是浅蓝，本是有分别的，但有时候也混用。青天又叫苍天，也叫碧落或碧空，青草又叫碧草，青苔又叫苍苔。绿色和青色距离较远，混用的情况较少，绿草指嫩绿色的草，与青草的意义不尽相同。"蓝"字在上古汉语中，不用来表示颜色，只用来指可以做染料的植物，这种染料染出来的颜色就是青（所以说青出于蓝）。

襤（襤） lán ［襤褛（lǚ）］形容衣服破烂。扬雄《方言》卷三："南楚凡人贫，衣被丑敝，谓之须捷，或谓之褛裂，或谓之～～。"《梁书·康绚传》："寒月见省官～～，辄遗以襦衣。"（辄：总是。遗：送。襦：短衣。）又写作"蓝缕"、"襤褸"等。

览（覽） lǎn 看。屈原《离骚》："～椒兰其若兹兮。"《韩非子·外储说左上》："人主～其文而忘有用。"㊀采纳。《战国策·齐策一》："大王～其说，而不察其至实。"

揽（攬） lǎn ❶ 执，把持。宋玉《登徒子好色赋》："遵大路兮，～子袪。"㊀主持，总揽。荀悦《汉纪·元帝纪下》："总百蛮之军，～城郭之兵。"❷ 收拢，引取。《庄子·在宥》："而欲为人之国者，此～乎三王之利，而不见其患者也。"㊀招引，拉拢。《三国志·蜀书·诸葛亮传》："总～英雄，思贤如渴。"❸ 采摘。屈原《离骚》："朝搴（qiān）阰（pí）之木兰兮，夕～洲之宿莽。"（搴：拔。阰：小山。宿莽：香草名。）

缆（纜） lǎn 系船用的粗绳。谢灵运《邻里相送方山》诗："解～及流潮，怀旧不能发。"杜甫《舟中》诗："结～排鱼网。"（结：系。）

擥 lǎn 同"揽"。❶ 执，持。屈原《离骚》："～木根以结茝兮。"（茝：香草名。）❷［擥涕］擦干眼泪。屈原《九章·思美人》："思美人兮，～～而伫眙（chì）。"（伫眙：站着呆看。）

烂（爛） làn ❶ 煮烂。《吕氏春秋·本味》："熟而不～。"㊀腐烂，溃烂。《庄子·人间世》："咶（shì）其叶，则口～而为伤。"（咶：同"舐"。用舌头舔。）㊁火烧伤。《汉书·霍光传》："焦头～额为上客。"❷ 有光芒，灿烂。《诗经·郑风·女曰鸡鸣》："明星有～。"王安石《祭欧阳文忠公文》："～如日星之光辉。"❸［烂漫］1. 散乱、消散的样子。严忌《哀时命》："忽～～而无成。"2. 光彩分布的样子。杜甫《春日江村》诗："种竹交加翠，栽桃～～红。"3. 任意，无拘束的样子。杜甫《驱竖子摘苍耳》诗："～～任远适。"4. 坦率的样子。夏文彦《图绘宝鉴五·郑思肖》："天真～～，超出物表。"

滥（濫） làn ❶ 大水漫出，泛滥。《孟子·滕文公上》："洪水横流，氾～于天下。"《后汉书·班固传》："～瀛洲与方壶。"（瀛洲、方壶：地名。）㊀过度，无节制。《荀子·致士》："刑不欲～。"❷ 失真，不切实。《左传·昭公八年》："民听～也。"❸ jiàn 通"鉴"。大盆。《庄子·则阳》："夫灵公有妻三人，同～而浴。"

爁 làn ［爁焱（yàn）］火势蔓延。《淮南子·览冥》："火～～而不灭，水浩洋而不息。"

LANG

郎 láng ❶ 春秋鲁国地名。《礼记·檀弓下》："战于～。"❷ 官职名。帝王侍从官侍郎、中郎、郎中等的统称。《汉书·张骞传》："建元中为～。"（建元：汉武帝年号。）❸ 对青年男子的美称。《三国志·吴书·周瑜传》："瑜时年二十四，吴中皆呼为周～。"㊕妇女对其所爱的男人的称呼。南朝民歌《西洲曲》："忆～～不至，仰首望飞鸿。"（忆：思念。）㊁年青女子称为"女郎"。《木兰诗》："同行十二年，不知木兰是女～。"成语有"郎才女貌"。

廊 láng 厢房。《韩非子·十过》："平公恐惧，伏于～室之间。"（平公：晋平公。）［廊庙］朝廷。《战国策·秦策一》："式于～～之内。"（式：用。）杜甫《自京赴奉先县咏怀五百字》："当今～～具，构厦岂云缺。"

狼 láng ❶ 狼。《诗经·齐风·还》："并驱从两～兮。"（从：指追逐。）❷［狼戾］1. 散乱，杂乱。《淮南子·览冥》："流涕～～不可止。"2. 凶狠。《三国志·魏书·董二袁刘传评》："董卓～～贼忍，暴虐不仁。"❸［狼藉］1. 纵横散乱。《史记·滑稽列传》："履舄（xì）交错，杯盘～～。"（履：鞋。舄：厚底鞋。）2. 行为不法。《后汉书·张酺传》："闻其儿为吏，放纵～～。"又写作"狼籍"。成语有"声名狼藉"。❹［狼狈］仓皇失据，困窘。李密《陈情表》："臣之进退，实为～～。"❺ 星名。《史记·天官书》："其东有大星曰～。"［天狼］星名，古人以为主侵略和残暴。屈原《九歌·东君》："举长矢兮射～～。"

阆（閬） láng ❶［阆阆］高大的样子。扬雄《甘泉赋》："阆～～其寥廓兮，似紫宫之峥嵘。"❷ 空旷。《庄子·外物》："胞有重～，心有天游。"❸ 没有水的城壕。《管子·度地》："城外为之郭，郭外为之土～。"❹ liǎng 通"魉"。[罔阆]同"魍魉"。鬼怪。《史记·孔子世家》："木石之怪，夔、～～。"

琅 láng ❶ [琅玕(gān)] 1. 像珠子一样的美石。《尚书·禹贡》："厥贡惟球、琳、～～。"曹植《美女篇》："腰佩翠～～。"(佩：佩戴。翠：青绿色。)诗赋中也省作"琅"。2. 传说中的宝树。江淹《杂体诗·嵇中散》："朝食～～实，夕饮玉池津。"(实：果实。津：水。) 3. 竹子的美称。杜甫《郑驸马宅宴洞中》诗："留客夏簟清～～。"❷ [琅琅]象声词。形容清脆的声音。苏舜钦《秀州通越门外》诗："珍禽无数语～～。"诗赋中也省作"琅"。❸ [琅当]同"锒铛"。用铁链锁住。《汉书·王莽传下》："以铁锁～～其颈。"❹ [琅邪(yá)]山名，在山东，又写作"琅琊"。

硠 láng ❶ [雷硠]山崩声。左思《吴都赋》："菈擸～～，崩峦弛岑。"❷ [硠硠] 1. 石头撞击声。司马相如《子虚赋》："礧石相击，～～磕磕。"2. 坚强的样子。潘岳《马汧督诔》："慨慨马生，～～高致。"

锒(鋃) láng [锒铛(dāng)]铁锁链。《后汉书·崔骃传》："董卓以是收烈，付郿狱，锢之～～铁锁。"成语有"锒铛入狱"。

稂 láng 一种危害庄稼的草。《诗经·小雅·大田》："既坚既好，不～不莠(yǒu)。"《后汉书·王符传》："夫养～莠者伤禾稼，惠奸轨者贼良民。"(奸轨：犯奸作乱。贼：害。)

筤 láng ❶ 幼竹。元稹《生春》诗："斫～天虽暖，穿区冻未融。"❷ làng 仪仗中的曲柄伞。张孝祥《贺郊祀庆成》诗："日照云裳委，风含彩～低。"

朗 lǎng ❶ 明朗。《诗经·大雅·既醉》："昭明有融，高～令终。"王羲之《兰亭集序》："天～气清。"❷ 响亮。《论衡·气寿》："儿生，号啼之声鸿～高畅者寿。"李白《劳劳亭歌》："～咏清川飞夜霜。"双音词有"朗诵"。

烺 lǎng [烺烺]明亮的样子。柳宗元《答韦中立论师道书》："及长，乃知文者以明道，是固不苟为炳炳～～，务采色，夸声音而以为能也。"

埌 làng [圹埌]原野空旷的样子。《庄子·应帝王》："而游无何有之乡，以处～～之野。"

浪 làng ❶ 波浪。曹植《王仲宣诔》："游鱼失～，归鸟忘栖。"❷ 放荡，放纵。《诗经·邶风·终风》："谑(xuè)～笑敖，中心是悼。"(谑：开玩笑。悼：悲伤。)㊀随便，任意。杜甫《泛舟送魏十八仓曹还京》诗："见酒须相忆，将诗莫～传。"❸ 徒然，白白地。韩愈《秋怀》诗之一："胡为～自苦？得酒且欢喜。"❹ láng [浪浪][浪然]流动的样子。屈原《离骚》："揽茹蕙以掩涕兮，霑余襟之～～。"柳宗元《与顾十郎书》："因言感激，～然出涕。"❺ láng [沧浪]见35页"沧"字。

LAO

劳(勞) láo ❶ 费力，吃力。《庄子·天运》："是犹推舟于陆也，～而无功。"(是犹：这样就像。)成语有"一劳永逸"。㊀疲劳，劳累。《左传·僖公三十二年》："～师以袭远，非所闻也。"《汉书·赵充国传》："以逸击～，取胜之道也。"❷ 功劳。《诗经·大雅·民劳》："无弃尔～，以为王休。"(不要抛弃你的功劳，因而成就王的美政。)《韩非子·显学》："儒侠毋军～。"(毋：无，没有。) ❸ 慰劳。《左传·桓公五年》："郑伯使祭足～王。"《史记·文帝本纪》："帝亲自～军。"【辨】劬(qú)，劳。二字都有劳累的意思，但程度不同，"劬"的程度重一些。

簩 láo 竹名。左思《吴都赋》："柚梧有篁，篻～有丛。"

牢 láo ❶ 饲养牲畜的栏圈。《战国策·楚策四》："亡羊而补～，未为迟也。"(亡：失掉，跑掉。补：修补。) ❷ 做祭品用的牛羊猪。《礼记·王制》："天子社稷(jì)皆太～，诸侯社稷皆少～。"(社稷：古代帝王、诸侯所祭的土神和谷神。太牢：牛羊猪三样齐全。少牢：只有羊猪。) ❸ 监牢。司马迁《报任安书》："故士有画地为～，势不可入。"(画地：在地上画个范围。) ❹ 牢固。《韩非子·难一》："东夷之陶者器苦窳，舜往陶焉，期年而器～。"柳宗元《童区寄传》："愈束缚～甚。"(愈：更加。束缚：捆绑。)成语有"牢不可破"。❺ 官方发给的粮食。《后汉书·应劭传》："多其～赏。"

醪 láo 汁渣混合的酒。《庄子·盗跖》："今富人耳营钟鼓管籥之声，口嗛于刍豢～醴之味。"《汉书·爰盎传》："买二石醇～。"

老 lǎo ❶ 年老，衰老。《论语·述而》："发愤忘食，乐以忘忧，不知～之将至云尔。"㊀衰竭，疲怠。《左传·僖公二十八年》："楚师～矣。"㊁寿终。《荀子·仲尼》："桀纣舍之，厚于有天下之埶(shì)而不得以匹夫～。"(埶：同"势"。) ❷ 对年纪大的人的尊称。《诗经·小雅·十月之交》："不憖(yìn)遗一～。"(憖：愿。)《孟子·梁惠王上》："老吾～，以及人之～。" ❸ 陈旧。《荀子·成相》："治之道，美不～。" ❹ 老练，富有经验。《国语·晋语一》："既无～谋，而又无壮事。"杜甫《奉汉中王手札》诗："枚乘文章～。" ❺ 对公卿大夫的总称。《左传·昭公元年》："将不得为寡君～。"㊁卿大夫的家臣。《国语·周语下》："单之～送叔向。"(单：单靖公，周王的卿士。叔向：人名。)

栳 lǎo ［栲栳］见222页"栲"字。

潦 lǎo 见249页。

轑 lǎo ❶ 车篷骨架。《初学记》卷二十五引沈约《宋书》："翠羽盖黄里……金华施～。" ❷ liǎo 通"橑"。屋椽。《汉书·张敞传》："敞自将郡国吏……果得之殿屋重～中。" ❸ liǎo 通"燎"。燃烧。《汉书·杜周传》："排挤英俊，托公报私……欲以熏～天下。" ❹ láo 刮。《汉书·楚元王传》："嫂厌叔与客来，阳为羹尽，～釜，客以故去。"(阳：假装。轑釜：刮锅底。)

涝(澇) lào ❶ 雨水过多，淹了庄稼。《三国志·魏书·郑浑传》："郡界下湿，患水～，百姓饥乏。"《晋书·袁甫传》："雨久成水，故其域恒～也。" ❷ láo 大波浪。木华《海赋》："飞～相磢(shuǎng)，激势相沏(qiè)。"(磢：碰撞。沏：冲击。)鲍照《登大雷岸与妹书》："浴雨排风，吹～弄翮。" ❸ láo 河流名，在今陕西。

酪 lào 乳酪。晁错《言守边备塞疏》："食肉而饮～。"

LE

仂 lè 余数，零数。《礼记·王制》："祭用数之～。"(祭用：祭祀的开销。)

玏 lè ［瑊(jiān)玏］似玉的美石。

泐 lè ❶ 石依纹路而裂散。《周礼·考工记序》："石有时以～，水有时以凝。" ❷ 通"勒"。刻石。引申为书写(后起意义)。秋瑾《致琴文书》："匆匆倚灯谨～数行，敬请坤安。"

勒 lè ❶ 带嚼子的笼头。《仪礼·既夕礼》："缨辔贝～。"㊀约束。《后汉书·马廖传》："廖性宽缓，不能教～子孙。"㊀强制。《隋书·食货志》："于是侨居者各～还本属。"双音词有"勒令"。 ❷ 统率，率领。《史记·项羽本纪》："阴以兵法部～宾客及子弟。"柳宗元《封建论》："～兵而夷之耳。"(夷：平定。) ❸ 雕刻。《礼记·月令》："物～工名，以考其诚。"陆游《夜泊水村》诗："腰间羽箭久凋零，太息燕然未～铭。"(凋零：凋残零落。太息：叹息。燕然：山名。铭：刻在器皿或石头上记事的文字。)

乐(樂) lè 见509页。

LEI

嫘 léi ［嫘祖］传说是黄帝的妃子，发明养蚕的人。《史记·五帝本纪》："黄帝居轩辕之丘，而娶于西陵之女，是为～～。"

缧(縲) léi 捆绑犯人的大绳子。《论语·公冶长》："子谓公冶长可妻也，虽在～绁之中，非其罪也。"［缧绁］拘禁，囚禁。司马迁《报任安书》："何至自沈溺～～之辱哉？"(沈溺：指陷于。)［系缧］捆缚，拘禁。司马相如《难蜀父老》："幼孤为奴虏，～～号泣。"又写作"系纍"、"系累"、"系垒"。

羸 léi ❶ 瘦弱。《国语·鲁语上》："饥馑荐降，民～几卒。"(荐：频频。)《史记·扁鹊仓公列传》："形～不能服药。"(形：指身体。)㊀凋零。《吕氏春秋·首时》："秋霜既下，众林皆～。" ❷ 缠绕。《周易·大壮》："羝(dī)羊触藩，～其角。"(羝羊：公羊。藩：篱笆。)

累²(纍) léi ❶ 绳索。《汉书·李广传》："禹从落中以剑斫(zhuó)绝～。"(斫绝：砍断。)㊀捆绑。《左传·成公三年》："两释～囚以成其好。"(两国同时释放囚犯，来促成双方的和好。) ❷ ［纍纍］1. 狼狈不堪的样子。《史记·孔子世家》："～～若丧家之狗。" 2. 连缀不绝的样子。《礼记·乐记》："～～乎端如贯珠。"

虆 léi ❶ 藤蔓。㊀缠绕。《楚辞·九叹·忧苦》："葛藟～于桂树兮，鸱鸮集于木兰。" ❷ 盛物的筐。《孟子·滕文公上》："盖归反～梩而掩之。"这个意义又写作"蔂"。《盐铁论·诏圣》："任刑必诛，劓鼻盈～。"

罍(櫑) léi 盛酒或水的器具。《诗经·周南·卷耳》："我姑酌彼金～。"李贺《送秦光禄北征》诗："呵臂悬金斗，当唇注玉～。"

轠 léi ❶撞击。《汉书·游侠传》："一旦更碍，为觜所～。"❷[轠轠]车马声。焦延寿《易林·蛊之坤》："輷輷～～，岁暮偏蔽。"❸[轠轳(lú)]往来不绝的样子。扬雄《羽猎赋》："缤纷往来，～～不绝。"

靁 léi "雷"的古字。《诗经·召南·殷其靁》："殷其～，在南山之阳。"（殷：雷声。）

耒 lěi ❶古代的一种农具，形状像木叉。《汉书·郦食其传》："农夫释～。"（释：放下。）❷[耒耜(sì)]古代一种翻土的农具，木把叫"耒"，下端叫"耜"。《国语·齐语》："～～枷(jiā)芟(shān)。"（枷：连枷，打谷用的农具。芟：大镰刀。）

诔(誄) lěi 叙述死者生前事迹，表示哀悼（多用于上对下）。《墨子·鲁问》："鲁君之嬖(bì)人死，鲁君为之～。"（嬖人：被宠爱的人。）㉑一种哀祭文体。《后汉书·桓谭传》："所著赋、～、书、奏，凡二十六篇。"（凡：共。）

垒(壘) lěi ❶防护军营的墙壁或建筑物。《管子·制分》："故善用兵者，无沟～而有耳目。"《韩非子·说林下》："深沟高～。"❷堆砌。李白《襄阳歌》："～麯便筑糟丘台。"（麯：酒母。糟：酒糟。）[垒垒]重叠堆积的样子。曹丕《善哉行》："还望故乡，郁何～～。"《世说新语·术解》："～～三坟。"❸léi[系垒]同"系缧"。捆绑。《荀子·大略》："氐羌之虏也，不忧其～～也，而忧其不焚也。"

累1 lěi ❶堆叠，积累。《老子·六十四章》："九层之台，起于～土。"㉑重叠，加倍。《韩非子·五蠹》："虽倍赏～罚而不免于乱。"（倍赏：加倍奖赏。）《史记·孔子世家》："～世不能殚其学。"❷lèi 带累，牵累。《左传·隐公十一年》："相时而动，无～后人。"㉑烦劳，劳累。《韩非子·外储说右上》："吾欲以国～子，子必勿泄也。"《庄子·天下》："不～于俗，不饰于物。"❸lèi 忧患，祸害。《盐铁论·地广》："烽燧(suì)一动，有没身之～。"（烽燧：古代边防报警的信号。）㉑毛病。嵇康《与山巨源绝交书》："而有好尽之～。"（好尽：喜欢直言不讳。）❹léi[系累]同"系缧"。捆绑。扬雄《长杨赋》："～～老弱。"

磊 lěi 石头多。木华《海赋》："～匒匌(dá gē)而相豗(huī)。"（石头重叠而互相碰撞。）[磊磊]乱石堆积的样子。屈原《九歌·山鬼》："石～～兮葛蔓蔓。"（乱石堆积，葛藤蔓延。）[磊落]1.多而杂乱的样子。潘岳《闲居赋》："石榴蒲陶之珍，～～蔓衍乎其侧。"（珍贵的石榴葡萄，交错蔓延在屋的旁边。）2.宏伟壮观的样子。郭璞《江赋》："衡霍～～。"（衡、霍：山名。）3.俊伟的样子。《晋书·索靖传》："体～～而壮丽。"4.胸怀坦白，光明正大。张说《齐黄门侍郎卢思道碑》："～～标奇。"（标奇：杰出。）

蕾 lěi 含苞待放的花朵。杨万里《九日郡中送白菊》诗："一夜西风开瘦～。"

儡 lěi ❶败坏。《淮南子·俶真》："孔墨之弟子皆以仁义之术教导于世，然而不免于～身。"❷[傀(kuǐ)儡]见143页"傀"字。❸[儡儡]颓丧的样子。班固《白虎通·寿命》："～～如丧家之狗。"这个意义又写作"纍纍"或"儽儽"。

藟 lěi ❶藤。《诗经·王风·葛藟》："绵绵葛～，在河之浒。"（浒：水边。）㉑缠绕。王绩《古意》诗六首之三："渔人递往还，网罟相萦～。"❷通"蕾"。花蕾。秦观《早春题僧舍》诗："东园紫梅初破～。"

礨 lěi ❶地势突然高起的样子。司马相如《上林赋》："丘虚堀～。"❷[礨空(kǒng)]蚂蚁洞。《庄子·秋水》："计四海之在天地之间也，不似～～之在大泽乎？"❸堆砌。王褒《僮约》："～石薄岸。"

儽 lěi [儽儽]1.疲困的样子。《老子·二十章》："如婴儿之未孩，～～兮若无所归。"2.颓丧的样子。《玉篇·人部》："儽，……〈家语〉云：'～～若丧家之狗。'"这个意义又写作"纍纍"或"儡儡"。

泪(淚) lèi ❶眼泪。《韩非子·和氏》："和(氏)乃抱其璞而哭于楚山之下，三日三夜，～尽而继之以血。"❷lì[泪泪]劲疾的样子。卢谌《蟋蟀赋》："风～～而动柯。"（柯：树干。）【辨】涕，泗，泪。见409页"涕"字。

类(類) lèi ❶种类。《周易·系辞上》："方以～聚，物以群分。"（方：方法，治道。）㉑类推。《墨子·公输》："义不杀少而杀众，不可谓知～。"❷类似，像。《国语·吴语》："臣观吴王之色，～有大忧。"《论衡·论死》："其形不～生人之形。"（生人：活人。）❸大抵，大致。《汉书·贾谊传》："夫移风易俗，使天下回心而乡道，～非俗吏之所能为也。"（乡道：向着正道。）❹条例。《荀子·君道》："故法不能独立，～不能自行，得其人则存，失其人则亡。"㉑榜样，标准。屈原《九章·怀沙》："明告君子，吾将

L

以为～兮。”

纇 lèi ❶丝上的结。吴澄《道德真经注》卷三：“若丝之有～而不匀。”㉄不平。《老子·四十一章》：“夷道若～。”❷毛病，缺点。《淮南子·说林》：“若珠之有～，玉之有瑕，置之而全，去之而亏。”❸乖张。《左传·昭公二十八年》：“贪惏(lán)无厌，忿～无期。”(惏：同“婪”。无期：无边。)

酹 lèi 把酒洒在地上表示祭奠。《汉书·外戚传下》：“饮酒～地，皆祝延之。”(祝延：祝长寿。)《后汉书·张奂传》：“以酒～地。”

礧 lèi ❶推石自高而下。《汉书·司马相如传》：“～石相击，琅琅礚礚。”㊕战争中防守的一方从高处推下打击敌人的木石。《后汉书·杜笃传》：“一卒举～，千夫沉滞。”❷ léi 撞击。郭璞《江赋》：“触曲厓以萦绕，骇崩浪而相～。”❸ lěi [礧礧]分明的样子。杜甫《白沙渡》诗：“水清石～～，沙白滩漫漫。”

LENG

棱(稜) léng ❶四方木。《后汉书·班固传》：“设壁门之凤阙，上觚(gū)～而栖金雀。”(觚：带棱的木。)㉄棱角。杜甫《西阁雨望》诗：“径添沙面出，湍减石～生。”❷威严，威势。《后汉书·王允传》：“允性刚～疾恶。”《南史·梁武帝纪》：“公～威直指，势逾风电。”❸[棱棱]1. 严寒的样子。鲍照《芜城赋》：“～～霜气，蔌蔌风威。”2. 威严的样子。《新唐书·崔从传》：“从为人严伟，立朝～～有风望。”❹ lèng 田中土垄，可以用作估计土地面积的单位。陆龟蒙《奉酬袭美苦雨见寄》诗：“我本曾无一～田，平生啸傲空渔船。”❺ líng [穆棱]县名，在今黑龙江。

LI

厘(釐) lí ❶治理。《尚书·尧典》：“允～百工。”(确实能治理百官。允：确实。百工：百官。)㉄更改。《后汉书·梁统传》：“施行日久，岂一朝所～。”[厘正]订正，改正。《新唐书·颜师古传》：“诏师古于秘书省考定，多所～～。”❷赐，给予。《诗经·大雅·江汉》：“～尔圭瓒。”(尔：你。圭瓒：玉器。)❸长度单位。十毫为一厘。《汉书·赵充国传》：“失之毫～，差以千里。”❹通“嫠”。寡妇。《后汉书·西羌传》：“兄亡则纳～嫂。”(纳：指娶。)❺ xǐ(旧读 xī)通“禧”。福。《汉书·文帝纪》：“今吾闻祠官祝～。”❻ xī 祭余的肉。《汉书·贾谊传》：“上方受～坐宣室。”(上：皇帝。方：正。宣室：宫殿名。)❼ lái 通“来”。小麦。《汉书·刘向传》：“饴我～麰(móu)。”(饴：贻，赠。麰：大麦。)【注意】现代汉语中“釐”读 lí 时写作“厘”，读其他音时仍写作“釐”。

狸(貍) lí 狸子。也叫野猫、山猫。《庄子·秋水》：“捕鼠不如～狌(shēng)。”(狌：黄鼠狼。)

梩 lí 见 391 页。

离(離) lí ❶离开。《论语·季氏》：“邦分崩～析而不能守也。”《史记·文帝本纪》：“今右贤王～其国。”㉄背离，违背。《商君书·画策》：“失法～令。”㉄罗列，陈列。《左传·昭公元年》：“楚公子围设服～卫。”❷通“罹”。遭遇。《诗经·王风·兔爰》：“有兔爰爰，雉～于罗。”贾谊《吊屈原赋》：“独～此咎。”(咎：灾祸。)❸经历。《汉书·西域传上》：“～一二旬，则人畜弃捐旷野而不反。”(反：返。)❹通“蓠”。香草名。屈原《离骚》：“扈江～与辟芷兮，纫秋兰以为佩。”❺通“缡”。衣带。《汉书·班婕妤传》：“申佩～以自思。”❻ lì 通“丽”。附丽，附着。《汉书·扬雄传下》：“哀帝时，丁、傅、董贤用事，诸附～之者，或起家至二千石。”

蓠(蘺) lí ❶[江蓠]一种香草。《楚辞·九叹·惜贤》：“佩～～之斐斐。”❷通“篱”。篱笆。《敦煌变文校注·维摩诘经讲经文》：“作朝廷之～屏。”

漓¹ lí ❶水渗入地。扬雄《河东赋》：“云霏霏而来迎兮，泽渗～而下降。”❷薄。与“厚”相对。沈约《为南郡王侍皇太子释奠宴诗》：“政缺雅乖，风～化改。”陆游《何君墓表》：“一卷之诗有淳～，一篇之诗有善病。”❸[淋漓]1. 沾湿或下滴的样子。李贺《昆仑使者》诗：“金盘玉露自～～，元气茫茫收不得。”2. 酣畅的样子。陆游《哀郢》诗：“～～痛饮长亭暮，慷慨悲歌白发新。”

漓²(灕) lí ❶流动的样子。《战国策·东周策》：“夫鼎者，非效醯壶酱甀耳，可怀挟提挈以至齐者；非效鸟集乌飞，兔兴马逝，～然止于齐者。”❷[漓江]水名。在广西。

缡(縭、褵) lí 古代女子系在身前的佩巾。《诗经·豳风·东山》："亲结其～，九十其仪。"《尔雅·释器》："妇人之袆谓之缡。"[结缡]系上佩巾。又指女子出嫁。张华《女史箴》："施衿～～，虔恭中馈。"后泛指结婚。《唐大诏令集·诫励氏族婚姻诏》："～～必归于富室。"

醨 lí 薄酒。屈原《渔父》："众人皆醉，何不餔其糟而歠其～。"㊀淡薄。沈括《梦溪笔谈》卷三："今酒之至～者，每秫一斛不过成酒一斛五斗。"韩愈《讼风伯》："风伯之怒兮谁使？云屏屏兮吹使～之。"

骊（驪） lí ❶黑色的马。《诗经·齐风·载驱》："四～济济，垂辔濔濔。"《礼记·檀弓上》："夏后氏尚黑……戎事乘～。"❷黑色的。《庄子·列御寇》："使～龙而寤，子尚奚微之有哉？"（倘使骊龙醒了，你〔将被吃尽〕还能剩下什么呢？）[骊珠]传说中骊龙颔下之珠。丘丹《奉酬韦使君送归山》诗："涉海得～～。"❸并列的，成对的。《汉书·王莽传》："赐以束帛加璧，大国乘车、安车各一，～马二驷。"《后汉书·寇恂传》："时军食急乏，恂以辇车～驾转输，前后不绝。"❹[骊山]山名。在今陕西临潼，秦始皇墓所在地。

鹂（鸝） lí [鹂黄]鸟名。也叫黄鹂、黄莺、仓庚等。宋玉《高唐赋》："王雎～～。"（王雎：鸟名。）

犁（犂） lí ❶耕田的农具。《管子·乘马》："丈夫二～，童五尺一～。"㊁用作动词，耕田。《古诗十九首·去者日以疏》："古墓～为田，松柏摧为薪。"❷杂色。《论语·雍也》："～牛之子骍（xīng）且角。"（骍：赤色。）❸比及，到。《史记·晋世家》："～二十五年，吾冢上柏大矣。"《史记·吕太后本纪》："～明孝惠还，赵王已死。"❹通"黧"。黑中带黄的颜色。《战国策·秦策一》："形容枯槁，面目～黑。"

剺 lí 割，划破。扬雄《长杨赋》："分～单于，磔（zhé）裂属国。"[剺面]古代西北一些民族用割面流血表示忠诚或哀痛的风俗。杜甫《哀王孙》诗："花门～～请雪耻。"《新唐书·回鹘传》："可汗死……（宁国公主）～～哭。"

嫠 lí 寡妇。《左传·襄公二十五年》："～也何害？先夫当之矣。"苏轼《前赤壁赋》："泣孤舟之～妇。"

犛 lí ❶西南边远地区一种黑色野牛。《国语·楚语上》："巴浦之犀、～、兕、象，其可尽乎？"❷[犛靬（jiān）]1. 即大秦国。我国古代对罗马帝国的称呼。2. 古县名。在今甘肃永昌南。

漦 lí （又读 chí）传说龙所吐的涎沫。《国语·郑语》："卜请其～藏之，吉。"

黎 lí ❶黑中带黄的颜色。《尚书·禹贡》："厥土青～。"《史记·李斯列传》："面目～黑。"这个意义又写作"黧"。❷众多。《诗经·大雅·桑柔》："民靡有～，具祸以烬。"❸[黎民]百姓。《史记·秦始皇本纪》："亲巡远方～～。"也称为"烝黎"、"黎元"等。❹及，到。[黎明]天刚蒙蒙亮的时候。《史记·高祖本纪》："～～，围宛城三匝（zā）。"（匝：环绕一周。）❺民族名。1. 远古时期我国北部的一个民族。也称"九黎"。2. 我国宋朝以来居住在海南岛一带的一个民族。

邌 lí ❶慢慢地。傅毅《舞赋》："～收而拜。"❷[邌明]同"黎明"。《新唐书·李怀仙传》："～～，泚惧，欲亡。"（泚：人名。）

藜 lí [蒺藜]见178页"蒺"字。

黧 lí 黑中带黄的颜色。《韩非子·外储说左上》："手足胼胝（pián zhī），面目～黑，劳有功者也。"（胼胝：手脚上长的老茧。）

罹 lí ❶遭遇。《尚书·洪范》："不协于极，不～于咎。"（不协于极：不走极端。）《三国志·魏书·武帝纪》："河北～袁氏之难。"（袁氏：袁绍。难：灾难。）❷忧患，苦难。《诗经·王风·兔爰》："我生之后，逢此百～。"

鼲（䍦） lí [接鼲]一种头巾。杜甫《陪郑广文游何将军山林》诗："狂遗白～～。"

蠡 lí 用瓠做的瓢。《汉书·东方朔传》："以管窥天，以～测海。"（用管来观天，用瓢来测量海水。）

劙 lí 分割，分解。《荀子·强国》："（利剑）剥脱之砥厉之，则～盘盂，刎牛马，忽然耳。"（忽然：指只在瞬间。）

礼（禮） lǐ ❶祭神。《仪礼·觐礼》："～山川丘陵于西门外。"《管子·幼官》："将以～上帝。"❷礼节，仪式。《论语·阳货》："君子三年不为～，～必坏。"㊀古代社会的法则、礼仪。《论语·为政》："殷因于夏～，所损益，可知也。"❸以礼相待，礼貌。《左传·襄公二十二年》："执事不～于寡君。"（执事：指晋国国君。寡君：指郑国国君。）❹礼物。《礼记·表记》："无辞不相接也，无～不相见也。"《晋书·陆纳传》："及受～，唯酒一斗，鹿肉一柈（pán）。"（斗：古时盛酒的器皿。柈：通"盘"。）

里^{1} lǐ ❶古代一种居民组织，先秦以二十五家为里。《诗经·郑风·将仲子》："无逾我～。"（逾：越过。）(引)乡里，家乡。《庄子·庚桑楚》："～人有病，～人问之。"江淹《别赋》："离邦去～。"（邦：国。去：离开。）❷长度单位。《左传·僖公三十二年》："且行千～，其谁不知？"李商隐《行次西郊》诗："五～一换马，十～一开筵（yán）。"（筵：酒席。）

里^{2}（裏）lǐ 衣服里层。《诗经·邶风·绿衣》："绿兮衣兮，绿衣黄～。"(引)里面，内部。《左传·僖公二十八年》："表～山河。"【注意】在古代，"裏"和"里"是两个字，意义各不相同。上述意义不写作"里"，现"裏"简化为"里"。参见上"里^{1}"字。

俚 lǐ ❶民间的，不文雅的。《汉书·司马迁传》："辨而不华，质而不～。"左思《魏都赋》："非鄙～之言所能具。"［俚歌］民歌。苏轼《和王胜之》："不惜阳春和～～。"❷依赖，依托。《广雅·释言》："俚，赖也。"《汉书·季布传赞》："夫婢妾贱人感慨而自杀，非能勇也，其画无～之至耳。"（画：计划，决定。）

理 lǐ ❶雕琢，加工玉石。《韩非子·和氏》："使玉人～其璞（pú）而得宝焉。"（玉人：加工玉石的工匠。璞：没有雕琢加工的玉石。）(引)治理，整理。《荀子·天论》："本事不～……夫是之谓人祆（yāo）。"（农事得不到治理，这就是人为的灾害。祆：妖，灾害。）《木兰诗》："阿姊闻妹来，当户～红妆。"（当户：对着窗户。）❷纹理，条理。晁错《言守边备塞疏》："其人密～。"（密理：皮肤纹理细密。）《荀子·儒效》："井井兮其有～也。"（井井：整齐不乱的样子。）❸道理，规律。《孟子·告子上》："故～义之悦我心，犹刍豢之悦我口。"《庄子·养生主》："依乎天～。"❹法官。《管子·小匡》："弦子旗为～。"（弦子旗：人名。）

峛 lǐ ［峛崺（yǐ）］同"逦迤"。连绵不断。《扬子法言·吾子》："升东岳而知众山之～～也。"

逦（邐）lǐ ［逦迤］同"迤逦"。见484页"迤"字。

澧 lǐ ❶水名。在今湖南西北部，流入洞庭湖。❷通"醴"。甘美的泉水。《列子·汤问》："甘露降，～泉涌。"

醴 lǐ ❶甜酒。《荀子·大略》："有酒～则辞。"（辞：辞让，不接受。）❷甜美的泉水。司马相如《上林赋》："～泉涌于清室。"

历^{1}（歷、厯）lì ❶经过。《战国策·秦策一》："横～天下。"(又)时间上的经历。《汉书·诸侯王表序》："强大弗之敢倾，～载八百余年。"《晋书·谢安传》："有司奏安被召，～年不至。"❷逐个，一一地。《尚书·盘庚下》："今予其敷心腹肾肠，～告尔百姓于朕志。"（敷：陈述，发布。）《汉书·艺文志》："～记成败存亡祸福古今之道。"（道：道理。）［历历］清晰分明。杜甫《历历》诗："～～开元事，分明在眼前。"（开元：唐玄宗年号。）成语有"历历在目"。❸历法，历术。《汉书·律历志上》："黄帝调律～。"（律历：音律和历法。）这个意义后来写作"曆"。

历^{2}（曆、厤）lì ❶历术，历法，推算日月星辰运行及季节时令的方法。《周易·革》："君子以治～明时。"（明时：确定时节。）《淮南子·本经》："星月之行，可以～推得也。"《旧唐书·历志一》："玄宗召见，令造新～。"（玄宗：唐玄宗。）❷数。《管子·海王》："终月，大男食盐五升少半，大女食盐三升少半，吾子食盐二升少半，此其大～也。"❸所谓由"天命"预定的帝王统治的时间。《汉书·诸侯王表》："周过其～，秦不及期。"【注意】"歷"和"曆"是古今字。"曆"字本写作"歷"，现简化为"历"。见上"历^{1}（歷、厯）"字。

沥（瀝）lì ❶下滴。赵晔《吴越春秋·勾践入臣外传》："今大王好听须臾之说……不灭～血之仇，不绝怀毒之怨。"❷水滴，酒滴。《史记·滑稽列传》："侍酒于前，时赐餘～。"

枥（櫪）lì ❶树名。同"栎"。柞树，一种乔木。韩愈《山石》诗："山红涧碧纷烂漫，时见松～皆十围。"（围：两手合围。）❷马槽。曹操《步出夏门行·龟虽寿》："老骥伏～，志在千里。"（骥：千里马。）

雳（靂）lì ［霹雳］见307页"霹"字。

厉（厲）lì ❶磨刀石。《诗经·大雅·公刘》："涉渭为乱，取～取锻。"（乱：横渡。锻：锤打金属器具用的砧石。）《史记·高祖功臣侯者年表》："使河如带，泰山若～。"(引)磨。《韩非子·五蠹》："坚甲～兵以备难。"（厉兵：磨利兵器。）上述❶(引)后来写作"砺"。(又)磨炼。柳宗元《答韦中立论师道书》："参之穀梁氏以～其气，参之孟、荀以畅其支。"（气：指文气。支：指条理。）❷勉励，激励。《战国策·齐策六》：

“乃～气循城，立于矢石之所。”《三国志·蜀书·诸葛亮传》：“亲秉旄钺(máo yuè)，以～三军。”(秉：拿着。旄钺：指挥军队的旗子和兵器。)这个意义又写作“励”。❸严肃，严厉。《论语·子张》：“望之俨然，即之也温，听其言也～。”《世说新语·汰侈》：“声色甚～。”成语有“声色俱厉”。❹不脱衣服涉水。《诗经·邶风·匏有苦叶》：“深则～，浅则揭。”(揭：提起衣服过河。)❺剧烈，猛。《庄子·齐物论》：“～风济。”(济：停止。)❻祸患，危害。《诗经·大雅·瞻卬》：“降此大～。”❼恶鬼(迷信)。《左传·成公十年》：“晋侯梦大～。”❽ lài 癞疮。《韩非子·奸劫弑臣》：“形之苦痛也，必甚于～矣。”这个意义后来写作“癞”。

疠(癘) lì ❶恶疮。《战国策·楚策四》：“～人怜王。”《素问·脉要精微论》：“脉风成为～。”(脉风：风寒由外侵入血管。)❷瘟疫。《左传·昭公四年》：“～疾不降，民不夭札。”(夭札：未成年死去。)

砺(礪) lì ❶磨刀石。《荀子·劝学》：“金就～则利。”(刀剑放在磨刀石上磨则锋利。就：接近。)㊀磨。《尚书·费誓》：“～乃锋刃，无敢不善。”《史记·伍子胥列传》：“胜自～剑。”(胜：白公胜，人名。)❷钻研。刘勰《文心雕龙·养气》：“钻～过分，则神疲而气衰。”

蛎(蠣) lì 牡蛎。也叫蠔。李时珍《本草纲目·介部二·牡蛎》：“南海人以其～房砌墙，烧灰粉壁，食其肉，谓之～黄。”

粝(糲) lì 粗粮，粗米。《韩非子·外储说左下》：“孙叔敖相楚，栈车，牝马，～饭菜羹。”(栈车：柴车。牝马：母马。)㊀粗糙。《论衡·艺增》：“豆麦虽～，亦能愈饥。”

为 lì [为崱(zè)]同“崱为”。见517页“崱”字。

立 lì ❶站立。《庄子·养生主》：“提刀而～。”㊀竖立。《荀子·君道》：“犹～枉木而求其景之直也。”(犹：如同。枉：弯曲。景：影。)❷设立，建立。《论语·学而》：“君子务本，本～而道生。”《商君书·更法》：“各当时而～法。”(当时：针对当时的形势。)㊀存在，生存。《荀子·富国》：“百里之国足以独～矣。”❸登上帝王或诸侯的位置。《左传·隐公元年》：“爱共叔段，欲～之。”《史记·秦本纪》：“庄襄王卒，子政～，是为秦始皇帝。”㊁登上某一地位。《汉书·高帝纪上》：“高祖乃～为沛公。”❹副词。立刻，马上。《史记·项羽本纪》：“～诛杀曹无伤。”(曹无伤：人名。)

苙 lì ❶猪圈。《孟子·尽心下》：“今之与杨墨辩者，如追放豚，既入其～，又从而招之。”(招：拴住脚。)❷药草名，即“白芷”。元稹《西斋小松》诗：“柔～渐依条，短莎还半委。”

莅(涖、蒞) lì 从上监视着，统治。《老子·六十章》：“以道～天下。”㊁到。《诗经·小雅·采芑》：“方叔～止，其车三千。”(方叔：人名。)张说《岳州别梁六入朝》诗：“远～长沙渚，欣逢贾谊才。”(渚：水中的小洲。)

粒 lì ❶米粒，谷粒。《孟子·滕文公上》：“乐岁，～米狼戾，多取之而不为虐。”(狼戾：狼藉。)杜甫《张望补稻畦水归》诗：“玉～足晨炊。”(晨炊：早饭。)㊂小颗粒。刘禹锡《和兵部郑侍郎省中四松》：“翠～晴悬露。”(晴天的翠松满挂着露珠。)❷进食。《尚书·益稷》：“烝民乃～，万邦作乂。”(乂：治理。)《颜氏家训·涉务》：“三日不～，父子不能相存。”❸量词。李绅《悯农》诗：“谁知盘中餐，～～皆辛苦。”

笠 lì 用竹篾编成的帽子。《诗经·小雅·无羊》：“何蓑何～，或负其糇。”(何：负荷。糇：干粮。)

吏 lì 官吏。春秋以前，大小官都可以称为吏。战国以后一般指低级的官。《左传·成公二年》：“王使委于三～。”(周王使他属于三吏管辖。三吏：指三公，即司徒、司马、司空。)《史记·李斯列传》：“为郡小～。”熟语有“封疆大吏”。【辨】官，吏。见140页“官”字。

丽(麗) lì ❶成对，成双。《周礼·夏官·校人》：“～马一圉(yǔ)，八～一师。”(圉：养马人。)刘勰《文心雕龙·丽辞》：“～辞之体，凡有四对。”(词句对偶的文体，共有四种对偶的方法。)❷附着，依附。《周易·离》：“百谷草木～乎土。”(乎：于。)双音词有“附丽”。㊀施加。《吕氏春秋·贵卒》：“荆国之法，～兵于王尸者，尽加重罪，逮三族。”❸华丽，华美。《尚书·毕命》：“敝化奢～，万世同流。”(敝化：旧风俗。)《韩非子·亡征》：“滥于文～而不顾其功者，可亡也。”(文：有文采。功：实际效果。)㊀美貌，漂亮。《后汉书·襄楷传》：“今陛下淫女艳妇，极天下之～。”杜甫《丽人行》：“长安水边多～人。”❹ lí 通“罹”。遭遇，落入。《诗经·小雅·鱼丽》：“鱼～于罶。”(罶：捕鱼的竹器。)

L

俪（儷） lì ❶成对，成双。《仪礼·士昏礼》："纳徵，玄纁、束帛、～皮，如纳吉礼。"（俪皮：一对鹿皮。）刘知几《史通·杂说下》："对语～辞，盛行于俗。"㊀并列，比。《淮南子·精神》："凤凰不能与之～，而况斥鷃乎？"（斥鷃：一种小鸟。）❷配偶。《左传·成公十一年》："鸟兽犹不失～，子将若何？"（子：你。）

郦（酈） lì ❶古地名。在今河南南阳西北。《史记·楚世家》："楚之故地汉中、析、～可得而复有也。"❷姓。《史记·高祖本纪》："乃以～食其为广野君，～商为将。"

欐 lì ❶房梁。《列子·汤问》："昔韩娥东之齐……鬻歌假食。既去，而余音绕梁～，三日不绝。"❷小船。曹植《盘石篇》："呼吸吞船～。"❸［欐欐］众多的样子。枚乘《梁王菟园赋》："～～若飞雪之重弗丽也。"

利 lì ❶锐利，锋利。与"钝"相对。《墨子·明鬼下》："勇力强武，坚甲～兵。"《韩非子·难一》："矛之～，于物无不陷也。"（矛锐利，任何东西都可以戳穿。）㊀言辞锋利，会说话。《论衡·物势》："辩口～舌。"❷利益，好处。《论语·里仁》："君子喻于义，小人喻于～。"（喻：明白，懂得。）《商君书·算地》："～出于地，则民尽力。"❸顺利。《史记·高祖本纪》："因与俱攻秦军，战不～。"（因：于是。俱：一起。）❹利润。《史记·越王勾践世家》："逐什一之～。"（逐：追求。什一：十分之一。）

猁 lì ［猞猁］见365页"猞"字。

浰 lì 水流急。㊁迅疾。《史记·司马相如列传》："倏眒（shēn）凄～，雷动熛（biāo）至。"（倏眒：疾速。熛：通"猋"，疾风。）

例 lì ❶类，列。《公羊传·僖公元年》："臣子一～也。"《三国志·魏书·王粲传》："而不在此七人之～。"㊀类似，像。文天祥《指南录后序》："进退不由，殆～送死。"（不由：不能自主。殆：几乎。）❷旧例，惯例。《汉书·何武传》："欲除吏，先为科～，以防请托。"杜甫《送樊二十三侍御赴汉中判官》诗："朝廷无此～。"㊀副词，照例。韩愈《柳子厚墓志铭》："遇用事者得罪，～出为刺史。"

沴 lì ❶气不和而相伤。《庄子·大宗师》："阴阳之气有～。"❷灾气，恶气。《汉书·孔光传》："六～之作，岁之朝曰三朝，其应至重。"文天祥《正气歌》："如此再寒暑，百～自辟易。"（辟易：整治。）

戾 lì ❶乖张，违背。《荀子·荣辱》："果敢而振，猛贪而～。"《淮南子·览冥》："举事～苍天，发号逆四时。"双音词有"乖戾"。❷凶暴，猛烈。《战国策·秦策二》："虎者～虫；人者甘饵也。"《荀子·修身》："勇胆猛～。"潘岳《秋兴赋》："劲风～而吹帷。"（帷：帐幕。）❸罪，罪过。《国语·鲁语上》："职贡业事之不共而获～。"曹植《责躬》诗："危躯授命，知足免～。"（躯：身体。）❹至，到。《诗经·大雅·旱麓》："鸢（yuān）飞～天。"（鸢：老鹰。）

唳 lì 鹤鸣。《晋书·陆机传》："华亭鹤～，岂可复闻乎？"（华亭：地名。）成语有"风声鹤唳"。

悷 lì ［悷（lǐn）悷］见235页"悷"字。

綟 lì ❶草名。《宋书·礼志五》："～，草名也，其色绿。"❷用綟草染成的一种黑黄而近绿的颜色。《东观汉记·百官表》："建武元年，复设诸侯王，金玺～绶。"❸丝麻的计量单位。《新唐书·百官志三》："丝五两为絇，麻三斤为～。"

隶（隸、隷） lì ❶古代一个卑贱的等级。《左传·昭公七年》："舆臣～。"（舆的下一级是隶。舆：古代一个卑贱的等级。）㊁奴隶。《左传·襄公二十三年》："斐豹，～也。"（斐豹：人名。）㊂差役。司马迁《报任安书》："视徒～则心惕息。"❷附属，属于。《后汉书·冯异传》："乃更部分诸将，各有配～。"（更：再。部分：部署，约束。）❸yì 通"肄"。检查。《史记·酷吏列传》："关东吏～郡国出入关者。"《汉书·酷吏传·义纵》"隶"作"肄"。❹一种汉字字体，即隶书。

栎（櫟） lì ❶柞树，一种乔木。《诗经·秦风·晨风》："山有苞～，隰有六驳。"❷栏杆。《史记·滑稽列传》："建章宫后阁（gé）重～中，有物出焉，其状似麋（mí）。"（阁：小门。麋：一种像鹿的动物。）❸láo 刮器具使发声。《史记·楚元王世家》："嫂详为羹尽，～釜。"（详：假装。羹：带汁的肉。釜：锅。）

轹（轢） lì ❶被车轮碾轧。张衡《西京赋》："当足见蹍，值轮被～。"（遇到脚就被踩，遇到车轮就被轧。见：被。值：遇到。）❷欺压，欺凌。《吕氏春秋·慎大》："干辛任威，凌～诸侯以及兆民。"《史记·文帝本纪》："陵～边吏。"

砾（礫） lì 小石，碎石。《汉书·霍去病传》："大风起，沙～击面。"

L

跞（躒） lì ❶跳跃，跨越。《大戴礼记·劝学》："骐骥一～，不能千里。"❷luò［逴（chuō）跞］见62页"逴"字。❸luò［卓跞］卓越，杰出。《三国志·吴书·张温传》："～～冠群，炜晔曜世。"

鬲 lì ❶鼎一类的烹饪器，三足中空。《汉书·郊祀志》："（鼎）其空足曰～。"柳宗元《非国语·三川震》："夫釜～而爨（cuàn）者。"（釜：锅。爨：烧火做饭。）❷gé膈膜。《三国志·魏书·华佗传》："太祖苦头风，每发，心乱目眩，佗针～，随手而差。"（针鬲：用针刺横膈膜的穴位。差：瘥，病好了。）这个意义又写作"膈"。❸gé 通"隔"。隔离。《汉书·薛宣传》："阴阳否（pǐ）～。"（否：不通。）❹è 车轭。《周礼·考工记·车人》："～长六尺。"

栗1 lì ❶栗树，栗子。《诗经·唐风·山有枢》："山有漆，隰（xí）有～。"（隰：低湿的地方。）杜甫《从驿次草堂复至东屯茅屋》诗："山家蒸～暖。"❷坚硬。《荀子·法行》："（玉）～而理。"（理：有文理。）❸通"栗2（慄）"。害怕得发抖。《论语·八佾》："夏后氏以松，殷人以柏，周人以栗，曰使民战～。"《汉书·杨恽传》："不寒而～。"

栗2（慄） lì ❶害怕得发抖。《战国策·秦策一》："战战～～，日慎一日。"《庄子·大宗师》："登高不～。"⊙哆嗦。《素问·疟论》："寒～鼓颔（hàn）。"（鼓：振动。颔：下巴颏。）成语有"不寒而栗"。❷恐惧，害怕。《庄子·人间世》："吾甚～之。"【注意】在古代，"慄"和"栗"在某些意义上可以通用。但"栗"的"栗子"和"坚硬"义，不能写作"慄"。现在"慄"写作"栗"。参见上"栗1"字。

篥 lì ❶竹名。《山海经·中山经》："（云山）有桂竹。"郭璞注："交趾有～竹，实中，劲强。"❷［觱（bì）篥］见21页"觱"字。

飅 lì 急风。《山海经·北山经》："鸡号之山，其风如～。"

詈 lì 骂。《尚书·无逸》："小人怨汝～汝。"⊙责备。屈原《离骚》："女媭（xū）之婵媛兮，申申其～余。"（申申：反复，一再。）

濿 lì 渡河。《楚辞·九叹·离世》："棹舟杭以横～兮，济湘流而南极。"

轢 lì ［玓（dì）轢］见82页"玓"字。

䡪 lì ［的䡪］鲜明的样子。《史记·司马相如列传》："明月珠子，～～江靡。"（江靡：江边的山崖。）

盭 lì ❶弯曲。《吕氏春秋·遇合》："陈有恶人焉……长肘而～。"㉄违背，乖戾。《汉书·张耳陈馀传赞》："何乡者慕用之诚，后相背之～也。"⊙狠戾。《史记·司马相如列传》："～夫为之垂涕，况乎上圣。"❷通"綟"。绿色。《汉书·百官公卿表上》："金玺～绶。"

攦 lì 折断。《庄子·胠箧》："～工倕之指，而天下始人有其巧矣。"（倕：传说中的巧匠名。）

LIAN

奁（奩、匳、籢） lián 古代妇女梳妆用的镜匣和盛其他化妆品的器皿。《后汉书·皇后纪上》："视太后镜～中物。"⊙精巧的匣子。《宋书·范晔传》："义康饷熙先铜匕（bǐ）、铜镊（niè）、袍段、棋～等物。"（义康、熙先：人名。饷：赠送。匕：羹匙。镊：镊子。段：缎。）

连（連） lián ❶一种人拉的车。《马王堆汉墓帛书·战国纵横家书·触龙见赵太后章》："老妇持～而睘（xuán）。"（睘：往来，行动。）❷连接。《庄子·骈拇》："是故骈于足者，～无用之肉也。"郦道元《水经注·江水》："两岸～山。"⊙联合。《孟子·离娄上》："故善战者服上刑，～诸侯者次之。"《三国志·蜀书·诸葛亮传》："外～东吴。"㉄连续，不停止。《汉书·高帝纪上》："时～雨，自七月至九月。"杜甫《春望》诗："烽火～三月。"❸同时获得。《列子·汤问》："一钓而～六鳌（áo）。"（鳌：传说中海里的大龟。）❹姻亲关系。《史记·南越列传》："（吕嘉）及苍梧秦王有～。"（苍梧秦王：苍梧王赵光。）❺古代十个诸侯国为连。《礼记·王制》："十国以为～。"❻通"链"。铅矿。《史记·货殖列传》："长沙出～锡。"

涟（漣） lián ❶水面的波纹。《诗经·魏风·伐檀》："河水清且～猗。"李贺《溪晚凉》诗："轻～不语细游溶。"［涟漪］水面的波纹。左思《吴都赋》："剖巨蚌于回渊，濯明月于～～。"范成大《白莲堂》诗："古木参天护碧池，青钱弱叶战～～。"❷［涟涟］泪流不断的样子。《诗经·卫风·氓》："不见复关，泣涕～～。"杜甫《秋日夔府咏怀奉寄郑监李宾客一百韵》："别离忧怛怛，伏腊涕～～。"❸河流名。1. 在今湖南。2. 在今江苏。

L

怜（憐） lián ❶怜悯，同情。《国语·晋语四》："晋公子之亡，不可不～也。"《韩非子·用人》："忧悲不哀～。"❷怜爱，爱惜。《庄子·秋水》："夔～蚿，蚿～蛇。"《战国策·赵策四》："丈夫亦爱～其少子乎？"（亦：也。）［可怜］1. 可爱。《古诗为焦仲卿妻作》："东家有贤女，自名秦罗敷。～～体无比，阿母为汝求。"杜甫《江畔独步寻花》诗："百花高楼更～～。"2. 值得同情。白居易《卖炭翁》诗："～～身上衣正单。"（单：单薄。）【注意】在古代，"怜"和"憐"是两个字。"怜"还可以读 líng，聪明伶俐的意思。现"憐"简化为"怜"。【辨】怜，悯。两个字都有同情、怜悯的意义。但"怜"字有怜爱的意思，"悯"字有忧愁的意思，在这两个意义上两字互不相通。

帘[1] lián 古代酒家用作标志的旗子。《广韵》："帘，青～，酒家望子。"李中《江边吟》："闪闪酒～招醉客。"

帘[2]**（簾）** lián 门帘，窗帘。《汉书·外戚传下》："美人当有以予女，受来，置饰室中～南。"刘禹锡《陋室铭》："草色入～青。"（入：映入。）【注意】在古代，"簾"和"帘"是两个字，意义各不相同。门帘的"帘"古代写作"簾"，不写作"帘"。现"簾"简化为"帘"。见上"帘[1]"字。

L

廉 lián ❶厅堂的侧边。《仪礼·乡饮酒礼》："设席于堂～东上。"贾谊《治安策》："陛九级上，～远地，则堂高。"㉿有棱角。《吕氏春秋·孟秋》："其器～以深。"❷正直。《韩非子·五蠹》："今兄弟被侵必攻者，～也。"❸不贪，廉洁。《荀子·修身》："无～耻而嗜乎饮食，则可谓恶少者矣。"（嗜：喜好，爱好。恶少：恶少年。）❹考察，查访。《管子·正世》："人君不～而变，则暴人不胜，邪乱不止。"《汉书·高帝纪下》："且～问，有不如吾诏者，以重论之。"（不如吾诏者：不按我诏书办事的人。论：定罪。）❺价格低（后起意义）。王禹偁《黄冈竹楼记》："其价～而工省也。"（省：节省。）

鬑 lián ［鬑鬑］须发稀疏的样子。《乐府诗集·陌上桑》："为人洁白皙，～～颇有须。"

謰 lián ［謰謱（lóu）］言语啰唆而混乱。《楚辞·九思·疾世》："嗟此国兮无良，媒女诎兮～～。"

琏（璉） liǎn 宗庙盛黍稷的礼器。《礼记·明堂位》："夏后氏之四连。"陆德明《经典释文》："'连'，本又作'琏'。"《论语·公冶长》："曰：'何器也？'曰：'瑚～也。'"（瑚：亦黍稷之器。瑚琏，或单称，或连用。）

敛（斂） liǎn ❶收，聚集。《墨子·三辩》："农夫春耕夏耘，秋～冬藏。"（耘：锄草。秋敛：指收获。）㉿征收。《左传·宣公二年》："晋灵公不君，厚～以彫墙。"《韩非子·显学》："今上征～于富人，以布施于贫家。"成语有"横征暴敛"。❷收整，约束。《战国策·楚策一》："一国之众，见君莫不～衽而拜。"（敛衽：整理衣襟，表示敬意。）《汉书·陈万年传》："皆令闭门自～，不得逾法。"（逾：越过。）❸liàn 装殓。《汉书·赵广汉传》："给～葬具。"这个意义后来写作"殓"。

脸（臉） liǎn （旧读 jiǎn）两颊的上部。白居易《昭君怨》诗："眉销残黛～销红。"（销：消失。）【注意】"脸"是后起字，它的最初意义和现在的"脸"不一样，现在"脸"字的意义在古代用"面"来表示。【辨】脸，面。见275页"面"字。

濂 liǎn ❶lián 水静的样子。《宋书·礼志三》："诸侯轨道，河～海夷。"❷［濂濂］薄冰的样子。潘岳《寡妇赋》："水～～以微凝。"❸nián 通"黏"。《周礼·考工记·轮人》："虽有深泥，亦弗之～也。"

练（練） liàn ❶把丝麻或织品煮得柔软而洁白。《周礼·天官·染人》："凡染，春暴～。"（暴：晒。）《淮南子·说林》："墨子见～丝而泣之。"㉿使洁净。《汉书·王吉传》："吸新吐故以～臧。"（臧：通"脏"。内脏。）㉧染。《论衡·率性》："白纱入缁，不～自黑。"❷使熟练，训练。《战国策·楚策一》："臣请令山东之国，奉四时之献……～士厉兵，在大王之所用之。"㉿熟练，精练。《三国志·蜀书·诸葛亮传》："庶事精～。"（庶：众。）❸白色的熟绢。《论衡·累害》："青蝇所污，常在～素。"（青蝇：苍蝇。素：白色的生绢。）❹通"柬"。选择。《大戴礼记·保傅》："由此观之，王左右不可不～也。"

楝 liàn 一种落叶乔木。《淮南子·时则》："七月官库，其树～。"

潋（瀲） liàn ❶水边。潘岳《西征赋》："华莲烂于渌沼，青蕃蔚乎翠～。"❷漂浮。郭璞《江赋》："或泛～于潮波。"❸［潋滟（yàn）］1. 液体满溢的样子。白居易《对新家醖玩自种花》诗："玲珑五六树，～～两三盃。"2. 水波相连的样子。苏轼《饮湖上初晴后雨》诗："水光～～晴方好，山色空濛雨亦奇。"

潋 liàn 浸渍。木华《海赋》:“尔其为大量也,则南～朱崖,北洒天墟。”

LIANG

良 liáng ❶良好。《荀子·修身》:“～农不为水旱不耕。”《韩非子·外储说左上》:“～药苦于口。”[良人]1.优秀的人才。《诗经·秦风·黄鸟》:“歼我～～。”(歼:杀。)2.妇女称丈夫。《孟子·离娄下》:“～～者,所仰望而终身也。”❷和悦,善良。《论语·学而》:“夫子温～恭俭让以得之。”《荀子·非十二子》:“其衣逢,其容～。”(逢:宽大。)❸甚,很。《战国策·燕策三》:“左右既前斩荆轲,秦王目眩～久。”《史记·秦始皇本纪》:“始皇默然～久。”❹的确,确实。《孟子·告子上》:“人之所贵者,非～贵也。”《史记·赵世家》:“诸将以为赵氏孤儿～已死。”柳宗元《三戒·临江之麋》:“以为犬～我友。”

俍 liáng ❶善,好。《庄子·庚桑楚》:“夫工乎天而～乎人者,惟全人能之。”❷lǎng [俍倡]通“踉跄”。脚步歪斜的样子。宋玉《九辩》“然潢洋而不遇兮”王逸注:“～～后时,无所逮也。”

粮(糧) liáng ❶旅行用的干粮。《荀子·议兵》:“赢(yíng)三日之～,日中而趋百里。”(赢:担负。)[引]谷类,粮食。《商君书·靳令》:“民有余～。”❷田赋(后起意义)。明末民谣:“开了大门迎闯王,闯王来时不纳～。”(闯王:指明末农民起义军领袖李自成。)

凉(涼) liáng ❶稍冷,微寒。《诗经·邶风·北风》:“北风其～,雨雪其雱。”❷少,薄。《左传·庄公三十二年》:“虢多～德。”(虢:国名。)❸liàng 辅助。《诗经·大雅·大明》:“～彼武王。”❹liàng 把东西放在通风处,使其干燥。《新唐书·百官志一》:“以卫尉幕士暴～之。”(卫尉:官名。暴:曝,晒。)

辌(輬) liáng [辒(wēn)辌]见 431 页“辒”字。

梁 liáng ❶桥。《庄子·马蹄》:“泽无舟～。”(泽:水聚积的地方。)双音词有“桥梁”。[鱼梁]水中筑的用来捕鱼的堰。柳宗元《钴鉧潭西小丘记》:“当湍而浚者,为～～。”(在急流水深的地方是鱼梁。)❷房梁。《庄子·人间世》:“仰而视其细枝,则拳曲而不可以为栋～。”《后汉书·陈寔传》:“有盗夜入其室,止于～上。”成语有“偷梁换柱”。这个意义后来写作“樑”。❸周代诸侯国,战国时期魏国迁都大梁(今河南开封)后的别称。参看 430 页“魏”字。❹朝代名。1.公元 502—557 年,南朝之一,第一代君主是萧衍。2.公元 907—923 年,五代之一,又称后梁,第一代君主是朱温。

粱 liáng 粟,谷子。《诗经·小雅·甫田》:“黍稷稻～,农夫之庆。”[又]精细的小米。《左传·哀公十三年》:“～则无矣,粗则有之。”[粱肉]指精美的膳食。《韩非子·难势》:“今待尧、舜之贤乃治当世之民,是犹待～～而救饿之说也。”

量 liáng 见 248 页。

两(兩) liǎng ❶成对的两个。《诗经·鄘风·柏舟》:“髧彼～髦,实维我仪。”(仪:配偶。)《史记·孙子吴起列传》:“则以法刑断其～足而黥(qíng)之。”(黥:古代在犯人脸上刺字的刑罚。)[引]二。《史记·陈涉世家》:“陈胜佐之,并杀～尉。”(佐:辅助。)❷双方施行或遭受同一行为。《荀子·劝学》:“目不能～视而明,耳不能～听而聪。”成语有“两全其美”、“两败俱伤”。❸量词。1.双,用于鞋袜等成双的东西。《诗经·齐风·南山》:“葛屦(jù)五～。”(葛屦:用葛布制成的鞋。)2.重量单位。古代二十四铢(zhū)为一两,十六两为一斤。《汉书·武帝纪》:“罢三铢钱,行半～钱。”3.匹,用于布帛。《左传·闵公二年》:“重锦三十～。”(锦:彩色花纹的丝织品。)❹liàng 量词。用于车辆。《汉书·赵充国传》:“卤马牛羊十万余头,车四千余～。”(卤:通“掳”。掠夺。)这个意义后来写作“辆”。【辨】二,两。“二”表示一般的数目,“两”常用来指称本来成双或被认为成双的事物(先秦很少例外)。“两”字可以放在动词或形容词之前做状语,“二”字则不能,“势不两立”不能写成“势不二立”。

魉(魎) liǎng [魍魉]见 425 页“魍”字。

亮 liàng ❶明亮。《后汉书·苏竟传》:“且火德承尧,虽昧必～。”嵇康《杂诗》:“皎皎～月。”[引]明白,聪慧。《后汉书·陈蕃传》:“聪明～达。”❷通“谅”。诚信。《孟子·告子下》:“君子不～,恶乎执?”《三国志·魏书·卢毓传》:“～直清方,则司隶校尉崔林。”(亮直清方:诚信正直而廉洁。司隶校尉:官名。)❸相信,信任。《楚辞·九叹·愍命》:“昔皇考之嘉志兮,喜登能而～贤。”

谅（諒） liàng ❶诚信。《论语·季氏》："友直，友～，友多闻。"屈原《离骚》："惟此党人之不～兮。"（党人：指狼狈为奸的人。惟：语气词。）㊀固执，闭塞。《论语·宪问》："岂若匹夫匹妇之为～也。"❷相信。《诗经·鄘风·柏舟》："母也天只，不～人只。"（只：语气词。）㊀体谅，原谅。欧阳修《与刁景纯学士书》："未必～某此心也。"（某：我。）❸料想。郑玄《诗谱·序》："诗之兴也，～不于上皇之世。"

悢 liàng ❶惆怅。赵至《与嵇茂齐书》："临书～然，知复何云。"❷［悢悢］1．悲恨。嵇康《与山巨源绝交书》："顾此～～，如何可言。"2．眷念。《后汉书·陈蕃传》："天之于汉，～～无已。"❸lǎng［懭(kuǎng)悢］见229页"懭"字。

踉 liàng ❶行走跌跌撞撞的样子。《庄子·徐无鬼》："夫逃虚空者……～位其空。"［踉蹡］脚步歪斜的样子。潘岳《射雉赋》："褰微罟以长眺，已～～而徐来。"❷liáng［跳踉］跳跃的样子。《晋书·诸葛长民传》："眠中惊起，～～，如与人相打。"

L

量 liàng ❶以容积量物的量器。《论语·尧曰》："谨权～，审法度。"（权：秤，秤锤。指计量轻重的器具。）㊀度量衡的规定。《史记·秦始皇本纪》："器械一～。"❷liáng 用计算容积的量器计量。《庄子·胠箧》："为之斗斛以～之。"㊀衡量。《韩非子·有度》："使法～功，不自度也。"❸气量，抱负。《三国志·蜀书·诸葛亮传》："刘备以亮有殊～，乃三顾亮于草庐之中。"（殊：特殊的，不平常的。顾：探望。）【注意】上古的"量"一般指计算容积，但有时也指计算长短或轻重，如枚乘《上书谏吴王》"石称丈量"。

LIAO

辽（遼） liáo ❶遥远。《墨子·非攻》："道路～远。"❷朝代名（公元907—1125年）。907年建国，初名契丹。947年改国号为辽。第一代君主是耶律阿保机。

聊 liáo ❶依靠，依赖。《战国策·秦策一》："上下相愁，民无所～。"［聊赖］凭借，寄托。蔡琰《悲愤诗》："虽生何～～。"❷姑且，暂且。屈原《九章·哀郢》："登大坟以远望兮，～以舒吾忧心。"（坟：高地。舒：舒散。）《左传·襄公二十一年》："～以卒岁。"（勉强度过一年。卒：终结。）

僚 liáo ❶官。《尚书·皋陶谟》："百～师师。"（百官各师其师。）左思《咏史·其二》："世胄蹑高位，英俊沈下～。"（胄：后代。蹑：登。）㊕一起做官的人。《诗经·大雅·板》："我虽异事，及尔同～。"《后汉书·郑玄传》："显誉成于～友，德行立于己志。"㊇属官。《新唐书·崔咸传》："日与宾客～属痛饮。"❷古代一个卑贱的等级。《左传·昭公七年》："隶臣～，～臣仆。"（隶的下一级是僚，僚的下一级是仆。）❸liǎo 美好的样子。《诗经·陈风·月出》："佼(jiǎo)人～兮。"（佼人：美人。）

嘹 liáo 动物长而响的叫声。李贺《昌谷诗》："～～湿蛄声，咽源惊濺起。"［嘹亮］声音高而响亮。刘孝绰《三日侍华光殿曲水宴》诗："妍歌已～～，妙舞复纡余。"

嶛（嵺） liáo 山高的样子。左思《魏都赋》："剑阁虽～，凭之者蹶。"（蹶：跌倒。）

獠 liáo ❶兽名。曹植《七启》之四："顿纲纵网，罴～回迈。"❷夜间打猎。《管子·四称》："～猎毕弋，暴遇诸父。"❸lǎo 古代南方少数民族名。《晋书·李势载记》："初，蜀土无～，至此始从山而出。"❹lǎo 骂人之词。《新唐书·褚遂良传》："武氏从幄后呼曰：'何不扑杀此～。'"

寮 liáo ❶小窗。萧纲《侍皇太子宴》诗："烟生翠幕，日照绮～。"（绮：指雕饰华丽的。）❷小屋。陆游《贫居》诗："屋窄似僧～。"❸通"僚"。官，官职。《三国志·魏书·苏则传》："与董昭同～。"㊕一起做官的人。《左传·文公七年》："同官为～。吾尝同～，敢不尽心乎？"夏侯湛《东方朔画赞》："戏万乘若～友。"（万乘：指皇帝。）㊇属官。《晋书·孟嘉传》："～佐毕集。"

缭（繚） liáo 缠绕。屈原《九歌·湘夫人》："～之兮杜衡。"（用杜衡缠绕。杜衡：一种香草。）㊀环绕。班固《西都赋》："～以周墙，四百余里。"

燎 liáo ❶放火焚烧草木。《诗经·小雅·正月》："～之方扬，宁或灭之？"（宁：岂。）❷liào 古代用以照明的火炬。《诗经·小雅·庭燎》："庭～之光。"❸liǎo 烘烤。《后汉书·冯异传》："光武对灶～衣。"㊇烧焦。《三国志·魏书·王粲传》："以此行事，无异于鼓洪炉以～毛发。"（鼓：指鼓风。）

镣（鐐） liáo ❶上等的银子。何晏《景福殿赋》："～质轮菌。"（镣质：以白银铸造的形质。轮菌：高大的样子。）❷ liào 刑具，脚镣（后起意义）。《元史·刑法志三》："带～居役，役满放还。"

鷯（鹩） liáo ［鷦（jiāo）鷯］见 193 页"鷦"字。

簝 liáo 古代宗庙用于盛祭肉的竹器。《周礼·地官·牛人》："凡祭祀，共其牛牲之互，与其盆～，以待事。"

飂 liáo ❶［飂飂］微风吹拂的样子。陆机《羽扇赋》："翩姗姗以微振，风～～以垂婉。"❷［飂厉］歌声嘹亮。左思《蜀都赋》："起西音于促柱，歌江上之～～。"

憀 liáo ❶ 依赖，依托。《淮南子·兵略》："上下不相宁，吏民不相～。"李商隐《梓州罢吟寄同舍》："楚雨含情皆有托，漳滨卧病竟无～。"❷ 悲恨的情绪。陆龟蒙《自遣》诗："谁使寒鸦意绪娇，云晴山晚动情～。"❸［憀亮］同"嘹亮"。声音高而响亮。嵇康《琴赋》："新声～～，何其伟也。"

寥 liáo 空虚。《老子·二十五章》："寂兮～兮，独立而不改。"［寂寥］空虚，寂静。《楚辞·九叹·惜贤》："声嗷嗷以～～兮。"刘禹锡《秋词》："自古逢秋悲～～。"［寥廓］空阔，高远。屈原《远游》："下峥嵘而无地兮，上～～而无天。"

漻 liáo ❶ 水清澈的样子。《庄子·天地》："夫道，渊乎其居也，～乎其清也。"李贺《南山田中行》诗："秋野明，秋风白，塘水～～虫啧啧。"❷ 流动。《吕氏春秋·古乐》："通大川，决壅塞，凿龙门，降通～水以导河。"［漻淚（lì）］水急流的样子。张衡《南都赋》："长输远逝，～～淢汩（yù gǔ）。"（淢汩：水流动的样子。）❸［寂漻］通"寂寥"。空虚，寂静。宋玉《九辩》："～～兮收潦而水清。"❹ liú 变化的样子。《庄子·知北游》："人生天地之间若白驹之过郤……油然～然，莫不入焉。"

膋 liáo 牛肠中的脂肪。《诗经·小雅·信南山》："执其鸾刀，以启其毛，取其血～。"

敹 liáo 缝缀。《尚书·费誓》："善～乃甲胄。"

了[1] liǎo ❶ 结束，完毕。仲长统《昌言·损益》："人远则难绥，事总则难～。"（绥：安抚。总：汇聚。）❷ 全。《晋书·谢安传》："～无喜色。"❸ 懂得，明白。《南史·蔡撙传》："卿殊不～事。"（殊：很。）

了[2]（瞭） liǎo 眼珠明亮。《孟子·离娄上》："胸中正则眸子～焉。"㉁明白，明了。《论衡·自纪》："言～于耳，则事味于心。"

蓼 liǎo ❶ 植物名。种类很多，味辛辣。《诗经·周颂·良耜》："以薅荼（tú）～，荼～朽止，黍稷茂止。"（荼：苦菜。）李贺《春归昌谷》诗："逸目骈甘华，羁心如荼～。"柳宗元《田家》诗："～花被堤岸，陂水寒更绿。"❷ 比喻辛苦。《诗经·周颂·小毖》："未堪家多难，予又集于～。"《颜氏家训·序致》："年始九岁，便丁荼～。"（丁：遭逢。）❸ 周代诸侯国名。1. 在今河南唐河。《左传·桓公十一年》："郧人军于蒲骚，将与随、绞、州、～伐楚师。"又写作"鄝"。2. 在今河南固始。《左传·文公五年》："臧文仲闻六与～灭。"❹ lù 长（cháng）大的样子。《诗经·小雅·蓼萧》："～彼萧斯。"《诗经·小雅·蓼莪》："～～者莪。"

憭 liǎo ❶ 明白，清楚。韦昭《国语解叙》："其所发明，大义略举，为已～矣。"❷ liáo ［憭慄（lì）］凄凉的样子。宋玉《九辩》："～～兮若在远行，登山临水兮送将归。"朱熹《民安道中》诗："～～起寒襟。"这个意义又写作"憀慄"或"憭栗"。

潦 liǎo ❶ lǎo 雨水。《左传·襄公十年》："水～将降，惧不能归。"《列子·汤问》："百川水～归焉。"（百川和雨水都归向海洋。）㉂积水。王勃《滕王阁序》："～水尽而寒潭清。"❷ lào 通"涝"。雨大成灾。《庄子·秋水》："禹之时，十年九～。"❸［潦倒］1. 放荡不羁。嵇康《与山巨源绝交书》："足下旧知吾～～粗疏。"2. 颓丧，失意。杜甫《登高》诗："艰难苦恨繁霜鬓，～～新停浊酒杯。"

橑 liǎo ❶ 屋椽。司马相如《上林赋》："仰攀～而扪天。"❷ lǎo 通"轑"。车篷骨架。《论衡·说日》："系明月之珠于车盖之～。"❸ 薪柴。《管子·侈靡》："雕～然后爨之。"

料 liào ❶ 计算，统计。《国语·周语上》："宣王既丧南国之师，乃～民于太原。"（料民：统计人口。）❷ 估计，料想。《汉书·赵充国传》："～敌制胜。"辛弃疾《贺新郎·把酒长亭说》："～当初，费尽人间铁。"成语有"料事如神"。❸ 料理，照料。《三国志·吴书·陆逊传》："将家属来者，使就～视。"❹ liáo 触，碰。《庄子·盗跖》："疾走～虎头。"❺ 材料（后起意义）。《宋史·河渠志一》："储积物～。"㉁官俸以外的食料钱。《新唐书·食货志五》："乾元元年，亦给外官半～。"（乾元：唐肃宗年号。）❻ 饲料（后起意义）。皮日休《华亭鹤》诗："菰米正残三日～。"

LIE

列 liè ❶割，分。《荀子·大略》："古者～地建国。"这个意义又写作"裂"。❷行列，位次。《左传·僖公二十二年》："既济，而未成～。"（已经过了河，还没有排成行列。）《论语·季氏》："陈力就～。"《史记·屈原贾生列传》："上官大夫与之同～。"㊀排列。《后汉书·刘盆子传》："公卿皆～坐殿上。"❸众，各。《韩非子·五蠹》："求人主之必及仲尼，而以世之凡民皆如～徒，此必不得之数也。"《史记·天官书》："天则有～宿，地则有州域。"

冽 liè ❶寒冷。《诗经·曹风·下泉》："～彼下泉，浸彼苞稂。"成公绥《啸赋》："横郁鸣而滔涸，～飘眇而清昶。"［凛冽］寒冷的样子。杜甫《西阁曝日》诗："～～倦玄冬，负暄嗜飞阁。"李白《大猎赋》："严冬惨切，寒气～～。"❷通"洌"。清澈。柳宗元《至小丘西小石潭记》："伐竹取道，下见小潭，水尤清～。"

茢 liè ❶草名。❷笤帚。《左传·襄公二十九年》："乃使巫以桃～先祓殡。"（祓殡：祛除灵柩旁的鬼魅。）

洌 liè ❶清澈。《周易·井》："井～寒泉，食。"欧阳修《醉翁亭记》："泉香而酒～。"❷通"冽"。寒冷。《诗经·小雅·大东》："有～氿泉，无浸获薪。"（获薪：打下的柴。）

迾 liè ❶阻遏，多指列队警卫。《汉书·武五子传》："以王家钱取卒，～宫清中备盗贼。"❷通"列"。排列。《汉书·扬雄传上》："穷冥极远者，相与～虖高原之上。"

烈 liè ❶（火）猛。《左传·昭公二十年》："夫火～，民望而畏之。"㊀放火（烧）。《孟子·滕文公上》："益～山泽而焚之。"（益：人名。）㊀猛烈，强烈。《尚书·舜典》："纳于大麓，～风雷雨弗迷。"❷光明，显赫。《国语·晋语九》："君有～名。"❸事业，功绩。《诗经·周颂·武》："於皇武王，无竞维～。"（於：叹词。皇：伟大。无竞：无能相比。）《孟子·公孙丑上》："管仲得君如彼其专也，行乎国政如彼其久也，功～如彼其卑也。"贾谊《过秦论》："及至始皇，奋六世之余～，振长策而御宇内。"（余烈：留传下来的事业。振长策：挥动长鞭。御宇内：驾驭天下。）❹刚毅，有节操。《史记·伍子胥列传》："非～丈夫孰能致此哉。"［烈士］1.刚烈之士。《庄子·秋水》："白刃交于前，视死若生者，～～之勇也。"2.积极建立功业的人。曹操《步出夏门行·龟虽寿》："～～暮年，壮心不已。"（已：停止。）❺通"列"。行列。《诗经·郑风·大叔于田》："火～具举。"（火：指火炬。）

栵 liè ❶树名。《尔雅·释木》："栵，栭。"郭璞注："树似槲樕而庳小，子如细栗可食。"❷树木成行列。《诗经·大雅·皇矣》："修之平之，其灌其～。"（灌：指灌木丛。）

裂 liè ❶裁，剪。《左传·昭公元年》："～裳帛而与之。"（与：给予。）㊀割，分。《庄子·逍遥游》："～地而封之。"❷破裂，裂开。《战国策·秦策三》："百人诚舆瓢，瓢必～。"（舆：用作动词，载。这里指背负、持有。）杜甫《自京赴奉先县咏怀五百字》："岁暮百草零，疾风高岗～。"

颲 liè ［颲颲］风猛烈的样子。梁武帝《孝思赋》："旅雁鸣而哀哀，朔风鼓而～～。"

劣 liè ❶弱小。曹植《辩道论》："骨体强～，各有人焉。"❷不好。《论衡·气寿》："优～异名。"㊁低下。《三国志·吴书·陆凯传》："智慧浅～。"❸副词。仅，只。《宋书·刘怀慎传》："德愿善御车，尝立两柱，使其中～通车轴，乃于百余步上，振辔（pèi）长驱，未至数尺，打牛奔从柱间直过。"（德愿：人名。辔：缰绳。）

埒 liè ❶矮墙。《三国志·魏书·鲍勋传》："时营垒未成，但立标～。"［马埒］古时跑马射箭的场所，四面围以矮墙。刘禹锡《题于家公主旧宅》诗："～～蓬蒿藏狡兔。"❷堤坝，田埂。谢朓《赋贫民田》诗："旧～新塍（chéng）分，青苗白水映。"（塍：田埂。）❸山上的水流。《列子·汤问》："一源分为四～，注于山下。"❹相等。《史记·平准书》："富～天子。"《汉书·李延年传》："其爱幸～韩嫣。"（韩嫣：人名。）

脟 liè ❶禽兽肋骨部分的肉。❷luán 同"脔"。切成小块的肉。《吕氏春秋·察今》："尝一～肉，而知一镬之味，一鼎之调。"

捩 liè ❶扭转。韩愈《送穷文》："～手覆羹，转喉触讳。"（覆：翻倒。转喉：指说出话来。）苏辙《入峡》诗："～柁破渍旋，畏与乱石遭。"❷折。陆龟蒙《引泉》诗："凌风～桂梅。"❸lì 琵琶拨子。萧纲《咏内人昼眠》诗："攀钩落绮障，插～举琵琶。"

猎（獵） liè ❶打猎，捕捉野兽。《诗经·魏风·伐檀》："不狩不～，胡瞻尔庭有县貆兮。"《韩非子·说林上》：

"孟孙～，得麑(ní)。"(孟孙：人名。麑：小鹿。) ❷ 通"躐"。踩，践踏。《荀子·议兵》："不～禾稼。"㊀越过，掠过。宋玉《风赋》："故其清凉雄风……～蕙草。"(雄风：大风。) ❸ 通"擸"。持，指持而正之。《史记·日者列传》："～缨正襟危坐。"(缨：帽带。危坐：端正地坐着。)

擸 liè 持，用手拿。《仪礼·聘礼》："降筵北面，以柶兼诸觯尚～，坐啐醴。"(柶：一种舀酒的礼器。觯：一种饮酒器。)

躐 liè ❶ 踩，践踏。屈原《九歌·国殇》："凌余阵兮～余行。"(侵犯我们的阵地，践踏我们的行列。) ❷ 越过，超越。《礼记·学记》："学不～等也。"《新唐书·李峤传》："冒级～阶。"又如"躐等"、"躐进"(不依次序前进)。❸ 通"擸"。持，指持而正之。《后汉书·崔骃传》："～缨整襟，规矩其步。"(缨：帽带。规矩其步：使其步伐规矩合于礼仪。)

鬣 liè ❶ 胡须。《左传·昭公十七年》："使长～者三人潜伏于舟侧。" ❷ 兽类颈上的毛。陆德明《经典释文》卷四："駵(liú)，音留，赤马黑～也。" ❸ 鱼类颔边的鬐。李贺《白虎行》："鲸鱼张～海波沸，耕人半作征人鬼。" ❹ 鸟头上的长毛。枚乘《七发》："鵷鶵䴔鶄，翠～紫缨。" ❺ 松针。段成式《酉阳杂俎》卷十八"广动植之三"："大堂前有五～松两株。" ❻ 扫帚。《礼记·少仪》："氾扫曰扫，扫席前曰拚(fèn)，拚席不以～。"(拚：扫。)

LIN

邻(鄰、隣) lín ❶ 古代的一种居民组织。五家为邻。《周礼·地官·遂人》："五家为～，五～为里。" ❷ 相邻，邻近。《左传·襄公二十九年》："～于善，民之望也。"

林 lín ❶ 成片的树木、竹子。《孟子·梁惠王上》："斧斤以时入山～，材木不可胜用也。"㊀人或物会聚处。司马迁《报任安书》："然后可以托于世，而列于君子之～矣。"萧统《文选序》："历观文囿，泛览辞～。" ❷ 盛多的样子。《诗经·小雅·宾之初筵》："百礼既至，有壬有～。"(有：通"又"。壬：大。)双音词有"林立"。[林林]众多的样子。柳宗元《贞符》："惟人之初，总总而生，～～而群。"成语有"林林总总"。

淋 lín ❶ 浇。贾思勰《齐民要术·笨麴并酒》："不过数斛汤，回转翻覆，通头面痛～。"㊁沾湿。杜荀鹤《送项山人归天台》诗："露～秋桧鹤声清。" ❷ [淋漓] 1. 沾湿或下滴的样子。韩愈《醉后》诗："～～身上衣。"韩愈《和虞部卢四酬翰林钱七赤藤杖歌》："赤龙拔须血～～。" 2. 盛多的样子。宋之问《龙门应制》诗："羽从～～拥轩盖。"(羽从：指护驾的军队与侍从。) 3. 酣畅的样子。陆游《哀郢》诗之二："～～痛饮长亭暮。" ❸ lìn 病名。《素问·六元正纪大论》："小便黄赤，甚则～。"又写作"痳"。

琳 lín 美玉，青碧色的玉。《史记·司马相如列传》："玫瑰碧～，珊瑚丛生。"张衡《西京赋》："珊瑚～碧。"[琳琅]美玉。《世说新语·容止》："触目见～～珠玉。"㊃优美珍贵的东西。如"琳琅满目"。

霖 lín 久下不停的雨。《左传·隐公九年》："凡雨自三日以往为～。"(以往：以上。)《三国志·魏书·毛玠传》："急当阴～，何以反旱。"

临(臨) lín ❶ 从高处往低处看。《荀子·劝学》："不～深谿，不知地之厚也。"(谿：山谷。)成语有"居高临下"。㊀从上监视着，统治。《穀梁传·哀公七年》："春秋有～天下之言焉。" ❷ 降临，由上到下。《史记·淮阴侯列传》："信尝过樊将军哙，哙跪拜送迎，言称臣。曰：'大王乃肯～臣。'"㊀到。《三国志·吴书·吴主传》："而曹公已～其境。"《抱朴子·勤求》："至老不改，～死不悔。" ❸ 面对。曹操《步战令》："～战，兵弩不可离阵。"(兵弩：指弓弩手。)成语有"如临大敌"。❹ 对着书画范本摹仿学习(后起意义)。如"临摹"、"临帖"。❺ lìn 哭吊。《吕氏春秋·悔过》："缪公闻之，素服庙～。"《汉书·高帝纪上》："于是汉王为义帝发丧，袒而大哭，哀～三日。"

粼 lín [粼粼]清澈的样子。《诗经·唐风·扬之水》："扬之水，白石～～。"

嶙 lín ❶ [嶙嶙]山势起伏不平的样子。欧阳修《盘车图》诗："浅山～～，乱石矗矗。" ❷ [嶙峋(xún)]山崖参差层叠峻峭的样子。扬雄《甘泉赋》："岭嶒～～，洞亡厓兮。"成语有"瘦骨嶙峋"。

遴 lín ❶ 选择，挑选(后起意义)。《新唐书·魏玄同传》："太平多士，则～柬髦俊而使之。"(柬：选择。)[遴选]慎重地选择。《金史·陈规传》："～～学术该博、通晓世务、骨鲠敢言者。"(该博：广博。骨鲠：刚直，鲠直。) ❷ lìn 通"吝"。吝惜，吝啬。《汉书·王莽传上》："班赏亡(wú)～。"(班赏：指行赏。亡：通"无"。)

L

潾 lín ［潾潾］1. 水清澈的样子。杜甫《杂述》："泰山冥冥崒以高，泗水～～弥以清。"2. 波光闪烁的样子。温庭筠《三洲歌》："月随波动碎～～，雪似梅花不堪折。"

璘 lín ［璘彬］玉光泽鲜艳文采缤纷的样子。张衡《西京赋》："珊瑚琳碧，瓀珉～～。"

辚（轔） lín ❶ 车轮。《仪礼·既夕礼》"迁于祖用轴"贾公彦疏："汉时名转轴为转～，～，轮也。"❷［辚辚］车子行走的声音。屈原《九歌·大司命》："乘龙兮～～，高驰兮冲天。"张衡《东京赋》："戎士介而扬挥……肃肃习习，隐隐～～。"杜甫《兵车行》："车～～，马萧萧。"❸ 门槛。《淮南子·说林》："虽欲谨亡马，不发户～。"❹ lìn 车轮碾轧。《史记·司马相如列传》："掩兔～鹿。"《后汉书·廉范传》："虏自相～藉，死者千余人。"

燐 lín ❶ 燐火。《淮南子·氾论》："老槐生火，久血为～，人弗怪也。"❷［燐烂］光亮闪烁的样子。潘岳《安石榴赋》："若珊瑚之映绿水，光明～～。"

磷 lín ❶［磷磷］1. 水石明净的样子。刘桢《赠从弟》诗："汎汎东流水，～～水中石。"宋之问《始安秋日》诗："碎石水～～。"又写作"粼粼"。2. 色彩鲜明的样子。司马相如《上林赋》："～～烂烂，采色澔汗。"❷ lìn 磨薄。《论语·阳货》："不曰坚乎，磨而不～。不曰白乎，涅而不缁。"杜甫《夔府书怀四十韵》："文园终寂寞，汉阁自～缁。"

瞵 lín ❶ 瞪大眼睛看。左思《吴都赋》："鹰～鹗视。"潘岳《射雉赋》："～悍目以旁睐。"❷［瞵瑞（bīn）］文采缤纷的样子。扬雄《甘泉赋》："翠玉树之青葱兮，璧马犀之～～。"

凛（凜） lǐn ❶ 寒冷。潘岳《闲居赋》："～秋暑退。"［凛凛］1. 寒冷的样子。潘岳《悼亡诗》："～～凉风升。"2. 恐惧的样子。《三国志·蜀书·法正传》："侍婢百余人，皆亲执刀侍立，先主每入，衷心常～～。"（先主：指刘备。）❷［凛然］严厉、严肃的样子。《孔子家语·致思》："夫子～～曰：'美哉德也！'"

廪（廩） lǐn ❶ 米仓。《孟子·滕文公上》："滕有仓～府库，则是厉民而以自养也。恶得贤？"《商君书·农战》："仓～虽满，不偷于农。"（偷：怠惰。）❷ 官方供给（粮食）。《管子·问》："问死事之寡，其饩（xì）～何如。"（死事之寡：为国事而死的人的遗属。饩：食品。）晁错《言守边备塞疏》："予冬夏衣，～食。"（予：给予。）❸ 积聚。《素问·皮部论》："～于肠胃。"❹［廪廪］通"懔懔"。恐惧的样子。贾谊《论积贮疏》："可以为富安天下，而直为此～～也。"

懔（懍） lǐn 危惧，看见危险而害怕。《尚书·五子之歌》："～乎若朽索之驭六马。"（朽：腐朽。）潘岳《关中》诗："主忧臣劳，孰不祗（zhī）～？"（孰不祗懔：有谁不敬畏。祗：恭敬。）［懔懔］恐惧的样子。陆机《文赋》："心～～以怀霜。"

吝（悋） lìn ❶ 吝惜，吝啬。《论语·泰伯》："如有周公之才之美，使骄且～，其余不足观也已。"❷ 耻辱。张衡《应间》："得之不休，不获不～。"（休：善。）

赁（賃） lìn ❶ 给人做雇工。《左传·襄公二十七年》："申鲜虞来奔，仆～于野。"《史记·季布栾布列传》："穷困，～佣于齐。"（齐：齐国。）❷ 租借。《穆天子传》卷三："～车受载。"王禹偁《书斋》诗："年年～宅住闲坊。"

蔺（藺） lìn ❶ 草名。即灯芯草。可编席。史游《急就篇》卷三："蒲蒻～席帐帷幢。"❷ 通"躏"。践踏。《汉书·司马相如传上》："～玄鹤，乱昆鸡。"㊀ 压。贾思勰《齐民要术·大小麦》："冬雨雪止，以物辄～麦上，掩其雪，勿令从风飞去。"❸ 姓。战国时赵国有蔺相如。

轥 lìn ❶ 车轮碾压，经过。潘岳《西征赋》："～枍诣而轹承光。"（枍诣、承光：都是台观名。）❷［轥轹（lì）］1. 车轮碾压。司马相如《上林赋》："徒车之所～～，步骑之所蹂若。"2. 超越。《隋书·杨玄感传》："足以～～轩唐，奄吞周汉。"

躏（躪） lìn ［躏轹］践踏。李白《大猎赋》："虽～～之已多，犹拗怒而未歇。"［蹂躏］见 352 页"蹂"字。

橉 lín ❶ 树名。郭璞《江赋》："～杞稹薄于浔涘，栛梿森岭而罗峰。"❷ lǐn 门槛。《淮南子·氾论》："枕户～而卧者，鬼神蹠其首。"（蹠：踩踏。）

蹸 lìn 同"躏"。蹂躏，践踏。《后汉书·班固传》："蹂～其十二三。"

LING

伶 líng ❶ 乐官。《国语·周语下》："问之～州鸠。"（州鸠：人名。）㊀ 伶人，表演歌舞的人。《新唐书·礼乐志十二》："帝制新曲，教女～数十百人，衣珠翠缇绣，连袂而歌。”(衣:穿戴。缇:丹黄色。) ❷ 被役使的人。白居易《府斋感怀酬梦得》诗:“府～呼唤争先到。” ❸ [伶仃]同“零丁”。见本页“零”字。

苓 líng ❶ 药草名,大苦,即甘草。《诗经·唐风·采苓》:“采～采～,首阳之巅。” ❷ 指茯苓,药草名。虞集《为范尊师赋云林清游》诗:“斸(zhú)～春雾重,煮术(zhú)晚烟轻。”(斸:砍。术:指白术或苍术,中药名。) ❸ [苓落]通“零落”。《汉书·叙传上》:“得气者蕃滋,失时者～～。” ❹ lián 通“莲”。莲花。枚乘《七发》:“蔓草芳～。”

囹 líng [囹圄(yǔ)]监狱。《韩非子·三守》:“至于守司～～,禁制刑罚,人臣擅之,此谓刑劫。”(守司:主管。)又写作“囹圉(yǔ)”。《史记·秦始皇本纪》:“虚～～而免刑戮。”

岭2 líng ❶ [岭嶙(yíng)]山深的样子。扬雄《甘泉赋》:“～～嶙峋,洞亡厓兮。” ❷ [岭嶙]石声。扬雄《蜀都赋》:“叩岩～～。”

泠 líng 轻妙。《庄子·逍遥游》:“列子御风而行,～然善也。”(御:驾驭。)[泠泠] 1. 声音清脆。陆机《文赋》:“音～～而盈耳。” 2. 清凉的样子。东方朔《七谏·初放》:“下～～而来风。”

玲 líng ❶ [玲珑] 1. 金玉声。班固《东都赋》:“和鸾～～。”(鸾:帝王车上的铃。) 2. 明澈、空明的样子。左思《吴都赋》:“珊瑚幽茂而～～。” ㊕ 指代梅花或雪。韩愈《春雪间早梅》诗:“～～开已遍。”王安石《次韵王胜之咏雪》:“～～蓊水空中堕。” ❷ [玲玲]玉声。刘勰《文心雕龙·声律》:“～～如振玉。”

瓴 líng ❶ 一种盛水的瓶子。《淮南子·修务》:“今夫救火者,汲(jí)水而趋之,或以瓮～,或以盆盂。”(汲:从井中取水。或:有的人。瓮:盛水的陶器。)成语有“高屋建瓴”。 ❷ [瓴甋(dí)]砖。张协《杂诗十首》之五:“～～夸玙璠(yú fán)。”(夸:夸耀。玙璠:美玉。)

鸰(鴒) líng [鹡(jí)鸰]见179页“鹡”字。

聆 líng 细听。扬雄《剧秦美新》:“镜纯粹之至精,～清和之正声。”谢灵运《登池上楼》诗:“倾耳～波澜。”【辨】聆,听。“聆”和“听”是同义词,但也有细微的区别。“听”是一般的听,而“聆”是倾耳细听。

舲 líng 有窗的小船。《淮南子·俶真》:“越～蜀艇,不能无水而浮。” ㊂ 船窗。庾信《舟中望月》诗:“舟子夜离家,开～望月华。”

翎 líng 鸟翅或尾上的长羽毛。白居易《放旅雁》诗:“拔汝翅～为箭羽。”

軨 líng ❶ 古代车厢的木围栏。宋玉《九辩》:“倚结～兮长太息。” ❷ 车轮。《礼记·曲礼上》:“已驾,仆展～效驾。”

詅 líng 叫卖。《颜氏家训·文章》:“吾见世人,至无才思,自谓清华,流布丑拙,亦以众矣。江南号为～痴符。”

零 líng ❶ 下雨。《诗经·豳风·东山》:“～雨其濛。”(濛:雨很细的样子。) ㊂ 落下,凋落。《古诗十九首·迢迢牵牛星》:“泣涕～如雨。”屈原《离骚》:“惟草木之～落兮。”成语有“感激涕零”。 ❷ [零丁]孤独的样子。李密《陈情表》:“臣少多疾病,九岁不行,～～孤苦,至于成立。”又写作“伶仃”。【注意】在古代汉语里,“零”不当零数讲。

灵(靈、靁) líng ❶ 女巫。屈原《九歌·东皇太一》:“～偃蹇(jiǎn)兮姣(jiāo)服。”(偃蹇:形容跳舞的姿态。姣服:美好的服装。) ❷ 神灵。《汉书·礼乐志》:“～之下,若风马。”(风马:形容迅速的样子。) ㊂ 灵魂。温庭筠《过陈琳墓》:“词客有～应识我。” ❸ 威灵,福。《左传·僖公二十三年》:“若以君之～得反晋国。”(反:返。) ❹ 属于死人的。曹植《赠白马王彪》诗:“～柩(jiù)寄京师。”(柩:装着尸体的棺材。)双音词有“灵堂”、“灵车”。 ❺ 人的精神意志。刘勰《文心雕龙·情采》:“综述性～,敷写器象。”(敷:陈述。器象:指万物。)

棂(櫺、欞) líng ❶ 窗户或栏杆上雕花的格子。班固《西都赋》:“舍～槛而却倚,若颠坠而复稽。”(稽:留止。) ❷ 屋檐。《营造法式·大木作制度》二:“檐,其名有十四……七曰～。”

凌 líng ❶ 冰。《诗经·豳风·七月》:“二之日凿冰冲冲,三之日纳于～阴。”《周礼·天官·凌人》:“～人,掌冰。正岁十有二月,令斩冰,三其～。”(三其凌:三倍纳冰。)双音词有“冰凌”。 ❷ 升,登。《管子·兵法》:“～山阬,不待钩梯。”《商君书·赏刑》:“攻将～其城。” ❸ 乘,凌驾。《史记·司马相如列传》:“飘飘有～云之气。”李白《赠僧朝美》诗:“水客～洪波。”杜甫《春日戏题恼郝使君兄》诗:“使君意气～青霄。”(青霄:高空。)成语有“凌云壮志”。 ㊙ 越过。《吕氏春秋·论威》:“虽有江河之险,则～之。” ❹ 压倒,侵犯,欺侮。《战国策·秦策

L

一》："今欲并天下，～万乘，诎敌国，制海内，子元元，臣诸侯，非兵不可。"屈原《九歌·国殇》："终刚强兮不可～。"【辨】凌，淩，陵。"凌"的本义是冰。"淩"的本义是河名。"陵"的本义是大山。这三个字的本义差别很大，但是由于音同形近的缘故，在"登"、"乘"、"侵犯"等意义上，三个字通用。

陵 líng ❶大土山。《孙子兵法·军争》："用兵之法，高～勿向。"成语有"陵迁谷变"。㊀帝王陵墓。《后汉书·董卓传》："又使吕布发诸帝～。"郦道元《水经注·渭水》："秦名天子冢曰山，汉曰～。"❷升，登。《左传·成公二年》："齐侯亲鼓，士～城。"张衡《西京赋》："～重巘，猎昆駼。"（重巘：重山。昆駼：类似马的一种动物，善登山。）❸乘，凌驾。《三国志·魏书·邓艾传》："勇气～云。"㊁越过。《史记·秦始皇本纪》："皇帝匡饬异俗，～水经地。"❹侵犯，欺侮。《史记·酷吏列传》："宁成者……好气，为人小吏，必～其长吏。"《潜夫论·交际》："少而好～长。"❺严峻，严密。《荀子·致士》："凡节奏欲～，而生民欲宽。"（节奏：指法度。生民：养民。）❻磨砺。《荀子·君道》："兵刃不待～而劲。"（劲：指锋利。）❼［陵迟］［陵夷］衰落。《三国志·蜀书·先主传》："今汉室～迟。"《汉书·成帝纪》："帝王之道，日以～夷。"【辨】陵，山，岭[1]（嶺），丘。古时把石头大山称为"山"，小而尖的山称为"岭"，大土山称为"陵"，夹在大山中间的小土山称为"丘"。【辨】凌，淩，陵。见253页"凌"字。

崚 líng ［崚嶒（céng）］山高大突出的样子。杜甫《望岳》诗："西岳～～竦处尊。"（西岳：华山。竦：高耸。）

淩 líng ❶河名。❷升，登。《抱朴子·对俗》："是以萧史偕翔凤以～虚。"木华《海赋》："飞骏鼓楫，泛海～山。"❸乘，凌驾。屈原《九章·哀郢》："～阳侯之泛滥兮。"（乘着波涛漂游。阳侯：古代传说中水波之神。此指波涛。）❹侵犯，欺侮。《史记·游侠列传》："豪暴侵～孤弱。"【辨】凌，淩，陵。见253页"凌"字。

绫（綾） líng ❶一种有花纹的丝织品。白居易《卖炭翁》诗："半匹红纱一丈～，系向牛头充炭直。"（直：值，价值。）成语有"绫罗绸缎"。❷［缯（zēng）绫］见517页"缯"字。

醽 líng 酒名。潘岳《笙赋》："披黄包以授甘，倾缥瓷以酌～。"［醽醁（lù）］酒名。《抱朴子·嘉遁》："寒泉旨于～～。"

岭[1]（嶺） lǐng ❶小而尖的山。谢灵运《初去郡》诗："登～始山行。"㊁山。王羲之《兰亭集序》："此地有崇山峻～，茂林修竹。"李白《题元丹丘颍阳山居》诗："却顾北山断，前瞻南～分。"（却顾：回头看。）㊀山脉。苏轼《题西林壁》诗："横看成～侧成峰。"❷专指五岭，即大庾岭、越成岭、都庞岭、萌渚岭、骑田岭，在今江西、湖南和广东、广西交界处。《晋书·吴隐之传》："朝廷欲革～南之弊。"（革：改革。岭南：即五岭之南，指今广东。）【注意】在古代，"岭"（líng）和"嶺"是两个字，意义各不相同。上述义项都不写作"岭"。现"嶺"简化为"岭"。【辨】陵，山，岭[1]（嶺），丘。见本页"陵"字。

领（領） lǐng ❶脖子。《左传·昭公七年》："引～北望。"（引领：伸长脖子。）❷衣领。《荀子·劝学》："若挈（qiè）裘～。"（挈：提。裘：皮衣。）［要领］主要之点。《汉书·张骞传》："竟不能得月氏（zhī）～～。"（月氏：民族名。）成语有"提纲挈领"。❸统率，率领。《韩非子·奸劫弑臣》："下不能～御其众以安其国。"《三国志·吴书·吴主传》："各～万人，与备俱进。"（备：指刘备。）㊀兼任较低的官职。《晋书·谢安传》："又～扬州刺史。"❹领会，欣赏。陶潜《饮酒》诗："醒醉还相笑，发言各不～。"陆游《初春书怀》诗："共～人间第一香。"㊀受取（后起意义）。《晋书·桓伊传》："铠五百领……请勒所属～受。"❺量词。多用于衣服。曹操《与太尉杨彪书》："今赠足下锦裘二～。"（足下：对人的敬称。）❻通"岭[1]（嶺）"。山岭。《汉书·严助传》："舆（yú）轿而隃（yú）～。"（舆：竹篼。隃：同"逾"。越过。）【辨】领，颈，项。"领"和"颈"同义。但"颈"又特指脖子前部。《史记·廉颇蔺相如列传》："为刎颈之交。""刎颈"不能说成"刎领"。"项"是脖子后部。《后汉书·左雄传》："项背相望。"这个"项"不能换成"领"和"颈"。

令 lìng ❶命令。《诗经·齐风·东方未明》："倒之颠之，自公～之。"《韩非子·难势》："身不肖而～行者，得助于众也。"（不肖：不贤。）❷使。《老子·十二章》："五色～人目盲，五音～人耳聋。"《史记·孙子吴起列传》："臣能～君胜。"（我能使你胜。）㊀假使。《史记·魏其武安侯列传》："今我在也，而人皆藉吾弟；～我百岁后，皆鱼肉之矣。"❸善，美好。《诗经·大雅·卷阿》："～闻～望。"双音词有"令尊"。

❹ 县令。《史记·滑稽列传》："魏文侯时，西门豹为邺～。"⊗政府部门的长官。如"中书令"。❺ 时令，季节（后起意义）。如"夏令"。【辨】命，令。见 280 页"命"字。

LIU

溜 liū ❶ liù 小水流。潘岳《射雉赋》："泉涓涓而吐～。"❷ liù 通"霤"。屋檐下接水的沟槽。《左传·宣公二年》："三进及～，而后视之。"❸ liù 滑动，圆转。欧阳修《玉楼春》词："佳人向晚新妆就，圆腻歌喉珠欲～。"㉄目光一瞥。吕渭老《千秋岁》词："洞房晚，千金未直横波～。"❹ 溜走，偷跑（后起意义）。石君宝《秋胡戏妻》第四折："不如只做送李大户到县去，暗地～了。"

刘（劉） liú ❶ 杀，戮。《左传·成公十三年》："虔～我边陲。"（虔：杀。边陲：指边疆的人民。）❷ 斧钺一类的兵器。《尚书·顾命》："一人冕执～。"（冕：指戴着帽子。执：拿着。）❸ 凋残。《诗经·大雅·桑柔》："捋采其～。"（捋：捋取。捋取桑叶后枝叶稀疏。）

浏（瀏） liú ❶ 水流清亮的样子。《诗经·郑风·溱洧》："溱（zhēn）与洧（wěi），～其清矣。"（溱、洧：水名。）❷ 风刮得很紧的样子。《楚辞·九叹·逢纷》："秋风～以萧萧。"（萧萧：风声。）

斿 liú ❶ 旌旗的下垂饰物。《周礼·考工记·辀人》："熊旗六～。"❷ 帝王诸侯冕前后悬垂的玉串。《周礼·弁师》："诸侯之缫（zǎo）～九就。"（缫：通"藻"。帝王冕上系玉的彩绳。）❸ yóu 通"游"。[斿车]帝王田猎或巡行所乘的车。《周礼·春官·司常》："道车载旞，～～载旌。"也可单称"斿"。王融《三月三日曲水诗序》："七萃连镳，九～齐轨。"（九斿：天子出行，斿车九乘。）

留（畱、畄） liú 停留，留下。屈原《离骚》："欲少～此灵琐兮，日忽忽其将暮。"《史记·廉颇蔺相如列传》："城入赵而璧～秦。"（璧：指和氏璧。）㉄扣留。《战国策·楚策二》："楚王入秦，秦王～之。"《史记·李斯列传》："赵高因～所赐扶苏玺（xǐ）书。"（因：于是。扶苏：秦始皇的长子。玺书：封口处盖有玉玺的诏书。）

骝（騮、駵） liú ❶ 黑鬃黑尾的红马。《汉书·郊祀志上》："其牲用～驹、黄牛、羝羊各一云。"❷ [骅（huá）骝]见 161 页"骅"字。

飗（飀） liú ❶ [飗飗]微风吹拂的样子。《艺文类聚》卷一引湛方生《风赋》："亦有飘泠之气……～～微扇。"❷ [飕（sōu）飗]见 393 页"飕"字。

鹠（鶹） liú ❶ [鹠鷅（lì）]鸟名。即枭。❷ [鸺（xiū）鹠]见 459 页"鸺"字。

流 liú ❶ 水流动。《诗经·大雅·常武》："如川之～。"㉄流动。《盐铁论·力耕》："外国之物内～，而利不外泄也。"㉄流传，传布。《尚书·泰誓》："有夏桀弗克若天，～毒下国。"《孟子·公孙丑上》："其故家遗俗，～风善政，犹有存者。"❷ 河流。屈原《渔父》："宁赴湘～，葬于江鱼之腹中。"⊗河流的主干。《荀子·君道》："原清则～清，原浊则～浊。"（原：源。）❸ 漂泊，流浪。《史记·万石张叔列传》："元封四年中，关东～民二百万口。"《汉书·食货志上》："至昭帝时，～民稍还，田野益辟，颇有蓄积。"（益辟：逐渐开辟。）❹ 流放，古代的一种刑罚。《尚书·舜典》："～共工于幽州，放驩兜于崇山。"❺ 流派，派别。《汉书·艺文志》："法家者～，盖出于理官。"《后汉书·王充传》："遂博通众～百家之言。"成语有"三教九流"。❻ [流连] 1. 乐而忘返。《孟子·梁惠王下》："先王无～～之乐，荒亡之行。"2. 流离失所。《汉书·师丹传》："百姓～～，无所归心。"❼ 求取。《诗经·周南·关雎》："参差荇菜，左右～之。"

旒 liú ❶ 古代旗帜边缘上悬垂的装饰品。《国语·齐语》："龙旗九～，渠门赤旂。"《论衡·变动》："旌旗垂～。"这个意义又写作"斿（liú）"。❷ 古代帝王礼帽上前后悬垂的玉串。《礼记·礼器》："天子之冕，朱绿藻，十有二～。"东方朔《答客难》："冕而前～。"（冕：古代帝王的礼帽。）

飂 liú ❶ 西风。《吕氏春秋·有始》："西方曰～风。"❷ 漂浮。《老子·二十章》："澹兮其若海，～兮若无止。"❸ liáo [飂戾（lì）]风声。潘岳《西征赋》："吐清风之～～，纳归云之郁蓊。"

柳 liǔ ❶ 柳树。《诗经·小雅·采薇》："昔我往矣，杨～依依。"（依依：轻柔的样子。）❷ 星宿名。二十八宿之一。《吕氏春秋·有始》："南方曰炎天，其星舆鬼、～、七星。"（舆鬼：星宿名，即鬼宿，二十八宿之一。）❸ liú 通"瘤"。瘤子。《庄子·至乐》："俄而～生其左肘。"

罶 liǔ 竹制的捕鱼工具。《诗经·小雅·鱼丽》："鱼丽于～。"（丽：通"罹"。

L

落网。）

懰 liǔ ❶美好。《诗经·陈风·月出》："月出皓兮，佼人～兮。"❷liú［懰慄］忧伤的样子。《楚辞·九怀·昭世》："志怀逝兮心～～。"❸liú 宿留。潘岳《笙赋》："～檄(xí)枀以奔邀，似将放而中匮。"（檄枀：迅疾的样子。）

鹨(鷚) liù ❶鸟名。即云雀。❷野鸡雏。左思《吴都赋》："岩穴无豜豵，翳荟无麢～。"（豜、豵：野猪。）

霤 liù ❶屋顶上的水往下流。《礼记·月令》："其祀中～。"孔颖达疏："复穴皆开其上取明，故雨～之，是以后因名室为中霤也。"㊀屋顶上流下来的水。潘岳《寡妇赋》："～泠泠以夜下兮。"（泠泠：声音清脆。）㊁泛指往下滴流的水。枚乘《谏吴王书》："泰山之～穿石。"❷［中霤］室中央。《公羊传·哀公六年》："使力士举巨囊而至于～～。"❸屋檐下接水的沟槽。《左传·定公九年》："先登，求自门出，死于～下。"㊁屋檐。左思《魏都赋》："上累栋而重～。"

L

LONG

龙(龍) lóng ❶古代传说中的一种神异的动物。《礼记·礼运》："麟、凤、龟、～，谓之四灵。"《韩非子·难势》："飞～乘云。"成语有"叶公好龙"。❷封建时代象征帝王或指帝王用的东西。如"龙颜"、"龙床"。❸［龙钟］1.衰老、行动不灵活的样子。贯休《寄中条道者》诗："常恨～～也，无因接话言。"成语有"老态龙钟"。2.潦倒、不得意的样子。白居易《赋七言十七韵以赠微之》："莫问～～恶官职，且听清脆好文篇。"3.沾湿的样子。岑参《逢入京使》诗："故园东望路漫漫，双袖～～泪不干。"❹骏马。《周礼·夏官·廋人》："马八尺以上为～。"

茏(蘢) lóng ［葱茏］见64页"葱"字。

泷(瀧) lóng ❶湍急的水流。韩愈《潮州刺史谢上表》："涛～壮猛。"❷［泷泷］流水声。苏轼《二十七日自阳平至斜谷宿于南山中蟠龙寺》诗："谷中暗水响～～，岭上疏星明煜煜。"❸shuāng 水名。源出今湖南临武。

珑(瓏) lóng 玉石。《抱朴子·地真》："玄芝被崖，朱草蒙～。"（玄芝：仙草。被、蒙：都是覆盖的意思。）［珑玲］金玉声。《汉书·扬雄传·甘泉赋》："和氏～～。"《文选》作"玲珑"。见253页"玲"字。

栊(櫳) lóng ❶关养禽兽的牢笼。祢衡《鹦鹉赋》："顺～槛以俯仰。"❷窗棂，有格子的窗户。《汉书·外戚传下》："房～虚兮风泠泠。"

砻(礱) lóng ❶以石磨物。《荀子·性恶》："钝金必将待～厉然后利。"❷磨掉谷壳的农具。宋应星《天工开物·粹精·攻稻》："凡稻，去壳用～。"

胧(朧) lóng ［朦胧］见272页"朦"字。

笼(籠) lóng ❶竹制的圆形器物。用于各种用途，如盛土、盛物、畜养鸟兽等。《汉书·王莽传上》："负～荷锸。"《新五代史·王镕传》："匿昭诲于茶～中。"（昭诲：人名。）《庄子·庚桑楚》："以天下为之～，则雀无所逃。"㊀囚禁犯人的刑具。如"囚笼"。❷笼罩。杜牧《泊秦淮》诗："烟～寒水月～沙。"（月：指月光。）㊁独揽。《盐铁论·轻重》："～天下盐铁诸利，以排富商大贾。"（贾：商人。）

隆 lóng ❶山地中央高起的地方。《孙子兵法·行军》："战～无登。"（打仗时，敌人在高处，不要去仰攻。）㊁高，升高。《后汉书·张衡传》："合盖～起，形似酒尊。"《战国策·齐策一》："虽～薛之城到于天，犹之无益也。"（薛：地名。犹之：还，仍旧。）❷盛，隆盛。《韩非子·爱臣》："主威之重，主势之～也。"（主：君主。）《三国志·魏书·王昶传》："松柏之茂，～寒不衰。"双音词有"隆重"、"隆冬"。㊁兴盛，使兴隆。《礼记·檀弓上》："道～则从而～，道污则从而污。"潘岳《西征赋》："与政～替。"（替：衰颓。）《三国志·魏书·任峻传》注引《魏武故事》："摧灭群逆，克定天下，以～王室。"（克定：平定。）

癃 lóng 疲病，衰老病弱。《晏子春秋·问下》："公所身见～老者七十人，振赡之。"（振：救济。赡：供养。）㊕指小便不畅。《素问·五常政大论》："其病～閟，邪伤肾也。"（閟：指大便不利。）

陇(隴) lǒng ❶山名。此山在今陕西甘肃交界处。《史记·留侯世家》："夫关中左殽函，右～蜀，沃野千里。"㊀地名。今甘肃一带。成语有"得陇望蜀"。❷山，土岗子。孔稚珪《北山移文》："北～腾笑。"［陇断］不相连属的山冈。《列子·汤问》："自此冀之南，汉之阴，无～～焉。"（冀：冀州。汉之阴：汉水的南面。）❸通"垄"。田埂。［陇亩］田地。《史记·项羽本纪》:“然羽非有尺寸,乘势起～～之中。”㊀农田中农作物的行。杜甫《晚登瀼上堂》诗:“山田麦无～(一本作“垄”)。”❹ 通“垄”。坟。鲍照《芜城赋》:“边风急兮城上寒,井径灭兮丘～残。”(井径:水井和道路。指家园。)

垄(壟、壠) lǒng ❶ 田埂。《史记·陈涉世家》:“辍(chuò)耕之～上。”(停止耕作走到田埂上。辍:停止。)❷ 坟。《荀子·礼论》:“故圹(kuàng)～,其貌(mào)象室屋也。”(圹:墓穴。貌:貌。)《史记·田单列传》:“燕军尽掘～墓,烧死人。”❸ [垄亩]田地。《战国策·齐策三》:“与农夫居～～之中。”

LOU

娄(婁) lóu ❶ 星宿名。二十八宿之一。《礼记·月令》:“季冬之月,日在婺女,昏～中,旦氐中。”(婺女、氐:都是星宿名。)❷ 通“貗”。母猪。《左传·定公十四年》:“既定尔～猪,盍归吾艾豭。”(盍:何不。艾豭:美好的公猪。)❸ lú 曳,牵拉。《诗经·唐风·山有枢》:“子有衣裳,弗曳弗～。”❹ lǚ 拴系。《公羊传·昭公二十五年》:“牛马维～。”(维:也是系的意思。)❺ lǚ 通“屡”。多次。《诗经·周颂·桓》:“绥万邦,～丰年。”(绥:安抚。)❻ lǒu [部(pǒu)娄]见 31 页“部”字。

搂(摟) lóu 牵引,拉。《孟子·告子下》:“五霸者,～诸侯以伐诸侯者也。”【注意】在清代以前“搂”没有“搂抱”义,也不读 lǒu。

膢(膢) lóu 古代祭名。祭祀时伴以酒食馈赠。《韩非子·五蠹》:“夫山居而谷汲者,～腊而相遗(wèi)以水。”(腊:祭名。膢腊:指年终举行的祭祀。遗:赠送。)

耧(耬) lóu 播种用的农具。崔寔《政论》:“下种挽～。”

蝼(螻) lóu 蝼蛄。一种对农作物有害的昆虫。《庄子·列御寇》:“在上为乌鸢食,在下为～蚁食。”《韩非子·喻老》:“千丈之堤以～蚁之穴溃。”(以:因。溃:水冲破堤坝。)

謱 lóu [謰(lián)謱]见 246 页“謰”字。

塿(塿) lǒu ❶ 坟头。扬雄《方言》卷十三:“冢……自关而东谓之丘,小者谓之塿。”❷ [培(pǒu)塿]小土山。柳宗元《始得西山宴游记》:“然后知是山之特出,不与～～为类。”

嵝(嶁、㟺) lǒu ❶ 山顶。《后汉书·马融传》:“廋疏～领,犯历嵩峦。”❷ lǚ [岣(gǒu)嵝]山名,在今湖南境内。

陋 lòu ❶ 边远地区。《左传·成公八年》:“辟～在夷,其孰以我为虞?”(虞:望。谁希望得到我这地方。)《论语·子罕》:“子欲居九夷。或曰～。”❷ 狭小,简陋。《庄子·让王》:“颜阖(hé)守～闾(lǘ)。”(颜阖:人名。闾:指里巷。)刘禹锡《陋室铭》:“斯是～室。”(这是简陋的房子。)成语有“因陋就简”。㊀见闻少,知识浅薄。《荀子·修身》:“少见曰～。”成语有“孤陋寡闻”。㊁粗劣。《宋书·孔觊传》:“衣裘器服,皆择其～者。”❸ 丑,坏。《后汉书·梁冀传》:“容貌甚～,不胜冠带。”《旧唐书·卢杞传》:“杞形～而心险。”(形:外形,外貌。)双音词有“陋规”、“陋习”。

镂(鏤) lòu ❶ 钢。《尚书·禹贡》:“厥(jué)贡:璆(qiú)、铁、银、～、砮(nǔ)、磬(qìng)。”(厥:其。璆:美玉。砮:石制的箭头。磬:磬石。)❷ 雕刻。《荀子·劝学》:“金石可～。”成语有“镂骨铭心”。❸ 凿通。司马相如《难蜀父老》:“～灵山。”

瘘(瘻) lòu ❶ 病名,颈部淋巴结核,即脖颈肿疮。《淮南子·说山》:“狸头愈鼠,鸡头已～。”❷ lǚ 驼背。柳宗元《种树郭橐驼传》:“病～,隆然伏行。”(隆然:背部高起的样子。)

漏 lòu ❶ 水从孔缝透过或滴下。《荀子·富国》:“穷阎～屋。”(阎:里巷。)❷ 遗漏,泄漏。《荀子·修身》:“易忘曰～。”《汉书·酷吏传》:“罔～吞舟之鱼。”(罔:通“网”。)《后汉书·蔡邕传》:“悉宣语左右,事遂～露。”(悉:全部。宣语:公开告诉。)❸ 古代计时用的漏壶。杜甫《和贾舍人早朝》:“五夜～声催晓箭。”

LU

卢(盧) lú ❶ 黑色。《尚书·文侯之命》:“～弓一,～矢百。”㊕指黑色犬或瞳仁。《诗经·齐风·卢令》:“～令令,其人美且仁。”(令令:猎犬脖子上的铃声。)《汉书·扬雄传上》:“玉女无所眺其清～兮。”❷ 矛、戟的柄。《国语·晋语四》:“侏儒扶～。”❸ 古时赌博,掷五子全黑者称卢，为胜彩。陆游《风顺舟行甚疾戏书》诗："呼～喝雉连暮夜。"❹ 酒店前放置酒瓮的土台子。《汉书·司马相如传上》："买酒舍，乃令文君当～。"（文君：卓文君，人名。）这个意义后来写作"垆"或"罏"。❺ 头盖骨。《淮南子·修务》："蹶蹄足以破～陷匈。"《汉书·武五子传赞》："头～相属于道。"（属：连接。）这个意义后来写作"颅"。❻ 简陋的房屋。《淮南子·说林》："匠人处狭～。"这个意义后来写作"庐"。❼ 火炉。《后汉书·五行志五》："魏郡男子张博送铁～诣太官。"这个意义后来写作"罏"、"炉"。

庐（廬） lú ❶ 简陋的房屋。《诗经·小雅·信南山》："中田有～。"㊁居住。张衡《西京赋》："恨阿房（páng）之不可～。"（阿房：阿房宫。）❷ 宾客住的宿舍。《周礼·地官·遗人》："十里有～，～有饮食。"❸ 古代官吏轮流应差住的房子。《汉书·金日磾传》："日磾小疾卧～。"（疾：病。）

垆（壚） lú ❶ 黑色坚硬的土。《尚书·禹贡》："下土坟～。"（坟：高起。）❷ 通"罏"。古代酒店前放酒瓮的土台子，也用作酒店的代称。《南史·谢几卿传》："诣道边酒～。"（诣：到……去。）❸ 通"炉（爐）"。盛火的器具。陆游《山行过僧庵不入》诗："茶～烟起知高兴。"

炉（爐、鑪） lú ❶ 盛火的器具，取暖、烧饭或冶炼用。《墨子·备蛾传》："五步一灶，灶门有～炭。"《韩非子·内储说下》："奉炽～炭，火尽赤红。"《论衡·寒温》："火之在～，水之在沟。"❷ 通"罏"。古代酒店前放酒瓮的土台子，也用作酒店的代称。《史记·司马相如列传》："买一酒舍酤酒，而令文君当～。"（酒舍：酒店。酤：卖酒。文君：人名。当炉：坐在炉前卖酒。）❸ 熏炉。李清照《孤雁儿·藤床》："沉香断续玉～寒。"

泸（瀘） lú 古水名。在今四川、云南境内。《三国志·蜀书·诸葛亮传》："故五月渡～，深入不毛。"

栌（櫨） lú ❶ 果名。《吕氏春秋·本味》："果之美者……有甘～焉。"❷ 树名。即黄栌。司马相如《上林赋》："华枫枰～。"❸ 柱头上承大梁的方木。《淮南子·主术》："短者以为朱儒枅（jī）～。"（枅：柱上承梁的方木。）

胪（臚） lú ❶ 腹前部。《素问·六元正纪·大论》："虐，心腹满热，～胀，甚则胕肿。"（胕：同"肤"。皮肤。）❷ 额头。张君房《云笈七签》卷十一："七液洞流冲～间。"❸ 传布，罗列。《国语·晋语六》："风听～言于市，辨祆祥于谣。"❹ lǚ 祭名。《史记·六国年表》："位在藩臣而～于郊祀。"

舻（艫） lú ❶ 船头。左思《吴都赋》："弘舸连舳，巨槛接～。"㊀船。《新唐书·东夷传·高丽》："而平壤在鸭渌东南，以巨～济人。"❷［舳（zhú）舻］见540页"舳"字。

鲈（鱸） lú 鱼名。《后汉书·左慈传》："今日高会，珍羞略备，所少吴松江～鱼耳。"

矑 lú 眼珠。扬雄《甘泉赋》："玉女无所眺其清～兮，宓妃曾不得施其蛾眉。"

罏 lú ❶ 小口的瓦罐。《景德镇陶录》："其～、瓮诸色，几与哥窑等价。"❷ 古代酒店安放酒坛的土台。辛延年《羽林郎》诗："胡姬年十五，春日独当～。"

纑 lú ❶ 麻线。皮日休《徐诗》："吾衣任縠～，吾食甘糠覈。"（覈：麦糠中的粗屑。）❷ 练麻，沤麻。《孟子·滕文公下》："身织屦，妻辟～。"（自己织草鞋，妻子搓麻线、沤麻。辟：搓麻线。）❸ 苎麻一类的植物。《史记·货殖列传序》："夫山西饶材、竹、穀、～、旄、玉石。"

旅 lú 黑色。《左传·僖公二十八年》："赐之……～弓矢千。"

卤（鹵） lǔ ❶ 不生长谷物的盐碱地。《吕氏春秋·乐成》："决漳水，灌邺旁，终古斥～，生之稻粱。"（斥：盐碱地。）《史记·河渠书》："穿洛以溉重泉以东万余顷故～地。"（洛：水名。重泉：地名。）㊀盐碱地所产的盐，也称盐卤。《史记·货殖列传》："山东食海盐，山西食盐～。"❷ 通"鲁"。笨，愚钝。刘桢《赠五官中郎将》诗："小臣信顽～。"（信：确实。）❸ 通"橹"。大盾牌。《战国策·中山策》："流血漂～。"❹ 通"掳"。掠夺。《汉书·赵充国传》："～马牛羊十万余头，车四千余两。"（两：辆。）

虏（虜） lǔ ❶ 俘获。《战国策·秦策四》："父子老弱系～，相随于路。"《汉书·周亚夫传》："其将固可袭而～也。"㊁把人抢走。《三国志·吴书·吴主传》："～其人民而还。"这个意义后来写作"掳"。❷ 俘虏。《史记·张仪列传》："左挈人头，右挟生～。"《盐铁论·诛秦》："斩首捕～十余万。"㊁奴隶。《韩非子·五蠹》："虽臣～之劳不苦于此矣。"（臣：奴隶。）❸ 对敌人的蔑称。《史记·高祖本纪》："汉王伤匈，乃扪足曰：'～中吾指。'"(中：射中。指：脚趾。)

鲁(魯) lǔ ❶笨，愚钝。《论语·先进》："参也～。"(参：曾参，人名。) ❷周代诸侯国，在今山东南部一带。

橹[1](櫓、樐、艣) lǔ ❶大盾牌。《左传·襄公十年》："建大车之轮，而蒙之以甲，以为～。" ❷望楼，瞭望观察敌情的建筑。司马相如《上林赋》："泰山为～。" ❸船上划水的工具。《三国志·吴书·吕蒙传》："蒙至寻阳，尽伏其精兵䑝䑭(gōu lù)中，使白衣摇～，作商贾人服，昼夜兼行。"(䑝䑭：大船。)刘禹锡《步出武陵东亭临江寓望》诗："津晚～声促。"这个意义又写作"艪"、"艣"。

橹[2](艪) lǔ 船上划水的工具，多安于船尾。李白《淮阴书怀寄王宗城》诗："大舶夹双～，中流鹅鹳鸣。"

陆(陸) lù ❶陆地。《周礼·考工记》："作车以行～，作舟以行水。" ❷道路。张衡《西京赋》："复～重阁。"(复陆：复道。古代宫中楼阁相通，上下都有通道，上面架空的叫复道。) ❸跳跃。《庄子·马蹄》："龁(hé)草饮水，翘足而～，此马之真性也。"(龁：咬。)这个意义后来写作"踛"。[陆梁]猖獗，横行。《三国志·魏书·曹髦传》："蜀贼～～边陲。" ❹[陆离]1. 色彩繁杂、变化多端的样子。屈原《离骚》："纷总总其离合兮，斑～～其上下。"(总总：众多的样子。)成语有"光怪陆离"。2. 分散的样子。左思《蜀都赋》："毛群～～。"(毛群：兽类。)

录(録) lù ❶记载，登记。《韩非子·外储说左下》："～功而与官。"㊀记载言行和事物的册籍。如欧阳修《集古录》。复音词有"备忘录"。㊁录取，任用。《论衡·别通》："或观读采取，或弃捐不～。"柳宗元《为裴中丞贺克东平赦表》："无不甄(zhēn)～。"(甄：审查，鉴别。)㊁收集，收纳。《世说新语·政事》："官用竹，皆令～厚头，积之如山。" ❷抄录，写(后起意义)。《宋史·选举志一》："八年始置誊～院，令封印官封试卷，付之集书吏～本。"(置：设立。集书吏：文书。) ❸lǜ 审查记录囚犯的罪状。《汉书·何武传》："及武为刺史，行部～囚徒。" ❹逮捕。《世说新语·政事》："王安期作东海郡，吏～一犯夜人来。"(吏：差役。犯夜人：触犯夜行禁令的人。) ❺总领。《三国志·蜀书·诸葛亮传》："亮以丞相～尚书事。"(尚书：官名。) ❻次第。《国语·吴语》："今大国越～，而造于弊邑之军垒。"

渌 lù ❶清澈。曹植《洛神赋》："灼若芙蕖出～波。"张衡《东京赋》："～水澹澹。" ❷清酒。杜甫《醉为马坠诸公携酒相看》诗："共指西日不相贷，喧呼且覆杯中～。"

騄(騄) lù [騄駬]良马名。《商君书·画策》："骐骥～～，每一日走千里。"

琭 lù 坚硬珍贵的样子。《老子·三十九章》："不欲～～如玉，珞珞如石。"(珞珞：高大坚硬的样子。)

禄 lù ❶福气。《诗经·大雅·既醉》："其胤维何？天被尔～。"(胤：后代。被：指施给。)《战国策·赵策二》："臣无隐忠，君无蔽言，国之～也。" ❷官吏的薪俸。《韩非子·人主》："有功者受重～。"

碌 lù [碌碌]1. 平庸无能。《史记·酷吏列传》："九卿～～奉其官。"这个意义又写作"录录"。2. 车轮声。陆游《季秋已寒节令颇正喜而有赋》诗："风色萧萧生麦陇，车声～～满鱼塘。"

盝 lù ❶同"漉"。过滤。《周礼·考工记·㡛氏》："清其灰而～之。" ❷盒子。《旧唐书·李德裕传》："(敬宗)诏浙西造银～子妆具二十事进内。"

箓(籙) lù ❶符命，所谓帝王得到天命的凭证。张衡《东京赋》："高祖膺～受图，顺天行诛。" ❷簿册。《三国志·吴书·孙策传》注引《江表传》："今此子已在鬼～，勿复费纸笔也。" ❸符箓。道教的秘文秘录。《隋书·经籍志》："其受道之法，初受五千文～，次受三洞～……～皆素书。"

醁 lù [醽(líng)醁]见 254 页"醽"字。

辂(輅) lù ❶绑在车辕上用来牵引车子的横木。《仪礼·既夕礼》："宾奉币，由马西，当前～，北面致命。"《史记·刘敬叔孙通列传》："娄敬脱挽～。"(娄敬放下拉车用的横木。娄敬：即刘敬。)㊁牵引车子。《管子·小匡》："负任担荷，服牛～马。"(服牛辂马：用牛马拉车。) ❷车子。《论语·卫灵公》："乘殷之～。"

赂(賂) lù ❶赠送财物。《左传·桓公二年》："以郜大鼎～公。"《汉书·武帝纪》："朕饰子女以配单(chán)于，金币文绣，～之甚厚。"(饰：装饰，打扮。配：婚配。单于：匈奴的君主。)㊁奉送。《韩非子·说林下》："乃割露山之阴五百里以～之。"贾谊《过秦论》："于是从散约解，争割地而～秦。" ❷财物。《荀子·富国》："货～将甚厚。"(厚：丰富。) ❸贿赂(后起意义)。

L

《后汉书·冯绲传》:"不行贿～。"《晋书·谢安传》:"贼厚～泓,使云'南军已败'。"【注意】上古"赂"并不作"贿赂"讲,"贿赂"在上古叫"赇(qiú)"。《汉书·刑法志》:"吏坐受赇枉法。""赂"由"赠送"的意义引申为"贿赂"是后起的。

鹿 lù ❶兽名。《诗经·小雅·鹿鸣》:"呦呦～鸣,食野之苹。"㊞指政权或在位者。《史记·淮阴侯列传》:"秦失其～,天下共逐之。"扬雄《解嘲》:"往昔周网解结,群～争逸。"成语有"逐鹿中原"。❷粗,粗劣。《吕氏春秋·贵生》:"～布之衣。"《梁书·阮孝绪传》:"所居室唯有一～床。"❸粮仓。《国语·吴语》:"市无赤米,而囷～空虚。"(赤米:不带糠的米。囷:粮仓。)❹通"麓"。山脚。《左传·僖公十四年》:"秋八月辛卯,沙～崩。"

漉 lù ❶淘干,使干涸。《礼记·月令》:"仲春之月……毋～陂池。"《论衡·指瑞》:"焚林而畋,～池而渔。"㊀捞取。白居易《寄皇甫七》诗:"邻女偷新果,家僮～小鱼。"❷渗出,过滤。《战国策·楚策四》:"夫骥之齿至矣,服盐车而上太行……～汁洒地,白汗交流。"《汉书·司马相如传下》:"滋液渗～,何生不育。"❸[漉漉]湿湿的样子。《素问·疟论》:"无刺浑浑之脉,无刺～～之汗。"复音词有"湿漉漉"。

簏 lù 竹箱。李商隐《咏怀寄秘阁旧僚二十六韵》:"自哂成书～,终当咒酒卮。"

麓 lù 山脚。《诗经·大雅·旱麓》:"瞻彼旱～,榛楛济济。"

路 lù ❶道路。屈原《九歌·国殇》:"平原忽兮～超远。"(忽:辽阔渺茫。超远:遥远。)㊀思想或行动的途径。屈原《九章·惜诵》:"愿陈志而无～。"沈约《瑞石像铭》:"心～照通。"诸葛亮《出师表》:"以塞忠谏之～也。"(塞:堵塞。谏:直言批评君主。)❷大。《史记·孝武本纪》:"～弓乘矢,集获坛下。"❸车。《左传·宣公十二年》:"筚(bì)～蓝缕,以启山林。"(筚路:荆条编成的柴车。蓝缕:形容衣服破烂。启:开发。)❹宋、元时行政区域名。宋代的"路"相当于现代的"省",元代的"路"相当于现代的"地区"。

璐 lù 美玉。屈原《九章·涉江》:"被明月兮佩宝～。"

鹭(鷺) lù 水鸟名。即白鹭。《诗经·周颂·振鹭》:"振～于飞,于彼西雝。"(西雝:西边水泽。)[鹭序]白鹭飞行有序,形容官员上朝秩序井然。宋无《上冯集贤》诗:"玉笋晓班联～～,紫檀春殿对龙颜。"

簬(簵) lù 一种竹子,可制箭。《战国策·赵策一》:"其坚,则箘～之劲不能过也。"

露 lù ❶露水。《诗经·秦风·蒹葭》:"蒹葭苍苍,白～为霜。"成语有"风餐露宿"。㊀滋润。《国语·晋语六》:"是先主覆～子也。"晁错《贤良文学对策》:"覆～万民。"(覆:遮盖,这里指保护。)❷露天,在室外。《韩非子·外储说右上》:"于是太子乃还走,避舍～宿三日。"❸显露,暴露。《庄子·渔父》:"故田荒室～,衣食不足。"杜甫《柳边》诗:"黄鹂不～身。"《后汉书·蔡邕传》:"事遂漏～。"❹通"辂"。车。《史记·楚世家》:"昔我先王熊绎辟在荆山,荜～蓝蒌以处草莽。"

稑(穋) lù ❶后种先熟的谷物。《周礼·地官·司稼》:"掌巡邦野之稼,而辨穜～之种。"❷成熟。《绎史》卷九十六上:"不乱民功,不逆天时,五谷～孰,民乃蕃滋。"

踛 lù 跳跃。郭璞《江赋》:"夔牯(hǒu)翘～于夕阳,鸳雏弄翮(hé)乎山东。"(夔牯:一种牛。)

僇 lù ❶侮辱,羞辱。《吕氏春秋·当染》:"故国残身死,为天下～。"《史记·范雎蔡泽列传》:"故～辱以惩后,令无妄言者。"❷通"戮"。杀戮。《韩非子·孤愤》:"不～于吏诛,必死于私剑矣。"《史记·夏本纪》:"不用命,～于社。"❸[僇力]通"勠力"。并力,合力。《史记·商君列传》:"～～本业,耕织致粟帛多者复其身。"

勠 lù [勠力]并力,合力。《韩非子·存韩》:"昔秦、韩～～一意以不相侵,天下莫敢犯。"《汉书·高帝纪》:"臣与将军～～攻秦。"(臣:谦辞,刘邦自称。)又写作"戮力"。

戮 lù ❶斩,杀。《韩非子·二柄》:"杀～之谓刑,庆赏之谓德。"❷羞辱,耻辱。《左传·文公六年》:"贾季～臾骈。"(臾骈:人名。)《荀子·王霸》:"而身死国亡,为天下大～。"(为:成为。)❸[戮力]通"勠力"。并力,合力。《左传·昭公二十五年》:"～～壹心。"

LÜ

闾(閭) lǘ ❶古代的一种居民组织单位。《周礼·地官·大司徒》:"五家为比……五比为～。"❷里巷的大门。《韩非子·难三》:"郑子产晨出,过东匠之～，闻妇人之哭。”（子产：人名。东匠：里巷名。）⊗里巷。《庄子·列御寇》：“夫处穷～阨巷，困窘织屦。”

氀 lǘ ［氀毼（hé）］毡类毛织物。《后汉书·乌桓传》：“妇人能刺韦作文绣，织～～。”

吕 lǚ ❶ 脊梁骨。史游《急救篇》卷三：“尻髋脊膂腰背～。”❷ 古代音乐十二律中的阴律，有六种，总称“六吕”。《汉书·律历志》：“律十有二。阳六为律，阴六为～。”

捋 lǚ 见263页。

旅 lǚ ❶ 古代军队五百人为一旅。《左传·哀公元年》：“有众一～。”（众：指军队。）㊀军队。《尚书·大禹谟》：“班师振～。”《盐铁论·非鞅》：“盐铁之利，所以佐百姓之急，足军～之费。”（佐：辅助，帮助。）⊗众人。《左传·昭公三年》：“敢烦里～？”❷ 共同。《礼记·乐记》：“今夫古乐，进～退～。”❸ 次序。《仪礼·燕礼》：“宾以～酬于西阶上。”❹ 陈列。《诗经·小雅·宾之初筵》：“笾豆有楚，殽核维～。”❺ 祭山。《论语·八佾》：“季氏～于泰山。”❻ 寄居，旅行。《左传·庄公二十二年》：“羁～之臣。”杜甫《与严二归奉礼别》诗：“题书报～人。”（题书：写信。）⊗旅客。范仲淹《岳阳楼记》：“商～不行。”

膂 lǚ 脊梁骨。《尚书·君牙》：“今命尔予翼，作股肱心～。”（予翼：辅佐我。）［膂力］体力。《三国志·魏书·吕布传》：“～～过人，号为飞将。”

偻（僂） lǚ ❶ 屈，弯曲。《晏子春秋·谏上》：“～身而下声。”（下声：指说话声音低。）❷ 驼背。《穀梁传·成公元年》：“曹公子手～。”（公子手：人名。）❸ 很快。《荀子·儒效》：“彼宝也者……卖之不可～售也。”（售：卖出去。）

屡（屢） lǚ 多次。《左传·成公十六年》：“其御～顾。”（顾：回头望。）

缕（縷） lǚ ❶ 麻线，丝线。《墨子·尚同上》：“譬若丝～之有纪，网罟之有纲。”（纪：线的头。）成语有“千丝万缕”。㊀一条一条地，详尽地。枚乘《七发》：“固未能～形其所由然也。”（形：形容，表现。）［覼（luó）缕］见264页“覼”字。❷ ［蓝缕］通“褴褛”。形容衣服破烂。孟郊《织妇词》：“如何织纨（wán）素，自著～～衣。”（纨素：精白的绢。著：穿。）

褛（褸） lǚ ［褴褛］见236页“褴”字。

履 lǚ ❶ 践踏，踩。《诗经·小雅·小旻》：“如临深渊，如～薄冰。”（临：面临。）㊀实行，做。《礼记·表记》：“处其位而不～其事，则乱也。”《后汉书·吕强传》：“宜～行其事。”（宜：应该，应当。）❷ 鞋。《韩非子·外储说左上》：“郑人有欲买～者。”《史记·留侯世家》：“孺子下取～。”（孺子：小子，指张良。）【辨】履，践，蹈，蹑。见293页“蹑”字。

律 lǜ ❶ 法律，法令。《荀子·成相》：“罪祸有～，莫得轻重威不分。”（莫：不。）㊕刑法的条文。《汉书·高帝纪》：“命萧何次～令。”（次：编次。）❷ 规则。《商君书·战法》：“兵大～在谨。”（用兵的重大规则在于谨慎。）㊀应该遵守的格式，准则。杜甫《遣闷戏呈路十九曹长》诗：“晚节渐于诗～细，谁家数去酒杯宽。”（晚节：晚年。）⊗效法。《荀子·非十二子》：“劳知而不～先王，谓之奸心。”❸ 古代音乐中用来正音的一种竹管。《庄子·胠箧》：“擢（zhuó）乱六～。”（擢：拔。）⊗用律管定出来的音也叫律。有十二律。《汉书·律历志》：“～十有二。阳六为～，阴六为吕。”【辨】法，律。“法”所指的范围大，多偏重于法令、制度。“律”所指的范围小，多着重在具体的规则、条文。所以“变法”不能说成“变律”。用作动词时，“法”是效法、仿效，如“法后王”；“律”是根据一定的准则来要求，如“律己甚严”、“自律”。

虑（慮） lǜ ❶ 考虑，打算。《论语·卫灵公》：“人无远～，必有近忧。”《史记·淮阴侯列传》：“智者千～，必有一失；愚者千～，必有一得。”成语有“深谋远虑”。㊀心思，意念。屈原《卜居》：“心烦～乱，不知所从。”❷ 担忧（后起意义）。杜甫《寄刘峡州伯华使君》诗：“莫～杞天崩。”❸ ［无虑］1. 不考虑，不计算。《后汉书·光武帝纪》：“初作寿陵，将作大匠窦融上言，园陵广袤，～～所用。”2. 大凡，大概。《汉书·冯奉世传》：“今反虏～～三万人。”【辨】忧，虑。见497页“忧”字。【辨】计，虑。见180页“计”字。

率 lǜ 见386页。

绿（綠） lǜ ❶ 绿色。《诗经·邶风·绿衣》：“～兮衣兮，～衣黄裳。”⊗乌黑色。吴均《和萧洗马子显古意》：“～鬓愁中改，红颜啼里灭。”❷ lù 符箓。《墨子·非攻下》：“河出～图。”这个意义后来写作“箓”。❸ lù 通“菉”。一种野草。又称王刍。《诗经·小雅·采绿》："终朝采～，不盈一匊。"【辨】青，苍，碧，绿，蓝。见235页"蓝"字。

LUAN

峦（巒） luán ❶小而尖的山。屈原《九章·悲回风》："登石～以远望兮，路眇眇之默默。"李白《梦游天姥吟留别》："丘～崩摧。"❷山脊，山梁。左思《蜀都赋》："岗～纠纷，触石吐云。"王勃《滕王阁序》："桂殿兰宫，列冈～之体势。"

孪（孿） luán 双生。《吕氏春秋·疑似》："夫～子之相似者，其母常识之，知之审也。"

娈（孌） luán 美好。《诗经·邶风·静女》："静女其～。"

栾（欒） luán ❶木名，即栾华。《山海经·海内南经》："弱水……有木……其实如～。"❷钟口的两角（有一种钟钟口呈向上的弧形，故有两个角）。《周礼·考工记·凫氏》："凫氏为钟，两～谓之铣。"❸立柱上端承托屋梁的曲木。张衡《西京赋》："跱游极于浮柱，结重～以相承。"❹[栾栾]瘦瘠的样子。《诗经·桧风·素冠》："棘人～～兮。"❺通"孪"。双生子。《韩非子·外储说右上》："薛公知之，故与二～博。"❻通"銮"。皇帝车驾所用的铃，也指皇帝车驾。《史记·封禅书》："木禺龙～车一驷。"（木禺：木偶。）

挛（攣） luán ❶连在一起。《周易·小畜》："有孚～如，不独富也。"（孚：信用。）❷蜷曲不能伸直。《史记·范雎蔡泽列传》："先生曷鼻、巨肩……膝～。"潘岳《西征赋》："悟山潜之逸士……陋吾人之拘～。"柳宗元《捕蛇者说》："可以已大风、～踠、瘘疠，去死肌，杀三虫。"双音词有"痉挛"。❸liàn 通"恋（戀）"。爱慕不舍。《汉书·孝武李夫人传》："上所以～～顾念我者，乃以平生容貌也。"

鸾（鸞） luán ❶古代传说中的一种神鸟。《山海经·西山经》："西南三百里曰女床之山……有鸟焉，其状如翟（dí）而五彩文，名曰～鸟。"（翟：长尾的野鸡。文：纹。）❷通"銮"。一种铃，常饰于帝王的车子上。《诗经·小雅·蓼萧》："和～雍雍。"（和：车铃。雍雍：和谐的样子。）

脔（臠） luán 切成小块的肉。《庄子·至乐》："不敢食一～。"又如"脔割"（分割、切碎）。

銮（鑾） luán 一种铃。常饰于帝王的车子上。张衡《东京赋》："～声哕哕（huì huì）。"（哕哕：铃声。）㊕皇帝车驾。如"随銮"、"迎銮"。

乱（亂） luàn ❶紊乱。《左传·庄公十年》："吾视其辙～，望其旗靡，故逐之。"❷无秩序，不太平。与"治"相对。《荀子·天论》："应之以治则吉，应之以～则凶。"㊟扰乱。《韩非子·五蠹》："儒以文～法，侠以武犯禁。"❸叛乱。《论语·学而》："不好犯上，而好作～者，未之有也。"《史记·秦始皇本纪》："长信侯毐（ǎi）作～而觉。"（毐：嫪毐，人名。觉：被发觉。）❹横渡。《诗经·大雅·公刘》："涉渭为～。"❺乐曲的最后一章。《论语·泰伯》："师挚之始，关雎之～，洋洋乎盈耳哉。"㊟辞赋中最后总括全篇要旨的一段。

LÜE

掠 lüè ❶抢劫，夺取。《左传·襄公十一年》："纳斥候，禁侵～。"（斥候：侦察。）《史记·高祖本纪》："诸所过毋得～卤。"（卤：通"掳"。）❷拷打。《礼记·月令》："毋肆～，止狱讼。"《南史·柳仲礼传》："毒～百姓。"❸砍伐。《穆天子传》卷五："命虞（yú）人～林。"（虞人：掌管山泽的官。）❹轻轻地擦过或拂过（后起意义）。方干《送朱二十赴涟水》诗："～地斜飞上太虚。"（太虚：指天空。）❺书法的长撇。

略（畧） lüè ❶疆界。《左传·庄公二十一年》："王与之武公之～，自虎牢以东。"（与：给予。虎牢：地名。）❷巡行，巡视。《左传·昭公二十四年》："楚子为舟师，以～吴疆。"（楚子：即楚王。为：训练。舟师：水军。）❸掠夺，夺取。《史记·萧相国世家》："攻城～地。"《后汉书·戴封传》："封后遇贼，财物悉被～夺。"❹谋略，计谋。《左传·定公四年》："吾子欲复文武之～，而不正其德，将如之何？"李白《古风五十九首》之三："大～驾群才。"❺简略，不充足。《荀子·天论》："养～而动罕，则天不能使之全。"刘知几《史通·叙事》："加以一字太详，减其一字太～。"❻大概，大致。《孟子·万章下》："然而轲也尝闻其～也。"司马迁《报任安书》："书不能悉意，～陈固陋。"（书：信。）熟语有"略有所闻"。[略无]毫无。郦道元《水经注·江水》："两岸连山，～～阙处。"❼锋利。《诗经·周颂·载芟》："有～其耜。"

LUN

仑(崙) lún ［昆仑］见 231 页“昆²(崑、崐)”字。

伦(倫) lún ❶ 人伦。人与人之间的道德关系。古代以君臣、父子、夫妻、兄弟、朋友为五伦。《孟子·滕文公上》：“教以人～，父子有亲，君臣有义，夫妇有别，长幼有序，朋友有信。” ❷ 条理，顺序。《荀子·解蔽》：“众异不得相蔽以乱其～也。”(众异：事物的差异。) ❸ 类。贾谊《过秦论》：“吴起、孙膑……之～制其兵。”(制：控制。)成语有“不伦不类”。 ❹ 类比，匹敌。扬雄《剧秦美新》：“拔擢～比，与群贤并。”曹植《学官颂》：“德～三五，配皇作烈。”(三五：指三皇五帝。)成语有“无与伦比”。

抡(掄) lún ❶ 选择，选拔。《国语·晋语八》：“君～贤人之后有常位于国者而立之。”［抡材］1.挑选木材。《周礼·地官·山虞》：“凡邦工入山林而～～，不禁。”2.选拔人才。《旧唐书·刘迺传》：“今夫文部既始之以～～，终之以授位。” ❷ lūn 用力挥动(后起意义)。《水浒传》二回：“那后生～着棒又赶入来。”

沦(淪) lún ❶ 微波。《诗经·魏风·伐檀》：“河水清且～猗(yī)。”(且：而且。猗：语气词。) ❷ 沉，沉没。《汉书·郊祀志》：“而鼎～没于泗水彭城下。”马融《广成颂》：“～灭潭渊。”㊀陷没。《尚书·微子》：“商其～丧，我罔为臣仆。”《宋史·丘崇传》：“中原～陷且百年。”双音词有“沦陷”。

纶(綸) lún ❶ 青丝绶带。《礼记·缁衣》：“王言如丝，其出如～。王言如～，其出如綍(fú)。”(綍：大绳索。)仲长统《昌言·损益》：“身无半通青～之命，而窃三辰龙章之服。”(三辰龙章之服：有日月星辰龙样花纹的衣服。)㊉指有关皇帝诏令的。江淹《萧重让扬州表》：“复降～册，徽采兼明。”(册：册命。徽：德，善。)［纶音］帝命，诏书。刘禹锡《谢赐冬衣表》：“三军挟纩，俯听～～。” ❷ 钓丝。《史记·老子韩非列传》：“走者可以为罔，游者可以为～，飞者可以为矰。”刘勰《文心雕龙·情采》：“翠～桂饵，反所以失鱼。”(用翡翠装饰钓丝，用肉桂做鱼食，反而因此钓不到鱼。)㊀整理(线状物等)。《诗经·小雅·采绿》：“之子于钓，言～之绳。”《周易·系辞上》：“故能弥～天地之道。” ❸ guān ［纶巾］古代用青丝带做的头巾。《晋书·谢万传》：“万著白～～。”苏轼《念奴娇·赤壁怀古》：“羽扇～～。”

轮(輪) lún ❶ 车轮。《左传·成公二年》：“自始合，而矢贯余手及肘，余折以御，左～朱殷。”屈原《九歌·国殇》：“埋两～兮絷四马。”㊅代指车。《公羊传·僖公三十三年》：“匹马只～无反者。”㊇像车轮的东西。潘岳《西征赋》：“徒观其鼓枻(yì)回～，洒钓投网。”(枻：船桨。轮：指钓具之轮。)杜甫《江月》诗：“银河没半～。” ❷ 造车轮的工匠。《孟子·尽心下》：“梓、匠、～、舆，能与人规矩，不能使人巧。” ❸ 轮流。《太平广记》卷八：“使诸弟子随事～出米绢、器物、纸笔、樵薪什物等。” ❹ 纵向，南北的距离。《周礼·地官·大司徒》：“周知九州之地域广～之数。” ❺ 周长，边沿。张衡《西京赋》：“于是量径～，考广袤。”《旧唐书·肃宗纪》：“新铸大钱，文如乾元重宝，而重其～。”双音词有“轮廓”。 ❻ 高大。《礼记·檀弓下》：“美哉～焉，美哉奂焉。”成语有“美轮美奂”。 ❼ lūn 用力挥动(后起意义)。关汉卿《哭存孝》：“你～不动那鞭锏挝槌。”这个意义后来写作“抡”。

论(論) lùn ❶ 讨论，研究。《韩非子·五蠹》：“～世之事，因为之备。”(研究当时的社会情况，从而相应地采取措施。)㊀议论，评论。诸葛亮《出师表》：“每与臣～此事。”《商君书·禁使》：“赏随功，罚随罪，故～功察罪，不可不审也。” ㊅辩论。《史记·魏其武安侯列传》：“今日廷～。”(廷：朝廷。) ❷ 判罪。《史记·吕后本纪》：“其群臣或窃馈，辄(zhé)捕～之。”(馈：赠送食物。辄：就。) ❸ 言论，主张。公孙龙子《迹府》：“为守白之～。”(守白：即指白马非马论。)㊅文体的一种。萧统《文选序》：“～则析理精微。”(析理：分析道理。) ❹ lún 通“伦”。条理，顺序。《荀子·性恶》：“～而法。”(有条理而合乎法度。)【辨】议，论。“议”着重在得失，所以“议”的结果往往是做出决议；“论”着重在是非，所以“论”的结果往往是做出判断。“议”往往是许多人在一起交换意见，“论”不一定要有许多人。作为名词时，“议”是建议，“论”是评论或议论。

LUO

捋 luō ❶ 手握住条状物向一端滑动。《诗经·周南·芣苢》：“采采芣苢(fú yǐ)，薄言～之。”(采采：茂盛的样子。芣苢：一种植物。薄、言：都是动词词头。) ❷ lǚ 用手指顺着抹过去，使物体顺溜或干净(后起意义)。汉乐府《陌上桑》:"行者见罗敷,下担～髭须。"《北齐书·李元忠传》:"～高祖须而大笑。"

罗(羅) luó ❶捕鸟兽的网。《诗经·王风·兔爰》:"有兔爰爰,雉离于～。"(爰爰:行动舒缓的样子。离:通"罹"。遭遇。)《韩非子·难三》:"以天下为之～,则雀不失矣。"成语有"天罗地网"。㊀招致,网罗。《庄子·天下》:"万物毕～,莫足以归。"王安石《上皇帝万言书》:"所以～天下之士。"双音词有"罗致"。❷分布,罗列,排列。《史记·五帝本纪》:"旁～日月星辰。"《汉书·贾山传》:"从车～骑。"成语有"星罗棋布"。❸稀疏而轻软的丝织品。《战国策·齐策四》:"下宫糅～纨,曳绮縠。"杨衒之《洛阳伽蓝记》卷四:"冰～雾縠,充积其内。"❹遭遇。《论衡·辨祟》:"抵触县官,～丽刑法。"(丽:指触犯。)

萝(蘿) luó ❶一种蔓生植物。郦道元《水经注·渐江水》:"扳～扪葛,然后能升。"杜甫《佳人》诗:"牵～补茅屋。"❷[女萝]地衣类植物,寄生于松柏。也叫松萝。《诗经·小雅·頍弁》:"茑(niǎo)与～～,施(yì)于松柏。"(茑:寄生小灌木。施:蔓延。)屈原《九歌·山鬼》:"被(pī)薜荔兮带～～。"(被:通"披"。)

覼(覶) luó [覼缕(lǚ)]逐一详细陈述。王延寿《王孙赋》:"忽踊逸而轻迅,羌难得而～～。"这个意义又写作"覶覼"。

蓏 luǒ 瓜类植物的果实。《庄子·人间世》:"夫柤(zhā)梨橘柚果～之属。"(夫:句首语气词。)

蠃 luǒ ❶[蠃虫]同"倮虫"。没有鳞甲和毛羽的动物。《汉书·五行志中》:"时则有草妖,时则有～～之孽。"❷luó 通"螺"。一种水生动物。《韩非子·外储说右上》:"故市木之价不加贵于山,泽之鱼盐龟鳖～蚌不加贵于海。"

羸 luǒ ❶裸露。赤身露体。《左传·昭公三十一年》:"赵简子梦童子～而转以歌。"这个意义又写作"裸"。《韩非子·内储说下》:"令公子～而解发。"现在以"裸"为正字,"羸"为异体字。❷通"骡"。《汉书·霍去病传》:"单于遂乘六～……直冒汉围西北驰去。"

荦(犖) luò ❶杂色的牛。陆龟蒙《杂讽》诗:"斯为朽关键,怒～抉以入。"(朽关键:指腐朽的门闩。抉:指撞破。)❷[荦荦]分明,明显。《史记·天官书》:"此其～～大者。"❸[卓荦]卓越,杰出。左思《咏史》:"～～观群书。"

骆(駱) luò ❶白身黑鬃的马。《诗经·小雅·皇皇者华》:"我马维～,六辔沃若。"(沃若:有光泽的样子。)白居易《卖骆马》诗:"乐天别～岂无情。"❷[骆驼]哺乳动物,大型力畜。《后汉书·梁慬传》:"获生口数千人,～～畜产数万头。"❸古代部族名,即骆越,百越的一支。《史记·南越列传》:"财物赂遗闽越、西瓯、～。"❹[骆漠]奔驰的样子。傅毅《舞赋》:"～～而归,云散城邑。"

络(絡) luò ❶缠绕,缠裹。宋玉《招魂》:"秦篝齐缕,郑绵～些。"㊀环绕,包罗覆盖。《山海经·海内经》:"南海之内……有九丘,以水～之。"班固《西都赋》:"笼山～野。"❷罩住。《淮南子·原道》:"～马之口,穿牛之鼻者,人也。"㊀马笼头。萧纲《西斋行马》诗:"晨风白金～。"(晨风:马名。)❸网。张衡《西京赋》:"振天维,衍地～。"(维:大绳子。衍:撒开。)❹人体的络脉。是由经脉分出的呈网状的大小分支。《素问·缪刺论》:"(此)～病者。"㊕身体浅表的血管。《素问·调经论》:"视其血～,刺出其血。"❺[络绎]接连不断。《古诗为焦仲卿妻作》:"交语速装束,～～如浮云。"成语有"络绎不绝"。

落 luò ❶叶落,花落。《诗经·卫风·氓》:"桑之未～,其叶沃若。"㊀落下。《论衡·知实》:"颜渊炊饭,尘～甑中。"杜甫《复阴》诗:"牙齿半～左耳聋。"㊁衰落,零落。《管子·宙合》:"盛而不～者,未之有也。"《史记·汲郑列传》:"家贫,宾客益～。"❷居住的地方。《后汉书·仇览传》:"吾近日过舍,庐～整顿。"王维《渭川田家》诗:"斜光照墟～。"(墟落:村落。)❸始。《诗经·周颂·访落》:"访予～止。"(止:语气词。谋划我开始执政之事。)㊁宫室刚筑成时举行的祭祀典礼。《左传·昭公七年》:"楚子成章华之台,愿与诸侯～之。"(楚子:即楚王。章华:台名。)双音词有"落成"。㊁钟铸成时用动物的血涂抹之也叫"落"。《左传·昭公四年》:"叔孙为孟钟,曰:……飨大夫以～之。"(飨:宴请。在宴请大夫的同时为孟钟举行落礼。)

雒 luò ❶白鬃黑马。《诗经·鲁颂·駉》:"有骝(liú)有～。"(骝:赤身黑鬃马。)❷水名。发源于今陕西雒南县。《左传·昭公元年》:"馆于～汭(ruì)。"(汭:河湾。)❸古都邑名。即洛阳。《左传·桓公二年》:"武王克商,迁九鼎于～邑。"

M

MA

麻 má ❶一种植物。也叫大麻。《管子·牧民》:“养桑～,育六畜,则民富。”❷古代用麻布做的丧帽、丧带。《礼记·杂记下》:“～者不绅。”(穿丧服时,不结大带。绅:束在衣外的大带。)❸唐宋时任命大臣用黄白麻纸起草诏书,故这种诏书称“麻”。《新唐书·李栖筠传》:“帝心善之,故制～自中以授。”[宣麻]宣布诏书。唐庚《上张天觉内前行》:“内前车马拨不开,文德殿下～～回。”

祃(禡) mà 古代军队在驻扎地祭神的活动。《礼记·王制》:“～于所征之地。”

MAI

薶 mái ❶“埋”的本字。埋藏,埋葬。《尔雅·释天》:“祭地曰瘗(yì)～。”(瘗:埋。)《淮南子·时则》:“(立春之日)掩骼～骴。”[引]堵塞,填埋。《元史·河渠志三·黄河》:“其为埽台及推卷、牵制、～挂之法。”❷wō 玷污。《淮南子·俶真》:“夫鉴明者,尘垢弗能～;神清者,嗜欲弗能乱。”

霾 mái ❶风夹着尘土。《诗经·邶风·终风》:“终风且～。”(终……且……:既……又……。风:指刮风。)《后汉书·郎顗传》:“时气错逆,～雾蔽日。”[引]云雾遮蔽。苏轼《生日王朗以诗见庆次其韵》:“不嫌雾谷～松柏。”❷通“埋”。埋没。屈原《九歌·国殇》:“～两轮兮絷(zhí)四马。”(絷:拴。)

劢(勱) mài 勉力,努力。《尚书·立政》:“其惟吉士,用～相我国家。”

迈(邁) mài ❶行,去。《诗经·鲁颂·泮水》:“无小无大,从公于～。”[特]帝王巡行。《诗经·周颂·时迈》:“时～其邦,昊天其子之。”[又]远,远离。屈原《九章·哀郢》:“众踥蹀而日进兮,美超远而逾～。”❷超过,超越。《三国志·魏书·高堂隆传》:“三王可～,五帝可越。”[引]超然不俗。《晋书·裴楷传》:“楷风神高～,容仪俊爽。”❸时光消逝。《诗经·唐风·蟋蟀》:“今我不乐,日月其～。”[引]年老,年迈。《三国志·魏书·曹爽传》:“臣虽朽～,敢忘往言?”杜甫《上白帝城》诗:“衰～久风尘。”❹通“劢”。勉励,努力。《尚书·大禹谟》:“皋陶～种德,德乃降。”

脉(脈、衇) mài ❶血管。《素问·脉要精微论》:“夫～者,血之府也。”《潜夫论·德化》:“骨著～通,与体俱生。”❷中医指脉搏的脉象。《史记·扁鹊仓公列传》:“不待切～、望色、听声、写形,言病之所在。”[引]中医诊脉。《后汉书·华佗传》:“佗～之,曰:府君胃中有虫,欲成内疽,腥物所为也。”❸像血管一样连贯而成系统的东西。王建《隐者居》诗:“雪缕青山～,云生白鹤毛。”《史记·蒙恬列传》:“(长城)起临洮,属之辽东,城堑万余里,此其中不能无绝地～哉?”❹mò [脉脉] 1.凝视的样子。《古诗十九首·迢迢牵牛星》:“盈盈一水间,～～不得语。”(盈盈:水清的样子。)2.含情欲吐的样子。辛弃疾《摸鱼儿·纯熙己亥》:“～～此情谁诉。”

霡(霢) mài [霡霂(mù)]小雨。《诗经·小雅·信南山》:“益之以～～,既优既渥,既霑既足,生我百谷。”[又]汗多的样子。白居易《香山寺石楼潭夜浴》诗:“摇扇风甚微,褰裳汗～～。”

MAN

蛮(蠻) mán ❶我国古代对南部民族的称呼。《孟子·滕文公上》:“今也南～鴃舌之人,非先王之道。”[引]南,南方。曹植《朔风》诗:“思彼～方。”《北齐书·陆法和传》:“时有所论,则雄辩无敌,然犹带～音。”[泛]少数民族。如“北蛮”。❷强悍,粗野。欧阳修《自岐江山行至平陆驿》诗:“攀跻诚畏涂,习俗羡～犷。”❸[蛮荒]边远地区。柳宗元《礼部贺册尊号表》:“臣获守～～。”【注意】在上古,“蛮”没有“野蛮”、“蛮横”的意思。

谩(謾) mán ❶欺骗。屈原《九章·惜往日》:“或忠信而死节兮,或訑～而不疑。”(訑:欺诈。)[又]抵赖。《史记·孝文本纪》:“民或祝诅上,以相约结而后相～。”❷诋毁。《荀子·非相》:“乡则不若,偝则～之。”(乡:向。若:顺从。偝:同“背”。)❸màn 通“漫”。散漫,烦琐。《庄子·天道》："大～，愿闻其要。"（大：太。要：要点。）[又]徒自，白白地（后起意义）。姚合《送王求》诗："愿君似醉肠，莫～生忧感。"戴叔伦《过贾谊旧居》诗："～有长书忧汉室，空将哀些吊沉湘。"❹ màn 莫，不要（后起意义）。朱淑真《读史》诗："王伯～分心与迹，到成功处一般难。"❺ màn 通"慢"。怠慢，傲慢。《史记·孝武本纪》："后世～怠。"《汉书·翟方进传》："轻～宰相。"[又]慢慢，缓慢。皮日休《九讽系述·遇谤》："又～～而不决。"

瞒（瞞） mán ❶ 眼睑低垂的样子。[瞒瞒]闭眼的样子。《荀子·非十二子》："酒食声色之中，则～～然，瞑瞑然。"❷ 通"谩"。隐瞒，欺瞒。《寒山诗》二一三："我见～人汉，如篮盛水走。"《朱子语类》卷七四："秀才不识，便被他～。"❸ mén 惭愧。《庄子·天地》："子贡～然惭，俯而不对。"❹ mén 们（后起意义）。刘焘《花心动·偏忆江南》："问桃杏贤～，怎生向前争得？"

颟（顢） mán ［颟顸（hān）］1. 大的样子。和凝《宫词百首》之一二："～～冰面莹池心，风刮瑶阶腊雪深。"2. 糊涂而马虎。朱熹《答石子重书》："却恐～～儱侗，非圣门求仁之学也。"

鞔 mán ❶ 鞋帮。又指鞋。《吕氏春秋·召类》："南家，工人也，为～者也。"❷ 用皮革蒙罩住。《周礼·考工记·舆人》郑玄注："饰车，谓革～舆也。"[引]把（制作鼓面的）皮革绷紧。段成式《酉阳杂俎》卷十二"语资"："宁王尝夏中挥汗～鼓。"❸ mèn 通"懑"。闷胀。《吕氏春秋·重己》："味众珍则胃充，胃充则中大～。"

鬘 mán ❶ 形容头发美。夏完淳《与李舒章求宽侯民书》："家慈之～云既脱，四寡共居。"❷ 梵语 soma 译音。缨络之类的装饰物。白居易《游悟真寺》诗："叠霜为袈裟，贯雹为华～。"

矕 mǎn ❶ 视，看。马融《长笛赋》："长～远引，旋复回皇。"❷ 覆盖。班固《答宾戏》："浮英华，湛道德，～龙虎之文，旧矣。"

曼 màn ❶ 长。《诗经·鲁颂·閟宫》："孔～且硕。"（孔：很。硕：大。）[引]延长。屈原《九章·哀郢》："～余目以流观兮，冀壹反之何时。"❷ 柔美，美丽。《韩非子·扬权》："～理皓齿。"（理：皮肤的纹理。皓：洁白。）司马迁《报任安书》："今虽欲自雕琢，～辞以自饰，无益，于俗不信，适足取辱耳。"

僈 màn ❶ 怠慢，懈怠。《荀子·非十二子》："佚（yì）而不惰，劳而不～。"（佚：安乐。）❷ 轻慢，轻视。《荀子·非十二子》："上功用，大俭约，而～差等。"

墁 màn ❶ 通"镘"。抹子，涂墙的工具。❷ 涂抹。韩愈《蓝田县丞厅壁记》："斯立易桷与瓦，～治壁，悉书前任人名氏。"❸ 粉饰过的墙壁。《孟子·滕文公下》："有人于此毁瓦画～。"

蔓 màn 草本蔓生植物的枝茎。贾思勰《齐民要术·种瓜》："～广则歧多，歧多则饶子。"（广：长。歧：枝杈。饶子：果实繁多。）[引]蔓延。《左传·隐公元年》："无使滋～，～，难图也。"（无：不要。）[引]芜杂，繁冗。李纲《论御寇用兵札子》："臣不敢远引前古，多设～词。"

幔 màn ❶ 帐幕。《墨子·非攻下》："～幕帷盖，三军之用。"❷ 用于覆盖或遮挡的大幕布。《三国志·吴书·周瑜传》裴松之注引《江表传》："取轻利舰十舫载燥荻枯柴积其中，灌以鱼膏，赤～覆之。"《南齐书·东昏侯纪》："巷陌悬～为高障。"

漫 màn ❶ 水涨，淹。储光羲《酬綦毋校书梦耶溪见赠之作》诗："春看湖水～。"王安石《白日不照物》诗："妇子夜号呼，西南～为壑。"❷ 无边无际。《荀子·正名》："长夜～兮。"成语有"漫无边际"。[引]遍。贾思勰《齐民要术·种葵》："～散子。"（散：撒。子：种子。）成语有"漫山遍野"。[又]全，都。胡铨《戊午上高宗封事》："～不敢可否事。"（凡遇事都不敢说行不行。）❸ 放纵，任意。王安石《再用前韵寄蔡天启》："或嗤元郎～，或訿白翁嗫。"[引]随便。杜甫《闻官军收河南河北》诗："～卷诗书喜欲狂。"（卷：卷起。）[又]徒然。杜甫《宾至》诗："～劳车马驻江干。"（劳：烦劳。江干：江边。）❹ 玷污。《庄子·让王》："又欲以其辱行～我。"（辱行：坏品行。）[又]欺骗。苏轼《游灵隐寺戏赠开轩李居士》诗："若教从此成千里，巧历如今也被～。"❺ 模糊。《后汉书·文苑传》："始达颍川，乃阴怀一刺，既而无所之适，至于刺字～灭。"双音词有"漫漶"。❻ 莫，不要。张谓《赠赵使君美人》诗："罗敷独向东方去，～学他家作使君。"

慢 màn ❶ 傲慢，不敬。《吕氏春秋·上德》："去郑之荆，荆成王～焉。"《史记·淮阴侯列传》："王素～无礼，今拜大将如呼小儿耳。"❷ 怠慢，懈怠。《左传·庄公八年》："君使民～，乱将作矣。"《吕氏春秋·开春》："闻善为国者，赏不过而刑不～。"❸

慢慢地走。《诗经·郑风·大叔于田》："叔马～忌。"（叔：人名，共叔段。忌：语气词。）㊁缓慢。白居易《琵琶行》："轻拢～撚抹复挑。"（拢、撚、抹、挑：都是弹琵琶的动作。）❹ 通"曼"。柔美，美丽。李煜《菩萨蛮·蓬莱院闭天台女》："脸～笑盈盈，相看无限情。"【辨】徐，缓，慢。见461页"徐"字。

嫚 màn ❶ 轻慢，侮辱。《左传·昭公二十年》："其言僭～于鬼神。"《汉书·季布传》："单于尝为书～吕太后。"（单于：匈奴君主。为书：写信。）❷ 通"慢"。怠慢，懈怠。《淮南子·主术》："而职事不～。"《汉书·刑法志》："刑蕃而民愈～。"㊁缓慢，和缓。《淮南子·主术》："是以器械不苦，而职事不～。"

缦（縵） màn ❶ 没有花纹的丝织品。《韩非子·十过》："～帛为茵。"（茵：垫子。）㊂没有花纹的。《国语·晋语五》："乘～不举。"（乘缦：坐没有花纹的车。不举：指不奏乐。）❷ 通"慢"。缓慢，懈怠。《庄子·齐物论》："～者，窖者，密者。"

镘（鏝） màn 抹子，涂墙的工具。韩愈《圬者王承福传》："吾不敢一日舍～以嬉。"㊁涂墙。《太平广记》卷二三六："虢国中堂既成，召匠圬～。"

MANG

邙 máng 山名。在河南。应璩《与程文信书》："南临洛水，北据～山。"

芒 máng ❶ 一种茅草。可制作绳索和草鞋。陈师道《绝句》四首之二："～鞋竹杖最关身。"❷ 谷类植物种子壳上或草木上的针状物。潘岳《射雉赋》："麦渐渐以擢（zhuó）～。"（擢芒：指长出麦芒。）❸ 刀枪的锋芒，刀尖。《汉书·贾谊传》："一朝解十二牛，而～刃不顿者，所排击剥割，皆众理解也。"左思《吴都赋》："莫不衄（nù）锐挫～。"（衄：挫。）这个意义后来写作"鋩"。❹ 光芒。《史记·天官书》："以八月与柳、七星、张晨出，曰长王，作作有～。"任昉《王文宪集序》："昴（mǎo）宿垂～。"（昴宿：星宿名。）❺ 通"茫"。模糊不清。《庄子·盗跖》："目～然无见。"㊁昏昧无知。《庄子·齐物论》："其我独～，而人亦有不～者乎？"（其：表示疑问的语气词。）❻ huǎng 同"恍"。恍惚。《鹖冠子·夜行》："芴乎～乎，中有象乎？"［芴（hù）芒］恍恍惚惚。形容不可辨认或不可捉摸。《鹖冠子·世兵》："～～无貌。"

尨 máng 栋梁。韩愈《进学解》："夫大木为～，细木为桷。"

龙 máng ❶ 多毛的狗。《诗经·召南·野有死麕》："无使～也吠。"❷ 杂色的。《左传·闵公二年》："衣之～服，远其躬也。"❸ méng 杂乱。柳宗元《与吕道州温论〈非国语〉书》："尝读《国语》，病其文胜而言～。"［龙茸（róng）］杂乱的样子。《左传·僖公五年》："狐裘～～，一国三公。"❹ páng 通"庞"。庞大。柳宗元《三戒·黔之驴》："虎见之，～然大物也。"

庬 máng ❶ 广大。《汉书·司马相如传》："湛恩～洪。"❷ 厚道。屈原《九章·惜往日》："心纯～而不泄兮，遭谗人而嫉之。"❸ 杂乱。《尚书·周官》："推贤让能，庶官乃和，不和政～。"

駹 máng ❶ 面额白色的马。《说文·马部》："駹，马面颡皆白也。"❷ 青色的马。《汉书·匈奴传》："匈奴骑，其西方尽白，东方尽～，北方尽骊，南方尽骍马。"❸ 杂色牲畜。《周礼·秋官·犬人》："凡几珥沈辜，用～可也。"㊂杂色。柳宗元《晋问》："或赤或黄，或玄或苍，或醇或～。"

盲 máng ❶ 眼睛瞎。《老子·十二章》："五色令人目～。"《世说新语·排调》："～人骑瞎马，夜半临深池。"㊁眼瞎的人。成语有"问道于盲"。❷ 昏暗。《荀子·赋》："旦暮晦～。"（旦：早晨。暮：傍晚。晦：幽暗。）

莽 mǎng ❶ 茂密的草，草丛。《周易·同人》："伏戎于～。"（戎：军队。）双音词有"草莽"。㊂指草。《吕氏春秋·精通》："若草～之有华实也。"❷ 广大，广阔。《后汉书·马融传》："骋望千里，天与地～。"❸ 渺茫。陈与义《夜赋》："强弱与兴衰，今古～难评。"❹ 粗疏，鲁莽。文天祥《先君子革斋先生事实》："娓娓谈他事，若～于寻绎。"❺［莽莽］1. 草木茂盛的样子。屈原《九章·怀沙》："草木～～。"2. 无边无际。杜甫《秦州杂诗二十首》之七："～～万重山，孤城山谷间。"❻［卤莽］［鲁莽］粗鲁，不精细。《庄子·则阳》："昔予为禾，耕而卤～之。"（予：我。为禾：种稻。）

漭 mǎng ❶ 形容水广大无边。韩愈《宿曾江口示侄孙湘》诗："云昏水奔流，天水～相围。"［漭漭］［漭沆（hàng）］水广阔无边际的样子。宋玉《高唐赋》："涉～～，驰苹苹。"（涉：渡过。苹苹：指丛生的草。）张衡《西京赋》："沧池～沆。"❷ 辽远而渺茫。

陆游《寓怀》诗之三："华夷～不辨，日月互吐吞。"

MAO

毛 máo ❶ 鸟兽的毛。《左传·僖公十四年》："皮之不存，～将安附？"成语有"茹毛饮血"。㊕野兽。范仲淹《雕鹗在秋天》诗："下眄群～遁，横过百鸟睽。"㊀指人的毛发。《左传·僖公二十二年》："君子不重伤，不禽二～。"（二毛：指头发花白。）贺知章《回乡偶书》诗："少小离家老大回，乡音未改鬓～衰。"❷ 地表生的草木。《列子·汤问》："以残年余力，曾不能毁山之一～。"㊀指庄稼五谷。《左传·昭公七年》："食土之～，谁非君臣？"成语有"不毛之地"。❸ 无，没有。《后汉书·冯衍传》："饥者～食，寒者裸跣。"

旄 máo ❶ 用牦牛尾做装饰的旗帜。《诗经·鄘风·干旄》："孑孑干～，在浚之郊。"岑参《轮台歌》："上将拥～西出征。"（上将：大将军。）㊀用牦牛尾系在杆头上做成的器物，用以指挥。《尚书·牧誓》："右秉(bǐng)白～。"（右：右手。秉：执。）❷ 牦牛尾。《荀子·王制》："西海则有皮革文～焉。"《盐铁论·本议》："陇蜀之丹漆～羽。"（陇蜀：地名。丹：朱砂。）㊕牦牛。《韩非子·喻老》："象箸(zhù)玉杯……则必～象豹胎。"（用象牙筷和玉杯……就必然要吃牦牛、象、豹的胎。）❸ mào 通"耄"。年老（指八九十岁）。《史记·春申君列传》："后制于李园，～矣。"（李园：人名。）

酕 máo ［酕醄(táo)］大醉的样子。李商隐《道士胡君新井碣铭》："～～过市，酩酊经垆。"姚合《闲居遣怀》诗之六："遇酒～～饮，逢花烂熳看。"

髦 máo ❶ 古代儿童垂在前额的齐眉短头发。《诗经·鄘风·柏舟》："髧(dàn)彼两～，实维我仪。"（髧：头发下垂的样子。）㊁毛发。王安石《寄李秀才兄弟》诗："后生可畏吾知子，南北何时见两～。"❷ 比普通毛发更长的头发。特指马鬃。《仪礼·既夕礼》："马不齐～。"❸ 俊杰。《诗经·大雅·棫朴》："奉璋峨峨，～士攸宜。"（奉：两手捧着。璋：一种贵重的玉器。峨峨：庄严的样子。攸：所。）❹ 通"旄"。用牦牛尾做装饰的旗子。张协《七命》："建云～，启雄芒。"㊀牦牛。张协《七命》："～残象白。"（残、白：指煮的肉。）❺ 通"髳"。古代西南方少数民族名。《诗经·小雅·角弓》："如蛮如～，我是用忧。"

矛 máo 古代一种兵器。《诗经·秦风·无衣》："王于兴师，修我～戟。"

蝥 máo ❶［斑蝥］一种有毒的虫。❷［蝥贼］吃禾苗的害虫。比喻对人或国家有害的人。杜甫《送韦讽上阆州录事参军》诗："必若救疮痍，先应去～～。"又写作"蟊贼"。❸ wú ［蛛蝥］蜘蛛的别称。左思《魏都赋》："无异～～之网。"（无异：和……没有区别。）

髳 máo 古代西南的一个民族。《尚书·牧誓》："及庸、蜀、羌、～、微、卢、彭、濮人。"

蟊 máo ［蟊贼］吃禾苗根的害虫叫"蟊"，吃禾苗节的害虫叫"贼"。《诗经·小雅·大田》："去其螟螣(tè)，及其～～。"（螟、螣：害虫名。）㊎对人或国家有危害的人。《后汉书·冯衍传》："攘其～～，安其疆宇。"李白《酬裴侍御对雨感时见赠》诗："～～陷忠谠，渺然一水隔。"（忠谠：指忠诚而敢于直言的人。）

卯 mǎo 地支的第四位。韩愈《毛颖传》："养万物有功，因封于～地。"见126页"干[1]"字。㊀十二时辰之一，等于现在的上午五时至七时。韩愈《贺太阳不亏状》："自～及巳，当亏不亏。"［点卯］［应卯］古代官署办公从卯时开始，因此后来把点名叫"点卯"，应名叫"应卯"、"画卯"。

茆 mǎo ❶ 水草名。即莼菜。《诗经·鲁颂·泮水》："思乐泮水，薄采其～。"❷ máo 通"茅"。茅草。《韩非子·外储说右上》："楚国之法，车不得至于～门。"

昴 mǎo 星宿名。二十八宿之一。《尚书·尧典》："日短星～，以正仲冬。"邹阳《狱中上梁王书》："太白食～，昭王疑之。"

芼 mào ❶ 择，择取。《诗经·周南·关雎》："参差荇菜，左右～之。"❷ 杂在肉汤里的菜。《礼记·内则》："雉兔皆有～。"陆游《成都书事》诗："～羹笋似稽山美，斫脍鱼如笠泽肥。"❸ máo 可食用的野菜或水草。《晏子春秋·外篇重而异者》："今岁凶饥，蒿种～敛不半。"柳宗元《游南亭夜还叙志》诗："野蔬盈倾筐，颇杂池沼～。"

眊 mào ❶ 眼睛失神，看不清楚。《孟子·离娄上》："胸中正，则眸子瞭焉；胸中不正，则眸子～焉。"㊀昏聩不明。《汉书·刑法志》："周道既衰，穆王～荒。"❷ 年老。《汉书·武帝纪》："哀夫老～。"这个意义又写作"耄"。

耄 mào 年老（指八九十岁）。《左传·隐公四年》："老夫～矣。"双音词有"耄耋”。㉖昏乱，糊涂。《国语·周语下》：“尔老～矣，何知？”柳宗元《敌戒》：“纵欲不戒，匪愚伊～。”（戒：警惕。匪：非。伊：是。）

眊 mào ［眊眊］1. 蒙昧的样子。《汉书·鲍宣传》：“极竭～～之思。”2. 风吹动的样子。柳宗元《上帝追摄王远知易总》：“舟回如飞羽，但觉风～～而过。”

茂 mào ❶草木繁盛。《诗经·小雅·天保》：“如松柏之～，无不尔或承。”《韩非子·解老》：“冬日之闭冻也不固，则春夏之长草木也不～。”㉖美盛，繁盛。《管子·五行》：“岁农丰，年大～。”任昉《宣德皇后令》：“元功～勋，若斯之盛。”❷美好。《诗经·齐风·还》：“子之～兮，遭我乎猱（náo）之道兮。”（子：你。遭：遇。猱：山名。）㉖优秀，卓越。《汉书·朱邑传》：“明主游心太古，广延～士。”韩愈《顺宗实录二》：“诸色人中，有才行兼～明于理体者。”

冒 mào ❶覆盖，遮盖。《诗经·邶风·日月》：“日居月诸，下土是～。”（居、诸：语气词。）《汉书·翟方进传》：“善恶相～。”❷顶着，冒着。司马迁《报任安书》：“士无不起……～白刃北向争死敌者。”《三国志·蜀书·王连传》：“不宜以一国之望～险而行。”㉘假托，假冒。《汉书·卫青传》：“故青～姓为卫氏。”《后汉书·张衡传》：“彼无合其何伤兮，患众伪之～真。”❸触犯，冒犯。《战国策·楚策三》：“麋知猎者张网前而驱己也，因还走而～人至数。”《汉书·霍去病传》：“直～汉围西北驰去。”❹贪婪，贪图。《汉书·翟方进传》：“～浊苟容，不顾耻辱。”❺冒失，冒昧。王安石《上皇帝万言书》：“～言天下之事。”

娼 mào 嫉妒。《汉书·五行志中》：“刘向以为时夫人有淫齐之行，而桓有妬～之心。”《论衡·论死》：“妒夫～妻，同室而处。”

瑁 mào ❶天子接见诸侯时所拿的玉。《尚书·顾命》：“太保承介圭，上宗奉同～。”❷［玳瑁］见71页“玳”字。

贸（貿） mào ❶交换财物，交易。《诗经·卫风·氓》：“抱布～丝。”双音词有“贸易”。❷变，改变。《淮南子·诠言》：“公孙龙粲于辞而～名，邓析巧辩而乱法。”❸混杂，杂乱。《汉书·董仲舒传》：“廉耻～乱，贤不肖浑淆。”❹通“牟（móu）”。谋取，求取。《盐铁论·本议》：“是以县官不失实，商贾无所～利。”

袤 mào 南北向的长度。《墨子·杂守》：“庐广十尺，～丈二尺。”（广：宽。）双音词有“广袤”。㉘长，长度。《史记·蒙恬列传》：“筑长城……延～万余里。”

楙 mào ❶同“茂”。草木茂盛。《汉书·司马相如传》：“夸条直畅，实叶葰～。”❷通“贸”。交换。《汉书·食货志上》：“～迁有无，万国作乂。”

懋 mào ❶勉力，努力。《尚书·胤征》：“其尔众士～戒哉！”❷美，盛大。《尚书·大禹谟》：“予～乃德，嘉乃丕绩。”《晋书·王导传》：“厚爵以答～勋。”（勋：功勋。）㉘美好。《后汉书·章帝纪》：“乌呼～哉。”

愗 mào ［怐（kòu）愗］见226页“怐”字。

瞀 mào ❶眼睛昏花。《庄子·徐无鬼》：“予适有～病。”（予：我。适：恰好。）❷烦乱。屈原《九章·惜诵》：“中闷～之忳忳（tún）。”（中：指心中。忳忳：忧伤的样子。）❸愚昧。《荀子·非十二子》：“世俗之沟犹～儒。”王夫之《系辞上传·十二章》：“老氏～于此。”（老氏：老子。）［沟（kòu）瞀］见134页“沟”字。㉖天色昏暗。王安石《和吴冲卿雪诗》：“云连昼已～，风助宵仍汹。”

貌 mào ❶面容，容貌。《战国策·赵策三》：“今吾视先生之玉～，非有求于平原君者。”《史记·魏其武安侯列传》：“武安者，～侵，生贵甚。”（侵：短小丑陋。）㉖仪容，神态。贾谊《鹏鸟赋》：“止于坐隅兮，～甚闲暇。”（坐隅：座位的边上。）❷外表，外观，表面上。《韩非子·解老》：“实厚者～薄，父子之礼是也。”《三国志·吴书·吴主传》：“形～奇伟。”❸描述，描绘。《墨子·经说上》：“知也者，以其知过物而能～之若见。”杜甫《丹青引》：“屡～寻常行路人。”

額 mào 同“貌”。形貌。《荀子·礼论》：“故圹垄，其～象室屋也。”

MEI

玫 méi ［玫瑰］1. 次于玉的美石。《韩非子·外储说左上》：“缀以珠玉，饰以～～。”《史记·司马相如列传》：“其石则赤玉～～。”2. 花名。一种落叶灌木。温庭筠《握柘词》：“杨柳萦桥绿，～～拂地红。”

枚 méi ❶树干。《诗经·周南·汝坟》：“伐其条～。”❷马鞭子。《左传·襄公十八年》：“以～数（shǔ）阖（hé）。”（用马鞭子指点着数门扇。阖：门扇。）❸古代行军时为防止喧哗，让士兵衔在口中的竹片或木片。欧阳修《秋声赋》：“又如赴敌之兵，衔

～疾走。”❹ 逐一，逐个。《尚书·大禹谟》：“～卜功臣，惟吉之从。”成语有“不可枚举”。❺ 量词。个，只，件。谢惠连《祭古冢文》：“有五铢钱百余～。”《论衡·书虚》：“使人多设罗，得鹳数十～。”

莓 méi ❶ 植物名。种类很多，常见的是草莓。贾思勰《齐民要术·莓》：“～，草实，亦可食。”❷［莓苔］青苔。孙绰《游天台山赋》：“践～～之滑石，搏壁立之翠屏。”❸［莓莓］草茂盛的样子。左思《魏都赋》：“兰渚～～，石濑汤汤。”这个意义又写作“每每”。《左传·僖公二十八年》：“原田每每。”

鋂 méi 猎犬脖颈上套的环。《诗经·齐风·卢令》：“卢重～，其人美且偲。”

湄 méi 岸边水草相接处。《诗经·秦风·蒹葭》：“所谓伊人，在水之～。”

楣 méi ❶ 房屋的次级横梁。《仪礼·乡射礼》：“序则物当栋，堂则物当～。”（序：东西厢。物：指射箭站立之处。当：对着。）李如圭《仪礼·释宫》：“堂之屋，南北五架，中脊之架曰栋，次栋之架曰～。”❷ 门框上的横木。屈原《九歌·湘夫人》：“桂栋兮兰橑，辛夷～兮药房。”陆游《夏雨叹》诗：“蜗舍入门～触额，黄泥壁作龟兆坼。”❸ 屋檐口椽端的横板。谢灵运《山居赋》：“因丹霞以赪（chēng）～，附碧云以翠椽。”

煤 méi ❶ 烟气所积的黑灰。苏轼《夜烧松明火》诗：“珠～缀屋角，香湍（yì）流铜槊。”❷ 制墨的烟灰。沈括《梦溪笔谈》卷二四：“试扫其～以为墨。”㊕指墨。韩偓《横塘》诗：“蜀纸麝～添笔兴。”❸ 煤炭（后起意义）。宋应星《天工开物·煤炭》：“凡～炭，普天皆生，以供锻炼金石之用。”

禖 méi 为求子所祭之神。《吕氏春秋·仲春》：“是月也，玄鸟至。至之日，以太牢祀于高～。”《汉书·戾太子传》：“上年二十九乃得太子，甚喜，为立～。”

塺 méi 尘埃。《楚辞·九叹·惜贤》：“竢时风之清激兮，愈氛雾其如～。”［塺塺］尘土飞扬的样子。《楚辞·九怀·陶壅》：“浮云郁兮昼昏，霾土忽兮～～。”

黴 méi ❶ 面垢黑色。《淮南子·修务》：“舜～黑，禹胼胝。”❷ 霉点。衣物受潮而产生的黑斑。方以智《通雅》卷十二：“阴湿之色曰～黰……湿气着衣物，生斑沫也。”（黰：发霉所生的黑点。）这个意义后来写作“霉”。

每 měi ❶ 每一，每个。《墨子·旗帜》：“～鼓三、十击之。”（每个鼓打三下或十下。）《论语·八佾》：“子入太庙，～事问。”㊀每次，每逢。《左传·襄公二十二年》：“王～见之必泣。”白居易《与元九书》：“～与人言，多询时务。”❷ 常常。曹操《让县自明本志令》：“～用耿耿。”（心中常常不能忘记。）❸［每每］1. 常常，往往。陶潜《杂诗》之五：“～～多忧虑。”2. 昏昧的样子。欧阳詹《与王式书》：“以本心～～，驰恋若此。”3. 肥美、茂盛的样子。《左传·僖公二十八年》：“原田～～，舍其旧而新是谋。”❹ 虽然。《诗经·小雅·常棣》：“～有良朋，况也永叹。”

挴 měi 贪。屈原《天问》：“穆王巧～。”

美 měi ❶ 味美。《孟子·尽心下》：“脍炙与羊枣孰～。”《韩非子·扬权》：“夫香～脆味，厚酒肥肉，甘口而病形。”㊀美好，美丽。《左传·昭公二十八年》：“娶妻而～。”❷ 善，好。与“恶”相对。《战国策·东周策》：“夫存危国，～名也。”屈原《离骚》：“好蔽～而称恶。”（蔽：遮掩。称：宣扬。）❸ 赞美。《韩非子·五蠹》：“今有～尧、舜、汤、武、禹之道于当今之世者，必为新圣笑矣。”

浼 měi ❶ 污染。《淮南子·人间》：“若痈疽之必溃也，所～者多矣。”❷ 托请，央求（后起意义）。陶宗仪《南村辍耕录》卷七：“整复～人言之。”（刘整又请求他进去通报。）❸［浼浼］水大的样子。《诗经·邶风·新台》：“河水～～。”

媺 měi 同“美”。美，善。《周礼·春官·天府》：“季冬，陈玉，以贞来岁之～恶。”

沬 mèi ❶ 春秋时卫邑。在今河南淇县南。❷ 通“昧”。微暗。《周易·丰》：“日中见～。”㊀已，止。屈原《离骚》：“芳菲菲而难亏兮，芬至今犹未～。”❸ huì 通“颒”。洗脸。司马迁《报任安书》：“～血饮泣，更张空弮（quān）。”

昧 mèi ❶ 暗。屈原《离骚》：“路幽～以险隘。”（幽：暗。隘：狭窄。）［昧爽］［昧旦］［昧明］黎明，拂晓。《礼记·内则》：“～爽而朝。”《诗经·郑风·鸡鸣》：“女曰鸡鸣，士曰～旦。”（士：男子。）《国语·吴语》：“～明，王乃秉枹。”㊀目视不明。刘禹锡《聚蚊谣》：“～者不分聪者惑。”❷ 愚昧，昏乱。《庄子·大宗师》：“～者不知也。”《左传·宣公十二年》：“兼弱攻～。”（兼：兼并。）㊀贪昧。庾亮《让中书令表》：“偷荣～进，日尔一日。”❸ 蒙蔽，掩盖。曾巩《新序目录序》：

"皆明其所长而～其短。"❹［冒昧］轻率，鲁莽。《后汉书·蔡邕传》："死期垂至，～～自陈。"（垂至：将到。陈：陈述。）［昧死］冒昧而犯死罪的意思。这是封建时代臣子对君主的客套话。《韩非子·初见秦》："臣～～愿望见大王。"

寐 mèi 睡。《诗经·卫风·氓》："夙（sù）兴夜～。"（早起晚睡。夙：早。兴：起。）［假寐］不脱衣帽坐着打盹。《诗经·小雅·小弁》："心之忧矣，不遑～～。"（不遑：不暇，没工夫。）㊂指死。《古诗十九首·驱车上东门》："潜～黄泉下，千载永不寤。"【辨】寝，卧，眠，寐，睡。见387页"睡"字。

魅（魅） mèi ❶迷信传说中的精怪、鬼怪。《韩非子·外储说左上》："齐王问曰：'画孰最难者？'曰：'犬马最难。''孰易者？'曰：'鬼～最易。'"❷迷惑，惑乱。洪迈《夷坚丁志·蛇妖》："蛇最能为妖，化形～人。"

韎 mèi ❶赤黄色。《左传·成公十六年》："有～韦之跗注。"❷［韎韐（gé）］赤黄色的蔽膝。为古代士的祭服，或为武士所服。《诗经·小雅·瞻彼洛矣》："～～有奭。"❸wà 通"袜"。《南齐书·徐孝嗣传》："孝嗣登殿不著～。"

袂 mèi 袖子。《史记·苏秦列传》："连衽成帷，举～成幕。"

痗 mèi 忧伤。《诗经·卫风·伯兮》："愿言思伯，使我心～。"㊀病。刘禹锡《谒柱山会禅师》诗："安能咎往事，且欲去沉～。"

媚 mèi ❶谄媚，讨好。《孟子·尽心下》："阉然～于世也者，是乡原也。"《史记·孝武本纪》："康后闻文成已死，而欲自～于上。"❷美好，可爱。《史记·司马相如列传》："妩～孅弱。"（体态美好苗条。）㊀喜爱。繁钦《定情》诗："我既～君姿，君亦悦我颜。"

MEN

门（門） mén ❶门。《墨子·号令》："～常闭。"㊁进出口。徐弘祖《徐霞客游记·滇游日记》："洞～甚隘。"（隘：狭窄。）㊀攻打城门或守卫城门。《左传·庄公十八年》："巴人叛楚而伐那处，取之，遂～于楚。"《左传·哀公四年》："以两矢～之，众莫敢进。"❷做事情的方法，关键。《老子·一章》："玄之又玄，众妙之～。"《商君书·君臣》："臣闻道民之～，在上所先。"（道：导。）❸家，家族。《三国志·蜀书·先主传》："汝勿妄语，灭吾～也。"㊀宗派，门派。《论衡·率性》："孔～弟子七十之徒，皆任卿相之用。"❹门类。《旧唐书·杜佑传》："书凡九～，计二百卷。"（凡：总计。）

扪（捫） mén ❶持，握。《诗经·大雅·抑》："莫～朕舌，言不可逝矣。"❷摸。《史记·高祖本纪》："乃～足曰：'虏中吾指。'"（乃：于是。虏：指敌人。）双音词有"扪心"。

璊（璊） mén 玉赤色。《诗经·王风·大车》："大车哼哼，毳衣如～。"

虋（穈） mén 一种茎秆红色的谷类。《诗经·大雅·生民》："诞降嘉种……维～维芑。"沈括《梦溪笔谈》卷二六："丹黍谓之～。"

悗 měn ❶无心的样子。《庄子·大宗师》："～乎忘其言也。"❷mán 迷惑。《吕氏春秋·审分》："夫说以智通，而实以过～。"㊀烦闷。《灵枢经·五乱》："清浊相干，乱于胸中，是谓大～。"

闷（悶） mèn ❶烦闷。《周易·乾》："遁世无～，不见是而无～。"❷mēn（旧读mén）沉默的样子。梅尧臣《史尉还乌程》诗："闭门陋巷中，～默阅书史。"㊀闷热，不爽。《素问·风论》："闭则热而～。"

懑（懣） mèn 烦闷。《礼记·问丧》："悲哀志～气盛，故袒而踊之。"《后汉书·华佗传》："陈登忽患匈中烦～。"（匈：同"胸"。）㊂愤慨。刘知几《史通·疑古》："目睹其事，犹怀愤～。"

MENG

氓（甿） méng 外来的百姓。《孟子·公孙丑上》："则天下之民皆悦，而愿为之～矣。"㊁老百姓。《管子·八观》："～家无积而衣服修。"【注意】古代"氓"没有"流氓"的意思，也不读máng。

蝱 méng ❶昆虫名。一种大蝇子，吮吸人、畜血液。《史记·项羽本纪》："夫搏牛之～，不可以破虮虱。"这个意义又写作"虻"、"寍"。❷通"莔"。药草名。即贝母。《诗经·鄘风·载驰》："陟彼阿丘，言采其～。"

萌 méng ❶草木发芽。《礼记·月令》："草木～动。"双音词有"萌芽"。㊉开始，发生。《战国策·赵策二》："智者见于未～。"班固《东都赋》："惧其侈心之将～。"

（侈：奢侈。）❷ 通“氓”。老百姓。《韩非子·问田》：“齐民～之度。”（齐：整治。度：法度。）

盟 méng 古代诸侯在神前立誓缔约。《左传·僖公三十年》：“秦伯说（yuè），与郑人～。”（说：悦。）㊀一般的誓约。陆游《新晴》诗：“寄语沙鸥勿败～。”（败：指破坏。）成语有“山盟海誓”。㊁发誓。《史记·孙子吴起列传》：“与其母诀，齧臂而～曰：起不为卿相，不复入卫。”

蒙[1] méng ❶ 覆盖。《左传·昭公十三年》：“以幕～之。”（幕：幕布。）㊀蒙蔽，欺骗。《左传·僖公二十四年》：“上下相～。”❷ 受，遭受。《汉书·杜钦传》：“申生～无罪之辜。”《论衡·累害》：“已用也，身～三害。”㊀冒着。《汉书·晁错传》：“～矢石，赴汤火，视死如生。”（矢：箭。）㊂继承。贾谊《过秦论》：“孝公既没，惠文、武、昭～故业，因遗策。”❸ 愚昧，无知。《战国策·韩策一》：“民非～愚也。”双音词有“启蒙”、“蒙昧”。❹ 敬辞。承，承蒙（后起意义）。王安石《答司马谏议书》：“昨日～教。”

蒙[2]（矇） méng ❶ 眼睛失明。《诗经·大雅·灵台》毛传：“有眸子而无见曰～。”㊂失明的人，盲人。《国语·晋语四》：“～瞍不可使视。”㊕乐师。古代以盲人为乐师。《国语·周语上》：“瞍赋，～诵。”《左传·襄公十五年》：“若犹有人，岂其以千乘之相易淫乐之～？”❷ 昏暗不明。《淮南子·修务》：“明镜之始下型，～然未见形容。”㊀蒙昧无知。《论衡·量知》：“人未学问曰～。”

幪 méng ❶ 盖物的巾。《尚书大传·甫刑》：“有虞氏上刑赭衣不纯，中刑杂屦，下刑墨～。”❷ 覆盖。《隋书·西域传》：“其妻有髻，～以皂巾。”❸［帡（píng）幪］见313页“帡”字。❹ měng ［幪幪］茂盛的样子。《诗经·大雅·生民》：“麻麦～～。”

濛 méng ❶ 微雨的样子。《诗经·豳风·东山》：“我来自东，零雨其～。”这个意义简化写作“蒙”。❷ 弥漫，笼罩。李山甫《寒食》诗之一：“柳凝东风一向斜，春阴澹澹～人家。”❸［濛澒（hòng）］天地开辟前元气未分的混沌状态。《论衡·谈天》：“儒书又言，溟涬～～，气未分之类也。”又写作“濛鸿”。

朦 méng ❶［朦胧］月光不明亮。来鹄《寒食山馆书情》诗：“楚魂吟后月～～。”㊀模糊，不清楚。李峤《早发苦竹馆》诗：“～～烟雾晓。”❷ 遮掩，掩蔽。梁简文帝《旦出兴业寺讲诗》：“由来六尘缚，宿昔五缠～。”

艨 méng ［艨艟（chōng）］古代一种战舰。《旧五代史·贺瓌传》：“以～～战舰阨其中流。”又写作“艨衝”、“蒙衝”。

甍 méng ❶ 屋栋，屋脊。《左传·襄公二十八年》：“犹援庙桷（jué），动于～。”左思《魏都赋》：“云雀踶～而矫首，壮翼摛镂于青霄。”❷ 屋顶四角伸出的飞檐。鲍照《咏史》：“飞～各鳞次。”❸ 房屋。《周书·武帝纪下》：“～宇杂物，分赐穷民。”

瞢 méng ❶ 目不明。《山海经·中山经》：“其下有草焉……名曰箨，可以已～。”（已：指治愈。）❷ 昏暗。屈原《天问》：“冥昭～暗，谁能极之？”❸ 烦闷。《左传·襄公十四年》：“不与于会，亦无～焉。”❹ 惭愧。《国语·晋语三》：“臣得其志，而使君～，是犯也。”❺ mèng 通“梦”。《晏子春秋·内篇杂下》：“夜～与二日斗，不胜。”❻ mèng 通“梦”。指云梦泽。《汉书·叙传》：“子文初生，弃于～中，而虎乳之。”

雺 méng ❶ 天色昏暗。《素问·六元正纪大论》：“天气下降，地气上腾，原野昏～。”❷ mào 昏昧。《尚书大传·洪范五行传》：“思心之不容，是谓不圣，厥咎～。”❸ wù 同“雾”。雾气。柳宗元《唐铙歌鼓吹曲·奔鲸沛》：“披攘蒙～，开海门。”

猛 měng ❶ 凶猛，凶暴。《韩非子·外储说右上》：“汝狗～耶？”（汝：你。）《史记·仲尼弟子列传》：“吴王为人～暴，群臣不堪。”㊀勇猛，健壮。《荀子·不苟》：“刚强～毅。”杜甫《朝献太清宫赋》：“张～马，出腾虬。”（虬：一种无角龙。）❷ 坚强，顽强。陶潜《读〈山海经〉》诗十三首之十：“刑天舞干戚，～志故常在。”❸ 严厉，严苛。《左传·昭公二十年》：“大叔为政，不忍～而宽。”❹ 气势壮，猛烈。白居易《香山避暑》诗之一：“六月滩声如～雨。”《论衡·状留》：“沙石遭～流而转。”❺ 突然。林逋《杏花》诗：“等莺期蝶～成团。”

艋 měng ［舴（zé）艋］见516页“舴”字。

蠓 měng 即蠛蠓。见277页“蠛”字。［蠓蚋（ruì）］蠛蠓与蚊蚋。《列子·汤问》：“春夏之月有～～者，因雨而生，见阳而死。”

懵 měng ❶ mèng 不明白。谢庄《月赋》：“昧道～学，孤奉明恩。”❷［懵懂］昏昧，糊涂。汪元亨《醉太平》曲之二十：

"且达时知务暗包笼，权妆个～～。"❸ 无知的样子。白居易《与元九书》："除读书属文外，其他～然无知。"

孟 mèng ❶ 排行第一的。《史记·鲁周公世家》："庄公筑台临党氏，见～女，说而爱之。"（说：悦。）班固《白虎通·姓名》："适长称伯，伯禽是也，庶长称～，鲁大夫孟氏是也。"（适：通"嫡"。正妻所生之子。伯：排行第一的。）㊀ 四季中月份在开头的。《管子·立政》："～春之朝，君自听朝。"曹操《步出夏门行·冬十月》："～冬十月，北风徘徊。"❷［孟津］古地名，在河南孟县南，周武王姬发灭商时曾在这里与诸侯会盟。也叫盟津。

MI

弥[1]（彌） mí ❶ 长，久。《史记·刺客列传》："太傅之计，旷日～久，心惛然，恐不能须臾。"❷［弥留］1. 久病不愈。《尚书·顾命》："病日臻，既～～。"2. 病重将死。如"弥留之际"。❸ 满，遍。《汉书·司马相如传》："～山跨谷。"（满布整个山谷。）成语有"弥天大谎"。这个意义也可以写作"瀰"，简化写作"弥"。㊀ 覆盖。张衡《西京赋》："～皋被冈。"❹ 终，极，尽。王粲《登楼赋》："北～陶牧，西接昭丘。"❺ 弥补。《左传·昭公二年》："敢拜子之～缝敝邑。"（子：你。敝邑：对自己国家的谦称。）沈括《梦溪笔谈》卷一八："盖钉板上下～束，六幕相联。"❻ 更加。屈原《离骚》："芳菲菲其～章。"（芬芳的香味更加显著。章：彰，显著。）成语有"欲盖弥彰"。

弥[2]（瀰） mí ❶［弥弥］水满的样子。《诗经·邶风·新台》："河水～～。"❷［弥漫］充满，到处都是。王昌龄《采莲》诗："湖上水～～，清江初可涉。"

迷 mí ❶ 迷乱，分辨不清。《老子·二十七章》："虽智大～，是谓要妙。"㊕ 迷路。屈原《九章·涉江》："～不知吾所如。"（如：往。）❷ 沉醉，迷恋。《汉书·五行志下之上》："时幽王暴虐……～于褒姒，废其正后。"李白《梦游天姥吟留别》："～花倚石忽已暝。"（暝：日落。）㊀ 昏迷。嵇康《养生论》："夜分而坐，则低～思寝。"❸ 使陶醉，使迷惑。冯子振《登金山》诗："云外楼台～鸟雀。"❹ 通"弥"。充满，弥漫。杜甫《送灵州李判官》诗："血战乾坤赤，氛～日月黄。"

眯 mí ❶ 异物进入眼中使视线不清。《庄子·天运》："夫播糠～目，则天地四方易位矣。"❷ mì 梦魇。《庄子·天运》："游居寝卧其下，彼不得梦，必其数～焉。"

糜 mí ❶ 粥。《礼记·月令》："是月也，养衰老，授几杖，行～粥饮食。"《世说新语·夙惠》："炊忘箸箄（bì），饭今成～。"（炊：做饭。箸：放置。箄：同"箅"。指锅内的箅子。）❷ 碎烂，粉碎。《汉书·贾山传》："万钧之所压，无不～灭者。"㊀ 毁伤。《孟子·尽心下》："梁惠王以土地之故，～烂其民而战之，大败。"❸ 通"靡"。浪费。《晋书·何充传》："～费巨亿而不吝也。"

縻 mí ❶ 系牛的绳子。刘禹锡《因论·叹牛》："叟揽～而对。"（叟：老头。揽：拉着。）㊁ 绳索。郦道元《水经注·涑水》："～锁之迹，仍今存焉。"㊀ 拴，系。柳宗元《永州铁炉步志》："江之浒，凡舟可～而上下者曰步。"❷ 牵制，束缚。《孙子兵法·谋攻》："不知军之不可以进而谓之进，不知军之不可以退而谓之退，是谓～军。"（谓之：指命令它。）❸ 通"靡"。浪费。刘基《卖柑者言》："坐～廪粟而不知耻。"

靡 mí ❶ mǐ 倒下。《左传·庄公十年》："吾视其辙乱，望其旗～，故逐之。"❷ mǐ 细小。《礼记·月令》："～草死，麦秋至。"㊀ 细腻。宋玉《招魂》："～颜腻（nì）理。"（理：肌肤。）㊂ 美好，华丽。《汉书·韩信传》："～衣媮（tōu）食。"（媮：苟且。）❸ mǐ 无，没有。《诗经·大雅·荡》："～不有初，鲜克有终。"㊂ 不。《史记·外戚世家》："其详～得而记焉。"（那些详细的情况不可能都记在这里。）❹ 浪费，奢侈。《战国策·中山策》："秦民之死者厚葬，伤者厚养……以～其财。"贾谊《论积贮疏》："生之者甚少，而～之者甚多。"（生：生产。之：指粮食。）㊂ 损害。《国语·越语下》："王若行之，将妨于国家，～王躬身。"❺ mó 通"摩"。摩擦，蹭。《庄子·马蹄》："（马）喜则交颈相～。"

蘼 mí ［蘼芜］一种香草。也叫江蓠。《古诗十九首·上山采蘼芜》："上山采～～，下山逢故夫。"

麋 mí ❶ 麋鹿。也叫驼鹿。屈原《九歌·湘夫人》："～何食兮庭中，蛟何为兮水裔。"❷ 通"糜"。烂，碎。焦延寿《易林·艮之损》："卵与石斗，～碎无疑。"❸ 通"糜"。粥。韩愈《送穷文》："慕彼糠～。"❹ méi 通"湄"。岸边水草相接处。《诗经·小雅·巧言》："彼何人斯，居河之～。"❺ méi 通"眉"。眉毛。《荀子·非相》："伊尹之状，面无须～。"

M

麛 mí ❶幼鹿。《吕氏春秋·乐成》："～裘而韠，投之无戾。"[泛]指幼兽。刘劭《七华》："煮丹穴之卵……脔麒麟之～。"❷捕猎幼兽。《淮南子·时则》："毋覆巢杀胎夭，毋～毋卵。"

芈 mǐ ❶羊叫声。《说文·羊部》："芈，羊鸣也。"❷姓。《史记·楚世家》："～姓，楚其后也。"

弭 mǐ ❶末端用骨做装饰的弓。《左传·僖公二十三年》："左执鞭～。"（左：左手。）❷消除，停止。《国语·周语上》："吾能～谤矣。"❸安抚，安定。《史记·田敬仲完世家》："治国家而～人民。"[引]顺服，服从。《后汉书·吴汉传》："城邑莫不望风～从。"（城邑：大小城市。）

敉 mǐ 安定，安抚。《尚书·立政》："亦越武王，率惟～功。"

瀰 mǐ ［瀰瀰］❶水涨满的样子。《诗经·邶风·新台》："新台有泚，河水～～。"❷众多的样子。《诗经·齐风·载驱》："四骊济济，垂辔～～。"

汨 mì ［汨罗］水名。汨罗江。在今湖南。《史记·屈原贾生列传》："怀石遂自投～～以死。"

沕 mì ❶深藏的样子。贾谊《吊屈原赋》："袭九渊之神龙兮，～深潜以自珍。"❷wù ［沕穆］深微的样子。贾谊《鹏鸟赋》："～～无穷兮，胡可胜言？"

觅（覔、覓） mì 寻找。《三国志·魏书·管辂传》："招呼妇人，～索余光。"赵至《与嵇茂齐书》："披榛～路。"（披：分开。榛：灌木丛。）[又]挑选，求取。《世说新语·雅量》："王家诸郎，亦皆可嘉，闻来～婿，咸自矜持。"王昌龄《闺怨》诗："忽见陌头杨柳色，悔教夫婿～封侯。"

密 mì ❶稠密，细密。《周易·小畜》："～云不雨，自我西郊。"柳宗元《登柳州城楼》诗："～雨斜侵薜荔墙。"（薜荔：植物名。）[引]亲近，亲密。《三国志·蜀书·诸葛亮传》："于是与亮情好日～。"[又]周密，精密。《南史·祖冲之传》："始元嘉中，用何承天所制历，比古十一家为～，冲之以为尚疏。"（历：历法。）❷隐蔽的地方。《礼记·少仪》："不窥～。"[引]秘密。《韩非子·说难》："事以～成。"[又]封闭。《礼记·乐记》："使之阳而不散，阴而不～。"❸平静，寂静。《管子·大匡》："夫诈～而后动者胜。"张衡《东京赋》："京室～清。"[又]安定，安宁。《诗经·周颂·昊天有成命》："成王不敢康，夙夜基命宥～。"

谧（謐） mì 安宁，平静。《晋书·袁瓌传》："朝野无虞，江外～静。"归有光《上总制书》："诸土恭顺，四边宁～。"[又]静止。潘岳《笙赋》："泄之反～，厌焉乃扬。"

幂（冪、羃） mì ❶覆盖物品的布。《仪礼·公食大夫礼》："簠有盖～。"❷覆盖。《周礼·天官·幂人》："祭祀，以疏布巾～八尊。"❸涂抹，粉刷。左思《魏都赋》："茸墙～室，房庑杂袭。"

塓 mì 涂刷（墙壁）。《左传·襄公三十一年》："圬人以时～馆宫室。"

幎 mì ❶同"幂"。覆盖。《仪礼·士丧礼》："～目用缁。"❷均匀。《周礼·考工记·轮人》："望而视其轮，欲其～尔而下迆也。"

覛 mì ❶同"觅"。寻觅。张衡《西京赋》："～往昔之遗馆。"❷mò 察看。《国语·周语上》："古者，太史顺时～土。"

鼏 mì ❶鼎盖。《仪礼·公食大夫礼》："甸人陈鼎七，当门南面西上，设扃～，～若束若编。"❷同"幂"。盖东西的布。《礼记·礼器》："牺尊疏布～。"

幦 mì 古代车上的覆盖物。《公羊传·昭公二十五年》："以～为席。"

MIAN

眠 mián ❶闭上眼睛。《山海经·东山经》："馀峨之山……有兽焉……见人则～。"❷睡觉。《后汉书·第五伦传》："吾子有疾，虽不省视而竟夕不～。"杜甫《宿江边阁》诗："不～忧战伐。"[特]休眠。某些动物在一个时期内不吃不动的状态。庾信《燕歌行》："春分燕来能几日，二月蚕～不复久。"双音词有"冬眠"。❸横卧，平放。令狐楚《白杨神新庙碑》："巨柢交柯，龙翔虎～。"元稹《遭风诗》："前宗到浦已～桅。"

【辨】寝，卧，眠，寐，睡。见 387 页"睡"字。

绵（綿、緜） mián ❶丝绵。《战国策·秦策一》："（苏秦）受相印，革车百乘，～绣千纯。"白居易《新制布裘》诗："桂布白似雪，吴～软于云。"（桂、吴：地名。）[引]像棉絮状的物品。陆游《沈园》诗之二："梦断香消四十年，沈园柳老不吹～。"❷连续不断。《后汉书·西羌传》："～地千里。"［绵邈］时间久，距离远。《晋书·天文志》："年代～～。"李白《留别曹南群官之江南》诗："怀君路～～。"❸薄弱，软弱。《汉书·严助传》："越人～力薄材，不能陆战。"（越人：越国人。）

M

婳 mián 眼睛美。《楚辞·大招》："青色直眉，美目～只。"

櫋 mián 屋檐板。也叫楣。屈原《九歌·湘夫人》："罔薜荔兮为帷，擗蕙～兮既张。"

矊 mián ❶眼睛含情脉脉。宋玉《招魂》："靡颜腻理，遗视～些。"㊀眼睛。皮日休《九讽·见逐》："既怒～以相向兮，遂裹足而南征。"❷[矊眇(miǎo)]远视的样子。郭璞《江赋》："江妃含嚬而～～。"

免 miǎn ❶免除，避免。《礼记·乐记》："夫乐者，乐也，人情之所不能～也。"《荀子·荣辱》："是其所以不～于冻饿。"㊕免于祸。《左传·成公二年》："郑周父御佐车，宛茷为右，载齐侯以～。"❷脱去，去掉。《左传·哀公十六年》："乃～胄而进。"(胄：头盔。)㊉赦免。《管子·大匡》："～公子者为上，死者为下。"㊉罢免。《史记·吕后本纪》："王陵遂病～归。"《汉书·贡禹传》："～官削爵。"❸分娩，生育。《国语·越语上》："将～者以告。"这个意义后来写作"娩"。❹通"勉"。勉励。《汉书·薛宣传》："二人视事数月而两县皆治，宣因移书劳～之。"❺wèn 一种丧礼。脱去帽子，以麻束发。《礼记·檀弓上》："公仪仲子之丧，檀弓～焉。"(公仪仲子、檀弓：人名。)这个意义后来写作"絻"。

勉 miǎn ❶尽力，努力。《韩非子·外储说左下》："愿子～为寡人治之。"(子：你。)㊀勉强。杜甫《法镜寺》诗："身危适他州，～强终劳苦。"❷鼓励，使人努力。《左传·宣公十二年》："王巡三军，拊而～之。"颜延之《阳给事诔》："～慰痍(yí)伤。"(痍：创伤。)❸赶快，赶紧。《吕氏春秋·具备》："子之书甚不善，子～归矣。"

娩(挽) miǎn ❶妇女生孩子。《北史·尔朱荣传》："言看皇后～难。"❷wǎn [婉娩]柔顺的样子。《礼记·内则》："姆教～～听从。"

冕 miǎn 大夫以上的贵族所戴的礼帽。《左传·哀公十五年》："服～乘轩。"(服：指戴。轩：高级官员乘的车。)㊀戴礼帽。《礼记·曾子问》："诸侯适天子，必告于祖，奠于祢，～而出视朝。"㊕帝王的礼帽。《汉书·东方朔传》："～而前旒(liú)。"(旒：帝王礼帽前后悬垂的玉串。)双音词有"加冕"。【辨】冠，冕，巾，弁，帽。见140页"冠"字。

沔 miǎn ❶水名。在陕西，汉水的上游。《尚书·禹贡》："浮于潜，逾于～。"❷水满的样子。《诗经·小雅·沔水》："～彼流水，朝宗于海。"❸通"湎"。沉迷。《史记·乐书》："流～沈佚，遂往不反。"

眄 miǎn ❶斜着眼看。《列子·黄帝》："自吾之事夫子友若人也……心不敢念是非，口不敢言利害，始得夫子一～而已。"《史记·鲁仲连邹阳列传》："臣闻明月之珠，夜光之璧，以暗投人于道路，人无不按剑相～者。"㊀看，望。曹植《与吴季重书》："左顾右～，谓若无人。"王勃《滕王阁序》："穷睇～于中天，极娱游于暇日。"❷照看。《晋书·石勒载记》："明公当察勒微心，慈～如子也。"

偭 miǎn ❶面向。《说文·人部》引《礼记·少仪》："尊壶者，～其鼻。"❷违背。屈原《离骚》："固时俗之工巧兮，～规矩而改错。"

勔 miǎn 勤勉，勉力。《后汉书·张衡传》："～自强而不息兮。"

湎 miǎn 沉迷于酒。《诗经·大雅·荡》："天不～尔以酒。"《吕氏春秋·当务》："舜有不孝之行，禹有淫～之意。"㊀沉迷。陆龟蒙《村夜》诗之二："上诵周孔书，沉～至酣藉。"

缅(緬) miǎn ❶遥远。《国语·楚语上》："～然引领南望。"(引领：伸着脖子。)郦道元《水经注·庐江水》："高壁～然，与霄汉连接。"(霄汉：指天空。)❷思念。杜甫《八哀诗·故秘书少监武功苏公源明》："反为后辈亵，予实苦怀～。"[缅怀]追想已往的事迹。陶潜《扇上画赞》："～～千载。"

靦 miǎn ❶[靦覥]害羞的样子。关汉卿《拜月亭》四折："俺兀那姊妹儿的新郎又忒～～。"又写作"腼腆"。❷tiǎn 人脸的面貌。《诗经·小雅·何人斯》："有～面目，视人罔极。"❸tiǎn 惭愧。王定保《唐摭言·好及第恶登科》："愧彼为裘之义，～乎析薪之喻。"㊉不知惭愧。丘迟《与陈伯之书》："将军独～颜借命，驱驰氈裘之长，宁不哀哉！"

渑(澠) miǎn ❶[渑池]1.水名。在今河南渑池县。2.地名。因水而得名。韩愈《殿中侍御史李君墓志铭》："葬河南洛阳县，距其祖～～令府君侨墓十里。"❷shéng 古水名。故址在今山东临淄。《左传·昭公十二年》："有酒如～，有肉如陵。"

面(靣) miàn ❶脸。《战国策·赵策四》："老妇必唾其～。"㊀脸色。

M

《孟子·公孙丑下》:"谏于其君而不受则怒,悻悻然见于其～。"㊀表现在脸色上。《荀子·大略》:"君子之于子,爱之而勿～。"㊀物体的表面。毛文锡《虞美人·鸳鸯对浴银塘暖》:"鸳鸯对浴银塘暖,水～蒲梢短。"❷面向,面对着。《列子·汤问》:"北山愚公者,年且九十,～山而居。"(且:将,近。)【注意】在古代汉语里,"南面"、"北面"是面向南、面向北的意思。㊀见面。《晋书·张华传》:"一～如旧。"❸当面。《庄子·盗跖》:"好～誉人者,亦好背而毁之。"❹前面。《尚书·顾命》:"大辂,在宾阶～。"㊀方向,方面。《史记·项羽本纪》:"令四～骑驰下。"《史记·留侯世家》:"独韩信可属大事,当一～。"【注意】面粉的意义只写作"麪"、"麫",简化之后写作"面"。【辨】脸,面。"脸"最初指颊,并经常指妇女目下颊上搽胭(yān)脂的地方,后来逐渐与"面"同义。

MIAO

苗 miáo ❶没有吐穗的庄稼。《诗经·王风·黍离》:"彼黍离离,彼稷之～。"㊁初生的植物。杜甫《投简成华两县诸子》诗:"南山豆～早荒秽(huì)。"㊀某些初生的动物。范成大《梅雨》诗:"雨霁云开池面光,三年鱼～如许长。"❷事物的征兆、苗头。白居易《读张籍古乐府》诗:"言者志之～。"❸后裔,后代。《三国志·魏书·蒋济传》:"济以为舜本姓妫,其～曰田。"[苗裔(yì)]后代。屈原《离骚》:"帝高阳之～～兮。"(高阳:传说中的帝王。)❹夏季打猎。《左传·隐公五年》:"春蒐(sōu)、夏～、秋狝(xiǎn)、冬狩。"(蒐:春天打猎。狝:秋天打猎。狩:冬天打猎。)❺我国古代的一个民族。秦汉时居住在江淮流域。也称"三苗"。

媌 miáo (女子)轻盈美好。《列子·周穆王》:"简郑卫之处子娥～靡曼者。"

杪 miǎo ❶树枝的细梢。《史记·司马相如列传》:"夭蟜枝格,偃蹇～颠。"王维《送梓州李使君》诗:"山中一夜雨,树～百重泉。"❷物体的末端。欧阳修《洛阳牡丹记》:"叶～深红一点。"㊀年月季节的最后。《礼记·王制》:"冢宰制国用,必于岁之～。"谢灵运《登临海峤初发疆中作》诗:"～秋寻远山。"❸细小。常"杪小"、"杪杪"连用。《后汉书·冯衍传》:"阔略～小之礼。"(阔略:指不拘泥。)

眇 miǎo ❶瞎了一只眼睛。《公羊传·成公二年》:"客或跛或～。"《三国志·魏书·陈思王植传》注引《魏略》:"即使其两目盲,尚当与女,何况但～。"(与女:嫁女给他。但:只。)㊁目盲。苏轼《日喻》:"生而～者不识日。"❷眼睛小。《周易·履》:"～能视,跛能履。"㊀眯着眼睛看,仔细看。《汉书·叙传上》:"离娄～目于豪分。"(离娄:古代传说中视力极好的人。)❸微小。《管子·水地》:"察于微～。"㊀衰微。《后汉书·冯衍传下》:"匡衰世之～风。"❹高远,遥远。陆机《文赋》:"心懔懔以怀霜,志～～而临云。"屈原《九章·哀郢》:"～不知其所蹠(zhí)。"(不知其所蹠:不知哪里是落脚的地方。蹠:脚踏地。)㊀高。《荀子·王制》:"彼王者不然,仁～天下。"❺miào 通"妙"。美,好。《汉书·扬雄传下》:"声之～者不可同于众人之耳。"(同于:指合于。)

淼 miǎo 大水无边际的样子。屈原《九章·哀郢》:"～南渡之焉如。"(焉如:到哪里去。)[淼茫]大水无边际的样子。郭璞《江赋》:"状滔天以～～。"

渺 miǎo ❶大水无边际的样子。殷尧藩《送客游吴》诗:"吴国水中央,波涛白～茫。"❷遥远,深远。李白《寻高凤石门山中元丹丘》诗:"苍崖～难涉。"(涉:渡过。)[渺渺]无边无际的样子。《管子·内业》:"～～乎如穷无极。"❸微小。苏轼《前赤壁赋》:"～沧海之一粟。"

藐 miǎo ❶小,幼稚。《左传·僖公九年》:"以是～诸孤辱在大夫,其若之何?"(把这弱小的孤儿托付给大夫,怎么样?)潘岳《寡妇赋》:"孤女～焉始孩。"(孩:笑。)❷轻视。韦孟《讽谏》诗:"既～下臣,追欲纵逸。"(追:追求。纵:放纵。逸:逸乐。)❸通"邈"。远。屈原《九章·悲回风》:"～蔓蔓之不可量兮。"(蔓蔓:没有边际的样子。量:估量。)

邈 miǎo ❶远,久远,遥远。屈原《九章·怀沙》:"汤禹久远兮,～而不可慕。"李白《古风五十九首》之十六:"吴水深万丈,楚山～千重。"❷高远,超卓。蔡邕《彭城姜伯淮碑》:"～矣先生,应天淑灵。"❸通"藐"。轻视。《战国策书录》:"上小尧、舜,下～三王。"

妙 miào ❶美妙,美好。《战国策·楚策一》:"韩、魏、齐、燕、赵、卫之～音美人,必充后宫矣。"宋玉《登徒子好色赋》:"赠以芳华辞甚～。"㊀巧妙,奇妙。《论衡·须颂》:"弦歌为～异之曲。"成语有"妙手回春"。❷玄妙,奥妙。《老子·一章》:"故常无欲,以观其～。"《北史·高允传》:"天下～

理至多。”❸ 年少。《潜夫论·思贤》：“年虽童～，未脱桎梏。”❹ miǎo 小，微小。马融《长笛赋》：“微风纤～，若存若亡。”（纤：细。）❺ miǎo 通“渺”。深远。《韩非子·难言》：“～远不测。”

庙（廟） miào ❶ 宗庙，供奉、祭祀祖先的处所。《穀梁传·僖公十五年》：“天子至于士皆有～。”[引]进行祭祀活动。韩愈《原道》：“郊焉而天神假，～焉而人鬼飨。”[庙号]皇帝死后，在太庙立室奉祀时特起的名号，如“汉高祖”、“唐太宗”等。❷ 封建时代供奉祭祀有才德的人的处所。《三国志·蜀书·诸葛亮传》：“诏为亮立～于沔（miǎn）阳。”（诏：皇帝命令。沔阳：地名。）[又]供奉祭祀神、佛的处所。《史记·封禅书》：“于是作渭阳五帝～。”《晋书·何准传》：“唯诵佛经，修营塔～而已。”❸ 朝廷，帝王处理政事的地方。如“庙堂”、“廊庙”。【辨】庙，寺，观（guàn）。上古时这三个字的区别很大。庙是祖庙，寺是官府，观是台观。后来，庙是一般的庙宇，其中奉祀的是“神”。寺是佛教的，其中奉祀的是“佛”。观是道教的，其中奉祀的是“仙”。

MIE

灭（滅） miè ❶ 火熄灭。《诗经·小雅·正月》：“燎之方扬，宁或～之？”❷ 淹没。郦道元《水经注·河水四》：“高阜～之，名曰洪水。”❸ 消失。杜甫《戏为六绝句》之二：“尔曹身与名俱～，不废江河万古流。”❹ 消灭，消除。《史记·孟尝君列传》：“斫击杀数百人，遂～一县以去。”[引]灭亡。姚合《从君行》：“又无远筹略，坐使虏～亡。”[又]死亡。白居易《赠王山人》诗：“不如学无生，无生即无～。”

蔑[1] miè ❶ 消灭。《周易·剥》：“剥床以足，～贞，凶。”[又]抛弃。《国语·周语中》：“不夺民时，不～民功。”❷ 微小。《扬子法言·学行》：“视日月而知众星之～也。”[引]无视，瞧不起。《韩非子·外储说左上》：“吾闻宋君无道，～侮长老。”双音词有“蔑视”。❸ 无，没有。《左传·僖公十年》：“臣出晋君，君纳重耳，～不济矣。”[又]不。《国语·晋语二》：“吾有死而已，吾～从之矣。”

蔑[2]（衊） miè ❶ 污血。《说文·血部》：“衊，污血也。”❷ 以血涂染。引申为毁谤。《汉书·文三王传》：“污～宗室。”《新唐书·桓彦范传》：“恐为仇家诬～，请遣御史按实。”

幭 miè 车前扶手的覆盖物。《诗经·大雅·韩奕》：“鞹鞃浅～。”[引]头巾。《管子·小称》：“（桓公）乃援素～以裹首而绝。”

矆 miè 眼眶红肿。《吕氏春秋·尽数》：“处目则为～为盲。”

蠛 miè [蠛蠓]一种小飞虫。宋玉《小言赋》：“附～～而遨游。”又写作“蠓蠛”。[喻]小人物。储光羲《登秦岭作时陷贼归国》诗：“网罗～～时，顾齿熊罴锋。”

篾 miè ❶ 薄竹片，细长条的竹皮。《尚书·顾命》：“牖间南向，敷重～席。”《南史·周迪传》：“内有女伎，挼绳破～，傍若无人。”双音词有“竹篾”。❷ 竹名。即“桃枝竹”。张衡《南都赋》：“其竹则籦笼、箽、～。”

MIN

民 mín ❶ 奴隶。❷ 平民，老百姓。与“君”、“官”相对。《左传·文公十三年》：“利于～而不利于君。”❸ 人，人类。《左传·昭公二十五年》：“～有好恶喜怒哀乐。”❹ 别人，他人。《诗经·邶风·谷风》：“凡～有丧，匍匐救之。”

岷（崏） mín 山名。在今四川。《尚书·禹贡》：“～山导江。”

珉（玟、碣） mín 次于玉的美石。《荀子·法行》：“君子之所以贵玉而贱～者何也？为夫玉之少而～之多邪？”

缗（緡） mín ❶ 钓鱼的丝线。《诗经·召南·何彼襛矣》：“其钓维何？维丝伊～。”[引]钓取（鱼类）。韩愈《河之水寄子侄老成》诗之二：“采蕨于山，～鱼于渊。”❷ 穿铜钱的绳子。[引]成串的铜钱。古代一千文钱为一缗。《旧唐书·昭宗纪上》：“李茂贞自镇来朝，赐宴于寿春殿，进钱数万～。”[引2]钱。胡理《苍梧杂志·酒债》：“不治生产，尝欠人酒～。”

旼 mín [旼旼]和蔼的样子。司马相如《封禅文》：“～～穆穆，君子之态。”

旻 mín ❶ 天，天空。陶潜《自祭文》：“茫茫大块，悠悠高～。”[旻天] 1. 天。《尚书·大禹谟》：“日号泣于～～。”2. 秋天。《楚辞·九思·哀岁》：“～～兮清凉，玄气兮高朗。”❷ 秋季的天空。杜甫《寄薛三郎中》诗：“高秋却束带，鼓枻（yì）视青～。”

忞 mín ❶ 自强。《说文·心部》：“忞，强也……周书曰：‘在受德～。’”❷ wěn [忞忞]蒙昧的样子。《扬子法言·问神》：“传千里之～～者，莫如书。”

M

痻 mín 一种病。《诗经·大雅·桑柔》："多我觏～，孔棘我圉。"

皿 mǐn 器皿。碗、碟、杯、盘一类用具的总称。《墨子·节葬》："使百工行此，则必不能修舟车、为器～矣。"

闵（閔） mǐn ❶忧患，凶丧。《诗经·邶风·柏舟》："觏～既多，受侮不少。"（觏：遭遇。）《左传·宣公十二年》："寡君少遭～凶。"（寡君：对别人称自己的国君。）㉂忧虑，担心。《孟子·公孙丑上》："宋人有～其苗之不长而揠之者。"❷哀怜，怜悯。《诗经·豳风·东山序》："序其情而～其劳。"（序：同"叙"。叙述。）韩愈《太学生何蕃传》："～亲之老，不自克。"㉂忧愁。马融《琴赋》："怀～抱思。"上述❷㉂后来写作"悯"。［闵闵］忧愁的样子。《左传·昭公三十二年》："～～焉如农夫之望岁，惧以待时。"❸［闵勉］勤勉。《汉书·五行志中之上》："～～遯乐，昼夜在路。"这个意义又写作"闵免"、"黾勉"。

悯（憫） mǐn ❶忧患，忧愁。《淮南子·诠言》："乐恬而憎～。"成语有"悯时病俗"。❷愤懑。《孟子·公孙丑上》："阨穷而不～。"❸哀怜，怜悯。白居易《新乐府序》："隋堤柳，～亡国也。"成语有"悲天悯人"。【辨】怜，悯。见246页"怜"字。

泯 mǐn ❶消亡，消灭。《左传·哀公十一年》："越不为沼，吴其～矣。"《抱朴子·论仙》："～人社稷。"❷死的婉称。任昉《为范始兴作求立太宰碑表》："阮略既～。"（阮略：人名。）［泯没（mò）］1.死的婉称。《三国志·吴书·张昭传》："～～之后，有可称述。"2.消失。俞文豹《吹剑四录》："正理在人心，未尝～～。"3.埋没，掩盖。柳宗元《贞符》："念终～～蛮夷，不闻于时。"❸混乱。《诗经·大雅·桑柔》："靡国不～。"

湣 mǐn ❶忧患。《史记·屈原贾生列传》："离～而不迁兮，愿志之有象。"（离：通"罹"。遭。）这个意义又写作"闵"。❷通"泯"。消亡，消灭。刘向《战国策序》："～然道德绝矣。"❸［湣湣］昏乱的样子。只用于联绵词或叠音词。《楚辞·七谏·怨世》："处湣～之浊世兮。"

暋 mǐn ❶勉力，努力。《宋书·何尚之传》："～作肆力之氓，徒勤不足以供赡。"❷强横。《尚书·康诰》："杀越人于货，～不畏死。"❸mín 烦闷。《庄子·外物》："心若县于天地之间，慰～沉屯。"（县：悬挂。慰：喜。沉：沉溺。屯：迍邅，遭遇困境。）

愍 mǐn ❶忧患，凶丧。屈原《九章·惜诵》："惜诵以致～兮，发愤以抒情。"《三国志·魏书·武帝纪》："朕以不德，少遭～凶。"❷怜悯，哀怜。《汉书·叙传上》："会（班）伯病卒，年三十八，朝廷～惜焉。"

黾（黽） mǐn ❶měng 一种青蛙。韩愈《杂诗》之四："蛙～鸣无谓，阁阁只乱人。"❷［黾勉］勤勉，努力。《诗经·小雅·十月之交》："～～从事，不敢告劳。"（告：诉说。劳：劳苦。）又写作"僶俛（miǎn）"。

僶 mǐn ［僶俛（miǎn）］1.努力。贾谊《新书·劝学》："然则舜～～而加志，我儃僈（tān màn）而弗省耳。"（儃僈：放纵。）2.勉强。陆机《文赋》："在有无而～～，当浅深而不让。"3.须臾，时间短暂。王定保《唐摭言·慈恩寺题名游赏赋咏杂纪》："数辈惭沮，～～而去。"

敏 mǐn ❶迅速，敏捷。《论语·学而》："～于事而慎于言。"陆游《老学庵笔记》卷五："欲矜其～，取纸追书之。"［敏给］敏捷。《庄子·徐无鬼》："～～搏捷矢。"（搏捷矢：抓住飞箭。）❷聪明，机智。《孟子·梁惠王上》："我虽不～，请尝试之。"《汉书·景帝纪》："朕既不～，弗能胜识。"❸努力，奋勉。《论语·公冶长》："～而好学，不耻下问。"《汉书·东方朔传》："～行而不敢怠也。"

MING

名 míng ❶名字，名称。《庄子·逍遥游》："北冥有鱼，其～为鲲。"（冥：海。）《史记·秦始皇本纪》："立～为皇帝。"（立：创立。）成语有"名落孙山"。㉂命名，称名。屈原《离骚》："～余曰正则兮，字余曰灵均。"❷名义，名分。《左传·昭公三十二年》："慎器与～。"《论语·子路》："必也，正～乎！"㉇名目，种类。《孙膑兵法·五名五恭》："兵有五～。"❸名誉，名望。《庄子·养生主》："为善无近～，为恶无近刑。"《史记·滑稽列传》："西门豹为邺（yè）令，～闻天下。"（邺令：邺县县令。）㉇有名的，著名的。《吕氏春秋·季夏》："令民无不咸出其力，以供皇天上帝，～山大川，四方之神。"刘禹锡《陋室铭》："山不在高，有仙则～。"❹文字。《仪礼·聘礼》："不及百～书于方。"❺名家，名家学派。春秋战国时诸子百家之一。

M

茗 míng ❶ 茶，茶水。陆羽《茶经·源》："茶者，南方之嘉木也……四曰～。"许次纾《茶疏·择水》："精～蕴香，借水而发。" ❷ [茗艼（dǐng）]通"酩酊"。大醉的样子。《世说新语·任诞》："山公时一醉，径造高阳池。日暮倒载归，～～无所知。"

铭（銘） míng ❶ 铭文。刻在器物上记述生平、事业、功绩或警戒自己的文字。一般多刻于金属器物或石碑上。《韩非子·外储说左上》："钟鼎之～。"（钟鼎：两种金属器物。）《后汉书·巴肃传》："刺史贾琮刊石立～以记之。"陆游《夜泊水村》诗："太息燕（yān）然未勒～。"（燕然：山名。勒：刻。）㊀（在器物或石碑上）刻字记功，铭刻。《国语·晋语七》："魏颗以其身却退秦师于辅氏，亲止杜回，其勋～于景钟。"李白《古风五十九首》之三："～功会稽岭。"（功：功德。会稽：山名。）㊁铭刻在心上永远不忘。《三国志·吴书·周鲂传》："～心立报。"（铭记在心，决心报答。） ❷ 文体的一种。如刘禹锡《陋室铭》。复音词有"座右铭"。

明 míng ❶ 明亮。《荀子·天论》："在天者莫～于日月。"（在天上的没有比日月更明亮的了。）㊀白天。汤式《湘妃引·有所赠》："三般儿寄语娇姿，昏迷着无～无夜。"㊁照亮。王安石《游褒禅山记》："火尚足以～也。"（尚：还。） ❷ 明白，清楚。《老子·六十五章》："古之善为道者，非以～民，将以愚之。"屈原《卜居》："物有所不足，智有所不～。"㊁明显。《荀子·正名》："是非之形不～。"（形：指外部表现。） ❸ 证明，说明，明确。《韩非子·难势》："何以～其然也？"（用什么证明它是这样的呢？）《孟子·公孙丑上》："～其政刑，虽大国必畏之矣。"《史记·李斯列传》："～法度，定律令，皆以始皇起。" ❹ 懂得，明白。《史记·礼书》："御史大夫晁错～于世务刑名。"㊁明白地。《后汉书·和熹邓皇后纪》："其～加检敕，勿相容护。" ❺ 英明，明智，高明。《商君书·君臣》："～王之治天下也，缘法而治，按功而赏。"（缘：依照。）《老子·三十三章》："知人者智，自知者～。"（智：聪明。）成语有"明察秋毫"。㊀尊重，尊敬。《管子·牧民》："顺民之经，在～鬼神，祇山川。" ❻ 视力。司马迁《报任安书》："左丘失～。"（左丘：人名。）㊁视力好。《管子·制分》："聪耳～目。" ❼ 次一个，下一个。用于今年、今日之后的年、日。《左传·僖公十六年》："～年齐有乱。"《左传·襄公二十六年》："～日将战。" ❽ 朝代名。公元1368—1644年，第一代君主是朱元璋，开始建都南京，1420年迁都北京。

鸣（鳴） míng ❶ 鸟叫。《诗经·小雅·伐木》："鸟～嘤嘤。"㊁禽、兽、虫等的鸣叫。《诗经·小雅·鹿鸣》："呦呦鹿～。" ❷ 发响，使发响。《史记·扁鹊仓公列传》："闻其耳～而鼻张。"《孟子·离娄上》："小子～鼓而攻之可也。"熟语有"掌声雷鸣"。 ❸ 闻名，著称。《元史·杨载传》："亦以文～江东。"

冥 míng ❶ 昏暗。《老子·二十一章》："窈兮～兮，其中有精。"《汉书·五行志下之上》："其庙独～。"㊀黑夜。枚乘《七发》："～火薄天。"（薄：迫近。）㊀迷信所说人死后进入的世界。如"冥间"。 ❷ 暗中。柳宗元《骂尸虫文》："～持札牍兮，摇动祸机。"㊁暗合。高允《征士颂》："神与理～。" ❸ 眼睛昏花。《后汉书·和熹邓皇后纪》："夫人年高目～。"㊀愚昧。刘宰《和李果州同游茅山》诗："一语开～顽。"成语有"冥顽不灵"。 ❹ 高远，深远。《后汉书·蔡邕传》："沈精重渊，抗志高～。"杜牧《阿房宫赋》："高低～迷，不知西东。"㊀深入地（思索）。成语有"冥思苦索"。 ❺ 海。《庄子·逍遥游》："是鸟也，海运则将徙于南～。南～者，天池也。"这个意义后来写作"溟"。 ❻ 通"瞑"。闭眼。《韩非子·外储说左上》："虽～而妄发，其端未尝不中秋毫也。"

蓂 míng [蓂荚]传说中的一种吉祥草。《汉书·王莽传》："甘露降，神芝生，～～、朱草……同时并至。"

溟 míng ❶ 海。《庄子·逍遥游》："北～有鱼。" ❷ [溟沐（mù）][溟濛]细雨迷蒙的样子。扬雄《太玄·少》："密雨～沐。"张昱《船过临平湖》诗："只因一霎～濛雨，不得分明看好山。"

暝 míng ❶ 幽暗，昏暗。欧阳修《醉翁亭记》："若夫日出而林霏开，云归而岩穴～。"《汉书·五行志下之上》："正昼皆～。" ❷ 日落，天黑。《古诗为焦仲卿妻作》："晻晻日欲～，愁思出门啼。"卢照邻《葭川独泛》诗："山～行人断。"

瞑 míng ❶ 闭上眼睛。《左传·文公元年》："谥之曰'灵'，不～；曰'成'，乃～。"曹丕《与吴质书》："通夜不～。"[瞑目] 1. 闭眼。《晋书·杨轲传》："轲～～不答。" 2. 死。李白《雉朝飞》诗："～～归黄泥。" ❷ 眼睛昏花。《晋书·山涛传》："臣耳目聋～。"㊀眼睛失明，眼瞎。《逸周书·太子晋》："师旷对曰：'～臣无见。'"（师旷：人名，春秋时晋国的目盲的乐师。）❸ mián 通"眠"。小睡。《庄子·德充符》："倚树而吟，据槁梧而～。"㉒睡眠。陆游《代乞分兵取山东札子》："寝不能～。" ❹ miàn [瞑眩] 服药后头晕眼花。《尚书·说命上》："若药弗～～，厥疾弗瘳。"

螟 míng 螟蛾的幼虫。一种吃禾心的害虫。《诗经·小雅·大田》："去其～螣(tè)，及其蟊贼。"《后汉书·鲁恭传》："建初七年，郡国～伤稼。"[螟蛉] 1. 螟蛾的幼虫。《诗经·小雅·小宛》："～～有子，蜾蠃(guǒ luǒ)负之。"（蜾蠃：一种细腰蜂。）2. 养子的代称。蜾蠃常捕食螟蛉喂其幼虫，古人误以为蜾蠃养螟蛉为己子，后遂以"螟蛉"称养子。《旧唐书·昭宗纪》："言珂～～，不宜缵袭。"（珂：王珂，人名。）

酩 mǐng [酩酊(dǐng)]大醉得迷迷糊糊的样子。李商隐《道士胡君新井碣铭》："酕醄过市，～～经垆。"

命 mìng ❶ 命令，王命。《荀子·臣道》："从～而利君谓之顺，从～而不利君谓之谄(chǎn)。"（从：听从。利君：有利于君主。顺：忠顺。谄：奉承。）《史记·五帝本纪》："蚩尤作乱，不用帝～。"㉛帝王的诏令文书。《颜氏家训·文章》："诏～策檄，生于《书》者也。"㉛任命。柳宗元《命官》："官之～，宜以材耶？抑以姓乎？" ❷ 使令，差遣。《后汉书·史弼传》："～左右引出。"㉝教导。《诗经·大雅·抑》："匪面～之，言提其耳。"成语有"耳提面命"。❸ 天命，命运。《论语·颜渊》："死生有～，富贵在天。"《孟子·万章上》："莫之为而为者，天也。莫之致而至者，～也。" ❹ 生命，性命。《论语·雍也》："不幸短～死矣。"曹操《选军中典狱令》："夫刑，百姓之～也。"㉛生活，生存。李密《陈情表》："母孙二人，更相为～。" ❺ 取名。《商君书·境内》："公爵自二级已上至不更，～曰卒。"（不更：秦时爵名，在第四级。）❻ 同"名"。名称，名字。《管子·法法》："正也者，所以正定万物之～也。"《史记·张耳陈餘列传》："张耳尝亡～游外黄。"（外黄：地名。）【辨】命，令。"命"专指上级命令下级，"令"有时还表示"使"的意思。

MIU

谬(謬) miù ❶ 错误，荒谬。《荀子·儒效》："故闻之而不见，虽博必～。"㉛差误。《汉书·司马迁传》："差以毫厘，～以千里。" ❷ 故意装假。《旧唐书·刘黑闼传》："德威～为诚敬，涕泣固请。"（德威：人名。）

缪(繆) miù 见 283 页。

MO

谟(謨) mó ❶ 谋划。《庄子·大宗师》："古之真人，不逆寡，不雄成，不～士。" ❷ 计谋，谋略。《尚书·伊训》："圣～洋洋，嘉言孔彰。"袁宏《三国名臣序赞》："遂献宏～。"【辨】谋，谟。见 283 页"谋"字。

嫫 mó [嫫母]传说中的古代丑妇名。于溃《苦辛吟》："我愿燕赵姝，化为～～姿。"

模 mó ❶ mú 模子，制造器物的模型。《论衡·物势》："埏(shān)埴作器，必～范为形。"（用黏土做器具，必须要用模子做出它的形状。）赵希鹄《洞天清录》："古者铸器，必先用蜡为～。"㉛标准，规范。左思《咏史》之八："可为达士～。"（达士：通达事理的人。）❷ 仿效，效法。陆倕《石阙铭》："色法上圆，制～下矩。"（色彩效法天，式样效仿地。上圆：指天。制：式样。下矩：指地。）双音词有"模仿"。㉝临摹。《北史·冀儁传》："善隶书，特工～写。"苏轼《传神记》："使人就壁～之。"

摹 mó ❶ 规划。韩愈《河南令舍池台》诗："规～虽巧何足夸，景趣不远真可惜。"㉛规制，法度。张衡《东京赋》："眇天末以远期，规万世而大～。" ❷ 效法。《后汉书·仲长统传》："若是，三代不足～，圣人未可师也。" ❸ 临摹，照着样子描画、写字。潘岳《西征赋》："乃～写旧丰，制造新邑。"（于是照旧丰城的样子，建造新城。丰：地名。）❹ 描写。朱松《西湖泛舟》诗："不用新诗～绝境，定知长到梦魂间。"

摩 mó ❶ 物体相摩擦。《战国策·齐策一》："鎋(xiá)击～车而相过。"（鎋：车轴两端固定车轮的销钉。）㉛按摩，抚摩，搓蹭。《礼记·内则》："濯手以～之，去其皽(zhāo)。"（皽：皮肉上的薄膜。）《史记·酷吏列传》："汤自往视疾，为谒居～足。"（谒居：人名。）《陈书·徐陵传》："手～其顶。"成语有"摩肩接踵"。❷ 接近，迫近。《淮南子·人间》："物类之相～近。"《左传·宣公十二年》："～垒而还。"（垒：军营的围墙。）❸ 揣测，体会。《战国策·秦策一》："得太公阴符之谋，伏而诵之，简练以为揣～。”薛逢《上中书李舍人启》：“心～意揣。”双音词有“观摩”。❹ 通“磨”。磨砺物体使其明亮、锋利。《论衡·率性》：“～拭朗白。”（朗：明亮。）《战国策·燕策一》：“其姊闻之，～笄以自刺也。”㊀磨灭，磨炼。《庄子·徐无鬼》：“反已而不穷，循古而不～。”《汉书·董仲舒传》：“渐民以仁，～民以谊，节民以礼。”

磨 mó ❶ 物体相摩擦。《诗经·卫风·淇奥》：“如切如磋，如琢如～。” ❷ 磨去，消失。《诗经·大雅·抑》：“白珪之玷，尚可～也。”《后汉书·南匈奴传》：“百世不～矣。” ❸ 研讨，切磋。刘向《说苑·建本》：“相观于善之曰～。” ❹ 遇到困难或阻碍。白居易《春晚咏怀赠皇甫朗之》：“少处兼遭病折～。”㊁磨炼。韩愈《南内朝贺归呈同官》诗：“法吏多少年，～淬出角圭。”（淬：淬火，指历练。） ❺ mò 石磨。把谷物碾成粉的用具。王安石《拟寒山拾得》诗之六：“作牛便推～。”

劘 mó 通“磨”。❶ 物体相互摩擦。《论衡·明雩》：“砥石～厉，欲求銛（xiān）也。”（銛：锋利。） ❷ 切磋，谏诤。《汉书·贾山传赞》：“贾山自下～上。” ❸ 迫近。杜甫《壮游》诗：“气～屈贾垒，目短曹刘墙。”（屈：屈原。贾：贾谊。曹：曹植。刘：刘桢。）

橅 mó 同“模”。法式，规范。《汉书·萧望之传》：“今将军规～云若管晏而休，遂行日仄至周召乃留乎？”

万² mò ［万俟（qí）］复姓。北齐有万俟普。见 424 页“万¹（萬）”字。

末 mò ❶ 树梢。《左传·昭公十一年》：“～大必折。”㊀尖端。《孟子·梁惠王上》：“明足以察秋毫之～。”㊀末了，末尾。《战国策·秦策五》：“《诗》云：‘行百里者半于九十。’此言～路之难。”《三国志·魏书·武帝纪》：“光和～，黄巾起。”（光和：汉灵帝的年号。黄巾：黄巾军，东汉末期的农民起义军。）魏学洢《核舟记》：“左手执卷～，右手指卷。”㊕晚年，末年。《礼记·中庸》：“武王～受命。”《后汉书·刘玄传》：“王莽～，南方饥馑。” ❷ 微小，浅薄。《南史·钟嵘传》：“嵘虽位～名卑，而所言或有可采。”《陈书·沈不害传》：“～学小生，词无足算。” ❸ 不重要的事。《荀子·议兵》：“今女（rǔ）不求之于本而索之于～，此世之所以乱也。”（女：你。本：指根本的东西。索：求。）成语有“本末倒置”。㊕指工商。旧时以农为本，工商为末。《盐铁论·通有》：“农商交易，以利本～。” ❹ 粉末。《晋书·鸠摩罗什传》：“乃以五色丝作绳结之，烧为灰～。” ❺ 无。《论语·子罕》：“虽欲从之，～由也已。”

眛 mò ❶ 目不明。❷ 通“冒”。不顾（危险）。左思《吴都赋》：“相与～潜险，搜瓌奇。” ❸ miè 通“蔑”。古地名。在今山东泗水东。《穀梁传·隐公元年》：“公及邾仪父盟于～。”

秣 mò ❶ 喂牲畜的饲料。《周礼·天官·大宰》：“以九式均节财用，……七曰刍～之式。”杜甫《敬简王明府》诗：“骥病思偏～，鹰秋怕苦笼。”（骥：好马。） ❷ 喂养（牲畜）。《汉书·贡禹传》：“～马不过八匹。”㊕喂饱战马。《左传·成公十六年》：“～马利兵，修陈固列。”（兵：兵器。陈：阵。固列：指加强队列。）

靺 mò ❶［靺鞨（hé）］1. 古代民族名。《隋书·靺鞨传》：“～～，在高丽之北。” 2. 宝石名。《旧唐书·肃宗纪》：“楚州刺史崔侁献定国宝玉十三枚。……七曰红～～，大如巨栗，赤如樱桃。” ❷ wà 同“袜（韈）”。袜子。《隋书·礼仪志六》：“赤舄，绛～。”

没 mò ❶ 沉没，淹没。《荀子·议兵》：“若赴水火，入焉焦～耳。”《史记·滑稽列传》：“水来漂～，溺其人民。”（溺：淹死。）㊀潜水。《史记·秦始皇本纪》：“使千人～水求之。”（求：找。）㊁埋没。韦元甫《木兰歌》：“胡沙～马足，朔风裂人肤。” ❷ 超过。《论衡·艺增》：“称美过其善，进恶～其罪。” ❸ 消失。范缜《神灭论》：“未闻刃～而利存。”（没听说过刀刃没有了而锋利还存在。）㊁覆没，灭亡。《史记·卫将军骠骑列传》：“遂～其军。” ❹ 陷落。《三国志·吴书·吴主传》：“攻～诸县。”（攻陷各县。） ❺ 没收。韩愈《柳子厚墓志铭》：“子本相侔，则～为奴婢。”（子本相侔：利息和本钱相等。） ❻ 死。《孟子·滕文公下》：“尧舜既～，圣人之道衰。”这个意义后来写作“殁”。
【辨】崩，薨，卒，死，没。见 15 页“崩”字。

殁 mò ❶ 死。《战国策·韩策二》：“父母既～矣，兄弟无有。”《史记·秦始皇本纪》：“其身未～，诸侯倍叛。”（倍：背。） ❷ 终了，尽头。《后汉书·刘瑜传》：“从幼至长，幽藏～身。” ❸ 杀死，消灭。《后汉书·耿恭传》：“道逢匈奴骑多，皆为所～。” ❹ 通“没（mò）”。进入，沦没。李公佐《南柯太守传》：“因～虏中，不知存亡。” ❺ wěn 通“刎”。刎颈（自杀）。《吕氏春秋·上德》：“还～头前于孟胜。”（孟胜：人名。）

M

歾 mò ❶同"殁"。死亡。郑虎臣《吴都文粹》引蔡京《南双庙记》:"勇于纳谏,以至～身。"㉠尽。扬雄《太玄·瞏》:"诎其节,执其术,共所～。"❷wěn 通"刎"。割脖子。《荀子·强国》:"是犹欲寿而～颈也。"

陌 mò ❶田间的小路,南北方向为"阡",东西方向为"陌"。《楚辞·九思·悯上》:"逡巡兮圃薮,率彼兮畛～。"《史记·商君列传》:"开阡～封疆。"(开:打通。封疆:田界。)㉠路。曹操《短歌行》之一:"越～度阡,枉用相存。"㉡街。辛弃疾《永遇乐·京口北固亭怀古》:"斜阳草树,寻常巷～,人道寄奴曾住。"❷bǎi 通"佰"。钱一百为"佰"。《旧五代史·王章传》:"官库出纳缗(mín)钱,皆以八十为～。"

貊 mò ❶一种动物。《后汉书·南蛮西南夷列传》:"(哀牢)出……～兽。"(哀牢:民族名。)❷我国古代对东北部少数民族的蔑称。《论语·卫灵公》:"言忠信,行笃敬,虽蛮～之邦行矣。"又写作"貉"。《盐铁论·通有》:"求蛮貉之物,以眩中国。"

莫 mò ❶mù 日落的时候,傍晚。《诗经·齐风·东方未明》:"不夙则～。"(夙:早。)这个意义后来写作"暮"。㉠昏暗。《荀子·成相》:"悖乱昏～,不终极。"❷晚。虞世南《北堂书钞·务农》:"嗟嗟保介,唯～之春。"㉡岁月将尽。《诗经·小雅·采薇》:"岁亦～止。"(止:语气词。)❸代词。没有什么,没有谁。《荀子·天论》:"在天者～明于日月。"(明:明亮。)《三国志·蜀书·诸葛亮传》:"非刘豫州～可以当曹操者。"(刘豫州:指刘备。当:抵挡。)❹副词。无,不。《诗经·邶风·终风》:"～往～来,悠悠我思。"《诗经·小雅·小旻》:"人知其一,～知其他。"❺副词。相当于"不要"、"不能"(后起意义)。《史记·商君列传》:"秦惠王车裂商君以徇,曰:'～如商鞅反者!'"李白《蜀道难》诗:"一夫当关,万夫～开。"❻通"瘼"。病,疾苦。《诗经·大雅·皇矣》:"监观四方,求民之～。"

蓦(驀) mò ❶上马。左思《吴都赋》:"～六駮(bó),追飞生。"(駮:青白相杂的马。飞生:鼯鼠。)❷超越,越过。敦煌写本《伍子胥变文》:"今日登山～岭,粮食罄穷。"❸突然。辛弃疾《青玉案·元夕》:"众里寻他千百度,～然回首,那人却在,灯火阑珊处。"

漠 mò ❶沙漠。《汉书·王莽传中》:"又令匈奴却塞于～北。"王维《使至塞上》诗:"大～孤烟直,长河落日圆。"❷寂静无声。屈原《远游》:"野寂～其无人。"扬雄《解嘲》:"惟寂惟～。"这个意义又写作"寞"。[漠然]1.寂静无声的样子。《汉书·冯奉世传》:"玄成等～～莫有对者。"2.冷淡,不关心。《庄子·天道》:"老子～～不应。"(老子:人名。)成语有"漠不关心"。❸清静淡泊。《庄子·知北游》:"澹而静乎!～而清乎!"

镆(鏌) mò [镆铘(yé)]通"莫邪"。宝剑名。《庄子·大宗师》:"金踊跃曰:'我且必为～～。'"

瘼 mò 病,疾苦。方干《上杭州姚郎中》诗:"能除疾～似良医。"《三国志·蜀书·马超传》:"求民之～。"(求:寻求。)㉡弊病。王安石《送郓州知府宋谏议》诗:"文明诚得主,政～尚烦砭。"

脈 mò [脈脈]两人相视的样子。《古诗十九首·迢迢牵牛星》:"盈盈一水间,～～不得语。"又写作"脈脈"。

墨 mò ❶墨,黑色颜料。《庄子·田子方》:"舐(shì)笔和～。"(舐:舔。和墨:研墨。)㉠黑色。《孟子·滕文公上》:"君薨,听于冢宰,歠粥,面深～,即位而哭。"《宋书·礼志五》:"州刺史铜印～绶。"(刺史:官名。绶:系印的丝带。)㉡诗文书画等作品。孟浩然《还山贻湛法师》诗:"～妙称古绝,词华惊世人。"❷木匠所用的墨线。《荀子·大略》:"如权衡之于轻重也,如绳～之于曲直也。"(权衡:指秤。)❸贪污,行为污浊。《左传·昭公十四年》:"贪以败官为～。"《论衡·自纪》:"身贵而名贱,则居洁而行～。"❹墨刑。古代刑罚之一,在脸上刺字后涂上墨。也叫黥(qíng)。《尚书·伊训》:"臣下不匡,其刑～。"(不匡:指不纠正君主的过失。)❺墨家,墨家学派。春秋战国时诸子百家之一。《荀子·礼论》:"～者将使人两丧之者也。"❻通"默"。沉默。《史记·屈原贾生列传》:"孔静幽～。"(孔:很,甚。)

缧(纆、纆) mò 两股搓成的绳索。《周易·坎》:"系用徽～。"(徽:三股搓成的绳索。)

MOU

牟 móu ❶牛叫的声音。柳宗元《牛赋》:"～然而鸣。"❷夺取,求取。《战国策·楚策四》:"上干主心,下～百姓,公举而私取利,是以国权轻于鸿毛,而积祸重于丘山。"权德舆《进士策问》之三:"欲使操奇赢者无所～利。”❸ 通“侔”。相等,等同。《汉书·司马相如传》:“德～往初。”(往初:指过去的帝王。)❹ 通“眸”。瞳仁。《荀子·非相》:“尧舜参～子。”(参:三。)❺ 通“麰”。大麦。《诗经·周颂·思文》:“贻我来～。”(来:小麦。)

侔 móu ❶相等,等同。《庄子·外物》:“海水震荡,声～鬼神。”成语有“侔色揣称”。❷衡量,相比较。姚宽《西溪丛语》卷上:“东溟自定海吞余姚、奉化二江,～之浙江,尤其狭逼。”❸ 通“牟”。取,求取。《韩非子·五蠹》:“商工之民……蓄积待时而～农夫之利。”

恈 móu [恈恈]贪爱的样子。《荀子·荣辱》:“～～然唯利饮食之见,是狗彘之勇也。”

眸 móu 瞳仁。《孟子·离娄上》:“胸中正,则～子瞭焉;胸中不正,则～子眊焉。”㊀眼睛。曹植《洛神赋》:“明～善睐(lài)。”(睐:向旁边看。)刘桢《鲁都赋》:“和颜扬～,眄风长歌。”

蛑 móu ❶[蝤(yóu)蛑]见339页“蝤”字。❷ máo 同“蟊”。食苗根的害虫。㊉剥削残害百姓。刘禹锡《讯甿》:“其下也,鸷其理而～其赋,民弗堪命。”[蛑贼]同“蟊贼”。指危害国家百姓的人。袁准《袁子正书·政略》:“夫有不急之官,则有不急之禄,国之～～也。”

麰 móu 大麦。《孟子·告子上》:“今夫～麦,播种而耰之。”㊁麦类谷物。王安石《与孟逸书》:“蚕～之入,今岁如何?”

谋(謀) móu ❶谋划、商量(解决危难的办法)。《左传·庄公十年》:“肉食者～之。”《史记·陈涉世家》:“陈胜、吴广乃～曰。”成语有“不谋而合”。㊀谋求,图谋。《论语·卫灵公》:“君子～道不～食。”《后汉书·李固传》:“昔秦欲～楚。”❷计谋,计策。《论语·卫灵公》:“小不忍则乱大～。”《史记·管晏列传》:“九合诸侯,一匡天下,管仲之～也。”(一匡:指统一。)【辨】谋,计。两字当名词使用时基本意思相同,都有计谋、计策的意思。当动词使用时,“计”大多表示个人进行谋划,而“谋”除了表示个人谋划之外,还常常表示多人进行谋划商讨。【辨】谋,谟。两字意义相近,有时可以互换使用。“谋”字使用较多,“谟”字使用较少,常用作名词。

缪(繆) móu ❶[绸缪]见55页“绸”字。❷ jiū 绞结。《礼记·檀弓下》:“其妻,鲁人也,衣衰而～绖。”❸ miù 通“谬”。错误,荒谬。《庄子·盗跖》:“多辞～说,不耕而食,不织而衣。”㊁伪诈,欺骗。《汉书·司马相如传》:“临邛令～为恭敬,日往朝相如。”❹ mù 通“穆”。宗庙的次序之一。《荀子·王制》:“分未定也,则有昭～。”见522页“昭”字。❺ mù 通“穆”。恭敬。《史记·鲁周公世家》:“武王有疾,不豫,……太公、召公乃～卜。”㊁君王谥号之一。如“秦缪公”。❻ miào 姓。

鍪 móu 古代一种锅。史游《急就篇》卷二:“铁铁钻锥釜鍑～。”㊀兜鍪。形状像鍪的头盔。《新唐书·仪卫志上》:“居骁卫之次,～甲、弓箭、刀楯皆白。”㊀形状像兜鍪的帽子。《荀子·礼论》:“荐器则冠有～而毋縰(xǐ)。”(毋:无。縰:包头发的帛。)

某 mǒu ❶代词。代替不明确指出的时间、事物、处所或人。《论语·卫灵公》:“子告之曰:‘～在斯,～在斯。’”《汉书·孝成许皇后传》:“欲作～屏风,张于～所。”(张:摆开。)柳宗元《三戒·永某氏之鼠》:“永有～氏者。”(永:永州。)【注意】“某”做代词时,所指代者有三种情况,需要加以区别:第一种情况虽然没有明确指出,但是实际上所指代者是确定的(如例句一);第二种情况是不确定的泛指(如例句二);第三种情况是由于忘记或失传而无法明确的或不愿明确指出的(如例句三)。❷谦称。常用在对话或书信中,相当于“我”。《史记·高祖本纪》:“今～之业所就孰与仲多?”

MU

母 mǔ ❶母亲。《诗经·邶风·凯风》:“有子七人,莫慰～心。”[母仪] 1. 作为人母的仪范。多用于皇后。《旧唐书·罗艺传》:“妃骨相贵不可言,必当～～天下。”2. 为母之道。王维《工部杨尚书夫人墓志铭》:“妇道允谐,～～俱美。”㊁女性长辈。《礼记·内则》:“择于诸～与可者,必求其宽裕、慈惠、温良、恭敬、慎而寡言者,使为子师。”注:“诸母,众妾也。”㊀养育,哺育。《新五代史·唐淑妃王氏传》:“明宗后宫有生子者,命妃～之。”❷中老年妇女。《史记·淮阴侯列传》:“信钓于城下,诸～漂。”(漂:洗衣。)❸雌性的。《孟子·尽心上》:“五～鸡,二～彘。”贾思勰《齐民要术·养猪》:“～猪,取短喙无柔毛者良。”(喙:嘴。)㊀经营的本钱。与“息(利息)”相对。焦延寿《易林·姤之蛊》:“嫁娶有息,利得过～。”❹物品中大而重的。与“子(小而轻的)”相对。阮籍《咏怀》之六："(东陵瓜)连畛距阡陌，子～相钩带。"❺根源。《商君书·说民》："慈仁，过之～也。"

姆 mǔ ❶女师。以妇道教育女子的人。《礼记·内则》："女子十年不出，～教婉娩听从。"❷保姆。服侍夫人或子女的人。韩愈《殿中少监马君墓志》："～抱幼子立侧。"

铝(鉧、鉾) mǔ [钴(gǔ)铝]见136页"钴"字。

牡 mǔ ❶雄性鸟兽。与"牝(雌性鸟兽)"相对。《诗经·邶风·匏有苦叶》："雉(zhì)鸣求其～。"(雉：野鸡。)《史记·封禅书》："马行用一青～马。"㊀男性。与"牝(女性)"相对。《老子·五十五章》："未知牝～之合而全作，精之至也。"㊁男性生殖器。与"牝(女性生殖器)"相对。东方朔《神异记》："男露其～，女张其牝。"❷锁簧，钥匙。古代可以从锁孔插入和拔出的开锁部件。与"牝(带锁孔的锁身)"相对。《汉书·五行志中》："长安章城门门～自亡。"(亡：丢失。)

亩(畝、畮) mǔ ❶田垄。《左传·成公二年》："使齐之封内尽东其～。"(东其亩：让田垄都东西向。)㊁农田，田野。《战国策·齐策四》："故舜起农～，出于野鄙，而为天子。"[陇亩]农田。《三国志·蜀书·诸葛亮传》："亮躬耕～～。"[南亩]本指田垄南北向的田地，后泛指农田。贾谊《论积贮疏》："末技游食之民，转而缘～～。"❷量词。土地面积单位。《孟子·梁惠王上》："五～之宅，树之以桑。"

姥 mǔ ❶老妇人。《晋书·王羲之传》："又尝在蕺山见一老～，持六角竹扇卖之。"❷丈夫的母亲，婆母。《古诗为焦仲卿妻作》："便可白公～，及时相遣归。"

木 mù ❶树。《诗经·小雅·伐木》："伐～丁丁，鸟鸣嘤嘤。"《孟子·梁惠王上》："以若所为，求若所欲，犹缘～而求鱼也。"㊀树叶。杜甫《登高》诗："无边落～萧萧下，不尽长江滚滚来。"❷木头，木材。《荀子·劝学》："～直中(zhòng)绳。"(木材直，合于墨线。中：合于。绳：木工的墨线。)㊕木制的刑具。司马迁《报任安书》："衣赭衣，关三～。"(赭衣：囚徒穿的衣服。三木：木制的刑具枷、桎、梏。)㊕棺木。《后汉书·耿纯传》："老病者皆载～自随。"成语有"行将就木"。❸质朴，朴实。《论语·子路》："刚、毅、～、讷，近仁。"《史记·绛侯周勃世家》："勃为人～强敦厚。"(强：倔强。敦厚：老实。)❹五行(金、木、水、火、土)之一。见457页"行"字。❺八音(金、石、土、木、丝、竹、匏、革)之一。见491页"音"字。【辨】木，树。两字表示"树木"的意思是相同的，其他义项各不相同。

沐 mù ❶洗头。《左传·僖公二十八年》："叔武将～，闻君至，喜，捉发走出。"《史记·屈原贾生列传》："新～者必弹冠，新浴者必振衣。"❷洗澡，沐浴。宋玉《神女赋》："～兰泽，含若芳。"[沐浴]1.洗澡。《孟子·离娄下》："斋戒～～。"2.沉浸在某种环境之中。皇甫谧《三都赋序》："二国之士，各～～所闻，家自以为我土乐，人自以为我民良。"3.受润泽，得到恩惠。《史记·乐书》："～～膏泽而歌咏勤苦，非大德谁能如斯！"曹植《求自试表》："～～圣泽。"❸芟除枝叶。贾思勰《齐民要术·种榆白杨》："不用剥～，十年成毂。"❹湿润，润泽。《后汉书·明帝纪》："京师冬无宿雪，春不燠(yù)～。"(京师：指都城。燠：温暖。)❺休沐。古代称官员休假。《汉书·孔光传》："～日归休，兄弟妻子燕语。"鲍照《数诗》："三朝国庆毕，休～还旧邦。"

霂 mù [霢(mài)霂]见265页"霢"字。

目 mù ❶眼睛。《荀子·劝学》："～不能两视而明。"(眼睛不能同时看清两件东西。)❷看，注视。《史记·陈涉世家》："皆指～陈胜。"(全都指着和看着陈胜。)《汉书·樊哙传》："项羽～之。"㊀递眼色。《史记·项羽本纪》："范增数～项王。"(范增：人名。数：屡次。)❸渔网的网眼。郑玄《诗谱序》："举一纲，而万～张。"(举：提起。纲：渔网的总绳。张：张开。)成语有"纲举目张"。❹条目，细目。《论语·颜渊》："请问其～。"❺名称。刘知几《史通序》："予既在史馆而成此书，故便以《史通》为～。"(予：我。)㊀称呼。郦道元《水经注·巨洋水》："源麓之侧有一祠，～之为冶泉祠。"㊀品评。《世说新语·赏誉》："世～周侯，嶷(nì)如断山。"(嶷：高峻的样子。)

牧 mù ❶放牧(牲畜)。《庄子·骈拇》："二人相与～羊。"(相与：一起。)㊀放牧的人。《诗经·小雅·无羊》："尔～来思，何蓑何笠，或负其糇。"王安石《谢公墩》诗："问樵樵不知，问～～不言。"(樵：打柴的人。)㊀牧场，郊外。《诗经·小雅·出车》："我出我车，于彼～矣。"(彼：那个。)《史记·周本纪》："麋鹿在～，蜚鸿满野。"❷统治，治理。《管子·牧民》："凡有地～民者，务在四时，守在仓廪。"《汉书·元帝纪》："失～民之术。"㉫统治者。《孟子·梁惠王上》："今夫天下之人～，未有不嗜杀人者也。"㉫官名。汉代州长称"牧"。《后汉书·刘焉传》："太仆黄琬为豫州～，宗正刘虞为幽州～。"(太仆、宗正：官名。) ❸ 修养。《后汉书·文苑传下》："常以礼自～。"

募 mù 广泛征求、征招。《荀子·王制》："谨～选阅材伎之士。"柳宗元《捕蛇者说》："～有能捕之者。"㊕招兵。曹操《让县自明本志令》："后还到扬州更～，亦复不过三千人。"

幕 mù ❶ 帐篷的顶布。《战国策·齐策一》："举袂(mèi)成～。"(把袖子举起来可以成幕。形容人多。袂：袖子。)㉫帐篷。《左传·成公十六年》："张～矣。"杜甫《西山》诗："风动将军～。"[幕府]将军或官员的府署。《后汉书·班固传》："～～新开，广延群俊。"(延：引进。俊：有才能的人。)㉫帘幕，帷幕(后起意义)。鲍照《拟行路难十八首》之三："文窗绣户垂绮～。"(文窗：有花纹的窗。绮：一种丝织品。)岑参《白雪歌送武判官归京》："散入珠帘湿罗～。" ❷ 覆盖。《庄子·则阳》："解朝服而～之。"㉫遮蔽，笼罩。庾信《周大将军义兴公萧公墓志铭》："霜芬～月。" ❸ 古代作战时臂部和腿部的护甲。《史记·苏秦列传》："当敌则斩坚甲铁～。"(当敌：面对敌人。) ❹ mò 通"漠"。沙漠。《史记·匈奴列传》："匈奴单于闻之，远其辎重，以精兵待于～北。"【辨】帷，幕，帏，帐。见 427 页"帷"字。

暮 mù "莫"的后起字。❶ 日落的时候，傍晚。《荀子·儒效》："朝食于戚，～宿于百泉。"(戚、百泉：地名。)杜甫《石壕吏》诗："～投石壕村，有吏夜捉人。"成语有"朝三暮四"。❷ 晚，末。《吕氏春秋·谨听》："夫自念斯，学德未～。"曹操《步出夏门行·龟虽寿》："烈士～年，壮心不已。"(不已：不止。) ❸ 夜。《楚辞·九叹·离世》："～去次而敢止。" ❹ 年老。杜甫《重过何氏》诗之五："蹉跎～容色，怅望好林泉。"[迟暮]年老。屈原《离骚》："惟草木之零落兮，恐美人之～～。"

慕 mù ❶ 想念，依恋。《孟子·万章上》："人少，则～父母。"《孟子·万章上》："有妻子则～妻子。" ❷ 羡慕。《淮南子·原道》："诱～于名位。"㉫贪慕，贪求。曹操《让县自明本志令》："是以不得～虚名而处实祸。" ❸ 敬仰。《三国志·蜀书·诸葛亮传》："众士～仰。"成语有"慕名而来"。❹ 仿效。柳宗元《种树郭橐驼传》："他植者虽窥伺效～，莫能如也。"

睦 mù 和好，和睦。《尚书·尧典》："九族既～。"㉫亲近。王粲《酒赋》："纠骨肉之～亲，成朋友之欢好。"

楘 mù 束在车辕上用以加固的皮带。《诗经·秦风·小戎》："小戎俴收，五～梁辀。"

鞪 mù ❶ 同"楘"。束在车辕上用以加固的皮带。❷ móu 通"鍪"。头盔。《汉书·韩延寿传》："令骑士兵车四面营阵，被甲鞮～居马上。"

穆 mù ❶ 和畅，美好。《诗经·大雅·烝民》："～如清风。" ❷ 恭敬。屈原《九歌·东皇太一》："吉日兮辰良，～将愉兮上皇。" ❸ [穆穆]严肃的样子。《诗经·大雅·假乐》："～～皇皇。"(皇皇：美好的样子。) ❹ 宗庙的次序之一。见 522 页"昭"字。❺ 通"睦"。和睦。《后汉书·臧洪传》："袁、曹方～，而洪为绍所用。"(袁、曹、绍：均为人名。)《三国志·魏书·荀彧传》："而与夏侯尚不～。"(夏侯尚：人名。) ❻ 通"默"。沉默，宁静。荀悦《汉纪·高祖纪四》："是以圣上～然惟文之卹，瞻前顾后。"

M

N

NA

拏 ná ❶连接，牵引。扬雄《百官箴·豫州牧箴》："田田相～，庐庐相距。"《后汉书·冯衍传》："祸～未解，兵连不息。"❷相持，搏持。张彦远《法书要录》四张怀瓘《文字论》："或若擒虎豹有强梁～攫之形，执蛟螭见蚴蟉盘旋之势。"❸握持，取（后起意义）。《警世通言·万秀娘仇报山亭儿》："～起一条柱杖，看着尹宗落夹背便打。"㊃拘捕（后起意义）。《京本通俗小说·菩萨蛮》："教人分付临安府差人去灵隐寺～可常和尚。"上述❸和㊃的意义后来写作"拿"。【辨】拏，挐。见353页"挐（rú）"字。

那 nà ❶（旧读 nuò）指示代词。那个，那边，那里（后起意义）。与"这"相对。张鷟《朝野佥载》卷二："余庆得而读之，曰：'必是～狗。'"（余庆：人名。）辛弃疾《丑奴儿近·博山道中效李易安体》："青旗卖酒，山～畔别有人家。"【注意】"这"、"那"的"那"是唐代才产生的。㊁语气词。表示感叹语气（后起意义）。《晋书·愍怀太子传》："不孝～！天与汝酒饮，不肯饮，中有恶物邪？"㊂语气词。表示疑问语气（后起意义）。《后汉书·韩康传》："公是韩伯休～？乃不二价乎？"❷nuó 多。《诗经·商颂·那》："猗与～与！"（猗：叹美之辞。）❸nuó 安适，美好。《诗经·小雅·鱼藻》："鱼在在藻，依于其蒲；王在在镐，有～其居。"汤显祖《紫钗记·哭收钗燕》："人儿～，花灯姹，淡月梅横钗玉挂。"（姹：美丽。）❹nuó 奈何。《左传·宣公二年》："牛则有皮，犀兕尚多，弃甲则～。"❺nǎ 疑问代词。岂，如何，怎么。《古诗为焦仲卿妻作》："处分适兄意，～得自任专？"《东观汉记·刘玄载记》："（王）莽不如此，帝～得为之？"《三国志·魏书·田豫传》注引《魏略》："西门豹古之神人，～可葬于其边乎？"

纳（納） nà ❶收进。《诗经·豳风·七月》："十月～禾稼。"成语有"吐故纳新"。㉛接纳，收容。《韩非子·说林上》："温人之周，周不～客。"（温：地名。之：到。周：国名。）成语有"藏污纳垢"。㊂接受，采纳。《三国志·吴书·吕蒙传》："权深～其策。"（权：孙权。策：计策。）成语有"纳谏如流"。❷取得。《史记·秦始皇本纪》："得韩王安，尽～其地。"㊁娶。《诗经·邶风·新台》："刺卫宣公也，～伋之妻。"（伋：卫宣公之子。）❸结交，联合。《汉书·楚元王刘交传》："宜～宗室，又多与大臣共事。"❹上交，交纳。《左传·庄公二十二年》："冬，公如齐～币。"《三国志·吴书·吴主传》："兼～纤（xiān）絺（chī）南方之贡。"（纤絺：两种纺织品。）❺通"衲"。粗缝，缝补。《三国志·魏书·武帝纪》裴松之注引王沈《魏书》："帷帐屏风，坏则补～。"【注意】在上古汉语中，"纳"多写作"内"，后来才写作"纳"。

衲 nà ❶缝补。钟嵘《诗品序》："拘挛补～，蠹文已甚。"❷僧衣。常以多块碎布缝制。也叫百衲衣。白居易《赠僧自远禅师》诗："自出家来长自在，缘身一～一绳床。"❸僧人的自称或代称。戴叔伦《题横山寺》诗："老～供茶碗，斜阳送客舟。"

軜 nà 驷马驾车时骖马左侧的缰绳。《诗经·秦风·小戎》："龙盾之合，鋈（wù）以觼（jué）～。"（车上装载着描龙的盾牌，骖马缰绳的环扣用白金装饰。）

NAI

乃（迺、廼） nǎi ❶第二人称代词。你，你的。《汉书·翟义传》："今欲发之，～肯从我乎？"（发：发兵。）陆游《示儿》诗："王师北定中原日，家祭无忘告～翁。"（翁：父亲。）❷副词。表示承接。于是。《尚书·舜典》："玄德升闻，～命以位。"❸副词。就，这才。《三国志·蜀书·诸葛亮传》："～三顾亮于草庐之中。"柳宗元《三戒·黔之驴》："断其喉，尽其肉，～去。"（尽：吃尽。）㊁副词。却，竟然。《诗经·郑风·山有扶苏》："不见子都，～见狂且。"《史记·吴王濞列传》："当改过自新，～益骄溢。"㊂副词。只，仅仅。《吕氏春秋·义赏》："天下胜者众矣，而霸者～五。"《史记·项羽本纪》："至东城，～有二十八骑。"❹副词。相当于"是"、"即"、"就是"。《战国策·齐策四》："孟尝君怪之，曰：'此谁也？'左右曰：'～歌夫长铗归来者也。'"《史记·张仪列传》："臣非知君，知君～苏君。"❺［乃尔］如此。《三国志·蜀书·吕凯传》:"臣不意永昌风俗敦直～～。"(意:料想。永昌:地名。敦直:淳朴。)熟语有"何其相似乃尔"。

奈 nài 本作"柰"。对付,处置。《淮南子·兵略》:"唯无形者无可～也。"㉃无奈,怎奈。韩愈《醉后》诗:"煌煌东方星,～此众客醉。"[奈何]如何,怎么办。屈原《九歌·大司命》:"愁人兮～～。"晏殊《浣溪沙·一曲新词酒一杯》:"无可～～花落去。"[奈……何]对……怎么样,怎么对付。《韩非子·难三》:"韩、魏能～我～!"

柰 nài ❶ 果名。左思《蜀都赋》:"素～夏成。"(白柰果夏季成熟。) ❷[柰何]如何,怎么办。《荀子·强国》:"然则～～?"《汉书·项籍传》:"骓不逝兮可～～。"(骓:马名。逝:跑。)这个意义后来多作"奈何"。❸ 通"耐"。禁得起,受得住。欧阳修《四月九日幽谷见绯桃盛开》诗:"深红浅紫看虽好,颜色不～东风吹。"

耐 nài ❶ 禁得起,受得住。贾思勰《齐民要术·种椒》:"此物性不～寒。"成语有"耐人寻味"。㉃容忍。《新五代史·汉臣传·史弘肇》:"弘肇不喜宾客,尝言:'文人难～,呼我为卒。'" ❷ 通"耏(nài)"。古时一种剃掉胡须的刑罚。《后汉书·陈宠传》:"今律令死刑六百一十,～罪千六百九十八。"见101页"耏(ér)"字。❸ néng 通"能"。能够。《礼记·乐记》:"故人不～无乐。" ❹ 通"奈"。奈何。向子諲《西江月·微步凌波尘起》:"秀色著人无～。"(著人:使人感受到。)

鼐 nài 大的鼎。《诗经·周颂·丝衣》:"～鼎及鼒(zī),兕觥其觩。"(鼒:小鼎。)《战国策·楚策四》:"故昼游乎江河,夕调乎鼎～。"

NAN

男 nán ❶ 男性的。与"女"相对。《诗经·小雅·斯干》:"乃生～子。"㉆男人。《荀子·富国》:"～女之合,夫妇之分。"❷ 儿子。《史记·文帝本纪》:"太仓公无～,有女五人。"(太仓公:指太仓令淳于意。)❸ 古代五等爵位的最后一等。《礼记·王制》:"王者之制禄爵,公、侯、伯、子、～,凡五等。"(禄爵:俸禄和爵位。)

楠(枏、柟) nán 一种常绿乔木。《战国策·宋卫策》:"荆有长松、文梓、楩、～、豫章。"

諵 nán [諵諵]低语声。韩愈《酬司门卢四兄云夫院长望秋作》诗:"日来省我不肯去,论诗说赋相～～。"

难(難) nán ❶ 难,困难。与"易"相对。《孟子·滕文公上》:"是故以天下与人易,为天下得人～。"李白《蜀道难》诗:"蜀道～,～于上青天。"㉆使困难,为难。《左传·哀公十四年》:"所～子者,上有天,下有先君。" ❷ nàn 灾难,患难。《周易·否》:"君子以俭德辟～。"㉆战乱,战争。《韩非子·五蠹》:"坚甲厉兵以备～。"(厉兵:磨快兵器。) ❸ nàn 反驳,质问对方。《孟子·离娄下》:"于禽兽又何～焉?"《史记·廉颇蔺相如列传》:"(赵括)尝与其父奢言兵事,奢不能～。"(奢:赵奢,赵括的父亲。)《论衡·问孔》:"追～孔子,何伤于义?"(追:追究。)㉆责备。《左传·襄公二十七年》:"齐人～之。"(齐国的人责备他。) ❹ nàn 敌,怨仇。《战国策·秦策一》:"以与周武为～。"(周武:周武王。) ❺ nǎn 通"戁"。畏惧。《荀子·君道》:"故君子恭而不～,敬而不巩。"(巩:恐。) ❻ nuó 驱除疫鬼。《周礼·夏官·方相氏》:"帅百隶而时～,以索室驱疫。"

赧 nǎn 惭愧,因惭愧而脸红。扬雄《答刘歆书》:"今举者怀～而低眉,任者含声而冤舌。"[赧赧然][赧然]惭愧脸红的样子。《孟子·滕文公下》:"未同而言,观其色～～然,非由之所知也。"吴质《答东阿王书》:"～然汗下。"

戁 nǎn 恐惧。《诗经·商颂·长发》:"敷奏其勇,不震不动,不～不竦,百禄是总。"

NANG

囊 náng ❶ 有底的口袋。《诗经·大雅·公刘》:"乃裹糇粮,于橐于～。"(糇粮:干粮。)㉃形状像口袋的物体。宋玉《风赋》:"盛怒于土～之口。" ❷(用口袋)盛(chéng)装。《韩非子·外储说右下》:"引其纲而鱼已～矣。"《宋书·沈攸之传》:"大得～米。"㉃收敛,收藏。《管子·任法》:"皆～于法以事其主。" ❸ 盖住,蒙住。柳宗元《童区寄传》:"二豪贼劫持反接,布～其口。"

【辨】囊,橐。两个字的本义都是口袋。"囊"是有底的口袋。"橐"是没有底的口袋,两头都是口,用时以绳扎紧。两字常连用,泛指口袋。

曩 nǎng 以往,过去。《韩非子·外储说左下》:"寡人～不知子,今知矣。"

N

NAO

呶（詉） náo 喧哗。《诗经·小雅·宾之初筵》："宾既醉止，载号载～。"（宾客喝醉了，又号叫又喧哗。）［呶呶］1. 喧闹声。卢仝《苦雪寄退之》诗："饥婴哭乳声～～。"2. 形容说话唠叨（使人讨厌）。张耒《读戚公恕进卷》诗："人皆喜～～，子语不出口。"

怓 náo 混乱。《诗经·大雅·民劳》："无纵诡随，以谨惛～。"

挠（撓） náo ❶搅，搅动。《荀子·议兵》："以指～沸。"（沸：滚开的水。）《淮南子·说林》："使水浊者，鱼～之。"㉁挥动，摇动。《庄子·天地》："手～顾指，四方之民莫不俱至。"㉁扰乱。《左传·成公十三年》："～乱我同盟，倾覆我国家。"《汉书·晁错传》："匈奴之众易～乱也。"❷通"桡"。弯曲。《墨子·经说下》："加重焉而不～。"㉂邪曲不正。《吕氏春秋·知度》："枉辟邪～之人退矣。"❸通"桡"。屈服。《墨子·经下》："贞而不～。"成语有"不屈不挠"、"百折不挠"。㉁削弱。苏轼《上皇帝书》："郦生谋～楚权，欲复六国。"

桡（橈） náo ❶弯曲。《周礼·考工记·辀人》："唯辕直且无～也。"《列子·汤问》："竿不～。"㉁冤枉，冤屈。《新唐书·陆贽传》："废兵之冗食，蠲法之～人。"（冗：多余的。蠲：免除。）❷屈服，挫败。《左传·成公二年》："畏君之震，师徒～败。"（震：威。师徒：指军队。）㉁削弱。《汉书·张良传》："汉王忧恐，与郦食其（yì jī）谋～楚权。"（汉王：刘邦。）❸搅动，搅乱。《资治通鉴·秦昭襄王五十二年》："譬之以卵投石，以指～沸。"《史记·韩长孺列传》："犯上禁，～明法。"❹ráo 船桨。《淮南子·主术》："夫七尺之～而制船之左右者，以水为资。"李白《入清溪行山中》诗："停～向餘景。"㉁小船。贾岛《忆江上吴处士》诗："兰～殊未返，消息海云端。"

铙（鐃） náo ❶古代军队退却时击打的一种独体乐器。《周礼·地官·鼓人》："以金～止鼓。"❷类似钹的一种双体击打乐器。孟元老《东京梦华录·驾幸临水殿观争标锡宴》："左右招舞，鸣小锣鼓～铎之类。"❸通"挠"。搅动，扰乱。《庄子·天道》："万物无足以～心者，故静也。"

譊 náo 喧闹嘈杂。《魏书·高允传》："今之大会，内外相混，酒醉喧～。"［譊譊］争辩声，喧闹声。《庄子·至乐》："彼唯人言之恶闻，奚以夫～～为乎？"《乐府诗集·孤儿行》："里中一何～～。"

猱 náo 一种猿猴类动物。《诗经·小雅·角弓》："毋教～升木，如涂涂附。"曹植《白马篇》："仰手接飞～，俯身散马蹄。"（接：迎面射中。）

獿（獶） náo ❶同"猱"。一种猿猴类动物。《尸子》卷下："余左执太行之～，而右搏雕虎。"❷［獿杂］混杂。《礼记·乐记》："～～子女。"❸［獿人］古代的泥瓦匠。《汉书·扬雄传下》："～～亡，则匠石辍斤而不敢妄斲。"

淖 nào ❶泥沼。《左传·成公十六年》："有～于前。"㉁泥泞。《汉书·韦玄成传》："当晨入庙，天雨，～，不驾驷马车而骑至庙下。"❷chuò 柔，柔和。《管子·水地》："夫水，～弱以清。"❸chuò ［淖约］通"绰约"。柔弱、柔美的样子。《庄子·逍遥游》："～～若处子。"（处子：未婚少女。）

臑 nào ❶动物的前肢。《史记·龟策列传》："取前足～骨穿佩之。"㉁人的上肢。《灵枢经·经脉》："肩似拔，～似折。"❷ér 通"胹"。煮熟。宋玉《招魂》："肥牛之腱，～若芳些。"

NE

讷（訥） nè 语言迟钝，不善于讲话。《老子·四十五章》："大巧若拙，大辩若～。"《史记·李将军列传》："广～口少言。"㉁慎言寡语。《论语·里仁》："君子欲～于言而敏于行。"

NEI

馁（餒） něi ❶饥饿。《孟子·梁惠王下》："王之臣有托其妻子于其友而之楚游者，比其反也，则冻～其妻子，则如之何？"㉁气不足。《孟子·公孙丑上》："行有不慊（qiè）于心，则～矣。"（慊：满足。）❷鱼腐烂、不新鲜。《论语·乡党》："鱼～而肉败。"

餧 něi ❶同"馁"。饥饿。《国语·楚语下》："民之羸～，日已甚矣。"❷同"馁"。鱼腐烂。《南史·傅昭传》："或有暑月荐昭鱼者……遂～于门侧。"上述❶❷也写作"餒"。❸wèi 喂。《礼记·月令》："～兽之药毋出九门。"

内 nèi ❶里面。与"外"相对。《左传·定公八年》："与阳氏战于南门之～。"㉁

内部。《左传·僖公二十七年》："靖诸～而败诸外。"（靖：安定。诸：同"之于"。）(又)内心。《论语·阳货》："色厉而～荏。"《三国志·蜀书·诸葛亮传》："而～怀犹豫之计。"(特)内脏。《淮南子·精神》："大忧～崩，大怖生狂。" ❷ 内室。晁错《募民徙塞下疏》："家有一堂二～。"(引)家室内的。《礼记·内则》："男不言～，女不言外。" ❸ 皇宫。白居易《长恨歌》："西宫南～多秋草。"(又)朝廷。《史记·汲郑列传》："以数切谏，不得久留～，迁为东海太守。"(引)皇宫内的。《国语·周语中》："～官不过九御，外官不过九品。" ❹ 旧时指妻妾。《左传·僖公十七年》："齐侯好～。"（好：喜好。）(泛)女子，妇女。《周礼·天官·宫正》："辨外～而时禁。"（外：指男子。） ❺ 暗地里，暗中。《三国志·魏书·杜畿传》："河东人卫固、范先外以请邑为名，而～实与干通谋。"（卫固、范先、邑、干：都是人名。） ❻ nà 进入，放入。《潜夫论·德化》："乃以防奸恶而救祸败，检淫邪而～正道尔。"郦道元《水经注·漯水》："以草～之则不燃。"(引)收容，接纳。《孟子·公孙丑上》："非所以～交于孺子之父母也。"李斯《谏逐客书》："向使四君却客而不～。"（向使：假使。四君：指秦国的四个国君。却：不接受。）(又)交纳。《史记·秦始皇本纪》："百姓～粟千石，拜爵一级。"（粟：粮食。拜：授。）上述❻(引)(又)后来写作"纳"。

NENG

能 néng ❶ 能力，才能。《荀子·王制》："无～不官，无功不赏。"(引)有能力。诸葛亮《出师表》："先帝称之曰～。"（先帝：指刘备。）(又)有能力的人。《孟子·公孙丑上》："尊贤使～，俊杰在位，则天下之士皆悦。"司马迁《报任安书》："招贤进～，显岩穴之士。" ❷ 有能力（做到），胜任。《孟子·梁惠王上》："故王之不王，不为也，非不～也。"《论语·先进》："非曰～之，愿学焉。"(又)及，达到。《战国策·燕策一》："于是不～期年，千里马之至者三。"柳宗元《钴𬭁潭西小丘记》："丘之小不～一亩，可以笼而有之。"成语有"难能可贵"。(引)助动词。能够。《史记·孙子吴起列传》："寡人已知将军～用兵矣。"《史记·淮阴侯列传》："信～死，刺我。不～死，出我袴下。" ❸ 和睦。《诗经·大雅·民劳》："柔远～迩，以定我王。"《左传·襄公二十一年》："范鞅……故与栾盈为公族大夫而不相～。"（范鞅、栾盈：人名。）【注意】这个意义多用于"不相能"这个词组里。 ❹ 如此，这样（后起意义）。汪藻《即事》诗："双鹭～忙翻白雪，平畴许远涨清波。" ❺ nài 通"耐"。禁得起，受得住。《汉书·晁错传》："鸟兽希毛，其性～暑。"（希：稀，稀少。） ❻ nǎi 通"乃"。就是，于是。《左传·昭公十二年》："中美～黄，上美为元。"《孙子兵法·虚实》："故敌佚～劳之，饱～饥之，安～动之。" ❼ tài 通"态"。形状，形态。《素问·阴阳应象大论》："此阴阳更胜之变，病之形～也。"

NI

妮 nī （旧读 ní）[妮子] 1. 婢女。《新五代史·晋高祖皇后李氏传》："吾有梳头～～，窃一药囊以奔于晋，今皆在否？" 2. 对少女的昵称。《元曲选·争报恩》："那～～又不知三年乳哺恩，那里晓怀躭十月胎。"

尼 ní ❶ 安宁。《隶释》卷七《山阳太守祝睦后碑》："乘赍远逊，竟界～康。" ❷ 尼姑。"比丘尼"的省称。杨衒之《洛阳伽蓝记·胡统寺》："入道为～，遂居此寺。"(又)女子出家。《新唐书·窦参传》："女～于郴州。" ❸ [尼父]指孔子。孔子名丘，字仲尼。王粲《登楼赋》："昔～～之在陈兮，有归欤之叹音。" ❹ nì 阻止。《孟子·梁惠王下》："行或使之，止或～之。"

泥 ní ❶ 泥。《庄子·秋水》："蹶～则没足灭跗。"（蹶：踏。跗：脚背。）(引)像泥一样的东西。如"印泥"、"枣泥"。 ❷ nì 涂抹。《晋书·王恂传》："用赤石脂～壁。"（赤石脂：一种风化了的红色陶土。） ❸ nì 拘泥。《荀子·君道》："知明制度权物称用之为不～也。"《宋史·刘儿传》："儒者～古。"(又)行不通，阻滞。《论语·子张》："虽小道，必有可观者焉，致远恐～。" ❹ nì 软求，缠住不放（后起意义）。元稹《遣悲怀》诗："～他沽酒拔金钗。" ❺ niè 通"涅"。一种黑色染料。《史记·屈原贾生列传》："不获世之滋垢，皭然～而不滓者也。"

怩 ní [忸怩]见 294 页"忸"字。

倪 ní ❶ 小孩，儿童。《孟子·梁惠王下》："王速出令，反其旄～。"（旄：通"耄"。老人。）《旧唐书·玄宗纪下》："于时垂髫之～，皆知礼让。" ❷ 端头，边际。韩愈《南海神庙碑》："乾端坤～，轩豁呈露。"柳宗元《非国语·三川震》："天地之无～。"[端倪]头绪。《庄子·大宗师》："反覆终始，不知～～。"❸ nì [俾(pì)倪]见17页"俾"字。

猊 ní [狻(suān)猊]见396页"狻"字。

輗(輗) ní 大马车的车辕前端与驾辕的横木相衔接的销子。《论语·为政》："大车无～，小车无軏(yuè)，其何以行之哉？"(軏：小马车的车辕前端与驾辕的横木相衔接的销子。)

霓(蜺) ní ❶ 副虹。雨后天空中与虹同时出现的彩色圆弧。《孟子·梁惠王下》："民望之，若大旱之望云～也。"柳宗元《笼鹰词》："云披雾裂虹～断。"(披：分开。)㉑ 虹。苏颋《晓发方骞驿》诗："片阴常作雨，微照已生～。"❷ 彩云，云霞。《楚辞·九怀·蓄英》："修余兮袿衣，骑～兮南上。"❸ 天边云气。班固《东都赋》："羽旄扫～，旌旗拂天。"

鲵(鯢) ní ❶ 一种两栖动物。俗称娃娃鱼。《尔雅·释鱼》："～大者谓之鰕。"李时珍《本草纲目·鳞部四》："～生山溪中，似鲇。"❷ 雌鲸。左思《吴都赋》："长鲸吞航，修～吐浪。"❸ 一种小鱼。《庄子·外物》："夫揭竿累，趣灌渎，守～鲋，其于得大鱼难矣。"❹ [鲵齿]通"齯齿"。老人齿落后复生之齿。喻指长寿者。张衡《南都赋》："于是乎～～、眉寿、鲐背之叟，皤皤然被黄发者，喟然相与歌。"

麑 ní 幼鹿，小鹿。《韩非子·说林上》："孟孙猎，得～。"《韩非子·五蠹》："冬日～裘，夏日葛衣。"

拟(擬) nǐ ❶ 忖度，思量。《周易·系辞上》："～之而后言。"《扬子法言·孝至》："君子动则～诸事，事则～诸礼。"❷ 比，比拟。《荀子·不苟》："言己之光美，～于舜禹，参于天地，非夸诞也。"《史记·管晏列传》："管仲富～于公室。"(公室：诸侯的家族。)这个意义又写作"儗"。❸ 比画，用手势和物体做某种样子。《汉书·苏武传》："复举剑～之，武不动。"❹ 模拟，模仿。《汉书·扬雄传》："常～之以为式。"(式：规格。)❺ 起草，撰写。《元史·成宗纪》："诏自今以后专令中书～奏。"《宋史·李纲传上》："～章将再上。"❻ 准备，打算。荀悦《汉纪·高祖纪一》："乃围宛。宛急，南阳太守吕齮～自杀。"李清照《武陵春·春晚》："闻说双溪春尚好，也～泛轻舟。"

柅 nǐ ❶ 树名。果实如梨。❷ 临时放到车轮下用以阻止车轮前进的木块。《周易·姤》："系于金～。"㉑ 遏止。《新唐书·牛徽传》："徽治以刚明，～杜干请，法度复振。"❸ [柅柅]草木茂盛的样子。左思《蜀都赋》："总茎～～。"

旎 nǐ [旖(yǐ)旎]见484页"旖"字。

儗 nǐ ❶ 比，比拟。《礼记·曲礼下》："～人必于其伦。"《汉书·文三王传》："～于天子。"㉢ 准备，打算。林逋《偶书》诗："闲看是斯文，无秦～自焚。"上述❶㉢的意义也写作"擬"，现简化为"拟"。❷ [儗儗]茂盛的样子。《汉书·食货志上》："故～～而盛也。"❸ yì [佁(chì)儗]见483页"佁"字。

薿 nǐ [薿薿]茂盛的样子。《诗经·小雅·甫田》："今适南亩，或耘或耔，黍稷～～。"

昵(暱) nì 亲近，亲昵。《左传·隐公元年》："不义不～，厚将崩。"《韩非子·难言》："～近习亲。"(习：亲近。)[私昵]所亲近、宠幸的人。《尚书·说命中》："官不及～～，唯其能。"《太平广记》卷三一一："而铉未尝一出口于亲戚～～。"(铉：崔铉，唐朝宰相。)

逆 nì ❶ 迎，迎接。与"送"相对。《左传·成公十四年》："宣伯如齐～女。"(如齐：到齐国去。)《左传·桓公元年》："目～而送之。"❷ 接受，受命。《史记·苏秦列传》："以有尽之地而～无已之求。"《仪礼·聘礼》："众介皆～命不辞。"❸ 迎敌，迎战。《国语·吴语》："越王勾践起师～之。"《资治通鉴·汉献帝建安十三年》："将兵与备并力～操。"(备：刘备。操：曹操。)❹ 揣测。《孟子·万章上》："故说诗者……以意～志，是谓得之。"❺ 预先。诸葛亮《后出师表》："凡事如是，难可～见。"❻ 反着的，倒着的。《荀子·非十二子》："言辩而～，古之大禁也。"《韩非子·说难》："然其喉下有～鳞径尺。"㉢ 向相反方向活动。《孟子·滕文公下》："当尧之时，水～行，泛滥于中国。"郦道元《水经注·江水》："水～流百余里，涌起数十丈。"❼ 抵触，违背，不顺。与"顺"相对。《史记·留侯世家》："忠言～耳利于行。"㉑ 背叛，叛逆。《史记·淮阴侯列传》："乃谋畔～。"(畔：通"叛"。)曹操《褒枣祗令》："摧灭群～。"

匿 nì ❶ 隐藏，躲藏。《孟子·滕文公上》："禽兽逃～。"㉑ 隐瞒。《商君书·垦令》："过举不～，则官无邪人。"(过举：错误的行为。)《汉书·灌夫传》："乃～其家，窃出上书。”❷ tè 同“慝”。邪恶。《管子·七法》：“百～伤上威，奸吏伤官法。”

惄 nì 忧愁的样子。《诗经·小雅·小弁》：“我心忧伤，～焉如捣。”

睨 nì ❶ 斜看。《庄子·山木》：“虽羿、蓬蒙不能眄～也。”《史记·廉颇蔺相如列传》：“相如持其璧～柱，欲以击柱。”❷ 斜着眼。《礼记·中庸》：“～而视之，犹以为远。”

溺 nì ❶ 沉于水，淹没。《庄子·秋水》：“火弗能热，水弗能～。”《孟子·离娄上》：“嫂～不援，是豺狼也。”㊀陷于危难或困境。《孟子·离娄上》：“天下～，援之以道。”❷ 拘泥，沉迷不悟。《商君书·更法》：“学者～于所闻。”㊁沉湎，无节制。韩偓《即日》诗：“万古离怀憎物色，几生愁绪～风光。”❸ niào 尿液，小便。《庄子·知北游》：“在屎～。”㊁撒尿，排尿。《史记·范雎蔡泽列传》：“宾客饮者醉，更～雎。”（更：轮流。）这个意义后来写作“尿”。

嶷 nì ❶ 高峻的样子。《世说新语·赏誉》：“世目周侯～如断山。”❷（童年）聪明。《诗经·大雅·生民》：“克岐克～，以就口食。”（克：能。岐：知意。）《南史·宋江夏文献王义恭传》：“幼而明～，姿颜端丽。”❸ yí ［九嶷］山名。在今湖南宁远南。相传舜葬于此。《汉书·武帝纪》：“望祀虞舜于～～。”

NIAN

年 nián ❶ 收成，年景。《穀梁传·桓公三年》：“五谷皆熟，为有～也。”《论语·颜渊》：“～饥，用不足。”❷ 时间单位。年，岁。《庄子·秋水》：“汤之时，八～七旱。”（汤：商汤。）㊀年节。陈师道《早春》诗：“度腊不成雪，迎～遽得春。”❸ 年龄，年岁。《论语·阳货》：“～四十而见恶焉，其终也已。”《史记·屈原贾生列传》：“是时贾生～二十余，最为少。”（是时：这时。少：年轻。）㊀寿命。《庄子·秋水》：“～不可举，时不可止。”❹ 岁月，年代。曹植《求自试表》：“虽身分蜀境，首悬吴阙，犹生之～也。”左思《魏都赋》：“虽逾千祀，而怀旧蕴于遐～。”❺ 帝王的年号。《三国志·吴书·吴主传》：“改～为延康。”（延康：汉献帝刘协的年号。）

涊 niǎn 冒汗的样子。枚乘《七发》：“～然汗出，霍然病已。”

淰 niǎn ❶ 水浊。《说文》：“淰，浊也。”❷ shěn 鱼受惊游走的样子。《礼记·礼运》：“故龙以为畜，故鱼鲔不～。”［淰淰］散乱不定的样子。杜甫《放船》诗：“江市戎戎暗，山云～～寒。”

辇（輦） niǎn ❶ 依靠人力推拉的车子。《战国策·赵策四》：“老妇恃（shì）～而行。”（恃：依靠。）㊁秦汉以后专指皇帝的车子。潘岳《藉田赋》：“天子乃御玉～，荫华盖。”《宋史·寇准传》：“琼即麾（huī）卫士进～，帝遂渡河。”（琼：人名。麾：指挥。）［辇下］帝辇之下。指京城。杜牧《冬至日遇京使发寄舍弟》诗：“尊前岂解愁家国，～～唯能忆弟兄。”❷ 人拉（车子）。《诗经·小雅·黍苗》：“我任我～，我车我牛。”❸ 乘坐（车子）。《荀子·大略》：“诸侯～舆就马，礼也。”（舆：车。）❹ 运载、运送（货物）。《淮南子·人间》：“一鼓，民被甲括矢，操兵弩而出。再鼓，负～粟而至。”陆游《闻虏乱次前辈韵》：“～金输虏庭。”（虏庭：敌人的朝廷。）【辨】车，舆，辇，轺。四字都是指车子。“车”是各种车子的统称。“辇”原指人力拉的车，汉以后特指帝王乘坐的车。“轺”是指一匹马驾驶的轻便、快速的马车。“舆”原指车厢，后泛指车子，也指轿子。

碾 niǎn ❶ 碾子，把东西轧碎或压平的器具。《魏书·崔亮传》：“遂教民为～。”❷ 碾轧，研磨。白居易《春来》诗：“金谷蹋花香骑入，曲江～草钿车行。”㊕指研磨玉石。李贺《春怀引》：“蟾蜍～玉挂明弓，捍拨装金打仙凤。”

蹍（蹑） niǎn 踩。《庄子·庚桑楚》：“～市人之足。”张衡《西京赋》：“当足见～，值轮被轹（lì）。”（轹：车轮轧。）

撚 niǎn ❶ 以手指持物、取物。杜牧《重送》诗：“手～金仆姑，腰悬玉辘轳。”白居易《眼病》诗二首之二：“案上谩铺龙树论，盒中虚～决明丸。”❷ 揉搓。杨万里《观雪》诗：“倩谁细～成汤饼，换却人间烟火肠。”❸ 弹奏弦乐器的一种指法。白居易《琵琶行》：“轻拢慢～抹复挑。”刘禹锡《和杨师皋给事伤小姬英英》：“～弦花下呈新曲。”❹ 践踏。《淮南子·兵略》：“前后不相～，左右不相干。”

念 niàn ❶ 想念，惦念。《战国策·赵策四》：“～悲其远也。”（惦念、伤心她嫁到远方去。）㊁思考，考虑。《史记·李将军列传》：“将军自～，岂尝有所恨乎？”㊀念头，想法。班固《西都赋》：“摅（shū）怀旧之蓄～，发思古之幽情。”（摅：抒发。）❷ 怜爱，可爱。韩愈《殿中少监马君墓志》：“眉眼如画，发漆黑，肌肉玉雪可～。”㊁可怜。杜甫《述古》诗：“竹花不结实，～子忍朝饥。”❸ 诵

N

读。《汉书·张禹传》:"欲为《论》,～张文。"(《论》:《论语》。)《六祖坛经·机缘》:"法达即高声～经至《譬喻品》。"

NIANG

娘 niáng ❶年轻女子。《乐府诗集·子夜歌》:"见～喜容媚,愿得结金兰。"㊁妇女。陆泳《吴下田家志》:"～养花蚕郎种田。"❷母亲。敦煌写本《父母恩重经讲经文》:"不思耶～有大恩德,不生恭敬。"(耶:父亲。)

孃 niáng 通"娘"。母亲。《木兰诗》:"不闻爷～唤女声,但闻黄河流水鸣溅溅。"

酿(釀) niàng 做酒。《史记·孟尝君列传》:"得息钱十万,乃多～酒。"贾思勰《齐民要术·法酒》:"～法酒皆用春酒曲(qū)。"(法酒:按一定规格酿成的酒。曲:能引起发酵的东西。)㊂酒(后起意义)。《晋书·何充传》:"令人欲倾家～。"(令:使。)

NIAO

袅(嫋、嬝、嫋、褭) niǎo ❶[袅袅]1. 草木柔弱细长的样子。卓文君《白头吟》:"竹竿何～～。"2. 体态柔美的样子。左思《吴都赋》:"～～素女。"3. 烟气缭绕的样子。苏轼《青牛岭高绝处有小寺》诗:"炉烟～～十里香。"也可以单用。刘商《姑苏怀古送秀才下第归江南》诗:"琳琅暗戛玉华殿,天香静～金芙蕖。"4. 形容声音宛转悠扬。杜甫《猿》诗:"～～啼虚壁。"也可以单用。欧阳修《西斋手植菊花过节始开》诗:"上浮黄金蕊,送以清歌～。"5. 微风吹拂的样子。屈原《九歌·湘夫人》:"～～兮秋风。"也可以单用。苏轼《水龙吟·赠赵晦之吹笛侍儿》:"雨晴云梦,月明风～。"6. 摇曳、扭动、飘动的样子。李白《送萧三十一之鲁中》诗:"夫子如何涉江路,云帆～～金陵去。"也可以单用。陆云《为顾彦先赠妇往返》诗四首之二:"雅步～纤腰,巧笑发皓齿。"❷[袅娜]草木柔弱细长摇摆的样子。萧纲《赠张缵》诗:"洞庭枝～～。"㊂体态轻盈柔美的样子。蒲松龄《聊斋志异·红玉》:"女～～如随风欲飘去。"

茑(蔦) niǎo 一种蔓生植物。也叫寄生树。缠绕于其他树上生长。《诗经·小雅·頍弁》:"～与女萝,施于松柏。"

嬲 niǎo ❶纠缠,烦扰。嵇康《与山巨源绝交书》:"足下若～之不置,不过欲为官得人。"《隋书·经籍志四》:"释迦之苦行也,是诸邪道并来～恼,以乱其心,而不能得。"❷戏弄。韩驹《送子飞弟归荆南》诗:"弟妹乘羊车,堂前走相～。"

NIE

苶 nié [苶然]疲劳的样子。《庄子·齐物论》郭象注:"凡物各以所好役其形骸,至于疲困～～。"

陧(隉) niè ❶[陧杌(wù)]危惧不安。《朱子语类》卷三四:"而其心举无～～之虑。"❷[杌(wù)陧]见435页"杌"字。

涅(湼) niè ❶一种矿物。古代用作黑色染料。《山海经·北山经》:"(孟门之山)其下多黄垩(è),多～石。"(黄垩:粉饰用的黄土。)㊂黑泥。《荀子·劝学》:"白沙在～,与之俱黑。"❷用黑色染,染黑。《论语·阳货》:"不曰白乎,～而不缁。"《新唐书·刘仁恭传》:"～其面。"㊀用黑色文身。《新唐书·刘仁恭传》:"士人则～于臂曰'一心事主'。"㊀书写。苏轼《欧阳季默以油烟墨见饷》诗:"欲将东山松,～尽南山竹。"❸[涅槃]佛教指超度、圆寂(死)。《魏书·释老志》:"～～译云灭度,或言常乐我净。"白居易《游悟真寺》诗:"云昔迦叶佛,此地坐～～。"

臬 niè ❶射箭的靶子,目标。张衡《东京赋》:"桃弧棘矢,所发无～。"(桃弧:桃木做的弓。棘矢:棘做的箭。)❷古代用来测日影定方位的标杆。陆倕《石阙铭》:"陈圭置～,瞻星揆地。"(圭:古代测日影的器具。瞻:往上看。揆:测量。)❸法度。《尚书·康诰》:"汝陈时～。"(你要陈述此法。汝:你。)双音词有"圭臬"。❹极限。王粲《游海赋》:"其深不测,其广无～。"

嵲 niè [嵽(dié)嵲]见88页"嵽"字。

闑(闌) niè 古代竖立在大门中部形成中门的两根木柱。《礼记·玉藻》:"君入门,介拂～。"

鯢 niè [鯢卼(wù)]不安的样子。《周易·困》:"困于葛藟,于～～。"《朱子语类》卷十四:"安,只是无～～之意。"

啮(嚙、齧、囓) niè ❶咬。《庄子·天运》:"今取猨狙而衣以周公之服,彼必龁～挽裂,尽去而后慊。"柳宗元《捕蛇者说》："以～人，无御之者。"㊀侵蚀。李白《金陵白下亭留别》诗："汉水～古根。"（古根：古树根。）❷ 缺口。《淮南子·人间》："剑之折，必有～。"

敜 niè 填塞。《尚书·费誓》："～乃阱。"

鑈 niè 小钗。古代妇女头上的一种饰物。王粲《七释》："戴明中之羽雀，杂华～之葳蕤。"

嗫（囁） niè （说话）吞吞吐吐。王安石《寄蔡天启》诗："或嗤元郎漫，或訑白翁～。"［嗫嚅（rú）］1. 窃窃私语。东方朔《七谏·怨世》："改前圣之法度兮，喜～～而妄作。"2. 欲言又止。韩愈《送李愿归盘谷序》："足将进而趑趄，口将言而～～。"

镊（鑷） niè ❶ 镊子。《南史·齐郁林王纪》："高帝笑谓左右曰：'岂有为人作曾祖而拔白发者乎？'即掷镜、～。"㊁用镊子拔除须发。韦庄《镊白》诗："白发太无情，朝朝～又生。"❷ 古代簪钗上的饰物。《后汉书·舆服志下》："簪以玳瑁为擿，长一尺……下有白珠，垂黄金～。"

蹑（躡） niè ❶ 踩，踏。《史记·陈丞相世家》："汉王大怒而骂，陈平～汉王。"（蹑汉王：踩刘邦的脚，暗示请他息怒。）贾思勰《齐民要术·种瓜》："又以土一斗，薄散粪上，复以足微～之。"❷ 穿（鞋袜）。《古诗为焦仲卿妻作》："足下～丝履，头上玳瑁光。"蔡邕《青衣赋》："绮绣丹裳，～蹈丝屝。"❸ 追随，追踪。《尉缭子·经卒令》："莫敢当其前，莫敢～其后。"《三国志·魏书·邓艾传》："欣等追～于强川口。"（欣：杨欣。强川口：地名。）㊀前往，到达。陆龟蒙《奉和袭美初夏游楞伽精舍次韵》："僮能～孤刹，鸟惯亲摐（chuāng）铎。"❹ 攀登，登上（高位）。《史记·司马相如列传》："然后～梁父，登泰山。"左思《咏史》之二："世胄（zhòu）～高位，英俊沈下僚。"（世胄：世袭的卿大夫子弟。沈下僚：做下级官吏。）㊀超越，胜过。《晋书·陆机陆云传论》："故足远超枚、马，高～王、刘。"（枚、马、王、刘：都是人名。）【辨】履，践，蹈，蹑。"履"和"践"都是"行走在……上"的意思。"履"带有郑重色彩。"践"含有轻视意味。"蹈"是"踩踏"的意思，常带有冒险的意味，如"蹈火"、"蹈海"、"蹈河"等。"蹑"是有意识地踩上去，所以能引申出"登上高位"的意义来。

槷 niè ❶ 观测日影的木杆。《周礼·考工记·匠人》："置～以县，眡以景，为规识日出之景与日入之景。"❷ 箭靶的中心。《小尔雅·广器》："射有张皮谓之侯，侯中者谓之鹄，鹄中者谓之正，正方二尺，正中者谓之～，～方六寸。"❸ 门橛。门中间竖立的木柱。《穀梁传·昭公八年》："置旃以为辕门，以葛覆质以为～。"❹ xiè 木楔。《周礼·考工记·轮人》："牙得则无～而固，不得则有～必足见也。"

孽（孼、蠥） niè ❶ 宗法制度下指家庭的旁支。《吕氏春秋·慎势》："適（dí）～无别则宗族乱。"（適：嫡。）《史记·韩信卢绾列传》："韩王信者，故韩襄王～孙也。"❷ 妖孽，妖怪。《后汉书·陈蕃传》："除妖去～。"《庄子·庚桑楚》："巨兽无所隐其躯，而～狐为之祥。"㊀灾祸，罪恶。《左传·昭公十年》："蕴利生～。"（蕴：积聚。）《三国志·吴书·吴主传》："天下未定，～类犹存。"❸ 危害。《吕氏春秋·遇合》："贤圣之后，反而～民。"㊁邪恶、作乱的人。韩愈《与鄂州柳中丞书》："淮右残～，尚守巢窟。"❹ 通"蘖"。幼芽。刘禹锡《畬田行》："下种暖灰中，乘阳拆牙～。"㊁通"糵"。酝酿。《汉书·司马迁传》："今举事壹不当，而全躯保妻子之臣随而媒～其短。"

蘖（櫱、栨、枿、櫱） niè ❶ 被砍去或倒下的树木再生的枝芽。《诗经·商颂·长发》："苞有三～，莫遂莫达。"（苞：本，树桩。）《汉书·货殖传》："然犹山不茬～。"（茬：劈削。）㊀植物的嫩芽或新枝。黄彻《䂬溪诗话》卷七："下种暖灰中，乘阳拆芽～。"❷ 萌生，开始。苏舜钦《复辨》："阳之始生，则有～育万物之意。"❸ 通"孽"。妖孽，邪恶的人。魏源《圣武记》卷十四："狱者变之薮，库者劫之招，径窦者贼之媒，所以除～也。"

糵（櫱） niè ❶（麦、豆等谷物籽粒长出的）芽。李时珍《本草纲目·穀四·糵米》："有粟、黍、穀、麦、豆诸～，皆水浸胀，候生芽曝干去须。"❷ 酿酒制酱时发酵用的曲。《礼记·礼运》："故礼之于人也，犹酒之有～也。"《吕氏春秋·仲冬》："是月也……乃命大酋，秫稻必齐，曲～必时。"㊀酝酿，酿成。《汉书·李陵传》："今举事一不幸，全躯保妻子之臣随而媒～其短。"

NING

宁¹（寧、甯） níng ❶ 安定，安宁，平息。《诗经·小雅·常棣》："丧乱既平，既安且～。"柳宗元《捕蛇者说》："虽鸡狗不得～焉。"《国语·晋语八》："闻子与和未～。"❷［归宁］女子回娘家探视父母。《诗经·周南·葛覃》："～～父母。"❸ nìng 副词。岂，难道。《周易·系辞下》："介如石焉，～用终日？断可识矣。"《史记·陈涉世家》："王侯将相～有种乎？"❹ nìng 宁可，宁愿。《韩非子·外储说左上》："～信度，无自信也。"（度：指尺寸。）贾思勰《齐民要术·耕田》："若水旱不调，～燥不湿。"成语有"宁死不屈"、"宁为玉碎，不为瓦全"。❺ nìng 竟，乃。《诗经·小雅·小弁》："心之忧矣，～莫之知。"【注意】在古代，"宁（zhù）"和"寧"、"甯"不是一个字，意义不相同。上述义项都不写作"宁"。现"寧"、"甯"写作"宁"。参见541页"宁²"字。

狞（獰） níng 凶恶。李贺《感讽》诗："县官骑马来，～色虬紫须。"刘餗《隋唐嘉话》卷中："你情知此汉～，何须犯他百姓？"[引]猛。韩愈《送无本师归范阳》诗："～飙搅空衢，天地与顿撼。"贯休《观怀素草书歌》："醉来把笔～如虎，粉壁素屏不问主。"

薴 níng 纷乱。《楚辞·九思·悯上》："须发～悴兮顠鬓白。"

鬡 níng ［鬇（zhēng）鬡］见527页"鬇"字。

鸋 níng ［鸋鴂（jué）］鸟名。一说是"鸱鸮"。多以喻恶人。蔡邕《吊屈原文》："～～轩翥，鸾凤挫翮。"

凝 níng ❶ 结冰。《周易·坤》："履霜坚冰，阴始～也。"岑参《走马川行》："幕中草檄（xí）砚水～。"（草檄：起草檄文。）[引]凝结，凝聚。《诗经·卫风·硕人》："肤如～脂。"傅玄《杂诗》："～气结为霜。"❷ 注意力集中。《庄子·达生》："用志不分，乃～于神。"鲍照《芜城赋》："～思寂听。"（寂：静。）❸ 停止。陆机《演连珠》："牵乎动则静～，系乎静则动贞。"❹ 稳定，巩固。《荀子·议兵》："兼并易能也，唯坚～之难焉。"（兼并容易做到，然而使它稳定巩固是困难的。）❺ 形成。《礼记·中庸》："苟不至德，至道不～焉。"

佞 nìng ❶ 能说会道。《论语·公冶长》："雍也仁而不～。"（雍：冉雍，人名。）[引]巧言谄媚。《论衡·答佞》："何必为～以取富贵？"双音词有"佞臣"。❷［不佞］没有才智。多用作谦辞。《左传·成公十三年》："寡人～～，其不能以诸侯退矣。"陈亮《上孝宗皇帝第一书》："臣～～，自少有驱驰四方之志。"

泞（濘） nìng ❶ 烂泥。韩愈《答柳柳州食虾蟆》诗："跳踯虽云高，意不离～淖。"❷ 泥泞难行。《国语·晋语三》："晋师溃，戎马～而止。"陆游《感旧》诗："道～愁车辙，桥危避驼铃。"❸ nì 像烂泥一样黏着，陷入泥中。《管子·地员》："不～车轮，不污手足。"范仲淹《宋故卫尉少卿分司西京胡公神道碑》："而兵夫散走，旋～而死者百余人。"

NIU

狃 niǔ ❶ 习以为常而不加重视。《诗经·郑风·大叔于田》："将叔无～，戒其伤女。"（希望大叔不要对打猎的事习以为常而不加重视，当心野兽伤害你。女：你。）[又]熟习，习惯。王安石《上皇帝万言书》："在位者数徙……故上不能～习而知其事，下不肯服驯而安其教。"（数徙：多次调动。）❷ 贪。《国语·晋语一》："嗛嗛之食，不足～也。"（嗛嗛：形容数量少。）[又]满足。《续资治通鉴·元顺帝至正二十七年》："毋～于暂安而忘永逸。"

忸 niǔ ❶［忸怩］1. 羞惭。《尚书·五子之歌》："郁陶乎予心，颜厚有～～。"2. 犹豫。韩偓《送人弃官入道》诗："～～非壮志，摆脱是良图。"❷ 习惯。《荀子·议兵》："～之以庆赏，鳍（qiū）之以刑罚。"（鳍：逼迫。）

纽（紐） niǔ ❶ 用绳带系结打扣。史游《急就篇》卷三："冠帻簪簧结发～。"[引]结扣，纽扣。《礼记·玉藻》："居士锦带，弟子缟带，并～约用组。"❷ 器物上可以系带或把持的部位。《淮南子·说林》："龟～之玺，贤者以为佩。"双音词有"枢纽"。[喻]把持（事物的根本、关键）。《庄子·人间世》："禹舜之所～也。"（禹舜把这个道理当作根本。）❸ 汉语音韵学名词。声母，声纽。

杻 niǔ ❶ 树名。《诗经·唐风·山有枢》："山有栲，隰有～。"❷ chǒu 手铐。杜甫《草堂》诗："眼前列～械，背后吹笙竽。"（械：脚镣手铐。）

NONG

农（農） nóng ❶ 耕种。《左传·襄公九年》："其庶人力于～穑。"[又]农业。《国语·周语上》："夫民之大事在～。"双音词有"农时"。❷ 耕种的人，农民。

《论语·子路》："樊迟请学稼。子曰：'吾不如老～。'"《商君书·弱民》："～辟地，商致物。"❸ 传说中农业的发明者"神农氏"的省称。《魏书·崔浩传》："变风易俗，化洽四海，自与羲、～齐列。"（羲：伏羲氏。）㊁农家，农家学派。春秋战国时诸子百家之一，主张劝农桑、足衣食。《后汉书·班固传上》李贤注："九流，谓道、儒、墨、名、法、阴阳、～、杂、纵横。"❹ 勤勉。《左传·襄公十三年》："小人～力以事其上。"《管子·大匡》："用力不～。"❺ 通"醲"。厚。《尚书·洪范》："～用八政。"

侬（儂） nóng ❶ 我。古代吴人自称。《晋书·会稽王道子传》："道子颔曰：'～知，～知。'"李白《横江词》之一："人道横江好，～道横江恶。"❷ 人。韩愈《泷吏》诗："比闻此州囚，亦有生还～。"

脓（膿） nóng ❶ 疮口溃烂所生的脓液。《论衡·幸偶》："聚为痈，溃为疽，创流血出～。"㊀腐烂。贾思勰《齐民要术·水稻》："陈草复起，以镰侵水芟之，草悉～死。"❷ 肥。曹植《七启》："玄熊素肤，肥豢～肌。"❸ 通"醲"。味厚的酒。枚乘《七发》："甘脆肥～，命曰腐肠之药。"

秾（穠） nóng ❶ 花木繁盛的样子。高适《自淇涉黄河途中作》诗之十一："孟夏桑叶肥，～阴夹长津。"❷ 丰满，肥胖。宋玉《神女赋》："～不短，纤不长。"叶适《祭周宗夷文》："质完而～，行方而臞（qú）。"（臞：消瘦。）［秾纤］指胖瘦。岳珂《桯史》卷五："笔势～～无少异，同列不之觉。"❸ 艳丽，美丽。李白《清平调》之二："一枝～艳露凝香，云雨巫山枉断肠。"元稹《山枇杷》诗："～姿秀色人皆爱，怨眉羞容我偏别。"❹ 浓郁，深。苏轼《和刘孝叔会虎丘》诗二首之一："白简威犹凛，青山兴已～。"

醲（釀） nóng 味道浓厚的酒。《淮南子·主术》："肥～甘脆，非不美也，然民有糟糠菽粟不接于口者，则明主弗甘也。"㊀酒味浓厚。张雨《梅雪斋雅集分题得酒香》诗："～郁芬香味更严，甕间飘满读书帘。"㊀浓，重。《韩非子·难势》："夫有盛云～雾之势而不能乘游者，螾螘之材薄也。"《后汉书·马援传》："夫明主～于用赏，约于用刑。"

襛 nóng 衣厚的样子。㊀茂盛，众多。《诗经·召南·何彼襛矣》："何彼～矣，唐棣之华。"㊁丰满的样子。曹植《洛神赋》："～纤得衷，修短合度。"

弄 nòng ❶ 用手玩弄。《诗经·小雅·斯干》："载衣之裳，载～之璋。"《汉书·赵尧传》："高祖持御史大夫印，～之。"（御史大夫：官名。）㊀戏耍，游戏。《左传·僖公九年》："夷吾弱不好～。"（夷吾：人名。弱：年轻。）苏轼《水调歌头·明月几时有》："起舞～清影。"㊁玩赏。谢灵运《怨晓月赋》："卧洞房兮当何悦，灭华烛兮～晓月。"❷ 作弄，戏弄。《左传·襄公四年》："愚～其民，而虞羿于田。"（虞：娱。羿：人名，后羿。）《战国策·赵策四》："赵豹、平原君数欺～寡人。"❸ 演奏乐器。《史记·司马相如列传》："及饮卓氏，～琴。"《晋书·桓伊传》："～毕，便上车去。"（去：离开。）㊁乐曲，曲调。《韩非子·难三》："弦不调，～不明。"王褒《洞箫赋》："时奏狡～。"（狡：急。）古乐府有《江南弄》。㊀乐曲一首称为一弄。古琴曲有"梅花三弄"。❹ lòng 巷（后起意义）。《南史·齐废帝郁林王纪》："萧谌领兵先入宫……（帝）出西～，遇弑。"【辨】戏，弄。在"戏耍"的意义上，它们是同义词。在古代汉语中，"戏"一般可以用于形体动作方面，也可以用于语言行为方面。"弄"则偏重于手的动作方面。

NOU

耨 nòu ❶ 古代锄一类的锄草工具。贾思勰《齐民要术·耕田》："为耒（lěi）耜鉏～，以垦草莽。"（耒、耜：农具。草莽：茂密的草。）这个意义又写作"鎒"。❷ 锄草。《孟子·梁惠王上》："彼夺其民时，使不得耕～以养其父母。"

獳 nòu ❶ 犬怒的样子。《山海经·中山经》："有兽焉，名曰獜，其状如～犬而有鳞。"❷ rú ［朱獳］传说中的异兽。《山海经·东山经》："（耿山）有兽焉，其状如狐而鱼翼，其名曰～～。"

檽 nòu ❶ 树名。《后汉书·王符传》："今者京师贵戚，必欲江南～、梓、豫章之木。"❷ ruǎn 果树名。黑枣。孙光宪《北梦琐言》卷三："庭有～枣树，婆娑异常。"

NU

奴 nú ❶ 奴隶。《论语·微子》："微子去之，箕子为之～，比干谏而死。"《史记·季布栾布列传》："布为人所略卖，为～于燕。"（略：抢。）㊁奴婢，奴仆。陆游《岁莫感怀》诗："富豪役千～，贫老无寸帛。"（帛：

丝织品。)㊕男性奴隶、奴仆。韩愈《寄卢仝》诗:“一～长须不裹头,一婢赤脚老无齿。”❷ 谦称自己。敦煌变文《韩擒虎话本》:“阿～无德,滥处为君。”

孥 nú ❶ 子女。《国语·越语上》:“将焚宗庙,系妻～,沉金玉于江。”《后汉书·仲长统传》:“妻～无苦身之劳。”(又)妻子、儿女的统称。《国语·晋语二》:“以其～适西山。”(适:到……去。)上述❶(又)又写作“帑”。❷ 通“奴”。奴婢,奴仆。苏辙《次韵子瞻游孤山》:“翩然独往不携～。”(翩然:潇洒的样子。)

驽(駑) nú 劣马。《荀子·劝学》:“～马十驾,功在不舍。”东方朔《七谏·哀命》:“～骏杂而不分兮。”(又)劣等牲畜。如“驽牛”、“驽犬”。(喻)才能低下。《战国策·燕策三》:“此国之大事,臣～下,恐不足任使。”《史记·廉颇蔺相如列传》:“相如虽～,独畏廉将军哉?”(独:难道。)双音词有“驽钝”。

笯 nú 鸟笼。屈原《九章·怀沙》:“凤皇在～兮,鸡鹜翔舞。”

努 nǔ ❶ 奋勉,勉力。古诗《长歌行》:“少壮不～力,老大徒伤悲。”❷ 凸显,突出。唐彦谦《采桑女》诗:“春风吹蚕细如蚁,桑芽才～青鸦嘴。”

弩 nǔ 弩弓,一种使用机械力量发射箭的弓。《史记·高祖本纪》:“项羽大怒,伏～射中汉王。”

砮 nǔ 石名。可做箭镞。《尚书·禹贡》:“厥贡璆、铁、银、镂、～磬、熊……织皮。”(引)箭镞。《国语·鲁语下》:“有隼集于陈侯之庭而死,楛矢贯之石～,其长尺有咫。”

怒 nù ❶ 生气,愤怒。《诗经·卫风·氓》:“将子无～,秋以为期。”杜甫《石壕吏》:“吏呼一何～,妇啼一何苦。”成语有“怒发冲冠”。❷ 形容气势强盛。《庄子·逍遥游》:“～而飞,其翼若垂天之云。”(引)旺盛,猛烈。《庄子·外物》:“春雨日时,草木～生。”杜甫《茅屋为秋风所破歌》:“八月秋高风～号。”熟语有“鲜花怒放”。❸ 奋起,奋发。《庄子·人间世》:“～其臂以当车辙。”【辨】愠,怒。见 512 页“愠”字。

NÜ

女 nǚ ❶ 女性的。与“男”相对。《诗经·小雅·斯干》:“乃生～子。”(又)妇女,女人,女子。《周易·序》:“有男～,然后有夫妇。”《周易·家人》:“～正位乎内,男正位乎外。”㊕未婚女子。《诗经·周南·关雎》:“窈窕淑～,君子好逑。”(逑:配偶。)❷ 女儿。《木兰诗》:“不闻爷娘唤～声。”(爷:父亲。)❸ nù 以女嫁人。《左传·桓公十一年》:“宋雍氏～于郑庄公。”❹ rǔ 第二人称代词。你,你们。《荀子·议兵》:“今～不求之于本,而索之于末,此世之所以乱也。”(索:求取。)这个意义后来写作“汝”。❺ 星宿名。二十八宿之一。罗隐《暇日投钱尚父》诗:“牛斗星边～宿间,栋梁虚敞丽江关。”又指织女星。❻ [女真]我国古代东北部的一个民族。曾建立金国。后成为满族的主要组成部分。

恧 nǜ 惭愧。《史记·司马相如列传》:“以登介丘,不亦～乎?”张衡《思玄赋》:“苟中情之端直兮,莫吾知而不～。”

衄(衂) nǜ ❶ 鼻孔出血。《伤寒论·辨脉法》:“脉浮、鼻中燥者,必～也。”《太平广记》卷二一五:“鼻～,灸脚而愈。”(泛)身体某部位、器官出血。李时珍《本草纲目·主治一·血汗》:“血汗即肌～……血自毛孔出。”❷ 失败,受挫。曹植《求自试表》:“流闻东军失备,师徒小～。”❸ 畏缩,退缩。《晋书·蔡豹传》:“未战而退,先自摧～,亦古之所忌。”(又)缩小,缩紧。《韩非子·说林上》:“夫死者,始死而血,已血而～,已～而灰,已灰而土。”❹ 耻辱,羞耻。欧阳修《送黎生下第还蜀》诗:“一败不足～,后功掩前羞。”

朒 nǜ ❶ 朔月。农历每月月初的夜晚出现在东方而有亏损的月亮。谢庄《月赋》:“～朓警阙,朏魄示冲。”❷ 亏缺,不足。《九章算术》七刘徽注:“盈者谓之朓,不足者谓之～。”

NUAN

渜 nuǎn ❶ 温水。《仪礼·士丧礼》:“～濯弃于坎。”❷ nuán 水名。即滦河,在今河北。

NÜE

虐 nüè ❶ 虐待,残害。《左传·文公十五年》:“君子之不～幼贱,畏于天也。”《史记·刘敬叔孙通列传》:“不欲依阻险,令后世骄奢以～民也。”❷ 残暴,凶狠。《国语·周语上》:“厉王～,国人谤王。”❸ 灾害,祸害。《左传·襄公十三年》:“是以上下无礼,乱～并生。”

NUO

傩(儺) nuó ❶ 古时一种驱除疫鬼的仪式。《论语·乡党》："乡人～，朝服而立于阼阶。"❷ 行有节奏。《诗经·卫风·竹竿》："巧笑之瑳，佩玉之～。"（瑳：巧笑的样子。）

诺(諾) nuò ❶ 答应，同意。《老子·六十三章》："夫轻～必寡信。"（寡信：少信用。）成语有"千金一诺"。❷ 答应的声音。表示同意。《战国策·赵策四》："太后曰：'～。恣君之所使之。'"（恣君之所使之：听凭您去支使他。）［诺诺］连续答应的声音。表示服从。《韩非子·八奸》："未使而～～。"成语有"唯唯诺诺"。

喏 nuò ❶ 同"诺"。应答声。《淮南子·道应》："子发曰：'～。'"❷ rě 唱喏。古代男子相见时双手作揖、口念颂词的礼节。周必大《玉堂杂记》卷上："东院录事某人以下躬～讫。"

搦 nuò ❶ 按，压制。曹植《幽思赋》："～素笔而慷慨，扬《大雅》之哀吟。"左思《魏都赋》："～秦起赵。"（起：指扶持。）❷ 握，拿。《后汉书·臧洪传》："抚弦～矢。"郭璞《江赋》："舟子于是～棹(zhào)。"（舟子：指摇船的人。棹：划船工具。）❸ 磨，摩。班固《答宾戏》："当此之时，～朽摩钝，铅刀皆能一断。"贾思勰《齐民要术·法酒》："～黍令散。"（拨动黍米让它散开。）

懦(愞、懧) nuò 软弱，怯懦。《左传·僖公二年》："～而不能强谏。"双音词有"懦夫"。[引]柔软。《韩非子·内储说上》："水形～，人多溺。"

N

O

OU

讴（謳） ōu ❶ 唱（歌谣、歌曲）。《汉书·高帝纪上》："诸将及士卒皆歌～思东归。"《荀子·议兵》："故近者歌～而乐之。"（近者：指近处的人。）❷ 歌谣，歌曲。《汉书·艺文志》："自孝武立乐府而采歌谣，于是有代、赵之～，秦楚之风，皆感于哀乐，缘事而发。"曹植《箜篌引》："阳阿奏奇舞，京洛出名～。"（京洛：指京都洛阳。）❸ 唱歌谣、歌曲的人。《周书·孝闵帝纪》："故玄象征见于上，～讼奔走于下。"

瓯（甌） ōu ❶ 一种盛物的小瓦盆。《淮南子·说林》："狗彘不择甂～而食。"杨衒之《洛阳伽蓝记》卷四："金瓶银瓮百余口，～、檠、盘、盒称是。"㊀ 奏乐的瓦盆。段安节《乐府杂录·击瓯》："善击～，率以邢～、越～共十二只，旋加减水于其中，以筯击之。"❷ 一种饮酒具。李煜《渔父·一棹春风一叶舟》："花满渚，酒满～。"［金瓯］饮酒具。常比喻国土完整，也指国土。《南史·朱异传》："我国家犹若～～，无一伤缺。"❸ ［瓯窭（lóu）］狭小的高地。《史记·滑稽列传》："～～满篝，污邪满车。"❹ ［瓯脱］1. 边境上用于屯守的土屋。《史记·匈奴列传》："各居其边为～～。"2. 指边地。陆游《送霍监丞出守盱眙》诗："空闻～～嘶胡马，不见浮屠插霁烟。"

欧（歐） ōu ❶ ǒu 呕吐。《汉书·严助传》："～泄霍乱之病相随属也。"❷ 通"讴"。唱（歌谣、歌曲）。《隶释·三公山碑》："百姓～歌，得我惠君。"❸ 通"殴"。殴打。《汉书·张良传》："良愕然，欲～之。"❹ qū 通"驱"。驱赶，驱使。《大戴礼记·礼察》："或导之以德教，或～之以法令。"

殴（毆） ōu ❶ 殴打，击打。《后汉书·梁冀传》："～击吏卒，所在怨毒。"（怨毒：极端怨恨。）这个意义又写作"敺"。❷ qū 驱赶，驱使。宋玉《风赋》："～温致湿。"《汉书·食货志》："今～民而归之农，皆著于本。"

鸥（鷗、鴎） ōu 水鸟名。海鸥。谢灵运《于南山往北山经湖中瞻眺》诗："海～戏春岸，天鸡弄和风。"范仲淹《岳阳楼记》："沙～翔集，锦鳞游泳。"

炚（熰） ōu 大旱酷热。《管子·侈靡》："有时而～。"

鏂 ōu 古容量单位。一说二斗为一鏂。《管子·轻重丁》："今齐西之粟釜百泉，则～二十也。"

呕（嘔） ǒu ❶ 呕吐。《左传·哀公二年》："吾伏弢～血，鼓音不衰。"（弢：弓袋。）❷ ōu 通"讴"。唱。《汉书·朱买臣传》："其妻亦负戴相随，数止买臣毋歌～道中。"❸ xū ［呕煦］抚育。焦延寿《易林·旅之巽》："～～成熟，使我福德。"❹ xū ［呕呕］和悦的样子。《史记·淮阴侯列传》："项王见人，恭敬慈爱，言语～～。"

偶 ǒu ❶ 偶像，木偶。《战国策·齐策三》："有土～人与桃梗相与语。"《论衡·自然》："～人千万，不名为人者，何也？鼻口耳目，非性自然也。"（不名为人：不能叫作人。非性自然也：不是自然生成的。）❷ 双，成双。与"奇"相对。《庄子·天下》："以觭～不仵之辞相应。"刘勰《文心雕龙·丽辞》："奇～适变。"（适变：指根据情况而变化。）㊀ 对仗，对偶。《颜氏家训·文章》："今世音律谐靡，章句～对。"叶适《徐道晖墓志铭》："或仅得一～句，便已名世矣。"❸ 配偶。《北史·刘延明传》："妙选良～。"㊀ 婚配。班固《白虎通·嫁娶》："阴阳之数备，有相～之志。"❹ 相对，面对。《荀子·修身》："～视而先俯，非恐惧也。"《新唐书·狄仁杰传》："黄卷中方与圣贤对，何暇～俗吏语耶。"［偶语］相对私语。《史记·秦始皇本纪》："有敢～～《诗》、《书》者弃市。"（弃市：斩首于市。）㊀ 谐合。颜延之《五君咏·嵇中散》："中散不～世，本自餐霞人。"（中散：指嵇康。）❺ 同伴，同辈。《史记·黥布列传》："迺率其曹～，亡之江中为群盗。"㊀ 等同，匹敌。《穀梁传·僖公四年》："有二事～，则以后事致。后事小，则以先事致。"❻ 碰巧，偶然。嵇康《与山巨源绝交书》："～与足下相知。"（足下：指你。）

耦 ǒu ❶ 二人并肩耕作。《论语·微子》："长沮、桀溺～而耕。"（长沮、桀溺：人名。）❷ 双，成双。与"奇"相对。《左传·襄公二十九年》："射者三～。"《三国志·吴书·吴主传》："车中八牛以为四～。"❸ 配偶。《左传·桓公六年》："人各有～。"❹ 对手，匹敌。《左传·襄公二十五年》：

"弈者举棋不定，不胜其～。"《韩非子·内储说上》："尊魏姬以～世姬。"上述❷❸❹的意义后来写作"偶"。

沤（漚） òu ❶浸泡。《诗经·陈风·东门之池》："东门之池，可以～麻。"双音词有"沤肥"。❷ ōu 浮沤，水中气泡。范成大《会同馆》诗："万里孤臣致命秋，此身何止一～浮。"双音词有"沤泡"。❸ ōu 通"鸥"。海鸥。《列子·黄帝》："海上之人有好～鸟者，每旦之海上，从～鸟游。"

O

P

PA

葩 pā ❶花。《文选·张衡〈思玄赋〉》："天地烟煴，百卉含～。"双音词有"奇葩"。❷华美。韩愈《进学解》："《易》奇而法，《诗》正而～。"❸［纷葩］繁多的样子。马融《长笛赋》："～～烂漫，诚可喜也。"

爬 pá ❶搔。北魏吉迦夜共昙曜译《杂宝藏经》卷八："欲如疥疮，而向于火，～之转剧。"白居易《春日闲居三首》之一："饱竟快搔～，筋骸无检束。"❷（手足并用）攀登（后起意义）。《西游记》二十三回："这一向～山过岭，身挑著重担，老大难挨也。"㊂人或动物伏地慢行。吴宽《是日往观果刻本乃复次韵》："浓书镇把纯绵裹，深刻蟹上潮泥～。"

怕 pà ❶bó 恬淡。《文选·司马相如〈子虚赋〉》："～乎无为，憺乎自持。"支遁《咏怀诗五首》之四："憺～为无德，孤哉自有邻。"❷害怕，畏惧（后起意义）。杜甫《官定后戏赠》诗："老夫～趋走，率府且逍遥。"㊀担心，忧虑（后起意义）。施肩吾《古别离二首》之二："不愁寒无衣，不～饥无粮。"

PAI

拍 pāi ❶用手掌轻击。《韩非子·功名》："一手独～，虽疾无声。"㊂击打。苏轼《念奴娇·赤壁怀古》："乱石穿空，惊涛～岸。"❷乐曲的段落。蔡琰《胡笳十八拍》："笳一会兮琴一～，心愤怨兮无人知。"㊂乐曲的节奏。白居易《霓裳羽衣歌》："散序六奏未动衣，阳台宿云慵不飞。中序擘騞初入～，秋竹竿裂春冰拆。"注："散序六遍无～，故不舞也。中序始有～，亦名拍序。"❸古代一种战具。用以投掷石块等。《陈书·侯瑱传》："发～，中于贼舰。"

俳 pái ❶杂戏，滑稽戏。《史记·李斯列传》："是时二世在甘泉，方作觳抵优～之观。"（觳抵：摔跤。）㊂演滑稽戏的人。《汉书·枚皋传》："诙笑类～倡。"（类：像，好像。倡：演员。）㊀滑稽，幽默。《北史·李文博传》："好为～谐杂说，人多爱狎（xiá）之。"（为：做。狎之：亲近他。）❷［俳佪］同"徘徊"。见下"徘"字。

排 pái ❶推。《礼记·少仪》："～阖说屦于户内者，一人而已矣。"（阖：门。说：通"脱"。）成语有"排山倒海"。㊀击打，攻击。扬雄《幽州箴》："强秦北～。"❷排挤，排斥。《后汉书·贾逵传》："诸儒内怀不服，相与～之。"❸排除，消除。《战国策·赵策三》："为人～患、释难、解纷乱而无所取也。"（无所取：不要报酬。）❹分解开。《汉书·贾谊传》："屠牛坦一朝解十二牛，而芒刃不顿者，所～击剥割，皆众理解也。"㊀疏通。《孟子·滕文公上》："决汝汉，～淮泗，而注之江。"❺安排，准备。元稹《梁州梦》诗："亭吏呼人～去马，忽惊身在古梁州。"❻排列。白居易《春题湖上》诗："松～山面千重翠，月点波心一颗珠。"❼bài 鼓风吹火的工具。《三国志·魏书·韩暨传》："旧时冶，作马～。"

徘 pái ［徘徊］又写作"俳佪"。1. 往返回旋，来回地走。《荀子·礼论》："过故乡，则必～～焉。"《汉书·高后纪》："殿门弗内，～～往来。"（弗内：不纳，指不让进去。）2. 犹豫不定。向秀《思旧赋》："心～～以踌躇。"3. 留恋，流连。曹植《上责躬诗表》："是以愚臣～～于恩泽，而不敢自弃者也。"

箄 pái ❶用竹木编扎成的筏子。《后汉书·岑彭传》："乘枋～下江关。"❷bēi 一种竹制的捕鱼器具。陆龟蒙《渔具诗序》："矢鱼之具……编而沉之，曰～。"

派 pài ❶江河的支流。左思《吴都赋》："百川～别，归海而会。"（别：分开。）㊁江河的水流。孟迟《发蕙风馆遇阴不见九华山有作》诗："山青水碧千万丈，奇峰急～何纵横。"❷流派，支系。李商隐《赠送前刘五经映》诗："别～驱杨墨，他镳并老庄。"（杨墨：指杨朱和墨翟。老庄：指老子和庄子。）❸量词。片，阵（后起意义）。乔吉《扬州梦》四："喜的是楚腰纤细掌中擎，爱的是一～笙歌醉后听。"

湃 pài ❶［湃湃］波浪声。苏轼《又次前韵赠贾耘老》："仙坛古洞不可到，空听余澜鸣～～。"❷［彭（péng）湃］见305页"彭"字。❸［滂（pāng）湃］水势浩大。郦道元《水经注·渭水》："山雨～～，洪津泛洒。"

PAN

拚 pān ❶ biàn 同“抃(biàn)”。拍手。《旧唐书·孔巢父传》：“士众欣悚喜～曰……”❷ fèn 扫除。《礼记·少仪》：“扫席前曰～。”又写作“拚(fèn)”。❸ fān 通“翻”。飞。《诗经·周颂·小毖》：“肇允彼桃虫，～飞维鸟。”(肇：始。允：相信。桃虫：鹪鹩。)❹ 舍弃，豁出去。王沂孙《水龙吟·晓寒慵揭珠帘》：“把酒花前，剩～醉了，醒来还醉。”[拚命]豁出性命。章定《名贤氏族言行类稿》二六：“能自～～者能杀人也。”又写作“拼”，读 pīn。

潘 pān ❶ 淘米水。《左传·哀公十四年》：“遗之～沐，备酒肉焉。”(潘沐：古时用淘米水洗头，故淘米水称“潘沐”。)❷ 水溢出。《管子·五辅》：“决～渚。”❸ pán 水旋流。《列子·黄帝》：“流水之～为渊。”

攀 pān ❶ 牢牢抓住。《汉书·朱云传》：“御史将云下，云～殿槛，槛折。”❷ 用手扶持着往上爬，攀登。《庄子·马蹄》：“鸟鹊之巢可～援而窥。”韩愈《华山女》诗：“仙梯难～俗缘重，浪凭青鸟通丁宁。”㊃ 攀附、依附(有钱有权势的人)。《宋史·张逊传》：“逊小心谨慎，徒以～附至贵显。”㊂ 追攀。杜甫《戏为六绝句》之五：“窃～屈宋宜方驾，恐与齐梁作后尘。”❸ 拉，牵，挽。李商隐《行次西郊作》诗：“大妇抱儿哭，小妇～车轓(fān)。”(轓：车两旁挡灰尘的帐幕。)

柈 pán 同“盘”。盘子。《论衡·无形》：“冶者用铜为～杅。”

盘(盤) pán 《说文》作“槃”。❶ 盘子。可用来盛饭食，也可用来盛水。《左传·僖公二十三年》：“乃馈～飧，置璧焉。”《礼记·大学》：“汤之～铭曰：‘苟日新，日日新，又日新。’”双音词有“盘馔”。❷ 回绕，弯曲。《隋书·百济传》：“女辫发垂后，已出嫁则分为两道，～于头上。”沈括《梦溪笔谈》卷三：“用柔铁屈～之。”(柔铁：熟铁。)成语有“盘根错节”。这个意义又写作“蟠”。㊀ 盘旋。徐弘祖《徐霞客游记·滇游日记九》：“～空而升。”❸ 徘徊，逗留。罗烨《醉翁谈录·张时与福娘再会》：“少年随学至建康，～旋数日。”[盘桓]徘徊，逗留。曹植《洛神赋》：“怅～～而不能去。”(怅：惆怅，伤感。去：离去。)❹ 娱乐。《尚书·无逸》：“文王不敢～于游田。”(田：打猎。)❺ 通“磐”。巨大的石头。《荀子·富国》：“国安于～石。”

媻 pán ❶ [媻姗(shān)]同“蹒跚”。走路缓慢、摇摆的样子。司马相如《子虚赋》：“～～勃窣上金堤。”❷ pó [媻娑(suō)]同“婆娑”。见 314 页“婆”字。

槃 pán ❶ 装水(供人洗用)的木盘。这个意义又写作“盘(盤)”、“鎜”。《仪礼·士虞礼》：“匜水错于～中。”《吕氏春秋·慎势》：“功名著乎～盂，铭篆著乎壶鉴。”❷ 回旋，弯曲。《淮南子·齐俗》：“古者非不知繁升降～还之礼也。”《后汉书·虞诩传》：“不遇～根错节，何以别利器乎？”❸ 通“般(pán)”。游乐。《后汉书·杨震传》：“况以先王法服而私出～游。”

磐 pán ❶ 巨大的石头。《韩非子·显学》：“～石千里，不可谓富。”❷ 通“盘”。徘徊，逗留。《后汉书·宋意传》：“久～京邑。”

蹒 pán 同“蹒”。❶ [蹒跚]同“蹒跚”。走路缓慢、摇摆的样子。陆游《园中小饮》诗：“鬓毛虽萧飒，脚力未～～。”❷ [蹒躄(pì)]退缩徘徊的样子。《南齐书·王融传》：“婆娑～～，困而不能前已。”

鞶 pán ❶ 束衣的大腰带。《左传·桓公二年》：“～厉游缨，昭其数也。”❷ 束于腰带上的小口袋。《礼记·内则》：“男～革，女～丝。”

蹒(蹣) pán [蹒跚]走路缓慢、摇摆的样子。皮日休《上真观》诗：“天钧鸣响亮，天禄行～～。”(天禄：兽名。)陆游《戏作野兴》诗之四：“客散茅檐寂，～～自闭门。”

蟠 pán ❶ 盘曲，盘绕。左思《蜀都赋》：“潜龙～于沮(jù)泽。”(沮泽：水草聚集的地方。)郦道元《水经注·漾水》：“羊肠～道，三十六回。”㊀ 弯曲。李白《咏山樽二首》其一：“～木不雕饰。”❷ 遍及，充满。苏轼《策断二十三》：“夫天子之势，～于天下而结于民心者甚厚。”

判 pàn ❶ 分，分开，分离。《墨子·备穴》：“令陶者为月明，长二尺五寸，六围，中～之，合而施之穴中。”柳宗元《封建论》：“遂～为十二，合为七国。”(遂：于是。十二：指春秋时代十二个诸侯国。)㊀ 整体的一半，半个。《公羊传·定公八年》：“璋～白。”❷ 区别，分辨。《庄子·天下》：“～天地之美，析万物之理。”(析：分析。理：道理。)成语有“判若两人”。❸ 评判，判断(后起意义)。唐庚《有所叹》诗之二：“是非已付渔樵～。”(付：交给。渔樵：渔夫和打柴的人。)㊕ 判决，裁决。柳宗元《段太尉逸事状》："太尉～状辞甚巽(xùn)。"(状：状纸，状子。辞甚巽：言辞很恭顺。)[又]判决书。柳宗元《段太尉逸事状》："取～铺背上，以大杖击二十。"❹ 高位兼低职或出任地方官(后起意义)。《宋史·韩琦传》："除镇安武胜军节度使、司徒兼侍中，～相州。"(除：拜官授职。侍中：官名。相州：地名。)❺ pān 通"拚"。豁出去。《吴越春秋·勾践伐吴外传》："一士～死兮而当百夫。"

泮 pàn ❶ 冰化开。《诗经·邶风·匏有苦叶》："迨冰未～。"(迨：及。)[引]分开，分解。《老子·六十四章》："其脆易～，其微易散。"《史记·郦生陆贾列传》："自天地剖～未始有也。"❷ 通"畔"。岸边，水边。《诗经·卫风·氓》："淇则有岸，隰则有～。"(淇：河名。)❸ 古代诸侯举行宴会或射礼的宫殿。《诗经·鲁颂·泮水》："鲁侯戾止，在～饮酒。"(戾：至，到。)[特]学校。蒲松龄《聊斋志异·婴宁》："王子服，莒之罗店人，早孤，绝慧，十四入～。"(莒：地名。)双音词有"泮宫"。

胖 pàn ❶ 古代祭祀用的半体牲。《仪礼·少牢馈食礼》："司马升羊右～。"(右胖：右半边。)❷ bǎn 胁侧的薄肉。《礼记·内则》："鹄鸮～。"❸ pán 舒展，安舒。《礼记·大学》："富润屋，德润身。心广体～。"【注意】"胖"在唐宋以前没有"肥胖"的意义，也不读 pàng。

牉 pàn ❶(把整物从中间)分为两半。屈原《九章·惜诵》："背膺～以交痛兮，心郁结而纡轸。"[引]离开，分离。屈原《九章·抽思》："好姱佳丽兮，～独处此异域。"❷[牉合]两性相合。《仪礼·丧服》："故父子首足也，夫妻～～也。"

畔 pàn ❶ 田界。《左传·襄公二十五年》："行无越思，如农之有～。"(越：超越，越过。)[又]疆界。《后汉书·文苑传上》："昔在强秦，爰初开～。"双音词有"畔际"。❷ 岸边，水边。《楚辞·九叹·愍命》："丛林之下无怨士兮，江河之～无隐夫。"[引]旁边。《后汉书·周燮传》："有先人草庐结于冈～。"刘禹锡《酬乐天扬州初逢席上见赠》诗："沉舟侧～千帆过，病树前头万木春。"❸ 通"叛"。背叛，叛乱。《孟子·公孙丑下》："寡助之至，亲戚～之。"[又]违背，背离。《论语·雍也》："君子博学于文，约之以礼，亦可以弗～矣夫。"

頖 pàn [頖宫]同"泮宫"。古代诸侯设立的学宫。《礼记·王制》："大学在郊，天子曰辟雍，诸侯曰～～。"

盼 pàn ❶ 眼珠黑白分明。形容眼睛美丽。《诗经·卫风·硕人》："巧笑倩兮，美目～兮。"❷ 看。陈琳《为曹洪与魏文帝书》："顾～千里。"[引]看重，重视。《宋书·谢晦传》："臣……与羡之、亮等同被齿～。"(羡之、亮：均为人名。齿：收录，录用。)

襻 pàn 系衣裙的带子。韩愈《崔十六少府摄伊阳以诗及书见投因酬三十韵》："男寒涩诗书，妻瘦剩腰～。"[又]拴系衣物或器物开口处的扣襻。王筠《行路难》诗："～带虽安不忍缝，开孔裁穿犹未达。"

PANG

雱 pāng 雪很大的样子。《诗经·邶风·北风》："北风其凉，雨雪其～。"

滂 pāng ❶ 大水涌流的样子。《汉书·宣帝纪》："醴泉～流，枯槁荣茂。"[比]涌流。韦庄《和郑拾遗秋日感事一百韵》："话别心重结，伤时泪一～。"[引]广大。《后汉书·崔骃传》："圣德～以横被兮，黎庶恺以鼓舞。"❷[滂沱]1. 雨大的样子。《诗经·小雅·渐渐之石》："月离于毕，俾～～矣。"(月亮行经毕宿处就要下大雨。)2. 流泪多的样子。《诗经·陈风·泽陂》："寤寐无为，涕泗～～。"❸[滂沛]1. 雨大的样子。《史记·司马相如列传》："贯列缺之倒景兮，涉丰隆之～～。"2. 水波大的样子。《楚辞·九叹·逢纷》："波逢汹涌，濆～～兮。"

霶 pāng [霶霈(pèi)]雨很大的样子。扬雄《甘泉赋》："云飞扬兮雨～～。"[喻]盛大，繁多。独孤及《酬皇甫侍御望天灊山见示之作》诗："天旋物顺动，德布泽～～。"

庞(龐、厖) páng ❶ 高大，庞大。《国语·周语上》："敦～纯固，于是乎成。"王夫之《小云山记》："大云～然大也。"(大云：山名。)成语有"庞然大物"。❷ 多而杂乱。富大用《古今事文类聚外集》卷十五："汴州水陆所凑，邑居～杂。"(凑：聚合。邑：城市。)❸ lóng [庞庞]强壮的样子。《诗经·小雅·车攻》："四牡～～，驾言徂东。"

逄 páng ❶ 姓。《后汉书·刘盆子传》："崇同郡人～安，东海人徐宣……各起兵，合数万人。"❷[逄逄]鼓声。韩愈《病中赠张十八》诗："不蹋晓鼓朝，安眠听～～。"

旁 páng ❶ 广泛，普遍。《尚书·说命下》："～招俊乂。"(俊乂：特出的人才。)成语有"旁征博引"。❷ 侧面，旁边。《荀子·大略》："欲近四～，莫如中央。"《史记·

孙子吴起列传》："马陵道狭，而～多阻隘(ài)，可伏兵。"(马陵：地名。隘：险要地方。)成语有"旁若无人"。[引]别的，其他的。《魏书·长孙稚传》："稚雅相爱敬，～无姻妾。" ❸ 不正。《荀子·议兵》："～辟曲私之属。"成语有"旁门左道"。❹ 边际。秦观《与子瞻会松江》诗："松江浩无～，垂虹跨其上。" ❺ bàng 依傍。《庄子·齐物论》："～日月，挟宇宙。"《汉书·赵充国传》："匈奴大发十余万骑，南～塞，至符奚庐山。"

徬 páng ❶ [徬徨(huáng)]徘徊。《太平广记》卷四百："出于堂，～～而行。" ❷ bàng 通"傍"。依附。《周礼·地官·牛人》："凡会同军旅行役，共其兵车之牛，与其牵～，以载公任器。"

磅 páng [磅礴]又写作"旁礴"、"旁魄"。1. 广大无边际的样子。陆机《挽歌》诗三首之三："～～立四极，穹隆放苍天。"《宋史·乐志八》："～～罔测。"(罔：无，没有。)2. 充满的样子。文天祥《正气歌》："是气所～～，凛烈万古存。"(是气：这股正气。凛烈：庄严正直。)

篣 páng ❶ 竹名。戴凯之《竹谱》："百叶参差，生自南垂，伤人则死，医莫能治，亦曰～竹。" ❷ péng 竹笼。扬雄《方言》卷十三："笼，南楚、江、沔之间谓之～。" ❸ péng (用竹板、杖、鞭子)击打。《后汉书·陈宠传》："断狱者急于～格酷烈之痛，执宪者烦于诋欺放滥之文。"

PAO

脬 pāo 膀胱。《史记·扁鹊仓公列传》："风瘅客～，难于大小溲，溺赤。"

咆 páo ❶ (猛兽)怒吼、咆哮。《楚辞·招隐士》："虎豹斗兮熊罴～。" ❷ [咆烋(xiāo)]骄矜气盛。左思《魏都赋》："剋翦方命，吞灭～～。"

狍 páo [狍鸮(xiāo)]神话中的一种兽。《山海经·北山经》："有兽焉，其状如羊身人面……名曰～～。"【注意】古代"狍"没有"狍子"义。

庖 páo ❶ 厨房。《诗经·小雅·车攻》："大～不盈。"(盈：满。) ❷ 厨师。《庄子·养生主》："良～岁更刀。"成语有"庖丁解牛"。❸ 烹调。戴表元《许长卿诗序》："而善～者调之，能使之无味。"

炮 páo ❶ 烧烤。《诗经·小雅·瓠叶》："有兔斯首，～之燔之。"[引]焚烧。《左传·昭公二十七年》："令尹～之，尽灭郤氏之族党。"[特]焙烤中药。陆游《离家示妻子》诗："儿为检药笼，桂姜手～煎。"【注意】"炮"表示"大炮"的意义是很晚才有的。❷ 通"庖"。厨师。《韩非子·内储说下》："平公趣杀～人。"

炰 páo ❶ 同"炮"。烧烤。《诗经·小雅·六月》："饮御诸友，～鳖脍鲤。"《汉书·杨恽传》："岁时伏腊，烹羊～羔。" ❷ [炰烋(xiāo)]咆哮。《诗经·大雅·荡》："女～～于中国，敛怨以为德。"

袍 páo ❶ 有夹层而内着棉絮的长袍。《论语·子罕》："衣敝缊(yùn)～，与衣狐貉者立而不耻者，其由也与？"(缊：旧絮。)白居易《自咏老身示诸家属》："粥美尝新米，～温换故绵。"[泛]长袍。《史记·范雎蔡泽列传》："乃取其一绨(tí)～以赐之。"(绨：粗绸。)成语有"袍笏登场"。❷ bào 衣服的前襟。《公羊传·哀公十四年》："反袂拭面，涕沾～。"

匏 páo ❶ 匏瓜。即"瓢葫芦"。《诗经·邶风·匏有苦叶》："～有苦叶。" ❷ 用匏制成的容器、酒器。《盐铁论·散不足》："庶人器用，即竹柳陶～而已。"双音词有"匏斗"、"匏尊"。❸ 八音(金、石、土、木、丝、竹、匏、革)之一。管乐器。《国语·周语下》："～以宣之，瓦以赞之。"见491页"音"字。

跑 páo ❶ 兽用脚刨地。葛洪《西京杂记》卷四："马鸣蹋不肯前，以足～地久之。"韦应物《调笑令·胡马》："胡马，胡马，远放燕支山下。～沙～雪独嘶，东望西望路迷。"[泛]刨地。王子一《误入桃源》第三折："往时节将嫩苗～土栽。" ❷ pǎo 奔跑(后起意义)。《陈州粜米》杂剧："拣着好东西揣着就～。"

麃 páo ❶ 兽名。即"麞"。《史记·孝武本纪》："获一角兽，若～然。" ❷ 兽名。即"麅"。《辽史·国语解》："辽俗好射～鹿，每出猎，必祭其神以祈多获。" ❸ biāo [麃麃] 1. 勇武的样子。《诗经·郑风·清人》："清人在消，驷介～～。" 2. 盛大的样子。《汉书·楚元王传》："诗又云'雨雪～～，见晛聿消。'" ❹ biāo 通"穮"。耘田，除草。《诗经·周颂·载芟》："厌厌其苗，绵绵其～。"

疱(皰、靤、䶌) pào 皮肤上的水泡、小疙瘩。《淮南子·说林》："溃小～而发痤疽。"慧琳《一切经音义》卷七引《桂苑珠丛》："人面上热气所生疮名～。"

PEI

醅 pēi （酿制之后）未过滤的酒。杜甫《客至》诗："盘餐市远无兼味，樽酒家贫只旧～。"

阫 péi 房屋的后墙。《庄子·庚桑楚》："正昼为盗，日中穴～。"

陪 péi ❶ 重叠的，隔了一层的。《后汉书·袁绍传》："拔于～隶之中。"（陪隶：指最低等的奴隶。）［陪臣］1. 诸侯的大夫，对天子自称为"陪臣"。《礼记·曲礼下》："列国之大夫入天子之国曰'某士'，自称曰'～～某'。" 2. 诸侯的使臣相对于其他诸侯也是"陪臣"。司马光《涑水记闻》卷九："宗道曰……若夏主自来，当相为宾主，尔～～也，安得为主人。" ❷ 增益。《左传·僖公三十年》："焉用亡郑以～邻。" ❸ 伴随，陪同。司马迁《报任安书》："仆亦常厕下大夫之列，～奉外廷末议。"李白《秋夜独坐怀故山》诗："出～玉辇行。"（玉辇：皇帝乘坐的车。） ❹ 辅助，辅佐。杨恽《报孙会宗书》："～辅朝廷之遗忘。"《史记·孝文本纪》："淮南王，弟也，秉德以～朕。" ❺ 比拟，相比。李山甫《山中依韵答刘书记见赠》诗："谢公寄我诗，清奇不可～。" ❻ 通"赔"。赔偿。处默《织妇》诗："成缣犹自～钱纳，未直青楼一曲歌。"（直：值。）

培 péi ❶ 培土。《礼记·丧服四制》："坟墓不～。"《礼记·中庸》："故栽者～之。"[引]培养或扶植人才。《金史·韩企先传》："专以～植奖励后进为己责任。" ❷ 房屋的后墙。《淮南子·齐俗》："凿～而遁之。"（凿：打开。遁：逃。）这个意义又写作"坏（péi）"、"阫（péi）"。 ❸ pǒu ［培塿］小土丘。柳宗元《始得西山宴游记》："然后知是山之特立，不与～～为类。"（特立：直立。类：同类。）

沛 pèi ❶ 盛大、广阔的样子。《庄子·天地》："则韬乎其事心之大也，～乎其为万物逝也。"李白《送王屋山人》诗："～然乘天游。" ❷ 充足、充沛的样子。《公羊传·文公十四年》："力～若有余。" ❸ 行动迅速的样子。屈原《九歌·湘君》："～吾乘兮桂舟。" ❹ 水草丛生的沼泽地。《管子·揆度》："焚～泽，逐禽兽。"（焚：烧。逐：赶。）

旆（斾） pèi ❶ 古代旗的下边缘下垂的装饰品。《诗经·小雅·六月》："白～央央。"（白：帛。央央：鲜明的样子。）[喻]旌旗。《诗经·商颂·长发》："武王载～，有虔秉钺。"李白《九日登巴陵置酒》诗："旌～何缤纷。" ❷ ［旆旆］1. 旗帜飘扬的样子。《诗经·小雅·出车》："彼旟旐斯，胡不～～？" 2. 生长茂盛的样子。《诗经·大雅·生民》："荏菽～～。"

霈 pèi ❶ 雨雪下得很大的样子。《初学记》卷二引《孟子》："油然作云，～然下雨。"孙逖《为宰相贺雪表》："既溥既～，足表西成之征。"[引]浓重，充满。陆机《行思赋》："商秋肃其发节，玄云～而垂阴。" ❷ 雨水。沈瑱《贺雨赋》："喜甘～之流滋。"[喻]恩泽。苏轼《正辅既见和复次前韵慰鼓盆劝学佛》："我亦沾～渥，渐解钟仪囚。"[又]赐予恩泽。苏舜钦《杜公求退第二表》："垂闵蝼蚁之诚，下～云霓之泽。"

佩¹ pèi ❶ 系在衣带上的装饰品。屈原《离骚》："纫秋兰以为～。"（纫：连缀。）[引]佩带，佩挂。《韩非子·观行》："西门豹之性急，故～韦以自缓。"（韦：柔软的熟皮子。缓：和缓。）《晋书·张华传》："当得宝剑～之。"[引]担负，承受。《新唐书·李晟传赞》："身～安危而气不少衰者。" ❷ （将恩泽和钦敬）牢记心中。曹植《谢妻改封表》："衔～弘惠，没而后已。" ❸ 敬佩，佩服（后起意义）。杜甫《湘江宴饯裴二端公赴道州》诗："鄙人奉末眷，～服自早年。"（从早年就佩服。）双音词有"钦佩"。

佩²（珮） pèi 系在衣带上做装饰用的玉。《墨子·辞过》："铸金以为钩，珠玉以为～。"李白《感兴八首》之二："解～欲西去。"[引]佩戴。屈原《九章·涉江》："被明月兮～宝璐。"

配 pèi ❶ 配合，匹配。《孟子·公孙丑上》："其为气也，～义与道。"《庄子·天道》："故曰帝王之德～天地。"[又]匹敌，媲美。《尚书·君牙》："对扬文武之光命，追～于前人。" ❷ 婚配，结为夫妻。《左传·隐公八年》："陈鍼子送女，先～而后祖。"李白《感兴八首》之六："安得～君子，共乘双飞鸾（luán）。"（鸾：传说中的一种鸟。）[又]配偶。多指妻子。《诗经·大雅·皇矣》："天立厥～，受命既固。"《穀梁传·庄公二十二年》："以其为公～，可以言小君也。" ❸ 陪伴。杜甫《四松》诗："我生无根蒂，～尔亦茫茫。"[又]陪衬，辅助。王延寿《鲁灵光殿赋》："乃立灵光之秘殿，～紫微而为辅。"双音词有"配殿"。 ❹ 在祭祀时附带被祭。《公羊传·宣公三年》："王者必以其祖～。" ❺ 分配，配给（后起意义）。《晋书·殷仲堪传》："割此三郡，～隶益州。"（隶：隶属。）[引]调配。陶宗仪《辍耕录·黄道婆》:"错纱～色,综线挈花,各有其法。"(错纱:使纱线交错。挈花:指提花。)❻ 发配,流放(后起意义)。杜甫《敬寄族弟唐十八使君》诗:"除名～清江。"(清江:地名。)

辔(轡) pèi 骑乘、驾驭牲口用的缰绳。《诗经·秦风·小戎》:"四牡孔阜,六～在手。"(牡:公马。孔阜:很高大。)[辔头]马嚼子和缰绳。《木兰诗》:"南市买～～。"

PEN

歕 pēn ❶ 吹气。《说文·欠部》:"歕,吹气也。"❷ 同"喷"。喷射。《穆天子传》卷五:"黄之池,其马～沙……黄之泽,其马～玉。"

盆 pén ❶ 盛物的器皿。《淮南子·兵略》:"今使陶人化而为埴(zhí),则不能成～盎。"(埴:黏土。)❷ 量器。也指容量单位。十二斗八升为一盆。《荀子·富国》:"今是土之生五谷也,人善治之,则亩数～。"(亩数盆:指一亩能产数盆之谷。)❸ 浸在盆水中。《礼记·祭义》:"及良日,夫人缫,三～手。"

湓 pén ❶ 水上涌。《汉书·沟洫志》:"是岁,勃海、清河、信都河水～溢,灌县邑三十一。"❷ 水名。在今江西。白居易《琵琶行》:"住近～江地低湿,黄芦苦竹绕宅生。"

PENG

抨 pēng ❶ 弹射,射箭。白居易《河阳石尚书破回鹘》诗:"剑拔青鳞蛇尾活,弦～赤羽火星流。"❷ 弹劾。《新唐书·温造传》:"夏州节度使李祐拜大金吾,违诏进马,造正衙～劾。"双音词有"抨击"。❸ 拂掠,拍击。《梁书·沈约传》:"翅～流而起沫,翼鼓浪而成珠。"❹ bēng 遣,使。《汉书·扬雄传上》:"～雄鸩以作媒兮,何百离而曾不壹耦。"

怦 pēng [怦怦]1. 心急的样子。宋玉《九辩》:"私自怜兮何极,心～～兮谅直。"2. 心跳的样子。柳宗元《河间传》:"心～～恒若危柱之弦。"

亨 pēng 见155页。

烹 pēng ❶ 烧煮。《左传·昭公二十年》:"以～鱼肉。"成语有"狡兔死,走狗烹"。❷ 古代一种酷刑。用鼎煮杀人。《战国策·齐策一》:"臣请三言而已矣,益一言,臣请～。"(三言:三个字。益:多。)㊀ 杀,消灭。《史记·秦始皇本纪》:"～灭强暴,振救黔首。"

芃 péng ❶ 草或禾苗茂盛的样子。叶清臣《悯农》诗:"膏泽叹苦晚,～苗惜遽衰。"[芃芃]草或禾苗茂盛的样子。《诗经·鄘风·载驰》:"我行其野,～～其麦。"❷ 兽毛蓬松的样子。《诗经·小雅·何草不黄》:"有～者狐,率彼幽草。"

朋 péng ❶ 货币单位。上古以贝壳为货币,五贝为一串,两串为一朋。《诗经·小雅·菁菁者莪》:"锡我百～。"(锡:赐给。)❷ 朋友。《论语·学而》:"有～自远方来,不亦乐乎?"李白《陈情赠友人》诗:"斯人无良～。"(斯人:这个人。)㊀ 伙伴,伴侣。方岳《送史子贯归觐且迎妇也》诗:"久住西湖梦亦佳,鹭～鸥侣自烟沙。"❸ 结党,互相勾结。屈原《离骚》:"世并举而好～兮。"(并举:指随声附和。)双音词有"朋比"、"朋党"。❹ 比,伦比。《诗经·唐风·椒聊》:"硕大无～。"❺ 同,齐。《山海经·北山经》:"有鸟焉,群居而～飞。"《后汉书·李固杜乔传赞》:"～心合力。"

弸 péng ❶ 强劲的弓。❷ 弓弦。扬雄《太玄·止》:"绝～破车。"❸ 充满。《扬子法言·君子》:"或问:'君子言则成文,动则成德,何以也?'曰:'以其～中而彪外也。'"

鹏(鵬) péng 古代传说中的一种大鸟。《庄子·逍遥游》:"鲲之大,不知其几千里也。化而为鸟,其名为～。"

彭 péng ❶ 古国名。在今四川彭山。❷ 春秋时地名。在今河南。❸ bāng [彭彭]1. 盛多的样子。《诗经·齐风·载驱》:"行人～～。"2. 行进的样子。《诗经·大雅·烝民》:"四牡～～。"(牡:公马。)❹ [彭湃(pài)]同"澎湃"。波涛冲击的样子。《汉书·司马相如传》:"沸乎暴怒,汹涌～～。"

澎 péng [澎湃(pài)]波涛冲击。嵇康《琴赋》:"汹涌腾薄,奋沫扬涛。澌汩～～,蜿蟺相纠。"韩愈《送惠师》诗:"微风吹木石,～～闻韶钧。"

搒 péng ❶ 笞击,拷打。《后汉书·朱穆传》:"各言官无见财,皆当出民,～掠割剥,强令充足。"袁宏《后汉纪·明帝纪下》:"闻卿为吏～妇公,不过从兄饭。"❷ bàng 通"榜"。撑船。《宋书·朱百年传》:"辄自～船送妻还孔氏。"

P

蓬 péng ❶ 蓬草。也叫飞蓬。《荀子·劝学》："～生麻中，不扶而直。"（麻：大麻，茎最直。）[蓬户]用蓬草编成的门户。指简陋的房屋。《史记·游侠列传》："终身空室～～。" ❷ 蓬松，散乱。《山海经·海内经》："（幽都之山）其上有玄鸟、玄蛇……玄狐～尾。"《晋书·王徽之传》："～首散带。"（首：头。）❸ [蓬勃] 1. 旺盛、盛大的样子。贾谊《旱云赋》："遥望白云之～～兮，滃澹澹而妄止。" 2. 兴起、盛起的样子。张鷟《朝野佥载》卷三："开门则香气～～。"

PI

丕 pī ❶ 大，宏大。《尚书·大禹谟》："嘉乃～绩。"（嘉：赞赏。乃：你的。绩：功绩。）❷ 尊奉。《汉书·郊祀志下》："～天之大律。" ❸ 连词。乃，于是。《尚书·盘庚中》："先后～降与汝罪疾。"（汝：你。）❹ 语气词。《尚书·康诰》："女～远惟商耇（gǒu）成人。"（女：汝，你。惟：想。耇：老。）

邳 pī 古地名。分为上邳、下邳。上邳在今山东滕州南，下邳在今江苏邳县西南。《左传·定公元年》："奚仲迁于～。"

伾 pī ❶ 山名。《尚书·禹贡》："东过洛汭，至于大～。" ❷ [伾伾]有力的样子。《诗经·鲁颂·駉》："薄言駉者，……以车～～。"

坯 pī ❶ 一重（chóng）山。❷ 烧制砖瓦陶器之前的毛坯。《淮南子·精神》："夫造化者既以我为～矣，将无所违之矣。"《朱子语类》卷六十四："上面一截便是一个～子。"

狉 pī [狉狉]群兽奔跑的样子。柳宗元《封建论》："草木榛榛，鹿豕～～。"

駓（駓、騂） pī ❶ 毛色黄白相杂的马。《诗经·鲁颂·駉》："有骓有～。" ❷ [駓駓]奔跑的样子。宋玉《招魂》："逐人～～些。"

秠 pī 黑黍的一种。一壳二米。《诗经·大雅·生民》："诞降嘉种，维秬维～。"

髬 pī [髬髵（ér）][髬耏（ér）] 1. 猛兽发怒时鬃毛竖起的样子。张衡《西京赋》："及其猛毅～髵，隅目高眶。" 2. 指猛兽。刘基《郁离子·灵丘丈人》："～耏问于赤羽雕曰：'盗日杀而日多，何也？'" 3. 头发竖起。李观《吊韩弇没胡中文》："羌戎～髵，坐刃我师。"

坏[2] pī ❶ 土丘，一重（chóng）山。范成大《长安闸》诗："千车拥孤隧，万马盘一～。" ❷ péi 用泥涂塞。《礼记·月令》："修宫室，～墙垣，补城郭。" ❸ péi 屋子的后墙。扬雄《解嘲》："故士或自盛以橐，或凿～以遁。" ❹ 通"坯"。烧制砖瓦陶器之前的毛坯。《扬子法言·先知》："刚则甈，柔则～。"㊁制坯。《后汉书·崔骃传》："参差同量，～冶一陶。"（冶：冶炼。）参见162页"坏[1]（壞）"字。

披 pī ❶ 分开，裂开。《史记·项羽本纪》："哙遂入，～帷西向立。"（哙：樊哙。帷：帐幕。）《战国策·秦策三》："木实繁者～其枝。"（木实：树的果实。）㊀披露，表露。邹阳《狱中上梁王书》："～心腹，见（xiàn）情素。"（见情素：表现出真情实意。）成语有"披肝沥胆"。❷ 打开。王勃《滕王阁序》："～绣闼，俯雕甍。"㊁开辟。班固《西都赋》："～三条之广路，立十二之通门。"㊁翻开，翻阅。韩愈《进学解》："手不停～于百家之编。" ❸ 披，穿。韦应物《寄冯著》诗："～衣出茅屋。" ❹ 倒下，退下。《后汉书·种劭传》："军士皆～。"[披靡]草木随风倒伏。常用来比喻军队溃败。《史记·项羽本纪》："项王大呼驰下，汉军皆～～。"成语有"所向披靡"。

翍 pī 同"披"。分散，分开。扬雄《甘泉赋》："～桂椒，郁移杨。"刘敞《观林洪范禹贡山川图》诗："～山泻泽魑魅走。"

铍（鈹） pī ❶ 一种医用器具。针刀。用以破痈排脓。《灵枢经·九针论》："～针取法于剑锋……主大痈脓。"㊀刺破，割破。刘悚《隋唐嘉话》卷中："因～面凿骨，置楔于其间。" ❷ 剑一类的兵器。《左传·昭公二十七年》："门阶户席，皆王亲也，夹之以～。" ❸ 矛一类的兵器。刘禹锡《壮士行》："叱之使人立，一发如～交。" ❹ 通"披"。纷乱。《荀子·成相》："行有律，吏谨将之无～滑。"

悂 pī 错误。扬雄《解嘲》："故有造萧何之律于唐虞之世，则～矣。"

批 pī ❶ 用手打。《左传·庄公十二年》："（宋万）遇仇牧于门，～而杀之。"（宋万、仇牧：人名。）㊀攻击，冲击。《史记·孙子吴起列传》："～亢捣虚。"（亢：咽喉，这里指要害。）何逊《七召》："手羁铁顶，足～铜头。" ❷ 排除，消除。《史记·范雎蔡泽列传》："～患折难。"（排除患难，解决困难。）《史记·魏其武安侯列传》："及魏其侯失势，亦欲倚灌夫引绳～根生平慕之后弃之者。" ❸ 劈，削（后起意义）。杜甫《李鄠县丈人胡马行》："头上锐耳～秋竹。"（马耳朵的形状，就像秋竹削成的一样。）❹ 评判，批示。《旧唐书·李藩传》："制敕有不可，遂于黄敕后～之。"罗大经《鹤林玉露》乙编卷二："东坡～答吕大防辞免恩命云……"㊁评语。米芾《书史》："王献之《日寒帖》，有唐氏杂迹，印后有两行谢安～。"

纰（紕） pī ❶ pí （在衣冠或旗帜上）绣花边。《诗经·鄘风·干旄》："素丝～之。"（素丝：白丝。）㊀（衣冠或旗帜上）所绣的花边。《礼记·玉藻》："缟冠素～。" ❷ （丝织品的丝缕）稀疏松散。赵明道《夜行船·寄香罗帕》套曲："幅尺阔全无半缕～。"㊀疏漏，错误。沈作喆《寓简》卷六："朝混乱而多制者，其政益～。"[纰缪（miù）]错误。裴骃《史记集解序》："（班）固之所言，世称其当。虽时有～～，实勒成一家。"（虽然有些小错误，确实能成为一家之说。勒：编。）

霹 pī ❶ 雷电击打。《太平广记》卷三九四引杜光庭《神仙感遇传·叶迁韶》："避雨于大树下，树为雷～。" ❷ [霹雳（lì）]响声很大的雷。杜甫《热》诗之一："雷霆空～～，云雨竟虚无。"

皮 pí ❶ 剥去皮。《史记·刺客列传》："因自～面决眼。"（因：于是。决：通"抉"。挖掉。） ❷ 动物的或植物的皮。《左传·僖公十四年》："～之不存，毛将安傅？"（安：哪里。傅：附着。）《汉书·晁错传》："木～三寸。"（木皮：树皮。）㊀（制作服装或器物的）皮毛，皮革。《尚书·禹贡》："岛夷～服。"韩愈《进学解》："败鼓之～。"㊕皮侯，兽皮制的箭靶。《仪礼·乡射礼》："射不主～。"（射箭要中的，不在于穿透靶子。） ❸ 物体的表面。韩愈《题于宾客庄》诗："榆荚车前盖地～。"㊀表面的，浅薄的。《史记·郦生陆贾列传》："以目～相，恐失天下之能士。"（以目皮相：只用眼从表面上看，即只看外表。）成语有"皮里阳秋"。 ❹ 人的皮肤（后起意义）。蒲松龄《聊斋志异·画皮》："铺人～于榻上。"

【辨】皮，革，肤。见115页"肤（膚）"字。

阰 pí 山名。屈原《离骚》："朝搴～之木兰兮，夕揽洲之宿莽。"

毗（毘） pí ❶ 辅助。《诗经·小雅·节南山》："四方是维，天子是～。" ❷ [毗卢]佛教用语。指佛真身。苏辙《夜坐》诗："知有～～一径通，信脚直前无别巧。"

蚍 pí [蚍蜉]大蚂蚁。傅玄《短歌行》："～～愉乐，粲粲其荣。"韩愈《调张籍》诗："～～撼大树，可笑不自量。"

陴 pí ❶ 城上凹凸形的矮墙，女墙。《左传·宣公十二年》："守～者皆哭。" ❷ 城墙。白居易《代书诗一百韵寄微之》："思乡多绕泽，望阙独登～。" ❸ 守城。岳珂《桯史·二将失律》："～者曰：'是一家人犹尔，我辈何以脱于戮？'"

埤 pí ❶ 增加，增补。《诗经·邶风·北门》："王事适我，政事一～益我。"鲍照《登大雷岸与妹书》："削长～短，可数百里。" ❷ bèi 低湿的地方。《国语·晋语八》："拱木不生危，松柏不生～。"（拱木：可用两手围抱的树，指大树。） ❸ bēi 通"卑"。卑下，卑贱。《荀子·非相》："鄙夫反是，好其实，不恤其文，是以终身不免～汙佣俗。" ❹ pì 矮墙。杜甫《题省中院壁》诗："掖垣竹～梧十寻，洞门对雪常阴阴。"[埤堄（nì）]城上女墙。《唐诗品汇·李嘉祐〈暮春宜阳郡斋愁坐〉》诗："山当～～常多雨。"

椑 pí ❶ 一种椭圆形盛酒器。《太平御览》卷七六一引谢承《后汉书》："陈茂……与刺史周敞行部到颍川阳翟，传车有美酒一～。" ❷ 椭圆形。《周礼·考工记·庐人》："是故句兵～，刺兵抟。" ❸ bēi 树名。柿的一种。《宋书·谢灵运传》："～柿被实于长浦。" ❹ bì 内棺。《礼记·檀弓上》："君即位而为～，岁一漆之。"

裨 pí ❶ 古代的次等礼服。《荀子·富国》："大夫～冕。"（冕：礼帽。） ❷ 副的，辅佐的。《史记·卫将军骠骑列传》："自大将军出，未尝斩～将。"《晋书·东海王越传》："自顷胡寇内逼，偏～失利。"㊀小。张衡《西京赋》："～贩夫妇。" ❸ bì 弥补，补助。《国语·晋语八》："子若能以忠信赞君，而～诸侯之阙。"诸葛亮《出师表》："必能～补阙漏。"（阙：缺。）成语有"大有裨益"。

鼙 pí ❶ 一种军用小鼓。《六韬·虎韬·军略》："击雷鼓，振～铎。"（铎：一种大铃。）李白《战城南》诗："妾家夫与儿，俱在～声里。"[鼓鼙]击鼙鼓。常用来比喻战争。刘长卿《送李判官之润州行营》诗："万里辞家事～～。"（事：从事。） ❷ 乐队的小鼓。《汉书·史丹传》："或置～鼓殿下。"

罴（羆） pí 一种熊。也叫马熊。《诗经·大雅·韩奕》："有熊有～，有猫有虎。"曹操《步出夏门行·冬十月》："熊～窟栖。"

貔 pí ❶ 猛兽名。《史记·司马相如列传》："生～豹，搏豺狼。"㊃勇猛的军队、将士。韩愈《永贞行》："北军百万虎与～，天子自将非他师。" ❷ [貔貅（xiū）] 1. 古代传说中的猛兽。《逸周书·周祝》："山之深也，虎豹～～何为可服？"《史记·五帝本纪》:“教熊罴～～貔虎,以与炎帝战于阪泉之野。”2. 勇猛的军队、将士。刘禹锡《送唐舍人出镇闽中》诗:“忽拥～～镇粤城。”(镇:镇守。)

匹 pǐ ❶ 量词。计算布和绸缎的长度单位。古代四丈为一匹。《战国策·秦策二》:“因以文绣千～,好女百人,遗义渠君。”《汉书·食货志下》:“布帛广二尺二寸为幅,长四丈为～。”这个意义又写作“疋”。㊂量词。测量长度的单位。郦道元《水经注·清水》:“天门山石自空,状若门焉,广三丈,高两～。”❷ 量词。计算马驴骡的头数的单位。《左传·庄公十八年》:“皆赐玉五瑴,马三～。”《史记·大宛列传》:“乌孙多马,其富人至有四五千～马。”❸ 单独(一人一马)。《公羊传·僖公三十三年》:“～马只轮无反者。”陆游《诉衷情·当年万里觅封侯》:“～马戍梁州。”(戍:防守。梁州:地名。)成语有“单枪匹马”。❹［匹夫］1. 一人。含有轻蔑意味。《孟子·梁惠王下》:“此～～之勇,敌一人者也。”2. 平民,老百姓。《韩非子·有度》:“刑过不避大臣,赏善不遗～～。”成语有“天下兴亡,匹夫有责”。❺ 成双,成对。屈原《九章·怀沙》:“怀质报情,独无～兮。”《文子·上德》:“神龙不～,猛兽不群。”㊀配偶。曹植《赠王粲》诗:“中有孤鸳鸯,哀鸣求～俦(chóu)。”(俦:伴侣。)❻ 同类,同辈。《诗经·大雅·假乐》:“无怨无恶,率由群～。”❼ 力量相当,相等。《左传·僖公二十三年》:“秦、晋～也。”双音词有“匹敌”。㊂比较,相比。《庄子·逍遥游》:“而彭祖乃今以久特闻,众人～之,不亦悲乎!”❽ pì 通“譬”。比如,比方。白居易《九江春望》诗:“此地何妨便终老,～如元是九江人。”

庀 pǐ ❶ 具备。《左传·襄公五年》:“季文子卒……宰～家器,为葬备。”❷ 治理。《国语·鲁语下》:“内朝,子将～季氏之政焉。”

圮 pǐ 毁坏。《尚书·尧典》:“方命～族。”㊂坍塌。《金史·商衡传》:“因地震城～。”

仳 pǐ 离别,分别。萧颖士《菊荣一篇五章并序》:“怆其～别,终然永叹。”［仳离］离别。特指女子因被丈夫抛弃而分开。《诗经·王风·中谷有蓷》:“有女～～。”

嚭 pǐ 大。用于人名。《国语·越语上》:“越人饰美女八人,纳之太宰～。”

帔 pì ❶ 裙。扬雄《方言》卷四:“裙,陈魏之间谓之～,自关而东或谓之摆。”❷ pèi 披肩。《南史·任昉传》:“西华冬月著葛～练裙。”(西华:人名。)熟语有“凤冠霞帔”。

淠 pì ❶ 水名。在今河南境内。❷ 行船的样子。《诗经·大雅·棫朴》:“～彼泾舟。”❸［淠淠］茂盛的样子。《诗经·小雅·小弁》:“有漼者渊,萑(huán)苇～～。”(萑苇:芦苇一类植物。)❹ pèi［淠淠］飘动的样子。《诗经·小雅·采菽》:“其旂～～。”

睥 pì ❶ 看,视。顾况《游子吟》:“引烛窥洞穴,凌波～天琛。”❷［睥睨(nì)］1. 斜视。有厌恶或傲慢意。《淮南子·修务》:“过者莫不左右～～而掩鼻。”2. 窥伺。《颜氏家训·诫兵》:“～～宫阃,幸灾乐祸。”3. 通“埤堄”。城上女墙。郦道元《水经注·谷水》:“城上西面列观,五十步一～～。”(列观:一般的台观。)上述1、2、3又写作“俾倪”。4. 一种仪仗。《宋史·仪卫志六》:“～～如华盖而小。”(华盖:古代帝王车子上的伞形遮盖物。)

媲 pì ❶ 配偶。《诗经·大雅·皇矣》毛传:“配,～也。”王安石《胡笳十八拍》诗之一:“良人持戟明光里,所慕灵妃～箫史。”❷ 匹敌,比得上。韩愈《醉赠张秘书》诗:“险语破鬼胆,高词～皇坟。”❸ 比如,比拟。刘知几《史通·叙事》:“鸟兽以～贤愚,草木以方男女。”

辟1 pì 见20页。

辟2(闢) pì ❶ 开,打开。《左传·宣公二年》:“晨往,寝门～矣。”郦道元《水经注·河水》:“其山虽～,尚梗湍流。”(梗:阻塞。湍:急速。)❷ 开垦,开辟。《商君书·弱民》:“农～地。”《诗经·大雅·召旻》:“昔先王受命,有如召公,日～国百里。”❸ 排除,驳斥。《荀子·解蔽》:“～耳目之欲,可谓能自强矣。”陈善《扪虱新话》:“退之《原道》～佛老。”

釽 pì ❶ 裁割,破开。《汉书·艺文志》:“及警者为之,则苟钩～析乱而已。”㊀分析,剖析。皮日休《移成均博士书》:“拥其微言,～其大义。”❷ 剑上的装饰。袁康《越绝书》卷十一《外传·记宝剑》:“欲知泰阿,观其～,巍巍翼翼,如流水之波。”

僻 pì ❶ 偏僻。《荀子·王霸》:“虽在～陋之国,威动天下,五伯是也。”(五伯:即五霸。)❷ 不正,邪僻。《庄子·胠箧》:“人含其德,则天下不～矣。”《韩非子·八说》:“弱子有～行,使之随师。”(弱子:指年幼的儿子。师：老师。）❸ 孤僻，冷僻。韩愈《上考功崔虞部书》："行已颇～，与时俗异态。"洪迈《容斋随笔·薛能诗》："虽有才语，但文字太～。"

澼 pì［洴(píng)澼］见 313 页"洴"字。

甓 pì 砖。《诗经·陈风·防有鹊巢》："中唐有～。"《晋书·陶侃传》："侃在州，无事，辄朝运百～于斋外，暮运于斋内。"

譬 pì ❶ 比方，比喻。《诗经·大雅·抑》："取～不远。"《论语·为政》："为政以德，～如北辰，居其所而众星共之。"❷ 了解，领会。《后汉书·鲍永传论》："言之者虽诚，而闻之未～。"❸ 晓谕，劝导（后起意义）。《后汉书·第五种传》："羽请往～降之。"（羽：人名。）

擗（揊、副） pì 破开，剖开。《韩非子·显学》："夫婴儿不剔首则腹痛，不～痤则寖益，剔首～痤，必一人抱之，慈母治之。"

潎 pì ❶ 同"澼"。在水中漂洗絮。❷［潎潎］鱼游水的样子。潘岳《秋兴赋》："澡秋水之涓涓兮，玩游鯈之～～。"❸ piē［潎冽(liè)］水流轻疾的样子。《史记·司马相如列传》："横流逆折，转腾～～。"

PIAN

偏 piān ❶ 不正，偏向。《尚书·洪范》："无～无陂，遵王之义。"《后汉书·中山简王焉传》："帝以焉郭太后～爱，特加恩宠。"（皇帝由于郭太后偏爱刘焉，对他也特别宠爱。）❷ 侧，边。《左传·隐公十一年》："郑伯使许大夫百里奉许叔以居许东～。"❸ 辅佐。《左传·襄公三年》："举其～，不为党。"❹ 半边，部分。《庄子·盗跖》："禹～枯。"《荀子·天论》："万物为道一～。"（万物都体现了自然规律的一部分。）㉄ 片面。《潜夫论·明暗》："君之所以明者，兼听也；其所以暗者，～信也。"❺ 偏僻，边远。《史记·扁鹊仓公列传》："～国寡臣幸甚。"陶潜《饮酒》诗之五："问君何能尔？心远地自～。"❻ 副词。表示出乎意料。却，偏偏（后起意义）。杨万里《夜闻风声》诗："只有夜声殊可憎，～搅愁人五更睡。"❼ 副词。表示程度深。特别，最。《庄子·庚桑楚》："有庚桑楚者，～得老聃之道。"郦道元《水经注·沔水》："沔水又东～浅，冬月可涉渡。"（东：东流。冬月可涉渡：冬季可以蹚过河。）❽ 副词。表示范围小。只有，单单。鲍照《梅花落》诗："中庭杂树多，～为梅咨嗟。"❾ 副词。表示时间一致。正好，恰恰。陆游《长歌行》："成都古寺卧秋晚，落日～傍僧窗明。"

篇 piān 古代文章写在竹简上，把首尾完整的诗或文用绳子或皮条编在一起叫作"篇"。以后文章有首有尾就称为一篇。刘知几《史通·叙事》："章积而～目成。"㉄ 章。整部著作的组成部分。《史记·孟子荀卿列传》："作《孟子》七～。"［篇什］《诗经》中的"雅"、"颂"十篇为一什，因称诗篇为"篇什"。钟嵘《诗品》："永嘉时，贵黄老，稍尚虚谈，于时～～，理过其辞，淡乎寡味。"【辨】篇，编。"篇"多指文章；"编"多指成本的书，常做书名用，如"简编"、"上编"、"前编"。"编"可以做动词，"篇"则不能。

翩 piān 疾飞。《诗经·鲁颂·泮水》："～彼飞鸮，集于泮林。"㉄ 轻快、敏捷的样子。曹植《洛神赋》："～若惊鸿。"（鸿：大雁。）［翩翩］1. 轻快飞舞的样子。《诗经·小雅·四牡》："～～者鵻，载飞载止。"白居易《燕诗示刘叟》："梁上有双燕，～～雄与雌。"2. 形容风度文采的优美。《史记·平原君虞卿列传论》："平原君，～～浊世之佳公子也。"曹丕《与吴质书》："元瑜书记～～。"（元瑜：阮瑀的字。书记：指书札、奏记。）

便 pián 见 22 页。

骈（駢） pián ❶ 两马并驾一车。《尚书大传》卷一："命于其君，然后得乘饰车～马。"嵇康《琴赋》："～驰翼驱。"㉄ 并列，对偶。牛僧孺《玄怪录·张左》："户外～植花竹，泉石萦绕。"柳宗元《乞巧文》："～四俪六，锦心绣口。"（骈四俪六：指骈体文每句四字或六字相对偶。锦心绣口：形容构思和文辞像锦绣那样精细美丽。）❷ 连接，合并。《庄子·骈拇》："是故～于足者，连无用之肉也。"成语有"骈拇枝指"。❸ 聚集，罗列。《后汉书·班固传下》："陈师案屯，～部曲，列校队。"

胼 pián 手脚上的老茧。皮日休《鲁望昨以五百言见贻过有褒美内揣庸陋弥增愧悚因成一千言》诗："苟无切玉刀，难除指上～。"成语有"胼手胝(zhī)足"。［胼胝］手脚上的老茧。《韩非子·外储说左上》："手足～～，面目黧(lí)黑，劳有功者也。"（黧黑：黑色。）

跰 pián ❶［跰躚(xiān)］脚步不稳的样子。《庄子·大宗师》："其心间而无事，～～而鉴于井。"❷［跰跹(xiān)］同"蹁跹”。形容旋转的舞姿。陆游《除夜》诗：“椒酒辟瘟倾潋滟，蓝袍俘鬼舞～～。”

蹁 pián ❶脚歪斜。贾谊《新书·容经》：“若夫立而跂，坐而～，体怠懈……皆禁也。”❷[蹁跹(xiān)]形容旋转的舞姿。张衡《南都赋》：“翘遥迁延，蹴蹶～～。”

姬 pián [姬娟]1.美丽的样子。沈约《湘夫人》诗：“扬蛾一含睇，～～好且脩。”2.苗条修长的样子。庾信《邛竹杖赋》：“～～高节，寂历无心。”3.回环曲折的样子。王延寿《鲁灵光殿赋》：“旋室～～以窈窕。”4.婉转悠扬。司空图《成均讽》：“要平靡漫之娱，竞袅～～之奏。”

楩 pián 树名。木材很贵重。《墨子·公输》：“荆有长松、文梓、～、柟、豫章。”

谝(諞) piǎn 花言巧语。《尚书·秦誓》：“惟截截善～言，俾君子易辞。”

片 piàn ❶分开。㊀一半。陈鼎《滇黔纪游》：“瓠匏可盛粟二十斛，～之可为舟航。”❷破开的木片或草片。《南史·齐武陵昭王晔传》：“乃破荻(dí)为～。”(荻：一种草本植物。)㊀半，偏。《论语·颜渊》：“～言可以折狱者，其由也与?”❸扁而薄的东西。杜甫《寄杨五桂州谭因州参军段子之任》诗：“雪～一冬深。”❹单个，单只。鲍照《飞白书势铭》：“盈尺锦两，～字金溢。”㊁少，短，零星。杜甫《高柟》诗：“卧此～时醒。”陆机《谢平原内史表》：“～言只字。”成语有“只言片语”，双音词有“片刻”。❺量词。片。杜甫《曲江》诗之一：“一～花飞减却春。”(减却：减去。)王昌龄《芙蓉楼送辛渐》诗之一：“洛阳亲友如相问，一～冰心在玉壶。”

PIAO

票 piāo ❶飞腾的火光。扬雄《太玄·沈》：“见～如累，明利以正于王。”❷[票然]轻举的样子。《汉书·礼乐志》：“～～逝，旗逶蛇(yí)。”❸摇动。《汉书·扬雄传下》：“横钜海，～昆仑。”❹piào 轻捷。《汉书·扬雄传上》：“亶观夫～禽之绁(yì)踰，犀兕之抵触。”(绁：超越。)[票姚]汉代武官名号。《汉书·霍去病传》：“大将军受诏予壮士，为～～校尉。”后代也写作“嫖姚”。见本页“嫖”字。[票骑]汉代将军名号。《汉书·霍去病传》：“元狩二年春，为～～将军。”后代也写作“骠骑”。见311页“骠”字。【注意】在明清以前，“票”没有“票(piào)据”的意义。

剽 piāo ❶抢劫。《汉书·贾谊传》：“～吏而夺之金。”(抢劫官吏而夺取他的钱。)㊀剽窃，抄袭。韩愈《南阳樊绍述墓志铭》：“惟古于词必己出，降而不能乃～贼。”❷动作轻捷。《周礼·考工记·弓人》：“则其为兽必～。”《汉书·陈汤传》：“其人～悍。”(悍：勇敢。)❸削除。《后汉书·贾复传》：“乃与高密侯邓禹并～甲兵，敦儒学。”(高密侯：爵号。并：一起。甲兵：指军队。)㊁分割。《史记·西南夷列传论》：“西夷后揃，～分二方，卒为七郡。”❹[剽剥]1.攻击，批驳。李翱《祭吏部韩侍郎文》：“气萎体败，～～不让。”2.击杀。司马光《涑水记闻》卷十一：“平乘马即入贼军中，从者不得入，皆见～～。”(平：人名。)❺biǎo 末梢。《荀子·赋》：“长其尾而锐其～者邪。”(长其尾：指线。锐其剽：指针。锐：尖锐。)

彯 piāo ❶轻捷，敏捷。挚虞《思游赋》：“睇玉女之纷～兮，执懿筐于扶木。”[彯摇]同“嫖姚”。轻捷的样子。王融《三月三日曲水诗序》：“～～武猛，扛鼎揭旗之士。”❷通“飘”。吹动。木华《海赋》：“～沙岩石。”❸[彯彯]飞扬的样子。左思《魏都赋》：“增构峨峨，清尘～～。”

漂 piāo ❶浮。《尚书·武成》：“血流～杵。”㊀冲毁，冲走。《太平广记》卷二一三：“致滂沲之雨，连日不止，令忧～坏邑居。”《宋史·河渠志五》：“屯田司潴塘水，～招贤乡六千户。”㊁流浪，奔波。王褒《洞箫赋》：“长辞远逝，～不还兮。”杜甫《送高司直寻封阆州》诗：“伏枕闻别离，畴能忍～寓。”❷动摇。扬雄《长杨赋》：“横巨海，～昆仑。”[漂摇]摇荡的样子。《诗经·豳风·鸱鸮》：“予室翘翘，风雨所～～。”❸通“飘”。吹。《诗经·郑风·萚兮》：“萚兮萚兮，风其～女。”❹[漂然]高远的样子。《汉书·杨恽传》：“夫西河魏土，文侯所兴，有段干木、田子方之遗风，～～皆有节概，知去就之分。”❺piǎo 漂洗。《史记·淮阴侯列传》：“信钓于城下，诸母～，有一母见信饥，饭信。”(信：韩信。)

嫖 piāo 轻捷的样子。《汉书·广川惠王刘越传》：“背尊章，～以忽。”[嫖姚]轻捷的样子。汉代用作武官的名号，写作“票姚”，后代也写作“嫖姚”。杜甫《后出塞》诗之二：“借问大将谁？恐是霍～～。”(霍：指霍去病，西汉抗击匈奴名将，曾任嫖姚校尉。)【注意】在明代以前，“嫖”没有“嫖妓”的意义，也不读作piáo。

P

缥(縹) piāo ❶ piǎo 青白色的丝织品。杨衒之《洛阳伽蓝记·城西》:"当时四海晏清,八荒率职,～囊纪庆,玉烛调辰。"萧纲《登城》诗:"小堂倦～书。"(缥书:用青白色丝织品做书套的书,这里泛指书。)㉢淡青色,青白色。《淮南子·人间》:"爝(jué)火在～烟之中。"(爝火:小火把。)❷[缥缈]1. 隐隐约约、若有若无的样子。白居易《长恨歌》:"忽闻海上有仙山,山在虚无～～间。"又写作"缥眇"、"瞟眇"、"飘渺"。2. 随风飘扬,随水漂流。李白《愁阳春赋》:"～～兮翩绵,见游丝之萦烟。"陈允平《垂杨·银屏梦觉》:"飞花满地谁为扫,甚薄幸,随波～～。"

飘(飄、飃) piāo ❶ 旋风,大风。常"飘风"连用。《庄子·天下》:"若～风之还,若羽之旋。"(还:回旋。羽:羽毛。)《老子·二十三章》:"故～风不终朝,骤雨不终日。"❷ 吹。屈原《九歌·山鬼》:"东风～兮神灵雨。"曹植《侍太子坐》诗:"寒冰辟炎景,凉风～我身。"❸ 飘动,飞扬。《世说新语·容止》:"时人目王右军～如游云,矫若惊龙。"❹ 落。《庄子·达生》:"虽有忮心者,不怨～瓦。"❺ 漂泊,流浪。韩愈《祭河南张员外文》:"君～临武,山林之牢。"

螵 piāo [螵蛸(xiāo)] 1. 螳螂的卵块。可入药。《魏书·陆彰传》:"药中须桑～～。"2. 乌贼鱼骨。可入药。李时珍《本草纲目·鳞部·乌贼鱼》:"乌贼鱼,时珍曰:骨名～～。"

殍 piǎo 饿死的人。《孟子·尽心下》:"君子用其一,缓其二。用其二而民有～,用其三而父子离。"《辽史·杨佶传》:"燕地饥疫,民多流～。"(流:流亡。)这个意义又写作"莩"。[饿殍]饿死的人。仲长统《昌言·损益》:"立望～～之满道。"(立:站着。)又写作"饿莩"。《孟子·梁惠王上》:"涂有～～而不知发。"

瞟 piǎo ❶[瞟眇]同"缥缈"。隐隐约约、若有若无的样子。王延寿《鲁灵光殿赋》:"忽～～以响像,若鬼神之髣髴。"❷ 偷看,斜看(后起意义)。《金瓶梅词话》五八回:"他佯打耳睁的不理我,还拿眼儿～着我。"

皫 piǎo 鸟羽毛变色无光泽。《礼记·内则》:"鸟～色而沙鸣。"

僄 piào 轻捷。《荀子·议兵》:"轻利～遬。"㉧轻忽。《荀子·修身》:"怠慢～弃。"

骠(驃) piào (今读 biāo)有白斑的黄马。㉢马。杜甫《徒步归行》:"妻子山中哭向天,须公枥上追风～。"(须:需要。公:对人尊称,您。枥:马槽。)[骠骑]汉代将军名号。《史记·卫将军骠骑列传》:"以冠军侯去病为～～将军。"(冠军侯:爵号。)

PIE

瞥 piē ❶ 眼光掠过,匆匆一看。《淮南子·说林》:"鳖无耳而目不可以～,精于明也。"《梁书·王筠传》:"虽偶见～观,皆即疏记。"❷ 短暂地出现一下。裴铏《传奇·昆仑奴》:"～若翅翎,疾同鹰隼。"[瞥瞥]短暂地出现一下。《楚辞·九思·守志》:"日～～兮西没,道遐迥兮阻叹。"沈佺期《入少密溪》诗:"游鱼～～双钓童,伐木丁丁一樵叟。"(樵叟:打柴的老翁。)❸ 倏忽,突然。辛弃疾《玉楼春·戏赋云山》:"西风～起云横渡,忽见东南天一柱。"

PIN

贫(貧) pín ❶ 贫穷。与"富"相对。《商君书·去强》:"国富而～治,曰重富,重富者强。"(贫治:当作贫国来治理,勤俭持国。重富:富上加富。)[贫窭(jù)]贫穷。《管子·五辅》:"匡～～,振罢(pí)露。"(罢露:疲惫裸露者。)❷ 穷人,贫民。《左传·昭公十四年》:"分～振穷。"❸ 使贫穷。《庄子·大宗师》:"天地岂私～我哉?"❹ 缺少,不足。刘勰《文心雕龙·练字》:"富于万篇,～于一字。"(虽能写万篇文章,有时也会缺少一个合适的字。)【辨】贫,穷。见 337 页"穷"字。

频(頻) pín ❶ 频繁,连续多次。《列子·黄帝》:"汝何去来之～?"双音词有"频仍"。㉢并,一起。《国语·楚语下》:"群神～行。"㉧先后。王俭《褚渊碑文》:"～作二守。"(二守:指两个地方的太守。)❷ 危急。《诗经·大雅·桑柔》:"国步斯～。"(步:指命运。斯:语气词。)❸ 皱眉头。常"频顣(cù)"、"频蹙"连用。陆云《晋故散骑常侍陆府君诔》:"～顣厄运。"(顣:皱眉头。厄运:恶运。)这个意义后来写作"颦"、"矉"、"嚬","嚬"现写作"颦"。❹ bīn 水边。《诗经·大雅·召旻》:"池之竭矣,不云自～。"(水池枯竭了,却不说是由于外边没有水流入。)❺ bīn 濒临,接近。潘岳《马汧督诔》："俾百姓流亡，～于涂炭。"这个意义后来写作"濒"。

蘋（蘋） pín 一种水草。宋玉《风赋》："夫风生于地，起于青～之末。"【注意】"蘋"古代没有"苹果"的意义。

顰（顰、嚬） pín ❶ 皱眉头。《韩非子·内储说上》："吾闻明主之爱，一～一笑。～有为～，而笑有为笑。"杜甫《江月》诗："烛灭翠眉～。"（翠眉：指女子的眉毛。）❷ 忧愁。骆宾王《畴昔篇》："昨夜琴声奏悲调，旭旦含～不成笑。"

玭 pín 蚌的珠。何晏《景福殿赋》："流羽毛之威蕤，垂环～之琳琅。"

嫔（嬪） pín ❶ 帝王的女儿出嫁。《尚书·尧典》："釐降二女于妫汭，～于虞。"㉒出嫁。柳宗元《乞巧文》："今兹秋孟七夕，天女之孙将～于河鼓。"❷ 宫廷里的女官。也指帝王的侍妾。《礼记·昏义》："古者天子后立六宫，三夫人，九～。"❸ 对妇人的美称。《周礼·天官·大宰》："七曰～妇。"㊂对死去的妻子的美称。《礼记·曲礼下》："生曰父、曰母、曰妻，死曰考、曰妣、曰～。"❹［嫔然］众多的样子。《汉书·王莽传上》："～～成行。"

矉 pín ❶ 怒目而视。《说文·目部》："矉，恨张目也。"❷ 通"顰"。皱眉头。《庄子·天运》："故西施病心而～其里。"

品 pǐn ❶ 众多。《周易·乾》："～物流形。"左思《吴都赋》："混～物而同廛（chán）。"（把众多的货物都放在一所房子里。廛：市场上放货物的房子。）❷ 类，种。《尚书·禹贡》："厥贡惟金三～。"沈括《梦溪笔谈》卷一一："盐之～至多。"㉑等级。《汉书·匈奴传上》："给缯（zēng）絮食物有～。"（缯：丝织品。）㊂官级。《国语·周语中》："外官不过九～。"❸ 品质，品德。沈约《奏弹王源》："人～庸陋。"❹ 品评，评定。《宋书·恩幸传》："以才～人。"❺ 物品，物件。慧净《杂言》诗："扰扰三界溺邪津，浑浑万～忘真匠。"

牝 pìn ❶ 雌性鸟兽。与"牡（雄性鸟兽）"相对。《周易·离》："畜～牛，吉。"《史记·龟策列传》："禽兽有～牡。"（牡：雄性鸟兽。）㊂女性。与"牡（男性）"、"阳"相对。《老子·五十五章》："未知～牡之合而全作，精之至也。"㉑女性生殖器。与"牡（男性生殖器）"相对。东方朔《神异记》："男露其牡，女张其～。"❷ 锁孔（古代可以容纳锁簧插入和拔出的锁身开孔），门闩的插孔。与"牡（锁簧，门闩）"相对。《礼记·月令》孔颖达疏："凡鏁（suǒ）器入者谓之牡，受者谓之～。"（鏁：锁。）❸ 溪谷。《大戴礼记·易本命》："丘陵为牡，溪谷为～。"殷仲文《南州桓公九井作》诗："爽籁惊幽律，哀壑叩虚～。"（秋风吹着凄凉的山谷和空虚的溪沟。）

娉 pìn ❶ pīng［娉婷（tíng）］1. 姿态美好的样子。辛延年《羽林郎》诗："不意金吾子，～～过我庐。"2. 美女。乔知之《绿珠篇》："石家金谷重新声，明珠十斛买～～。"（石：西晋富豪石崇。金谷：石崇家的金谷园。）❷ 通"聘"。聘请，招请。《隶释·汉巴郡太守樊敏碑》："再奉朝～，十辟外台。"❸（男方以财物交付女方）问名订婚或聘女子为妻。《荀子·富国》："婚姻～内，送逆无礼。"（内：纳，娶。）

聘 pìn ❶ 访，探问。《诗经·小雅·采薇》："我戍未定，靡使归～。"（我们守边驻防的地方未定，没有使者回家代我探问。）㊕古代诸侯之间或诸侯与天子之间派使节问候。《左传·宣公十年》："季文子初～于齐。"《礼记·王制》："诸侯之于天子也，比年一小～，三年一大～。"❷ 聘请，招请。《战国策·齐策四》："梁王虚上位……遣使者……往～孟尝君。"《三国志·吴书·吴主传》："招延俊秀，～求名士。"（延：请。）❸（男方以财物交付女方）问名订婚或聘女子为妻。《礼记·内则》："～则为妻，奔则为妾。"《史记·陈丞相世家》："乃假贷币以～，予酒肉之资以内妇。"（假贷：借给。予：给予。内：纳，娶。）㊂女子接受订婚或出嫁。孙光宪《北梦琐言》卷三："爱女未～。"《宋史·刑法志三》："登州奏有妇阿云，母服中～于韦。"（服：丧期。韦：姓韦的人。）

PING

俜 pīng ［伶（líng）俜］孤单的样子。潘岳《寡妇赋》："少～～而偏孤兮，痛忉怛以摧心。"杜甫《新安吏》诗："肥男有母送，瘦男独～～。"

頩 pīng ❶ 面色光泽。屈原《远游》："玉色～以脕颜兮，精醇粹而始壮。"❷ pǐng 敛容，板起脸发怒的样子。宋玉《神女赋》："～薄怒以自持兮，曾不可乎犯干。"

平 píng ❶ 平坦。《周易·泰》："无～不陂，无往不复。"晁错《言兵事疏》："～原广野。"❷ 削平，铲平。《列子·汤问》："山不加增，何苦而不～？"❸ 平息，平定。《左传·庄公十三年》："会于北杏，以～宋乱。"

(北杏:地名。)《诗经·大雅·江汉》:"四方既～,王国庶定。"(庶:表示推测。)㊀平复,康复。贾岛《酬慈恩寺文郁上人》诗:"期登野阁闲应甚,阻宿山房疾未～。"❹ 安定,太平。《荀子·天论》:"上明而政～。"(上:指君主。)㊀平和,宁静。《吕氏春秋·大乐》:"欢欣生于～,～生于道。"杨炯《从军行》:"烽火照西京,心中自不～。"❺ 公平,平均。《管子·任法》:"法不～,令不全,是亦夺柄失位之道也。"(柄:权柄。)成语有"不平则鸣"。㊀服气,信服。《史记·吕太后本纪》:"今吕氏王,大臣弗～。"❻ 媾和,讲和。《左传·僖公二十四年》:"宋及楚～。"❼ 普通,平常。常"平平"、"平常"连用。《后汉书·班超传》:"我以班君当有奇策,今所言～平耳。"《论衡·正说》:"失～常之事,有怪异之说。"❽ 通"评"。评议。《商君书·更法》:"孝公～画。"(画:计划。)❾ 平声。古代汉语"平、上、去、入"四声之一。

苹 píng ❶ 草名。藾蒿。《诗经·小雅·鹿鸣》:"呦呦鹿鸣,食野之～。"❷ 通"萍"。浮萍。《大戴礼记·夏小正》:"七月……湟潦生～。"❸ 通"帡"。四周有遮蔽帷幕的车。《周礼·春官·车仆》:"～车之萃。"【注意】"苹"在古代没有"苹果"的意义。

枰 píng ❶ 树名。《汉书·司马相如传上》:"沙棠栎槠,华枫～栌。"❷ 棋盘,棋局。《晋书·杜预传》:"时帝与中书令张华围棋,而预表适至,华推～敛手。"欧阳修《新开棋轩呈元珍表臣》诗:"独收万虑心,于此一～竞。"

冯(馮) píng 见 114 页。

凭[1] píng 靠着。杜甫《遣闷》诗:"哀筝犹～几,鸣笛竟沾裳。"岳飞《满江红·怒发冲冠》:"怒发冲冠,～栏处、潇潇雨歇。"

凭[2](憑) píng ❶ 靠着。《尚书·顾命》:"相被冕服～玉几。"㊀依靠,依据。《南史·梁武帝纪》:"～险作守,兵食兼资。"《隋书·礼仪志》:"丈尺规矩,皆有准～。"❷ 欺凌,侵犯。《周礼·夏官·大司马》:"～弱犯寡。"[凭陵]欺凌。《左传·襄公二十五年》:"介恃楚众,以～～我敝邑。"(介恃:凭恃。敝邑:对本国的谦称。)❸ 登临。韦庄《婺州水馆重阳日作》诗:"异国逢佳节,～高独苦吟。"又如"凭眺"。❹ 涉水。杨衒之《洛阳伽蓝记·永宁寺》:"兆不由舟楫,～流而渡。"(兆:人名。楫:桨。)❺ 盛,大。《列子·汤问》:"帝～怒。"㊀充满,满足。屈原《离骚》:"众皆竞进以贪婪兮,～不厌乎求索。"❻ 烦闷。张衡《西京赋》:"心犹～而未摅(shū)。"(摅:抒发,发表出来。)❼ 请,请求(后起意义)。杜牧《赠猎骑》诗:"～君莫射南来雁,恐有家书寄远人。"(家书:家信。)❽ 凭信,证据。《宣和遗事》前集:"归家切恐公婆责,乞赐金杯作照～。"❾ 任凭。王建《原上新居》诗之十一:"古碣～人搨,闲诗任客吟。"【注意】在古代,"凭"和"憑"是两个字,除"靠着"的意义外,上述义项都不写作"凭"。现"憑"简化为"凭"。

帡 píng [帡幪(méng)]1.帐幕。2.用来覆盖遮蔽的东西。《扬子法言·吾子》:"震风陵雨,然后知夏屋之为～～也。"(陵雨:暴雨。夏屋:大房子。)

洴 píng [洴澼(pì)]漂洗。《庄子·逍遥游》:"宋人有善为不龟手之药者,世世以～～絖为事。"

屏 píng ❶ 照壁,对着门的小墙。《荀子·大略》:"天子外～,诸侯内～。"(天子的照壁设在门外边,诸侯的照壁设在门里边。)㊀屏风。李贺《屏风曲》:"月风吹露～外寒。"❷ 屏障。《宋史·李纲传》:"三镇国之～蔽,割之何以立国。"(三镇是国家安全的屏障,如果割让给敌人,国家还能存在吗?)❸ bǐng 隐藏。《尚书·金縢》:"尔不许我,我乃～璧与珪。"㊀遮蔽。《左传·昭公二十七年》:"～王之耳目,使不聪明。"❹ bǐng 除去,排除。《礼记·王制》:"～之远方。"《论语·尧曰》:"尊五美,～四恶。"❺ bǐng 退,隐退。《礼记·曲礼上》:"左右～而待。"《后汉书·王充传》:"归乡里～居教授。"❻ bǐng 守卫,保护。《国语·齐语》:"以诛无道,以～周室。"《汉书·王莽传上》:"周公～成王而居摄。"❼ bīng [屏营]彷徨的样子。《国语·吴语》:"王亲独行,～～彷徨于山林之中。"

瓶(缾) píng ❶ 盛酒浆和水的瓦器。《左传·定公三年》:"阍以～水沃廷。"(阍:看门人。沃:浇。)杜甫《少年行》:"不通姓氏粗豪甚,指点银～索酒尝。"❷ 汲水的瓦器。白居易《井底引银瓶》诗:"井底引银～,银～欲上丝绳绝。"❸ 炊具。《礼记·礼器》:"盛于盆,尊于～。"

萍 píng ❶ 同"苹"。浮萍。张衡《南都赋》:"浮蚁若～。"❷ 通"苹"。草名。藾蒿。谢灵运《拟魏太子邺中集阮瑀》诗:"自从食～来,唯见今日美。"❸ 雨神。屈原《天问》:"～号起雨,何以兴之。"雨神又称葬翳、屏翳。

軿 píng 四周用帷幕遮蔽的车。妇女多用。《汉书·张敞传》："礼，君母出门则乘辎～。"

PO

泊 pō 见 27 页。

颇（頗） pō ❶ 偏差。屈原《离骚》："举贤而授能兮，循绳墨而不～。"（循：遵循。绳墨：木工画直线用的工具。）双音词有"偏颇"。❷ 奸邪，邪佞。牛肃《纪闻·牛腾》："言无伪，行无～。"❸ 都，全部。《史记·孟尝君列传》："薛岁不入，民～不与其息。"❹ 副词。表示程度大小，可译为"稍微"、"相当地"、"很"等。《颜氏家训·诫兵》："～读兵书，微有经略。"《史记·儒林列传》："襄，其天姿善为容，不能通《礼经》；延～能，未善也。"（襄、延：人名。）李白《猛虎行》："～似楚汉时，翻覆无定止。"（颇似：很像。）

酦（醱） pō ［酦醅（pēi）］酒重酿。庾信《春赋》："石榴聊泛，蒲桃～～。"李白《襄阳歌》："遥看汉水鸭头绿，恰似葡萄初～～。"

婆 pó ❶［婆娑］1. 舞蹈的样子。《诗经·陈风·东门之枌》："子仲之子，～～其下。"2. 逍遥。班彪《北征赋》："登鄣隧而遥望兮，聊须臾以～～。"3. 滞留。卢照邻《释疾文》："宛转匡床，～～小室。"4. 奔波，劳碌。应劭《风俗通·十反·蜀郡太守颍川刘胜》："杜密～～府县，干与王政。"（杜密：人名。）5. 脚步不稳的样子。《抱朴子·酒诫》："汉高～～巨醉。"6. 枝叶延伸的样子。王建《神树祠》："老身长健树～～，万岁千年作神主。"7. 声音婉转悠扬。王褒《洞箫赋》："风鸿洞而不绝兮，优娆娆以～～。"❷ 母亲或母亲辈分的女人。《乐府诗集·折杨柳枝歌》："阿～不嫁女，那得孙儿抱？"陆游《家世旧闻》："先世以来，庶母皆称知～。"【注意】元代以前"婆"没有"丈夫的母亲"的意义。❸ 祖母或祖母辈分的女人。《太平广记》卷一一二引王琰《冥祥记·史世光》："其家有六岁儿见之，指语祖母曰：'阿爷飞上天，～为见否？'"韩愈《祭滂文》："十八翁及十八～卢氏。"

鄱 pó ［鄱阳］汉代地名。在今江西波阳。㊀湖名。古称"彭蠡"、"彭泽"，隋改为"鄱阳"。

皤 pó ❶ 白色。《周易·贲》："贲如～如，白马翰如。"❷ 须发为白色。白居易《写真》诗："勿叹韶华子，俄成～叟仙。"㊀老人。宋祁《宋景文公笔记·释俗》："蜀人谓老为～。"❸［皤皤］1. 头发雪白的样子。陆机《汉高祖功臣颂》："～～董叟。"（董叟：姓董的老头。）2. 丰盛的样子。左思《魏都赋》："行庖（páo）～～。"（行庖：烹饪。）❹ 肚子大。《左传·宣公二年》："睅其目，～其腹，弃甲而复。"

叵（叵） pǒ ❶ 不可，不。"不可"二字的合音。《三国志·魏书·张邈传》："是儿最～信者。"《新唐书·安禄山传》："禄山答书慢甚，～可忍。"成语有"居心叵测"。❷ 遂，就。《后汉书·班超传》："超欲因此～平诸国，乃上疏请兵。"（平：平定。）❸［叵罗］酒器。李白《对酒》诗："蒲萄酒，金～～。"（蒲萄：葡萄。）

迫（廹） pò ❶ 靠近，接近。屈原《离骚》："望崦嵫而勿～。"司马迁《报任安书》："涉旬月，～季冬。"（涉旬月：过一个月。季冬：指十二月。）❷ 逼迫。《左传·襄公十四年》："昔秦人～逐乃祖吾离于瓜州。"（吾离：人名。）《汉书·吴王濞传》："～劫万民，伐杀无罪。"㊁窘迫。《韩非子·存韩》："夫韩尝一背秦而国～地侵。"❸ 危急，急促。《史记·项羽本纪》："此～矣！臣请入，与之同命。"仲长统《昌言·损益》："安宁勿懈堕，有事不～遽（jù）。"（懈堕：懈怠。遽：急忙。）成语有"从容不迫"、"迫不及待"。㊁催促。杜甫《戏题画山水图歌》："能事不受相促～。"❹ 狭窄。《后汉书·窦融列传》："西州地势局～。"（西州：地名。局迫：窄小。）

魄（䰟） pò ❶ 魂魄。迷信者所说的依附于人的形体、人死后可以继续存在的精神。《左传·昭公七年》："匹夫匹妇强死，其魂～犹能冯依于人以为淫厉。"（强死：暴死。冯：依。淫厉：指恶鬼。）成语有"魂飞魄散"。❷ 夏历月初时的月光。《尚书·康诰》："惟三月哉生～。"《论衡·调时》："月三日～，八日弦，十五日望。"（每月初三的月光叫魄，初八叫弦，十五叫望。）㊂月光。卢仝《月蚀》诗："初露半个璧，渐吐满轮～。"㊁月亮亏缺的部分。张衡《灵宪》："故月光生于日之所照，～生于日之所蔽。"上述❷㊂㊁的意义又写作"霸"。❸ bó［旁魄］广大无边际。《荀子·性恶》："杂能～～而无用。"（杂能：能耐很多且很杂。）这个意义又写作"旁薄"、"旁礴"、"磅礴”。❹ tuò［落魄］穷困不得志。《史记·郦生陆贾列传》：“家贫～～，无以为衣食业。”（业：职业。）这个意义又写作“落泊”、“落拓”、“落托”。

破 pò ❶ 破碎，残破，破损。《荀子·劝学》：“卵～子死。”杜甫《春望》诗：“国～山河在，城春草木深。”《史记·屈原贾生列传》：“亡国～家相随属。”❷ 破坏，打破。《诗经·豳风·破斧》：“既～我斧，又缺我斨。”柳宗元《断刑论》：“～巨石，裂大木。”成语有“势如破竹”、“破釜沉舟”。[引]打败，攻克。《墨子·备梯》：“有此必～军杀将。”《旧唐书·黄巢传》：“袭～沂州据之。”（袭击并攻占了沂州。）❸ 破费，耗损。温庭筠《苏小小歌》：“买莲莫～券，买酒莫解金。”[又]破除，解除。杜甫《诸将》诗之一：“多少材官守泾渭，将军且莫～愁颜。”❹ 破解，揭穿。《南齐书·王僧虔传》：“谈故如射，前人得～，后人应解。”白居易《杜陵叟》诗：“长吏明知不申～，急敛暴征求考课。”

POU

剖 pōu ❶ 破开，分开。《庄子·逍遥游》：“魏王贻我大瓠之种，我树之成，而实五石……～之以为瓢。”柳宗元《封建论》：“～海内而立宗子。”❷ 辨明，分析。《北史·裴政传》：“簿案盈几，～决如流。”（文书案卷堆满桌子，分析决断如同流水一般。）双音词有“剖析”。

抔 póu ❶ 用手捧。《礼记·礼运》：“污尊而～饮。”❷ 量词。一捧。《史记·张释之冯唐列传》：“假令愚民取长陵一～土，陛下何以加其法乎？”

裒 póu ❶ 聚集。《诗经·小雅·常棣》：“原隰～矣，兄弟求矣。”《陈书·侯安都传》：“～敛无厌。”（敛：指搜刮。）❷ 减少。《周易·谦》：“君子以～多益寡。”（益：增加。）❸ bāo 衣襟宽大。《盐铁论·利议》：“文学～衣博带。”

掊 póu ❶ 用手扒土。《史记·封禅书》：“见地如钩状，～视得鼎。”❷ 积聚。《新唐书·封伦传》：“（杨）素营仁寿宫……文帝怒曰：‘素殚百姓力，为吾～怨天下。’”［掊克］1. 搜刮民财。《诗经·大雅·荡》：“曾是强御，曾是～～。”2. 搜刮民财者，贪官。《孟子·告子下》：“土地荒芜，遗老失贤，～～在位。”❸ 通“抔”。量词。一捧。《论衡·調时》：“河决千里，塞以一～之土，能胜之乎？”❹ pǒu 击，击破。《庄子·胠箧》：“～斗折衡，而民不争。”（衡：秤。）《庄子·逍遥游》：“吾为其无用而～之。”

PU

仆[1] pū 向前倒下。《史记·项羽本纪》：“樊哙侧其盾以撞，卫士～地。”柳宗元《蝜蝂传》：“卒踬（zhì）～不能起。”（卒：终于。踬：被绊倒。）成语有“前仆后继”。[泛]倒下。张溥《五人墓碑记》：“抶（chì）而～之。”（抶：打。）【辨】偃，僵，仆，跌，踣，踣。见471页“偃”字。

扑[1] pū ❶ 一种刑具。以夏（槚树）楚（荆条）制成用来打人。《尚书·舜典》：“～作教刑。”[又]鞭打。孔稚珪《北山移文》：“敲～喧嚣犯其虑。”❷ 击。《吕氏春秋·安死》：“于是乎聚群多之徒，以深山广泽林薮～击遏夺。”（林薮：指山林。）

扑[2]（撲） pū ❶ 打，击。《淮南子·说林》：“为雷电所～。”《尚书·盘庚上》：“若火之燎于原，不可向迩，其犹可～灭。”成语有“颠扑不破”。❷［扑地］遍地。鲍照《芜城赋》：“廛閈～～，歌吹沸天。”（廛閈：指房舍。）

铺（鋪） pū ❶ 门环的底座。也叫铺首。左思《蜀都赋》：“金～交映。”❷ 陈设，铺开。《诗经·大雅·常武》：“～敦淮濆。”（敦：屯，驻扎。淮濆：淮水的岸。）白居易《与元九书》：“引笔～纸。”（引笔：指提笔。）[引]普遍，广泛。刘勰《文心雕龙·明诗》：“～观列代。”❸ pù 床铺。《乐府诗集·琅琊王歌辞》：“孟阳三四月，移～逐阴凉。”❹ pù 店铺（后起意义）。孟元老《东京梦华录·宣德楼前省府宫宇》：“南则唐家金银～。”❺ pù 驿站（后起意义）。《元史·兵志四》：“元制，设急递～，以达四方文书之往来。”上述❸❹❺的意义又写作“舖”，现写作“铺”。

痡 pū ❶ 疲困不堪。《诗经·周南·卷耳》：“我马瘏矣，我仆～矣。”[引]衰竭。《潜夫论·叙录》：“福从善来，祸由德～。”❷ 危害。《尚书·泰誓》：“作威杀戮，毒～四海。”

仆[2]（僕） pú ❶ 古代一个卑贱的等级。《左传·昭公七年》：“僚臣～，～臣台。”（僚、台：古代两个卑贱的等级。）[泛]奴隶。《诗经·小雅·正月》：“民之无辜，并其臣～。”❷ 驾车的人。《国语·晋语七》：“公子扬干乱行于曲梁，魏绛斩其

P

～。"注:"仆,御也。"[仆夫]驾车的人。屈原《离骚》:"～～悲余马怀兮。"㊁驾车。《论语·子路》:"子适卫,冉有～。"❸奴仆,仆人。韩愈《祭河南张员外文》:"～来告言。"徐弘祖《徐霞客游记·楚游日记》:"顾～守衣外洞。"㊂对自己的谦称。司马迁《报任安书》:"～非敢如是也。"❹[仆射(yè)]秦汉官名。唐宋为宰相。【注意】在古代,"仆"和"僕"是两个字,意义各不相同。上述义项都不写作"仆"。

匍 pú [匍匐]1.在地上爬行。《孟子·滕文公上》:"赤子～～将入井,非赤子之罪也。"2.趴伏地上。《礼记·问丧》:"孝子亲死,悲哀志懑,故～～而哭之。"3.尽力。《诗经·邶风·谷风》:"凡民有丧,～～救之。"这几个意义又写作"匍伏"。

蒲 pú ❶蒲草。《诗经·陈风·泽陂》:"彼泽之陂,有～与荷。"❷蒲柳。即"水杨"。《世说新语·言语》:"～柳之姿,望秋而落。"❸菖蒲。李咸用《和殷衙推春霖即事》:"柳眉低带泣,～剑锐初抽。"(蒲剑:指菖蒲的叶子。)❹[蒲伏][蒲服]同"匍匐"。在地上爬行。《左传·昭公十三年》:"怀锦奉壶饮冰,以～伏焉。"《战国策·秦策三》:"坐行～服,乞食于吴市。"

酺 pú (古代有吉庆时由君主特赐臣民的)聚会饮酒。《史记·秦始皇本纪》:"五月,天下大～。"

墣 pú 土块。《淮南子·说林》:"土胜水者,非以一～塞江也。"

璞 pú 含有玉的石头或未雕琢过的玉。《韩非子·和氏》:"王乃使玉人理其～而得宝焉。"(玉人:雕琢玉的人。理:雕琢。)㊃质朴,淳朴。《战国策·齐策四》:"归真反～,则终身不辱。"蔡邕《释诲》:"颜歜(chù)抱～。"(颜歜保持淳朴的品格。颜歜:人名。)

濮 pú ❶古水名。流经春秋卫地。《韩非子·十过》:"师延东走,至于～水而自投。"《礼记·乐记》:"桑间～上之音,亡国之音也。"❷古代民族名。《尚书·牧誓》:"及庸、蜀、羌……～人。"

朴¹ pǔ ❶pò 树皮。崔骃《博徒论》:"肤如桑～,足如熊蹄。"[厚朴]一种落叶乔木。树皮可供药用。《史记·司马相如列传》:"楟柰(tíng nài)～～。"(楟柰:果树名。)❷大。屈原《天问》:"恒秉季德,焉得夫～牛?"㊁大木材。屈原《九章·怀沙》:"材～委积兮,莫知余之所有。"❸通"朴²(樸)"。本质,本性。《荀子·性恶》:"今人之性,生而离其～。"❹通"朴²(樸)"。质朴,淳朴。《荀子·王霸》:"农夫～力而寡能。"(朴力:质朴而尽力耕作。寡:少。能:指奸邪。)

朴²(樸) pǔ ❶未加工的木材。《老子·二十八章》:"～散则为器。"《论衡·量知》:"无刀斧之断者谓之～。"(断:指加工。)㊂未经整治的,未经训练的。《荀子·臣道》:"若驭～马,若养赤子。"❷本钱,成本。《商君书·垦令》:"贵酒肉之价,重其租,令十倍其～。"(提高酒肉的价格,加重酒肉的税收,使税额比成本高十倍。)❸本质,本性。《老子·十九章》:"见素抱～,少私寡欲。"《吕氏春秋·论人》:"故知知一,则复归于～。"成语有"返朴归真"。㊁质朴,淳朴。《荀子·强国》:"观其风俗,其百姓～。"《汉书·黄霸传》:"浇淳散～。"❹整治,治理。左思《魏都赋》:"匪～匪斲,去泰去甚。"❺pú [朴樕(sù)]丛生的小树。《诗经·召南·野有死麕》:"林有～～。"

圃 pǔ ❶种植蔬菜瓜果的园子。《韩非子·外储说左上》:"中牟之人弃其田耘,卖宅～。"(中牟:地名。田耘:指农活。)㊂事物聚集的地方。《史记·司马相如列传》:"修容乎礼园,翱翔乎书～。"❷种植蔬菜瓜果的人。《论语·子路》:"樊迟请学稼。子曰:'吾不如老农。'请学为圃,曰:'吾不如老～。'"

浦 pǔ ❶水边,岸边。《诗经·大雅·常武》:"率彼淮～。"❷小河流入江海的入口处。《晋书·徐宁传》:"至广陵寻亲旧,还遇风,停～中。"❸港汊,水湾。洪迈《夷坚丙志·林翁要》:"约行百余里,随流入小～中。"

溥 pǔ ❶广大。《诗经·大雅·公刘》:"逝彼百泉,瞻彼～原。"❷普遍。《诗经·小雅·北山》:"～天之下,莫非王土。"❸fū 通"敷"。分布。《礼记·祭义》:"夫孝,置之而塞乎天地,～之而横乎四海。"

普 pǔ 普遍,全面。《孟子·万章上》:"～天之下,莫非王土。"《史记·秦始皇本纪》:"～施明法。"《三国志·吴书·吴主传》:"～天一统,于是定矣。"

谱(譜) pǔ ❶记录事物类别或系统的书籍。如"家谱"、"年谱"、"食谱"。《汉书·刘歆传》:"考定律历,著《三统历～》。"《旧唐书·经籍志上》:"十二曰～系,以纪世族继序。"㊕曲谱,乐谱。白居易《霓裳羽衣歌和微之》:"由来能事皆有主,杨氏创声君造～。"《宋史·乐志五》:"自历代至于本朝，雅乐皆先制乐章而后成～，崇宁以后乃先制～后命词。”❷ 编排记录，编写(谱册)。《史记·三代世表》：“自殷以前诸侯不可得而～。”(殷：商朝。)⑬谱曲(后起意义)。辛弃疾《浣溪沙·别成上人并送性禅师》：“惯听禽声应可～，饱观鱼阵已能排。”

蹼 pǔ　某些飞禽、蛙类等动物脚趾间相连的膜。《尔雅·释鸟》：“凫雁丑，其足～。”

铺(鋪) pù　见 315 页。

曝 pù　❶ 晾晒。《战国策·燕策二》：“今者臣来，过易水，蚌方出～。”陶潜《自祭文》：“冬～其日，夏濯(zhuó)其泉。”(濯：洗。)成语有“一曝十寒”。❷ 暴露。《北史·魏高祖纪上》：“今京师及天下之囚，罪未分判，在狱致死，无近亲者，公给衣衾棺椟葬埋之，不得～露。”《隋书·李德林传》：“～骨履肠，间不容砺。”

Q

QI

妻 qī ❶ 妻子，男子的嫡配偶。《战国策·秦策一》：“～不以我为夫……父母不以我为子。”《史记·孙子吴起列传》：“吴起取齐女为～。”（取：娶。齐：齐国。）❷ qì 以女嫁人。《论语·先进》：“孔子以其兄之子～之。”（子：女儿。）《三国志·魏书·荀彧传》：“太祖以女～彧（yù）长子恽。”[又]娶妻。《史记·鲁周公世家》：“宋女至而好，惠公夺而自～之。”

萋 qī ❶ 草木茂盛的样子。张协《杂诗》之一：“房栊无行迹，庭草～以绿。”叶适《题潘彦庶群书辨正》：“汉沔之间，草树～迷。”❷［萋萋］1. 草木茂盛的样子。《楚辞·招隐士》：“王孙游兮不归，春草生兮～～。”2. 云飘动的样子。鲍溶《范真传侍御累有寄因奉酬》诗之九：“～～巫峡云，楚客莫留恩。”3. 华丽的样子。潘岳《藉田赋》：“袭春服之～～兮，接游车之辚辚。”❸ 帛上文彩交错的样子。《诗经·小雅·巷伯》：“～兮斐兮，成是贝锦。”（贝锦：有贝形花纹的锦缎。）

悽 qī 悲痛，悲伤。《礼记·祭义》：“霜露既降，君子履之，必有～怆之心。”刘勰《文心雕龙·诔碑》：“道其哀也，～焉如可伤。”这个意义后来写作“凄”。

栖（棲） qī ❶ 鸟类停留、歇宿。《诗经·王风·君子于役》：“鸡～于埘。”张衡《西京赋》：“南翔衡阳，北～雁门。”（翔：飞翔。）[泛]停留，居住。《国语·越语上》：“越王勾践～于会稽之上。”李白《万愤词投魏郎中》诗：“吾将安～？”（安：哪里。）［栖迟］游玩休息。《诗经·陈风·衡门》：“衡门之下，可以～～。”❷ 栖息、居住的地方。《论衡·辨祟》：“鸟有巢～，兽有窟穴。”郭璞《游仙》诗：“京华游侠窟，山林隐遁～。”❸ xī［栖栖］忙碌不安的样子。《论语·宪问》：“丘何为是～～者与？”

戚[1] qī ❶ 斧。古代一种兵器。《韩非子·五蠹》：“执干～舞。”（干：盾。）❷ 亲近，亲密。《庄子·盗跖》：“尧杀长子，舜流母弟，疏～有伦乎？”（流：流放。疏：疏远。伦：人伦。）《列子·力命》：“管夷吾、鲍叔牙二人相友甚～。”[又]亲戚，亲属。《史记·秦本纪》：“法之不行，自于贵～。”（自：从。）《吕氏春秋·论人》：“何谓六～？父、母、兄、弟、妻、子。”双音词有“亲戚”。【注意】古代的“亲戚”包括父母子女，和现代的用法不同。❸ 忧愁，悲伤。《庄子·大宗师》：“哭泣无涕，中心不～。”这个意义又写作“慼”、“慽”，现写作“戚”。❹［戚戚］心动的样子。《孟子·梁惠王上》：“夫子言之，于我心有～～焉。”【辨】哀，戚，悲，悼。见1页“哀”字。

戚[2]**（慼、慽）** qī ❶ 忧愁，悲伤。《诗经·小雅·小明》：“心之忧矣，自诒伊～。”（诒：留下。伊：此。）李白《北上行》：“惨～冰雪里，悲号绝中肠。”成语有“休戚相关”。❷ 亲戚，亲属。《隶释·汉小黄门谯敏碑》：“寮朋亲～，莫不失声。”

桤（榿） qī 树名。杜甫《堂成》诗：“～林碍日吟风叶，笼竹和烟滴露梢。”

攲 qī［攲嶇］同“崎岖”。1. 不平。庾信《小园赋》：“～～兮狭室，穿漏兮茅茨。”2. 经历坎坷。《宋书·庐江王祎传》：“徼幸～～，仅得自免。”

陭 qī ❶［陭嶇］同“崎岖”。不平。《史记·司马相如列传》：“民人登降移徙，～～而不安。”❷ yī［陭氏］古县名。在今山西安泽东南。

攲（攱） qī ❶ 倾斜。《荀子·宥坐》：“吾闻宥坐之器者，虚则～，中则正，满则覆。”❷ 依靠，倚靠。元好问《读书山月夕》诗之二：“墙东有洿池，～枕听鸣蛙。”

踦 qī ❶ 一只脚。《管子·侈靡》：“其狱，一～腓，一～屦（jù）而当死。”（砍去犯人一只脚，让他一只脚穿鞋，可以抵死罪。腓：砍脚的刑罚。）[引]瘸子，腿脚有毛病的。焦延寿《易林·归妹之睽》：“兔跛鹿～，缘山坠堕。”［踦跂（qí）］瘸子，腿脚有毛病的。《国语·鲁语下》：“～～毕行，无有处人。”（处人：指留着不走的人。）❷ 亏缺，不足。《元史·忠义传》：“量之～赢，出于元降。”❸ 偏，偏重。《韩非子·八经》：“大臣两重，提衡而不～。”（提衡：指平衡。）❹ jī 单只，单数。贾谊《新书·谕诚》：“楚国虽贫，岂爱一～屦哉？”双音词有“踦偶”。[又]数奇（jī），运气不好。苏舜钦《哀穆先生文》：

“然由赋数～只，常罹兵贼恶少辈所辱困。”❺ yǐ 用力顶住。《庄子·养生主》：“足之所履，膝之所～。”㊂依靠，依据。《公羊传·成公二年》：“二大夫出，相与～闾而语。”《大戴礼记·子张问入官》：“失言勿～。”

娸 qī 诋毁，丑化。《汉书·枚乘传》：“故其赋有诋～东方朔，又自诋～。”

期[1] qī ❶约会。《诗经·鄘风·桑中》：“～我乎桑中。”（桑中：地名。）㊀预定的时间，规定的期限。《左传·隐公元年》：“大叔完聚，缮甲兵，具卒乘，将袭郑。夫人将启之。公闻其～，曰：‘可矣！’”《史记·陈涉世家》：“会天大雨，道不通，度（duó）已失～。”（会：适逢。度：估计。失：耽误。）❷期望，要求。《韩非子·五蠹》：“不～修古，不法常可。”㊂限度。苏轼《渔父四首》之一：“酒无多少醉为～。”㊂必，必定。《汉书·路温舒传》：“刻木为吏，～不对。”❸ jī 周（年、月）。《左传·襄公九年》：“行之～年，国乃有节。”（行：施行。节：节余。）《后汉书·耿纯传》：“～月之间，兄弟称王。”❹ jī 期服。旧时为亲属服丧一年。《墨子·公孟》：“伯父叔父兄弟～。”上述❸❹的意义又写作“朞”，现写作“期”。

欺 qī ❶欺骗，欺诈。《论语·子罕》：“吾谁～，～天乎？”《韩非子·孤愤》：“其行～主也。”成语有“童叟无欺”。❷欺凌，欺负。贾谊《新书·解县》：“匈奴～侮侵掠，未知息时。”（息：止息。）杜甫《茅屋为秋风所破歌》：“南村群童～我老无力。”成语有“欺霜傲雪”。❸辜负。《史记·刺客列传论》：“不～其志，名垂后世。”❹压倒，超过（后起意义）。杜牧《张好好诗》：“飘然集仙客，讽赋～相如。”

僛 qī ❶［僛僛］1. 醉舞的样子。《诗经·小雅·宾之初筵》：“乱我笾豆，屡舞～～。”2. 摇摆的样子。王安石《春雨》诗：“城云如梦柳～～。”❷通“䫏”。相貌丑陋。庾信《竹杖赋》：“宿昔～丑，俄然耆耋。”

諆 qī ❶欺骗。❷ jī 谋划。《后汉书·张衡传》：“回志朅来从玄～，获我所求夫何思。”

䫏（魌、倛） qī 状貌丑恶的面具。《慎子·威德》：“毛嫱、西施，天下之至姣也，衣之以皮～，则见者走。”［䫏头］状貌丑恶的面具。《周礼·夏官·方相氏》郑玄注：“冒熊皮者，以惊驱疫疠之鬼，如今～～也。”

㭧 qī （今读 qì）❶树名。萧颖士《江有枫》诗：“想彼～矣，亦类其枫。”❷ sè 叶落枝空的样子。潘岳《秋兴赋》：“庭树～以洒落兮，劲风戾而吹帷。”❸ sè ［㭧㭧］风吹树叶摇动声。刘禹锡《秋声赋》：“树～～兮虫啾啾。”

亓 qí “其”的古字。❶代词。那个。《墨子·公孟》：“～父死，～长子嗜酒而不葬。”❷语气词。表示期望。《墨子·备梯》：“身死国亡，为天下笑，子～慎之。”见320页“其”字。

齐（齊） qí ❶整齐，一致。《孟子·滕文公上》：“夫物之不～，物之情也。”《孙子兵法·九地》：“兵合而不～。”㊂一同，一齐。刘禹锡《插田歌》：“～唱田中歌。”㊀相同，同等。屈原《九歌·云中君》：“与日月兮～光。”《盐铁论·地广》：“安危劳佚不～，独不当调邪？”❷齐备，齐全。《荀子·王霸》：“无它故焉，四者～也。”韩翃《送客之潞府》诗：“佳期别在春山里，应是人参五叶～。”㊂整治，整理。《礼记·大学》：“欲治其国者，先～其家，欲～其家者，先修其身。”杜甫《西郊》诗：“傍架～书帙，看题检药囊。”❸敏捷。《商君书·弱民》：“～疾而均，速若飘风。”（疾：快。均：整齐。）❹肚脐。《左传·庄公六年》：“后君噬～。”（噬：咬。）这个意义后来写作“脐（臍）”。❺ jì 调剂。《韩非子·定法》：“医者～药也。”这个意义后来写作“剂（劑）”。❻ zhāi 庄重，恭敬。《礼记·祭义》：“敬～之色，不绝于面。”㊂斋戒。《仪礼·士冠礼》：“～则缁之。”上述❻㊂的意义后来写作“斋（齋）”。❼ zī ［齐盛（chéng）］通“粢盛”。祭祀时装在器物中的谷物。《礼记·祭统》：“以共～～。”（共：供。）❽ jī 通“跻”。升。《礼记·乐记》：“地气上～，天气下降。”❾周代诸侯国。战国时为七雄之一。在今山东北部一带。❿朝代名。1. 公元479—502年，南朝之一，又称南齐，第一代君主是萧道成。2. 公元550—577年，北朝之一，又称北齐，第一代君主是高洋。

蛴（蠐） qí ❶［蛴螬（cáo）］金龟子的幼虫。《庄子·至乐》：“乌足之根为～～，其叶为胡蝶。”❷［蝤（qiú）蛴］见339页“蝤”字。

懠 qí 愤怒。《诗经·大雅·板》：“天之方～，无为夸毗。”

祁 qí ❶盛，大。《尚书·君牙》：“冬～寒，小民亦惟曰怨咨。”❷［祁祁］1. 众多的样子。《诗经·豳风·七月》：“春

Q

日迟迟，采蘩～～。”2. 舒缓和顺的样子。班固《灵台诗》：“习习祥风，～～甘雨。”

圻 qí ❶ 京畿。天子都城周围千里之地。《左传·襄公二十五年》：“且昔天子之地一～。”㊀地方千里为圻。《左传·昭公二十三年》：“若敖蚡冒，至于武文，土不过同，慎其四竟，犹不城郢。今土数～，而郢是城，不亦难乎？”(若敖、蚡冒：都是楚的先祖。同：地方百里为同。) ❷ 岸。《论衡·死伪》：“栾水击滑山之尾，犹河、泗之流湍滨～也。”王维《送沈子福之江东》诗：“杨柳渡头行客稀，罟师荡桨向临～。” ❸ yín 同“垠”。边界，边际。《淮南子·俶真》：“四达无境，通于无～。”

祈 qí (向老天或鬼神)祷告恳求。《诗经·小雅·甫田》：“以御田祖，以～甘雨。”韩愈《潮州祭神文》：“～于太湖神之灵。”㊀求，希望。《南史·刘峻传》：“闻有异书，必往～借。”(异：特殊的。)叶适《中奉大夫曾公墓志铭》：“遂以亲嫌乞免，且以病力～去。”

颀(頎) qí 身体修长的样子。《诗经·卫风·硕人》：“硕人其～。”

蕲(蘄) qí ❶ 一种药草。即“当归”。❷ 马嚼子。张衡《西京赋》：“旗不脱扃，结驷方～。” ❸ 通“祈”。求。《庄子·养生主》：“泽雉十步一啄，百步一饮，不～畜乎樊中。” ❹ 通“圻”。边界。《荀子·儒效》：“跨天下而无～。”

祇 qí ❶ 地神。《论语·述而》：“祷尔于上下神～。”(替你向天神地祇祈祷。) ❷ zhǐ 仅仅，只。《诗经·小雅·何人斯》：“～搅我心。”㊁适，恰好。《国语·晋语五》：“病未若死，～以解志。”【注意】❷㊁的意义上古又写作“秖”、“衹”、“秪”，宋代以后多作“只”。【辨】祇，秖，衹，秪，秖，只。见532页“衹”字。

疷 qí 病，忧病。《诗经·小雅·白华》：“之子之远，俾我～兮。”

岐 qí ❶ 山名。在今陕西岐山县东北。《尚书·禹贡》：“导岍及～。” ❷ 同“歧”。岔路。《后汉书·邓彪传》：“迟迟于～路之间也。”㊀分开，分岔。《淮南子·原道》：“故牛～蹄而戴角，马被髦而全足者，天也。”

歧 qí ❶ 岔路。徐元太《喻林·人事门·乱真》引《吕氏春秋·疑似》：“故墨子见～道而哭之。”《列子·说符》：“～路之中又有～。”成语有“歧路亡羊”。㊀非正当的途径。《旧唐书·韦澳传》：“必以吾他～得之。” ❷ 分岔，分开。《后汉书·张堪传》：“桑无附枝，麦穗两～。”王安石《寄虔州江阴二妹》诗：“又如～首蛇，南北两欲驰。”这个意义又写作“岐”。

蚑 qí ❶ 虫名。枚乘《七发》：“～、蟜、蝼、蚁闻之，拄喙而不能前。”㊁虫类。李时珍《本草纲目·主治下·诸虫》：“杀虫术……蓝叶，杀虫～。” ❷ [蚑行]虫类爬行或动物行走。《淮南子·修务》：“～～蛲动之虫，喜而合，怒而斗。”《淮南子·天文》：“～～喙息，莫贵于人。”

跂 qí ❶ 多生出的脚趾。《庄子·骈拇》：“故合者不为骈(pián)，而枝者不为～。”(骈：指脚的大拇指与二指连在一起。枝：通“支”。分支。) ❷ [跂行]通“蚑行”。虫类爬行或动物行走。《史记·匈奴列传》：“～～喙(huì)息蠕动之类。”(喙息：用嘴呼吸。) ❸ qǐ 踮起脚后跟。《荀子·劝学》：“吾尝～而望矣，不如登高之博见也。”

其 qí ❶ 第三人称代词。表示领有。相当于“他的”、“她的”、“它的”、“他们的”。《论语·卫灵公》：“工欲善～事，必先利～器。”成语有“各得其所”、“自圆其说”。㊁相当于“他”、“她”、“它”、“他们”(后起意义)。《三国志·魏书·华佗传》：“当须刳割者，便饮～麻沸散。”(刳：割。麻沸散：一种麻药。)成语有“任其自流”、“知其不可而为之”。❷ 指示代词。相当于“这”、“这些”、“那”、“那些”。柳宗元《捕蛇者说》：“有蒋氏者，专～利三世矣。”《史记·项羽本纪》：“今欲举大事，将非～人不可。”成语有“不厌其烦”。㊁其中的。《庄子·山木》：“～一能鸣，～一不能鸣。” ❸ 连词。表示假设。相当于“如果”、“假使”。《荀子·劝学》：“兰槐之根是为芷(zhǐ)，～渐之滫(xiǔ)，君子不近，庶人不服。”(芷：一种香草。渐：浸。滫：臭水。服：佩戴。)㊁表示选择。相当于“或者”、“还是”。《庄子·徐无鬼》：“～欲干酒肉之味邪？～寡人亦有社稷之福邪？” ❹ 句中语气词。表示揣测、反问、期望或命令。《孟子·梁惠王上》：“始作俑者，～无后乎？”《左传·僖公十年》：“欲加之罪，～无辞乎？”《尚书·益稷》：“帝～念哉！”㊁句末语气词。表示疑问。《诗经·小雅·庭燎》：“夜如何～？夜未央。” ❺ 形容词词头。《诗经·邶风·北风》：“北风～凉，雨雪～雱。”(雱：雪很大的样子。)

萁 qí ❶ 豆茎。《世说新语·文学》：“～在釜下燃，豆在釜中泣。” ❷ jī 草名。《汉书·五行志下》：“女童谣曰：‘檿(yǎn)弧～服，实亡周国。’”(檿：木名。弧：指弓。

Q

服:箭袋。)❸ jī 木名。《淮南子·时则》:“爨~燧火。”

淇 qí 水名。在今河南北部,源出淇山。《诗经·邶风·泉水》:“毖彼泉水,亦流于~。”

骐(騏) qí ❶有青黑色纹理的马。《诗经·鲁颂·駉》:“有骓有駓,有骍有~。”❷青黑色。《诗经·曹风·鸤鸠》:“其带伊丝,其弁伊~。”❸[骐骥]1.骏马。《庄子·秋水》:“~~骅骝,一日而驰千里。”2.贤才。《世说新语·雅量》刘孝标注:“此吾家~~也,必兴吾宗。”❹[骐驎]1.骏马名。《商君书·画策》:“~~騄駬,每一日走千里。”2.同“麒麟”。传说中象征祥瑞的神兽。《战国策·赵策四》:“刳胎焚夭而~~不至。”

琪 qí 美玉。陆龟蒙《袭美先辈……用伸酬谢》诗:“因知昭明前,剖石呈清~。”[琪树]仙境中的玉树。孙绰《游天台山赋》:“建木灭景于千寻,~~璀璨而垂珠。”

祺 qí 吉祥,福气。《诗经·大雅·行苇》:“寿考维~。”(既长寿又吉祥。考:老。维:句中语气词。)

綦 qí ❶青黑色。《诗经·郑风·出其东门》:“缟衣~巾。”(缟:素色的绢。巾:佩巾。)❷鞋带。《礼记·内则》:“偪屦著~。”(绑上裹腿,穿上鞋,系上鞋带。著綦:指系鞋带。)❸脚印,鞋印。左思《娇女诗》:“务蹑霜雪戏,重~常累积。”❹极。《荀子·王霸》:“目欲~色,耳欲~声。”

旗 qí ❶画有熊虎图案的旗帜。《周礼·春官·司常》:“熊虎为~。”㉂旗帜。《韩非子·外储说左下》:“夫爵禄~章,所以异功伐别贤不肖也。”贾谊《过秦论》:“斩木为兵,揭竿为~。”(兵:武器。揭:高举。)❷事物的标志。《左传·闵公二年》:“佩,衷之~也。”(身上佩戴的东西,是内心的标志。)

璂 qí 古代皮冠上的玉饰。《周礼·夏官·弁师》:“王之皮弁会五采玉~。”

麒 qí [麒麟]1.传说中象征祥瑞的神兽。《孟子·公孙丑上》:“~~之于走兽,凤凰之于飞鸟,泰山之于丘垤,河海之于行潦,类也。”2.杰出的人才。李山甫《赴举别所知》诗:“黄祖不怜鹦鹉客,志公偏赏~~儿。”

奇 qí ❶奇异的,罕见的,不寻常的。《老子·五十七章》:“人多伎巧,~物滋起。”(滋起:产生出来。)《史记·商君列传》:“公孙鞅年虽少,有~才。”❷出人意料的。《老子·五十七章》:“以正治国,以~用兵。”成语有“出奇制胜”。❸很,非常。段成式《酉阳杂俎》卷十二“语资”:“今岁~寒。”❹ jī 单数。与“偶”相对。《周易·系辞下》:“阳卦~,阴卦耦。”《资治通鉴·唐敬宗宝历二年》:“每~日,未尝不视朝。”(视朝:君主临朝听政。)㉃命运不好。常“数奇”连用。《史记·李将军列传》:“以为李广老,数~,毋令当单于。”❺ jī 零数。《汉书·食货志》:“(货布)首长八分有~。”

埼 qí 弯曲的岸边。《史记·司马相如列传》:“触穹石,激堆~。”

崎 qí [崎岖]1.山路高低不平的样子。张衡《南都赋》:“上平衍而旷荡,下蒙笼而~~。”李白《送友人入蜀》诗:“~~不易行。”2.比喻处境困难。《史记·燕召公世家》:“燕北迫蛮貉,内措齐晋,~~强国之间。”文天祥《平原》诗:“~~坎坷不得志,出入四朝老忠节。”(坎坷:指遭遇不幸。)3.跋涉,奔波。《颜氏家训·杂艺》:“~~碑碣之间,辛苦笔砚之役。”4.情意缠绵曲折。《乐府诗集·西乌夜飞五》:“感郎~~情,不复自顾虑。”

骑(騎) qí ❶骑马。《战国策·赵策二》:“今吾将胡服~射,以教百姓。”《史记·樊郦滕灌列传》:“沛公留车骑,独~一马,与樊哙等四人步从。”㉁跨骑,乘坐。《汉书·爰盎传》:“不~衡。”(衡:栏杆。)《庄子·齐物论》:“乘云气,~日月。”成语有“骑虎难下”。❷ jì 骑兵,骑马的人。《史记·项羽本纪》:“沛公旦日从百余~来见项王。”白居易《卖炭翁》:“翩翩两~来是谁?”㉁骑马的侍从。《韩非子·说林下》:“公孙弘断发而为越王~。”❸骑乘的马。王融《三月三日曲水诗序》:“重英曲瑵(zhǎo)之饰,绝景追风之~。”

琦 qí ❶美玉。《鬼谷子·飞箝》:“财货~玮,珠玉璧白。”(玮:美玉。)❷珍奇,美好。仲长统《昌言·理乱》:“~赂宝货,巨室不能容。”(赂:财物。)❸通“奇”。奇异的。《荀子·非十二子》:“好治怪说,玩~辞。”(治:研究。玩:卖弄。)

碕 qí ❶同“埼”。弯曲的岸边。《楚辞·九叹·离世》:“遵江曲之逶移兮,触石~而衡游。”❷山漫长而起伏的样子。郭璞《江赋》:“~岭为之岩崿。”❸ qǐ [碕礒(yǐ)]山石错落不平的样子。《楚辞·招隐士》:“嵚岑~~兮,硱磳磈硊。”

锜(錡) qí ❶凿子一类的工具。《诗经·豳风·破斧》:“既破我斧,又缺我～。”❷ 一种三只脚的锅。《诗经·召南·采蘋》：“于以湘之，维～及釜。”❸ yǐ 兵器架。用于悬挂弓弩。张衡《西京赋》：“武库禁兵，设在兰～。”

耆 qí ❶ 老。《庄子·寓言》：“以期年～者。”[耆艾]指年老或老人。古代称六十岁的人为“耆”，五十岁的人为“艾”。《荀子·致士》：“～～而信，可以为师。”《汉书·武帝纪》：“然则于乡里先～～，奉高年，古之道也。”❷ 强横。《左传·昭公二十三年》：“不僭不贪，不懦不～。”❸ 憎恶。《诗经·大雅·皇矣》：“上帝～之，憎其式廓。”❹ shì 通“嗜”。喜好。《孟子·告子上》：“～秦人之炙。”（炙：烤肉。）

鳍（鰭） qí 鱼鳍。鱼类的运动器官。郭璞《江赋》：“扬～掉尾，喷浪飞唌。”

鬐 qí ❶ 马鬃，马颈上的长毛。《尉缭子·制谈》：“彼驽马～兴角逐，何能绍吾气哉？”[泛]动物颈背的长毛。李公佐《古岳渎经》：“状有如猿，白首长～。”❷ 通“鳍”。鱼类的背鳍。《庄子·外物》：“已而大鱼食之……骛扬而奋～，白波若山，海水震荡。”

旂 qí 上画交龙、杆头系铃的旗。《周礼·春官·司常》：“日月为常，交龙为～……王建大常，诸侯建～。”[泛]旗帜。韩愈《谴疟鬼》诗：“呼吸明月光，手掉芙蓉～。”

畦 qí ❶ 土地面积单位。五十亩为畦。❷ 田间划分的小区。《庄子·天地》：“（子贡）见一丈人方将为圃～……子贡曰：‘有械于此，一日浸百～。’”（浸：灌溉。）《韩非子·外储说左上》：“庸客致力而疾耘耕者，尽巧而正～陌～畤者，非爱主人也。”双音词有“畦陇”。[泛]田园。谢朓《和沈祭酒行园》诗：“霜～纷绮错，秋町郁蒙茸。”❸ 分畦种植。屈原《离骚》：“～留夷与揭车兮，杂杜衡与芳芷。”

乞 qǐ ❶ 求，讨。《左传·隐公四年》：“宋公使来～师。”（师：军队。）[特]讨饭。《韩非子·难言》：“伯里子道～。”❷ 索取。《陈书·宗元饶传》：“遣使就渚敛鱼，又于六郡～米。”❸ qì 给。《汉书·朱买臣传》：“妻自经死，买臣～其夫钱，令葬。”李白《少年行》：“好鞍好马～与人。”

芑 qǐ ❶ 一种粟。《诗经·大雅·生民》：“诞降嘉种……维糜维～。”❷ 苦菜。《诗经·小雅·采芑》：“薄言采～，于彼新田。”❸ 通“杞”。树名。《山海经·东山经》：“（余峨之山）其上多梓柟，其下多荆～。”

屺 qǐ ❶ 不长草木的山。《诗经·魏风·陟岵》：“陟彼～兮，瞻望母兮。”❷ [屺岵(hù)]指代父母。颜惟贞《萧思亮墓志》：“未极庭闱之养，遂缠～～之悲。”

岂（豈） qǐ ❶ 副词。表示反问。可以翻译为“难道”、“怎么”。《庄子·盗跖》：“子之道～足贵邪？”❷ 副词。表示疑问。可以翻译为“是否”。《三国志·蜀书·诸葛亮传》：“将军～愿见之乎？”❸ kǎi 快乐，和乐。《诗经·小雅·鱼藻》：“～乐饮酒。”这个意义又写作“恺”。❹ kǎi [岂弟]平易近人。《诗经·小雅·青蝇》：“～～君子，无信谗言。”这个意义又写作“恺悌”。

玘 qǐ 玉名。谢灵运《答中书》诗：“矧乃良朋，贻我琼～。”

杞 qǐ ❶ 树名。杞柳。《诗经·郑风·将仲子》：“无折我树～。”（不要折我种的杞。树：种。）❷ 灌木名。枸杞。《诗经·小雅·杕杜》：“陟彼北山，言采其～。”（陟：登。彼：那。言：动词词头。）❸ 周代诸侯国。在今河南杞县。《列子·天瑞》：“～国有人，忧天地崩坠，身亡所寄。”（亡：无。）成语有“杞人忧天”。

起 qǐ ❶ 出发，动身。《庄子·秋水》：“予蓬蓬然～于北海而入于南海也。”[又]站起，起来。《庄子·齐物论》：“曩子坐，今子～。”（曩：过去。子：您。）李白《嘲鲁儒》诗：“未行先～尘。”[又]起床。《孟子·尽心上》：“鸡鸣而～，孳孳为善者，舜之徒也。”❷ 兴起。《荀子·天论》：“一废一～。”[又]发动。《三国志·蜀书·诸葛亮传》：“将军～兵，据有江东。”❸ 起用。《战国策·秦策二》：“～樗(chū)里子于国。”[又]出仕，应征。刘僎《念奴娇·长沙赵帅席上作》：“草庐如旧，卧龙知为谁～。”[又]出身。《汉书·萧何曹参传赞》：“萧何、曹参，皆～秦刀笔吏。”❹ 出现，产生。《荀子·天论》：“上明而政平。则是虽并世～，无伤也。”（并世：指同时。）[引]开始。《史记·李斯列传》：“明法度，定律令，皆以始皇～。”❺ 兴建，建造。《后汉书·顺帝纪》：“缮～太学。”（缮：修治。）《三国志·吴书·吴主传》：“诏诸郡县治城郭，～谯楼。”（谯楼：古城门上的瞭望楼。）❻ 启发。《论语·八佾》：“～予者商也！”（商：人名。）

企 qǐ ❶ 踮起脚后跟。《老子·二十四章》：“～者不立，跨者不行。”《汉书·高帝纪上》：“日夜～而望归。”[引]站立，耸立。何晏《景福殿赋》：“鸟～山峙。”谢灵运《从斤竹涧越岭溪行》诗：“～石挹飞泉，攀林摘叶卷。”❷仰望，盼望。《北史·阳休之传》：“乡曲人士，莫不～羡焉。”（乡曲：穷乡僻壤。）潘岳《射雉赋》：“甘疲心于～想。”（甘：情愿。疲心：使心疲倦。）❸企及，赶上。《新唐书·王勃传》：“勃文章宏放，非常人所及，炯、照邻可以～之。”（炯、照邻：人名。）

启（啓、啟） qǐ ❶开门，打开。《左传·襄公二十五年》：“门～而入。”㊉开发，开拓。《韩非子·有度》：“齐桓公并国三十，～地三千里。”㊋古代称立春、立夏为“启”。《左传·僖公五年》：“凡分、至、～、闭，必书云物。”（分：春分、秋分。至：夏至、冬至。闭：立秋、立冬。）❷开通。《梁书·文帝纪》：“凿河津于孟门，百川复～。”㊉启发。《左传·昭公二十七年》：“～叔孙氏之心。”双音词有“启迪”。㊋引发，招致。《左传·文公七年》：“今臣作乱，而君不禁，以～寇仇。”❸［启处］指安居。“启”指古人伸直腰股坐，也叫跪、长跪；“处”指两膝着地，臀部靠着脚跟坐。《诗经·小雅·采薇》：“不遑～～。”（不遑：没有空闲。）❹萌芽，开始。《荀子·天论》：“繁～蕃长于春夏。”《三国志·魏书·武帝纪》：“首～戎行。”（戎行：军队。）双音词有“启程”。❺禀告，陈述。《商君书·开塞》：“非明主莫有能听也，今日愿～之以效。”《三国志·蜀书·董和传》：“来相～告。”王安石《答司马谏议书》：“某～：昨日蒙教。”（某：作者自称。蒙教：承蒙指教。）双音词有“启事”。❻指奏疏、公文、书函等文体。刘勰《文心雕龙·奏启》：“至魏国笺记，始云～闻。”沈作喆《寓简》卷八：“秦熺状元及第，汪彦章以～贺会之。”（秦熺、汪彦章、会之：都是人名。）

棨 qǐ ❶古代用木制的一种符信。《后汉书·窦武传》：“取～信，闭诸禁门。”❷古代官吏出行时的一种形状像戟、外有缯衣的木制仪仗。也叫棨戟。《汉书·韩延寿传》：“建幢～，植羽葆。”（幢：古代用作仪仗的一种旗帜。）王勃《滕王阁序》：“都督阎公之雅望，～戟遥临。”

腎 qǐ 腿肚子。《山海经·海外北经》：“无～之国在长股东，为人无～。”

绮（綺） qǐ ❶有花纹的丝织品。《后汉书·高帝纪》：“贾人毋得衣锦、绣、～……”张俞《蚕妇》诗：“遍身罗～者，不是养蚕人。”（罗：轻软有稀孔的丝织品。）❷美丽，华丽。《后汉书·宦者列传序》：“侍儿、歌童、舞女之玩，充备～室。”苏轼《水调歌头·明月几时有》：“转朱阁，低～户，照无眠。”㊉珍贵。李白《扶风豪士歌》：“雕盘～食会众客。”

气（氣、炁） qì ❶气，气体。《吕氏春秋·观表》：“天为高矣，而日月星辰云～雨露未尝休矣。”《木兰诗》：“朔～传金柝（tuò）。”（柝：古代打更用的器具。）㊕气息。《论语·乡党》：“摄齐升堂，鞠躬如也，屏～似不息者。”（屏气：抑制呼吸。）❷自然界冷热阴阳等现象。《左传·昭公元年》：“天有六～。”（六气：指阴、阳、风、雨、晦、明。）［气候］1. 古代以五日为一候，三候为一气，六气为一时，四时为一年。2. 天气。江淹《谢临川游山》诗：“南中～～暖。”❸气味。曹植《洛神赋》：“～若幽兰。”❹景象，气氛。王羲之《兰亭序》：“天朗～清，惠风和畅。”❺人的精神状态。指勇气、怒气等。《商君书·算地》：“勇士资在于～。”《战国策·赵策四》：“太后盛～而揖之。”（揖：应作“胥”，等待。）❻古代哲学概念。指构成宇宙万物的物质性的东西。《荀子·王制》：“水火有～而无生。”（生：生命。）❼古代哲学概念。人的主观精神。《孟子·公孙丑上》：“我善养吾浩然之～。”❽古代文论术语。指作家的气质和反映在作品中的气势。曹丕《典论·论文》：“文以～为主，～之清浊有体。”❾中医指元气、脉气或病象。《荀子·修身》：“以治～养生。”《素问·调经论》：“～有余则写其经隧。”《敦煌曲子词·定风波》：“情怯，有风有～有食结。”

讫（訖） qì ❶终了，完毕。《尚书·吕刑》：“典狱，非～于威。”贾思勰《齐民要术·大豆》：“刈（yì）～则速耕。”（刈：收割。）❷毕竟，终究。《汉书·王莽传中》：“莽以钱币～不行，复下书。”❸通“迄”。至，到。《汉书·成帝纪》：“～今不改。”

迄 qì ❶至，到。《诗经·大雅·生民》：“后稷肇祀，庶无罪悔，以～于今。”❷毕竟，终究。《后汉书·孔融传》：“才疏意广，～无成功。”（才疏意广：志大才疏。）

汔 qì ❶水干涸。《说文·水部》：“汔，水涸也。”❷尽，完成。岳珂《桯史》卷五：“君第～事，何庸知我。”❸庶几，差不多。《诗经·大雅·民劳》：“民亦劳止，～可小康。”❹至，到。《新唐书·田承嗣传》：“两军相持，自秋～冬。”

弃（棄） qì ❶抛弃，舍去。《孟子·梁惠王上》：“～甲曳兵而走。”［弃市］在闹市执行死刑，并将尸体暴露在街头。《史记·秦始皇本纪》：“有敢偶语

《诗》《书》者～～。”❷ 废弃，废除。朱敬则《请除滥刑疏》：“～无用之费，捐不急之官。”❸ 忘记。王僧达《答颜延年》诗：“结游略年义，笃顾～浮沉。”❹ 违背，背叛。《左传·宣公二年》：“～君之命，不信。”郦道元《水经注·清水》：“太祖曰：‘唯种不～孤。’”（种：人名。）❺ 离开，离去。王粲《七哀诗》之一：“复～中国去，远身适荆蛮。”

泣 qì ❶ 无声哭或小声哭。《战国策·赵策四》：“持其踵为之～。”（踵：脚跟。）成语有“泣不成声”、“向隅而泣”。❷ 眼泪。《吕氏春秋·长见》：“吴起抿～而应之。”《史记·吕后本纪》：“太后哭，～不下。”【辨】哭，号（號），泣，啼。见226页“哭”字。

湇（湆） qì 肉汁。《礼记·少仪》：“凡羞有～者不以齐。”（齐：指加盐梅调和。）

契 qì ❶ 用刀刻。古时占卜用刀凿刻龟甲，后泛指用刀刻（物体）。《吕氏春秋·察今》：“遽～其舟。”（遽：立即。）这个意义又写作“栔”、“锲”。㊀刻在甲骨上的文字。《周易·系辞下》：“上古结绳而治，后世圣人易之以书～。”㊀凿刻工具。干宝《晋纪总论》：“如室斯构而去其凿～。”❷ 券，符契，契约。古代符契，刻字之后，剖为两半，双方收存以做凭证。《韩非子·主道》：“符～之所合，赏罚之所生也。”（符：古代国君传达命令或调兵将用的凭证。生：产生。）㊀盟约，要约。李公佐《南柯太守传》：“时年四十七，将符宿～之限矣。”❸ 相合，投合。曹植《玄畅赋》：“上同～于稷离，降合颖于伊望。”司空图《诗品二十四则》：“少有道～，终与俗违。”双音词有“契合”。❹ qiè ［契阔］1. 离合。《诗经·邶风·击鼓》：“死生～～。”2. 久别。曹操《短歌行》：“～～谈宴。”3. 辛苦。《后汉书·傅毅传》：“～～夙夜，庶不懈忒。”（夙夜：早晚。庶：表示期望。忒：差错。）❺ xiè 人名。传说中商的始祖。《尚书·舜典》：“帝曰：‘～！……汝作司徒，敬敷五教。’”《史记·殷本纪》：“～兴于唐、虞、大禹之际，功业著于百姓。”❻［契丹］我国古代东北部的一个民族。公元907—1125年曾建立辽国。

葺 qì ❶ 用茅草盖屋。《左传·襄公三十一年》：“缮完～墙，以待宾客。”❷ 修补、修建（房屋）。《旧唐书·柳仲郢传》：“聊因旧趾增～。”（聊：姑且。因：依据。趾：址。）陆游《老学庵笔记》卷四：“洪水坏之，今复～于旁里许。”❸ 整理，整治。《北史·许善心传》：“随见补～，略成七十卷。”薛能《题逃户》诗：“几世～农桑，凶年竟失乡。”❹ 重叠。屈原《九章·悲回风》：“鱼～鳞以自别兮，蛟龙隐其文章。”左思《吴都赋》：“～鳞镂甲。”（镂：雕刻。）

愒 qì ❶ 同“憩”。休息。《诗经·大雅·民劳》：“民亦劳止，汔可小～。”❷ kài 怠废，荒废。《左传·昭公元年》：“主民，玩岁而～日，其与几何？”❸ kài 贪图。曹操《气出唱》之一：“心恬淡，无所～欲。”❹ kài 急。岳珂《桯史·刘蕴古》：“自知失言，内～不得对。”❺ hè 恐吓。《史记·苏秦列传》：“是故夫衡人日夜务以秦权恐～诸侯，以求割地。”

碛（磧） qì ❶ 浅水中的沙石。张衡《西京赋》：“僵禽毙兽，烂若～砾。”❷ 沙漠。《北史·魏本纪》：“北征蠕蠕，追破之于大～南商山下。”王维《出塞作》诗：“暮云空～时驱马，秋日平原好射雕。”

甈 qì ❶ 瓦器。柳宗元《井铭》：“始州之人，各以罂～负江水，莫克井饮。”❷ yì 破裂。《扬子法言·先知》：“刚则～，柔则坏。”

器 qì ❶ 陶器。《老子·十一章》：“埏埴（shān zhí）以为～。”（埏埴：和泥土。）㊁器具。《韩非子·显学》：“冰炭不同～而久，寒暑不兼时而至。”《论语·卫灵公》：“工欲善其事，必先利其～。”㊀重器。古代能够标志名位、爵号的钟鼎等器物，也是权力的象征。《后汉书·来歙传》：“愚闻为国者慎～与名。”《周易·序》：“主～者莫若长子。”❷ 技能，才能。《礼记·王制》：“百工，各以其～食之。”《三国志·蜀书·诸葛亮传》：“亮之～能政理，抑亦管、萧之亚匹也。”（政理：管理政事。管、萧：管仲、萧何。亚匹：指同类。）㊀认为有才能，器重。《后汉书·陈宠传》：“朝廷～之。”㊀人才。《抱朴子·正郭》：“知人则哲，盖亚圣之～也。”成语有“大器晚成”。❸ 气量，度量。《论语·八佾》：“管仲之～小哉。”蔡邕《郭林宗碑》：“～量弘深。”（弘：大。）

憩（憇） qì 休息，歇息。《诗经·召南·甘棠》：“蔽芾甘棠，勿翦勿败，召伯所～。”（蔽芾：茂盛的样子。）

QIA

帢 qià 古代的一种便帽。《三国志·魏书·武帝纪》注引《傅子》：“魏太祖以天下凶荒，资财乏匮，拟古皮弁，裁缣帛以为～，合于简易随时之义，以色别其贵贱。”

Q

洽 qià ❶沾湿，湿润。《论衡·自然》："霈(pèi)然而雨，物之茎叶根垓(gāi)，莫不～濡。"(霈然：形容雨很大的样子。垓：通"荄"。草根。濡：湿。)❷和谐，融洽。《诗经·大雅·江汉》："矢其文德，～此四国。"《汉书·贾谊传》："谊以为汉兴二十余年，天下和～。"❸广博，普遍。《汉书·司马迁传》："博物～闻。"(博：见识很广。)❹通达。《管子·国蓄》："故民爱可～于上也。"

髂 qià ❶腰骨。《素问·长刺节论》："刺两～髎(liáo)季胁肋间。"(髎：骨间的穴位。)㊀腰部。韩愈《县斋有怀》诗："朝食不盈肠，冬衣才掩～。"❷gé 同"骼"。骨。《汉书·扬雄传》："范睢，魏之亡命也，折胁拉～。"

QIAN

仟 qiān ❶古代军中千人之长。《史记·陈涉世家》："蹑足行伍之间，俛仰～佰之中。"❷指千钱。《汉书·食货志》："商贾……亡农夫之苦，有～佰之得。"❸[仟佰(mò)]通"阡陌"。田间小路。《汉书·地理志下》："孝公用商君……开～～，东雄诸侯。"❹墓道。《汉书·原涉传》："京兆尹曹氏葬茂陵，民谓其道为'京兆～'。"❺[仟仟]通"芊芊"。草木茂盛的样子。潘岳《在怀县作》诗之一："稻栽肃～～，黍苗何离离。"❻[仟眠]1.通"芊眠"。草木丛生的样子。《楚辞·九思·悼乱》："萑苇兮～～。"2.昏暗不明的样子。《楚辞·九怀·通路》："远望兮～～，闻雷兮阗阗。"

阡 qiān ❶田间南北方向的小路。泛指田间小路。潘岳《藉田赋》："遐～绳直，迩陌如矢。"㊀道路。沈约《宿东园》诗："野径既盘纡，荒～亦交互。"❷指田野。柳宗元《田家》诗之一："驱牛向东～。"[阡陌]1.田间小路。南北方向叫"阡"，东西方向叫"陌"。《史记·商君列传》："开～～封疆。"(封疆：疆界。)2.田野。江淹《杂体诗·陶徵君》："苗生满～～。"❸墓道，坟墓。欧阳修《泷冈阡表》："其子修始克表于其～。"(克：能够。)❹[阡阡]通"芊芊"。草木茂盛的样子。萧纲《南郊颂序》："郁郁～～。"(郁郁：茂盛的样子。)

芊 qiān ❶[芊芊]草木茂盛的样子。宋玉《高唐赋》："仰视山巅，肃何～～。"❷[芊眠][芊绵]茂密繁盛的样子。陆机《文赋》："或藻思绮合，清丽～眠。"谢灵运《山居赋》："孤岸竦秀，长洲～绵。"

迁(遷) qiān ❶迁移，迁徙。《诗经·小雅·伐木》："出自幽谷，～于乔木。"《史记·秦始皇本纪》："～其民于临洮。"(临洮：地名。)㊀变更，变动。《韩非子·五蠹》："主施赏不～，行诛无赦。"❷调动官职。一般是升官。《管子·禁藏》："夏赏五德，满爵禄，～官位。"《史记·屈原贾生列传》："孝文帝说之，超～，一岁中至太中大夫。"(说：悦。一岁：一年。)㊁贬官，降职。柳宗元《哭连州凌员外司马》诗："出守乌江浒，老～湟水湄。"成语有"迁客骚人"。[左迁]贬官，降职。《三国志·魏书·卢毓传》："心犹恨之，遂～～毓。"❸放逐，流放。《尚书·皋陶谟》："何忧乎驩兜，何～乎有苗。"柳宗元《封建论》："然后掩捕而～之。"(然后才能逮捕流放他们。)【辨】迁，徙。见440页"徙"字。

汧 qiān ❶河水溢出而成的沼泽。《列子·黄帝》："～水之潘为渊。"❷水名。即今陕西千河，渭河支流。《竹书纪年·周平王》："十年，秦还于～、渭。"

佥(僉) qiān ❶都，皆。《尚书·舜典》："～曰：伯禹作司空。"❷众人的，大家的。白居易《除裴垍中书侍郎同平章事制》："宜登中枢，以副～望。"(中枢：指中央政府机关。副：符合。)❸通"签"。签名。周密《志雅堂杂抄·图画碑帖》："凡枢密院官皆只押字，不～名。"

牵(牽) qiān ❶拉，牵引向前。《孟子·梁惠王上》："有～牛而过堂下者。"❷连累，连带。元结《招陶别驾家阳华作》诗："无或毕婚嫁，竟为俗务～。"(无或：指不要。毕：完毕。)㊀引发。王安石《与微之同赋梅花得香字三首》之二："少陵为尔～诗兴，可是无心赋海棠。"❸拘束，拘泥。《吕氏春秋·离俗》："不漫于利，不～于执。"《史记·六国年表》："学者～于所闻。"❹指牛、羊、猪等。《左传·僖公三十三年》："吾子淹久于敝邑，唯是脯资饩～竭矣。"❺qiàn 纤绳。高启《赠杨荥阳》诗："渡河自撑篙，水急船断～。"这个意义后来写作"縴"，现简化为"纤"。

悭(慳) qiān ❶吝啬。《宋书·王玄谟传》："刘秀之俭吝，呼为'老～'。"❷缺少，欠缺。王贞白《度关山》诗："石响铃声远，天寒弓力～。"

掔 qiān ❶坚固，牢固。《墨子·迎敌祠》："令命昏纬狗纂马，～纬。"(纬：束。)㊀坚守，坚持。岳飞《御书屯田三事跋》："～申商之法术。"❷通"牵"。拉，牵引向前。《史记·郑世家》："郑襄公肉袒～羊以迎。"❸除去。《庄子·徐无鬼》："君将黜嗜欲，～好恶，则耳目病矣。"❹wàn通"腕"。手腕。《墨子·大取》："断指以存～。"

谦（謙） qiān 谦让，谦逊。《尚书·大禹谟》："满招损，～受益。"成语有"谦恭下士"。

愆（諐） qiān ❶罪过，过错。《尚书·伊训》："惟兹三风十～，卿士有一于身，家必丧。"（三风：三种不好的风俗。）《三国志·蜀书·诸葛亮传》："街亭之役，咎（jiù）由马谡，而君引～。"（咎：过失。引愆：引以为自己的过错。）㊀错误的。《国语·吴语》："今越王勾践恐惧而改其谋，舍其～令。"（舍其愆令：废除错误的法令。）❷差错，违背。《左传·文公元年》："履端于始，序则不～。"颜延之《陶徵士诔》："有合谥典，无～前志。"❸失去，丧失。王安石《代人上明州到任表》："馀年且索，旅力已～。"❹延误，超过。《诗经·卫风·氓》："匪我～期，子无良媒。"《太平广记》卷一九二引胡璩《谭宾录·马勋》："来复命，～约半日。"❺恶疾。陶弘景《真诰·甄命授三》："复使～痾填籍，忧哀塞抱。"

骞（騫） qiān ❶腹部低陷。《周礼·考工记·梓人》："……小体、～腹，若是者谓之羽属。"❷亏，损。《诗经·小雅·天保》："如南山之寿，不～不崩。"❸惊惧。颜延之《车驾幸京口三月三日侍游曲阿后湖作》诗："人灵～都野，鳞翰耸渊丘。"❹举头的样子。《楚辞·大招》："鲴鳙短狐，王虺～只。"（王虺：大蛇。只：句末语气词。）❺高。杜牧《池州送孟迟先辈》诗："寺楼最～轩，坐送飞鸟没。"❻通"鶱"。飞。张衡《西京赋》："凤～翥于甍标，咸溯风而欲翔。"❼通"搴"。拔取。《汉书·杨仆传》："将军之功，独有先破石门寻陿，非有斩将～旗之实也。"❽通"褰"。提起（衣裳）。《汉书·王莽传上》："方今天下闻崇之反也，咸欲～衣手剑而叱之。"❾通"愆"。过错。《荀子·正名》："长夜漫兮，永思～兮。"

搴 qiān ❶拔取，取。屈原《九歌·湘君》："采薜荔兮水中，～芙蓉兮木末。"司马迁《报任安书》："有斩将～旗之功。"❷通"褰"。提起、撩起（衣裳等）。卢照邻《释疾文》："于是裹粮寻师，～裳访古。"蒲松龄《聊斋志异·阿宝》："以掺（shān）手～帘。"（掺手：美手。）

褰 qiān ❶套裤。《左传·昭公二十五年》："征～与襦。"（征：取。襦：短袄。）❷提起（衣裳）。《诗经·郑风·褰裳》："子惠思我，～裳涉溱。"㉛揭起，撩起。李商隐《行次西郊作》诗："珠帘亦高～。"这个意义后来写作"攓"。❸张开，散开。孙绰《游天台山赋》："尔乃羲和亭午，游气高～。"❹断绝。陆机《拟行行重行行》："惊飚～反信，归云难寄音。"

攓 qiān ❶取。《庄子·至乐》："列子行食于道……～蓬而指之。"《淮南子·俶真》："擢拔吾性，～取吾情。"❷简慢。《淮南子·齐俗》："望我而笑，是～也。"❸通"攐"。用手提（衣）。《淮南子·人间》："江水之始出于岷山也，可～衣而越也。"

钤（鈐） qián ❶车辖。车轴头上用以卡住车轮的键。《玉篇·金部》："钤……车辖也。"㉛管束，钳制。吕温《京兆韦府君神道碑》："智～豪右。"㉛钳刀，刀。《资治通鉴·齐武帝永明五年》："诏尽出……内库弓矢刀～十分之八。"❷锁。《隋书·天文志中》："房星……北二小星……房之～键，天之管籥。"【注意】古代"钤"没有"印章"的意义。

黔 qián ❶黑色。《左传·襄公十七年》："泽门之皙，实兴我役；邑中之～，实慰我心。"马融《广成颂》："鸷（zhì）兽毅虫，倨牙～口。"（鸷兽：凶猛的兽。倨：弯曲的。）[黔首]平民。《史记·李斯列传》："夫斯乃上蔡布衣，闾巷之～～。"㉛变黑，染黑。沈括《梦溪笔谈》卷一："渴则饮砚水，人人皆～其吻。"❷古地名。秦时置黔中郡，唐代置黔中道，辖境在今贵州大部分和四川一部分。柳宗元《三戒·黔之驴》："～无驴，有好事者船载以入。"成语有"黔驴技穷"。

前 qián ❶向前，前进。《战国策·齐策四》："齐宣王见颜斶，曰：'斶～！'斶亦曰：'王～！'"（颜斶：人名。）《史记·魏其武安侯列传》："及出壁门，莫敢～。"（及：到。壁：营垒。）成语有"勇往直前"。㉛导引。《仪礼·士虞礼》："祝～尸出户，踊如初。"❷方位在正面的、前面的。与"后"相对。《论语·子罕》："瞻之在～，忽焉在后。"辛弃疾《清平乐·独宿博山王氏庵》："眼～万里江山。"❸时间在先前的、过去的。与"后"相对。《商君书·更法》："～世不同教，何古之法？"（法：效法。）❹预先。《礼记·中庸》："事～定则不困。"

虔 qián ❶威武的样子。《诗经·商颂·长发》："武王载旆，有～秉钺。"❷

Q

恭敬，虔诚。《诗经·大雅·韩奕》："夙夜匪解，～共尔位。"❸削裁，砍伐。《诗经·商颂·殷武》："是断是迁，方斲是～。"❹杀。《左传·成公十三年》："～刘我边陲。"（杀害我边疆的人民。刘：杀。陲：边疆。）

钱（錢） qián ❶jiǎn 古代一种农具。类似现在的铁铲。《诗经·周颂·臣工》："命我众人，庤（zhì）乃～镈（bó）。"（庤：准备。乃：你们的。镈：类似锄头的农具。）❷金属钱币。《商君书·外内》："食贱则农贫，～重则商富。"（食：粮食。重：贵。）㉁钱财。杜甫《最能行》："富豪有～驾大舸，贫穷取给行艓子。"❸重量单位。十钱为一两。《后汉书·华佗传》："与散两～服之。"（与：给。散：药末。）

揵 qián ❶举起，扬起。《史记·司马相如列传》："～鳍擢尾，振鳞奋翼。"❷竖立。《后汉书·冯衍传》："～六枳而为篱兮，筑蕙若而为室。"❸掮，用肩扛。《后汉书·舆服志上》："～弓韣九鞬。"❹jiàn 闭塞，堵塞。《汉书·沟洫志》："是时东郡烧草，以故薪柴少，而下淇园之竹以为～。"㉁建立封界。《汉书·贾谊传》："淮阳包陈以南，～之江。"

乾 qián ❶八卦之一。代表天。《周易·说》："～，天也。"［乾坤］乾和坤都是卦名。二字连用指天地。班固《东都赋》："俯仰乎～～，参象乎圣躬。"杜甫《江汉》诗："江汉思归客，～～一腐儒。"（江汉：长江和汉水。）❷指太阳、阳性的、男性的、君王、父亲、丈夫等。《元史·后妃传一》："月之道循右行，明同贞于～曜。"《周易·系辞上》："～道成男。"《周易·说》："～为天、为圆、为君。"张载《西铭》："～称父。"❸gān 见126页"干²（乾）"字。

潜（潛） qián ❶潜水，在水下面活动。《诗经·小雅·鹤鸣》："鱼～在渊，或在于渚。"谢灵运《江妃赋》："或～泳浮海。"❷隐藏，隐蔽。《荀子·议兵》："窥敌观变，欲～以深。"❸偷偷地，秘密地。《左传·僖公三十二年》："若～师以来，国可得也。"《三国志·魏书·武帝纪》："～以舟载兵入渭。"（以：用。渭：渭水。）❹深，深处。班固《答宾戏》："颜～乐于箪瓢，孔终篇于西狩。"（颜：颜回。孔：孔子。）韩愈《苦寒》诗："虎豹僵穴中，蛟螭死幽～。"❺专一，潜心。江淹《知己赋》："～志百氏，沉神六经。"

燂 qián 烧热。《礼记·内则》："五日则～汤请浴。"㉁烤烂。《周礼·考工记·弓人》："撟角欲孰于火而无～。"（孰：熟。）

浅（淺） qiǎn ❶水浅。与"深"相对。《诗经·邶风·匏有苦叶》："深则厉，～则揭。"（厉：不脱衣服渡水。揭：提起衣服过河。）㉁学识浅。《荀子·非相》："知行～薄。"㉁道理浅显，明白易懂。《论衡·自纪》："何以为辩？喻深以～。"❷时间短。贾谊《过秦论》："施及孝文王、庄襄王，享国之日～。"（施：延续。享国：指封建君主在位。）㉁尺寸短小。《管子·幼官》房玄龄注："倮兽，谓～毛之兽，虎豹之属。"白居易《钱塘湖春行》诗："乱花渐欲迷人眼，～草才能没马蹄。"❸分量轻，颜色浅。李贺《后园凿井歌》："水声繁，弦声～。"张华《鹪鹩赋》："色～体陋，不为人用。"❹狭窄，小。《管子·八观》："国地小而食地～也。"钱起《赋得浦口望斜月》："动摇生～浪，明灭照寒沙。"❺jiān［浅浅］水流很快的样子。屈原《九歌·湘君》："石濑（lài）兮～～。"（石濑：从石头上流过的急水。）这个意义后来写作"溅溅"。

遣 qiǎn ❶送走，释放。《左传·僖公二十三年》："姜与子犯谋，醉而～之。"《汉书·张骞传》："大宛以为然，～骞（qiān）。"（大宛：国名。）㉁派遣，差遣。《墨子·非儒下》："乃～子贡之齐，因南郭惠子以见田常。"《三国志·蜀书·诸葛亮传》："～兵三万人以助备。"（备：刘备。）❷贬谪，放逐。《左传·哀公二十五年》："挥在朝，使吏～诸其室。"韩愈《柳子厚墓志铭》："中山刘梦得禹锡亦在～中。"（中山：地名。）❸休妻，丈夫将妻子休弃。《颜氏家训·后娶》："王亦凄怆，不知所容，旬月求退，便以礼～。"❹排除，抒发（后起意义）。任昉《出郡传舍哭范仆射》诗："欲以～离情。"元稹《〈白氏长庆集〉序》："闲适之诗长于～。"❺运用，使用（后起意义）。苏洵《上欧阳内翰书五首》之一："陆贽之文，～言措意，切近的当。"《新唐书·徐浩传》："～辞赡速，而书法至精。"❻令，使（后起意义）。李白《劳劳亭》诗："春风知别苦，不～柳条青。"

谴（譴） qiǎn ❶责备，谴责。《战国策·东周策》："太卜～之曰。"（太卜：官名。）任昉《齐竟陵文宣王行状》："此天～也，无所改修。"［谴告］上天降下灾异警告人君。《后汉书·孝桓帝纪》："灾异日食，～～累至。"㉁贬谪。韦嗣立《奉和张岳州王潭州别诗序》："后承朝～，各自东西。"（承：受。）❷罪过（后起意义）。《新唐书·张廷珪传》："御史有～，当杀杀之，不可辱也。"

缱（繾） qiǎn ［缱绻（quǎn）］1. 牢固不离。《诗经·大雅·民劳》："无纵诡随，以谨～～。" 2. 感情深厚缠绵。白居易《寄元九》诗："岂是贪衣食，感君心～～。" 3. 男女幽会。陆游《避暑漫抄》："不过执衣侍膳，未尝得一～～。"

欠 qiàn ❶ 呵欠，疲倦时张口出气。《仪礼·士相见礼》："君子～伸，问日之早晏。" ❷ 亏欠（后起意义）。《旧唐书·宣宗纪》："今后凡隐盗～负，请如官典犯赃例处分。"（欠负：指亏欠财物。）㉢ 缺少，不足。陆游《老学庵笔记》卷一："甚妙，但似～四字耳。" ❸ 欠身，将身体略微抬起前伸（后起意义）。《宋史·赵普传》："太祖～伸徐起。"

嵌 qiàn ❶ qiān 山石像张开的样子。扬雄《甘泉赋》："～岩岩其龙鳞。" ❷ qiān 深陷。岑参《江上阻风雨》诗："积浪成高丘，盘涡为～窟。"㉡ 深洞。韦庄《李氏小池亭十二韵》："引泉疏地脉，扫絮积山～。" ❸ 镶嵌（后起意义）。赵希鹄《古钟鼎彝器辨》："余尝见夏琱戈，于铜上相～以金，其细如发。"

茜 qiàn 又写作"蒨"。草名。根可做红色染料。《史记·货殖列传》："若千亩卮～，千畦姜韭，此其人皆与千户侯等。"㉡ 大红色。白居易《城东闲行因题尉迟司业水阁》诗："病乘篮舆出，老著～衫行。"

俔（俔） qiàn ❶ 譬如，好比。《诗经·大雅·大明》："大邦有子，～天之妹。" ❷ 船上用来测风的羽毛。《淮南子·齐俗》："譬若～之见风也，无须臾之间定矣。"

倩 qiàn ❶ 笑时面颊美的样子。《诗经·卫风·硕人》："巧笑～兮，美目盼兮。" ❷ 古代男子的美称。《汉书·朱邑传》："昔陈平虽贤，须魏～而后进。"（魏倩：指魏无知。） ❸ （姿容）美好。梅尧臣《五倩篇》："～然五蛾眉，妙曲动金弦。"吴融《还俗尼》诗："柳眉梅额～妆新。" ❹ qìng 女婿。《史记·扁鹊仓公列传》："黄氏诸～。" ❺ qìng 请别人代自己做事。杜甫《九日蓝田崔氏庄》诗："笑～旁人为正冠。"（正：戴正。）

绮（綪） qiàn ❶ 赤色。《左传·定公四年》："分康叔以大路，少帛，～茷，旃旌。" ❷ zhēng 屈曲。《礼记·玉藻》："齐则～结佩而爵韠。"

蒨 qiàn ❶ 同"茜"。草名。可染绛红色。刘勰《文心雕龙·通变》："夫青生于蓝，绛生于～。"㉡ 大红色。杜牧《村行》："蓑唱牧牛儿，篱窥～裙女。" ❷ 鲜明，鲜艳。谢灵运《山居赋》："水香送秋而擢～，林兰近雪而扬猗。" ❸ 树名。《山海经·中山经》："北望河林，其状如～如举。" ❹ 青翠茂盛的样子。左思《吴都赋》："夏晔冬～。" ［蒨蒨］1. 青翠茂盛的样子。韩愈《庭楸》诗："夜月来照之，～～自生烟。" 2. 鲜明的样子。束皙《补亡诗》之二："～～士子，涅而不渝。"

堑（塹、壍） qiàn 护城河，壕沟。《墨子·备城门》："～中深丈五，广比扇。"《史记·高祖本纪》："使高垒深～，勿与战。"（垒：防守用的建筑物。）㉢ 挖沟，挖掘。《左传·昭公十七年》："环而～之。"韩愈《乌氏庙碑铭》："～原累石，绵四百里。"

椠（槧） qiàn ❶ 古代写字用的木片。《论衡·量知》："断木为～，枏之为板，力加刮削，乃成奏牍。" ❷ 简札，书信。王令《赠别晏成绩懋父太祝》诗："幸因西南风，时作寄我～。" ❸ 书籍，刻本（后起意义）。无可《李常侍书堂》诗："涂油窗日早，阅～幌风轻。"王士禛《居易录》卷十四："雕行古书，颇仿宋～，坊刻皆所不逮。"［椠本］书籍的刻本。黄伯思《东观餘论·跋洛阳所得杜少陵诗后》："所录杜子美诗，颇与今行～～小异。"

傔 qiàn ❶ 满足。《吕氏春秋·知士》："划而类，揆吾家，苟可以～剂貌辨者，吾无辞为也。"（揆：揆度。剂貌辨：人名。） ❷ 侍从，仆役。《旧唐书·裴度传》："已杀其二～，悟救之获免。"（悟：人名。）［傔从］侍从。《旧唐书·封常清传》："每出军，奏～～三十余人。"

歉 qiàn ❶ 吃不饱，缺食。李商隐《行次西郊作》诗："健儿立霜雪，腹～衣裳单。"㉡ 缺少，不足。《宋书·明帝纪》："且久岁不登，公私～弊。"㉢ 欠缺。《论衡·答佞》："聪明蔽塞，推行谬误，人之所～也。" ❷ 年岁歉收，收成不好。与"丰"相对。《管子·枢言》："一日不食，比岁～。"《宋史·黄廉传》："是使民遇丰年而思～岁也。"（岁：年。）双音词有"歉年"。 ❸ 惭愧，内疚（后起意义）。王安石《酬吴季野见寄》诗："俯仰谬恩方自～，惭君将比洛阳人。"双音词有"抱歉"、"道歉"。

Q

QIANG

抢(搶) qiāng ❶ 碰，撞。《战国策·魏策四》：“免冠徒跣(xiǎn)，以头～地尔。”(徒跣：光着脚走。)这个意义又写作“枪(槍)”。❷ 逆，反方向。庾阐《扬都赋》：“艇子～风。”【注意】在元代以前，“抢”没有“抢夺”的意义。

玱(瑲) qiāng ❶ 玉相互撞击的声音。《诗经·小雅·采芑》：“服其命服，朱芾斯皇，有～葱珩。”❷［玱玱］像铃的声音。《诗经·小雅·采芑》：“约軝错衡，八鸾～～。”

跄(蹌) qiāng ❶ 步伐从容有节奏。《诗经·齐风·猗嗟》：“美目扬兮，巧趋～兮。”［跄跄］步伐从容而有节奏的样子。《诗经·大雅·公刘》：“～～济济，俾筵俾几。”❷ qiàng ［踉(liàng)跄］走路不稳的样子(后起意义)。刘弇《赠贾仲武》诗：“绝倒顿足争～～，罢去追惜成悢悢。”成语有“踉踉跄跄”。

鎗 qiāng ❶ 钟声。《淮南子·说山》：“范氏之败，有窃其钟负而走者，～然有声。”[泛]清脆的声音。孟郊、韩愈《城南联句》：“宝唾拾未尽，玉啼堕犹～。”［鎗鎗］1. 乐器声。《后汉书·马融传》：“镗镗～～，奏于农郊大路之衢。”2. 通“跄跄”。步伐从容而有节奏的样子。《荀子·大略》：“朝廷之美，济济～～。”❷ 同“枪(槍)”。一种有尖头的木柄兵器(后起意义)。张鷟《朝野佥载》卷六：“上马盘～逆拒，刺马擒人而还。”[引]火铳，土枪(后起意义)。周密《齐东野语·二张援襄》：“各船置火～、火炮。”上述❷[引]的意义现写作“枪”。❸ chēng 一种三足炊具(后起意义)。《南史·孝义传上》：“初吴郡人陈遗……母好食～底饭。”❹ chēng 温酒器(后起意义)。《南史·何尚之传》：“子良欣悦无已，遗点、嵇叔夜酒杯，徐景山酒～。”❺ qiàng 在器物上填嵌金银等饰物的一种工艺。陶宗仪《南村辍耕录》卷三十：“凡器用什物……若～金，则调雌黄。”【注意】在明代以前，“鎗”没有“刀枪”的意义。

羌 qiāng ❶ 我国古代西部的一个民族。东晋时曾建立后秦。❷ 句首语气词。屈原《离骚》：“～内恕己以量人兮。”(内恕己：自己宽恕自己。)❸ 连词。相当于“乃”。屈原《离骚》：“余以兰为可恃兮，～无实而容长。”

戕 qiāng ❶ 残杀，杀害。《左传·宣公十八年》：“凡自内虐其君曰弑，自外曰～。”曹操《蒿里行》：“势利使人争，嗣(sì)还自相～。”(嗣：随后。)柳宗元《天对》：“后夷卒～。”(后羿终于被杀害。后夷：即后羿。)❷ 毁坏，损伤。《左传·襄公二十八年》：“陈无宇济水而～舟发梁。”《国语·晋语一》：“可以小～，而不能丧国。”

斨 qiāng 方形柄孔的斧头。《诗经·豳风·七月》：“蚕月条桑，取彼斧～，以伐远扬。”

锵(鏘) qiāng ❶ 金属或玉石相碰的声音。《礼记·玉藻》：“然后玉～鸣也。”柳宗元《愚溪诗序》：“清莹秀澈，～鸣金石。”❷［锵锵］1. 象声词。形容铃声、鸣声等。《诗经·大雅·烝民》：“八鸾～～。”《吕氏春秋·古乐》：“其音若熙熙凄凄～～。”2. 高峻的样子。张衡《思玄赋》：“命王良掌策驷兮，逾高阁之～～。”3. 步伐从容有节奏的样子。《颜氏家训·序致》：“～～翼翼，若朝严君。”4. 美好的样子。《管子·形势》：“鸿鹄～～，唯民歌之。”❸［铿(kēng)锵］见 224 页“铿”字。

蹡 qiāng ❶［蹡蹡］同“跄跄”。步伐从容而有节奏的样子。❷ qiàng ［踉(liàng)蹡］见 248 页“踉”字。

强(強、彊) qiáng ❶ 弓有力。《战国策·韩策一》：“天下之～弓劲弩皆自韩出。”杜甫《前出塞》诗：“挽弓当挽～，用箭当用长。”❷ 强大，强盛。与“弱”相对。《盐铁论·非鞅》：“秦任商君，国以富～。”(以：因此。)[又]加强，增强。《荀子·天论》：“～本而节用，则天不能贫。”(本：指农业。)李斯《谏逐客书》：“～公室，杜私门。”[又]坚强，坚定。《墨子·修身》：“志不～者智不达。”❸ 有余，略多。《木兰诗》：“赏赐百千～。”[又]超过，胜过。《史记·平原君虞卿列传》：“毛先生以三寸之舌，～于百万之师。”❹［强葆］通“襁褓”。婴儿的包裹。《史记·鲁周公世家》：“成王少，在～～之中。”(少：小。)❺［强御］强暴。《诗经·大雅·烝民》：“不侮矜(guān)寡，不畏～～。”(矜：通“鳏”。年老无妻的人。)❻ qiǎng 竭力，尽力。《战国策·赵策四》：“太后不肯，大臣～谏。”(谏：规劝。)《史记·老子韩非列传》：“子将隐矣，～为我著书。”[引]勉强。《史记·留侯世家》：“留侯病，自～起。”(留侯：指张良。)成语有“强词夺理”。❼ jiàng 倔强，不随和。《世说新语·文学》：“卿莫作～口马，我当穿卿鼻。”

蔷(薔) qiáng ❶ sè 草名。《管子·地员》："山之材，其草兢与～。" ❷［蔷薇］花木名。陶潜《问来使》诗："～～叶已抽，秋兰气当馥。"

嫱(嬙) qiáng 古代朝廷内的女官。实即帝王侍妾。《左传·哀公元年》："今闻夫差……宿有妃～嫔御焉。"

樯(檣) qiáng 船上的桅杆。范仲淹《岳阳楼记》："商旅不行，～倾楫摧。"㊀船帆。陆游《醉后草书歌诗戏作》："宝刀出匣挥雪刃，大舸破浪驰风～。"㊀帆船。《宋书·谢灵运传》："灵～千艘。"

廧 qiáng ❶ 同"墙"。墙壁。《墨子·经说上》："～外之利害，未可知也。" ❷ sè［廧夫］通"啬夫"。古代官名。《战国策·东周策》："因令人谓相国御展子，～～空。"

镪(鏹) qiǎng 穿钱的绳子。又指成串的钱。左思《蜀都赋》："藏～巨万。"㊀银子，银锭。《南史·循吏传》："累金积～。"

襁 qiǎng 背负婴儿的宽带。《论语·子路》："则四方之民～负其子而至矣。"（襁负：用背负婴儿的宽带背负着。）［襁褓］1. 婴儿的包裹。《论衡·初禀》："昌在～～之中。"（昌：指周文王姬昌。）2. 指婴幼儿。黄庭坚《寄耿令儿父过新堂邑作》诗："白头晏起饭，～～语呕哑。"上述1、2的意义又写作"强褓"、"强葆"、"襁保"、"襁緥"。

繦 qiǎng ❶ 通"襁"。背负婴儿用的宽带。这个意义现写作"襁"。［繦保(緥)(bǎo)］同"襁褓"。婴儿的包裹。《史记·卫将军骠骑列传》："臣青子在～～中。" ❷ 绳索。《汉书·兒宽传》："大家牛车，小家担负，输租～属不绝。" ❸ 穿钱的绳子。又指成串的钱。《管子·国蓄》："使千室之都必有千钟之藏，藏～百万。"

QIAO

硗(磽) qiāo 土地坚硬而贫瘠。《国语·楚语上》："故先王之为台榭也……瘠～之地，于是乎为之。"《汉书·贾山传》："地之～者，虽有善种，不能生焉。"㊀坚硬。舒元舆《坊州按狱》诗："风冷木长瘦，石～人亦劳。"

跷(蹺) qiāo 举脚。丁谓《蹴踘》诗："蹑来行数步，～后立多时。"

墝 qiāo 土地瘠薄。《荀子·儒效》："相高下，视～肥，序五种，君子不如农人。"［墝埆(què)］1. 土地瘠薄。《墨子·亲士》："～～者，其地不育。" 2. 险要的地方。《后汉书·南匈奴传》："～～之人，屡婴涂炭。"

趬 qiāo 举步轻捷的样子。《后汉书·马融传》："或轻訬～悍。"

敲 qiāo ❶ 击。《左传·定公二年》："夺之杖以～之。"㊀叩（后起意义）。贾岛《题李凝幽居》诗："鸟宿池边树，僧～月下门。" ❷ 短杖。贾谊《过秦论》："执～扑以鞭笞天下。"（扑：鞭子。）

橇 qiāo 在泥路上滑行的交通工具。《史记·夏本纪》："泥行乘～。"

骹 qiāo ❶ 胫，小腿。《尔雅·释畜》："四～皆白，驓。"㊀指脚。梅尧臣《潘歙州话庐山》诗："坐石浸两～。"㊁物体的较细的末端。《周礼·考工记·轮人》："参分其股围，去一以为～围。" ❷ 肋骨与胸骨及胸椎下部相交处。《灵枢经·本藏》："广胸反～者肝高，合胁兔～者肝下。" ❸ xiāo 响箭。元稹《江边四十韵》："隐锥雷震蛰，破竹箭鸣～。"

幧 qiāo ［幧头］同"帩头"。古代男子束发的头巾。《玉台新咏·古乐府诗六首》之一："少年见罗敷，脱帽著～～。"

繑 qiāo 套裤的带子。《管子·轻重戊》："道路扬尘，十步不相见，绁～而踵相随。"

蹻 qiāo ❶ 举起（脚）。《汉书·高帝纪》："大臣内畔，诸将外反，亡可～足待也。"（跷足待：形容来得很快。） ❷ jué 草鞋。《史记·平原君虞卿列传》："蹑～担簦(dēng)。"（蹑：指穿。簦：一种雨具。） ❸ jiǎo 矫健，勇武。《新五代史·史弘肇传》："为人～勇。"

乔(喬) qiáo ❶ 高。《诗经·周南·汉广》："南有～木。"［乔迁］指迁居或升官。张籍《赠殷山人》诗："满堂虚左待，众目望～～。" ❷ 假装（后起意义）。《西湖老人繁胜录》："恃田乐，～谢神。"双音词有"乔装"。

侨(僑) qiáo ❶ 高。见《说文》。❷ 寄居（他乡）。《韩非子·亡征》："羁旅～士，重帑(tǎng)在外。"鲍照《拟行路难》诗之十四："我初辞家从军～，荣志溢气干云霄。"㊀寄居他乡的人。《晋书·桓宣传》："宣久在襄阳，绥抚～旧，甚有称绩。"（侨：指北人居住襄阳者。旧：指襄阳本地人。）

峤(嶠) qiáo ❶ 尖而高的山。颜延之《和谢监灵运》："跂(qì)予间

Q

衡～。"(抬起脚后跟看远方,但被衡山的山尖隔开。间:隔开。衡:衡山。) ❷ 举步的样子。《汉书·扬雄传上》:"～高举而大兴。" ❸ jiào 山道。苏轼《和寄天选长官》:"何时命巾车,共陟云外～。"

桥(橋) qiáo ❶ 桔槔。井上提水的工具。也指桔槔的横梁。刘向《说苑·反质》:"为机,重其后轻其前,命曰～。" ❷ 桥梁。《战国策·赵策一》:"居顷之,襄子当出,豫让伏所当过～下。"㉡架设桥梁。《史记·司马相如列传》:"～孙水以通邛都。"(孙水、邛都:地名。) ❸ jiǎo 山行的工具。《史记·河渠书》:"山行即～。"

荍 qiáo ❶ 植物名。荆葵。也叫锦葵。《诗经·陈风·东门之枌》:"视尔如～,贻我握椒。" ❷ 通"荞"。荞麦。苏轼《中秋月》诗:"但见古河东,～麦花铺雪。"

翘(翹) qiáo ❶ 鸟尾的长羽毛。曹植《七启》:"扬翠羽之双～。"㉢鸟尾,尾巴。《楚辞·九叹·远游》:"摇～奋羽。"郭璞《江赋》:"蜛蝫森衰以垂～。"㉧妇女的一种首饰。梁简文帝《三月三日率尔成诗》:"金鞍汗血马,宝髻珊瑚～。" ❷ 举起,抬起。《庄子·马蹄》:"龁草饮水,～足而陆。"(陆:跳跃。)庾信《思旧铭》:"幕府昔开,贤俊～首。" ❸ 特出的,杰出的。《颜氏家训·文章》:"凡此诸人,皆其～秀者。" ❹ [翘翘] 1. 高出的样子。《诗经·周南·汉广》:"～～错薪,言刈其楚。" 2. 高而危殆的样子。《诗经·豳风·鸱鸮》:"予室～～,风雨所漂摇。"

谯(譙) qiáo ❶ qiào 责备。《韩非子·五蠹》:"今有不才之子,父母怒之弗为改,乡人～之弗为动,师长教之弗为变。"这个意义又写作"诮"。 ❷ [谯楼] 城门上的望楼。《三国志·吴书·吴主传》:"夏四月,大赦,诏诸郡县治城郭,起～～,穿堑发渠,以备盗贼。"也简称"谯"。程大昌《演繁露·六更》:"禁中钟鼓院在和宁门～上。" ❸ [谯谯]羽毛残敝的样子。《诗经·豳风·鸱鸮》:"予羽～～,予尾翛(xiāo)翛。"(翛翛:羽毛残破的样子。)

憔 qiáo [憔悴] 1. 瘦弱萎靡的样子。屈原《渔父》:"颜色～～。" 2. 劳苦,困病。《左传·昭公七年》:"或～～事国。"(事国:为国家服务。)《三国志·吴书·胡综传》:"群生～～。" 3. 忧虑,烦恼。《楚辞·九叹·忧苦》:"倚石岩以流涕兮,忧～～而无乐。"上述 1、2、3 的意义又写作"顦顇"、"焦瘁"。

樵 qiáo ❶ 木柴。《左传·桓公十二年》:"请无扞采～者以诱之。"晁错《论贵粟疏》:"伐薪～,治官府。"㉧打柴。《左传·昭公六年》:"禁刍牧采～,不入田,不～树,不采蓺。"㉡打柴的人,樵夫。王安石《谢公墩》诗:"问～～不知,问牧牧不言。"(牧:放牧的人。) ❷ 通"谯"。谯楼,城门上的望楼。《汉书·赵充国传》:"为堑垒木～。"(堑:壕沟。)

趫 qiáo ❶ 行动敏捷,善于爬高。张衡《西京赋》:"非都卢之轻～,孰能超而究升?"㉧矫健。颜延之《赭白马赋》:"岂不以国尚威容,军駥～迅而已。"㉡雄壮。《吕氏春秋·悔过》:"袭国邑,以车不过百里,以人不过三十里,皆以其气之～与力之盛至。" ❷ 翘脚,抬脚。凌濛初《二刻拍案惊奇》:"～着脚儿把管箫吹一曲。"

巧 qiǎo ❶ 技巧,技艺。《商君书·外内》:"末事不禁,则技～之人利。"(末事:指工商。利:获利。) ❷ 灵敏,灵巧。《韩非子·难四》:"事以微～成,以疏拙败。"《三国志·蜀书·诸葛亮传》:"亮性长于～思。"(长于:善于。)㉧擅长,善于。《荀子·哀公》:"昔舜～于使民,而造父～于使马。" ❸ 美好。梅尧臣《依韵和希深新秋会东堂》:"～笑承欢剧,新词度曲长。" ❹ 虚浮不实,伪诈。《庄子·盗跖》:"此夫鲁国之～伪人孔丘非邪?"成语有"巧取豪夺"、"花言巧语"。

悄 qiǎo ❶ 忧愁的样子。《诗经·陈风·月出》:"劳心～兮。"(劳心:忧心。)谢庄《月赋》:"～焉疚(jiù)怀。"(疚怀:心里痛苦。疚:忧苦。)[悄悄] 1. 忧愁的样子。阮籍《咏怀》之十四:"～～令人悲。"(悲:伤心。) 2. 寂静的样子。白居易《西楼夜》诗:"～～复～～,城隅隐林杪(miǎo)。"(隅:角落。杪:树枝的细梢。) ❷ 寂静,没有声音或声音很低。白居易《琵琶行》:"东船西舫～无言。"(舫:船。)苏轼《蝶恋花·春景》:"笑渐不闻声渐～,多情却被无情恼。"

愀 qiǎo ❶ [愀然] 1. 容色改变的样子。《荀子·修身》:"见不善,～～必以自省也。"《史记·司马相如列传》:"于是二子～～改容,超若自失。" 2. 忧愁的样子。《荀子·富国》:"～～忧戚,非乐而日不和。" ❷ [愀怆(chuàng)]悲伤。嵇康《琴赋》:"是故怀戚者闻之,莫不憯懔惨凄,～～伤心。"

诮(誚) qiào 责备。《尚书·金縢》:"公乃为诗以贻王……王亦未敢～公。"㉡讥讽。孔稚珪《北山移文》:"列

Q

壑争讥，攒峰竦～。”

峭（陗） qiào ❶高陡，险峻。《韩非子·内储说上》：“行石邑山中，见深涧，～如墙，深百仞。”（石邑：地名。仞：七尺或八尺为一仞。）㊀严峻，严厉。《史记·袁盎晁错列传》：“错为人～直刻深。”《新唐书·李鄘传》：“鄘当官以～法操下。”（鄘：指李鄘。操下：控制部下。）❷急峻，尖利。孟郊《秋怀》诗：“冷露滴梦破，～风梳骨寒。”❸形容诗文的立意和用词奇险、秀拔。王安石《寄慎伯筠》诗：“多为～句不姿媚，天骨老硬无皮肤。”

帩 qiào ［帩头］古代男子束发的头巾。《乐府诗集·陌上桑》：“少年见罗敷，脱帽著～～。”

鞘 qiào ❶装刀剑的套子。欧阳修《日本刀歌》：“鱼皮装贴香木～。”❷shāo 鞭梢。《晋书·苻坚载记下》：“长～马鞭击左股。”

窍（竅） qiào ❶孔，洞。《庄子·齐物论》：“其名为风，是唯无作，作则万～怒呺。”㊀人的口鼻眼耳等器官的孔。《庄子·应帝王》：“人皆有七～。”❷凿洞，打孔。沈既济《枕中记》：“其枕青瓷，而～其两端。”

撽（擊） qiào 旁击。《庄子·至乐》：“庄子之楚，见空髑髅，髐然有形，～以马捶。”

躈 qiào 马的肛门。《史记·货殖列传》：“马蹄～千，牛千足。”

QIE

切 qiē ❶用刀切开、切断。《礼记·少仪》：“牛与羊鱼之腥，聂而～之为脍。”《列子·汤问》：“西戎献锟铻之剑……用之～玉如～泥焉。”（锟铻：剑名。）❷磨（mó）。《论衡·量知》：“骨曰～，象曰瑳，玉曰琢，石曰磨。～瑳琢磨，乃成宝器。”双音词有“切磋”。❸qiè 摩擦，接触。《史记·刺客列传》：“此臣之日夜～齿腐心也。”㊀贴近，接近。《荀子·劝学》：“《诗》《书》故而不～。”（故：前代的掌故。不切：指不切近现实。）㊀恳切，深切。《史记·平津侯主父列传》：“臣闻明主不恶～谏以博观。”（博：广泛。）❹qiè 要领，重点。孔平仲《续世说·直谏》：“宪宗问时所～，登以纳谏为对。”㊁切合，确切。刘勰《文心雕龙·物色》：“故巧言～状，如印之印泥。”❺qiè 急，急迫。《论语·子张》：“～问而近思。”辛弃疾《贺新郎·别茂嘉十二弟》：“杜鹃声～。”㊀激烈。韩愈《为裴相公让官表》：“旋以论事过～，为宰臣所非。”㊁严酷，苛刻。《魏书·毛修之传》：“严威～法，控勒蜀人。”❻qiè 按脉。《史记·扁鹊仓公列传》：“不待～脉望色听声写形，言病之所在。”（不待：不需要。）

且 qiě ❶连词。而且，并且。《论语·述而》：“不义而富～贵，于我如浮云。”柳宗元《捕蛇者说》：“余悲之，～曰。”（余：我。）［既……且……］表示“又……又……”。《孙子兵法·谋攻》：“三军～惑～疑。”［且……且……］表示“又……又……”或“一边……一边……”。《史记·淮阴侯列传》：“上～怒～喜。”（上：皇帝。）晁错《言兵事疏》：“～驰～射。”❷连词。况且。《三国志·蜀书·诸葛亮传》：“曹操之众，远来疲弊……～北方之人，不习水战。”（众：指军队。）［且夫］用于句首，表示更进一层。可译为“再说”。《韩非子·难一》：“～～以身为苦而后化民者，尧舜之所难也。”（以身为苦：以身作则吃苦在先。化：教育。）❸连词。尚且。《史记·樊郦滕灌列传》：“臣死～不辞，岂特卮（zhī）酒乎？”（岂特：岂但。卮：盛酒的器皿。）㊁抑或，还是。《礼记·曾子问》：“日有食之，则有变乎？～不乎？”❹连词。即使，纵然。杜甫《寄岑嘉州》诗：“外江三峡～相接，斗酒新诗终日疏。”㊁假使，如果。《吕氏春秋·知士》：“～静郭君听辨而为之也，必无今日之患也。”❺副词。暂且，姑且。《汉书·陈汤传》：“县官～顺听群臣言。”（县官：指皇帝。）㊁将要，快要。《列子·汤问》：“北山愚公者，年～九十。”❻jū 语气词。《诗经·郑风·出其东门》：“匪我思～。”（不是我想念的。）

切 qiè 见本页。

窃（竊） qiè ❶偷盗。《荀子·正论》：“～其猪彘（zhì）。”（彘：猪。）㊁盗贼。《庄子·天道》：“边竟有人焉，其名为～。”㊀抄袭，剽窃。王逸《〈楚辞章句〉序》：“取其要妙，～其华藻。”❷不应当而获取，非分占有。《世说新语·言语》：“虽有～秦之爵，千驷之富，不足贵也。”❸男女私通。刘勰《文心雕龙·程器》：“相如～妻而受金。”❹副词。偷偷地，暗中。《韩非子·内储说上》：“丽水之中生金，人多～采金。”《史记·孙子吴起列传》：“～载与之齐。”（偷偷地用车子载他，和他一起到齐国去。）❺谦辞。私自，私下。《战国策·赵策四》：“老臣～以为媪（ǎo）之爱燕后，贤于长安君。”（媪：对年老妇女的尊称。这里指赵太后。贤于：超过。）

妾 qiè ❶ 女奴隶。《尚书·费誓》：“臣～逋逃。”（逋逃：逃跑。臣：男奴隶。）❷ 侧室。旧时男子在妻子之外另娶的女人。《战国策·齐策一》：“臣之妻私臣，臣之～畏臣。”（私：偏爱。）❸ 古代女子表示谦卑的自称。孟郊《织妇辞》：“夫是田中郎，～是田中女。”

踥 qiè ［踥蹀（dié）］小步快走的样子。用于形容奔走钻营的样子。屈原《九章·哀郢》：“众～～而日进兮，美超远而逾迈。”

抾 qiè 捕取。《汉书·扬雄传上》：“～灵蠵。”

怯 qiè 胆小，畏惧。与“勇”相对。《孙子兵法·军争》：“勇者不得独进，～者不得独退。”《朱子语类》卷一三二：“虏人大败，方有～中国之意。”

朅 qiè ❶ 离去。《吕氏春秋·士容》：“富贵弗就而贫贱弗～。”❷ 勇武的样子。《诗经·卫风·硕人》：“庶姜孽孽，庶士有～。”❸ hé 通“曷”。何。《吕氏春秋·贵因》：“胶鬲曰：‘～至？’武王曰：‘将以甲子至殷郊。’”

挈 qiè ❶ 提着，提起。《荀子·劝学》：“若～裘（qiú）领。”（裘：皮衣。）成语有“提纲挈领”。㉿带着，领着。沈约《齐故安陆昭王碑文》：“～妻荷子。”（荷：背着。）㉿握着，拿着。《汉书·韩信传》：“信～其手，与步于庭数匝。”❷ qì 通“契”。用刀刻。《汉书·叙传上》：“旦算祀于～龟。”（旦：周公旦。算祀：计算年代。龟：龟甲。）❸ qì 通“契”。契约。《汉书·沟洫志》：“今内史稻田租～重。”（内史：政区名。租挈：收租的契约。）

锲（鍥） qiè ❶ 刻。《荀子·劝学》：“～而不舍，金石可镂。”（舍：放弃。镂：雕刻。）❷ 截断。《战国策·宋卫策》：“～朝涉之胫。”（朝涉：早晨涉水过河的人。胫：小腿。）

惬（愜、㥦） qiè ❶ 心意满足。《汉书·文帝纪》：“天下人民，未有～志。”（志：指心愿。）双音词有“惬意”。❷ 合适，恰当。张九龄《请御注道德经及疏施行状》：“词约而理丰，文省而事～。”

箧（篋） qiè 小箱子。《庄子·胠箧》：“然而巨盗至，则负匮揭～担囊而趋。”（匮：通“柜”。揭：指扛着。）《盐铁论·相刺》：“故玉屑满～，不为有宝。”（玉屑：碎玉。）

QIN

钦（欽） qīn ❶ 恭敬，敬重。《尚书·尧典》：“～若昊天。”（若：顺从。）《晋书·王献之传》：“谢安甚～爱之。”（谢安：人名。）双音词有“钦佩”。㉿仰慕，佩服。嵇康《琴赋》：“慕老童于騩隅，～泰容之高吟。”何晏《景福殿赋》：“～先王之允塞，悦重华之无为。”❷ 封建社会指有关皇帝的（后起意义）。如“钦差大臣”、“钦赐”、“钦定”。

嵚（嶔） qīn ❶ 山高险。《公羊传·僖公三十三年》：“尔即死，必于殽之～岩。”㉿高峻的山峰。张九龄《赴使泷峡》诗：“溪路日幽深，寒空入两～。”❷ ［嵚崎］1. 山崖高峻的样子。王延寿《王孙赋》：“生深山之茂林，处崭岩之～～。”2. 品格卓异超群。秦观《南都新亭行寄王子发》诗：“亭下～～淮海客，末路逢公诗酒共。”

侵 qīn ❶ 进犯，侵犯。《左传·僖公四年》：“齐侯以诸侯之师～蔡。”（师：军队。蔡：蔡国。）㉿侵蚀。《魏书·李崇传》：“加以风雨稍～，渐致亏坠。”㉿侵袭。韩愈《县斋读书》诗：“南方本多毒，北客恒惧～。”❷ 欺凌，欺负。《庄子·渔父》：“～人自用谓之贪。”《三国志·蜀书·诸葛亮传》：“强不～弱。”❸ 侵占，夺取。《左传·桓公二年》：“哀侯～陉庭之田。”❹ 逐渐。《列子·汤问》：“帝凭怒，～减龙伯之国使陒。”（天帝盛怒，逐渐削减龙伯的国土，使它地域狭隘。龙伯：神话中的国名。）［侵晨］天蒙蒙亮。《三国志·吴书·吕蒙传》：“～～进攻。”［侵寻］逐渐扩展。归有光《乞致仕疏》：“见今病势～～，不能前迈。”㉿临近。苏轼《是日宿水陆寺寄北山清顺僧》诗之一：“农事未休～小雪，佛灯初上报黄昏。”❺ 荒年，庄稼歉收。《穀梁传·襄公二十四年》：“五谷不升，谓之大～。”（升：成熟。）❻ qǐn 相貌丑陋。《汉书·田蚡传》：“蚡（fén）为人貌～。”（貌：相貌。）这个意义又写作“寑”。

骎（駸） qīn ［骎骎］1. 马疾行的样子。《诗经·小雅·四牡》：“驾彼四骆，载骤～～。”2. 疾速，急迫。梁简文帝《如影》诗：“朝光照皎皎，夕漏转～～。”范成大《大暑舟行含山道中雨骤至》诗：“～～失高丘，扰扰暗古县。”3. 渐进的样子。李翱《故处士侯君墓志》：“每激发，则为文达意，其高处～～乎有汉魏之风。”4. 兴盛的样子。张耒《春日杂兴》诗之五：“飞花去寂寂，新叶来～～。”

亲（親） qīn ❶ 爱，亲爱。《孟子·梁惠王下》：“君行仁政，斯民～其上，死其长矣。”《后汉书·寇恂传》：“久为吏人所～。”㉛亲近，接触。《韩非子·爱臣》：“爱臣太～，必危其身。”《孟子·离娄上》：“男女授受不～，礼也。”㊂亲近的人。李白《蜀道难》诗：“所守或匪～，化为狼与豺。”❷ 亲自。《诗经·大雅·韩奕》：“王～命之。”《史记·秦始皇本纪》：“～巡天下，周览远方。”（周：普遍。）❸ 父母。《庄子·养生主》：“可以全生，可以养～。”[亲戚]内外亲属，包括父母和兄弟。《墨子·节葬下》：“秦之西有仪渠之国者，其～～死，聚柴薪而焚之，熏上谓之登遐，然后成为孝子。”此指父母。《左传·僖公二十四年》：“故（周公）封建～～，以蕃屏周。”此指子弟。❹ 亲人，亲戚。《论语·泰伯》：“君子笃于～则民兴于仁。”杜甫《登岳阳楼》诗：“～朋无一字，老病有孤舟。”（无一字：指无音信。）成语有“亲痛仇快”。

衾 qīn ❶ 大被。《诗经·召南·小星》：“肃肃宵征，抱～与裯。”❷ 覆盖尸体的单被。《荀子·正论》：“太古薄葬，棺厚三寸，衣～三领。”（三领：三件。）【辨】衾，被。先秦时被子的意义不用“被”字表示，小被称为“寝衣”，大被称为“衾”。后来“衾”、“被”没有分别。

芩 qín ❶ 草名。《诗经·小雅·鹿鸣》：“呦呦鹿鸣，食野之～。”❷ [黄芩]草药名。

秦 qín ❶ 周代诸侯国。战国时为七雄之一。在今陕西中部和甘肃东部一带。公元前 221 年统一中国，建立了秦朝。《庄子·寓言》：“老聃西游于～。”❷ 朝代名（公元前 221—前 206 年）。第一代君主是嬴政（秦始皇）。王昌龄《出塞》诗：“～时明月汉时关，万里长征人未还。”❸ 地域名。指今陕西、甘肃一带。杜甫《奉送严公入朝十韵》：“此生那老蜀，不死会归～。”

螓 qín 一种方头宽额的蝉。[螓首]形容女子容貌美丽的样子。《诗经·卫风·硕人》：“～～蛾眉，巧笑倩兮，美目盼兮。”

禽 qín ❶ 猎物。《周易·师》：“田有～。”❷ 捕捉，制伏。《左传·哀公二十三年》：“知伯亲～颜庚。”《史记·秦始皇本纪》：“～灭六王。”这个意义后来写作“擒”。❸ 鸟兽的总称。《三国志·魏书·华佗传》：“吾有一术，名五～之戏。”（术：指锻炼身体的方法。五禽之戏：指模仿虎、鹿、熊、猿、鸟五种鸟、兽动作的一种体操。）㊕鸟类。《韩非子·五蠹》：“妇人不织，～兽之皮足衣也。”㊕兽类。《论衡·遭虎》：“虎亦诸～之雄也。”

勤 qín ❶ 辛劳，辛苦。与“逸”相对。《论语·微子》：“四体不～，五谷不分，孰为夫子？”（孰：谁。）《左传·僖公三十二年》：“～而无所，必有悖心。”㉛忧虑，愁苦。《扬子法言·修身》：“乐天则不～，知命则不忧。”❷ 努力，尽力。与“惰”相对。《国语·鲁语上》：“夫圣王之制祀也，法施于民则祀之，以死～事则祀之。”《三国志·吴书·吴主传》：“～求俊杰，将与戮力。”（俊杰：才智出众的人。戮力：合力。）❸ 为……尽力，帮助。《左传·僖公三年》：“齐方～我，弃德不祥。”（齐：齐国。）[勤王] 1. 为王事辛劳。《晋书·谢安传》：“夏禹～～，手足胼胝。”2. 指以兵力救援王朝。《后汉书·袁绍传》：“不闻～～之师，而但擅相讨伐。”❹ 穷尽，枯竭。《文子·上仁》：“力～财尽，有旦无暮。”❺ 急切，殷切。韩愈《答渝州李使君书》：“钦想所为，益深～企。”❻ 多次，经常。韩愈《木芙蓉》诗：“愿得～来看，无令便逐风。”

寝（寢） qǐn ❶ 躺着休息，睡觉。《论语·乡党》：“食不语，～不言。”㊗横卧的。《荀子·解蔽》：“见～石，以为伏虎也。”㊂卧病。常“寝疾”、“寝病”连用。《左传·昭公七年》：“寡君～疾，于今三月矣。”《后汉书·宋均传》：“均常～病。”❷ 卧室，寝室。《左传·宣公二年》：“晨往，～门辟矣。”❸ 陵寝。古代帝王陵墓上的正殿。张载《七哀诗》之一：“园～化为墟，周墉无遗堵。”[寝庙]古代宗庙分两部分，后面停放牌位和先人遗物的地方叫“寝”，前面祭祀的地方叫“庙”，合称“寝庙”。《诗经·小雅·巧言》：“奕奕～～。”（奕奕：高大的样子。）❹ 息，止。《汉书·礼乐志》：“其议遂～。”王褒《四子讲德论》：“秦人～兵。”㉛扣住不发。《梁书·丘迟传》：“为有司所纠，高祖爱其才，～其奏。”（纠：检举。）❺ 相貌丑陋。《吴越春秋·勾践阴谋外传》：“不以鄙陋～容，愿纳以供箕箒之用。”《新唐书·郑注传》：“貌～陋。”【辨】寝，卧，眠，寐，睡。见 387 页“睡”字。

沁 qìn 浸，渗入。唐彦谦《咏竹》诗：“醉卧凉阴～骨清，石床冰簟（diàn）梦难成。”（簟：竹席。）成语有“沁人心脾”。

QING

青 qīng ❶ 蓝色。《荀子·劝学》:"～,取之于蓝而～于蓝。"(蓝:一种草本植物,叶子可以提制蓝色染料。)㊂深绿色。庾信《春赋》:"麦才～而覆雉。"刘禹锡《陋室铭》:"草色入帘～。"(入:映入。)㊂青绿色的东西。杜甫《绝句》:"江边踏～罢,回首见旌旗。"❷ 用于书写的青色的竹简。刘勰《文心雕龙·诸子》:"杀～所编。"[青史]原指在竹简上的记事,后指史书。杜甫《赠郑十八贲》诗:"古人日已远,～～字不泯。"(泯:灭。)[青简]原指写在竹简上的文章,后泛指书籍。白居易《秘书省中忆旧山》诗:"厌从薄宦校～～。"(从:从事。薄宦:小官。)❸ 指春天。江淹《别赋》:"镜朱尘之照烂,袭～气之烟煴。"❹ 指东方。《周礼·考工记·画缋》:"东方谓之～。"❺ 黑色。《尚书·禹贡》:"厥土～黎。"李白《将进酒》:"君不见高堂明镜悲白发,朝如～丝暮成雪。"【辨】青,苍,碧,绿,蓝。见235页"蓝"字。

圊 qīng ❶ 厕所。《三国志·蜀书·诸葛亮传》注引《袁子》:"所至营垒、井灶、～溷、藩篱、障塞皆应绳墨。"❷ 猪圈。苻朗《苻子》:"豕也,非大～不居。"

清 qīng ❶ 水清澈。与"浊"相对。《诗经·魏风·伐檀》:"河水～且涟猗。"(涟:波纹。)㊀(液体)清澈。《诗经·大雅·凫鹥》:"尔酒既～,尔殽既馨。"㊀清澈的水。郦道元《水经注·江水二》:"则素湍绿潭,回～倒影。"❷ 干净,洁净。张衡《东京赋》:"京室密～。"(密:静。)㊀清洗,清除。陆云《盛德颂》:"泛时雨以～天,洒狂尘以肃地。"㊀明晰,清楚。江淹《王侍中怀德》诗:"日暮山河～。"杜甫《晓望》诗:"地坼江帆隐,天～木叶闻。"❸ 清高,清廉。《史记·伯夷列传》:"举世混浊,～士乃见。"《三国志·魏书·毛玠传》:"少为县吏,以～公称。"(公:公正。)㊀鲜明,清秀。《山海经·西山经》:"丹木五岁,五色乃～。"杜甫《与李十二白同寻范十隐居》诗:"入门高兴发,侍立小童～。"❹ (政治)清明,太平。《孟子·万章下》:"当纣之时,居北海之滨,以待天下之～也。"李白《古风五十九首》之三十四:"澹然四海～。"㊀治理。潘岳《藉田赋》:"于是乃使甸帅～畿。"㊀安静,清静。《庄子·在宥》:"必静必～,无劳女形。"杜甫《大云寺赞公房》诗:"心～闻妙香。"❺ 清爽,清凉。宋玉《九辩》:"泬寥兮天高而气～。"(泬寥:空旷清朗。)辛弃疾《水龙吟·登建康赏心亭》:"楚天千里～秋。"㊀(声音)清亮、清越。钱起《宴郁林观张道士房》诗:"竹坛秋月冷,山殿夜钟～。"❻ 朝代名(公元1644—1911年)。1616年建国,初名后金。1636年改国号为清。1644年建都北京。第一代君主是爱新觉罗·福临。

轻(輕) qīng ❶ 分量小。与"重"相对。屈原《卜居》:"蝉翼为重,千钧为～。"司马迁《报任安书》:"人固有一死,或重于太山,或～于鸿毛。"㊀价值低贱。《汉书·食货志下》:"钱益多而～,物益少而贵。"㊂轻便,轻快。《淮南子·原道》:"虽有～车良马……不能与之争先。"李白《早发白帝城》诗:"两岸猿声啼不住,～舟已过万重山。"成语有"轻歌曼舞"。❷ 程度浅,数量少。杜牧《朱坡绝句》之二:"烟深苔巷唱樵儿,花落寒～倦客归。"《续资治通鉴·元成宗元贞二年》:"所赐诸王、公主、驸马、勋臣,为数不～。"㊀轻微,浅薄。《孟子·尽心下》:"民为贵,社稷次之,君为～。"诸葛亮《与参军掾属教》:"任重才～。"❸ 减少,减轻。《管子·权修》:"而求权之无～,不可得也。"《三国志·吴书·孙休传》:"今欲广开田业,～其赋税。"❹ 轻视,看不起。《老子·六十九章》:"祸莫大于～敌。"㊂轻易,随便。《盐铁论·刑德》:"千仞之高,人不～凌。"(凌:指登上。)成语有"掉以轻心"。❺ 轻佻,轻浮。韩愈《送郑尚书序》:"蛮夷悍～。"

倾(傾) qīng ❶ 侧,斜。《管子·牧民》:"国有四维,一维绝则～,二维绝则危,三维绝则覆,四维绝则灭。"《盐铁论·利议》:"虚心～耳以听。"㊀邪恶,行为不正。叶适《宋邹卿墓志铭》:"淳心之成,其行不～。"❷ 倒塌,倾覆。《诗经·大雅·瞻卬》:"哲夫成城,哲妇～城。"李白《梁甫吟》:"杞(qǐ)国无事忧天～。"(忧:担忧。)❸ 排挤,倾轧。晁错《论贵粟疏》:"以利相～。"㊀压倒,胜过。《北史·卢鲁元传》:"父子有宠两宫,势～天下。"❹ 钦佩,倾慕。《汉书·司马相如传上》:"一坐尽～。"(一坐:满座的人。尽:都。)❺ 倒出来。陶潜《乞食》诗:"谈谐终日夕,觞至辄～杯。"李白《赠崔秋浦三首》之二:"见客但～酒。"㊀倾泻,倾吐。杨万里《次出门韵》:"好怀非自閟,且道向谁～?"㊉竭尽,尽其所有。《三国志·蜀书·董和传》:"～家竭产。"❻ qǐng 顷刻,不久。《吕氏春秋·执一》:"～造大难,身不得死焉。"

卿 qīng ❶ 古代高官名、爵位名。在公之下、大夫之上。《商君书·赏刑》："自～相将军以至大夫庶人。"[客卿]对其他诸侯国来本国做官人的称呼。《史记·李斯列传》："秦王拜斯为～～。" ❷ 对人表示尊敬、亲热的称呼。可用于君对臣、长辈对晚辈、朋友之间，以及夫妻情人之间。《晋书·谢安传》："～累违朝旨。"（累：屡次。）《古诗为焦仲卿妻作》："我自不驱～，逼迫有阿母。"

勍 qíng 强，强劲。《左传·僖公二十二年》："且今之～者，皆吾敌也。"

黥（剠） qíng ❶ 古代一种刑罚。用刀刺刻犯人的面额，再涂上墨。也叫墨刑。《战国策·秦策一》："法及太子，～劓（yì）其傅。"（劓：割鼻子。） ❷ 文身。在身上刺写文字或花纹图案。《隋书·东夷传·流求国》："妇人以墨～手，为虫蛇之文。"

情 qíng ❶ 感情。《荀子·正名》："性之好恶喜怒哀乐谓之～。"李贺《金铜仙人辞汉歌》："天若有～天亦老。"（亦：也。）㊕爱情。陈鸿《长恨歌传》："定～之夕，授金钗钿合以固之。" ❷ 实情。《左传·庄公十年》："小大之狱，虽不能察，必以～。"㊟情况。《列子·黄帝》："备知万物～态。"㊀本性。《孟子·滕文公上》："夫物之不齐，物之～也。" ❸ 志向，意愿。《南史·刘湛传》："弱年便有宰物～。" ❹ 兴致，情趣。元稹《任醉》诗："本怕酒醒浑不饮，因君相劝觉～来。"

檠（檄） qíng ❶ 矫正弓弩的器具。《荀子·性恶》："繁弱、巨黍，古之良弓也，然而不得排～，则不能自正。"㊀矫正（弓弩）。《汉书·苏武传》："武能网纺缴，～弓弩。" ❷ 灯架。韩愈《短灯檠歌》："长～八尺空自长，短～二尺便且光。"㊡灯。王安石《自舒州追送朱氏女弟》诗："投僧避夜雨，古～昏无膏。" ❸ 通"擎"。举，向上托。韩愈《燕河南府秀才》诗："柿红蒲萄紫，肴果相扶～。" ❹ jìng 有脚的盘碟类器皿。杨衒之《洛阳伽蓝记》卷四："金瓶银瓮百余口，瓯、～、盘、盒称是。"

擎 qíng ❶ 举，向上托。束皙《饼赋》："～器者舐唇，立侍者干咽。" ❷ 拿取。裴铏《传奇·裴航》："～一瓯浆来，郎君要饮。"

顷（頃） qǐng ❶ qīng 侧，斜。《诗经·周南·卷耳》："采采卷耳，不盈～筐。"《汉书·王褒传》："不单～耳而听已聪。"（单：尽。聪：听觉灵敏。）这个意义后来写作"倾"。 ❷ 土地面积单位。百亩为一顷。《三国志·蜀书·诸葛亮传》："薄田十五～。" ❸ 时间短。与"久"相对。《荀子·性恶》："天下之悖（bèi）乱而相亡不待～矣。"（悖乱：混乱。不待：不需要。）[有顷][顷之]不久。《史记·留侯世家》："有～，父亦来。"《战国策·秦策二》："～之，一人又告之曰：'曾参杀人。'" ❹ 副词。近来，刚才，不久前。《三国志·吴书·吴主传》："～闻诸将出入，各尚谦约。"（约：指约束自己。） ❺ kuǐ 通"跬"。半步。古代以左右脚各迈一次为一步，单脚迈一次为半步。《大戴礼记·曾子大孝》："故君子～步之不敢忘也。"

请（請） qǐng ❶ 谒见，拜见。《汉书·张汤传》："其造～诸公，不避寒暑。"（造：指前往。） ❷ 请求。《左传·隐公元年》："若弗与，则～除之。"（弗与：不给。）《三国志·蜀书·诸葛亮传》："事急矣，～奉命求救于孙将军。"成语有"请君入瓮"。【注意】"请"字后面带动词时，有两种不同的意义。第一种是请你做某事，如第一例。第二种是请你允许我做某事，如第二例。在古汉语里，第二种情况比较常见。 ❸ 请求给予。《史记·吕太后本纪》："朱虚侯～卒，太尉予卒千余人。" ❹ 询问。叶适《草庐先生墓志铭》："少而广问博～。" ❺ 邀请。《汉书·孝宣许皇后传》："乃置酒～之。"（置：设。）㊡聘请。《后汉书·鲁恭传》："郡数以礼～，谢不肯应。" ❻ qíng 通"情"。真情，实情。《荀子·正名》："正名而期，质～而喻。"

謦 qǐng [謦欬（ké）][謦咳] 1. 咳嗽。《吕氏春秋·顺说》："惠盎见宋康王，康王蹀足～欬。" 2. 言笑。《庄子·徐无鬼》："夫逃虚空者……闻人足音跫（qióng）然而喜矣，又况乎昆弟亲戚之～欬其侧者乎！"（跫然：脚步声。）苏轼《黄州还回太守毕仲远启》："神驰铃下，如闻～咳之音。"

庆（慶） qìng ❶ 庆贺，祝贺。《战国策·燕策一》："武安君苏秦为燕说齐王，再拜而贺，因仰而吊。齐王桉戈而却曰：'此一何～吊相随之速也？'"《后汉书·王充传》："绝～吊之礼。" ❷ 奖赏。常"庆赏"连用。《管子·牧民》："严刑罚，则民远邪。信～赏，则民轻难。"（轻难：指敢于赴难。） ❸ 福。《周易·坤》："积善之家，必有余～。"《盐铁论·诛秦》："初虽劳苦，卒获其～。"（卒：终。） ❹ 善，善事。《诗经·大雅·皇矣》："则友其兄，则笃其～。"

Q

清 qìng 凉，冷。《管子·宙合》："辟之也犹夏之就～，冬之就温焉。"

磬 qìng ❶古代一种形似曲尺的石制敲击乐器。《荀子·乐论》："～似水。"（磬声如流水。）[磬折]像磬的形状一样弯着腰。形容十分恭敬。《史记·滑稽列传》："西门豹簪笔～～，向河立待良久。"（簪笔：帽上插着一种簪，是行礼时的装饰。）❷寺院中僧人敲打的形状如钵的铜铁铸的鸣器（后起意义）。卢纶《宿定陵寺》诗："古塔荒台出禁墙，～声初尽漏声长。"（初尽：刚完。漏：刻漏，古代的一种滴水计时器。）❸通"罄"。空，尽。《淮南子·览冥》："～龟无腹。"

罄 qìng ❶（器皿）中空。《诗经·小雅·蓼莪》："瓶之～矣，维罍之耻。"❷尽，用尽。范缜《神灭论》："粟～于惰游，货殚于土木。"（惰游：指游手好闲的僧侣。）《旧唐书·李密传》："～南山之竹，书罪未穷。"成语有"罄竹难书"。❸通"磬"。古代一种形似曲尺的石制敲击乐器。《大戴礼记·礼三本》："县一～而尚拊搏。"

QIONG

邛 qióng ❶小土山。《诗经·陈风·防有鹊巢》："防有鹊巢，～有旨苕。"❷忧病。《诗经·小雅·巧言》："匪其止共，维王之～。"❸国名，汉代西南部民族所建。《史记·司马相如列传》："～、筰、冉、駹者近蜀，道亦易通。"❹[邛崃]山名。在今四川。李刘《水调歌头·寿赵茶马》："万里碧鸡使，叱驭问～～。"

筇 qióng 竹名。可做手杖。戴凯之《竹谱》："竹之堪杖，莫尚于～。"㊀手杖。黄庭坚《次韵德孺新居病起》："稍喜过从近，扶～不驾车。"

穷（窮） qióng ❶终极，完结。《吕氏春秋·下贤》："与物变化，而无所终～。"㊀穷究，追究到底。《后汉书·济南安王康传》："不忍～竟其事。"❷阻塞不通。与"通"相对。《庄子·列御寇》："夫处～闾（lǘ）阨（ài）巷。"（住在狭窄的小胡同里。）成语有"日暮途穷"。㊀走投无路。《吕氏春秋·慎人》："孔子～于陈蔡之间，七日不尝食。"《颜氏家训·省事》："然而～鸟入怀，仁人所悯。"熟语有"追穷寇"。❸止息。《礼记·儒行》："儒有博学而不～，笃行而不倦。"㊀词穷，无言以对。《孟子·公孙丑上》："遁辞，知其所～。"成语有"理屈词穷"。❹不得志，不显贵。与"达"相对。《孟子·尽心上》："故士～不失义，达不离道。"❺贫苦，生活困难。《战国策·齐策四》："振困～，补不足。"（振：救济。）❻荒远，偏僻。《战国策·赵策二》："～乡多异，曲学多辨。"成语有"穷乡僻壤"。【辨】贫，穷。在古代，缺乏衣食钱财一般叫"贫"。不得志，没有出路叫"穷"。"困"、"穷"连用时，包含有"贫穷"的意思。

茕（惸、㷀） qióng 没有弟兄的人。《尚书·洪范》："无虐～独。"（无：不要。独：老而无子。）㊀孤单。曹植《闺情二首》之一："佳人在远道，妾身单且～。"[茕茕]1. 忧思的样子。《诗经·小雅·正月》："忧心～～，念我无禄。"2. 孤独无依的样子。屈原《九章·思美人》："独～～而南行兮。"李密《陈情表》："～～孑（jié）立，形影相吊。"（孑：孤单的样子。）

穹 qióng ❶物体中间隆起的样子。[穹庐]北方游牧民族用的毡帐。北朝民歌《敕勒歌》："天似～～，笼盖四野。"㊀指天。李中《下蔡春偶作》诗："采兰扇枕何时遂，洗虑焚香叩上～。"[苍穹]指天。岑参《与高适薛据登慈恩寺浮图》诗："七层摩～～。"❷大，高。张衡《思玄赋》："寒风凄其永至兮，拂～岫之骚骚。"《汉书·司马相如传上》："触～石，激堆埼。"❸深。班固《西都赋》："其阳则崇山隐天，幽林～谷。"（阳：南面。）❹尽，终。《诗经·豳风·七月》："～窒熏鼠，塞向墐户。"

琼（瓊） qióng 美玉。《诗经·卫风·木瓜》："投我以木瓜，报之以～琚。"（琚：一种佩玉。）苏轼《次韵答王巩》："我有方外客，颜如～之英。"㊉美好的事物。宋玉《招魂》："华酌既陈，有～浆些。"（华酌：指华丽的酒器。陈：陈设。些：语气词。）

蛩 qióng ❶蝗虫。《淮南子·本经》："飞～满野。"❷[蛩蛩]忧思的样子。《楚辞·九叹·离世》："心～～而怀顾兮，魂眷眷而独逝。"❸蟋蟀。白居易《禁中闻蛩》诗："西窗独闇坐，满耳新～声。"❹gǒng 虫名。即"马陆"。

跫 qióng [跫然]脚步声。《庄子·徐无鬼》："夫逃虚空者……闻人足音～～而喜矣。"[跫音]脚步声。范成大《留游子明》诗："得得～～喜，恩恩笑口开。"

睘（瞏） qióng ❶惊恐瞪眼的样子。《素问·诊要经终论》："少阳终者，耳聋，百节皆纵，目～绝系。"❷[睘睘]同"茕茕"。孤独无依的样子。《诗经·唐风·杕杜》："独行～～，岂无他人。"

QIU

丘 qiū ❶土山，小土山。《商君书·徕民》："秦四境之内，陵阪（bǎn）～隰（xí），不起十年征。"（秦国四界之内，岭坡、土山、洼湿的土地，十年不收赋税。阪：坡，山坡。）柳宗元《钴鉧潭西小丘记》："梁之上有～焉。"❷坟墓。常"丘墓"、"丘陇"连用。《周礼·春官·冢人》："以爵等为～封之度。"司马迁《报任安书》："亦何面目复上父母之～墓乎。"❸废墟。屈原《九章·哀郢》："曾不知夏之为～兮。"（夏：厦。）❹古代田里区划单位。《周礼·地官·小司徒》："九夫为井，四井为邑，四邑为～。"❺居邑，村落。鲍照《代结客少年场行》："去乡三十载，复得还旧～。"【辨】陵，山，岭[1]（嶺），丘。见254页"陵"字。

秋（烁） qiū ❶谷物成熟，收成。《论衡·气寿》："物先～后～，则亦如人死。"《尚书·盘庚上》："若农服田力穑（sè），乃亦有～。"（服田：从事耕作。穑：收割庄稼。）双音词有"麦秋"。❷秋季，秋天。《管子·四时》："～聚收，冬闭藏。"㉂三个月的时间，季节。《管子·轻重乙》："夫岁有四～，而分有四时。"㉃衰老，破败。庾信《竹杖赋》："并皆年华未暮，容貌先～。"蒋捷《高阳台·送翠英》："飞莺纵有风吹转，奈旧家苑已成～。"❸阴阳五行中以"秋"为"金"，配五色之白色、四方之西方等。李白《秋浦歌》之十五："不知明镜里，何处得～霜。"谢庄《怀园引》："回首瞻东路，延翮向～方。"俗语有"金秋"。❹年。《韩非子·显学》："今巫祝之祝人曰：'使若千～万岁。'"李白《金陵歌送别范宣》诗："四十余帝三百～。"成语有"千秋万代"。㉃时候，时期。诸葛亮《出师表》："此诚危急存亡之～也。"❺飞舞，腾跃。《汉书·礼乐志》："飞龙～，游上天。"［秋秋］飞舞的样子。《荀子·解蔽》："凤凰～～。"

萩 qiū ❶草名。一种蒿类植物。马王堆汉墓帛书《五十二病方》："青蒿者，荆名曰～。"❷通"楸"。树名。《左传·襄公十八年》："及秦周，伐雍门之～。"

湫 qiū ❶jiǎo 低下。《左传·昭公三年》："子之宅近市，～隘嚣尘，不可以居。"（子：你。隘：狭窄。嚣尘：喧嚣多尘。）❷空洞。《吕氏春秋·审分》："此之谓定性于大～。"㉂水池，深潭。杜甫《乾元中寓居同谷县作》诗："南有龙兮在山～。"❸集聚不散。《左传·昭公元年》："勿使有所壅闭～底。"（底：停滞。）❹jiū 凉的样子。宋玉《高唐赋》："～兮如风，凄兮如雨。"

楸 qiū ❶树名。屈原《九章·哀郢》："望长～而太息兮，涕淫淫其若霰。"❷用楸木做的棋盘。泛指棋盘。段成式《观棋》："闲对弈～倾一壶，黄羊枰上几成都。"［楸枰（píng）］用楸木做的棋盘。泛指棋盘。陆游《自嘲》诗："遍游竹院寻僧语，时拂～～约客棋。"

鹙（鶖） qiū 一种水鸟。《诗经·小雅·白华》："有～在梁，有鹤在林。"

鞧（緧） qiū 套车时拴在牲口后腿后方的皮带。《晋书·潘岳传》："王济、裴楷等并为帝所亲遇，岳内非之，乃题阁道为谣曰：'阁道东，有大牛，王济鞅，裴楷～。'"

厹 qiú ❶三棱矛。《诗经·秦风·小戎》："～矛鋈錞。"❷róu 踩踏。《尔雅·释兽》："狸、狐……其足蹯，其迹～。"

艽 qiú ❶禽兽巢穴中垫的草。《淮南子·修务》："虎豹有茂草，野彘有～莦。"❷荒远。《诗经·小雅·小明》："我征徂西，至于～野。"❸jiāo ［秦艽］药草名。出产于秦地，故名。

鼽 qiú ❶鼻塞不通。《礼记·月令》："（季秋之月）民多～嚏。"❷颧骨。《素问·气府论》："手太阳脉气所发者三十六穴……～骨下各一。"

囚 qiú ❶拘禁。《韩非子·说林上》："吏因～之。"㉂束缚。孟郊《冬日》诗："万事有何味，一生虚自～。"❷俘获。《左传·宣公十二年》："射公子穀臣，～之。"㉂囚犯，被拘禁的人。《诗经·鲁颂·泮水》："在泮献～。"白居易《歌舞》诗："岂知阌（wén）乡狱，中有冻死～。"（阌乡：县名。）

泅 qiú 游水。《列子·说符》："人有滨河而居者，习于水，勇于～。"

求 qiú ❶寻找，寻求。《战国策·楚策一》："虎～百兽而食之。"成语有"刻舟求剑"。㉂探求，探索。《论语·述而》："我非生而知之者，好古，敏以～之者也。"㉂求得，追求。《论语·述而》："富而可～也，虽执鞭之士，吾亦为之。"《淮南子·说山》："～美则不得美。"❷要求，需求。《论语·微子》："无～备于一人。"魏征《谏太宗十思疏》："臣闻～木之长者，必固其根本。"（木：树。固：牢固。根本：指树的根部。）成语有"求全责备"。㉂选择，选取。《论衡·讥日》："作车不～良辰，裁衣独～吉日。"❸

乞求，请求。《战国策·赵策四》："赵氏～救于齐。"

俅 qiú ［俅俅］冠饰华美的样子。《诗经·周颂·丝衣》："载弁～～。"一说恭顺的样子。

逑 qiú ❶聚合。《诗经·大雅·民劳》："惠此中国，以为民～。"❷配偶。《诗经·周南·关雎》："窈窕淑女，君子好～。"

球 qiú ❶美玉。《尚书·禹贡》："厥贡惟～、琳、琅玕。"❷玉磬。《尚书·益稷》："戛击鸣～。"【注意】古代汉语中的"球"没有现代球类的意义。

赇（賕） qiú 贿赂，行贿。《宋史·食货志上三》："操舟者～诸吏。"㉑行贿的财物。《史记·滑稽列传》："恐受～枉法。"（枉法：歪曲和破坏法律。）㉑受贿，接受贿赂。《新唐书·苏瓌传》："以～被杖。"

铽（銶） qiú 凿子一类的工具。《诗经·豳风·破斧》："既破我斧，又缺我～。"

裘 qiú 用毛皮缝制的衣服。《诗经·豳风·七月》："取彼狐狸，为公子～。"

絿 qiú 急，急躁。《诗经·商颂·长发》："不竞不～，不刚不柔。"

觩（觓） qiú 兽角弯曲的样子。《诗经·小雅·桑扈》："兕觥其～，旨酒思柔。"㉒物体弯曲的样子。《诗经·鲁颂·泮水》："角弓其～，束矢其搜。"

虬（虯） qiú 古代传说中的一种龙。屈原《天问》："焉有～龙，负熊以游？"（焉有：哪有。）㉑像虬龙那样盘曲、蜷曲。《新五代史·皇甫遇传》："为人有勇力，～髯善射。"杜牧《题青云馆》诗："～蟠千仞剧羊肠，天府由来百二强。"（蟠：盘曲。剧羊肠：比羊肠还要曲折。）

酋 qiú ❶掌管酒的长官。《礼记·月令》："乃命大～，秫稻必齐。"（秫：糯米。）❷部落的首领。颜延之《三月三日曲水诗序》："卉（huì）服之～。"（卉服：用草做衣服，指落后的部落。）

遒 qiú ❶迫近。宋玉《招魂》："分曹并进，～相迫些。"《史记·司马相如列传》："～孔鸾（luán），促鵔鸃（jùn yí）。"（孔鸾：孔雀。鵔鸃：鸟名。）㉑聚集。《诗经·商颂·长发》："百禄是～。"❷尽。潘岳《秋兴赋》："悟时岁之～尽兮。"❸刚劲，有力。鲍照《浔阳还都道中》诗："猎猎晚风～。"（猎猎：风声。）刘峻《广绝交论》："～文丽藻。"（藻：文采。）双音词有"遒劲"。

蝤 qiú ❶［蝤蛴］天牛的幼虫。其色白而体长。《诗经·卫风·硕人》："领如～～，齿如瓠犀。"（领：脖子。）❷yóu［蝤蛑］见118页"蝤"字。❸yóu［蝤蛑（móu）］一种海蟹。刘恂《岭表录异》卷下："～～，乃蟹之巨而异者。"又写作"蝤蝥"。

璆 qiú ❶同"球"。美玉。刘琨《重赠卢谌》诗："握中有悬璧，本自荆山～。"㉒磬。《国语·晋语四》："籧篨蒙～。"❷佩玉相击声。《史记·孔子世家》："夫人自帷中再拜，环珮玉声～然。"

糗 qiǔ 干粮，炒熟去壳的谷类。《尚书·费誓》："峙乃～粮，无敢不逮。"

QU

区（區） qū ❶分别，区别。《论语·子张》："譬诸草木，～以别矣。"《汉书·黄霸传》："霸具为～处。"（黄霸都分别做了处置。）❷区域，地域。潘岳《藉田赋》："洪钟越乎～外。"［区夏］我国古代对中原地区的称呼。《尚书·康诰》："用肇造我～～。"❸畦，种菜的小地块。刘向《说苑·反质》："终日溉韭百～不倦。"❹［区区］1. 少，小。贾谊《过秦论》："然秦以～～之地，致万乘之权。"（致：达到。万乘：指皇帝。）2. 诚挚。《古诗为焦仲卿妻作》："新妇谓府吏：感君～～怀。"3. 自称的谦辞。归有光《山舍示学者》："则～～与诸君，论此于荒山寂寞之滨，其不为所嗤（chī）笑者几希。"（嗤笑：讥笑。几希：无几，很少。）❺ōu 古代容量单位。四升为豆，四豆为区。《左传·昭公三年》："齐旧四量：豆、～、釜、钟。"

岖（嶇） qū ［崎岖］见321页"崎"字。

驱（驅） qū ❶赶马。《诗经·唐风·山有枢》："子有车马，弗驰弗～。"《史记·越王勾践世家》："乘坚～良。"（坚：指坚固的车。良：指良马。）［驱驰］1. 赶马快跑。《史记·张耳陈馀列传》："令范阳令乘朱轮华毂，使～～燕赵郊。"2. 奔走效力。诸葛亮《出师表》："由是感激，遂许先帝以～～。"❷驱赶，驱逐。《左传·桓公十二年》："～楚役徒于山中。"《史记·平津侯主父列传》："行盗侵～。"（侵驱：侵扰边境，驱掠人畜。）贾思勰《齐民要术·种麻》："麻生数日中，常～雀。"㉑驱使，迫使。陶潜《乞食》诗："饥来～我去，不知竟何之。"❸奔驰，行走。刘勰《文心雕龙·神思》："我才之多少，将与风云而并～矣。”成语有“并驾齐驱”。上述意义又写作“敺”，现写作“驱”。

躯（軀） qū 身体。《荀子·劝学》：“小人之学也，入乎耳，出乎口，口耳之间则四寸耳，曷足以美七尺之～哉！”

曲 qū ❶弯曲。与“直”相对。《礼记·经解》：“犹衡之于轻重也，绳墨之于～直也。”（犹：如同。衡：秤。绳墨：木工用来画直线的工具。）㊀曲折周到。《荀子·天论》：“其行～治，其养～适。”成语有“曲尽其妙”。❷偏邪，不正直。《韩非子·有度》：“故当今之时，能去私～，就公法者，民安而国治。”（就：指依照。）㊀理屈。《逸周书·武称》：“直胜～，众胜寡。”❸局部，不全。《荀子·解蔽》：“凡人之患，蔽于一～，而闇（àn）于大理。”（蔽于一曲：拘于一隅的偏见。闇：不明白。）㊀深隐、偏僻的地方。《诗经·秦风·小戎》：“在其板屋，乱我心～。”有双音词“乡曲（指偏僻的地方，也指乡里）”。❹尽，遍。韩愈《为裴相公让官表》：“恩私～被，性命获全。”❺qǔ 乐曲，歌曲。《后汉书·黄琼传》：“阳春之～，和者必寡。”❻qǔ 量词。首。用于乐曲、歌曲。《魏书·乐志》：“得古雅乐一部，正声歌五十～。”

诎（詘） qū ❶弯曲。《荀子·劝学》：“～五指而顿之。”（顿：抖动。）㊀枉曲，冤枉。《吕氏春秋·壅塞》：“宋王因怒而～杀之。”❷屈服，折服。《墨子·公输》：“公输盘之攻械尽，子墨子之守圉有余，公输盘～。”（公输盘：人名。）《战国策·秦策一》：“今欲并天下，凌万乘，～敌国……非兵不可。”❸言语钝拙。《史记·李斯列传》：“辩于心而～于口。”❹缺少，穷尽。《荀子·正论》：“故百事废，财物～，而祸乱起。”

屈 qū ❶弯曲。《孟子·告子上》：“今有无名之指，～而不信。”（信：通“伸”。）❷屈服。《孟子·滕文公下》：“富贵不能淫，贫贱不能移，威武不能～。”㊀理亏。《周易·系辞下》：“失其守者，其辞～。”❸委屈。《三国志·蜀书·诸葛亮传》：“此人可就见，不可～致也。”（这个人可以去见他，而不能让他降低身份来这里。）❹jué 竭，尽。贾谊《论积贮疏》：“生之有时，而用之亡度，则物力必～。”（亡：无。）

詘 qū ❶曲折，弯曲。《淮南子·氾论》：“～寸而伸尺，圣人为之。”❷[詘诡]诡异。左思《吴都赋》：“倜傥之极异，～～之殊事，藏理于终古。”

阹 qū 依凭山谷等地形为牛马圈。《汉书·司马相如传上》：“江河为～，泰山为橹。”㊂围猎的围圈。扬雄《长杨赋序》：“以网为周～，纵禽兽其中。”㊂利用地形围猎（禽兽）。左思《吴都赋》：“～以九疑。”

呿 qū 张口。《庄子·秋水》：“公孙龙口～而不合，舌举而不下。”

胠 qū ❶腋下。《素问·欬论》：“甚则不可以转，转则两～下满。”❷军阵的右翼军队。古代军阵右翼为“胠”，左翼为“启”。《左传·襄公二十三年》：“～，商子车御侯朝，桓跳为右。”❸从旁撬开（器物）。《庄子·胠箧》：“将为～箧探囊发匮之盗而为守备。”（胠箧：从旁撬开箱子进行偷窃。）❹搁浅。《荀子·荣辱》：“（鱼）～于沙而思水，则无逮矣。”

祛 qū ❶除去，消除。庾信《奉和永丰殿下言志》十首之七：“茂陵体犹瘠，淮阳疾未～。”❷[祛祛]强健的样子。《诗经·鲁颂·驷》：“有驔有鱼，以车～～。”

袪 qū ❶衣袖，袖口。《诗经·郑风·遵大路》：“遵大路兮，掺执子之～兮。”叶适《太令人胡氏挽词》：“已刻《溪西志》，潸然泪满～。”❷举，撩起。《吕氏春秋·知分》：“次非攘臂～衣，拔宝剑。”（次非：人名。）❸通“祛”。除去。蔡邕《郭有道碑文》：“用～其蔽。”

趋（趨） qū ❶跑，快走。《公羊传·桓公二年》：“～而救之，皆死焉。”《论语·微子》：“孔子下，欲与之言，～而辟之，不得与之言。”（辟：避。）㊂小步快走。表示恭敬。《战国策·赵策四》：“入而徐～，至而自谢。”《史记·萧相国世家》：“赐带剑履上殿，入朝不～。”❷趋向，奔向。贾谊《论积贮疏》：“今背本而～末，食者甚众，是天下之大残也。”（残：害。）《孙子兵法·虚实》：“水之形避高而～下。”[趋舍]进取或退止。《韩非子·解老》：“人无愚智，莫不有～～。”这个意义又写作“趣舍”。㊀归向，依附。《墨子·非命上》：“闻文王者，皆起而～之。”韩愈《庭楸》诗：“权门众所～，有客动百千。”❸追逐，追求。《管子·宙合》：“为臣者不忠而邪，以～爵禄。”㊀遵循，遵行。王安石《上仁宗皇帝言事书》：“变更天下之弊法，以～先王之意。”❹qù 志趣，旨意。刘向《说苑·君道》：“务在博爱，～在任贤。”❺cù 通“促”。催促。《周礼·地官·县正》：“～其稼事而赏罚之。”㊂赶快。《汉书·高帝纪上》：“若不～降汉，今为虏矣。”㊂急促，短促。《礼记·乐记》：“卫音～

数烦志。"《庄子·外物》:"有人于彼,修上而～下。"

趍 qū 同"趋"。跑,快走。《淮南子·兵略》:"猎者逐禽,车驰人～。"《淮南子·修务》:"自鲁～而十日十夜。足重茧而不休。"㊁奔向,奔赴。《淮南子·修务》:"今夫救火者,汲水而～之。"

匾 qū [踦(qī)匾]见318页"踦"字。

敺 qū ❶同"驱"。驱赶。《孟子·离娄上》:"故为渊～鱼者,獭也。"这个意义现在写作"驱"。❷ōu 通"殴"。击打。《汉书·文三王传》:"后数复～伤郎。"

麴 qū 酒母。《礼记·月令》:"秫稻必齐,～蘖必时。"这个意义又写作"麯"。㊁指酒。元稹《解秋》诗十首之六:"亲烹园内葵,凭买家家～。"

劬 qú 劳苦,劳累。张衡《归田赋》:"虽日夕而忘～。"[劬劳]劳苦。《诗经·小雅·蓼莪》:"哀哀父母,生我～～。"【辨】劬,劳。见237页"劳"字。

朐 qú ❶曲状的干肉。《礼记·曲礼上》:"以脯脩置者,左～右末。"❷通"軥"。车轭两边夹住马颈的曲木。俗称夹板。《左传·昭公二十六年》:"射之中楯瓦,繇～汰辀(zhōu)。"(繇:由。汰:穿过。辀:辕。)

鸲(鴝) qú ❶[鸲鹆(yù)]鸟名。又写作"鸜鹆"。即"八哥"。《淮南子·原道》:"～～不过济,貉渡汶而死。"❷gòu 同"雊"。(野鸡)鸣叫。潘岳《射雉赋》:"麦渐渐以擢芒,雉鷕(yǎo)鷕而朝～。"(鷕鷕:野鸡的叫声。)

軥 qú ❶车轭两边夹住马颈的曲木。俗称夹板。《左传·襄公十四年》:"射两～而还。"❷[軥牛]驾车的小牛。《汉书·朱家传》:"乘不过～～。"❸[軥录]同"劬录"。劳碌,劳苦。《荀子·荣辱》:"孝弟原悫,～～疾力。"

渠 qú ❶水渠,人工开凿的水道。《史记·滑稽列传》:"西门豹即发民凿十二～,引河水灌民田,田皆溉。"㊀开凿水渠。《新唐书·强循传》:"循教人～水以浸田。"❷大,巨大。杜光庭《中和秦中化龙池醮词》:"扫～凶于北陆,清氛雾于中原。"㊁首领。揭傒斯《故赠奉训大夫滕州知州飞骑尉追封滕县男文君墓铭》:"在昌国获海寇数十,其～言……"[渠魁]古代称敌对方面的首领。《尚书·胤征》:"歼厥～～。"(厥:其,那个。)这个意义又写作"魁渠"。❸盾牌。《国语·吴语》:"奉文犀之～。"❹第三人称代词。他(后起意义)。《三国志·吴书·赵达传》:"女婿昨来,必是～所窃。"❺jù 通"遽"。就。《荀子·王制》:"岂～得免夫累乎!"(难道就能免掉忧累吗!)❻jù 通"讵"。岂。《汉书·孙宝传》:"掾部～有其人乎?"

蕖 qú [芙蕖]荷花。曹植《洛神赋》:"迫而察之,灼若～～出绿波。"也单称"蕖"。陶潜《杂诗》十二首之三:"昔为三春～,今作秋莲房。"

璩 qú ❶耳环。《说文新附·玉部》:"璩,环属。"❷玉名。邹阳《酒赋》:"绡绮为席,犀～为镇。"

蘧 qú ❶草名。可供观赏并入药。❷通"蕖"。荷花。张衡《西京赋》:"～藕拔,蜃蛤剥。"❸[蘧蒢(chú)]同"籧篨"。1.用苇或竹编的粗席。陆游《舟中作》诗:"～～作帆三版船,渔灯夜泊阊门边。"2.有残疾不能俯身的人。王钦若等《册府元龟·规讽》:"～～不可使俯,戚施不可使仰。"(戚施:驼背。)3.谄谀、献媚的人。《汉书·叙传下》:"舅氏～～,几陷大理。"❹[蘧庐]旅店。《庄子·天运》:"仁义,先王之～～也,止可以一宿,而不可以久处。"❺jù [蘧然]惊喜的样子。《庄子·大宗师》:"成然寐,～～觉。"❻jù [蘧蘧]1.情景清晰的样子。《庄子·齐物论》:"俄然觉,则～～然周也。"2.高耸的样子。王延寿《鲁灵光殿赋》:"飞梁偃蹇以虹指,揭～～而腾凑。"

籧 qú ❶[籧篨(chú)]1.用苇或竹编的粗席。《晋书·皇甫谧传》:"以～～裹尸。"2.身体有残疾不能俯身的人。《诗经·邶风·新台》:"燕婉之求,～～不鲜。"上述1、2的意义又写作"蘧蒢"。❷jǔ 一种养蚕的圆筐箩。《礼记·月令》:"具曲、植、～筐。"

瞿 qú ❶兵器名。戟类。《尚书·顾命》:"一人冕,执～,立于西垂。"❷jù 惊视的样子。《礼记·檀弓上》:"曾子闻之,～然曰:'呼!'"㊀惊惧,惊悸。《礼记·杂记下》:"见似目～,闻名心～。"《尸子》卷上:"听言,耳目不～。"❸jù [瞿瞿]1.张目四视的样子。《诗经·齐风·东方未明》:"折柳樊圃,狂夫～～。"2.小心谨慎的样子。《诗经·唐风·蟋蟀》:"好乐无荒,良士～～。"

氍 qú [氍毹(shū)]毛织的毯子,地毯。《古乐府·陇西行》:"请客北堂上,坐客毡～～。"

癯（臞） qú 瘦。沈约《齐故安陆昭王碑文》："独居不御酒肉……若此移年，～瘠改貌。"柳宗元《国子司业阳城遗爱碣》："～者既肥。"（既：已经。）

衢 qú 四通八达的道路。《左传·昭公二年》："尸诸周氏之～。"柳宗元《国子司业阳城遗爱碣》："填街盈～。"（盈：满。）双音词有"通衢"。㊙树枝的分杈，树杈。《山海经·中山经》："叶状如杨，其枝五～。"（杨：杨树。）[衢道][衢路]歧路，岔道。《荀子·劝学》："行～道者不至，事两君者不容。"贾谊《新书·审微》："故墨子见～路而哭之，悲一跬而缪千里也。"（跬：半步。）

曲 qǔ 见340页。

取 qǔ ❶割取，捕获。《周礼·夏官·大司马》："获者～左耳。"《诗经·豳风·七月》："～彼狐狸，为公子裘。"❷拿，索取。与"舍"相对。《孟子·告子上》："二者不可得兼，舍鱼而～熊掌者也。"㊀取得，获得。《汉书·赵充国传》："以逸击劳，～胜之道也。"❸从中取出，提取。《荀子·劝学》："青，～之于蓝而青于蓝。"（青：蓝色。蓝：一种草本植物，叶子可以提取蓝色染料。）㊀选取，采用。《孟子·离娄下》："夫尹公之他端人也，其～友必端矣。"李斯《谏逐客书》："今～人则不然。"（然：这样，如此。）㊀招致，遭到。《晏子春秋·内篇杂下》："寡人反～病焉。"成语有"咎由自取"。❹攻下，夺取。《商君书·去强》："兴兵而伐必～，～必能有之。"❺娶妻。《诗经·齐风·南山》："～妻如之何？必告父母。"《史记·孙子吴起列传》："吴起～齐女为妻。"这个意义后来写作"娶"。❻[取次]任意，随便。杜甫《送元二适江左》诗："～～莫论兵。"（兵：指军事。）❼qū 通"趋"。快走。古乐府《孤儿行》："上高堂，行～殿下堂。"

竘 qǔ 高壮的样子。《淮南子·人间》："（匠人）受令而为室，其始成，～然善也。"

齲（齲） qǔ 蛀牙。《淮南子·说山》："掘室而求鼠，割唇而治～……用智如此，岂足高乎！"㊁牙痛。嵇康《难自然好学论》："袭章服则转筋，谭礼典则齿～。"

去 qù ❶离开。《诗经·魏风·硕鼠》："逝将～女，适彼乐土。"《韩非子·外储说左下》："阳虎～齐走赵。"（走赵：跑到赵国去。）㊁使离开，赶走。《汉书·五行志下之上》："夏帝卜杀之，～之。"❷死亡，去世。陶潜《杂诗》之三："日月还复周，我～不再阳。"❸除掉，去掉。《尚书·大禹谟》："任贤勿贰，～邪勿疑。"曹操《让县自明本志令》："除残～秽(huì)。"（秽：肮脏的东西。）成语有"去粗取精"。㊀舍弃，抛弃。《孟子·告子下》："是君臣、父子、兄弟终～仁义。"❹距，距离。《韩非子·五蠹》："～门十里以为界。"❺刚过去的。李白《江夏行》："～年下扬州。"㊁后，以后。陶潜《游斜川》诗："未知从今～，当复如此不？"❻前往，到……去（后起意义）。李白《与史郎中钦听黄鹤楼上吹笛》诗："一为迁客～长沙，西望长安不见家。"❼去声。古代汉语"平、上、去、入"四声之一。❽jǔ 通"弆"。收藏。《左传·昭公十九年》："纺焉以度而～之。"《汉书·陈遵传》："主皆藏～以为荣。"【辨】去，往。见425页"往"字。

闃（闃） qù ❶寂静。《周易·丰》："窥其户，～其无人。"周邦彦《早梅芳近·别恨》："花竹深，房栊好，夜～无人到。"❷空。王禹偁《酬安秘丞歌诗集》："今来相去千百年，寥落乾坤～无睹。"

趣 qù ❶qū 跑，快步走。《列子·汤问》："～走往还，无跌失也。"㊁趋向，奔赴。《吕氏春秋·为欲》："犯白刃，冒流矢，～水火，不敢却也。"《史记·孙子吴起列传》："兵法，百里而～利者蹶上将。"（蹶：挫败。）[趣舍]进取或退止。《庄子·秋水》："吾辞受～～，吾终奈何？"（辞：拒绝。受：接受。）❷意旨，志向。《史记·李斯列传》："非主以为名，异～以为高。"嵇康《琴赋序》："览其旨～，亦未达礼乐之情也。"㊀韵味，乐趣。《晋书·王献之传》："献之骨力远不及父，而颇有媚～。"杜甫《送高司直寻封阆州》诗："荒山甚无～。"（甚：很。）❸cù 通"促"。催促。《礼记·月令》："乃～狱刑，毋留有罪。"《史记·陈涉世家》："～赵兵亟入关。"（亟：赶快。）㊁促使，促成。《墨子·非儒下》："知人不忠，～之为乱。"㊁赶快，急促。《史记·绛侯周勃世家》："～为我语。"

覷（覰、覻、覷） qù 窥探，窥视。《新唐书·张说传》："北有胡寇～边。"㊂看，视。韩愈《秋怀》诗十一首之七："不如～文字，丹铅事点勘。"成语有"面面相觑"。

QUAN

桊 quān 弩弓。司马迁《报任安书》："更张空～，冒白刃，北向争死敌者。"

Q

棬 quān ❶ 曲木。《战国策·秦策一》："且夫苏秦，特穷巷掘门桑户～枢之士耳。" ❷ 曲木制成的盂类器具。《孟子·告子上》："子能顺杞柳之性而以为桮～乎？" ❸ juàn 牛鼻环。《吕氏春秋·重己》："使五尺竖子引其～，而牛恣所以之，顺也。" ❹ quán ［棬棬］用力的样子。《吕氏春秋·离俗》："～～乎后之为人也，葆力之士也。"

悛 quān 改过，悔改。《左传·隐公六年》："长恶不～。"《韩非子·难四》："过而不～，亡之本也。"（过：错。本：根源。）成语有"怙恶不悛（坚持作恶，不肯悔改）"。[又]止。《晏子春秋·内篇谏上》："改月而君病～。"

拳 quán ❶ 拳头。《后汉书·皇甫嵩传》："虽僮儿可使奋～以致力。"《晋书·刘伶传》："攘袂（rǎng mèi）奋～。"（攘袂：卷衣袖。）[又]握拳。《汉书·钩弋倢伃传》："女两手皆～。"[又]搏击。元稹《有鸟》诗："俊鹘无由～狡兔，金雕不得擒魅狐。" ❷ 勇力。《诗经·小雅·巧言》："无～无勇，职为乱阶。" ❸ 弯曲，卷曲。《庄子·人间世》："则～曲而不可以为栋梁。"张耒《萧朝散惠石本韩干马图马亡后足》诗："君不见太宗战马～腹毛。" ❹ ［拳拳］诚恳，恳切。司马迁《报任安书》："～～之忠，终不能自列。"（列：陈述。）

蜷（踡） quán 身体弯曲。《伤寒论》卷六："恶寒而～卧。"［蜷局］弯曲不伸的样子。屈原《离骚》："仆夫悲余马怀兮，～～顾而不行。"

权（權） quán ❶ 秤，秤锤。《论语·尧曰》："谨～量，审法度。"《北史·元匡传》："所据铜～，形如古志。"[又]称量（物体的重量）。《孟子·梁惠王上》："～，然后知轻重；度，然后知长短。" ❷ 衡量，比较。《荀子·王霸》："～物而称用。"（衡量万物，根据它的不同特性来使用。）[又]均衡。苏轼《上皇帝书》："使内外相制，轻重相～。" ❸ 权势，权力。《管子·任法》："邻国诸侯能以其～置子立相。"（以：凭借。置子：指确立君主的继承人。）苏轼《上皇帝书》："人轻而～重。"[引]威势，威力。罗隐《谗书·风雨对》："风雨雪霜，天地之～也。" ❹ 权变，灵活变通。《孟子·离娄上》："男女授受不亲，礼也。嫂溺援之以手者，～也。"《三国志·魏书·武帝纪》："太祖少机警，有～数。"（权数：指应变的机智。）成语有"通权达变"。[又]计谋，权诈。荀悦《汉纪·高祖纪二》："～不可预设。" ❺ 权且，暂且。《南齐书·刘善明传》："凡诸土木之费，且可～停。" ❻ 暂代官职（后起意义）。陈亮《上孝宗皇帝第一书》："以京官～知，三年一易。"（知：主管。易：改换。）

全 quán ❶ 纯色的玉。《周礼·考工记·玉人》："天子用～，上公用龙，侯用瓒，伯用将。" ❷ 齐全，完整。《管子·任法》："法不平，令不～，是亦夺柄失位之道也。"（柄：权柄。）[引]整个，全部。《庄子·养生主》："始臣之解牛之时，所见无非牛者；三年之后，未尝见～牛也。"贾岛《赠李金州》诗："登岸见～军。" ❸ 保全，成全。《史记·吕太后本纪》："夫～社稷，定刘氏之后，君亦不如臣。"（社稷：指国家。定：使安定。）《史记·司马相如列传》："王者之丕业，不可贬也，愿陛下～之。" ❹ 完全，都（后起意义）。杜甫《腊日》诗："腊日常年暖尚遥，今年腊日冻～消。"

佺 quán ［偓（wò）佺］传说中的仙人名。《史记·司马相如列传》："～～之伦，暴于南荣。"

诠（詮） quán ❶ 解释，阐明（事理）。《淮南子·要略》："差择微言之眇，～以至理之文。"《晋书·武陔传》："文帝甚亲重之，数与～论时人。" ❷ 道理，规律。《淮南子·兵略》："发必中～，言必合数。"［真诠］1. 阐述真理的语句。卢藏用《衡岳十八高僧序》："年代悠邈，故老或遗～～。" 2. 真理。杜甫《秋日夔府咏怀》："衣褐向～～。" ❸ ［诠次］选择和编次。陶潜《饮酒诗序》："既醉之后，辄题数句自娱。纸墨遂多，辞无～～。"

荃 quán ❶ 一种香草。也叫菖蒲。屈原《离骚》："～蕙化而为茅。"（荃蕙变成了茅草。蕙：一种香草。）[喻]君主。屈原《离骚》："～不察余之中情兮，反信谗而齌怒。" ❷ 用竹或草编制的捕鱼器具。《庄子·外物》："～者，所以在鱼，得鱼而忘～。"（荃是用来捕鱼的，捕到鱼就忘了荃。）这个意义又写作"筌"。

辁（輇） quán ❶ 用整木制成的没有辐条的小车轮。《礼记·丧大记》郑玄注："輴，皆当为载以～车之～。" ❷ ［辁才］小才。《庄子·外物》："已而后世～～讽说之徒皆惊而相告也。"这个意义又写作"铨材"。

牷 quán 古代用作祭品的纯一色全牛。《左传·桓公六年》："吾牲～肥腯。"

铨（銓） quán ❶ 秤。《汉书·王莽传中》："考量以～。"（用秤来考察重量。）[又]称量（轻重）。《论衡·答佞》："不患无铨衡，所～非其物故也。”㊀衡量，鉴别。《国语·吴语》：“无以～度天下之众寡。”（度：估量。）❷选拔（官吏）。《北齐书·赵郡王叡传》：“实未闻如此～授。”

痊 quán 病愈，病体康复。《庄子·徐无鬼》：“今予病少～。”谢灵运《辨宗论·答王卫军问》：“药验者疾易～，理妙者吝可洗。”

筌 quán 用竹或草编制的捕鱼器具。李白《送族弟凝之滁求婚崔氏》诗：“忘～已得鱼。”成语有“得鱼忘筌”。㊃工具，手段。范仲淹《圣人抱一为天下式赋》：“岂不以一者道之本，式者治之～。”[筌蹄]捕鱼捕兔的器具。比喻某种工具或手段。白居易《长庆集·禽虫十二章序》：“多假虫鸟，以为～～。”

泉 quán ❶泉水，水源。《诗经·小雅·小弁》：“莫高匪山，莫浚匪～。”㊁地下水源。《荀子·荣辱》：“短绠不可以汲深井之～。”❷黄泉，地下冥间。潘岳《悼亡诗》之一：“之子归穷～，重壤永幽隔。”双音词有“泉下”、“泉台”。❸古代钱币的名称。《汉书·食货志下》：“私铸作～布者，与妻子没入为官奴婢。”

縓 quán 浅红色。《礼记·檀弓上》：“练，练衣黄里，～缘。”

鬈 quán ❶头发美。《诗经·齐风·卢令》：“其人美且～。”❷古代妇女家居时的发型。束发为结，分垂两侧。《礼记·杂记下》：“妇人执其礼，燕则～首。”（燕：燕居，闲居。）❸头发弯曲。李贺《龙夜吟》：“～发胡儿眼睛绿，高楼夜静吹横竹。”

Q

齤 quán ❶缺齿。㊁曲齿。❷笑而露齿的样子。《淮南子·道应》：“若士者～然而笑。”

顴（顴） quán 颧骨。《北齐书·神武帝纪上》：“目有精光，长头高～。”

甽（𤰝、𡿨） quǎn ❶田间的水沟。《后汉书·杜笃传》：“～渎润淤，水泉灌溉。”㊁田中的垄沟。《汉书·食货志上》：“播种于～中。”（种：种子。）❷田野。《南史·萧颖达传》：“子敏嗣，位新安太守，好射雉，未尝在郡，辞讼者迁于～焉。”[甽亩]1.田野，田地。《庄子·让王》：“居于～～之中。”2.民间。《后汉书·章帝纪》：“每寻前世举人贡士，或起～～。”3.农民。张说《喜雨赋》之一：“寰海浃而康乐，～～欣而相顾。”❸山谷，两山中间的水道。《尚书·禹贡》：“羽～夏翟（dí）。”（羽山的山谷中出产夏翟。夏翟：一种色彩美丽的鸟。）❹[甽戎]我国古代西部的一个少数民族。❺[甽夷]我国古代西部的一个少数民族。

绻（綣） quǎn ❶弯曲，屈服。《淮南子·人间》：“兵横行天下而无所～，威服四方而无所诎。”❷[绻绻]同“拳拳”。忠诚恳切的样子。韩愈《答殷侍御书》：“务张而明之，其孰能勤勤～～若此之至。”❸[缱（qiǎn）绻]见328页“缱”字。

劝（勸） quàn ❶勉励，奖励。《韩非子·难势》：“无庆赏之～。”（庆赏：赏赐。）[劝进]1.鼓励，促进。《汉书·王莽传中》：“上下同心，～～农业。”曹冏《六代论》：“～～贤能。”2.劝说并促使称帝。《文选》有刘琨《劝进表》。㊁受到鼓励，勤勉。《韩非子·显学》：“夫有功者必赏，则爵禄厚而愈～。”（爵：位。禄：俸禄。愈：更加。）《庄子·徐无鬼》：“庶人有旦暮之业则～。”❷劝说，劝导。《史记·商君列传》：“～秦王显岩穴之士，养老存孤。”（显：尊显。岩穴之士：指隐居不做官的人。）

券 quàn 契据。古代刻木为券，分左右两半，双方各执其一以为凭证。《战国策·齐策四》：“使吏召诸民当偿者，悉来合～。”《管子·轻重乙》：“使无～契之责。”（责：债。）㊂纸质的凭证、票据（后起意义）。高启《赠杨荥阳》诗：“客中虽无钱，自写赊酒～。”《金史·食货志》：“今千钱之～仅直数钱。”（直：同“值”。）

QUE

缺 quē ❶残缺，破损。《诗经·豳风·破斧》：“既破我斧，又～我斨。”《世说新语·豪爽》：“以如意打唾壶，壶口尽～。”（如意：器物名。）㊀衰败。《史记·汉兴以来诸侯王年表》：“厉、幽之后，王室～，侯伯强国兴焉。”（厉、幽：指周厉王和周幽王。）㊀废弃不用。《史记·孔子世家》：“礼乐废，诗书～。”❷缺少，空缺。《史记·赵世家》：“愿得补黑衣之～，以卫王宫。”（黑衣：指卫士。）㊁缺口，空隙。《史记·孔子世家》：“昔吾入此，由彼～也。”❸不完美。《庄子·逍遥游》：“尧让天下于许由，曰：‘……吾自视～然，请致天下。’”【辨】阙，缺。见345页“阙”字。

鈌 quē 同“缺”。残缺，破损。河上公本《老子·四十五章》：“大成若～，其用不弊。”陆游《入蜀记》卷一：“有碑，～坏磨灭之余，时时可读。”

却(卻) què ❶退。《商君书·农战》：“敌不敢至，虽至必～。”成语有“却步不前”。[引]推后，后。《三国志·魏书·武帝纪》：“～十五日为汝破绍。”（绍：袁绍。）《北史·杜弼传》：“弼又请先除内贼，～讨外寇。”[又]回，返。欧阳修《减字木兰花·留春不住》：“说似残春，一老应无～少人。”❷推辞，拒绝。《孟子·万章下》：“～之为不恭。”李斯《谏逐客书》：“王者不～众庶。”（众庶：众人。）成语有“却之不恭”。❸消除，除去。《太平广记》卷三八〇引唐临《冥报记·王璹》：“耳当聋，吾为汝～其中物。”❹用在动词之后表示动作完成。聂夷中《咏田家》：“医得眼前疮，剜～心头肉。”❺副词。还，且。表示轻微的转折。李商隐《夜雨寄北》诗：“何当共剪西窗烛，～话巴山夜雨时。”

埆 què ❶土地多石贫瘠。《诗经·王风·丘中有麻》毛传：“丘中墝～之处。”《三国志·吴书·薛综传》：“其方土寒～，谷稼不殖。”❷考校，考核。应劭《风俗通·五岳》：“岳者，～功考德，黜陟幽明也。”

确[1] què ❶土地瘠薄多石。左思《吴都赋》：“庸可共世而论巨细，同年而议丰～乎？”❷[确荦]山多大石的样子。刘禹锡《伤我马词》：“结为～～，融为坳堂。”又写作“荦确”。韩愈《山石》诗：“山石～～行径微，黄昏到寺蝙蝠飞。”❸缺欠，匮乏。宋祁《宋景文公笔记·杂说》：“其生物寡，其财～。”❹通“确[2](確)”。确实。《后汉书·崔寔传》：“论当世便事数十条，名曰《政论》，指切时要，言辩而～。”❺通“搉”。敲击。《世说新语·文学》：“客问乐令‘旨不至’者，乐亦不复剖析文句，直以麈尾柄～几曰：‘至不？’”（乐令：乐广。）❻jué 较量。《汉书·李广传》：“李广材气，天下亡双，自负其能，数与虏～。”

确[2]**(確)** què ❶坚固，坚决。《汉书·师丹传》：“～然有柱石之固，临大节而不可夺。”《新唐书·郭子仪传》：“进拜尚书令……子仪～让。”❷确实，准确。《新唐书·卢从愿传》：“数充校考使，升退详～。”

岩(礐) què ❶水击石声。木华《海赋》：“影沙～石。”❷[岩硞(kè)]水击石汹涌的样子。郭璞《江赋》：“幽涧积岨，～～礐确。”❸多大石的山。《尔雅·释山》：“多大石，岩。”❹坚定。贾谊《新书·道德说》：“其受此具也，～然有定矣，不可得辞也，故曰命。”

悫(愨、慤) què 诚实，谨慎。《史记·孝文本纪》：“法正则民～，罪当则民从。”

阕(闋) què ❶停止，结束。周邦彦《浪淘沙慢·晓阴重》：“南陌脂车待发，东门帐饮乍～。”（陌：道路。脂车：用脂油涂车轴。乍：刚刚。）[特]乐曲终止。谢灵运《九日从宋公戏马台集送孔令》诗：“指景待乐～。”（景：日光。）❷平息。《诗经·小雅·节南山》：“俾民心～。”（俾：使。）❸尽。张协《七命》：“繁肴既～，亦有寒羞。”❹空缺。《潜夫论·边议》：“寄其身者，各取一～。”[又]缺乏。江淹《拜中书郎表》：“智罕效官，志～从政。”❺量词。首。乐曲每一次终止为一阕。《史记·留侯世家》：“歌数～。”[又]词（韵文长短句）有两段者，称为“前阕”、“后阕”。

阙(闕) què ❶古代王宫、祠庙前面两边的楼台，中间空缺为道路。《史记·扁鹊仓公列传》：“虢君闻之大惊，出见扁鹊于中～。”（虢：国名。扁鹊：战国时名医。）[引]古代仕宦家门前用以旌表的建筑物。《旧唐书·朱敬则传》：“三代旌表，门标六～。”[又]陵墓前的牌坊。《新五代史·张全义传》：“铲去墓～。”❷宫殿。江淹《诣建平王上书》：“升降承明之～，出入金华之殿。”（承明、金华：宫殿名。）[引]朝廷。《汉书·朱买臣传》：“诣(yì)～上书，书久不报。”（诣：到。）[引]京城。颜延之《祭屈原文》：“身绝郢～，迹遍湘干。”❸quē 豁口，空隙。《孙子兵法·军争》：“归师勿遏，围师必～。”郦道元《水经注·江水二》：“自三峡七百里中，两岸连山，略无～处。”❹quē 损害，损伤。《左传·僖公三十年》：“若不～秦，将焉取之？”（秦：秦国。焉：何处，哪里。）❺quē 缺点，过错。嵇康《与山巨源绝交书》：“而有慢弛之～。”（弛：松懈。）❻quē 通“缺”。缺少，空缺。杜甫《岁晏行》：“去年米贵～军食，今年米贱大伤农。”曾巩《战国策目录序》：“《崇文总目》称第十一篇者～。”❼jué 挖掘。《左传·隐公元年》：“若～地及泉。”（若：如果。及：到。）【辨】阙，缺。“阙”的本义是宫阙，“缺”的本义是器破。宫阙不能写作“缺”。阙、缺两字虽然都有“缺点、过错”的意义，但在古代习惯上常写作“阙”，不写作“缺”。

榷 què ❶独木桥。程大昌《演繁露·阑出》：“～者，水上独木之桥也。”❷专营，专卖。《汉书·武帝纪》：“初～酒酤

(gū)。”（开始由国家管理和经营酒的买卖。）❸征税。沈括《贺枢密薛侍郎启》：“～六路之饶，转江淮之粟。”㉑税，税收。韩愈《论变盐法事宜状》：“商人纳～，粜与百姓。”❹［商榷］商讨，商量。《北史·崔孝芬传》：“～～古今，间以嘲谑。”

QUN

囷 qūn ❶圆形仓。《诗经·魏风·伐檀》：“不稼不穑，胡取禾三百～兮？”［囷鹿］泛指粮仓。鹿本指方形仓。《国语·吴语》：“而大荒荐饥，市无赤米，而～～空虚。”❷［囷囷］曲折回旋的样子。杜牧《阿房宫赋》：“盘盘焉，～～焉，蜂房水涡，矗不知其几千万落。”

逡 qūn 退让，退却。《汉书·公孙弘传》：“有功者上，无功者下，则群臣～。”［逡巡］1.有顾虑而徘徊或退却。《庄子·让王》：“子贡～～而有愧色。”（子贡：人名。）2.迅速，片刻。李商隐《春日寄怀》诗：“世间荣落重～～，我独丘园坐四春。”（重：甚。）陆游《除夜》诗：“相看更觉光阴速，笑语～～即隔年。”

麇 qūn 狡兔。刘向《新序·杂事》：“昔者齐有良兔曰东郭～。”李白《留别于十一兄逖裴十三游塞垣》诗：“钓周猎秦安黎元，小鱼～兔何足言。”

裙（裠、帬） qún 下裳。古时男女都穿裙。《三国志·魏书·管宁传》：“宁常著皂帽，布襦袴、布～。”《古诗为焦仲卿妻作》：“著我绣夹～，事事四五通。”

群（羣） qún ❶羊群。《诗经·小雅·无羊》：“谁谓尔无羊，三百维～。”（尔：你。）㉑动物群，家畜群。《诗经·小雅·吉日》：“或～或友。”㉒聚在一起的人或物。《礼记·檀弓上》：“吾离～而索居。”成语有“群策群力”。❷成群地。屈原《九章·怀沙》：“邑犬之～吠兮，吠所怪也。”㉛同类的。《周易·系辞上》：“物以～分。”❸聚集，会合。《论语·卫灵公》：“君子矜而不争，～而不党。”❹众，众多的。《礼记·祭法》：“王为～姓立社。”成语有“群贤毕至”。❺量词。用于成群的人、动物或事物。陈琳《为袁绍檄豫州》：“长戟百万，胡骑千～。”

Q

R

RAN

衻(袡) rán ❶衣服的边缘。《仪礼·士昏礼》："纯衣纁～。"❷蔽膝。扬雄《方言》卷四："蔽膝，齐鲁之郊谓之～。"

然 rán ❶燃烧。《墨子·备穴》："以须鑪火之～也。"（须：等待。鑪：炉。）这个意义后来写作"燃"。❷指示代词。这样，那样。《荀子·劝学》："生而同声，长而异俗，教使之～也。"［然则］这样……那么。《周易·系辞上》："子曰：'书不尽言，言不尽意。'～～圣人之意，其不可见乎？"❸是的，对的。《战国策·齐策二》："昭阳以为～，解军而去。"（昭阳：人名。）㊀认为……是对的。《史记·高祖本纪》："沛公～其计，从之。"㊀表示肯定的回答。《论语·阳货》："～，有是言也。"❹应允，许诺。许浑《题卫将军庙》诗序："既而以孝敬睦闺门，以～信居乡里。"❺形容词词尾。表示"……的样子"。《列子·汤问》："杂～相许。"❻连词。表示转折。不过，但是。《史记·高祖本纪》："周勃重厚少文，～安刘氏者必勃也。"㊀连词。表示承接。然后，才。《隋书·李密传》："待士马肥充，～可与人争利。"❼副词。乃，竟然。《汉书·丙吉传》："君侯为汉相，奸吏成其私，～无所惩艾。"❽句末语气词。焉，也。《论语·先进》："若由也不得其死～。"

蚺 rán 蟒蛇，大蛇。刘恂《岭表录异》卷下："～蛇，大者五六丈，围四五尺。"

髯(髥、頾、䫇) rán 两颊的胡须。也泛指胡须。《汉书·高帝纪》："高祖……美须～。"㊀动物的咽喉下的毛。《山海经·西山经》："其鸟多当扈，其状如雉，以其～飞。"《史记·封禅书》："有龙垂胡～下迎黄帝。"

䕼 rán 同"然"。燃烧。《汉书·召信臣传》："昼夜～蕴火。"

冉(冄) rǎn ❶［冉冉］1.渐进的样子。屈原《离骚》："老～～其将至兮，恐修名之不立。"2.柔弱下垂的样子。曹植《美女篇》诗："柔条纷～～，落叶何翩翩。"❷龟甲的边缘，裙边。《汉书·食货志下》："元龟岠～，长尺二寸。"

苒 rǎn ❶［苒苒］1.草木茂盛的样子。唐彦谦《移莎》诗："～～齐芳草，飘飘笑断蓬。"2.轻柔的样子。元稹《莺莺传》："华光犹～～，旭日渐曈曈。"3.同"冉冉"。渐进的样子。刘禹锡《酬窦员外旬休早凉见示》诗："四时～～催容鬓，三爵油油忘是非。"❷［荏(rěn)苒］见348页"荏"字。

姌(㚩) rǎn ［姌嫋(niǎo)］细长柔弱的样子。《史记·司马相如列传》："妩媚～～。"又写作"姌袅"。

RANG

勷 ráng ［劻(kuāng)勷］见228页"劻"字。

蘘 ráng ❶［蘘荷］草名。根可入药。潘岳《闲居赋》："～～依阴，时藿向阳。"❷通"穰"。秸秆。贾思勰《齐民要术·收种》："先治而别埋，还以所治～草蔽窖。"

瀼 ráng ❶［瀼瀼］1.露水很浓的样子。《诗经·小雅·蓼萧》："蓼彼萧斯，零露～～。"2.波涛开合的样子。木华《海赋》："惊浪雷奔……开合解会，～～湿湿。"❷ ràng 蜀地称流入大江的山溪为"瀼"。陆游《入蜀记》卷六："土人谓山间之流通江者曰～。"

禳 ráng （古代为了消除灾祸而举行的）一种祭祷活动。《左传·昭公二十六年》："齐有彗星，齐侯使～之。"

穰 ráng ❶庄稼的茎秆。贾思勰《齐民要术·种谷》："烧黍～。"❷庄稼丰收。《韩非子·五蠹》："～岁之秋，疏客必食。"贾谊《论积贮疏》："世之有饥～，天之行也。"（行：指规律。）❸果类的肉（后起意义）。杜甫《秋日夔府咏怀一百韵》："色好梨胜颊，～多栗过拳。"❹ rǎng 人口众多，兴盛。《汉书·张敞传》："长安中浩～。"［穰穰］众多的样子。《诗经·周颂·执竞》："降福～～。"《史记·滑稽列传》："五谷蕃熟，～～满家。"

壤 rǎng ❶松软的土。屈原《离骚》："苏粪～以充帏兮。"㊀地，土地。《管子·白心》："～土而与生。"成语有"天壤之别"。㊀地区，区域。《吕氏春秋·知化》："夫吴之与越也……～交通属。"《汉书·武帝纪》："两国接～。"❷ ráng 通"穰"。丰收。《庄

R

子·庚桑楚》："居三年，畏垒大～。"（畏垒：山名。）

攘 rǎng ❶ 排斥，排除。《庄子·胠箧》："～弃仁义。" ❷ 偷，窃取。《墨子·非攻上》："～人犬豕（shǐ）鸡豚（tún）。"㊀侵夺。《庄子·渔父》："诸侯暴乱，擅相～伐。" ❸ 扰乱。《淮南子·兵略》："故至于～天下，害百姓。" ❹ 撩起，挽起。刘伶《酒德颂》："奋袂（mèi）～襟。"（奋袂：指扬起袖子。襟：衣襟。） ❺ 容忍。屈原《离骚》："屈心而抑志兮，忍尤而～诟。" ❻ 纷扰，扰乱。袁宏《后汉纪·光武帝纪七》："况草创豪帅，本无业徒，因～扰之时，擅有山川之利。" ❼ ràng 通"让"。谦让。《汉书·礼乐志》："盛揖～之容。"（揖：拱手礼。）

让（讓） ràng ❶ 责备，责怪。《左传·僖公五年》："公使～之。" ❷ 退让，谦让，辞让。《荀子·非十二子》："虽能必～，然后为德。"李斯《谏逐客书》："泰山不～土壤，故能成其大。"㊕转让权力、职位。《论语·泰伯》："三以天下～。" ❸ 逊色，不及（后起意义）。洪咨夔《更漏子（次黄宰夜闻桂香）》词："风流不～梅。" ❹ 容许，任凭（后起意义）。杨巨源《春雪题兴善寺广宣上人竹院》诗："竹风吹淅沥，花雨～飘飖。"

RAO

荛（蕘） ráo 柴草。《管子·轻重甲》："则是农夫得居装而卖其薪～。"（薪：草。）㊀打柴。《孟子·梁惠王下》："文王之囿方七十里，刍～者往焉，雉兔者往焉。"㊀打柴的人。《诗经·大雅·板》："先民有言，询于刍～。"

饶（饒） ráo ❶ 富足，多。《汉书·赵充国传》："今虏马肥，粮食方～。"李白《古风五十九首》之十四："胡关～风沙。"㊀（土地）肥沃。《孙子兵法·九地》："掠于～野，三军足食。"㊂安逸。《淮南子·修务》："沃地之民多不才者，～也。" ❷ 宽容，宽恕。鲍照《拟行路难十八首》之十七："日月流迈不相～。"杜甫《立秋后题》诗："日月不相～，节序昨夜隔。"（节：节气。） ❸ 逊色，不如。李白《上皇西巡南京歌》之三："柳色未～秦地绿，花光不减上阳红。"

娆（嬈） rǎo ❶ 烦扰。《淮南子·原道》："其魂不躁，其神不～。"《汉书·晁错传》："废去淫末，除苛解～。" ❷ ráo ［妖娆］妩媚的样子。曹植《感婚赋》："顾有怀兮～～，用搔首兮屏营。" ❸ ráo ［娆娆］柔弱的样子。王褒《洞箫赋》："风鸿洞而不绝兮，优～～以婆娑。"

扰（擾） rǎo ❶ 乱，搅乱。《史记·高祖本纪》："天下方～，诸侯并起。"［扰扰］纷乱的样子。《国语·晋语六》："唯有诸侯，故～～焉。" ❷ 打扰，侵扰。《三国志·吴书·吴主传》："当农桑时，以役事～民者，举正以闻。"（役事：指徭役。举正以闻：如实汇报给我。） ❸ 安抚。《尚书·周官》："司徒掌邦教，敷五典，～兆民。"㊀和顺。曾巩《光禄少卿晁公墓志铭》："里安户～，罔有不咸。" ❹ 驯服。《荀子·性恶》："以～化人之情性而导之也。"㊂驯养。王安石《杂咏》之二："神龙豢可致，猛虎～亦留。"㊀驯养的牲畜、家禽。《周礼·夏官·职方氏》："其畜宜六～。"（六扰：指六种驯养的牲畜马、牛、羊、豕、犬、鸡。）

REN

壬 rén ❶ 天干的第九位。见 126 页"干[1]"字。❷ 大。《诗经·小雅·宾之初筵》："百礼既至，有～有林。"（林：盛。） ❸ 巧言谄媚，奸佞。《尚书·皋陶谟》："何畏乎巧言令色孔～。"《汉书·元帝纪》："是故～人在位，而吉士雍蔽。"

仁 rén ❶ 对人亲善，仁爱。《庄子·天地》："爱人利物之谓～。" ❷ 存念，思慕。《礼记·仲尼燕居》："郊社之义，所以～鬼神也。" ❸ 身体的感觉灵敏。《素问·痹论》："其不痛不～者，病久入深。" ❹ 果仁。果核中可吃的部分。《颜氏家训·养生》："邺中朝士有单服杏～枸杞黄精术车前，得益者甚多。"

忍 rěn ❶ 忍耐，容忍。《论语·八佾》："是可～也，孰不可～也？"㊂抑制。《荀子·儒效》："志～私然后能公。"成语有"忍俊不禁"。❷ 忍心。《孟子·梁惠王上》："臣固知王之不～也。"㊂舍得，甘愿。《后汉书·王符传》："宁见朽贯千万，而不～贷人一钱。" ❸ 狠心（加害）。《韩非子·内储说下》："公不～之，彼将～公。"（公：你。）㊀残忍。《后汉书·荀爽传》："爽见董卓～暴滋甚，必危社稷（jì）。"（滋甚：越来越厉害。社稷：指国家。）

荏 rěn ❶ 一种一年生草本植物。也叫白苏。贾思勰《齐民要术·荏蓼》："～子秋末成。" ❷ 软弱，怯懦。《论语·阳货》："色厉而内～。"（表面上很刚强，内心却

R

很怯懦。）❸［荏苒］时光渐渐过去。张华《励志》诗："日与月与，～～代谢。"（与：语气词。代谢：交替。）

稔 rěn ❶庄稼成熟。《国语·吴语》："吴王夫差既杀申胥，不～于岁。"《后汉书·明帝纪》："岁比登～。"（比：屡屡。）㊀指事物酝酿成熟。《论衡·偶会》："夏殷之朝适穷，桀纣之恶适～。"陈琳《为曹洪与魏文帝书》："而来示乃以为彼之恶～。"（来示：来信。以为：认为。彼：他。）㊁熟悉。孙传庭《报收发甘兵晋兵日期疏》："于兵之利钝，用兵之得失，窥之颇～。"双音词有"熟稔"。❷平素，素常。刘禹锡《唐故中书侍郎平章事韦公集纪》："～闻其德，尤所钦倚。"❸年，一年。《左传·僖公二年》："不可以五～。"

刃 rèn ❶刀口，刀锋。《荀子·议兵》："莫邪（yé）之长～。"（莫邪：古代传说中的一种宝剑。）㊁刀剑等。《淮南子·氾论》："铸金锻铁以为兵～。"❷（用刀）杀。《史记·廉颇蔺相如列传》："左右欲～相如。"

仞 rèn ❶长度单位。古代以七尺或八尺为一仞。《荀子·劝学》："临百～之渊。"❷测量深度。《左传·昭公三十二年》："度厚薄，～沟洫（xù）。"（度：量。沟洫：田间水道。）❸通"牣"。满。《史记·司马相如列传》："充～其中者，不可胜记。"❹通"认"。承认。《淮南子·人间》："非其事者勿～也。"

讱（訒） rèn 言语迟缓，不轻易开口。《论语·颜渊》："仁者，其言也～。"

纫（紉） rèn ❶搓绳，捻线。《楚辞·惜誓》："并～茅丝以为索。"（茅：一种草。索：大绳。）㊀连缀。屈原《离骚》："～秋兰以为佩。"（佩：佩戴的装饰物。）❷缝（后起意义）。《新唐书·孙孝哲传》："孝哲箴缕素具，徐为～裢（zhàn）。"（箴：针。裢：绽裂。）❸以线穿针。《礼记·内则》："衣裳绽裂，～箴请补缀。"❹通"韧"。柔韧。《古诗为焦仲卿妻作》："蒲苇～如丝，磐石无转移。"

轫（軔） rèn ❶放在地面阻止车轮滚动的木头。屈原《离骚》："朝发～于苍梧兮，夕余至乎悬圃。"㊀止住车，停车。《战国策·秦策》："陛下尝～车于赵矣。"❷坚韧，柔韧。《管子·制分》："故凡用兵者，攻坚则～，乘瑕则神。"❸通"仞"。七尺或八尺为一仞。《孟子·尽心上》："掘井九～而不及泉，犹为弃井也。"

牣 rèn ❶满。《诗经·大雅·灵台》："王在灵沼，於～鱼跃。"（於：叹词，赞美声。）司马相如《子虚赋》："充～其中，不可胜记。"❷通"韧"。柔韧。《吕氏春秋·别类》："白所以为坚也，黄所以为～也。"

任 rèn ❶抱。《国语·齐语》："负～担荷，服牛轺马，以周四方。"郭璞《江赋》："悲灵均之～石。"（灵均：指屈原。任石：指抱石投江。）❷担负，担任。《孟子·万章上》："其自～以天下之重如此。"《史记·蒙恬列传》："恬～外事，而毅常为内谋。"（恬：蒙恬。毅：蒙毅。）㊀承当。《左传·僖公十五年》："重怒难～。"㊁胜任，能够。屈原《天问》："不～汩（gǔ）鸿，师何以尚之？"（汩：治理。鸿：指洪水。师：众。尚：推举。）❸负荷，担子。《商君书·弱民》："背法而治，此～重道远而无马牛，济大川而无舡（xiāng）楫也。"（背：指抛弃。治：治理国家。济：渡。舡楫：船和桨。）㊀责任，职责。《韩非子·难三》："中期善承其～，未慊（qiè）昭王也。"（中期能承担责任，但昭王并不满意。中期：人名。慊：满足，满意。）㊁行李。《孟子·滕文公上》："门人治～将归。"❹信任。《史记·屈原贾生列传》："王甚～之。"㊀担保，保举。《汉书·赵充国传》："其言常是，臣～其计可必用也。"《史记·汲郑列传》："信～宏，宏亦再至九卿。"（信、宏：人名。）❺任用。《吕氏春秋·乐成》："此二君者，达乎～人也。"柳宗元《六逆论》："胡亥～赵高而族李斯。"（族：灭族。）❻能力。《韩非子·定法》："因～而授官。"❼凭借。《史记·平津侯主父列传》："昔秦皇帝～战胜之威，蚕食天下。"❽听凭。陶潜《归去来兮辞》："曷不委心～去留？"㊁放任，无拘束。贾思勰《齐民要术·种谷》："～情返道，劳而无获。"（返道：指违反客观规律。）❾人质。《三国志·魏书·武帝纪》："（马超）固请割地，求送～子。"❿通"妊"。怀孕。《汉书·叙传上》："刘媪～高祖。"【辨】负，任，担，荷。见121页"负"字。

饪（飪） rèn 烹饪，煮熟。《论语·乡党》："失～不食。"

妊（姙） rèn 怀孕。《论衡·吉验》："传言黄帝～二十月而生。"刘知几《史通·汉书五行志错误》："山阳女子田无啬怀～。"（山阳：地名。田无啬：人名。）［妊娠（shēn）］怀孕。《论衡·命义》："谓～～之时遭得恶物也。"

纴（紝） rèn ❶织布帛的丝缕。《礼记·内则》："治丝茧，织～组紃。”❷ 纺织。《战国策·秦策一》:“妻不下～,嫂不为炊。”常“纴织”、“织纴”连用。《韩非子·难二》:“丈夫尽于耕农,妇人力于织～,则入多。”(入多:收入多。)

衽 rèn ❶ 衣襟。《论语·宪问》:“微管仲,吾其被发左～矣。”《汉书·张良传》:“楚必敛～而朝。”(敛:指整理。)[引]整理衣襟。《后汉书·左周黄传论》:“拂巾～褐,以企旌车之招矣。”❷ 衣袖,袖口。刘向《列女传·鲁季敬姜》:“文伯引～攘卷而亲馈之。”❸ 床席,卧席。《管子·弟子职》:“振～扫席。”(振:抖动。)[衽席]1.床席,卧席。《庄子·达生篇》:“～～之上,饮食之间。”2.宴会的席位。《礼记·坊记》:“～～之上,让而坐下。”

RENG

仍 réng ❶ 因袭,沿袭。《论语·先进》:“～旧贯,如之何?何必改作。”《魏书·食货志》:“夏殷之政,九州贡金,以定五品,周～其旧。”(贡:进贡。五品:指五种金属。周:周朝。)❷ 重复,屡次。《国语·周语下》:“晋～无道而鲜胄,其将失之矣。”《汉书·武帝纪》:“今大将军～复克获。”有双音词“频仍”。[又]连续,接续。杨万里《和周仲容春日二律句》:“旧雨～新雨,今年胜去年。”❸ 副词。因而,于是。《南史·宋武帝纪》:“帝平齐,～有定关洛意。”❹ 副词。仍旧,仍然(后起意义)。白居易《早兴》诗:“半销宿酒头～重。”❺ 副词。而且,又。杨万里《和谢张功父》:“老夫最爱嚼香雪,不但解酲～涤热。”

艿 réng ❶ 草。引申为新旧相因的茂密的草。《新唐书·裴延龄传》:“长安、咸阳间得陂～数百顷,愿以为内厩牧地。”❷ rèng 旧草割去后又生新草。《逸周书·商誓》:“百姓献民,其有缀～。”

陾 réng [陾陾]众多的样子。《诗经·大雅·绵》:“捄之～～,度之薨薨。”

扔 rèng ❶ 牵引,拉。《老子·三十八章》:“上礼为之而莫之应,则攘臂而～之。”❷ 摧毁。《后汉书·马融传》:“窜伏～轮,发作梧輹。”【注意】在清代以前“扔”没有“抛掷”、“抛弃”之义,也不读作 rēng。

RI

驲(馹) rì 驿站专用的车马。《左传·文公十六年》:“楚子乘～,会师于临品。”

衵 rì 内衣。《左传·宣公九年》:“陈灵公与孔宁、仪行父通于夏姬,皆衷其～服以戏于朝。”

RONG

戎 róng ❶ 武器,兵器。《礼记·月令》:“以习五～。”(五戎:五种兵器。)[引]兵车。柳宗元《岭南节度飨军堂记》:“其大小之～,号令之用,则听于节度使焉。”❷ 士兵,军队。《左传·成公二年》:“臣辱～士,敢告不敏。”《三国志·蜀书·诸葛亮传》:“～阵整齐。”❸ 军事,战争。《吕氏春秋·孟春》:“兵～不起,不可以从我始。”柳宗元《封建论》:“黩(dú)货事～。”(黩货:贪财。事:从事。)❹ 大。《诗经·周颂·烈文》:“念兹～功,继序其皇之。”❺ 我国古代对西部民族的统称。

肜 róng ❶ 祭祀名。指祭祀后次日又举行的祭祀。《尚书·高宗肜日》:“高宗～日,越有雊雉。”❷[肜肜]同“融融”。和乐的样子。张衡《思玄赋》:“聆广乐之九奏兮,展泄泄以～～。”

茸 róng ❶ 草初生的细芽。谢灵运《于南山往北山经湖中瞻眺》诗:“初篁苞绿箨,新蒲含紫～。”❷[尨(méng)茸]见267页“尨”字。[茸茸]细密的样子。陆游《醉舞》诗:“～～胎发朝盈栉,炯炯神光夕照梁。”❸ rǒng [茸阘]微贱。蔡邕《让高阳乡侯章》:“况臣蝼蚁无功德,而散怠～～,何以居之。”也说成“阘茸”。参见400页“阘”字。

荣(榮) róng ❶ 树名。梧桐树。陶潜《荣木》诗:“采采～木,结根于兹。”❷ 草木的花。屈原《九章·橘颂》:“绿叶素～,纷其可喜兮。”《管子·内业》:“无根无茎,无叶无～。”[又]草木开花。陶潜《桃花源诗》:“草～识节和。”[引]谷类秀穗。《国语·晋语四》:“黍稷无成不能为～。”❸ 茂盛。陶潜《归去来兮辞》:“木欣欣以向～。”(欣欣:草木茂盛。)[又]多,丰富。《荀子·大略》:“宫室～与?妇谒盛与?”❹ 光荣,荣耀。与“辱”相对。《荀子·劝学》:“～辱之来。”《三国志·吴书·吴主传》:“～福喜戚,相与共之。”(戚:忧愁,悲伤。)[又]显荣,富贵。《吕氏春秋·务本》:“三王之佐,其名无不～者。”❺ 屋檐两头翘起的部分。《汉书·扬雄传上》:“列宿乃施于上～兮。”(列宿:诸星。施:延,延至。)❻ 惑乱。《韩非

R

子·内储说下》："～其意而乱其政。"

嵘(嶸) róng ［峥嵘］见 527 页"峥"字。

容 róng ❶容纳。《韩非子·诡使》："无宅～身。"（宅：指住房。）㊀采纳。王安石《本朝百年无事札子》："正论非不见～，然邪说亦有时而用。"㊀容量，容积。《论衡·骨相》："察表候以知命，犹察斗斛以知～矣。"❷宽容，容忍。《荀子·不苟》："（君子）恭敬谨慎而～。"《史记·汲郑列传》："不能～人之过。"（过：错误。）❸许可，允许。《左传·昭公元年》："五降之后，不～弹矣。"❹容貌，仪容。《孟子·万章上》："舜见瞽瞍，其～有蹙。"《盐铁论·利议》："鞠躬踧踖，窃仲尼之～。"（鞠躬踧踖：恭敬的样子。）㊕修饰面容，打扮。《史记·刺客列传》："士为知己者死，女为悦己者～。"㊀事物的形状、面貌。《文子·自然》："天道嘿嘿，无～无则。"《淮南子·说山》："泰山之～，巍巍然高。"❺或许，可能。《后汉书·李固传》："宫省之内，～有阴谋。"（宫省：皇宫和中央部门。）❻［容与］1. 逍遥自在的样子。屈原《九歌·湘夫人》："聊逍遥兮～～。"（聊：暂且。）2. 徘徊不进的样子。班固《西都赋》："～～徘徊。"❼［容容］1. 变化不定的样子。屈原《九歌·山鬼》："表独立兮山之上，云～～兮而在下。"2. 无主见的样子。《汉书·翟方进传》："何持～～之计，无忠固意。"

蓉 róng ［芙(fú)蓉］见 116 页"芙"字。

溶 róng ❶［溶溶］1. 水盛大的样子。《楚辞·九叹·逢纷》："扬流波之潢潢兮，体～～而东回。"也单用作"溶"。《楚辞·九叹·远逝》："波淫淫而周流兮，鸿～溢而滔荡。"2. 云雾盛的样子。沈约《石塘濑听猿》诗："噭噭夜猿鸣，～～晨雾合。"卢照邻《怀仙引》："回首望群峰，白云正～～。"3. 心宽广的样子。《楚辞·九叹·愍命》："心～～其不可量兮，情澹澹其若渊。"4. 众多的样子。沈约《和竟陵王游仙诗》："玉銮隐云雾，～～纷上驰。"5. 洁白的样子。萧纲《水月》诗："圆轮既照水，初生亦映流。～～如渍璧，的的似沉钩。"❷［溶滴(yì)］水波荡漾的样子。宋玉《高唐赋》："水澹澹而盘纡兮，洪波淫淫之～～。"【注意】古代"溶"没有"溶化"的意义。

镕(鎔) róng ❶铸造金属物品的模型。《潜夫论·德化》："犹铄金之在炉也……唯冶所为……随～制尔。"㊀铸造。《隋书·食货志》："私家多～钱。"❷熔化。韩愈《镜潭》诗："非铸复非～，泓澄忽此逢。"❸（写作时）提炼文意。刘勰《文心雕龙·辨骚》："虽取～经意，亦自铸伟辞。"❹矛一类的兵器。史游《急就篇》卷三："鈒戟铍～剑镡鍭。"

融(螎) róng ❶融化，消融。杜甫《晚出左掖》诗："楼雪～城湿。"（楼：城楼。）㊀融汇，融合。杨炯《王勃集序》："契将往而必～，防未来而先制。"成语有"融会贯通"。❷通，通达。何晏《景福殿赋》："品物咸～。"（品物：指万物。咸：都。）❸长远，久长。《北史·崔宏传》："陛下春秋富盛，圣业方～。"❹大明，大亮。《左传·昭公五年》："明而未～。"㊀显明，昌盛。陶潜《命子》诗："在我中晋，业～长沙。"❺［融融］1. 和悦的样子。《左传·隐公元年》："其乐也～～。"成语有"融融泄泄"。2. 暖和的样子。杜牧《阿房宫赋》："歌台暖响，春光～～。"

冗(宂) rǒng ❶闲散。《汉书·申屠嘉传》："故～官居其中。"［流冗］逃散，流离失所。《汉书·成帝纪》："关东～～者众。"（众：多。）❷繁杂，多余。《新唐书·康承训传》："承训罢～费，市马益军。"（市：买。）双音词有"冗长"、"冗杂"。❸平庸，低劣。《宋书·周朗传》："吾虽疲～，亦尝听君子之余论。"❹忙，繁忙。刘宰《走笔谢王去非》诗："知君束装～，不敢折简致。"（束装：整装。折简致：写信邀请。）

氄 rǒng 鸟兽(为过冬而生的)贴身的细软的毛。《尚书·尧典》："厥民隩，鸟兽～毛。"

ROU

柔 róu ❶柔韧。《诗经·小雅·巧言》："荏染～木，君子树之。"（荏染：柔弱的样子。）㊀柔嫩。《诗经·小雅·采薇》："采薇采薇，薇亦～止。"（止：语气词。）❷柔软。与"刚"相对。《庄子·天运》："其声能短能长，能～能刚。"❸柔和，和顺。《诗经·大雅·崧高》："申伯之德，～惠且直。"㊀温和。《礼记·内则》："问所欲而敬进之，～色以温之。"❹怀柔，安抚。《尚书·舜典》："～远能迩，惇德允元。"（能迩：安抚近处。）

揉 róu ❶使木弯曲或伸直(以造器物)。《管子·七法》："朝～轮而夕欲乘车。"㊀安抚，使顺服。《诗经·大雅·崧高》："～

R

此万邦。”（使所有诸侯国都顺服。）❷ 通“糅”。混杂，错杂。《世说新语·文学》：“皆粲然成章，不相～杂。”（粲然：鲜明、有文采的样子。）❸ 用手来回搓或擦（后起意义）。王建《照镜》诗：“暖手～双目。”

輮（𫐓） róu ❶ 木制车轮的外周。也叫牙、辋。《周礼·考工记·车人》：“行泽者反～，行山者仄～。”王褒《僮约》：“持斧入山，断～裁辕。”❷ 通“揉”。使木弯曲或伸直（以造器物）。《荀子·劝学》：“木直中绳，～以为轮。”❸ 通“蹂”。践踏。《汉书·项籍传》：“乱相～蹈。”（蹈：踩，踏。）

糅 róu 混杂，错杂。屈原《九章·怀沙》：“同～玉石兮，一概而相量。”（玉和石相错杂，同等看待。比喻好坏不分。）双音词有“杂糅”。

蹂 róu ❶ 践踏。《史记·项羽本纪》：“余骑相～践争项王。”［蹂躏（lìn）］1. 践踏。《汉书·王商传》：“大水至，百姓奔走相～～。”2. 比喻用暴力欺压、侮辱、侵害他人。唐顺之《答廖东雩提学》：“连年虏骑入太原，～～之惨，二百年来晋人所未见。”❷ 侵袭。《新唐书·李嗣业传》：“贼大出，掩追骑，还～王师。”❸ 通“揉”。用手来回搓或擦。《诗经·大雅·生民》：“或舂或揄，或簸或～。”

肉 ròu ❶ 动物的肉。《孟子·梁惠王下》：“七十者可以食～矣。”杜甫《自京赴奉先县咏怀五百字》：“朱门酒～臭，路有冻死骨。”㊀人体的肌肉。韩愈《张君墓志铭》：“父母妻子皆屠死，～餧狗鼠鸱鸦。”㊀某些蔬菜、水果去皮核后可以吃的部分。贾思勰《齐民要术·椰》：“（椰）～正白，如鸡子。”❷（古代圆形有孔的钱币或玉器的）孔的外围叫“肉”。其孔内叫“好（hào）”。《汉书·食货志下》：“卒铸大钱……～好皆有周郭。”（周郭：边壁四周。）❸ 丰满。《礼记·乐记》：“使其曲直、繁瘠、廉～、节奏，足以感动人之善心而已矣。”【辨】肌，肉。见174页“肌”字。

RU

如 rú ❶ 前往，到……去。《管子·大匡》：“公将～齐，与夫人皆行。”《三国志·吴书·吴主传》：“权将～吴。”❷ 像，如同。《孙子兵法·军争》：“不动～山。”成语有“如火如荼”。［不如］不及，比不上。《史记·老子韩非列传》：“斯自以为～～非。”（斯：李斯。）㊀相匹，相敌。《史记·匈奴列传》：“单于自度战不能～汉兵。”㊀表示举例。比如。欧阳修《六一诗话》：“‘太瘦生’，唐人语也，至今犹以生为语助，～‘作么生’、‘何似生’之类是也。”❸ 按照。柳宗元《三戒·临江之麋》：“犬皆～人意。”㊀应当，还不如。《墨子·贵义》：“子～劝我者也，何故止我？”《左传·僖公二十二年》：“若爱重伤，则～勿伤。”❹ 连词。假如，如果。《论语·述而》：“～不可求者，从吾所好。”《三国志·蜀书·诸葛亮传》：“～其不才，君可自取。”（不才：没有才能。取：取代。）❺ 连词。相当于现代汉语的“而”。《盐铁论·世务》：“今匈奴……见利～前，乘便而起。”❻ 连词。相当于现代汉语的“或”。《论语·先进》：“安见方六七十～五六十而非邦也者？”❼ 连词。相当于现代汉语的“和”、“同”。《仪礼·乡饮酒礼》：“公～大夫入。”❽ 介词。于。《吕氏春秋·爱士》：“人之困穷，甚～饥寒。”❾ 形容词词尾。表示“……的样子”。《论语·述而》：“子之燕居，申申～也，夭夭～也。”《汉书·诸侯王表》：“海内晏～。”（晏：平安。）成语有“突如其来”。❿［如何］1. 怎样。《诗经·小雅·庭燎》：“夜～～其，夜未央。”（其：语气词。）2. 怎么办，奈何。《诗经·秦风·晨风》：“～～～～！忘我实多。”白居易《上阳白发人》诗：“少亦苦，老亦苦，少苦老苦两～～？”3. 怎么，为什么。《左传·僖公二十二年》：“伤未及死，～～勿重？”［如……何］对……怎么办，把……怎么样。《孟子·梁惠王下》：“君～彼～哉？强为善而已矣。”

茹 rú ❶ 吃。《诗经·大雅·烝民》：“柔则～之，刚则吐之。”萧统《文选序》：“～毛饮血之世。”成语有“茹毛饮血”。㊀含着，忍着。范成大《相州》诗：“～痛含辛说乱华。”成语有“含辛茹苦”。㊀包容，容纳。皇甫湜《韩文公墓志铭》：“～古涵今，无有端涯。”❷ 蔬菜的总称。枚乘《七发》：“白露之～。”（白露时节的蔬菜。）❸ 柔软。《韩非子·亡征》：“柔～而寡断。”❹ 度量，估计。《诗经·小雅·六月》：“玁狁匪～。”（玁狁：民族名。匪：不。）㊀猜测，猜想。《诗经·邶风·柏舟》：“我心匪鉴，不可以～。”❺ 腐臭。《吕氏春秋·功名》：“以～鱼去蝇，蝇愈至不可禁。”

帤 rú ❶ 大巾。扬雄《方言》卷四：“大巾谓之帤，嵩岳之南、陈颍之间谓之～。”❷ 破旧的巾。张君房《云笈七籤·黄庭内景经隐影章》：“人间纷纷臭～如。”❸ 弓干

R

上的衬木。《周礼·考工记·弓人》："厚其～则木坚，薄其～则需。"

挐 rú ❶牵引。宋玉《九辩》："叶菸邑而无色兮，枝烦～而交横。"㉃纷乱。《淮南子·览冥》："美人～首墨面而不容。"（容：修饰，打扮。）㉃混杂。宋玉《招魂》："稻粢穱麦，～黄粱些。"❷ ná 通"拏"。持，抓。张衡《西京赋》："熊虎升而～攫，猨狖超而高援。"❸ ráo 通"桡"。船桨。《庄子·渔父》："方将杖～而引其船。"【辨】挐，拏。"挐"为牵引，"拏"为持，古代音义都不同。但后来两字常常混用。

袽 rú 破旧的棉絮、衣布。《周易·既济》："繻有衣～。"

蒘 rú ❶黏着。《史记·张释之冯唐列传》："以北山石为椁，用纻絮斮（cuò）陈～漆其间，岂可动哉！"❷［蒘藘（lǘ）］同"茹藘"。茜草。一种蔓生植物，其根可做绛红色染料。

儒 rú ❶春秋时用《诗》《书》《礼》《乐》进行礼仪教育的知识分子。《周礼·天官·冢宰》："～以道得民。"❷儒家。孔子创立的学派。《荀子·礼论》："是～墨之分也。"（墨：墨家。）㉃信奉儒家经典的人，儒家学派的人。《韩非子·五蠹》："～以文乱法。"❸读书人。刘禹锡《陋室铭》："谈笑有鸿～，往来无白丁。"王安石《答司马谏议书》："～者所争，尤在于名实。"❹ nuò 通"懦"。懦弱。《北史·王宪传》："性～缓不断。"（断：决断。）

嚅 rú ［嗫（niè）嚅］见293页"嗫"字。

濡 rú ❶浸渍，沾湿。《诗经·邶风·匏有苦叶》："济盈不～轨。"（济：渡。盈：水满。轨：车辙。）《韩非子·内储说上》："被～衣而走火者，左三千人，右三千人。"（走火：指跑去救火。）㊗施受恩泽。王褒《四子讲德论》："令百姓遍晓圣德，莫不霑～。"❷稽留，停留。江淹《郊外望秋答殷博士》诗："云精无永滞，水碧岂惭～。"［濡滞］稽留，停留。《孟子·公孙丑下》："三宿而后出昼，是何～～也。"（昼：地名。）❸ ruǎn 柔软。《淮南子·说山》："厉利剑者必以柔砥，击钟磬者必以～木。"（厉：磨。砥：磨刀石。）㉆柔顺。《庄子·天下》："以～弱谦下为表。"（表：外表。）

孺 rú ❶幼童。《尚书·金縢》："公将不利于～子。"《后汉书·范式传》："见～子焉。"❷亲睦。《诗经·小雅·常棣》："兄弟既具，和乐且～。"（具：聚集在一起。）❸［孺人］1. 大夫的妻子。《礼记·曲礼下》："天子之妃曰后，诸侯曰夫人，大夫曰～～。"2. 唐代称王的妾，宋代为五品官的母亲或妻子的封号，明清为七品官的母亲或妻子的封号。《资治通鉴·唐玄宗天宝十一载》："棣王琰有二～～，争宠。"3. 妻子的通称。江淹《恨赋》："左对～～，顾弄稚子。"（顾弄稚子：回头抚弄幼子。）

襦 rú ❶短衣，短袄。《汉书·霍光传》："太后被珠～。"❷围嘴儿。白居易《阿崔》诗："腻剃新胎发，香绷小绣～。"❸细密的罗网。《周礼·夏官·罗氏》："蜡则作罗～。"

蠕（蝡） rú （旧读 ruǎn）❶蠕动，虫类爬行的样子。《史记·匈奴列传》："元元万民，下及鱼鳖，上及飞鸟，跂行喙息，～动之类，莫不就安利而辟危殆。"㉃泛指微动的样子。《荀子·劝学》："端而言，～而动，一可以为法则。"❷［蠕蠕］1. 蠕动，虫类爬行的样子。李贺《感讽》诗之一："越妇未织作，吴蚕始～～。"2. 古代北方部族名。也称"柔然"。曹丕《大墙上蒿行》："下有～～地，今我难得久来履。"

繻 rú ❶丝织品。《抱朴子·疾谬》："举足不离绮～纨袴之侧，游步不去势利酒客之门。"❷帛制的通行证。《汉书·终军传》："初，军从济南当诣博士，步入关，关吏予军～……弃～而去。"

醹 rú 味醇厚的酒。《诗经·大雅·行苇》："曾孙维主，酒醴维～。"

濡 rú 同"濡"。沾湿。《庄子·大宗师》："泉涸，鱼相与处于陆……相～以沫。"

女 rǔ 见296页。

汝 rǔ ❶第二人称代词。你，你的。《战国策·秦策一》："长者詈～，少者和～。"《列子·汤问》："～心之固，固不可彻。"（彻：通。）❷水名。淮河的支流。《荀子·议兵》："～颍以为险。"（颍：水名。）

乳 rǔ ❶生孩子。《论衡·气寿》："妇人疏字者子活，数～者子死。"（妇女生孩子稀疏，孩子容易养活；生子稠密的，孩子就容易死。字：生子。数：稠密。）㉆刚生子的，哺乳期的。《庄子·盗跖》："声如～虎。"㉆刚孵出的，幼小的。如"乳燕"、"乳莺"。❷哺乳。《左传·宣公四年》："䢵夫人使弃诸梦中，虎～之。"贾思勰《齐民要术·养羊》："羊羔～食其母。"㉃喝，饮服。《后汉书·王允传》："岂有～药求死乎？"❸乳房。魏学洢《核舟记》："袒胸露～。"（袒胸：

露出上身。)㊟像乳房的。徐弘祖《徐霞客游记·滇游日记》:"上多倒垂之～。"(乳:指钟乳石。)❹ 乳汁。《魏书·王琚传》:"常饮牛～。"

辱 rǔ ❶ 耻辱。《商君书·靳令》:"其竟内之民争以为荣,莫以为～。"(竟:境。)❷ 辱没。《论语·子路》:"使于四方,不～君命。"❸ 侮辱,玷辱。《礼记·儒行》:"(儒)可杀而不可～也。"司马迁《报任安书》:"太上不～先,其次不～身。"❹ 屈辱,受屈。《左传·襄公三十年》:"使吾子～在泥涂久矣。"㊕使人枉驾前来。《史记·汲郑列传》:"越人相攻,固其俗然,不足以～天子之使。"❺ 谦辞。意思是使对方受屈辱了。《左传·僖公四年》:"～收寡君,寡君之愿也。"(寡君:臣子对别国人谦称自己的国君。)【辨】羞,耻,辱。"羞"只是羞愧,在程度上没有"耻"、"辱"重。"耻"和"辱"用于名词时是同义词,用于动词时,则意义不同,"耻之"是表示以他为可耻,"辱之"表示侮辱他或使他受辱,这样的用法"耻"和"辱"是不能互换的。

擩 rǔ ❶ 沾染。《仪礼·公食大夫礼》:"宾升席坐,取韭菹以辩,～于醢上豆之间祭。"韩愈《清河郡公房公墓碣铭》:"目～耳染,不学以能。"❷ ruán 用手揉摩。《新唐书·文艺传序上》:"大历贞元间,美才辈出,～哜道真,涵泳圣涯。"

入 rù ❶ 进入。与"出"相对。《孟子·滕文公上》:"三过其门而不～。"㊕进入朝廷。傅亮《为宋公求加赠刘前军表》:"出征～辅,幸不辱命。"(出:指离开朝廷。征:征伐。辅:辅佐君主。)❷ 收入,收纳。《韩非子·难二》:"丈夫尽于耕农,妇人力于织纴,则～多。"《礼记·王制》:"量～以为出。"成语有"入不敷出"。❸ 接纳,采纳。《史记·魏世家》:"商君亡秦归魏,魏怒,不～。"《史记·商君列传》:"吾说公以王道而未～也。"㊟没收。《后汉书·种暠传》:"诸受臧二千万以上不自首实者,尽～财物。"❹ 交纳。晁错《勿收农民租疏》:"边食足以支五岁,可令～粟郡县矣。"(边境的粮食足够五年用的,就可以命令把粮食交纳给郡县了。)❺ 嫁,出嫁。刘向《列女传·晋羊叔姬》:"雍子～其女于叔鱼以求直。"(雍子、叔鱼:人名。)❻ 入声。古代汉语"平、上、去、入"四声之一。【辨】进,入。见 201 页"进"字。

洳 rù 潮湿。柳宗元《闵生赋》:"壤污潦以坟～兮,蒸沸热而恒昏。"[沮(jù)洳]地低湿。《诗经·魏风·汾沮洳》:"彼汾～～,言采其莫。"㊖低湿的地方。司马光《稷下赋》:"譬若兰芷蒿莎,布濩于云梦之～。"

蓐 rù 草席,草垫子。《左传·文公七年》:"秣马～食,潜师夜起。"(秣马:喂马。蓐食:在寝蓐上吃饭。潜:指秘密的。)李密《陈情表》:"而刘夙婴疾病,常在床～。"

溽 rù ❶ 湿润。郭璞《江赋》:"林无不～,岸无不津。"㊟湿热,闷热(后起意义)。沈括《梦溪笔谈》卷七:"众以谓频日晦～,尚且不雨,如此旸燥,岂复有望?"[溽暑]湿热。《礼记·月令》:"土润～～,大雨时行。"❷ 味浓。《礼记·儒行》:"其饮食不～。"

缛(縟) rù ❶ 繁密的彩色装饰。张衡《西京赋》:"其馆室次舍,采饰纤～。"(纤:细巧。)㊖繁多,烦琐。《仪礼·丧服传》:"丧成人者其文～。"《宋史·李若水传》:"欲加～礼。"(礼:礼节。)成语有"繁文缛节"。❷ 通"褥"。褥子。谢惠连《雪赋》:"援绮衾兮坐芳～。"

RUAN

堧(壖) ruán 空地,余地。《史记·河渠书》:"五千顷故尽河～弃地。"(这五千顷地过去全是黄河边的荒地。)㊕城或宫庙(内墙以外、外墙以内)的余地、空地。《汉书·翟方进传》:"税城郭～及园田。"(税:征收赋税。)《汉书·晁错传》:"内史府居太上庙～中。"(内史府:官署名。)

耎 ruǎn ❶ 软弱,怯懦。《战国策·楚策一》:"郑、魏者,楚之～国;而秦,楚之强敌也。"❷ 柔软。《汉书·王吉传》:"数以～脆之玉体,犯勤劳之烦毒。"

瑌(碝、硬、礝) ruǎn 美石。《礼记·玉藻》:"世子佩瑜玉而綦组绶,士佩～玟而缊组绶。"

RUI

緌 ruí ❶ 帽带(在颏下打结后)下垂的部分。《诗经·齐风·南山》:"葛屦五两,冠～双止。"❷ 下垂的装饰品。如穗子等。曹植《七启》:"垂宛虹之长～。"❸ [緌緌]下垂的样子。杜牧《杜秋娘》诗:"壮发绿～～。"

蕤 ruí ❶ 草木花下垂的样子。㊖指下垂的装饰物。《礼记·杂记上》:"大白冠，缁布之冠皆不～。”左思《吴都赋》：“羽旄扬～。”❷花。陆机《文赋》：“播芳～之馥馥，发青条之森森。”㊀草木开花。谢庄《宋明堂歌·歌青帝》：“雁将向，桐始～。”❸［葳（wēi）蕤］见426页“葳”字。❹［蕤宾］1.古乐十二律之一。《汉书·律历志上》：“律以统气类物，一曰黄钟，二曰太族……四曰～～。”2.五月。古代以十二律应十二月，“蕤宾”应五月，故又以指五月。陶潜《和胡西曹示顾贼曹》：“～～五月中，清朝起南飔。”

橤 ruǐ ❶花蕊，花朵。白居易《牡丹芳》：“黄金～绽红玉房。”这个意义可以写作“蕊”。❷［橤橤］花落的样子。卢谌《时兴》诗：“摵摵芳叶零，～～芬华落。”

繠 ruǐ ❶下垂。《左传·哀公十三年》：“佩玉～兮，余无所系之。”❷花蕊。《后汉书·张衡传》：“屑瑶～以为糇兮，剩（jū）白水以为浆。”（剩：舀取。）

芮 ruì ❶［芮芮］草短小柔细的样子。李时珍《本草纲目·草六·石龙芮》引陶弘景《名医别录》：“生于石上，其叶～～短小，故名。”❷粗丝绵。《吕氏春秋·必己》：“单豹好术，离俗弃尘，不食谷实，不衣～温。”❸系盾的带子。《史记·苏秦列传》：“坚甲铁幕，革抉咙～，无不毕具。”❹通“汭”。河流弯曲处。《诗经·大雅·公刘》：“止旅迺密，～鞫之即。”❺通“蚋”。蚊虫。《庄子·至乐》：“瞀～生乎腐蠸。”❻周代诸侯国名。《史记·秦本纪》：“二十年，秦灭梁、～。”

汭 ruì ❶河流弯曲处。《左传·庄公四年》：“随侯且请为会于汉～而还。”❷古水名。在今陕西境内。《周礼·夏官·职方氏》：“其川泾～。”㊁古水名。在今山西永济境。郦道元《水经注·河水四》：“（历山）有舜井，妫～二水出焉。”

枘 ruì 榫（sǔn）子，榫头。宋玉《九辩》：“圜凿而方～兮，吾固知其鉏铻（jǔ yǔ）而难入。”（圜：通“圆”。凿：榫眼。鉏铻：不相配合。）成语有“圆凿方枘”。

蚋（蜹） ruì 蚊子一类的昆虫。《荀子·劝学》：“醯（xī）酸而～聚焉。”（醯：醋。）

莻 ruì 草初生的样子。左思《吴都赋》：“郁兮～茂，晔兮菲菲。”

锐（鋭） ruì ❶尖的，尖锐的。顶小底大的形状。《孙子兵法·行军》：“尘高而～者，车来也。”杜甫《久雨期王将军不至》诗：“～头将军来何迟。”㊀细小。《左传·昭公十六年》：“且吾以玉贾罪，不亦～乎？”（贾罪：指获罪。）❷锐利，锋利。《管子·七法》：“论百工之～器。”（器：指兵器。）㊁兵器，锐器。《汉书·高帝纪下》：“朕亲被坚执～。”❸锐气，锋芒。《老子·五十六章》：“挫其～，解其纷。”㊁气势旺盛。《孙子兵法·军争》：“是故朝气～，昼气惰，暮气归。”❹精锐。《墨子·杂守》：“厉吾～卒，慎无使顾。”《论衡·非韩》：“六国之兵非不～。”㊁敏锐，精细。刘勰《文心雕龙·才略》：“祢衡思～于为文。”❺迅速，急切。《孟子·尽心上》：“其进～者其退速。”陆机《五等诸侯论》：“夫进取之情～。”

瑞 ruì ❶用作凭证的玉器。《左传·哀公十四年》：“司马请～焉。”（司马：官名。请：请求。）❷凶吉的预兆。《论衡·指瑞》：“传舍人不吉之～矣。”杜预《春秋左氏传序》：“麟凤五灵，王者之嘉～也。”㊕吉兆，祥瑞。《新唐书·郑仁表传》：“天～有五色云。”㊀吉利的。孟浩然《寒夜张明府宅宴》诗：“～雪初盈尺。”

睿（叡） ruì 明智，通达，看得深远。《礼记·中庸》：“为能聪明～知。”（知：智。）多指帝王圣明。谢庄《宋明堂歌·送神歌》：“～化凝，孝风炽。”双音词有“睿哲”。

RUN

犉 rún 黄毛黑唇的牛。《诗经·小雅·无羊》：“谁谓尔无牛，九十其～。”

闰（閏） rùn ❶多数，余数。指历法纪年和地球环绕太阳一周运行时间的差数，多余的叫闰，如“闰月”。《尚书·尧典》：“朞（jī）三百有六旬有六日，以～月定四时成岁。”（朞：指周年。）❷非正统的。与“正”相对。《宋史·宋庠传》：“又辑《纪年通谱》，区别正～。”

润（潤） rùn ❶滋润。《周易·说》：“风以散之，雨以～之。”《论衡·雷虚》：“雨～万物。”㊀恩泽。《晋书·应詹传》：“～同江海，恩犹父母。”㊁惠及，加惠。《汉书·路温舒传》：“泽加百姓，功～诸侯。”㊀教化，熏陶。杜荀鹤《读友人诗》诗：“名应高日月，道可～公卿。”❷潮湿。《墨子·辞过》：“高足以避～湿。”周邦彦《满庭芳·风老莺雏》：“衣～费罏烟。”（罏：通“炉”。）㊀润泽，光润。柳宗元《红蕉》诗：“晚英值穷节，绿～含朱光。”（英：花。）❸雨水。《后汉书·钟离意传》：“比日密云，遂无大～。”

R

RUO

挼（捼） ruó 两手揉搓。《晋书·刘毅传》："（刘裕）因～五木久之。"

若 ruò ❶香草名。杜若。宋玉《神女赋》："沐兰泽，含～芳。"❷顺，顺从。《穀梁传·庄公元年》："不～于道者，天绝之也。"❸像，如，好像。《孟子·梁惠王上》："～寡人者，可以保民乎哉？"王勃《杜少府之任蜀州》诗："海内存知己，天涯～比邻。"成语有"若明若暗"。［不若］不如，比不上。《列子·汤问》："曾～～孀妻弱子。"❹第二人称代词。你，你的。《庄子·齐物论》："～胜我，我不～胜。"柳宗元《捕蛇者说》："更～役，复～赋，则何如？"（改变你的差使，恢复你的赋税，那么，怎么样呢？）❺指示代词。此，这个。《孟子·梁惠王上》："以～所为，求～所欲。"❻连词。假如，如果。《左传·隐公元年》："～阙地及泉，隧而相见，其谁曰不然。"李贺《金铜仙人辞汉歌》："天～有情天亦老。"㊀与，和。《史记·魏其武安侯列传》："愿取吴王～将军头，以报父之仇。"㊀相当于现代汉语的"或"。《汉书·食货志》："时有军役～遭水旱，民不困乏。"❼至，至于。《国语·晋语五》："病未～死。"［若夫］句首语气词。用以引起下文，有"至于说到……"的意思。范仲淹《岳阳楼记》："～～霪雨霏霏，连月不开。"❽奈，怎样。《左传·僖公十五年》："寇深矣，～之何？"

箬 ruò ❶竹笋的外壳。王彪之《闽中赋》："缃～素笋，彤竿绿筒。"❷竹名。箬竹。《南史·徐伯珍传》："伯珍少孤贫，学书无纸，常以竹箭、～叶、甘蕉及地上学书。"㊀箬竹的叶子。柳宗元《柳州峒氓》诗："青～裹盐归峒客，绿荷包饭趁虚人。"

弱 ruò ❶弱小。与"强"相对。《商君书·错法》："有土者不可以言贫，有民者不可以言～。"成语有"恃强凌弱"。❷柔软，松软。王安石《洪范传》："故木挠而水～，金坚而火悍。"束皙《饼赋》："～似春绵，白若秋练。"❸丧失，减少。《左传·昭公三年》："又～一个焉。"❹年少。《国语·楚语上》："昔庄王方～。"［弱冠］古代男子二十岁行冠礼，因此以"弱冠"泛指男子二十岁左右的年纪。《后汉书·章帝纪》："朕在～～，未知稼穑之艰难。"（稼穑：指农业生产。）

蒻 ruò ❶草名。嫩的香蒲。可以织席。史游《急就篇》卷三："蒲～蔺席帐帷幢。"㊀指蒻席。一种细蒲草席。宋玉《招魂》："～阿拂壁，罗帱张些。"❷藕。李时珍《本草纲目·藕》："藕芽种者最易发，其芽穿泥成白～。"

爇 ruò 烧。《左传·昭公二十七年》："遂令攻郤氏，且～之。"㊀点燃。宋濂《闽二妇传》："自起～灯，呼儿诵书。"

R

S

SA

洒1 sǎ ❶ xǐ 洗涤。《左传·襄公二十一年》:"在上位者～濯其心。"㊀洗雪。《孟子·梁惠王上》:"愿比死者一～之。"❷ 通"灑"。洒水。《论语·子张》:"子夏之门人小子,当～扫、应对、进退则可矣。"❸ 散落。孟浩然《还山贻湛法师》诗:"平石藉琴砚,落泉～衣巾。"㊀散发,分散。《逸周书·大匡》:"赋～其币,乡正保贷。"❹ 分开,分流。《墨子·兼爱中》:"～为底柱,凿为龙门。"❺ xiǎn 肃敬的样子。《礼记·玉藻》:"君子之饮酒也,受一爵而色～如也。"㊁寒栗的样子。《素问·风论》:"腠理开则～然寒,闭则热而闷。"❻ cuǐ 高峻的样子。《诗经·邶风·新台》:"新台有～,河水浼浼。"❼ sěn 惊异的样子。《庄子·庚桑楚》:"吾～然异之。"【辨】洒,灑。见下"洒[2]"字。

洒2(**灑**) sǎ ❶ 洒水。《礼记·内则》:"～扫室堂及庭。"㊀淋雨。李康《运命论》:"弃室而～雨者,不过濡身。"㊁风吹拂。杜甫《七月一日题终明府水楼》诗之一:"高栋曾轩已自凉,秋风此日～衣裳。"❷ 物体散落。杜甫《茅屋为秋风所破歌》:"茅飞度江～江郊。"㊁散播。《管子·白心》:"视则不见,听则不闻,～乎天下满。"❸ 投抛,挥动。潘岳《西征赋》:"～钓投网。"李白《献从叔当涂宰阳冰》诗:"落笔～篆文。"㊀不拘束,洒脱。杜甫《饮中八仙歌》:"宗之萧～美少年。"双音词有"洒脱"。❹ 分开,分流。《史记·河渠书》:"九川既疏,九泽既～。"❺ xǐ 通"洒[1]"。洗。枚乘《七发》:"澡概胸中,～练五脏。"【辨】洒,灑。"洒"和"灑"古代是两个字。"洒"的本义是洗,音 xǐ;"灑"的本义是"洒水",音 sǎ。但"洒"也通"灑",有"洒水"的意义,音 sǎ;"灑"也通"洒",有"洗"的意义,音 xǐ。此外,两个字的意义还有不同。现"灑"在音 sǎ 时简化为"洒"。

飒(**颯、颾**) sà ❶ 风声。宋玉《风赋》:"有风～然而至。"❷ [飒飒] 1. 风声。屈原《九歌·山鬼》:"风～～兮木萧萧。"黄巢《题菊花》诗:"～～西风满院栽。"2. 雨声。杜甫《乾元中寓居同谷县作歌》之五:"寒雨～～枯树湿。"3. 迅疾。高启《太湖》诗:"茫茫雁飞迟,～～帆度快。"❸ 吹拂。徐安人《秋扇》诗:"西风～高梧。"❹ 迅疾,顿时。岑参《陪狄员外早秋登府西楼》诗:"知己犹未报,鬓毛～已苍。"李白《游谢氏山亭》诗:"谢公池塘上,春草～已生。"❺ 衰落,衰老。张九龄《登古阳云台》诗:"庭树日衰～。"❻ [飒爽]豪迈矫健的样子。杜甫《丹青引》:"英姿～～来酣战。"(酣战:激烈战斗。)

撒 sà ❶ 侧手击。《公羊传·庄公十二年》:"万(宋万)臂～仇牧,碎其首。"❷ [抹撒]扫灭,完全勾销。韩愈《贞曜先生墓志》:"唯其大玩于词而与世～～,人皆劫劫,我独有余。"

SAI

塞 sāi ❶ 阻塞,堵塞。《诗经·豳风·七月》:"～向墐户。"韩愈《原道》:"不～不流,不止不行。"成语有"塞井夷灶"。㊁遏止,禁止。《商君书·画策》:"善治者～民以法。"❷ 填塞,充满。《孟子·公孙丑上》:"以直养而无害,则～于天地之间。"杜甫《往在》诗:"士庶～关中。"(士庶:指百姓。关中:地名。)㊀满足。《史记·汲郑列传》:"以谢天下之苦,～百姓之心。"❸ 弥补。《汉书·于定国传》:"将欲何施,以～此咎?"双音词有"塞责"。❹ 答,回答。《后汉书·班超传》:"以报～天恩。"《三国志·魏书·臧洪传》:"既学薄才钝,不足～诘。"❺ 困厄,困窘。与"通"相对。潘岳《西征赋》:"生有修短之命,位有通～之遇。"❻ sài 边界上的险要地方。《礼记·月令·孟冬之月》:"备边竟,完要～。"《荀子·强国》:"兵不复出于～外。"成语有"塞翁失马"。❼ sài 酬神。《墨子·号令》:"事已,～祷。"《汉书·郊祀志》:"冬～祷祠。"❽ sài 通"簺"。古代的一种棋类博戏。《管子·四称》:"流于博～。"

簺 sài ❶ 古代的一种棋类博戏。也叫格五。《南齐书·沈文季传》:"尤善～及弹棋,～用五子。"❷ (用竹木编成的)拦水捕鱼的工具。《新唐书·高宗纪》:"禁作～捕鱼、营圈取兽者。"

S

SAN

三 sān ❶数词。三。《商君书·错法》："此～者治之本也。"《三国志·蜀书·诸葛亮传》："孙权据有江东，已历～世。"❷序数词。第三。《商君书·修权》："一曰法，二曰信，～曰权。"李白《扶风豪士歌》："洛阳～月飞胡沙。"❸三倍。《周礼·考工记·庐人》："凡兵无过～其身。"❹名词。指远古三皇。袁康《越绝书·篇叙外传记》："兴败有数，承～继五。"（五：指远古五帝。）㊁指天、地、人。《国语·周语下》："纪之以～。"㊁指君、父、师。《国语·晋语一》："民生于～，事之如一。"❺再三，多次。《战国策·赵策三》："鲁仲连辞让者～。"熟语有"三思而后行"。【注意】古代汉语里的"三"和"九"往往不是具体的数字，而是泛指多次。【辨】三，参。见33页"参"字。

糁（糝、糂） sǎn ❶以米和（huò）羹。《荀子·宥坐》："孔子南适楚，厄于陈蔡之间，七日不火食，藜羹不～。"㊁羹。陆游《赛神曲》："鲤鱼～美出神厨。"❷米粒，饭粒。《晋书·江统传》："若有穷乏～粒不继者。"《续传灯录·普贤元素禅师》："囊无系蚁之丝，厨乏聚蝇之～。"❸散布的粒状物。韩愈《送无本师归范阳》诗："始见洛阳春，桃枝缀红～。"周邦彦《大酺》词："红～铺地，门外荆桃如菽。"❹散布，散落。李白《春感》诗："榆荚钱生树，杨花玉～街。"❺用粉末状的物品填塞。魏学洢《核舟记》："右刻'山高月小，水落石出'，左刻'清风徐来，水波不兴'，石青～之。"

SANG

颡（顙） sǎng ❶额头。《孟子·告子上》："今夫水，搏而跃之，可使过～。"㊁头。杜甫《义鹘行》："巨～拆老拳。"❷叩头。《公羊传·昭公二十五年》："再拜～。"[稽（qǐ）颡]古时（居父母之丧时对宾客）额至地的跪拜礼。《礼记·檀弓上》："拜而后～～，颓乎其顺也。"

丧（喪） sàng ❶丧失，失掉。《论语·子路》："一言而～邦乎？"《韩非子·五蠹》："偃王行仁义而～其国。"（偃王：徐偃王。）成语有"玩物丧志"。❷失败，灭亡。《论语·宪问》："子言卫灵公之无道也，康子曰：'夫如是，奚而不～？'"㊁逃亡。《礼记·檀弓下》："～人无宝，仁亲以为宝。"❸悲伤，哀伤。《商君书·更法》："狂夫之乐，贤者～焉。"❹sāng 死亡。《诗经·小雅·常棣》："～乱既平，既安且宁。"陶潜《归去来兮辞序》："寻程氏妹～于武昌。"（寻：不久。）㊁死人的事情，丧事。《左传·僖公三十三年》："秦不哀吾～，而伐吾同姓。"王安石《上皇帝万言书》："婚～祭养。"（祭：祭祀。养：供养。）㊁办丧事。《礼记·檀弓上》："子上之母死而不～。"❺sāng 灵柩。《春秋·桓公十八年》："公之～至自齐。"㊁尸体，遗体。《三国志·魏书·武帝纪》："信力战斗死，仅而破之，购求信～不得，众乃刻木如信形状。"（信：鲍信。）❻sāng 指祸难。《诗经·邶风·谷风》："凡民有～，匍匐救之。"

SAO

搔 sāo ❶挠，用手指甲轻抓。《诗经·邶风·静女》："～首踟蹰。"杜甫《春望》诗："白头～更短。"❷通"骚"。动乱，扰乱。《三国志·吴书·陆凯传》："既不爱民，务行威势，所在～扰，更为烦苛。"

骚（騷） sāo ❶动乱，扰乱。《国语·郑语》："九年而王室始～。"《新唐书·安禄山传》："句剥苛急，百姓愈～。"❷忧虑，忧愁。《史记·屈原贾生列传》："离～者，犹离忧也。"❸《离骚》的省称。《宋书·谢灵运传》："莫不同祖《风》《～》。"㊁诗体的一种。骚体。也称"楚辞体"，由屈原的《离骚》得名。如宋玉的《九辩》，贾谊的《吊屈原赋》，都属这种文体。[骚人]诗人。因屈原作《离骚》，后人称诗人为骚人。范仲淹《岳阳楼记》："迁客～～，多会于此。"（迁客：指被贬在外的人。）❹通"臊"。腥气，臊臭气味。《墨子·经说上》："～之利害，未可知也。"❺sǎo 通"扫"。扫除。《史记·李斯列传》："由灶上～除足以灭诸侯，成帝业。"

缫（繅） sāo ❶同"缲"。把蚕茧放在滚水里煮过后抽丝。《孟子·滕文公下》："夫人蚕～，以为衣服。"❷zǎo 同"璪"。玉器的垫板。《仪礼·聘礼》："圭与～皆九寸。"❸zǎo 通"藻"。帝王冕上系玉的彩绳。《周礼·夏官·弁师》："五采～十有二就。"

臊 sāo ❶臊气。肉类的腥臭气味。《韩非子·五蠹》："民食果蓏（luǒ）蚌蛤，腥～恶臭而伤害腹胃。"《吕氏春秋·本味》："水居者腥，肉玃（jué）者～，草食者膻。"❷ 不好的名声。《魏书·抱嶷传》："～声布于朝野，丑音被于行路。"

SE

色 sè ❶ 脸色，表情。《论语·颜渊》："察言而观～。"《史记·滑稽列传》："～如死灰。"㊕怒色。《战国策·赵策四》："太后之～少解。"（解：消除。）❷ 变色，作色。《左传·昭公十九年》："谚所谓'室于怒，市于～'者。"㊇和颜悦色。《诗经·鲁颂·泮水》："载～载笑。"❸ 颜色。《后汉书·仲长统传》："苟目能辩～。"王勃《滕王阁序》："秋水共长天一～。"㊊天色，景象。叶绍翁《游园不值》诗："春～满园关不住，一枝红杏出墙来。"陆游《鹅湖夜坐书怀》诗："看花身落魄，对酒～凄凉。"❹ 女色。《淮南子·俶真》："声～不能淫也。"㊇男女之间的情欲。《孟子·告子上》："食～性也。"❺ 种类，类别（后起意义）。陆贽《奉天改元大赦制》："诸～名目，悉宜停罢。"熟语有"诸色人等"。❻ 佛教指可以感知的物质。《心经》："～即是空，空即是～。"

啬（嗇） sè ❶ 通"穑"。收割庄稼。《礼记·郊特牲》："主先～而祭司～也。"㊅指农事。《汉书·成帝纪》："服田力～。"（服田：指耕田。）❷ 节省，节俭。《老子·五十九章》："治人事天莫若～。"《管子·五辅》："纤～省用，以备饥馑（jǐn）。"（纤：吝惜。饥馑：灾荒。）㊇爱惜。《吕氏春秋·先己》："必先治身，～其大宝。"㊊过于俭省，吝啬。《战国策·韩策一》："仲～于财。"❸ 通"涩"。不通，不顺畅。《史记·扁鹊仓公列传》："切之肾脉也，～而不属。"

穑（穡） sè ❶ 收割庄稼。《诗经·魏风·伐檀》："不稼不～，胡取禾三百亿兮。"（你不种不收，凭什么获得三百捆庄稼。稼：种庄稼。）㊇成熟该收获的谷物。《越绝书·外传记·地传》："后稷产～。"㊇收获的谷物。《诗经·小雅·信南山》："曾孙之～，以为酒食。"❷ 农事，耕作收获。《尚书·汤誓》："舍我～事，而割正夏。"《左传·襄公九年》："力于农～。"❸ 种植庄稼。《诗经·大雅·生民》："诞后稷之～，有相之道。"❹ 通"啬"。节省。《左传·昭公元年》："大国省～而用之。"

瑟 sè ❶ 一种弹拨弦乐器。通常有二十五根弦。《诗经·周南·关雎》："窈窕淑女，琴～友之。"《史记·廉颇蔺相如列传》："赵王鼓～。"❷ 繁茂众多的样子。《诗经·大雅·旱麓》："～彼柞棫。"❸ 洁净明亮的样子。刘禹锡《故吏部侍郎奚公神道碑铭》："黄流～然。"❹ 庄严的样子。《诗经·卫风·淇奥》："～兮僩兮。"❺［瑟瑟］1. 形容风的声音。刘桢《赠从弟》诗："～～谷中风。"2. 形容秋天的寒意。白居易《琵琶行》："枫叶荻花秋～～。"3. 形容暗绿的颜色。白居易《暮江吟》："一道残阳铺水中，半江～～半江红。"❻［瑟缩］1. 收缩，蜷缩。《吕氏春秋·古乐》："筋骨～～不达。"2. 风声。苏轼《洞庭春色赋》："卧松风之～～。"3. 迟缓，迟疑。牛僧孺《相国崔群家庙碑》："九州岁贡，～～不集。"

SHA

杀（殺） shā ❶ 杀死，杀戮。《史记·陈涉世家》："尉剑挺，广起，夺而～尉。"（尉：官名。）《论语·颜渊》："子为政，焉用～。"㊊死。《老子·七十三章》："勇于敢则～，勇于不敢则活。"《晋书·武帝纪》："大雨霖，伊、洛、河溢，流居人四千余家，～三百余人。"㊇攻杀。《后汉书·鲁恭传》："今匈奴为鲜卑所～，远臧于史侯河西。"❷ 灭除，败坏。《庄子·大宗师》："～生者不死，生生者不生。"卢仝《与马异结交》诗："不知药中有毒药，药～元气天不觉。"❸ 草木枯萎。《吕氏春秋·名类》："及禹之时，天先见草木秋冬不～。"❹ 用在动词后，表示极度。李白《猛虎行》："杨花茫茫愁～人。"❺ shài 降等，减少。《荀子·儒效》："法后王，一制度，隆礼义而～《诗》《书》。"沈括《梦溪笔谈》卷一一："然势必～半。"❻ shài 衰微，衰败。《吕氏春秋·长利》："是故地日削，子孙弥～。"❼ shài 等差，等级。《唐会要》卷十八："是以簠簋有数，笾豆有～。"

铩（鎩） shā ❶ 长矛。《史记·秦始皇本纪》："鉏耰棘矜，非铦于句戟长～也。"❷ 羽毛伤残。颜延年《五君咏·嵇中散》："鸾翮有时～，龙性谁能驯？"［铩羽］比喻失意、受挫。刘孝标《与宋玉山元思书》："是以贾生怀琬琰而挫翮，冯子握玙璠而～～。"

莎 shā ❶［莎鸡］昆虫名。俗称纺织娘。《诗经·豳风·七月》："六月～～振羽。"❷ suō 草名。即"莎草"。《淮南子·览冥》："路无～薠。"㊇泛指草。范成大《四时田园杂兴》诗："两蛩相应语～丛。"❸

S

suō 树名。贾思勰《齐民要术·莎木》引《广志》："～树……收面不过一斛。" ❹ suō 通"蓑"。蓑衣。司空图《杂题》诗："苔湿挂～衣。"

萐 shà ❶［萐莆（fǔ）］古代神话传说中的一种瑞草。《说文·艸部》："萐莆，瑞草也。"《三国志·魏书·高堂隆传》："～～嘉禾，必生此地。" ❷ 扇的别名。《论衡·是应》："人夏月操～，须手摇之，然后生风。"

唼 shà ❶ 通"唼"。鱼或水鸟吃食。梅尧臣《双野凫》诗："惊飞带波起，行～拂萍开。" ❷ 通"歃"。喝，饮。张祜《雁门太守行》："前头～血心不回。" ❸ dié 通"喋"。践踏。《史记·孝文本纪》："今已诛诸吕，新～血京师。"

唼 shà ❶ 鱼或水鸟吃食。宋玉《九辩》："凫雁皆～夫粱藻兮。"［唼喋（zhá）］鱼或水鸟吃食。郑愔《采莲曲》："鱼鸟争～～。" ❷ 通"歃"。饮，喝。《汉书·王陵传》："始与高帝～血而盟。"

厦（廈） shà 高大的房屋。《淮南子·本经》："大～曾加。"杜甫《茅屋为秋风所破歌》："安得广～千万间。"（安：哪里，怎样。）

歃 shà 饮，喝。吴隐之《酌贪泉赋诗》："古人云此水，一～怀千金。"㊕歃血。古代举行盟会时杀牲饮血以示诚意。《国语·晋语八》："楚人固请先～。"（固请：坚决请求。）［歃血］古代盟会时杀牲饮血以示诚意。《穀梁传·庄公二十七年》："未尝有～～之盟也。"

煞 shà ❶ 传说中的凶恶的神。周密《齐东野语·降仙》："辨善五星，每以八～为说。"（辨：人名。）成语有"凶神恶煞"。❷ 败坏，毁坏。楼钥《次韵沈使君怀浮冈梅花》："毋庸高牙～风景。" ❸ 极，很。卢延让《八月十六夜月》诗："桂老犹全在，蟾深未～忙。"《朱子语类》卷八七："东汉诸儒～好。" ❹ 用在动词后，表示极度（后起意义）。柳永《迎春乐》："别后相思～。" ❺ shā 通"杀"。杀伤。班固《白虎通·五行》："西方～伤成物，辛所以～伤之也。" ❻ shā 消灭，结束。班固《白虎通·五行》："法四时，先生后～也。"

SHAN

芟 shān ❶ 割草。《诗经·周颂·载芟》："载～载柞（zé）。"（载：语气词。柞：砍伐树木。）贾思勰《齐民要术·耕田》："～艾之草，干即放火。"（艾：通"刈"。割。）㊕除去，消灭。刘勰《文心雕龙·镕裁》："～繁剪秽，弛于负担。"陈琳《檄吴将校部曲文》："～敌搴旗。"《三国志·蜀书·诸葛亮传》："今操～夷大难。"（操：曹操。夷：平定。） ❷ 大镰刀。《国语·齐语》："耒耜（sì）枷（jiā）～。"（耒、耜、枷：农具。）

删（刪） shān ❶ 删除，除去。《汉书·律历志上》："故～其伪辞。"刘勰《文心雕龙·镕裁》："善～者，字去而意留。"韩愈《雪后寄崔二十六丞公》诗："心之纷乱谁能～？" ❷ 节取，节要。《汉书·艺文志》："今～其要，以备篇籍。"《后汉书·孔奋传》："奇博通经典，作《春秋左氏～》。"

姗（姍） shān ❶［姗姗］女子走路缓慢从容的样子。《汉书·外戚传》："偏何～～其来迟。" ❷ shàn 同"讪"。讥笑，讥讽。《汉书·诸侯王表序》："～笑三代，荡灭古法。"《汉书·石显传》："显恐天下学士～己。"

珊 shān ❶［珊珊］1. 佩玉撞击的声音。杜甫《郑驸马宅宴洞中》诗："时闻杂佩声～～。" 2. 风或雨的声音。元稹《琵琶歌》："珠幢夜静风～～。"白居易《题卢秘书夏日新栽竹》诗："珠洒雨～～。" 3. 明洁晶莹的样子。韦庄《白樱桃》诗："泻得～～白露珠。" 4. 通"姗姗"。女子走路缓慢从容的样子。宋无名氏《李师师外传》："见姥拥一姬～～而来。" ❷［珊瑚］海中珊瑚虫分泌堆积成的树状物。可做装饰品。《史记·司马相如列传》："～～丛生。"

跚 shān ［蹒（pán）跚］见 301 页"蹒"字。

痁 shān ❶ 疟疾。韩愈《忆昨行和张十一》："宿酲未解旧～作，深室静卧闻风雷。"㊈患疟疾。《左传·昭公二十年》："齐侯疥，遂～。" ❷ diàn 通"阽"。临近。《礼记·曾子问》："不以人之亲～患。"

埏 shān ❶ 用水和（huó）泥土。《老子·十一章》："～埴（土）以为器，当其无，有器之用。"《管子·任法》："犹埴之在～也，唯陶之所以为。" ❷ yán 地的边际。司马相如《封禅文》："上畅九垓，下溯八～。"（九垓：九重天。） ❸ yán 墓道。陆机《大墓赋》："伏～道而哭之。"《后汉书·陈蕃传》："葬亲而不闭～隧，因居其中。"

煽 shān ❶ 炽盛，热烈。《新唐书·郑肃传》："然内宠方～，太子终以忧死。" ❷ 煽惑，鼓动。《旧五代史·唐书·明宗纪四》："～摇军众。"陆游《排闷》诗："幺然性命微，日畏谗口～。"

S

潸(潸) shān 流泪的样子。《诗经·小雅·大东》:"～焉出涕。"(涕:眼泪。)《汉书·景十三王传》:"～然出涕。"②流眼泪。柳宗元《酬韶州裴曹长》诗:"思贤泪自～。"②眼泪。陆游《楼上醉书》诗:"明日茵席留余～。"

羴(膻、羶) shān 羊或羊肉的臊(sāo)气。《庄子·徐无鬼》:"羊肉～也。"㉃似羊臊的气味。《列子·周穆王》:"～恶而不可亲。"《吕氏春秋·本味》:"水居者腥,肉玃者臊,草食者～。"㉃肉类。白居易《赠韦处士六年夏大热旱》诗:"汗巾束头鬓,～食熏襟抱。"【注意】在现代汉语中,"羴"应写作"膻"。

掺(摻) shǎn ❶执持,拿着。《墨子·耕柱》:"一人～火,将益之。"❷shān［掺掺］1.女子的手纤细美好的样子。《诗经·魏风·葛屦》:"～～女手,可以缝裳。"2.指女子的手。王朗《浪淘沙·闺情》三首之二:"罗袖护～～。"❸sēn 众多的样子。《后汉书·马融传》:"旃旝～其如林。"❹càn 击鼓的调子。李商隐《听鼓》诗:"欲问渔阳～,时无祢正平。"(渔阳掺:一种击鼓调。)

讪(訕) shàn ❶诽谤,诋毁。《礼记·少仪》:"为人臣下者,有谏而无～。"《论语·阳货》:"恶居下流而～上者。"❷讥笑,讽刺。《孟子·离娄下》:"与其妾～其良人。"《新唐书·韩愈传赞》:"虽蒙～笑,跆而复奋。"

汕 shàn ❶［汕汕］鱼游动的样子。《诗经·小雅·南有嘉鱼》:"南有嘉鱼,烝然～～。"❷一种捕鱼的网。王士禛《西陵竹枝》诗:"十二碚边初起～。"②用汕网捕鱼。韩愈《酬崔十六》诗:"鲂鳟可罩～。"

疝 shàn 一种腹痛的病症。《素问·长刺节论》:"病在少腹,腹痛不得大小便,病名曰～。"

苫 shàn ❶用草、席、布等覆盖。陆游《幽居岁暮》诗:"刈茅～鹿屋。"❷shān 用茅草等编成的覆盖物。《左传·襄公十四年》:"乃祖吾离被～盖。"②居丧时睡的草垫子。《仪礼·既夕礼》:"寝～枕块。"

扇 shàn ❶门扇。《礼记·月令》:"耕者少舍,乃修阖～。"李白《梦游天姥吟留别》:"洞天石～,訇(hōng)然中开。"(洞天:传说中神仙居住的地方。訇然:形容大声。)❷扇子。《晋书·谢安传》:"有蒲葵～五万。"②帝王的仪仗之一。障尘蔽日的障扇。杜甫《秋兴》诗之一:"云移雉尾开宫～,日绕龙鳞识圣颜。"❸shān 扇风,风吹。束皙《补亡诗》六首之五:"四时递谢,八风代～。"(四季相互交替,八风轮流吹动。)②摇动翅膀。习嘏《长鸣鸡赋》:"～六翮以增晖,舒毛毳而下垂。"㉃鼓动,造谣。《晋书·谢安传》:"奸谄(chǎn)颇相～构。"(奸谄:说坏话的人。构:捏造罪名。)❹shān 炽盛。《汉书·谷永传》:"阎妻骄～。"②传播,显扬。李白《留别金陵诸公》诗:"地～邹、鲁学,诗腾颜、谢名。"❺量词。用于门窗等扁平物品。《农桑辑要·蒸馏茧法》:"用笼三～。"❻通"骟"。阉割。《新五代史·郭崇韬传》:"当尽去宦官,至于～马,亦不可骑。"

掞 shàn ❶抒发,舒展。《梁书·昭明太子统传》:"摛文～藻。"左思《蜀都赋》:"摛藻～天庭。"❷竭尽。刘知几《史通自叙》:"上穷王道,下～人伦。"❸yǎn 通"剡"。锐利。《淮南子·俶真》:"撢～挺挏世之风俗。"❹yàn 光芒。《汉书·礼乐志》:"长丽前～光耀明。"②艳丽。《三国志·蜀书·邓芝传》:"丁厷～张。"《新唐书·上官昭容传》:"内掌诏命,～丽可观。"

埠(墠) shàn 经过清理的平地。用于祭祀或会盟。《诗经·郑风·东门之墠》:"东门之～,茹藘在阪。"《礼记·祭法》:"是故王立七庙,一坛一～。"

禅(禪) shàn ❶古代帝王祭地。《史记·秦始皇本纪》:"议封～望祭山川之事。"(封:古代帝王祭天礼。望:古代祭祀山川的专名。)❷禅让。指古代帝王让位给别人。《三国志·魏书·文帝纪》:"帝尧～位于虞舜。"(虞舜:指舜。)②传位。《史记·惠景间侯者年表》:"至孝惠时,唯独长沙全～五世,以无嗣绝。"②取代,代替。《庄子·寓言》:"万物皆种也,以不同形相～。"❸chán 静思。佛教用语。如"坐禅"。苏轼《沐浴启圣僧舍与赵德麟邂逅》诗:"睡稳如～息息匀。"㉂有关佛教的事物。如"禅师"、"禅宗"、"禅林"。白居易《重到江州》诗:"～僧出郭迎。"(郭:外城。)

鳝 shàn ❶通"鳝"。黄鳝。《淮南子·说林》:"今～之与蛇,蚕之与蠋,状相类而爱憎异。"这个意义又写作"鳝(鱓)"。❷tuó 同"鼍"。鳄类爬行动物。李斯《谏逐客书》:"树灵～之鼓。"

善 shàn ❶好,好的,善良的。与"恶"相对。《论语·八佾》:"子谓韶:'尽美矣,又尽～也。'"《韩非子·有度》:"刑过不避大

S

臣,赏～不遗匹夫。"(刑过:处罚有罪过的。遗:遗漏。)㊂认为是好的。《孟子·梁惠王下》:"王如～之,则何为不行。"《史记·留侯世家》:"良数以《太公兵法》说沛公,沛公～之。"(良:张良。数:多次。沛公:刘邦。)❷友好,亲善。《战国策·秦策二》:"齐、楚之交～。"❸善于,擅长。《史记·孙子吴起列传》:"～战者因其势而利导之。"㊂容易。《诗经·鄘风·载驰》:"女子～怀,亦各有行。"(怀:忧虑。)《左传·襄公二十八年》:"庆氏之马～惊。"❹爱惜。《荀子·强国》:"～日者王,～时者霸。"(日:指一天的时间。王:称王。时:指一季的时间。霸:称霸。)❺信仰佛法。《法苑珠林》卷一百六:"教化是恶人辈令生大乘～信。"成语有"善男信女"。❻应答之词。表示同意。《三国志·魏书·郭嘉传》:"太祖曰:'～。'乃南征。"❼副词。好好地。《左传·昭公十二年》:"子～视之。"(子:您。)

缮(繕) shàn ❶修补,整治,使完善。《左传·襄公三十年》:"聚禾粟,～城郭。"《史记·高祖本纪》:"～治河上塞(sài)。"(河上:地名。塞:关塞。)㊕整治军备。《左传·哀公二十四年》:"军吏令～,将进。"❷保养。《庄子·缮性》:"～性于俗。"❸抄写。李白《与韩荆州书》:"～写呈上。"(呈:由下级送给上级。)

膳(饍) shàn ❶烹调(食物)。《周礼·天官·庖人》:"春行羔豚～膏香。"㊂饭食。《汉书·宣帝纪》:"其令太官损～省宰。"(太官:掌管皇帝饮食的官。)㊂吃。《礼记·文王世子》:"食下,问所～。"❷送饭,进献食物。《吕氏春秋·悔过》:"～以十二牛。"《吕氏春秋·上德》:"太子祠而～于公。"

擅 shàn ❶独揽。《史记·货殖列传》:"而～其利数世。"㊀自作主张,擅自。《国语·晋语九》:"非司寇而～杀。"(司寇:官名。)㊂专横,妄为。曹操《抑兼并令》:"使豪强～恣,亲戚兼并。"❷拥有,据有。《战国策·秦策三》:"方五百里,赵独～之。"❸专长,擅长。任昉《宣德皇后令》:"文～雕龙。"陆游《世事》诗:"何人今～丹青艺?"㊂出众,超群。张说《崔司业挽歌》之一:"风流满天下,人物～京师。"❹通"禅"。把帝位让给别人。《荀子·正论》:"尧舜～让,是虚言也。"

嬗 shàn ❶通"禅"。把帝位让给别人。《汉书·律历志下》:"尧～以天下。"❷更替,变迁。《史记·秦楚之际月表》:"号令三～。"《汉书·贾谊传》:"形气转续,变化而～。"(形气转续:形和气互相转化。)❸传给。龚自珍《答人问关内侯》:"无尺土以～其子孙。"

赡(贍) shàn ❶富足,充足。《墨子·节葬下》:"力不足,财不～。"《孟子·公孙丑下》:"非心服也,力不～也。"㊂满足。《荀子·荣辱》:"然则从人之欲,则势不能容,物不能～也。"㊀充满。《盐铁论·本议》:"山海不能～溪壑。"❷供给,供养。《盐铁论·本议》:"是以先帝建铁官以～农用。"(是以:因此。铁官:管理冶铁的官方机构。)《晋书·羊祜传》:"皆以～给九族,赏赐军士。"㊀救济,周济。《史记·齐太公世家》:"设轻重鱼盐之利,以～贫穷。"

SHANG

伤(傷) shāng ❶伤,受伤。《左传·成公二年》:"郤(xì)克～于矢。"(郤克:人名。)㊂受伤的人。司马迁《报任安书》:"虏救死扶～不给。"❷伤害,妨害。《荀子·正论》:"～人者刑。"《战国策·楚策三》:"且魏臣不忠不信,于王何～?"㊂诋毁,中伤。《吕氏春秋·举难》:"人～尧以不慈之名。"❸悲伤,哀痛。《战国策·秦策一》:"天下莫不～。"柳永《雨霖铃·寒蝉凄切》:"多情自古～离别。"❹丧祭。《管子·君臣下》:"明君饰食饮吊～之礼。"❺过于,太。《北史·苏威传》:"所修格令章程,并行于当世,颇～烦碎。"李商隐《俳谐》诗:"柳讶眉～浅,桃猜粉太轻。"

殇(殤) shāng ❶未成年而死。江淹《杂体诗·张廷尉》:"因谓～子夭。"(于是称未成年而死的人为夭亡。)㊂未成年死者的葬礼或丧事。《礼记·檀弓下》:"鲁人欲勿～重汪踦。"(汪踦:人名。)❷指战死者。陈子昂《为副大总管屯营大将军苏宏晖谢表》:"～魂共愤。"[国殇]为国捐躯的死难者。鲍照《代出自蓟北门行》:"投躯报明主,身死为～～。"

觞(觴) shāng ❶盛满酒的酒杯。泛指喝酒用的器具。《韩非子·十过》:"平公提～而起为师旷寿。"(师旷:人名。寿:祝寿。)❷(向他人)敬酒,劝饮。《左传·襄公二十三年》:"～曲沃人。"(曲沃:地名。)《战国策·韩策》:"于是严遂乃具酒,～聂政母前。"❸自己饮酒。范成大《路过大通相送至罗江分袂留诗为别》:"把酒不能～,有泪若儿女。"

商 shāng ❶ 计算，估量。韩愈《进学解》："若夫～财贿之有亡。"《汉书·赵充国传》："虏必～军进退，稍引去。"（虏：敌人。军：指汉军。稍：逐渐。引去：退走。）(又)商量，商讨。《后汉书·宦者传》："成败之来，先史～之久矣。" ❷ 商人，商业。《左传·宣公十二年》："～农工贾不败其业。"《史记·苏秦列传》："周人之俗，治产业，力工～。"（力：努力从事。）(又)经商，行商。郭璞《江赋》："或渔或～。"［商旅］1. 经商旅行贩运。《汉书·货殖传序》："～～之民多。" 2. 商人和旅客。范仲淹《岳阳楼记》："～～不行。" ❸ 星名。《左传·昭公元年》："故辰为～星。"（辰：晨星。）［参商］见 33 页"参"字。❹ 五音（宫、商、角、徵（zhǐ）、羽）之一。见 491 页"音"字。宋玉《对楚王问》："引～刻羽，杂以流徵。" ❺ 指秋天。古人以五音对应四季，商为秋季。李白《登单父陶少府半月台》诗："置酒望白云，～飙起寒梧。" ❻ 朝代名（公元前 1600—前 1046 年）。第一代君主是汤。公元前 1300 年，商王盘庚迁都于殷（今河南安阳西北），所以也称"殷"。《左传·庄公三十二年》："虞夏～周皆有之。"【辨】商，贾。见 185 页"贾"字。

赏（賞） shǎng ❶ 赏赐，奖赏。与"罚"相对。《荀子·王制》："无功不～。"《战国策·齐策一》："能面刺寡人之过者，受上～。"(引)所赏赐、奖赏的财物。《后汉书·应劭传》："得～既多，不肯去。" ❷ 给予，送给。柳宗元《送薛存义序》："故～以酒肉，而重之以辞。"（重之以辞：加上这些话。）❸ 赞赏，赞扬。《左传·襄公十四年》："善则～之，过则匡之。"《世说新语·文学》："因此相要（yāo），大相～得。"（要：邀请。）(又)尊重，崇尚。《荀子·王霸》："～贤使能以次之。" ❹ 欣赏，赏玩。陶潜《移居》诗："奇文共欣～，疑义相与析。"（相与析：一起分析。）杜甫《越王楼歌》："君王旧迹今人～，转见千秋万古情。" ❺ 通"偿"。回报，酬报。《韩非子·饰邪》："群臣卖官于上，取～于下。"

上 shàng ❶ 位置在高处的，上方。与"下"相对。《荀子·劝学》："西方有木焉……生于高山之～。"(引)等级、地位高的。《史记·郦生陆贾列传》："足下位为～相。"(特)帝王。《史记·孝武本纪》："～乃下诏。"王安石《上皇帝万言书》："凡在左右通贵之人，皆以～之欲而服行之。" ❷ 指天。《尚书·文侯之命》："昭升于～。" ❸ 质量高的，上等的。《韩非子·内储说左上》："有能徙（xǐ）此南门之外者，赐之～田～宅。"（徙：迁移。）《战国策·齐策一》："能面刺寡人之过者，受～赏。"(又)时间、次序在前的。《吕氏春秋·安死》："自此以～者，亡国不可胜数。"《汉书·晁错传》："窃观～世之君。"（窃：谦辞，私下。）❹ 登上，由低处到高处。杜甫《兵车行》："哭声直～干云霄。"(引)送上，进献。《史记·文帝本纪》："太尉乃跪～天子玺（xǐ）符。"（玺：印。）(又)上奏，呈报。《史记·高祖本纪》："人有～变事告楚王信谋反。"韩愈《谢自然》诗："里胥～其事，郡守惊且叹。" ❺ 向前，上前。《战国策·秦策二》："三鼓之而卒不～。"(又)去，到。《颜氏家训·勉学》："～荆州必称陕西。" ❻ 凌驾于上，欺凌。《国语·周语中》："民可近也，而不可～也。" ❼ 用于名词之后，表示处所、方位等。韩愈《晚泊江口》诗："二女竹～泪，孤臣水底魂。"《论语·子罕》："子在川～曰。"《孟子·梁惠王上》："王坐于堂～。" ❽ 通"尚"。崇尚，尊重。《史记·秦始皇本纪》："～农除末，黔首是富。" ❾ 通"尚"。尚且，还要。《诗经·豳风·七月》："我稼既同，～入执宫功。"(又)副词。表祈求或命令。《诗经·魏风·陟岵》："～慎旃哉，犹来无死。" ❿ shǎng 上声。古代汉语"平、上、去、入"四声之一。《通志·七音序》："江左之儒知纵有平～去入为四声。"

尚 shàng ❶ 超过，高出。《论语·里仁》："好仁者，无以～之。"《盐铁论·相刺》："文学言治～于唐虞。"（唐虞：指尧、舜。）(引)上位。《孟子·万章下》："舜～见帝。"(引)凌驾，欺凌。《新唐书·杨恭仁传》："既贵，不以势～人。" ❷ 早先，久远。《史记·三代世表序》："五帝三代之记，～矣。" ❸ 崇尚，尊重。《论语·阳货》："君子～勇乎？"《荀子·王制》："～贤使能。"(又)夸耀，炫耀。《礼记·表记》："不自～其功。"(又)爱好，盛行。《国语·晋语八》："其为人也，刚而～宠。"陈鸿《长恨歌传》："焚香于庭，号为'乞巧'，宫掖间尤～之。" ❹ 仰攀婚姻。《史记·司马相如列传》："卓王孙喟然而叹，自以得使女～司马长卿晚。"（喟然：叹气的样子。司马长卿：司马相如。）(特)娶公主为妻。《史记·李斯列传》："诸男皆～秦公主。" ❺ 主管帝王的事务。《史记·吕太后本纪》："襄平侯通～符节。"（通：人名。）❻ 尚且。《史记·货殖列传》："千乘之王，万家之侯，百室之君，～犹患贫，而况匹夫编户之民乎？"（乘：兵车。况：况且。编户：指一般老百姓。）❼ 还。《史记·廉颇蔺相如列传》：

"赵王使使者视廉颇～可用否。"(使使者：派使者。)司马迁《报任安书》："如仆～何言哉？"(像我这样的人，还讲什么话呢？)❽差不多，几乎。《礼记·大学》："以能保我子孙黎民，～亦有利哉。"❾副词。表示祈求或命令。《左传·昭公二十一年》："平公之灵，～辅相余。"

SHAO

捎 shāo ❶拂，掠。扬雄《羽猎赋》："立历天之旂，曳～星之旃。"㊇挥动。李贺《贵主征行乐》诗："走马～鞭上空绿。"㊀击打。张衡《东京赋》："～魑魅，斮獝狂。"❷芟除。《史记·龟策列传》："以夜～兔丝去之。"㊇破除，除去。曹植《野田黄雀行》："拔剑～罗网，黄雀得飞飞。"【注意】古代"捎"没有"捎带"的意义。

梢 shāo ❶树木高耸而无旁枝。㊀木棍，杆子。《汉书·礼乐志·郊祀歌天门》："饰玉～以舞歌。"❷树枝的末端。杜甫《送韦郎司直归成都》诗："抽～合过墙。"㊀末尾，末端。杨万里《又绝句》之二："一年遇暑一番愁，六月～时七月头。"《宋史·宋琪传》："阵～不可轻动，盖防横骑奔冲。"㊇船的舵尾。柳宗元《游朝阳岩》诗："扁舟枉长～。"❸击打。宋玉《风赋》："～杀林莽。"

稍 shāo ❶逐渐，慢慢地。《左传·昭公十年》："子尾多受邑，而～致诸君。"《史记·魏公子列传》："其后秦～蚕食魏。"❷稍微，略为(后起意义)。方勺《泊宅编》："～不如意，则鞭笞酷虐。"❸很，甚。江淹《恨赋》："紫台～远，关山无极。"《旧唐书·王叔文传》："而叔文颇任气自许……顺宗～敬之。"❹小。《周礼·天官·膳夫》："凡王之～事。"❺通"梢"。树枝的末端。欧阳修《生查子·去年元夜时》："月上柳～头，人约黄昏后。"❻廪食。官府发放的粮食。《仪礼·聘礼》："赴者至，则衰而出，唯～受之。"[稍食]官吏的月俸。《周礼·天官·宫正》："均其～～。"

蛸 shāo ❶[蟏蛸]见450页"蟏"字。❷xiāo [螵(piāo)蛸]见311页"螵"字。

筲(箾、籍) shāo 一种竹器。多用于盛粮或盛饭。《后汉书·礼仪志下》："～八盛(chéng)，容三升。"(筲八盛：筲里放了八种供祭祀用的粮食。)《新唐书·南蛮传》："饭用竹～。"[斗筲]见89页"斗[1]"字。

勺 sháo ❶舀酒水或饮酒的工具。《周礼·考工记·梓人》："梓人为饮器，～一升。"《左传·定公四年》："～饮不入口七日。"❷容量单位。约为一升的百分之一。《孙子算经》："十抄为一～，十～为一合。"❸形容少量、细微。王禹偁《酬种放徵君》诗："行年过半世，功业无圭～。"❹[勺药]同"芍药"。一种花。与牡丹相似。《诗经·郑风·溱洧》："赠之以～～。"❺zhuó 通"酌"。舀取水酒等(液体)。《汉书·礼乐志》："～椒浆。"㊀所舀取的水酒等。宋玉《招魂》："瑶浆蜜～。"❻zhuó 乐舞名。《礼记·内则》："学乐，诵诗，舞～。"

韶 sháo ❶传说中的虞舜时代的乐曲名。《论语·述而》："子在齐闻～，三月不知肉味。"《荀子·乐论》："舞～歌武。"(武：周武王时的乐曲。)❷美好。柳宗元《题所植海石榴树》诗："～艳朱颜竟不同。"柳永《笛家弄·花发西园》："～光明媚。"

少 shǎo ❶数量少。与"多"相对。《孙子兵法·谋攻》："敌则能战之，～则能逃之。"(兵力相等就要能打过它，兵力少就要能避开它。之：指敌人。)㊇缺少。王维《九月九日忆山东兄弟》诗："遥知兄弟登高处，遍插茱萸～一人。"㊇稍微。《战国策·赵策四》："太后之色～解。"(解：和缓。)❷削弱，减少。贾谊《治安策》："欲天下之治安，莫若众建诸侯而～其力。"(莫若：不如。众建诸侯：多封一些诸侯国。)❸轻视，看不起。《论衡·程材》："世俗共短儒生，儒生之徒亦自相～。"(短儒生：认为儒生无用。亦：也。)陆游《复斋记》："诸老先生不敢～之。"❹不多时，一会儿。《孟子·万章上》："～则洋洋焉，攸然而逝。"❺shào 年幼，年轻。与"老"相对。《论语·公冶长》："老者安之，朋友信之，～者怀之。"《史记·陈涉世家》："陈涉～时，尝与人佣耕。"(尝：曾经。佣：被雇用。)❻shào 小。陆游《成都书事》诗："大城～城柳已青。"❼shào 副职。《汉书·贾谊传》："于是为置三～……曰～保、～傅、～师。"❽shào 次序排在后边的。《战国策·赵策一》："长子之韩，次子之魏，～子之齐。"【辨】寡，少。见139页"寡"字。

邵 shào ❶地名。春秋时晋邑。在今河南济源西。《左传·襄公二十三年》："戍郫、～。"❷通"劭"。美好。《扬子法言·孝至》："年弥高而德弥～。"《扬子法言·修身》："公仪子、董仲舒之才之～也。"❸通"召"。指召公奭。西周开国功臣。

S

《史记·太史公自序》:"宣周、～之风。"

劭 shào ❶ 劝勉,鼓励。《汉书·成帝纪》:"先帝～农,薄其租税。"(薄:少收。)㊂自强。《三国志·魏书·韩暨传》:"老而益～者也。" ❷ 美好。潘岳《河阳县作》诗:"谁谓邑宰轻?令名患不～。"(令名:美好的名声。患:忧虑。)成语有"年高德劭"。

绍(紹) shào ❶ 继续,接续。《尚书·盘庚上》:"～复先王之大业。"《三国志·蜀书·诸葛亮传》:"～世而起。"㊂继承人。《诗经·大雅·抑》:"弗念厥～。" ❷ 紧紧缠绕。《乐府诗集·有所思》:"用玉～缭之。" ❸ 介绍。《晏子春秋·问下》:"诸侯之交,～而相见。"[绍介]介绍人。《史记·鲁仲连邹阳列传》:"请为～～,交之于将军。"

SHE

奢 shē ❶ 奢侈,浪费。与"俭"相对。《论语·八佾》:"礼,与其～也,宁俭。"《墨子·辞过》:"富贵者～侈,孤寡者冻馁(něi)。"(馁:饥饿。)㊀矜夸,矜骄。《左传·隐公三年》:"骄～淫泆,所自邪也。" ❷ 过分,过度。《老子·二十九章》:"是以圣人去甚,去～,去泰。"(去:去掉。甚、泰:也指过分。)双音词有"奢望"、"奢愿"。 ❸ 多,丰厚。张华《轻薄篇》:"赀财亦丰～。"

赊(賒) shē ❶ 赊欠,赊账。买卖物品时迟收或迟付款。《后汉书·刘盆子传》:"少年来酤者,皆～与之。"《宋书·刘秀之传》:"时～市百姓物,不还钱。"(市:购买。) ❷ 迟缓,宽松。元稹《遣春》诗之五:"梅芳勿自早,菊秀勿自～。"谢朓《和王主簿怨情》:"徒使春带～,坐惜红妆变。" ❸ 稀疏,缺少。张说《岳州作》诗:"物土南州异,关河北信～。"叶适《修路疏》:"尚～甃砌之功,难免颠隮之患。" ❹ 长,远。何逊《秋夕》诗:"寸心怀是夜,寂寂漏方～。"(漏:古代计时的器具。方:正。)王勃《滕王阁序》:"北海虽～,扶摇可接。"(扶摇:旋风。) ❺ 通"奢"。奢侈。《后汉书·仲长统传》:"楚楚衣服,戒在穷～。"

猞 shē [猞猁(lì)]一种猫科动物。也叫林独(yì)、猞猁狲。

畲 shē ❶ (将地里草木)用火烧后耕作。杜甫《秋日夔府咏怀奉寄郑监李宾客一百韵》:"烧～度地偏。"㊂草木用火烧过的田地。刘长卿《赠元容州》诗:"湘山独种～。" ❷ 东南地区一少数民族名称。《宋史·张世杰传》:"诸～兵攻蒲寿庚,不下。"这个意义又写作"畬"。 ❸ yú 已开垦二三年的熟田。《诗经·周颂·臣工》:"如何新～?"

鉈(鍦、鉇、鍦) shé 一种短矛。《荀子·议兵》:"宛钜铁～。"左思《吴都赋》:"藏～于人。"

设(設) shè ❶ 陈列,设置。《周易·系辞上》:"圣人～卦观象。"《孟子·滕文公上》:"～为庠序学校以教之。"㊀采用。《荀子·臣道》:"故正义之臣～,则朝廷不颇。" ❷ 施行。《周易·观》:"圣人以神道～教而天下服矣。" ❸ 完备。《史记·刺客列传》:"居处兵卫甚～。" ❹ (设置器械)捕捉(禽兽)。《淮南子·说林》:"～鼠者机动,钓鱼者泛杭。" ❺ 设想,谋划。柳宗元《寄韦珩》诗:"饥行夜坐～方略。" ❻ 佳肴,美食。《世说新语·雅量》:"客来蚤者并得佳～。"㊀饮宴,宴请。柳宗元《为杨湖南谢设表》:"赐臣长乐驿～者,恩荣特殊。" ❼ 假如,如果。《史记·魏其武安侯列传》:"～百岁后,是属宁有可信者乎?"(是属:这些人。宁:难道。)

社 shè ❶ 土地神。《左传·昭公二十九年》:"后土为～。"[社稷]"社"是土地神,"稷"是谷神。古代帝王都祭祀社稷,以后社稷就成了国家的代称。《论语·季氏》:"是～～之臣也,何以伐为?"《史记·文帝本纪》:"计～～之安。"(考虑国家的安定。) ❷ 祭祀土地神。《礼记·月令》:"择元日,命民～。"《史记·陈丞相世家》:"里中～,平为宰,分肉食甚均。"(里:古代一种居民组织。平:陈平。)㊀祭祀土地神的节日。杜甫《遭田父泥饮美严中丞》诗:"今年大作～。"又如"春社"、"秋社"。㊂祭土地神的地方。《左传·文公十五年》:"伐鼓于～。"(伐鼓:击鼓。) ❸ 古代一种居民组织。二十五家为一社。《左传·昭公二十五年》:"自莒疆以西,请致千～。"(莒:国名。)㊀民间社团组织。苏轼《次韵刘景文送钱蒙仲》之二:"寄语竹林～友,同书桂籍天伦。"

舍 shè ❶ 客舍。《庄子·说剑》:"夫子休就～。"(休:休息。就:到。)㊀房舍,住宅。韩愈《感春》诗之二:"平明出门暮归～。" ❷ 住宿。《左传·宣公二年》:"宣子田于首山,～于翳(yì)桑。"(田:打猎。翳桑:地名。)㊂休息,止息。《汉书·韩安国传》:"定～以待其劳。"《论语·子罕》:"逝者如斯夫,不～昼夜。"㊀止息之处。《鬼谷

S

子·本经阴府》："故静固志意，神归其～。"成语有"神不守舍"。❸ 置，安置。《战国策·魏策二》："王不如～需于侧，以稽二人者之所为。"（需：人名。）❹ 对年龄或辈分低于自己的亲属的谦称。戎昱《逢陇西故人忆关中舍弟》诗："数年家陇地，～弟殁胡军。"❺ 一宿为一舍。《左传·庄公三年》："凡师一宿为～，再宿为信，过信为次。"[又]行军三十里为一舍。《左传·僖公二十三年》："其辟君三～。"（辟：避。）成语有"退避三舍"。❻ shě 放弃，不要。《管子·任法》："～法而任智，故民～事而好誉。"[又]除去，离开。《孟子·公孙丑下》："当今之世，～我其谁也。"[又]施舍，布施。《左传·昭公十三年》："施～不倦，求善不厌。"上述❻[又][又]这三个意义后来写作"捨"，现简化为"舍"。

射 shè ❶ 射箭。《左传·成公二年》："～其左，越于车下。"[又]射手。《孟子·尽心上》："羿不为拙～变其彀率。"❷ 射出，喷射。鲍照《代苦热行》："含沙～流影。"李白《天门山铭》："光～岛屿。"[又]指责，攻击。张衡《西京赋》："街谈巷议，弹～臧否。"❸ 猜度。《吕氏春秋·重言》："是何鸟也？王～之。"《汉书·东方朔传》："上尝使诸数家～覆。"（上：指皇帝。覆：指覆盖着的东西。）❹ 比赛，赌博。《列子·说符》："博者～。"（博：古代一种棋类游戏。）《史记·孙子吴起列传》："田忌信然之，与王及诸公子逐～千金。"（田忌：人名。逐：竞赛。）❺ 追求，攫取。《新唐书·食货志四》："江淮豪贾～利。"（豪贾：富商。）❻ yè ［仆射］见315页"仆²（僕）"字。❼ yì 厌，厌弃。《诗经·大雅·抑》："神之格思，不可度思，矧可～思。"（格：至。思：句末语气词。）

麝 shè ❶ 一种鹿类动物。俗称香獐。其腹部能分泌麝香。嵇康《养生论》："～食柏而香。"❷ 麝香。陶潜《杂诗》："沉阴拟薰～。"[特]指香气。杜甫《丁香》诗："晚堕兰～中。"

涉 shè ❶ 蹚水过河。屈原《九章·哀郢》："江与夏之不可～。"（江：长江。夏：夏水。）[引]渡过。屈原《离骚》："麾蛟龙使梁津兮，诏西皇使～予。"（命蛟龙作为桥梁，令西皇把我渡过水去。梁津：在渡口上架桥。予：我。）[又]渡口。《诗经·邶风·匏有苦叶》："匏有苦叶，济有深～。"❷ 上路，跋涉。南朝萧齐求那毗地译《百喻经·小儿得欢喜丸喻》："有一乳母，抱儿～路。"谢灵运《登上戍石鼓山》诗："故乡路遥远，川陆不可～。"[又]进入，到。《左传·僖公四年》："不虞（yú）君之～吾地也。"（虞：料想，预料。）❸ 经历。《管子·兵法》："厉士利械，则～难而不匮。"白居易《与元微之书》："仆自到九江，已～三载。"❹ 牵涉，牵连。刘知几《史通·叙事》："而言有关～，事便显露。"❺ 阅读。《后汉书·仲长统传》："博～书记。"（书记：书籍。）［学涉］博览群书。《北史·杜铨传》："铨～～，有长者风。"有双音词"涉猎"。❻ dié ［涉血］杀人。《战国策·赵策四》："君之所以求安平君者，以齐之于燕也，茹肝～～之仇耶？"丘迟《与陈伯之书》："朱鲔～～于友于。"（朱鲔：人名。友于：兄弟。）

赦 shè ❶ 赦免罪犯。《韩非子·五蠹》："施赏不迁，行诛无～。"（施：施行。迁：变易。）[又]释放囚徒。《左传·襄公十一年》："庚辰，～郑囚，皆礼而归之。"[又]宽恕，饶恕。《周易·解》："君子以～过宥罪。"❷ 减免租税。《汉书·食货志》："可时～，勿收农民租。"❸ 舍弃，放弃。《左传·宣公十二年》："得国无～。"杨万里《迓使客夜归》诗："笔下何知有前辈，醉中未肯～空瓶。"

摄（攝） shè ❶ 拉，拽。《论语·乡党》："～齐升堂。"（摄齐：拉起衣襟。）《汉书·张耳陈馀传》："吏尝以过笞馀，馀欲起，耳～使受笞。"（过：过失。笞：一种刑罚，用鞭杖等打。）[又]吸引。顾况《广陵白沙大云寺碑》："磁石～铁，不～鸿毛。"[又]执，拿。《左传·成公十六年》："临事而食言，不可谓暇，请～饮焉。"《晋书·谢安传》："看书既竟，便～放床上。"（书：信。）❷ 掌管，管辖。《晋书·魏允传》："总～百揆。"❸ 拘捕。《国语·吴语》："～少司马兹与王士五人。"（少司马：官名。兹：人名。王士：吴王的士兵。）❹ 收拢，收敛。《庄子·胠箧》："～缄縢（téng），固扃鐍（jué）。"（缄縢：绳子。扃鐍：指锁钥。）[又]整理。《史记·高祖本纪》："于是沛公起，～衣谢之。"《东观汉记·铫期传》："～帻（zé）复战。"（帻：包头发的巾。）❺ 辅助，帮助。《诗经·大雅·既醉》："朋友攸～，～以威仪。"《潜夫论·赞学》："～之以良朋，教之以明师。"[又]代理，兼职。《左传·昭公十三年》："羊舌鲋～司马。"（羊舌鲋：人名。）《论语·八佾》："官事不～，焉得俭。"❻ 巩固。《后汉书·朱穆传》："徒感王纲之不～，惧天网之久失。"[又]保养。《老子·五十章》："善～生者。"《世说新语·任诞》："君饮太过，非～生之道。"❼ 夹处。《论语·先进》："千乘之国，～乎大国之间。”❽ 通“慑”。害怕。《盐铁论·诛秦》：“东～六国，西畏于秦。”㉕威慑，使害怕。《史记·刺客列传》：“吾曩者目～之。”❾ niè 安定的样子。《汉书·严助传》：“天下～然，人安其生。”

慑（懾、慴） shè ❶ 恐惧，害怕。《史记·项羽本纪》：“诸将皆～服。”㉕丧气。《管子·戒》：“身在草茅之中而无～意。”❷ 震慑，使屈服。《淮南子·氾论》：“威动天地，声～海内。”阮籍《为郑冲劝晋王笺》：“名～三越。”

SHEN

申 shēn ❶ 舒展，伸直。班彪《北征赋》：“行止屈～。”《三国志·蜀书·诸葛亮传》：“使己志不～。”这个意义后来写作“伸”。❷ 重复，再三。《尚书·太甲下》：“伊尹～诰于王。”《左传·成公十三年》：“～之以盟誓，重之以昏姻。”❸ 申述，表明。屈原《九章·抽思》：“愿自～而不得。”《后汉书·陈重传》：“主疑重所取，重不自～说。”㉕伸张，昭雪。《新唐书·徐有功传》：“使～其冤。”㉕旧时下级向上级行文。《旧唐书·宪宗纪上》：“但令准式～报有司。”双音词有“申报”、“申诉”、“申文”、“申送”、“申状”等。❹ 告诫，约束。《史记·孙子吴起列传》：“即三令五～之。”陆机《辨亡论》：“～之以节俭。”❺ 延缓，延期。《宋书·孝武帝纪》：“逋租未入者，可～至秋登。”❻ 至，到。潘岳《西征赋》：“夜～旦而不寐，忧天宝之未定。”❼ 地支的第九位。《论衡·物势》：“～，猴也。”见126页“干[1]”字。㉕十二时辰之一，等于现在的下午三时至五时。❽ 周代诸侯国。在今河南南阳北。《左传·隐公元年》：“郑武公娶于～。”

伸 shēn ❶ 舒展，伸直。《周易·系辞上》：“引而～之。”《荀子·乐论》：“执其干戚，习其俯仰屈～。”（干戚：武舞的舞具。习：学习。）㉑伸张，昭雪。诸葛亮《便宜十六策》：“怨声不闻，则枉者不得～。”❷ 陈述，说明。杜甫《兵车行》：“长者虽有问，役夫敢～恨？”上述几个意义都可以写作“申”。

呻 shēn 诵读。《礼记·学记》：“今之教者，～其佔（chān）毕。”（佔毕：竹简，指书本。）[呻吟] 1. 曼声而吟，诵读。《庄子·列御寇》：“郑人缓也，～～裘氏之地，祇三年而缓为儒。”（缓：人名。）《论衡·案书》：“刘子政玩弄左氏，童仆妻子，皆～～之。”（左氏：指《左传》。）2. 病痛时的低哼声。《三国志·魏书·华佗传》：“佗闻其～～，驻车往视。”

绅（紳） shēn （古代士大夫或贵族）腰间所系的大带子。又指其下垂的部分。《论语·乡党》：“加朝服，拖～。”李白《酬王补阙惠翼庄庙宋丞泚赠别》诗：“永言铭佩～。”（铭：铭记。佩：佩戴。）㉕束系带子。《韩非子·外储说左上》：“～之束之。”㉕绅士。岳珂《桯史·紫宸廊食》：“一日长春节，欲尽宴廷～。”

身 shēn ❶ 人或动物的躯干。屈原《九歌·国殇》：“首～离兮心不惩。”（不惩：不戒悔。）㉑身体。《荀子·非相》：“卫灵公有臣曰公孙吕，～长七尺。”㉕物体的主干。《尔雅·释木》：“枞，松叶柏～。”❷ [有身] 怀孕。《诗经·大雅·大明》：“大（tài）任～～。”（大任：人名。）❸ 自身，自己。《韩非子·五蠹》：“兔不可复得，而～为宋国笑。”㉑指品德、才力、行为等。《论语·学而》：“吾日三省吾～。”《晏子春秋·问上二十》：“称～就位，计能定禄。”❹ 自己的生命。《国语·晋语八》：“是以没平公之～无内乱也。”㊕一生，毕生。《公羊传·隐公八年》：“故终其～不氏。”❺ 亲自，亲身经历。《韩非子·五蠹》：“禹之王天下也，～执耒（lěi）臿（chā）以为民先。”（王天下：做天下的王。耒、臿：两种农具。）《史记·项羽本纪》：“吾起兵至今八岁矣，～七十余战。”❻ 我。《三国志·蜀书·张飞传》：“～是张益德也。”❼ 地位，身份。杜甫《新婚别》诗：“妾～未分明。”❽ yuān [身毒]国名。我国古代对印度的称呼。《史记·西南夷列传》：“从东南～～国，可数千里。”

侁 shēn [侁侁]往来的声音。宋玉《招魂》：“豺狼从目，往来～～些。”

诜（詵） shēn ❶ 众人纷纷传言。柳宗元《天对》：“孺贼厥～。”❷ [诜诜]众多的样子。《诗经·周南·螽斯》：“螽斯羽，～～兮。”

莘 shēn ❶ 长（cháng）的样子。《诗经·小雅·鱼藻》：“鱼在在藻，有～其尾。”❷ [莘莘]众多的样子。《国语·晋语四》：“～～征夫，每怀靡及。”❸ 古代诸侯国名。❹ xīn 一种多年生草本植物。细莘。也叫细辛，可做中药。

娠 shēn ❶ 怀孕。《左传·哀公元年》：“后缗（mín）方～，逃出自窦。”（后缗：夏后相的王后。方：正在。）❷ 包含，包孕。苏轼《桂酒颂》：“水～黄金山空青，丹砂晨暾珠夜明。”

S

深 shēn ❶水深。与“浅”相对。《诗经·邶风·匏有苦叶》：“～则厉，浅则揭。”李白《赠汪伦》诗：“桃花潭水～千尺。”❷从面到底、从外到里的距离大。《汉书·高帝纪上》：“高垒～堑勿战。”《荀子·哀公》：“寡人生于～宫之中。”㊂高，高度。《左传·文公十二年》：“～垒固军以待之。”《仪礼·觐礼》：“坛十有二寻，～四尺。”❸时间久。白居易《琵琶行》：“夜～忽梦少年事。”李贺《龙夜吟》：“蜀道秋～云满林。”❹深入，周密。《汉书·司马相如传》：“计～虑远。”㊂深奥，精微。《周易·系辞上》：“唯～也，故能通天下之志。”❺深重，重大。《三国志·魏书·陈思王传》：“位益高者，责益～。”❻精通。《宋史·郑樵传》：“博学，～象数。”❼颜色浓重。杨万里《新柳》诗：“柳条百尺拂银塘，且莫～青只浅黄。”（拂：拂拭。莫：不要。）❽表示程度深。《汉书·张耳陈馀传》：“不意君之望臣～也。”《资治通鉴·汉献帝建安十三年》：“～失所望。”

神 shén ❶神灵。《左传·僖公五年》：“～必据我。”㊂人死后的灵魂。屈原《九歌·国殇》：“身既死兮～以灵。”㊂灵验。《诗经·小雅·大田》：“田祖有～。”❷灵柩。潘岳《寡妇赋》：“将迁～而安厝。”❸指自然规律。《荀子·天论》：“不见其事，而见其功，夫是之谓～。”❹精神。《荀子·天论》：“形具而～生。”（形体具备了，精神就产生。）㊂神态，表情。《后汉书·刘宽传》：“宽～色不异。”❺特别高超，神奇。《周易·系辞上》：“阴阳不测之谓～。”刘禹锡《观八阵图》诗：“蜀相运～机。”（蜀相：指诸葛亮。运：运用。神机：神奇的计谋。）双音词有“神笔”、“神速”、“神医”。㊂神韵，韵味。李肇《唐国史补》卷上：“后见公孙氏舞剑器而得其～。”

审（審） shěn ❶详知，知悉。《史记·礼书》：“君子～礼，则不可欺以诈伪。”㊀详细，周密。《礼记·中庸》：“博学之，～问之。”《论衡·问孔》：“用意详～。”㊀慎重。《韩非子·存韩》：“兵者，凶器也，不可不～用也。”《淮南子·人间》：“不若择趋而～行也。”（择：选择。趋：趋向。）❷真实，确实。文莹《玉壶清话》卷六：“臣实得报，恐未～，候旦夕得其详。”《论衡·知实》：“孔子如～先知，当早易道。”（易：改变。）❸审察，弄明白。《荀子·非相》：“欲知亿万，则～一二。”贾谊《治安策》：“为人主计者，莫如先～取舍。”成语有“审时度势”。❹审定。《韩非子·扬权》：“故～名以定位，明分以辩类。”❺讯问犯人（后起意义）。《宋史·刘敞传》：“敞移府问何以不经～讯。”

沈（瀋） shěn 汁。《左传·哀公三年》：“无备而官办者，犹拾～也。”贾思勰《齐民要术·种红蓝花栀子》：“布绞取～，以和花汁。”【注意】“瀋阳”的“瀋”现在简化为“沈”。

哂 shěn 微笑。李白《寻高凤石门山中元丹丘》诗：“顾我忽而～。”（顾：看。）㊀讥笑。《论语·先进》：“夫子何～由也。”（由：人名。）刘知几《史通·自叙》：“莫不～其徒劳。”

矧 shěn ❶况且。《诗经·大雅·抑》：“不可度思，～可射思。”（思：语气词。）柳宗元《敌戒》：“～今之人，曾不是思。”（曾：竟。是思：想这个。）❷亦，也。《尚书·康诰》：“元恶（è）大憝（duì），～惟不孝不友。”❸齿根，齿龈。《礼记·曲礼上》：“笑不至～。”

谂（諗） shěn ❶告诫，规劝。《国语·鲁语上》：“使吾无忘～。”《左传·闵公二年》：“昔辛伯～周桓公。”❷思念。《诗经·小雅·四牡》：“是用作歌，将母来～。”❸通“审”。知悉，详知。戴良《跋钱舜举所临阎立本西域图》：“博雅君子，必有能～之者。”❹通“谂”。鱼惊慌躲闪的样子。《孔子家语·礼运》：“故龙以为畜而鱼鲔不～。”

甚 shèn ❶过分。《庄子·至乐》：“死不哭亦足矣，又鼓盆而歌，不亦～乎。”㊂厉害，严重。《国语·周语上》：“防民之口，～于防川。”柳宗元《三戒·永某氏之鼠》：“盗暴尤～。”（盗暴：偷盗、骚扰。）❷大，盛。《北史·魏纪三》：“路中雨～。”❸真是，的确。《战国策·秦策四》：“左右皆曰：‘～然。’”❹副词。很，非常。《左传·昭公二十八年》：“～美必有～恶。”《后汉书·华佗传》：“汉世异术之士～众。”（异术之士：有特殊技能的人。）❺什么，为什么（后起意义）。刘过《六州歌头·镇长淮》：“水东流，～时休？”（休：停止。）辛弃疾《八声甘州·夜读李广传》：“～当时健者也曾闲？”

葚 shèn 桑树结的果实，桑葚。《诗经·卫风·氓》：“于嗟鸠兮，无食桑～。”

脤（祳、脹） shèn 古代祭祀用的生肉。《公羊传·定公十四年》：“腥曰～，熟曰燔（fán）。”（腥：生的肉食。）［脤膰（fán）］古代祭祀用的肉。《周

S

礼·春官·大宗伯》:"以～～之礼,亲兄弟之国。"(古代帝王祭祀用过的肉,作为嘉礼,赐给同姓的诸侯国。)

蜃 shèn ❶ 一种大蛤蜊。《国语·晋语九》:"雀入于海为蛤,雉入于淮为～。"❷ 蚌壳烧成用于防潮的灰。《周礼·地官·掌蜃》:"以共闉圹之～。"(共:供。)❸ 一种绘有蜃形的祭器。《周礼·春官·鬯人》:"凡山川四方用～。"❹ 传说中一种能吐气(形成海市蜃楼)的蛟龙。王维《送秘书晁监还日本国序》:"黄雀之风动地,黑～之气成云。"[蜃楼]海市蜃楼。也叫蜃市、蜃气。夏季沿海或沙漠中因太阳折光形成的虚幻城市楼阁形象。陈允平《渡江云·三潭印月》:"烟沉雾回,怪～～飞入清虚。"

慎(昚、眘) shèn ❶ 谨慎,慎重。《诗经·小雅·巷伯》:"～尔言也。"《论语·学而》:"敏于事而～于言。"❷ 实在,确实。《诗经·小雅·巧言》:"昊天已威,予～无罪。"❸ 千万,切切。多与"毋"、"无"、"勿"等否定词连用。《史记·越王勾践世家》:"～毋留。"《史记·吴王濞列传》:"～无反。"《古诗为焦仲卿妻作》:"多谢后世人,戒之～勿忘。"

SHENG

升1 shēng ❶ 容量单位。一斗的十分之一。《庄子·外物》:"君岂有斗～之水而活我哉?"贾思勰《齐民要术·种谷》:"良地一亩,用子五～。"(良:好。子:种子。)[又]量器。能够容纳一升的容量。陶潜《搜神后记》卷十:"忽见石窠中有二卵大如～。"❷ 织布时所用线、麻的粗细缕数,以八十缕为一升。《礼记·杂记上》:"朝服十五～。"❸ 上升,登。《诗经·小雅·天保》:"如月之恒,如日之～。"《周易·坎》:"天险不可～也。"[引]升官。《后汉书·王符传》:"而符独耿介不同于俗,以此遂不得～进。"(耿介:耿直。)❹ 谷物成熟。《穀梁传·襄公二十四年》:"五谷不～为大饥。"❺ [升平]太平。《三国志·魏书·王朗传》:"蒸庶欣欣,喜遇～～。"(蒸庶:老百姓。欣欣:高兴的样子。)❻ 点燃,生火。王祯《农书》卷二十:"诘旦～香,割鸡设醴。"【辨】升,昇,陞。升斗的"升"只写作"升"。上升的意义一般写作"升"。太阳升的意义、升平的意义写作"昇"或"升"。升官的意义本来写作"升"或"昇"。"陞"字在唐以前罕见,唐朝以后,一般只用于升官的意义。

升2(昇) shēng ❶ 太阳升起。江淹《石劫赋》:"日照水而东～。"[引]登上。《楚辞·九思·哀岁》:"～车兮命仆,将驰兮四荒。"(命:命令。仆:指赶车人。驰:奔驰。四荒:四方。)❷ 升官。《旧唐书·马周传》:"欲有擢～宰相,必先试以临人。"❸ [昇平]太平。张居正《辛未会试程策二》:"建～～之业。"【辨】升,昇,陞。见上"升1"字。

升3(陞) shēng ❶ 上升,登上。韩愈《南海神庙碑》:"公遂～舟,风雨少弛。"❷ 晋升,升官。王安石《本朝百年无事札子》:"～擢之任。"(提升选拔官吏的工作。)【辨】升,昇,陞。见上"升1"字。

生 shēng ❶ 草木生长。《荀子·劝学》:"草木畴(chóu)～。"(畴:类。)[引]出生,诞生。《史记·秦始皇本纪》:"(秦始皇帝)以秦昭王四十八年正月～于邯郸。"[又]生育,养育。《诗经·小雅·斯干》:"乃～男子,载寝之床。"❷ 活着,生存。与"死"相对。《孙子兵法·九地》:"投之亡地然后存,陷之死地然后～。"(亡地:死亡之地。)[引]活,活的。《国语·晋语九》:"请杀其～者而戮其死者。"(戮:陈尸示众。)[又]使生存,救活。《史记·扁鹊仓公列传》:"闻太子不幸而死,臣能～之。"❸ 生命。《荀子·王制》:"草木有～而无知。"[又]生存的期间,一辈子。李商隐《马嵬》诗:"他～未卜此～休。"双音词有"一生"、"毕生"。[又]本性,天性。《荀子·劝学》:"君子～非异也,善假于物也。"❹ 生活。《史记·循吏列传》:"各得其所便,民皆乐其～。"❺ 生产,出产。《礼记·大学》:"～财有大道。"《国语·晋语四》:"羽旄齿革,则君地～焉。"[又]产生,发生。《荀子·劝学》:"肉腐出虫,鱼枯～蠹。"❻ 生的,未加工熟的。与"熟"相对。《史记·项羽本纪》:"则与一～彘(zhì)肩。"(与:给。彘肩:猪腿。)[又]生疏。王建《村居即事》诗:"自别城中礼数～。"❼ 对读书人的称呼。如贾谊称为"贾生"。《论衡·语增》:"诸～不师今而学古。"[又]学生。韩愈《进学解》:"招诸～立馆下。"

狌 shēng ❶ 同"鼪"。黄鼬。俗称黄鼠狼。《庄子·秋水》:"捕鼠不如狸～。"❷ xīng [狌狌]即"猩猩"。《山海经·南山经》:"有兽焉……其名曰～～。"

牲 shēng 供祭祀用的全牛。[泛]供祭祀、宴享用的牛、羊、猪或兽类。《左传·昭公二十五年》:"为六畜,五～,三牺。"谢惠连《祭古冢文》："酒以两壶，～以特豚(tún)。"（特豚：一头猪。）

笙 shēng ❶ 具有多根簧管的一种乐器。《诗经·小雅·鹿鸣》："我有嘉宾，鼓瑟吹～。" ❷ 竹席。左思《吴都赋》："桃～象簟。"

甥 shēng ❶ 姊妹的子女，外甥。《诗经·大雅·韩奕》："韩侯取妻，汾王之～。" ❷ 女婿。《孟子·万章下》："舜尚见帝，帝馆～于贰室。"（帝：指尧。尧把女儿嫁给舜。）❸ 古代对姑之子、舅之子、妻之兄弟、姊妹之夫的通称。《尔雅·释亲》："姑之子为～，舅之子为～，妻之晜弟为～，姊妹之夫为～。"

声(聲) shēng ❶ 声音。《荀子·劝学》："生而同～，长而异俗。"（俗：风俗。）(又)音乐。《论语·阳货》："恶郑～之乱雅乐也。" ❷ 汉字的平、上、去、入四种声调。如周颙有《四声切韵》，沈约有《四声谱》。(又)指声母。《玉篇·辨字五音法》："唇～ 并饼。"(又)汉字形声字中表声的偏旁。《说文·耒部》："耡，从耒，助～。" ❸ 言语，音讯。《孟子·公孙丑上》："恶～至，必反之。"《汉书·赵广汉传》："界上亭长寄～谢我。" ❹ 名义。与"实"相对。《韩非子·说林》："臣恐其攻齐为～而以袭秦为实也。"(又)名声，声望。司马迁《报任安书》："～闻邻国。"成语有"声名鹊起"。(又)声势。《战国策·齐策一》："吾三战而三胜，～威天下。" ❺ 宣布，宣扬。《国语·周语上》："为令闻嘉誉以～之。"《国语·晋语五》："～其罪也。" ❻ 量词。声音的次数。白居易《琵琶行》："转轴拨弦三两～。"

绳(繩) shéng ❶ 绳子。《周易·系辞下》："上古结～而治。"《商君书·禁使》："探渊者知千仞之深，县～之数也。"（仞：古代七尺或八尺为一仞。县：悬。）(引)捆缚。《颜氏家训·书证》："又寸断五色丝，横著线股间～之。" ❷ 木工用于取直的墨线。《荀子·劝学》："木直中～。"（中：合于。）(引)直，正。《淮南子·说林》："出林者不得直道，行险者不得履～。" ❸ 标准，法则。《商君书·开塞》："王道有～。"(引)按一定的标准去衡量，纠正。《尚书·冏命》："～愆纠谬。"（愆：过错。）(又)约束，制裁。《盐铁论·轻重》："明法以～天下。"成语有"绳之以法"。❹ 称赞。《吕氏春秋·古乐》："以～文王之德。" ❺ 继续，继承。《诗经·大雅·下武》："～其祖武。" ❻ mǐn ［绳绳］1. 众多的样子。《诗经·周南·螽斯》："宜尔子孙～～兮。" 2. 谨慎的样子。《管子·宙合》："故君子～～乎慎其所先。"【辨】绳，索。见399页"索"字。

省 shěng ❶ xǐng 察看，检查。《史记·秦始皇本纪》："皇帝春游，览～远方。"(引)反省。《论语·学而》："吾日三～吾身。"(又)明白，领悟。《史记·留侯世家》："良为他人言，皆不～。" ❷ xǐng 探视，问候。《礼记·曲礼上》："昏定而晨～。"(又)古代天子的使臣（看望诸侯）的礼节和使命。《周礼·秋官·小行人》："存、覜、～、聘、问，臣之礼也。" ❸ xǐng 记得，记忆。许浑《听唱山鹧鸪》诗："夜来～得曾闻处，万里月明湘水秋。" ❹ 简约，少。《孔丛子·刑论》："古之刑～，今之刑繁。"(引)减少。《三国志·吴书·吴主传》："～徭役，减征赋。"(又)节省，节约。《左传·僖公二十一年》："贬食～用。" ❺ 撤销，废止。《华阳国志·蜀志》："潜街县，汉末置，晋初～。" ❻ 宫禁。《北齐书·神武纪下》："孙腾带仗入～。"(又)国家中央级官署名。如"尚书省"、"中书省"、"门下省"。《旧唐书·职官志》："尚书、门下、中书、秘书、殿中、内侍为六～。" ❼ 元以后行政区域名。初名"行中书省"，简称"行省"，后简称"省"。《元史·世祖纪》："宜立～以抚绥之。"洪秀全《原道醒世诏》："以此～此府此县而憎彼～彼府彼县。" ❽ 通"眚"。过失。《史记·秦始皇本纪》："饰～宣义。"

眚 shěng ❶ 眼睛上长膜。范成大《晚步宣华旧苑》诗："目～昏花烛穗垂。"(引)日食或月食。《左传·庄公二十五年》："非日月之～不鼓。" ❷ 过失。《左传·僖公三十三年》："且吾不以一～掩大德。" ❸ 灾祸。《国语·楚语下》："夫谁无疾～，能者早除之。"潘岳《关中》诗："虞我国～，窥我利器。" ❹ 疾苦。张衡《东京赋》："勤恤民隐，而除其～。"（恤：忧。隐：痛。）(又)疾病。沈既济《任氏传》："果见一人牵马求售者，～在左股。" ❺ 通"省"。削减，减省。《周礼·夏官·大司马》："冯弱犯寡则～之。"《周礼·地官·大司徒》："七曰～礼。"

圣(聖) shèng ❶ 通达事理。《诗经·邶风·凯风》："母氏～善。"（母氏：母亲。）❷ 具有最高智慧和道德的。《论语·子罕》："固天纵之将～，又多能也。"(又)圣人。《周易·鼎》："而大亨以养～贤。"柳宗元《六逆论》："若贵而愚，贱而～且贤，以是而妨之，其为理本大矣。"（理：治理。）❸ 具有最高超技艺的人。《抱朴子·辨问》："世人以人所尤长，众所不及者，便谓之～。”双音词有“诗圣”、“草圣”（草：草书）。❹尊称皇帝。《史记·秦始皇本纪》：“秦～临国，始定刑名。”双音词有“圣旨”、“圣驾”。【注意】在古代“圣（kū）”和“聖”是两个字，上述义项都不写作“圣”。现“聖”简化为“圣”。

胜[1]**（勝）** shèng ❶（旧读 shēng）能承担，能承受。《诗经·商颂·玄鸟》：“武王靡不～。”晁错《论贵粟疏》：“数石之重，中人弗～。”（石：一百二十斤为一石。中人：指中等体力的人。弗：不。）成语有“胜任愉快”。❷（旧读 shēng）尽。《孟子·梁惠王上》：“谷不可～食也。”成语有“不胜枚举”。❸胜利。与“负”相对。《孙子兵法·虚实》：“能因敌变化而取～者，谓之神。”成语有“百战百胜”。㊀制服，战胜。《孟子·告子上》：“仁之～不仁也，犹水之～火。”❹胜过，超过。《潜夫论·巫列》：“妖不～德。”（妖：邪恶。德：指正直。）杜甫《北征》诗：“颜色白～雪。”❺兴盛，旺盛。《管子·治国》：“农事～则入粟多。”❻优美的。范仲淹《岳阳楼记》：“予观夫巴陵～状，在洞庭一湖。”㊀优美的山水或古迹。柳宗元《永州崔中丞万石亭记》：“见怪石特出，度其下必有殊～。”（度：猜想。）成语有“引人入胜”，双音词有“胜地”、“胜景”。❼妇女的首饰。《山海经·西山经》：“蓬发戴～。”【注意】在古代“胜（xīng）”和“勝”是两个字，上述义项都不写作“胜”。现“勝”简化为“胜”。参见456页“胜²”字。

晟 shèng ❶光明。郝经《原古上元学士》诗：“昂头冠三山，俯瞰旭日～。”❷兴盛，旺盛。《西陲石刻录·周李君修佛龛碑》：“自秦创兴，于周转～。”（周：北周。）

盛 shèng ❶chéng 放在容器内用来祭祀的谷类。《左传·桓公六年》：“奉～以告。”（奉：端着。）㊁用器物盛装（物品）。《庄子·逍遥游》：“以～水浆。”㊀容器。《礼记·丧大记》：“食粥于～。”❷chéng 容纳，承受。《吕氏春秋·君守》：“身以～心，心以～智。”❸兴旺，旺盛。与“衰”相对。《左传·襄公二十九年》：“美哉！周之～也。”《韩非子·解老》：“有死生，有～衰。”㊀充足，多。韩愈《答李翊书》：“气～则言之短长与声之高下者皆宜。”《后汉书·翟酺传》：“学者滋～。”㊀大，盛大。《史记·春申君列传论》：“吾适楚，观春申君故城，宫室～矣哉。”❹茂盛。《庄子·山木》：“见大木枝叶～茂。”㊁程度深，极，甚。《国语·鲁语上》：“使君～怒以暴露于敝邑之野。”陶潜《搜神后记》卷二：“将军好马甚爱惜，今死，～懊惋。”❺美盛，丰盛。《左传·襄公二十九年》：“节有度，守有序，～德之所同也。”王勃《滕王阁序》：“胜地不常，～筵难再。”❻赞美。张衡《东京赋》：“～夏后之致美，爱敬恭于明神。”

剩（賸） shèng ❶剩余，多余。《魏书·前废帝广陵王纪》：“～员非才。”韩愈《唐故江西观察使韦公墓志铭》：“公好施与，家无～财。”❷增加，增多。陈岘《郡圃依绿亭》诗：“净扫莓苔分径岸，～添桃李结亭台。”㊀多多地。刘克庄《戊辰即事》诗：“从此西湖休插柳，～栽桑树养吴蚕。”❸颇，更加。岑参《送张秘书》诗：“鲈鲙～堪忆，莼羹殊可餐。”高适《赠杜二拾遗》诗：“听法还应难，寻经～欲翻。”❹尽管，尽量。欧阳修《蝶恋花·尝爱西湖春色早》：“凭君～把芳尊倒。”晏几道《鹧鸪天·彩袖殷勤捧玉钟》：“今宵～把银釭照。”

SHI

尸 shī ❶古代祭祀时代表死者受祭的活人。《仪礼·士虞礼》：“祝延～。”（祝：祭祀时祝祷的人。延：迎接。）㊀木制的死者牌位。《盐铁论·复古》：“载～以行，破商擒纣。”❷主管，主持。《左传·襄公二十七年》：“小国固必有～盟者。”（尸盟：主持盟会。）㊁不做事情，空占职位。白居易《纳粟》诗：“连授四命官，坐～十年禄。”［尸位］不做事情而空占职位。《汉书·朱云传》：“今朝廷大臣，上不能匡主，下亡以益民，皆～～素餐。”（匡：辅助。素餐：白吃饭。）❸尸体。《礼记·曲礼下》：“在床曰～，在棺曰柩。”《庄子·则阳》：“伏～数万。”这个意义又写作“屍”，简化为“尸”。㊁收尸。《穀梁传·僖公三十三年》：“我将～女于是。”（女：汝，你。）㊁陈列尸体（示众）。《国语·晋语六》：“杀三郤（xì）而～诸朝。”（郤：姓。）❹布阵。《左传·宣公十二年》：“荆～而举。”（荆：指楚国。举：发兵。）

鸤（鳲） shī ［鸤鸠］布谷鸟。《诗经·曹风·鸤鸠》：“～～在桑，其子七兮。”又写作“尸鸠”。《山海经·西山经》：“兽多猛豹，鸟多～～。”

失 shī ❶丧失，失掉。与“得”相对。《韩非子·孤愤》：“主～势而臣得国。”曹操《败军抵罪令》：“～利者免官爵。”㊀背离，放弃。《孟子·尽心上》：“故士穷不～义。”㊀耽误，错过。《史记·陈涉世家》：“会

S

天大雨，道不通，度已～期。”（会：恰巧。度：估计。）❷ 不见，消失。苏轼《次韵孔毅父久旱已而甚雨三首》之一：“梦中一饱百忧～。”[又]迷失。《左传·哀公十四年》：“～道于弇中。”❸ 过错，过失。《史记·淮阴侯列传》：“智者千虑，必有一～。”柳宗元《封建论》：“～在于政，不在于制。”（制：指郡县制。）❹ 失控，禁不住。宋之问《牛女》诗：“～喜先临镜，含羞未解罗。”❺ yì 通“逸”。逃走。《荀子·哀公》：“其马将～。”❻ yì 通“佚”。轻忽，放任。《尚书·盘庚上》：“无荒～朕命。”《汉书·主父偃传》：“齐王内有淫～之行。”

师(師) shī ❶ 古代军队编制单位。二千五百人为一师。《周礼·地官·小司徒》：“五～为军。”[泛]指军队。《左传·庄公十年》：“齐～伐我。”[引]出师，驻扎。《新唐书·段秀实传》：“嗣业因固请宰遂东～。”（嗣业、宰：人名。）《左传·僖公二十五年》：“秦伯～于河上。”❷ 众人。《左传·成公十八年》：“～逃于夫人之宫。”❸ 古代行政区划单位。泛指大城市。《诗经·大雅·公刘》：“京～之野，于时处处。”❹ 老师。韩愈《师说》：“～者，所以传道授业解惑也。”❺ 以……为师。秦观《袁绍论》：“是故～士者王，友士者霸。”[又]效法，学习。《史记·秦始皇本纪》：“诸生不～今而学古。”❻ 有专门特长或技艺的人。《孟子·梁惠王下》：“必使工～求大木。”[特]乐官，乐师。《盐铁论·相刺》：“～旷鼓琴。”（旷：人名。）❼ 狮子。《汉书·西域传》：“有桃拔、～子、犀牛。”

诗(詩) shī ❶ 文体的一种。诗歌。《尚书·舜典》：“～言志。”❷ 特指《诗经》。《论语·为政》：“《～》三百。”《论语·季氏》：“不学《～》，无以言。”在古代汉语中凡称“《诗》曰”、“《诗》云”都是指《诗经》。

施 shī ❶ 散布。《周易·乾》：“云行雨～。”❷ 施行，实行。贾谊《过秦论》：“仁义不～而攻守之势异也。”王安石《上皇帝万言书》：“欲有所～为变革。”[又]加，施加。《论语·卫灵公》：“己所不欲，勿～于人。”沈括《梦溪笔谈》卷一七：“略～丹粉而已。”[又]用，使用。韩愈《送张道士序》：“大匠无弃材，寻尺各有～。”❸ 给予。《国语·吴语》：“～民所欲，去民所恶。”《旧唐书·黄巢传》：“遇穷民于路，争行～遗（wèi）。”（遗：赠送。）[引]施舍。范缜《神灭论》：“务～阙于周给。”（周：周济。）[又]恩惠，好处。《左传·僖公二十七年》：“报～救患。”❹ 摆放，设置。《荀子·劝学》：“～薪若一，火就燥也。”《三国志·蜀书·诸葛亮传》：“立法～度，整理戎旅。”（戎旅：指军队。）[又]陈列尸体（示众）。《左传·昭公十四年》：“乃～邢侯而尸雍子与叔鱼于市。”❺ 小便。《韩诗外传》卷九：“顾望无人，意欲～之。”❻ yì 蔓延，延续。《诗经·周南·葛覃》：“葛之覃兮，～于中谷。”（葛：一种植物。覃：指生长。中谷：山谷中。）李斯《谏逐客书》：“功～到今。”❼ yí 逶迤，斜行。《孟子·离娄下》：“～从良人之所之。”❽ chí 通“弛”。弃置，改变。《论语·微子》：“君子不～其亲。”

湿(濕、溼) shī ❶ 湿润，潮湿。与“(干)燥”相对。《周易·乾》：“水流～，火就燥。”《礼记·王制》：“天地寒暖燥～。”[引]沾湿。王昌龄《采莲曲》之二：“争弄莲舟水～衣。”❷ ［湿湿］1. 摇动的样子。《诗经·小雅·无羊》：“其耳～～。”2. 浪涛开合的样子。木华《海赋》：“开合解会，瀼瀼～～。”❸ tà 水名。又写作“漯”。【辨】溼，濕。据许慎《说文解字》：“溼(shī)”为潮湿，“濕(tà)”为水名。但古籍中潮湿(溼)也可作“濕”。二字现简化为“湿”。

蓍 shī 草名。蓍草。可入药。《诗经·曹风·下泉》：“浸彼苞～。”（浸泡着那些丛生的蓍草。苞：草丛生。）[又]蓍草茎。古代常用以占卜。《周易·系辞上》：“探赜索隐，钩深致远，以定天下之吉凶，成天下之亹亹（wěi wěi）者，莫大乎～龟。”（亹亹：勤勉不倦的样子。）《史记·龟策列传》：“王者决定诸疑，参以卜筮（shì），断以～龟。”（筮：用蓍草占卜。龟：占卜用的龟甲。）

酾(釃) shī ❶ 将酒过滤（以去掉酒糟）。《诗经·小雅·伐木》：“伐木许许，～酒有藇。”❷ 疏导，分流。《汉书·沟洫志》：“乃～二渠以引其河。”《宋史·河渠志》：“～为二渠。”[引]流注。苏轼《表忠观碑》：“积骸为城，～血为池。”❸ shāi 斟酒或斟茶（后起意义）。苏轼《赤壁赋》：“～酒临江。”❹ lí 通“醨”。薄酒。屈原《渔父》：“众人皆醉，何不餔其糟而歠其～？”

什 shí ❶ 集体名词。以十为一个单位的。军队中十人为一什，户籍中十家为一什，《诗经》中的“雅”和“颂”以十篇为一什。《左传·昭公元年》：“以～共车，必克。”《管子·立政》：“十家为～。”《诗经》有《鹿鸣之什》、《清庙之什》。[又]数词。十。《史记·淮南衡山列传》：“～事九成。”[又]十等分（之儿)。《荀子·王制》:"田野～一。"(赋税征收十分之一。)《史记·高祖本纪》:"士卒堕指者～二三。" ❷ 十倍。《孟子·滕文公上》:"或相倍蓰,或相～百,或相千万。" ❸ 杂,多样。《汉书·薛宣传》:"处置～器。" ❹《诗经》中"小雅"、"大雅"和"周颂"中每十篇诗为一组,后因称诗文的篇、章、卷为"什"。柳宗元《兵部郎中杨君墓碣》:"君之文若干～,皆可以传于世。"

石 shí ❶ 石头。《诗经·小雅·鹤鸣》:"它山之～,可以为错。"(错:磨刀石。)《荀子·议兵》:"譬之若以卵投～。"㊀陨石。《隋书·五行志上》:"～陨于武安、滏阳间十余。"㊕碑石。《史记·秦始皇本纪》:"刻～颂秦德。" ❷ 治病用的石针。《史记·扁鹊仓公列传》:"厉鍼(zhēn)砥～。"(厉:砺,磨刀石。砥:磨刀石。这里厉、砥用作动词,指磨。鍼:同"针"。)㊀用石针治病,针砭。《素问·腹中论》:"灸之则瘖,～之则狂。"㊀石药,药石。《史记·扁鹊仓公列传》:"～之为药精悍。" ❸ 坚实。《素问·示从容论》:"沉而～者,是肾气内著也。" ❹ 量词。1. 容量单位。十斗为一石。《管子·揆度》:"脯二束,酒一～。" 2. 重量单位。一百二十斤为一石。《汉书·律历志上》:"三十斤为钧,四钧为～。" ❺ 乐器名。石制的磬。八音(金、石、土、革、丝、木、匏、竹)之一。《史记·五帝本纪》:"予击～拊～,百兽率舞。"见 491 页"音"字。

祏 shí 宗庙中收藏木神主的石匣。《左传·哀公十六年》:"使贰车反～于西圃。"

鼫 shí ❶ 鼠的一种。梧鼠。也叫五技鼠。《大戴礼记·劝学》:"～鼠五伎而穷。"蔡邕《劝学篇》:"～鼠五能,不成一技。" ❷ 鼠的一种。石鼠。也叫鼢鼠、雀鼠、鼨鼠。李时珍《本草纲目·兽部·鼫鼠》:"似鼠而大也。关西方音转～为鼢,讹鼢为雀,蜀人谓之鼨鼠。"

时(時) shí ❶ 季,季节。指春、夏、秋、冬。《尚书·尧典》:"历象日月星辰,敬授人～。"《荀子·不苟》:"四～不言而百姓期焉。"(期焉:指推知四时的演变。) ❷ 时间,时候,时辰。《吕氏春秋·首时》:"天不再与,～不久留。"李白《梦游天姥吟留别》:"别君去兮何～还。"《旧唐书·吕才传》:"多用乾艮二～,并是近半夜。" ❸ 时代,时期。《韩非子·心度》:"～移而治不易者乱。"(时代向前发展了,而治理的方法不改变,就一定要乱。)㊀合乎时宜。《孟子·万章下》:"孔子,圣之～者也。"㊁时尚,时髦。朱庆余《闺意》诗:"画眉深浅入～无?" ❹ 时机,机会。《史记·淮阴侯列传》:"～者难得而易失。"㊀时运。《史记·项羽本纪》:"～不利兮骓(zhuī)不逝。"(骓:马名。逝:跑。) ❺ 按时。《论语·学而》:"学而～习之。" ❻ 那时,当时。《三国志·蜀书·诸葛亮传》:"～人莫之许也。"《三国志·吴书·周瑜传》:"～曹公军众已有疾病。" ❼ 时常,经常。《史记·吕太后本纪》:"～与出游猎。" ❽ 此,这。《尚书·汤誓》:"～日曷丧?" ❾ 通"莳"。栽种。《尚书·舜典》:"汝后稷播～百谷。" ❿ 通"伺"。伺候。《庄子·人间世》:"～其饥饱。"㊀窥伺。《论语·阳货》:"孔子～其亡也而往拜之。"

埘(塒) shí 凿墙洞形成的鸡窝。《诗经·王风·君子于役》:"鸡栖于～。"杜牧《商山麻涧》诗:"牛巷鸡～春日斜。"

识(識) shí ❶ 知道,懂得。《诗经·大雅·皇矣》:"不～不知,顺帝之则。"《孙子兵法·谋攻》:"～众寡之用者胜。"㊀知识,见识。王逸《楚辞章句序》:"智弥盛者其言博,才益劭者其～远。" ❷ 认识,识别。李白《与韩荆州书》:"生不用封万户侯,但愿一～韩荆州。"《资治通鉴·唐宪宗元和十四年》:"弘正初得师道首,疑其非真,召夏侯澄使～之。"㊀相知的朋友。刘禹锡《元日感怀》诗:"异乡无旧～。" ❸ zhì 记忆,记住。《三国志·蜀书·诸葛亮传》:"瞻工书画,强～念。"(瞻:人名。工:擅长,善于。)《论语·述而》:"默而～之,学而不厌。"㊁标记。《后汉书·冯异传》:"进止皆有表～。"㊀记载。《资治通鉴·魏文帝黄初二年》:"不可无岁时月日以～事之先后。"

实(實) shí ❶ 财物,物资。《礼记·表记》:"耻费轻～。"《左传·宣公十二年》:"无日不讨军～而申儆之。" ❷ 果实,种子。《韩非子·五蠹》:"草木之～足食也。"成语有"春华秋实"。㊀结果实。《论语·子罕》:"秀而不～者有矣夫。" ❸ 坚实,充满。与"虚"相对。《孙子兵法·虚实》:"避～而击虚。"《孟子·梁惠王下》:"仓廪～。"㊀富足。《汉书·食货志》:"国～民富。" ❹ 实际,事实。与"名"相对。《国语·晋语八》:"吾有卿之名而无其～。"《庄子·知北游》:"异名同～,其指一也。"《后汉书·臧宫传》:"传闻之事,恒多失～。"㊀诚实。诸葛亮《出师表》:"此皆良～。"㊀证实,

S

核实。《尚书·吕刑》："阅～其罪。"❺实行，实践。《左传·宣公十二年》："栾伯善哉！～其言，必长晋国。"❻实惠，实利。《吕氏春秋·下贤》："既受吾～，又责吾礼。"❼实在，的确。《左传·庄公八年》："我～不德。"❽通"寔"。是，此。《诗经·邶风·燕燕》："瞻望弗及，～劳我心。"《左传·僖公五年》："鬼神非人～亲。"

拾 shí ❶拾起，捡起。《世说新语·德行》："饭粒脱落盘席间，辄～以噉之。"❷收拾，敛聚。《论衡·别通》："萧何入秦，收～文书。"❸射韝(gōu)。古代射箭时用的皮革护袖。《诗经·小雅·车攻》："决～既佽，弓矢既调。"《礼记·曲礼下》："野外军中无挚，以缨、～、矢可也。"❹数字"十"的大写。敦煌变文《伍子胥变文》："手垂过膝，～指纤长。"❺shè [拾级]逐级登阶。《礼记·曲礼上》："～～聚足，连步以上。"

食 shí ❶吃，吃饭。《礼记·大学》："～而不知其味。"《论语·述而》："发愤忘～。"[食言]不兑现承诺。《尚书·汤誓》："尔无不信，朕不～～。"㊀喝，饮。陆羽《茶经·煮》："腾波鼓浪为三沸。已上，水老不可～也。"❷食物，吃的东西。《左传·隐公元年》："公赐之～。"㊕(旧读 sì)饭。《论语·雍也》："一箪～，一瓢饮。"㊀粮食。《论语·颜渊》："足～足兵。"曹操《置屯田令》："夫定国之术，在于强兵足～。"(定国：使国家安定。术：方法。)❸接受，享用。《史记·晋世家》："不～其禄。"《史记·齐悼惠王世家》："立肥为齐王，～七十城。"㊕俸禄。《周礼·天官·医师》："稽其医事以制其～。"㊀取得俸禄。《左传·昭公二十九年》："失官不～。"❹sì 供养，给……吃。《商君书·农战》："先实公仓，收余以～亲。"(实：充实。收余：指交公后剩余的粮食。亲：指父母。)㊀喂养，饲养。《史记·商君列传》："被褐～牛。"柳宗元《捕蛇者说》："谨～之，时而献焉。"❺耕种。《礼记·檀弓上》："我死，则择不～之地而葬我焉。"❻日食、月食。《左传·宣公十二年》："如日月之～焉。"这个意义后来写作"蚀"。

蚀(蝕) shí ❶侵蚀。梅尧臣《刘原甫古钱劝酒》诗："精铜不蠹(dù)～。"(蠹：虫蛀。)双音词有"侵蚀"、"腐蚀"。❷日食、月食。《荀子·天论》："夫日月之有～……是无世而不常有之。"(日食和月食，这是没有一个时期不曾有过的。常：尝，曾经。)㊂星球相互侵蚀。《史记·鲁仲连邹阳列传》："太白～昴。"

湜 shí [湜湜]1. 水流清澈的样子。《诗经·邶风·谷风》："泾以渭浊，～～其沚。"2. 人品清正的样子。柳宗元《邕州刺史李公墓志铭》："～～左丞，惟道之宜。"

寔 shí ❶实，实在。《尚书·仲虺之诰》："～繁有徒。"(这类人实在很多。)《南齐书·氐传》："～有可嘉。"❷此，这。张衡《西京赋》："～为咸阳。"(寔为：这就是。)

史 shǐ ❶史官。古代负责掌管法典或记录帝王、诸侯言行和国事的官。《左传·昭公十二年》："是良～也。"㊀古时官长的属吏。《史记·汲郑列传》："择丞～而任之。"❷历史书，历史。《论语·卫灵公》："吾犹及～之阙文也。"刘知几《史通·叙事》："～之烦芜。"(烦芜：烦杂。)

驶(駛) shǐ ❶马快速地跑。梁简文帝《春日想上林》诗："～马黄金羁。"❷疾速，迅速。陶潜《搜神后记》卷三："经青草湖，时正帆风～。"王维《赠从弟司库员外絿》诗："流年一何～。"㊀很快消逝。梁简文帝《春情》诗："莺啼春欲～。"❸行驶。梅尧臣《送新安张尉归淮甸》诗："任意归舟～。"

矢 shǐ ❶箭。屈原《九歌·国殇》："～交坠兮士争先。"(交：交错。坠：落下。)成语有"有的放矢"。㊀古时投壶用的筹码。《礼记·投壶》："主人奉～。"❷正直，端正。《宋书·刘怀肃传》："情不违顺，屡进～言。"❸发誓。《诗经·卫风·考槃》："永～弗谖(xuān)。"(弗谖：不忘。)❹陈，陈列，陈述。《诗经·大雅·卷阿》："～诗不多，维以遂歌。"《尚书·大禹谟》序："皋陶～厥谟。"❺粪便。《左传·文公十八年》："杀而埋之马～之中。"这个意义后来写作"屎"。

豖 shǐ 猪。《墨子·鲁问》："取其狗～食粮衣裘。"《孟子·尽心上》："与鹿～游。"[豖牢]1. 猪圈。《后汉书·夫余传》："王令置于～～。豖以口气嘘之，不死。"2. 厕所。《国语·晋语四》："少溲(sōu)于～～。"(少溲：小便。)【辨】豖，彘，猪，豚。先秦时"豖"、"彘"指大猪，"猪"、"豚"指小猪。后来，这些字一般就不带有大小的分别了。

使 shǐ ❶命令，派遣。《左传·桓公五年》："郑伯～祭足劳王。"(祭足：人名。)《史记·秦始皇本纪》："～王翦、辛胜攻燕。"(王翦、辛胜：人名。)㊀使，让。《荀子·性恶》："～天下皆出于治。"㊀役使，使唤。韩愈《论淮西事宜状》："待之既薄，～之又苦。"

S

(引)致使，以致。韩愈《秋怀诗》：“其言有感触，～我复凄酸。”❷任用，支配。《荀子·王制》：“尚贤～能。”李白《君道曲》：“如心之～臂。”(又)使用，驱使。《商君书·外内》：“故轻法不可以～之。”❸（旧读 shì）出使。《史记·老子韩非列传》：“乃遣非～秦。”(又)（旧读 shì）使者。《左传·成公九年》：“兵交，～在其间可也。”《三国志·蜀书·诸葛亮传》：“瞻怒，斩艾～。”（瞻、艾：人名。）(特)负责某种政务的官员。如“转运使”、“节度使”。❹放纵，放任。《史记·季布栾布列传》：“复有言其勇，～酒难近。”❺连词。假使，假若。《论语·泰伯》：“如有周公之才之美，～骄且吝，其余不足观也已。”《史记·魏其武安侯列传》：“～武安侯在者，族矣！”（族：灭族。）

始 shǐ ❶开始。与“终”、“末”相对。《老子·六十四章》：“千里之行，～于足下。”成语有“有始有终”。(又)当初，最初。与“今”相对。《论语·公冶长》：“～吾于人也，听其言而信其行。今吾于人也，听其言而观其行。”(又)先，首先。与“后”相对。韩愈《赠张童子序》：“～自县考试，定其可举者，然后升于州若府。”❷根本，本源。《国语·晋语二》：“坚树在～。”《荀子·王制》：“天地者，生之～也。”❸才，方才。《列子·汤问》：“孀妻有遗男，～龀。”白居易《琵琶行》：“千呼万唤～出来。”❹只，仅仅。《世说新语·术解》：“～服一剂汤，便愈。”韩偓《仙山》诗：“水清无底山如削，～有仙人骑鹤来。”❺正，正在。江淹《休上人怨别》诗：“露彩方泛艳，月华～徘徊。”❻曾经。《庄子·齐物论》：“有以为未～有物者。”成语有“未始不可”。

屎 shǐ ❶大便，粪。《庄子·知北游》：“在～溺。”(引)排泄大便。郦道元《水经注·沔水》引《本蜀论》：“以金置尾下，言能～金。”❷［殿屎（xī）］呻吟。《诗经·大雅·板》：“民之方～～。”

士 shì ❶男子。《诗经·郑风·女曰鸡鸣》：“女曰‘鸡鸣’，～曰‘昧旦’。”（昧旦：黎明。）(特)未婚男子。《诗经·小雅·甫田》：“以谷我～女。”（谷：养活。）❷古代贵族的最低一级。《穀梁传·僖公十五年》：“天子七庙，诸侯五，大夫三，～二。”（庙：指祭祀祖先的庙宇。）［士大夫］1. 做官的人。《荀子·富国》：“～～～众则国贫。”2. 将士。《汉书·李广传》：“彼其中心诚信于～～～也。”（李广待部下诚恳讲信用。）❸具有某种品质或某种技能的人。《论语·泰伯》：“～不可以不弘毅，任重而道远。”《后汉书·仲长统传》：“以才智用者谓之～。”（以：因。）❹士兵，武士。《荀子·王制》：“故王者富民，霸者富～。”刘邦《大风歌》：“安得猛～兮守四方。”❺读书人。《三国志·魏书·邓艾传》：“文为世范，行为～则。”❻执法官。《尚书·大禹谟》：“汝作～，明于五刑。”（汝：你。五刑：五种刑罚。）❼通“仕”。做官。《邓析子·无厚》：“长卢之不～。”❽通“事”。事情。《论语·述而》：“虽执鞭之～，吾亦为之。”(又)从事。《诗经·豳风·东山》：“制彼裳衣，勿～行枚。”【辨】兵，卒，士。见 550 页“卒”字。

仕 shì ❶做官。《荀子·大略》：“学者非必为～。”《论语·子张》：“学而优则～。”(又)官职。《左传·僖公二十三年》：“夫有大功而无贵～。”❷通“事”。做事。《诗经·大雅·文王有声》：“武王岂不～。”❸通“士”。具有某种品质、技能的人或读书人。《孟子·公孙丑下》：“有～于此，而子悦之。”《旧唐书·崔融传》：“～农工商，四人有业。”

氏 shì ❶上古同姓贵族的几个分支各有称号，叫“氏”。如屈原是楚王的后代，姓芈，“屈”是他这一分支的氏。在远古传说中的部族、首领、人物名后面，在世袭的职官名后面，以及在朝代名后面都可以加“氏”，如“伏羲氏”、“太史氏”、“夏后氏”。也有以封邑、祖父的谥号或字为氏的。后来“姓”和“氏”没有区别。《左传·隐公八年》：“天子建德，因生以赐姓，胙之土而命之～。”❷在学有专长的人的姓或姓名后面加“氏”表示尊重。孔安国《尚书序》：“左～传曰。”（左氏：指左丘明。）❸旧时放在妇女父姓或夫姓的后面来称呼已婚妇女。潘岳《杨仲武诔》：“八岁丧父，其母郑～。”(又)置于长辈称谓之后，表敬称。《诗经·秦风·渭阳》：“我送舅～。”❹对学术、流派或宗教的称呼。刘知几《史通·补注》：“斯则义涉儒家，言非史～。”《世说新语·尤悔》：“于是结恨释～，宿命都除。”（释：指佛教。）❺取名，命名。郦道元《水经注·滱水》：“故县亦因水名而～曲逆矣。”（曲逆：县名。）❻zhī［月氏］我国古代西北部的一个民族。又写作“月氏”、“月支”。《汉书·张骞传》：“骞以郎应募，使～～。”

舐 shì 用舌头舔（东西）。《庄子·列御寇》：“～痔者，得车五乘。”《后汉书·杨震传（杨彪）》：“犹怀老牛～犊之爱。”成语有“舐犊情深”。

示 shì ❶上天对人类显现吉凶祸福。古人把自然界的某些现象与人世联系在一起。扬雄《太玄·度》:"于天~象,垂其范。"❷给人看。《庄子·胠箧》:"国之利器,不可以~人。"《史记·廉颇蔺相如列传》:"相如奉璧奏秦王,秦王大喜,传以~美人及左右。"㊀显示,表示。《左传·文公七年》:"叛而不讨,何以~威?"(叛:背叛。讨:讨伐。)《孟子·万章上》:"天不言,以行与事~之而已矣。"❸告诉,告知。《战国策·秦策二》:"医扁鹊见秦武王,武王~之病。"❹教导,指示。《礼记·檀弓下》:"国奢则~之以俭,国俭则~之以礼。"㊀对他人所说或来信所述的敬称(后起意义)。王安石《答曾公立书》:"~及青苗事。"【注意】《汉书》中多把"示"写作"视"。

世(丗) shì ❶古代称三十年为一世。《论语·子路》:"如有王者,必~而后仁。"❷一生,一辈子。《史记·淮南衡山列传》:"人生一~间,安能邑邑如此。"(邑邑:忧闷不乐。)[殁世]终生。《墨子·节用中》:"是以终身不厌,~~而不卷。"❸父子相继为一世。《左传·昭公七年》:"从政三~矣。"㊀继承。《汉书·贾谊传》:"贾嘉最好学,~其家。"(家:指家业。)㊀后代,继承人。《国语·晋语一》:"非德不及~。"❹家世。《荀子·君子》:"以族论罪,以~举贤。"㊁世族,世系。《论语·尧曰》:"兴灭国,继绝~,举逸民。"㊁世世代代相承的。如"世卿"、"世禄"。董仲舒《春秋繁露·王道》:"观乎~卿,知移权之败。"《孟子·梁惠王下》:"仕者~禄。"❺年,岁。《汉书·食货志》:"~之有饥穰,天之行也。"❻时代。《韩非子·五蠹》:"~异则事异。"㊀当时的。《盐铁论·论儒》:"孟轲守旧术,不知~务。"㊁时俗,世俗。苏轼《老翁井》诗:"改颜易服与~同,无使~人知有翁。"❼天下,世间。《商君书·更法》:"治~不一道,便国不必法古。"柳宗元《天说》:"彼上而玄者,~谓之天。"❽朝代。《诗经·大雅·荡》:"殷鉴不远,在夏后之~。"刘勰《文心雕龙·诠赋》:"秦~不文,颇有杂赋。"【辨】世,代。上古时父子相继为一世,"代"则指朝代,如"三代"指三个朝代,不指三代人,而三世则指祖孙三代。唐太宗李世民避讳"世"字,从此,"世"的这个意义便为"代"字所取代。

贳(貰) shì ❶租借,赊欠。《史记·汲郑列传》:"县官无钱,从民~马。"❷借贷。王安石《上五事札子》:"今以百万缗之钱,权物价之轻重,以通商而~之,令民以岁入数万缗息。"❸典押。梅尧臣《莱宣遗酒》诗:"倘有佳客过,未免~袍笏。"❹赦免,宽大。《汉书·张敞传》:"因~其罪。"

市 shì ❶集市,交易市场。《战国策·秦策一》:"争利者于~。"《木兰诗》:"东~买骏马,西~买鞍鞯(jiān)。"(鞯:马鞍的垫子。)[市井]街市,市场。《管子·小匡》:"处商必就~~。"(安置商人一定要靠近市场。)㊁集镇,城镇,城市。《后汉书·廖扶传》:"常居先人冢侧,未曾入城~。"❷买。《论语·乡党》:"沽酒~脯不食。"《木兰诗》:"愿为~鞍马,从此替爷征。"《三国志·吴书·吴主传》:"令王惇~马。"(王惇:人名。)㊀收买。《新唐书·裴耀卿传》:"我知其不~恩也。"❸做买卖,交易。《荀子·修身》:"良贾不为折阅不~。"又用于比喻义。《史记·项羽本纪》:"赵亦不杀田角、田间以~于齐。"㊀卖,卖出。《韩非子·外储说右上》:"故~木之价不加贵于山。"㊁求得,换取。《老子·六十二章》:"美言可以~。"

式 shì ❶法式,标准,模范。《周礼·天官·大宰》:"以九~均节财用。"《东观汉记·邓彪传》:"以廉让率下,为百僚~。"㊀效法。《诗经·大雅·烝民》:"古训是~。"❷用。《左传·成公二年》:"蛮夷戎狄不~王命。"《扬子法言·重黎》:"(伍子胥)谋越谏齐不~。"❸表示劝令的副词。《诗经·小雅·斯干》:"兄及弟矣,~相好矣,无相犹矣。"❹通"轼"。车前扶手的横木。《礼记·曲礼上》:"国君抚~。"㊁扶着轼敬礼。《史记·绛侯周勃世家》:"天子为动,改容~车。"(为动:被感动。容:面容。)❺句首语气词。《诗经·邶风·式微》:"~微~微,胡不归?"(微:衰微。胡:何。)

试(試) shì ❶用,任用。《礼记·乐记》:"兵革不~,五刑不用。"柳宗元《哭连州凌员外司马》诗:"灭名竟不~。"(灭名:直到死。)❷尝。《穀梁传·僖公十年》:"食自外来者,不可不~也。"❸试探。《韩非子·外储说左下》:"不肖则饰奸而~之。"㊀试验,比试。白居易《放言》诗:"~玉要烧三日满。"南朝萧齐求那毗地译《百喻经·五百欢喜丸喻》:"谁有勇健,能共我~。"㊀尝试。《庄子·让王》:"~往观焉。"❹考试,考察。《后汉书·周防传》:"世祖巡狩汝南,召掾史~经。"韦曜《博弈论》:"设程~之科。"(程:衡量。科:科目。)❺姑且,试着。杜甫《奉赠韦左丞丈》诗:

S

"丈人～静听，贱子请具陈。"

拭 shì 擦。《仪礼·聘礼》："贾人北面坐，～圭。"杜甫《羌村》诗："惊定还～泪。"

轼（軾） shì ❶古代车厢前用作扶手的横木。《左传·庄公十年》："登～而望之。"《庄子·盗跖》："据～低头。"（据：倚着。）❷（在车上）扶着轼敬礼。《淮南子·修务》："魏文侯过其闾而～之。"（闾：巷门。）

弑 shì 古代称子杀父、臣杀君为"弑"。《左传·宣公二年》："赵盾～其君。"《史记·高祖本纪》："项羽使人阴～义帝江南。"（阴：暗中。）

戺（戹） shì ❶堂前台阶两旁的斜石。《尚书·顾命》："执戈上刃夹两阶～。"张衡《西京赋》："金～玉阶。"❷门槛。《新唐书·董昌传》："属兵列护门～。"

势（勢） shì ❶势力，权力。《庄子·渔父》："上无君侯有司之～，而下无大臣职事之官。"成语有"势均力敌"。㉛位置，地位。《韩非子·孤愤》："处～卑贱。"❷势头，力量的趋向。曹操《让县自明本志令》："兵～强盛。"㉛趋势。《荀子·富国》："百姓之～，待之而后安。"❸形势。《汉书·晁错传》："起兵而不知其～。"成语有"大势所趋"。㉜时机。《孟子·公孙丑上》："虽有智慧，不如乘～；虽有镃基，不如待时。"（镃基：一种农具。）❹样式，款式。徐陵《奉和山池》："楼台非一～，临玩自多奇。"㉜姿势，姿态。《诗话总龟·苦吟门》："（贾岛）于驴上吟哦，时时引手作推敲之～。"❺男性生殖器。《晋书·刑法志》："淫者割其～。"

事 shì ❶事情。《诗经·召南·采蘩》："于以用之，公侯之～。"《韩非子·五蠹》："世异则～异。"㉛事故，变故。李格非《书洛阳名园记后》："天下常无～则已，有～，则洛阳必先受兵。"㉜事业，功业。《三国志·蜀书·先主传》："立功立～，在于今日。"❷从事，做。李白《邺中赠王大》诗："龙蟠～躬耕。"（隐居不做官而亲自从事耕作。）《庄子·徐无鬼》："予又奚～焉。"（我又做什么呢。）㉜任用，使用。《韩非子·亡征》："境内之杰不～，而求封外之士。"㉜治理。《晏子春秋·内篇问上》："劳力～民而不责焉。"❸奉事，为……服务。《左传·昭公二十五年》："寡人不佞，不能～父兄。"《史记·孙子吴起列传》："庞涓既～魏。"（庞涓：人名。魏：国名。）㉜求学从师。《史记·老子韩非列传》："（非）与李斯俱～荀卿。"❹职务，官位。《韩非子·五蠹》："无功而受～。"㉜职业。《汉书·樊哙传》："以屠狗为～。"❺典故（后起意义）。《颜氏家训·文章》："自古宏才博学用～误者有矣。"❻事物一件叫一事（后起意义）。白居易《张常侍池凉夜闲宴》诗："管弦三两～。"

侍 shì ❶在尊长旁边陪着。《论语·公冶长》："颜渊、季路～。"《韩非子·外储说左上》："少者～长者饮，长者饮亦自饮。"（长者：老年人。）㉛服侍，伺候。《史记·萧相国世家》："何守关中，～太子。"（何：萧何。）㉜侍从，侍女。《后汉书·梁冀传》："宫卫近～，并所亲树。"《北齐书·上洛王思宗传》："广纳姬～。"❷进谏，进言。《史记·赵世家》："荀欣～以选练举贤，任官使能。"（荀欣：人名。）

恃 shì ❶依靠，依赖。《诗经·小雅·蓼莪》："无父何怙？无母何～？"贾谊《论积贮疏》："故其畜积足～。"（畜积：储备。）成语有"有恃无恐"。❷母亲的代称（后起意义）。梅尧臣《赠陈孝子庸》诗："岂彼人兮忘～怙。"（怙：指父亲。）

饰（飾） shì ❶刷洗，擦拭。《周礼·地官·封人》："凡祭祀，～其牛牲。"❷打扮，装饰。《左传·昭公元年》："子皙盛～入。"《史记·文帝本纪》："不得以金银铜锡为～。"㉜装饰品。刘禹锡《浪淘沙》诗："美人首～侯王印，尽是沙中浪底来。"❸掩饰，粉饰。刘知几《史通·惑经》："文过～非。"❹chì 通"饬"。整顿，整治。《韩非子·说难》："直指是非以～其身。"贾谊《过秦论》："以～法设刑，而天下治。"❺chì 通"饬"。（帝王）命令。杜牧《战论》："是六郡之师，严～护疆。"

视（視、眂、眡） shì ❶看。《荀子·劝学》："目不能两～而明。"㉛看待，对待。《论语·先进》："回也～予犹父也。"《潜夫论·交际》："见贱如贵，～少如长。"成语有"视如敝屣"。㉜观察，考察。《论语·为政》："～其所以，观其所由。"❷治理，处理。元稹《册文武孝德皇帝赦文》："由是庶尹弛政，庶吏弛刑，～人不勤，～盗不谨。"[视事]办公。《史记·留侯世家》："因疾不～～。"❸比照，和……一样。《孟子·万章下》："天子之卿受地～侯。"㉜比较。范成大《吴郡志·卷六》："壮观～昔有加。"《吕氏春秋·仲秋》："量小大，～长短，皆中度。"㉜效法。《尚书·太甲中》："～乃厥祖。"❹照顾，照料。

《后汉书·刘虞传》:"皆收～温恤。"❺通"示"。向……表示。《汉书·高帝纪》:"亦～项羽无东意。"(也向项羽表示没有东进的意思。)【辨】视,见。"视"表示看的动作,"见"是看的结果。

是 shì ❶正确。与"非"相对。《论语·阳货》:"偃之言～也。"陶潜《归去来兮辞》:"觉今～而昨非。"㉠以为正确,认为正确。《墨子·尚同上》:"国君之所～,必皆～之。"❷指示代词。这,这个,这样。《荀子·王霸》:"若～则百吏莫不畏法而遵绳矣。"(遵绳:遵守法度。)㉠这样看来,由此看来。《韩非子·孤愤》:"～明法术而逆主上者,不僇于吏诛,必死于私剑矣。"(僇:戮,杀。)范仲淹《岳阳楼记》:"～进亦忧,退亦忧。"[是以][是故]因此。《韩非子·五蠹》:"～以圣人不期修古,不法常可。"《论语·先进》:"其言不让,～故哂之。"❸代词。放在前置宾语和动词之间,复指前置宾语。《诗经·小雅·节南山》:"四方～维。"《三国志·魏书·武帝纪》:"唯才～举。"成语有"唯命是从"。❹系词。是。《史记·刺客列传》:"此必～豫让也。"《论衡·死伪》:"余～所嫁妇人之父也。"❺凡是。贾岛《送孙逸人》诗:"～药皆谙性。"

谌(諟) shì 正,订正。《礼记·大学》:"顾～天之明命。"《陈书·姚察传》:"尤好研覈古今,～正文字。"

适[1](適) shì ❶到……去。《诗经·魏风·硕鼠》:"逝将去女,～彼乐土。"㉠归向。《左传·昭公十五年》:"民知所～,事无不济。"❷女子出嫁。欧阳修《江邻几墓志铭》:"女三人,长～秘书丞钱衮(gǔn),余尚幼。"(秘书丞:官名。)❸适合,适宜。《诗经·郑风·野有蔓草》:"邂逅相遇,～我愿兮。"㉠顺从,满足。《战国策·魏策一》:"攻楚而～秦。"《汉书·贾山传》:"(秦王)穷困万民,以～其欲也。"㉠舒适。李商隐《登乐游原》诗:"向晚意不～。"❹副词。恰好。《三国志·蜀书·先主传》:"先主斜趋汉津,～与羽船会。"(汉津:地名。羽:关羽。)㉠偶然。范成大《时叙火后意不释然作诗解之》:"浮生～来且～去。"❺副词。刚才,刚刚。《韩非子·内储说下》:"王～有言,必亟听从王言!"㉠只,仅仅。鲍照《重与世子启》:"久应知退,非～今日。"❻dí 敌人,仇敌。《墨子·备城门》:"则有深怨于～,而有大功于上。"㉠匹敌,相当。董仲舒《春秋繁露·王道》:"不得致天子之赋,不得～天子之贵。"❼dí 专主,主张。《诗经·卫风·伯兮》:"岂无膏沐,谁～为容?"《韩非子·心度》:"故贤君之治国也,～于不乱之术。"❽dí 旧时指正妻。《汉书·杜钦传》:"此必～妾将有争宠。"㉠正妻所生的儿子。有时也专指正妻所生的长子。《左传·文公十八年》:"杀～立庶。"(庶:非正妻之子。)㉠嫡传的。《史记·吕太后本纪》:"推本言之,高帝～长孙可立也。"上述❽㉠㉠这三个意义后来写作"嫡"。❾zhé 责备,惩罚。《诗经·商颂·殷武》:"岁事来辟,勿予祸～。"《孟子·离娄上》:"人不足与～也。"㉠被流放或贬职。《史记·屈原贾生列传》:"又以～去。"(以:因为。)[适戍]被强迫去戍边。《史记·陈涉世家》:"发闾左～～渔阳。"这个意义又写作"谪"。【注意】在古代,"适"和"適"是两个字,意义各不相同。上述义项都不写作"适"。现"適"简化为"适"。参见232页"适[2](逅)"字。

室 shì ❶正室,内室。《礼记·问丧》:"入～又弗见也。"(弗:不。)㉢房屋。《周易·系辞下》:"后世圣人易之以宫～。"仲长统《昌言·理乱》:"豪人之～,连栋数百。"❷家。《左传·桓公十八年》:"女有家,男有～。"柳宗元《捕蛇者说》:"今其～十无一焉。"㉠家族。《三国志·蜀书·诸葛亮传》:"将军既帝～之胄(zhòu)。"(胄:后代。)㉠家人。《列子·汤问》:"聚～而谋。"❸家产。《国语·楚语上》:"施二帅而分其～。"❹妻子。《礼记·曲礼上》:"三十曰壮,有～。"潘岳《西征赋》:"鳏(guān)夫有～,愁民以乐。"(鳏夫:无妻的人。)㉠用作动词。娶妻、为子娶妻或以女嫁人。《韩非子·外储说右下》:"丈夫二十而～。"《国语·鲁语下》:"公父文伯之母欲～文伯。"《左传·宣公十四年》:"卫人以为成劳,复～其子。"❺王室,王朝。刘知几《史通·古今正史》:"汉～龙兴,旁求儒雅。"❻墓穴。《诗经·唐风·葛生》:"百岁之后,归于其～。"❼刀剑的鞘。《史记·春申君列传》:"刀剑～以珠玉饰之。"《史记·刺客列传》:"剑长,操其～。"【辨】宫,室。见133页"宫"字。【辨】房,屋,室。见107页"房"字。

逝 shì ❶往,离去。《论语·子罕》:"子在川上曰:'～者如斯夫。'"㉠跑。《史记·项羽本纪》:"时不利兮骓不～。"(骓:马名。)❷死,死去。曹丕《与吴质书》:"徐、陈、应、刘,一时俱～,痛可言邪!"(邪:同"耶"。语气词。)❸句首语气词。表示强调。《诗经·邶风·日月》:"乃如之人兮,～

不古处。”❹ 通“誓”。发誓。《诗经·魏风·硕鼠》：“～将去女，适彼乐土。”

誓 shì ❶ 古代告诫、约束将士的言辞。如《汤誓》（汤讨伐桀时告诫将士的言辞）。㊀出征前告诫约束将士、表示决心。班固《东都赋》：“勒三军，～将帅。”（勒：率领。）❷ 立誓，发誓。《左传·隐公元年》：“～之曰：‘不及黄泉，无相见也。’”成语有“誓不两立”。㊀盟约，诺言。《左传·昭公四年》：“周武有孟津之～。”曹植《武帝诔》：“张陈背～，傲弟虐民。”（张陈：指张耳、陈餘。背：背叛。）

莳（蒔） shì 移栽，分秧插种。柳宗元《酬贾鹏山人郡内新栽松寓兴见赠》诗：“擢（zhuó）～兹庭中。”（擢：拔。兹：此。）李时珍《本草纲目·薤》：“薤（xiè），八月栽根，正月分～。”（薤：一种蔬菜。）㊁栽种，种植。王夫之《小云山记》：“庐下～杂花。”（庐：屋舍。）

释（釋） shì ❶ 放下。《韩非子·五蠹》：“因～其耒而守株。”（耒：农具。）㊀释放，放弃。《左传·成公三年》：“两～累囚以成其好。”《韩非子·难势》：“～势委法，尧舜户说而人辩之，不能治三家。”（委：丢弃。户说而人辩之：指挨户挨个儿地劝说。）❷ 消融，熔化。《老子·十五章》：“涣兮若冰之将～。”（涣：离散。）《盐铁论·褒贤》：“消坚～石，当世无双。”❸ 解开。《左传·僖公三十三年》：“～左骖，以公命赠孟明。”㊁脱掉。杜甫《白水县崔少府十九翁高斋三十韵》：“东郊何时开，带甲且未～。”㊀排解，解除。《战国策·赵策三》：“为人排患、～难、解纷乱而无所取也。”❹ 解说，解释。《左传·襄公二十九年》：“公在楚，～不朝正于庙也。”《后汉书·蔡邕传》：“通经～义。”双音词有“诠释”、“注释”。❺ 指佛教或僧人。《周书·武帝纪》：“集百僚、道士、沙门等讨论～、老义。”双音词有“释教”、“释子”。❻ yì 喜悦。嵇康《琴赋》：“其康乐者闻之，则欨（xū）愉欢～。”（欨愉：和悦。）

谥（謚、諡） shì 古代帝王、贵族、大臣或其他有地位的人死后被追加的带有褒贬意义的称号。如汉武帝谥“武”，王安石谥“文”。《礼记·乐记》：“闻其～，知其行也。”㊀追加谥号。《左传·宣公十年》：“改葬幽公，～之曰灵。”《三国志·蜀书·诸葛亮传》：“～君为忠武侯。”㊁称为，号作。司马相如《喻巴蜀檄》：“～为至愚。”

嗜 shì 喜欢，特殊的爱好。《诗经·小雅·楚茨》：“神～饮食。”《史记·齐太公世家》：“～酒好猎。”㊁贪。《宋书·颜延之传》：“廉～之性不同。”

筮 shì 古代用蓍（shī）草占卜。《诗经·卫风·氓》：“尔卜尔～。”（尔：你。卜：用龟占卜。）㊂占卜。王勃《益州夫子庙碑》：“玉策～亡秦之兆。”【辨】卜，筮，占。见 30 页“卜”字。

噬 shì ❶ 吃，咬。《周易·噬嗑》：“～腊肉，遇毒。”柳宗元《封建论》：“人不能搏～。”（搏：抓，扑。）❷ 侵占。《新唐书·萧嵩传》：“吐蕃倚其健～边。”

澨 shì ❶ 水边的堤坝。《左传·成公十五年》：“则决睢～。”㊀水边，江河边。《左传·宣公四年》：“师于漳～。”屈原《九歌·湘夫人》：“夕济兮西～。”❷［三澨］水名。也叫三参水。汉水支流，在今湖北境内。《尚书·禹贡》：“过～～，至于大别。”

奭 shì ❶ 赤色。《诗经·小雅·采芑》：“路车有～。”❷ 消散无碍的样子。《庄子·秋水》：“～然四解。”

襫 shì ［襏（bō）襫］见 27 页“襏”字。

螫 shì ❶ 毒虫刺蜇（zhē）或毒蛇咬。《史记·淮阴侯列传》：“猛虎之犹豫，不若蜂虿之致～。”陆龟蒙《别离》诗：“蝮蛇一～手。”㊁毒害。班固《西都赋》：“流大汉之恺悌，荡亡秦之毒～。”❷ 因恼怒而加害。《史记·魏其武安侯列传》：“有如两宫～将军。”

SHOU

收（収） shōu ❶ 逮捕。《后汉书·华佗传》：“乃～付狱讯。”（付：交。讯：审讯。）❷ 收获，收取。《史记·太史公自序》：“春生夏长，秋～冬藏。”李斯《谏逐客书》：“北～上郡，南取汉中。”㊀收获物。曹操《步出夏门行·孟冬十月》：“农～积场。”❸ 收拢，聚集。《史记·秦始皇本纪》：“～天下兵，聚之咸阳。”（兵：兵器。）㊁征收。《盐铁论·非鞅》：“～山泽之税。”❹ 收回，收复。李白《代别情人》诗：“覆水不可～。”杜甫《送樊侍御赴汉中判官》诗：“二京陷未～。”㊀没收。《孟子·离娄下》：“去三年不反，然后～其田里。”❺ 收容，接纳。《荀子·王制》：“～孤寡，补贫穷。”《史记·酷吏列传》：“～接天下名士大夫。”❻ 收敛，约束。《晏子春秋·外篇下十六》：“寡人犹且淫佚而不～。”❼ 停止，结束。《礼记·月令》：“雷始～声。”㊀消失，消散。于鹄《途中寄杨涉》诗：“日色云～处，蛙声雨歇时。”

守 shǒu ❶ 防守，保卫。与“攻”相对。《墨子·公输》：“杀臣，宋莫能～，可攻也。”㊀留守，守卫。《史记·萧相国世家》：“何～关中。”❷ 守候。《韩非子·五蠹》：“因释其耒而～株，冀复得兔。”（冀：希望。复：再。）㊀看守。《史记·酷吏列传》：“汤为儿～舍。”（舍：房舍。）❸ 遵守，奉行。《盐铁论·论儒》：“孟轲～旧术，不知世务。”（术：思想，学说。）㊀节操，操守。《吕氏春秋·论人》：“喜之以验其～。”（让他高兴，以便来检验他的操守。）❹ 保持，保有。《左传·成公十五年》：“圣达节，次～节，下失节。”《史记·刘敬叔孙通列传》：“儒者难与进取，可与～成。”❺ 掌管，管理。《左传·昭公二十年》：“山林之木，衡鹿～之；泽之萑蒲，舟鲛～之。”（衡鹿、舟鲛：官名。）❻ shòu 任职。专指任郡守、太守、刺史等职。李公佐《南柯太守传》：“自～郡二十载，风化广被。”㊕唐代以后（职别较低者）暂摄、署理（较高职务）。韩愈《送湖南李正字序》：“今愈以都官郎～东都省。”㊀职责。《孟子·公孙丑下》：“我无官～，我无言责也。”❼ shòu 官名。郡州一级的最高长官。《史记·孙子吴起列传》：“吴起为西河～。”

首 shǒu ❶ 头。《列子·黄帝》：“牛～虎鼻。”㊁首领。《庄子·盗跖》：“成者为～，不成者为尾。”成语有“罪魁祸首”。❷ 首先，第一。《史记·陈涉世家》：“且楚～事，当令于天下。”（楚：陈涉所建的国号。事：起事。当令于天下：应当号令天下。）《战国策·齐策六》：“九合诸侯，为五伯～。”（五伯：五霸。）成语有“首当其冲”、“首屈一指”。㊁初，始，开头。《老子·三十八章》：“夫礼者，忠信之薄而乱之～。”㊀顶端。《礼记·曲礼上》：“进剑者左～。”❸ 要领。《尚书·秦誓》：“予誓告汝群言之～。”❹ 朝，向。《史记·淮阴侯列传》：“北～燕路。”❺ 自首。《汉书·文三王传》：“恐复不～实对。”（恐怕他又不自首老实答对。）㊀服从，服罪。《南史·范泰传》：“诏收综等，并皆款服，唯晔不～。”（综、晔：人名。）❻ 诗、文、词、赋等一篇叫一首。韩愈《与陈给事书》：“献近所为《复志赋》已下十～。”（为：作。）

寿（壽） shòu ❶ 长寿。《韩非子·显学》：“使子必智而～。”（一定使你又聪明又长寿。）㊁寿命。《后汉书·华佗传》：“阿从其言，～百余岁。”（阿：人名。）成语有“寿终正寝”。❷ 指老年人。《诗经·鲁颂·閟宫》：“三～作朋。”❸ 敬酒或用礼物赠人以表示祝人长寿。《史记·项羽本纪》：“若入前为～，～毕，请以剑舞。”（若：你。）❹ 婉称与丧葬有关的事物。《后汉书·侯览传》：“豫作～冢。”

受 shòu ❶ 接受。《论语·乡党》：“康子馈药，拜而～之。”《三国志·吴书·吴主传》：“权辞让不～。”（权：孙权。）成语有“受宠若惊”。㊁承受。《史记·秦始皇本纪》：“莫不～德，各安其宇。”（宇：居住的地方。）㊀容纳。《论衡·命禄》：“器～一升。”❷ 师学，习学。杜预《春秋经传集解序》：“左丘明～经于仲尼。”❸ 遭受，遭到。贾谊《论积贮疏》：“一夫不耕，或～之饥。”（或：有的人。）双音词有“受灾”、“受阻”。❹ 授予，给予。《韩非子·外储说左上》：“因能而～官。”（因能：根据才能。）㊀传授。韩愈《师说》：“师者，所以传道～业解惑也。”这个意义后来写作“授”。

授 shòu ❶ 授给，给予。《诗经·豳风·七月》：“七月流火，九月～衣。”《史记·秦始皇本纪》：“书已封……未～使者。”㊕授官，任命。《汉书·翟方进传》：“遣使者持黄金印、赤韨緌，朱轮车，即军中拜～。”❷ 传授，教。《汉书·孔光传》：“霸亦治《尚书》……以选～皇太子经。”㊀传达（意图）。《三国志·蜀志·王平传》：“口～作书，皆有意理。”双音词有“授意”。❸ 通“受”。接受。《韩非子·难二》：“惠公没，文公～之。”（文公授之：指晋文公继承君位。）

绶（綬） shòu 丝带。常用来拴玉和印。《史记·范雎蔡泽列传》：“怀黄金之印，结紫～于要。”（要：腰。）㊉拴系用的丝带。《周礼·天官·幕人》：“掌帷幕幄帟～之事。”

狩 shòu ❶ 冬季打猎。《左传·隐公五年》：“春蒐（sōu），夏苗，秋狝（xiǎn），冬～。”（蒐：春天打猎。苗：夏天打猎。狝：秋天打猎。）㊉打猎。《诗经·魏风·伐檀》：“不～不猎。”❷ 帝王出巡。颜延之《车驾幸京口侍游曲阿后湖作》诗：“虞风载帝～，夏谚颂王游。”[巡狩]帝王出巡。《史记·李斯列传》：“明年，又～～。”又写作“巡守”。❸ 婉指帝王逃亡或被俘虏。《挥麈后录》之四：“二圣北～。”

售 shòu ❶ 卖出去。《荀子·儒效》：“卖之不可偻（lǚ）～也。”（偻：快。）柳宗元《钴鉧潭西小丘记》：“货而不～。”（货：出卖。)㉒卖。刘勰《新论》:"～药者欲人之疾。"❷实现。张衡《西京赋》:"挟邪作蛊,于是不～。"㉒指考试得中。韩愈《祭虞部张员外》:"司我明试,时维邦彦,各以文～,幸皆少年。"❸施展(奸计)。成语有"以售其奸"、"其计不售"。❹买。岳珂《桯史》:"会市肆有刊武夷先生集者……文肃之子适相国寺,偶～得之。"【辨】鬻,卖,沽,售。前三个字都有卖的意思。"沽"除有卖的意思外,还有买的意思,"沽酒"既可是买酒,也可是卖酒。"售"通常指东西卖出去,用作"买"的意义比较少。

SHU

殳 shū 古代一种有棱无刃的竹木兵器。《诗经·卫风·伯兮》:"伯也执～,为王前驱。"《司马法·定爵》:"弓矢御,～矛守。"(御:抵御。守:防守。)

书(書) shū ❶记载,书写。《左传·隐公元年》:"不～即位。"《史记·孙子吴起列传》:"斫(zhuó)大树白而～之曰:'庞涓死于此树之下'。"(斫:砍削。庞涓:人名。)❷文字。《荀子·解蔽》:"故好～者众矣。而仓颉独传者,壹也。"《史记·孙子吴起列传》:"读其～未毕,齐军万弩俱发。"㉑书法,字体。《颜氏家训·杂艺》:"(王羲之)举世惟知其～。"《汉书·艺文志》:"六体者,古文、奇字、篆～、隶～、缪篆、虫～。"[六书]古人所说的汉字六种造字方法。即:象形、指事、会意、形声、转注、假借。❸书信。杜甫《春望》诗:"家～抵万金。"❹文书。《汉书·刑法志》:"昼断狱,夜理～。"❺书籍。《史记·老子韩非列传》:"申子、韩子皆著～,传于后世。"(申子:申不害。)❻书名。《尚书》。主要内容是我国上古帝王的文诰。《史记·高祖功臣侯者年表》:"《～》曰:'协和万国。'"❼文体名。内容、体裁不一。李斯《谏逐客书》是对政事的陈述,《史记》中的八书是对礼、乐、天文、河渠等的记载。

疋 shū ❶脚。《管子·弟子职》:"问～何趾。"❷yǎ 通"雅"。谢章铤《赌棋山庄词话》卷四:"顾附庸《风》《～》。"❸pǐ 同"匹"。匹配,相当。白居易《效陶潜体》诗:"万物无与～。"❹pǐ 同"匹"。量词。多用于纺织品或马匹等。《汉书·叔孙通传》:"乃赐通帛二十～。"《战国策·魏策一》:"骑五千～。"

抒 shū ❶表达,抒发。《墨子·小取》:"以辞～意。"屈原《九章·惜诵》:"发愤以～情。"❷舀出。法显共佛陀跋陀罗译《摩诃僧祇律》卷十六:"比丘自～井。"❸通"纾"。解除,排除。《左传·文公六年》:"难必～矣。"

纾(紓) shū ❶延缓,缓。《左传·文公十六年》:"姑～死焉。"(姑:姑且。)《宋史·李蘩传》:"民力稍～,得以尽于农亩。"❷宽裕。苏轼《与开元明师书》之二:"岁丰人～,会当成耳。"❸解除,排除。《后汉书·庞参传》:"季子来归,鲁人喜其～难。"《左传·成公十六年》:"可以～忧。"❹通"抒"。抒发。严忌《哀时命》:"独便悁而烦毒兮,焉发愤而～情。"

舒 shū ❶展开,舒展。《韩非子·十过》:"延颈而鸣,～翼而舞。"(延:伸长。)❷抒发,发泄。屈原《九章·怀沙》:"～忧娱哀兮。"司马迁《报任安书》:"是仆终已不得～愤懑以晓左右。"❸迟缓,舒缓。鲍照《尺蠖赋》:"值夷～步。"(碰到平的地方就慢慢走。)《礼记·大学》:"为之者疾,用之者～。"㉑松懈,怠慢。《史记·五帝本纪》:"富而不骄,贵而不～。"❹安详,舒畅。《淮南子·原道》:"柔弱以静,～安以定。"杜甫《五盘》诗:"坦然心神～。"

枢(樞) shū ❶门上的转轴。《吕氏春秋·尽数》:"流水不腐,户～不蝼(一作"蠹")。"《后汉书·华佗传》:"人体欲得劳动……血脉流通,病不得生,譬犹户～,终不朽也。"(譬犹:如同。户:门扇。)成语有"户枢不蠹"。㉑事物的关键或中心部分。《周易·系辞上》:"言行,君子之～机。"《荀子·王霸》:"礼法之～要。"❷国家政权或天子之位。陈子昂《劝封禅表》:"伏惟陛下应天受命,握纪登～。"㉒代指相位或宰辅。《旧唐书·王玙传》:"人物时望,素不为众所称,及当～务,声问顿减。"❸古星名。北斗第一星。也叫天枢。《后汉书·蔡邕传》:"地将震而～星直。"❹ōu 一种小乔木。也叫刺榆。《诗经·唐风·山有枢》:"山有～。"

叔 shū ❶拾取。《诗经·豳风·七月》:"九月～苴(jū)。"(苴:麻籽。)❷兄弟间排行第三的。古时兄弟多以伯、仲、叔、季排行。柳宗元《哭连州凌员外司马》:"仲～继幽沦。"(二弟和三弟相继死亡。幽沦:死亡。)❸丈夫的弟弟。《战国策·秦策一》:"妻不以我为夫,嫂不以我为～。"❹叔父(后起意义)。李密《陈情表》:"既无伯～,终鲜兄弟。"❺[叔末][叔世]末世。《后汉书·党锢传》:"～末浇讹。"《左传·昭公六年》："三辟之兴，皆～世也。"

菽 shū 豆类的总称。《诗经·豳风·七月》："禾麻～麦。"梅尧臣《田家语》诗："水既害我～，蝗又食我粟。"【辨】菽，豆。见90页"豆"字。

淑 shū ❶明朗，清亮。《淮南子·本经》："日月～清而扬光。"❷美好，善良。《诗经·周南·关雎》："窈窕～女。"诸葛亮《出师表》："将军向宠，性行～均。"❸吉祥，幸运。谢朓《和王著作八公山》："平生仰令图，吁嗟命不～。"

姝 shū ❶美丽，美好。《诗经·邶风·静女》："静女其～。"宋玉《神女赋》："貌丰盈以庄～兮。"（丰盈：丰满。庄：庄重。）❷美女。汉乐府《陌上桑》："使君遣吏往，问是谁家～。"

殊 shū ❶死。常"殊死"二字连用。《史记·淮南衡山列传》："太子即自刭，不～。"《三国志·魏书·武帝纪》："士卒皆～死战。"❷断绝。《左传·昭公二十三年》："武城人塞其前，断其后之木而弗～。"❸不同，区别。《周易·系辞下》："天下同归而～涂。"（涂：路途。）《史记·太史公自序》："法家不别亲疏，不～贵贱。"㈠特别，特殊。汉乐府《陌上桑》："坐中数千人，皆言夫婿～。"㈡超过。《后汉书·梁竦传》："母氏年～七十。"❹副词。很，非常，根本。《战国策·赵策四》："老臣今者～不欲食。"（今者：近来。）《吕氏春秋·去宥》："～不见人，徒见金耳。"❺副词。犹，尚。谢灵运《南楼中望所迟客》诗："圆景早已满，佳人～未适。"❻副词。竟，乃。孙楚《为石仲容与孙皓书》："此犹魏武侯却指河山以自强大，～不知物有兴亡，则所美非其地也。"

倏（倐、儵） shū 迅速，极快。常"倏忽"连用。屈原《九歌·少司命》："～而来兮忽而逝。"《战国策·楚策四》："～忽之间，坠于公子之手。"

疏（疎） shū ❶疏通。《孟子·滕文公上》："禹～九河。"（禹：夏禹。）❷清洗，清除。《国语·楚语上》："教之乐，以～其秽而镇其浮。"❸分，分给。《淮南子·道应》："襄子～队而击之。"《盐铁论·毁学》："～爵分禄以褒(bāo)贤。"（褒：嘉奖。）㈠分开陈列。屈原《九歌·湘夫人》："～石兰兮为芳。"❹疏远。与"亲"相对。《左传·昭公二十八年》："唯善所在，亲～一也。"《汉书·元帝纪》："繇(yóu)是～太子而爱淮阳王。"（繇：由。）㈠冷淡，淡漠。陆游《南堂杂兴》诗："燕欲委巢雏尽去，扇犹在手意先～。"❺稀。与"密"相对。《老子·七十三章》："天网恢恢，～而不失。"❻粗糙，粗劣。《诗经·大雅·召旻》："彼～斯粺(bài)。"（那是粗糙的米，这是精细的米。）杜甫《逃难》诗："～布缠枯骨。"㈠疏忽，不周密。《史记·范雎蔡泽列传》："其于计～矣。"❼浅薄，不精。陆游《大风登城》诗："才～志大不自量。"李斗《扬州画舫录序》："～于经史。"❽雕刻，刻画。《后汉书·梁冀传》："窗牖皆有绮～青琐。"❾窗户。骆宾王《同崔驸马晓初登楼思京》诗："绮～低晚魄，镂槛肃初寒。"❿（旧读shù）分条陈述。《汉书·苏武传》："数～光过失。"（光：人名。）㈠一种文体。臣子给皇帝的奏议。如贾谊《论积贮疏》、晁错《论贵粟疏》。《汉书·贾谊传》："谊数上～陈政事。"⓫（旧读shù）书信。曹丕《与吴质书》："虽书～往返，未足解其劳结。"⓬（旧读shù）注释的一种。对古书进行注释，并对前人所做的注释加以引申和说明。《隋书·经籍志》："《庄子义～》八卷。"⓭通"蔬"。蔬菜。《汉书·地理志》："～食果实。"

摅（攄） shū ❶散布，抒发。《史记·司马相如列传》："～之无穷。"《汉书·叙传》："独～意虖宇宙之外，锐思于豪芒之内。"（虖：乎。）㈠舒展，施展。挚虞《思游赋》："思～翼乎八荒。"《南史·宋武帝纪》："运奇～略，英谟不世。"❷腾跃。《后汉书·张衡传》："仆夫俨其正策兮，八乘～而超骧。"（俨：整齐的样子。骧：马抬着头快跑。）

输（輸） shū ❶运送，运输。《左传·僖公十三年》："秦于是乎～粟于晋。"㈠输送，传递。《战国策·秦策一》："陈轸为王臣，常以国情～楚。"❷缴纳（贡品或赋税）。柳宗元《田家》诗："蚕丝尽～税。"（尽：全部。）㈠捐献，贡献。《史记·平准书》："愿～家之半县官助边。"曹植《求自试表》："欲逞其才力，～能于明君也。"㈡交出。用于抽象意义。《三国志·蜀书·诸葛亮传》："服罪～情者虽重必释。"（情：真实情况。释：放。）❸毁坏，败坏。《公羊传·隐公六年》："郑人来～平。～平者何？～平犹堕成也。"❹败（后起意义）。与"赢"相对。杜甫《遣怀》诗："百万攻一城，献捷不云～。"（献捷：进献俘虏或战利品。云：说。）㈠不及。吴曾《能改斋漫录》十七卷："浮名浮利总～闲。"

毹 shū ［氍(qú)毹］见341页"氍"字。

S

秫 shú ❶有黏性的谷米(俗称黏黄米)或稻米(俗称糯米)。《礼记·内则》:"菽麦蕡稻黍粱～唯所欲。"萧统《陶渊明传》:"公田悉令吏种～。"❷shù 通"钵"。长针。《战国策·赵策二》:"鳀冠～缝。"

孰 shú ❶熟,煮熟了的。《后汉书·方术列传下》:"既而爨(cuàn)～。"(爨:炊,做饭。)❷植物的果实、种子成熟。《荀子·富国》:"寒暑和节,而五谷以时～。"㊀庄稼有收成,丰收。《后汉书·曹褒传》:"其秋大～,百姓给足。"❸仔细,周详。《商君书·更法》:"愿～察之。"(察:考虑。)上述❶❷㊀❸后来都写作"熟"。❹疑问代词。什么,谁。《论语·八佾》:"是可忍也,～不可忍也?"韩愈《师说》:"人非生而知之者,～能无惑。"㊀哪一个,哪一样。用于比较。《老子·四十四章》:"名与身～亲。"成语有"孰是孰非"。[孰与]与……比,哪一个……,哪里比得上。《战国策·齐策一》:"我～～城北徐公美?"《荀子·天论》:"从天而颂之,～～制天命而用之?"(制:控制。天命:指自然界的必然性。)【辨】孰,谁。"谁"专指人;"孰"可以指人,也可以指物。

塾 shú ❶宫门外两侧的房屋。㊁正门内两侧的房屋。《仪礼·士冠礼》:"具馔于西～。"《汉书·食货志上》:"里胥平旦坐于右～,邻长坐于左～。"(里胥:里长,古代的一种小吏。平旦:清晨。)❷古代家庭或家族内设立的学校。《礼记·学记》:"古之教者,家有～,党有庠,术有序,国有学。"

熟 shú ❶熟,煮熟了的。《论语·乡党》:"君赐腥,必～而荐之。"(腥:生肉。)❷植物的果实、种子成熟。《汉书·晁错传》:"五谷～。"贾思勰《齐民要术·园篱》:"秋上酸枣～。"成语有"瓜熟蒂落"。㊁庄稼有收成,丰收。《尚书·金縢》:"岁则大～。"❸熟练,熟悉。《论衡·超奇》:"博览多闻,学问习～。"成语有"熟能生巧"。㊀习惯,常见。《新唐书·选举志》:"目～朝廷事。"成语有"熟视无睹"。❹深入,周详。《韩非子·存韩》:"愿陛下～图之。"(图:考虑。)成语有"深思熟虑"。❺熟悉(后起意义)。陆游《初夏杂兴》诗:"水长沙鸥向人～。"❻沉睡,酣睡。《宋书·檀道济传》:"道济就寝便～。"❼热,暖和。《素问·疏五过论》:"五脏菀～,痈发六府。"叶适《再过吴江赠僧了洪》诗:"～风无失舟。"

赎(贖) shú ❶(用财物)换回抵押的人或抵押品。《诗经·秦风·黄鸟》:"如可～兮,人百其身。"《左传·宣公二年》:"宋人以兵车百乘,文马百驷,以～华元于郑。"(驷:四匹马。华元:人名。)❷(用财物或某种行动)抵偿刑罚或过失。《汉书·张骞传》:"骞后期当斩,～为庶人。"(庶人:老百姓。)曹植《责躬》诗:"庶立毫厘,微功自～。"成语有"立功赎罪"。

暑 shǔ 天气炎热。《周易·系辞上》:"日月运行,一寒一～。"《汉书·晁错传》:"其性能～。"(能:耐。)㊕盛夏。《左传·襄公二十一年》:"方～,阙地下冰而床焉。"

署 shǔ ❶布置,安排。《汉书·高帝纪》:"部～诸将。"❷衙门,官吏办公的场所。《史记·张释之冯唐列传》:"为中郎～长。"《新唐书·李程传》:"学士入～,常视日影为候。"㊁岗位,职守。《墨子·号令》:"令各知其左右前后,擅离～,戮。"❸委任,任命。《后汉书·刘永传》:"遂招诸豪杰沛人周建等,并～为将帅。"㊀代理,暂任。《三国志·蜀书·诸葛亮传》:"以亮为军师将军,～左将军府事。"❹签名,题写。《汉书·苏武传》:"～其官爵姓名。"

黍 shǔ ❶黍子。碾成的米叫"黏黄米"。《管子·轻重乙》:"～者,谷之美者也。"孟浩然《过故人庄》诗:"故人具鸡～,邀我至田家。"❷长度单位。一分。一尺为一百黍。《世说新语·术解》:"荀试以校己所治钟鼓金石丝竹,皆觉短一～。"㊀重量单位。一两为二千四百黍。《孙子算经》上篇:"称之所起起于～,十～为一絫,十絫为一铢。"㊀容量单位。一升为二万四千黍。《汉书·律历志上》:"一龠容千二百～,重十二铢。"【辨】榖,禾,粟,黍,稷。见136页"谷[2](榖)"字。

属(屬) shǔ ❶zhǔ 连接。《史记·蒙恬列传》:"起临洮～之辽东。"(临洮:地名。)㊁撰写,撰著。《抱朴子·行品》:"口不能吐片奇,笔不能～半句。"[属文]作文章。《晋书·谢安传》:"出则渔弋山水,入则言咏～～。"(渔弋:打鱼射鸟。)㊀跟着。《史记·项羽本纪》:"项王渡淮,骑能～者百余人耳。"❷zhǔ 委托,交付。《史记·李斯列传》:"以兵～蒙恬。"㊕交给官吏治罪。《史记·高祖本纪》:"乃以秦王～吏。"❸zhǔ 嘱托,嘱咐。范仲淹《岳阳楼记》:"～予作文以记之。"(予:我。)这个意义后来写作"嘱"。❹zhǔ 聚集。《孟子·梁惠王下》:"乃～其耆老而告之。"❺zhǔ 倾注。《仪礼·士昏礼》:"酌玄酒,三～于尊。"㊁专注,瞩目。《国语·晋语五》:"则恐国人之～耳目于我也。"❻zhǔ

通"瞩"。看。《世说新语·文学》:"眼往～万形,万形来入眼不?"❼ zhǔ 劝请,邀请。《史记·魏其武安侯列传》:"及饮酒酣,夫起舞～丞相。"❽ zhǔ 带,佩戴。韩愈《顺宗实录三》:"入谒,从容步进,不袜首,～戎器。"❾ zhǔ 副词。适逢。《左传·成公二年》:"下臣不幸,～当戎行。"㊂适才,刚刚。《史记·留侯世家》:"天下～安定,何故反乎?"❿ 种类。《韩非子·五蠹》:"而养游侠私剑之～。"(私剑:指私人所养的武士。)㊀亲属。《史记·秦始皇本纪》:"周文武所封子弟同姓甚众,然后～疏远,相攻击如仇雠。"(仇雠:仇敌。)㊂等辈。《史记·项羽本纪》:"若～皆且为所虏。"⓫ 官属,部属。《尚书·周官》:"六卿分职,各率其～。"柳宗元《封建论》:"以安其～。"⓬ 隶属,属于。《三国志·吴书·吴主传》:"长沙、江夏、桂阳以东～权。"(权:孙权。)㊕(十二属相中)归属。张读《宣室志》卷四:"其父曰:'～龙。'"

蜀 shǔ ❶"蠋"的古字。蛾蝶类的幼虫。《说文·虫部》:"蜀,葵中蚕也。……《诗》曰:'蜎蜎者～。'"❷ 周代诸侯国。在今四川成都一带。《华阳国志·蜀志》:"～之为国,肇于人皇。"❸ 地域名。在今四川一带。李白《蜀道难》诗:"～道之难,难于上青天。"❹ 朝代名。1. 公元 221—263 年,三国之一,在今四川东部和云南、贵州北部以及陕西汉中一带,又称蜀汉,第一代君主是刘备。2. 公元 907—925 年,五代时王建所建,史称"前蜀"。3. 公元 934—965 年,后唐孟知祥所建,史称"后蜀"。

术[1](術) shù ❶ 道路。《孙膑兵法·擒庞涓》:"齐城、高唐当～而大败。"(齐城、高唐两地的军队在行军的路上大败。)❷ 方法,手段。《礼记·祭统》:"惠～也,可以观政矣。"贾思勰《齐民要术序》:"桑弘羊之均输法,益国利民,不朽之～也。"㊕君主控制和使用群臣的策略、手段。《韩非子·定法》:"君无～则弊于上,臣无法则乱于下。"(弊:败坏。)㊂权术,计谋。《吕氏春秋·先己》:"巧谋并行,诈～递用。"❸ 思想,学说。《史记·外戚世家》:"读黄帝老子,尊其～。"❹ 技艺,学业。《韩非子·喻老》:"子之教我御,～未尽也。"(子:你。御:驾驶车马。尽:全。)韩愈《师说》:"闻道有先后,～业有专攻。"㊂学习(技艺)。罗大经《鹤林玉露》卷九:"必时～焉,无一时不～也。"❺ 方术。指医、卜、星、相等。刘勰《文心雕龙·正纬》:"于是伎数之士,附以诡～,或说阴阳,或序灾异。"❻ 通"述"。陈述,述说。《墨子·非命下》:"曰命者,暴王所作,穷人所～,非仁者之言也。"《汉书·贾山传》:"～追厥功。"❼ suì 通"遂"。周代的行政区划。《管子·度地》:"故百家为里,里十为～,～十为州。"《礼记·学记》:"～有序,国有学。"【注意】在古代,"術"和"术(zhú)"是两个字,意义各不相同,上述义项都不写作"术"。现"術"简化为"术"。参见 540 页"术²(zhú)"字。

述 shù ❶ 遵循,依照。《尚书·五子之歌》:"～大禹之戒以作歌。"《后汉书·陈夫人纪》:"～遵先世。"❷ 陈述,记述。《史记·太史公自序》:"～往事。"范仲淹《岳阳楼记》:"前人之～备矣。"(备:完备。)㊕阐述、传承前人成说。《论语·述而》:"～而不作。"㊂著述。《晋书·孔衍传》:"凡所撰～,百余万言。"❸ 文体名。《颜氏家训·文章》:"诏、命、策、檄,生于《书》者也;序、～、论、议,生于《易》者也。"【辨】说,陈,叙,述。参见 388 页"说"字。

钬(鉥) shù ❶ 长针。《管子·轻重乙》:"一女必有一刀、一锥、一箴(zhēn)、一～。"(箴:同"针"。)❷ 刺。宋濂《故诗人徐方舟墓铭》:"方舟悉取而讽咏之,～肝刿肾。"❸ xù 引导。《国语·晋语二》:"子盍入乎? 吾请为子～。"(子:您。)

戍 shù ❶ 防守边疆。《汉书·晁错传》:"置～卒焉。"(置:设立。)㊁驻守某一地方。《左传·宣公十年》:"诸侯之师～郑。"杜甫《石壕吏》诗:"三男邺城～。"(三个儿子驻守在邺城。)❷ 守边的士兵。《左传·定公元年》:"乃归诸侯之～。"❸ 边防的营垒或城堡。《魏书·源怀传》:"可以筑城置～之处。"

束 shù ❶ 绑,捆。《史记·廉颇蔺相如列传》:"其势必不敢留君,而～君归赵矣。"成语有"束手无策"。㊂结,系。《论语·公冶长》:"～带立于朝。"❷ 约束,束缚。李白《留别广陵诸公》诗:"空名～壮士。"[约束] 1. 束缚。《庄子·骈拇》:"～～不以纆(mò)索。"(纆索:绳子。)2. 规定,规章。《史记·孙子吴起列传》:"～～既布,乃设铁钺。"(铁钺:杀人的刑具。)《史记·廉颇蔺相如列传》:"赵括既代廉颇,悉更～～,易置军吏。"(悉:全部。更:改变。易:改换。)㊂拘泥。诸葛亮《诫外生书》:"徒碌碌滞于俗,默默～于情。"❸ 聚集。黄庭坚《次韵文潜休沐不出》之二:"著书洒风雨,枯笔～如林。"❹ 量词。小把,小捆。《诗经·小

S

雅·白驹》:“生刍一～。”[束脩]1. 十条干肉。古时多用作礼物赠人。《论语·述而》:“自行～～以上,吾未尝无诲焉。”后专指教师的酬金。2. 约束。《后汉书·和熹邓皇后纪》:“故能～～,不触罗网。”【辨】束,缚。两个字都有捆绑的意思。但“束”字多用于物,“缚”字多用于人。“束缚”二字连用时也多用于人。

树(樹) shù ❶栽种,种植。《诗经·郑风·将仲子》:“无折我～杞(qǐ)。”(无:不要。杞:一种树。)《孟子·梁惠王上》:“五亩之宅,～之以桑。”㊀竖立,直立。《三国志·魏书·武帝纪》:“连车～栅。”❷建立,设立。《三国志·蜀书·先主传》:“厚～恩德,以收众心。”《左传·文公十三年》:“天生民而～之君。”㊁培养人。《韩非子·外储说左下》:“吾闻子善～人。”成语有“十年树木,百年树人”。❸树木。屈原《九章·橘颂》:“后皇嘉～。”《韩诗外传》卷九:“～欲静而风不止。”㊀量词。相当于现代汉语的“株”、“棵”。贾思勰《齐民要术序》:“种甘橘千～。”❹屏,影壁。《礼记·郊特牲》:“台门而旅～。”【辨】木,树。见284页“木”字。

竖(竪、豎) shù ❶竖立,直立。《陈书·侯安都传》:“安都乃令军士多伐松木,～栅列营。”韩愈《送穷文》:“毛发尽～,竦肩缩颈。”㊁纵,竖直。与“横”相对。《晋书·陶侃传》:“君左手中指有～理,当为公。”❷家童,童仆。《列子·说符》:“杨子之邻人亡羊,既率其党,又请杨子之～追之。”(亡羊:羊丢了。党:亲族。)㊁对人的蔑称。《宋书·徐爰传》:“损德害民,皆由此～。”[竖子]1. 童仆。《庄子·山木》:“命～～杀雁而烹之。”(雁:鹅。烹:煮。)2. 小子。对人的蔑称。《晋书·阮籍传》:“时无英雄,使～～成名。”(时:当时。)[竖儒]对儒生的蔑称。《史记·留侯世家》:“～～,几败而公事!”❸宫中小臣。《左传·僖公二十四年》:“晋侯之～头须。”(头须:人名。)

腧 shù ❶人体的穴位。《灵枢经·本输》:“其～在膺中。”❷yú 通“腴”。肌肤丰满,丰腴。《太平广记》卷八十二引《异闻集·吕翁》:“观子肤极～,体胖无恙。”

恕 shù ❶推己及人。《论语·卫灵公》:“子贡问曰:‘有一言而可以终身行之者乎?’子曰:‘其～乎!己所不欲,勿施于人。’”任昉《齐竟陵文宣王行状》:“人有不及,内～诸己。”❷宽恕,原谅。《战国策·赵策四》:“老臣病足,曾不能疾走,不得见久矣,窃自～。”(疾:快。窃:私下。)成语有“恕己及人”。

庶 shù ❶众多。《诗经·大雅·卷阿》:“君子之车,既～且多。”《庄子·渔父》:“寒暑不时,以伤～物。”㊕人多。《论语·子路》:“子曰:‘～矣哉。’冉有曰:‘既～矣,又何加焉。’”班固《西都赋》:“既～且富。”双音词有“富庶”。❷百姓,平民。杜甫《丹青引赠曹将军霸》:“将军魏武之子孙,于今为～为清门。”[庶人]百姓,平民。《荀子·王制》:“君者,舟也。～～者,水也。水则载舟,水则覆舟。”(水则覆舟:水能翻船。)❸旧时指非正妻所生之子或家族的旁支。与“嫡”相对。《左传·文公十八年》:“杀適立～。”(適:嫡,嫡子,正妻所生的儿子。庶:庶子,妾所生的儿子。)双音词有“庶母”(即父亲的妾)、“庶兄”。❹差不多。《左传·襄公二十六年》:“晋其～乎!”(晋国差不多能治理好了。)❺副词。表示揣测或希望。《左传·桓公六年》:“君姑修政而亲兄弟之国,～免于难。”(姑:姑且。修政:搞好政治。)诸葛亮《出师表》:“～竭驽钝,攘(rǎng)除奸凶。”(愿意竭尽自己的力量,扫除凶顽。驽钝:比喻才力低下。)[庶几]1. 差不多。《孟子·梁惠王下》:“王之好乐甚,则齐国其～～乎!”2. 副词。表示揣测或希望。《庄子·田子方》:“～～乎民有瘳(chōu)乎。”(百姓差不多能得救了。瘳:病好。)曹植《与杨德祖书》:“～～戮力上国。”(戮力上国:为国家效劳。)

裋 shù 粗布的衣服。贾谊《过秦论》:“夫寒者利～褐,而饥者甘糟糠。”

数(數) shù ❶数目,数量。王安石《上皇帝万言书》:“计之以～。”(用数目计算它。)㊕六艺之一。算术。《周礼·地官·大司徒》:“三曰六艺:礼、乐、射、御、书、～。”❷几,几个(表示不确定的数目)。《孟子·梁惠王上》:“～口之家,可以无饥矣。”❸规律,必然性。刘禹锡《天论中》:“夫物之合并,必有～存乎其间焉。”(事物相互作用的时候,其中一定存在规律性的东西。)❹天命,命运。《汉书·李广传》:“以为李广～奇,毋(wú)令当单于(chán yú)。”(以为李广的命运不好,不让他抵挡单于。单于:古代匈奴的君主。)❺方略,方法。《商君书·算地》:“故为国之～,务在垦草。”㊁谋略,权术。《世说新语·假谲》:“范玄平为人好用智～。”❻技艺,方术。指占卜、下棋等。屈原《卜居》:“～有所不逮，神有所不通。”（逮：及。）《孟子·告子上》：“今夫奕之为～，小～也。”❼ 顺序，次序。《荀子·劝学》：“其～则始乎诵经，终乎读《礼》。”㊂礼数。应贞《晋武帝华林园集》诗：“贻宴好会，不常厥～。”❽ cù 稠密。与“疏”相对。《论衡·气寿》：“妇人疏字者子活，～乳者子死。”（字、乳：生子。）❾ shǔ 计算。《庄子·秋水》：“杂而下者不可胜～也。”㊀算在数目以内。郦道元《水经注·庐江水》：“庐山，彭泽之山也。虽非五岳之～……”❿ shǔ 称赞，称道。《后汉书·祢衡传》：“馀子碌碌，莫足～也。”㊂（最杰出的）就属于。杜甫《韦讽录事宅观曹将军画马图》诗：“国初已来画鞍马，神妙独～江都王。”⓫ shǔ 一一列举。贾谊《治安策》：“何不壹令臣得孰～之于前。”（为什么不让我在您面前把它详细列举出来呢。）㊂列举罪状加以责备。《左传·昭公二年》：“使吏～之。”⓬ shuò 多次，屡次。《三国志·吴书·吴主传》：“～犯边境。”

墅 shù ❶ 田野的草房，农舍。李商隐《访隐者不遇成二绝》之一：“秋水悠悠浸～扉（fēi）。”（扉：门。）❷ 别墅，（家宅以外另建的）供游玩休息的园林房屋。《晋书·谢安传》：“于土山营～，楼馆林竹甚盛。”（营：建造。）

漱（潄） shù ❶ 漱口。《礼记·内则》：“鸡初鸣，咸盥～。”❷ 洗涤。《礼记·内则》：“冠带垢，和灰请～。”㊂冲刷。《周礼·考工记·匠人》：“善沟者，水～之。”❸ 吸吮，饮。张衡《思玄赋》：“～飞泉之沥液兮。”李商隐《酬令狐郎中见寄》诗：“夜读～僧瓶。”㊀汲取。陆机《文赋》：“～六艺之芳润。”

澍 shù ❶ 及时的雨水。《后汉书·明帝纪》：“长吏各絜斋祷请，冀蒙嘉～。”㊀降雨。常“澍雨”连用。《后汉书·谅辅传》：“天云晦合，须臾（yú）～雨。”（晦：昏暗。须臾：一会儿。）㊀润泽，滋润。《淮南子·泰族》：“若春雨之灌万物也……无地而不～。”❷ zhù 通“注”。灌注，注入。王褒《洞箫赋》：“扬素波而挥连珠兮，声礚礚（kē kē）而～渊。”（礚礚：水石相击声。）

SHUAI

衰 shuāi ❶ suō 蓑衣。一种草编雨具。《国语·越语上》：“譬如～笠，时雨既至，必求之。”❷ 衰退，衰弱。与“盛”相对。《周易·杂》：“损益，盛～之始也。”《史记·李斯列传》：“物极则～。”㊂衰老。《战国策·赵策四》：“而臣～。”❸ 减少。《战国策·赵策四》：“日食饮得无～乎？”（每天饮食没有减少吧？）❹ cuī 等级次第的差别。《左传·桓公二年》：“皆有等～。”❺ cuī 通“缞”。古代丧服的一种。《荀子·礼论》：“无～麻之服。”

帅（帥） shuài ❶ 带领，率领。《左传·隐公元年》：“命子封～车二百乘以伐京。”《三国志·蜀书·诸葛亮传》：“亮～众出武功。”（武功：地名。）㊀带头，表率。《北齐书·神武娄后传》：“手缝戎服，以～左右。”《汉书·循吏传序》：“相国萧、曹以宽厚清静为天下～。”（萧、曹：人名。）❷ 遵循。《礼记·王制》：“命乡简不～教者以告。”❸ 主将，统帅。《论语·子罕》：“三军可夺～也。”《汉书·赵充国传》：“为人沈勇有大略，少好将～之节。”（沈：沉着。）㊂地方的长官。《国语·齐语》：“三乡为县，县有县～。”上述所有意义都可写作“率”。

率 shuài ❶ 张网捕捉（飞禽）。张衡《东京赋》：“悉～百禽。”❷ 遵循，沿着。《诗经·大雅·常武》：“～彼淮浦。”（沿着那淮水。）❸ 带领，率领。《列子·汤问》：“遂～子孙荷担者三夫。”（荷担：挑担。）《三国志·蜀书·诸葛亮传》：“亮～众南征。”㊂表率，楷模。《汉书·何武传》：“上所委任，一州表～也。”❹ 主将，统帅。《荀子·富国》：“将～不能则兵弱。”这个意义又写作“帅”。❺ 直率，坦率。《南史·齐武陵昭王晔传》：“晔留俭设食，盘中菘菜鲍鱼而已。俭重其～真，为饱食尽欢而去。”《梁书·王瞻传》：“瞻性～亮。”❻［率尔］［率然］轻率的样子。《论语·先进》：“子路～尔而对。”❼ 大致，一般。贾谊《治安策》：“进谋者～以为是。”（进谋者：献策的人。是：正确的。）㊀一律，一概。韩愈《进学解》：“占小善者～以录，名一艺者无不庸。”（录、庸：都是任用的意思。）［大率］大约。《汉书·百官公卿表上》：“～～十里一亭，亭有长。”❽ lǜ 标准，条例。《史记·商君列传》：“有军功者，各以～受上爵。”（爵：爵位。）❾ lǜ 比率。《汉书·梅福传》：“建始以来，日食地震，以～言之，三倍春秋。”

SHUANG

双（雙） shuāng ❶ 成双的，一对。班固《西都赋》：“矢不单杀，中必叠～。"《三国志·吴书·吴主传》:"权投以～戟。"(权:孙权。戟:一种兵器。)㊀组成双,配对儿。刘向《列女传·鲁寡陶婴》:"黄鹄之早寡兮,七年不～。"❷ 偶。与"单"相对。《宋史·礼志》:"唐朝故事……只日视事,～日不坐。"(过去唐朝的典章制度,单日坐堂办公,双日不坐堂。)❸ 匹敌。《史记·淮阴侯列传》:"国士无～。"《古诗为焦仲卿妻作》:"精妙世无～。"

霜 shuāng ❶ 霜。《周易·坤》:"履～坚冰至。"氾胜之《氾胜之书》:"夏至后八十、九十日,常夜半候之,天有～。"㊀白色粉末。苏轼《送金山乡僧归蜀开堂》诗:"冰盘荐琥珀,何似糖～美。"㊁白色。范云《送别》诗:"不愁书难寄,但恐鬓将～。"(书:信。鬓将霜:比喻年将老。)❷ 年。李白《古风五十九首》之十四:"白骨横千～。"

孀 shuāng 死了丈夫的妇人,寡妇。《列子·汤问》:"曾不若～妻弱子。"(曾不若:连……都不如。)㊀成为寡妇。《淮南子·原道》:"童子不孤,妇人不～。"㊂妇女独居。李商隐《和韩录事送宫人入道》:"风女颠狂成久别,月娥～独好同游。"

骦(驦) shuāng [骕(sù)骦]见 394 页"骕"字。

鹴(鸘) shuāng [鹔(sù)鹴]见 394 页"鹔"字。

爽 shuǎng ❶ 明亮。《左传·昭公三年》:"子之宅近市,湫隘嚣尘,不可以居,请更诸～垲者。"李白《酬裴侍御对雨感时见赠》诗:"风严清江～。"(风严:指风刮得很紧。)❷ 开阔,宽阔。欧阳修《会圣宫颂》:"地～而洁,宇敞而邃。"㊂开朗,豪爽。《晋书·桓温传》:"温豪～有风概。"(风:风度。概:气概。)❸ 清爽,畅快。《晋书·王徽之传》:"西山朝来致有～气耳。"(朝:早晨。)王勃《滕王阁序》:"酌贪泉而觉～。"成语有"秋高气爽"。❹ 败坏,伤害。《老子·十二章》:"五味令人口～。"宋玉《招魂》:"厉而不～些(suò)。"(味浓而不败坏胃口。些:语气词。)❺ 违背。李商隐《为张周封上杨相公启》:"宁～约于虞人。"(爽约:失约。虞人:管理山泽的官员。)❻ 过失,差错。《诗经·卫风·氓》:"女也不～,士贰其行。"

SHUI

水 shuǐ ❶ 水。《荀子·劝学》:"冰,～为之而寒于～。"成语有"水能载舟,亦能覆舟"。㊉汁液。《世说新语·假谲》:"乃令曰:'前有大梅林……'士卒闻之,口皆出～。"❷ 河流。《诗经·卫风·氓》:"淇～汤汤。"《左传·僖公四年》:"君其问诸～滨。"㊉指江河湖海。《国语·越语上》:"陆人居陆,～人居～。"❸ 游泳。《荀子·劝学》:"假舟楫者,非能～也。"❹ 水灾。《汉书·食货志上》:"故尧禹有九年之～。"❺ 放水淹没敌方。《战国策·赵策一》:"围晋阳而～之。"㊂用水浸泡、润泽。《周礼·秋官·柞氏》:"令剥阴木而～之。"❻ 五行(金、木、水、火、土)之一。《尚书·洪范》:"五行:一曰～,二曰火。"见 457 页"行"字。❼ 水星。《左传·庄公二十九年》:"～昏正而栽。"

帨 shuì ❶ 古代妇女的佩巾。《诗经·召南·野有死麕》:"无感我～兮。"(感:撼,摇动。)❷ 擦拭。《新唐书·礼乐志七》:"皇帝～手取觯。"

涚 shuì 滤清,过滤。《周礼·考工记·㡛氏》:"湅丝以～水。"㊀滤酒,使酒清。《礼记·郊特牲》:"醆(zhǎn)酒～于清。"(醆酒:微清的浊酒。)

税 shuì ❶ 田税。《穀梁传·庄公二十八年》:"古者～什一。"㊉税收。《盐铁论·非鞅》:"收山泽之～。"㊂交纳或征收赋税。《孟子·公孙丑上》:"耕者助而不～。"《后汉书·左雄传》:"视民如寇仇,～之如豺虎。"❷ 赠送财物。《礼记·檀弓上》:"未仕者不敢～人。"❸ 租借,租用。白行简《李娃传》:"闻兹地有隙院,愿～以居。"❹ 释,放。《左传·成公九年》:"郑人所献楚囚也,使～之。"《吕氏春秋·慎大》:"乃～马于华山,～牛于桃林。"[税驾]停下车驾。曹植《洛神赋》:"尔乃～～乎蘅皋。"❺ tuō 通"脱"。脱掉。《孟子·告子下》:"不～冕而行。"

睡 shuì 坐着打瞌睡。《战国策·秦策一》:"读书欲～,引锥自刺其股。"《史记·商君列传》:"孝公时时～,弗听。"㊀睡着,睡觉。杜甫《茅屋为秋风所破歌》:"自经丧乱少～眠,长夜沾湿何由彻。"【辨】寝,卧,眠,寐,睡。"寝"指在床上睡觉,或躺在床上,不一定睡着。《公羊传·僖公二年》:"寡人夜者寝而不寐。""卧"是靠在几上睡觉,引申为躺在床上,也不一定睡着。"眠"的本义是闭上眼睛(与"瞑"同字),引申为睡眠。"寐"是睡着。"睡"是坐着打瞌睡。中古以后,"睡"是睡着,与"寐"同义;又表示睡觉,与"寝"同义。

S

SHUN

吮 shǔn 聚拢嘴唇而吸、嘬（液体）。《韩非子·备内》："医善～人之伤，含人之血。"李白《蜀道难》诗："磨牙～血，杀人如麻。"

楯 shǔn ❶栏杆的横木。《史记·司马相如列传》："宛虹拖于～轩。"㉒栏杆。《新唐书·吐蕃传》："中有高台，环以宝～。"❷dùn 通"盾"。盾牌。《韩非子·难一》："楚人有鬻～与矛者。"《新唐书·百官志》："左执～而导之。"

顺（順） shùn ❶顺应，顺从。与"逆"相对。《诗经·大雅·皇矣》："不识不知，～帝之则。"晁错《论贵粟疏》："～于民心。"成语有"顺之者昌，逆之者亡"。㉡顺理，顺理的。《论语·子路》："名不正则言不～。"㉢和顺。《诗经·郑风·女曰鸡鸣》："知子之～之，杂佩以问之。"❷通顺。韩愈《南阳樊绍述墓志铭》："文从字～各识职。"❸任情，放任。《孟子·公孙丑下》："今之君子，过则～之。"❹顺着。《荀子·劝学》："～风而呼。"㉡沿着，循着。苏轼《赤壁赋》："～流而东。"❺顺序，次序。《左传·宣公四年》："以贤则去疾不足，以～则公子坚长。"（去疾、公子坚：人名。）㉢依序，使合乎顺序。《左传·隐公五年》："辨等列，～少长。"

眴 shùn ❶注视。屈原《九章·怀沙》："～兮杳杳，孔静幽默。"❷眨眼，使眼色。《史记·项羽本纪》："须臾，梁～籍曰：'可行矣！'于是籍遂拔剑斩守头。"（梁、籍：人名。）❸xuàn 通"眩"。眩晕。扬雄《剧秦美新》："臣常有颠～病。"

舜 shùn ❶同"蕣"。木槿。一种落叶灌木。《诗经·郑风·有女同车》："颜如～华。"（颜：容貌。华：花。）❷传说中的远古帝王名。也叫虞舜。《孟子·万章上》："尧以天下与～。"

蕣 shùn 木槿。一种落叶灌木。郭璞《游仙诗》之七："～荣不终朝，蜉蝣岂见夕。"

瞬 shùn 眨眼。《列子·汤问》："虽锥末倒眦（zì）而不～也。"（倒：扎，刺。眦：眼眶。）㉡一眨眼的时间。极言时间短促。陆机《文赋》："观古今于须臾，抚四海于一～。"（须臾：一会儿。）双音词有"瞬间"、"瞬时"、"瞬息"。

SHUO

说（說） shuō ❶陈述，解说。《荀子·正名》："～不喻然后辨。"（喻：明白。辨：辨明。）❷言论，主张，学说。《周易·系辞上》："故知死生之～。"《韩非子·难一》："矛楯之～也。"（楯：盾。）《论衡·问孔》："伐孔子之～，何逆于理？"㉢意思，意义。韩愈《赠张童子序》："皆诵之，又约知其大～。"❸文体的一种。如韩愈《师说》，柳宗元《天说》。❹shuì 劝说，说服。《三国志·魏书·郭嘉传》："太祖欲引军还，嘉～太祖急攻之。"❺shuì 止息，休息。《诗经·鄘风·定之方中》："星言夙驾，～于桑田。"❻yuè 喜欢，高兴。《论语·学而》："学而时习之，不亦～乎？"㉢取悦。《国语·楚语下》："又能上下～于鬼神。"上述❻㉢的意义后来写作"悦"。❼tuō 通"脱"。解开，脱下。《礼记·檀弓上》："使子贡～骖而赙之。"【辨】说，陈，叙，述。四个字都有向别人说话、讲述的意思。"说"字重在解说道理或陈述事实；"陈"字主要是罗列各件事情进行陈述；"叙"字是叙述事情来龙去脉的过程和因果；"述"字经常用于述说曾说过的话或曾发生过的事。

妁 shuò ［媒妁］媒人。《孟子·滕文公下》："父母之命，～～之言。"

烁（爍） shuò ❶发光的样子。《新唐书·天文志》："甲夜有大流星长数丈，光～如电。"（电：闪电。）㉡照射，闪耀。鲍照《侍宴覆舟山》诗之一："明晖～神都，丽气冠华甸。"❷热，烤。苏轼《送宋君用游辇下》诗："安知赤日～，沸浪生浮沤。"❸通"铄"。熔化金属。《周礼·考工记·序》："～金以为刃。"㉡削弱，损伤。《战国策·赵策四》："赵自消～。"

铄（鑠） shuò ❶熔化金属。《国语·周语下》："众口～金。"《盐铁论·诏圣》："～金在炉。"㉡削弱。《战国策·秦策五》："秦先得齐宋，则韩氏～。"㉡渗入，渗透。《孟子·告子上》："仁义礼智，非由外～我也，我固有之也。"❷美盛。《诗经·周颂·酌》："於～王师，遵养时晦。"（於：叹词。）

朔 shuò ❶阴历的每月初一日。《左传·桓公十七年》："冬十月～，日有食之。"《史记·秦始皇本纪》："改年始，朝贺皆自十月～。"❷初，始。《礼记·礼运》："皆从其～。"㉢拂晓，天刚亮时。《庄子·逍遥游》："朝菌不知晦～。"❸北，北方。《木兰诗》："～气传金柝。"（朔气：北方的寒气。）《三国志·魏书·乌丸传》："威振～土。"双音词有"朔风"。［朔方］1.北方。《尚书·尧典》："申命和叔，宅～～，曰幽都。"2.古地名，在今陕西北部和内蒙古一带。《汉书·卫青传》："皆领属车骑将军，俱出～～。"

槊 shuò ❶长矛。《魏书·杨津传》："不畏利～坚城，惟畏杨公铁星。"（惟：只，仅。铁星：指熔化的铁水中迸出的火星。）苏轼《前赤壁赋》："酾酒临江，横～赋诗。"❷古时博戏的一种。韩愈《示儿》诗："酒食罢无为，棋～以相娱。"

硕（碩） shuò （又读 shí）❶大，高大。《周易·剥》："～果不食，君子得舆。"柳宗元《种树郭橐驼传》："视驼所种树，或移徙，无不活，且～茂蚤实以蕃。"（移徙：移植。蚤：通"早"。实：结果实。蕃：多。）成语有"硕大无朋"、"硕果仅存"。❷博学。何晏《景福殿赋》："宏儒～生。"❸深远。左思《魏都赋》："～画精通。"❹shí 坚固，牢固。阮瑀《为曹公与孙权书》："忍绝王命，明弃～交。"（忍绝：忍心拒绝。硕交：交情牢靠的朋友。）❺shí 通"石"。容量单位。十斗为一硕。布燮《听妓洞云歌》："一饮一～犹自醉。"

SI

司 sī ❶主管，掌管。《左传·僖公二十一年》："实～大皞与有济之祀。"（大皞、有济：人名。）《史记·太史公自序》："命南正重以～天。"（南正：官员。重：人名。天：指天文。）㊁官员，官吏。《左传·桓公十三年》："训诸～以德。"［有司］主管相关部门的官吏。《孟子·梁惠王下》："～～莫以告。"《三国志·蜀书·诸葛亮传》："若有作奸犯科及为忠善者，宜付～～论其刑赏。"（科：法律条文。）❷官署。李商隐《为举人上翰林萧侍郎启》："图书之府，鼎鼐（nài）之～。"（鼐：大鼎。鼎鼐：这里指宰相。）㊁职守，职责。韩愈《除崔群户部侍郎制》："往慎乃～，以服嘉命。"❸观察。《山海经·大荒西经》："～日月之长短。"❹sì 通"伺"。侦察，探察。《汉书·灌夫传》："太后亦已使人候～。"㊁守候，等待。《战国策·赵策三》："夫良商不与人争买卖之贾，而谨～时。"（贾：通"价"。价格。）

丝（絲） sī ❶蚕丝。《诗经·卫风·氓》："抱布贸～。"聂夷中《咏田家》："二月卖新～，五月粜（tiào）新谷。"（粜：卖粮食。）㊀丝织品。《汉书·公孙弘传》："妾不衣～。"㊁丝线，线。杜甫《重过何氏》诗之三："翡翠鸣衣桁，蜻蜓立钓～。"陆佃《埤雅·释鸟》："今人乘风放纸鸢，鸢辄引～而上。"❷纤细如丝的东西。李白《同族侄评事黯游昌禅师山池》诗："疏杨挂绿～。"（疏：稀疏。）㊉白头发。韦庄《镊白》诗："始因～一缕，渐至雪千茎。"❸八音（金、石、土、木、丝、竹、匏、革）之一。指弦乐器。见491页"音"字。《周礼·春官·大师》："皆播之以八音：金石土革～木匏竹。"《史记·乐书》："～声哀。"❹微小的计量单位。十丝为一毫。［丝毫］形容微小的事物。《新唐书·辛云京传》："治谨于法，下有犯，虽～～比，不肯贷。"（治：治理。谨：严。贷：宽免。）

私 sī ❶私人的，自己的。与"公"相对。《左传·文公六年》："以～害公，非忠也。"《史记·李斯列传》："强公室，杜～门。"（杜：杜绝。）㊀谦称。我。《晋书·荀勖传》："～谓九寺可并于尚书。"❷偏私，偏爱。《战国策·秦策一》："赏不～亲近。"《战国策·齐策一》："吾妻之美我者，～我也。"❸私自，私下，偷偷地。《左传·僖公二十八年》："不如～许复曹、卫以携之。"《史记·项羽本纪》："项伯乃夜驰之沛公军，～见张良。"（之：到……去。）㊁私交，秘密的活动。《史记·项羽本纪》："项王乃疑范增与汉有～。"❹私通。男女不正当的性关系。《战国策·燕策一》："其妻～人。"❺阴部，生殖器。伶玄《赵飞燕外传》："早有～病，不近妇人。"❻小便。《左传·襄公十五年》："师慧过宋朝，将～焉。"（师慧：人名。宋：地名。）

思 sī ❶想念，怀念。《诗经·郑风·褰裳》："子惠～我，褰裳涉溱。"李白《静夜思》诗："举头望明月，低头～故乡。"㊀思考，想。《荀子·劝学》："吾尝终日而～矣，不如须臾之所学也。"㊁悲愁，伤感。张华《励志》诗："吉士～秋。"韩愈《与鄂州柳中丞书》："行者有羁旅离别之～。"❷句首、句中、句末语气词。《诗经·鲁颂·駉》："～马斯臧。"（马都很健壮。斯：句中语气词。）《诗经·小雅·桑扈》："旨酒～柔。"（旨酒：美酒。柔：指好。）《诗经·小雅·采薇》："昔我往矣，杨柳依依，今我来～，雨雪霏霏。"（依依：轻柔的样子。霏霏：形容雪下得紧密的样子。雨雪：下雪。）❸（旧读 sì）心情，思绪。曹植《王仲宣诔》："～若涌泉。"柳宗元《登柳州城楼》诗："海天愁～正茫茫。"

S

缌(緦) sī 古时制作丧服的细麻布。《周礼·天官·典枲》："掌布～缕纻之麻草之物。"[缌麻]五服中最疏远的亲属穿的丧服。白居易《与元九书》："中朝无～～之亲。"

飔(颸) sī ❶凉风。柳宗元《哭连州凌员外司马》诗："孤旐(zhào)凝寒～。"(旐：古代插在灵柩前的旗子，上面画有龟蛇。)㊀凉爽。《乐府诗集·有所思》："秋风肃肃晨风～。"❷急风。曹植《磐石篇》："一举必千里，乘～举帆幢。"

罳 sī ❶[罳顶]天花板。陆佃《埤雅·释草·藻》："亦曰绮井，又谓之覆海，亦或谓之～～。"❷[罘(fú)罳]见118页"罘"字。

斯 sī ❶劈开。《诗经·陈风·墓门》："墓门有棘，斧以～之。"(棘：酸枣树。)㊀分开。《庄子·则阳》："～而析之，精至于无伦。"❷指示代词。此。《论语·子罕》："有美玉于～。"屈原《渔父》："何故至于～。"❸连词。那么，就。《孟子·滕文公下》："如知其非义，～速已矣。"柳宗元《封建论》："夫天下之道，理安，～得人者也。"(理安：指太平。)❹句中、句末语气词。《诗经·鲁颂·駉》："思马～臧。"(马都很健壮。思：语气词。)《诗经·豳风·破斧》："哀我人～。"❺[斯须]须臾，片刻。《礼记·祭义》："礼乐不可～～去身。"

厮(廝) sī ❶服杂役的人。《淮南子·览冥》："～徒马圉(yǔ)。"(徒：服杂役的人。马圉：养马的人。)❷互相。辛弃疾《夜游宫·苦俗客》："才～见，说山说水。"❸分开。《史记·河渠书》："乃～二渠。"《新唐书·高俭传》："士廉附故渠，～引旁出，以广溉道。"(士廉：高俭的字。附：依傍。故渠：旧有的渠道。)

嘶 sī ❶声音沙哑。《汉书·王莽传中》："大声而～。"《北史·高允传》："崔公声～股战，不能一言。"(股战：两腿发抖，形容恐惧到极点。)成语有"声嘶力竭"。㊀声音凄楚。孟郊《连州吟》之三："南风～舜琯，苦竹动猿音。"❷马叫。庾信《伏闻游猎》诗："马～山谷响。"❸虫鸟的鸣声。萧纲《夜望单飞雁》诗："一雁声～何处归。"苏轼《青溪辞》："雁南归兮寒蜩(tiáo)～。"(寒蜩：蝉的一种。)

澌 sī ❶尽。欧阳修《送徐无党南归序》："一归于腐坏～尽泯灭而已。"(一：全，都。泯：灭。)❷冰河解冻时流动的冰块。《后汉书·王霸传》："河水流～，无船，不可济。"(济：渡。)❸细小的水流。曹松《信州闻通寺题僧砌下泉》诗："净罅吐微～。"❹[澌澌]象声词。雨、雪落下声。李商隐《肠》诗："隔树～～雨，通池点点荷。"王建《宫词》之五十五："玉阶金瓦雪～～。"

巳 sì ❶地支的第六位。❷十二时辰之一，等于现在的上午九时至十一时。见126页"干[1]"字。❸"上巳节"的省称。古代以农历三月上旬第一个巳日(或三月三日)为"上巳节"，人们到河边洗污除垢。陆机《櫂歌行》："元吉隆初～，濯秽游黄河。"

汜 sì ❶从主流分流出来再流回主流的水流。《诗经·召南·江有汜》："江有～，之子归。"❷通"涘"。水边。刘希夷《江南曲》："城临大江～。"❸水名。汜水。在今河南荥阳西边。韩愈《此日足可惜赠张籍》诗："黄昏次～水。"

祀 sì ❶祭祀。《左传·襄公九年》："～盘庚于西门之外。"㊁进行祭祀的地方。《礼记·檀弓下》："过墓则式，过～则下。"❷年。《尚书·洪范》："惟十有三～。"《尚书·太甲中》："惟三～十有二月朔。"㊀世，代。柳宗元《与友人论为文书》："固有文不传于后～，声遂绝于天下者矣。"

寺 sì ❶宦官，太监。《诗经·大雅·瞻卬》："匪教匪诲，时维妇～。"班固《西都赋》："阉尹阍～。"[寺人]1. 古代宫中小臣。《周礼·天官·寺人》："～～掌王之内人及女宫之戒令。"2. 宦官，太监。《左传·襄公二十六年》："～～惠墙伊戾为太子内师。"(惠墙伊戾：人名。)❷古代中央机构名。如"大理寺"、"太常寺"。㊁官署。《后汉书·左雄传》："或官～空旷，无人案事。"❸寺庙。韩愈《论佛骨表》："不许创立～观。"柳宗元《岳州圣安寺无姓和尚碑》："岳州大和尚终于圣安～。"(终：死。)【辨】庙，寺，观(guàn)。见277页"庙"字。

似 sì ❶类似，像。《庄子·大宗师》："凄然～秋，暖然～春。"(凄：寒冷。)❷似乎。《世说新语·品藻》："吾～有一日之长。"❸给予。贾岛《剑客》诗："今日把～君，谁有不平事。"晏几道《长相思·长相思》："欲把相思说～谁。"❹介词。表示比较，相当于"超过"。刘克庄《浪淘沙·纸帐素屏遮》："今年衰～去年些。"❺通"嗣"。继承。《诗经·周颂·良耜》："以～以续，续古之人。"柳宗元《井铭》："畴肯～于政，其来日新。"

姒 sì ❶古代称呼(同一丈夫的)几个妾中的年长者。刘向《列女传·秦穆公姬》:"娣子娣～,不能相教。" ❷ 古代称呼妯娌中的年长者。妯娌之间也可以互称。《左传·昭公二十八年》:"长叔～生男。"(长叔:指叔向。)《资治通鉴·唐昭宗乾宁四年》:"夫人请见之,瑾妻拜,夫人答拜,且泣曰:'……约为兄弟,以小故恨望,起兵相攻,使吾～辱于此。'" ❸ 姐姐。刘向《列女传·鲁公乘姒》:"鲁公乘～者,鲁公乘子皮之～也。"

兕 sì 犀牛。《论语·季氏》:"虎～出于柙。"枚乘《七发》:"～虎并作。"(并作:同时出现。)

伺 sì ❶ 窥察,探察。《周书·文帝纪上》:"包藏凶逆,～我神器。" ❷ 等待,侦候。《后汉书·张衡传》:"斯契船而求剑、守株而～兔也。"柳宗元《罴说》:"～其至,发火而射之。" ❸ [伺候]1. 侦察,侦候。《后汉书·侯览传》:"览～～遮截。"(遮截:拦截。)2. 等候,候望。韩愈《送李愿归盘谷序》:"～～于公卿之门。" 3. 侍候,侍奉。《太平广记》卷三三一:"众人于庭～～。"

笥 sì 一种盛(chéng)装饭食或衣物的竹器。《汉书·贡禹传》:"输物不过十～。"

嗣 sì ❶ 继承,延续。《左传·襄公三十年》:"子产而死,谁其～之?"㊀继承人。《左传·襄公三年》:"祁奚请老,晋侯问～焉。"柳宗元《封建论》:"卒不能定鲁侯之～。"(卒:终究。) ❷ 子孙,后代。《尚书·大禹谟》:"罚弗及～,赏延于世。"《晋书·王濬传》:"恩宠之号坠于近～。" ❸ 随后。曹操《蒿里行》:"势利使人争,～还自相戕(qiāng)。"(戕:杀害。)

泗 sì ❶ 鼻涕。《诗经·陈风·泽陂》:"涕～滂沱。"(滂沱:形容涕泪如雨下。)㊀鼻涕和眼泪。李朝威《柳毅传》:"悲～淋漓,诚怛人心。" ❷ 河名。泗水。流经山东、江苏。《尚书·禹贡》:"达于淮～。"(淮:淮河。)【辨】涕,泗,泪。见409页"涕"字。

驷(駟) sì ❶ 同驾一辆车的四匹马。《史记·平准书》:"汉兴……自天子不能具钧～。"(自:即使。具:具备。钧:指毛色纯一。)㊀由四匹马驾的车。《左传·僖公二十八年》:"～介百乘,徒兵千。"㊁马。《史记·孙子吴起列传》:"今以君之下～与彼上～。" ❷ 量词。四匹马为一"驷",四匹马拉的车也为一"驷"。《世说新语·言语》:"千～之富。"《孙子兵法·作战》:"驰车千～,革车千乘。" ❸ 乘,驾。屈原《离骚》:"～玉虬以乘鹥兮。" ❹ 星宿名。即"房星"。《国语·周语中》:"～见而陨霜。"

俟(竢) sì 等候,等待。《诗经·邶风·静女》:"静女其姝,～我于城隅。"㊀期待。柳宗元《捕蛇者说》:"以～夫观人风者得焉。"【辨】俟,待,等,候。"俟"和"待"在先秦时期都有等待的意义。"等"和"候"作等待讲则是后起意义。"等"在上古时期多作同样或等级讲。《史记·陈涉世家》:"等死,死国可乎?"其中的"等死"不是"等待死",而是"(两种做法)都是死"。

涘 sì ❶ 水边,岸边。《诗经·秦风·蒹葭》:"在水之～。" ❷ 边际。《新唐书·回鹘传上》:"道虽通,而虏求取无～。"

梩 sì (又读 lí)同"耜"。古代一种翻土的农具。孟郊《怀南岳隐士》诗之二:"枫～措酒瓮,鹤虱落琴床。"

耜 sì ❶ 古代一种翻土的农具。《庄子·天下》:"禹亲自操橐(tuó)～。"(橐:盛土的工具。)㊀用耜翻土。《周礼·秋官·薙氏》:"冬日至而～之。" ❷ [耒耜]见239页"耒"字。

肆 sì ❶ 散开,散发。傅亮《芙蓉赋》:"微旭露以滋采,靡朝风而～芳。"㊀延伸。《左传·僖公三十年》:"既东封郑,又欲～其西封。"㊀减缓,赦免。《尚书·舜典》:"眚灾～赦。"(由于过失而为害则减缓或赦免。)《左传·庄公二十二年》:"春王正月,～大眚。" ❷ 尽力,无拘束。《三国志·魏书·钟毓传》:"开荒地,使民～力于农。"曾巩《天长朱君墓志铭》:"与其屈于人,孰若～吾志哉!" ❸ 放肆。《左传·昭公十二年》:"昔穆王欲～其心。"成语有"肆无忌惮"。㊀放开。《扬子法言·五百》:"～笔而成书。" ❹ 陈设,陈列。《诗经·大雅·行苇》:"～筵设席。"(筵:竹制的垫席。)㊀显明。《周易·系辞下》:"其言曲而中,其事～而隐。"㊀古时处死刑后陈尸于市叫"肆"。《周礼·秋官·掌戮》:"凡杀人者,踣(bó)诸市,～之三日。"(踣:倒毙。诸:之于。) ❺ 作坊。《论语·子张》:"百工居～以成其事。"㊀店铺。《后汉书·王充传》:"家贫无书,常游洛阳市～,阅所卖书。" ❻ 因此。《尚书·无逸》:"昔在殷王中宗,严恭寅畏……不敢荒宁,～中宗之享国七十有五年。" ❼ 数目字"四"的大写。 ❽ 量词。指成组的钟磬。《左传·襄公十一年》:"歌钟二～,及其镈、磬。" ❾ yì 通"肄"。研习,练习。嵇康《释私论》:"～乎所始,名其所终。"㊀剩余。《礼记·玉藻》:"～束及带,勤者有事则收之。"

S

SONG

忪 sōng ❶ zhōng 心跳，惊恐。《巢氏诸病源候总论·谷疸候》："食毕头眩心～。"❷ zhōng［怔忪］见 528 页"怔"字。❸［惺忪］见 456 页"惺"字。

凇 sōng 水汽遇冷凝结成的冰花。曾巩《冬夜即事》诗："月澹千门雾～寒。"

娀 sōng［有娀］古氏族名。有娀氏。《诗经·商颂·长发》："～～方将，帝立子生商。"

嵩（崧） sōng ❶ 山名。嵩山。原名"崇高"、"嵩高"。五岳中的中岳，位于河南。《史记·封禅书》："中岳，～高也。"《汉书·武帝纪》："翌日亲登～高。"沈约《游沈道士馆》诗："无事适华～。"（适：往。华：华山。）❷ 山大而高。《后汉书·马融传》："犯历～峦。"㊀高大。扬雄《河东赋》："瞰帝唐之～高兮。"

怂（慫） sǒng ❶ 惊惧。张衡《西京赋》："怵悼栗而～兢。"❷［怂恿（yǒng）］从旁劝说鼓动。王安石《和吴冲卿雪》诗："填空忽汗漫，造物谁～～。"

耸（聳） sǒng ❶ 耳聋。马融《广成颂》："子野听～，离朱目眩。"（子野、离朱：人名。）❷ 高起，高耸。柳宗元《种柳戏题》诗："～干会参天。"（干：树干。参天：高入云霄。）王勃《滕王阁序》："层峦～翠，上出重霄。"㊁抬起，举起，扬起。杨万里《寒食雨作》诗："唤惊昼梦～诗肩。"王勃《拜南郊颂序》："孙叔奉辔，王良～策。"陆龟蒙《奉和袭美太湖诗·初入太湖》："乍如开雕笯，～翅忽飞出。"❸ 鼓励，崇尚。《国语·楚语上》："为之～善而抑恶焉。"❹ 通"悚"。惊惧，恐惧。《韩非子·内储说上》："吏皆～惧。"㊁惊动，震动。江淹《别赋》："惊驷马之仰秣，～渊鱼之赤鳞。"❺ 恭敬，敬畏。《国语·楚语上》："能～其德，至于神明。"

悚 sǒng ❶ 恐惧，惊恐。《韩非子·内储说上》："皆～惧其所而不敢为非。"潘岳《射雉赋》："情骇而神～。"（情：心情。神：精神。）成语有"毛骨悚然"。❷ 恭敬。韩愈《上贾滑州书》："是宜小子刻心～慕。"

竦 sǒng ❶ 直立，竦立。张衡《思玄赋》："～余身而顺止兮，遵绳墨而不跌。"㊀企立，伸长脖子、提起脚跟站着。曹植《求自试表》："夫临博而企～。"《汉书·韩信传》："～而望归。"❷ 执持。屈原《九歌·少司命》："～长剑兮拥幼艾。"鲍照《咏史》："游客～轻辔。"❸ 高起，高耸。《抱朴子·穷达》："嵩、岱不托地，则不能～峻极。"这个意义后来写作"耸"。❹ 肃敬，恭敬。《汉书·礼乐志》："听者无不虚己～神。"《后汉书·黄宪传》："淑～然异之。"（淑：人名。异之：认为他很不一般。）❺ 通"悚"。惊惧，恐惧。《诗经·商颂·长发》："不震不动，不戁不～。"《韩非子·初见秦》："弃甲负弩，战～而却。"（却：退却。）㊁震惊，震动。《后汉书·南匈奴传》："～动左右。"《汉书·李广传》："怒形则千里～。"

讼（訟） sòng ❶ 争论，争辩。《淮南子·俶真》："儒墨乃始列道而议，分徒而～。"㊀诉讼，打官司。《论语·颜渊》："听～，吾犹人也。"张协《七命》："争宝之～解。"（宝：宝物。解：解决。）㊀控告。《史记·田叔列传》："～王取其财物百余人。"❷ 为人辩冤。《汉书·陈汤传》："太中大夫谷永上疏～汤。"（太中大夫：官名。谷永：人名。）《宋史·岳飞传》："太学生程宏图上书～飞冤。"❸ 责备，检讨。《论语·公冶长》："吾未见能见其过而内自～者也。"㊁埋怨。《汉书·东方朔传》："因自～独不得大官。"❹ 公开。《史记·吕太后本纪》："太尉尚恐不胜诸吕，未敢～言诛之。"❺ 通"颂"。歌颂，颂扬。《汉书·王莽传上》："深～莽功德。"

颂（頌） sòng ❶ róng 仪容。《汉书·儒林传》："抠衣登堂，～礼甚严。"这个意义又写作"容"。❷ róng 宽容。《汉书·惠帝纪》："有罪当盗械者，皆～系。"❸ 歌颂，颂扬。《史记·秦始皇本纪》："刻石～秦德。"❹《诗经》"风、雅、颂、赋、比、兴"六艺之一。包括《周颂》《鲁颂》《商颂》，均为庙堂祭祀时所使用的舞曲歌辞。《论语·子罕》："雅、～各得其所。"❺ 卜兆的占辞。《周礼·春官·大卜》："其～皆千有二百。"❻ 一种文体。刘勰《文心雕龙·颂赞》："～惟典雅。"（典雅：优美不粗俗。）❼ 朗读，背诵。《孟子·万章下》："～其诗，读其书。"

宋 sòng ❶ 周代诸侯国。在今河南商丘一带。《左传·僖公二十二年》："楚人伐～以救郑。"❷ 朝代名。1. 公元 420—479 年，南朝之一，第一代君主是刘裕，建都建康（今江苏南京）。2. 公元 960—1279 年，第一代君主是赵匡胤（yìn），原建都汴梁（今河南开封），公元 1127 年迁都到临安（今浙江杭州），迁都以前史称"北宋"，迁都以后史称"南宋"。

诵（誦） sòng ❶ 朗诵，背诵。《汉书·贾谊传》："以能～诗书属文称于郡中。"（属文：写文章。）孔融《荐祢衡表》："目所一见，辄～于口。" ❷ 述说，陈述。《孟子·告子下》："子服尧之服，～尧之言。"韩愈《答陈生书》："聊为足下～其所闻。" ❸ 颂扬，称颂。《左传·襄公三十一年》："文王之功，天下～而歌舞之。" ❹ 诗篇。《诗经·小雅·节南山》："家父作～，以究王讻。"（究：追究。讻：昏乱。） ❺ 委婉的讽谏。《左传·襄公四年》："国人～之曰……" ❻ 通"讼"。公开。《汉书·高后纪》："未敢～言诛之。"

SOU

搜（捜） sōu ❶ 搜索，搜查。曹植《七启》："～林索险。"《庄子·秋水》："～于国中三日三夜。" ❷ 选择，寻找。扬雄《甘泉赋》："～逑索偶。"《世说新语·纰漏》："王安丰选女婿，从挽郎～其胜者。"

廋（㢝） sōu ❶ 隐藏，藏匿。《论语·为政》："人焉～哉。" ❷ 说隐语。《新唐书·郑注传》："注本姓鱼……人～谓曰'水族'。"［廋辞］隐语，谜语。《国语·晋语五》："有秦客～～于朝，大夫莫之能对也。"（廋辞于朝：在朝廷上说谜语。） ❸ 山水弯曲的地方。《楚辞·九叹·忧苦》："步从容于山～。" ❹ 通"搜"。搜索，搜查。《汉书·赵广汉传》："直突入其门，～索私屠酤。"（屠酤：旧指以宰杀牲畜和卖酒为职业的人。）

飕（颼） sōu ❶ 小风。《初学记》卷一引《风俗通》："小风曰'～'。" ❷［飕飗］1. 风雨声。左思《吴都赋》："飕浏～～。"杜甫《秋雨叹》诗之三："雨声～～催早寒。" 2. 寒风凛冽的样子。王安石《杜甫画像》诗："不忍四海赤子寒～～。"

螋 sōu ［蠼（qú）螋］见 216 页"蠼（jué）"字。

蒐 sōu ❶ 草名。茜草。《山海经·中山经》："其阳多玉，其阴多～。" ❷ 春天打猎。《国语·齐语》："春以～振旅，秋以狝治兵。" ❸ 检阅，检查。《左传·襄公二十六年》："简兵～乘。"（简：检阅。乘：车。） ❹ 隐藏，隐蔽。《左传·文公十八年》："服谗（chán）～慝（tè），以诬盛德。"（服：施行。谗：说别人坏话。慝：邪恶。诬：欺骗。盛德：指有盛德的人。） ❺ 聚集。《新唐书·郭元振传》："请郭虔瓘使拔汗那～其铠马以助军。" ❻ 通"搜"。寻找。《宋史·李植传》："～选强壮，以重军势。"这个意义现在写作"搜"。

叟 sǒu ❶ 对老年男子的称呼。《列子·汤问》："河曲智～亡以应。"（亡以应：没法回答。亡：通"无"。） ❷ 汉代称西南一些少数民族。《华阳国志·南中志》："夷人大种曰昆，小种曰～。"《后汉书·董卓传》："吕布军有～兵内反。"

溲 sǒu ❶ 浸泡。《仪礼·士虞礼》："明齐～酒。"贾思勰《齐民要术·种谷》："先种二十日时，以～种。" ❷ 用液体调和，拌和。张鷟《朝野佥载》卷一："仆附耳语曰：'～几许面？'"张君房《云笈七签》卷七四："以药～干饭讫。" ❸ sōu 排泄小便，便溺。《国语·晋语四》："少～于豕牢。"[泛]排泄大小便。《史记·扁鹊仓公列传》："不得前后～三日矣。"[又]尿。《后汉书·张湛传》："湛至朝堂，遗失～便。"

瞍 sǒu 盲人。特指乐师。古代乐师多为盲人。《诗经·大雅·灵台》："矇～奏公。"

嗾 sǒu 用嘴发出声音（用以驱使狗）。《左传·宣公二年》："公～夫獒（áo）焉。"（獒：猛犬。）[喻]怂恿，唆使。查继佐《徐光启传》："～台臣论劾。"（唆使御史弹劾徐光启。台臣：御史。劾：弹劾。）[又]招惹，逗引。刘禹锡《秋词》："岂如春色～人狂。"

薮（藪） sǒu ❶ 大泽，湖泊。《周礼·夏官·职方氏》："其山镇曰会稽，其泽～曰具区。"[引]水少而草木茂盛的湖泽。《诗经·郑风·大叔于田》："叔在～，火烈具举。"《荀子·王制》："山林～泽。" ❷ 人或物聚集的地方。郭璞《奏请平刑书》："密迩奸～。"（密迩：紧挨着。）《抱朴子·汉过》："云观变为狐兔之～。"蔡邕《胡广黄琼颂》："惟道之渊，惟德之～。"

擞（擻） sǒu ［抖擞］见 90 页"抖"字。

嗽（嗽） sòu ❶ 咳嗽。《周礼·天官·疾医》："冬时有～，上气疾。" ❷ shù 通"漱"。漱口。《史记·扁鹊仓公列传》："日～三升。" ❸ shuò 通"欶"。吸吮。《汉书·佞幸传》："文帝尝病痈，邓通常为上～吮之。"

SU

苏¹（甦） sū ❶ 死而复生，苏醒过来。赵师侠《一剪梅·丙辰

S

冬长沙作》:"暖日烘梅冷未～。"萧衍《净业赋序》:"独夫既除,苍生～息。"(苍生:老百姓。)❷ 缓解,稍缓。李商隐《哭虔州杨侍郎》诗:"齐民困未～。"

苏[2](蘇) sū ❶ 植物名。紫苏。枚乘《七发》:"秋黄之～。"㊂柴草。《宋书·羊玄保传》:"贫弱者薪～无托。"❷ 取草。《庄子·天运》:"～者取而爨之而已。"㊂割草的人。鲍照《登大雷岸与妹书》:"樵～一叹,舟子再泣。"㊀取。屈原《离骚》:"～粪壤以充帏兮。"(粪壤:指肮脏的东西。帏:指佩戴在身上的香囊。)❸ 死而复生,苏醒过来。《史记·扁鹊仓生列传》:"有间,太子～。"(有间:一会儿。)㊀(在困顿中)得到解救或缓解。《孟子·梁惠王下》:"徯我后,后来其～。"(后:君主。)杜甫《江汉》诗:"落日心犹壮,秋风病欲～。"㊂拯救,解救。王安石《京东提点刑狱陆君墓志铭》:"～饥息穷,去害除弊。"上述❸㊀㊂的意义又写作"甦",现简化为"苏"。❹ 下垂的装饰物。《史记·司马相如列传》:"蒙鹖～,绔白虎。"双音词有"流苏"。❺ sù 朝,向。《荀子·议兵》:"顺刃者生,～刃者死。"

稣(穌) sū 苏醒,死而复生。刘义庆《幽明录》:"石长和死,四日～。"(石长和:人名。)

窣 sū ❶ 纵跃,纵身跳。《孔氏谈苑·皇甫偡深刻》:"如闭目～身入水。"❷ 突然。李隆基《初入秦川路逢寒食》诗:"灞岸垂杨～地新。"❸ 拂,甩动。李从善《蔷薇》诗:"新条～草垂。"❹ 细碎的声音。李贺《南园十三首》之二:"黄桑饮露～宫簾。"双音词有"窸(xī)窣"。

俗 sú ❶ 风俗,习惯。《尚书·君陈》:"败常乱～。"《荀子·乐论》:"移风易～,天下皆宁。"❷ 平庸的,一般人。杜甫《李鄠县丈人胡马行》:"始知神龙别有种,不比～马空多肉。"《孟子·梁惠王下》:"直好世～之乐耳。"㊂民众,百姓。《新唐书·戴叔伦传》:"为作均水法,～便利之。"㊂庸俗的,鄙俗的。与"雅"相对。王安石《兼并》诗:"～儒不知变。"❸ 佛教称在世间、在家。与"出家(为僧)"相对。《宋书·徐湛之传》:"世祖命使还～。"

夙 sù ❶ 早晨。《诗经·卫风·氓》:"～兴夜寐(mèi),靡有朝矣。"(兴:起。寐:睡觉。)㊂早年。李密《陈情表》:"臣以险衅,～遭闵凶。"(闵凶:丧亲之忧。)❷ 平素,以往。杜甫《骢马行》:"～昔传闻思一见。"《宋史·苏辙传》:"欲稍引用,以平～怨。"

诉(訴) sù ❶ 诉说,诉苦。《乐府诗集·伤歌行》:"舒愤～穹苍。"《后汉书·邓皇后纪》:"举头若欲自～。"(举头:抬头。)❷ 告状。《后汉书·陈宠传》:"吏多奸贪,～讼日百数。"《三国志·魏书·郭嘉传》:"数廷～嘉。"(屡次在朝廷上告郭嘉的状。)㊂诽谤。《左传·成公十六年》:"而～公于晋侯。"(公:鲁公。)❸ 辞谢饮酒。陆游《蝶恋花·禹庙兰亭今古路》:"鹦鹉杯深君莫～,他时相遇知何处。"【辨】告,诉。两字在古代不同义。现代"告诉"的意义在古代只说"告",不说"诉"。"诉"在古代主要是"诉说"的意思,"诉"的内容是自己的怨苦。

肃(肅) sù ❶ 收敛,萎缩。张协《杂诗》:"天高万物～。"《礼记·月令》:"寒气时发,草木皆～。"㊂肃杀。王安石《桂枝香·金陵怀古》词:"登临送目。正故国晚秋,天气初～。"❷ 恭敬。《左传·僖公二十三年》:"其从者～而宽。"(宽:待人宽大。)㊀恭敬地引导。《礼记·曲礼上》:"主人～客而入。"❸ 深深地作揖。《左传·成公十六年》:"三～使者而退。"❹ 严峻,严肃。《礼记·礼运》:"刑～而俗敝。"《三国志·蜀书·诸葛亮传》:"赏罚～而号令明。"㊀整顿。范仲淹《推委臣下论》:"～朝廷之仪,触缙绅之邪,此御史府之职也。"㊀警诫。《抱朴子·明本》:"不赏而劝,不罚而～。"❺ 清除。《魏书·元鸾传》:"准法寻愆,应加～黜。"

骕(驌) sù [骕骦][骕騻]良马名。张协《七命》:"骖唐公之～骦。"《后汉书·马融传》:"六～騻之玄龙。"

鹔(鷫) sù [鹔鷞][鹔鹴] 1. 一种雁。《楚辞·大招》:"鸿鹄代游,曼～鷞只。"2. 传说中西方的神鸟。杨炯《盂兰盆赋》:"鸣～鹴与鸑鷟(yuè zhuó)。"(鸑鷟:一种水鸟。)3. 通"骕骦"。良马名。刘禹锡《寄唐州杨八归厚》诗:"浅草遥迎～鹴马。"

素 sù ❶ 没有染色的绢。《玉台新咏·上山采蘼芜》:"新人工织缣(jiān),故人工织～。"(工:擅长。缣:细绢。)❷ 白色的。《诗经·召南·羔羊》:"～丝五紽(tuó)。"(紽:量词。)㊀(白色的)盐、雪等物。张融《海赋》:"熬波出～。"谢朓《阻雪》诗:"飘～莹檐溜。"㊂空,白白的。《诗经·魏风·伐檀》:"不～餐兮。"❸ (无荤腥的)植物类食品。与"荤"相对。《墨子·辞过》:"古之民未知为饮食时,～食而分处。"❹

S

朴素，质朴。《淮南子·本经》："其事～而不饰。"㉢根本，本质。刘向《说苑·反质》："是谓伐其根～，流于华叶。"《淮南子·俶真》："平易者道之～。"❺真情。邹阳《狱中上梁王书》："披心腹，见情～。"（披：剖开。见：现，露出。）这个意义后来又写作"愫"。❻清贫。《晋书·武帝纪》："举清能，拔寒～。"❼向来，平素。《史记·陈涉世家》："吴广～爱人，士卒多为用者。"（多为用者：大多愿意为他效劳。）㉤平素的（表现、修养等）。《汉书·梅福传》："听言不求其能，举功不考其～。"㉢旧交。刘禹锡《重祭柳员外文》："其他赴告，咸复于～。"

愫 sù 真情，诚意。陈亮《中兴五论序》："尝欲输肝胆，效情～。"

速 sù ❶快，迅速。《论语·子路》："欲～则不达。"《三国志·魏书·郭嘉传》："兵贵神～。"㉤急迫，紧急。杜甫《发阆中》诗："女病妻忧归意～，秋花锦石谁复数。"❷招致。《左传·闵公二年》："危身以～罪。"（危身：危及自身。）❸迎请，邀请。《荀子·乐论》："主人亲～宾及介，而众宾皆从之。"（介：替宾客传话的人。）成语有"不速之客"。【辨】快，速，疾，捷。这几个字都有快速的意思。"快"表示快速是后起意义，在上古只作愉快讲，而"快速"这个意思却常用"速"表示。"疾"一般比"速"快一些。"捷"指动作轻快、敏捷。

饫（餗） sù 鼎中的美味食物。《周易·鼎》："鼎折足，覆公～。"㉦美味佳肴。王令《古庙》诗："～肴丰鲜牲鱼肥。"叶适《承事郎致仕黄君墓志铭》："种之炊之，有实其～。"

觫 sù ［觳（hú）觫］见160页"觳"字。

宿 sù ❶住宿，过夜。《荀子·儒效》："暮～于百泉。"（百泉：地名。）㉢住宿的地方。《周礼·地官·遗人》："三十里有～，～有路室。"㉢隔夜的。《论语·颜渊》："子路无～诺。"❷停留，驻扎。杜甫《宿江边阁》诗："薄云岩际～。"陈亮《上孝宗皇帝第一书》："故京师常～重兵以为固。"❸平素，素来就有的。《三国志·蜀书·诸葛亮传》："～服仰备。"（备：刘备。）《新唐书·李道宗传》："长孙无忌、褚遂良与道宗有～怨。"（长孙无忌、褚遂良、道宗：都是人名。）❹多年的。《礼记·檀弓上》："朋友之墓，有～草而不哭焉。"曹叡《长歌行》："～屋邪草生。"❺年岁大。《周书·文帝纪上》："虽操行无闻，而年齿已～。"㉤老成的，久于其事。《后汉书·刘表传》："奸猾～贼。"［宿将］有经验的老将。《战国策·魏策二》："田肦，～～也。"（田肦：人名。）❻xiǔ 量词。用以计算整夜。贾思勰《齐民要术·水稻》："净淘种子，渍（zì）经五～。"（渍：泡。）❼xiù 星宿。特指二十八宿。《列子·天瑞》："日月星～不当坠邪。"（坠：掉下来。）

粟 sù ❶谷子。去皮后称为"小米"。《旧唐书·食货志下》："其～麦粳稻之属各依土地，贮之州县，以备凶年。"（贮：储蓄。）㉦粮食。李斯《谏逐客书》："地广者～多。"❷指俸禄。殷仲文《解尚书表》："退不能辞～首阳，拂衣高谢。"❸沙粒等细小之物。《山海经·南山经》："英水出焉，西南流注于赤水，其中多白玉，多丹～。"（丹：红。）❹皮肤上因寒冷而起鸡皮疙瘩。陆游《雪后苦寒行饶抚道中有感》诗："重裘犹～肤。"（重裘：两层皮袄。）【辨】穀，禾，粟，黍，稷。见136页"谷²（穀）"字。

谡（謖） sù ❶立起，起来。《列子·黄帝》："若夫没人，则未尝见舟而～操之者也。"（没人：善于游泳的人。操：指使用。）❷肃敬的样子。《后汉书·蔡邕传》："公子～尔敛袂（mèi）而兴。"（敛袂：收敛袖子。兴：起。）❸［谡谡］1. 峻拔的样子。赵孟𫖯《题西溪图》诗："长松～～含苍烟。"2. 形容连续不断的声音。陆机《感时赋》："风～～而妄作。"洪迈《夷坚丙志·蔡州禳灾》："其下～～如人行，约有脚三二十只。"

遡 sù ❶逆水流而上。《诗经·秦风·蒹葭》："～洄从之，道阻且长。"㉤追溯。刘昌诗《芦浦笔记叙》："～其源而循其流。"❷面向，向着。张衡《西京赋》："咸～风而欲翔。"刘禹锡《答容州窦中丞书》："挟弓注矢～空而发。"上述❶❷又写作"溯"或"泝"。❸通"愬"。诉说。《战国策·齐策五》："告～于魏。"

溯（泝、㴑） sù ❶逆水流而上。《左传·哀公四年》："吴将～江入郢。"㉤追溯。班固《典引》："～测其源，乃先孕虞育夏，甄殷陶周。"❷面向，向着。张衡《东京赋》："～洛背河，左伊右瀍。"（伊、瀍：河名。）

愬 sù ❶同"诉"。诉说，诉苦。《诗经·邶风·柏舟》："薄言往～，逢彼之怒。"（薄言：动词词头。）这个意义现写作"诉"。㉢进谗言，诽谤。《论语·宪问》："～子路于季孙。"❷向着。潘岳《西征赋》："～黄巷以济潼。"（黄巷：亭名。济：渡。潼：水名。）

S

❸ sè 惊恐。《公羊传·宣公六年》："～而再拜。"

蔌 sù ❶蔬菜的总称。《诗经·大雅·韩奕》："其～维何？维笋及蒲。"❷[蔌蔌]1. 简陋的样子。《诗经·小雅·正月》："佌佌彼有屋，～～方有穀。"2. 风疾劲的样子。鲍照《芜城赋》："～～风威。"3. 花叶纷纷落下的样子。元稹《连昌宫词》："风动落花红～～。"4. 水流动的样子。苏轼《食柑》诗："清泉～～先流齿。"

簌 sù ❶摇动，抖动。王祯《农书》卷十六："一捣一～，既省人搅，米自匀细。"❷[簌簌]1. 连续落泪的样子。李璟《摊破浣溪沙·菡萏香销翠叶残》："～～泪珠多少恨。"2. 微弱而连续发出的声音。苏轼《浣溪沙·簌簌衣巾落枣花》："～～衣巾落枣花。"

SUAN

狻 suān [狻猊][狻麑]狮子。《穆天子传》卷一："～猊□野马，走五百里。"也单用"狻"。苏轼《记所见开元寺吴道子画佛灭度以答子由》诗："西方真人谁所见？衣被七宝从双～。"

筭 suàn ❶计算时用的筹码。多用竹子制成。《山海经·海外东经》："右手把～。"《世说新语·文学》："如筹～，虽无情，运之者有情。"❷通"算"。计算。枚乘《七发》："持筹而～之。"《新唐书·杨国忠传》："计～钩画，分铢不误。"㊀计划，筹谋。陆机《吊魏武帝文》："长～屈于短日。"（长筭：长远的计划。屈：屈服，受挫折。短日：指寿命短。）

算（祘） suàn ❶数（shǔ），计算。《汉书·律历志》："数者，一、十、百、千、万也，所以～数事物。"㊀数额，限额。《仪礼·士丧礼》："明衣不在～。"《礼记·檀弓下》："辟踊，哀之至也；有～，为之节文也。"[无算]无法计算。形容极多。《北史·崔浩传》："人畜～～。"❷征税。荀悦《汉纪·武帝纪六》："～至船车，租及六畜。"❸计划，筹谋。《汉书·赵充国传》："臣闻兵以计为本，故多～胜少～。"成语有"算无遗策"。㊀推测，预料。姜夔《扬州慢》："～而今重到须惊。"张先《系裙腰·惜霜蟾照夜云天》："～一年年，又能得几番圆。"❹算卦，算命。《晋书·郭璞传》："妙于阴阳～历。"❺通"筭"。古代计算时用的筹码。《仪礼·乡射礼》："一人执～以从之。"

SUI

虽（雖） suī ❶虽然。《诗经·大雅·文王》："周～旧邦，其命维新。"贾思勰《齐民要术·耕田》："田～薄恶，收可亩十石。"（收可亩十石：每亩可收十石。）❷即使，纵然。《孟子·告子下》："～与之天下，不能一朝居也。"《墨子·公输》："～杀臣，不能绝也。"❸ wéi 通"惟"。仅，只有。《管子·君臣下》："决之则行，塞之则止。～有明君能决之又能塞之。"

睢 suī ❶ huī 仰目。[睢睢]仰视的样子。《汉书·五行志中之下》："万众～～，惊怪连日。"❷怒目而视。《战国策·燕策一》："若恣～奋击。"❸通"濉"。河流名。濉河。流经今河南、安徽、江苏等地。《史记·高祖本纪》："～水为之不流。"

濉 suī 河流名。濉河。流经今河南、安徽、江苏等地。《韩诗外传》卷三："～漳江汉，楚之望也。"

绥（綏） suí ❶登车时做拉手用的绳子。《左传·哀公二年》："子良授太子～而乘之。"❷安，安抚。《诗经·大雅·民劳》："惠此中国，以～四方。"《三国志·蜀书·诸葛亮传》："思靖百姓，惧未能～。"（靖：安定。）双音词有"绥靖"。❸临阵退却。曹操《败军令》："将军死～。"❹ ruí 通"緌"。旌旗的一种。《礼记·王制》："天子杀则下大～。"㊀旗的缨穗。《礼记·曲礼上》："武车～旌。"柳宗元《起废答》："络以和铃，缨以朱～。"

隋 suí ❶ tuǒ 古代祭祀名。《周礼·春官·小注》郑玄注："～，尸之祭也。"❷周代诸侯国之一。地处今湖北随州一带。杜甫《酬郭十五判官》诗："只同燕石能星陨，自得～珠觉夜明。"❸朝代名。公元581—618年，第一代君主是杨坚，建都大兴（今陕西西安）。白居易《新乐府·二王后》："周亡天下传于～，～人失之唐得之。"❹ duò 通"堕"。堕落，下垂。《史记·天官书》："廷藩西有～星五。"㊀通"惰"。怠慢，懒惰。《晏子春秋·内篇问下》："奉官从上不敢～。"《淮南子·时则》："民气解～。"❺ huī 通"隳"。毁坏。《国语·晋语八》："若受君赐，是～其前言。"

随（隨） suí ❶随，跟随。《左传·文公十七年》："～蔡侯以朝于执事。"杜甫《春夜喜雨》诗："～风潜入夜。"成语有"夫唱妇随"。㊀沿着，顺着。《淮南子·修务》："～山刊木。"（刊：砍。）成语有"随波逐流"。㊂追求，追逐。《周易·随》："～有求，得。"❷ 依从，照着办。《扬子法言·渊骞》："萧也规，曹也～。"（萧何订立规章制度，曹参照着办。）㊂依靠，依据。司马光《乞实行治国用疏上殿札子》："乞～材用人。"❸ 听任，任随。《史记·魏世家》："听使者之恶之，～安陵氏而亡之。"韩愈《进学解》："行成于思毁于～。"❹ 副词。随即，接着。《史记·留侯世家》："良殊大惊，～目之。"（良：张良。目：看。）❺ 周代诸侯国之一。又称隋。地处今湖北随州一带。《左传·桓公六年》："汉东之国～为大。"❻ tuǒ 椭圆形。《淮南子·齐俗》："于盘水则员，于杯则～。"❼ duò 懈怠，懒惰。《管子·形势解》："臣下～而不忠。"❽ huī 通"隳"。毁坏。《商君书·算地》："今世巧而民淫，方效汤武之时，而行神农之事，以～世禁。"

遂 suì ❶ 前进，前往。《周易·大壮》："不能退，不能～。"谢灵运《九日从宋公戏马台集送孔令》诗："归客～海嵎。"㊂进荐，举荐。《吕氏春秋·简选》："～其贤良，顺民所喜。"❷ 成就，顺利地做到。司马迁《报任安书》："四者无一～。"㊀顺从，因循。《荀子·王制》："则大事殆乎弛，小事殆乎～。"❸ 放任，任从。《商君书·算地》："夫弃天物，～民淫者，世主之务过也。"❹ 生长，养育。《韩非子·难二》："六畜～，五谷殖。"《管子·兵法》："定宗庙，～男女。"❺ 田间水沟。《周礼·地官·遂人》："夫间有～，～上有径。"❻ 通，达。《国语·周语下》："节之鼓而行之，以～八风。"《淮南子·精神》："何往而不～。"㊂水中的通道。《荀子·大略》："迷者不问路，溺者不问～。"㊁路径，通道。苏辙《巫山赋》："蹊～芜灭而不可陟兮。"❼ 于是，就。《韩非子·说林上》："乃掘地，～得水。"❽ 终，竟，终于。《汉书·梅福传》："灾异数见，群下莫敢正言，福复上书……上～不纳。"❾ 先秦时指京城远郊或郊外的行政区域。《尚书·费誓》："鲁人三郊三～。"王安石《周公》："故三代之制，立庠于党，立序于～，立学于国。"❿ 古代取火的工具。《周礼·秋官·司烜氏》："掌以夫～取明火于日。"这个意义后来写作"燧"。⓫ 通"邃"。深远。屈原《天问》："～古之初，谁传道之。"

岁（歲、嵗） suì ❶ 星名。木星。或指假想的"岁星（太岁）"。《左传·襄公二十八年》："～在星纪。"❷ 年。《诗经·王风·采葛》："一日不见，如三～兮。"㊀时间，光阴。《论语·阳货》："日月逝矣，～不我与。"《三国志·吴书·吴主传》："欲以虚辞引～。"（虚辞：空话。引岁：拖延时间。）❸ 表示年龄的单位。《史记·秦始皇本纪》："年十三～，庄襄王死，政代立为秦王。"（政：嬴政，即秦始皇。）㊂年纪，年岁。韩愈《入关咏马》："～老岂能充上驷，力微当自慎前程。"❹ 年成，年景，收成。《管子·小问》："厚收善～，以充仓廪（lǐn）。"（厚收：多收。善：好。仓廪：仓库。）

谇（誶） suì ❶ 责备，责骂。《国语·吴语》："吴王还自伐齐，乃～申胥。"（申胥：人名。）贾谊《治安策》："母取箕帚，立而～语。"❷ 问讯，责问。《庄子·山木》："虞人逐而～之。"❸ 谏诤。屈原《离骚》："謇（jiǎn）朝～而夕替。"（謇：句首语气词。替：废。）❹ 告知。《汉书·叙传上》："既～尔以吉象兮，又申之以炯戒。"❺ 辞赋篇末总括之词。《汉书·贾谊传》："～曰：'已矣，国其莫吾知兮。'"

祟 suì ❶（鬼神作怪）造成灾害。《左传·昭公元年》："实沈、台骀（tái）为～。"（实沈、台骀：都是神名。）❷ 灾害，灾祸。《史记·田叔列传》："久乘富贵，祸积为～。"

隧 suì ❶ 通道，道路。《庄子·马蹄》："山无蹊～，泽无舟梁。"张衡《西京赋》："俯察百～。"❷ 地道，隧道。《左传·隐公元年》："大～之中。"㊀挖隧道。《左传·隐公元年》："若阙地及泉，～而相见。"㊕墓道。《左传·僖公二十五年》："请～，弗许。"（请隧：请求做墓道埋葬。弗：不。）❸［亭隧］［障隧］烽火台。《汉书·匈奴传下》："建塞徼，起亭～。"班彪《北征赋》："登障～而遥望。"❹ zhuì 通"坠"。落下，掉下。《淮南子·说林》："悬垂之类，有时而～。"

燧 suì ❶ 古代取火的器具。《韩非子·五蠹》："钻～取火以化腥臊。"❷ 火，火把。曹植《应诏诗》："前驱举～，后乘抗旆。"❸ 古代边防报警燃的火。《史记·司马相如列传》："闻烽举～燔，皆摄弓而驰，荷兵而走。"㊀烽火台。《墨子·号令》："北至城者三表，与城上烽～相望。"见 113 页"烽"字。［亭燧］烽火台。《后汉书·西羌传》："于是障塞～～出长城外数千里。"❹ 燧人氏的简称。张九龄《龙池圣德颂》："巢、～之前，寂寞无纪。"

邃 suì ❶ 深远。《抱朴子·论仙》："～古之事，何可亲见。"柳宗元《永州韦使

S

君新堂记》："窍穴透～。"（窍穴：山洞。透：曲折。）❷ 精深，精通。《汉书·任敖传》："无所不通，而尤～律历。"《新唐书·韦夏卿传》："少～于学。"（少：少年。）

SUN

孙（孫） sūn ❶ 儿子的子女，孙子或孙女。《史记·屈原贾生列传》："举贾生之～二人至郡守。"（举：荐举，举用。）〔引〕与孙子同辈的侄孙、外孙等。元好问《示侄孙伯安》诗："幸此掌中～，未染如素丝。"这里是侄孙。《诗经·召南·何彼襛矣》："平王之～，齐侯之子。"这里是外孙。〔泛〕孙子以后的各代。如"曾孙"、"玄孙"等。《汉书·曹参传》："至哀帝时，乃封参玄～之孙本始为平阳侯。"（本始：人名。）❷ 植物再生、孳生的（枝叶）。嵇康《琴赋》："乃斫（zhuó）～枝。"（斫：砍去。）〔引〕细小的。《素问·气穴论》："愿闻～络谿谷。"（络：脉络。）❸ xùn 通"逊"。恭顺。《论语·述而》："奢则不～。"《史记·晋世家》："郑不～。"❹ xùn 通"逊"。退出（职位）。《隶释·吉成侯州辅碑》："后以病～位。"❺ xùn 通"逊"。逃亡。《左传·庄公元年》："夫人～于齐。"（齐：齐国。）

荪（蓀） sūn 一种香草。也叫荃。屈原《九歌·湘君》："～桡兮兰旌。"曹植《与杨德祖书》："兰茝（chǎi）～蕙之芳，众人所好。"（兰茝、蕙：都是香草名。芳：香气。）

飧（飱） sūn ❶ 吃晚饭，晚饭。《国语·晋语二》："不～而寝。"柳宗元《种树郭橐驼传》："吾小人辍～饔（yōng）以劳吏者。"（辍：停止。饔：早饭。）❷ 熟食，饭食。《左传·僖公二十三年》："公子受～反璧。"（反：返还。）杜甫《客至》诗："盘～市远无兼味。"（市远：离集市较远。无兼味：指肴菜不丰富。）❸ 用汤水浇饭。《礼记·玉藻》："君未覆手，不敢～。"

损（損） sǔn ❶ 减少。与"增"、"益"相对。《老子·七十七章》："～有余而补不足。"［损抑］退让。《宋书·王僧绰传》："惧其太盛，劝令～～。"❷ 损害。与"益"相对。《尚书·大禹谟》："满招～，谦受益。"〔泛〕伤害。《三国志·吴书·楼玄传》："劳～圣虑。"〔泛〕损毁，毁坏。史达祖《杏花天·细风微月垂杨院》："栖莺未觉花梢颤，踏～残红几片。"❸ 丧失，损失。《商君书·慎法》："以战必～其将。"北魏吉迦夜共昙曜译《杂宝藏经》卷八："佛说有七种施，不～财物，获大果报。"❹ 谦抑，克制。王禹偁《答晁礼丞书》："某褊狷刚直为众所知，虽强～之，未能尽去。"

笋（筍） sǔn ❶ 竹芽，竹笋。《诗经·大雅·韩奕》："维～及蒲。"❷ 芦荻的嫩芽。张籍《凉州词》："芦～初生渐欲齐。"❸ 悬挂乐器的横梁。《周礼·考工记·梓人》："梓人为～虡。"

隼 sǔn 一种猛禽。也叫鹘（hú）。《国语·鲁语下》："有～集于陈侯之庭而死。"

SUO

娑 suō ❶［娑娑］轻轻舞动的样子。张衡《思玄赋》："修初服之～～兮。"❷［婆娑］见 314 页"婆"字。

挲（抄） suō ［摩挲］又写作"摩娑"、"摩莎"。1. 揉搓。《礼记·郊特牲》郑玄注："摩莎沛之，出其香汁。"2. 抚摸。《后汉书·方术传》："与一老公共摩挲铜人。"

梭 suō 梭子。织布时穿引纬线左右运行的工具。《晋书·谢鲲传》："女投～，折其两齿。"成语有"穿梭不停"。

蓑 suō ❶ 蓑衣。《诗经·小雅·无羊》："尔牧来思，何～何笠。"（何：荷。）张志和《渔歌子》："青箬笠，绿～衣。"❷ 用草覆盖以掩蔽。《公羊传·定公元年》："仲几之罪何？不～城也。"（仲几：人名。）❸ suī ［蓑蓑］下垂的样子。张衡《南都赋》："布绿叶之萋萋，敷华蕊之～～。"

缩（縮） suō ❶ 减少，亏欠。《淮南子·时则》："孟春始赢，孟秋始～。"〔引〕节省。《资治通鉴·唐宪宗元和十三年》："～衣节食。"〔泛〕蜷，收缩。《吕氏春秋·古乐》："筋骨瑟～不达。"杜甫《前苦寒行》："汉时长安雪一丈，牛马毛寒～如蝟。"（蝟：刺猬。）❷ 退后。《史记·屈原贾生列传》："固自～而远去。"❸ 用绳子捆起来。《诗经·大雅·绵》："其绳则直，～版以载。"（版：打土墙用的夹板。）❹ 取。《国语·楚语上》："若于目观则美，～于财用则匮。"皎然《周长史昉画毗沙门天王歌》："降魔大戟～在手。"❺ 将酒过滤。《左传·僖公四年》："无以～酒。"❻ 竖直。《礼记·檀弓上》："古者冠～缝，今也衡缝。"〔泛〕正直。《孟子·公孙丑上》："自反而～，虽千万人，吾往矣。"

所 suǒ ❶ 处所。《墨子·号令》："夜以火指鼓～。"（指：指示。）〔泛〕量词。套，

S

座。用于房屋。班固《西都赋》:"离宫别馆,三十六～。"[又]适宜的地位。《周易·系辞下》:"交易而退,各得其～。"诸葛亮《出师表》:"必能使行陈和睦,优劣得～。"❷ 代词。放在动词前面,组成名词性词组,表示"……的人"、"……的事物"、"……的地方"等。曹操《举贤勿拘品行令》:"其各举～知,勿有～遗。"陶潜《桃花源记》:"此人一一为具言～闻。"《左传·襄公十四年》:"赐我南鄙之田,狐狸～居,豺狼～嗥。"[所以] 1. 表示"……的原因"。《商君书·农战》:"国之～～兴者,农战也。"(兴:兴盛。) 2. 表示"用来……的东西"。《韩非子·五蠹》:"夫仁义辩智,非～～持国也。"(辩:口才。智:智慧。持国:保卫国家。) ❸ [为……所……]表示被动。《三国志·魏书·武帝纪》:"术怒攻布,为布所破。"(术:袁术。布:吕布。破:打败。) ❹ 表示大概的数目。《史记·留侯世家》:"父去里～,复还。"(去:离开。里所:一里路左右。) ❺ 假若,如果。《论语·雍也》:"予～否者,天厌之！天厌之！"

索 suǒ ❶ 大绳子。《尚书·五子之歌》:"若朽～之驭六马。"[泛]绳索。《列子·天瑞》:"鹿裘带～。"[又]使……成绳状。《论衡·语增》:"传语又称纣力能～铁伸钩。"(纣:商纣王。伸钩:使钩伸直。) ❷ 法度。《左传·定公四年》:"疆以周～。"(周:周朝。) ❸ 求取,寻找。《韩非子·孤愤》:"求～不得,货赂不至。"《庄子·外物》:"曾不如早～我于枯鱼之肆。"成语有"探赜索隐"。[又]搜索。《史记·秦始皇本纪》:"乃令天下大～十日。"[又]索取,讨要。南朝萧齐求那毗地译《百喻经·伎儿作乐喻》:"譬如伎儿,王前作乐,王许千钱。后从王～,王不与之。"❹ 尽,完结。《韩非子·初见秦》:"士民病,蓄积～。" ❺ 孤独。《礼记·檀弓上》:"吾离群而～居,亦已久矣。"成语有"离群索居"。【辨】绳,索。"绳"指小绳子,"索"指大绳子。

琐(瑣) suǒ ❶ 琐碎,细小。陆机《演连珠》:"事有～而助洪。"(洪:大。)[引]卑微。权德舆《答左司崔员外书》:"德舆器用～薄。"❷ 仔细。《汉书·丙吉传》:"召东曹案边长吏～科条其人。"❸ 连环,连锁。仲长统《述志》诗:"委曲如～。"(委曲:委婉曲折。)[又](门窗上雕刻或绘有)连环形的花纹。鲍照《玩月城西门廨中》诗:"玉钩隔～窗。"[引]宫门。长孙佐辅《宫怨》诗:"忆昔妆成候仙仗,宫～玲珑日新上。"

S

T

TA

他 tā ❶别的，其他的。《管子·内业》："心无～图。"（图：考虑。）成语有"他山之石，可以攻玉"。❷第三人称代词（后起意义）。寒山子《有汉姓傲慢》诗："百事被～嫌。"

它 tā 别的，其他的。《诗经·小雅·鹤鸣》："～山之石，可以为错。"（错：磨刀石。）《荀子·议兵》："无～故焉。"（故：原因。）

獭（獺） tǎ 兽名。水獭。《孟子·离娄上》："故为渊驱鱼者～也。"

拓[1]（搨） tà ❶把石碑或器物上的文字、图像拓印在纸上。王建《原上新居》诗："古碣（jié）凭人～。"（碣：石碑。凭：任凭。）❷垂下。陈琳《为袁绍檄豫州文》："垂头～翼，莫所凭恃。"

沓 tà ❶会合，重叠。屈原《天问》："天何所～？"（天在哪里与地会合？）柳宗元《天对》："～阳而九。"（阳：阳气。九：指九重天。）❷纷多，众多。常"沓杂"、"杂沓"连用。枚乘《七发》："～杂似军行。"（行：行列。）成语有"纷至沓来"。❸［沓沓］1. 语多的样子。《孟子·离娄上》："《诗》曰：'天之方蹶，无然泄泄。''泄泄'犹'～～'也。"2. 急行的样子。《汉书·礼乐志》："旌容容，骑～～。"❹贪婪。《国语·郑语》："其民～贪而忍。"❺轻慢，懈怠。《国语·郑语》："其民怠～其君。"《新唐书·李愿传》："骄骜怠～。"❻量词。用于成套的器物。《世说新语·任诞》："定是二百五十～乌樏。"❼dá 量词。用于重叠成摞的纸张等薄物。陶宗仪《南村辍耕录》卷十三："朱书符命一～。"

踏（蹋、蹹、蹋） tà ❶踩，践踏。贾思勰《齐民要术·种葵》："足～使坚平。"㉑歌舞时用脚踏地打拍子。骆宾王《畴昔篇》："共～《春江曲》，俱唱《采菱歌》。"㉒踢。《汉书·戾太子刘据传》："山阳男子张富昌为卒，足～开户。"❷游览风景。韩愈《送李六协律归荆南》诗："莫忘～芳菲。"双音词有"踏青"。❸亲临现场调查。《元史·刑法志一》："诸郡县灾伤，过时不申，或申不以实，及按治官不以时检～，皆罪之。"（申：上报。按治官：考查实情的官吏。以时：按时。罪之：给他们加罪。）双音词有"踏看"、"踏勘"。

挞（撻） tà 用鞭子或棍子打。《仪礼·乡射礼》："射者有过，则～之。"《晋书·潘岳传》："岳恶其为人，数～辱之。"（恶：厌恶。）

闼（闥） tà ❶门内。《诗经·齐风·东方之日》："彼姝者子，在我～兮。"❷宫门或官署门。《后汉书·张步传》："带剑至宣德后～。"（宣德：宫殿名。）《后汉书·黄香传》："昼夜不离省～。"㉑门。王安石《书湖阴先生壁》诗："两山排～送青来。"

嗒 tà ［嗒然］沮丧的样子。白居易《隐几赠客》诗："有时犹隐几，～～无所偶。"（隐几：靠着小桌。）

遝 tà ❶到，达到。《墨子·迎敌祠》："城之外，矢之所～。"❷［杂遝］众多。曹植《洛神赋》："众灵～～。"

榻 tà ❶窄而低的床。刘熙《释名·释床帐》："长狭而卑曰～。"㉑床。《古诗为焦仲卿妻作》："移我琉璃～，出置前窗下。"（琉璃榻：镶嵌着琉璃的床。）❷几案。《三国志·吴书·鲁肃传》："合～对饮。"❸拓印，摹写。皮日休《奉和鲁望寄南阳广文次韵》："八会旧文多～写。"

阘（闒） tà ❶楼上门户。《说文·门部》："阘，楼上户也。"❷［阘茸］1. 卑贱的人。贾谊《吊屈原赋》："～～尊显兮，谗谀得志。"司马迁《报任安书》："今已亏形为扫除之隶，在～～之中。"又写作"闒茸"。《汉书·孝武李夫人传》颜师古注："言嫉妒～～之徒不足与夫人为程品也。"2. 驽劣。《楚辞·九叹·忧苦》："杂斑驳与～～。"《盐铁论·利议》："诸生～～无行。"❸通"踏"。踢。《资治通鉴·周显王三十六年》："临淄甚富而实，其民无不斗鸡走狗，六博～鞠。"（鞠：踢打的球。）

TAI

胎 tāi ❶母体中未生的幼体，胚胎。《后汉书·华佗传》："佗曰：'脉理如前，是两～。'"❷开端，根源。枚乘《上书谏吴王》："祸生有～。"

T

台[1] tái ❶ yí 第一人称代词。我，我的。《尚书·说命上》："朝夕纳诲，以辅～德。"（纳：进，贡献。诲：教诲。辅：辅助，辅佐。）❷ yí 何，什么。《尚书·汤誓》："夏罪其如～？"（夏：指夏桀。）班固《典引》："今其如～独阙也？"（阙：缺。）❸ yí 通"怡"。愉快。《史记·太史公自序》："唐尧逊位，虞舜不～。"（唐尧、虞舜：都是传说中的古代帝王。逊位：让位。）❹ 星名。即"三台"（六颗星）。《晋书·天文志上》："在人曰三公，在天曰三～。"韦庄《秦妇吟》："妖光暗射～星折。"㉠对他人的敬称。古代用"三台"比"三公"（古代最高的官位），因此旧时常用"台"作为对别人的敬称。欧阳修《与程文简公书》："某顿首，伏承～诲。"双音词有"兄台"、"台甫（向别人请问表字时的敬称）"。【辨】臺，台。本是两个字。"臺"是土筑的高坛，又表示古代官署名，如"楼臺"、"臺省"，古代不写作"楼台"、"台省"。"台"有两读：读 yí 时有"我"、"何"、"愉快"等意义，读 tái 时是星宿名。古代"台"都不写作"臺"。

台[2]（臺） tái ❶ 土筑的高台。供观察瞭望用。《老子·六十四章》："九层之～，起于累土。"（累：堆积。）❷ 指朝廷。《晋书·张昌传》："诈言～遣其募人讨流。"（流：人名。）㉦古代官署名。如汉代称尚书为"中台"，御史为"宪台"，谒者为"外台"。应劭《汉官仪》："尚书郎初入～为郎中。"陈琳《为袁绍檄豫州》："坐领三～，专制朝政。"㉠对高级官吏或平辈人的敬称。如"抚台（巡抚）"、"藩台（布政使）"、"兄台"等。王世贞《觚不觚录》："起兵备大名，抚～为温公如璋。"❸ 奴隶的一个等级。《左传·昭公七年》："仆臣～。"（仆：奴隶的一个等级。）❹ 通"薹"。草名。薹草。《诗经·小雅·南山有臺》："南山有～，北山有莱。"【辨】亭，臺，榭，楼，阁。"亭"在上古只指旅宿的亭和观察瞭望用的亭。"园亭"的"亭"的意义是后起的。"园亭"的"亭"有顶无墙，和"臺"、"榭"、"楼"都不同。"臺"的特点是筑土很高，也就是一种高坛。"榭"是臺上的房子。"楼"是重屋，上下都可以住人。"阁"是架空的楼，不同于一般的"楼"。【辨】臺，台。见上"台[1]"字。

骀（駘） tái ❶ 马嚼子脱落。《后汉书·崔寔传》："马～其衔，四牡横奔。"（衔：马嚼子。牡：指雄马。）❷ 劣马，不好的马。宋玉《九辩》："却骐骥而不乘兮，策驽（nú）～而取路。"（驽：劣马。）㉥庸才，能力低下。王韶之《赠潘综吴逵举孝廉》诗："伊余朽～。"（伊：语气词。余：我。）米芾《天马赋》："色妙才～。"❸［骀藉］践踏。《史记·天官书》："兵相～～，不可胜数。"❹ dài ［骀荡］1. 放荡。《庄子·天下》："惜乎惠施之才，～～而不得。"（惜：可惜。惠施：人名。不得：无所得。）2. 舒缓荡漾。形容音乐或景色。马融《长笛赋》："安翔～～，从容阐缓。"（音调平缓悠扬，和悦轻松。）谢朓《直中书省》诗："春物方～～。"❺ dài 懈怠，疲惫。《北史·王思政传论》："率疲～之兵，当劲勇之卒。"

炱（炲） tái 黑色的煤烟。《吕氏春秋·任数》："向者煤～入甑中。"㉠黑色。《素问·风论》："其色～。"

鲐（鮐） tái ❶ 一种体侧有斑纹的海鱼。也叫鲭。《盐铁论·通有》："莱、黄之～，不可胜食。"❷ 高寿的老人。人老背如鲐的斑纹。陆龟蒙《彼农二章》诗之一："大耋既～。"［鲐背］高寿的老人。柳宗元《愈膏肓疾赋》："善养命者，～～鹤发成童儿。"

太 tài ❶ 极大。㉠最，极。《吕氏春秋·恃君》："～古尝无君矣。"《韩非子·说疑》："～上禁其心，其次禁其言，其次禁其事。"㉦过于，过分。《庄子·天下》："其为人～多，其自为～少。"❷ 对高一辈的人的尊称。《史记·高祖本纪》："高祖五日一朝～公。"（太公：指刘邦的父亲。）㉦对远祖的尊称。扬雄《长杨赋》："奉～尊之烈。"❸［太息］长叹。《史记·陈涉世家》："陈涉～～曰：'嗟乎，燕雀安知鸿鹄之志哉！'"（安：哪里。鸿鹄：天鹅。志：志向。）【注意】"太"、"泰"、"大"三个字在古代常常通用。

汰（汏） tài ❶ 淘洗。《世说新语·排调》："洮之～之，沙砾在后。"㉦去掉差的。刘克庄《象奕》诗："冗卒要精～。"双音词有"淘汰"。❷ 简选，选取。王融《永明十一年策秀才文》："顷深～珪符，妙简铜墨。"（珪符、铜墨：指郡守、县令各级官吏。）❸ 水波。屈原《九章·涉江》："乘舲船余上沅兮，齐吴榜以击～。"（舲：小船。沅：沅江。榜：船桨。）❹ 通过，掠过。《左传·宣公四年》："伯棼射王，～辀。"❺ 通"泰"。骄奢，过度。《世说新语·识鉴》："后诸王骄～，轻构祸难。"

态（態） tài ❶ 姿态，态度。屈原《离骚》："余不忍为此～也。"㉠容貌，体态。宋玉《神女赋》："瑰姿玮～，不可胜赞。"㉦形态，形状。《列子·黄帝》："备知万物情～。”柳宗元《始得西山宴游记》：“凡是州之山水有异～者。”（是：此，这。）❷ 通“慝（tè）”。邪恶，欺诈。《资治通鉴·汉成帝绥和二年》：“毋听女谒、邪臣之～。”

泰 tài ❶ 过分，过甚。《老子·二十九章》：“是以圣人去甚，去奢，去～。”《管子·八观》：“俭财用，禁侈～，为国之急也。”㊀最，极。《淮南子·原道》：“～古二皇。”㊁太。《论衡·自纪》：“今不曰所言非，而云～多。”❷ 大。《汉书·礼乐志》：“扬金光，横～河。”《汉书·食货志》：“收～半之赋。”❸ 宽裕，大方。《荀子·议兵》：“凡虑事欲孰而用财欲～。”（孰：熟，深思熟虑。）㊁奢侈。《国语·晋语八》：“恃其富宠，以～于国。”㊁骄纵。柳宗元《非国语上·虢梦》：“虢，小国也而～，以招大国之怒。”❹ 通，通畅。白居易《采诗官》诗：“言者无罪闻者诫，下流上通上下～。”❺ 平安，安定。《潜夫论·慎微》：“政教积德，必致安～之福。”（政教：政治和教育。致：得到。）《晋书·刘颂传》：“～日少，乱日多。”❻ 泰山。在山东。五岳中的东岳。也叫岱宗、岱岳。《论语·八佾》：“季氏旅于～山。”

TAN

贪（貪） tān ❶ 贪财。《左传·襄公二十三年》：“～货弃命。”㊀不知满足地追求。韩愈《进学解》：“～多务得，细大不捐。焚膏油以继晷，恒兀兀以穷年。”（捐：丢弃。）成语有“贪得无厌”。❷ 贪求，贪图。《左传·僖公二十四年》：“～天之功以为己力。”㊁贪恋。《汉书·司马迁传》：“夫人情莫不～生恶死，念亲戚，顾妻子，至激于义理者不然，乃有不得已也。”李煜《浪淘沙·帘外雨潺潺》：“梦里不知身是客，一晌～欢。”㊁希望，想要。《后汉书·阎皇后纪》：“太后欲久专国政，～立幼年。”❸ tàn 探求，探取。《国语·周语上》：“道而得神，是谓逢福。淫而得神，是谓～祸。”【辨】贪，婪。“贪”原指贪财，“婪”原指贪食。后来都可以泛指贪得无厌，贪心不足。

啴（嘽） tān 见41页。

坛（壇） tán ❶ 土石筑的高台。用于朝会、盟誓和祭祀等。《尚书·金縢》：“为～于南方，北面，周公立焉。”《史记·陈涉世家》：“为～而盟，祭以尉首。”（尉：官名。首：头，首级。）㊁筑坛。郦道元《水经注·汾水》：“乃～于霍太山。”❷ 庭院中的土台。屈原《九歌·湘夫人》：“荪（sūn）壁兮紫～。”（用荪草装饰墙壁，用紫贝砌坛。荪：一种香草。）㊀庭院。《淮南子·说林》：“腐鼠在～，烧薰于宫。”❸ 基础，地基。《庄子·则阳》：“观于大山，木石同～。”❹ 场所。《淮南子·要略》：“人间者，所以……标举终始之～也。”❺ 指从事某种相同职业的社会团体。如“文坛”、“诗坛”。欧阳修《答梅圣俞》诗：“文会忝予盟，诗～推子将。”❻ shàn 清除场地。《周礼·夏官·大司马》：“暴内陵外，则～之。”

谈（談） tán 谈论，说。《诗经·小雅·节南山》：“忧心如惔，不敢戏～。”《商君书·算地》：“～说之士资在于口。”㊁观点，言论。《荀子·儒效》：“慎、墨不得进其～。”（慎、墨：慎到、墨翟。）《公羊传·闵公二年》：“鲁人至今以为美～。”成语有“无稽之谈”。

惔 tán ❶ 火烧，焚烧。《诗经·小雅·节南山》：“忧心如～，不敢戏谈。”❷ dàn 通“淡”。淡泊，恬静。《庄子·刻意》：“虚无恬～，乃合天德。”

弹（彈） tán 见75页。

覃 tán ❶ 长（cháng）。《诗经·大雅·生民》：“实～实讦，厥声载路。”（讦：大。厥：其。）❷ 延，延伸。《诗经·周南·葛覃》：“葛之～兮，施于中谷，维叶萋萋。”陆机《五等诸侯论》：“祸止畿甸，害不～及。”㊁延及，到达。《后汉书·袁安传论》：“其仁心足以～乎后昆。”《后汉书·刘陶传》：“访～幽微，不遗穷贱。”❸ 深。孔安国《尚书序》：“于是遂研精～思，博考经籍。”❹ yǎn 通“剡”。锋利。《诗经·小雅·大田》：“以我～耜，俶载南亩。”（俶：始。）

谭（譚） tán ❶ 延伸，延及。《管子·侈靡》：“而祀～次祖。”❷ 扩展，扩大。《大戴礼记·子张问入官》：“富恭有本能图，修业居久而～。”❸ 通“谈”。谈论，说。《庄子·则阳》：“夫子何不～我于王？”㊁（所说的）话语。《三国志·魏书·管辂传》：“此老生之常～。”

潭 tán ❶ 深水。屈原《九章·抽丝》：“长濑湍流，泝江～兮。”㊀深水池。李白《赠汪伦》诗：“桃花～水深千尺。”㊀通“覃”。深。《管子·侈靡》：“～根之毋伐，固事之毋入。”❷ xún 通“浔”。水边。张若虚《春江花月夜》诗：“江～落月复西斜。”

醰 tán 酒味厚。㊀醇厚，纯美。左思《魏都赋》：“宅心～粹。”[醰醰]韵味厚。

王褒《洞箫赋》："良～～而有味。"

儃 tán ❶［儃佪（回）］徘徊的样子。屈原《九章·涉江》："入溆浦余～～兮，迷不知吾所如。"（溆浦：水名。如：往。）❷ tǎn［儃儃］悠闲的样子。《庄子·田子方》："有一史后至者，～～然不趋。"（史：指画师。趋：小步快走，表示恭敬。）❸ shàn 通"禅"。禅让，让位。《扬子法言·问明》："允喆尧～舜之重，则不轻于由矣。"（允：诚。喆：同"哲"，知。轻：指轻易让位。由：人名。）

坦 tǎn ❶平坦，宽广。《世说新语·言语》："其地～而平，其水淡而清。"㊀开阔，广大。张衡《西京赋》："虽斯宇之既～。"㊁豁达，开朗。《论语·述而》："君子～荡荡。"《后汉书·孔僖传》："～如日月。"❷［坦然］安然，无所顾虑的样子。元稹《捉捕歌》："主人～～意，昼夜安寝寤。"❸露出（腹部）。《世说新语·雅量》："唯有一郎在东床上，～腹卧。"

袒（襢） tǎn （脱去外衣）将胳膊、肩膀、上身或内衣露出。《汉书·高后纪》："为吕氏右～，为刘氏左～。"《史记·廉颇蔺相如列传》："肉～负荆。"

菼 tǎn 初生的荻草。《诗经·王风·大车》："大车槛槛，毳（cuì）衣如～。"（毳：鸟兽的细毛。）

醓 tǎn ［醓醢（hǎi）］肉酱的汁液。《诗经·大雅·行苇》："～～以荐。"

叹（嘆、歎） tàn ❶感叹，叹息。《论语·先进》："夫子喟然～曰……"诸葛亮《出师表》："夙（sù）夜忧～。"（夙夜：早晚。）㊀赞叹，赞许。《三国志·吴书·吴主传》："曹公望权军，～其齐肃。"（权：孙权。齐肃：整齐严肃。）❷（于歌尾）唱和。《礼记·乐记》："壹倡而三～。"㊀唱歌，吟诵。陆机《日出东南隅行》："冶容不足咏，春游良可～。"

探 tàn ❶掏，把手伸进去取东西。《新五代史·南唐世家》："取江南如～囊中物尔。"㊀伸出。《战国策·韩策一》："～前趹后，蹄间三寻者，不可称数也。"❷探测，试探。《商君书·禁使》："～渊者知千仞之深。"（渊：深潭。仞：古代长度单位，七尺或八尺为一仞。）双音词有"勘探"。❸探讨，探寻。《晋书·潘尼传》："～幽穷赜（zé）。"（探讨穷究深奥的道理。赜：深奥。）王维《蓝田山石门精舍》诗："～奇不觉远。"（奇：指奇景。）成语有"探赜索隐"。❹侦察，打听。张籍《关山月》诗："军中～骑暮出城。"㊁探望。李商隐《无题》诗："青鸟殷勤为～看。"❺预先。姚合《武功县中作》诗之十七："每旬常乞假，隔月～支钱。"

TANG

汤（湯） tāng ❶热水，开水。屈原《九歌·云中君》："浴兰～兮沐芳。"《论语·季氏》："见不善如探～。"成语有"赴汤蹈火"。㊁温泉。封演《封氏闻见记·温汤》："海内温～甚众，有新丰骊山～。"㊀温泉浴池。《新唐书·安禄山传》："为卿别治一～。"❷汤药。《三国志·魏书·华佗传》："其疗疾，合～不过数种。"❸菜汤，菜羹（后起意义）。王建《新嫁娘》诗之三："洗手作羹～。"❹人名。成汤。商朝的第一代君主。《周易·革》："～、武革命。"❺ shāng［汤汤］水大的样子。范仲淹《岳阳楼记》："浩浩～～，横无际涯。"（际涯：边际。）❻ tàng 加热。《山海经·西山经》："～其酒百樽。"❼ tàng 游荡。《诗经·陈风·宛丘》："子之～兮，宛丘之上兮。"（宛丘：地名。）【辨】羹，汤。见131页"羹"字。

镗（鏜） tāng 象声词。钟鼓的声音。《诗经·邶风·击鼓》："击鼓其～。"［镗鞳］钟鼓的声音。白居易《敢谏鼓赋》："音锵锵以～～，响容与以徘徊。"

唐 táng ❶朝堂前或宗庙门内的大路。《诗经·陈风·防有鹊巢》："中～有甓（pì）。"（甓：砖。）❷广大。扬雄《甘泉赋》："平原～其坛曼兮。"❸空，白白地。王安石《再用前韵寄蔡天启》："昔功恐～捐。"（捐：舍弃。）❹堤坝，堤岸。《淮南子·人间》："且～有万穴，塞其一，鱼何遽无由出？"❺草名。俗称菟丝。《诗经·鄘风·桑中》："爰采～矣，沫之乡矣。"❻代指中国。程大昌《考古编·诗论十四》："唐人用事于西，故羌人至今尚以中国为～。"❼周代诸侯国。后改称"晋"。❽朝代名。1. 传说中虞舜之前的朝代，君主是尧。2. 公元618—907年，第一代君主是李渊，都城在长安（今陕西西安）。3. 公元923—936年，五代之一，又称后唐，第一代君主是李存勖（xù），都城为洛阳。4. 公元937—975年，史称"南唐"，第一代君主是李昪（biàn），都城金陵（今南京）。

塘 táng ❶堤岸，堤防。《庄子·达生》："被发行歌，而游于～下。"《新唐书·地理志二》："绕州郭有堤～百八十里。"（州郭：指许州城。）❷水池，水塘。刘桢《赠徐干》诗："方～含清源。"杜甫《茅屋为秋风所

T

破歌》:"下者飘转沉～坳(ào)。"(低的飘扬旋转落到水塘和低洼的地方。)

螗 táng ❶ 一种较小的蝉。《诗经·大雅·荡》:"如蜩如～。" ❷［螗螂］即"螳螂"。陈琳《为袁绍檄豫州》:"欲以～～之斧,御隆车之隧。"

堂 táng ❶ 正屋。《论语·先进》:"由也升～矣,未入于室也。"(由:人名。)㊀殿堂。《荀子·儒效》:"诸侯趋走～下。"(趋:快走。)㊁公堂,官吏办公的地方。李商隐《行次西郊作》诗:"巍巍政事～。"(巍巍:高大的样子。) ❷ 宽大平坦的山岗。《诗经·秦风·终南》:"终南何有?有纪有～。"㊀方形的土台或地基。《礼记·檀弓上》:"吾见封之若～者矣。" ❸ 同祖的亲属关系(后起意义)。《新唐书·韦縚传》:"～姨舅出外曾祖。"【注意】同祖的亲属,秦汉时叫"从",六朝叫"同堂",唐代才开始称"堂"。 ❹［堂堂］1. 盛大的样子。《孙子兵法·军争》:"勿击～～之陈(zhèn)。"(陈:阵。)《史记·滑稽列传》:"以楚国～～之大,何求不得?" 2. 容貌俊伟出众的样子。《后汉书·伏湛传》:"湛容貌～～。" 3. 公然无顾忌的样子。王安石《次韵东厅韩侍郎斋居晚兴》:"华年相背去～～。"陆游《涉白马渡慨然有怀》诗:"袁曹百战相持处,边敌～～自来去。" 4. 明亮的样子。方干《送婺州许录事》诗:"白日～～著锦衣。"

帑 tǎng ❶ 国家收藏钱财的仓库。《后汉书·郑弘传》:"人食不足,而～藏殷积。"㊀钱币,财物。《韩非子·亡征》:"羁旅侨士,重～在外。"(寄居在本国的游士,大量的钱财存放在外。) ❷ nú 通"孥"。儿子。《诗经·小雅·常棣》:"乐尔妻～。"(尔:你。)㊀妻子和儿子。《汉书·晁错传》:"肉刑不用,罪人亡(wú)～。"(罪人亡帑:指罪及自身,不连累罪人的妻子和儿子。亡:无,没有。) ❸ nú 俘虏。《后汉书·朱冯虞郑周传赞》:"鲂用降～,延感归囚。"(鲂、延:人名。)

倘 tǎng ❶ 假如,倘若。庾信《寄徐陵》诗:"故人～思我,及此平生时。"(平生:素常,平时。)㊀或许,可能。曹操《让县自明本志令》:"兵多意盛,与强敌争,～更为祸始。"(倘更为祸始:或许又成为祸患的开始。) ❷ tāng 惊疑的样子。《庄子·在宥》:"云将见之,～然止,贽然立。"(云将:神话中管云的神将。贽:不动的样子。) ❸ cháng［倘佯(yáng)］徘徊,自由自在地来回走。宋玉《风赋》:"～～中庭。"(中庭:院子里。)又写作"徜徉"。

傥(儻) tǎng ❶ 精神恍惚的样子。《庄子·田子方》:"文侯～然,终日不言。"(文侯:魏文侯。) ❷ 倘若,假如。刘知几《史通·杂说中》:"～湮灭不行,良可惜也。" ❸ 或许,可能。《史记·东越列传》:"计杀余善,自归诸将,～幸得脱。"(用计杀死余善,向汉将投降,或许能侥幸脱身不死。余善:东越国王。) ❹ 偶然。《新唐书·纪王慎传》:"况荣宠贵盛～来物也。"上述❷❸❹又写作"倘"。 ❺［倜傥］见408页"倜"字。

TAO

叨 tāo ❶ 贪。《后汉书·党锢传》:"以贪～诛死。"任昉《百辟劝进今上笺》:"匪～天功,实勤濡足。" ❷ 忝。用于贬抑或自谦,表示不够格或受之有愧。陈子昂《为副大总管苏将军谢罪表》:"臣妄以庸才,谬～重任。"王勃《滕王阁赋》:"他日趋庭,～陪鲤对。" ❸ dāo 话多。双音词有"絮叨"、"唠叨"。

绦(縧、絛、縚) tāo 丝带。《淮南子·说林》:"～可以为繶,不必以紃(xún)。"杜牧《鹦鹉》诗:"雕槛系红～。"

焘(燾) tāo ❶ dào 覆盖。《逸周书·作雒》:"～以黄土。"《史记·吴太伯世家》:"德至矣哉,大矣,如天之无不～也。" ❷ 人名用字。

慆 tāo ❶ 喜悦,快乐。《尚书·大传三》:"师乃～,前歌后舞。"㊀喜欢,喜爱。白居易《人之困穷由君之奢欲策》:"～郑卫之音,厌燕赵之色。" ❷ 掩藏。《左传·昭公三年》:"以乐～忧。"㊀消逝。《诗经·唐风·蟋蟀》:"今我不乐,日月其～。" ❸ 怠慢。《尚书·汤诰》:"无即～淫。" ❹ 疑惑,怀疑。《北史·周明帝纪》:"是知天命有底,庸可～乎?" ❺［慆慆］1. 时间长久。《诗经·豳风·东山》:"～～不归。" 2. 混乱,纷乱。班固《幽通赋》:"安～～而不萉兮。"王禹偁《待漏院记》:"私心～～,假寐而坐。"

滔 tāo ❶ 大水弥漫。《论衡·吉验》:"洪水～天,蛇龙为害。"成语有"罪恶滔天"。㊀使大水弥漫。《淮南子·本经》:"共工振～洪水。"(共工:古代水官名。)㊁大的样子。《淮南子·精神》:"～乎莫知其所止息。" ❷［滔滔］1. 水大的样子。《诗经·

T

小雅·四月》："～～江汉。"2. 雄壮的样子。《诗经·大雅·江汉》："武夫～～。"3. 时光流逝的样子。东方朔《七谏·谬谏》："年～～而自远兮。"4. 世道混乱的样子。《论语·微子》："～～者，天下皆是也。"❸ 傲慢。《左传·昭公二十六年》："士不滥，官不～。"（滥：失职。）

韬（韜、弢） tāo ❶ 盛弓的袋子。《管子·小匡》："～无弓，服无矢。"（服：箙，箭袋。）㊀袋子，套子。《左传·成公十六年》："乃内旌于～中。"《史记·乐书》："车甲～而藏之府库。"❷ 收藏，敛束。左思《吴都赋》："桃笙象簟，～于筒中。"《新唐书·东谢蛮传》："俗椎髻，～以绛，垂于后。"㊀遮掩，隐藏。《后汉书·姜肱传》："以被～面。"陆机《汉高祖功臣颂》："彭越观时，～迹匿光。"❸ 容纳。潘岳《寡妇赋》："有～世之量。"❹ 宽余，优长。《南史·梁元帝纪》："我～于文士，愧于武夫。"❺ 用兵的谋略。李德裕《寒食日三殿侍宴奉进》诗："不劳《孙子》法，自得《太公》～。"（《太公》：古代兵书《太公六韬》。）

謟 tāo ❶ 疑惑，可疑。《左传·昭公二十六年》："天道不～，不贰其命。"❷ 通"韬"。隐瞒，隐藏。《晏子春秋·内篇问下》："不～过，不责得。"

饕 tāo ❶ 贪得无厌。《庄子·骈拇》："决性命之情而～贵富。"《韩非子·亡征》："～贪而无厌，近利而好得者，可亡也。"㊕贪吃。苏轼《老饕赋》："盖聚物之夭美，以养吾之老～。"[饕餮(tiè)] 1. 传说中的一种贪食的恶兽。古代钟鼎彝器上多刻其头部形状作为装饰。《吕氏春秋·先识》："周鼎著～～，有首无身。"（著：指刻。）2. 贪婪凶恶的人。《左传·文公十八年》："缙(jìn)云氏有不才子……天下之民以比三凶，谓之～～。"（缙云氏：古代部落氏族名。）❷ 凶猛，残暴。韩愈《祭河南张员外文》："岁弊寒凶，雪虐风～。"

咷 táo ❶ [号(háo)咷]放声大哭。《周易·同人》："同人先～～而后笑。"杜甫《自京赴奉先县咏怀五百字》："入门闻～～，幼子饥已卒。"又作"号啕"。❷ tiào [噭(jiào)咷]放声歌唱。《汉书·韩延寿传》："望见延寿车，～～楚歌。"

逃 táo ❶ 逃走。《孟子·滕文公上》："禽兽～匿。"柳宗元《童区寄传》："～未及远。"❷ 躲避。《左传·襄公十年》："今我～楚，楚必骄。"孟郊《寒地百姓吟》："霜吹破四壁，苦痛不可～。"❸ 脱离，离开。《礼记·曲礼下》："三谏而不听，则～之。"【辨】遁，逃。见 95 页"遁"字。

洮 táo ❶ 洗手。《尚书·顾命》："王乃～颒水。"❷ 淘洗（以除去杂质）。《世说新语·排调》："～之汰之，沙砾在后。"[洮汰]清除，洗濯。《后汉书·陈元传》："～～学者之累惑。"这个词现在写作"淘汰"。❸ 河流名。洮河。今甘肃内黄河支流。王昌龄《从军行》："前军夜战～河北。"

陶 táo ❶ 陶器，用黏土烧制的器物。《礼记·郊特牲》："器用～匏。"（匏：指匏瓜做的水瓢。）㊀用黏土制的。《韩非子·难一》："今耕渔不争，～器不窳(yǔ)。"（窳：粗劣。）❷ 制作陶瓦器的人。《庄子·马蹄》："伯乐善治马，而～匠善治埴木。"（匠：木匠。）㊀制作陶瓦器。梅尧臣《陶者》诗："～尽门前土，屋上无片瓦。"[陶冶] 1. 陶工和铸工。《墨子·节用中》："～～梓匠，使各从事其所能。"2. 烧制陶器和冶炼金属。《荀子·王制》："农夫不斲(zhuó)削，不～～而足械用。"（斲：砍。）3. 培养，锻炼。王安石《上皇帝万言书》："所谓～～而成之者何也？亦教之、养之、取之、任之有其道而已。"4. 怡情养性。《旧唐书·刘禹锡传》："禹锡在朗州十年，唯以文章吟咏，～～情性。"❸ 造就，培养。王安石《上皇帝万言书》："～成天下之才。"❹ 快乐，欢喜。谢灵运《酬从弟惠连》诗："共～暮春时。"[陶然] 快乐的样子。李白《赠江夏韦太守良宰》诗："百里独太古，～～卧羲皇。"多指酒醉而快乐。白居易《达哉乐天行》："妻孥不悦甥侄闷，而我醉卧方～～。"❺ yáo [陶陶] 1. 快乐高兴的样子。《诗经·王风·君子阳阳》："君子～～。"2. 漫长的样子。《楚辞·九思·哀岁》："冬夜兮～～。"3. 马奔驰的样子。《诗经·郑风·清人》："驷介～～。"❻ yáo [郁陶]见 505 页"郁[2]（鬱）"字。❼ yáo [皋陶]人名。见 127 页"皋"字。

騊（駒） táo [騊駼(tú)]一种名马。《淮南子·主术》："伊尹，贤相也，而不能与胡人骑騵马而服～～。"

綯（綯） táo 绳索。《诗经·豳风·七月》："宵尔索～。"

醄 táo [酕(máo)醄]见 268 页"酕"字。

梼（檮） táo ❶ [梼杌(wù)] 1. 传说中的神名。《国语·周语上》："商之兴也，～～次于丕山。"2. 传说中的恶兽名。东方朔《神异经·西荒经》："西方荒中有兽焉……搅乱荒中，名～～。"3. 传说

T

中的恶人名。为“四凶”之一。《左传·文公十八年》：“流四凶族，浑敦、穷奇、～～、饕餮。”4.泛指恶人。《抱朴子·审举》：“小人道长，则～～比肩。”5.楚国史书名。《孟子·离娄下》：“楚之《～～》，鲁之《春秋》，一也。”❷［梼昧］愚昧无知的样子。多作自谦之辞。欧阳修《南省试策第五道》：“猥惟～～之微，举皆管浅之说。”❸ dǎo 通“捣（擣）”。捣碎。屈原《九章·惜诵》：“～木兰以矫蕙兮。”

讨（討） tǎo ❶探求，研究。《商君书·更法》：“～正法之本。”（本：根本。）《论语·宪问》：“世叔～论之。”[引]寻找，寻访。李白《江上望皖公山》诗：“但爱兹岭高，何由～灵异。”❷治理，整顿。《左传·宣公十二年》：“在军，无日不～军实而申儆（jǐng）之。”（军实：指军备。申儆：告诫。）❸声讨，讨伐，征伐。《左传·宣公二年》：“反不～贼。”《史记·秦始皇本纪》：“皇帝哀众，遂发～师。”（哀：怜悯。遂：就。师：军队。）《史记·三王世家》：“外～强暴。”❹索取，乞求（后起意义）。陈造《吟诗自笑》：“～饭充肠上岳阳。”（岳阳：地名。）

TE

忒 tè ❶差错。《周易·豫》：“日月不过，而四时不～。”《孙子兵法·形》：“不～者，其所措必胜。”（所措：采取的措施。）[又]过失。《韩非子·主道》：“闻其主之～。”❷邪恶。陈琳《为袁绍檄豫州》：“而操遂承资跋扈，肆行凶～。”❸变化，变更。柳宗元《祭吕衡州温文》：“推而下之，法度不～。”❹过于，太（后起意义）。杨万里《题张垣夫腴庄图》诗之二：“一时奄有～伤廉。”

貣 tè ❶乞讨。《荀子·儒效》：“虽行～而食，人谓之富矣。”❷借贷。《汉书·司马相如传》：“从昆弟假～，犹足以为生。”❸饶恕，宽恕（后起意义）。《新唐书·酷吏传·崔器传》：“乃以六等定罪，多所厚～。”❹通“忒”。差错。《管子·正》：“如四时之不～，如星辰之不变。”

特 tè ❶公牛。张缵《南征赋》：“云怒～之来奔。”[特]雄性牲畜。《周礼·夏官·校人》：“凡马，～居四之一。”❷三岁或四岁的牲畜。《诗经·魏风·伐檀》：“胡瞻尔庭有悬～兮。”❸一头牲。《三国志·魏书·明帝纪》：“遣使者以～牛祠中岳。”（祠：祭祀。中岳：山名。）❹单独，独自。《韩非子·孤愤》：“处势卑贱，无党孤～。”[引]特此，特别。《三国志·吴书·吴主传》：“～下燕国。”（下：到。）❺杰出的。《诗经·秦风·黄鸟》：“百夫之～。”[又]奇异，异常。柳宗元《始得西山宴游记》：“以为凡是州之山水有异态者，皆我有也，而未始知西山之怪～。”❻配偶。《诗经·小雅·我行其野》：“不思旧姻，求尔新～。”❼只，仅，独，不过。《三国志·蜀书·诸葛亮传》：“然建～不与皓和好往来。”（建、皓：人名。）柳宗元《非国语·三川震》：“山川者，～天地之物也。”［非特］不但，不仅。《韩非子·六反》：“此非～无术也，又乃无行。”❽却，竟然。《战国策·中山策》：“不知者～以为神，力言不能及也。”

慝 tè ❶差错，过失。《诗经·鄘风·柏舟》：“之死矢靡～。”董仲舒《雨雹对》：“无有差～。”❷邪恶，恶念。《庄子·渔父》：“称誉诈伪以败恶人谓之～。”《三国志·魏书·武帝纪》：“吏无苛政，民无怀～。”❸灾害。《旧唐书·陆贽传》：“太上消～于未萌。”❹阴气，潮气。《左传·庄公二十五年》：“唯正月之朔，～未作。”刘禹锡《砥石赋序》：“地～而伤物。”❺ nì 通“匿”。隐藏。《墨子·尚贤下》：“隐～良道，而不相教诲也。”

TENG

滕 téng 袋子，口袋。《战国策·赵策一》：“赢～负书担橐。”（赢：背着。）

腾（騰） téng ❶传，传递。《后汉书·隗嚣传》：“因数～书陇蜀。”（数：数次。书：书信。陇、蜀：地名。）[又]传播。《新唐书·颜真卿传》：“～布中外。”❷跳跃。《汉书·李广传》：“虎～，伤广，广亦射杀之。”[引]扬起，抬起。曹植《七启》：“翼不暇张，足不及～。”❸上升，飞腾。《礼记·月令》：“天气下降，地气上～。”柳宗元《笼鹰词》：“下攫狐兔～苍茫。”（攫：抓取。苍茫：天空。）[又]腾跃，翻动。左思《蜀都赋》：“～波沸涌。”[喻]物价上涨，昂贵。《后汉书·光武帝纪》：“谷价～跃。”❹超越，超过。杨衒之《洛阳伽蓝记·景明寺》：“文宗学府，～班马而孤上。”（班马：班固和司马迁。）❺奔驰。潘尼《赠河阳》诗：“逸骥～夷路。”（逸骥：超群的千里马。夷：平坦。）❻乘，骑。《楚辞·九叹·愍命》：“～驴骡以驰逐。”❼腾挪，移出（后起意义）。王禹偁《量移后自嘲》诗：“旧笼～倒入新笼。”王建《贫居》诗：“蠹生～药纸，字暗换书签。”

T

滕 téng 周代诸侯国。在今山东滕州西南。《孟子·滕文公上》："有为神农之言者许行，自楚之～。"

螣 téng ❶［螣蛇］传说中一种能飞的神蛇。《荀子·劝学》："～～无足而飞。" ❷ tè 一种食禾苗的害虫。《诗经·小雅·大田》："去其螟～。"

縢 téng ❶ 缄封，封闭。《后汉书·阳球传》："诸奢饰之物，皆各缄～，不敢陈设。" ❷ 捆扎，缠绕。《诗经·秦风·小戎》："竹闭绲～。"（闭：檠，校正弓的器具。绲：绳子。）[引]绳子。《诗经·鲁颂·閟宫》："公车千乘，朱英绿～。"《庄子·胠箧》："唯恐缄（jiān）～扃（jiōng）鐍（jué）之不固也。"（缄：结，捆。扃：闩。鐍：锁。）❸ 绑腿布。《战国策·秦策一》："羸（léi）～履蹻（jué）。"（缠着绑腿布，穿着草鞋。羸：通"累"，缠绕。蹻：草鞋。）❹ 通"幐"。袋子。《后汉书·儒林传》："小乃制为～囊。"（小的就做成囊袋。）

誊（謄） téng 抄写，誊写。吴曾《能改斋漫录》卷一"糊名考校"条："其后袁州人李夷宾上言，请别加～录。"宋有"誊录院"。

TI

剔 tī ❶ 分解骨肉。《史记·龟策列传》："太卜官因以吉日～取其腹下甲。"（太卜官：主管占卜的官。甲：壳。）[引]挑，剔除。唐彦谦《无题》诗："满园芳草年年恨，～尽灯花夜夜心。" ❷ 疏导。《淮南子·要略》："～河而道九岐。" ❸ tì 通"剃"。剃头。司马迁《报任安书》："其次～毛发婴金铁受辱。"（婴：缠绕。金铁：指镣铐。）

荑 tí ❶ 初生的茅。《诗经·卫风·硕人》："手如柔～，肤如凝脂。"[泛]草木初生的嫩芽。谢灵运《登石门最高顶》诗："心契九秋干，目玩三春～。"[又]发芽。谢灵运《从游京口北固应诏》诗："原隰～绿柳。" ❷ 通"稊（tí）"。稗子一类的草。果实可食。《孟子·告子上》："五谷者，种之美者也，苟为不熟，不如～稗。" ❸ yí 割去田地里的草。《周礼·地官·稻人》："凡稼泽，夏以水殄（tiǎn）草而芟～之。"

稊 tí ❶ 一种类似稗子的草。籽实可食用。《庄子·秋水》："不似～米之在大仓乎？" ❷ 通"荑（tí）"。树木新生的枝叶或嫩芽。《周易·大过》："枯杨生～。"

鹈（鵜） tí ❶ 即"鹈鹕（hú）"。一种善捕鱼的水鸟。《诗经·曹风·候人》："维～在梁，不濡其翼。"［鹈鹕］一种善捕鱼的水鸟。《三国志·魏书·文帝纪》："有～～鸟集灵芝池。" ❷［鹈鴂（jué）］杜鹃。屈原《离骚》："恐～～之先鸣兮。"

提 tí ❶ 垂手拿着，提着。《庄子·养生主》："～刀而立。"杜甫《题李尊师松树障子歌》："手～新画青松障。"（障：幛，画幛，一轴画。）[又]拉起。杜甫《又观打鱼》诗："设网～纲万鱼急。"成语有"提纲挈领"、"耳提面命"。❷ 提拔。《北史·魏收传》："～奖后辈，以名行为先。"（名行：名望和德行。）❸ 携带。《墨子·兼爱下》："～挈妻子而寄托之。"（挈：带着。）[又]率领。岳飞《五岳祠盟记》："今又～一旅孤军。"（一旅孤军：单独一支军队。）❹ 举出，提出。《淮南子·要略》："～名责实。"（责：求。）韩愈《进学解》："记事者必～其要。" ❺ 量词。用于无确数的钱币等。《管子·山权数》："君请起十乘之使，百金之～。" ❻ dǐ 投掷。《战国策·燕策三》："侍医夏无且以其所奉药囊～轲。"（侍医：侍奉王侯的医生。夏无且：人名。奉：捧，托。轲：荆轲。）

骒（騠） tí ［駃（jué）騠］见 214 页"駃"字。

缇（緹） tí 橘红色的丝织品。柳宗元《邕州刺史李公墓志铭》："有～五两。"[引]橘红色。《史记·滑稽列传》："张～绛帷，女居其中。"［缇衣］古时武士服装。其服装多为橘红色。《周礼·春官·司服》郑玄注："今时伍伯～～，古兵服之遗色。"

褆 tí ❶ 安，安稳。《汉书·司马相如传》："中外～福。"《扬子法言·修身》："士何如斯可以～身？" ❷ zhǐ 通"祇"。副词。恰恰，只不过。《史记·韩长孺列传》："～取辱耳。"

题（題） tí ❶ 额。《史记·司马相如列传》："赤首圜（yuán）～。"（圜：通"圆"。）[又]物体的顶端。《孟子·尽心下》："堂高数仞，榱～数尺。" ❷ 标志。《左传·襄公十年》："舞师～以旌夏。"[又]标签，书签。杜甫《西郊》诗："看～检药囊。"李白《感兴》诗八首之三："蠹鱼坏其～。" ❸ 题名，命名。《韩非子·和氏》："悲夫宝玉而～之以石。"（题之以石：把它叫作石头。）❹ 书写，题写。许浑《秋日行次关西》诗："～字满河桥。" ❺ 品评。《后汉书·许劭传》："每月辄更其品～。"（辄：总是。更：换。）❻ 题目。《宋史·晏殊传》："请试他～。"［题

T

目］1. 命题，题目。杜甫《奉留赠集贤院崔于二学士》诗："天老书～～。"（天老：指三公。）2. 书籍的标目。《南史·王僧虔传》："取《三国志》聚置床头百日许……汝曾未窥其～～。"（汝：你。窥：看。）3. 名称。《北史·念贤传》："时行殿初成，未有～～，帝诏近侍各名之。"（时：那时。行殿：指观风行殿。近侍：在皇帝身边的近臣。）4. 借口，名义。白居易《送吕漳州》诗："独醉似无名，借君作～～。"5. 品评。《世说新语·政事》："举无失才，凡所～～，皆如其言。"（举：推举。才：才能。）❼ dì 看。《诗经·小雅·小宛》："～彼脊令，载飞载鸣。"

醍 tí ❶ tǐ 一种红色清酒。《礼记·礼运》："粢～在堂，澄酒在下。"❷［醍醐（hú）］1. 从牛奶中提制的奶油。为奶制佳品。沈佺期《从幸香山寺应制》诗："愿以～～参圣酒，还将祇苑当秋汾。"2. 佛教指最高的佛性和佛法。顾况《行路难》诗之二："岂知灌顶有～～。"3. 美酒。白居易《将归一绝》："更怜家酝迎春熟，一瓮～～待我归。"

啼（嗁） tí ❶ 出声地哭。杜甫《石壕吏》诗："吏呼一何怒，妇～一何苦。"李商隐《行次西郊作》诗："存者皆面～，无衣可迎宾。"（存者：活着的人。）❷ 叫，鸣。《左传·庄公八年》："豕人立而～。"曹操《苦寒行》："熊罴对我蹲，虎豹夹路～。"【辨】哭，号（號），泣，啼。见226页"哭"字。

蹄（蹏） tí ❶ 马、牛、羊、猪等动物的脚。《庄子·马蹄》："马，～可以践霜雪。"㊀计算动物数量的词。四蹄为一只。《史记·货殖列传》："故曰陆地牧马二百～。"❷ 捕兔的器具。《庄子·外物》："～者所以在兔，得兔而忘～。"❸ 跑，奔驰。魏源《栈道杂诗》之六："瞬息～百里。"❹（旧读 dì）踢，踏。柳宗元《三戒·黔之驴》："驴不胜怒，～之。"郦道元《水经注·沔水下》："杨泉《五湖赋》曰：'头首无锡，足～松江。'"

体（體） tǐ ❶ 肢体，身体的部分。《史记·项羽本纪》："王翳（yì）取其头……郎中骑杨喜、骑司马吕马童、郎中吕胜、杨武各得其一～。"（郎中骑、骑司马、郎中：官名。）［四体］四肢，手足。《论语·微子》："～～不勤，五谷不分，孰为夫子？"㊁身体。《后汉书·华佗传》："～有不快。"（不快：不舒服。）㊀身份，地位。《孟子·告子上》："～有贵贱，有大小。"❷ 部分，局部。《墨子·经上》："～，分于兼也。"（兼：全体。）㊀区分，分解。《周礼·天官·序官》："～国经野，设官分职。"《孔子家语·问礼》："～其犬豕牛羊。"❸ 本体，实体。《论衡·自然》："地以土为～。"范缜《神灭论》："名殊而～一也。"（名称不同而实体一样。）㊁主体，根本。《庄子·大宗师》："以刑为～，以礼为翼。"贾谊《陈政事疏》："使少知治～者，得佐下风，致此非难也。"㊀整体，总体。《仪礼·丧服》："父子一～也，夫妻一～也。"❹ 占卜的卦象、卦兆。《诗经·卫风·氓》："尔卜尔筮，～无咎言。"❺ 内容。《管子·五辅》："义有七～。"❻ 形体，形状。《周易·系辞上》："故神无方而易无～。"㊀体裁。《旧唐书·刘禹锡传》："禹锡精于古文，善五言诗；今～文章，复多才丽。"（复：又。才丽：指文章有才气而且华丽。）❼ 书法的字体。《颜氏家训·杂艺》："莫不得羲之之～。"❽ 准则。《荀子·天论》："君子有常～矣。"㊀依靠，依据。《管子·君臣上》："则君～法而立矣。"㊀效法。《淮南子·本经》："帝者～太一，王者法阴阳。"❾ 体察、体会（他人）。《礼记·中庸》："敬大臣也，～群臣也。"双音词有"体谅"、"体恤"。㊀体现。《周易·系辞下》："以～天地之撰。"㊁亲近，接近。《礼记·学记》："就贤～远。"❿（亲身）实践、体验。《淮南子·氾论》："故圣人以身～之。"【注意】古代只有"體"字，宋代以后出现"体"字。"体"原读 bĕn，是"粗笨"、"粗鲁"的意思。上述义项都不作"体"。现"體"简化为"体"。

洟 tì（又读 yí）鼻涕。《礼记·檀弓上》："待于庙，垂涕～。"左思《悼离赠妹诗》之九："衔杯不饮，涕～纵横。"㊀流鼻涕，擤鼻涕。张煌言《旅愁》诗："梦自惺忪涕自～。"《礼记·内则》："不敢唾～。"

倜 tì ❶［倜然］1. 突出地，特殊地。《荀子·君道》："～～乃举太公于州人而用之。"（举：推举。太公：姜太公。州：古国名。）2. 远离的样子。《荀子·非十二子》："～～无所归宿。"❷［倜傥（tǎng）］1. 卓越。李白《赠韦太守》诗："叹君～～才。"2. 不拘于俗，豪爽洒脱。《三国志·魏书·王粲传》："～～放荡。"又写作"俶（tì）傥"。

剃¹（鬀） tì "鬀"为"剃"的本字。用刀刮去毛发。《淮南子·齐俗》："屠牛吐一朝解九牛而刀以～毛。"

剃²（薙） tì ❶ 割去野草。王中《头陀寺碑文》："为之～草开林，置经行之室。"［剃氏］古代管除草的官。张衡《东京赋》："其遇民也，若～～之芟草。"

T

㉁删除。《晋书·束晳传》："～圣籍之荒芜。"上述❶和㉁写作"薙"，现简化为"剃"。❷"薙"通"剃"。剃头。庄季裕《鸡肋编》卷中："既～度，乃成礼。"（薙度：剃发出家为僧。）

涕 tì ❶眼泪。《列子·汤问》："悲愁垂～相对。"㉂流泪，落泪。陈亮《念奴娇·登多景楼》："登高怀远，也学英雄～。"❷鼻涕。王褒《僮约》："目泪下落，鼻～长一尺。"【辨】涕，泗，泪。古代一般"涕"指眼泪，"泗"指鼻涕。后来"泪"代替了"涕"，"涕"代替了"泗"，而"泗"一般不用了。

悌 tì 敬爱、顺从兄长。《孟子·滕文公下》："入则孝，出则～。"㉁敬重长辈或同辈。《晋书·武帝纪》："不长～于族党。"《新唐书·李元素传》："元素少孤，奉长姊谨～。"

绨（綈） tì 一种粗厚光滑的丝织品。《史记·孝文本纪》："上常衣～衣……以示敦朴。"左思《魏都赋》："土无～锦。"

逖（逷） tì ❶远。《诗经·大雅·抑》："用～蛮方。"《隋书·音乐志中》："百蛮非众，八荒非～。"㉁使远，疏远。《尚书·多方》："离～尔土。"❷［逖逖］忧惧的样子。又写作"惕惕"。屈原《九章·悲回风》："悼来者之惕惕。"

惕 tì ❶谨慎小心，提心吊胆。《左传·襄公二十二年》："无日不～，岂敢忘职！"双音词有"警惕"。❷忧伤。卢谌《答魏子悌》诗："乖离令我感，悲欣使情～。"❸［惕然］1. 忧愁的样子。嵇康《与山巨源绝交书》："～～不喜。"2. 猛醒的样子。《史记·龟策列传》："元王～～而悟。"

替 tì ❶废弃。《尚书·大诰》："不敢～上帝命。"屈原《九章·怀沙》："常度未～。"（度：法度。）㉁泯灭，消亡。《国语·鲁语上》："今先君俭而君侈，令德～矣。"❷衰落，衰弱。《旧唐书·魏征传》："以古为镜，可以知兴～。"㉁停止。皮日休《寄同年韦校书》诗："唯有故人怜未～。"❸代替（后起意义）。《木兰诗》："愿为市鞍马，从此～爷征。"（市：买。爷：父亲。征：出征。）❹抽屉（后起意义）。《南史·殷淑仪传》："遂为通～棺，欲见，辄引～睹尸。"

揥 tì ❶用以搔头或梳头的簪子。《诗经·鄘风·君子偕老》："玉之瑱也，象之～也。"❷dì 抛弃，舍弃。陆机《文赋》："意徘徊而不能～。"

趯 tì ❶跳。梅尧臣《观居宁画草虫》诗："跃者～其股，顾者注其目。"［趯趯］跳跃的样子。《诗经·召南·草虫》："～～阜螽。"❷踢。段成式《酉阳杂俎》卷五"诡习"："常于福感寺～鞠。"❸yuè 通"跃"。跃过。《后汉书·班固传》："北动幽崖，南～朱垠。"

TIAN

天 tiān ❶天空。与"地"相对。《论衡·谈天》："察当今～去地甚高，古～与今无异。"（察：观察。去：离。）㉂天体，天象。《晋书·天文志上》："～运近南。"《史记·太史公自序》："命南正重以司～。"㉂神话中的天上世界，天宫。屈原《九歌·大司命》："广开兮～门。"❷指自然界。《荀子·天论》："～行有常，不为尧存，不为桀亡。"（天行：指自然界的运动变化。有常：有一定规律。）㉁天然的，自然生成的。《魏书·邢峦传》："剑阁～险，古来所称。"双音词有"天灾"。㉂指天性与生命。《吕氏春秋·大乐》："能以一治其身者，免于灾，终其寿，全其～。"❸人们想象中的万物的主宰。《尚书·泰誓》："～佑下民。"㉂命运，天命。《论语·颜渊》："死生有命，富贵在～。"㉂所依存或依赖者。《史记·郦生陆贾列传》："王者以民人为～，而民人以食为～。"❹称君王或父母、丈夫。乐史《杨太真外传》："虢国不施妆粉，自衒美艳，常素面朝～。"❺天气，气候，季节。白居易《卖炭翁》诗："心忧炭贱愿～寒。"杜甫《春日忆李白》诗："渭北春～树，江东日暮云。"❻人的头顶。《山海经·海外西经》："刑～与帝至此争神，帝断其首。"㉁古时在人的额头刺字涂墨的刑罚。《周易·睽》："其人～且劓。"（劓：割去鼻子的刑罚。）

田 tián ❶农田。《孟子·梁惠王上》："百亩之～，勿夺其时。"㉂田野。《周易·乾》："见龙在～。"㉂农官，田官。《礼记·月令》："命～舍东郊。"❷耕种。《史记·高祖本纪》："皆令人得～之。"❸指春季打猎或练兵。《穀梁传·桓公四年》："春曰～，夏曰苗。"㉃打猎。《韩非子·难一》："焚林而～，偷取多兽，后必无兽。"（偷：苟且，姑且。）双音词有"田猎"。上述❷❸㉃又写作"畋（tián）"、"佃（tián）"。【辨】田，佃，畋。在打猎、耕种的意义上三字通用，但"田"有"田地"的意义，而"佃"、"畋"则没有。"佃"后来指农民租种官府或地主的土地，或指佃户，读为 diàn，"田"、"畋"则不具有这个意义。

T

畋 tián ❶ 打猎。《吕氏春秋·直谏》："以～于云梦。"魏征《十渐不克终疏》："外绝～猎之源。"❷ 通"佃"。耕种。《尚书·多方》："今尔尚宅尔宅，～尔田。"《三国志·魏书·齐王芳纪》注引《汉晋春秋》："孙权自十数年以来，大～江北，缮治甲兵。"【辨】田，佃，畋。见409页"田"字。

恬 tián ❶ 安静，心神安适。《世说新语·赏誉》："尔夜风～月朗。"李白《下途归石门旧居》诗："～然但觉心绪闲。"（但：只。）❷ 淡泊，淡漠。《后汉书·韦彪传》："安贫乐道，～于进趣。"❸ 安逸，舒适。白居易《问秋光》诗："身心转～泰。"❹ 满不在乎，坦然。《荀子·富国》："轻非誉而～失民。"（轻非誉：不顾毁誉。）成语有"恬不知耻"、"恬不为怪"。

填 tián ❶ 充塞，填塞。《战国策·赵策四》："愿及未～沟壑而托之。"刘熙《释名·释地》："田，～也，五稼～满其中也。"[引]充满。江淹《恨赋》："悲来～膺。"❷ 按照固定格式填写文字。阮阅《诗话总龟后集》卷三二引《艺苑》："得非～词柳三变乎？"❸ zhèn 通"镇"。安定。《汉书·高帝纪下》："～国家，抚百姓，给饷馈，不绝粮道，吾不如萧何。"❹ [填填] 1. 满足的样子。《荀子·非十二子》："～～然，狄狄然。"（狄狄然：跳跃的样子。）2. 象声词。形容鼓声。《隋书·音乐志中》："鞉(táo)鼓～～。"（鞉：一种像鼓的乐器。）❺ zhèn [填填]通"正正"。端庄整齐的样子。《淮南子·兵略》："不击～～之旗。"

阗(闐) tián ❶ 填塞，充满。班固《西都赋》："～城溢郭。"《韩诗外传》卷一："精气～溢。"❷ [阗阗] 1. 盛大的样子。《诗经·小雅·采芑》："振旅～～。"薛逢《上白相公启》："飞龙在天，云雨～～。"2. 形容声音宏大。宋玉《九辩》："属雷师之～～。"左思《蜀都赋》："车马雷骇，轰轰～～。"

忝 tiǎn 有愧于，辱没。《尚书·尧典》："否德，～帝位。"《汉书·叙传下》："陵不引决，～世灭姓。"（陵：李陵。引决：指自杀。）[引]惭愧。李商隐《筹笔驿》诗："管乐有才真不～。"（管乐：管仲和乐毅。）[又]谦辞。《后汉书·杨赐传》："臣受恩偏特，～任师傅。"成语有"忝列门墙"（愧在师门）。

殄 tiǎn ❶ 消灭，绝尽。《史记·秦始皇本纪》："武～暴逆。"（以武力消灭暴逆。）《尚书·毕命》："余风未～，公其念哉？"成语有"暴殄天物"。❷ 疲敝，衰败。《国语·鲁语上》："固民之～病是待。"❸ 昏迷。《论衡·论死》："人～不悟，则死矣。"（悟：醒。）

跈 tiǎn 践踏。《庄子·外物》："哽而不止则～，～则众害生。"

淟 tiǎn ❶ 污浊。枚乘《七发》："输写～浊。"❷ [淟涊(niǎn)] 1. 污浊，卑污。《楚辞·九叹·惜贤》："切～～之流俗。"2. 软弱，怯懦。《宋史·欧阳修传》："文章体裁……～～弗振。"3. 温暖，濡热。王粲《大暑赋》："就清泉以自沃，犹～～而不凉。"

腆 tiǎn ❶ 丰盛，丰厚。《左传·襄公十四年》："我先君惠公有不～之田，与女剖分而食之。"（女：汝。）曹丕《与钟大理书》："嘉贶益～，敢不钦承。"（贶：赏赐。）[引]指厚颜。沈约《为安陆王谢荆州章》："～冒斯颜，膺此谬荷。"❷ 善，美好。《礼记·郊特牲》："币必诚，辞无不～。"❸ 羞惭，羞愧。《宋书·颜延之传》："衔声茹气，～默而归。"

覥 tiǎn [靦(miǎn)覥]见275页"靦"字。

餂 tiǎn ❶ 取，诱取。《孟子·尽心下》："士未可以言而言，是以言～之也。"❷ 舔（后起意义）。用舌头接触或取物。曾瑞《斗鹌鹑·风情》套曲："鼻凹里砂糖怎～。"这个意义后来写作"舔"。

瑱 tiàn ❶ 冠冕两侧（用以塞耳的）垂挂的玉石。《诗经·鄘风·君子偕老》："玉之～也，象之揥也。"❷ 玉石。江淹《杂体诗·效颜延之侍宴》："荣重馈兼金，巡华过盈～。"（盈瑱：盈尺之瑱。）❸ 填充。郭璞《江赋》："金精玉英～其里，瑶珠怪石琗其表。"❹ zhèn 通"镇"。压物之器。屈原《九歌·东皇太一》："瑶席兮玉～，盍将把兮琼芳。"

TIAO

佻 tiāo ❶ 偷薄，不厚道。《左传·昭公十年》："～之谓甚矣，而壹用之，将谁福哉？"❷ 轻佻，轻浮。屈原《离骚》："雄鸠之鸣逝兮，余犹恶其～巧。"（鸠：鸟名。逝：离去。恶：嫌恶。巧：巧诈。）❸ 窃取。《国语·周语中》："～天之功以为己力。"❹ yáo 延缓。《荀子·王霸》："百工将时斩付，～其期日，而利其巧任。"

挑 tiāo ❶ tiǎo 拨，拨动，挑动。《史记·项羽本纪》："乃自披甲持戟～战。"（甲：盔甲。戟：一种兵器。）辛弃疾《破阵子·为陈同甫赋壮词以寄之》："醉里～

T

灯看剑。”[引]弹奏弦乐器的一种指法。白居易《琵琶行》：“轻拢慢撚抹复～。”❷ tiǎo 挑逗，引诱。《史记·司马相如列传》：“而以琴心～之。”❸ tiǎo 挖，掘。杜荀鹤《山中寡妇》诗：“时～野菜和根煮。”❹ tiǎo 揭露，显露。《韩非子·说难》：“贵人有过端，而说者明言礼义以～其恶。”❺ tiǎo 用杆子把东西悬挂起来（后起意义）。马致远《岳阳楼》：“将酒望子～起来。”（酒望子：酒店门前招徕酒客的幌子。）❻ 担，挑（后起意义）。戚继光《纪效新书·练兵实纪·练伍法》：“用铁尖扁担，便于肩～。”❼ 通“佻”。轻佻，不庄重。《荀子·强国》：“其服不～。”（服：衣服。）

祧 tiāo ❶ 远祖的庙。《礼记·祭法》：“远庙为～。”（远庙：指高祖以上的庙。）[引]宗庙。沈约《立太子诏》：“守器承～。”（器：神器，指帝位。）❷ 古代帝王七庙，世次较远之祖，其神主迁入祧庙，称“祧”。《新唐书·礼乐志三》：“已～之主，不得复入太庙。”[不祧]始祖之神主永远不迁，称为“不祧”。《宋史·礼志九》：“今太祖受命开基，太宗缵承大宝，则百世～～之庙矣。”❸ [承祧]承继为后嗣。韩愈《顺宗实录三》：“付尔以～～之重。”

条（條） tiáo ❶ 树名。一说“山楸”，一说“柚”。《诗经·秦风·终南山》：“终南何有？有～有梅。”❷ 枝条，小枝。《诗经·周南·汝坟》：“伐其～枚。”（枚：树干。）[引]长条的，长的。庾信《七夕赋》：“缕～紧而贯矩。”《尚书·禹贡》：“厥木惟～。”❸ 条理。《尚书·盘庚上》：“若网在纲，有～而不紊。”❹ 项目，条目。《汉书·刘向传》：“比类相从，各有～目。”[特]法令，条文。岳飞《奉诏移伪齐檄》：“尽除戎索，咸用汉～。”❺ 分条陈述，列举。白居易《与元微之书》：“其余事况，～写如后。”苏轼《辩试馆职策问札子》之二：“光即与臣论当今要务，～其所欲行者。”（光：司马光。）[又]逐一登录。苏轼《御试制科策》：“臣愿陛下～天下之事。”❻ 量词。用于分列项目或计量条状的东西。《旧唐书·刑法志》：“约法为十二～。”陈耀文《天中记》卷二十八引张鷟《朝野佥载》：“与之绳万～，以为钱贯。”❼ 通达。《汉书·礼乐志》：“声气远～。”

苕 tiáo ❶ 一种草。陵苕。即“紫葳”。也叫凌霄花。《诗经·小雅·苕之华》：“～之华，芸其黄矣。”[又]一种草。苕饶。即“紫云英”。《诗经·陈风·防有鹊巢》：“邛（qióng）有旨～。”（小丘上有很美的紫云英。）❷ 芦苇的花穗。《荀子·劝学》：“系之苇～，风至～折。”（系：拴。）❸ [苕苕] 1. 通“迢迢”。遥远的样子。谢灵运《述祖德》诗：“～～历千载。”（历：经历。）2. 通“岧岧”。高的样子。郦道元《水经注·河水》：“北面列观临河，～～孤上。”（北面许多楼台靠近黄河，高高地孤拔直上。）

岧（岹） tiáo ❶ [岧峣（yáo）]高峻的样子。崔颢《行经华阴》诗：“～～太华俯咸京。”白居易《月夜登阁避暑》诗：“行行都门外，佛阁正～～。”❷ [岧嵽（dì）]高的样子。王延寿《鲁灵光殿赋》：“浮柱～～以星悬。”❸ [岧岧]高的样子。张衡《西京赋》：“干云雾而上达，状亭亭以～～。”

迢 tiáo [迢迢] 1. 遥远的样子。《古诗十九首·迢迢牵牛星》：“～～牵牛星。”成语有“千里迢迢”。2. 高峻的样子。陆机《拟西北有高楼》诗：“高楼一何峻，～～峻而安。”3. 深幽的样子。李涉《六叹》诗之二：“～～碧甃（zhòu）千余尺。”（甃：井壁。）4. 时间漫长的样子。戴叔伦《雨》诗：“历历愁心乱，～～独夜长。”【注意】“迢”一般不单用，除“迢迢”叠用外，还常“迢递”、“迢遥”等连用。

龆（齠） tiáo ❶ 儿童换牙。《韩诗外传》卷一：“八岁而～齿。”[龆龀（chèn）]儿童换牙的年龄。指童年。《东观汉记·伏湛传》：“～～励志，白首不衰。”❷ 童年。《宋书·明帝纪》：“人面兽心，见于～日。”❸ 通“髫”。儿童头部下垂的短发。《三国志·魏书·毛玠传》：“臣垂～执简。”

髫 tiáo ❶ 儿童头部下垂的短发。陶潜《桃花源记》：“黄发垂～，并怡然自乐。”（黄发：指老人。垂髫：指儿童。）[引]儿童。《北史·柳遐传》：“～岁便有成人之量。”（量：度量，气度。）❷ 通“龆”。换牙。《后汉书·董卓传》：“其子孙虽在～龀，男皆封侯，女为邑君。”

蜩 tiáo 蝉。《诗经·豳风·七月》：“四月秀葽，五月鸣～。”（葽：草名。）王褒《洞箫赋》：“秋～不食。”

挑 tiǎo 见410页。

窕 tiǎo ❶ 宽绰而有空隙，不充实。《荀子·赋》：“充盈大宇而不～。”（大宇：太空。）[引]虚浮，不实。《韩非子·难二》：“君子不听～言。”❷ 通“挑（tiǎo）”。挑逗，引诱。枚乘《七发》：“目～心与。”（心与：心中暗暗相许。）❸ tiāo 通“佻”。轻佻，轻浮。《左

T

传·成公十六年》："楚师轻～，固垒而待之，三日必退。"（师：军队。）❹ yáo 妖艳。《荀子·礼论》："故其立文饰也，不至于～冶(yě)。"（文饰：指修饰。冶：过分地打扮。）❺ [窈窕]见 478 页"窈"字。

誂 tiǎo ❶ 逗引，诱惑。《战国策·秦策一》："楚人有两妻者，人～其长者。"《史记·吴王濞列传》："于是乃使中大夫应高～胶西王。"（使：派遣。应高：人名。）[引]戏弄。《颜氏家训·文章》："有一士族，好为可笑诗赋，～擎(piē)邢魏诸公。"（擎：同"撇"，挥去。）❷ tiāo 通"佻"。轻佻，轻浮。《吕氏春秋·音初》："流辟～越慆滥之音出。"❸ diào 猝然，仓猝。《淮南子·兵略》："虽～合刃于天下，谁敢在于上者。"

眺 tiào ❶ 斜视，看。潘岳《射雉赋》："亦有目不步体，邪～旁剔。"《国语·齐语》："以骤骋～于诸侯。"❷ 远看，眺望。《礼记·月令》："可以居高明，可以远～望。"谢灵运《登池上楼》诗："举目～岖嵚(qīn)。"（岖嵚：指高而险的峰峦。）

跳 tiào ❶ 跳跃。《列子·汤问》："～往助之。"[引]走路瘸跛。《荀子·非相》："禹～汤偏。"❷ 跳越，跨越。《晋书·刘牢之传》："牢之策马～五丈涧，得脱。"❸ táo 通"逃"。逃跑。《史记·高祖本纪》："遂围成皋，汉王～。"❹ [跳梁]通"跳踉"。1. 蹦跳。《庄子·逍遥游》："东西～～，不辟高下。"2. 横行，跋扈。《汉书·萧望之传》："今羌虏一隅小夷，～～于山谷间。"

粜（糶） tiào 卖出粮食。聂夷中《咏田家》："二月卖新丝，五月～新谷。"[泛]卖出货物。韩愈《论变盐法事宜状》："差人自～官盐。"

TIE

帖 tiē ❶ 安定。魏征《十渐不克终疏》："脱因水旱，谷麦不收，恐百姓之心，不能如前日之宁～。"（脱：如果。宁：安宁。）[又]顺从。王安石《彰武军节度使侍中曹穆公行状》："遂～服，皆为用。"[又]稳妥，妥帖。韩愈《石鼓歌》："安置妥～平不颇。"❷ 通"贴"。贴近，挨紧。《梁书·羊侃传》："能反腰～地。"[又]粘，黏附。《木兰诗》："当窗理云鬓，对镜～花黄。"❸ 通"贴"。典当，典押。《新唐书·李峤传》："有卖舍、～田供王役者。"❹ tiě 官署的文书、告示。《木兰诗》："昨夜见军～，可汗大点兵。"杜甫《新安吏》诗："府～昨夜下，次选中男行。"[引]票据，便条，柬帖。《南齐书·萧坦之传》："家赤贫，唯有质钱～子数百。"（质：典当，抵押。）双音词有"请帖"。❺ tiè 书法、绘画所摹仿的样本或拓本。苏轼《虔州吕倚承奉》诗："家藏古今～，墨色照箱筥(jǔ)。"（筥：箱子。）

贴（貼） tiē ❶ 典当，以物品做抵押借钱。《旧唐书·宪宗纪下》："一任～典货卖。"（一任：完全听任。）❷ 黏附。沈括《梦溪笔谈》卷一八："每字有二十余印，以备一板内有重复者，不用则以纸～之。"（印：指字模。）[引]挨近，靠近。徐弘祖《徐霞客游记·西南游日记》："背腹摩～，足后耸。"（背腹摩贴：背部和腹部都贴近上下石壁。后耸：向后翘起。）❸ 安定。《资治通鉴·唐贞元元年》："易帅之际，军中烦言，乃其常理，泌到，自妥～矣。"[又]顺从。《北齐书·库狄干传》："法令严肃，吏人～服。"[又]合适，妥当。梅尧臣《次韵和长吉上人淮甸相遇》："文字皆妥～。"

铁（鐵） tiě ❶ 一种金属。铁。《史记·货殖列传》："邯郸郭纵以～冶成业。"（郭纵：人名。）[特]铁制的（耕具、兵器、刑具、铠甲等）器具。《孟子·滕文公上》："许子以釜甑爨，以～耕乎？"刘长卿《从军行》："手中无尺～。"司马迁《报任安书》："婴金～受辱。"宋无《战城南》诗："冻指控弦指断折，寒肤著～肤皲裂。"[喻]坚固，坚定不移。刘勰《文心雕龙·祝盟》："刘琨～誓，精贯霏(fěi)霜。"（精贯：指精诚横贯。霏霜：严霜。）❷ 黑色，像铁一样的颜色。庾信《华林园马射赋》："～骊蹋空。"（骊：黑马。蹋空：跑得像在空中飞那样快。蹋：同"踏"。）

驖 tiě 赤黑色的马。《诗经·秦风·驷驖》："驷～孔阜。"

餮 tiè [饕(tāo)餮]见 405 页"饕"字。

TING

汀 tīng 水边平地，小洲。屈原《九歌·湘夫人》："搴～洲兮杜若。"范仲淹《岳阳楼记》："岸芷～兰，郁郁青青。"

听¹（聽） tīng ❶ 听。《荀子·劝学》："耳不能两～而聪。"（聪：听得清楚。）[引]听从，接受。《史记·李斯列传》："秦王乃拜斯为长史，～其计。"（拜：任用。长史：官名。）成语有"言听计从"。[又]耳目，间谍。《荀子·议兵》："将有百里之～。”❷治理，处理。《史记·秦始皇本纪》：“兼～万事。”（同时处理很多事情。）㊀判决。《汉书·礼乐志》：“断狱～讼。”（狱、讼：官司，诉讼。）❸厅堂。《世说新语·黜免》：“大司马府～前有一老槐。”这个意义后来写作“厅（廳）”。❹（旧读 tìng）听凭，任凭。《汉书·薛宣传》：“卖买～任富吏。”成语有“听之任之”。㊀允许。干宝《搜神记》卷十九：“父母慈怜，终不～去。”【注意】在古代，“聽”和“听（yǐn）”是两个字，意义各不相同。上述义项都不写作“听”。现“聽”简化为“听”。参见 493 页“听²（yǐn）”字。【辨】聆，听。见 253 页“聆”字。

廷 tíng ❶朝廷。封建时代君主接受朝拜和处理政事的地方。《庄子·渔父》：“～无忠臣。”《史记·廉颇蔺相如列传》：“相如～叱之。”❷官署，地方官办理公事的厅堂。《后汉书·郭太传》：“早孤，母欲使给事县～。”（孤：幼年失去父亲。）❸通“庭”。庭院，院子。《诗经·唐风·山有枢》：“子有～内，弗洒弗扫。”

莛 tíng ❶草茎。《汉书·东方朔传》：“以筦窥天，以蠡测海，以～撞钟。”梅尧臣《种药》诗：“枯～带空荚。”❷tǐng 通“梃”。木棍。欧阳修《钟莛说》：“削木为～，以叩钟。”

庭 tíng ❶庭院，院子。《诗经·魏风·伐檀》：“胡瞻尔～有县貆兮！”（县：通“悬”。）柳宗元《田家》诗：“～际秋虫鸣。”（际：边。）❷厅堂。《诗经·大雅·抑》：“洒埽～内。”（埽：同“扫”。）《礼记·檀弓上》：“孔子哭子路于中～。”❸通“廷”。朝廷，宫廷。《汉书·匈奴传》：“群臣～议。”魏征《十渐不克终疏》：“奏事入朝，思睹阙～，将陈所见。”（阙：皇宫门前两边的楼。陈：陈述。）㊁朝觐，朝贡。《诗经·大雅·常武》：“四方既平，徐方来～。”㊀公堂，官署。《旧唐书·李适之传》：“昼决公务，～无留事。”

霆 tíng ❶雷，疾雷。《汉书·贾山传》：“雷～之所击，无不摧折者。”仲长统《昌言·理乱》：“暴风疾～不足以方其怒。”（方：比拟。）成语有“雷霆万钧”。❷震动。《管子·七臣七主》：“天冬雷，地冬～。”❸闪电。《淮南子·兵略》：“疾雷不及塞耳，疾～不暇掩目。”

亭 tíng ❶设在道路旁（供旅客食宿）的公房。李白《菩萨蛮·平林漠漠烟如织》：“何处是归程，长～更短～。”㊀在边疆（用来观察敌情）的建筑物。《韩非子·内储说上》：“秦有小～临境。”❷秦汉时期的一种基层行政单位。《汉书·百官公卿表上》：“大率十里一～，～有长，十～一乡。”（大率：大抵。）❸亭子（后起意义）。欧阳修《醉翁亭记》：“有～翼然临于泉上者，醉翁～也。”（翼然：像鸟张开翅膀一样。）❹成熟，长成。《老子·五十一章》：“长之育之，～之毒之。”❺［亭亭］耸立的样子。曹丕《杂诗》：“西北有浮云，～～如车盖。”（车盖：车的顶篷。）❻［亭午］正午。李白《古风五十九首》之二十四：“大车扬飞尘，～～暗阡陌。”（阡陌：指道路。）【辨】亭，臺，榭，楼，阁。见 401 页“台²（臺）”字。

停 tíng ❶停止，停留。《庄子·德充符》：“平者，水～之盛也。”杜牧《山行》诗：“～车坐爱枫林晚。”㊀积聚。郦道元《水经注·沔水》：“～水数十亩。”❷停放，储存。《后汉书·孝质帝纪》：“或支骸不敛，或～棺莫收。”贾思勰《齐民要术·造神麴并酒等》：“此麴得三年～，陈者弥好。”❸留住，居住。《南史·侯安都传》：“拜其母为清远国太夫人，仍迎赴都，母固求～乡里。”

渟 tíng ❶水流停滞而聚积。《史记·李斯列传》：“决～水，致之海。”㊁停止，静止。王安石《我所思寄黄吉甫》诗：“月澹星～尤可喜。”❷［渟濙（yíng）］清澈的样子。《魏书·阳固传》：“越弱水之～～兮。”❸［渟瀯（yíng）］1. 池小水少的样子。杜笃《论都赋·序》：“且洛邑之～～，曷足以居乎万乘哉。”2. 水流回旋的样子。郦道元《水经注·比水》：“时人目之为～～水。”

婷 tíng ❶［婷婷］美好的样子。陈师道《黄梅》诗：“～～花下人。”❷［娉（pīng）婷］见 312 页“娉（pìn）”字。

町 tǐng ❶田界。《庄子·人间世》：“彼且为无～畦。”㊀田地，田亩。《魏书·高闾传》：“嘉谷秀～。”㊀划分田地。《左传·襄公二十五年》：“～原防。”（划分堤防间的狭小耕地。）❷tiǎn［町畽（tuǎn）］［町疃（tuǎn）］田舍旁禽兽践踏的空地。《诗经·豳风·东山》：“～畽鹿场。”许敬宗《掖庭山赋》：“荫～疃之毛群。”

挺 tǐng ❶拔，拔出。《战国策·魏策四》：“～剑而起。”㊁生出。左思《蜀都赋》：“旁～龙目，侧生荔枝。”（龙目：植物名，即龙眼。）❷突出，杰出。《三国志·蜀书·吕凯传》：“今诸葛丞相英才～出。”《宋史·沈辽传》：“幼～拔不群，长而好学。”㊀伸直，举起。《荀子·劝学》：“虽有槁暴不复～者。”《新唐书·顾少连传》：“少连～笏曰……"㉦起身，探身。《宋史·侯益传》："～身出斗。"刘向《说苑·谈丛》："猿得木而～。"❸僵硬，强硬。《汉书·盖宽饶传》："夫君子直而不～，曲而不诎。"❹宽缓。《后汉书·臧宫传》："宜小～缓，令得逃亡。"（小：略微。）❺动摇。《吕氏春秋·忠廉》："不足以～其心矣。"❻量词。根。《南史·沈攸之传》："赐攸之烛十～。"❼通"梃"。棍棒。《汉书·诸侯王表》："陈、吴奋其白～。"（陈、吴：陈胜、吴广。）

珽 tǐng 帝王上朝时拿的玉笏(hù)板。也叫大圭。《左传·桓公二年》："衮冕黻～。"赵昂《攻玉赋》："直以为～，圆而作璧。"

梃 tǐng ❶棍棒。《孟子·梁惠王上》："杀人以～与刃，有以异乎？"柳宗元《封建论》："负锄～谪(zhé)成之徒。"（负：背着。谪成：被罚防守边境。）❷量词。根。《魏书·李孝伯传》："骏遣人献酒二器，甘蔗百～。"（骏：人名。）

脡 tǐng 直条的干肉。《公羊传·昭公二十五年》："执箪食与四～脯。"㉦量词。用于肉条等物。《仪礼·士虞礼》："脯四～。"

铤(鋌) tǐng ❶dìng 未经冶铸或未成器的铜铁。《论衡·率性》："其本～，山中之恒铁也。"（本：本质。恒：普通的。）❷dìng 古代重五两或十两的金银货币。《旧唐书·薛收传》："今赐卿黄金四十～。"这个意义后来写作"锭"。❸dìng 箭铤。箭头嵌入箭杆的部分。《周礼·冬官·考工记》："冶氏为杀矢，刃长寸，围寸，～十之。"❹快跑的样子。《左传·文公十七年》："～而走险，急何能择？"

TONG

通 tōng ❶通行，到达，通到。《韩非子·说林下》："道难不～。"（难：险。）《三国志·蜀书·诸葛亮传》："西～巴蜀。"（巴、蜀：地名。）㉦开辟，疏通。《礼记·月令》："开～道路，毋有障塞。"㉦连接，连通。李商隐《无题》诗："心有灵犀一点～。"❷通报，传达。《史记·陈涉世家》："不肯为～。"㉦陈述，述说。封演《封氏闻见记·饮茶》："手执茶器，口～茶名。"❸畅通，没有阻碍。司马迁《报任安书》："～邑大都。"（邑：城镇。都：大城市。）❹得志。白居易《与元九书》："小～则以诗相戒，小穷则以诗相勉。"㉦地位显达，显贵。王安石《上皇帝万言书》："凡在左右～贵之人，皆顺上之欲而服行之。"❺通晓，精通。《汉书·辛庆忌传》："～于兵事。"㉦渊博。《论衡·超奇》："博览古今者为～人。"❻交往。《汉书·季布传》："吾闻曹丘生非长者，勿与～。"（曹丘生：人名。长者：品行高尚的人。）㉦交换。《荀子·儒效》："～财货。"❼共同的，通常的。沈约《立左降诏》："减秩居官，前代～则。"（秩：官职，品位。）❽全部，整个。《孟子·告子上》："弈秋，～国之善弈者也。"《晋书·佛图澄传》："～夜不寝。"（寝：睡觉。）❾不正当的男女关系，通奸。《公羊传·庄公二十七年》："公子庆父、公子牙～乎夫人。"❿灵活，变通。刘勰《文心雕龙·镕裁》："变～以趋时。"（趋时：追随时势，指适应情况。）⓫马粪。《后汉书·戴就传》："以马～薰之。"⓬田地单位名。《汉书·刑法志》："地方一里为井，井十为～。"（方一里：一里见方。井：田地单位名。）⓭量词。用于文书，表示一份。《后汉书·崔寔传》："仲长统曰：'凡为人主，宜写一～，置之坐侧。'"（人主：皇帝。宜：应该。）㉦用于击鼓，相当于一阵、一曲、一遍。曹操《步战令》："严鼓一～。"

同 tóng ❶相同，一样。与"异"相对。《论语·卫灵公》："道不～，不相为谋。"《商君书·开塞》："有法不胜其乱，与不法～。"（胜：克服，制服。）成语有"求同存异"。㉦等同。元稹《五弦弹》诗："一贤得进胜累百，两贤得进～周、召。"❷整齐。《诗经·小雅·车攻》："我马既～。"㉦随和，附和。《论语·子路》："君子和而不～。"❸安定。《礼记·礼运》："盗窃乱贼而不作，故外户而不闭，是谓大～。"㉦统一。陆游《示儿》诗："但悲不见九州～。"❹古代诸侯共同朝见天子。王安石《赠贾魏公神道碑》："四夷来～。"㉦共同，一起。《韩非子·说林上》："～事之人，不可不审察也。"㉦偕同，与。《诗经·豳风·七月》："～我妇子，馌彼南亩。"成语有"同舟共济"。❺聚集。《诗经·豳风·七月》："我稼既～，上入执宫功。"❻同一个。《三国志·吴书·吴主传》："～船济水。"（济：渡，过河。）

侗 tóng ❶幼稚无知。《论语·泰伯》："狂而不直，～而不愿。"❷tōng 高大。《论衡·气寿》："人民～长。"

彤 tóng ❶朱红色。《诗经·邶风·静女》："贻我～管。"《左传·哀公元年》："器不～镂。"（镂：雕刻。）❷彤管，毛笔。王融《三月三日曲水诗序》："书笏珥～。"

童 tóng ❶男奴仆。《汉书·货殖传》:“富至～八百人。”这个意义又写作“僮”。❷儿童,少年。《史记·秦始皇本纪》:“于是遣徐市(fú)发～男女数千人。”(徐市:人名。)杜牧《清明》诗:“牧～遥指杏花村。”㊀未长成的,幼小的。《诗经·大雅·抑》:“彼～而角。”《周易·大畜》:“～牛之牿。”❸幼稚无知,愚昧无知。《国语·晋语四》:“～昏不可使谋。”贾谊《新书·道术》:“反慧为～。”❹山无草木。《荀子·王制》:“故山林不～而百姓有余材也。”㊀牛羊无角。《诗经·小雅·宾之初筵》:“由醉之言,俾出～羖。”㊀人无头发。韩愈《进学解》:“头～齿豁。”㊁把树砍光。苏轼《东坡志林·梁工说》:“～东山之木,汲西江之水。”❺通“瞳”。瞳仁。《汉书·项籍传》:“舜盖重～子,项羽又重～子。”

僮 tóng ❶儿童,少年。李密《陈情表》:“内无应门五尺之～。”(内:家里。)《史记·乐书》:“～男～女七十人俱歌。”❷僮仆,奴仆。《史记·货殖列传》:“富至～千人。”

罿 tóng 一种设有机关装置的捕鸟兽的网。也叫覆车网。《诗经·王风·兔爰》:“有兔爰爰,雉离于～。”(爰爰:缓慢的样子。离:通“罹”,遭遇。)

穜 tóng 先种而后熟的谷类。《周礼·天官·内宰》:“生～稑(lù)之种,而献之于王。”(稑:后种先熟的谷类。)

赨 tóng 赤色。《管子·地员》:“其种大苗、细苗,～茎黑秀。”

统(統) tǒng ❶丝的头绪。《淮南子·泰族》:“茧之性为丝,然非得工女煮以热汤而抽其～纪,则不能成丝。”(纪:丝的头绪。)㊀一脉相传的系统。《尚书·微子之命》:“～承先王。”《三国志·蜀书·诸葛亮传》:“奉承大～,兢兢业业。”(奉承:承受的敬辞。)双音词有“传统”、“系统”。❷纲要,纲领。《荀子·非十二子》:“略法先王而不知其～。”(略法:取法。)❸总括,统一。《荀子·儒效》:“～礼义,一制度。”王夫之《周易外传·系辞上传·十二章》:“～之乎一形。”(形:指物质。)㊁综合地,全面地。《后汉书·和帝纪》:“内有公卿大夫～理本朝。”成语有“统筹兼顾”。❹治理,管理。《三国志·吴书·陆逊传》:“臣愚以为诸王幼冲,未～国事。”㊁统领,率领。吴质《在元城与魏太子笺》:“～东郡之任。”(东郡:地名。)《三国志·蜀书·诸葛亮传》:“今将军诚能命猛将～兵数万。”

恸(慟) tòng 极度悲哀。《论语·先进》:“颜渊死,子哭之～。”柳宗元《哭连州凌员外司马》诗:“我歌诚自～,非独为君悲。”㊁痛哭。《世说新语·伤逝》:“公往临殡,一～几绝。”【辨】痛,恸。两个字都有悲哀的意义,但“恸”的悲哀程度比“痛”要深些。此外,“痛”还有别的意义,不能写作“恸”。

痛 tòng ❶疼痛。《韩非子·外储说右上》:“夫痤(cuó)疽(jū)之～也,非刺骨髓,则烦心不可支也。”(痤:疖子。疽:毒疮。支:受得住。)㊀痛苦,身心难受。《汉书·路温舒传》:“夫人情安则乐生,～则思死。”㊀悲痛。《礼记·三年问》:“哀～未尽。”《史记·秦本纪》:“寡人思念先君之意,常～于心。”❷痛恨,怨恨。《左传·昭公二十年》:“神怒民～,无悛于心。”㊁怜惜。孟郊《古兴》诗:“～玉不～身。”❸彻底地。《管子·七臣七主》:“奸臣～言人情以惊主。”成语有“痛改前非”。㊁尽情地,痛快地。《宋史·岳飞传》:“直抵黄龙府,与诸君～饮耳。”(黄龙府:地名,金的都城。)【辨】痛,恸。见上“恸”字。

TOU

偷 tōu ❶刻薄,不厚道。《论语·泰伯》:“故旧不遗,则民不～。”张衡《东京赋》:“示民不～。”(示民:向百姓显示。)❷苟且,得过且过。《国语·晋语一》:“其下～以幸。”《韩非子·难二》:“夫赏无功,则民～幸而望于上。”❸偷窃,偷盗。《淮南子·道应》:“楚有善为～者。”【注意】先秦的“偷”不当“偷窃”讲,两汉时也很少用。㊁窃贼,小偷。《晋书·蔡裔传》:“尝有二～入室。”❹暗中,悄悄地。《庄子·渔父》:“～拔其所欲。”

投 tóu ❶投掷,投入。《史记·滑稽列传》:“即使吏卒共抱大巫妪(yù)～之河中。”(即:就。大巫妪:老巫婆。)成语有“自投罗网”。㊁跌跤。《左传·昭公十三年》:“自～于车下。”㊁投赠,赠给。《诗经·卫风·木瓜》:“～我以木瓜。”成语有“投桃报李”。❷扔掉,抛弃。魏征《述怀》诗:“中原初逐鹿,～笔事戎轩(xuān)。”(逐鹿:指争夺政权。事戎轩:指从军。)㊁挥去,甩开。《左传·宣公十四年》:“～袂而起。”❸投合,迎合。元好问《赠答刘御史云卿》诗:“户牖徒自开,胶漆本易～。”成语有“投其所好”、“情投意合”。㊁呈交,投寄。王谠《唐

T

语林·补遗三》："有举子～卷。"❹安置。《礼记·乐记》："～殷之后于宋。"㊂寄托。刘禹锡《伤柳仪曹诗引》："赋诗以～吊。"❺投靠，投奔。《史记·淮阴侯列传》："足下右～则汉王胜，左～则项王胜。"㊂到……住宿，投宿。杜甫《石壕吏》诗："暮～石壕村，有吏夜捉人。"（暮：傍晚。）❻到，接近。王安石《观明州图》诗："～老心情非复昔，当时山水故依然。"（依然：依旧。）㊂触，撞。《韩非子·解老》："兕无所～其角。"❼踏，跳。《吕氏春秋·古乐》："～足以歌八阕。"❽赌博，赌注。《史记·范雎蔡泽列传》："或欲大～。"㊂赌博的骰子。班固《奕旨》："博悬于～。"❾朝，向。王实甫《西厢记》第四本第三折："车儿～东，马儿向西。"

透 tòu ❶跳，投。《隋书·音乐志下》："并二人戴竿，其上有舞，忽然腾～而换易之。"《南史·后妃传下》："妃知不免，乃～井死。"❷通过，穿透。贾岛《病鹘吟》："有时～雾凌空去。"❸透露，显露。韩玉《感皇恩·远柳绿含烟》："远柳绿含烟，土膏才～。"❹shū 惊慌的样子。左思《吴都赋》："惊～沸乱。"

TU

突 tū ❶［突如］［突而］突然。《周易·离》："～如其来如。"（如：语气词。）《诗经·齐风·甫田》："未几见兮，～而弁兮。"❷急速地向前或向外冲。《三国志·魏书·武帝纪》："驰～火出。"（骑马急速冲出火阵。）双音词有"突围"。㊀触，碰。《三国志·吴书·吴主传》："知有科禁，公敢干～。"（科禁：指法律条文所禁止的。公：公然。干：犯。）《后汉书·寇荣传》："是以不敢触～天威。"❸穿掘。《左传·襄公二十五年》："宵～陈城，遂入之。"❹高地，山峰。《吕氏春秋·任地》："子能以室为～乎？"㊂鼓起，凸出来。徐弘祖《徐霞客游记·滇游日记九》："东北一峰东～。"❺烟囱。《韩非子·喻老》："百尺之室，以～隙之烟焚。"（很大的房子，被烟囱缝里冒出的火烧毁。）❻［突兀］［突杌］高耸的样子。杜甫《茅屋为秋风所破歌》："何时眼前～兀见此屋。"木华《海赋》："鱼则横海之鲸，～杌孤游。"

图（圖） tú ❶想，反复考虑。《韩非子·存韩》："愿陛下熟～之。"㊂谋划。《三国志·蜀书·诸葛亮传》："本欲与将军共～王霸之业。"成语有"图谋不轨"。㊂设法对付。《左传·隐公元年》："蔓难～也。"❷图谋，谋取。《史记·孙子吴起列传》："则诸侯～鲁矣。"（鲁：鲁国。）《三国志·魏书·武帝纪》："吾急之则并力，缓之则自相～，其势然也。"成语有"图财害命"。㊂意图，抱负。杜甫《过南岳入洞庭湖》诗："帝子留遗恨，曹公屈壮～。"❸料想，猜度。《论语·述而》："不～为乐之至于斯也！"《论衡·解除》："形既不可知，心亦不可～。"❹画。沈括《梦溪笔谈》卷一七："直以彩色～之。"（直：直接。）❺图画，肖像。《庄子·田子方》："宋元君将画～。"成语有"图文并茂"。［图谶（chèn）］方士、巫师所说的隐语或预言叫"谶"，谶附有图，因此叫"图谶"。《隋书·经籍志一》："王莽好符命，光武以～～兴。"（符命：古时所谓的帝王"受命于天"的征兆。光武：指汉光武帝刘秀。）㊂地图，版图。《周礼·夏官·职方氏》："掌天下之～。"岳飞《五岳祠盟记》："取故地上版～。"（故地：旧地，指失地。）李贺《出城别张又新酬李汉》诗："皇～跨四海。"㊕河图。传说中的一种神图。《论语·子罕》："河不出～，吾已矣夫！"❻法度。屈原《九章·怀沙》："前～未改。"

荼 tú ❶一种苦菜。《诗经·邶风·谷风》："谁谓～苦？其甘如荠（jì）。"（荠：荠菜。）❷茅、苇类植物的白花。《国语·吴语》："万人以为方阵，皆白裳、白旂、素甲、白羽之矰，望之如～。"成语有"如火如荼"。❸［荼毒］毒害，残害。嵇康《太师箴》："秦皇～～，祸流四海。"❹通"涂（塗）"。泥。孙楚《为石仲容与孙皓书》："生人陷～炭之艰。"（生人：百姓。）❺shū 通"舒"。舒缓，慢慢地。《周礼·考工记·弓人》："斲（zhuó）目必～。"（斲：砍，削。目：指树干上的节。）❻chá 茶。《尔雅·释木》郭璞注："今呼早采者为～，晚取者为茗。"这个意义后来写作"茶"。

悇 tú ［悇憛（tán）］忧愁不安的样子。东方朔《七谏·谬谏》："心～～而烦冤兮。"《后汉书·冯衍传》："终～～而洞疑。"

途 tú 道路。《孙子兵法·军争》："故迂其～而诱之以利。"（所以迂回绕道而用小利引诱敌人。）这个意义又写作"涂"、"塗（简化为'涂'）"。㊀途径，方法。《盐铁论·本议》："开本末之～。"㊕仕途。元稹《寄吴士矩端公五十韵》："时辈多得～，亲朋屡相救。"

涂[1] tú 道路。《战国策·赵策三》："假～于邹。"（假：借。邹：国名。）这个意义又写作"途"、"塗（简化为'涂'）"。

T

涂[2]**（塗）** tú ❶泥。《韩非子·外储说左上》："～干则轻。"⊗抹泥。贾思勰《齐民要术·造神麴并酒等》："还令～户，莫使风入。"⊗污染。《庄子·让王》："其并乎周以～吾身也，不如避之以洁吾行。"⊗蒙蔽。陆容《菽园杂记》卷十二："未有不托鬼神协助，以～人之耳目者。"❷道路。《史记·管晏列传》："晏子出，遭之～。"（晏婴外出，在路上遇见他。）㊀途径，方法。《商君书·画策》："削国之所以取爵禄者多～。"（削国：日见削弱的国家。）这个意义又写作"途"。❸涂饰，涂抹。《穀梁传·襄公二十四年》："台榭不～。"沈括《梦溪笔谈》卷七："以粉～其半。"⊗涂改，删去（后起意义）。《新唐书·百官志》："诏敕不便者，～窜而奏还。"李商隐《韩碑》诗："～改《清庙》、《生民》诗。"（《清庙》、《生民》：《诗经》中的篇名。）【注意】在古代，"泥"的意义不写作"涂"。现"塗"简化为"涂"。

骁（駼） tú ［騊（táo）骁］见 405 页"騊"字。

稌 tú 稻子。《诗经·周颂·丰年》："丰年多黍多～。"王安石《后元丰行》："水秧绵绵复多～。"

酴 tú ❶酒曲。朱肱《北山酒经》："醞酿须～米偷酸。"❷酒酿，江米酒，醪（láo）糟。许浑《天竺寺题葛洪井》诗："仍闻酿仙酒，此水过琼～。"❸［酴醾（mí）］1. 名酒名。朱敦儒《朝中措·红稀绿暗掩重门》："不是～～相伴，如何过得黄昏。"2. 花名。陆游《东阳观酴醾》诗："已见～～压架开。"上述 1.2.又作［酴醿］［酴醾］。

徒 tú ❶徒步，步行。《韩非子·外储说左下》："班白者多～行。"（班白者：指老年人。）㊀步兵。《左传·昭公二十五年》："帅～以往。"（帅：率领。）❷徒党，同一类的人，同一派别的人。《韩非子·五蠹》："其带剑者，聚～属，立节操。"（带剑者：指游侠。立节操：标榜气节和品格。）《孟子·梁惠王上》："仲尼之～，无道桓文之事者。"㊀门徒，徒弟。《论衡·问孔》："孔门之～。"⊗徒众，众人。《尚书·仲虺之诰》："寔繁有～。"❸某一类人（贬义）。《北史·崔悛传》："轻薄～耳。"双音词有"赌徒"、"歹徒"。❹被罚服劳役的人。《史记·陈涉世家》："秦令少府章邯免郦山～。"（少府：官名。章邯：人名。）⊗古代官府中役使的人。《荀子·王霸》："宫室有度，人～有数。"❺空。刘禹锡《天论上》："夫实已丧而名～存。"双音词有"徒手"。⊗白白地，徒然。《史记·廉颇蔺相如列传》："秦城恐不可得，～见欺。"（恐：恐怕。见：被。）成语有"徒劳无功"。❻只，仅仅。《盐铁论·结和》："用兵，非～奋怒也。"❼通"途"。途径。《老子·五十章》："生之～十有三。"

屠 tú ❶宰杀（牲畜）。《史记·樊郦滕灌列传》："以～狗为事。"（事：职业。）⊗屠夫。《后汉书·郭太传》："召公子、许伟康并出～酤。"（出：出身于。酤：卖酒的人。）❷屠杀。韩愈《张君墓志铭》："同恶者父母妻子皆～死。"

瘏 tú 劳累而致病，困顿。《诗经·周南·卷耳》："陟彼砠矣，我马～矣。"李德裕《幽州纪圣功碑》："竟得人病马～，缩衄而退。"

腯 tú 肥壮。《左传·桓公六年》："吾牲牷肥～，粢盛丰备，何则不信？"左思《吴都赋》："草木节解，鸟兽～肤。"

土 tǔ ❶泥土，土壤。《荀子·劝学》："积～成山。"⊗土地，田地。《周易·离》："百谷草木丽乎～。"⊗尘土。《楚辞·九怀·陶壅》："浮云郁兮昼昏，霾～忽兮塺塺。"❷（用土）筑城或建房屋。《诗经·邶风·击鼓》："～国城漕。"《晋书·江统传》："窃见禁～，令不得缮修墙壁。"❸测量土地。《周礼·地官·大司徒》："以土圭～其地而制其域。"❹乡土，故乡。《论语·里仁》："小人怀～。"《后汉书·班超传》："久在绝域，年老思～。"⊗本地的。《宋史·河渠志七》："招收～军五十人。"《宋书·文帝纪》："城邑高明，～风淳壹。"（风：风俗。淳壹：淳厚而单一。）❺领土。《三国志·魏书·夏侯玄传》："分疆画界，各守～境。"⊗地方，地区。《诗经·魏风·硕鼠》："适彼乐～。"韩愈《元和圣德诗》："疆外之险，莫过蜀～。"❻土地神。《公羊传·僖公三十一年》："诸侯祭～。"⊗祭祀土地神的地方。《诗经·大雅·绵》："乃立冢～。"❼五行（金、木、水、火、土）之一。见 457 页"行"字。❽八音（金、石、土、木、丝、竹、匏、革）之一。见 491 页"音"字。

吐 tǔ ❶（把东西）吐出。《荀子·赋》："食桑而～丝。"《史记·鲁周公世家》："一饭三～哺。"成语有"扬眉吐气"。❷说出来，发表。《汉书·刘向传》："发明诏，～德音。"双音词有"谈吐"。⊗抒发，抒写。《文选·左思〈吴都赋〉》："其奏乐也，则木石润色；其～哀也，则凄风暴兴。"❸开放，出现。岑参《青木香丛》诗："六月花新～，三春叶已长。"梅尧臣《夜行忆山中》诗："低迷薄

T

云开,心喜淡月～。”㊀生出,发出。雍陶《和刘补阙秋园寓兴》之四:“疏篁抽晚笋,幽药～寒芽。”刘光祖《江城子·梅花》:“只有梅花,依旧～幽芳。”❹ tù 呕吐。《魏书·高凉王传》:“子华母房氏,曾就亲人饮食,夜还大～。”(子华:人名。)❺[吐谷(yù)浑]我国古代西北部的一个民族。是鲜卑族的一支,曾建立吐谷浑国。《旧唐书·高祖纪》:“丙寅,～～～内附。”

菟 tù ❶ tú [於(wū)菟]老虎。《左传·宣公四年》:“楚人……谓虎～～。”❷[菟丝]蔓生植物名。也叫菟丘。籽可入药。《玉台新咏·古诗八首》之三:“与君为新婚,～～附女萝。”《山海经·中山经》:“其实如～～。”❸ 通“兔”。兔子。屈原《天问》:“厥利维何,而顾～在腹。”

TUAN

湍 tuān 水势急。《孟子·告子上》:“性犹～水也。”《论衡·累害》:“水～之岸不得峭。”㊀急流的水。郦道元《水经注·江水》:“素～绿潭,回清倒影。”㊀冲击。李康《运命论》:“堆出于岸,流必～之。”

团(團) tuán ❶ 圆。吴均《八公山赋》:“桂皎月而常～。”㊀圆形或球形物品。杨万里《走笔谢吉守赵判院分饷三山生荔子》诗:“晓风冻作水晶～。”❷ 聚集,集合。林逋《小圃春日》诗:“草长～粉蝶,林暖坠青虫。”㊁凝聚,凝结。卢象《乡试后自巩还田家作》:“峰暗雪犹积,涧深冰已～。”❸ 军队的编制单位。《隋书·礼仪志三》:“又步卒八十队分为四～,～有偏将一人。”❹ 量词。用于团状的事物。陆游《岁暮》诗:“啖(dàn)饭着衣常苦懒,为谁欲理一～丝?”(啖:吃。)

抟(摶) tuán ❶(用手把东西)捏聚成团。贾思勰《齐民要术·和齑》注:“～作圆子,大如李或饼子。”㊁结聚,集中。《商君书·农战》:“国力～者强,国好言谈者削。”❷ 盘旋,旋转。《庄子·逍遥游》:“～扶摇而上者九万里。”庾信《晚秋》诗:“～风卷落槐。”❸ 通“团”。圆。屈原《九章·橘颂》:“圜(yuán)果～兮。”(圜:通“圆”。)❹ 执,持。司马相如《长门赋》:“～芬若以为枕兮,席荃兰而茝香。”❺ zhuān 通“专”。专一。《史记·秦始皇本纪》:“～心揖志。”(揖:通“壹”。)❻ zhuàn (把东西)卷紧。《周礼·考工记·鲍人》:“卷而～之,欲其无迆也。”

T

剸 tuán ❶ 割断,截断。《礼记·文王世子》:“其刑罪,则纤～。”《淮南子·修务》:“水断龙舟,陆～犀甲。”❷ 裁决,治理。杨侃《皇畿赋》:“发伏禁奸,亲～繁剧。”❸ zhuān 通“专”。专擅。《荀子·荣辱》:“信而不见敬者,好～行也。”㊀专一。《汉书·萧何传》:“上以此～属任何关中事。”

慱 tuán ❶[慱慱]忧劳的样子。《诗经·桧风·素冠》:“劳心～～兮。”❷ 通“团”。圆。扬雄《太玄·中》:“月阙其～,明始退也。”

漙 tuán 露水浓的样子。《诗经·郑风·野有蔓草》:“野有蔓草,零露～兮。”姚合《松坛》诗:“日出露尚～。”

彖 tuàn ❶ 彖传(zhuàn),彖辞。《周易》中统论一卦之义的言辞。《周易·乾》:“～曰:大哉乾元,万物资始。”❷ 判断。欧阳修《新营小斋凿地炉辄成五言三十七韵》:“周公～凶吉,详明左丘辩。”

TUI

推 tuī ❶ 用手推,推。《左传·成公二年》:“苟有险,余必下～车。”(苟:如果。余:我。)陈亮《甲辰答朱元晦书》:“～倒一世之智勇。”㊀推移,更换。《周易·系辞下》:“寒暑相～而岁成焉。”《淮南子·修务》:“倏(shū)忽变化,与物～移。”(倏忽:忽然,极快地。)成语有“推心置腹”。❷ 推究,推求。《淮南子·本经》:“星月之行,可以历～得也。”㊁推论。《韩非子·五蠹》:“～是言之,是无乱父子也。”(由此推论,那就没有不和好的父子了。)❸ 推广。《史记·平津侯主父列传》:“愿陛下令诸侯得～恩分子弟以地侯之。”(令:使,让。侯之:让他们为侯。)❹ 推荐,推举。王安石《上皇帝万言书》:“使众人～其所谓贤能。”㊀推崇,赞许。《晋书·刘寔传》:“天下所共～,则天下士也。”❺ 执行,推行。《韩非子·五蠹》:“～公法,而求索奸人。”❻ 排除,除去。《诗经·大雅·云汉》:“旱既太甚,则不可～。”成语有“推陈出新”。❼ 辞让,推却(后起意义)。孙作《谢马善卿送菜》诗:“鹅掌～不受。”(受:接受。)双音词有“推辞”。❽ 推诿,推托(后起意义)。辛弃疾《临江仙·簪花屡堕戏作》:“一枝簪不住,～道帽檐长。”

蓷 tuī 益母草。可入药。《诗经·王风·中谷有蓷》:“中谷有～。”

隤(隤) tuí ❶ 坠落,落下。班固《西都赋》:“钜石～,松柏仆。”阮籍

《咏怀》之八："灼灼西～日。"（灼灼：光明灿烂的样子。）㊀降下。韦元旦《五言夏日游神泉》序："～祥应运，非醴泉欤。"❷倒塌，使倒塌。宋玉《高唐赋》："倾崎崖～。"《史记·司马相如列传》："～墙填堑。"（堑：沟。）㊁败坏。司马迁《报任安书》："～其家声。"（声：名声，声誉。）《汉书·苏武传》："士众灭兮名已～。"❸跌倒。《淮南子·原道》："先者～陷，则后者以谋。"（陷：陷落。以谋：因此而考虑。）❹［隤然］柔顺的样子。《后汉书·黄宪传》："以为宪～～其处顺。"

隤（㿉） tuí ［虺（huǐ）隤］通"虺隤（tuí）"。见168页"虺"字。

颓（頽、穨） tuí ❶下坠，落下。潘岳《寡妇赋》："岁云暮兮日西～。"㊀崩塌，倒塌。《礼记·檀弓上》："泰山其～乎？"谢惠连《祭古冢文》："便房已～。"㊁倾覆，灭亡。诸葛亮《出师表》："亲小人，远贤臣，此后汉所以倾～也。"❷跌倒。欧阳修《河南府司录张君墓表》："虽醉未尝～堕。"❸水向下流。《史记·河渠书》："水～以绝商颜。"（商颜：山名。）曹植《王仲宣诔》："经历山河，泣涕如～。"㊂向下刮的旋风。《诗经·小雅·谷风》："维风及～。"❹流逝。陶潜《杂诗》："荏苒岁月～。"❺萎靡，衰败。李白《古风五十九首》之五十四："晋风日已～，穷途方恸哭。"欧阳修《送张生》诗："一别相逢十七春，～颜衰发互相询。"❻恭顺的样子。《礼记·檀弓上》："～乎其顺也。"《北史·庾信传》："容止～然。"

退 tuì ❶向后走，退却。与"进"相对。《周易·乾》："进～无恒。"《韩非子·五蠹》："～则死于诛。"（后退就要被处死。）㊂使后退，击退。《论语·先进》："由也兼人，故～之。"（由：人名。）《左传·哀公二年》："～敌于下。"㊀归，返回。《论语·季氏》："鲤～而学《诗》。"（鲤：人名。）《周易·系辞下》："交易而～。"（交易：交换。）❷辞去官职。潘岳《闲居赋》："于是～而闲居于洛之涘。"（涘：水边。）㊂撤销或降低职务。王安石《上皇帝万言书》："不敢以其不胜任而辄（zhé）～之。"（以：因为。辄：就。）❸减退，衰退。陈亮《甲辰答朱元晦书》："笔力日以荒～。"（写作能力一天天荒废减退。）❹退缩，谦让。《论语·先进》："求也～，故进之。"《新唐书·郑覃传》："覃清正～约。"

蜕 tuì ❶（蛇、蝉等动物）脱下的皮。《庄子·寓言》："予，蜩（tiáo）甲也，蛇～也，似之而非也。"（我就和蝉壳、蛇蜕一样，像蝉和蛇可又不是蝉和蛇。蜩：蝉。）❷（蛇、蝉等动物）脱去皮壳。《史记·屈原贾生列传》："蝉～于浊秽。"（浊秽：污秽，不干净。）㊂脱去，除掉。李绅《泛五湖》诗："范子～冠履，扁舟逸霄汉。"❸解脱，死。道家佛家对人死的讳称。王适《潘尊师碣》："吾其～矣。"

TUN

吞 tūn ❶整个咽下去。《史记·屈原贾生列传》："彼寻常之汙渎（dú）兮，岂能容～舟之鱼？"（那小小的积水沟，怎能容得下能吞船的大鱼？）成语有"狼吞虎咽"。㊁忍受着不发作出来。《后汉书·曹节传》："群公卿士，杜口～声，莫敢有言。"（杜口：堵住嘴巴，不说话。）成语有"忍气吞声"。❷兼并，吞灭。《战国策·西周策》："兼有～周之意。"《盐铁论·轻重》："其后强～弱，大兼小，并为六国。"（并：合并。）❸包含，包容。司马相如《子虚赋》："～若云梦者八九。"（云梦：古薮泽名。）范仲淹《岳阳楼记》："衔远山，～长江。"❹压倒，超过。唐彦谦《玉蕊》诗："秀掩丛兰色，艳～秾李芳。"

暾 tūn ❶初升的太阳。屈原《九歌·东君》："～将出兮东方。"唐庚《喜雨》诗："屋上晨～仍杲杲。"㊀渐出的样子。潘岳《射雉赋》："～出苗以入场，愈情骇而神悚。"❷温暖。《寒山诗》一七六："午时庵内坐，始觉日头～。"［暾暾］日光明亮温暖的样子。岑参《春寻河阳陶处士别业》诗："风暖日～～，黄鹂飞近村。"

屯 tún ❶zhūn 艰难。《后汉书·皇后纪上》："五子作乱，冢嗣遘～。"（冢嗣：长子。遘：遇，遭受。）［屯邅（zhān）］遭遇困境。左思《咏史》："英雄有～～。"又写作"迍邅"。❷聚集。屈原《离骚》："～余车其千乘兮。"（乘：辆。）熟语有"聚草屯粮"。㊀堵塞。郦道元《水经注·河水四》："长津硕浪，无宜以微物～流。"❸驻扎，戍守。《三国志·吴书·吴主传》："使鲁肃以万人～巴丘以御关羽。"（巴丘：地名。御：抵御。）［屯田］利用士兵在驻扎的地区种地或招募农民垦荒种地。曹操《置屯田令》："孝武以～～定西域。"（孝武：汉武帝。）㊂戍所，防区。《后汉书·郭躬传》："彭在别～而辄以法斩人。"（彭：人名。）㊂戍卒。《盐铁论·结和》："发～乘城，挽辇而赡之。"❹村庄。韩愈《贺徐州张仆射白兔书》："其始实得之符离安阜～。”❺ 土山，土坡。《庄子·至乐》：“生于陵～。”

忳 tún ❶ 忧伤，忧愁。屈原《离骚》：“～郁邑余侘傺兮。”[忳忳]忧愁烦闷的样子。屈原《九章·惜颂》：“中闷瞀之～～。”❷ dùn [忳忳]无知的样子。贾谊《新书·先醒》：“～～然犹醉也。”❸ zhūn [忳忳]诚恳的样子。朱熹《楚辞集注·九辩》：“纷～～之愿忠兮，妬被离而鄣之。”

豚(豘) tún 小猪，猪。《韩非子·外储说左下》：“郑县人卖～。”【辨】豕，彘，猪，豚。见374页“豕”字。

TUO

托¹ tuō ❶ 用手掌托举(物体)。李煜《捣练子·深院静》：“斜～香腮春笋懒，为谁和泪倚阑干。”戚继光《纪效新书·原束伍》：“一手～铳，一手点火。”(铳：旧式火炮。)㊀衬，衬托。韩偓《屐子》诗：“白罗绣屧红～里。”成语有“烘云托月”。❷ 寄托，依靠。孔平仲《西行》诗：“乾坤何处～身安。”❸ 托付，委托。辛弃疾《瑞鹤仙·赋梅》：“瑶池旧约，鳞鸿更仗谁～。”(瑶池：传说西王母住的地方。鳞鸿：指书信。)❹ 推托，借故推诿。《宋史·礼志》：“有称疾～故不赴者。”❺ 托盘，托座。程大昌《演繁露·托子》：“～始于唐，前世无有也。”【辨】託，托。见下“托²(託)”字。

托²(託) tuō ❶ 托付，委托。《论语·泰伯》：“可以～六尺之孤。”《新唐书·李勣传》：“勣(jì)既忠力，帝谓可～大事。”❷ 寄托，依靠。《战国策·赵策四》：“长安君何以自～于赵？”(何以：以什么，靠什么。)《韩非子·诡使》：“附～有威之门以避徭赋。”㊁假托。《三国志·吴书·周瑜传》：“～名汉相，挟天子以征四方。”❸ 用手掌托举(物体)。敦煌变文《大目乾连冥间救母变文》：“青提夫人一个手，～住狱门回顾盼。”❹ 推托，借故推诿。《后汉书·华佗传》：“因～妻疾，数期不反。”(反：返。)【辨】託，托。上古没有“托”字。唐宋以后产生了“托”字，表示用手承着东西，如“托钵”，并且有引申义，如“衬托”。现“託”写作“托”。

捝 tuō ❶ 通“脱”。解脱，脱落。《老子·五十四章》：“善抱者不～。”❷ 遗漏。《清史稿·文苑传二·张穆》：“遂～失踳驳不可读。”❸ 捶打。《穀梁传·宣公十八年》：“戕，犹残也，～杀也。”❹ shuì 通“说”。擦拭。《仪礼·乡射礼》：“坐～手执爵。”❺ shuì 通“说”。说服，劝说。《类说》卷十七引魏泰《东轩笔录》：“郴州蔡丞禧进～曰……”

脱 tuō ❶ 肉去掉皮骨。《礼记·内则》：“肉曰～之，鱼曰作之。”㊀人体消瘦。《列子·天瑞》：“其状若～。”❷ 脱落，脱去。谢庄《月赋》：“洞庭始波，木叶微～。”(木叶：树叶。)李白《扶风豪士歌》：“～吾帽，向君笑。”㊁遗漏。《汉书·艺文志》：“～字数十。”❸ 脱离，离开。《老子·三十六章》：“鱼不可～于渊。”(渊：深水。)㊁逃脱，逃出。《左传·襄公十八年》：“齐侯见之，畏其众也，乃～归。”《史记·吕太后本纪》：“自以为不得～长安。”[脱然]解脱、轻松的样子。韩愈《答张籍书》：“～～若沉疴去体。”❹ 出，说出。《管子·霸形》：“言～于口，而令行乎天下。”㊁冒出。《史记·平原君虞卿列传》：“颖(yǐng)～而出。”(颖：物体末端的尖锐部分。)❺ 简略。《史记·礼书》：“凡礼始乎～。”(凡是礼开始于简略。)㊁疏略，轻慢。《左传·僖公三十三年》：“轻则寡谋，无礼则～。入险而～，又不能谋，能无败乎？”❻ 副词。或许。《后汉书·李通传》：“事既未然，～可免祸。”㊁偶尔。《世说新语·赏誉》：“济～时过，止寒温而已。”❼ 连词。倘若，如果。薛用弱《集异记·王涣之》：“～是吾诗，子等当须列拜床下，奉吾为师。”❽ tuì 通“蜕”。(蛇、蝉等动物)脱下皮。李山甫《酬刘书记见赠》诗：“石涧新蝉～，茅檐旧燕窠。”❾ tuì [脱脱]舒缓的样子。《诗经·召南·野有死麕》：“舒而～～兮。”

佗 tuó ❶ 加。《诗经·小雅·小弁》：“舍彼有罪，予之～矣。”❷ 通“驮”。负荷。《汉书·赵充国传》：“以一马自～，负三十日食。”❸ [佗佗] 1. 美好的样子。《诗经·鄘风·君子偕老》：“委委～～，如山如河。”2. 纵横错杂的样子。《史记·司马相如列传》：“～～籍籍，填阬满谷。”(阬：坑。)❹ 通“驼”。骆驼。《汉书·常惠传》：“得马、牛、驴、骡、橐～五万余匹。”❺ tuō 通“拖”。披，散。《史记·龟策列传》：“因以醮酒～发，求之三宿而得。”❻ tā (旧读 tuō)通“他”。别的。曹丕《燕歌行》：“慊慊思归恋故乡，何为淹留寄～方。”陶潜《挽歌诗》：“亲戚或余悲，～人亦已歌。”❼ yí [委佗]同“逶迤”。缓缓行走的样子。《后汉书·任光等传赞》：“～～还旅。”

陀 tuó ❶ [陂(pō)陀]见13页“陂(bēi)”字。❷ 山坡。袁桷《次韵伯宗同行至

T

上都》:“侧身复登～。”❸ 量词。形容数量少。曾瑞《端正好·自序》:“黄菊东篱栽数科,野菜西山锄几～。”❹ duò 崩塌。《淮南子·缪称》:“城峭者必崩,岸崝者必～。”(崝:陡峭。)

沱 tuó ❶ 长江支流的通称。《诗经·召南·江有汜》:“江有～。”❷ 流泪多的样子。《周易·离》:“出涕～若。”❸[滂沱]见302页“滂”字。❹ duò [淡沱]风光明净的样子。陆游《暮春》诗:“湖上风光犹～～。”

酡 tuó 酒后脸红。宋玉《招魂》:“美人既醉,朱颜～些。”刘子翚《次韵陈成季郡会》:“喜客温颜似醉～。”[泛]脸红。杨衡《白纻辞》:“香汗微渍朱颜～。”

跎 tuó [蹉(cuō)跎]见69页“蹉”字。

橐(槖) tuó ❶ 一种口袋。《战国策·秦策一》:“负书担～。”(负:背着。)[又]用口袋装,收藏。《吕氏春秋·悔过》:“过天子之城,宜～甲束兵。”❷(冶铁的)风箱。《墨子·备穴》:“具炉～。”(具:具备。炉:炼铁炉。)❸ 骆驼。《汉书·百官公卿表》:“又牧～、昆蹄令丞皆属焉。”[橐驼]骆驼。《史记·苏秦列传》:“燕、代～～良马必实外厩(jiù)。”(燕、代:诸侯国名。实:充满。厩:马棚。)❹[橐橐]象声词。《诗经·小雅·斯干》:“约之阁阁,椓之～～。”【辨】囊,橐。见287页“囊”字。

鼍(鼉、䵶) tuó 扬子鳄。也叫猪婆龙。《山海经·中山经》:“其中多良龟、多～。”[鼍鼓]用鼍皮蒙的鼓。《诗经·大雅·灵台》:“～～逢逢。”

妥 tuǒ ❶ 安坐,坐定。《诗经·小雅·楚茨》:“以～以侑。”《仪礼·士相见礼》:“～而后传言。”[引]安稳,安定。《汉书·武五子传》:“北州以～。”双音词有“稳妥”。❷[妥帖]1. 安定,稳定。杜甫《故司徒李公光弼》诗:“千里初～～。”(初:刚。)2. 恰当,合适。陆机《文赋》:“或～～而易施。”(易施:平稳。)❸ 落下。杜甫《重过何氏》诗:“花～莺捎蝶。”(捎:掠取。)

拓[2] tuò ❶ 推,举。《列子·说符》:“孔子之劲,能～国门之关,而不肯以力闻。”杜甫《醉为马坠诸公携酒相看》诗:“罢酒酣歌～金戟(jǐ)。”(戟:一种兵器。)❷ 开拓,扩大。《后汉书·文苑传上》:“～地万里,威震八荒。”双音词有“拓荒”。❸ tà 通“拓[1](搨)”。把石碑或器物上的文字、图像拓印在纸上。《隋书·经籍志一》:“其相承传～之本,犹在秘府。”(承:继承。秘府:皇宫中藏书的地方。)

柝(欜、榛) tuò ❶ 巡夜打更用的梆子。《周易·系辞下》:“重门击～,以待暴客。”(暴客:强盗,盗贼。)柳宗元《段太尉逸事状》:“候卒击～卫太尉。”(候卒:负责巡逻警卫的士兵。卫:保卫。)❷ 通“拓”。开拓,扩大。《淮南子·原道》:“廓四方,～八极。”(廓:扩大。八极:八方极远之处。)

跅 tuò [跅弛(chí)]放荡,无拘束。《汉书·武帝纪》:“夫泛驾之马,～～之士,亦在御之而已。”(泛驾:颠覆车子。)陈亮《戊申再上孝宗皇帝书》:“才者以～～而弃,不才者以平稳而用。”

萚(蘀) tuò 草木脱落的皮或叶。《诗经·豳风·七月》:“八月其获,十月陨～。”

箨(籜) tuò 竹笋的外皮,笋壳。李贺《昌谷北园新笋》诗之一:“～落长竿削玉开。”

唾 tuò ❶ 口液,唾沫。扬雄《解嘲》:“涕～流沫(huì)。”(沫:洗脸。)[又]吐唾沫。表示羞辱对方。《战国策·赵策四》:“老妇必～其面。”[唾手]比喻极易办到。《新唐书·褚遂良传》:“～～可取。”成语有“唾手可得”。❷ 吐出。《礼记·曲礼上》:“让食不～。”[喻]轻视,鄙弃。李商隐《行次西郊作》诗:“公卿辱嘲叱,～弃如粪丸。”

W

WA

哇 wā ❶吐。《孟子·滕文公下》："出而～之。"❷淫邪的音乐。嵇康《养生论》："目惑玄黄，耳务淫～。"

娲（媧） wā ［女娲］古代神话中的帝王名，传说是伏羲之妹。《淮南子·览冥》："于是～～炼五色石以补苍天，断鳌足以立四极。"

窊 wā 低洼地。左思《吴都赋》："原隰殊品，～隆异等。"㊀低下。《文子·自然》："江海无为以成其大，～下以成其广。"

鼃（䵷） wā ❶青蛙。《庄子·秋水》："子独不闻夫埳井之～乎。"这个意义又写作"蛙"。❷通"哇"。淫邪的音乐。《汉书·叙传上》："淫～而不可听者。"

娃 wá ❶美女。扬雄《反离骚》："资娵（jū）～之珍髢（dí）兮，鬻九戎而索赖。"（资：以，凭借。髢：头发。）江淹《空青赋》："赵妃、燕后，秦娥、吴～，溺爱靡意，魂飞心离。"❷少女（后起意义）。柳永《望海潮·东南形胜》："嬉嬉钓叟莲～。"

瓦 wǎ ❶用陶土烧制的器皿。《荀子·性恶》："夫陶人埏埴而生～。"《韩非子·外储说右上》："夫～器至贱也，不漏，可以盛酒。"㊕陶制的纺锤。《诗经·小雅·斯干》："乃生男子……载弄之璋。……乃生女子……载弄之～。"❷屋上的瓦片。《史记·廉颇蔺相如列传》："秦军鼓噪勒兵，武安屋～尽振。"

WAI

外 wài ❶外面，外部。与"内"相对。《左传·成公十六年》："自非圣人，～宁必有内忧。"㊀外表。《扬子法言·修身》："其为中也弘深，其为～也肃括。"㊁置之于外，疏远。《老子·七章》："是以圣人后其身而身先，～其身而身存。"《韩非子·爱臣》："此君人者所～也。"（君人者：指国君。）双音词有"见外"。❷称父系血统之外的亲属。如"外父（岳父）"、"外祖（母亲之父）"、"外甥（姊妹之子）"、"外孙（女儿之子）"等。❸旧时妻子称丈夫为"外"。如刘令娴有《答外诗》。

WAN

蜿（蟃） wān ❶［蜿蜒］又写作"蟃蜒"。龙蛇曲折爬行的样子。《史记·司马相如列传》："驂赤螭青虬之蛐蟉～～。"❷wǎn［蜿蟺（shàn）］1.曲折盘旋的样子。嵇康《琴赋》："～～相纠。"2.蚯蚓。

丸 wán ❶弹丸。《左传·宣公二年》："从台上弹人，而观其辟～也。"（辟：避，躲避。）㊀药丸。《金匮要略方论·疟病》："以鳖甲煎和诸药为～。"㊁小而圆的东西。李商隐《行次西郊作一百韵》："唾弃如粪～。"❷搓成小而圆的东西。《三国志·吴书·吴主传》注引《江表传》："粮食乏尽，妇女或～泥而吞之。"❸量词。用于小而圆的东西。曹植《善哉行》："奉药一～。"（奉：献。）

芄 wán ［芄兰］草名。《诗经·卫风·芄兰》："～～之叶，童子佩韘。"

汍 wán ［汍澜］眼泪纵横的样子。欧阳建《临终诗》："挥笔涕～～。"

纨（紈） wán 白色细绢。《战国策·齐策四》："下宫糅（róu）罗～，曳（yè）绮縠（hú）。"（糅：混杂。曳：拖。罗、绮、縠：丝织品。）［纨袴］古代贵族子弟穿的细绢裤。常用来指富贵人家的子弟（多含贬义）。杜甫《奉赠韦左丞丈二十二韵》："～～不饿死，儒冠多误身。"

刓 wán ❶削去或磨损棱角。屈原《九章·怀沙》："～方以为圜（yuán）兮，常度未替。"（度：法度。替：废。）《史记·淮阴侯列传》："至使人有功当封爵者，印～敝，忍不能予。"㊀磨钝。韩愈《请上尊号表》："尧诛九婴以定下土，血兵～刃，仅就厥功。"（九婴：古代神话里的水火之怪。）㊀圆形。《新唐书·李靖传》："所赐于阗玉带十三胯，七方六～。"❷削刻（后起意义）。苏舜钦《检书》："器成必～琢。"㊀残损。白居易《与元九书》："于时六义始～矣。"

抏 wán ❶消耗。《汉书·吾丘寿王传》："及至周室衰微，上无明王，诸侯力政，强侵弱，众暴寡，海内～敝。"❷同"玩"。《荀子·王霸》："齐桓公闺门之内，县乐奢泰游～之修。"

忨 wán 苟安。《国语·晋语八》："今～日而潄(kài)岁，怠偷甚矣。"(潄：通"愒"。)

玩(翫) wán ❶玩弄，戏弄。《尚书·旅獒》："～人丧德，～物丧志。"❷观赏，欣赏。韦应物《月下会徐十一草堂》诗："暂辍(chuò)观书夜，还题～月诗。"㊀供玩赏的东西。《国语·楚语下》："若夫白珩(héng)，先王之～也。"(珩：佩玉上端的横玉。)❸琢磨，研究。《周易·系辞上》："居则观其象而～其辞，动则观其变而～其占。"❹轻视，习惯而不经心。《左传·昭公二十年》："夫火烈，民望而畏之，故鲜死焉。水懦弱，民狎而～之，则多死焉。"

顽(頑) wán ❶愚蠢。《尚书·尧典》："父～，母嚚(yín)，象傲。"(嚚：愚蠢而顽固。)㊁迟钝，固执。《北史·张伟传》："虽有～固，问至数十，伟告喻殷勤，曾无愠色。"㊁顽固，不驯服。《尚书·毕命》："毖殷～民，迁于洛邑。"❷贪婪。《孟子·万章下》："～夫廉，懦夫有立志。"❸坚硬(后起意义)。杨巨源《奉酬窦郎中早入省苦寒见寄》诗："空山～石破，幽涧层冰裂。"

岏 wán [巑(cuán)岏]见67页"巑"字。

完 wán ❶完整，完好。《孟子·离娄上》："故曰城郭不～，兵甲不多。"成语有"完璧归赵"。㊁坚固。《荀子·王制》："尚～利，便备用。"杨倞注："完，坚也。"❷使完整、完好。《左传·隐公元年》："大叔～聚，缮甲兵，具卒乘，将袭郑。"杜预注："完城郭，聚人民。"㊁修缮。《孟子·万章上》："父母使舜～廪(lǐn)。"(廪：仓库。)㊁保全。《史记·范雎蔡泽列传》："子胥智而不能～吴。"(子胥：人名。)【注意】古代"完"没有"完了"、"完毕"的意义。【辨】完，备。见14页"备"字。

宛 wǎn ❶弯曲，曲折。《汉书·扬雄传下》："是以欲谈者～舌而固声。"(固：指闭。)❷仿佛，逼真地。《诗经·秦风·蒹葭》："～在水中央。"❸小的样子。《诗经·小雅·小宛》："～彼鸣鸠。"❹yù 郁结。《史记·扁鹊仓公列传》："寒湿气～笃不发，化为虫。"❺yuān [大宛]古代西域国名。《汉书·张骞传》："骞身所至者，～～、大月氏、大夏、康居。"

惋 wǎn 怅恨，叹惜。《战国策·秦策二》："受欺于张仪，王必～之。"陶潜《桃花源记》："此人一一为具言所闻，皆叹～。"

婉 wǎn ❶婉转，委婉。《左传·成公十四年》："～而成章。"(章：篇章。)[婉约]双声联绵字。委婉的样子。《国语·吴语》："夫固知君王之盖威以好胜也，故～～其辞以从逸王志。"㊀顺从，温顺。《史记·佞幸列传》："此两人非有材能，徒以～佞(nìng)贵幸。"(徒：只。佞：说好话，献媚。贵：地位高。幸：受到宠爱。)❷美好。《诗经·郑风·野有蔓草》："有美一人，～如清扬。"(婉如：美好的样子。清扬：眉目清秀。)❸简约。《左传·襄公二十九年》："大而～，险而易行。"(险：当为"俭"。俭省。)

琬 wǎn ❶[琬圭]上端圆形的圭。《周礼·考工记·玉人》："～～九寸而缫以象德。"❷[琬琰(yǎn)]美玉。《淮南子·说山》："～～之玉，在洿泥之中，虽廉者弗释。"(弗释：不舍弃。)也单用"琬"。《淮南子·俶真》："目观玉辂～象之状，耳听《白雪》、《清角》之声。"㊉美德。《抱朴子·任命》："崇～～于怀抱之内，吐琳琅于毛墨之端。"

畹 wǎn 古代土地面积单位。三十亩(一说十二亩)为一畹。屈原《离骚》："余既滋兰之九～兮。"(余：我。滋：培植。)泛指园圃。杜牧《许七侍御弃官东归》诗："兰～晴香嫩，筠溪翠影疏。"

莞 wǎn 见141页。

脘 wǎn 胃的内腔。《素问·评热病论》："食不下者，胃～隔也。"

皖 wǎn 地名。汉代有皖县，在今安徽。

挽[1](輓) wǎn ❶牵引，拉。《左传·襄公十四年》："或～之，或推之。"《后汉书·江革传》："自在辕中～车，不用牛马。"❷用车运输。《史记·平津侯主父列传》："又使天下蜚刍～粟。"(蜚：通"飞"。)泛指运输。《史记·留侯世家》："河渭漕～天下，西给京师。"❸哀丧，悼念。杜甫《故武卫将军挽歌》之三："哀～青门去。"❹通"晚"。时间靠后的。《史记·货殖列传》："～近世涂民耳目，则几无行矣。"【注意】"輓"、"挽"是古今字。上古时多用"輓"，"挽"比"輓"晚些。"輓近"的"輓"不写作"挽"，"挽袖"的"挽"不写作"輓"。现"輓"简化为"挽"，但"輓近"仍不作"挽近"。

挽[2] wǎn ❶牵引，拉。杜甫《前出塞》诗："～弓当～强，用箭当用长。"❷哀丧，悼念。《新唐书·承天皇帝倓传》："泌为～词二解，追述俟志。"（泌：人名。）❸ 卷起（后起意义）。苏轼《送周朝议守汉州》诗："召还当有诏，～袖谢邻里。"

晚 wǎn ❶ 傍晚。《汉书·天文志》："伏见蚤～。"（蚤：通"早"。）❷ 时间靠后。《战国策·楚策四》："见兔而顾犬，未为～也；亡羊而补牢，未为迟也。"㊀接近终了，一个时期的后一段。《旧唐书·刘禹锡传》："禹锡～年，与少傅白居易友善。"（少傅：官名。）

绾（綰） wǎn ❶ 系。《史记·绛侯周勃世家》："绛侯～皇帝玺（xǐ），将兵于北军。"（绛侯：指周勃。玺：皇帝的印。将：统率。）孔稚珪《北山移文》："至其纽金章，～墨绶。"㊀盘结。梅尧臣《桓妒妻》诗："妾初见主来，～髻（jì）下庭隅。"（髻：发结。庭隅：庭院的角落。）❷ 统管，总揽。《史记·货殖列传》："东～秽貉、朝鲜、真番之利。"《史记·张仪列传》："独擅～事。"

盌（椀） wǎn 碗。扬雄《方言》卷五："盂，宋、楚、魏之间或谓之～。"《三国志·吴书·甘宁传》："宁先以银～酌酒自饮两～。"后来写作"碗"。

万[1]（萬） wàn ❶ 数词。《左传·襄公三十年》："然则二～六千六百有六旬也。"㊁数量多，程度高。柳宗元《古东门行》："～金宠赠不如土。"❷ 绝对。韩愈《柳子厚墓志铭》："且～无母子俱往理。"❸ 古代一种舞名。《左传·庄公二十八年》："为馆于其宫侧而振～焉。"㊀跳万舞。《左传·隐公五年》："九月，考仲子之宫，将～焉。"【注意】在古代，数词"萬"很少写作"万"。复姓"万俟"中的"万（mò）"不读wàn。参见281页"万[2]"字。

擥 wàn 手腕。《汉书·游侠传》："搤～而游谈。"

WANG

尪 wāng ❶ 脊椎弯曲，仰面向天。《吕氏春秋·尽数》："苦水所多～与伛人。"（伛：驼背。）❷ 孱弱。《抱朴子·遐览》："唯余～羸，不堪他劳。"《北齐书·孙腾传》："腾性～怯，无威略。"

汪 wāng ❶ 深广的样子。《淮南子·俶真》："天地未剖，阴阳未判，四时未分，万物未生，～然平静，寂然清澄，莫见其形。"［汪汪］1. 深广的样子。蔡邕《郭有道碑》："浩浩焉，～～焉，奥乎不可测已。"2. 眼泪盈眶的样子。韩偓《新秋》诗："桃花脸里～～泪，忍到更深枕上流。"［汪洋］深广的样子。《楚辞·九怀·蓄英》："临渊兮～～，顾林兮忽荒。"刘孝威《重光》诗："风神洒落，容止～～。"❷ 池。《左传·桓公十五年》："祭仲杀雍纠，尸诸周氏之～。"

亡 wáng ❶ 逃亡。《史记·陈涉世家》："今～亦死，举大计亦死，等死，死国可乎？"（举大计：指举行起义。等死：同是死。死国：为国事而死。）㊕逃亡到国外。《韩非子·外储说左上》："寡人出～二十年，乃今得反国。"（乃：至。反：返。）❷ 出外，不在。《论语·阳货》："孔子时其～也而往拜之。"（孔子趁阳货不在家的时候去拜访他。时：通"伺"。伺候。）❸ 失去，丢失。《列子·说符》："人有～铁者，意其邻之子。"成语有"亡羊补牢"。㊀不存在。《荀子·天论》："天行有常，不为尧存，不为桀～。"❹ 灭亡。《孟子·告子下》："入则无法家拂（bì）士，出则无敌国外患者，国恒～。"❺ 死亡。《论衡·书虚》："夫谶书言始皇还，到沙丘而～。"❻ 忘记。《韩非子·说林下》："人不能自止于足，而～其富之涯乎。"（足：满足，知足。涯：边。）❼ 无，没有。贾谊《论积贮疏》："用之～度，则物力必屈。"❽ 不。《汉书·胡建传》："正～属将军。"（正：军正，执法官。）

王 wáng ❶ 帝王。战国以前只有天子称"王"，战国时诸侯也称"王"。《荀子·王霸》："故百～之法不同。"❷ 秦汉以后帝王改称皇帝，"王"成为封爵的最高一级。柳宗元《封建论》："制其守宰，不制其侯～。"（制：控制。守宰：指郡县的长官。）❸ 诸侯或外族来朝见天子。《尚书·大禹谟》："四夷来～。"❹ 大。《周礼·天官·𩟄人》："春献～鲔。"❺ wàng 称王，统治天下。《商君书·更法》："三代不同礼而～。"（三代：指夏、商、周。礼：指制度。）

罔 wǎng ❶ 渔猎用的网。《周易·系辞下》："作结绳而为～罟。"㊁张网捕捉。司马相如《子虚赋》："～玳瑁。"㊀联结。屈原《九歌·湘夫人》："～薜荔（bì lì）兮为帷。"（薜荔：一种常青的灌木。帷：幔帐。）上述意义后来写作"網"，现简化为"网"。❷ 骗取，欺骗。《商君书·赏刑》："则不能以非功～上利。"（非功：指对国家无益的东西。上：指君主。）曹操《整齐风俗令》："此皆以白为黑，欺天～君者也。"❸ 无，没有。《史记·秦始皇本纪》："初并天下，～不宾服。"（宾服：服从。）❹ 迷惘。《论语·为政》："学而不思则～，思而不学则殆。"［罔然］失

W

意，精神恍惚的样子。张衡《东京赋》："～～若酲（chéng）。"（精神恍惚就像喝醉了酒一样。）后来写作"惘然"。❺副词。不。《尚书·盘庚下》："～罪尔众。"（不归罪于你们。）❻副词。不要。《尚书·大禹谟》："～失法度，～游于逸，～淫于乐。"（逸：安逸。淫：过度，沉溺。）

惘 wǎng ［惘然］失意，精神恍惚的样子。李商隐《锦瑟》诗："只是当时已～～。"成语有"惘然若失"。

辋（輞） wǎng 车轮的四周。《后汉书·舆服志》："重～缦轮。"

魍 wǎng ［魍魉］传说中的山川精怪。杜甫《崔少府高斋三十韵》："～～森惨戚。"（森：众多。）又写作"罔两"、"蝄蜽"。

枉 wǎng ❶弯曲。与"直"相对。《荀子·王霸》："是犹立直木而求其影之～也。"（犹：如同。）㊀不正直，不正派。《盐铁论·相刺》："言直而行之～。"❷歪曲（法律）。《吕氏春秋·高义》："事君～法，不可谓忠臣。"㊀冤屈。《三国志·吴书·朱异传》："为孙綝所～害。"双音词有"冤枉"。❸屈尊，屈就，地位高的人降低自己的身份。扬雄《解嘲》："或～千乘于陋巷。"（或：有的。千乘：指千乘之国的国君。陋巷：小巷。）❹副词。徒然，白白地。杜甫《岁晏行》："汝休～杀南飞鸿。"（汝：你。休：不要。鸿：大雁。）

往 wǎng ❶去，到……去。与"来"、"返"相对。屈原《九歌·国殇》："出不入兮～不反。"（反：返。）［往往］1. 处处。班固《西都赋》："神池灵沼，～～而在。"2. 常常。杜甫《饮中八仙歌》："醉中～～爱逃禅。"❷过去，从前。《论语·八佾》："成事不说，遂事不谏，既～不咎。"《战国策·秦策一》："臣敢言～昔。"㊕死，死者。《左传·僖公九年》："送～事居。"（居：活着的人。）❸以后，以下。《周易·系辞下》："过此以～，未之或知也。"❹送去。曹植《与杨德祖书》："今～仆少小所著辞赋一通相与。"（仆：谦辞，我。少小：年轻时，小时候。一通：一份。）【辨】去，往。在上古"去"是离开的意思。如"去秦"是离开秦国，而不是到秦国去。而"往"相当于现代的"去"，但先秦多不带宾语，目的地根据上下文可知。

潢 wǎng ［潢瀁（yǎng）］水广阔无涯的样子。枚乘《七发》："浩～～兮，慌旷旷兮。"

王 wàng 见 424 页。

迋 wàng ❶往，前往。《左传·襄公二十八年》："君使子展～劳于东门之外。"❷guàng 通"诳"。欺骗。《诗经·郑风·扬之水》："无信人之言，人实～女。"❸guàng 通"恇"。恐吓。《左传·昭公二十一年》："子无我～，不幸而后亡。"

望 wàng ❶远望。《左传·庄公十年》："吾视其辙乱，～其旗靡（mǐ）。"（辙：车辙。靡：倒。）❷盼望，期望。《孟子·滕文公下》："民之～之，若大旱之望雨也。"㊀瞻望，景仰。《周易·系辞下》："君子知微知彰，知柔知刚，万夫之～。"❸名望，声望。《诗经·大雅·卷阿》："如圭如璋，令闻令～。"（令：美好的。）成语有"德高望重"。［望族］有声望的世家。秦观《王俭论》："自晋以阀阅用人，王谢二氏最为～～。"❹祭祀山川。《尚书·舜典》："～于山川，遍于群神。"㊀所祭祀的山川。《尔雅·释山》："梁山，晋～也。"❺埋怨，责怪。《史记·商君列传》："商君相秦十年，宗室贵戚多怨～者。"❻指月光满盈时，即农历小月十五日，大月十六日。枚乘《七发》："将以八月之～，与诸侯远方交游兄弟，并往观涛乎广陵之曲江。"❼［望洋］仰视，远视。又写作"望羊"、"望阳"。《庄子·秋水》："于是焉河伯始旋其面目，～～向若而叹。"（若：海神名。）

妄 wàng ❶胡乱。《荀子·天论》："倍道而～行。"（倍：违反。）成语有"轻举妄动"。㊁行为不正，不法。《左传·哀公二十五年》："彼好专利而～。"（彼：他。）❷荒诞，荒谬。《论衡·问孔》："此言～也。"

WEI

危 wēi ❶高。《庄子·盗跖》："使子路去其～冠，解其长剑。"李白《蜀道难》诗："～乎高哉！蜀道之难，难于上青天。"❷危险。《韩非子·十过》："其君之～，犹累卵也。"（累卵：把蛋重叠起来。）㊀危害。《荀子·王制》："聚敛者，召寇、肥敌、亡国、～身之道也。"（身：自己。）❸正，端正。范成大《峨眉山行记》："炽炭拥炉～坐。"成语有"正襟危坐"。❹屋脊。《史记·魏世家》："上屋骑～。"❺"跪"的省文。脚。《韩非子·外储说左下》："齐有狗盗之子与刖（yuè）～子戏而相夸。"（刖：一种砍去脚的刑罚。）【辨】危，险。"危"作"危险"讲时，含有不稳定或危急的意思，多做形容词。"险"只是表示地势险要或道路险阻等，多做名词。上古表示"危险"的意义时，一般用

"危"不用"险"。

逶 wēi ［逶迤(yí)］1. 绵延曲折的样子。《古诗十九首·东城高且长》:"东城高且长,～～自相属(zhǔ)。"(属:连。)2. 从容自得的样子。《后汉书·杨秉传》:"～～退食,足抑苟进之风。"(退食:退朝回家吃饭。)3. 依顺的样子。李康《运命论》:"俛仰尊贵之颜,～～势利之间。"上述意义都可写作"逶蛇"、"委蛇"、"逶迆"、"委移"、"倭迟"等。

巍 wēi 高大。《论衡·书虚》:"太山之高～然。"(太山:泰山。)

威 wēi ❶威力,威风。《史记·陈涉世家》:"～振四海。"㊀威严。《论语·述而》:"子温而厉,～而不猛。"❷害怕,恐惧。《诗经·小雅·常棣》:"死丧之～,兄弟孔怀。"㊁震慑,使……害怕。《墨子·七患》:"赏赐不能喜,诛罚不能～。"

葳 wēi ［葳蕤(ruí)］1. 草木茂盛枝叶下垂的样子。王粲《公讌诗》:"昊天降丰泽,百卉挺～～。"2. 纷乱的样子。司马相如《封禅书》:"纷纶～～堙灭而不称者,不可胜数也。"3. 华丽的样子。《古诗为焦仲卿妻作》:"妾有绣腰襦,～～自生光。"

崴 wēi ［崴嵬(wéi)］山石高峻不平的样子。屈原《九章·抽思》:"轸石～～,蹇吾愿兮。"

偎 wēi ❶亲爱。《山海经·海内经》:"东海之内,北海之隅,有国名曰朝鲜、天毒。其人水居,～人爱之。"(天毒:即印度。)❷挨傍,贴近。温庭筠《南湖》诗:"野船著岸～春草,水鸟带波飞夕阳。"

隈 wēi ❶山或水弯曲的地方。《管子·形势》:"大山之～。"❷隅,角落(后起意义)。韩愈《咏雪赠张籍》:"度前铺瓦陇,发本积墙～。"

微 wēi ❶隐蔽,藏匿。《左传·哀公十六年》:"白公奔山而缢(yì),其徒～之。"(白公:人名。缢:上吊。徒:同党,同伙。)㊀不显露的。《韩非子·外储说右下》:"桓公～服而行于民间。"(微服:国君或官吏穿着一般人的衣服。)㊁暗中伺察。柳宗元《童区寄传》:"童～伺(sì)其睡。"❷深奥,微妙。刘禹锡《天论中》:"其理～。"(理:道理。)成语有"微言大义"。❸微小,轻微。《韩非子·六反》:"垤(dié)～小。"(垤:小土堆。)《庄子·养生主》:"动刀甚～。"(甚:很。)❹稍微。贾思勰《齐民要术·种瓜》:"两行～相近。"❺地位低下,卑贱。《史记·高祖本纪》:"大王起～细。"(微细:地位低。)❻衰败,衰弱。《史记·李斯列传》:"周室卑～,诸侯相兼。"❼如果不是,如果没有。《论语·宪问》:"～管仲,吾其被发左衽矣。"㊀非。《诗经·邶风·柏舟》:"～我无酒,以敖以游。"㊁无。萧统《文选序》:"积水曾～增冰之凛。"

薇 wēi 山菜名。《诗经·小雅·采薇》:"采～采～,～亦柔止。"《史记·伯夷列传》:"(伯夷、叔齐)义不食周粟,隐于首阳山,采～而食之。"

韦(韋) wéi ❶熟皮,加工过的皮子。《韩非子·观行》:"西门豹之性急,故佩～以自缓。"(缓:和缓。)《史记·孔子世家》:"孔子晚而喜《易》……读《易》,～编三绝。"(韦编:用熟皮条子编联的简册。)❷通"围"。量词。两臂合抱的圆周长。《汉书·成帝纪》:"是日大风,拔甘泉畤(zhì)中大木十～以上。"(是日:这天。畤:祭祀天地的地方。木:树。)

围(圍) wéi ❶环绕。《庄子·则阳》:"大至于不可～。"❷包围。《孙子兵法·谋攻》:"十则～之。"(兵力十倍于敌就包围它。)㊁守城。《公羊传·庄公十年》:"～不言战。"❸包围圈。《史记·陈丞相世家》:"高帝用陈平奇计,使单(chán)于阏氏(yān zhī),～以得开。"(单于:匈奴首领。阏氏:匈奴首领的正妻。)㊁圈子。贾思勰《齐民要术·种韭》:"布子于～内。"(布子:撒籽。)㊕打猎的围场。《隋书·礼仪志》:"监猎布～。"❹周围。徐弘祖《徐霞客游记·楚游日记》:"四～垂幔(màn)。"(幔:帐幕。)❺量词。两臂合抱的圆周长,或两手大拇指与食指合拢的圆周长。柳宗元《行路难》诗:"万～千寻妨道路。"(万围千寻的大树阻碍道路。寻:长度单位,八尺为一寻。)干宝《搜神记》卷十九:"有大蛇……大十余～。"

帏(幃) wéi ❶佩带的香囊。屈原《离骚》:"苏粪壤以充～兮,谓申椒其不芳。"(苏:取,拿。)❷帷帐。《史记·孝文本纪》:"令衣不得曳地,～帐不得文绣。"❸裙正面的一幅。《国语·郑语》:"王使妇人不～而譟之。"【辨】帷,幕,帏,帐。见427页"帷"字。

违(違) wéi ❶离开,避开。《左传·哀公二十七年》:"～穀七里,穀人不知。"(穀:地名。)《论衡·知实》:"当早易道,以～其害。"(当:应当。易道:改变道路。)❷违背,违反。《孟子·梁惠王上》:"不～农时,谷不可胜食也。"❸邪恶。《左传·桓公二年》:"将昭德塞～。"(发扬好的品德，杜绝邪恶。）

闱（闈） wéi ❶ 宫中小门。《左传·哀公十四年》："攻～与大门，皆不胜。"[宫闱]皇后和妃子居住的地方。《后汉书·皇后纪》："后正位～～。"（皇后处在宫闱的正位。）❷ 内室的门。《古诗十九首·凛凛岁云暮》："既来不须臾，又不处重～。"张铣注："闱，闺门也。"[庭闱]父母居住的地方。也指父母。杜甫《送韩十四江东省觐》诗："我已无家寻弟妹，君今何处访～～。"❸ 科举考试的考场（后起意义）。刘长卿《洛阳主簿叔知和驿承恩赴选伏辞》诗："铨～就明试。"（铨闱：指考场。铨：衡量才能。）㉦科举考试。如"春闱"，"秋闱"。姚合《别胡逸》诗："记得春～同席试。"

为（爲、為） wéi ❶ 做。《论语·为政》："见义不～，无勇也。"《战国策·齐策四》："孟尝君～相数十年。"㉦治理。《商君书·农战》："善～国者，仓廪虽满，不偷于农。"（偷：怠惰，忽视。）❷ 作为，当作。李白《梦游天姥吟留别》："霓～衣兮风～马。"《孙子兵法·军争》："以分合～变者也。"㉦变为，成为。《庄子·逍遥游》："北冥有鱼，其名为鲲……化而～鸟，其名为鹏。"（北冥：北海。）❸ 认为。《穀梁传·宣公二年》："孰～盾而忍弑其君者乎？"（孰：谁。盾：赵盾。弑：杀。）❹ 是。《左传·宣公三年》："余～伯鯈，余而祖也。"（伯鯈：人名。而：你的。）❺ 如果，假如。《战国策·秦策四》："秦～知之，必不救也。"❻ wèi 介词。给，替。《庄子·养生主》："庖（páo）丁～文惠君解牛。"（庖丁：厨师。解：宰割。）❼ wèi 帮助。《论语·述而》："冉有曰：'夫子～卫君乎？'"❽ wèi 介词。因为。《荀子·天论》："天行有常，不～尧存，不～桀亡。"（天行：指自然界的运动变化。有常：有一定规律。）㉦为了。《史记·货殖列传》："天下熙熙，皆～利来；天下壤壤，皆～利往。"❾ 介词。被。《三国志·吴书·吕蒙传》："～张辽等所袭。"❿ 句末语气词。表示反问或感叹。《庄子·外物》："死何含珠～？"《汉书·赵皇后传》："今故告之，反怒～！"【注意】"为"是一个意义相当广泛的动词，其基本意义是"做"，但在不同上下文中，可以表示多种具体的意义。如表示制作、修筑：《周礼·考工记·舆人》："舆人～车。"《史记·陈涉世家》："～坛而盟。"表示医治：《左传·成公十年》："疾不可～也。"表示研治：《孟子·滕文公上》："有～神农之言者许行。"

唯 wéi ❶ wěi 应答声。《礼记·玉藻》："父命呼，～而不诺。"《韩非子·八奸》："人主未命而～～，未使而诺诺。"（诺：应答声。）成语有"唯唯诺诺"。❷ 只，只有。《史记·鲁仲连邹阳列传》："方今～秦雄天下。"（雄天下：称雄天下。）❸ 介词。由于。《左传·昭公二十年》："～不信，故质其子。"（质：做人质。）❹ 连词。虽然。《荀子·大略》："天下之人，～各特意哉，然而有所共予也。"（各特意：认识看法各不相同。予：赞许。）❺ 句首语气词。《汉书·张良传》："今乃立六国后，～无复立者。"（六国后：指秦以外的六国后代。无复立：指无法再立别人了。）㉦句首语气词，表示希望。《左传·僖公三十年》："～君图之。"（图：考虑。）【辨】惟，唯，维。见下"惟"字。

帷 wéi 围在四周的幕布。《史记·陈涉世家》："入宫，见殿屋～帐。"（殿屋：宫殿。）【辨】帷，幕，帏，帐。都是布帐。"帷"是围在四周的幕布，没有顶子。"幕"是帐篷。"帏"本通"帷"，后来一般用来指帐子（如"罗帏"）。"帐"是帐子，有时也指帐篷（如"帐饮"）。

惟 wéi ❶ 思，考虑。《诗经·大雅·生民》："载谋载～。"郑笺："惟，思也。"（载：动词词头。）贾谊《治安策》："臣窃～事势。"（臣：我。窃：私下。）双音词有"思惟"。❷ 只，只有。《商君书·修权》："～明主爱权重信，而不以私害法。"（信：信用。害法：损害法度。）❸ 介词。由于。《尚书·盘庚中》："亦～汝故。"❹ 连词。和，与，同。《尚书·禹贡》："齿革羽毛～木。"❺ 连词。虽然。《史记·淮阴侯列传》："～信亦为大王不如也。"❻ 句首语气词。《尚书·召诰》："～二月既望，越六日乙未。王朝步自周，则至于丰。"㉦句中语气词，用以帮助判断。《尚书·说命》："非知之艰，行之～艰。"这个意义又写作"维"。【辨】惟，唯，维。"惟"的本义是思，"唯"的本义是答应，"维"的本义是绳子。在本义上，三个字各不相同。但是在"思"的意义上，"惟"和"维"通用；在"虽然"的意义上，"惟"和"唯"通用；表示"只"、"由于"和句首语气词，三个字都通用。

维（維） wéi ❶ 系物的大绳子。《淮南子·天文》："共工……怒而触不周之山，天柱折，地～绝。"㉡对事物起重要作用的东西，常与"纲"连用，指国家的法度。《管子·禁藏》："法令为～纲。"❷ 系，联结。《荀子·宥坐》："四方是～。"❸

隅，角落。《淮南子·天文》："东北为报德之～也。"❹ 通"惟"。思考。《史记·秦楚之际月表》："～万世之安。"❺ 只，只有。《诗经·郑风·扬之水》："终鲜兄弟，～予与女。"❻ 介词。由于。《诗经·郑风·狡童》："～子之故，使我不能餐兮。"❼ 连词。和，与，同。《诗经·大雅·灵台》："虡业～枞，贲(fén)鼓～镛。"(虡：悬挂钟磬的木架的立柱。业：立柱间的横木。枞：业上所刻的锯齿状物。贲鼓：大鼓。镛：大钟。) ❽ 句首语气词。《诗经·小雅·大东》："～南有箕，不可以簸扬。"㊂句中语气词，用以帮助判断。《史记·秦始皇本纪》："是～皇帝。"【辨】惟，唯，维。见427页"惟"字。

嵬 wéi 高大耸立。李白《明堂赋》："巃嵸颓沓，若～若嶪(yè)。"(嶪：高耸的样子。)[崔嵬][嵬嵬]都是形容山石高大而不平的样子。《诗经·小雅·谷风》："习习谷风，维山崔～。"张融《海赋》："重彰岌岌，攒岭聚立……～～磊磊，若相追而下及。"

伟(偉) wěi ❶ 高大，壮美。《三国志·蜀书·诸葛亮传》："身长八尺，容貌甚～。"❷ 伟大，才识卓越。《庄子·大宗师》："～哉造化。"(造化：指大自然。)《三国志·魏书·钟繇传》："此三公者，乃一代之～人也。"成语有"丰功伟绩"。❸ 奇特的，特异的。《管子·任法》："无～服，无奇行。"

纬(緯) wěi ❶ 织物上的横线。刘勰《文心雕龙·情采》："经正而后～成，理定而后辞畅。"㊀道路以南北为经，东西为纬。《周礼·考工记·匠人》："国中九经九～。"❷ 编织。《庄子·列御寇》："河上有家贫恃～萧而食者。"(纬萧：编蒿为帘。) ❸ 治理。刘勰《文心雕龙·程器》："摛文必在～军国，负重必在任栋梁。"❹ 纬书，汉朝人附会儒家经典所作的书。❺ 行星。[五纬]指金、木、水、火、土五大行星。张衡《西京赋》："～～相汁(xié)。"(汁：通"叶"。和谐。)

玮(瑋) wěi 美好，珍贵。《淮南子·俶真》："何况怀瑰～之道，忘肝胆，遗耳目。"《后汉书·南蛮西南夷传论》："藏山隐海之灵物，沉沙栖陆之～宝。"㊀以……为美。《后汉书·党锢传》："梁惠王～其照乘之珠。"

炜(煒) wěi 光彩鲜明的样子。《诗经·邶风·静女》："彤管有～，说怿女美。"王延寿《鲁灵光殿赋》："瓘濩燐乱，～～煌煌。"

韪(韙) wěi 是，对。常常"不韪"连用。《左传·隐公十一年》："犯五不～，而以伐人，其丧师也，不亦宜乎！"又为动词，以为是。《左传·昭公二十年》："仲尼曰：'守道不如守官。'君子～之。"成语有"冒天下之大不韪"。

伪(僞、偽) wěi ❶ 人为的。《荀子·性恶》："可学而能，可事而成之在人者，谓之～。"(通过学习而能做到，通过人去从事而成功的，叫作人为的。) ❷ 诡诈，不诚实。《孟子·滕文公上》："从许子之道，相率而为～者也，恶(wū)能治国家？"(恶：怎么。)㊀虚假，不是真的。《汉书·宣帝纪》："使真～毋相乱。"(毋：不要。)㊀非法的，对敌对政权的贬称。李密《陈情表》："且臣少事～朝。"(少：年轻时。事：为……服务。)【辨】伪，假。"假"字作"不是真的"意义讲是后起的。在先秦，表示"不是真的"的意思时，一般只用"伪"，不用"假"。"伪"字兼有"诡诈"、"虚伪"的意思，"假"字则没有。

尾 wěi ❶ 尾巴。《周易·履》："履虎～。"《三国志·魏书·许褚传》："褚乃出陈前，一手逆曳(yè)牛～行百余步。"(陈：阵。逆曳：倒拉着。)成语有"狗尾续貂"。㊀末尾，末端。《汉书·儒林传》："又采《左氏传》、《书叙》为作首～，凡百二篇。"㊂在后面。《后汉书·岑彭传》："嚣出兵～击诸营。"(嚣：人名。) ❷ 鸟兽鱼虫等交配。《尚书·尧典》："鸟兽孳(zī)～。"(孳：繁殖。) ❸ 量词。用于计鱼。条(后起意义)。柳宗元《游黄溪记》："有鱼数百～。"

娓 wěi ❶ 顺从。❷ [娓娓]通"亹亹"。勤勉不倦的样子。王珣《歌太宗简文皇帝》："～～心化，日用不言。"

委 wěi ❶ 积，聚积。扬雄《甘泉赋》："瑞穰穰兮～如山。"(瑞：祥瑞。穰穰：丰盛的样子。)[委输]运送积聚的货物。《史记·留侯世家》："顺流而下，足以～～。"❷ 托付，委托。《史记·秦始皇本纪》："王年少，初即位，～国事大臣。"(委国事大臣：把国事委托给大臣。)熟语有"委以重任"。㊂致送。《左传·昭公元年》："郑徐吾犯之妹美，公孙楚聘之矣，公孙黑又使强～禽焉。"❸ 抛弃，舍弃。《韩非子·难势》："释势～法，尧舜户说(shuì)而人辩之，不能治三家。"(释：放弃。)㊂推卸。《晋书·王裒传》："司马欲～罪于孤邪？"(司马：官名。孤：晋文帝自称。) ❹ 放置。《后汉书·范式传》："乃～素书于柩上，哭别而去。"❺ 曲折。

W

《史记·天官书》："若至～曲小变，不可胜道。"（道：说。）双音词有"委婉"。❻ 通"萎"。衰颓，枯萎。曹植《赠丁仪》诗："黍稷（jì）～畴（chóu）陇，农夫安所获？"（陇：通"垄"。）❼ 江河的下游。《礼记·学记》："或源也，或～也。"沈括《梦溪笔谈》卷二四："胡人言黑水原下～高，水曾逆流。"（原：水源。）㉇末尾。元稹《骠国乐》诗："教化从来有源～。"双音词有"原委"。❽ wēi ［委蛇（yí）］同"逶迤"。1. 绵延曲折的样子。屈原《离骚》："驾八龙之婉婉兮，载云旗之～～。"2. 从容自得的样子。《诗经·召南·羔羊》："退食自公，～～～～。"3. 依顺的样子。《庄子·应帝王》："吾与之虚而～～。"（指无心而随物变化。）

诿（諉） wěi 推诿，推托。《汉书·贾谊传》："然尚有可～者，曰疏。"（还有可推托的理由，说是由于疏远。）㉆委托，托付。《新唐书·娄师德传》："子，台辅器也，当以子孙相～。"

痿 wěi 病名。肢体无力，不能动作。《吕氏春秋·尽数》："处足则为～为蹷。"

洧 wěi 水名。在今河南。《诗经·郑风·溱洧》："溱与～，方涣涣兮。"

痏 wěi ❶ 殴人而流血。《汉书·薛宣传》："遇人不以义而见疻（zhǐ）者，与～人之罪钧。"（疻：殴人而瘀血。）㉈创伤。左思《吴都赋》："所以挂扢而为创～，冲踤而断筋骨。"❷ 疮。《吕氏春秋·至忠》："齐王疾～，使人之宋迎文挚。"

鲔（鮪） wěi 鲟鱼。《诗经·周颂·潜》："有鳣有～。"陆机《拟行行重行行》诗："王～怀河岫，晨风思北林。"

骩 wěi ❶ 弯曲。《吕氏春秋·必己》："尊则亏，直则～，合则离。"❷ 通"委"。聚集。扬雄《太玄·积》："小人积非，祸所～也。"

猥 wěi ❶ 众多。《后汉书·仲长统传》："所恃者寡，所取者～。"㉇总。《管子·八观》："以人～计其野。"㉆一起。《论衡·宣汉》："周有三圣，文王武王周公并时～出。"❷ 平庸，卑贱。《抱朴子·百里》："庸～之徒，器小志近。"《颜氏家训·风操》："田里～人，方有此言耳。"❸ 杂，琐碎。《晋书·刘弘传》："又酒室中云齐中酒、听事酒、～酒，同用麹米。"《明史·刑法志》："家人米盐～事，宫中或传为笑谑。"❹ 苟且，随便地。杨恽《报孙会宗书》："然窃恨足下不深惟其终始，而～随俗之毁誉也。"❺ 突然。《汉书·王莽传中》："貉人犯法……宜令州郡且尉安之。今～被以大罪，恐其遂畔。"（畔：叛。）❻ 谦辞。表示自己的谦卑。《后汉书·隗嚣传》："望无耆耇（qí gǒu）之德，而～托宾客之上，诚自愧也。"（望：人名，方望自称。耆耇：高寿。）或表示对方屈尊就卑。诸葛亮《出师表》："先帝不以臣卑鄙，～自枉屈，三顾臣于草庐之中。"

韡 wěi ［韡韡］［韡晔（yè）］明盛的样子。《诗经·小雅·常棣》："常棣之华，鄂不～～。"张衡《西京赋》："流景曜之～晔。"

亹 wěi ❶ ［亹亹］1. 勤勉不倦的样子。《诗经·大雅·文王》："～～文王，令闻（wèn）不已。"（令闻：美好的名声。）2. 不知疲倦的样子。《后汉书·班固传论》："若固之序事，不激诡，不抑抗，赡而不秽，详而有体，使读之者～～而不猒。"（固：班固。猒：同"厌"。）3. 行进的样子。宋玉《九辩》："时～～而过中兮，蹇淹留而无成。"这里指时间推移。❷ mén 水流在山峡中，两岸对峙像门一样。《诗经·大雅·凫鹥》："凫鹥在～。"

卫（衛、衞） wèi ❶ 卫士，卫兵。《左传·僖公二十四年》："秦伯送～于晋三千人。"㉆保卫，防护。《战国策·赵策四》："以～王宫。"❷ 箭上的羽毛。《论衡·儒增》："见寝石，以为伏虎，将弓射之，矢没其～。"（箭射入连箭尾的羽毛都看不见了。没：埋没，看不见。）❸ 驴的别称。范摅《云溪友议·南黔南》："衣布缕，乘牝～。"❹ 周代诸侯国，在今河北南部和河南北部一带。

为（爲、為） wèi 见 427 页。

未 wèi ❶ 没有，不曾。《荀子·天论》："故水旱～至而饥。"（饥：指挨饿。）❷ 不。《史记·范雎蔡泽列传》："人固～易知，知人亦～易也。"（易知：容易了解。）❸ 用在句末表示疑问。《三国志·蜀书·诸葛亮传》："言出子口，入于吾耳，可以言～？"（子：你。可以言未：可以说了吗？）❹ 地支的第八位。见 126 页"干[1]"字。㉆十二时辰之一，等于现在的下午一时至三时。

味 wèi ❶ 滋味，味道。《礼记·大学》："食而不知其～。"㉇食物一种叫一味。《韩非子·外储说左下》："食不二～。"❷ 辨别味道。《荀子·哀公》："非口不能～也。"㉇体会事物的道理。杜甫《秋日夔府咏怀》："虚心～道玄。"（道玄：深奥的道理。）双音词有"体味"。

位 wèi ❶ 位置。《左传·昭公十六年》："苟有～于朝，无有不共恪。"（共恪：恭敬。）㊂方位。《周礼·天官·冢宰》："辨方正～。"❷ 座位。《左传·成公十七年》："以戈杀驹伯、苦成叔于其～。"（戈：长矛。驹伯、苦成叔：人名。）❸ 官位，爵位。《战国策·赵策四》："～尊而无功。"㊂爵位的等次。《孟子·万章下》："天子一～，公一～，侯一～，伯一～，子男同一～，凡五等也。"㊕帝王或诸侯之位。《史记·秦始皇本纪》："王年少，初即～，委国事大臣。"（委国事大臣：把国事委托给大臣。）❹ 鬼神的灵位。《礼记·奔丧》："诸臣在他国，为～而哭。"❺ 任职。《汉书·辛庆忌传》："历～朝廷。"

畏 wèi ❶ 害怕，恐惧。《老子·七十四章》："民不～死，奈何以死惧之。"《商君书·错法》："不～强暴。"㊂使害怕，吓唬。《汉书·广川惠王传》："前杀昭平，反来～我。"（昭平：人名。）❷ 敬服。《三国志·蜀书·诸葛亮传》："邦域之内，咸～而爱之。"（邦域：国家的疆域。咸：都。）❸ 通"威"。威严。《韩非子·主道》："其行罚也，～乎如雷霆。"

谓（謂） wèi ❶ 告诉，对……说。《韩非子·外储说左上》："楚王～田鸠（jiū）曰：'墨子者，显学也。'"（田鸠：人名。显学：著名的学者。）㊂说。《战国策·秦策二》："此乃公孙衍之所～也。"常用于评论人或物。《论语·公冶长》："子～子产，有君子之道四焉。"❷ 叫作，称为。《孙子兵法·虚实》："能因敌变化而取胜者，～之神。"（因：根据。）❸ 认为，以为。《左传·文公十六年》："夫麇与百濮～我饥不能师，故伐我也。"（麇、百濮：古代部族名。）王安石《上皇帝万言书》："窃～在位之人才不足。"（窃：私下。）❹ 通"为"。因为。《汉书·王嘉传》："丞相岂儿女子邪？何～咀药而死？"（咀：嚼。）【辨】谓，曰。都是"说"的意思，后面都有所说的话。但"谓"不与所说的话紧接，而"曰"则与所说的话紧接。

猬（蝟） wèi 刺猬。《史记·龟策列传》："～辱于鹊。"鲍照《出自蓟北门行》："马毛缩如～，角弓不可张。"

渭 wèi 渭水，在陕西。见203页"泾"字。

娟 wèi 妹。《公羊传·桓公二年》："若楚王之妻～，无时焉可也。"

尉 wèi ❶ 古代的武官。《史记·陈涉世家》："广起，夺而杀～。"（广：吴广。）❷ 通"慰"。安慰。《汉书·车千秋传》："～安众庶。"❸ yù ［尉迟］复姓。

蔚 wèi ❶ 一种蒿草。《诗经·小雅·蓼莪》："匪莪（é）伊～。"（不是莪而是蔚。莪：一种生长在水田里的蒿草。）❷ 草木茂盛。陈子昂《感遇》诗："芊（qiān）～何青青。"（多么青翠茂盛啊！芊：草木茂盛。）㊀盛大。成语有"蔚然成风"。❸ 云气兴起的样子。《诗经·曹风·候人》："荟（huì）兮～兮，南山朝隮。"（朝：早晨。隮：上升。）❹ 文辞华美，有文采。陆机《答贾长渊》："～彼高藻，如玉之阑。"（他的文辞很华美，像玉一样灿烂。藻：文辞。阑：烂。）

罻 wèi 小网。左思《吴都赋》："罿～普张。"刘禹锡《答柳子厚》诗："会待休车骑，相随出～罗。"

遗（遺） wèi 见482页。

熭 wèi 暴晒。《汉书·贾谊传》："日中必～，操刀必割。"

轊（軎） wèi 车轴末端的金属筒状物。《史记·田单列传》："以～折车败，为燕所虏。"

錯 wèi 一种小鼎。《淮南子·说林》："水火相憎，～在其间。"

魏 wèi ❶ 周代诸侯国，后为晋所灭。㊂战国七雄之一，原是晋国的一部分。在今河南北部和山西西南部一带。参看202页"晋"字。❷ 朝代名。1．公元220—265年，三国之一，在今黄河流域各省和湖北、安徽、江苏北部，辽宁中部一带，第一代君主是曹丕（pī）。2．公元386—534年，北朝之一，又称北魏，第一代君主是拓跋珪，后来分裂为东魏（公元534—550年）和西魏（公元535—556年）。❸［魏阙］古代宫门外两边高耸的楼观。借指朝廷。《庄子·让王》："身在江海之上，心居乎～～之下。"

譽 wèi 称誉不肖之人。《管子·形势》："訾～之人，勿与任大。"（訾：毁谤贤者。）

WEN

温 wēn ❶ 暖。《礼记·乡饮酒义》："天地～厚之气始于东北而盛于东南。"《论衡·寒温》："夫近水则寒，近火则～。"❷ 和气，柔和。《管子·形势解》："～良宽厚，则民爱之。"❸ 温习。《论语·为政》："～故而知新。"❹ 温病，热病。《素问·生气通天论》："冬伤于寒，春必～病。"❺ yùn 通"蕴"。蕴藏，蕴积。《荀子·荣辱》："其流长矣，其～厚矣。"

辒(輼)　wēn　古代一种有帐幔、可供卧息的车。《韩非子·内储说上》："吾闻数夜有乘～车至李史门者。"后也用作丧车。权德舆《德宗皇帝挽歌词》之三："玉斝恩波遍，灵～烟雨霏。"[辒辌]本为卧车，后因载丧，遂为丧车。《汉书·霍光传》："载光尸柩以～～车。"

瘟　wēn　瘟疫。《抱朴子·微旨》："经～疫则不畏。"叶盛《水东日记》卷三十二："父母妻孥半病～。"

文　wén　❶ 线条交错的图形，花纹。《周易·系辞下》："物相杂，故曰～。"《论衡·言毒》："蝮(fù)蛇多～。"(蝮蛇：一种毒蛇。)这个意义后来写作"纹"。[又]刺花纹。《庄子·逍遥游》："越人断发～身。"(断：指剪短。文身：在身上刺花纹。)[文章]1. 错综华美的色彩或花纹。张衡《思玄赋》："～～奂以粲烂兮。"(奂：鲜明。)2. 礼乐制度。《礼记·大传》："考～～，改正朔。"3. 文辞。《史记·儒林列传》："～～尔雅。"(辞句文雅正确。)❷ 华美，有文采。与"质"相对。《论语·雍也》："～质彬彬，然后君子。"(彬彬：配合适当。)❸ 文字。许慎《说文解字叙》："罢其不与秦～合者。"❹ 文章，文辞。刘勰《文心雕龙·情采》："昔诗人什篇，为情而造～。"[特]韵文。刘勰《文心雕龙·总术》："今之常言，有～有笔，以为无韵者笔也，有韵者～也。"❺ 文献，典籍。《论语·学而》："行有余力，则以学～。"❻ 法令条文。《史记·酷吏列传》："与赵禹共定诸律令，务在深～。"❼ 文化。包括礼乐典章制度。《论语·子罕》："文王既没，～不在兹乎？"[文学]1. 文化知识，书本知识。《荀子·大略》："人之于～～也，犹玉之于琢磨也。"2. 汉代选拔人才的一种科目，被选中的人也称"文学"。《史记·袁盎晁错列传》："以～～为太常掌故。"(太常掌故：官名。)❽ 非军事的。与"武"相对。《史记·郦生陆贾列传》："～武并用，长久之术也。"❾ 钱一枚为一文(后起意义)。《宋书·徐羡之传》："可以钱二十八～埋宅四角。"❿ (旧读 wèn)文饰，掩饰。《论语·子张》："小人之过也必～。"

纹(紋)　wén　丝织品上的花纹。杜甫《小至》诗："刺绣五～添弱线。"[泛]花纹。徐弘祖《徐霞客游记·楚游日记》："垂柱倒莲，～若镂雕。"(下垂的石柱像倒悬的莲花，花纹像雕刻的一样。)

雯　wén　云形成的文采。《三坟·爻卦大象》："日云赤昙，月云素～。"

闻(聞)　wén　❶ 听见。《诗经·小雅·何人斯》："我～其声，不见其身。"[引]听说。《商君书·更法》："臣～之。"成语有"闻所未闻"。[特]使上级听见，报告上级。《韩非子·五蠹》："令尹诛而楚奸不上～。"(令尹：官名。)❷ 闻名，著称。《隋书·李士谦传》："事母以孝～。"[又]所传达的消息或文书。《宋史·韦贤妃传》："徽宗及郑皇后崩，～至，帝号恸。"❸ 见闻，知识。《史记·屈原贾生列传》："博～强志。"(见闻广博，记忆力强。志：记。)❹ (旧读 wèn)声誉，名声。《诗经·大雅·卷阿》："令～令望。"(令：好的。望：名望。)❺ 用鼻子嗅，嗅到。李商隐《和张秀才落花有感》诗："扫后更～香。"

刎　wěn　割颈部。《吕氏春秋·士节》："又退而自～。"《史记·廉颇蔺相如列传》："为～颈之交。"[泛]割断。《韩非子·外储说右下》："抽刀而～其脚。"

吻　wěn　嘴唇。《墨子·尚同中》："使人之～，助己言谈。"

抆　wěn　擦。屈原《九章·悲回风》："孤子吟而～泪兮，放子出而不还。"

紊　wěn　乱。《尚书·盘庚上》："若网在纲，有条而不～。"《南史·梁武帝纪》："政刑弛～。"(政治和刑法松弛紊乱。)成语有"有条不紊"。

问(問)　wèn　❶ 问，询问。与"答"相对。《论语·阳货》："子张～仁于孔子。"❷ 追究，考察。《左传·僖公四年》："昭王南征而不复，寡人是～。"(复：返回。)王安石《上皇帝万言书》："欲审知其德，～以行。"(要想了解他的品德，就要考察他的行为。)成语有"问牛知马"。[又]审讯，审问。《诗经·鲁颂·泮水》："淑～如皋陶。"(淑：善。)❸ 管，干预。柳宗元《童区寄传》："恣所为不～。"(任其所为而不加干预。恣：放任。)❹ 慰问，问候。《论语·雍也》："伯牛有疾，子～之。"《三国志·吴书·吕蒙传》："周游城中，家家致～。"[特]诸侯之间互相访问。《战国策·齐策四》："齐王使使者～赵威后。"❺ 音信，书信。《晋书·陆机传》："久无家～。"❻ 赠送。《诗经·郑风·女曰鸡鸣》："杂佩以～之。"❼ 通"闻"。声誉，名声。《诗经·大雅·绵》："亦不陨厥～。"【辨】问，讯，诘。见197页"诘"字。【注意】春秋时期"问"后面是询问的内容(而且问的一般是抽象的道理,而不是具体事物),如果要说出询问的对象,一般要加“于”。如“子张问仁于孔子”,“仁”是询问的内容,“孔子”是询问的对象。

汶 wèn ❶古水名。在今山东境内。❷mín 水名,即岷江。❸mén [汶汶]污垢。屈原《渔父》:“安能以身之察察,受物之～～者乎?”

揾 wèn ❶没入水中。李肇《国史补》上:“(张)旭饮酒辄草书,挥笔而大叫,以头～水墨中而书之。”❷用手指按,揩拭。辛弃疾《水龙吟·旅次登楼作》:“倩何人唤取,红巾翠袖,～英雄泪。”

絻 wèn ❶古代的一种丧服。去冠,以麻布裹发髻。《左传·哀公二年》:“使大子～。”❷吊丧时所执之绋。《公羊传·昭公二十五年》“齐侯唁公于野井”何休注:“吊所执绋曰～。”❸miǎn 同“冕”。古代贵族所戴的帽子。《荀子·正名》:“乘轩戴～。”

璺 wèn 器皿的裂纹。段成式《酉阳杂俎》卷十“物异”:“茶椀如旧,但有微～耳。”

WENG

翁 wēng ❶父亲。《后汉书·华佗传》:“必是逢我～也。”㊀祖父。《世说新语·排调》:“阿～讵宜以子戏父。”㊀岳父,公公。如“翁婿”、“翁姑”。❷老人。白居易《卖炭翁》诗:“卖炭～,伐薪烧炭南山中。”(薪:柴。)熟语有“醉翁之意不在酒”。

蓊 wěng 草木茂盛的样子。范成大《马鞍驿饭罢纵步》诗:“意行踏芳草,萧艾～生香。”㊀水大的样子。宋玉《高唐赋》:“滂洋洋而四施兮,～湛湛而弗止。”[蓊郁]形容草木或云气盛。张衡《南都赋》:“杳蔼～～于谷底,森蓴蓴而刺天。”谢朓《歌赤帝》:“族云～～温风扇,兴雨祁祁黍苗遍。”

滃 wěng ❶云气腾涌。《汉书·扬雄传上》:“郁萧条其幽蔼兮,～汎沛以丰隆。”❷[灪滃]水大的样子。《艺文类聚》卷六十一:“逄渤～～,潢漾拥涌。”

W

瓮(甕、罋) wèng 一种大口的盛水或酒的器具。《韩非子·外储说右上》:“或令孺子怀钱挈壶～而往酤。”

WO

涡(渦) wō ❶旋涡。郭璞《江赋》:“盘～谷转,凌涛山颓。”㊕酒窝。苏轼《百步洪》诗之二:“不知诗中道何语,但觉两颊生微～。”❷guō 涡河,水名,在今安徽。

猧 wō 小狗。成彦雄《寒夜吟》:“～儿睡魇唤不醒,满窗扑落银蟾影。”

倭 wō ❶wēi [倭迟(chí)]同“逶迤”。见426页“逶”字。❷我国古代对日本的称呼。《汉书·地理志下》:“乐浪海中有～人,分为百余国。”

沃 wò ❶灌溉,浇水。《左传·僖公二十三年》:“奉匜(yí)～盥。”(奉:捧。匜:盛水洗手的器具。)贾思勰《齐民要术·大豆》:“临种～之。”㊀灌,淹。《韩非子·初见秦》:“决白马之口以～魏氏。”(白马:指白马津,地名。魏氏:魏国。)❷润泽。《诗经·卫风·氓》:“桑之未落,其叶～若。”❸肥美,肥沃。韩愈《答李翊书》:“膏之～者其光晔。”《史记·河渠书》:“关中为～野,无凶年。”(关中:地名。凶年:荒年。)

卧(臥) wò ❶伏在几上休息。《孟子·公孙丑下》:“孟子去齐,宿于昼。有欲为王留行者,坐而言,不应,隐几而～。”㊀禽兽趴伏。李白《寻雍尊师隐居》诗:“花暖青牛～。”❷躺。《史记·孙子吴起列传》:“～不设席,行不骑乘。”(席:席子。)成语有“卧雪眠霜”。㊀寝室。《汉书·韩信传》:“即其～,夺其印符。”㊃平放着。杜甫《重过何氏》诗之四:“雨抛金锁甲,苔～绿沉枪。”❸指隐居。李白《送梁四归东平》诗:“莫学东山～,参差老谢安。”【辨】寝,卧,眠,寐,睡。见387页“睡”字。

偓 wò [偓促]局促庸陋的样子。《楚辞·九叹·忧苦》:“～～谈于廊庙兮。”(廊庙:指朝廷。)

握 wò ❶攥(zuàn)在手里,执持。屈原《九章·怀沙》:“怀瑾～瑜兮。”(瑾、瑜:都是美玉。)㊀曲手,握拳。《庄子·庚桑楚》:“终日～而手不掜(yì)。”(掜:弯曲。)㊀掌握。《韩非子·主道》:“谨执其柄而固～之。”(柄:国柄,指政权。固:牢固。)❷量词。一握即今所谓一把。《诗经·陈风·东门之枌》:“贻(yí)我～椒。”(贻:赠送。)

幄 wò 帐幕。《汉书·高帝纪下》:“夫运筹帷(wéi)～之中,决胜千里之外,吾不如子房。”(运筹:指谋划。帷:帐幕。子房:指张良。)

渥 wò ❶沾湿,沾润。《诗经·小雅·信南山》:“益之以霢霂(mài mù),既优既～。”(霢霂:小雨。)❷深厚,浓郁。《汉书·班倢伃传》:“蒙圣皇之～惠兮,当日月之盛明。"《论衡·商虫》："甘香～味之物，虫生常多。"

龌（齷） wò ［龌龊］狭隘，局促。鲍照《代放歌行》："小人自～～，安知旷士怀。"【注意】"龌龊"表示肮脏的意义很晚才产生，大约到元曲中才有。

涴 wò ❶ 污，弄脏。杨巨源《大堤曲》："自传芳酒～红袖，谁调妍妆回翠娥。" ❷ wǎn ［涴演］水势回曲的样子。郭璞《江赋》："阳侯砐硪以岸起，洪澜～～而云回。"

斡 wò ❶ 旋转。谢惠连《七月七日咏牛女》："倾河易回～。"（倾河：银河。）㊀事物的运转，往复。贾谊《鹏鸟赋》："万物变化兮，固无休息。～流而迁兮，或推而还。"（斡流：运转。迁：变迁。推：指推移变化。还：回，指循环反复。）［斡旋］调解。《宋史·辛弃疾传》："弃疾善～～，事皆立办。" ❷ guǎn 主管，领管。《汉书·食货志下》："浮食奇民欲擅～山海之货。"

WU

乌（烏） wū ❶ 乌鸦。《诗经·邶风·北风》："莫赤匪狐，莫黑匪～。"（匪：不是。）曹操《短歌行》："月明星稀，～鹊南飞。"（鹊：喜鹊。） ❷ 黑。《三国志·魏书·邓艾传》："身披～衣，手执耒耜（lěi sì），以率将士。"（耒耜：指耕地用的农具。率将士：做将士的表率。） ❸ 副词。哪，怎么。柳宗元《永州龙兴寺息壤记》："土～能神？" ❹ ［乌虖］叹词。同"呜呼"。《汉书·晁错传》："～～，戒之。"（戒：警惕。）

呜（嗚） wū ❶ ［呜呜］象声词。李斯《谏逐客书》："而歌呼～～快耳者，真秦之声也。" ❷ ［呜咽］低声哭泣。蔡琰《悲愤》诗："观者皆歔欷（xū xī），行路亦～～。"（歔欷：哭泣时抽噎。行路：过路的行人。） ❸ ［呜呼］叹词。柳宗元《捕蛇者说》："～～，孰知赋敛之毒有甚是蛇者乎？"（孰：谁。敛：征收。有甚是蛇者：有比毒蛇还要毒的。）

圬（杇） wū 泥瓦工人用的抹子。㊀抹灰等泥瓦工作。《论语·公冶长》："粪土之墙，不可～也。"《左传·襄公三十一年》："～人以时塓（mì）馆宫室。"（圬人：泥瓦工人。塓：涂抹。）

污（汙、汚） wū ❶ 停积不流的水。贾谊《吊屈原赋》："彼寻常之～渎（dú）兮，岂能容夫吞舟之巨鱼？"（渎：小水沟。）㊀地形低。潘岳《西征赋》："体川陆之～隆。"（隆：高起。） ❷ 污秽，不干净。《左传·宣公十五年》："川泽纳～，山薮藏疾。"《史记·滑稽列传》："怀其余肉持去，衣尽～。"（怀：怀揣。）㊁玷污。王安石《上皇帝万言书》："以～陛下之聪明，而终无补于世。" ❸ 奸邪，行为不正。《商君书·慎法》："此其势正使～吏有资，而成其奸险。"（此其势：指这种情况。有资：有所凭借。）

巫 wū 古代以降神、祈祷、占卜、治病为职业的人。《韩非子·显学》："此人所以简～祝也。"（简：轻视。祝：指给人求神祝福的人。）㊕女巫。《荀子·正论》："出户而～觋（xí）有事。"（觋：男巫。）

诬（誣） wū ❶ 言语不真实，欺骗。《韩非子·显学》："非愚则～也。" ❷ 捏造罪状陷害人。《宋史·秦桧传》："其顽钝无耻者，率为桧用，争以～陷善类为功。"

洿 wū ❶ 停积不流的水。《孟子·梁惠王上》："数（cù）罟不入～池，鱼鳖不可胜食也。"（数罟：密网。）陆贾《新语·道基》："规～泽，通水泉。" ❷ 挖掘。《礼记·檀弓下》："杀其人，坏其室，～其宫而猪焉。"（猪：通"潴"。水积聚。） ❸ 污秽。班固《典引》："司马相如～行无节，但有浮华之辞，不周于用。" ❹ 沾污。《战国策·齐策四》："必以其血～其衣。"

屋 wū ❶ 房屋。《诗经·秦风·权舆》："於我乎，夏～渠渠。"（夏：大。渠渠：深广的样子。）又指屋顶。《诗经·小雅·十月之交》："彻我墙～，田卒汙莱。"（彻：拆掉，拆毁。） ❷ 用布帛做的用以覆盖的帐幔。《礼记·杂记》："素锦以为～而行。"《史记·秦始皇本纪》："冠玉冠，佩华绂，车黄～。"【辨】房，屋，室。见107页"房"字。

无（無） wú ❶ 没有。《诗经·豳风·七月》："～衣～褐，何以卒岁？" ❷ 通"毋"。不，不要。《左传·成公二年》："唯吾子戎车是利，～顾土宜。"《史记·李斯列传》："使天下～以古非今。" ❸ 不分，不论。李斯《谏逐客书》："地～四方，民～异国。" ❹ 没有人。《汉书·高帝纪》："臣少好相人，相人多矣，～如季相。" ❺ 句末语气词，表疑问（后起意义）。杜甫《入奏行》："江花未落还成都，肯访浣花老翁～？"

芜（蕪） wú ❶ 田地荒废。《老子·五十三章》："田甚～，仓甚虚。"（虚：空。） ❷ 丛生的草。杜甫《徐步》诗："整履（lǚ）步青～。"（履：鞋。步：指踩，踏。）

㊀草木茂盛。《后汉书·班固传》:"庶卉(huì)蕃～。"(卉:草。)❸繁杂。多指文章。刘知几《史通·表历》:"改表为注,名目虽巧,～累亦多。"(表:指史书中的表。)

毋 wú ❶别,不要。表示禁止。《礼记·大学》:"所谓诚其意者,～自欺也。"❷无,没有。《管子·度地》:"山之沟,一有水,一～水者,命曰谷水。"❸不。《韩非子·说林下》:"君子安可～敬也。"❹没有人。《史记·魏其武安侯列传》:"上察宗室诸窦,～如窦婴贤,乃召婴。"

吾 wú 第一人称代词。我(们),我(们)的。《论语·为政》:"～十有五而志于学,三十而立,四十而不惑。"《左传·桓公六年》:"我张～三军而被～甲兵。"

梧 wú ❶树名。梧桐。《吕氏春秋·去宥》:"邻父有与人邻者,有枯～树。"❷屋梁上的支柱。何晏《景福殿赋》:"桁～复叠,势合形离。"❸wù 抵触。《汉书·司马迁传》:"甚多疏略,或有抵～。"

铻(鋙) wú [锟铻]见 232 页"锟"字。

鼯 wú 一种像蝙蝠的小鼠。卢照邻《羁卧山中》诗:"夜伴饥～宿,朝随驯雉行。"

吴 wú ❶周代诸侯国,在今长江下游一带。❷朝代名(公元 222—280 年)。三国之一,在长江中下游和东南沿海一带,第一代君主是孙权。

午 wǔ ❶地支的第七位。见 126 页"干[1]"字。㊀十二时辰之一,等于现在的中午十一时至一时。❷纵横交错。《仪礼·特牲馈食礼》:"～割之。"❸通"迕"。相遇。《荀子·富国》:"～其军,取其将。"❹通"迕"。违反,抵触。《礼记·哀公问》:"～其众以伐有道。"

仵 wǔ 违逆。《管子·心术上》:"自用则不虚,不虚则～于物矣。"

忤 wǔ 违反,抵触。《韩非子·难言》:"且至言～于耳而倒于心。"(至言:最有道理的话。倒:不顺。)

迕 wǔ ❶违反,抵触。晁错《论贵粟疏》:"上下相反,好恶乖～。"(乖:违背。)❷相遇。《后汉书·陈蕃传》:"王甫时出,与蕃相～,适闻其言。"(王甫:人名。适:刚巧。)㊀交错。宋玉《风赋》:"耾耾雷声,回穴错～。"

伍 wǔ ❶古代军队编制。五人为一伍。《周礼·夏官·司马》:"凡制军……五人为～,～皆有长。"㊀军队的行列。《孟子·公孙丑下》:"一日而三失～。"㊀古代的一种居民组织,五家为一伍。晁错《募民徙塞下疏》:"使五家为～,～有长。"(长:伍长。)❷同类,一伙。《史记·淮阴侯列传》:"生乃与哙等为～!"(生:指韩信。哙:樊哙。)《宋史·安焘传》:"羞与群儿～。"❸通"五"。数词。《国语·齐语》:"参其国而～其鄙。"(参:叁,分为三。伍:分成五份。鄙:郊外的地区。)

怃(憮) wǔ [怃然]失意的样子。《论语·微子》:"夫子～～。"《孟子·滕文公上》:"夷子～～为间曰:'命之矣。'"

庑(廡) wǔ ❶高堂下周围的廊房,厢房。《后汉书·梁鸿传》:"依大家皋伯通,居～下,为人赁(lìn)舂。"(大家:大户人家。皋伯通:人名。赁舂:雇用舂米。)❷房屋。《史记·李斯列传》:"居大～之下。"❸wú 通"芜"。草木茂盛。张衡《东京赋》:"草木蕃(fán)～。"(蕃:茂盛的样子。)

妩(嫵) wǔ [妩媚]形容姿态美好可爱。司马相如《上林赋》:"柔桡嫚嫚,～～纤弱。"《旧唐书·魏征传》:"人言魏征举动疏慢,我但觉～～,适为此耳。"

武 wǔ ❶脚印。屈原《离骚》:"及前王之踵～。"(跟上前王的脚步。前王:指楚国过去强盛时期的君主。踵:脚后跟。)❷古时以六尺为步,半步为武。《国语·周语下》:"不过步～尺寸之间。"❸勇猛,勇敢。《诗经·郑风·羔裘》:"孔～有力。"(孔:甚,很。)❹与军事、战争有关的事物。与"文"相对。《尚书·武成》:"偃～修文。"(偃:止息。)㊕武职人员。《晋书·谢安传》:"文～用命。"(用命:指服从命令。)❺周代乐曲名。《论语·八佾》:"子谓韶:'尽美矣,又尽善也。'谓～:'尽美矣,未尽善也。'"

珷 wǔ [珷玞]似玉的石。《三国志·魏书·高堂隆传》:"怪石～～,浮于河淮。"

碔 wǔ [碔砆]同"珷玞"。王褒《四子讲德论》:"故美玉蕴于～～。"萧纲《侍游新亭应令》诗:"顾怜～～质,何以俪琼瑰。"

侮 wǔ 轻慢,怠慢。《荀子·君子》:"故刑当罪则威,不当罪则～。"㊀侮辱,欺负。《左传·僖公二十四年》:"兄弟阋于墙,外御其～。"

捂 wǔ ❶违逆。《汉书·陈平传》"平伪听之"颜师古注:"谓且顺从之,不乖～也。"❷wù 通"遌"。遇见。《史记·屈原贾生列传》："重华不可～兮，孰知余之从容。"

舞 wǔ ❶ 舞蹈。《韩非子·五蠹》："执干戚～。"（干戚：盾和斧两种兵器。这里指舞具。）㊂飞舞，舞动。《列子·汤问》："鸟～鱼跃。"李白《高句骊》诗："翩翩～广袖。" ❷ 舞弄文字、权术等。《论衡·程材》："～文巧法，徇私为己。"《史记·酷吏列传》："～智以御人。"（御：控制。）

甒 wǔ 瓦制酒器。《仪礼·大射仪》："膳尊两～在南。"

兀 wù ❶ 高而上平的样子。㊀山秃。杜牧《阿房宫赋》："蜀山～，阿房出。" ❷ 茫然无知的样子。柳宗元《读书》诗："临文乍（zhà）了了，彻卷～若无。"（乍：短暂。了了：明白。彻卷：指读完一卷。） ❸［兀者］受过刖刑（即砍掉一只脚）的人。《庄子·德充符》："鲁有～～王骀（tái）。"

屼（岉） wù 山秃的样子。左思《吴都赋》："嵬嶷峣～。"

杌 wù ❶［杌陧（niè）］动摇不安。《尚书·秦誓》："邦之～～，曰由一人。" ❷ 摇动。《史记·司马相如列传》："扬翠叶，～紫茎。" ❸ 树木没有枝丫。《三国志·魏书·高堂隆传》："由枝干既～，本实先拔也。" ❹ 凳子（后起意义）。贾思勰《齐民要术·种桑柘》："春采者，必须长梯高～。"

卼 wù ［䡾（niè）卼］见292页"䡾"字。

勿 wù ❶ 别，不要。《论语·颜渊》："己所不欲，～施于人。" ❷ 不。《史记·曹相国世家》："曹参代之，守而～失。"

芴 wù ❶ 植物名。即葸（xǐ）菜。❷ hū 通"忽"。恍惚，不分明。《荀子·正名》："故愚者之言，～然而粗。"

物 wù ❶ 杂色的牛。《诗经·小雅·无羊》："三十维～，尔牲则具。" ❷ 东西，事物。《荀子·天论》："一～为万～一偏。"（一偏：一个方面。）㊕别人，众人。魏征《十渐不克终疏》："损己以利～。"㊋除自己以外的物和人。江淹《杂体诗·杂述》："～我俱忘怀。"［物议］众人的议论，舆论。《北史·齐高祖纪》："杜绝～～。" ❸ 精怪。《论衡·订鬼》："鬼者，老～精也。" ❹ 实质内容。《周易·家人》："君子以言有～，而行有恒。" ❺ 察，看。《周礼·地官·丱人》："则～其地图而授之。"双音词有"物色"。

戊 wù 天干的第五位。见126页"干[1]"字。

务（務） wù ❶ 致力，从事。《荀子·成相》："～本节用财无极。"（极：穷尽。）贾谊《过秦论》："～耕织。"㊋要求得到，追求。《韩非子·五蠹》："糟糠不饱者，不～梁肉。"（梁肉：指精美的饭食。梁：当作"粱"。） ❷ 事务，事情。《史记·文帝本纪》："农，天下之本，～莫大焉。"（本：根本。务莫大焉：事情没有比它再重要的了。） ❸ 副词。一定，务必。柳宗元《断刑论》："赏～速而后有劝，罚～速而后有惩。"（赏一定要及时，才能起到勉励的作用；罚一定要及时，才能起到惩治的作用。） ❹ wǔ 通"侮"。《诗经·小雅·常棣》："兄弟阋（xì）于墙，外御其～。"（阋：争吵。）

坞（塢、隖） wù ❶ 土堡。《后汉书·顺帝纪》："令扶风、汉阳筑陇道～三百所，置屯兵。" ❷ 四周高中间低的地方。梁武帝《子夜四时歌·春歌之四》："花～蝶双飞，柳堤鸟百舌。"羊士谔《山阁闻笛》诗："临风玉管吹参差，山～春深日又迟。"

误（誤、悮） wù ❶ 错误，荒谬。《史记·萧相国世家》："群臣议皆～。" ❷ 耽误，使受害。《新唐书·韩偓传》："涣作宰相，或～国。"（涣：人名。）杜甫《奉赠韦左丞丈二十二韵》："纨袴不饿死，儒冠多～身。"（纨袴：指富贵人家子弟。儒冠：指儒生。） ❸ 迷惑。《史记·齐太公世家》："桓公之中钩，详死以～管仲。"（详：通"佯"。假装。）

恶（惡） wù 见100页。

悟 wù ❶ 理解，明白。《后汉书·张酺传》："数月，出为东郡太守，酺自以尝经亲近，未～见出。"（未悟见出：不明白被放为东郡太守的原因。）㊂醒悟。柳宗元《三戒·临江之麋》："麋（mí）至死不～。"（麋：一种鹿。） ❷ 聪慧。常"颖悟"、"秀悟"连用。《宋书·谢灵运传》："灵运幼便颖～。" ❸ 通"寤"。睡醒。《论衡·问孔》："适有卧厌不～者。"（厌：做噩梦。）

晤 wù ❶ 相遇，见面。王安石《答司马谏议书》："无由会～。"（没有机会见面。）㋕面对面。《诗经·陈风·东门之池》："彼美淑姬，可以～歌。"杜甫《大云寺赞公房》诗："～语契深心。"（契：合。） ❷ 通"悟"。聪敏，明白。《新唐书·李至远传》："少秀～。"

寤 wù ❶ 睡醒。与"寐"相对。《诗经·陈风·泽陂》："～寐无为，辗转伏枕。"

(寐:睡着。无为:没有办法。)㉒醒过来。《盐铁论·忧边》:"若醉而新～。"❷通"悟"。醒悟。张衡《东京赋》:"盍(hé)亦览东京之事以自～乎。"(盍:何不。览:看。以:用来。)

婺 wù ❶[婺女]星宿名,即女宿。❷[婺水]水名。在今江西。[婺州]地名。在今浙江金华一带。

骛(騖) wù ❶乱跑,纵横奔驰。司马相如《子虚赋》:"王车驾千乘,选徒万骑……～于盐浦。"(盐浦:指海边的盐滩。)㉛急跑。班固《东都赋》:"骁骑电～。"(骁:好马。)㉜急,快。《素问·大奇论》:"肝脉～暴。"❷通"务"。追求。元稹《解秋》诗之三:"同时～名者,次第鵷鹭行。"成语有"好高骛远"。

鹜(鶩) wù ❶鸭子。屈原《卜居》:"将与鸡～争食乎?"❷同"骛"。奔驰。《穆天子传》卷一:"天子西征,～行至于阳纡之山。"

雺 wù ❶同"雾"。刘禹锡《楚望赋》:"天濡而～,土溲而泥。"❷ méng 通"霿"。天气昏暗。袁宏《三国名臣序赞》:"百六道丧,干戈迭用。苟非命世,孰扫雰～。"

鋈 wù 白铜一类金属。㉜镀上白铜。《诗经·秦风·小戎》:"厹(qiú)矛～錞(duì)。"(厹矛:有三棱锋的矛。錞:矛柄的底部。)

X

XI

夕 xī ❶傍晚，日落的时候。《周易·坤》："非一朝一～之故。"成语有"朝不保夕"。㉿帝王祭祀月亮。《汉书·贾谊传》："春朝朝日，秋暮～月。"㊕傍晚朝见君主。《左传·昭公十二年》："右尹子革～。"（右尹：官名。子革：人名。）❷夜。任昉《奏弹刘整》："终～不寐。"（寐：睡着。）

汐 xī 夜间的海潮。《梁书·张缵传》："青溢、赤岸，控～引潮。"

穸 xī ［窀（zhūn）穸］见545页"窀"字。

兮 xī 语气词。多用于诗赋中，相当于现代汉语的"啊"、"呀"。《诗经·魏风·伐檀》："坎坎伐檀～。"刘邦《大风歌》："大风起～云飞扬。"

恓 xī 悲伤。李白《江夏行》："一种为人妻，独自多悲～。"［恓恓］同"栖栖"。忙碌不安。《论衡·指瑞》："圣人～～忧世。"［恓惶］1.忙碌不安。欧阳修《投时相书》："抱关击柝，～～奔走。"2.凄凉，悲伤。张籍《送韦评事归华阴》诗："老大谁相识？～～又独归。"

牺（犧） xī ❶古代做祭品用的毛色纯一的牲畜。《诗经·鲁颂·閟宫》："享以骍（xīng）～，是飨是宜。"（骍：赤色）。《史记·老子韩非列传》："子独不见郊祭之～牛乎？"（子：你。）［牺牲］古代祭祀用的牲畜。《左传·庄公十年》："～～玉帛，弗敢加也，必以信。"【注意】现代汉语"牺牲"表示为了正义的目的舍弃自己的生命或利益。古代汉语中"牺牲"一词没有这个意义。❷［牺尊］古代一种牛形的酒器。《诗经·鲁颂·閟宫》："～～将将（qiāng）。"（将将：象声词。）

希 xī ❶少。《论语·公冶长》："伯夷叔齐不念旧恶，怨是用～。"《史记·货殖列传》："地广人～。"㉿稀疏。《论语·先进》："鼓瑟～。"这个意义后来写作"稀"。❷望，看。《墨子·备蛾傅》："城上～薄门而置搗。"（"搗"当作"楬"。）这个意义后来写作"睎"。㊀仰慕。《后汉书·赵壹传》："仰高～骥。"（仰高：仰视高山。骥：骏马。）㉿迎合。《史记·儒林列传》："弘～世用事，位至公卿。"（世：世俗。）❸希求（后起意义）。柳宗元《冉溪》诗："少时陈力～公侯。"

唏 xī 叹息。《淮南子·说山》："纣为象箸而箕子～。"

晞 xī ❶晒干。《诗经·秦风·蒹葭》："白露未～。"㉿晒。郭璞《江赋》："琼蚌～曜以莹珠。"（曜：日光。莹珠：使珍珠发光。）❷天色微明。《诗经·齐风·东方未明》："东方未～。"

欷 xī 哭泣时抽噎，哽咽。《汉书·中山靖王胜传》："悲者不可为累～。"（累：屡屡，接连着。）㊀悲叹。宋玉《九辩》："憯（cǎn）凄增～兮，薄寒之中人。"（薄寒：微寒。中：指侵袭。）这个意义又写作"唏"。

豨（狶） xī 猪。屈原《天问》："封～是射。"（封：大。）

昔 xī ❶从前，过去。与"今"相对。《诗经·小雅·小明》："～我往矣，日月方奥（yù）。"（奥：暖。）❷夜。《庄子·天运》："则通～不寐矣。"（寐：睡着。）㉿终了，末尾。《吕氏春秋·任地》："孟夏之～，杀三叶而获大麦。"

惜 xī ❶痛惜，哀伤。《楚辞·惜誓》："～余年老而日衰兮。"㉿可惜。《左传·宣公二年》："～也，越竟乃免。"（竟：境。）❷爱惜。《韩非子·难二》："～草茅者耗禾穗，惠盗贼者伤良民。"（耗：减损。惠：给人好处。）❸吝惜，舍不得。蔡琰《悲愤诗》："岂敢～性命。"

腊² xī ❶干肉。《周易·噬嗑》："噬～肉，遇毒。"㊀把肉晾干，晒干。柳宗元《捕蛇者说》："然得而～之以为饵。"（饵：药饵。）㉿皮肤皴皱。《山海经·西山经》："其脂可以已～。"（已：医治好。）❷极，很。《国语·周语下》："厚味寔～毒。"参见234页"腊¹（臘）"字。

析 xī ❶劈，劈木头。《诗经·齐风·南山》："～薪如之何？匪斧不克。"（薪：木柴。匪：非。克：能，成功。）㊀剖开。邹阳《狱中上书自明》："剖心～肝。"❷分散，分离。《论语·季氏》："邦分崩离～，而不能守也。"❸分析，辨析。陶潜《移居》诗："奇文共欣赏，疑义相与～。"

淅 xī ❶淘米。《仪礼·既夕礼》："夏祝～米。"《淮南子·兵略》："～米而储之。"❷［淅淅］风声。杜甫《秋风》诗："秋

X

风～～吹巫山，上牢下牢修水关。”❸［淅沥］指雨雪声、落叶声、风声。谢惠连《雪赋》：“霰～～而先集，雪纷糅而遂多。”柳宗元《笼鹰词》：“凄风～～飞严霜。”❹［淅飒］轻微的动作声。吴师道《晚霜曲》：“僵禽～～动庭竹，城上啼乌怨如哭。”❺河名。在今河南。

晰（晳） xī ❶明白，清楚。《后汉书·张衡传赞》：“不有玄虑，孰能昭～。”（玄：深。虑：考虑，思虑。昭：明显。）双音词有“明晰”、“清晰”。❷通“晳”。白，多指皮肤。杜甫《送李校书二十六韵》：“人间好妙年，不必须白～。”（妙年：少年。）

晳 xī 皮肤白。《左传·昭公二十六年》：“有君子白～，鬒须眉。”㊀白色。《左传·定公九年》：“～帻而衣狸制。”

肸 xī ［肸蠁（xiǎng）］传播，散布。司马相如《上林赋》：“众香发越，～～布写。”

息 xī ❶呼吸。《论语·乡党》：“屏气似不～者。”㊂叹息。《史记·陈涉世家》：“陈涉太～曰：‘嗟乎，燕雀安知鸿鹄（hú）之志哉？’”（安：哪里。鸿鹄：天鹅。）❷停止。《周易·乾》：“天行健，君子以自强不～。”成语有“息事宁人”。㊂灭。《周易·革》：“水火相～。”㊀休息。《孟子·梁惠王下》：“饥者弗食，劳者弗～。”❸生长，增长。《淮南子·墬形》：“禹乃以～土填洪水。”《韩非子·爱臣》：“是以奸臣蕃～，主道衰亡。”（蕃：繁殖。）㊂繁殖。《荀子·大略》：“有国之君不～牛羊，错质之臣不～鸡豚……从士以上皆羞利而不与民争业。”❹子女。《战国策·赵策四》：“老臣贱～舒祺，最少，不肖。”（舒祺：人名。不肖：指不成才。）❺利息。王安石《答曾公立书》：“无二分之～可乎。”

奚 xī ❶女奴隶。《周礼·秋官·禁暴氏》：“凡～隶聚而出入者，则司牧之。”（凡是男女奴隶聚众出入的，都要严加监视管理。）㊂奴仆。《新唐书·李贺传》：“每旦日出，骑弱马，从小～奴。”❷疑问代词。什么，哪里。《孟子·滕文公上》：“曰：‘～冠？’曰：‘冠素。’”《庄子·逍遥游》：“彼且～适也。”（适：到……去。）㊂为什么。《韩非子·和氏》：“子～哭之悲也？”（子：你。）

傒 xī 系，拘系。《淮南子·本经》：“～人之子女。”

徯 xī ❶等待。《尚书·仲虺之诰》：“～予后。”（予：我。后：君王。）❷通“蹊”。小路。《汉书·货殖传》：“矰（zēng）弋（yì）不施于～隧。”（矰弋：用拴着丝绳的箭射鸟。徯隧：小道。）

蹊 xī 小路。《庄子·马蹄》：“山无～隧，泽无舟梁。”（隧：道。梁：桥。）成语有“桃李不言，下自成蹊”。㊀走过，践踏。《左传·宣公十一年》：“牵牛以～人之田，而夺之牛。”

谿 xī 山间的流水道。《荀子·劝学》：“不临深～，不知地之厚也。”【辨】谿，涧。“谿”是山中的流水道，有水无水都叫“谿”。“涧”是山中的水流。

鼷 xī 小鼠。《春秋·成公七年》：“～鼠食郊牛角。”

悉 xī ❶详尽。《汉书·张释之传》：“对上所问禽兽簿甚～。”（对：对答。上：指汉文帝。禽兽簿：记载有关禽兽的簿册。）㊀详尽地叙述，详尽地知道。司马迁《报任安书》：“书不能～意。”《三国志·蜀书·诸葛亮传》：“丞相亮其～朕意。”（朕：皇帝自称。）㊂尽。《左传·襄公十一年》：“诸侯～师以复伐郑。”❷副词。都，全。《史记·燕召公世家》：“齐～复得其故城。”（齐：齐国。）

窸 xī ［窸窣（sū）］象声词。杜甫《自京赴奉先县咏怀五百字》：“河梁幸未坼，枝撑声～～。”

翕（翖） xī ❶收缩，收敛。枚乘《七发》：“飞鸟闻之，～翼而不能去。”❷和好，和谐。《诗经·小雅·常棣》：“兄弟既～。”（既：已经。）❸［翕然］1.一致的样子。《史记·汲郑列传》：“山东士诸公以此～～称郑庄。”（称：称赞。郑庄：人名。）2.安定的样子。《梁书·孙谦传》：“郡境～～，威信大著。”

噏 xī ❶吸。《汉书·扬雄传上》：“～青云之流瑕兮，饮若木之露英。”❷收。河上公本《老子·三十六章》：“将欲～之，必固张之。”

歙 xī ❶吸。鲍照《石帆铭》：“吐湘引汉，～蠡吞沱。”❷收。王弼本《老子·三十六章》：“将欲～之，必固张之。”❸［歙然］一致的样子。《汉书·匡衡传》：“学士～～归仁。”㊂安定的样子。《汉书·张敞传》：“吏民～～，国中遂平。”❹xié［歙肩］同“胁肩”。耸肩缩项，形容讨好的样子。《后汉书·张衡传》：“捷径邪至，我不忍以投步；干进苟容，我不忍以～～。”❺shè 地名。歙县，在今安徽。

犀 xī ❶犀牛。《孟子·滕文公下》：“驱虎豹～象而远之。”㊀用犀牛的角或皮制作的器物。《扬子法言·孝至》：“被我纯績，带我金～。”❷坚固。《韩非子·奸劫弑臣》：“治国之有法术赏罚，犹若陆行之有～车良马也。”双音词有“犀利”。

锡(鍚) xī ❶一种金属。《荀子·强国》：“金～美，工冶巧。”（美：好。工冶：加工冶炼。）㊕僧人的锡杖。王中《头陀寺碑文》：“宗法师行絜珪璧，拥～来游。”❷cì 通“赐”。赐给。《尚书·洪范》：“天乃～禹洪范九畴。”❸通“緆”。细麻布。《列子·周穆王》：“衣阿～。”（衣：穿。阿：地名。）

裼 xī ❶古代冬日服裘，裘外有裼衣，裼衣外又有外衣。袒开外衣露出裼衣叫“裼”，是一种礼节。《仪礼·聘礼》：“～降立。”❷袒开或脱去上衣露出身体。《孟子·公孙丑上》：“尔为尔，我为我，虽袒～裸裎于我侧，尔焉能浼我哉！”《史记·张仪列传》：“秦人捐甲徒～以趋敌。”❸tì 婴儿的衣被。《诗经·小雅·斯干》：“乃生女子，载寝之地，载衣之～，载弄之瓦。”

緆 xī ❶细麻布。司马相如《子虚赋》：“于是郑女曼姬，被阿～，揄纻缟。”❷裳的下缘。《仪礼·既夕礼》：“縓綼～。”

熙 xī ❶暴晒，使东西干燥。卢谌《赠刘琨》诗：“仰～丹崖，俯澡绿水。”❷光明。曹植《七启》：“～天曜(yào)日。”（曜：明亮。）❸兴起，兴盛。《尚书·尧典》：“庶绩咸～。”（绩：功。）❹玩乐。《淮南子·俶真》：“鼓腹而～。”这个意义后来写作“嬉”。［熙熙］安乐的样子。《老子·二十章》：“众人～～，如享太牢，如登春台。”❺福，吉祥。《汉书·礼乐志》：“忽乘青玄，～事备成。”

僖 xī 乐。古代用作帝王的谥号，如鲁僖公。

嘻 xī 叹词。《公羊传·宣公十二年》：“庄王曰：‘～！吾两君不相好，百姓何罪？’”［嘻嘻］欢笑声。《周易·家人》：“妇子～～，终吝。”

嬉 xī 游戏。《史记·司马相如列传》：“若此辈者，数千百处，～游往来。”

熹 xī ❶亮，明亮。杨万里《明发陈公径过摩舍那滩石峰下》诗：“东暾澹未～，北吹寒更寂。”❷炽，火旺。木华《海赋》：“～炭重燔。”

熺 xī ❶亮，明亮。《管子·侈靡》：“有时而星～。”❷炽，旺。萧颖士《有竹》诗之四：“冬之宵，霰雪斯瀌。我有金炉，～其以歊。”❸chì 通“饎”。炊，煮。《淮南子·时则》：“湛～必洁，水泉必香。”

羲 xī ❶［羲和］1. 羲氏与和氏。古代传说中唐尧时执掌天文的官吏。《尚书·尧典》：“乃命～～，钦若昊天，历象日月星辰，敬授民时。”2. 古代神话中为太阳驾车的神。屈原《离骚》：“吾令～～弭节兮，望崦嵫而勿迫。”3. 古代神话中太阳的母亲。《山海经·大荒南经》：“～～者，帝俊之妻，生十日。”❷指伏羲氏，古代传说中的帝王。张衡《东京赋》：“龙图授～。”［羲皇］即伏羲氏。陶潜《与子俨等疏》：“常言五六月中，北窗下卧，遇凉风暂至，自谓是～～上人。”

曦 xī 阳光，太阳。陶潜《闲情赋》：“悲晨～之易夕，感人生之长勤。”郦道元《水经注·江水》：“自非停午夜分，不见～月。”（停午：正午。）

醯 xī ❶醋。《荀子·劝学》：“～酸而蜹(ruì)聚焉。”（蜹：蚊子一类的小虫。）《史记·货殖列传》：“～酱千瓨(hóng)。”（瓨：容器名。）❷［醯鸡］1. 小虫名，蠛蠓。《列子·天瑞》：“～～生乎酒。”2. 尘埃。吴融《梅雨》诗：“扑地暗来飞野马，舞风斜去散～～。”

巇 xī ❶险，险峻。王褒《洞箫赋》：“泡溲泛捷，趋～道兮。”［险巇］世途艰难险恶。《楚辞·九辩》：“何～～之嫉妒兮，被以不慈之伪名？”又写作“巇崄”。陆龟蒙《彼农》诗：“世路～～，淳风荡除。”❷缝隙。《鬼谷子·抵巇》：“～始有朕，可抵而塞。”柳宗元《乞巧文》：“变情徇势，射利抵～。”

觿 xī 用来解结的工具，也用为佩饰。《诗经·卫风·芄兰》：“芄兰之支，童子佩～。”

习(習) xí ❶鸟屡次拍着翅膀飞。《礼记·月令》：“鹰乃学～。”❷［习习］1. 鸟飞来飞去。左思《咏史》：“～～笼中鸟，举翮(hé)触四隅。”（翮：翅膀。隅：角落。）2. 风和舒的样子。《诗经·邶风·谷风》：“～～谷风，以阴以雨。”❸反复练习。《论语·学而》：“学而时～之。”㊂学习。《韩非子·五蠹》：“莫如修行义而～文学。”❹通晓，熟悉。晁错《言守边备塞疏》：“～地形，知民心。”❺习惯。《商君书·战法》：“民～以力攻难，故轻死。”❻［近习］帝王的亲信。《韩非子·孤愤》：“而听左右～～之言。”

席1 xí ❶席子。《仪礼·公食大夫礼》：“上大夫蒲筵加萑(huán)～。”（筵：垫席。萑：芦类植物。）这个意义后来写作“蓆”。㊕船帆。古人用布做帆，也用席做帆。杜甫《早发》诗："早行篙师怠，～挂风不正。"（篙师：撑船的人。）❷ 席位，座位。《晋书·谢安传》："安从容就～。" ❸ 酒筵。《南史·徐孝克传》："孝克每侍宴，无所食啖。至～散，当其前膳羞损减。"（当其前：在他前面。膳羞：指食物。）❹ 凭借，倚仗。《汉书·刘向传》："吕产、吕禄～太后之宠。"【辨】筵，席。见470页"筵"字。

席[2]（蓆） xí ❶ 席子。《韩非子·存韩》："出则为扞（hàn）蔽，入则为～荐。"（扞：捍。荐：草席。）❷ 大。《诗经·郑风·缁衣》："缁（zī）衣之～兮。"（缁：黑色。）【注意】在古代，"席"和"蓆"是两个字，在"大"的意义上不写作"蓆"。现"蓆"简化为"席"。参见439页"席[1]"字。

袭（襲） xí ❶ 加穿衣服。《吕氏春秋·顺民》："味禁珍，衣禁～，色禁二。"(引)穿衣。司马相如《上林赋》："～朝服，乘法驾。" ❷ 量词。一副，一套。《汉书·昭帝纪》："有不幸者赐衣被一～。" ❸ 重叠。屈原《九章·怀沙》："重仁～义兮。"(引)重复。《左传·哀公十年》："事不再令，卜不～吉。"（令：发出命令。卜：占卜。）❹ 合，合并。《荀子·不苟》："天地比，齐秦～。" ❺ 因循，沿袭。《史记·秦始皇本纪》："五帝不相复，三代不相～。"（三代：指夏、商、周。）(又)继承、承袭封爵或职位。《史记·秦始皇本纪》："太子胡亥～位。" ❻ 侵袭。《淮南子·精神》："忧患不能入也，而邪气不能～。"(引)触及。屈原《九歌·少司命》："绿叶兮素枝，芳菲菲兮～予。" ❼ 乘人不备而进攻。《左传·僖公三十二年》："劳师以～远，非所闻也。"

觋（覡） xí 男巫。《国语·楚语下》："民之精爽不携贰者……如是则明神降之。在男曰～，在女曰巫。"《荀子·正论》："出户而巫～有事，出门而宗祀有事。"（祀：当作"祝"。）

隰 xí ❶ 低湿的地方。《诗经·邶风·简兮》："山有榛，～有苓。"(泛)原野。《世说新语·规箴》："每田狩，车骑甚盛，五六十里中，旌旗蔽～。" ❷ 新开发的田地。《诗经·周颂·载芟》："千耦其耘，徂～徂畛。"

檄 xí 古代用来征召、声讨的文书。《汉书·高帝纪下》："吾以羽～征天下兵。"（羽檄：檄文上插上鸟羽，表示事急。）《史记·黥布列传》："并齐取鲁，传～燕赵。"(又)用檄文征召、声讨。《晋书·王雅传》："少知名，州～主簿。"刘知几《史通·疑古》："陈琳为袁～魏。"（袁：指袁绍。魏：指曹操。）

洗 xǐ ❶ 洗脚。《汉书·黥布传》："汉王方踞床～。"（踞：坐。）❷ 洗涤，用水去掉污垢。《仪礼·有司》："主人～爵。"杜甫《泛溪》诗："得鱼已割鳞，采藕不～泥。"(喻)清除，扫除，弄光。《周易·系辞上》："圣人以此～心。"岳飞《五岳祠盟记》："～荡巢穴，亦且快国仇之万一。"成语有"洗心革面"。❸ 古代一种洗具。《仪礼·士冠礼》："设～直于东荣。"今有"笔洗"。❹ xiǎn［洗马］1. 马前卒。《韩非子·喻老》："身执干戈为吴王～～。"2. 官名。《汉书·汲黯传》："黯姊（zǐ）子司马安亦少与黯为太子～～。"（姊子：姐姐的儿子。）❺ xiǎn［洗然］肃敬的样子。潘岳《夏侯常侍诔》："子乃～～，变色易容。慨焉叹曰：道固不同。"又写作"洒然"。见357页"洒[1]"字。【辨】濯，涤，洗。"濯"字意义最广，既指洗衣服，又指洗器物，也指洗手足。"涤"字一般指洗器物，"洗"指洗脚。后来"洗"字替代了"濯"和"涤"。

枲 xǐ 大麻的雄株。《周礼·夏官·职方氏》："其利林漆丝～。"(又)麻布。《盐铁论·利议》："文表而～里，乱实者也。"

玺（璽） xǐ 印。秦以后专指皇帝的印。《韩非子·外储说左下》："夺之～而免之令。"（令：县令。）《汉书·霍光传》："受～以来二十七日。"（受玺：接受皇帝的印，即做皇帝。）［玺书］古代封口处盖有印信的文书。秦以后专指皇帝的诏书。《左传·襄公二十九年》："～～追而与之。"（与：给。）《史记·秦始皇本纪》："上病益甚，乃为～～赐公子扶苏。"

徙 xǐ ❶ 迁移。《周礼·地官·邻长》："～于他邑。"［徙边］流放到边远地区去服刑。《汉书·陈汤传》："其免汤为庶人，～～。" ❷ 调职。《史记·淮阴侯列传》："～齐王信为楚王。"【辨】迁，徙。在调职的意义上，"迁"表示升官，"左迁"则表示降职。"徙"则表示一般的调职。在《史记》、《汉书》中，这两字的区别尤为明显。

蓰 xǐ 五倍。《孟子·滕文公上》："夫物之不齐，物之情也。或相倍～，或相什百，或相千万。"

屣（蹝、躧） xǐ 鞋。《史记·封禅书》："吾视去妻子如脱～耳。"成语有"弃之如敝屣"。(特)拖鞋。《汉书·地理志下》："女子弹弦跕（tiē）～。"（跕屣：拖着拖鞋走路。）(又)拖着鞋。《后汉书·王符传》："衣不及带，～履出迎。"

憙 xǐ 同"喜"。喜悦。《战国策·赵策一》:"而韩魏之君无～志而有忧色。"㊀喜欢。《穀梁传·桓公六年》:"陈侯～猎,淫猎于蔡。"

禧 xǐ (旧读 xī) 福,喜庆。隋牛弘《诚夏》:"恭神务穑,受～降祉。"

蟢 xǐ 一种小蜘蛛。《刘子新论·鄙名》:"今野人昼见～子者,以为有喜乐之瑞。"

葸 xǐ 畏缩,胆怯。《论语·泰伯》:"慎而无礼则～。"《后汉书·班固传下》:"虽云优慎,无乃～欤?"(虽然说为人谨慎,但是未免有点胆小怕事了吧? 优慎:谨慎。)成语有"畏葸不前"。

諰 xǐ 忧惧。常"諰諰"连用。《荀子·强国》:"～～然常恐天下之一合而轧己也。"

縰 xǐ ❶[縰縰]众多的样子。宋玉《高唐赋》:"～～莘莘(shēn shēn),若生于鬼,若出于神。"(莘莘:众多的样子。) ❷同"纚"。束发用的帛。扬雄《解嘲》:"戴～垂缨而谈者,皆拟于阿衡。"左思《魏都赋》:"岌岌冠～,累累辫发。"

纚 xǐ ❶古代用来束发的帛。《仪礼·士冠礼》:"缁～,广终幅,长六尺。"❷群行的样子。司马相如《子虚赋》:"车按行,骑就队,～乎淫淫,般乎裔裔。"❸ lí 绳索。《诗经·小雅·采菽》:"汎汎杨舟,绋～维之。"㊀系住。张衡《思玄赋》:"前祝融使举麾兮,～朱鸟以承旗。"❹ sǎ 一种渔网。㊀用网捕鱼。张衡《西京赋》:"然后钓魴鳢,～鰋鲉。"

謑(謨) xǐ [謑詬(gòu)]辱骂。《楚辞·九思·遭厄》:"起奋迅兮奔走,违群小兮～～。"

戏(戲) xì ❶嬉戏,游戏。《韩非子·外储说左上》:"夫婴儿相与～也,以尘为饭,以涂为羹。"(相与:互相。)㊀戏弄,开玩笑。曹丕《典论·论文》:"杂以嘲～。"❷角力。《国语·晋语九》:"少室周为赵简子之右,闻牛谈有力,请与之～,弗胜,致右焉。"(右:车右。致右:把车右的职位让给他。) ❸歌舞、杂技等表演。《晋书·王戎传》:"于宣武场观～。"❹ huī 军队中的帅旗。《汉书·灌夫传》:"驰入吴军,至～下。"这个意义后来多写作"麾"。❺ hū [於(wū)戏]见 500 页"於"字。【辨】戏,弄。见 295 页"弄"字。

饩(餼) xì 赠送人的谷物、饲料或牲口。《国语·周语中》:"廪人献～。"(廪人:掌管粮食的人。)㊀赠送人的活牲口、生肉。《周礼·秋官·掌客》:"掌四方宾客之牢礼～献。"(牢:指祭祀用的猪、牛、羊。)㊀赠送谷物、饲料或牲口。《左传·僖公十五年》:"是岁晋又饥,秦伯又～之粟。"(是岁:这一年。秦伯:秦国国君。)

䫉 xì 见 2 页"䨳"字。

系¹ xì ❶挂,悬。曹植《辅臣论》:"群言～于口。"❷拴,绑。《淮南子·精神》:"～绊其足。"❸继,连接。班固《东都赋》:"～唐统,接汉绪。"❹带子。《后汉书·舆服志》:"以青～为绲(gǔn)。"(绲:帽上的带子。) ❺世系,系统。杜甫《赠比部萧郎中十兄》诗:"汉朝丞相～,梁日帝王孙。"【辨】系,係,繫。见下"系³(係)"字。

系²(繫) xì ❶挂,悬。《荀子·劝学》:"以羽为巢,而编之以发,～之苇苕。"(苇苕:芦苇的穗。) ❷拴,绑。刘琨《扶风歌》:"～马长松下。"(长:高大。)㊀拘囚。《史记·陈涉世家》:"陈王怒,捕～武臣等家室。"(家室:家属。)㊀拘束。贾谊《鵩鸟赋》:"愚士～俗兮,窘若囚拘。"(俗:指习惯势力。窘:困迫。囚拘:指被囚禁的犯人。) ❸继,连接。《新唐书·元结传》:"百姓转徙,踵～不绝。"❹联系,关联。柳宗元《封建论》:"大业弥固,何～于诸侯哉?"(国家基业更加巩固,这与分封诸侯有什么关系呢? 弥:更加。) ❺带子。《韩非子·外储说左下》:"袜～解。"【辨】系,係,繫。见下"系³(係)"字。

系³(係) xì ❶拴,绑。《左传·襄公十八年》:"献子以朱丝～玉二瑴(jué)而祷。"(瑴:一双玉。)《史记·秦始皇本纪》:"子婴即～颈以组,白马素车,奉天子玺符,降轵道旁。"(子婴:人名。组:丝带。奉:捧。轵道:亭名。) ❷继,连接。《晋书·郤诜传》:"圣明～踵。"(系踵:接踵而来。) ❸关联。嵇康《声无哀乐论》:"音声有自然之和,而无～于人情。"❹带子。汉乐府《陌上桑》:"青丝为笼～,桂枝为笼钩。"【辨】系,係,繫。在"拴绑"、"连接"和"带子"的意义上,这三个字可以通用。但"世系"、"系统"的意义一般写作"系",不写作"係"、"繫"。在"关联"的意义上,一般写作"繫"和"係",不写作"系"。"係"在古白话中还可以用作"是"("实係此人"),这种用法是"系"、"繫"所没有的。

细(細) xì ❶微小。与"大"、"巨"相对。《老子·六十三章》:"图难于其易，为大于其～。"《三国志·蜀书·诸葛亮传》："事无巨～，亮皆专之。"（专：亲自处理。）［细人］小人。《韩非子·喻老》："不宜为～～用。"㊂细。与"粗"相对。《庄子·人间世》："仰而视其～枝，则拳曲而不可以为栋梁。"❷ 详细，仔细。杜甫《春日忆李白》诗："何时一樽（zūn）酒，重与～论文。"（樽：盛酒的器具。）范成大《水调歌头·细数十年事》："～数十年事，十处过中秋。"❸ 精细，细密。《潜夫论·浮侈》："衣必～致，履必獐麂。"㊂苛细。《左传·襄公二十九年》："其～已甚，民弗堪也。"

盻 xì 恨视的样子。《孟子·滕文公上》："为民父母，使民～～然，将终岁勤动，不得以养其父母。"

咥 xì ❶ 笑的样子。《诗经·卫风·氓》："兄弟不知，～其笑矣。"❷ dié 咬。《周易·履》："是以履虎尾，不～人。"

郄 xì 同"郤"。空隙，缝隙。《荀子·赋》："充盈大宇而不窕，入～穴而不偪者与？"㊃感情上的裂痕。《战国策·燕策三》："今臣使秦，而赵系之，是秦赵有～。"㊂有病。《战国策·赵策四》："而恐太后玉体之有所～也。"

郤 xì 空隙，裂缝。《庄子·知北游》："人生天地之间，若白驹之过～。"（像白马经过缝隙那样快。）㊃感情上的裂痕。《史记·绛侯周勃世家》："梁孝王与太尉有～。"

绤（綌） xì 粗葛布。《诗经·周南·葛覃》："为絺（chī）为～，服之无斁（yì）。"（絺：细葛布。斁：厌。）陶潜《自祭文》："絺～冬陈。"（陈：陈列。）

屃（屓、屭） xì ［赑（bì）屃］见 20 页"赑"字。

阋（鬩） xì 不和，争吵。《诗经·小雅·常棣》："兄弟～于墙，外御其务。"（御：抵抗。务：通"侮"。）

舄（舃） xì ❶ 有木底的鞋子。《诗经·豳风·狼跋》："公孙硕肤，赤～几几。"㊁鞋。《史记·滑稽列传》："履～交错，杯盘狼藉。"❷ 盐碱地。《汉书·沟洫志》："溉～卤之地四万余顷。"这个意义后来写作"潟"。❸ 柱下石。《墨子·备穴》："二尺一柱，柱下傅～。"这个意义后来写作"磶"。

潟 xì 盐碱地。《史记·夏本纪》："海滨广～，厥田斥卤。"《史记·货殖列传》："故太公望封于营丘，地～卤，人民寡。"

隙（隟、隙） xì ❶ 墙交界处的裂缝。《左传·昭公元年》："人之有墙，以蔽恶也。墙之～坏，谁之咎也？"㊃感情上的裂痕。《三国志·蜀书·先主传》："嫌～始构矣。"（嫌：仇怨，仇恨。构：形成。）《史记·范雎蔡泽列传》："已而与武安君白起有～，言而杀之。"❷ 一般物体的裂缝，孔、洞。徐弘祖《徐霞客游记·楚游日记》："石～低而隘（ài）。"（隘：狭小。）㊀漏洞，空子，机会。曹植《谏伐辽东表》："东有待衅之吴，西有伺～之蜀。"（衅：缝，空子。）❸ 空闲。《左传·隐公五年》："皆于农～以讲事也。"（讲事：指练兵。）❹ 邻近，接近。《汉书·地理志》："北～乌丸、夫余。"（乌丸、夫余：民族名。）

虩 xì 恐惧的样子。《周易·震》："震来～～，笑言哑哑。"

赩 xì 大红色。左思《蜀都赋》："丹沙～炽出其坂。"

禊 xì 古人春秋两季在水边举行的祓除不祥的仪式。张衡《南都赋》："于是暮春之～，元巳之辰。"王羲之《兰亭序》："永和九年，岁在癸丑，暮春之初，会于会稽山阴之兰亭，修～事也。"

巇 xì 叹词。李白《蜀道难》诗："噫吁～！危乎高哉！"

瀗 xì 伤痛。《尚书·酒诰》："民罔不～伤心。"

XIA

呀 xiā ❶ 大空的样子。班固《西都赋》："建金城其万雉，～周池而成渊。"杜甫《南池》诗："～然阆城南，枕带巴江腹。"［谽（hān）呀］大的样子。司马相如《上林赋》："～～豁閜。"❷ 张口。柳宗元《永州崔中丞万石亭记》："抉其穴，则鼻口相～。"［呀呀］张口的样子。李贺《荣华乐》诗："金蟾～～兰烛香。"

呷 xiā 吸，饮。杨衒之《洛阳伽蓝记·景宁寺》："～啜鳟羹，唼嗍蟹黄。"

鰕 xiā ❶ 鱼名。即鲵鱼。曹植《名都篇》："脍鲤臇（juǎn）胎～，寒鳖炙熊蹯。"（臇：烹制肉羹。）❷ 大鲵。虞荔《鼎录》："宋文帝得～鱼，遂作一鼎，其文曰：'～鱼四足。'"❸ 同"虾（蝦）"。曹植《鰕䱇篇》："～䱇（shàn）游潢潦，不知江海流。"杜甫《赠韦七赞善》诗："洞庭春色悲公子，～菜忘归范蠡船。"

狎 xiá ❶ 亲近而不庄重。《左传·襄公六年》："宋华弱与乐辔（pèi）少相～。"（宋：国名。华弱、乐辔：人名。少：年纪小的时候。)[又]亲近。《礼记·曲礼上》:“贤者～而敬之,畏而爱之。”[又]拥挤。傅毅《舞赋》:“车骑并～。”❷轻视,忽视。《左传·昭公二十年》:“水懦弱,民～而玩之,则多死焉。”[又]轻侮。《韩非子·十过》:“～徐君,拘齐庆封。”(徐君:徐国国君。)❸安于,习惯于。《国语·周语中》:“未～君政,故未承命。”❹更迭,交替。《左传·襄公二十七年》:“且晋楚～主诸侯之盟也久矣。”(晋、楚:国名。主:主持。)

柙 xiá ❶关兽类的木笼。《论语·季氏》:“虎兕出于～,龟玉毁于椟中,是谁之过与?”❷匣子。张载《七哀诗》:“珠～离玉体,珍宝见剽虏。”❸jiǎ 一种树。张衡《南都赋》:“枫～栌枥,帝女之桑。”

侠(俠) xiá ❶侠士,侠客。《韩非子·五蠹》:“儒以文乱法,～以武犯禁。”(禁:禁令。)[又]侠义。《三国志·魏书·张邈传》:“少以～闻。”❷jiā 通“夹”。从两边夹住。《汉书·叔孙通传》:“殿下郎中～陛。”(郎中:官名。陛:皇宫的台阶。)

陿 xiá ❶同“狭”。狭窄。《汉书·天文志》:“其伏见蚤晚、邪正、存亡、虚实、阔～。”❷同“峡”。两山夹水处。《楚辞·九叹·思古》:“聊浮游于山～兮,步周流于江畔。”

硖(硤) xiá 同“峡”。两山夹水处。杜甫《寒硖》诗:“寒～不可度,我实衣裳单。”

袷 xiá 天子诸侯合祭祖先。《礼记·曾子问》:“～祭于祖,则祝迎四庙之主。”

遐 xiá ❶远。《尚书·太甲下》:“若陟～,必自迩。”(迩:近。)成语有“遐迩闻名”。[引]远去。张衡《东京赋》:“俟(sì)阊(chāng)风而西～。”(俟:等。阊风:秋风。)[引]久远。《诗经·小雅·鸳鸯》:“君子万年,宜其～福。”[遐龄]高龄,年纪大。《魏书·常景传》:“以知命为～～。”❷何,为什么。《诗经·小雅·隰桑》:“心乎爱矣,～不谓矣。”(谓:说。)

瑕 xiá ❶赤色的玉。司马相如《上林赋》:“赤～驳荦。”❷玉上面的斑点。《左传·宣公十五年》:“瑾瑜匿～。”(瑾、瑜:两种美玉。匿:隐藏。)[喻]缺点,过失。《三国志·吴书·朱据传》:“以功覆过,弃～取用。”(覆:掩盖。)成语有“瑕瑜互见”。❸空隙,薄弱环节。《管子·制分》:“攻坚则轫(rèn),乘～则神。”(轫:指攻不动,难入。神:指很快瓦解。)❹何,为什么。《礼记·表记》:“心乎爱矣,～不谓矣。”

暇 xiá ❶空闲。《孟子·梁惠王上》:“此惟救死而恐不赡,奚～治礼义哉?”白居易《草堂记》:“应接不～。”❷闲散,悠闲。《尚书·酒诰》:“不敢自～自逸。”

霞 xiá 早晚的彩云。谢朓《晚登三山还望京邑》诗:“余～散成绮。”(绮:有花纹的丝织品。)[喻]色彩艳丽。孟郊《送谏议十六叔至孝义渡》诗:“晓渡明镜中,～衣相飘飖。”

辖(轄) xiá ❶安在车轴末端的挡铁,用以防止车轮脱落。《韩非子·内储说上》:“西门豹为邺令,佯亡其车～。”(佯:假装。亡:丢掉。)这个意义又写作“鎋”。❷管辖。任昉《答刘孝绰》诗:“直史兼褒贬,～司专疾恶。”(直史:正直的史官。辖司:指主管官吏。)

鎋(舝) xiá 同“辖”。安在车轴末端的挡铁,用以防止车轮脱落。《诗经·小雅·车鎋》:“间关车之～兮,思娈季女逝兮。”[又]上车辖。《诗经·邶风·泉水》:“载脂载～,还车言迈。”(脂:涂上油膏。)

黠 xiá 狡猾。《汉书·薛宣传》:“桀～无所畏忌。”(桀:凶恶。)[又]聪明。《北史·后妃列传下》:“慧～,能弹琵琶,工歌舞。”(工:擅长。)

下 xià ❶位置在低处。与“上”相对。《周易·乾》:“上不在天,～不在田。”柳宗元《封建论》:“使贤者居上,不肖者居～。”(不肖:不贤。)[引]次序、等级在后的。《论衡·问孔》:“案贤圣之言,上～多相违。”(案:考察。)《墨子·非攻下》:“死命为上,多杀次之,身伤者为～。”❷低。与“高”相对。《老子·二章》:“高～相倾。”《南史·谢灵运传》:“饴(sì)以～客之食。”(饴:通“饲”。送东西给人吃。)[特]在下位的人。《三国志·蜀书·诸葛亮传》:“群～劝先主称尊号。”(称尊号:称帝。)❸从高处到低处。《左传·庄公十年》:“～视其辙(zhé)。”(辙:车迹。)[又]屈尊,降低身份。《论语·公冶长》:“敏而好学,不耻～问。”❹降落,落下。屈原《九歌·湘夫人》:“洞庭波兮木叶～。”❺去,到……去。《史记·秦始皇本纪》:“于是使斯～韩。”(斯:李斯。韩:韩国,一个诸侯国。)❻颁布,下达。《史记·孙子吴起列传》:“趣使使～令。”(急忙派使者传下命令。)❼攻克,攻下。李白《梁甫吟》:“东～齐城七十二。”❽少于,低于。晁错《言守边备塞疏》:“要害之处,通川之道,调立城邑,毋～千家。”(城邑:城市。毋:

X

不要。）❾ 量词。用于动作的次数。《汉书·王莽传下》："亲举筑三～。"

夏 xià ❶ 四季的第二季。《尚书·洪范》："日月之行，则有冬有～。" ❷ 我国古代对中原地区的称呼。也称"华夏"、"诸夏"。《荀子·儒效》："居楚而楚，居越而越，居～而～。"（居楚而楚：居住在楚地就养成楚地的习惯。）❸ 大。《诗经·秦风·权舆》："於我乎～屋渠渠。"（渠渠：高大的样子。）(引)高大的房屋。屈原《九章·哀郢》："曾不知～之为丘兮。"（丘：废墟。）❹ 朝代名（公元前2070—前1600年）。第一代君主是禹。

罅 xià 裂开。左思《蜀都赋》："紫梨津润，樼栗～发。"(又)裂缝。韦应物《同元锡题琅琊寺》诗："山中清景多，石～寒泉洁。"

XIAN

仙（僊） xiān ❶ 仙人。神话和宗教中称有种种神通、可以长生不老的人。《史记·秦始皇本纪》："臣等求芝奇药～者常弗遇。"白居易《长恨歌》："忽闻海上有～山，山在虚无缥缈间。" ❷ 轻松，自在。杜甫《览镜呈柏中丞》诗："行迟更觉～。"

籼（秈） xiān 一种早熟的无黏性的稻。元结《演兴》之一："献水芸兮饭霜～，与太灵兮千万年。"

先 xiān ❶ 走在前面。屈原《九歌·国殇》："矢交坠兮士争～。"成语有"争先恐后"。(又)先于，前于。《左传·文公二年》："不～父食久矣。"成语有"身先士卒"。(又)先为致意。《礼记·檀弓上》："将之荆，盖～之以子夏。"（荆：楚国。先之以子夏：让子夏先为致意。）❷ 首要的事情。《后汉书·韦彪传》："士宜以才行为～。" ❸ 副词。指事情、行为发生在前。《史记·高祖本纪》："与诸将约，～人定关中者王之。"（定：平定。王：称王。）成语有"先发制人"。❹ 祖先，上代。《史记·蒙恬列传》："蒙恬者，其～齐人也。"（其：他的。齐：齐国。）❺ 已经死去的。多指上代或长辈。如"先王"、"先君"。❻ 称古代的人。如"先农"、"先民"。❼ 先生。《汉书·梅福传》："夫叔孙～非不忠也。"（叔孙：人名。）

纤（纖） xiān ❶ 细纹丝织品。《史记·孝文本纪》："服大红（gōng）十五日，小红十四日，～七日。"（大红、小红：即大功、小功，两种丧服用的熟麻布。）❷ 细小。《三国志·蜀书·诸葛亮传》："善无微而不赏，恶无～而不贬。"韩愈《八月十五夜赠张功曹》诗："～云四卷天无河。"(又)身材纤细。张衡《思玄赋》："舒妙婧之～腰兮，扬杂错之袿徽。" ❸ 吝啬。《史记·货殖列传》："周人既～，而师史尤甚。"（师史：人名。尤甚：更厉害。）

跹（躚） xiān 舞蹈时旋转的样子。左思《蜀都赋》："纡长袖而屡舞，翩～～以裔裔。"［蹁（pián）跹］见310页"蹁"字。

銛 xiān ❶ 锋利。《墨子·亲士》："今有五锥，此其～，～者必先挫。" ❷ 一种武器。《韩非子·五蠹》："共工之战，铁～短者及乎敌。"

鲜（鮮） xiān ❶ 鲜鱼，活鱼。《老子·六十章》："治大国若烹小～。"(引)新鲜，新宰杀的。枚乘《七发》："～鲤之鲙（kuài）。"（鲙：细切的鱼。）(引)鲜艳，鲜明。李白《子夜吴歌·春歌》："红粧白日～。" ❷ 夭折，早死。《左传·昭公五年》："葬～者自西门。"（自：从。）❸ xiǎn 少。《左传·定公十三年》："富而不骄者～。" ❹ xiàn 献。《礼记·月令·仲春之月》："天子乃～羔开冰，先荐寝庙。"

孅 xiān ❶ 同"纤（纖）"。细。贾谊《论积贮疏》："古之治天下，至～至悉也。"(又)身材纤细。司马相如《上林赋》："妩媚～弱。" ❷ 吝啬。《汉书·货殖传》："周人既～，而师史尤甚。"

闲（閑） xián ❶ 栅栏，养马的圈。《周礼·夏官·校人》："天子十有二～，马六种。"(又)范围，界限。《论语·子张》："大德不逾～。"(引)防止。《周易·乾》："～邪存其诚。" ❷ 熟习。《战国策·燕策二》："～于兵甲，习于战攻。"（兵甲：指军队。战攻：指打仗。）这个意义后来写作"娴"。❸ 通"閒"。清闲，空闲。李白《庐山谣》："～窥石镜清我心。"（窥：观看。）(引)静，安静。嵇康《赠秀才入军》诗之五："～夜肃清，朗月照轩。"（轩：窗子。）❹ 文雅，雅静。宋玉《登徒子好色赋》："体貌～丽。"这个意义又写作"娴"。【辨】閒，间，闲。见186页"间（閒）"字。

娴（嫺、嫻） xián ❶ 文雅，雅静。《后汉书·马援传》："辞言～雅。"《论衡·定贤》："骨体～丽。" ❷ 熟习。《史记·屈原贾生列传》："明于治乱，～于辞令。"

痫(癇) xián 癫痫，即羊角风。《后汉书·王符传》："婴儿常病伤于饱也……哺乳多则生～病。"

贤(賢) xián ❶有道德有才能的人。《荀子·王制》："尚～使能。"（尚：崇尚，尊重。）㊀好，善。《礼记·内则》："若富，则具二牲，献其～者于宗子。"❷尊重，赏识。《礼记·礼运》："以～勇知，以功为己。"❸胜过，甚于。《战国策·赵策四》："老臣窃以为媪(ǎo)之爱燕后～于长安君。"（媪：年老的妇人，指赵太后。燕后：赵太后的女儿。长安君：赵太后的儿子。）❹劳苦。《诗经·小雅·北山》："我从事独～。"

弦 xián ❶弓弦。《韩非子·外储说左上》："夫工人张弓也，伏檠(qíng)三旬而蹈～。"（檠：校正方弩的器具。）曹植《白马篇》："控～破左的。"（控：指拉开。的：箭靶子。）㊇正直。《后汉书·李固传赞》："世载～直。"❷乐器上用来发音的丝线、铜丝或绳状物。《庄子·徐无鬼》："鼓之，二十五～皆动。"（鼓：弹奏。）上述❶❷又写作"絃"。❸月亮半圆。阴历初七、初八月亮缺上半，叫上弦；二十二、二十三月亮缺下半，叫下弦。杜甫《月三首》："万里瞿塘峡，春来六上～。"❹不等腰直角三角形中的斜边。沈括《梦溪笔谈》卷一八："各自乘，以股除～，余者开方除为勾。"

舷 xián 船的两侧。郭璞《江赋》："忽忘夕而宵归，咏采菱以叩～。"

咸 xián 全，都。《孟子·万章上》："四罪而天下～服。"㊀普遍。《国语·鲁语上》："小赐不～。"（赐：赏赐。）【注意】在汉字简化以前，"有盐味"的意义写作"鹹"，不写作"咸"。

涎 xián 唾沫，口水。柳宗元《三戒·临江之麋》："群犬垂～扬尾皆来。"成语有"垂涎三尺"。

衔(銜、啣) xián ❶马嚼子。《战国策·秦策一》："伏轼撙～，横历天下。"（轼：古代车厢前面用作扶手的横木。撙：勒紧。历：经过。）❷用嘴含。《后汉书·张衡传》："（地动仪）外有八龙，首～铜丸。"㊀包含，含有。范仲淹《岳阳楼记》："～远山，吞长江，浩浩汤汤，横无际涯。"❸藏在心中。蔡琰《胡笳十八拍》："～悲畜恨兮何时平。"㊕怀恨。《汉书·外戚传上》："景帝心～之。"❹奉，接受。《礼记·檀弓上》："～君命而使。"❺相接。《盐铁论·力耕》："是以骡驴馲驼，～尾入塞。"❻头衔（后起意义）。白居易《闻行简恩赐章服》诗："官～俱是客曹郎。"

嗛 xián ❶嘴含物。《史记·大宛列传》："乌～肉，蜚其上。"（蜚：通"飞"。）㊀怀恨。《史记·外戚世家》："景帝恚，心～之而未发也。"❷qiǎn 猴鼠之类颊中藏食处。柳宗元《憎王孙文》："充～果腹兮，骄傲欢欣。"❸qiàn 通"歉"。不足。《汉书·郊祀志》："今谷～未报。"［嗛嗛］1.少。《国语·晋语一》："～～之德，不足就也……～～之食，不足狃也。"2.不足。《潜夫论·交际》："（鸾凤）呼吸阳露，旷旬不食，其意尚犹～～如也。"❹qiān 通"谦"。谦逊。《荀子·仲尼》："主尊贵之，则恭敬而僔；主信爱之，则谨慎而～。"❺qiè 通"慊"。满足，快意。《荀子·礼论》："则其于志意之情者惆然不～。"《战国策·魏策二》："齐桓公夜半不～。"

嫌 xián ❶疑惑，疑忌。《礼记·礼运》："是故礼者君之大柄也，所以别～明微。"李白《长干行》之一："两小无～猜。"❷仇怨，仇恨。《三国志·蜀书·先主传》："于是璋收斩松，～隙始构矣。"（璋、松：人名。隙：感情上的裂痕。）❸厌恶，不满意。《荀子·正名》："其累百年之欲，易一时之～。"（累：积累。）❹近似，接近。《吕氏春秋·贵直》："出若言非平论也，将以救败也，固～于危。"

慊 xián ❶嫌疑。《汉书·赵充国传》："媮得避～之便。"（媮：苟且。）❷qiǎn 嫌恨，不满足。《孟子·公孙丑下》："彼以其爵，我以吾义，吾何～乎哉？"❸qiè 满足，快意。《战国策·齐策一》："苟可～齐貌辨者，吾无辞为之。"（齐貌辨：人名。）《史记·乐毅列传》："先王以为～于志，故裂地而封之。"

狝(獮) xiǎn 秋天打猎。《管子·小匡》："秋以田曰～。"（田：打猎。）㊀杀死。张衡《西京赋》："白日未及移其晷(guǐ)，已～其什七八。"（晷：日影。）

显(顯) xiǎn ❶明显，显著。《周易·系辞下》："夫《易》彰往而察来，而微～阐幽。"《韩非子·难三》："故法莫如～，而术不欲见。"㊀显贵，显赫。《战国策·齐策四》："百乘，～使也。"❷显露。柳宗元《钴鉧潭西小丘记》："美竹露，奇石～。"❸显扬，传扬。《史记·孙子吴起列传》："孙膑以此名～天下，世传其兵法。"

险(險) xiǎn ❶地势不平坦。《左传·成公二年》："苟有～，余必下推车。"王安石《游褒禅山记》："夫夷以近，则游者众，～以远，则至者少。"（夷：平坦。以：而。）❷ 险要，险阻。《三国志·吴书·吴主传》："蜀军分据～地，前后五十余营。"❸ 险恶。《荀子·天论》："上闇（àn）而政～。"（上：指统治者。闇：昏暗，昏庸。）㉠阴险。《韩非子·说疑》："内～以贼其外。"（贼：害。）❹ 危险。贾谊《吊屈原赋》："见细德之～征兮，遥曾击而去之。"（细德：指道德卑鄙之人。险征：危险的征兆。）❺ 特殊的，奇异的。韩愈《醉赠张秘书》诗："～语破鬼胆，高词媲皇坟。"（媲：匹敌，比美。皇坟：传说中三皇著的书。）又如"险衣"、"险妆"等。【辨】危，险。见425页"危"字。

崄（嶮、崟） xiǎn 同"险（險）"。险要，险阻。《汉书·蒯通传》："锐气挫于～塞，粮食尽于内藏。"[崄巇（xī）]艰险难行。嵇康《琴赋》："丹崖～～，青壁万寻。"

猃（獫） xiǎn ❶ 一种长嘴的猎狗。《诗经·秦风·驷驖》："輶车鸾镳，载～歇骄。"（歇骄：短嘴的猎狗。）❷ [猃狁（yǔn）]先秦时我国北部的一个民族。又写作"玁狁"、"荤粥"、"熏育"等。

玁 xiǎn [玁狁]先秦时我国北方的一个民族。《诗经·小雅·采薇》："岂不日戒，～～孔棘。"（棘：急。）

尟（尠） xiǎn 同"鲜"。少。《楚辞·九思·疾世》："居嵺廓兮～畴。"

跣 xiǎn 赤脚。《左传·襄公三年》："公～而出。"《韩非子·说林上》："越人～行。"

燹 xiǎn 野火。㊀兵火，战火。高启《次韵杨孟载早春见寄》："久闻离乱今始见，烟火高低变烽～。"

幰 xiǎn 车帷。徐陵《洛阳道》诗之二："闻珂知马蹀，傍～见甍开。"

韅 xiǎn 驾车的马两腋（一说背上）的革带。《左传·僖公二十八年》："晋车七百乘，～靷鞅靽。"

岘（峴） xiàn ❶ 小而险的山。谢灵运《从斤竹涧越岭溪行》诗："逶迤傍隈隩，迢递陟陉～。"❷ 山名。在今湖北。

晛（睍） xiàn [晛睆（huàn）]美好的样子。《诗经·邶风·凯风》："～～黄鸟，载好其音。"㊀鸟鸣声。徐夤《宫莺》诗："～～只宜陪阁凤，间关多是问宫娃。"

县（縣） xiàn ❶ xuán 悬挂。《诗经·魏风·伐檀》："不狩不猎，胡瞻尔庭有～貆（huán）兮。"（貆：小貉，一种兽。）㊀公开揭示。《管子·明法解》："～爵禄以劝其民。"《汉书·食货志下》："～法以诱民。"这个意义后来写作"悬"。❷ xuán 距离远，悬殊。《荀子·修身》："彼人之才性之相～也，岂若跛鳖之与六骥足哉？"（人的才能哪里有跛腿的鳖和六匹千里马相差得那样远呢？）❸ xuán 秤锤。《礼记·经解》："衡诚～，不可欺以轻重。"㊀秤量。《汉书·刑法志》："自程决事，日～石之一。"❹ 古代帝王所居之州界。《礼记·王制》："天子之～内。"❺ 行政区的一级。春秋战国时县大于郡，秦以后县属于郡或州。《左传·哀公二年》："克敌者上大夫受～，下大夫受郡。"柳宗元《封建论》："州～之设，固不可革也。"（设：设置。固：确实。革：除掉。）

限 xiàn ❶ 险阻。《战国策·秦策一》："南有巫山黔中之～。"（巫山：山名。黔中：今贵州一带。）❷ 界限，边界。谢朓《和王著作八公山》："东～琅邪台。"（琅邪台：地名。）❸ 限制，限定。《世说新语·政事》："敕船官悉录锯木屑，不～多少。"㉠事物的限度。《晋书·傅玄传》："六年之～。"❹ 门槛。《后汉书·臧宫传》："夜使锯断城门～。"

宪（憲） xiàn ❶ 法令。《管子·立政》："君乃出令布～于国。"（布：公布。）❷ 效法，模仿。《诗经·大雅·崧高》："王之元舅，文武是～。"（文武是宪：效法文王、武王。）《三国志·蜀书·郤正传》："俯～坤典，仰式乾文。"（坤、乾：这里指天地。）❸ 公布。《周礼·天官·小宰》："～禁于王宫。"《周礼·地官·乡大夫》："各～之于其所治国。"

陷 xiàn ❶ 陷阱。《礼记·中庸》："驱而纳诸罟擭～阱之中。"《新唐书·百官志一》："凡坑～井穴，皆有标。"（标：标志。）㊀坠落，陷入。《庄子·天下》："问天地所以不坠不～风雨雷霆之故。"柳宗元《田家》诗："车毂～泥泽。"㉠深入。《史记·魏其武安侯列传》："战常～坚。"❷ 陷害。《史记·酷吏列传》："三长史皆害汤，欲～之。"（长史：官名。）❸ 刺穿。《韩非子·难一》："吾楯之坚，物莫能～也。"（楯：通"盾"。）❹ 攻破。《旧唐书·黄巢传》："逼潼关，～华州。"（逼：逼近。）

羡（羨） xiàn ❶ 希望获得，羡慕。《淮南子·说林》："临河而～鱼，不如归家织网。"❷ 剩余，有余。《管子·国蓄》："钧～不足。"（钧：通"均"。平均。）❸ 超过。司马相如《上林赋》："功～于五帝。"[引]泛滥。《汉书·沟洫志》："河灾之～溢，害中国也尤甚。"（河：黄河。）❹ yàn 延请，邀请。张衡《东京赋》："乃～公侯卿士，登自东除。"（除：台阶。）❺ yán 通"埏"。墓道。《史记·秦始皇本纪》："闭中～，下外～门。"（下：降下。）

僩 xiàn ❶ 威武的样子。《诗经·卫风·淇奥》："瑟兮～兮。"（瑟：庄矜的样子。）❷ 宽大。《荀子·荣辱》："夫塞者俄且通也，陋者俄且～也。" ❸ 通"娴（嫺）"。娴静。董仲舒《春秋繁露·天道施》："以谏争～静为宅，以礼义为道则文德。"[又]娴熟。贾谊《新书·傅职》："不博古之典传，不～于威仪之数。"

献（獻） xiàn ❶ 献祭。《诗经·豳风·七月》："四之日其蚤，～羔祭韭。"[引]奉献。《史记·秦始皇本纪》："魏～地于秦。"[特]主人敬酒给宾客。《诗经·小雅·楚茨》："为宾为客，～酬交错。"（酬：主人再次敬酒。）❷ 贤人。《论语·八佾》："文～不足故也。"（文：典籍。）【辨】贡，供，献。见 134 页"贡"字。

霰 xiàn 小雪珠，多在下雪前降下。《诗经·小雅·頍弁》："如彼雨雪，先集维～。"白居易《秦中吟·重赋》："夜深烟火尽，～雪白纷纷。"

XIANG

乡（鄉） xiāng ❶ 古代的一种居民组织，一万二千五百户为一乡。《周礼·地官·大司徒》："五州为～。"（州：二千五百家为一州。）[引]家乡。晁错《论贵粟疏》："不农则不地著，不地著则离～轻家。"（地著：定居在一个地方。）[又]处所，位置。《荀子·赋》："天地易位，四时易～。" ❷ xiàng 面对着，面向。《史记·孙子吴起列传》："守西河而秦兵不敢东～。"（东乡：向东去。）[又]方向，趋向。《国语·周语上》："明利害之～。"这个意义又写作"向"、"嚮"。❸ xiàng 从前，过去。贾谊《过秦论》："非及～时之士也。"（非及：比不上。）这个意义又写作"向"。❹ xiǎng 通"享"、"饗"。享受。《汉书·文帝纪》："专～独美其福。" ❺ xiǎng 通"响"。回声。《汉书·董仲舒传》："夫善恶之相从，如景～之应形声也。"（景：影子。）

芗（薌） xiāng ❶ 谷类的香气。《礼记·曲礼下》："黍曰～合，粱曰～萁。"[泛]香。《礼记·内则》："春宜羔豚，膳膏～；夏宜腒鱐，膳膏臊。" ❷ 一种香草。《礼记·内则》："～，无蓼。"

相 xiāng 见 449 页。

厢（廂） xiāng 厢房，正房前面两边的房子。《史记·吴王濞列传》："错趋避东～，恨甚。"

湘 xiāng ❶ 水名。在今湖南。❷ 烹煮。《诗经·召南·采蘋》："于以～之？维锜及釜。"

缃（緗） xiāng ❶ 浅黄色的帛，古代常用作书套。［缃帙］［缃素］指书籍。萧统《文选序》："词人才子，则名溢于缥囊；飞文染翰，则卷盈乎～帙。"《梁书·昭明太子统传》："遍该～素，殚极丘坟。" ❷ 浅黄色。王僧达《朱樱》诗："～叶未开蕊，红葩已发光。"

箱 xiāng ❶ 车厢。车上坐人或载物的部分。《诗经·小雅·大东》："睆彼牵牛，不以服～。" ❷ 箱子，收藏衣物的器具。贾谊《新书·俗激》："刀笔之吏，务在筐～，而不知大体。" ❸ 通"厢"。厢房。《史记·张丞相列传》："吕后侧耳于东～听。"

舡 xiāng 船。《商君书·弱民》："背法而治，此任重道远而无马牛，济大川而无～楫也。"《后汉书·董卓传》："使李乐先度具舟～。"

襄 xiāng ❶ 升到高处。《尚书·尧典》："荡荡怀山～陵，浩浩滔天。"（怀：包围。襄陵：指大水涨到山上。）[引]向上举。《汉书·邹阳传》："臣闻交龙～首奋翼。"[又]高。郦道元《水经注·河水》："河中竦（sǒng）石杰出，势连～陆。"（陆：陆地。）❷ 成。《左传·定公十五年》："葬定公，雨，不克～事。"（不克：不能。）❸ 除去。《诗经·鄘风·墙有茨》："墙有茨，不可～也。"（茨：蒺藜。）

骧（驤） xiāng ❶ 向上举。邹阳《上吴王书》："臣闻蛟龙～首奋翼，则浮云出流，雾雨咸集。" ❷ 奔驰。王延寿《鲁灵光殿赋》："虬龙腾～以蜿蟺。"

纕（纕） xiāng 佩带。屈原《离骚》："既替余以蕙～兮，又申之以揽茝。"

瓖 xiāng 马带上的装饰物。张衡《东京赋》："钩膺玉～。"

详（詳） xiáng ❶ 详细，详尽。《孟子·离娄下》："博学而～说之。"[又]详情。《孟子·万章下》："其～不可得闻。"[引]详细地知道。陶潜《五柳先生传》："亦不～其姓字。" ❷ 详细地说明。《诗

X

经·鄘风·墙有茨》："中冓之言，不可～也。"《后汉书·西域传》："山经所未～。"❸广泛，周遍。《盐铁论·利议》："～延有道之士。"（广泛征召有才能的人。）❹审慎。《后汉书·明帝纪》："～刑慎罚。"（使用刑罚要审慎。）❺安详。陶潜《闲情赋》："神仪妩媚，举止～妍。"❻yáng 通"佯"。假装。《史记·李将军列传》："行十余里，广～死。"（广：李广。）

庠 xiáng 古代地方学校。《孟子·滕文公上》："夏曰校，殷曰序，周曰～。"［庠序］泛指学校。《孟子·梁惠王上》："谨～～之教。"

祥 xiáng ❶凶吉的预兆。《左传·僖公十六年》："是何～也，吉凶焉在？"（焉在：在哪里。）《战国策·楚策四》："先生老悖乎？将以为楚国袄～乎？"（袄：同"妖"。袄祥：不好的预兆。）㊕吉兆。《三国志·吴书·吴主传》："有赤乌之～。"㊀吉利，吉祥。贾谊《吊屈原赋》："逢时不～。"❷一种丧祭。古代在父母死后十三个月而祭，叫作小祥；二十五个月而祭，叫作大祥。大祥表示丧服期已满。《仪礼·士虞礼》："朞（jī）而小～……又朞而大～。"（朞：指周年。）❸通"详"。详细。《史记·太史公自序》："尝窃观阴阳之术，大～而众忌讳，使人拘而多所畏。"

降 xiáng 见192页。

翔 xiáng ❶盘旋地飞。《战国策·楚策四》："飞～乎天地之间。"㊀疾行。曹植《泰山梁甫行》："柴门何萧条，狐兔～我宇。"❷通"详"。详细，详尽。常"翔实"连用。《汉书·西域传上》："其土地山川，王侯户数，道里远近～实矣。"（道里：路的里数。）

享 xiǎng ❶用食物供奉祖先、鬼神或天子。《尚书·盘庚上》："兹予大～于先王。"（兹：现在。予：我。）㊀宴享，用食物招待人。《左传·襄公二十七年》："郑伯～赵孟于垂陇。"（垂陇：地名。）㊀献。《周礼·考工记·玉人》："璧琮九寸，诸侯以～天子。"（琮：一种玉器。）❷鬼神享用祭品。《孟子·万章上》："使之主祭而百神～之。"㊀享受。《左传·襄公九年》："其民人不获～其土利。"

响（響） xiǎng ❶回声。《周易·系辞上》："其受命也如～。"（如响：如响之应声。）郦道元《水经注·江水二》："空谷传～。"❷声音。萧纲《大法颂序》："鸿钟吐～。"（鸿：大。）成语有"响遏行云"。㊀声音大，洪亮。刘长卿《湘中纪行·浮石濑》诗："空江人语～。"㊁发出声音。吴均《与顾章书》："蝉吟鹤唳，水～猿啼。"（鹤唳：鹤鸣。）

饷（餉、饟） xiǎng ❶给在田间劳动的人送饭。《孟子·滕文公下》："有童子以黍肉～。"㊁给田间劳动的人所送的饭食。《诗经·周颂·良耜》："其～伊黍。"㊀馈赠。《三国志·魏书·文帝纪》注引《吴历》："帝以素书所著《典论》及诗赋～孙权。"❷粮饷。《史记·高祖本纪》："丁壮苦军旅，老弱罢转～。"（罢：通"疲"。疲劳。转饷：运输军粮。）【注意】"饟"是"餉"的古字，两字音义相同。今"饟"字不用，"餉"简化为"饷"。

飨（饗） xiǎng ❶乡人相聚饮酒。《诗经·豳风·七月》："朋酒斯～，曰杀羔羊。"（朋酒：两樽酒。）❷用酒食招待人。《汉书·高帝纪上》："于是～士。"（士：兵士。）㊀供奉鬼神。《礼记·月令》："以共皇天上帝社稷之～。"（共：供。）❸通"享"。鬼神享用祭品。《国语·周语上》："神～而民听。"㊀享受。《荀子·臣道》："明主尚贤使能而～其盛。"（使：使用。盛：功业。）

想 xiǎng ❶想象。《吕氏春秋·知度》："故有道之主因而不为，责而不诏，去～去意，静虚以待。"❷思想，思考。傅毅《舞赋》："游心无垠，远思长～。"❸想念，怀念。杜甫《客居》诗："览物～故国。"（览物：看到景物。）㊁料想。《世说新语·言语》："～君小时，必当了了。"（了了：敏悟。）㊁希望。刘琨《劝进表》："四海～中兴之美，群生怀来苏之望。"

向¹ xiàng ❶朝北的窗户。《诗经·豳风·七月》："塞～墐（jìn）户。"（墐：用泥堵塞。）❷朝向，向着。李白《赠崔郎中宗之》诗："水～天边流。"㊀对待，看待。高适《别韦参军》诗："世人～我同众人，惟君于我最相亲。"（惟：只。）❸趋向，奔向。《三国志·吴书·吴主传》："是岁，权～合肥新城。"（是岁：这年。）㊀接近，将近，将要。陶潜《岁暮和张常侍》："～夕长风起，寒云没西山。"（夕：傍晚。）❹从前，往昔。《庄子·山木》："～也不怒，而今也怒。"❺假使，假如。柳宗元《三戒·黔之驴》："～不出其技，虎虽猛，疑畏，卒不敢取。"（卒：终究。）

向²（嚮） xiàng ❶朝向，对着。《史记·项羽本纪》："沛公北～坐，张良西～侍。"❷趋向，奔向。《商君书·慎法》："民倍主位而～私交。"（倍：通"背"。背叛。主位：指君主。私交：私下的结交。）[向风]敬仰，仰慕。陆倕《石阙铭》："天下学士，靡然～～。"（全国的人闻风而仰慕。）㊂接近，将近。《周易·说》："～明而治。"（向明：接近天亮。）又如"向晚"、"向夕"。❸ 从前，往昔。司马迁《报任安书》："～者仆亦常厕下大夫之列。"（仆：谦辞，我。厕：置身于。）❹ 假使，假如。柳宗元《捕蛇者说》："～吾不为斯役，则久已病矣。"（斯役：这个差事。病：指困苦不堪。）❺ 窗户。《荀子·君道》："便嬖左右者，人主之所以窥远收众之门户牖（yǒu）～。"（牖：窗户。）❻ xiǎng 通"享"。享受。《史记·游侠列传》："已～其利者为有德。"❼ xiǎng 通"响"。回声。《庄子·在宥》："若形之于影，声之于～。"【注意】在古代，"向"和"嚮"是两个字。在"享受"的意义上不写作"向"。现"嚮"简化为"向"。参见 448 页"向[1]"字。

项（項） xiàng ❶ 脖子的后部。《左传·成公十六年》："与之两矢，使射吕锜（qí），中～伏弢（tāo）。"（吕锜：人名。弢：弓的套子。）㊁脖子。张衡《西京赋》："修额短～。"（修：长。）❷ 大。《诗经·小雅·节南山》："驾彼四牡，四牡～领。"（四牡：四匹公马。）❸ 分类的条目（后起意义）。如"项目"。【辨】领，颈，项。见 254 页"领"字。

巷（衖） xiàng 里中的道路。《诗经·郑风·叔于田》："叔于田，～无居人。"[巷伯]宦官。《左传·襄公九年》："令司宫～～儆宫。"

相 xiàng ❶ 仔细看，审察。《诗经·小雅·四月》："～彼泉水，载清载浊。"《韩非子·说林下》："伯乐教其所憎者～千里之马，教其所爱者～驽（nú）马。"（伯乐：传说古代善于相马的人。驽马：劣马。）❷ 容貌。《荀子·非相》："长短、小大、善恶形～，非吉凶也。"（人体的长短、大小和容貌的善恶，与吉凶无关。）㊀以人的体形、相貌，来判断命运的迷信活动。《左传·文公元年》："王使内史叔服来会葬，公孙敖闻其能～人也，见其二子焉。"❸ 辅助，帮助。《左传·昭公元年》："乐桓子～赵文子。"（乐桓子、赵文子：人名。）㊕扶助盲人或扶助盲人的人。《论语·卫灵公》："固～师之道也。"《礼记·仲尼燕居》："犹瞽之无～与。"❹ 辅助君主掌管国事的最高官吏。后来称作宰相、丞相、相国。《史记·陈涉世家》："王侯将～宁有种乎？"（宁：难道。）❺ 古代主持礼节仪式的人。《论语·先进》："宗庙之事，如会同，端章甫，愿为小～焉。"❻ xiāng 质地。《诗经·大雅·棫朴》："追琢其章，金玉其～。"❼ xiāng 互相。《商君书·更法》："帝王不～复，何礼之循？"（帝王不相沿袭，遵循哪种礼制？）㊂表示动作偏指一方。《列子·汤问》："杂然～许。"

象 xiàng ❶ 象，一种哺乳动物。《韩非子·解老》："人希见生～也，而得死～之骨，案其图以想其生也。"（希：稀，少。生：活的。案：考察。图：图像。）㊁象牙。李斯《谏逐客书》："犀～之器不为玩好。"（犀：犀牛角。玩好：指玩赏的东西。）❷ 景象。范仲淹《岳阳楼记》："朝晖夕阴，气～万千。"成语有"万象更新"。㊂形象。《周易·系辞上》："在天成～，在地成形。"❸ 肖像，相貌。《晋书·顾恺之传》："尝图裴楷～。"这个意义又写作"像"。❹ 效法，模仿。《左传·襄公三十一年》："作事可法，德行可～。"㊂相似，好像。李白《古风五十九首》之三："额鼻～五岳，扬波喷云雷。"

像 xiàng ❶ 肖像，相貌。《后汉书·赵岐传》："又自画其～。"❷ 模仿。《周易·系辞下》："象也者，～此者也。"㊂相似，好像。《荀子·强国》："影之～形也。"㊂随，依顺。《荀子·议兵》："～上之志而安乐之。"（上：君主。）❸ 法式，榜样。屈原《九章·抽思》："望三五以为～兮。"（望：希望。三五：指三皇五帝。）

橡 xiàng 栎树的果实。《庄子·盗跖》："昼拾～栗，暮栖木上。"杜甫《北征》诗："山果多琐细，罗生杂～栗。"

曏 xiàng ❶ 先前，往日。《仪礼·士相见礼》："～者吾子辱使某见。"❷ 通"向"。向，通向。《楚辞·九怀·思忠》："～吾路兮葱岭。"

XIAO

逍 xiāo [逍遥]自由自在，无拘无束。屈原《离骚》："聊浮游以～～。"（聊：姑且，暂且。）

消 xiāo ❶ 减少。消失，消减。《周易·泰》："君子道长，小人道～也。"[消息]1. 消长。贾谊《鹏鸟赋》："合散～～兮，安有常则。"（息：增加。常则：常规。）2. 音信。蔡琰《悲愤诗》："迎问其～～，辄复非乡里。"㊀消除，消灭。陶潜《归去来兮辞》："乐琴书以～忧。"❷ 融化。《礼记·月令》："时雪不降，冰冻～释。"㊂熔化。《论衡·雷虚》：

"当冶工之～铁也,以土为形。" ❸ 享受。白居易《哭从弟》诗:"一片绿衫～不得,腰金拖紫是何人?" ❹ 经得起(后起意义)。辛弃疾《摸鱼儿·更能消几番风雨》:"更能～几番风雨。" ❺ [消渴]以渴饮多尿为主症的一种疾病,常见于糖尿病、尿崩症等。杜甫《秋日夔府咏怀》:"～～已三年。"也简称"消"。《后汉书·李通传》:"素有～疾。"

宵 xiāo ❶ 夜。《周礼·秋官·司寤氏》:"禁～行者、夜游者。"白居易《寒闺夜》诗:"通～不灭灯。" ❷ 小。《汉书·武五子传》:"毋迩(ěr)～人。"(毋:不要。迩:近。)

绡(綃) xiāo ❶ 生丝织成的薄纱(绢)。白居易《琵琶行》:"一曲红～不知数。" ❷ shāo 通"梢"。挂帆的杆。木华《海赋》:"维长～,挂帆席。"

销(銷) xiāo ❶ 熔化金属。《史记·秦始皇本纪》:"收天下兵,聚之咸阳,～以为钟鐻(jù)、金人十二。"(兵:兵器。鐻:钟鼓的架子。)㉒熔化。《论衡·谈天》:"女娲(wā)～炼五色石以补苍天。"(女娲:上古神话中的女神。) ❷ 通"消"。消失,消灭。《庄子·则阳》:"其声～,其志无穷。"成语有"销声匿迹"。

霄 xiāo ❶ 云气。木华《海赋》:"气似天～。" ❷ 天空。陆机《挽歌》三首之二:"广～何寥廓。" ❸ 通"宵"。夜。《吕氏春秋·明理》:"有昼盲,有～见。"

魈 xiāo 山林精怪。白居易《送人贬信州判官》诗:"溪畔毒沙藏水弩,城头枯树下山～。"张祜《读曲歌五首》之四:"窗外山～立,知渠脚不多。"

枭(梟) xiāo ❶ 一种凶猛的鸟。《诗经·大雅·瞻卬》:"懿厥哲妇,为～为鸱。"白居易《凶宅》诗:"～鸣松桂树。"㉑勇猛,雄健。《史记·留侯世家》:"九江王黥布,楚～将。"㊀魁首。《淮南子·原道》:"湫漻寂寞,为天下～。" ❷ 悬头示众。曹操《让县自明本志令》:"幸而破绍,～其二子。"(绍:袁绍。) ❸ 山顶。《管子·地员》:"其山之～,多桔符榆。"

枵 xiāo 大树空心的样子。㉑空虚。范成大《次韵陈季陵寺丞求歙石眉子砚》:"宝玩何曾捄(jiù)～腹。"(玩:古玩。捄:救。)成语有"枵腹从公"。

鸮(鴞) xiāo ❶ 猫头鹰一类的鸟。《诗经·陈风·墓门》:"墓门有梅,有～萃止。" ❷ [鸱(chī)鸮]见 49 页"鸱"字。

哓(嘵) xiāo [哓哓]恐惧声。《诗经·豳风·鸱鸮》:"予室翘翘,风雨所漂摇,予维音～～。"㊀语声嘈杂。刘禹锡《踏潮歌》:"海人狂顾迭相招,罽衣髽首声～～。"

骁(驍) xiāo 好马。颜延之《赭白马赋》:"料武艺,品～腾。"㉑勇猛,矫健。《晋书·谢安传》:"虑其～猛。"

烋 xiāo [炰(páo)烋]见 303 页"炰"字。

虓 xiāo ❶ 虎吼。《诗经·大雅·常武》:"进厥虎臣,阚(hǎn)如～虎。"(阚:威猛。) ❷ 勇猛。《晋书·陶侃传》:"郭默～勇,所在暴掠。"韩愈等《征蜀联句》:"下书遏雄～。"

萧(蕭) xiāo ❶ 艾蒿,一种含有香味的草本植物。《诗经·王风·采葛》:"彼采～兮。"(采:采摘。) ❷ [萧然]冷静的样子。李白《同族侄评事黯游昌禅师山池》诗:"～～松石下,何异清凉山。"[萧萧]1. 马叫的声音。《诗经·小雅·车攻》:"～～马鸣。"2. 风声。杜甫《后出塞五首》诗之二:"马鸣风～～。"[萧瑟]1. 树木被秋风吹动的声音。曹操《步出夏门行·观沧海》:"秋风～～,洪波涌起。"2. 寂寞凄凉的样子。李白《独酌》诗:"～～为谁吟?"[萧索]冷落萧条的样子。杜甫《秦州杂诗二十首》之十七:"车马何～～?"[萧条]荒凉的样子。蔡琰《胡笳十八拍》:"原野～～兮,烽戍万里。"

潇(瀟) xiāo ❶ [潇水]水名,在今湖南。❷ [潇潇]风雨急暴的样子。《诗经·郑风·风雨》:"风雨～～,鸡鸣胶胶。" ❸ [潇洒]形容行动举止自然大方,不呆板,不拘束。杜甫《饮中八仙歌》:"宗之～～美少年。"

蟏(蠨) xiāo [蟏蛸(shāo)]一种蜘蛛,俗称蟢子。《诗经·豳风·东山》:"伊威在室,～～在户。"(伊威:一种小虫。)

箫(簫) xiāo ❶ 竹制的管乐器。古代是排箫。《周礼·春官下·小师》:"掌教鼓、鼗、柷、敔、埙、～、管、弦、歌。" ❷ 弓的末端。《礼记·曲礼上》:"凡遗人弓者……右手执～,左手承弣(fǔ)。"(弣:弓把中部。) ❸ 通"筱"。小竹。马融《长笛赋》:"林～蔓荆,森槮柞朴。"

嘐 xiāo ❶ [嘐嘐]志大言大的样子。《孟子·尽心下》:"其志～～然,曰'古之人!古之人!'" ❷ jiāo [嘐嘐]鸡叫声。

元稹《江边四十韵》:“犬惊狂浩浩,鸡乱响～～。”

歊 xiāo 气上升的样子。班固《东都赋》:“岳脩贡兮川效珍,吐金景兮～浮云。”张华《励志诗》之七:“水积成川,载澜载清。土积成山,～蒸郁冥。”

髇 xiāo 响箭。温庭筠《病中书怀呈友人》诗:“粉垛收丹采,金～隐仆姑。”(仆姑:一种箭。)

獟 xiāo 勇猛。《史记·卫将军骠骑列传》:“诛～駻。”

翛 xiāo ❶[翛翛]鸟羽破敝的样子。《诗经·豳风·鸱鸮》:“予羽谯谯(qiáo qiáo),予尾～～。”(谯谯:鸟羽破敝的样子。)❷[翛然]1. 无拘束的样子。《庄子·大宗师》:“～～而往,～～而来而已矣。”2. 萧条冷落的样子。李白《下途归石门旧居》诗:“～～远与世事间。”

嚣(囂、䜂) xiāo ❶喧哗,吵闹。《左传·成公十六年》:“甚～,且尘上矣。”柳宗元《捕蛇者说》:“悍吏之来吾乡,叫～乎东西,隳(huī)突乎南北。”(悍吏:凶暴的官吏。乎:于。隳突:毁坏骚扰。)❷[嚣嚣]1. 人多声音喧哗。《诗经·小雅·车攻》:“之子于苗,选徒～～。”2. 悠闲自得的样子。《孟子·尽心上》:“孟子谓宋句践曰:‘子好游乎？吾语子游。人知之,亦～～;人不知,亦～～。’”❸áo[嚣嚣]1. 通“嗷嗷”。众人怨恨之声。《诗经·小雅·十月之交》:“无罪无辜,谗口～～。”2. 傲慢的样子。《诗经·大雅·板》:“我即尔谋,听我～～。”

崤 xiáo 山名,山中的谷道是古代军事要地。又写作“殽”。在今河南境内。张衡《西京赋》:“左有～函重险,桃林之塞。”

淆 xiáo 混杂,混淆。《后汉书·黄宪传》:“澄之不清,～之不浊。”又写作“殽”。

殽 xiáo ❶混杂,错乱。《庄子·齐物论》:“仁义之端,是非之涂,樊然～乱。”《楚辞·九叹·离世》:“世～乱犹未察。”❷通“崤”。山名。贾谊《过秦论》:“秦孝公据～函之固,拥雍州之地。”❸yáo 通“肴(餚)”。煮熟的鱼肉。《诗经·大雅·凫鹥》:“尔酒既清,尔～既馨。”

小 xiǎo ❶小。与“大”相对。《左传·桓公二年》:“本大而末～。”㊀小人,卑鄙的人。《诗经·邶风·柏舟》:“忧心悄悄,愠于群～。”[小人]1. 地位低微的人。《论语·季氏》:“～～不知天命而不畏也。”(畏:畏惧。)2. 人格卑下的人。诸葛亮《出师表》:“亲～～,远贤臣,此后汉所以倾颓也。”❷低级的,低等的。《孟子·万章下》:“不辞～官。”❸轻视,小看。《韩非子·外储说右上》:“子～寡人之国,以为不足仕。”(仕:做官。)❹稍微,略微。《孟子·尽心下》:“其为人也～有才。”

晓(曉) xiǎo ❶天亮。李白《塞下曲六首》其一:“～战随金鼓,宵眠抱玉鞍。”❷知道,明白。《盐铁论·相刺》:“通一孔,～一理,而不知权衡。”《论衡·实知》:“不学自知,不问自～。古今行事,未之有也。”(未之有也:没有这样的事。)成语有“家喻户晓”。㊀告知。《汉书·元后传》:“未～大将军。”

筱 xiǎo 一种细小的竹子。又写作“篠”。元结《演兴·闵岭中》:“弦毋～以为弧,化毒铜以为戟。”

皛 xiǎo 彰显。潘岳《关中诗》:“虚～湳德,谬彰甲吉。”[皛皛]明洁的样子。陶潜《辛丑岁七月赴假还江陵夜行涂口》诗:“昭昭天宇阔,～～川上平。”

謏(謏) xiǎo 小。《礼记·学记》:“发虑宪,求善良,足以～闻,不足以动众。”(謏闻:小有名声。)

孝 xiào ❶尽心奉养和服从父母。《论语·学而》:“其为人也～弟,而好犯上者鲜矣。”(弟:悌,指弟弟顺从兄长。鲜:少。)❷旧指为父母服丧。如“孝服”。

肖 xiào 像,似。苏轼《影答形》诗:“我依月灯出,相～两奇绝。”(影子随着月和灯出现,形影非常相似。奇绝:绝妙。)[不肖]1. 儿子不像先辈,常指儿子不成器。《史记·五帝本纪》:“尧知子丹朱之～～。”(丹朱:尧的儿子。)2. 不贤。《商君书·修权》:“公私之分明,则小人不疾贤,而～～者不妒功。”(疾:嫉,嫉妒。)

効 xiào 同“效”。❶献出,尽力。《孟子·梁惠王下》:“～死而民弗去。”❷模仿,效法。《左传·宣公九年》:“公卿宣淫,民无～焉。”❸考察。屈原《九章·怀沙》:“抚情～志兮,冤屈而自抑。”

效¹ xiào ❶交出,献出。《左传·文公八年》:“～节于府人而出。”(节:符节。)《史记·秦始皇本纪》:“异日韩王纳地～玺。”(异日:往日,过去。玺:帝王的印。)㊀效力,效劳。《韩非子·扬权》:“事在四方,要在中央,圣人执要,四方来～。”这个意义又写作“効”。❷模仿,效法。《周易·系辞上》:“天地变化,圣人～之。”《左传·文公元年》:“～尤,祸也。”(尤:过失。)这个意义又写作“傚”。❸ 效果。《商君书·徕民》：“此富强两成之～也。”（这样才能获得富强两全的效果。）(引)效验，证明。贾谊《治安策》：“故疏者必危，亲者必乱，已然之～也。”（疏：疏远。亲：亲近。）❹ 考核，考察。《庄子·列御寇》：“彼将任我以事而～我以功。”

效[2]**（傚）** xiào 效法，模仿。《诗经·小雅·鹿鸣》：“君子是则是～。”（则：效法。）

校 xiào ❶ jiào 古代一种拘束犯人的刑具。《周易·噬嗑》：“何～灭耳。”（何：扛。灭耳：盖没了耳朵。）❷ jiào 栅栏。《周礼·夏官·校人》：“六厩成～。”[校猎]用木栅栏阻拦猎取野兽。《汉书·司马相如传上》：“天子～～。”❸ jiào 对抗，较量。《战国策·秦策四》：“足以～于秦矣。”❹ jiào 校对。《汉书·张安世传》：“后购求得书，以相～，无所遗失。”(引)比较。《资治通鉴·晋孝武帝太元七年》：“～其强弱之势。”(又)计较。《论语·泰伯》：“犯而不～。”❺ jiào 计算，计数。《荀子·王霸》：“故忧患不可胜～也。”(又)考核。《荀子·君道》：“～之以功。”❻ 学校。《左传·襄公三十一年》：“郑人游于乡～。”❼ 古时军队的编制。《汉书·赵充国传》：“步兵九～，吏士万人，留屯以为武备。”[校尉]汉代武官名。《汉书·百官公卿表上》：“凡八～～，皆武帝初置。”又简称“校”。《后汉书·顺帝纪》：“任为将～者各一人。”

啸（嘯） xiào ❶ 撮口作声，吹口哨。《诗经·召南·江有汜》：“其～也歌。”《世说新语·栖逸》：“阮步兵～，闻数百步。”（阮步兵：指阮籍。）❷ 呼喊。《后汉书·西羌传》：“招引山豪，转相～聚。”❸ 动物长声吼叫。范仲淹《岳阳楼记》：“虎～猿啼。”

敩（斆、斅） xiào ❶ 教。《尚书·盘庚上》：“盘庚～于民。”❷ 效仿。《史记·张释之冯唐列传》：“岂～此啬夫谍谍利口捷给哉！”

XIE

些 xiē ❶ suò 句末语气词。宋玉《招魂》：“拔木九千～。”（木：树木。）❷ 少许，一点儿。辛弃疾《鹧鸪天·和吴子似山行韵》：“酒病而今较减～。”（酒病：嗜酒成病。）【注意】“些”（xiē）产生较晚，唐宋时才出现。“些”（suò）只出现在《楚辞》中，大约是古代楚地的方言。

楔 xiē ❶ 树名，即樱桃。张衡《南都赋》：“其木则柽松～樱。”❷ 门两边的木柱。韩愈《进学解》：“欂栌侏儒，椳闑扂～，各得其宜。”❸ 楔子。《淮南子·主术》：“大者以为舟航柱梁，小者以为楫～。”贾思勰《齐民要术》卷九：“～宜长薄。”

歇 xiē ❶ 停息，休息。蔡琰《胡笳十八拍》：“城头烽火不曾灭，疆场征战何时～。”李白《泾川送族弟錞》诗：“客行无～时。”❷ 尽，完。《左传·襄公二十九年》：“祸未～也，必三年而后能纾。”（纾：解除。）李贺《伤心行》：“灯青兰膏～。”（灯青：灯光暗。兰膏：有香味的油。）(引)败落，衰败。陈子昂《修竹篇》：“春木有荣～。”❸ 散发。颜延之《和谢监灵运》：“芬馥～兰若，清越夺琳珪。”（兰若：香草。）

猲 xiē ❶ [猲獢（xiāo）]短嘴狗。《说文·犬部》：“猲，短喙犬也。《诗》曰：‘载猃～～。’”今《诗经·秦风·驷驖》作“歇骄”。❷ hè 通“喝”。恐吓。《战国策·赵策二》：“是故横人日夜务以秦权恐～诸侯。”

叶[1] xié 和谐，融洽。《论衡·齐世》：“～和万国。”(引)合，共同。《旧五代史·汉隐帝纪中》：“股肱～谋，爪牙宣力。”（宣：尽。）【注意】“叶”是“协”的古字，古代不当树叶讲。除“叶韵”、“叶句”等少数情况外，一般写“协”，不写“叶”。

协（協） xié 和谐，融洽。《左传·僖公二十八年》：“君臣不～。”(引)协调，合作。《三国志·蜀书·诸葛亮传》：“与豫州～规同力。”（规：谋划。）

胁（脅、脇） xié ❶ 胸部的两侧。《史记·扁鹊仓公列传》：“更熨两～下。”（交替地烫熨左右两胁的下面。）(泛)侧面，旁边。《汉书·五行志上》：“旁著岸～，去地二百余丈。”❷ 威胁。《汉书·赵充国传》：“精兵二万余人，迫～诸小种。”（迫：逼迫。种：指民族别支。）❸ 收敛。《孟子·滕文公下》：“～肩谄笑，病于夏畦。”[胁息]抑制呼吸，形容非常恐惧。《汉书·严延年传》：“豪强～～，野无行盗。”

邪 xié ❶ 不正当，邪恶。《荀子·大略》：“此～行之所以起，刑罚之所以多也。”（行：行为。）(又)旧时称妖异为“邪”。陶潜《搜神后记》卷七：“其父为人不信妖～。”❷ 中医指引起疾病的环境和因素。史游《急就篇》卷四：“灸刺和药逐去～。”❸ 歪斜。与“正”相对。《晋书·舆服志》：“安车～拖之。”（安车：可以坐的小车。）这个意义后来写作“斜”。❹ yé 疑问语气词。相当于现代汉语的“吗”、“呢”。《荀子·天论》：“治乱，天～？”（治或乱是天造成的吗？）《史记·季布栾布列传》：“君何不从容为上言～？”这个意义后来写作“耶”。❺ yá ［琅邪］秦汉郡名。辖地在今山东半岛东南部。

挟（挾） xié ❶ 用胳膊夹住。《战国策·楚策四》：“左～弹，右摄丸。”（弹：指弹弓。摄：拿着。）㉠携同。苏轼《赤壁赋》：“～飞仙以遨游。”❷ 拥有。《战国策·赵策四》：“位尊而无功，奉厚而无劳，而～重器多也。”（奉厚：俸禄多。重器：宝器。）㉠怀着，藏着。《盐铁论·世务》：“今匈奴～不信之心，怀不测之诈。”（信：诚实。诈：指诡计。）❸ 挟制，用强力逼迫别人执行某事。《战国策·秦策一》：“～天子以令天下。”㉢倚仗，仗恃。《孟子·万章下》：“不～长，不～贵。”❹ jiā 通“浃”。周全。《荀子·王霸》：“制度以陈，政令以～。”（陈：陈列。以：已。）❺ jiā 夹取。《新五代史·卢文纪传》：“以箸～之。”

偕 xié ❶ 在一起。《左传·文公十七年》：“寡君是以不得与蔡侯～。”㉢副词。共同，一块儿。《史记·高祖本纪》：“郦商为将，将陈留兵，与～攻开封。”（郦商：人名。将：率领。）❷ 普遍。《左传·襄公二年》：“降福孔～。”（孔：甚。）

谐（諧） xié ❶ 和谐，融洽。《左传·襄公十一年》：“如乐之和，无所不～。”（乐：音乐。）㉠办成。《三国志·吴书·陆逊传》：“而欲克～大事。”❷ 诙谐，滑稽。《晋书·顾恺之传》：“恺（kǎi）之好～谑（xuè），人多爱狎（xiá）之。”（谑：开玩笑。狎：亲近。）

絜 xié ❶ 度量物体周围的长度。《庄子·人间世》：“见栎社树，其大蔽数千牛，～之百围。”（栎：一种树。）㉡度量，衡量。《礼记·大学》：“君子有～矩之道也。”（矩：法度。）㉠比较。贾谊《过秦论》：“试使山东之国与陈涉度长～大，比权量力，则不可同年而语矣。”❷ jié 通“洁”。干净，清洁。《左传·僖公五年》：“吾享祀丰～，神必据我。”李康《运命论》：“遂～其衣服。”㉠纯洁。《史记·屈原贾生列传》：“其志～，其行廉。”

颉（頡） xié ❶［颉颃（háng）］1. 鸟往上往下飞。张衡《归田赋》：“王雎鼓翼，鸧鹒哀鸣，交颈～～，关关嘤嘤。”2. 不相上下，相抗衡。《晋书·文苑传序》：“潘夏连辉，～～名辈。”3. 傲视，倔强。《后汉书·史弼传》：“史弼～～严吏，终全平原之党。”❷ jiá 剋减。《新唐书·高仙芝传》：“我退，罪也，死不敢辞。然以我为盗～资粮，诬也。”❸ jié ［仓颉］人名，古代有仓颉造字的说法。《荀子·解蔽》：“好书者众矣，而～～独传者，壹也。”

撷（擷） xié 摘取。王维《红豆》诗：“愿君多采～，此物最相思。”

缬（纈） xié ❶ 有花纹的丝织品。杨衒之《洛阳伽蓝记》卷四：“绣～、细绫、丝綵、越葛、钱绢等，不可数计。”❷ 眼花。庾信《夜听捣衣》诗：“应闻长乐殿，判彻昭阳宫。花鬟醉眼～，龙子细文红。”

襭 xié 把衣襟掖在腰带上来兜东西。《诗经·周南·芣苢》：“采采芣苢，薄言～之。”（薄、言：都是动词词头。）

携（攜、擕） xié ❶ 提。《诗经·大雅·板》：“如璋如圭，如取如～。”（如取如携：像拿东西和提东西那样容易。）㉠携带，带领。刘禹锡《送王司马之陕州》诗：“空～诗卷赴甘棠。”（甘棠：这里指陕州。）《战国策·齐策四》：“民扶老～幼，迎君道中。”㉢牵挽。《诗经·邶风·北风》：“惠而好我，～手同行。”❷ 分离，离间。《左传·僖公二十八年》：“不如私许复曹、卫以～之。”［携贰］叛离。魏征《十渐不克终疏》：“所以至死无～～。”

勰 xié 和谐。陆琏《齐皇太子释奠》诗：“昭图～轨，道清万国。”

鞵 xié 生革做的鞋。后指一般的鞋。李商隐《与陶进士书》：“系～出门。”

写（寫） xiě ❶ 倾注，倾泻。《周礼·地官·稻人》：“以浍～水。”（浍：田间水沟。）这个意义后来写作“泻”。㉢倾倒。杜甫《野人送朱樱》诗：“数回细～愁仍破。”㉠抒发。李白《扶风豪士歌》：“开心～意君所知。”❷ 宣泄，消除。《诗经·邶风·泉水》：“驾言出游，以～我忧。”《诗经·小雅·蓼萧》：“既见君子，我心～兮。”（写：指消除了忧愁而喜悦。）❸ xiè 卸除。《晋书·潘岳传》：“发槅～鞍，皆有所憩。”❹ 模仿。《韩非子·十过》：“有鼓新声者，使人问左右，尽报弗闻。其状似鬼神。子为我听而～之。”《史记·秦始皇本纪》：“秦每破诸侯，～放其宫室，作之咸阳北阪上。”（放：模仿。）㉢摹画。贾思勰《齐民要术·园篱》：“复～鸟兽之状。”双音词有“写生”。㉠抄写，誊写。《晋书·左思传》：“竞相传～。”（争着相互传抄。）❺ 书写，写字（后起意义）。吴文英《莺啼序（残寒正欺病酒）》：“殷勤待～，书中长恨。”【注意】在书写的意义上，唐代以前说“书”不说“写”。古人说的“作书”

就是“写字”的意思。

灺（炧） xiè 灯，烛，香的灰烬。戴叔伦《二灵寺守岁》诗：“守岁山房迥绝缘，灯光香～共萧然。”㊀蜡烛烧剩的部分。晁补之《即事一首》诗：“倒床鼻息恶，唤起对残～。”

泄（洩） xiè ❶漏，流出。《礼记·中庸》：“载华岳而不重，振河海而不～。”李白《历阳壮士勤将军名思齐歌》：“蓄～数千载。”㊀发泄，散发。《诗经·大雅·民劳》：“俾民忧～。”（俾：使。）❷泄漏，暴露。《韩非子·说难》：“事以密成，语以～败。”❸通“媟”。亲近而不庄重。《荀子·荣辱》：“憍～者，人之殃也。”（憍：骄。）❹yì［泄泄］1. 众多的样子。《诗经·魏风·十亩之间》：“十亩之外兮，桑者～～兮。”（桑者：采桑的人。）2. 和乐的样子。《左传·隐公元年》：“大隧之外，其乐也～～。”3. 多言的样子。《诗经·大雅·板》：“天之方蹶（guì），无然～～。”（蹶：摇动。）

绁（紲、絏、緤） xiè ❶牵牲畜的绳索。《礼记·少仪》：“犬则执～。”《左传·僖公二十四年》：“臣负羁（jī）～，从君巡于天下。”（羁：马笼头。）㊀缚罪人的绳索。司马迁《报任安书》：“何至自沈溺缧（léi）～之辱哉。”（沈：沉。缧：大绳子。）❷系，缚。屈原《离骚》：“登阆风而～马。”张衡《东京赋》：“扫项军于垓下，～子婴于轵（zhǐ）涂。”（轵：亭名。涂：途。）

渫（渫） xiè ❶淘去污泥。《周易·井》：“井～不食，为我心恻。”（恻：悲痛，难过。）❷分散，扩散。晁错《论贵粟疏》：“如此，富人有爵，农民有钱，粟有所～。”谢朓《敬亭山》诗：“～云已漫漫，多雨亦凄凄。”㊀排泄。郭璞《江赋》：“磴之以瀿瀷，～之以尾闾。”❸歇，停止。曹植《七启》：“为欢未～，白日西颓。”（为欢：寻乐。西颓：指西落。）❹dié［渫渫］流泪的样子。古乐府《孤儿行》：“泪下～～。”

媟 xiè 亲近而不庄重。《汉书·谷永传》：“乱服共坐，流湎～嫚，溷殽无别。”（溷殽：混杂，混乱。）㊀轻侮。《晋书·周顗传》：“少有重名，神彩秀彻，虽时辈亲狎，莫能～也。”

卨（卨） xiè 同“契”。商的始祖。《汉书·司马相如传》：“禹不能名，～不能计。”

卸 xiè 卸除。杜甫《王竟携酒高亦同过共用寒字》诗：“自愧无鲑菜，空烦～马鞍。”成语有“丢盔卸甲”。【注意】“卸除”的意义在唐以前也可以用“写”来表达。见453页“写”字。

屑 xiè ❶碎末。《世说新语·政事》：“听事前除雪后犹湿，于是悉用木～覆之。”（听事：官府治事的大堂。前除：堂前的台阶。）㊀细小。《管子·地员》：“五沙之状，粟焉如～尘厉。”（五沙：较差的沙土。厉：踊起。）❷［不屑］不顾，不重视。《孟子·告子上》：“蹴尔而与之，乞人～～也。”《后汉书·马廖传》：“尽心纳忠，～～毁誉。”（纳：进献。毁：诽谤。誉：称赞。）❸［屑屑］1. 烦琐、琐碎的样子。《左传·昭公五年》：“而～～焉习仪以亟。”2. 忙碌的样子。《后汉书·王良传》：“何其往来～～，不惮烦也。”

械 xiè ❶器械。《墨子·公输》：“公输盘为楚造云梯之～。”（公输盘：人名。）㊕兵器。晁错《言兵事疏》：“器～不利。”❷桎梏，脚镣和手铐。《史记·淮阴侯列传》：“遂～系信，至洛阳。”（械系：用镣铐拘禁。信：指韩信。）㊀束缚。苏轼《与胡祠部游法华山》诗：“嗟予少小慕真隐，白发青衫天所～。”

亵（褻） xiè ❶内衣。《汉书·叙传上》：“思有裋褐（shù hè）之～。”（裋褐：粗陋的衣服。）㊀家居便服。《论语·乡党》：“红紫不以为～服。”❷亲近而不庄重。《旧唐书·王伾传》：“素为太子之所～狎（xiá）。”㊀轻慢。杜甫《故秘书少监武功苏公源明》诗：“反为后辈～。”㊀亲近，熟悉。《论语·乡党》：“见冕者与瞽者，虽～，必以貌。”❸污秽。沈既济《枕中记》：“卢生顾其衣装敝～，乃长叹息曰：‘大丈夫生世不谐，困如是也！’”

谢（謝） xiè ❶道歉。《战国策·赵策四》：“入而徐趋，至而自～。”❷推辞。《史记·吕太后本纪》：“太后使使告代王，欲徙（xǐ）王赵，代王～，愿守代边。”（使使：派使者。欲徙王赵：要把代王迁到赵国去做王。代：国名。边：边疆。）双音词有“谢绝”。❸辞别。李白《留别金陵崔侍御》诗：“挥手～公卿。”❹感谢。《韩非子·外储说左下》：“解狐举邢伯柳为上党守，柳往～之。”《汉书·张安世传》：“尝有所荐，其人来～。”（尝：曾经。荐：推荐。）❺告诉。《古诗为焦仲卿妻作》：“多～后世人，戒之慎勿忘！”（戒：警戒。慎：小心。）❻（时间）过去。潘岳《悼亡》诗：“荏苒冬春～，寒暑忽流易。”㊀衰亡，凋落。范缜《神灭论》：“形～则神灭。”（形：形体。神：精神。）杜牧《留赠》

诗："蔷薇花～即归来。" ❼ 逊于，不如。杜甫《进艇》诗："瓷罂无～玉为缸。"

榭 xiè ❶ 建筑在高土台上的房子。宋玉《招魂》："层台累～，临高山些。" ❷ 古代的讲武堂。《左传·成公十七年》："三郤（xì）将谋于～。"（三郤：指郤氏三族。）❸ 收藏器物的房子。《汉书·五行志上》："～者所以臧乐器。"【辨】亭，臺，榭，楼，阁。见401页"台²（臺）"字。

嶰 xiè 山谷。马融《广成颂》："穷浚谷，底幽～。"

獬 xiè ［獬豸（zhì）］1. 传说中的神兽，能别曲直。司马相如《上林赋》："椎蜚廉，弄～～。" 2. 古代执法官戴的獬豸冠。罗隐《广陵春日忆池阳有寄》诗："别后故人冠～～，病来知己赏鷦鹩。"这两个意义又都写作"獬廌"。

邂 xiè ［邂逅（hòu）］1. 偶然。《诗经·郑风·野有蔓草》："～～相遇，适我愿兮。"（适：恰合。）2. 一旦，万一。《后汉书·杜根传》："～～发露，祸及知亲。"（发露：泄露。）

廨 xiè 官署，官吏办事的地方。萧统《陶渊明传》："所住公～，近于马队。"

澥 xiè 海湾。《史记·司马相如列传》："浮勃～，游孟诸。"（勃澥：即今渤海。孟诸：古泽名。）李白《大鹏赋》："刷渤～之春流。"

懈 xiè 松懈。《史记·秦始皇本纪》："朝夕不～。"

薤 xiè 蔬菜名，即藠（jiào）头。《礼记·内则》："脂用葱，膏用～。"［薤露］古挽歌。崔豹《古今注·音乐》："～～，蒿里，并哀歌也……言人命如薤上之露，易晞灭也。"

瀣 xiè ［沆瀣］见150页"沆"字。

燮（爕） xiè 调和，谐和。《尚书·顾命》："率循大卞，～和天下。"谢灵运《登上戍石鼓山》诗："摘芳芳靡谖（xuān），愉乐乐不～。"（靡：无，没有。谖：忘忧草。）

躞 xiè ❶［躞蹀（dié）］同"蹀躞"。见87页"蹀"字。❷ 书卷的杆轴。米芾《书史》："隋唐藏书，皆金题玉～。"

XIN

心 xīn ❶ 心脏。《列子·汤问》："内则肝胆～肺脾肾肠胃。"古人把心看作思想的器官。《孟子·告子上》："～之官则思。"㉇内心。屈原《离骚》："亦余～之所善兮，虽九死其犹未悔。"㉇心思，意念。《荀子·君道》："无贪利之～。"成语有"心不在焉"。❷ 中心，中央。李白《送麴十少府》诗："流水折江～。"（折：弯曲。）❸ 星宿名。二十八宿之一。

辛 xīn ❶ 辣。宋玉《招魂》："大苦咸酸，～甘行些。"（苦咸酸辣甜都用。行：用。些：语气词。）㉂葱姜等辣味菜蔬。《宋史·顾忻传》："荤～不入口者十载。" ❷ 辛苦，劳苦。《左传·昭公三十年》："视民如子，～苦同之。"李白《陈情赠友人》诗："自古多艰～。"㉇悲痛，痛苦。李白《中山孺子妾歌》："万古共悲～。" ❸ 天干的第八位。见126页"干¹"字。

䜣（訢） xīn 欢欣。《孟子·尽心上》："终身～然，乐而忘天下。"

忻 xīn 喜悦，高兴。《史记·周本纪》："心～然说。"（说：悦。）《世说新语·任诞》："张素闻其名，大相～待。"

昕 xīn 日将出，明。《礼记·祭义》："及大～之朝，君皮弁素积。"（大昕：天大亮。）

欣 xīn 快乐，喜悦。《左传·哀公二十年》："诸夏之人，莫不～喜。"《史记·秦始皇本纪》："驩～奉教，尽知法式。"（驩：欢。奉：奉行，遵守。）［欣欣］1. 高兴的样子。屈原《九歌·东皇太一》："君～～兮乐康。" 2. 草木旺盛的样子。陶潜《归去来兮辞》："木～～以向荣。"（木：树木。）成语有"欣欣向荣"。又写作"忻"。

薪 xīn 柴。《诗经·小雅·车舝》："陟彼高冈，析其柞～。"（析：砍伐。）《韩非子·有度》："是负～而救火也。"（负：背着。）又为动词，析木为柴。《诗经·豳风·七月》："采荼～樗（chū），食（sì）我农夫。"（樗：一种树。食：指养活。）

歆 xīn ❶ 祭祀时鬼神来享受祭品的香气。《诗经·大雅·生民》："其香始升，上帝居～。"（居：安。）《论衡·祀义》："人之死也，口鼻腐朽，安能复～？"（安：怎么，如何。）❷ 欣喜。《国语·周语下》："民～而德之，则归心焉。" ❸［歆羡］贪慕。《诗经·大雅·皇矣》："无然～～。"

馨 xīn 散布很远的香气。《左传·僖公五年》："黍稷非～，明德惟～。"双音词有"馨香"。㉂芳香。多指花草。屈原《九歌·山鬼》："折芳～兮遗所思。"（遗所思：送给所思念的人。）㉄流传久远的道德或声名。《晋书·苻坚载记上》："垂～千祀。"（千祀：指千年。）

镡（鐔） xín 剑鼻。剑柄末端的凸起部分。《庄子·说剑》："天子之剑，以燕谿石城为锋，齐岱为锷，晋魏为脊，周宋为～，韩魏为夹。"

囟（顖） xìn 囟门，婴儿头顶骨未合缝的地方。《韩诗外传》卷一："三年～合，而后能言。"

信 xìn ❶ 言语真实。《老子·八十一章》："～言不美，美言不～。" ❷ 讲信用。《论语·子路》："言必～，行必果。" ❸ 实在，的确。刘禹锡《天论上》："文～美矣！" ❹ 相信。《论衡·问孔》："世儒学者，好～师而是古。" ❺ 信物。《史记·刺客列传》："今行而毋～，则秦未可亲也。"（毋：无，没有。）❻ 送信的人。《世说新语·雅量》："谢公与人围棋，俄而谢玄淮上～至，看书竟，默然无言。"（俄而：一会儿。谢玄：人名。淮：淮水。书：书信。竟：完。）❼ 音讯，消息。杜甫《喜达行在所》诗："西忆岐阳～。" ⊗书信（后起意义）。元稹《书乐天纸》诗："半封京～半题诗。" ❽ 副词。随意，随便（后起意义）。白居易《琵琶行》："低眉～手续续弹。"（续续：连续。）❾ shēn 通"伸"。伸展。《周易·系辞下》："屈～相感。"

衅（釁） xìn ❶ 古代的一种祭祀仪式，用牲畜的血涂在新制的器物上。《韩非子·说林下》："缚之，杀以～鼓。" ❷ 以香涂身。古代祓除不祥的一种方法。《周礼·春官·女巫》："女巫掌岁时祓除～浴。"㊀涂抹。贾谊《治安策》："豫让～面吞炭。"（豫让：人名。）❸ 缝隙，间隙，破绽。《三国志·吴书·吴主传》："逆臣乘～。" ❹ 罪过，灾祸。《后汉书·李固传》："固之过～。"（过：过失。）《宋书·谢晦传》："凶狡无端，妄生～祸。" ❺ 征兆。《国语·鲁语上》："恶有～，虽贵，罚也。"（恶有衅：作恶已有征兆。）❻ 冲动。《左传·襄公二十六年》："～于勇。"（由于勇猛而容易冲动。）

舋 xìn 同"衅（釁）"。❶ 古代的一种祭祀仪式，用牲畜的血涂在新制的器物上。《史记·高祖本纪》："祠黄帝，祭蚩尤于沛庭而衅鼓旗"《索隐》："应劭云：'衅呼为～。'"㊀涂抹。《国语·齐语》："三～三浴之。" ❷ 缝隙，间隙，破绽。《后汉书·邓禹传》："欲乘～并关中。" ❸ 罪过。《陈书·到仲举传》："二三～迹，彰于朝野。" ❹ 动。王延寿《鲁灵光殿赋》："奔虎攫挐以梁倚，仡奋～而轩鬐。"

XING

兴（興） xīng ❶ 起来，起。《尚书·微子》："小民方～，相为敌雠。"（雠：仇敌。）《诗经·卫风·氓》："夙（sù）～夜寐（mèi）。"（夙：早。寐：睡觉。）㊀兴起，建立。《史记·文帝本纪》："汉～，至孝文四十有余载。"（载：年。）《盐铁论·本议》："故～盐铁。"（盐铁：指盐铁官营。）❷ 发动。《史记·酷吏列传》："汉大～兵伐匈奴。" ❸ 兴旺，兴盛。贾谊《新书·大政》："国以民为～坏，君以民为强弱。" ❹ xìng 兴趣，兴致。李白《庐山谣》："好为庐山谣，～因庐山发。"（好为：喜欢作。发：发生。）❺ xìng 诗歌的表现方法之一。以他物引起所要吟咏的事物。《毛诗序》："故诗有六义焉：一曰风，二曰赋，三曰比，四曰～，五曰雅，六曰颂。"

星 xīng 星星。《荀子·天论》："列～随旋，日月递炤。"（递炤：交替着照耀。炤：照耀。）㊀天文。司马迁《报任安书》："文史～历，近乎卜祝之间。"（历：律历。）

惺 xīng ❶［惺忪］［惺松］苏醒。杨万里《风花》诗："花如中酒不～松。"（中酒：喝醉了酒。）❷［惺惺］机警，警觉。刘基《醒斋铭》："昭昭生于～～，而愦愦（kuì kuì）出于冥冥。"（昭昭：指明辨事理。愦愦：糊涂。冥冥：愚昧。）

腥 xīng ❶ 生肉。《论语·乡党》："君赐～，必熟而荐之。"⊗生的。《礼记·乐记》："尚玄酒而俎～鱼。" ❷ 腥气。《荀子·荣辱》："鼻辨芬芳～臊。"

胜[2] xīng 腥。罗泌《路史·遂人氏》："乃教民取火，以灼以焫，以熟臊～。"

骍（騂） xīng 赤色马。《诗经·鲁颂·驷》："有～有骐。"（骐：青黑色花纹的马。）㊀赤色。《史记·三王世家》："故鲁有白牡、～刚之牲。"（骍刚：赤脊。）

刑（刑） xíng ❶ 刑罚，刑法。《商君书·去强》："以～去～，国治。"《荀子·成相》："治之经，礼与～。"㊀惩罚。《韩非子·有度》："～过不避大臣，赏善不遗匹夫。" ❷ 杀。丘迟《与陈伯之书》："～马作誓。" ❸ 铸造器物的模子。《荀子·强国》："～范正，金锡美，工冶巧，火齐得，剖～而莫邪已。"（火齐：火候。莫邪：古代良剑名。）❹ 法式，典范。《诗经·大雅·荡》："虽无老成人，尚有典～。"上述❸❹后来写作"型"。㉜示范。《诗经·大雅·思齐》："～于寡妻，至于兄弟。"❺[刑名]1.即"形名"，指名与实的关系。先秦法家主张循名责实，名实相符的赏，名不符实的罚。后以"刑名之学"指法家的学说。《史记·老子韩非列传》："喜～～法术之学。"2.法律。《史记·秦始皇本纪》："始定～～，显陈旧章。"

硎 xíng ❶磨刀石。《庄子·养生主》："今臣之刀十九年矣，所解数千牛矣，而刀刃若新发于～。"❷kēng 通"坑"。[硎穽]坑井。庾信《哀江南赋》："～～摺拉，鹰鹯批擱。"

铏(鉶) xíng 盛羹的器具，形如小鼎。《周礼·天官·亨人》："祭祀共大羹、～羹。"㉛肉菜羹。《仪礼·特牲馈食礼》："祭～尝之，告旨。"

形 xíng ❶形体。《荀子·天论》："～具而神生。"(人的形体具有了，精神才能产生。)㉜容色，容貌。《论衡·齐世》："～面丑恶。"❷形状。《孙子兵法·虚实》："兵无常势，水无常～。"㊕地形。《孙子兵法·地形》："险～者，我先居之。"(险形：险要的地形。)❸形势。《战国策·秦策三》："岂齐不欲地哉？～弗能有也。"❹表现，表露。《毛诗序》："情动于中而～于言。"(情：感情。中：心中。)㉜对照，对比。河上公本《老子·二章》："长短相～，高下相倾。"成语有"相形见绌"。

型 xíng 铸造器物的土模子。《淮南子·修务》："明镜之始下～，矇然未见形容；及其粉以玄锡，摩以白旃，鬓眉微豪可得而察。"

钘(鈃) xíng ❶古代一种长颈的贮酒器。《庄子·徐无鬼》："其求～钟也以束缚。"❷jiān 人名。战国时有宋钘。

行 xíng ❶háng 路。《诗经·豳风·七月》："遵彼微～。"(遵：沿着，顺着。)❷行走。《论语·述而》："三人～，必有我师焉。"㉛离去。《左传·僖公五年》："宫之奇以其族～。"(宫之奇：人名。)❸运动，运行。《荀子·天论》："天～有常。"[五行]指金、木、水、火、土五种物质。我国古代一些思想家以"五行"来解释世界万物的构成及其相互关系。后来，中医学理论也借助于"阴阳"、"五行"学说来说明人体的生理现象及病理变化。❹做。《荀子·大略》："口言善，身～恶，国妖也。"㉜执行，实行。《韩非子·外储说左上》："赏罚不信，则禁令不～。"《论语·微子》："道之不～，已知之矣。"㉜行动。《晋书·谢安传》："晋祚存亡，在此一～。"❺(旧读xìng)品行。《庄子·逍遥游》："故夫知效一官，～比一乡。"《三国志·吴书·吴主传》："陆逊陈其素～。"❻代理(官职)。《三国志·魏书·武帝纪》："太祖～奋武将军。"❼将要。《韩非子·有度》："法不信，则君～危矣。"曹丕《与吴质书》："别来～复四年。"❽háng 行列。汉乐府《鸡鸣》："鸳鸯七十二，罗列自成～。"㉜辈分。《汉书·苏武传》："汉天子，我丈人～也。"(丈人：岳父。)❾háng 古代军队编制，二十五人为一行。《左传·隐公十一年》："郑伯使卒出豭(jiā)，～出犬鸡。"(卒：一百人为卒。出：指交纳。豭：公猪。)【辨】行，走。见550页"走"字。

陉(陘) xíng ❶山脉中断的地方。马融《长笛赋》："膺峭阤(zhì)，腹～阻。"❷地名。在今河南。《左传·僖公四年》："师进，次于～。"

荥(滎) xíng 古代湖泽名。《尚书·禹贡》："导沇水，东流为济，入于河，溢为～。"(沇水、济：河流名。河：黄河。)[荥阳]地名，在今河南。《史记·高祖本纪》："汉与楚相距～～数岁。"

省 xǐng 见370页。

兴(興) xìng 见456页。

幸[1] xìng ❶幸运。《论语·雍也》："不～短命死矣。"㉜侥幸。《荀子·议兵》："故四世有胜，非～也，数也。"(四世：指秦孝公以后的四代。数：必然的。)㉜幸亏。鲍照《秋夜》诗："～承天光转，曲影入幽堂。"❷希望。《史记·魏其武安侯列传》："～天下有变，而欲有大功。"陈子昂《座右铭》："～能修实操。"❸宠爱。《史记·蒙恬列传》："高雅得～于胡亥。"(高：赵高。雅：一向。)❹君主到某处去。《史记·秦始皇本纪》："始皇帝～梁山宫。"㉜君主宠幸妇女。《史记·项羽本纪》："今入关财物无所取，妇女无所～。"❺敬辞。表示对方这样做是使自己感到幸运的。晁错《言守边备塞疏》："陛下～忧边境。"(陛下：古代臣、民对君主的称呼。忧：担忧。)

幸[2](倖) xìng ❶侥幸。白居易《论孙璹张奉国状》："恐同类之内，皆生～心。"(心：心理。)❷宠爱，宠幸。《后汉书·吕强传》："素餐私～。"(素餐：指白吃饭不做事的人。)

X

涬 xìng [涬溟]混沌的元气。《庄子·在宥》："堕尔形体，吐尔聪明，伦与物忘，大同乎～～。"

悻 xìng [悻悻]恼怒的样子。《孟子·公孙丑下》："谏于其君而不受则怒，～～然见于其面。"

婞 xìng 刚愎自用。屈原《离骚》："鲧～直以亡身兮。"

性 xìng ❶人的本性。《论语·阳货》："～相近也，习相远也。"❷事物的固有特点。《荀子·性恶》："直木不待檃栝(yǐn kuò)而直者，其～直也。"（檃栝：矫正弯曲木材的器具。）❸性格，性情。《世说新语·忿狷》："王蓝田～急。"❹性命，生命。《左传·昭公八年》："民力彫尽……莫保其～。"（彫尽：竭尽。）

荇(莕) xìng 一种水草。《诗经·周南·关雎》："参差～菜，左右流之。"张载《泛湖》诗："春菰芽露翠，水～叶连青。"

XIONG

凶¹ xiōng ❶不吉祥。《荀子·天论》："应之以治则吉，应之以乱则～。"（应：适应。之：指自然界的客观规律。治：指正确的措施。乱：指错误的措施。）[引]不幸，多指丧事。《左传·宣公十二年》："寡君少遭闵～。"（闵：忧患，指死丧。）又如"凶讯"、"凶服"。❷庄稼收成不好。《管子·立政》："岁虽～旱，有所秎(fèn)获。"（岁：年成。秎：收，收割。）❸凶恶，残暴。《后汉书·南匈奴传》："汉初遭冒顿～黠(xiá)。"（冒顿：匈奴君主名。）[引]杀人，杀人者（后起意义）。《新唐书·张琇传》："父死～手。"

凶²(兇) xiōng ❶恐惧而喧嚷骚动。《左传·僖公二十八年》："曹人～惧。"❷通"凶¹"。凶恶。李白《幽州胡马客歌》："狼戾(lì)好～残。"（狼戾：凶狠，狠毒。）【注意】在古代，"兇"和"凶"是两个字。除了在"凶恶"的意义上可以通用外，两个字其余的意义都不相同。现"兇"简化为"凶"字。参见上"凶¹"字。

匈 xiōng ❶胸膛。《汉书·司马相如传》："其于～中曾不蔕(dì)芥。"（蔕芥：同"芥蒂"。指心中有疙瘩。）这个意义又写作"胸"。❷[匈匈]喧闹或纷扰不安的样子。《吕氏春秋·明理》："有螟集其国，其音～～。"《后汉书·窦武传》："天下～～，正以此故。"❸[匈奴]我国古代北方民族之一。《史记·高祖本纪》："～～围我平城。"

讻(訩、詾、註、哅) xiōng ❶争辩。《诗经·鲁颂·泮水》："不告于～。"（不在争辩中报功。告：指报功。）[讻讻]喧闹或纷扰不安的样子。《三国志·蜀书·赵云传》注引《云别传》："天下～～，未知孰是。"❷祸乱，昏乱。《诗经·小雅·节南山》："家父作诵，以究王～。"

恟 xiōng 恐惧。袁宏《后汉纪·光武皇帝纪》："城中～惧，夜空城走。"[恟恟]喧闹或纷扰不安的样子。范仲淹《答赵元昊书》："昔在唐末，天下～～。"

汹(洶) xiōng 水往上涌。《韩非子·扬权》："填其～渊。"（渊：深潭。）[汹涌]水往上涌的样子。司马相如《上林赋》："沸乎暴怒，～～彭湃。"[汹汹]形容喧闹或纷扰不安的样子。胡铨《戊午上高宗封事》："谤议～～，陛下不闻。"

兄 xiōng ❶哥哥。《诗经·邶风·泉水》："女子有行，远父母～弟。"[引]对朋友的尊称，多用于书信。柳宗元《与萧翰林俛书》："～知之，勿为他人言也。"❷kuàng 通"况"。副词。更加。《墨子·非攻下》："王～自纵也。"（纵：放纵。）❸kuàng 通"况"。连词。况且。表示更进一层。《管子·大匡》："虽得天下，吾不生也，～与我齐国之政也。"（生：活着。）

雄 xióng ❶公（鸟）。与"雌"相对。《诗经·小雅·正月》："谁知乌之雌～。"（乌：乌鸦。）[引]公的（其他动物）。《左传·僖公十五年》："获其～狐。"❷强有力的，杰出的。《后汉书·荀彧传》："彧闻操有～略。"（操：曹操。略：策略，计谋。）❸杰出的人物或国家。《后汉书·虞诩传》："豪～相聚。"贾谊《过秦论》："常为诸侯～。"

诇(詗) xiòng 侦察，刺探。《史记·淮南衡山列传》："王爱陵，常多予金钱，为中～长安。"

敻 xiòng 远。《穀梁传·文公十四年》："～入千乘之国。"谢朓《京路夜发》诗："故乡邈(miǎo)已～，山川修且广。"（邈：远。）

XIU

休 xiū ❶休息，休整。《史记·秦始皇本纪》："风雨暴至，～于树下。"岳飞《五岳祠盟记》："故且养兵～卒，蓄锐待敌。"❷停止。《韩非子·内储说上》："令下而人皆疾习射，日夜不～。”（疾：快。习射：练习射箭。）《战国策·齐策四》：“先生～矣。”（休矣：表示劝阻对方，等于说“算了吧”。）❸副词。表示禁止或劝阻。不要（后起意义）。杜甫《戏赠友》诗：“劝君～叹恨。”❹美善。《左传·宣公三年》：“德之～明。”㊀喜庆。常“休戚”连用。《晋书·冯跋载记》：“思与兄弟，同兹～戚。”（兹：此。戚：悲哀。）成语有“休戚相关”。❺句末语气词，相当于“罢”、“了”（后起意义）。李清照《玉楼春·红酥肯放琼苞碎》：“要来小酌便来～。”

咻 xiū ❶吵，乱说话。《孟子·滕文公下》：“一齐人傅之，众楚人～之。”[咻咻]呼吸的声音。苏轼《江上值雪效欧阳体》诗：“草中～～有寒兔。”❷xǔ [噢(yǔ)咻]抚慰病痛者的声音。陆贽《奉天请罢琼林大盈二库状》：“疮痛呻吟之声，～～未息。”

鸺（鵂） xiū [鸺鹠]猫头鹰一类的鸟。《梁书·侯景传》：“所居殿常有～～鸟鸣，景恶之。”

貅 xiū [貔貅]见307页“貔”字。

髹（髤） xiū 黑赤色的漆。也泛指漆。刘禹锡《武陵观火》诗：“瑶坛被～漆，宝树攒珊瑚。”

修 xiū ❶修饰，装饰。屈原《九歌·湘君》：“美要眇兮宜～。”（要眇：美丽的样子。宜修：修饰得合适。）㊀修养。《礼记·曲礼上》：“～身践言，谓之善行。”❷整治，治理。贾谊《过秦论》：“～守战之具。”㊀修建。范仲淹《岳阳楼记》：“乃重～岳阳楼。”❸研究，学习。《韩非子·五蠹》：“不期～古，不法常可。”（期：希望。法：效法。）《汉书·赵充国辛庆忌传》：“民俗～习战备。”❹高，长。曹植《洛神赋》：“～短合度。”（度：标准。）❺善，美好。《韩非子·孤愤》：“其～士不能以货赂事人。”张衡《西京赋》：“要绍～态。”（要绍：窈窕。）❻著，撰写（后起意义）。《新唐书·百官志》：“掌～国史。”又如“修书”（写信）。【辨】修，脩。见下“脩”字。

脩 xiū ❶干肉。《论语·述而》：“自行束～以上，吾未尝无诲焉。”（束脩：十条干肉。）❷修饰，装饰。宋玉《九辩》：“今～饰而窥镜兮。”❸整治，治理。《左传·文公二年》：“孟明增～国政。”㊀修建。《盐铁论·备胡》：“～城郭。”（郭：外城。）❹研究，学习。《礼记·学记》：“故君子之于学也，藏焉，～焉，息焉，游焉。”❺高，长。《战国策·齐策一》：“邹忌～八尺有余。”《淮南子·齐俗》：“短～之相形也。”（形：比较。）❻善，美好。屈原《离骚》：“恐～名之不立。”❼著，撰写（后起意义）。范仲淹《上枢密尚书书》：“无暇撰～谢启。”【辨】修，脩。“修”本义是修饰，“脩”是干肉。由于二字同音，所以常常通用，但“干肉”的意思不能写作“修”。

羞 xiū ❶进献。《左传·僖公三十年》：“荐五味，～嘉谷。”张衡《思玄赋》：“～玉芝以疗饥。”（芝：灵芝草。疗饥：止饥饿。）❷精美的食物。《周礼·天官·膳人》：“以共王膳～。”（共：供。）这个意义后来写作“馐”。❸羞惭，耻辱。《周易·恒》：“不恒其德，或承之～。”【辨】羞，耻，辱。见354页“辱”字。

馐（饈） xiū 精美的食物。李商隐《祭桂州城隍神文》：“谨以旨酒庶～之奠，祭于城隍之神。”

朽 xiǔ 腐烂。《荀子·劝学》：“锲(qiè)而舍之，～木不折。”（锲：用刀子刻。舍：放弃。）㊁衰老。《晋书·张忠传》：“年～发落。”[不朽]不可磨灭。《左传·襄公二十四年》：“古人有言曰：‘死而～～。’”曹丕《典论·论文》：“盖文章，经国之大业，～～之盛事。”成语有“永垂不朽”。

滫 xiǔ 酸臭的淘米水。㊀脏水，臭水。《荀子·劝学》：“兰槐之根是为芷(zhǐ)，其渐之～，君子不近，庶人不服。”（渐：浸。）

秀 xiù ❶谷物吐穗开花。《论语·子罕》：“苗而不～者有矣夫！～而不实者有矣夫！”白居易《杜陵叟》诗：“麦苗不～多黄死。”㊀植物开花。《诗经·豳风·七月》：“四月～葽。”❷美好，秀丽。欧阳修《醉翁亭记》：“望之蔚然而深～者，琅琊也。”（蔚然：树林茂盛的样子。琅琊：山名。）❸高出。李康《运命论》：“故木～于林，风必摧之。”李白《庐山谣》：“庐山～出南斗傍。”（南斗：星名。傍：旁。）㊀才能出众，优秀。《吕氏春秋·振乱》：“世有贤主～士，宜察此论也。”成语有“后起之秀”。❹繁茂，茂盛。欧阳修《醉翁亭记》：“野芳发而幽香，佳木～而繁阴。”（芳：花卉。繁阴：浓郁的绿荫。）

琇 xiù 似玉的美石。《诗经·卫风·淇奥》：“有匪君子，充耳～莹。”

绣（綉、繡） xiù ❶有彩色花纹的丝织品。《墨子·公输》：“此犹锦～之与短褐也。”❷刺绣。李白《赠裴司马》诗：“～成歌舞衣。”❸华丽，精美，漂亮。《南史·后妃传下》："花梁～柱。"杜甫《清明》诗："～羽衔花他自得。"

岫 xiù ❶山洞。张协《七命》："临重～而揽辔，顾石室而回轮。"❷峰峦。《世说新语·言语》："郊邑正自飘瞥，林～便已皓然。"杜甫《甘林》诗："晨光映远～，夕露见日晞。"

袖 xiù 衣袖。《韩非子·五蠹》："长～善舞。"㊂藏在袖子里。《史记·魏公子列传》："朱亥～四十斤铁椎（chuí）。"（椎：锤。）

臭 xiù 见55页。

嗅 xiù 用鼻子辨别气味。《韩非子·外储说左下》："食之则甘，～之则香。"

齅 xiù 闻味。《汉书·叙传》："不絓圣人之罔，不～骄君之饵。"

XU

吁1 xū ❶叹词。表示惊疑、惊叹。《史记·范雎蔡泽列传》："～！君何见之晚也！"胡铨《戊午上高宗封事》："～，可惜哉！"❷叹息，叹气。李白《古风五十九首》之五十六："怀宝空长～。"

盱 xū ❶张目而视。《周易·豫》："～豫，悔。"（豫：卦名。）[盱盱]张目直视的样子。《荀子·非十二子》："吾语汝学者之嵬容……～～然。"❷忧愁。《诗经·小雅·都人士》："我不见兮，云何～矣。"❸通"讦"。大。《汉书·地理志》引《诗》："恂～且乐。"

戌 xū 地支的第十一位。㊂十二时辰之一，等于现在的下午七时至九时。见126页"干[1]"字。

砉 xū （又读huā）❶象声词。《庄子·养生主》："～然嚮然，奏刀騞然。"❷迅疾的样子。卢纶《和赵给事白蝇拂歌》："～如寒隼惊暮禽，飒若繁埃得轻雨。"

须（須） xū ❶胡须，胡子。《史记·高祖本纪》："美～髯（rán）。"（髯：两颊上的胡子。）这个意义后来写作"鬚"，现简化为"须"。❷等待。《韩非子·外储说左上》："吴起～故人而食。"（故人：老朋友。）这个意义后来也写作"顉"。❸必须，必要。《论衡·问孔》："使孔子知颜渊愈子贡，则不～问子贡。"（使：假使。愈：胜过。）㊂应当。杜甫《闻官军收河南河北》诗："白日放歌～纵酒。"❹需要。《三国志·蜀书·诸葛亮传》："敛以时服，不～器物。"（敛：把死人装入棺材。时服：平时穿的衣服。）❺片刻。《荀子·王制》："罢（pí）不能不待～而废。"[须臾]片刻，一会儿。范成大《晓枕》诗："陆续满城钟动，～～后巷鸡鸣。"

胥 xū ❶相互。《孟子·梁惠王下》："睊睊（juàn juàn）～谗。"（睊睊：怒目而视。）㊂都，全。《诗经·小雅·角弓》："尔之教矣，民～傚矣。"（尔：你。傚：效法。）❷察看。《诗经·大雅·公刘》："笃公刘！于～斯原。"❸小官吏。柳宗元《梓人传》："为乡师里～。"（乡师：一乡之长。里胥：一里之长。）❹通"须"。等待。《管子·君臣上》："～令而动者也。"（动：行动。）

谞（諝） xū ❶才智。陆机《辨亡论上》："谋无遗～，举不失策。"（谋：谋划。举：行动。）❷计谋。《淮南子·本经》："设诈～，怀机械巧故之心。"

顼（頊） xū ❶[顼顼]自失的样子。《庄子·天地》："子贡卑陬（zōu）失色，～～然不自得。"（卑陬：愧惧的样子。）❷[颛顼]见542页"颛"字。

讦（訏） xū 大。《诗经·郑风·溱洧》："洧（wěi）之外，洵～且乐。"（洧：河名。洵：确实。）[讦谟]宏大的谋略。《诗经·大雅·抑》："～～定命，远犹辰告。"（作宏大之谋而定其教命，为长远之道而适时发布。谟：谋。犹：道。）

虚 xū ❶大土山。《诗经·鄘风·定之方中》："升彼～矣，以望楚矣。"（升：登上。）❷废墟。《荀子·哀公》："君出鲁之四门以望鲁四郊，亡国之～则必有数盖焉。"（君：您。鲁：鲁国。数盖：数处。）❸空。与"实"相对。《管子·心术上》："～者万物之始也。"㊂空虚。《商君书·去强》："仓府两～，国弱。"（府：藏财物的地方。）㊂谦虚。《周易·咸》："君子以～受人。"❹虚假，不真实。《三国志·魏书·荀彧传》："推诚心，不为～美。"❺虚弱。《素问·玉机真藏论》："脉细，皮寒，气少，泄利前后，饮食不入，此谓五～。"❻白白地。《史记·越王勾践世家》："重千金～弃庄生，无所为也。"❼集市（后起意义）。黄庭坚《上萧家峡》："趁～人集春蔬好。"❽星名，二十八宿之一。上述❶❷❼后来写作"墟"。

墟 xū ❶大土山。柳宗元《观八骏图说》："古之书有记周穆王驰八骏升昆仑之～者。"（记：记载。骏：好马。）❷废墟。《吕氏春秋·重言》："太宰嚭之说听乎夫差，而吴国为～。"㊂成为废墟。《史记·越王勾践世家》："后三年，吴其～乎！"

❸［墟里］［墟落］村落。王维《渭川田家》诗："斜阳照～落，穷巷牛羊归。"❹ 集市（后起意义）。柳宗元《童区寄传》："去逾四十里之～所卖之。"

嘘（嘘） xū ❶ 慢慢地呼气。《庄子·天运》："风起北方，一西一东，有上彷徨，孰～吸是？"刘禹锡《天论下》："～为雨露，噫（ài）为雷风。"（噫：出气。）❷［嘘唏］叹息。枚乘《七发》："～～烦酲（chéng）。"（酲：喝醉了神志不清。）㊂哭泣时抽噎，哽咽。《史记·留侯世家》："戚夫人～～流涕。"【辨】吹，嘘。都是呼气的意思，但"吹"是急呼气，也可以是一般的呼气，而"嘘"是指缓慢地呼气。

欻（欻） xū 忽然，迅速。李白《东武吟》："恭承凤凰诏，～起云萝中。"

需 xū ❶ 等待。《周易·需》："云上于天，～。"（需：指等待下雨。）❷ 迟疑。《左传·哀公十四年》："～，事之贼也。"（贼：害。）❸ 需要（后起意义）。《刘子新论·荐贤》："国之～贤，譬车之恃轮，犹舟之倚楫也。"㊂需要的东西。《元史·成宗纪》："诏诸王驸马及有分地功臣户居上都、大都、隆兴者，与民均纳供～。"（居：住。上都、大都、隆兴：都是地名。纳：缴纳。）❹ nuò 懦弱。《战国策·秦策二》："～弱者用，而健者不用矣。"

徐 xú ❶ 缓慢，慢慢地。《庄子·天道》："不～不疾。"（疾：迅速。）《史记·绛侯周勃世家》："于是天子乃按辔～行至营。"（按辔：拉住缰绳。）苏轼《赤壁赋》："清风～来，水波不兴。"（兴：起。）❷ 古九州之一。［徐戎］先秦时居住在今淮河中下游一带的一个民族。也称"徐夷"、"徐方"。【辨】徐，缓，慢。"徐"和"缓"都有缓慢的意思。"徐"常指行动从容不迫。"缓"指舒缓不急迫，又有"宽"、"松"的意思。"慢"在上古一般指傲慢、不恭敬，很少作"缓慢"讲。

许（許） xǔ ❶ 答应，允许。《左传·僖公五年》："弗听，～晋使。"㊀答应献身。杜甫《自京赴奉先县咏怀五百字》："～身一何愚，窃比稷与契。"（稷、契：辅佐尧的大臣。）㊂赞许，赞同。《三国志·蜀书·诸葛亮传》："身长八尺，每自比于管仲、乐毅，时人莫之～也。"❷ 表示约数。干宝《搜神记》卷七："临淄有大蛇，长十～丈。"柳宗元《至小丘西小石潭记》："潭中鱼可百～头。"（可：大约，约计。）❸ 这样。《宋史·杨万里传》："吾头颅如～，报国无路。"❹ 处所，地方。常与疑问代词"何"、"恶"等连用。陶潜《五柳先生传》："先生不知何～人也。"《世说新语·品藻》："刘尹至王长史～清言。"（清言：清谈。）❺ 句末语气词。韩愈《感春》诗之一："一生长恨奈何～。"❻ 周代诸侯国，在今河南许昌东。

诩（詡） xǔ 说大话，夸耀。扬雄《长杨赋》："夸～众庶。"（向广大老百姓夸耀。）［诩诩］1. 同"栩栩"。生动活泼的样子。庾信《周宗庙歌》："齐房芝～～。"2. 喜悦的样子。韩愈《柳子厚墓志铭》："～～强笑语以相取下。"

栩 xǔ ❶ 栎（lì）树。也叫柞（zuò）树。《诗经·唐风·鸨羽》："肃肃鸨（bǎo）羽，集于苞～。"（肃肃：鸟拍打翅膀的声音。鸨：鸟名。苞：茂盛。）❷［栩栩］喜悦自得，生动活泼的样子。《庄子·齐物论》："～～然胡蝶也。"成语有"栩栩如生"。

姁 xǔ ❶［姁姁］1. 喜悦自得的样子。《吕氏春秋·谕大》："燕雀争善处于一屋之下，子母相哺也，～～焉相乐也。"2. 平和的样子。柳宗元《段太尉逸事状》："太尉为人～～，常低首拱手行步。"❷ xū［姁媮］美态。傅毅《舞赋》："姣服极丽，～～致态。"

冔 xǔ 殷冠。《礼记·郊特牲》："周弁，殷～，夏收。"

湑 xǔ ❶ 漉酒。《诗经·大雅·凫鹥》："尔酒既～，尔殽伊脯。"㊂漉过的酒。《诗经·小雅·伐木》："迨我暇矣，饮此～矣。"❷ 茂盛。《诗经·小雅·裳裳者华》："裳裳者华，其叶～兮。"❸ 露水多的样子。《诗经·小雅·蓼萧》："蓼彼萧斯，零露～兮。"

糈 xǔ 祭神用的精米。屈原《离骚》："巫咸将夕降兮，怀椒～而要之。"《淮南子·说山》："病者寝席，医之用针石，巫之用～藉，所救钧也。"

醑 xǔ 美酒。魏征《五郊乐章·赤帝徵音》："延长是祈，敬陈椒～。"

旭 xù ❶ 日始出的样子。《诗经·邶风·匏有苦叶》："雝雝鸣雁，～日始旦。"㊂初出的阳光。刘禹锡《葡萄歌》："马乳带轻霜，龙鳞曜初～。"（马乳、龙鳞：葡萄名。）❷［旭旭］光明灿烂。贾谊《新书·修政语下》："君子将入其职，则其于民也，～～然如日之始出也。"

序 xù ❶ 古代地方学校。《孟子·滕文公上》："夏曰校，殷曰～，周曰庠。"❷ 堂屋的东西墙。《礼记·丧大记》："君陈衣于～东。"柳宗元《永州龙兴寺西轩记》："居龙兴寺西～之下。”❸ 秩序，次序。《史记·周本纪》：“夫天地之气，不失其～。”《后汉书·桓帝纪》：“庶事失其～。”（庶：众。）㉿依次序排列。《荀子·王制》：“故～四时。”（四时：四季。）㉿季节。《魏书·律历志上》：“然四～迁流，五行变易。”❹ 序文，序言。如陶潜《归去来兮辞序》、王羲之《兰亭集序》。㉿赠序。用于临别赠言，创于唐初。如韩愈《送孟东野序》。上述❸㉿❹意义又写作“叙”。

呴 xù ❶ 开口出气。《庄子·刻意》：“吹～呼吸，吐故纳新。”《汉书·王褒传》：“～嘘呼吸如侨、松。”❷ 吐出唾液。《庄子·天运》：“泉涸，鱼相与处于陆，相～以湿，相濡以沫，不若相忘于江湖。”❸［呴呴］和顺的样子。《汉书·东方朔传》：“卑身贱体，说色微辞，愉愉～～。”❹ gòu 通“雊”。雉鸣声。《淮南子·要略》：“族铸大钟，撞之庭下，郊雉皆～。”［呴呴］鸟鸣声。《楚辞·九思·悯上》：“孤雌惊兮鸣～～。”❺ hǒu 通“吼”。《楚辞·九怀·蓄英》：“熊罴兮～嗥。”

侐 xù 清静。《诗经·鲁颂·閟宫》：“閟宫有～。”

洫 xù ❶ 田间水道。《左传·襄公十年》：“子驷为田～。”（子驷：人名。）《汉书》有《沟洫志》。❷ 护城河。张衡《东京赋》：“邪阻城～。”❸ 水门。《后汉书·鲍昱传》：“昱乃上作方梁石～，水常饶足，溉田倍多。”❹ 虚，使虚。《管子·小称》：“满者～之，虚者实之。”❺ 败坏。《庄子·则阳》：“与世偕行而不替，所行之备而不～。”

恤（卹） xù ❶ 担忧，忧虑。《左传·闵公元年》：“心苟无瑕，何～乎无家。”㉿顾及。《韩诗外传》卷四：“不～乎公道之达义，偷合苟同，以持禄养者，是谓国贼也。”❷ 体恤，怜悯。《史记·项羽本纪》：“今不～士卒而徇其私。”㉿救济，周济。《北史·魏世祖太武帝纪》：“州镇十五饥，诏开仓振～之。”

叙（敍） xù ❶ 秩序，次序。《尚书·洪范》：“五者来备，各以其～。”《淮南子·本经》：“四时不失其～。”（四时：四季。）㉿依次排列。仲长统《昌言·损益》：“覈（hé）才艺以～官宜。”（覈：考核。）❷ 叙说，陈述。《国语·晋语三》：“纪言以～之，述意以导之。”王羲之《兰亭集序》：“亦足以畅～幽情。”《旧唐书·柳宗元传》：“写情～事。”❸ 序文，序言。如《说文解字叙》。上述❶㉿❸意义又写作“序”。【辨】说，陈，叙，述。见 388 页“说”字。

溆 xù 又写作“漵”、“溆”。❶ 水名。也叫溆浦。在今湖南境内。屈原《九章·涉江》：“入～浦余儃佪兮，迷不知吾所如。”❷ 水边。何逊《赠江长史别诗》：“长飚落江树，秋月照沙～。”

畜 xù 见 58 页。

蓄 xù ❶ 积聚，储藏。《战国策·秦策一》：“沃野千里，～积饶多。”《新五代史·刘郭传》：“将军～米，将疗饥乎？将破敌乎？”㉿蓄养，保存。岳飞《五岳祠盟记》：“养兵休卒，～锐待敌。”成语有“养精蓄锐”。❷ 等待。《后汉书·张衡传》：“孰谓时之可～？”（孰：谁。）

慉 xù ❶ 通“畜”。养。《诗经·邶风·谷风》：“不我能～，反以我为雠。”❷ 通“蓄”。蕴蓄，郁积。《三国志·蜀书·许靖传》裴松之注引《魏略》：“久阔情～，非夫笔墨所能写陈。”

酗 xù 无节制地喝酒。《尚书·微子》：“天毒降灾荒殷邦，方兴沉～于酒。”

勖（勗） xù 勉力，勉励。《诗经·邶风·燕燕》：“先君之思，以～寡人。”《三国志·吴书·吴主传》：“以～相我国家。”（相：辅助。）

绪（緒） xù ❶ 丝头。张衡《南都赋》：“白鹤飞兮茧曳（yè）～。”（茧：蚕茧。曳：牵引。）❷ 头绪，开端。江淹《悦曲池》：“扰百～于眼前。”《北史·李谧传》：“论端究～。”㉿情绪，意绪。秦观《睡起》诗：“睡起东轩（xuān）下，悠悠春～长。”（轩：窗户。）❸ 世系。柳宗元《寄许京兆孟容书》：“恐一日填委沟壑（hè），旷坠先～。”（填沟壑：死亡。）㉿前人留下来的事业。《诗经·鲁颂·閟宫》：“缵禹之～。”（缵：继承。）❹ 残余的。屈原《九章·涉江》：“欸秋冬之～风。”

续（續） xù ❶ 连接，接上一段。《庄子·骈拇》：“凫胫虽短，～之则忧。”《荀子·礼论》：“礼者，断长～短，损有余，益不足。”成语有“狗尾续貂”。❷ 继续，延续。《史记·项羽本纪》：“此亡秦之～耳。”㉿继承。《史记·太史公自序》：“汝复为太史，则～吾祖矣。”

訹 xù 以利害诱导。《宋史·岳飞传》：“淮西之役，俊以前途粮乏～飞，飞不为止。”㉿被人以利害诱导。《汉书·韩安国传》：“今大王列在诸侯，～邪臣浮说，犯上禁，桡明法。”

X

絮 xù ❶粗丝绵。《汉书·晁错传》："可赐之坚甲～衣。"㉑像絮的东西。《世说新语·言语》："未若柳～因风起。"❷在衣服、被褥里铺丝绵。李白《子夜吴歌·冬歌》："一夜～征袍。"

煦 xù 温暖。颜延之《陶征士诔》："晨烟暮霭，春～秋阴。"柳宗元《为裴中丞贺克东平赦表》："伤痍（yí）受～，老疾加恩。"（伤痍：指受创伤、疾苦的人。）

XUAN

轩（軒） xuān ❶大夫以上官吏乘坐的车子。《左传·定公十三年》："齐侯皆敛诸大夫之～。"㉑车。江淹《别赋》："朱～绣轴。"（绣：华丽。）❷栏杆。江淹《别赋》："日下壁而沉彩，月上～而飞光。"（沉彩：指彩光隐没。飞光：光芒四射。）❸堂前屋檐下的平台。孙樵《书褒城驿壁》："至有饲马于～。"（至：甚至于。）❹长廊。柳宗元《永州龙兴寺西轩记》："于是凿西墉以为户，户之外为～。"（墉：高墙。户：门。）❺窗户或门。杜甫《夏夜叹》诗："开～纳微凉。"❻车子前高后低。《诗经·小雅·六月》："戎车既安，如轾如～。"（轾：车子前低后高。）㉑高。钟会《孔雀赋》："舒翼～峙。"（峙：直立。）双音词有"轩昂"。❼飞翔。王粲《赠蔡子笃》诗："归雁载～。"（载：语气词。）

宣 xuān ❶通，畅达。《诗经·大雅·公刘》："既顺迺～，而无永叹。"（既顺迺宣：民心顺，民情通。）《汉书·晁错传》："政之不～，民之不宁。"（宁：安宁。）❷普遍，周遍。《史记·秦始皇本纪》："～省习俗。"（省：考察。）《后汉书·张衡传》："今也，皇泽～洽，海外混同。"[不宣]古代书信结尾的客套话，表示不一一述说的意思。柳宗元《答元饶州论政理书》："书虽多，言不足导意，故止于此，～～。"（书：书写。导意：表达意思。）❸公开。仲长统《昌言·理乱》："君臣～淫。"（淫：淫乱。）❹泄露，发泄。《三国志·吴书·周鲂传》："事之～泄，受罪不测。"李商隐《行次西郊作》诗："列圣蒙此耻，含怀不能～。"（列圣：指唐宣宗以后的几代皇帝。蒙：受。）❺宣扬，发扬。《后汉书·刘恺传》："今刺史一州之表，二千石千里之师，职在辩章百姓，～美风俗。"柳宗元《斩曲几文》："谄谀宜惕，正直宜～。"（宜：应该。）❻宣布君主的诏谕。《三国志·吴书·吴主传》："特下燕国，奉～诏恩。"（特下燕国：特地派使者去燕国。奉：敬辞。）

萱（蘐、藼） xuān 萱草。一种草本植物。传说可以使人忘忧。孟郊《游子》诗："～草生堂阶，游子行天涯。"嵇康《养生论》："合欢蠲（juān）忿，～草忘忧。"（蠲：除去。）[萱堂]指母亲的居室，又指母亲。叶梦得《再任后遣模归按视石林》诗："白发～～上，孩儿更共怀。"

暄 xuān 温暖。陶潜《九日闲居》诗："露凄～风息，气澈天象明。"双音词有"寒暄"。

諠 xuān ❶喧哗。《世说新语·雅量》："既风转急，浪猛，诸人皆～动不坐。"这个意义又写作"喧"。[諠呶（náo）]大声呼叫。刘峻《东阳金华山栖志》："酒酣耳热，屡舞～～。"❷忘记。《礼记·大学》引《诗》："有斐君子，终不可～兮。"

谖（諼） xuān ❶欺诈，欺骗。《公羊传·襄公二十六年》："此～君以弑也。"《汉书·王吉传》："反怀诈～之辞。"❷忘记。《诗经·卫风·考槃》："永矢弗～。"（矢：发誓。弗：不。）

儇 xuān ❶灵巧。《诗经·齐风·还》："并驱从两肩兮，揖我谓我～兮。"（肩：通"豜"。大兽。）❷轻佻巧慧。屈原《九章·惜诵》："忘～媚以背众兮，待明君其知之。"《吕氏春秋·士容》："其状朗然不～，若失其一。"

翾 xuān 小飞。屈原《九歌·东君》："～飞兮翠曾，展诗兮会舞。"夏侯湛《春可乐赋》："鹦交交以弄音，翠～～以轻翔。"

玄 xuán ❶黑中带红。《尚书·汤诰》："敢用～牡，敢昭告于上天神后。"（牡：公马。）㉑黑。《韩非子·十过》："有～云从西北方起。"❷天，天空。扬雄《甘泉赋》："惟汉十世，将郊上～。"（十世：指成帝。郊：一种祭祀。）❸深奥，玄妙。《老子·一章》："～之又～，众妙之门。"沈约《齐故安陆昭王碑文》："学遍书部，特善～言。"（书部：指各类书籍。）

县（縣） xuán 见446页。

旋 xuán ❶转动，旋转。《荀子·天论》："列星随～，日月递炤。"（递：交替。炤：照耀。）❷归，回。阮籍《咏怀》之十四："晨鸡鸣高树，命驾起～归。"李商隐《行次西郊作》诗："未知何日～。"❸随即。《史记·扁鹊仓公列传》："病～已。"《后汉书·董卓传》："卓既杀琼、珌，～亦悔之。"（琼、珌：人名。）❹小便。《左传·定公三年》："夷射姑～焉。”（夷射姑：人名。）

璇（琁、璿） xuán ❶美玉。《荀子·赋》：“～、玉、瑶、珠，不知佩也。”（瑶：美玉。佩：佩戴。）❷［璇玑］［璇机］1. 星名，北斗成斗形的四颗星。《楚辞·九思·怨上》：“谣吟兮中野，上察兮～玑。”（察：观察。）2. 古代天文仪器。《后汉书·安帝纪》：“莫不据～机玉衡，以齐七政。”（玉衡：天文仪器。七政：指日、月和金、木、水、火、土五行星。）

选（選） xuǎn ❶挑拣，选择。《左传·定公八年》：“孟氏～圉人之壮者三百人。”贾思勰《齐民要术·收种》：“～好穗纯色者。”［选举］古代通过推选或科举选拔官吏的制度。《汉书·鲍宣传》：“龚胜为司直，郡国皆慎～～。”[引]优秀人才。《礼记·礼运》：“禹、汤、文、武、成王、周公，由此其～也。”❷suàn 通“算”。数，计算。《诗经·邶风·柏舟》：“威仪棣棣，不可～也。”

晅 xuǎn 威仪显著的样子。《诗经·卫风·淇奥》：“瑟兮僩兮，赫兮～兮。”

烜 xuǎn ❶光明，显赫。［烜赫］昭著，显赫。荀悦《汉纪·成帝纪》：“无～～之恶。”又写作“烜爀”。王安石《上杜学士书》：“将相大臣，气势～～。”成语有“烜赫一时”。❷晒干。《周易·说》：“雨以润之，日以～之。”

泫 xuàn 水珠下滴。谢灵运《从斤竹涧越岭溪行》诗：“岩下云方合，花上露犹～。”[引]流泪。《吕氏春秋·知士》：“静郭君～而曰：‘不可，吾弗忍为也。’”王僧达《祭颜光禄文》：“心悽目～。”［泫然］流泪的样子。《论衡·论死》：“孔子闻之，～～流涕。”

炫 xuàn ❶照耀。《战国策·秦策一》：“当秦之隆，黄金万镒为用，转毂连骑，～熿于道。”《晋书·张华传》：“大盆盛水，置剑其上，视之者精芒～目。”（精芒：光芒。）❷通“衒”。炫耀，自夸。张仲方《披沙拣金赋》：“美价初～，微明内融。”❸［炫耀］1. 光耀。屈原《远游》：“建雄虹之采旄兮，五色杂而～～。”2. 夸耀。《盐铁论·崇礼》：“～～奇怪。”

眩 xuàn ❶眼花，看不清楚。《战国策·燕策三》：“秦王目～良久。”《三国志·魏书·华佗传》：“心乱目～。”[引]迷惑，迷乱。《韩非子·内储说下》：“是以奸臣者，召敌兵以内除，举外事以～主。”《汉书·元帝纪》：“俗儒不达时宜，好是古非今，使人～于名实，不知所守。”（不达时宜：指不了解时代的要求。名实：名称和实际。守：遵守。）❷［眩耀］1. 光辉明亮。扬雄《甘泉赋》：“辉光～～。”2. 显示，夸耀。《后汉书·西南夷传·莋都夷》：“是时郡尉府舍皆有雕饰，画山神海灵、奇禽异兽，以～～之。”这个意义又写作“炫耀”。❸huàn 通“幻”。变幻，表演幻术。《史记·大宛列传》：“以大鸟卵及黎轩善～人，献于汉。”（黎轩：古国名。善：善于。）

铉（鉉） xuàn 用以穿过鼎的两耳，把鼎抬起来的器具。《周易·鼎》：“鼎，黄耳金～。”张华《祖道征西应诏》诗：“内饪玉～，外惟鹰扬。”

衒 xuàn ❶沿街叫卖。屈原《天问》：“妖夫曳（yè）～，何号于市？”（曳：牵引。）[泛]卖。《三国志·魏书·武帝纪》注引《魏书》：“下民贫弱，代出租赋，～鬻（yù）家财，不足应命。”（鬻：卖。）❷炫耀，自夸。柳宗元《答韦中立论师道书》：“谁敢～怪于群目，以召闹取怒乎？”这个意义现在写作“炫”。

绚（絢） xuàn 有文采，绚丽。《仪礼·聘礼》：“系长尺～组。”（系：系玉的带子。组：丝织的宽带子。）颜延之《宋文皇帝元皇后哀策文》：“素章增～。”

渲 xuàn 一种绘画方法，先把颜料涂在纸上，然后用笔蘸水涂抹使色彩浓淡适宜。郭熙《林泉高致·画诀》：“以水墨再三而淋之，谓之～。”双音词有“渲染”。

XUE

削 xuē ❶书刀，古时用来削除写在木简或竹简上错字的小刀。《周礼·考工记·筑氏》：“筑氏为～，长尺，博寸。”（博：宽。）[引]用刀削。《墨子·鲁问》：“公输子～竹木以为鹊。”（鹊：鹊。）[引]删削。《后汉书·皇后纪上》：“自撰《显宗起居注》，～去兄防参医药事。”（防：马防，人名。）❷削减，削弱。《汉书·文三王传》：“～梁王五县。”《韩非子·十过》：“内不量力，外恃诸侯，则～国之患也。”（恃：依靠。）[又]分割土地。《战国策·齐策一》：“夫齐～地而封田婴。”（田婴：人名。）❸qiào 通“鞘”。刀剑套。《汉书·货殖传》：“质氏以洒（xǐ）～而鼎食。”（洒：洗。）

薛 xuē ❶一种草。司马相如《子虚赋》：“～莎青薠（fán）。”（莎、青薠：草名。）❷周代诸侯国，在今山东滕州东南。

鞾 xuē 靴子。曹操《与太尉杨彪书》：“并遗足下贵室错彩罗縠裘一领，织成～一量。”李商隐《安平公》诗：“长者子来辄献盖，辟支佛去空留～。”

穴 xué ❶土室，岩洞。《墨子·辞过》：“古之民未知为宫室时，就陵阜而居，～而处。”（陵阜：山陵。）东方朔《七谏·谬谏》：“愿侧身岩～而自托。”❷动物的巢穴。《韩非子·喻老》：“千丈之堤以蝼蚁之～溃。”成语有“不入虎穴，焉得虎子”。❸洞穴。《孟子·滕文公下》：“钻～隙相窥，逾墙相从。”㊀穿，穿洞。《汉书·灌夫传》：“今日斩头～匈。”（匈：胸。）柳宗元《天说》：“虫之生而物益坏，食啮（niè）之，攻～之。”（啮：咬。）❹墓穴。《诗经·王风·大车》：“谷则异室，死则同～。”（谷：生。）❺人体穴位。《素问·气府论》：“足太阳脉气所发者，七十八～。”

学（學、斈） xué ❶学习。《论语·述而》：“～而时习之。”㊀学问。《韩非子·外储说左上》：“其～甚博。”❷学校。《礼记·学记》：“古之教者，家有塾……国有～。”

嶨 xué ❶山上夏有水冬无水的湖。㊀湖泽。庾阐《三月三日临曲水》诗：“高泉吐东岑，洄澜自净～。”❷xiào［嶨㵿（qiāo）］交错的样子。左思《吴都赋》：“儸嚣～～，交贸相竞。”［嶨㵽（zhuó）］波涛激荡声。郭璞《江赋》：“砯岩鼓作，㶁湱～～。”

雪 xuě ❶雪。屈原《九歌·湘君》：“桂棹兮兰枻，斲冰兮积～。”❷揩拭。杜甫《丈八沟纳凉》诗：“佳人～藕丝。”㊀洗刷。李白《独漉篇》：“国耻未～，何由成名。”

吷 xuè 小声。《庄子·则阳》：“夫吹管也，犹有嗃（xiāo）也；吹剑首者，～而已矣。”（嗃：吹管声。）韩愈《读皇甫湜公安园池诗书其后》诗之一：“晋人目二子，其犹吹一～。区区自其下，顾肯挂牙舌。”

狘 xuè 兽狂奔的样子。《礼记·礼运》：“麟以为畜，故兽不～。”

谑（謔） xuè 开玩笑。《诗经·邶风·终风》：“～浪笑敖，中心是悼。”（浪：放荡。）《世说新语·容止》：“因便据胡床，与诸人咏～。”李白《陌上桑》诗：“调笑来相～。”

瞲 xuè 惊视的样子。《荀子·荣辱》：“俄而粲然有秉刍豢稻粱而至者，则～然视之曰：‘此何怪也！’”

XUN

勋（勳） xūn 功劳。《左传·文公八年》：“狐、赵之～不可废也。”《三国志·魏书·郭嘉传》：“追思嘉～，实不可忘。”

埙（塤、壎） xūn 一种陶制的乐器，六孔。《诗经·小雅·何人斯》：“伯氏吹～，仲氏吹篪。”《吕氏春秋·仲夏》：“调竽笙～篪，饬钟磬柷敔。”

熏 xūn ❶火烟。陶弘景《许长史旧馆坛碑》：“金炉扬～。”❷烤，熏。《诗经·大雅·云汉》：“忧心如～。”《诗经·豳风·七月》：“穹窒～鼠，塞向墐户。”这个意义后来写作“燻”，现简化为“熏”。❸气味侵袭。鲍照《代苦热行》：“鄣气昼～体。”（鄣气：瘴气。）❹温暖。程垓《菩萨蛮·东风有意留人住》：“东风有意留人住，～风无意吹人去。”❺通“曛”。黄昏。《后汉书·赵壹传》：“至～夕，极欢而去。”

薰 xūn ❶一种香草。《左传·僖公四年》：“一～一莸（yóu），十年尚犹有臭。”（莸：一种臭草。）❷花草香。江淹《别赋》：“闺中风暖，陌上草～。”（陌：路。）㊀用香料熏，使染上香味。《韩非子·外储说左上》：“为木兰之柜，～以桂椒，缀以珠玉。”（缀：装饰。）㊀香气刺激人。《庄子·天地》：“五臭～鼻。”❸通“熏”。火烟。鲍照《芜城赋》：“皆～歇烬灭，光沉响绝。”❹通“熏”。熏，烤。潘岳《马汧督诔》：“内焚穬（kuàng）火～之。”（穬：指稻麦。）❺通“熏”。温暖。白居易《首夏南池独酌》诗：“～风自南至，吹我池上林。”❻［薰育］［薰粥（yù）］又写作“獯鬻”。古匈奴名。

𫄸（纁） xūn ❶浅赤色。《仪礼·士冠礼》：“～裳，纯衣，缁带。”㊀浅赤色的帛。《左传·哀公十一年》：“寘之新箧，褽之以玄～，加组带焉。”（褽：垫。玄：黑色的帛。）❷通“曛”。日光暗淡。屈原《九章·思美人》：“指嶓冢之西隈兮，与～黄以为期。”

曛 xūn 日落时的余光。孙逖《下京口埭夜行》诗：“孤帆度绿氛，寒浦落红～。”（度：穿过。氛：气氛。浦：江边。）㊀黄昏。李白《送崔度还吴》诗：“踌躇日将～。”

旬 xún ❶十天。《尚书·尧典》：“朞（jī）三百有六～有六日。”（朞：一周年。）《韩非子·初见秦》：“围梁数～，则梁可拔。”（梁：魏国国都。拔：攻克。）❷十年（后起意义）。白居易《偶吟自慰兼呈梦得》：“且喜同年满七～。”❸周，用于年月。《汉书·翟方进传》：“方进～岁间，免两司隶。”（旬岁：一周年。司隶：官名。）《论衡·讲瑞》：“蓂荚朱草……暂时产出，～月枯折。”（旬

X

月：一周月。）

询(詢) xún 问，征求意见，请教。《左传·成公十三年》："秦大夫不～于我寡君，擅及郑盟。"贾思勰《齐民要术序》："～之老成，验之行事。"（向有经验的人请教，到实践中检验。）

荀 xún ❶一种香草。《山海经·中山经》："有草焉，其状如葌，而方茎黄华赤实，其本如藁本，名曰～草。"❷周代国名。故地在今山西新绛。

峋 xún ［嶙峋］见251页"嶙"字。

洵 xún ❶诚然，确实。《诗经·郑风·叔于田》："～美且好。"❷远。《诗经·邶风·击鼓》："于嗟～兮，不我信兮。"❸流泪。《国语·鲁语下》："无～涕，无掐膺。"

恂 xún ❶相信，信任。《列子·周穆王》："且～士师之言可也。"（士师：主管狱讼的官。）❷恐惧，害怕。《庄子·齐物论》："木处则惴慄(zhuì lì)～惧。"（在树上就恐惧害怕。）❸［恂恂］1.恭敬谨慎的样子。《汉书·冯参传》："参为人矜(jīn)严，好修容仪，进退～～。"2.紧张担心的样子。柳宗元《捕蛇者说》："吾～～而起。"3.通"循循"。有步骤的样子。《后汉书·赵壹传》："失～～善诱之德。"❹畅通。《庄子·知北游》："思虑～达，耳目聪明。"

寻(尋) xún ❶古代的长度单位，八尺为一寻。《史记·张仪列传》："秦马之良，戎兵之众，探前趹后蹄间(jiān)三～腾者，不可胜数。"（蹄间三寻：马一跃就三寻。）［寻常］1.长度单位。八尺为寻，十六尺为常。《韩非子·五蠹》："布帛～～，庸人不释。"（庸人：普通人。释：放弃。）2.平常。刘禹锡《乌衣巷》诗："旧时王谢堂前燕，飞入～～百姓家。"❷寻找。《世说新语·自新》："乃自吴～二陆。"（二陆：陆机、陆云。）㉑探求，追溯。苏轼《王维吴道子画》诗："一一皆可～其源。"❸重温。《三国志·吴书·吴主传》："更～盟好。"❹使用。《左传·僖公五年》："三年将～师焉。"（师：军队。）❺副词。随即，不久。陶潜《桃花源记》："闻之，欣然规往，未果，～病终。"（规往：计划要去。未果：没有实现。）❻［相寻］连续不断而来。《北史·薛安都传》："俄而酒馔～～，刍粟继至。"（俄而：一会儿。馔：食物。刍粟：粮草。）

浔(潯) xún ❶水边。沈约《应诏乐游苑饯吕僧珍》诗："伐罪芒山曲，吊民伊水～。"❷yín［浸(jìn)浔］浸渍。《史记·司马相如列传》："是以六合之内，八方之外，～～衍溢。"

焊(燖、燅) xún ❶把肉放在沸水中略一煮。沈括《梦溪笔谈》卷三："祭礼有腥、～、熟三献。"❷用烫水去毛。郦道元《水经注·若水》："又有温水，冬夏常热，其源可～鸡豚。"

巡(廵) xún ❶巡视。《左传·宣公十二年》："王～三军，拊而勉之。"《史记·秦始皇本纪》："三十有七年，亲～天下。"❷量词。匝，遍。多用于饮酒。杜甫《拨闷》诗："乘舟取醉非难事，下峡销愁定几～？"（销：消。）❸［逡巡］见346页"逡"字。

纠(紃) xún ❶似绳的带子。《礼记·内则》："治丝茧，织纴组～，学女事。"（组：扁平的带子。）❷通"循"。顺着。《荀子·非十二子》："终日言成文典，反～察之，则偶然无所归宿，不可以经国定分。"

循 xún ❶顺着。《左传·昭公二十三年》："～山而南。"㉑遵循，沿袭。屈原《离骚》："～绳墨而不颇。"（绳墨：准则，法度。）［循循］1.顺着的样子。《素问·刺腰痛论》："少阳令人腰痛，如以针刺其皮中，～～然，不可以俛(fǔ)仰，不可以顾。"（俛：俯。）2.有步骤的样子。《论语·子罕》："夫子～～然善诱人。"❷抚摩。《汉书·李陵传》："而数数自～其刀环。"㉑安慰，慰问。《汉书·萧何传》："拊(fǔ)～勉百姓。"（拊：抚，安抚。）❸通"巡"。巡视。《汉书·宣帝纪》："遣大中大夫强等十二人～行天下。"（大中大夫：即太中大夫。官名。强：人名。）

训(訓) xùn ❶教导，教诲。《左传·桓公十三年》："～诸司以德。"❷规范，准则。《诗经·大雅·烝民》："古～是式。"成语有"不足为训"。❸训练。《晋书·羊祜传》："缮(shàn)甲～卒，广为戎备。"❹词义解释，训释。刘知几《史通·言语》："夫上古之世，人惟朴略，言语难晓，～释方通。"

驯(馴) xùn ❶驯服，顺从。《淮南子·说林》："马先～而后求良。"㉑使驯服。《韩非子·外储说右上》："夫～乌者断其下翎，则必恃人而食，焉得不～乎？"❷善良，温顺。《史记·管蔡世家》："冉季、康叔皆有～行。"❸逐渐。《宋史·谭世勣传》："小恶不惩，将～至大患。"❹通"训"。《史记·孝文本纪》："列侯亦无由教～其民。"

X

讯(訊) xùn ❶问,询问。《公羊传·僖公十年》:"君尝～臣矣。"《三国志·吴书·吕蒙传》:"羽人还,私相参～,咸知家门无恙。"(羽:关羽。私:私下。咸:都。无恙:平安无事。) ❷审问,审讯。邹阳《狱中上梁王书》:"卒从吏～。"(卒:终于。) ❸音信,消息。陆机《赠冯文罴》诗:"良～代兼金。"(兼金:指好金子。)㊀书信(后起意义)。苏轼《答孔毅夫》之一:"忽辱手书及子由家～,穷涂一笑,岂易得哉。" ❹告,告诫。《诗经·陈风·墓门》:"夫也不良,歌以～之。" ❺古代辞赋最后总括全篇要旨的一段。贾谊《吊屈原赋》:"～曰:'已矣,国其莫我知,独堙(yīn)郁兮其谁语?'"(已矣:罢了。莫我知:没有人知道我。堙郁:郁闷。)【辨】问,讯,诘。见197页"诘"字。

汛 xùn ❶洒水。《乐府诗集·隋五郊歌》:"灵坛～扫,盛乐高张。" ❷江河季节性的涨水。《宋史·河渠志七》:"日纳潮水,沙泥浑浊,一～一淤。"

迅 xùn 快,急速。《世说新语·汰侈》:"崇牛数十步后～若飞禽,恺牛绝走不能及。"(崇、恺:人名。)《汉书·沟洫志》:"北渡回兮～流难。"[迅雷]疾雷。《论语·乡党》:"～～风烈必变。"成语有"迅雷不及掩耳"。

徇(狥) xùn ❶示众。《史记·秦始皇本纪》:"车裂以～,灭其宗。"(车裂:古代的一种刑罚。宗:宗族。) ❷通"殉"。为了某种目的而死。《史记·伯夷列传》:"贪夫～财。" ❸ xún 巡行。《汉书·食货志上》:"行人振木铎～于路。"(木铎:金口木舌的大铃。)㊕带兵巡行占领地方。《史记·项羽本纪》:"籍为裨将,～下县。"(籍:项羽。裨将:副将。) ❹ xún 顺从。《左传·文公十一年》:"国人弗～。"

殉 xùn ❶用活人陪葬。《墨子·节葬下》:"天子杀～,众者数百,寡者数十。"㊀用偶人或器物随葬。《宋史·贾似道传》:"闻余玠有玉带,求之,已～葬矣。" ❷为了某种目的而死。刘肃《大唐新语》卷三:"汝先君清恪,以身～国。"㊁追求。《后汉书·谢夷吾传》:"不～名以求誉,不驰骛以要宠。" ❸通"徇"。巡行。《后汉书·李固传》:"南阳人董班亦往哭固,而～尸不肯去。"

逊(遜) xùn ❶逃。扬雄《剧秦美新》:"抱其书而远～。" ❷让,退让。《史记·太史公自序》:"唐尧～位,虞舜不台(yí)。"(台:通"怡"。高兴。) ❸谦逊,恭顺。曹操《让县自明本志令》:"言有不～之志。"成语有"出言不逊"。 ❹差一些,次一点(后起意义)。徐弘祖《徐霞客游记·粤西游日记二》:"高少～于北巅。"双音词有"逊色"。

巽 xùn ❶八卦之一,代表风。见139页"卦"字。 ❷通"逊"。让,退让。《尚书·尧典》:"朕在位七十载,汝能庸命,～朕位。"(庸命:用命,指执行命令。) ❸通"逊"。谦逊,恭顺。《周易·蒙》:"童蒙之吉,顺以～也。"

噀(潠) xùn 含在嘴里喷出。《后汉书·郭宪传》:"忽回向东北,含酒三～。"庾信《见游春人》诗:"那能学～酒,无处似栾巴。"

YA

压（壓） yā ❶ 压，压住。《左传·昭公四年》："梦天～己，弗胜。"（弗胜：不能承受。）李贺《雁门太守行》："黑云～城城欲摧。" ❷ 压制，压抑。《公羊传·文公十四年》："子以大国～之，则未知齐晋孰有之也。"（子：你。）(引)胜过，超过。王定保《唐摭言·慈恩寺题名游赏赋咏杂纪》："我今日～倒元白。"（元白：元稹、白居易。）双音词有"压卷"（名列第一、压倒其余的诗文书画等）。❸ 堵塞。《后汉书·王涣传》："莫不曲尽情诈，～塞群疑。" ❹ 迫近，逼近。《左传·襄公二十六年》："楚晨～晋军而陈。"（陈：阵，布阵。）

押 yā ❶ 在公文、契约上签字或画记号，以做凭信。《宋史·高宗纪》："必先书～而后报行。" ❷ 监督，主管。《新唐书·百官志》："以六员分～尚书六曹。"（尚书：尚书省，官署名。曹：分科办事的官署。）双音词有"押车"。❸ 帘轴，用以镇帘。李商隐《灯》诗："影随帘～转。" ❹ 通"压"。压住。《晋书·东夷辰韩传》："以石～其头使扁。" ❺ 作诗用韵。牛僧孺《玄怪录》卷三："袁郎此篇甚为佳妙，然未知我二十七郎封郎能～剧韵。"又作"压韵"。

牙 yá ❶ 槽牙。《吕氏春秋·淫辞》："问马齿，圉人曰：'齿十二与～三十。'"(泛)牙齿的通称。《楚辞·大招》："靥辅奇～，宜笑嘕只。"(特)象牙。鲍照《代淮南王》诗："琉璃作盌～作盘，金鼎玉匕合神丹。" ❷ 咬。《战国策·秦策三》："王见大王之狗……投之一骨，轻起相～者，何则？有争意也。" ❸ 牙旗，将军的大旗。潘岳《关中诗》："高～乃建。" ❹ 官署的称呼。《新唐书·泉献诚传》："命宰相、南北～群臣。"这个意义后来写作"衙"。❺ [牙郎]介绍买卖，从中取利的人。《资治通鉴·唐玄宗开元二十四年》："皆为互市～～。" ❻ 通"芽"。发芽。沈括《梦溪笔谈》卷二六："一亩之稼，则粪溉者先～。"【辨】牙，齿。见51页"齿"字。

崖（崕） yá ❶ 山或高地陡立的侧面。曹丕《善哉行》："高山有～。"成语有"悬崖峭壁"。(又)岸边。《荀子·劝学》："渊生珠而～不枯。" ❷ 边际，尽头。《庄子·山木》："君其涉于江而浮于海，望之而不见其～。"

涯 yá ❶ 水边。《尚书·微子》："若涉大水，其无津～。"《韩非子·说林下》："水之以～，其无水者也。"（以：及，到。）❷ 边际，极限。王勃《送杜少府之任蜀州》诗："海内存知己，天～若比邻。"《庄子·养生主》："吾生也有～，而知也无～。"(又)度量。《陈书·始兴王传》："不～年德，逾逞狂躁，图为祸乱。"【辨】岸，涯，垠。见491页"垠"字。

睚 yá [睚眦（zì）]怒目而视。左思《吴都赋》："～～则挺剑，暗呜则弯弓。"（暗呜：怒喝声。）(引)小的怨忿。《史记·游侠列传》："以～～杀人。"

衙 yá ❶ 衙门，官署。吴自牧《梦粱录·立春》："以旗鼓锣吹妓乐迎春牛往府～前迎春馆内。"(引)衙参，官吏到上司衙门排班参见。韩愈《河南府同官记》："序留司文武百官于宫城门外而～之。" ❷ yú [衙衙]行走的样子。宋玉《九辩》："属雷师之阗阗兮，通飞廉之～～。"

哑（啞） yǎ ❶ 口不能言。《管子·入国》："聋盲、喑～、跛躄、偏枯、握递，不耐自生者，上收而养之。"（耐：能。）(又)语声不清。《战国策·赵策一》："（豫让）又吞炭为～，变其音。" ❷ è 笑声。《周易·震》："笑言～～。"《吴越春秋·越王无余外传》："禹乃～然而笑。"王维《宋进马哀词》："百官并入兮，何语笑之～～。" ❸ yā [哑哑]象声词。《淮南子·原道》："乌之～～，鹊之唶唶（zé zé）。"李白《乌夜啼》诗："黄云城边乌欲栖，归飞～～枝上啼。" ❹ yà 叹词。《韩非子·难一》："～！是非君人者之言也。"

雅 yǎ ❶ 正，正确的。《荀子·儒效》："道过三代谓之荡，法二后王谓之不～。"诸葛亮《出师表》："察纳～言。"（察纳：考察，采纳。）(又)规范的。《论语·述而》："诗书执礼，皆～言也。" ❷ 高尚，不俗。《三国志·蜀书·诸葛亮传》："才识不及预，而～性过之。"（预：人名。）❸ 平素，向来。《史记·高祖本纪》："雍齿～不欲属沛公。"（雍齿：人名。）(引)交往，交情。《汉书·谷永传》："无一日之～。" ❹ 甚，很。杨恽《报孙会宗书》："～善鼓瑟。"（鼓：弹奏。）❺《诗经》中的一类，包括"小雅"、"大雅"。《左传·隐公三年》："风有《采蘩》、《采蘋》，～有《行苇》、《泂酌》。"

轧（軋） yà ❶ 辗压。㊕古代一种压碎人骨节的酷刑。《史记·匈奴列传》："有罪，小者～，大者死。" ❷ 倾轧，排挤。《荀子·议兵》："常恐天下之一合而～己也。"㊋压制，压倒。《新唐书·李绅传》："御史覆狱还，皆对天子别白是非，德裕权～天下，使不得对。" ❸［轧轧］1. 难出的样子。陆机《文赋》："理翳翳而愈伏，思～～其若抽。" 2. 象声词。常用来形容织布声、车声、摇桨声。温庭筠《江南曲》："～～摇桨声。"刘克庄《运粮行》："大车小车声～～。"

亚（亞） yà ❶ 次。《国语·吴语》："吴公先歃，晋侯～之。"《左传·襄公十九年》："圭妫之班～宋子，而相亲也。"（班：等级。）㊀匹配，同等。《南史·颜协传》："时吴郡顾协亦在蕃邸，与协同名，才学相～，府中称为二协。"［亚匹］同等的人物。《三国志·蜀书·诸葛亮传》："可谓识治之良才，管萧之～～矣。"（管萧：管仲、萧何。）❷ 通"娅"。姊妹的丈夫相互间的称谓。《诗经·小雅·节南山》："琐琐姻～，则无膴仕。"（姻：女婿之父。）

娅（婭） yà ❶ 姊妹之夫相称为娅。《后汉书·酷吏传》："阉人亲～，侵虐天下。" ❷［娅姹（chà）］美丽的样子。和凝《江城子》之四："～～含情娇不语。"

迓 yà 迎接。《左传·成公十三年》："～晋侯于新楚。"（新楚：地名。）

揠 yà 拔。《孟子·公孙丑上》："宋人有闵其苗之不长而～之者。"（闵：悯。）㊀提拔，提升。《宋史·岳飞传》："德与琼素不相下，一旦～之在上，则必争。"（德、琼：人名。素：平素。不相下：指互不服气。）

猰 yà ［猰貐］食人怪兽。《淮南子·本经》："～～、凿齿、九婴、大风、封豨、修蛇皆为民害。"李贺《公无出门》诗："毒虬相视振金环，狻猊～～吐馋涎。"又写作"猰貐"。

YAN

咽 yān ❶ 喉咙。《战国策·秦策四》："韩，天下之～喉；魏，天下之胸腹。" ❷ yàn 吞。《孟子·滕文公下》："三～，然后耳有闻，目有见。" ❸ yè 哽咽，声音阻塞。蔡琰《悲愤诗》："含哀～兮涕沾颈。"李白《忆秦娥》词："箫声～，秦娥梦断秦楼月。"

烟 yān ❶ 物质燃烧时产生的气状物。《荀子·富国》："然后飞鸟凫雁若～海。" ❷ yīn［烟煴］同"絪缊"。弥漫于天地之间的元气。班固《东都赋》："降～～，调元气。"㊋气体弥漫的样子。王延寿《鲁灵光殿赋》："包阴阳之变化，含元气之～～。"【注意】"物质燃烧时产生的气状物"这个意义，古代多写作"煙"，很少写作"烟"。"烟煴"的"烟"不能写作"煙"。

恹（懨） yān ［恹恹］精神不振。韦庄《冬日长安感志寄献虢州崔郎中二十韵》："客舍正甘愁寂寂，郡楼遥想醉～～。"

焉 yān ❶ 于何，在哪里。《列子·汤问》："且～置土石？"（置：放。）❷ 疑问代词。怎么，哪里。《吕氏春秋·察微》："吴人～敢攻吾邑？"《史记·司马相如列传》："～足道邪！"㊋疑问代词。什么。《墨子·尚贤下》："面目美好者，～故必知哉？"（故：缘故。知：通"智"。）❸ 于此，在这里，在那里。屈原《离骚》："驰椒丘且～止息。"《三国志·吴书·吴主传》："彼有人～，未可图也。" ❹ 代词。相当于"之"。《左传·僖公二十三年》："子女玉帛，则君有之；羽毛齿革，则君地生～。" ❺ 连词。相当于"乃"、"则"、"就"。《荀子·议兵》："若赴水火，入～焦没耳。" ❻ 语气词。《列子·汤问》："寒暑易节，始一反～。"（反：返。）❼ 形容词、副词词尾，"……的样子"。杜牧《阿房宫赋》："盘盘～，囷囷～，蜂房水涡，矗不知其几千万落。"

鄢 yān 古邑名。春秋楚国别都。在今湖北宜城附近。《韩非子·难一》："楚两用昭、景而亡～郢。"（郢：楚的都城。）

嫣 yān ［嫣然］笑容美好的样子。宋玉《登徒子好色赋》："～～一笑。"［嫣红］浓艳的红色。李商隐《河阳》诗："侧近～～伴柔绿。"成语有"姹紫嫣红"。

崦 yān ［崦嵫（zī）］山名。古人认为是日入之处。屈原《离骚》："吾令羲和弭节兮，望～～而勿迫。"

阉（閹） yān 阉割。《后汉书·宦者列传》："中兴之初，宦官悉用～人。"（悉：全。）㊕宦官。《后汉书·荀淑传》："兄弟皆正身疾恶，志除～宦。"（疾：痛恨。）［阉然］曲意迎合的样子。《孟子·尽心下》："～～媚于世也者，是乡原也。"

淹 yān ❶ 沤（òu），浸。《楚辞·九叹·怨思》："～芳芷（zhǐ）于腐井兮。"（芳

芷:香草。腐井:臭水井。)㉠淹没。《北史·皇甫亮传》:"为宅中水～不泄。"❷沉溺。多用于抽象意义。枚乘《七发》:"～沉之乐,浩唐之心,遁佚之志,其奚由至哉!"(沉:沉迷。)❸迟延,停留。屈原《离骚》:"日月忽其不～兮,春与秋其代序。"(忽:快速的样子。代序:代替,轮换。)柳永《八声甘州》:"何事苦～留。"㉠久。《左传·襄公二十六年》:"君～恤在外十二年矣。"(恤:遭忧。)❹精深,指知识深广。常"淹通"、"淹博"、"淹贯"、"淹雅"、"淹该"等连用。刘勰《文心雕龙·体性》:"平子～通,故虑周而藻密。"(平子:指张衡。虑周:思虑周密。藻密:文辞严谨。)《新唐书·柳登传》:"～贯群书。"

湮 yān ❶埋没,不被人所知道。司马相如《封禅文》:"～灭而不称者,不可胜数。"《新唐书·魏征传》:"始丧乱后,典章～散。"(散:散失。)❷填塞。《庄子·天下》:"昔者禹之～洪水,决江河。"(决:疏通,疏导。)

延 yán ❶伸长,延长。《韩非子·十过》:"有玄鹤二八……～颈而鸣,舒翼而舞。"(颈:脖子。舒:展开。)《论衡·道虚》:"道家或以服食药物,轻身益气,～年度世,此又虚也。"成语有"延年益寿"。❷蔓延,扩展。《史记·汲郑列传》:"河内失火,～烧千余家。"(河内:地名。)❸引进,迎接。《战国策·齐策四》:"宣王使谒者～入。"(谒者:负责礼宾的官吏。)㉠邀请。陶潜《桃花源记》:"余人各复～至其家,皆出酒食。"双音词有"延请"。

埏 yán 见360页。

綖(綖) yán ❶覆盖在冠冕上作为装饰的布。《国语·鲁语下》:"王后亲织玄紞,公侯之夫人加之以纮、～。"❷通"延"。延缓。《吕氏春秋·勿躬》:"若此则形性弥羸而耳目愈精,百官慎职而莫敢愉(tōu)～。"(愉:偷,苟且。)❸xiàn "线"的异体字。《后汉书·虞诩传》:"以采～缝其裾为帜。"

蜒 yán ❶[蜿蜒]见422页"蜿"字。❷[蜒蚰(yóu)]一种软体动物,俗称鼻涕虫。

筵 yán ❶竹制的垫席。《诗经·大雅·行苇》:"或肆之～,或授之几。"《史记·乐书》:"布～席,陈樽(zūn)俎(zǔ)。"(布:铺设。樽:酒杯。俎:放祭品的器具。)㉠座位。《隋书·礼仪志六》:"皇帝负扆(yǐ),则置神玺(xǐ)于～前之右。"(负扆:背靠屏风面向南。神玺:皇帝大印。)❷古人饮食宴会在席上,所以酒席叫"筵"。李商隐《行次西郊作》诗:"五里一换马,十里一开～。"【辨】筵,席。二者都是席子。古人席地而坐,把铺在底下的叫"筵",铺在上面的叫"席"。后代席地而坐的习俗变了,"筵"与"席"就没有严格的区别了,但床上铺的只叫"席"而不叫"筵"。

严(嚴) yán ❶急,紧急。《孟子·公孙丑下》:"事～,虞不敢请。"(虞:人名。)❷严厉,严格。《韩非子·难四》:"君明而～,则群臣忠。"㉠威严。《诗经·小雅·六月》:"有～有翼。"(有:形容词词头。翼:恭敬。)[严君]旧时对父亲的尊称。《晋书·潘尼传》:"国事明王,家奉～～。"❸尊敬。《史记·游侠列传》:"诸公以故～重之,争为用。"(以故:因此。重:敬重。)❹猛烈,厉害。李白《北上行》:"～风裂衣裳。"双音词有"严寒"。❺整饬,戒备。《古诗为焦仲卿妻作》:"鸡鸣外欲曙,新妇起～妆。着我绣夹裙,事事四五通。"《世说新语·雅量》:"可潜稍～,以备不虞。"

言 yán ❶说。《墨子·公输》:"吾知所以距子矣,吾不～。"成语有"知无不言,言无不尽"。㉡谈论。《商君书·更法》:"拘礼之人不足与～事。"(拘礼:拘泥于旧的典章制度。)㉠表达,陈述。《尚书·舜典》:"诗～志。"❷言语,言论。《论语·公冶长》:"听其～而观其行。"❸一个字为一言。如"五言诗"、"七言诗"。《后汉书·王充传》:"著《论衡》八十五篇,二十余万～。"㉡一句话也称一言。《论语·为政》:"《诗》三百,一～以蔽之,曰:'思无邪。'"成语有"一言为定"。❹动词词头。《诗经·邶风·泉水》:"驾～出游,以写我忧。"(驾车出去游玩。)《左传·僖公九年》:"既盟之后,～归于好。"【辨】言,语。见504页"语"字。

妍 yán 美,美丽。刘知几《史通·惑经》:"明镜之照物也,～媸(chī)必露。"(媸:面貌丑。)

研 yán ❶细细地磨。岑参《观楚国寺璋上人写一切经》诗:"挥毫散林鹊,～墨警池鱼。"(挥毫:指挥笔。)❷yàn 砚台。《后汉书·班超传》:"大丈夫无它志略,犹当效傅介子、张骞立功异域,以取封侯,安能久事笔～间乎?"这个意义后来写作"砚"。❸研究,探讨。《周易·系辞上》:"夫《易》,圣人之所以极深而～几(jī)也。"(几:几微。)《北史·马敬德传》:"沉思～求,昼夜不倦。"

岩(巖) yán ❶高峻的山崖。《世说新语·言语》:"千～竞秀,万壑争流。"❷险峻,险要。《三国志·蜀书·诸葛亮传》:"跨有荆、益,保其～阻。"(荆、益:地名。)《左传·隐公元年》:"制,～邑也。"(制:地名。)[岩岩]高峻的样子。《诗经·小雅·节南山》:"节彼南山,维石～～。"❸山中洞穴。杜甫《西枝村寻置草堂地夜宿赞公土室》诗:"盛论～中趣。"成语有"岩穴之士"。【注意】"巖"没有"岩石"的意义。

炎 yán ❶焚烧,燃烧。《尚书·胤征》:"火～昆冈,玉石俱焚。"吕才《叙禄命》:"蜀郡～燎。"❷热,炎热。屈原《九章·悲回风》:"观～气之相仍兮。"柳宗元《笼鹰词》:"～风溽(rù)暑忽然至。"(溽:湿。)❸yàn 通"焰"。火苗。《后汉书·任光传》:"光～烛天地。"(烛:照耀。)

沿 yán ❶顺着水道而下。《左传·文公十年》:"～汉泝(sù)江。"(汉:汉水。泝:逆着水道向上走。江:长江。)㉠顺着。陆机《文赋》:"～波而讨源。"❷沿袭,承袭。《礼记·乐记》:"五帝殊时,不相～乐;三王异世,不相袭礼。"《宋书·恩幸传》:"因此相～,遂为成法。"(遂:就。)

阎(閻) yán ❶里巷的门。《史记·平准书》:"守闾～者食粱肉。"㉠里巷。《史记·越王勾践世家》:"庄生虽居穷～,然以廉直闻于国。"❷[阎罗]梵语音译,佛教指地狱之王。

颜(顏) yán ❶额,俗称脑门子。《素问·刺热论》:"心热病者～先赤。"❷面容。《诗经·郑风·有女同车》:"有女同行,～如舜英。"(舜英:木槿花。)《列子·黄帝》:"解～而笑。"[颜色]1.面容,脸色。屈原《渔父》:"～～憔悴。"《世说新语·汰侈》:"已斩三人,～～如故。"2.容貌。多指妇女的容貌。陆机《拟青青河畔草》诗:"灼灼美～～。"(灼灼:鲜明的样子。)3.色彩(后起意义)。杜甫《园人送瓜》诗:"满眼～～好。"❸门框上的横匾。《新唐书·马燧传》:"帝榜其～以宠之。"(榜:题字。)

檐 yán ❶屋檐。张衡《西京赋》:"反宇业业,飞～巘巘(niè niè)。"(巘巘:高的样子。)这个意义后来写作"簷"。❷dàn 担,举。《史记·平原君虞卿列传》:"虞卿者,游说之士也。蹑蹻(jué)～簦说赵孝成王。"(蹻:草鞋。簦:长柄笠。)❸dàn 通"担(擔)"。量词。石。《吕氏春秋·异宝》:"爵执圭,禄万～,金千镒。"

沇 yǎn ❶水名。济水的上游。《尚书·禹贡》:"导～水,东流为济。"❷wěi [沇溶]盛多的样子。扬雄《羽猎赋》:"萃傱～～,淋离廓落。"

兖(兗) yǎn 地名。指兖州。[兖州]古九州之一。《尚书·禹贡》:"济河惟～～。"汉以后为行政区划之一,辖境在今山东西南部。

奄 yǎn ❶覆盖,包。常"奄有"连用。《庄子·大宗师》:"～有天下。"《淮南子·修务》:"万物至众,而知不足以～之。"(知:通"智"。智慧。)❷突然,急。《魏书·铁弗刘虎传》:"王师～到,上下惊扰。"成语有"奄然而逝"。[奄忽]1.忽然,突然,快。《汉书·严延年传》:"～～如神。"2.死亡。《后汉书·赵岐传》:"自虑～～,乃为遗令。"(乃:就。为:作。)❸[奄奄]气息微弱的样子。李密《陈情表》:"日薄西山,气息～～。"❹yān 通"阉"。宦官。《淮南子·时则》:"命～尹申宫令。"(尹:长官。)❺yān 停留。《汉书·礼乐志》:"神～留,临须摇。"这个意义后来写作"淹"。

罨 yǎn ❶网。又为用网捕。左思《蜀都赋》:"～翡翠,钓鰋鲉。"❷覆盖。皮日休《初入太湖》诗:"西风乍猎猎,惊波～涵碧。"❸[罨画]色彩鲜明的画。元稹《刘阮妻二首》之二:"芙蓉脂肉绿云鬟,～～楼台青黛山。"

匽 yǎn ❶同"偃"。倒下。《汉书·王吉传》:"夏则为大暑之所暴炙,冬则为风寒之所～薄。"㉠止息。《汉书·天文志》:"天下～兵。"❷yàn 厕所。《战国策·燕策二》:"铸诸侯之象,使侍屏(bìng)～。"(屏:厕所。)苏辙《颍州择胜亭》诗:"前炊釜鬵(qín),后凿～溲。"(鬵:大锅。)㉡排污水的阴沟。《周礼·天官·宫人》:"为其井～。"

偃 yǎn ❶仰卧。《诗经·小雅·北山》:"或息～在床。"㉠向后倒。柳宗元《三戒·临江之麋》:"抵触～仆益狎(xiá)。"(抵触:用头顶撞。仆:向前倒。益狎:更加亲近而随便。)㉡倒下。《尚书·金縢》:"天大雷电以风,禾尽～。"(禾:庄稼。)成语有"偃旗息鼓"。❷停止,停息。《韩非子·内储说上》:"惠施欲以齐、荆～兵。"杜甫《寄题江外草堂》诗:"干戈未～息,安得酣歌眠?"(干戈:兵器,指战争。)成语有"偃武修文"。❸[偃蹇]1.高高的。屈原《离骚》:"望瑶台之～～兮。"2.高傲的样子。《后汉书·郑众传》:"汉使既到,便～～自信。"3.屈曲的样

子。《淮南子·本经》:"～～蓼纠,曲成文章。"【辨】偃,僵,仆,跌,毙,踣。"偃"、"僵"是向后倒,"仆"是向前倒。"毙"是倒下去(包括"偃"、"僵"和"仆"),"跌"是失足跌倒。"踣"本义也是跌倒,引申为倒毙、死亡。

蝘 yǎn [蝘蜓(diàn)]壁虎。《荀子·赋》:"螭龙为～～,鸱枭为凤皇。"扬雄《解嘲》:"今子乃以鸱枭而笑凤凰,执～～而嘲龟龙。"

俨(儼) yǎn 庄重的样子。《诗经·陈风·泽陂》:"有美一人,硕大且～。"(硕:大。)[俨然] 1. 庄重的样子。《荀子·非十二子》:"其容良,～～壮然。"(良:温和。壮:庄重。) 2. 整齐的样子。陶潜《桃花源记》:"土地平旷,屋舍～～。"(旷:宽阔。) 3. 似真的样子。杨衒之《洛阳伽蓝记·永宁寺》:"有人从象郡来,云:'见浮图于海中,光明照耀,～～如新。'"

衍 yǎn ❶ 漫延,扩展。《后汉书·桓帝纪》:"流～四方。"《墨子·非攻中》:"广～数于万。" ❷ 满溢。《诗经·小雅·伐木》:"伐木于阪,酾酒有～。" ❸ 余裕,盛多。《荀子·君道》:"圣王财～以明辨异。"杜笃《论都赋》:"国富人～。" ❹ 书籍中由于排版、传抄错误等原因造成多出来的不应有的字句。如"衍文"。 ❺ 低而平坦。《管子·轻重丁》:"北方之萌者,～处负海。"(萌:通"氓"。老百姓。) ❻ 山坡。《史记·封禅书》:"文公梦黄蛇自天下属地,其口止于鄜(fū)～。"(鄜:地名。)

弇 yǎn ❶ 遮蔽,覆盖。《墨子·耕柱》:"是犹～其目而祝于丛社也。"(是犹:这如同。)㉿承袭。《荀子·赋》:"法禹舜而能～迹者邪?"(法:效法。) ❷ 狭道。《左传·襄公二十五年》:"行及～中,将舍。" ❸ 深。《吕氏春秋·仲冬》:"处必～。"(处:居处。) ❹ 器具口小肚子大。《周礼·考工记·凫氏》:"(钟)～则郁。"(郁:郁闷。指声音不响亮。)

揜 yǎn ❶ 捕取。《穀梁传·昭公八年》:"～禽旅。" ❷ 夺取。《淮南子·氾论》:"怯者夜见立表,以为鬼也;见寝石,以为虎也。惧～其气也。"(惧:恐惧。) ❸ 掩盖。《韩非子·外储说左下》:"左右皆～口而笑。"㉿遮蔽,隐瞒。《吕氏春秋·孟冬》:"于是察阿上乱法者则罪之,无有～蔽。" ❹ 承袭。《荀子·儒效》:"教诲开导成王,使谕于道,而能～迹于文武。" ❺ 困迫。《礼记·表记》:"君子慎以辟祸,笃以不～,恭以远耻。"

渰 yǎn ❶ 云起的样子。《诗经·小雅·大田》:"有～萋萋,兴雨祁祁。" ❷ yān 通"淹"。淹没。俞文豹《吹剑四录》:"一水～没,颗粒不收。"

黭 yǎn ❶ 黑色。张说《喜雨赋》:"气翁霭以～黮(tǎn),声飒洒以萧条。" ❷ 暗昧,愚昧。王褒《四子讲德论》:"鄙人～浅,不能究识。" ❸ 通"奄"。突然。《荀子·强国》:"～然而雷击之。"

剡 yǎn ❶ 尖,锐利。屈原《九章·橘颂》:"曾枝～棘,圆果抟兮。"(曾枝:指重重叠叠的树枝。曾:通"层"。棘:刺儿。)㉿削尖。《周易·系辞下》:"弦木为弧,～木为矢。" ❷ 举起。《荀子·强国》:"案欲～其胫而以蹈秦之腹。"(案:于是。胫:小腿。蹈:践踏。) ❸ shàn 水名,在今浙江嵊州。

琰 yǎn ❶ [琰圭]一种上端尖的圭,用作征讨的符信。《周礼·春官·典瑞》:"～～以易行,以除慝。" ❷ [琬琰]美玉。傅玄《拟四愁诗》之二:"申以～～夜光宝。"

扊 yǎn [扊扅(yí)]门闩。《乐府诗集·琴歌三首》:"百里奚,五羊皮。忆别时,烹伏雌,炊～～。今日富贵忘我为。"陆龟蒙《袭美先辈……用伸酬谢》诗:"轻若脱钳釱,豁如抽～～。"

眼 yǎn ❶ 眼珠。《庄子·盗跖》:"比干剖心,子胥抉～,忠之祸也。"《晋书·阮籍传》:"见礼俗之士以白～对之。"㉿眼睛(后起意义)。辛弃疾《清平乐·独宿博山王氏庵》:"～前万里江山。" ❷ 孔洞,窟窿。陆游《老学庵笔记》卷一〇:"第中窗上下及中一二～作方～。" ❸ 量词。用于井、泉。白居易《钱塘湖石记》:"湖中又有泉数十～。"

演 yǎn ❶ 水流长。木华《海赋》:"东～析木。"㉿引长,延及。江淹《为萧太傅谢追赠父祖表》:"泽～庆世。"(泽:恩泽。庆:吉。) ❷ 湿润,渗透。《国语·周语上》:"夫水土～而民用也。" ❸ 根据某种事理推广、发挥。司马迁《报任安书》:"盖西伯拘而～《周易》。"《三国志·蜀书·诸葛亮传》:"推～兵法,作八阵图。"[演义] 1. 阐发道义。《后汉书·周党传》:"党等文不能～～,武不能死君。" 2. 以史实为基础,增添一些故事情节,用章回体写成的小说,如《三国演义》。

魇(魘) yǎn ❶ 梦中惊骇。王建《县丞厅即事》诗:"古厅眠受～,老吏语多虚。" ❷ 以妖术害人(后起意义)。

《太平广记》卷三六九："其婢求术者行～蛊之法，以符埋李氏宅粪土中。"

黡（黶） yǎn ❶黑痣。《抱朴子·接疏》："岂肯称薪而爨，数粒乃炊，并瑕弃璧，披毛索～哉！"❷黑。《宋书·颜延之传》："慌若迷涂失偶，～如深夜撤烛。"

噞 yǎn ❶鱼口向上露出水面呼吸。《淮南子·主术》："夫水浊则鱼～，政苛则民乱。"也可"噞喁"连用。庾肩吾《奉使北徐州参丞御》诗："海鸥时出没，江鳣乍～喁。"❷吃，品尝。曹丕《诏群臣》："今以荔枝赐将吏，～之则知其味薄矣。"

甗 yǎn 古代炊具。《周礼·考工记·陶人》："陶人为～。"

巘（巘） yǎn 形状似甗的山。《诗经·大雅·公刘》："陟则在～，复降在原。"张衡《西京赋》："赴洞穴，探封狐，陵重～，猎昆駼。"

鼹（鼴） yǎn 一种住在土穴中的鼠。高适《寄宿田家》诗："岩际窟中藏～鼠，潭边竹里隐鸬鹚。"韦庄《又玄集序》："自惭乎～腹易盈，非嗜其熊蹯独美。"

厌（厭） yàn ❶饱。《韩非子·解老》："服文采，带利剑，～饮食。"成语有"贪得无厌"。❷满足。《左传·隐公元年》："姜氏何～之有？"上述❶❷又写作"餍"。❸合于心。《国语·周语下》："克～帝心。"又为心服。《汉书·景帝纪》："诸狱疑，若虽文致于法而于人心不～者，辄谳之。"❹讨厌，厌恶。《史记·平津侯主父列传》："诸公宾客多～之。"[引]嫌。曹操《短歌行》："山不～高，海不～深。"❺ yā 压，压住。《汉书·五行志下之上》："地震陇西，～四百余家。"❻ yā 压制，压抑。《汉书·翼奉传》："东～诸侯之权。"[又]镇压妖邪。《史记·高祖本纪》："秦始皇帝常曰东南有天子气，于是因东游以～之。"❼ yā 堵塞。《荀子·修身》："～其源，开其渎(dú)，江河可竭。"（源：水源。渎：沟渠。）上述❺❻[又]❼可以写作"压（壓）"。❽ yān 安静。《荀子·王制》："是以～然畜积修饰。"❾ yǎn 做噩梦。《论衡·问孔》："适有卧～不悟者。"（适：恰好。悟：睡醒。）这个意义后来写作"魇"。

餍（饜） yàn ❶饱。《孟子·离娄下》："其良人出，则必～酒肉而后反。"《论衡·辨祟》："饱饭～食。"❷满足。《左传·哀公十六年》："以险徼幸者其求无～。"

唁 yàn ❶古时对亡国者的慰问。《左传·昭公二十五年》："公孙于齐，次于阳州，齐侯～公于野井。"（公：鲁昭公。孙：通"逊"。指逃亡。野井：地名。）[又]对遭遇其他祸事的人的慰问。《左传·襄公十七年》："齐人获臧坚，齐侯使夙(sù)沙卫～之。"（臧坚、夙沙卫：人名。）❷吊丧，对遭遇丧事的人表示慰问。《宋史·苏颂传》："遭母丧，帝遣中贵人～劳。"【辨】吊，唁。见86页"吊"字。

彦 yàn 指有才学的人。《诗经·郑风·羔裘》："彼其之子，邦之～兮。"《世说新语·文学》："张凭举孝廉，出都，负其才气，谓必参时～。"（出：到。）

谚（諺） yàn ❶谚语。《左传·昭公十九年》："～所谓室于怒市于色者。"贾谊《过秦论》："野～曰：'前事之不忘，后事之师也。'"（野：指民间。）❷通"喭"。强横，粗鲁。《尚书·无逸》："厥父母勤劳稼穑，厥子乃不知稼穑之艰难，乃逸乃～。"

喭 yàn ❶强横，粗鲁。《论语·先进》："由也～。"（由：子路。）❷通"唁"。吊唁。《世说新语·任诞》："裴至，下席于地，哭，吊～毕便去。"❸通"谚"。谚语。《后汉书·虞诩传》："～曰：'关西出将，关东出相。'"

艳（艷、豔） yàn ❶长得漂亮，光彩动人。《左传·桓公元年》："宋华父督见孔父之妻于路，目逆而送之，曰：'美而～。'"[引]色彩鲜明。李白《古风五十九首》之二十六："碧荷生幽泉，朝日～且鲜。"成语有"百花争艳"。[又]指文辞华美。《三国志·吴书·吴主传》："信言不～。"❷有关爱情的。元稹《叙诗寄乐天书》："因为～诗百余首。"❸喜爱，羡慕。《韩非子·外储说左上》："不谋治强之功，而～乎辩说文丽之声。"❹古代称楚国的歌曲。左思《吴都赋》："荆～楚舞。"

滟（灧、灩） yàn ❶［滟滟］水波摇动的样子。何逊《望新月示同羁》诗："的的与沙静，～～逐波轻。"张籍《朱鹭》诗："动处水纹开～～。"❷［滟滪堆］长江三峡瞿塘峡中的险滩。李白《长干行》之一："十六君远行，瞿塘～～～。"

晏 yàn ❶天晴无云。《汉书·扬雄传》："于是天清日～。"❷鲜艳，华美。《诗经·郑风·羔裘》："羔裘～兮，三英粲兮。"（羔裘：羊皮衣。）❸平静，安定。《世说新语·品藻》："荆门昼掩，闲庭～然。"（荆门：

柴门。)沈约《齐故安陆昭王碑文》:"轨躅清～。"(轨躅:指行经之处。) ❹ 晚,迟。《墨子·尚贤中》:"蚤朝～退。" ❺ [晏晏] 1. 柔和,和悦。《诗经·卫风·氓》:"总角之宴,言笑～～。" 2. 盛的样子。宋玉《九辩》:"被荷裯(dāo)之～～兮。"(荷裯:用荷叶做的衣服。)

宴 yàn ❶ 安逸,安闲。《左传·闵公元年》:"～安酖(zhèn)毒,不可怀也。"(宴安酖毒:贪图安逸等于喝毒酒自杀。酖:有毒的药酒。怀:留恋。) ❷ 乐,快乐。《左传·成公二年》:"衡父不忍数年之不～。"(衡父:人名。) ❸ 用酒饭招待客人。《古诗十九首·今日良宴会》:"今日良～会,欢乐难具陈。"这个意义又写作"讌"、"燕"。

堰 yàn ❶ 拦河坝。杨衒之《洛阳伽蓝记·永明寺》:"长分桥西有千金～。" ❷ 古代一些灌溉工程。《旧唐书·食货志》:"汴州东有梁公～,年久～破,江淮漕运不通。"又如"都江堰"。

验(驗) yàn ❶ 证据,凭证。《史记·晋世家》:"何以为～?" ❷ 检验,验证。《汉书·平帝纪》:"其当～者即～问。"沈括《梦溪笔谈》卷七:"何以知之? 以月盈亏可～也。"双音词有"考验"、"试验"。 ❸ 效果。《淮南子·主术》:"～在近而求之远。"㊀应验。《三国志·吴书·吴主传》:"表说水旱小事,往往有～。"(表:人名。)

雁(鴈) yàn ❶ 大雁,一种候鸟。《诗经·邶风·匏有苦叶》:"雝雝(yōng yōng)鸣～。"(雝雝:形容声音柔和。) ❷ 假的,伪造的。《韩非子·说林下》:"齐伐鲁,索谗鼎。鲁以其～往。齐人曰:'～也。'鲁人曰:'真也。'"(索:求。谗鼎:宝鼎名。)这个意义后来写作"赝"。

赝(贋、贗) yàn 假的,伪造的。《宋书·戴法兴传》:"而道路之言,谓法兴为真天子,帝为～天子。"楼钥《跋米元晖着色春山》:"后人多作～本,去此远矣。"

焱 yàn 火焰。张衡《思玄赋》:"纷翼翼以徐戾兮,～回回其扬灵。"陈琳《答东阿王笺》:"清辞妙句,～绝焕炳。"

猒 yàn ❶ 饱。《列子·杨朱》:"而美厚复不可常～足。" ❷ 满足。《荀子·富国》:"割国之锱铢以赂之,则割定而欲无～。"㊀服。《后汉书·胡广传》:"今以一臣之言,划戾旧章,便利未明,众心不～。" ❸ 厌倦。《后汉书·班彪传论》:"赡而不秽,详而有体,使读之者亹亹而不～。"㊀厌恶,嫌弃。《后汉书·虞诩传》:"兵不～权,愿宽假辔策,勿令有所拘阂而已。"上述❶❷❸都可以写作"厌(厭)"。 ❹ [猒猒]安静的样子。《荀子·儒效》:"～～兮其能长久也。" ❺ yā 通"压(壓)"。镇压。《汉书·高帝纪》:"秦始皇帝尝曰:'东南有天子气。'于是东游以～当之。"

醶(釅) yàn 酒、茶等味厚。曹唐《小游仙诗》之十四:"酒～春浓琼草齐,真公饮散醉如泥。"㊀颜色深。戴叔伦《赠慧上人》诗:"云霞色～禅房衲,星月光涵古殿灯。"

谳(讞) yàn 审理定罪。《后汉书·申屠蟠传》:"乃为～得减死论。"(减死论:减轻死罪的判决。)㊀狱讼案件。《史记·汲郑列传》:"汤等数奏决～以幸。"(汤:人名。)

燕 yàn ❶ 燕子。《史记·陈涉世家》:"～雀安知鸿鹄之志哉!"(安:哪里。鸿鹄:天鹅。志:志向。)成语有"莺歌燕舞"、"燕雀处堂"。 ❷ 通"宴"。用酒饭招待客人。《汉书·高五王传》:"帝与齐王～饮。"这个意义后来写作"醼"、"讌"。 ❸ 通"宴"。安逸,安闲。《史记·万石张叔列传》:"虽～居必冠。"(冠:戴帽。表示恭敬。) ❹ 亲近。《韩非子·难三》:"而俳优侏儒,固人主之所与～也。" ❺ yān 国名。1. 周代诸侯国。战国时为七雄之一。在今河北北部和辽宁南部。2. 南北朝时国名,有前燕、后燕、南燕、北燕。

讌(醼) yàn ❶ 聚谈。《战国策·齐策三》:"孟尝君～坐,谓三先生曰:'愿闻先生有以补文之阙者。'"(文:孟尝君之名。)《后汉书·马武传》:"帝后与功臣诸侯～语。" ❷ 通"宴"。用酒饭招待客人。刘向《列女传·楚昭越姬》:"昭王～游,蔡姬在左,越姬参右。"

焰 yàn ❶ [焰焰]火势微弱的样子。《尚书·洛诰》:"无若火始～～。" ❷ 火焰。《晋书·石季龙载记下》:"光～照天,金石皆尽,火月余乃灭。"㊀气势。《左传·庄公十四年》:"人之所忌,其气～以取之。"

鷃(鴳) yàn 一种小鸟。《庄子·达生》:"譬之若载鼷以车马、乐～以钟鼓也。"宋玉《对楚王问》:"凤皇上击九千里,绝云霓,负苍天……夫蕃篱之～,岂能与之料天地之高哉!"

爓 yàn ❶ 火焰。班固《东都赋》:"吐～生风,吹野燎山。" ❷ xún 通"焊"。把肉在沸水中略为一煮。《礼记·郊特牲》:"血腥～祭。"

Y

YANG

央 yāng ❶中心，正中。常“中央”连用。《诗经·秦风·蒹葭》：“遡游从之，宛在水中～。”❷尽，完了。常“未央”、“无央”连用。曹丕《燕歌行》：“星汉西流夜未～。”（星汉西流：天上的星斗和银河都在向西运转。）霍去病《琴歌》：“国家安宁，乐无～兮。”❸恳求。曹唐《小游仙》诗之四十二：“无～公子停鸾辔。”（无：不，不用。鸾辔：指车马。）双音词有“央求”。

泱 yāng ❶［泱泱］水深广的样子。《诗经·小雅·瞻彼洛矣》：“瞻彼洛矣，维水～～。”范仲淹《桐庐郡严先生祠堂记》：“云山苍苍，江水～～。”㊀弘大的样子。《左传·襄公二十九年》：“美哉！～～乎！大风也哉！”皎然《风入松歌》：“夜未央，曲何长，金徽更促声～～。”❷yǎng［泱漭］1.广大的样子。司马相如《上林赋》：“径乎桂林之中，过乎～～之野。”2.昏暗不明的样子。谢朓《京路夜发》：“晓星正寥落，晨光复～～。”

殃 yāng 灾祸，祸害。《左传·闵公二年》：“～将至矣。”贾谊《治安策》：“下数被其～。”㊁残害。《孟子·告子下》：“不教民而用之，谓之～民。”成语有“祸国殃民”。

鞅 yāng （旧读yǎng）❶古时套在马脖子上的皮子。《左传·襄公十八年》：“抽剑断～。”❷yàng 通“怏”。［鞅鞅］不满意。《汉书·高帝纪下》：“诸将故与帝为编户民，北面为臣，心常～～。”❸［鞅掌］事务繁杂的样子。嵇康《与山巨源绝交书》：“官事～～，机务缠其心。”（机务：机要事务。）

扬（揚） yáng ❶扬起，举起。屈原《九章·哀郢》：“楫齐～以容与兮。”（楫：船桨。容与：徘徊不进的样子。）㊁簸扬，抛起。《世说新语·排调》：“簸之～之，穅秕在前。”㊀飞扬，翻腾。刘邦《大风歌》：“大风起兮云飞～。”李白《古风五十九首》之三：“～波喷云雷。”❷称颂，宣扬，传播出去。《诗经·大雅·江汉》：“对～王休。”（对：酬答。休：美好。）柳宗元《贞符》：“显至德，～大功。”㊁显示。《三国志·魏书·武帝纪》：“～兵河上。”（河：黄河。）㊕容貌出众。裴度《自题写真赞》：“尔才不长，尔貌不～。”（尔：你。）❸发扬。《三国志·蜀书·诸葛亮传》：“光～洪烈。”（洪烈：伟大的功业。）❹振作。杜甫《新婚别》：“妇人在军中，兵气恐不～。”（兵气：士气。）❺［扬扬］心情愉快或得意的样子。《史记·管晏列传》：“意气～～，甚自得也。”成语有“扬扬得意”。❻钺，古代一种兵器。《诗经·大雅·公刘》：“干戈戚～。”（干：盾牌。戚：古代一种像斧的兵器。）

旸（暘） yáng ❶日出。江淹《恨赋》：“入修夜之不～。”㊀明亮。江淹《丹砂可学赋》：“故从师而问道，冀幽路之或～。”㊁太阳。曹勋《凤凰台上忆吹箫（碧玉烟塘）》：“碧玉烟塘，绛罗艳卉，朱清炎驭升～。”❷晴。《尚书·洪范》：“曰雨，曰～，曰燠，曰寒。”《论衡·寒温》：“旦雨气温，旦～气寒。”（旦：早晨。）

飏（颺） yáng ❶飞扬，翻腾。《汉书·叙传》：“风～电激。”宋玉《钓赋》：“上则波～。”㊁簸扬，抛起。《晋书·孙绰传》：“簸之～之，穅秕在前。”❷宣扬，传播出去。《汉书·叙传》：“雄朔野以～声。”（朔：北方。）㊁显示。张衡《西京赋》：“丽服～菁。”（菁：华美。）㊕容貌出众。《左传·昭公二十八年》：“今子少不～。”❸船慢行的样子。陶潜《归去来兮辞》：“舟遥遥以轻～。”（轻飏：轻轻漂荡。）

炀（煬） yáng （旧读yàng）❶烘干。沈括《梦溪笔谈》卷一八：“持就火～之。”㊀烤火。《庄子·盗跖》：“古者民不知衣服，夏多积薪，冬则～之。”（薪：柴。）❷焚烧。潘岳《西征赋》：“诗书～而为烟。”❸火猛。东方朔《七谏·自悲》：“观天火之炎～兮，听大壑之波声。”又为照耀。扬雄《甘泉赋》：“北爌幽都，南～丹崖。”

钖（鍚） yáng ❶马头上的饰物。《诗经·大雅·韩奕》：“钩膺镂～。”❷盾背上的金属饰物。《礼记·郊特牲》：“朱干设～，冕而舞大武。”

疡（瘍） yáng ❶疮。《周礼·天官·医师》：“凡邦之有疾病者，疕（bǐ）～者造焉。”（疕：疮。）❷溃烂。《素问·风论》：“皮肤～溃。”

阳（陽） yáng ❶山的南面，水的北面。《尚书·禹贡》：“岷山之～，至于衡山。”《诗经·秦风·渭阳》：“我送舅氏，曰至渭～。”【注意】地名第二字用“阳”的，一般都来自这个意义，如衡阳在衡山之南，洛阳在洛水之北。❷阳光。《诗经·小雅·湛露》：“匪～不晞（xī）。”（匪：非。晞：晒干。）㊀温暖。《诗经·豳风·七月》：“春日载～，有鸣仓庚。”㊁明亮。《诗经·豳风·七月》：“我朱孔～。”（朱：红色。孔：非常。）❸指阴历十月。《诗经·小雅·采薇》："曰归曰归，岁亦～止。"❹ 生，活。《庄子·齐物论》："近死之心，莫使复～也。"❺ 表面上，假装。《韩非子·说难》："则～收其身，而实疏之。"（疏：疏远。）《汉书·邹阳传》："是以箕子～狂，接舆避世。"（箕子、接舆：人名。）成语有"阳奉阴违"。❻ 古代哲学概念。见490页"阴"字。

佯 yáng 假装。《孙子兵法·军争》："～北勿从。"（北：指败退。从：追赶。）《史记·宋微子世家》："乃被发～狂而为奴。"（被：披。）

徉 yáng ［徜徉］见42页"徜"字。

洋 yáng ❶［洋洋］1.水大的样子。《诗经·卫风·硕人》："河水～～。"[引]盛大众多的样子。刘向《说苑·尊贤》："传之后世，～～有余。"成语有"洋洋万言"。2.美好。《韩非子·难言》："～～纚纚（sǎ sǎ）然。"（纚纚然：有条理的样子。）3.无家可归的样子。屈原《九章·哀郢》："焉～～而为客。"（焉：于是。客：客居在外的人。）4.高兴得意的样子。范仲淹《岳阳楼记》："把酒临风，其喜～～者矣。"（把：持。临：迎着，对着。）成语有"喜气洋洋"。❷ 海洋（后起意义）。徐兢《宣和奉使高丽图经》卷三四："黑水～，即北海～也。"

痒 yáng ❶ 病。《诗经·小雅·正月》："哀我小心，癙（shǔ）忧以～。"（癙：忧。）[引]害，受害。《诗经·大雅·桑柔》："天降丧乱，灭我立王。降此蟊贼，稼穑卒～。"❷ yǎng 皮肤受刺激引起想挠的感觉。焦延寿《易林·蹇之革》："头～搔跟，无益于疾。"这个意义古代多写作"癢"，现简化为"痒"。

仰 yǎng ❶ 抬头，脸向上。与"俯"相对。《荀子·解蔽》："瞽（gǔ）者～视而不见星。"（瞽者：盲人。）[引]敬慕。《三国志·蜀书·诸葛亮传》："英才盖世，众士慕～。"（盖：压倒。）❷ 依赖，依靠。《史记·平准书》："衣食～给县官。"《后汉书·袁绍传》："孤客穷军，～我鼻息。"❸ 旧时公文中上级命令下级的惯用语，有切望的意思。《旧唐书·宣宗纪》："～州县放免差役。"

养（養） yǎng ❶ 养活，使能生活下去。《礼记·礼运》："矜（guān）寡孤独废疾者皆有所～。"《史记·平津侯主父列传》："孤寡老弱不能相～。"[又]育养。张籍《筑城词》："家家～男当门户，今日作君城下土。"❷ 饲养。卢思道《孤鸿赋序》："有离群之鸿，为罗者所获，野人驯～，贡之于余。"❸（旧读 yàng）侍养，供养。《论语·为政》："今之孝者，是谓能～。"❹ 保养。《庄子·养生主》："吾闻庖丁之言，得～生焉。"（庖丁：人名。）成语有"养精蓄锐"。[又]修养。《淮南子·俶真》："和愉虚无，所以～德也。"❺ 教育。《礼记·文王世子》："立大傅、少傅以～之。"（大傅、少傅：官名。）❻ 给养，生活资料。《荀子·天论》："～备而动时，则天不能病。"（备：完备。动时：按时运动。病：使他病。）❼ yàng 厨师。《公羊传·宣公十二年》："厮役扈（hù）～死者数百人。"（厮役：指奴仆。扈：养马的人。）❽ 痒。《荀子·正名》："疾、～、凔（cāng）、热。"（凔：寒凉。）这个意义后来写作"癢"，现简化为"痒"。

坱 yǎng ❶ 尘埃。柳宗元《法华寺石门精舍》诗："潜躯委缰锁，高步谢尘～。"❷［坱圠（yà）］1.茫茫无边际的样子。贾谊《鵩鸟赋》："～～无垠（yín）。"（垠：边际。）2.高低不平。左思《吴都赋》："地势～～。"上述1、2又写作"坱轧"。

怏 yàng ❶［怏然］不满意、不服气的样子。《战国策·赵策三》："辛垣衍～～不说。"（辛垣衍：人名。说：悦。）❷［怏怏］不满意，不服气。《史记·白起王翦列传》："白起之迁，其意尚～～不服。"《后汉书·彭宠传》："愈～～不得志。"

恙 yàng ❶ 忧。《汉书·公孙弘传》："君不幸罹霜露之疾，何～不已，乃上书归侯，乞骸骨。"（已：止。）［无恙］平安无事。《战国策·齐策四》："威后问使者曰：'岁亦～～耶？民亦～～耶？王亦～～耶？'"成语有"安然无恙"。❷ 病（后起意义）。秦观《答张文潜病中见寄》诗："君其专精神，微～不足论。"

漾 yàng ❶ 水流长。王粲《登楼赋》："路逶迤而修迥兮，川既～而济深。"❷ 水波摇动。杜甫《屏迹三首》诗之二："竹光团野色，舍影～江流。"❸ 泛舟，摇船。谢惠连《西陵遇风献康乐》诗："成装候良辰，～舟陶嘉月。"杜甫《观打鱼歌》："渔人～舟沉大网，截江一拥数百鳞。"

瀁 yàng ❶ 水名，汉水之源。又写作"漾"。❷ yǎng ［瀁瀁］动荡的样子。阮籍《清思赋》："心～～而无所终薄兮，思悠悠而未半。"

YAO

幺 yāo 小，细。《汉书·食货志下》："～钱一十。"陆机《文赋》："犹弦～而徽急，故虽和而不悲。”

夭1 yāo ❶夭折，短命。《荀子·荣辱》：“忧险者常～折。”❷摧折。《管子·禁藏》：“毋伐木，毋～英。”（毋：不要。英：花。）上述❶❷又写作“殀”。❸灾。《诗经·小雅·正月》：“天～是椓（zhuó）。”（椓：敲打。这里指残害。）❹草木茂盛。《尚书·禹贡》：“厥草惟～。”（厥：其，那。）❺［夭夭］1.茂盛而美丽的样子。《诗经·周南·桃夭》：“桃之～～，灼灼其华。”（灼灼：鲜明的样子。华：花。）2.颜色和悦的样子。《论语·述而》：“子之燕居，申申如也，～～如也。”（燕居：闲居。申申如：安详舒适的样子。）❻ǎo 初生的草木鸟兽。《国语·鲁语上》：“泽不伐～。”《礼记·王制》：“不杀胎，不殀～。”

夭2（殀） yāo ❶夭折，短命。屈原《离骚》：“鲧婞直以亡身兮，终然～乎羽之野。”（鲧：人名。乎：于。羽：羽山。）❷摧折。《礼记·王制》：“不杀胎，不～夭（ǎo）。”（夭：初生的鸟兽。）龚自珍《病梅馆记》：“以～梅、病梅为业以求钱也。”

妖 yāo ❶艳丽，美好。陆机《拟青青河畔草》诗：“粲粲～容姿。”（粲粲：鲜明的样子。）［妖冶］艳丽。司马相如《上林赋》：“～～娴都。”❷古时称一切反常怪异的东西或现象。《左传·宣公十五年》：“天反时为灾，地反物为～。”［妖祥］不好的征兆。《淮南子·缪称》：“国有～～，不胜善政。”［妖言］迷惑人的邪说。《三国志·魏书·高柔传》：“今～～者必戮。”成语有“妖言惑众”。㊂害人的怪物。干宝《搜神记》卷四：“此恐是～魅凭依耳。”

祆 yāo 古时称一切反常怪异的东西或现象。《荀子·天论》：“～怪不能使之凶。”［祆言］迷惑人的邪说。《汉书·眭弘传》：“妄设～～惑众。”

要 yāo 见478页。

葽 yāo ❶草名。《诗经·豳风·七月》：“四月秀～，五月鸣蜩。”❷草茂盛的样子。《汉书·礼乐志》：“丰草～，女罗施。”

喓 yāo ［喓喓］虫鸣声。《诗经·召南·草虫》：“～～草虫，趯趯阜螽。”

邀 yāo ❶迎候，半路拦截。《庄子·寓言》：“阳子居南之沛，老聃西游于秦，～于郊。”木华《海赋》：“有海童～路。”《三国志·魏书·刘放传》：“帝欲～讨之，朝议多以为不可。”（讨：讨伐。）❷邀请。孟浩然《过故人庄》诗：“故人具鸡黍，～我至田家。”李白《月下独酌》诗：“举杯～明月，对影成三人。”❸求取，希望得到。《论衡·自然》：“不作功～名。”

爻 yáo 组成八卦的长短横道。一为阳爻，--为阴爻。见139页“卦”字。

肴（餚） yáo ❶熟的鱼肉等。《国语·晋语一》：“饮而无～。”（饮：指饮酒。）《世说新语·德行》：“食常五盌盘，外无余～。”熟语有“美味佳肴”。❷xiáo 通“淆”。混乱。《淮南子·原道》：“万物之至，腾踊～乱而不失其数。”

尧（堯） yáo 传说中的远古帝王。又称唐尧。

峣（嶢、嶤） yáo 高。张景阳《七命》：“尔乃～榭迎风，秀出中天。”［嶕峣］山高的样子。《汉书·扬雄传》：“泰山之高不～～，则不能浡滃云而散歊烝。”［岧（tiáo）峣］见411页“岧”字。

轺（軺） yáo 小型轻便的马车。《史记·季布栾布列传》：“乘～车之洛阳。”（之：往。）【辨】车，舆，辇，轺。见291页“辇”字。

姚 yáo ❶姓。❷美好的样子。《荀子·非相》：“今世俗之乱君，乡曲之儇子，莫不美丽～冶，奇衣妇饰。”❸通“遥”。遥远。《荀子·荣辱》：“其流长矣，其温厚矣，其功盛～远矣。”

铫（銚） yáo ❶大锄。《晏子春秋·内篇谏上》：“君将戴笠衣褐执～耨以蹲行畎亩之中。”❷tiáo 长矛。《吕氏春秋·简选》：“锄櫌白挺，可以胜人之长～利兵。”

谣（謠） yáo ❶古代唱歌不用乐器伴奏叫谣。《诗经·魏风·园有桃》：“心之忧矣，我歌且～。”❷歌谣。《左传·僖公五年》：“童～云：丙之晨，龙尾伏辰。”［谣言］民间流行的歌谣谚语。《后汉书·刘陶传》：“诏公卿以～～举刺史二千石为民蠹害者。”㊂歌曲。李白《庐山谣寄卢侍御虚舟》诗：“好为庐山～。”（好：喜欢。）❸凭空捏造的话。屈原《离骚》：“～诼（zhuó）谓余以善淫。”（造谣诽谤，说我是淫邪的人。诼：毁谤。）

徭 yáo 劳役。《韩非子·诡使》：“以避～赋。”仲长统《昌言·损益》：“～役并起，农桑失业。”又写作“繇”。

遥 yáo 远。东方朔《七谏·哀命》：“～涉江而远去。”李白《天门山》诗：“落日舟去～。”熟语有“路遥知马力，日久见人

Y

心”。㉛时间长。白居易《和谈校书秋夜感怀呈朝中亲友》诗：“～夜凉风楚客悲。”成语有“遥遥无期”。

瑶 yáo 美玉，像玉一样的美石。《诗经·卫风·木瓜》：“投我以木桃，报之以琼～。”《抱朴子·博喻》：“琼艘～楫无涉川之用。”（琼：美玉。楫：船桨。）㊙如玉一样的，美好的。宋玉《招魂》：“～浆蜜勺。”鲍照《芙蓉赋》：“被～塘之周流，绕金渠之屈曲。”

繇 yáo ❶茂盛。《汉书·地理志上》：“草～木条。”（木：树木。条：指长大。）❷通“徭”。劳役。《淮南子·精神》：“～者揭镬臿（chā），负笼土。”（揭：举。镬：镬头。臿：铁锹。）❸通“遥”。远。《荀子·礼论》：“先王恐其不文也，是以～其期，足之日也。”❹通“谣”。歌谣。《汉书·李寻传》：“参人民～俗。”（参考人民的歌谣和风俗。）❺通“摇”。动摇。枚乘《梁王菟园赋》：“怒气未竭，羽盖～起。”❻ yóu 由，从。《汉书·元帝纪》：“～是疏太子而爱淮阳王。”❼ zhòu 卜辞。《左传·闵公二年》：“成风闻成季之～，乃事之。”

飖 yáo 飘动。班固《幽通赋》：“～飗（kǎi）风而蝉蜕兮，雄朔野以扬声。”（飗风：南风。）

杳 yǎo ❶昏暗。《管子·内业》：“杲（gǎo）乎如登于天，～乎如入于渊。”（杲：明亮。）屈原《九章·涉江》：“深林～以冥冥兮。”❷远得没有尽头。蔡琰《胡笳十八拍》：“朝见长城兮路～漫。”（朝：早晨。漫：漫长。）㉛不见踪影。杜牧《郡斋秋夜即事》诗：“故国～无千里信，采弦时伴一声歌。”成语有“杳无音信”。

咬（齩） yǎo ❶咬啮（后起意义）。《寒山诗》一七〇：“狗～枯骨头，虚自舐唇齿。”【注意】这个意义较早时写作“齩”，后来写作“咬”。❷ jiāo ［咬咬］鸟鸣声。祢衡《鹦鹉赋》：“采采丽容，～～好音。”

舀 yǎo 用瓢、勺等掬取。《说文·臼部》：“舀，抒臼也……《诗》曰：‘或簸或～。’”今《诗经·大雅·生民》作“或簸或蹂”。《五灯会元》卷六：“海水不劳杓子～。”

窅 yǎo ❶下陷。《灵枢经》卷九：“按其腹，～而不起。”❷深，深远。张九龄《奉和圣制途经华山》：“灵居虽～密，睿览忽玄同。”谢朓《敬亭山》诗：“缘源殊未极，归径～如迷。”❸［窅然］1. 深远的样子。李白《山中问答》诗：“桃花流水～～去，别有天地非人间。”2. 深奥的样子。《庄子·知北游》：“夫道～～难言哉！”3. 怅惘的样子。《庄子·逍遥游》：“～～丧其天下焉。”

窈 yǎo 幽深，深远。王安石《游褒禅山记》：“有穴～然。”［窈窕（tiǎo）］1. 文静而漂亮。《诗经·周南·关雎》：“～～淑女。”2. 幽深，深远。李白《游泰山诗》之三：“黄河从西来，～～入远山。”［窈窈］形容精深微妙。《庄子·在宥》：“至道之精，～～冥冥。”

騕 yǎo ［騕褭（niǎo）］古骏马名。张衡《思玄赋》：“斥西施而弗御兮，絷～～以服箱。”

药¹（藥） yào ❶药物。《周礼·天官·疾医》：“以五味、五谷、五～养其病。”（五药：指草、木、虫、石、谷。）㊀用药治疗。《诗经·大雅·板》：“多将熇熇（hè hè），不可救～。”（熇熇：酷烈的样子。多将熇熇：指多施暴政。）❷芍药。姜夔《扬州慢》：“念桥边红～，年年知为谁生？”❸ lüè ［勺药］五味调和。枚乘《七发》：“熊蹯之臑，～～之酱。”

要 yào ❶ yāo 腰。《荀子·礼论》：“量～而带之。”（带：做腰带。）这个意义后来写作“腰”。❷ yāo 半路拦截。《后汉书·班超传》：“遣兵数百于东界～之。”❸ yāo 邀请（后起意义）。陶潜《桃花源记》：“便～还家。”❹ yāo 求取，设法取得某人的信任和重用。《后汉书·窦融传》：“仁者不违义以～功。”《盐铁论·论儒》：“百里以饭牛～穆公。”（百里：指百里奚。饭牛：喂牛。）❺ yāo 要挟，威胁。贾谊《过秦论》：“章邯因以三军之众～市于外。”（章邯：人名。要市：指要挟求封。）❻要领，关键。《韩非子·扬权》：“事在四方，～在中央。”㊀重要，显要。《后汉书·荀彧传》：“此实天下之～地。”《宋书·颜延之传》：“平生不喜见～人。”❼概括，总括。陆机《五等诸侯论》：“且～而言之，五等之君，为己思治，郡县之长，为利图物。”㊀简要。《三国志·魏书·管辂传》裴松之注引《管辂别传》：“可谓～言不烦也。”熟语有“要而言之”。❽需要，想要（后起意义）。刘禹锡《观棋歌送儇师西游》：“赌取声名不～钱。”

窔 yào ❶屋子的东南角。《荀子·非十二子》：“奥～之间。”（奥：屋子的西南角。）❷幽深。扬雄《甘泉赋》：“雷郁律于岩～兮。”（郁律：声音不洪亮。）

鹞（鷂） yào 猛禽名。似鹰而小。《列子·天瑞》：“～之为鹯，鹯之为布谷，布谷久复为～也。”

Y

曜 yào ❶日光。郦道元《水经注·庐江水》："晨光初散，则延～入石。"㊁光芒。范仲淹《岳阳楼记》："日星隐～。"（隐：隐藏，不显露。）［七曜］指日、月及金、木、水、火、土五星。范宁《穀梁传序》："～～为之盈缩。"（盈：满。缩：缺。）❷照耀。刘桢《赠五官中郎将》诗："明镫～闺中。"（镫：灯。）㊀光明，明亮。《世说新语·贤媛》："肤色玉～。"❸显示，炫耀。张衡《东京赋》："三农之隙，～威中原。"

耀（燿） yào ❶照耀。江淹《别赋》："日出天而～景。"（景：阳光。）㊀光明，明亮。《后汉书·郎顗传》："增日月之～。"❷显示。《国语·周语上》："先王～德不观兵。"柳宗元《哭连州凌员外司马》诗："宏谋～其奇。"（宏：大。奇：神奇。）成语有"耀武扬威"。㊁炫耀，夸耀。《三国志·魏书·满宠传》："必当上岸～兵以示有余。"

YE

噎 yē 食物塞住喉咙。《墨子·公孟》："是譬犹～而穿井也，死而求医也。"成语有"因噎废食"。

耶 yé ❶句末语气词，表示疑问或反问，相当于现代汉语的"吗"或"呢"。《战国策·齐策四》："岁亦无恙～？"《左传·昭公二十六年》："不知天之弃鲁～，抑鲁君有罪于鬼神，故及此也？"❷父亲。杜甫《兵车行》："～娘妻子走相送。"这个意义后来写作"爷"。

揶 yé ［揶揄］嘲笑。《东观汉记·王霸传》："市人皆大笑，举手～～之。"又写作"耶由"。《王梵志诗·父母怜男女》："寒食墓边哭，却被鬼～～。"

铘（鎁、釾、鋣） yé ［镆铘］见282页"镆"字。

也 yě ❶句末语气词，表示判断或肯定。《庄子·逍遥游》："《齐谐》者，志怪者～。"《韩非子·五蠹》："今欲以先王之政治当世之民，皆守株之类～。"❷句末语气词，与"何"等词相应，表示疑问语气。《晏子春秋·内篇谏上》："孔与据皆从寡人而涕泣，子之独笑，何～？"（孔、据：人名。）❸句中语气词，表示语气的停顿，以引起下文。《论语·雍也》："人不堪其忧，回～不改其乐。"（回：颜回。）❹副词。也（后起意义）。庾信《镜赋》："不能片时藏匣里，暂出园中～自随。"（片时：指很短的时间。）杨万里《过百家渡》："～知渔父趁鱼急。"（趁：追赶。）

冶 yě ❶冶炼金属。《史记·平准书》："～铸煮盐。"㊁熔炼金属的工匠。《礼记·学记》："良～之子，必学为裘。"（裘：皮衣。）㊀造就，培养。王安石《上皇帝万言书》："～天下之士而使之皆有士君子之才。"❷艳丽，多姿。《周易·系辞上》："慢藏诲盗，～容诲淫。"李斯《谏逐客书》："佳～窈窕赵女不立于侧也。"❸通"野"。郊外。乐府诗《子夜四时歌·春歌》："～游步春露。"

野（埜、壄） yě ❶田野。《左传·僖公二十六年》："～无青草。"㊁郊外。柳宗元《捕蛇者说》："永州之～产异蛇。"㊁野生的。李白《访戴天山道士不遇》诗："～竹分青霭（ǎi）。"（青霭：山中云气。）❷朝廷之外，民间。与"朝"相对。《晋书·杜预传》："朝～清晏，国富兵强。"（清晏：安定。）成语有"野无遗贤"。❸缺乏文采。《论语·雍也》："质胜文则～。"《宋书·王微传》："然复自怪鄙～，不参风流。"❹野蛮，不驯顺。《左传·宣公四年》："狼子～心。"

业（業） yè ❶古代悬钟磬用的大木板。《诗经·周颂·有瞽》："设～设虡（jù）。"（虡：悬挂钟磬的木架的立柱。）㊀书写用的木板。《礼记·玉藻》："父命呼，唯而不诺。手执～，则投之。"❷事业，功业。《左传·襄公十八年》："人其以不穀为自逸而忘先君之～矣。"（不穀：君主自称。）《史记·李斯列传》："足以灭诸侯，成帝～。"❸职业。《三国志·蜀书·先主传》："贩履（lǚ）织席为～。"（履：鞋。）❹学业。韩愈《进学解》："～精于勤，荒于嬉。"❺产业。《汉书·杨王孙传》："学黄老之术，家～千金。"❻已经。《史记·留侯世家》："良～为取履。"（良：张良。）双音词有"业已"。❼［业业］1. 高大健壮的样子。《诗经·小雅·采薇》："戎车既驾，四牡～～。"（戎车：兵车。四牡：四匹公马。）2. 担心害怕的样子。《三国志·吴书·陆凯传》："百姓～～，天下苦之。"成语有"兢兢业业"。

邺（鄴） yè 地名，故址在今河北临漳附近。曹操为魏王定都于此。

叶²（葉） yè ❶叶子。屈原《九歌·少司命》："秋兰兮青青，绿～兮紫茎。"❷世，时期。《世说新语·识鉴》："李势在蜀既久，承藉累～。"（李势：人名。）萧统《文选序》："自炎汉中～。"（炎汉：指汉朝。）❸书页，一张为一叶。王彦泓《寓夜》诗："鼠翻书～响，虫逗烛花飞。"这个意义又写作"页"。【注意】在古代，"葉"和

“叶(xié)”是两个字，意义各不相同。上述义项都不写作“叶”。现“葉”简化为“叶”。参见452页“叶[1]”字。

曳 yè ❶拉，牵引。《左传·襄公十八年》：“舆～柴而从之。”(舆：车。)《孟子·梁惠王上》：“弃甲～兵而走。”㉖飘荡。《陈书·江总传》：“泛流月之夜迥，～光烟之晓匝。”❷困顿。《后汉书·冯衍传》：“年虽疲～，犹庶几名贤之风。”

拽 yè 拉，拖。杜甫《题郑十八著作丈》诗：“酒酣懒舞谁相～，诗罢能吟不复听。”李商隐《韩碑》诗：“长绳百尺～碑倒。”

晔(曄) yè 光亮、光彩的样子。张衡《思玄赋》：“列缺～其照夜。”(列缺：闪电。)李白《酬殷明佐见赠五云裘歌》：“～如晴天散彩虹。”

烨(燁、爗) yè 光亮、光彩的样子。《诗经·小雅·十月之交》：“～～震电。”杨万里《正月三日宿范氏庄》诗：“隤(tuí)照～春媚。”(隤照：晚照，夕阳的光。)

掖 yè ❶搀着别人的胳膊。《左传·僖公二十五年》：“余～杀国子，莫余敢止。”㉖扶持。《诗经·陈风·衡门序》：“故作是诗以诱～其君也。”(是：此。诱：引导。)❷胳肢窝。《史记·吕太后本纪》：“高后遂病～伤。”(遂：于是。病：得……病。)这个意义后来写作“腋”。㉖旁，边。《后汉书·桓帝纪》：“德阳殿及左～门火。”[掖庭]宫中旁舍，妃嫔居住的地方。《汉书·外戚传》：“时宣帝养于～～，号皇曾孙。”

液 yè ❶液体。《楚辞·远游》：“吸飞泉之微～兮，怀琬琰之华英。”㊇津液。《素问·腹中论》：“病至则先闻腥臊臭，出清～。”㊇熔化。刘禹锡《天论》：“斩材窾坚，～矿硎铓。”❷浸渍。《周礼·考工记·弓人》：“故角三～而干(gàn)再～。”❸[液廷]同“掖庭”。宫中妃嫔居住的地方。《汉书·王莽传》：“长秋宫未建，～～媵未充。”

谒(謁) yè ❶禀告，陈述。《战国策·秦策二》：“请～事情。”(情：实际情况。)㉖报告，告发。《韩非子·五蠹》：“楚之有直躬，其父窃羊而～之吏。”(直躬：正直的人。窃：偷。)❷请求。《左传·昭公十六年》：“宣子～诸郑伯。”(宣子向郑伯请求。诸：之于。)❸拜见，请见。《史记·萧相国世家》：“上至，相国～。”(上：指刘邦。)❹名帖，把自己的姓名、籍贯、官爵和要说的事项写成名片，觐见时用。《史记·郦生陆贾列传》：“使者惧而失～，跪拾～。”

暍 yè ❶中暑。《庄子·则阳》：“夫冻者假衣于春，～者反冬乎冷风。”❷热。《唐语林·补遗·代宗》：“时属炎～，热病有加。”

馌(饁) yè ❶送饭到田里给耕者吃。《诗经·豳风·七月》：“同我妇子，～彼南亩。”❷古代打猎后以兽祭神。《周礼·春官·小宗伯》：“若大甸，则帅有司而～兽于郊，遂颁禽。”(甸：通“田”。打猎。)

靥(靨) yè ❶酒窝。班婕妤《捣素赋》：“两～如点，双眉如张。”傅玄《有女篇》：“巧笑露权～，众媚不可详。”[靥辅]颊上酒窝。《楚辞·大招》：“～～奇牙，宜笑嗎只。”❷古代妇女面部的一种妆饰。《大慈恩寺志》卷十五：“美女施钿，世名曰～。”

擪(擫) yè 用手指按。《庄子·外物》：“接其鬓，～其颐(huì)。”(颐：口。)《淮南子·泰族》：“所以贵扁鹊者……贵其～息脉血，知病之所从生也。”

YI

一 yī ❶数词。《孟子·梁惠王上》：“吾何爱～牛。”(爱：吝惜。)《左传·僖公五年》：“～之谓甚，其可再乎？”㊇一样，相同。《孟子·离娄下》：“先圣后圣，其揆～也。”(揆：准则。)❷副词。都，一概。《史记·曹相国世家》：“参代何为汉相国，举事无所变更，～遵萧何约束。”成语有“一如既往”。❸统一，一致。《史记·秦始皇本纪》：“～法度衡石丈尺。”《管子·君臣上》：“权度不～，则修义者惑。”❹专一。《荀子·劝学》：“用心～也。”❺副词。乃，竟。《战国策·齐策一》：“靖郭君之于寡人，～至此乎！”(于：对于。)❻副词。一旦，一经。《庄子·徐无鬼》：“～闻人之过，终身不忘。”(过：过失。)❼[一何]副词。相当于现代汉语的“多么”。李白《丁督护歌》：“拖船～～苦。”

伊 yī ❶指示代词。此。《诗经·秦风·蒹葭》：“所谓～人，在水一方。”❷第三人称代词。彼，他(后起意义)。《世说新语·方正》：“江家我顾～，庾家～顾我。”❸句首语气词。《诗经·郑风·溱洧》：“维士与女，～其相谑。”❹句中语气词。谢惠连《赠别》诗：“方作云峰异，岂～千里别。”柳宗元《敌戒》：“纵欲不戒，匪愚～耄(mào)。”(匪愚伊耄：不是愚蠢就是昏庸。耄：昏庸。)

衣 yī ❶上衣。《诗经·邶风·绿衣》："绿～黄裳。"（裳：裙子，下衣。）㉢衣服。《诗经·豳风·七月》："无～无褐。"❷yì 穿（衣服）。《庄子·盗跖》："不耕而食，不织而～。"《韩非子·外储说左上》："境内莫～紫。"（莫衣紫：没有谁穿紫色衣服。）㉣覆盖。《周易·系辞下》："古之葬者，厚～之以薪。"

依 yī ❶靠着。《孙子兵法·行军》："～水草而背众树。"㉢依靠，依托。曹操《短歌行》："绕树三匝（zā），何枝可～？"（匝：周。）❷依照，按照。屈原《离骚》："愿～彭咸之遗则。"（彭咸：古代的贤人。）《南史·王思远传》："临海太守沈昭略赃私，思远～事劾奏。"成语有"依样画葫芦"。㉢依从。《尚书·大禹谟》："禹曰：'朕德罔克，民不～。'"❸［依依］1. 轻柔的样子。《诗经·小雅·采薇》："昔我往矣，杨柳～～。"2. 留恋惜别的样子。《楚辞·九思·伤时》："志恋恋兮～～。"成语有"依依惜别"。❹［依稀］1. 隐约。江淹《赤虹赋》："暧昧以变，～～不常。"2. 仿佛。赵嘏《江楼旧感》诗："风景～～似去年。"【辨】依，倚。见484页"倚"字。

祎（禕） yī 美好。张衡《东京赋》："汉帝之德，侯其祎而。"（侯：何，多么。"祎"当是"祎"的错字。而：语气词，相当于"啊"。）

猗 yī ❶［猗与］叹词，表示赞美。《诗经·周颂·潜》："～～漆沮。"（漆、沮：河名。）又写作"猗屿"。❷句末语气词。《诗经·魏风·伐檀》："河水清且涟～！"（涟：起波纹。）❸［猗猗］美盛的样子。《诗经·卫风·淇奥》："瞻彼淇奥，绿竹～～。"❹yǐ 牵引。《诗经·豳风·七月》："～彼女桑。"❺yǐ 通"倚"。依靠。《诗经·卫风·淇奥》："～重较兮。"（重较：古代卿士乘坐的一种车子。）❻yǐ ［猗柅（nǐ）］柔顺的样子。《汉书·司马相如传上》："～～从风。"又写作"旖旎"。❼ě ［猗傩（nuó）］柔顺的样子。《诗经·桧风·隰有苌楚》："隰有苌楚，～～其枝。"

漪 yī 水的波纹。刘勰《文心雕龙·定势》："激水不～，槁木无阴。"（急流的水不会起波纹，枯树没有树荫。）［漪涟］水的波纹。谢灵运《发归濑三瀑布望两溪》诗："涉清弄～～。"（涉：涉水。清：清澈的水。）

壹 yī ❶专一。《荀子·成相》："好而～之神以成。"（好：喜好。）❷统一，一致。《史记·乐书》："乐以和其声，政以～其行。"《商君书·壹言》："治国者贵民～。"❸副词。一概，都。《汉书·车千秋传》："政事～决大将军光。"（光：霍光。）❹副词。一旦，一经。《汉书·燕刺王旦传》："大王～起，国中虽女子皆奋臂随大王。"❺通"一"。数词。《史记·梁孝王世家》："太后乃说（yuè），为帝加～餐。"（说：悦，高兴。）❻［壹何］副词。相当于现代汉语的"多么"。《汉书·东方朔传》："拔剑割肉，～～壮也！"（壮：雄壮。）

繄 yī ❶句首语气词。《左传·隐公元年》："尔有母遗（wèi），～我独无。"（尔：你。）❷句中语气词。《国语·周语下》："此一王四伯，岂～多宠。"（伯：诸侯的首领。）

鹥 yī ❶鸥鸟。《诗经·大雅·凫鹥》："凫～在泾，公尸来燕来宁。"张衡《南都赋》："其鸟则有鸳鸯、鹄、～。"❷yì 鸟名。凤凰之类。屈原《离骚》："驷玉虬以乘～兮，溘埃风余上征。"

噫 yī ❶叹词。表示感叹。《论语·子路》："子曰：'～！斗筲之人，何足算也！'"梁鸿《五噫歌》："民之劬劳兮！～！"（劬劳：劳苦。）❷ài 出气。《庄子·齐物论》："夫大块～气，其名为风。"刘禹锡《天论》："嘘为雨露，～为雷风。"（嘘：吐气。）

黟 yī 黑色，黑。欧阳修《秋声赋》："宜其渥然丹者为槁木，～然黑者为星星。"

匜 yí 古代洗手时盛水用的器具。古人用匜盛水浇在手上洗手，下面用盘子盛接。《左传·僖公二十三年》："奉～沃盥（guàn）。"（奉：捧着。沃盥：浇水洗手。）

杝 yí ❶树名，即椴木。《礼记·檀弓上》："～棺一，梓棺二。"❷lí 篱笆。贾思勰《齐民要术序》："～落不完，垣墙不牢。"❸zhì 顺着木材的纹理劈开。《诗经·小雅·小弁》："伐木掎（jǐ）矣，析薪～矣。"（掎：牵引。）❹duò 通"舵"。船舵。《后汉书·赵壹传》："奚异涉海之失～，积薪而待燃。"❶❹又写作"柂"。

訑 yí ❶［訑訑］自得的样子。《孟子·告子下》："夫苟不好善，则人将曰'～～，予既已知之矣。''～～'之声音颜色，距人于千里之外。"又写作"詑詑"。❷tuó 欺诈。屈原《九章·惜往日》："或忠信而死节兮，或～谩而不疑。"❸dàn 通"诞"。放诞。《庄子·知北游》："天知予僻陋慢～，故弃予而死。"

仪（儀） yí ❶容貌，外表。《诗经·小雅·小宛》："各敬尔～。"《史记·儒林列传》："太常择民年十八已上，～

状端正者，补博士弟子。”成语有“仪态万方”。❷ 礼节，仪式。《晋书·谢安传》：“诏府中备凶～。”（凶：指丧事。）❸ 准则，法度。《史记·秦始皇本纪》：“普施明法，经纬天下，永为～则。”（经纬天下：治理国家，使它有条理。则：准则。）㊁ 取法，效法。《国语·周语下》：“度于天地而顺于时动，和于民神而～于物则。”❹ 仪器。《后汉书·张衡传》：“作浑天～。”❺ 匹配，配偶。《诗经·鄘风·柏舟》：“髧（dàn）彼两髦，实维我～。”❻ 通“宜”。适宜，合适。《汉书·地理志下》：“伯益能～百物以佐舜。”（伯益：人名。佐：辅助。舜：传说中的古代帝王。）❼ 通“宜”。应该。《诗经·大雅·烝民》：“我～图之。”（图：谋求。）

台1 yí 见 401 页“台[1]”字。

诒（詒） yí ❶ dài 欺骗。徐干《中论·考伪》：“骨肉相～，朋友相诈。”这个意义又写作“绐”。❷ 赠给，送给。《左传·昭公六年》：“叔向使～子产书。”（叔向、子产：人名。使：使人。书：信。）❸ 遗留。《左传·文公六年》：“先王违世，犹～之法。”（违世：逝世。犹：还。）

饴（飴） yí ❶ 用米、麦制成的糖浆，糖稀。《诗经·大雅·绵》：“周原膴膴，堇荼如～。”（堇：一种野菜。荼：苦菜。）《论衡·本性》：“甘如～蜜。”（甘：甜。）❷ sì 通“饲”。给人吃。《晋书·王荟传》：“以私米作馇（zhān）粥，以～饿者。”（馇：稠粥。）

怡 yí 和悦，愉快。屈原《九章·哀郢》：“心不～之长久兮。”陶潜《桃花源记》：“并～然自乐。”成语有“心旷神怡”。

贻（貽） yí ❶ 赠给。《庄子·逍遥游》：“魏王～我大瓠（hù）之种。”（瓠：葫芦。）❷ 遗留。《魏书·张衮传》：“～丑于来叶。”（叶：世。）【辨】赠，贻。“赠”、“贻”都有赠送的意思，但在遗留的意义上，只能说“贻”，不能说“赠”。

圯 yí 桥。《史记·留侯世家》：“良尝闲从容步游下邳（pī）～上。”（良：张良。尝：曾经。下邳：地名。）

夷 yí ❶ 我国古代对东部各民族的统称。《诗经·鲁颂·閟宫》：“至于海邦，淮～来同。”㊁ 少数民族。《左传·昭公二十三年》：“古者天子守在四～。”❷ 平坦。《老子·五十三章》：“大道甚～。”㊁ 心情平和愉悦。《诗经·召南·草虫》：“亦既见止，亦既觏止，我心则～。”（止：语气词。）［夷然］泰然，镇定的样子。《晋书·谢安传》：“安～～无惧色。”❸ 平辈。《史记·留侯世家》：“诸将皆陛下故等～。”（故：以前的。）❹ 铲平，消除。《史记·秦始皇本纪》：“堕坏城郭，决通川防，～去险阻。”㊁ 平定。柳宗元《封建论》：“勒兵而～之耳。”（勒兵：带兵。）㊂ 灭族。《三国志·吴书·吴主传》：“将军马茂等图逆，～三族。”（图逆：企图谋反。）❺ 创伤。《左传·成公十六年》：“子反命军吏察～伤。”这个意义后来写作“痍”。❻［夷犹］迟疑不决。屈原《九歌·湘君》：“君不行兮～～。”又写作“夷由”。

痍 yí 创伤。《史记·蒙恬列传》：“～伤者未瘳（chōu）。”（瘳：治好。）

沂 yí ❶ 水名。源出沂山（今山东临朐附近）。《论语·先进》：“浴乎～，风乎舞雩。”❷ yín 通“垠”。岸边。《汉书·叙传》：“汉良受书于邳～。”（汉良：汉代的张良。邳：邳水。）

宜 yí ❶ 合适，适宜。《礼记·月令》：“贡职之数，以远近土地所～为度。”《潜夫论·相列》：“曲者～为轮，直者～为舆。”成语有“因地制宜”。❷ 应该，应当。《三国志·蜀书·诸葛亮传》：“将军～枉驾顾之。”❸ 大概，也许。《孟子·公孙丑下》：“闻王命而遂不果，～与夫礼若不相似然。”

迻 yí 迁移。《楚辞·九叹·远游》：“悲余性之不可改兮，屡惩艾而不～。”

扅 yí ［扊（yǎn）扅］见 472 页“扊”字。

移 yí ❶ 迁移，转移，移动。《孟子·梁惠王上》：“河内凶，则～其民于河东。”晁错《言守边备塞疏》：“草尽水竭则～。”《论衡·谈天》：“故日月～焉。”❷ 改变，变化。《孟子·滕文公下》：“富贵不能淫，贫贱不能～。”《礼记·乐记》：“～风易俗，天下皆宁。”❸ 传递文书。《汉书·刘歆传》：“歆（xīn）因～书太常博士。”（太常博士：官名。）❹ 一种官方文书。《后汉书·光武帝纪》：“于是置僚属，作文～。”【注意】移又分文移、武移两种。文移是谴责性公文，唐代后成为官府平行机构间相互交涉的文书；武移是声讨性公文，跟檄文相似。

遗（遺） yí ❶ 遗失。《韩非子·难二》：“齐桓公饮酒醉，～其冠。”（冠：帽子。）㊁ 遗漏，忽略。韩愈《师说》：“小学而大～。”㊁ 遗失、遗漏的东西。《史记·孔子世家》：“涂不拾～。”❷ 抛弃。贾谊《治安策》：“商君～礼义，弃仁恩。”（商君：指商鞅。）❸ 遗留。《史记·项羽本纪》："此所谓养虎自～患也。"㊕前人遗留下来的。诸葛亮《出师表》："深追先帝～诏。"（追：追念。先帝：指刘备。）㊀剩下。曹操《蒿里行》："生民百～一。"（百遗一：一百人中剩下一人。）❹ 排泄大小便。《史记·廉颇蔺相如列传》："顷之三～矢。"（矢：屎。）❺ wèi 给予，赠送。《左传·隐公元年》："小人有母，皆尝小人之食矣，未尝君之羹，请以～之。"《史记·魏公子列传》："欲厚～之，不肯受。"

颐（頤） yí ❶ 腮，下巴。《庄子·渔父》："左手据膝，右手持～。"（据：撑着。）杜甫《夔府书怀》诗："涕洒乱交～。"（涕：泪。）❷ 养，保养。《后汉书·王充传》："裁节嗜（shì）欲，～神自守。"（嗜：嗜好。）

椸 yí 衣架。《礼记·曲礼上》："男女不杂坐，不同～枷。"刘禹锡《喜晴联句》："推林出书目，倾笥上衣～。"

疑 yí ❶ 疑惑，疑问。《论语·季氏》："～思问，忿思难。"㊙犹豫不决。《商君书·更法》："～行无成，～事无功。"（功：功效。）❷ 怀疑，猜疑。《史记·屈原贾生列传》："信而见～，忠而被谤。"❸ 惑乱。《韩非子·五蠹》："盛容服而饰辩说，以～当世之法。"❹ yì 安定，停止。《荀子·解蔽》："无所～止之。"❺ nǐ 通"拟"。比拟。《汉书·谷永传》："役百干溪，费～骊山。"（费：费用。）

彝（彞） yí ❶ 古代青铜器的通称，多指宗庙祭祀用的礼器。《左传·襄公十九年》："取其所得以作～器。"❷ 常，常道，法度。《诗经·大雅·烝民》："民之秉～，好是懿德。"（秉：持。懿德：美德。）白居易《得丁陷贼庭判》："难废～章。"

鷬 yí ［鵔（jùn）鷬］见218页"鵔"字。

乙 yǐ ❶ 天干的第二位。见126页"干[1]"字。❷ 燕子。张融《答周颙书》："非凫（fú）则～。"（不是野鸭子就是燕子。）这个意义又写作"鳦"。❸ 打钩。古人看书时在书上打一个钩做标记，表示已看到某处，或某处文字有脱误。《史记·滑稽列传》："人主从上方读之，止，辄～其处。"韩愈《读鹖冠子》："文字脱谬，为之正三十有五字，～者三，灭者二十有二。"（正：改正。）

鳦 yǐ 燕子。《诗经·商颂·玄鸟》："天命玄鸟，降而生商。"毛传："玄鸟，～也。"

已 yǐ ❶ 停止，完毕。《荀子·劝学》："学不可以～。"成语有"鞠躬尽瘁，死而后已"。❷ 副词。已经。《史记·蒙恬列传》："扶苏～死。"（扶苏：人名。）❸ 副词。太，过分。《左传·昭公二年》："君刑～颇，何以为盟主？"（颇：偏，不公正。何以：依靠什么。）❹ 副词。随即，不久就。《汉书·原涉传》："文母太后丧时，守复土校尉，～为中郎，后免官。"❺ 语气词。用法同"矣"。《史记·货殖列传》："夫神农以前，吾不知～。"（神农：传说中的古代帝王。）❻ 通"以"。和"上"、"下"、"东"、"西"等连用，表示时间、方位、数量的界线。《汉书·文帝纪》："年八十～上。"《三国志·吴书·吴主传》："自丞相雍～下皆谏。"（雍：人名。）

以 yǐ ❶ 用。屈原《九章·涉江》："忠不必用兮，贤不必～。"❷ 率领。《左传·僖公五年》："宫之奇～其族行。"❸ 认为，以为。《战国策·齐策一》："臣之妻私臣，臣之妾畏臣，臣之客欲有求于臣，皆～美于徐公。"❹ 原因。《列子·周穆王》："宋人执而问其～。"❺ 介词。因为。《史记·孙子吴起列传》："孙膑～此名显天下。"㊙表示目的，相当于现代汉语的"以便"。《左传·僖公二十二年》："楚人伐宋～救郑。"［是以］因此。《三国志·蜀书·诸葛亮传》："～～分兵屯田，为久驻之基。"（基：基地。）❻ 介词。用。《韩非子·难一》："～子之矛陷子之楯，何如？"（子：你。陷：戳穿。）❼ 介词。凭借……身份，按照。《汉书·张骞传》："骞～郎应募使月氏（zhī）。"（郎：官名。月氏：古国名。）《论语·卫灵公》："君子不～言举人，不～人废言。"❽ 介词。在……时候。《史记·秦始皇本纪》："（秦始皇）～秦昭王四十八年正月生于邯郸。"❾ 连词。用法相当于"而"。《国语·晋语四》："狐偃（yǎn），其舅也，而惠～有谋。"（狐偃：人名。惠：通"慧"。聪明。）❿ 和"上"、"下"、"东"、"西"等连用，表示时间、方位、数量的界线。如"以上"、"以东"。⓫ 通"已"。已经。《史记·陈涉世家》："固～怪之矣。"

苡（苢） yǐ ［芣（fú）苡］见118页"芣"字。

佁 yǐ ❶ 痴呆的样子。《说文·人部》："佁，痴貌。"㊀静止的样子。柳宗元《小石潭记》："潭中鱼可百许头，皆若空游无所依。日光下澈，影布石上，～然不动。"❷ chì ［佁儗（yì）］停滞不前的样子。周必大《回潭州朱元晦启》："某三年～～，万事

Y

摧颓。”

矣 yǐ ❶语气词。相当于现代汉语的“了”。《左传·僖公二十八年》：“险阻艰难，备尝之～。”❷语气词。表示感叹。《三国志·魏书·郭嘉传》：“多端寡要，好谋无决，欲与共济天下大难，定霸王之业，难～！”（多端寡要：头绪很多，抓不住要领。）❸语气词。表示命令或请求。《战国策·齐策四》：“先生休～。”《商君书·更法》：“君无疑～。”

迤（迆） yǐ ❶斜延，斜行。《世说新语·言语》：“林公见东阳长山，曰：‘何其坦～。’”㊀斜倚。张衡《东京赋》：“立戈～戛(jiá)。”（戈、戛：长矛。）❷［迤逦(lǐ)］曲折绵延的样子。窦臮《述书赋》：“登泰山之崇高，知群阜之～～。”又写作“迤逦”。❸ yí［逶(wēi)迤］见 426 页“逶”字。

舣（艤） yǐ 同“檥”。船靠岸。江总《赠贺左丞萧舍人》诗：“行艫方境逝，去棹～江干。”（江干：江边。）

倚 yǐ ❶斜靠着。《庄子·德充符》：“～树而吟。”成语有“倚马可待”。㊀凭恃，倚仗。李白《扶风豪士歌》：“作人不～将军势。”成语有“倚老卖老”。❷偏斜。《礼记·中庸》：“中立而不～。”❸随着，合着（音乐）。《史记·张释之冯唐列传》：“使慎夫人鼓瑟(sè)，上自～瑟而歌。”（鼓：弹奏。瑟：一种乐器。）❹椅子。《金石萃编·济渎庙北海坛祭器碑》：“绳床十，内四～子。”这个意义后来写作“椅”。❺立，站立。《世说新语·俭啬》：“嘉宾……常朝旦问讯。郗家法，子弟不坐，因～语移时。”❻ jī 怪异。《荀子·儒效》：“～物怪变。”❼ jī 通“奇”。单个，独。《穀梁传·僖公三十三年》：“匹马～轮无反者。”【辨】依，倚。二字都有“依靠”的意思，但词义轻重不同。“依”是靠近某物，意义轻；“倚”是斜靠在某物上，意义重。

椅 yǐ ❶ yī 树名。梓属。《诗经·鄘风·定之方中》：“树之榛栗，～桐梓漆。”❷ yǐ［椅柅(nǐ)］木弱的样子。谢朓《芳树》诗：“～～芳若斯，葳蕤纷可结。”❸椅子（后起意义）。日·圆仁《入唐求法巡礼行记》：“相公及监军并州郎中、郎官、判官等皆～子上吃茶。”

旖 yǐ ［旖旎(nǐ)］1. 旌旗、树枝等随风摆动的样子。扬雄《甘泉赋》：“腾清霄而轶浮景兮，夫何旟旐郅偈之～～也！”（郅偈：竿立的样子。）㊀声音婉转悠扬。王褒《洞箫赋》：“形～～以顺吹兮。”2. 繁盛美好的样子。鲍照《春羁》诗：“风起花四散，露浓条～～。”

踦（齮） yǐ 咬。竺法护《正法华经·应时品》：“饥饿之时，普皆诤食，疲瘦羸劣，斗相～啮。”［踦龁(hé)］毁坏。《史记·田儋列传》：“且秦复得志于天下，则～～用事者坟墓矣。”

扆 yǐ 古代宫殿户牖之间的位置，也指户牖之间画有斧形的屏风。《论衡·书虚》：“户牖(yǒu)之间曰～，南面之坐位也。负～南面乡坐，～在后也。”㊀指帝王。《旧唐书·裴度传》：“如至巳午之间，即当炎赫之际，虽日仄忘食，不惮其劳，仰瞻～旒，亦似烦热。”

螘 yǐ 同“蚁”。《史记·屈原贾生列传》：“夫岂从～与蛭螾？”

礒 yǐ ［碕(qǐ)礒］见 321 页“碕”字。

乂 yì ❶治理。《汉书·武五子传》：“保国～民。”❷安定。《北史·齐孝昭帝纪》：“朝野安～。”❸有才能的人。《尚书·皋陶谟》：“俊～在官。”孙楚《为石仲容与孙皓书》：“儁～盈朝。”（儁：俊。）

刈 yì ❶割。贾思勰《齐民要术·大豆》：“候近地叶有黄落者，速～之。”❷镰刀一类的农具。《管子·小匡》：“挟其枪～耨(nòu)镈(bó)，以旦暮从事于田野。”（枪、耨、镈：都是锄田去草的工具。）

弋 yì ❶用带绳子的箭射。《诗经·郑风·女曰鸡鸣》：“将翱将翔，～凫与雁。”《史记·司马相如列传》：“～白鹄(hú)。”（鹄：鸟名。天鹅。）㊁射猎。《晋书·谢安传》：“出则渔～山水，入则言咏属文。”（渔：捕鱼。属文：作文。）❷取。《管子·侈靡》：“～其能者。”

杙 yì 小木桩。《吕氏春秋·节丧》：“譬之若瞽师之避柱也，避柱而疾触～也。”㊀小木棍。《左传·襄公十七年》：“以～抉其伤而死。”柳宗元《行路难》诗之二：“虞衡斤斧罗千山，工命采斫～与椽。”

亿（億） yì ❶数词。一万万。古时也把十万叫作亿。《尚书·泰誓上》：“受有臣～万。”（受：商纣王。）《晋书·食货志》：“吕蒙定荆州，孙权赐钱一～。”㊉数目很大。贾谊《过秦论》：“据～丈之城，临不测之溪(xī)以为固。”（溪：山涧。）❷安。《左传·昭公二十一年》：“心～则乐。”❸推测。《论语·先进》：“～则屡中。”《旧唐书·李道宗传》：“不可～度。”这个意义后来写作“臆”。

Y

忆(憶) yì ❶ 思念。《木兰诗》:"问女何所思?问女何所~?"㊂回想。杜甫《奉赠萧二十使君》诗:"重~罗江外,同游锦水滨。"❷ 记住,记住不忘。《后汉书·王充传》:"阅所卖书,一见辄(zhé)能诵~。"(辄:就。)

艺(藝) yì ❶ 种植。《诗经·唐风·鸨羽》:"不能~黍(shǔ)稷(jì)。"(黍稷:泛指粮食。)这个意义本写作"埶",后来又写作"蓺"。❷ 才能,技能,本领。《尚书·金縢》:"予仁若考,能多材多~,能事鬼神。"《史记·龟策列传》:"博开~能之路。"熟语有"艺高人胆大"。[六艺]1. 古代教育子弟的六种技艺,指礼、乐、射、御、书、数(礼节、音乐、射箭、驾车、写字、算术)六种本领。2. 指《诗》、《书》、《礼》、《乐》、《易》、《春秋》这六部儒家的经典。❸ 度,准则。《国语·晋语八》:"贪欲无~。"《国语·越语下》:"用人无~。"

呓(囈) yì 说梦话。王嘉《拾遗记》卷八:"吕蒙~语通《周易》。"[唵(ǎn)呓]睡梦中的说话声。《列子·周穆王》:"眠中~~呻呼。"

义(義) yì ❶ 合宜的道德、行为或道理。《左传·隐公元年》:"多行不~,必自毙。"❷ 意义,意思。刘勰《文心雕龙·镕裁》:"一意两出,~之骈枝也。"(骈枝:多余无用的部分。)《晋书·王隐传》:"文体混漫,~不可解。"(混漫:杂乱。)❸ 指旧时拜认的亲属关系(后起意义)。如"义父"、"义子"。

议(議) yì ❶ 商议,讨论。《韩非子·南面》:"群臣畏是言,不敢~事。"(是:此。)㊀议论,评论。《孟子·滕文公下》:"处士横~。"㊕非议。《商君书·更法》:"今吾欲变法以治,更礼以教百姓,恐天下之~我也。"❷ 主张,建议。《史记·李斯列传》:"始皇可其~。"(可:赞成,肯定。)❸ 文体的一种。是上给皇帝议论得失的奏表。刘勰《文心雕龙·议对》:"事实允当,可谓达~体矣。"(允当:适宜得当。达:符合。)【辨】议,论。见263页"论"字。

仡 yì [仡仡]1. 勇壮的样子。《尚书·秦誓》:"~~勇夫,射御不违。"2. 高大的样子。《诗经·大雅·皇矣》:"崇墉~~。"

屹 yì 山势直立高耸。王延寿《鲁灵光殿赋》:"~山峙以纡郁。"(纡郁:盘曲的样子。)㊃坚定不动。《宋史·施师点传》:"师点~立……不肯少动。"

亦 yì ❶ 也,也是。《论语·公冶长》:"巧言令色足恭,左丘明耻之,丘~耻之。"(丘:孔子自称。)《史记·陈涉世家》:"今亡~死,举大计~死,等死,死国可乎!"【注意】这个意义古人只说"亦",不说"也"。❷ 语气词。表示语气的减弱。可译为"不过"、"只是"。《战国策·齐策四》:"王~不好士也,何患无士?"(士:指具有一定知识和技能的人。)【注意】这个意义后代罕用。❸ 语气词。表示语气的加强。《战国策·赵策四》:"媪(ǎo)之送燕后也,持其踵为之泣,念悲其远也,~哀之矣。"(媪:年老的妇人。念悲:惦念并伤心。哀:哀怜。)[不亦]用于反问句,表示委婉语气。《论语·学而》:"学而时习之,不~说乎?"

弈 yì 下棋。《左传·襄公二十五年》:"~者举棋不定。"

奕 yì ❶[奕奕]1. 高大的样子。《诗经·大雅·韩奕》:"~~梁山。"2. 光明,明亮。《北齐书·琅邪王俨传》:"眼光~~,数步射人。"3. 心神不定的样子。《诗经·小雅·頍弁》:"忧心~~。"4. 神采焕发的样子。陈师道《寄邓州杜侍郎》诗:"请公酌此寿百年,~~长为此邦伯。"❷ 累,重。常"奕世"、"奕代"、"奕叶"连用。《后汉书·杨秉传》:"臣~世受恩。"陶潜《闲情赋》:"缀文之士,~代继作。"(缀文:作文。)曹植《王仲宣诔》:"~叶佐时。"(佐:辅助。)

异(異) yì ❶ 不同,不同的。《韩非子·五蠹》:"世~则事~。"(世:时代。事:指国家政治和社会情况。)㊂别的,其他的。《吕氏春秋·上农》:"贾不敢为~事。"㊀奇特,与众不同。柳宗元《捕蛇者说》:"永州之野产~蛇。"(永州:地名。野:郊外。)❷ 奇怪,惊奇。《左传·桓公二年》:"~哉,君之名子也!"(名子:给儿子取名。)《三国志·蜀书·诸葛亮传》:"容貌甚伟,时人~焉。"(甚:很。时人:当时的人。)

抑 yì ❶ 按,向下压。与"扬"相对。《老子·七十七章》:"高者~之,下者举之。"㊂压抑,抑制。屈原《离骚》:"屈心而~志兮。"魏征《十渐不克终疏》:"其语道也,必先淳朴而~浮华。"(语道:谈论治国之道。先:指推崇。)[抑郁]苦闷的样子。白居易《与元九书》:"彷徨~~。"又写作"壹郁"。㊂阻止,遏止。《荀子·成相》:"禹有功,~下鸿。"《史记·魏公子列传》:"遂乘胜逐秦军至函谷关,~秦兵。"❷ 俯,低。《战国策·韩策二》:"公仲且~首而不朝。"蔡邕

《琴赋》:“于是繁弦既～,雅韵乃扬。”❸连词。表示轻微的转折。《论语·子张》:“子夏之门人小子,当洒扫应对进退则可矣,～末也,本之则无。”❹连词。表示选择,相当于现代汉语的“还是”、“或者”。《汉书·五行志中之上》:“敢问天道也,～人故也?”【辨】按,抑。见3页“按”字。

邑 yì ❶国都。《诗经·商颂·殷武》:“商～翼翼。”(翼翼:整齐的样子。)《左传·隐公十一年》:“吾先君新～于此。”(邑:这里用作动词,建立国都的意思。)㊀国。《左传·桓公十一年》:“君次于郊郢(yǐng),以御四～。”(次:驻扎军队。郢:地名。御:防御。四邑:指随、绞、州、蓼四个小国。)【注意】这个意义只见于《尚书》、《诗经》、《左传》等书,后代罕用。❷人民聚居的地方。《论语·公冶长》:“十室之～,必有忠信如丘者焉,不如丘之好学也。”(室:家。)㊀城镇。苏洵《六国论》:“小则获～,大则得城。”㊁县。柳宗元《封建论》:“裂都会而为之郡～。”(都会:诸侯的都城。)❸封地。《左传·襄公二十七年》:“公与之～六十。”(与:给。)❹愁闷不安。《汉书·杜邺传》:“由后视前,忿～非之。”这个意义又写作“悒”。❺[邑邑]1.愁闷不安的样子。《史记·商君列传》:“安能～～待数十百年以成帝王乎?”这个意义又写作“悒悒”、“于邑”或“郁邑”。2.微弱的样子。《楚辞·九叹·远游》:“风～～而蔽之。”(蔽:遮蔽。)

挹 yì ❶舀,把液体盛出来。《诗经·大雅·泂酌》:“～彼注兹。”(从那里舀出来灌注到这里去。)❷牵,拉。郭璞《游仙诗》之三:“左～浮丘袖,右拍洪崖肩。”㊀提携。《新唐书·李频传》:“合大加奖～,以女妻之。”(合:人名。)❸通“抑”。抑制。《汉书·谷永杜邺传赞》:“钦欲～损凤权。”(钦、凤:人名。)㊁谦退。朱浮《与彭宠书》:“侠游谦让,屡有降～之言。”❹yī 通“揖”。作揖。《荀子·议兵》:“拱～指麾。”(拱:拱手。指麾:指挥。)

浥 yì ❶湿润。王僧孺《为人宠姬有怨》诗:“已为露所～,复为风所飘。”[浥浥]1.湿润的样子。韦应物《慈恩精舍南池作》诗:“～～余露气,馥馥幽襟披。”2.香气浓郁的样子。苏轼《台头寺步月》诗:“～～炉香初泛夜,离离花影欲摇春。”❷yà 低下。《汉书·司马相如传》:“逾波趋～,莅莅下濑。”

悒 yì 愁闷不安。《三国志·魏书·高柔传》:“群下之心,莫不～戚。”[悒悒]愁闷不安的样子。《三国志·魏书·杜袭传》:“～～于此。”

裛 yì ❶包书的布套。《广雅·释器》:“～谓之袠。”(袠:帙。)❷缠绕,缠裹。班固《西都赋》:“～以藻绣,络以纶连。”❸通“浥”。沾湿。杜甫《狂夫》诗:“雨～红蕖冉冉香。”❹香气侵袭、放散。钱起《中书遇雨》诗:“色翻池上藻,香～鼎前杯。”[裛裛]香气侵袭的样子。李商隐《至扶风界见梅花》诗:“匝路亭亭艳,非时～～香。”

佚 yì ❶散失。如“佚书”、“佚名”。㊀走失,逃跑。《公羊传·成公二年》:“顷公用是～而不反。”(顷公:人名。用是:因此。反:返。)㊀弃置。《孟子·公孙丑上》:“遗～而不怨。”❷放荡。《商君书·说民》:“礼乐,淫～之征也。”(征:召,引导。)❸通“逸”。安逸,安闲。《孙子兵法·军争》:“以近待远,以～待劳。”《孟子·尽心上》:“以～道使民,虽劳不怨。”❹通“逸”。隐逸。《汉书·梅福传》:“隐士不显,～民不举。”❺dié 通“迭”。交替地,轮流地。[佚荡]超脱,无拘束。《汉书·扬雄传上》:“为人简易～～。”

泆 yì ❶水激荡而溢出。《史记·夏本纪》:“道沇水,东为济,入于河,～为荥。”㊀发大水。《管子·乘马数》:“若岁凶旱水～,民失本。”❷放荡,放纵。《尚书·多士》:“诞淫厥～,罔顾于天显民祗。”❸[泆然]舒缓安闲的样子。刘向《说苑·修文》:“言未已,舟～～行。”

轶(軼) yì ❶超车。㊀超越。《汉书·扬雄传上》:“～五帝之遐(xiá)迹兮,蹑(niè)三皇之高踪。”(遐:远。蹑:踏。)㊁超群的。《汉书·王褒传》:“因奏褒有～材。”(材:才。)❷水溢出。《汉书·地理志上》:“道沇水,东流为泲(jǐ),入于河,～为荥(xíng)。”(道:导,疏导。泲:水名。荥:水泽名。河:黄河。)❸袭击。《左传·隐公九年》:“惧其侵～我也。”❹通“佚”。散失。《史记·管晏列传》:“至其书,世多有之,是以不论,论其～事。”(至:至于。)❺通“逸”。隐逸。《淮南子·泰族》:“无隐士,无～民。”❻zhé 通“辙”。车轮轧的痕迹。《史记·文帝本纪》:“结～于道。”(车辙在道路上相互交错。)❼dié 通“迭”。交替地,轮流地。《史记·封禅书》:“自五帝以至秦,～兴～衰。”

役 yì ❶服兵役。《诗经·王风·君子于役》:“君子于～,不知其期。”❷兵役,劳役。《汉书·食货志上》:“赋共车马甲兵士徒之～,充实府库赐予之用。”(共:供。

徒：众。)《三国志·吴书·吴主传》："民困于～。" ❸ 役使，奴役。陶潜《归去来兮辞》："既自以心为形～，奚惆怅而独悲。"(奚：为什么。) ❹ 仆役，供人役使的人。《左传·定公元年》："季孙使～如阚。"(如：往。阚：地名。)⊗士卒。《国语·吴语》："寡人帅不腆吴国之～。"⊗门徒，弟子。《庄子·庚桑楚》："老聃(dān)之～，有庚桑楚者，偏得老聃之道。"(老聃：即老子。) ❺ 事。《左传·昭公十三年》："渎货无厌，亦将及矣，为此～也。"(及：指遇上灾祸。)⊗战争，战役。《三国志·蜀书·诸葛亮传》："街亭之～，咎(jiù)由马谡(sù)。"(咎：过失，过错。)

毅 yì 意志坚定，果断。《论语·泰伯》："士不可以不弘～。"《韩非子·孤愤》："能法之士必强～而劲直。"(劲直：刚强正直。)⊗勇武，凶猛。屈原《九歌·国殇》："身既死兮神以灵，魂魄～兮为鬼雄。"《后汉书·马融传》："鸷兽～虫，倨牙黔口。"

译(譯) yì 翻译。《隋书·经籍志》："大～佛经。"⊗翻译人员。刘向《说苑·善说》："于是乃召越～，乃楚说之。"(楚说之：指把越语翻译为楚语。)

怿(懌) yì 喜悦。《诗经·小雅·节南山》："既夷既～，如相酬矣。"(酬：劝酒。)《史记·萧相国世家》："高帝不～。"杜甫《郑典设自施州归》诗："听子话此邦，令我心悦～。"

驿(驛) yì ❶ 古代供传递公文或传送消息用的马。《后汉书·西域传》："驰命走～，不绝于时月。"(驰命：奔驰传达命令。)⊗用驿马传送的。《晋书·谢安传》："有～书至。"㊀驿站，供驿马中途休息的地方。《宋史·张方平传》："卧～中不起。" ❷ [骆驿]往来不绝。枚乘《七发》："前后～～。"又写作"络绎"。

绎(繹) yì ❶ 找出头绪，探究。《论语·子罕》："巽(xùn)与之言，能无说乎？～之为贵。"(巽：谦逊。) ❷ 连续不断。《诗经·小雅·车攻》："赤芾金舄，会同有～。" ❸ 陈述。《礼记·射义》："各～己之志也。"

易 yì ❶ 换。《周易·系辞下》："交～而退，各得其所。"《左传·哀公八年》："～子而食。"熟语有"以物易物"。【注意】上古没有"换"字，现代"换"的意义上古都说"易"。❷ 改变。《礼记·乐记》："其感人深，其移风～俗。" ❸ 书名。《周易》的简称。❹ 通"埸(yì)"。边界。《荀子·富国》："至于疆～。" ❺ 容易。《孟子·公孙丑上》："饥者～为食，渴者～为饮。" ❻ 轻视。《史记·高祖本纪》："高祖为亭长，素～诸吏。"(素：向来。) ❼ 平坦。枚乘《七发》："罽坚辔，附～路。" ❽ 和悦。《礼记·郊特牲》："宾入大门而奏肆夏，示～以敬也。" ❾ 治，整治。《荀子·富国》："田肥以～则出实百倍。"(以：而且。)

埸 yì ❶ 边境，边界。常"疆埸"连用。《左传·桓公十七年》："疆～之事，慎守其一。"(慎守其一：谨慎地守卫自己的边疆。一：指自己这一边。) ❷ 田界。常"疆埸"连用。《诗经·小雅·信南山》："疆～有瓜。"

佾 yì 古代乐舞的行列，一行八人叫一佾。舞蹈用人的多少，表示贵族之间的等级差别。《论语·八佾》："八～舞于庭。"《穀梁传·隐公五年》："天子八～，诸公六～，诸侯四～。"

诣(詣) yì ❶ 到……去。《史记·文帝本纪》："乘传(zhuàn)～长安。"(传：驿车，供传递公文的人乘坐的车子。)㊀拜访。《三国志·蜀书·诸葛亮传》："由是先主遂～亮，凡三往，乃见。"(由是：因此。) ❷ 学问达到高深的境界。《世说新语·赏誉》："刘琨称祖车骑为朗～。"

枻 yì ❶ 船桨。《史记·司马相如列传》："浮文鹢，扬桂～。"⊗船舷。屈原《九歌·湘君》："桂棹兮兰～。"(一说为船桨。) ❷ 划船。王屮《头陀寺碑文》："释网更维，玄津重～。"

羿 yì 古代传说中的人名，善射。《论语·宪问》："～善射，奡(ào)荡舟。"(奡：人名。)

翊 yì ❶ 辅佐，帮助。《三国志·蜀书·吕凯传》："～赞季兴。"(辅佐朝廷复兴。赞：辅佐。季兴：复兴，中兴。) ❷ 明(天、年)。蔡邕《议郎胡公夫人哀赞》："疾用欢痊，～日斯瘳(chōu)。"(用：因此。痊：病愈。斯：语气词。瘳：病愈。) ❸ [翊翊]恭敬的样子。《汉书·礼乐志》："正心～～。"

翌 yì ❶ 辅佐。钱起《泰阶六符赋》："股肱掩于稷契，辅～贤于阿衡。" ❷ 明(天、年)。《汉书·律历志》："若～日癸(guǐ)巳。"又如"翌年"、"翌晨"。

翳 yì ❶ 用羽毛做的舞具。《山海经·海外西经》："左手操～，右手操环。" ❷ 遮蔽。《楚辞·九叹·远逝》："石嵾嵯(cēn cī)以～日。"(嵾嵯：山高低不齐的样子。)㊀隐藏。《三国志·魏书·管宁传》："抱道怀贞，潜～海隅。"(隅：边。) ❸ 眼睛上长的

Y

膜。《宋史·刘恕传》:"目为之～。"(眼睛因此而长了翳。)

翼 yì ❶ 翅膀。贾谊《鹏鸟赋》:"举首奋～。"(抬头振翅。)❷ 用翼遮盖,保护。《诗经·大雅·生民》:"鸟覆～之。"(覆:遮盖。)❸ 两侧。《史记·廉颇蔺相如列传》:"李牧多为奇陈,张左右～击之,大破杀匈奴十余万骑。"(陈:阵。张:摆开。)❹ 辅佐,扶助。《汉书·晁错传》:"以～天子。"❺［翼翼］1. 严肃谨慎的样子。《诗经·大雅·烝民》:"小心～～。"2. 壮盛的样子。枚乘《七发》:"纷纷～～,波涌云乱。"3. 整齐的样子。《诗经·商颂·殷武》:"商邑～～。"(商的国都非常整齐。)4. 轻松悠闲的样子。屈原《离骚》:"高翱翔之～～。"❻ 通"翌"。明(日)。《尚书·金縢》:"王～日乃瘳。"【辨】羽,翼,翅。见503页"羽"字。

貤(貤) yì ❶ 重,重叠。左思《魏都赋》:"兼重悂(pī)以～缪。"(悂:谬误。以:而。缪:错误。)❷ 延,延伸。《汉书·叙传下》:"奕世载德,～于子孙。"(奕世:连续几代。)❸ yí 转移。《汉书·武帝纪》:"受爵赏而欲移卖者,无所流～。"

益 yì ❶ 水漫出来。《吕氏春秋·察今》:"澭(yōng)水暴～。"这个意义先秦多写作"益",后来都写作"溢"。❷ 富裕,富足。《吕氏春秋·贵当》:"其家必日～。"❸ 增加。《韩非子·定法》:"五年而秦不～一尺之地。"❹ 利益,好处。《尚书·大禹谟》:"满招损,谦受～。"《盐铁论·非鞅》:"有～于国,无害于人。"❺ 副词。更,更加。《文子·上礼》:"故扬汤止沸,沸乃～甚。"成语有"精益求精"。❻ 副词。渐渐地。《史记·吕不韦列传》:"始皇帝～壮。"《汉书·苏武传》:"武～愈,单于使使晓武。"(晓:告知。)❼［益州］古地名,在今四川一带。

嗌 yì ❶ 咽喉。《穀梁传·昭公十九年》:"哭泣歠飦粥,～不容粒,未逾年而死。"《吕氏春秋·介立》:"今世之逐利者,早朝晏退,焦唇干～,日夜思之。"❷ ài 喉咙梗塞。《庄子·庚桑楚》:"儿子终日嗥而～不嗄。"一本作"不嗌嗄"。

溢 yì ❶ 水漫出来。《尚书·禹贡》:"导沇水,东流为济,入于河,～为荥。"(沇、济:都是河流名。荥:泽名。)《三国志·吴书·吴主传》:"诸山崩,鸿水～。"(鸿水:大水。)㉒满,充满。《汉书·东方朔传》:"～于文辞。"陆机《文赋》:"文徽徽以～目,音泠(líng)泠而盈耳。"(徽徽:华美的样子。以:而。泠泠:声音清越。)㉣自满。《汉书·五行志上》:"宣帝既立,光犹摄政,骄～过制。"(光:霍光。)㉣过度。《三国志·蜀书·诸葛瞻传》:"美声～誉,有过其实。"(誉:称赞。)❷ 通"镒"。古代的重量单位,二十两为一镒。一说二十四两为一镒。《韩非子·五蠹》:"铄(shuò)金百～。"(铄:熔化。)

缢(縊) yì 吊死,上吊。《左传·桓公十三年》:"莫敖～于荒谷。"(莫敖:人名。)双音词有"自缢"。㉡绞杀,勒死。《左传·昭公元年》:"公子围至,入问王疾,～而弑(shì)之。"(弑:杀。)

镒(鎰) yì 古代的重量单位,二十两为一镒。一说二十四两为一镒。《国语·晋语二》:"黄金四十～。"

鹢(鷁) yì ❶ 水鸟名。《左传·僖公十六年》:"六～退飞过宋都。"❷ 船头画有鹢鸟的船。谢朓《齐随王鼓吹曲》:"罢游平乐苑,泛～昆明池。"

谊(誼) yì ❶ 合宜的道德、行为或道理。屈原《九章·惜诵》:"吾～先君而后身兮。"❷ 意义,意思。许慎《说文解字叙》:"会意者,比类合～。"(会意字就是把两个字的形体、意义合在一起。)上述❶❷又写作"义"。❸ 交情,友谊(后起意义)。江淹《伤友人赋》:"余结～兮梁门。"双音词有"友谊"。

勚(勩) yì 劳,劳苦。《诗经·小雅·雨无正》:"莫知我～。"柳宗元《唐铙歌鼓吹曲·靖本邦》:"守臣不任,～于神圣。"

埶 yì ❶ 同"艺(藝)"。种植。《说文·丮部》:"埶,种也。"❷ shì 通"势(勢)"。权势,势力。《礼记·礼运》:"如有不由此者,在～者去,众以为殃。"㉡形势。《荀子·议兵》:"兵之所贵者～利也,所行者变诈也。"

蓺 yì ❶ 同"艺(藝)"。种植。《诗经·齐风·南山》:"～麻如之何? 衡从其亩。"(衡从:横纵。)❷ 同"艺(藝)"。技艺,技能。《史记·儒林列传》:"能通一～以上,补文学掌故缺。"❸ 通"刈"。割。《新唐书·黄巢传》:"焚室庐,杀人如～。"

逸 yì ❶ 逃跑。《左传·桓公八年》:"随侯～。"㉡马脱缰奔跑。《国语·晋语五》:"马～不能止。"❷ 隐逸。《楚辞·远游》:"离人群而遁～。"❸ 释放。《左传·成公十六年》:"乃～楚囚。"❹ 安闲,安逸。《汉书·赵充国传》:"以～击劳,取胜之道也。"熟语有"劳逸结合"。❺ 放纵,放荡。《战国策·楚策四》:"专淫～侈靡,不顾国

Y

政。"㉑过失。《尚书·盘庚上》:"其发有～口。"(逸口:引起过失之言。)❻ 通"佚"。亡失,散失。柳宗元《武功县丞厅壁记》:"壁坏文～。"❼ 通"轶"。超越。《三国志·蜀书·诸葛亮传》:"亮少有～群之才。"(少:指年轻时。)《世说新语·文学》:"于病中犹作《汉晋春秋》,品评卓～。"

睪 yì ❶ 侦捕罪人。《说文·幸部》:"睪,司视也……令吏将目捕罪人也。"❷ zé [睪芷]香草名。"睪"通"泽"。《荀子·正论》:"侧载～～以养鼻。"❸ gāo 睾丸。《灵枢经·经脉》:"径胫上～结于茎。"❹ hào [睪睪]广大的样子。"睪"通"皞"。《荀子·解蔽》:"～～广广,孰知其德。"

斁 yì ❶ 厌。《诗经·周南·葛覃》:"为絺为绤,服之无～。"王融《咏梧桐》:"岂～龙门幽,直慕瑶池曲。"❷ 盛大的样子。《诗经·商颂·那》:"庸鼓有～,万舞有奕。"(有:形容词词头。)❸ dù 败坏。《尚书·洪范》:"彝伦攸～。"董京《答孙楚》诗:"周道～兮颂声没,夏政衰兮五常汩。"

燡 yì [燡燡]光明的样子。王延寿《鲁灵光殿赋》:"汩硙硙以璀璨,赫～～而爥(zhú)坤。"(爥:照。)

醳 yì ❶ 古代的一种酒。一说为旧酒,一说为新酒。刘孝绰《侍宴集贤堂应令》诗:"绸缪参宴笑,淹留奉觞～。"❷ 赏赐酒食。《史记·淮阴侯列传》:"牛酒日至,以飨士大夫,～兵。"❸ shì 通"释"。释放。《史记·张仪列传》:"共执张仪,掠笞数百,不服,～之。"㉖放弃。《战国策·燕策二》:"王欲～臣剸任所善,则臣请归～事。"

裔 yì ❶ 衣服的边缘。㉒边。屈原《九歌·湘夫人》:"蛟何为兮水～?"(蛟为什么在水边?)㉑边远的地方。《左传·文公十八年》:"投诸四～。"(诸:之于。)❷ 后代。左思《吴都赋》:"虞、魏之昆,顾、陆之～。"(虞、魏、顾、陆:都是姓。昆:后代。)

意 yì ❶ 心意,意图。《公羊传·隐公三年》:"此非先君之～也。"贾思勰《齐民要术序》:"蔡伦立～造纸。"㉖意思。刘勰《文心雕龙·镕裁》:"善删者字去而～留。"❷ 怀疑。《列子·说符》:"人有亡铁(fū)者,～其邻之子。"(亡:丢失。铁:斧子。)❸ 意料。《史记·项羽本纪》:"然不自～能先入关破秦。"[意者]想来大概是。《庄子·天运》:"～～其运转而不能自止邪。"(想来天大概是运转而不会自己停止吧。)❹ 通"抑"。表示选择。相当于现代汉语的"还是"。《墨子·耕柱》:"子之义将匿邪?～将以告人乎?"(匿:隐藏。)❺ yī 通"噫"。叹词。《庄子·在宥》:"～!甚矣哉,其无愧而不知耻也甚矣!"

薏 yì ❶ 莲子的心。见《尔雅》。❷ [薏苡]植物名。籽粒叫"薏米"。《后汉书·马援传》:"初,援在交阯,常饵～～实,用能轻身省欲,以胜瘴气。"王维《送李员外贤郎》诗:"～～扶衰病,归来幸可将。"

臆 yì ❶ 胸。陆机《演连珠》之二十九:"抚～论心。"❷ 主观想象和揣测。苏轼《石钟山记》:"事不目见耳闻,而～断其有无,可乎?"(可乎:可以吗?)

肄 yì ❶ 练习,学习。《三国志·魏书·武帝纪》:"作玄武池以～舟师。"(舟师:水军。)潘岳《杨仲武诔》:"旧文新艺,罔不必～。"❷ 劳苦。《左传·昭公十六年》:"莫知我～。"(莫:没有人。)❸ 树木再生的嫩枝。《诗经·周南·汝坟》:"伐其条～。"陆机《汉高祖功臣颂》:"悴叶更辉,枯条以～。"(以:因此。)❹ 查阅,检查。《汉书·义纵传》:"关吏税～郡国出入关者。"

瘞(瘗、瘗) yì 埋祭品或尸体、随葬物。《汉书·武帝纪》:"祠常山,～玄玉。"《旧唐书·褚亮传》:"徽遇病终,亮亲加棺敛,～之路侧。"(徽:人名。)㉑坟墓。《晋书·王敦传》:"于是发～出尸,焚其衣冠。"

熠 yì [熠耀(yào)] 1. 光彩鲜明的样子。《诗经·豳风·东山》:"仓庚于飞,～～其羽。"2. 萤火虫。鲍令晖《题书后寄行人》诗:"帐中流～～,庭前华紫兰。"[熠熠]鲜明的样子。陆机《拟青青河畔草》:"靡靡江蓠草,～～生河侧。"

殪 yì 射死。《诗经·小雅·吉日》:"发彼小豝(bā),～此大兕。"(发:用箭射。豝:母猪。)屈原《九歌·国殇》:"左骖(cān)～兮右刃伤。"(驾在车左侧的马被射死了,右侧的马也被兵刃所伤。骖:古代驾车时在外侧的马。)㉒死。《左传·隐公九年》:"前后击之,尽～。"

曀 yì 天阴,昏暗。《诗经·邶风·终风》:"终风且～。"庾肩吾《八关斋夜赋四城门更作四首·北城门沙门》:"俗幻生影空,忧绕心尘～。"㉖使……昏暗。《旧唐书·裴度传》:"岂肯坐观凶邪,有～日月。"

饐 yì ❶ 食物因经久而变味。《论语·乡党》:"食～而餲,鱼馁而肉败,不食。"《墨子·辞过》:"刍豢蒸炙鱼鳖,大国累百器,小国累十器……手不能徧操,口不能徧味。冬则冻冰,夏则饰(一作'餕')～。"❷

Y

yē 通“噎”。食物堵住喉咙。《吕氏春秋·荡兵》：“夫有以～死者，欲禁天下之食，悖。”

懿（懿） yì ❶美，好。《诗经·周颂·时迈》：“我求～德。”《三国志·吴书·吴主传》：“斯则前世之～事，后王之元龟也。”（斯：此。元龟：指借鉴。）❷深。《诗经·豳风·七月》：“女执～筐，遵彼微行，爰求柔桑。”（柔桑：嫩桑叶。）

劓 yì 割掉鼻子，古代的一种刑罚。《韩非子·内储说下》：“王怒曰：‘～之。’”㊀割除，削弱。《尚书·多方》：“～割夏邑。”（夏：夏朝。邑：国家。）

YIN

因 yīn ❶依靠，凭借。《左传·僖公三十年》：“～人之力而敝之。”（敝：破坏。）《孟子·离娄上》：“为高必～丘陵，为下必～川泽。”㊁介词。依照，根据。《韩非子·外储说左上》：“法者，见功而与赏，～能而受官。”（与：给予。受：授给。）《史记·孙子吴起列传》：“善战者～其势而利导之。”㊁介词。趁着。《三国志·魏书·郭嘉传》：“～其无备，卒（cù）然击之。”（卒：猝，突然。）❷沿袭。《论语·为政》：“周～于殷礼。”（周、殷：朝代名。）《汉书·循吏传》：“光～循守职，无所改作。”（光：霍光。循：遵循。）❸副词。于是，就。《史记·高祖本纪》：“秦军解，～大破之。”（解：松懈。）❹原因。邹阳《狱中上梁王书》：“无～而至前也。”❺介词。由于。《史记·卫将军骠骑列传》：“～前使绝国功，封骞博望侯。”（使绝国：指出使西域。骞：张骞。博望侯：爵号。）㊁介词。由，从。范缜《神灭论》：“如～荣木变为枯木。”（如：如同。荣木：茂盛的树木。）

茵 yīn 坐垫，车垫。《韩非子·十过》：“缦（màn）帛为～。”（缦帛：没有花纹的丝织品。为：做。）《汉书·丙吉传》：“此不过污丞相车～耳。”

姻（婣） yīn ❶女婿的父亲。亲家之间，女方的父亲叫“婚”，男方的父亲叫“姻”。《左传·定公十三年》：“荀寅，范吉射之～也。”（荀寅是范吉射女婿的父亲。荀寅、范吉射：人名。）❷婚姻。《后汉书·戴良传》：“每有求～，辄便许嫁。”（辄：总是。）㊀由婚姻关系而形成的亲戚。《左传·襄公二十三年》：“公有～丧。”又如“姻兄”、“姻伯”。

骃（駰） yīn 毛浅黑色和白色相杂的马。《诗经·小雅·皇皇者华》：“我马维～，六辔既均。”

细（絪） yīn ❶［细缊］天地阴阳二气交互作用。《周易·系辞下》：“天地～～，万物化醇。”㊁交感的元气。谢庄《宋明堂歌·迎神歌》：“驾六气，乘～～。”❷褥垫。《抱朴子·登涉》：“或问道士山居栖岩庇岫，不必有～缛之温，直使我不畏风湿，敢问其术也。”

氤 yīn ［氤氲（yūn）］1. 天地阴阳二气交互作用。《白虎通·嫁娶》：“《易》曰：‘天地～～，万物化淳。’”今本《周易·系辞下》作“细缊”。《晋书·成公绥传》：“八风翱翔，六气～～。”2. 烟云弥漫的样子。张九龄《湖口望庐山瀑布泉》诗：“灵山多秀色，空水共～～。”

阴（陰、隂） yīn ❶山的北面，水的南面。《韩非子·说林上》：“夏居山之～。”（居：居住。）《列子·汤问》：“达于汉～。”（达：到达。汉：汉水。）【注意】地名第二个字用“阴”的，一般都来自这个意义。如“华阴”在华山之北，“江阴”在长江之南。❷阴天。《诗经·邶风·谷风》：“习习谷风，以～以雨。”㊀没有阳光。范仲淹《岳阳楼记》：“朝晖夕～，气象万千。”（晖：阳光。）㊁阴影，树荫。辛弃疾《水龙吟·甲辰岁寿韩南涧尚书》：“对桐～满庭清昼。”这个意义又写作“荫”。❸日影。《吕氏春秋·察今》：“故审堂下之～，而知日月之行阴阳之变。”㊀光阴。《淮南子·原道》：“故圣人不贵尺之璧，而重寸之～，时难得而易失也。”❹人的生殖器。《三国志·魏书·公孙度传》：“恭病～消为阉人。”❺暗中，暗地里。《史记·孙子吴起列传》：“孙膑以刑徒～见，说齐使。”❻阴险。《新唐书·李林甫传》：“性～密，忍诛杀，不见喜怒。”❼古代哲学概念。古代思想家把万事万物概括为“阴”、“阳”两个对立的范畴（如天、火、暑是阳，地、水、寒是阴）。柳宗元《天说》：“寒而暑者，世谓之～阳。”❽yìn 覆盖。《礼记·祭义》：“骨肉毙于下，～为野土。”㊀庇荫。《战国策·齐策一》：“君长有齐～。”❾ān ［谅阴］同“谅闇”。帝王居丧。见4页“闇”字。

荫（蔭） yīn ❶树荫。《荀子·劝学》：“树成～而众鸟息焉。”㊁日影。《左传·昭公元年》：“赵孟视～。”❷yìn 遮盖。陶潜《归园田居》诗：“榆柳～后檐（yán）。”㊀庇荫。指封建时代子孙因先代官爵或功勋而受到封赏。《隋书·柳述传》：“少以父～，为太子亲卫。”（少：年少时。太子亲卫：太子的卫士。）这个意义又写作“廕”。【辨】蔽，荫。“蔽”可以从前后左右遮住，也可以从上遮住。“荫”只能从上遮住，而且指遮住阳光。

音 yīn ❶乐音。《礼记·乐记》：“声成文谓之～。”㊀音乐。《韩非子·说林下》：“吾尝好～，此人遗(wèi)我鸣琴。”(尝：曾经。遗：赠给。）[五音]五个音级，即宫、商、角、徵(zhǐ)、羽。相当于现在简谱中的1、2、3、5、6。[八音]古代对乐器的统称。指金、石、土、革、丝、木、匏(páo)、竹八类。如钟、铃属金类；磬属石类；埙(xūn)属土类；鼓属革类；琴、瑟属丝类；柷(zhù)属木类；笙、竽属匏类；管、箫属竹类。❷声音。《庄子·胠箧》：“鸡狗之～相闻。”❸言辞。《诗经·邶风·谷风》：“德～莫违，及尔同死。”❹消息。常“音信”、“音讯”、“音书”连用。李白《大堤曲》：“天长～信断。”❺通“荫”。树荫。《左传·文公十七年》：“鹿死不择～。”

喑¹ yīn ❶哑，不能说话。《后汉书·袁闳传》：“遂称风疾，～不能言。”㊀默不作声。《新唐书·关播传》：“播即～畏毋敢与。”❷yìn [喑呜]怒喝声。左思《吴都赋》：“睚眦(yá zì)则挺剑，～～则弯弓。”(睚眦：怒目而视。）❸yìn 声音相应。韩愈《同宿联句》诗：“清琴试一挥，白鹤叫相～。”

喑²(瘖) yīn 哑，不能说话。《淮南子·泰族》：“～者不言，聋者不闻。”㊀默不作声。龚自珍《己亥杂诗》之一二五：“九州生气恃风雷，万马齐～究可哀。”(恃：依靠。究：毕竟。）

愔 yīn [愔愔]1.和悦，和谐。嵇康《琴赋》：“～～琴德，不可测兮。”(琴德：指琴声。测：捉摸。）2.深沉，静默。蔡琰《胡笳十八拍》：“雁飞高兮邈难寻，空断肠兮思～～。”

殷¹ yīn ❶盛，众多。《诗经·郑风·溱洧》：“士与女，～其盈矣。”(男男女女非常多。）㊀富足，富裕。《史记·文帝本纪》：“是以海内～富。”(是以：因此。）❷忧虑或情意深。陆机《叹逝赋》：“在～忧而弗违。”《旧唐书·音乐志三》：“有怀载～。”[殷勤]热情而周到。白居易《长恨歌》：“遂教方士～～觅(mì)。”(遂：于是。觅：寻找。）❸[殷殷]忧愁的样子。《诗经·邶风·北门》：“出自北门，忧心～～。”❹商朝迁都殷以后的别称。参见363页“商”字。❺yǐn 雷声。《诗经·召南·殷其雷》：“～其雷，在南山之阳。”❻yān 暗红色。《左传·成公二年》：“自始合，而矢贯余手及肘。余折以御，左轮朱～。”(轮：车轮。朱：大红色。）

殷²(慇) yīn ❶[殷殷]忧伤的样子。《诗经·小雅·桑柔》：“忧心～～，念我土宇。”❷[殷懃]情意恳切。曹植《赠白马王彪》诗：“何必同衾帱，然后展～～？”

堙(陻) yīn ❶填塞。《史记·蒙恬列传》：“堑山～谷，通直道。”(堑：挖掘。）㊀埋没，泯灭。《后汉书·应劭传》：“旧章～没，书记罕存。”❷堆土为山，用以攻城。《左传·襄公六年》：“而遂围莱。……～之环城。”(环：环绕。）㊁用以攻城的小土山。《公羊传·宣公十五年》：“于是使司马子反乘～而窥宋城。”(乘：登。）

闉(闉) yīn ❶瓮城，城门外的护门小城。《诗经·郑风·出其东门》：“出其～阇(dū)，有女如荼。”(阇：城台。）❷通“堙”。堵塞。《淮南子·兵略》：“猎者逐禽……而相为斥～要遮者，同所利也。”❸通“堙”。用以攻城的小土山。《尉缭子·战威》：“破军杀将，乘～发机。”

禋 yīn 烧柴升烟以祭。《周礼·春官·大宗伯》：“以～祀祀昊天上帝，以实柴祀日月星辰。”也泛指祭祀。《诗经·大雅·生民》：“克～克祀，以弗无子。”《国语·周语上》：“不～于神而求福焉，神必祸之。”

吟 yín ❶叹息。《战国策·楚策一》：“昼～宵哭。”❷声调抑扬地念诵吟咏。《史记·屈原贾生列传》：“屈原至于江滨，被发行～泽畔。”(被：披。）❸一种诗体的名称。《三国志·蜀书·诸葛亮传》：“亮躬耕陇亩，好为梁父～。”又如《天姥吟》。㊁诗歌。高骈《途次内黄马病寄僧舍呈诸友人》诗：“好与高阳结～社。”(吟社：诗社。）❹鸣，叫。李白《晓晴》诗：“莺～绿树低。”杜牧《云》诗：“拥树隔猿～。”❺jìn 通“噤”。闭口，不作声。《史记·淮阴侯列传》：“虽有舜禹之智，～而不言，不如瘖聋之指麾也。”❻[呻吟]见367页“呻”字。

垠 yín 岸。柳宗元《小石城山记》：“有积石横当其～。”(横当其垠：横在岸边。）㊀边际，尽头。《楚辞·远游》：“其大无～。”【辨】岸，涯，垠。在一般用法上，“岸”和“涯”相同，但“岸”没有“天涯”、“生涯”的意思。“垠”的本义也是“岸”，但常见的多是“边际”的意思，多用于“无垠”。

龂(齗) yín ❶齿根肉。扬雄《太玄·密》：“琢齿依～，君自拔也。”

❷［龈龈］戏笑的样子。扬雄《太玄·争》："争射～～。"❸ kěn 咬。郭璞《山海经图赞·北山经·狍鸮》："狍鸮贪惏，其目在腋，食人未尽，还自～割。"㉑抑制。韩愈《曹成王碑》："苏枯弱强，～其奸猖。"

狺 yín ［狺狺］犬吠声。宋玉《九辩》："猛犬～～而迎吠兮，关梁闭而不通。"李贺《公无出门》诗："嗾犬～～相索索，舐掌偏宜佩兰客。"

訚（誾） yín ［訚訚］1. 和悦地争辩。《论语·乡党》："与上大夫言，～～如也。"《后汉书·张酺传》："张酺前入侍讲，屡有谏正，～～恻恻，出于诚心。" 2. 香气浓烈的样子。司马相如《长门赋》："桂树交而相纷兮，芳酷烈之～～。"

崟（崯） yín ［崟崟］1. 高高的样子。《楚辞·招隐士》："白鹿麏麚兮，或腾或倚。状貌～～兮峨峨。" 2. 繁茂的样子。《楚辞·九思·悯上》："丛林兮～～。"

淫 yín ❶ 浸渍。《周礼·考工记·匠人》："善防者水～之。"❷ 沉溺，沉湎。《庄子·在宥》："而且说明邪？是～于色也；说聪邪？是～于声也。"❸ 过度，滥。《左传·庄公二十二年》："酒以成礼，不继以～，义也。"❹ 放纵，无节制。《盐铁论·本议》："末修则民～，本修则民悫。"❺ 奢侈。贾谊《论积贮疏》："～侈之俗，日日以长，是天下之大贼也。"（贼：害。）成语有"骄奢淫逸"。㉑浮华。《扬子法言·吾子》："诗人之赋丽以则，辞人之赋丽以～。"❻ 乱，紊乱。《孟子·滕文公下》："富贵不能～，贫贱不能移，威武不能屈。"❼ 邪，邪恶。《左传·隐公三年》："且夫贱妨贵，少陵长，远间亲，新间旧，小加大，～破义，所谓六逆也。"❽ 不正当的男女关系。《荀子·天论》："男女～乱。"㉑好色，纵欲。《左传·成公二年》："今纳夏姬，贪其色也，贪色为～。"（纳：指娶。）❾［淫雨］久雨，连绵不断地下雨。《后汉书·五行志》："～～伤稼。"又写作"霪雨"。

霪 yín 久雨。《淮南子·修务》："禹沐浴～雨，栉扶风。"

寅 yín ❶ 敬。《尚书·无逸》："严恭～畏。"❷ 地支的第三位。㉑十二时辰之一，等于现在的凌晨三时至五时。见126页"干[1]"字。

夤 yín ❶［夤缘］攀附，向上。左思《吴都赋》："～～山岳之岊（jié）。"（岊：山的曲折隐密处。）㉑拉拢关系，巴结权贵。《宋史·神宗纪一》："诏察富民与妃嫔家昏因～～得官者。"（诏：下令。察：检察。）❷ 通"寅"。敬。《北史·房彦谦传》："刑赏曲直，升闻于天，～畏照临，亦宜谨肃。"

殥 yín 荒远之地。《淮南子·墬形》："九州之外，乃有八～。"

龂（齗） yín ❶ 同"龈"。牙根肉。史游《急就篇》卷三："鼻口唇舌～牙齿。"❷［龂龂］1. 露齿的样子。王延寿《鲁灵光殿赋》："玄熊舑舕以～～，却负载而蹲跠。" 2. 争辩的样子。《汉书·公孙刘车王杨蔡陈郑传赞》："辩者骋其辞，～～焉，行行焉。" 3. 忿嫉。《汉书·刘向传》："朝臣～～不可光禄勋，何邪？"

蟫 yín ❶ 蠹鱼，生在衣物、书籍中的蛀虫。《新唐书·儒学传》："是时，文籍盈漫，皆炱朽～断，签縢纷舛。"❷ xún ［蟫蟫］1. 随行的样子。《楚辞·九思·悼乱》："鹿蹊兮躖躖，貒貉兮～～。" 2. 蠕动的样子。《后汉书·马融传》："蝡蝡～～，充衢塞隧。"

嚚 yín 愚蠢而顽固。《尚书·尧典》："父顽母～。"柳宗元《贞符》："妖淫～昏好怪之徒。"（妖淫：邪淫，不正派。怪：奇异。）

尹 yǐn ❶ 治理。《左传·定公四年》："以～天下。"❷ 古代长官。《尚书·益稷》："庶～允谐。"（庶：众。允：确实。谐：和谐。）又如"京兆尹"。（京兆：京城。）

引 yǐn ❶ 拉开弓。《韩非子·外储说左下》："狐乃～弓迎而射之。"（解狐拉开弓边送行边准备射他。狐：人名。）成语有"引而不发"。㉑延长，伸长。《左传·成公十三年》："我君景公～领西望。"（景公：晋景公。领：脖子。）❷ 引导，率领。《史记·秦始皇本纪》："～兵欲攻燕。"❸ 避开，退却。《战国策·赵策三》："秦军～而去。"❹ 取过来。《战国策·齐策二》："～酒且饮之。"（且：将。）㉑召引。《管子·任法》："其民～之而来，推之而往。"㉑引用。《论衡·问孔》："子游～前言以距孔子。"（子游：孔丘的学生。距：反驳。）❺ 引进，荐举。《宋史·欧阳修传》："奖～后进，如恐不及。"❻ 乐府诗体的一种。如《箜篌引》。㉑序也称引。王勃《滕王阁序》："恭疏短～。"（恭敬地写下这篇短序。）

靷 yǐn ❶ 引车前行的皮带，一端系在车轴上，一端系在马颈的皮带上。《左传·哀公二年》："我两～将绝，吾能止之。"❷ 通"纼"。牛鼻绳。孔平仲《续世说·赏誉》："李密乘一黄牛……一手捉牛～，一手翻《汉书》。"

听2　yǐn　［听然］张口而笑的样子。司马相如《上林赋》："亡是公～～而笑。"（亡是公：人名。）参见412页"听1（聽）"字。

饮（飲）　yǐn　❶喝。《左传·昭公七年》："王将～酒。"李白《丁都护歌》："水浊不可～。"㊃隐没。《汉书·朱家传》："然终不伐其能，～其德。"（其德：指对人的恩德。）㊂没入。《吕氏春秋·精通》："养由基射兕，中石，矢乃～羽。"❷喝的东西。《史记·秦始皇本纪》："衣服食～与缭同。"（缭：人名。）❸yìn 给……喝。屈原《离骚》："～余马于咸池兮。"（余：我。咸池：神话中的地名。）

隐（隱）　yǐn　❶短墙。《左传·襄公二十三年》："逾～而待之。"❷隐藏，隐蔽。《周易·乾》："～而未见，行而未成。"干宝《搜神记》卷五："便拔刀～树侧住。"（住：停住。）㊂隐居，不出来做官。《左传·僖公二十四年》："其母曰：'能如是乎？与女偕～。'"（女：汝。）❸精微深奥。《周易·系辞上》："探赜索～，钩深致远。"❹隐瞒。《史记·高祖本纪》："列侯诸将无敢～朕。"（朕：皇帝自称。）❺伤痛。《楚辞·九叹·惜贤》："心～恻而不置。"㊂哀怜。《孟子·梁惠王上》："王若～其无罪而就死地，则牛羊何择焉？"❻yìn 倚，靠。《庄子·齐物论》："南郭子綦（qí）～几而坐。"（南郭子綦：人名。几：古人依凭的用具。）

檃（檼）　yǐn　［檃栝］矫正曲木的工具。又写作"檃括"。《荀子·性恶》："故枸木必将待檃栝烝矫然后直。"㊀约束，规范。《抱朴子·酒诫》："是以智者严檃括于性理，不肆神以逐物。"

螾　yǐn　同"蚓"。蚯蚓。《荀子·劝学》："～无爪牙之利，筋骨之强，上食埃土，下饮黄泉。"

胤　yìn　后代。《左传·隐公十一年》："夫许，大（tài）岳之～也。"（夫：句首语气词。许：指许国的国君。）《世说新语·言语》："虽名播天听，然～绝圣世。"

荫（蔭）　yìn　见490页。

憖（憖）　yìn　❶愿意，情愿。《左传·哀公十六年》："旻天不吊，不～遗一老。"沈约《齐故安陆昭王碑文》："曾不～留。"❷损伤，残缺。《左传·文公十二年》："两君之士皆未～也。"❸［憖憖］谨慎小心的样子。柳宗元《三戒·黔之驴》："～～然莫相知。"（莫相知：不知道是什么。）❹xìn 张口笑的样子。《后汉书·张衡传》："戴胜～其既欢兮。"（戴胜：指西王母。）

YING

应（應）　yīng　见495页。

英　yīng　❶花。屈原《离骚》："夕餐秋菊之落～。"（夕：傍晚。）㊀精华。韩愈《进学解》："含～咀华。"㊂美好的。《宋书·谢灵运传论》："～辞润金石。"❷杰出的，超众的。《孟子·尽心上》："得天下～才而教育之。"㊂杰出的人。《论衡·问孔》："今谓之～杰，古以为圣神。"❸矛上的羽饰。《诗经·鲁颂·閟宫》："朱～绿縢，二矛重弓。"㊂裘衣上的装饰。《诗经·郑风·羔裘》："羔裘晏兮，三～粲兮。"【辨】英，豪，俊，杰。见150页"豪"字。

瑛　yīng　❶玉光。庾阐《涉江赋》："金沙逐波而吐～。"❷美石。傅咸《申怀赋》："何天施之弘普，厕瓦砾于琼～。"庾肩吾《咏花雪》："飞花洒庭树，凝～结井泉。"

婴（嬰）　yīng　❶系在颈上。《荀子·富国》："是犹使处女～宝珠。"㊀围绕，缠绕。陆机《赴洛道中作》诗："世网～我身。"（世网：比喻世事。）㊂被……缠着。李密《陈情表》："而刘夙（sù）～疾病，常在床蓐（rù）。"（刘：指李密的祖母。夙：早。）❷碰，触犯。《荀子·强国》："兵劲城固，敌国不敢～也。"（劲：坚强有力。固：牢固。）❸婴儿。《老子·二十章》："如～儿之未孩。"（未孩：还不会笑。孩：小儿笑。）

撄（攖）　yīng　❶碰，触犯。《孟子·尽心下》："虎负嵎，莫之敢～。"独孤授《斩蛟夺宝剑赋》："彼拿空～雾之状。"（拿：搏击。空：指天空。）❷扰乱，干扰。《庄子·在宥》："昔者黄帝始以仁义～人之心。"

嘤（嚶）　yīng　鸟鸣声。《诗经·小雅·伐木》："～其鸣矣，求其友声。"［嘤嘤］鸟鸣声。《诗经·小雅·伐木》："伐木丁丁，鸟鸣～～。"㊂铃声。李贺《贾公闾贵壻曲》："～～白马来，满脑黄金重。"

缨（纓）　yīng　❶系在颏下的帽带。《左传·哀公十五年》："以戈击之，断～。"李白《赠江夏韦太守良宰》诗："慷慨泪沾～。"❷驾车时套在马颈上的绳子。曹植《七启》："饰玉路之繁～。"（玉路：玉装饰的车。繁：马的大带。）㊀拘系人的绳子。独孤及《送长孙将军拜歙州之任》诗："系颈有长～。"❸古代女子行笄礼时佩戴的一

Y

种五色带。《礼记·曲礼上》："女子许嫁，～。"❹被……缠着。谢灵运《述祖德》诗："兼抱济物性，而不～垢氛。"

璎（瓔） yīng 似玉的美石。[璎珞(luò)]用璎珠串成的装饰物。《南史·夷貊传》："其王者著法服，加～～，如佛像之饰。"卢仝《观放鱼歌》："天雨曼陀罗花深没膝，四十千真珠～～堆高楼。"

罂（罌） yīng 盛水、酒的器皿。《墨子·备穴》："令陶者为～，容四十斗以上。"贯休《樵叟》诗："担头担个赤瓷～，斜阳独立濛笼坞。"

膺 yīng ❶胸。《左传·成公十年》："搏～而踊。"（搏膺：捶胸。踊：跳。）李白《蜀道难》诗："以手抚～坐长叹。"成语有"义愤填膺"。[服膺]衷心信服，牢记在心。《世说新语·品藻》："高情远致，弟子蚤已～～。"（蚤：早。）《盐铁论·遵道》："文学结发学语，～～不舍。"❷马当胸的带子。《诗经·秦风·小戎》："虎韔(chàng)镂～。"（虎韔：虎皮做的弓套。镂膺：镂金的马带。）❸受。刘知几《史通·疑古》："坐～天禄，其事不成。"（天禄：天赐的福气。）❹抵抗，抗击。《诗经·鲁颂·閟宫》："戎狄是～。"

茔（塋） yíng 坟墓，墓地。《礼记·月令》："审棺椁之薄厚，～丘垄之大小，高卑厚薄之度。"《汉书·张安世传》："赐～杜东。"（杜东：杜陵之东。）

荧（熒） yíng ❶微弱的光。左思《蜀都赋》："火井沈～于幽泉。"（火井：盐井。）❷使人目眩。《庄子·人间世》："王公必将乘人而斗其捷，而目将～之。"[荧惑]1.迷惑。《战国策·赵策二》："恃苏秦之计，～～诸侯。"2.星名，即火星。《世说新语·言语》："初，～～入太微，寻废海西。"（太微：星名。海西：指晋废帝。）❸通"萤"。萤火虫。《后汉书·灵帝纪》："夜步逐～光，行数里。"

莹（瑩） yíng ❶像玉的石。《扬子法言·吾子》："如玉如～。"❷玉石的光彩。《韩诗外传》卷四："良珠度寸，虽有百仞之水，不能掩其～。"㉿洁白光亮。《晋书·乐广传》："此人之水镜，见之，～然若披云雾而睹青天也。"㉿使光洁。《北史·綦母怀文传》："其土可～刀。"❸磨治玉石。《周书·苏绰传》："夫良玉未剖，与瓦石相类……及其剖而～之……玉石……始分。"❹用玉石装饰。《世说新语·汰侈》："王君夫有牛名八百里駮，常～其蹄角。"（王君夫：王恺。）

营（營） yíng ❶围绕。《公羊传·庄公二十五年》："以朱丝～社。"❷军营，营垒。《史记·绛侯周勃世家》："于是天子乃按辔(pèi)徐行至～。"（按辔：拉住缰绳。徐：慢慢地。）❸经营，料理。《礼记·儒行》："～道同术。"《后汉书·东平宪王苍传》："至于自所～创，尤为俭省。"《新唐书·李勣传》："士伤夷病疾，亲为～护。"❹度量。《仪礼·士丧礼》："冢人～之。"❺建造。晁错《募民徙塞下疏》："然后～邑立城。"（邑：城市。）❻谋求。束皙《补亡诗》六首之二："无～无欲。"❼迷惑。《孙膑兵法·威王问》："～而离之，我并卒而击之。"（营而离之：迷惑敌人，使之分散兵力。离：分散。并卒：集中兵力。）

萦（縈） yíng 缠绕，绕。《诗经·周南·樛木》："南有樛(jiū)木，葛藟～之。"（樛：树枝向下弯曲。葛藟：一种植物。）李白《蜀道难》诗："百步九折～岩峦。"（百步九折：形容道路很曲折。岩峦：高峻的山峰。）㉿回旋。吴均《咏雪》："～空如雾转，凝阶似花积。"㊡心中萦绕着。谢灵运《从游京口北固应诏》诗："曾是～旧想。"

盈 yíng ❶充满。《诗经·小雅·楚茨》："我仓既～。"《韩非子·说疑》："以誉～于国。"㊈圆满。沈括《梦溪笔谈》卷七："以月～亏可验也。"（月：月亮。亏：缺损。）❷富裕，有余。《后汉书·马援传》："致求～余。"（致求：追求。）❸满足，自满。《荀子·仲尼》："志骄～而轻旧怨。"❹增长。《史记·范雎蔡泽列传》："进退～缩，与时变化。"

楹 yíng 柱子。特指堂上两柱。《左传·庄公二十三年》："丹桓宫之～。"（丹：用红漆涂饰。桓：指鲁桓公。）

禜 yíng 祭名。祭祀日月星辰山川，以禳除水旱风雨等灾。《左传·昭公元年》："山川之神，则水旱疠疫之灾，于是乎～之；日月星辰之神，则雪霜风雨之不时，于是乎～之。"

濙 yíng [濙濙]水流声。柳宗元《钴鉧潭西小丘记》："枕席而卧，则清泠之状与目谋，～～之声与耳谋。"

嬴 yíng ❶通"赢"。满，有余。《史记·赵世家》："命乎命乎，曾无我～。"班固《幽通赋》："故遭罹而～缩。"❷通"赢"。有利，获胜。《史记·苏秦列传》："困则使太后弟穰侯为和，～则兼欺舅与母。"❸通"赢"。背，担。《后汉书·邓禹传论》："邓公～粮徒步。"❹姓。《后汉书·皇后纪》：

Y

“家富于～国。”（嬴国：指秦国。秦，嬴姓。）

瀛 yíng ❶［瀛海］大海。《论衡·谈天》：“九州之外，更有～～。”❷池泽。左思《蜀都赋》：“其沃～则有攒蒋丛蒲。”（攒：丛聚。蒋：茭白。）

籯（籝） yíng 笼箱之类的竹器。《后汉书·西域传论》：“先驯则赏～金。”（驯：服。）

赢（贏） yíng ❶余利，利润。晁错《论贵粟疏》：“操其奇～。”（牟取利润。）㊁得余利。《左传·昭公元年》：“贾而欲～，而恶嚣乎？”（贾：商人。嚣：指市肆的喧嚣。）㊀盈，余。马王堆帛书《老子甲本·四十五章》：“大巧如拙，大～如炳。”❷接待。《左传·襄公三十一年》：“而以隶人之垣（yuán）以～诸侯。”（垣：矮墙。这里指房舍。）❸获得，得到。辛弃疾《破阵子·为陈同甫赋壮词以寄之》：“～得生前身后名。”❹背，担。《荀子·议兵》：“～三日之粮。”❺胜（后起意义）。白居易《放言》诗之二：“不信君看弈棋者，输～须待局终头。”【注意】“赢”在唐代以前很少用作表“输赢”的意思。

郢 yǐng 古地名。春秋战国时楚国的国都，在今湖北江陵北。

颍（潁） yǐng 水名。淮河支流，发源于今河南。《左传·襄公十年》：“与楚师夹～而军。”

颖（穎） yǐng ❶谷穗。应贞《晋武帝华林园集诗》：“嘉禾重～。”❷东西末端的尖锐部分。《史记·平原君虞卿列传》：“使遂蚤得处囊中，乃～脱而出。”（遂：毛遂。蚤：早。）❸聪明。《南史·谢灵运传》：“灵运幼便～悟。”

瘿（癭） yǐng ❶颈部的瘤子。《淮南子·墬形》：“林气多癃，木气多伛，岸下气多肿，石气多力，险阻气多～。”❷树木的瘤子。庾信《枯树赋》：“载～衔瘤。”

应（應） yìng ❶对应，适应。《荀子·天论》：“～之以治则吉。”㊁对付，应付。《韩非子·十过》：“吾将何以～敌？”❷答应，回答。《列子·汤问》：“河曲智叟亡以～。”（河曲：地名。亡以应：无话可答。）㊀应和。《周易·乾》：“同声相～，同气相求。”㊀响应。《史记·陈涉世家》：“杀之以～陈涉。”❸相应，随着。《世说新语·雅量》：“～弦而倒。”❹yīng 应该。《三国志·吴书·吴主传》：“重则本非～死之罪。”（重：指刑法重。）

媵 yìng ❶古代贵族妇女出嫁时，以侄娣或臣仆陪嫁。《左传·成公八年》：“卫人来～共姬。”《左传·僖公五年》：“执虞公及其大夫井伯，以～秦穆姬。”㊀陪嫁的女子。《韩非子·外储说左上》：“从衣文之～七十人。”（从：随从。衣文：穿着带花纹的衣服。）❷送，陪送。屈原《九歌·河伯》：“波滔滔兮来迎，鱼邻邻兮～予。”（邻邻：多的样子。予：我。）

滢（瀅） yìng ［滢濙（yíng）］水流回旋的样子。杜甫《桥陵诗三十韵因呈县内诸官》：“高岳前嵂崒，洪河左～～。”

YONG

佣（傭） yōng ❶受雇用，出卖劳动力。《史记·陈涉世家》：“陈涉少时，尝与人～耕。”（尝：曾经。）❷通“庸”。平庸，不高明。《荀子·非相》：“是以终身不免埤（bēi）污～俗。”（埤：通“卑”。卑贱。）

拥（擁） yōng ❶抱，持。《左传·襄公二十五年》：“陈侯免，～社。”（社：社主。）《史记·齐太公世家》：“～柱而歌。”王安石《游褒禅山记》：“余与四人～火以入。”（拥火以入：拿着火把走进去。）❷围着。范成大《峨眉山行纪》：“炽炭～炉危坐。”（炽：火旺。危坐：端坐。）㊀拥挤，阻塞。梅尧臣《右丞李相公自洛移镇河阳》诗：“夹道都人～。”韩愈《左迁至蓝关示侄孙湘》诗：“雪～蓝关马不前。”㊁障蔽，蒙蔽。《韩非子·内储说上》：“人君兼烛一国人，一人不能～也。”❸拥有。《三国志·蜀书·诸葛亮传》：“操已～百万之众。”（操：曹操。）❹保卫，护卫。《后汉书·董卓传》：“董承、李乐～卫左右。”

痈（癰、瘫） yōng 一种毒疮。《后汉书·华佗传》：“佗以为肠～。”

邕 yōng ❶四周有水的都邑。《说文·川部》：“邕，四方有水，自邕城池者。”❷通“雍”。和谐，和睦。张协《七命》：“六合时～，巍巍荡荡。”《晋书·桑虞传》：“虞五世同居，闺门～穆。”❸通“壅”。堵塞。《汉书·王莽传中》：“长平馆西岸崩，～泾水不流。”

雝 yōng ❶［雝雝］1. 鸟和鸣声。《诗经·邶风·匏有苦叶》：“～～鸣雁，旭日始旦。”又写作“噰噰”。宋玉《九辩》：“雁

Y

～～而南游兮，鹍鸡啁哳而悲鸣。”2. 和悦的样子。《诗经·大雅·思齐》：“～～在宫，肃肃在庙。”❷ 和，和谐。《诗经·召南·何彼襛矣》：“曷不肃～，王姬之车。”（肃：敬。）这个意义后来写作“雍”。

庸 yōng ❶ 用，任用。《国语·吴语》：“王其无～战。”（其：语气词。）《商君书·农战》：“夫国～民以言，则民不畜于农。”成语有“毋庸讳言”。❷ 受雇用，出卖劳动力。《史记·陈涉世家》：“若为～耕。”（若：你。）㊂被雇用的人。《韩非子·五蠹》：“泽居苦水者，买～而决窦。”（决窦：挖排水道。）这个意义后来写作“傭”，现简化为“佣”。❸ 常。《周易·乾》：“～言之信，～行之谨。”㊂平常的。《战国策·赵策三》：“始以先生为～人，吾乃今日而知先生为天下之士也。”㊂平庸，不高明的。《晋书·李特载记》：“刘禅有如此之地而面缚于人，岂非～才邪？”❹ 功劳。《晋书·周处周访列传》：“～绩书于王府。”（书：书写，记载。）❺ 副词。难道。《管子·大匡》：“虽得贤，～必能用之乎？”［庸讵（jù）］难道。严忌《哀时命》：“～～知其吉凶？”

鄘 yōng ❶ 周代诸侯国，在今河南汲县北。❷ 通“墉”。城墙。《左传·昭公二十一年》：“宋城旧～及桑林之门而守之。”（城：筑城墙。）

墉 yōng 城墙。《周易·解》：“射隼于高～之上。”曹冏《六代论》：“～基不可仓卒而成。”㊁高墙。《诗经·召南·行露》：“何以穿我～。”

慵 yōng 懒。杜甫《送李校书》诗：“晚节～转剧。”

镛（鏞） yōng 大钟。张衡《东京赋》：“设业设虡，宫悬金～。”

雍 yōng ❶ 和谐。《尚书·无逸》：“言乃～。”这个意义本作“雝”。［雍容］举止大方，从容不迫的样子。《汉书·薛宣传》：“进止～～。”（进止：进和退。）《世说新语·言语》：“周仆射～～好仪形。”❷ 帝王祭祀后撤去祭品或用饭后奏的一种音乐。《淮南子·主术》：“鼛（gāo）鼓而食，奏～而彻。”（鼛鼓：一种乐器，这里指吃饭时击奏这种乐器。彻：指撤去食品。）❸ 通“壅”。堵塞，阻塞。《汉书·匈奴传》：“隔以山谷，～以沙幕。”（沙幕：沙漠。）《史记·秦始皇本纪》：“先王知～蔽之伤国也。”❹ 通“拥”。拥有。《战国策·秦策五》：“～天下之国。”❺ 通“饔”。烹饪。《大戴礼记·诸侯衅庙》：“～人皆玄服。”❻［雍州］古地名，在今陕西一带。

壅 yōng ❶ 堵塞。《左传·宣公十二年》：“川～为泽。”㊀阻塞。《管子·立政九败解》：“且奸人在上，则～遏贤者而不进也。”㊂障蔽，蒙蔽。《管子·任法》：“夫私者，～蔽失位之道也。”❷ 把土或肥料培在植物根上。《世说新语·言语》：“斋前种一株松，恒自手～治之。”《宋史·苏云卿传》：“灌溉培～。”

饔 yōng ❶ 熟食。《国语·周语中》：“膳宰致～。”《汉书·杜钦传》：“亲二宫之～膳，致晨昏之定省。”㊕熟肉。张衡《西京赋》：“酒车酌醴，方驾授～。”❷ 烹饪。如古代有“饔人”之官。❸ 朝食，上午吃的一顿饭。《孟子·滕文公上》：“贤者与民并耕而食，～飧而治。”（飧：晚饭。）

喁 yóng ❶ 鱼口向上露出水面。马融《长笛赋》：“鱏鱼～于水裔。”［喁喁］1. 众人景仰归向的样子。扬雄《剧秦美新》：“海外遐方，信延颈企踵，回面内向，～～如也。”2. 随声附和的样子。《史记·日者列传》：“公之等～～者也，何知长者之道乎？”❷ yú 象声词。相和声。《庄子·齐物论》：“前者唱于，而随者唱～。”［喁喁］形容低声说话。蒲松龄《聊斋志异·聂小倩》：“闻舍北～～，如有家口。”

颙（顒） yóng ❶ 大的样子。《诗经·小雅·六月》：“四牡修广，其大有～。”（牡：指公马。修：长。广：大。）❷［颙然］［颙颙］仰慕的样子。刘琨《劝进表》：“苍生～然，莫不欣戴。”（苍生：指百姓。欣戴：欣喜和爱戴。）《后汉书·朱儁传》：“君侯既文且武，应运而出，凡百君子，靡不～～。”

鳙（鱅） yóng 一种淡水鱼。《史记·司马相如列传》：“鰅～鰬魠。”

永 yǒng ❶ 水流长。《诗经·周南·汉广》：“江之～矣。”㊀长。陆云《祖王羊二公》诗：“身乖路～。”（乖：指分离。）❷ 永远。《史记·秦始皇本纪》：“～为仪则。”❸ 声调抑扬地念诵，歌唱。《尚书·舜典》：“诗言志，歌～言。”这个意义后来写作“咏（詠）”。

咏（詠） yǒng ❶ 声调抑扬地念诵，歌唱。《世说新语·任诞》：“～左思《招隐诗》。”《晋书·谢安传》：“安本能为洛下书生～，有鼻疾，故其音浊。”（洛下：即洛阳。）❷ 用诗词等来赞颂或叙述。曹操《步出夏门行·冬十月》：“歌以～志。”又如“咏梅”、“咏雪”。

甬 yǒng ❶ 钟柄。《周礼·考工记·凫氏》：“凫（fú）氏为钟……舞上谓之～。”

（钟：古乐器。舞：钟顶。）❷［甬道］1. 两旁有墙的驰道或通道。《史记·秦始皇本纪》："筑～～，自咸阳属之。"（属：连接。）2. 楼阁间架空的通道。《淮南子·本经》："修为墙垣，～～相连。"

俑 yǒng 古代殉葬用的木偶或陶人。《孟子·梁惠王上》："始作～者，其无后乎？"谢惠连《祭古冢文》："抚～增哀。"（抚：摸着。）

恿（慂） yǒng ［怂恿］见 392 页"怂"字。

踊（踴） yǒng ❶ 跳跃。《左传·哀公八年》："私属徒七百人，三～于幕庭。"曹植《洛神赋》："鲸鲵～而夹毂，水禽翔而为卫。"［踊跃］1. 向上和向前跳跃。《诗经·邶风·击鼓》："击鼓其镗，～～用兵。"2. 欣喜而跃跃欲试。《庄子·大宗师》："金～～曰：'我且必为镆铘！'"（镆铘：剑名。）❷ 登上。《公羊传·成公二年》："～于棓而窥客。"（棓：踏板。）❸ 物价上涨。《后汉书·曹褒传》："时春夏大旱，粮谷～贵。"❹ 古代受过刖刑的人所穿的鞋子。《韩非子·难二》："～贵而屦贱。"

用 yòng ❶ 使用，采用。《史记·秦始皇本纪》："秦～李斯谋。"（谋：计策。）㊀治理。《庄子·天道》："无为也，则～天下而有余。"❷ 任用。《孟子·梁惠王下》："见贤焉，然后～之。"❸ 用处，作用。《韩非子·五蠹》："赏其功，必禁无～。"《论语·学而》："礼之～，和为贵。"❹ 资财。《荀子·天论》："强本而节～。"❺ 介词。因为，由于。《史记·李将军列传》："（广）～善骑射，杀首虏多。"❻ 介词。以。《史记·匈奴列传》："～其姊妻之。"

YOU

优（優） yōu ❶ 演杂戏。《左传·襄公二十八年》："饮酒，且观～。"㊀演杂戏的人。《汉书·严助传》："朔、皋不根持论，上颇俳～畜之。"㊁戏谑。《左传·襄公六年》："宋华弱与乐辔少相狎，长相～。"❷ 多，充足。《荀子·王制》："故鱼鳖～多而百姓有余用也。"（用：财用。）❸ 优良，好。诸葛亮《出师表》："必能使行阵和睦，～劣得所。"㊀有余裕。《论语·子张》："仕而～则学，学而～则仕。"❹ 优厚，优待。《晋书·张宾载记》："任遇～显，宠冠当时。"《周书·武帝纪》："眷言衰暮，宜有～崇。"（眷：照顾。言：语气词。）❺ 犹豫不决。《管子·小匡》："人君唯～与不敏为不可。"（人君：君主。敏：敏锐。）成语有"优柔寡断"。❻［优游］悠闲自得的样子。苏轼《喜雨亭记》："虽欲～～以乐于此亭，其可得耶！"

忧（憂） yōu 担忧，发愁。《论语·卫灵公》："君子～道不～贫。"《列子·天瑞》："杞国有人～天地崩坠，身亡所寄，废寝食者。"（亡：无，没有。）㊕指父母的丧事。《魏书·李彪传》："朝臣丁父～者假满赴职。"（丁：遇到，遭遇。）【辨】忧，虑。"忧"是担忧、发愁，"虑"是考虑、打算。二字本不同义。后来，"虑"也有了担忧的意义，与"忧"成为同义词。

攸 yōu ❶ 放在动词前面，组成名词性词组，相当于"所"。《周易·坤》："君子有～往。"（君子有去的地方。）❷ 放在主语与谓语之间，相当于现代汉语的"就"。《诗经·小雅·斯干》："风雨～除。"（除：排除。）❸ 处所。《诗经·大雅·韩奕》："为韩姞（jí）相～。"（替韩姞选择可嫁的地方。）❹ 疾走的样子。《孟子·万章上》："少则洋洋焉，～然而逝。"

悠 yōu ❶ 思念。《诗经·周南·关雎》："～哉～哉，辗转反侧。"（思念很深，翻来覆去睡不着。）❷ 长，远。《礼记·中庸》："博厚配地，高明配天，～久无疆。"《诗经·小雅·渐渐之石》："山川～远，维其劳矣。"❸ 闲适的样子。陶潜《饮酒诗》之五："采菊东篱下，～然见南山。"❹［悠悠］1. 忧思的样子。《诗经·邶风·终风》："～～我思。"2. 遥远，长久的样子。《诗经·王风·黍离》："～～苍天。"陈子昂《登幽州台歌》："念天地之～～。"3. 闲适的样子。崔颢《黄鹤楼》诗："白云千载空～～。"4. 众多的样子。《后汉书·李固传》："～～万事。"

呦 yōu ［呦呦］鹿鸣声。《诗经·小雅·鹿鸣》："～～鹿鸣，食野之苹。"曹丕《短歌行》："～～游鹿，衔草鸣麑。"

幽 yōu ❶ 昏暗，深暗。《诗经·小雅·伐木》："出自～谷，迁于乔木。"（迁：迁移。乔：高。）❷ 隐晦，深奥。《世说新语·言语》："研求～邃。"（邃：精深。）㊀隐居。《晋书·隐逸传》："虽策命屡加，～操不回。"❸ 深沉。《史记·屈原贾生列传》："故忧愁～思而作《离骚》。"❹ 囚拘，监禁。司马迁《报任安书》："深～囹圄（líng yǔ）之中。"（囹圄：监狱。）❺ 幽静，幽雅（后起意义）。杜甫《江村》诗："长夏江村事事～。"王羲之《兰亭集序》："亦足以畅叙～情。"❻ 地下，阴间。王僧达《和琅琊王依古》："显轨莫殊辙，

～涂岂异魂。”❼［幽州］古地名，在今河北北部和辽宁南部一带。

麀 yōu 母鹿。《诗经·小雅·吉日》：“兽之所同，～鹿麌麌(yǔ yǔ)。”(麌麌：众多的样子。)[又]雌兽。《左传·襄公四年》：“在帝夷羿，冒于原兽，忘其国恤，而思其～牡。”(牡：雄兽。)

耰 yōu 农具名。形如大木榔头，用来捣碎土块，平整土地。《淮南子·氾论》：“民劳而利薄，后世为之耒(lěi)耜(sì)～鉏。”(耒、耜：古代两种农具。鉏：锄。)[又]播种后用耰来平土，掩盖种子。贾思勰《齐民要术·种谷》：“深其耕而熟～之。”(熟：指仔细。)

尤 yóu ❶罪过，过错。《论语·为政》：“言寡～，行寡悔。”[引]指责，归罪。司马迁《报任安书》：“动而见～，欲益反损。”(见尤：被指责。)成语有“怨天尤人”。❷优异，突出。《庄子·徐无鬼》：“物之～也。”❸副词。特别，尤其，更。《汉书·辛庆忌传》：“居处恭俭，食饮被服～节约。”

犹(猶) yóu ❶一种猿类动物。也叫犹猢。郦道元《水经注·江水》：“山多～猢，似猴而短足，好游岩树。”❷计谋，谋划。《诗经·小雅·采芑》：“方叔元老，克壮其～。”❸如同，好像。《孟子·离娄上》：“民之归仁也，～水之就下。”(就：趋向。)沈括《梦溪笔谈》卷七：“月本无光，～银丸，日耀之乃光耳。”(耀：照。)❹副词。还，仍然。《孟子·尽心上》：“掘井九轫而不及泉，～为弃井也。”(轫：仞。)❺副词。尚且。《左传·襄公十年》：“周～不堪竞，况郑乎？”(不堪：经不起。竞：指战争。)❻通“由”。由于。《公羊传·庄公四年》：“纪侯之不诛，至今有纪者，～无明天子也。”❼［犹豫］迟疑不决的样子。屈原《离骚》：“心～～而狐疑。”《三国志·吴书·吴主传》：“羽～～不能去。”(羽：关羽。)❽yáo 通“摇”。摇动。《礼记·檀弓下》：“人喜则斯陶，陶斯咏，咏斯～，～斯舞。”(陶：心中喜悦。)

疣(肬) yóu ❶生在皮肤上的肉赘，通称瘊子。《庄子·骈拇》：“附赘县～，出乎形哉。”(县：同“悬”。)❷比喻多余无用的东西。《扬子法言·问道》：“允治天下，不待礼文与五教，则吾以黄帝、尧舜为～赘。”

莸(蕕) yóu 一种水草，有恶臭。《左传·僖公四年》：“一薰一～，十年尚犹有臭。”(薰：香草。)沈约《奏弹王源》：“薰～不杂，闻之前典。”

由 yóu ❶经由。《论语·雍也》：“谁能出不～户？”成语有“必由之路”。[引]从。《公羊传·襄公二十三年》：“～乎曲沃而入也。”(曲沃：地名。)成语有“言不由衷”。❷听凭，顺随。《论语·颜渊》：“为仁～己，而～人乎哉？”❸原因。雍陶《非酒》诗：“人人慢说酒消忧，我道翻为引恨～。”❹由于，因为。《论衡·实知》：“知物～学，学之乃知，不问不识。”❺用。《左传·襄公三十年》：“以晋国之多虞，不能～吾子。”(虞：忧患。)❻通“犹”。如同，好像。《孟子·公孙丑上》：“～弓人而耻为弓。”❼通“犹”。尚且。《荀子·富国》：“～将不足以免也。”(免：免除。)

邮(郵) yóu ❶古代传递文书的驿站。《孟子·公孙丑上》：“德之流行，速于置～而传命。”《汉书·赵充国传》：“缮治～亭。”(缮：修缮。)[引]送信的人。《晋书·殷浩传》：“殷洪乔不为致书～。”(殷洪乔：人名。)❷通“尤”。罪过，过错。《诗经·小雅·宾之初筵》：“是曰既醉，不知其～。”[又]怨恨。《荀子·成相》：“己无～人。”

油 yóu ❶［油然］1. 云气上升的样子。《孟子·梁惠王上》：“天～～作云。”2. 自然而然地。苏轼《留侯论》：“～～而不怪者。”❷动物的脂肪或由植物、矿物中提炼出来的一种物质(后起意义)。沈括《梦溪笔谈》卷二四：“鄜(fū)延境内有石～。”(鄜、延：地名。)

游1 yóu ❶在水上漂浮。《诗经·邶风·谷风》：“泳之～之。”(泳：在水中潜行。)[又]游泳。《韩非子·难势》：“越人善～矣。”(越：国名。)❷水流。《诗经·秦风·蒹葭》：“溯～从之，宛在水中央。”❸虚浮，不切实际。《三国志·蜀书·诸葛亮传》：“～辞巧饰者虽轻必戮(lù)。”❹游玩，游览。晁错《言守边备塞疏》：“幼则同～，长则共事。”[引]旅行，出外求学或求官。《史记·太史公自序》：“二十而南～江淮。”［游说］为了宣传自己的政治主张四处奔走。《史记·张仪列传》：“子毋读书～～，安得此辱乎？”❺交际，交往。《汉书·枚乘传》：“与英俊并～。”❻流动。《汉书·沟洫志》：“水尚有所～荡。”❼纵，放纵。《后汉书·仇览传》：“剽轻～恣。”❽liú 通“旒”。旌旗上悬垂的饰物。《左传·桓公二年》：“鞶厉～缨。”【辨】游，遊。凡有关水中的活动，一般只能用“游”，不可以用“遊”；而有关陆上活动的，“游”与“遊”可以通用。

游[2]（遊） yóu ❶游玩，游览。《庄子·秋水》："庄子与惠子～于濠梁之上。"（濠：水名。梁：堰。）㊀旅行，外出求学或求官。《论语·里仁》："父母在，不远～，～必有方。"《荀子·劝学》："故君子居必择乡，～必就士。"❷交际，交往。《孟子·离娄下》："夫子与之～。"《汉书·息夫躬传》："皆交～贵戚。"❸流动。沈括《梦溪笔谈》卷七："不能容极星～转。"❹纵，放纵。屈原《离骚》："忽反顾以～目兮，将往观乎四荒。"（反顾：回头看。游目：放眼观望。四荒：指四方遥远的地方。）【辨】游，遊。见498页"游[1]"字。

蝣 yóu ［蜉蝣］见118页"蜉"字。

辖（輶） yóu ❶古代一种轻便的车。《诗经·秦风·驷驖》："～车鸾镳，载猃歇骄。"❷轻，浅。《诗经·大雅·烝民》："人亦有言，德～如毛，民鲜克举之。"江淹《遣大使巡诏》："朕以～薄，昧于大道。"

猷 yóu ❶计谋，谋划。《尚书·君陈》："尔有嘉谋嘉～。"（尔：你。嘉：好。）❷道术，方法。《诗经·小雅·巧言》："秩秩大～，圣人莫之。"（莫：通"谟"。谋划。）

繇 yóu 见478页。

友 yǒu ❶朋友。《论语·季氏》："乐多贤～。"《世说新语·德行》："子非吾～也。"㊁交友。《论语·学而》："无～不如己者。"❷友爱，亲近，相好。《诗经·周南·关雎》："窈窕淑女，琴瑟～之。"《三国志·蜀书·先主传》："而瓒深与先主相～。"（瓒：人名。）

有 yǒu ❶有。与"无"相对。《荀子·天论》："天行～常。"（自然界的运行有一定的规律。）㊁占有。《三国志·蜀书·诸葛亮传》："孙权据～江东。"❷ yòu 通"又"。《诗经·邶风·终风》："终风且曀，不日～曀。"㊁用在整数与零数之间，相当于"又"。《论语·为政》："吾十～五而志于学。"《韩非子·五蠹》："割地而朝者三十～六国。"（朝：指归顺。）❸名词词头。《诗经·大雅·文王》："～周不显，帝命不时。"㊁形容词词头。《诗经·小雅·六月》："～严～翼。"（翼：恭敬。）

酉 yǒu 地支的第十位。㊁十二时辰之一，等于现在的下午五时至七时。见126页"干[1]"字。

卣 yǒu 古代一种酒器，一般是椭圆形，肚大口小，有盖和提梁。《尚书·文侯之命》："用赉尔秬（jù）鬯（chàng）一～。"（赉：赏赐。秬鬯：用黑黍和香草酿的酒。）

羑 yǒu ❶诱导。《尚书·康王之诰》："惟周文武，诞受～若，克恤西土。"❷［羑里］地名。故址在今河南汤阴附近。纣囚周文王于此。《史记·周本纪》："西伯盖即位五十年。其囚～～，盖益《易》之八卦为六十四卦。"（西伯：即周文王。）

莠 yǒu 一种有害于农作物生长的杂草。《尚书·仲虺之诰》："若苗之有～，若粟之有秕。"㊉恶。《诗经·小雅·正月》："好言自口，～言自口。"成语有"良莠不齐"。

蚴 yǒu ［蚴虬］龙行屈曲的样子。《楚辞·惜誓》："苍龙～～于左骖兮，白虎骋而为右骓。"又写作"蚴蟉"。《史记·司马相如列传》："骖赤螭青虬之蚴蟉蜿蜒。"

黝 yǒu 黑色。《周礼·地官·牧人》："凡阳祀，用骍牲毛之；阴祀，用～牲毛之。"㊀涂黑。《穀梁传·庄公二十三年》："天子诸侯～垩。"（黝垩：把土涂黑，把墙涂白。）

牖 yǒu 窗。《论语·雍也》："伯牛有疾，子问之，自～执其手。"《左传·哀公二年》："死于～下。"

又 yòu ❶再，更，表示重复或继续。《左传·昭公二十五年》："再三问，不对。归，……问，～如初。"白居易《赋得古原草送别》诗："野火烧不尽，春风吹～生。"㊀表示意思上更进一层。《孟子·公孙丑上》："非徒无益，而～害之。"❷用在整数和零数之间。王禹偁《寄杭州西湖昭庆寺华严社主省常上人》："梦幻吾身是偶然，劳生四十～三年。"

右 yòu ❶右边。《孙子兵法·虚实》："备左则～寡，备～则左寡。"（寡：少。）㊁地理上以西为右。钟会《檄蜀文》："姜伯约屡出陇～。"❷古代尊崇右，故以右为较尊贵的地位。《新唐书·柳冲传》："凡郡上姓第一，则为～姓。"㊀重视，尊重。《史记·平津侯主父列传》："守成尚文，遭遇～武。"（尚：崇尚。）❸亲近，赞助。《战国策·魏策二》："～韩而左魏。"《左传·襄公十年》："王～伯舆。"（伯舆：人名。）赞助的意义又写作"佑"。❹通"侑"。劝人饮食。《周礼·春官·大祝》："以享～祭祀。"

佑 yòu ❶保佑。《周易·大有》："自天～之。"㊀福。《后汉书·桓荣传》："斯诚国家福～。"这两个意义又写作"祐"。❷辅佐。《尚书·周官》："敬尔有官，乱尔有政，以～乃辟。"（辟：君。）

幼 yòu ❶幼小，未长大。《孟子·梁惠王下》："～而无父曰孤。"晁错《言守边备塞疏》："～则同游，长则共事。"㉢小孩。陶潜《归去来兮辞》："携～入室。"（携：拉着。）❷yào［幼妙］微细曲折。司马相如《长门赋》："声～～而复扬。"（复：重新。）又写作"幼眇"、"要妙"、"幽眇"等。

侑 yòu ❶用奏乐或献玉帛劝人饮食。《周礼·天官·膳夫》："以乐～食。"《宋史·王拱辰传》："亲鼓琵琶以～饮。"（鼓：弹奏。）❷通"宥"。宽容，饶恕。《管子·法法》："文有三～，武毋一赦。"（毋：无。赦：赦免。）

囿 yòu ❶畜养禽兽的园地。《孟子·梁惠王下》："文王之～方七十里。"（文王：周文王。）㉢菜园，果园。《大戴礼记·夏小正》："～有见杏。"❷事物聚集的地方。徐光启《刻〈几何原本〉序》："真可谓万象之形～，百家之学海矣。"（万象：各种形象。）❸局限，指见识不广。《庄子·天下》："辩者之～也。"（辩：辩论。）成语有"囿于见闻"。

宥 yòu ❶宽容，饶恕。《韩非子·爱臣》："故不赦死，不～刑。"（赦死：赦免死罪。）双音词有"宽宥"。❷通"侑"。劝人饮食。《周礼·春官·大司乐》："王大食，三～，皆令奏钟鼓。"❸通"右"。《荀子·宥坐》："此盖为～坐之器。"（宥坐：放在座位右边。）❹通"囿"。局限。《吕氏春秋·去宥》："夫人有所～者，固以昼为昏，以白为黑。"

狖 yòu 长尾猿。屈原《九章·涉江》："深林杳以冥冥兮，猨～之所居。"（猨：猿。）

柚 yòu ❶果树名，也指其果实。《尚书·禹贡》："厥包橘～锡贡。"李白《秋登宣城谢朓北楼》诗："人烟寒橘～，秋色老梧桐。"❷zhú 织布机上缠经线的圆轴。《诗经·小雅·大东》："小东大东，杼～其空。"

鼬 yòu 黄鼠狼。《庄子·徐无鬼》："夫逃虚空者，藜藋柱乎鼪～之径。"

诱（誘） yòu ❶诱导，引导。《论语·子罕》："夫子循循然善～人。"（夫子：指孔子。）李白《来日大难》诗："～我远学。"❷引诱，诱惑。《荀子·非十二子》："是以不～于誉，不恐于诽。"（不为名誉所引诱，不被诽谤所吓倒。）《三国志·吴书·吴主传》："中郎将孙布诈降以～魏将王凌。"（中郎将：武官名。孙布、王凌：人名。）成语有"诱敌深入"。

褎 yòu ❶服装华美的样子。《诗经·邶风·旄丘》："叔兮伯兮，～如充耳。"❷禾苗生长。《诗经·大雅·生民》："实方实苞，实种实～。"［褎然］1.高的样子。皮日休《茶中杂咏·茶笋》："～～三五寸，生必依岩洞。"2.出众，杰出。刘禹锡《哭庞京兆》诗："俊骨英才气～～，策名飞步冠群贤。"❸xiù"袖"的本字。《诗经·唐风·羔裘》："羔裘豹～。"《后汉书·符融传》："融幅巾奋～，谈辞如云。"

YU

迂 yū ❶曲折，绕远。《孙子兵法·军争》："先知～直之计者胜，此军争之法也。"❷不切实际，不合时宜。《论语·子路》："有是哉，子之～也！"《盐铁论·利议》："～时而不要也。"（不要：指抓不住治世的要领。）又如"迂腐"、"迂论"。

纡（紆） yū ❶曲折，回转。宋玉《高唐赋》："水澹澹而盘～兮。"㉢思绪萦绕。屈原《九章·惜诵》："心郁结而～轸。"（轸：痛。）❷绾系，挂。扬雄《解嘲》："～青拖紫，朱丹其毂。"

淤 yū ❶水底沉积的污泥。杜甫《赠李八秘书别三十韵》："潏水带寒～。"❷冲积而成的水中陆地。司马相如《上林赋》："行乎洲～之浦。"❸淤积。《新唐书·孟简传》："州有孟渎，久～阏。"

于 yú ❶介词。引出动作的处所、时间和对象。可以翻译为"在"、"到"、"向"、"从"、"对于"等。《诗经·大雅·旱麓》："鱼跃～渊。"《尚书·盘庚上》："盘庚迁～殷。"（盘庚：商王名。殷：地名。）《三国志·魏书·武帝纪》："求救～术。"（术：袁术，人名。）《尚书·泰誓下》："结怨～民。"❷介词。表示比较。《尚书·胤征》："烈～猛火。"❸介词。在被动句中引出动作的主动者。《诗经·大雅·嵩高》："闻～四国。"❹动词词头。《诗经·周南·葛覃》："黄鸟～飞。"【辨】于，於。见下"於"字。

於 yú ❶介词。引出动作的处所、时间和对象，可以翻译为"在"、"到"、"向"、"从"、"对于"等。《论语·宪问》："子击磬～卫。"（子：孔子。卫：国名。）《国语·晋语三》："臭达～外。"《史记·孙子吴起列传》："请救～齐。"《孟子·离娄下》："逢蒙学射～羿。"（逢蒙、羿：人名。）《论语·公冶长》："今吾～人也，听其言而观其行。"［於是］1.在这时，在这件事情上。《荀子·议兵》："然后刑～～起矣。"2.相当于现代汉语的"于是"。《战国策·赵策四》："～～为长安君约车百乘，质于齐，齐兵乃出。”（长安君：人名。齐：国名。）❷ 介词。表示比较。司马迁《报任安书》：“人固有一死，死有重～泰山，或轻～鸿毛。” ❸ 介词。在被动句中引出动作的主动者。《史记·廉颇蔺相如列传》：“臣诚恐见欺～王而负赵。” ❹ wū 叹词。表示呼声或赞叹。《尚书·大禹谟》：“禹曰：‘～，帝念哉！’”（念：常常想。）[於戏(hū)]叹词。《礼记·大学》：“～～！前王不忘。” ❺ wū [於菟]古代楚人称虎为“於菟”。《左传·宣公四年》：“楚人谓乳谷，谓虎～～。”【注意】音 wū 的“於”不写作“于”。【辨】于，於。二字是同义词。《诗经》、《尚书》、《周易》多作“于”，其他书多作“於”。有些书（如《左传》）“于”、“於”并用，“于”常用于地名之前，其余写作“於”。但是动词词头作“于”，叹词作“於”，则不相混。现在用作介词时以“于”为正字，以“於”为异体字，用“于”不用“於”。

杅 yú ❶ 盛水和酒的器具。《仪礼·既夕礼》：“用器弓矢、耒耜、两敦、两～、盘匜。” ❷ 浴盆。《礼记·玉藻》：“浴用二巾，上絺下绤，出～，履蒯席。”

盂 yú 盛水和酒的器具。《墨子·兼爱下》：“镂于金石，琢于盘～。”《淮南子·修务》：“今夫救火者，汲水而趍之，或以瓮瓴，或以盆～。”

竽 yú 一种像笙的乐器。《韩非子·解老》：“～也者，五声之长者也。”成语有“滥竽充数”。

予 yú ❶ 第一人称代词。我，我的。《尚书·盘庚上》：“～告汝于难。” ❷ yǔ 给予，授予。《汉书·晁错传》：“～冬夏衣。” ❸ yǔ 通“与”。赞许。《荀子·大略》：“言味者～易牙，言音者～师旷。”（易牙：春秋时齐国善于调味的人。师旷：春秋时晋国乐师。）

妤 yú [婕妤]见 198 页“婕”字。

欤（歟） yú 句末语气词，表示疑问或感叹。《史记·屈原贾生列传》：“子非三闾大夫～？”（子：您。三闾大夫：官名。指屈原。）曹操《论吏士行能令》：“一似管窥虎～！”（就好像从细管里看老虎。）

余[1] yú 第一人称代词。我，我的。屈原《九章·怀沙》：“定心广志，～何畏惧兮。”《世说新语·文学》：“感不绝于～心。”

余[2]**（餘）** yú ❶ 丰足。《战国策·秦策五》：“今力田疾作，不得暖衣～食。” ❷ 剩下的，多余的。《列子·汤问》：“以残年～力，曾不能毁山之一毛。”《老子·七十七章》：“损有～而补不足。”成语有“不遗余力”。㉛遗留，遗存。李白《楚城韦公藏书高斋作》诗：“城荒古迹～。” ❸ 其他的，以外的。《史记·高祖本纪》：“与父老约法三章耳：……～悉除去秦法。”《北史·高允传》：“若更有～衅，非臣敢知。”（衅：罪。）双音词有“业余”。❹ 以后。胡曾《题周瑜将军庙》诗：“庭际雨～春草长。”（庭际：院子的边缘。）❺ 整数后不定的零数。《三国志·蜀书·诸葛亮传》：“相持百～日。”【注意】在古代，“余”和“餘”是两个字，上述义项都不写作“余”。现“餘”简化为“余”。参见上“余[1]”字。

艅 yú [艅艎]船名。《抱朴子·博喻》：“～～鹢首，涉川之良器也。”

臾 yú [须臾]见 460 页“须”字。

谀（諛） yú 奉承，讨好。《楚辞·九叹·离世》：“即听夫人之～辞。”《史记·魏其武安侯列传》：“灌夫为人刚直使酒，不好面～。”（灌夫：人名。使酒：指喝酒后发酒疯。）成语有“阿谀奉承”。【辨】谀，谄。“谀”是用言语奉承，“谄”则不限于言语。“谄”、“谀”二字连用时，不再有这种区别。

萸 yú [茱萸]见 539 页“茱”字。

腴 yú ❶ 腹下的肥肉。《论衡·语增》：“桀纣之君，垂～尺余。”㉛肥胖。《南齐书·袁彖传》：“彖形体充～，有异于众。” ❷ 肥美。《战国策·赵策四》：“封以膏～之地。” ❸ 丰裕。《晋书·周顗传》：“伯仁凝正，处～能约。”（约：节俭。）

舁 yú ❶ 抬。《三国志·魏书·钟繇传》：“时华歆亦以高年疾病，朝见皆使载舆车，虎贲～上殿就坐。”《世说新语·术解》：“浩感其至性，遂令～来，为诊脉处方。”（浩：殷浩，人名。）❷ 带。《旧唐书·李光弼传》：“光弼将赴临淮，在道～疾而行。”

俞 yú ❶ 叹词。表示同意，许可。《尚书·尧典》：“帝曰：‘～，予闻，如何？’”（予：我。）㉛答应。扬雄《羽猎赋》：“上犹谦让而未～也。”（犹：还。）❷ shù 通“腧”。人身体上的穴位。《素问·气府论》：“五藏之～各五。”（五藏：五脏。）❸ yù 通“愈”。越，更加。《汉书·食货志》：“民～勤农。”（勤农：勤于农事。）❹ yù 通“愈”。病好了。《荀子·解蔽》：“而未有～疾之福也。”

隃 yú ❶ 通"逾(踰)"。越过，超越。《汉书·天文志》："荧惑～岁星。"《汉书·贾谊传》："上贵而尊爵，则贵贱有等而下不～矣。" ❷ yáo 通"遥"。远远地。《汉书·英布传》："上恶之，与布相望见，～谓布：'何苦而反？'"

揄 yú ❶ 引，拉。司马相如《长门赋》："～长袂以自翳兮。"枚乘《七发》："～流波，杂杜若。"（杜若：香草。）❷［揄扬］1. 宣扬。曹植《与杨德祖书》："辞赋小道，固未足以～～大义，彰示来世也。" 2. 称赞。杜甫《送顾八分文学适洪吉州》诗："御札早流传，～～非造次。"

逾[1] yú ❶ 越过，超越。《尚书·禹贡》："～于洛。"（洛：水名。）《世说新语·赏誉》："辞寄清婉，有～平日。" ❷ 更加。刘知几《史通·叙事》："逮晋已降，流宕(dàng)～远。"（到晋朝以后，史书的文章离简约的要求更远了。流宕：放荡，不受约束。）

逾[2]**（踰）** yú ❶ 越过，超越。《韩非子·五蠹》："故十仞之城，楼季弗能～者，峭也。"（仞：古代长度单位。七尺或八尺为一仞。楼季：古代善于登高跳跃的人。）《世说新语·惑溺》："而墙高非人所～。" ❷ yáo 通"遥"。远远地。《后汉书·冯衍传》："陟陇山以～望兮，眇然览于八荒。"【辨】过，越，逾，超。见146页"过"字。

渝 yú ❶ 改变。《诗经·郑风·羔裘》："彼其之子，舍命不～。"魏征《十渐不克终疏》："俭约之志，终始而不～。"成语有"坚持不渝"。❷ 泛滥。木华《海赋》："沸溃～溢。"

愉 yú ❶ 快乐。《荀子·荣辱》："为尧禹则常～佚，为工匠农贾则常烦劳。" ❷ tōu 同"偷"。苟且。《周礼·地官·大司徒》："以俗教安，则民不～。"

媮 yú ❶ 乐，快乐。《楚辞·远游》："内欣欣而自美兮，聊～娱以自乐。" ❷ tōu 同"偷"。苟且。屈原《卜居》："宁正言不讳以危身乎？将从俗富贵以～生乎？"㉛ 轻视。《左传·襄公三十年》："晋未可～也……其朝多君子，其庸可～乎？"（庸：岂。）

瑜 yú ❶ 美玉。屈原《九章·怀沙》："怀瑾握～兮，穷不知所示。"（瑾：美玉。）《晋书·舆服志》："皇太子妃……佩～玉。" ❷ 玉的美质。《礼记·聘义》："瑕不掩～。"（瑕：玉上的斑点。）

覦（覦） yú［觊觎］见182页"觊"字。

歈 yú 歌谣，歌曲。宋玉《招魂》："吴～蔡讴(ōu)，奏大吕些(suò)。"（讴：歌。）李绅《过吴门二十四韵》："里吟传绮唱，乡语认～讴。"

窬 yú ❶ 门旁的小门洞。《礼记·儒行》："筚门圭～，蓬户瓮牖。" ❷ 洞，窟窿。《论语·阳货》："其犹穿～之盗也与。" ❸ 中空。《淮南子·氾论》："乃为～木方板，以为舟航。" ❹ 通"觎"。觊觎。王俭《褚渊碑文》："桂阳失图，窥～神器。"（桂阳：指桂阳王刘休范。）

褕 yú ❶［褕翟］王后的一种礼服，绘有雉羽。《新唐书·车服志》："～～者，受册、助祭、朝会大事之服也。" ❷ 美。《史记·淮阴侯列传》："农夫莫不辍耕释耒，～衣甘食，倾耳以待命者。" ❸［襜褕］见39页"襜"字。

羭 yú ❶ 黑母羊。《列子·天瑞》："老～之为猨也。"（猨：同"猿"。）❷ 美好。《左传·僖公四年》："攘公之～。"（攘：除去。）

雩 yú 祭祀求雨。《荀子·天论》："～而雨，何也？曰：无何也，犹不～而雨也。"（雨：下雨。）

隅 yú ❶ 角落。《诗经·邶风·静女》："俟(sì)我于城～。"（俟：等待。）成语有"向隅而泣"。㊀ 方正廉直。《诗经·大雅·抑》："抑抑威仪，维德之～。" ❷ 靠边的地方。《史记·秦始皇本纪》："逮于海～。"（逮：到达。）㊂ 边，方。《淮南子·原道》："经营四～。"

嵎 yú ❶ 山势弯曲处。《孟子·尽心下》："野有众逐虎，虎负～，莫之敢撄。"（撄：迫近，触犯。）❷ 通"隅"。角。谢灵运《九日从宋公戏马台集送孔令》诗："归客遂海～，脱冠谢朝列。" ❸［嵎谷］传说日入处。《文苑英华·严维〈黄人守日赋〉》："初临于～～。"

愚 yú ❶ 愚昧，愚蠢。《论语·为政》："吾与回言终日，不违如～。"（回：颜回。）㉛ 欺骗。《孙子兵法·九地》："能～士卒之耳目。" ❷ 自称谦辞。诸葛亮《出师表》："～以为宫中之事，事无大小，悉以咨(zī)之，然后施行。"（悉以咨之：都和他们商议。）

渔 yú ❶ 捕鱼。《周易·系辞下》："作结绳而为罔罟，以佃以～。"（佃：畋，打猎。）《吕氏春秋·义赏》："竭泽而～，岂不获得？"㊂ 捕鱼的人。陆龟蒙《奉和袭美见访不遇》："只道府中持简牍，不知林下访～樵。" ❷ 用不正当的手段夺取。《汉书·何并传》："以气力～食闾里。"（闾里：乡里。）

虞（虞） yú ❶ 意料，预料。《左传·僖公四年》："不～君之涉吾地也。"（涉：指进入。）(泛)谋划好，事先有准备。《孙子兵法·谋攻》："以～待不～者胜。" ❷ 欺骗。《左传·宣公十五年》："我无尔诈，尔无我～。"（我不骗你，你不骗我。诈：欺骗。）成语有"尔虞我诈"。❸ 忧患。杜甫《北征》诗："维时遭艰～。" ❹ 古代管山泽的官。《尚书·舜典》："汝作朕～。"（汝：你。朕：我。）❺ 通"娱"。快乐。《汉书·王褒传》："皆以此～说（yuè）耳目。"（说：喜悦。）❻ 朝代名。传说中夏代之前的朝代，君主是舜。❼ 周代诸侯国，在今山西平陆东北。

舆（輿） yú ❶ 车厢。《潜夫论·相列》："材木……曲者宜为轮，直者宜为～。"（宜为：适合做。）(泛)车。《三国志·蜀书·先主传》："出则同～，坐则同席。"(引)用车运载。韩愈《送穷文》："载糗～粻。"（糗：炒米。粻：干粮。）❷ 竹篼（dōu），抬人登山的用具。《汉书·严助传》："～轿而隃领。"（隃：通"逾"。翻越。领：通"岭"。山岭。）❸ 抬，举。《战国策·秦策三》："百人～瓢而趋，不如一人持而走。"《世说新语·忿狷》："便～床就之。" ❹ ［舆图］1. 地图。陆游《九月二十八日五鼓起坐抽架上书得九域志泫然有感》诗："行年七十初心在，偶展～～泪自倾。" 2. 疆土。《新元史·世祖纪》："～～之广，历古所无。" ❺ 众，众人的。《左传·僖公二十八年》："晋侯患之，听～人之诵。"双音词有"舆论"。❻ 古代一种卑贱的吏卒。《左传·昭公七年》："皂臣～，～臣隶。"（皂、隶：古代两个卑贱的等级。臣：统属。）［舆台］古代两个卑贱的等级，后来泛指奴仆。杜甫《后出塞》诗四："照耀～～躯。"【辨】车，舆，辇，轺。见 291 页"辇"字。

玙（璵） yú ［玙璠（fán）］鲁国的宝玉。《左传·定公五年》："季平子……卒于房，阳虎将以～～敛。"又写作"璠玙"。曹植《赠徐干》诗："亮怀璠玙美，积久德愈宣。"

旟 yú ❶ 绘有鸟隼图像的旗。《诗经·小雅·无羊》："旐（zhào）维～矣，室家溱溱。"（旐：绘有龟蛇图像的旗。）州里建旟，后指州郡刺史的旗帜。颜延之《祭屈原文》："湘州刺史吴郡张邵恭承帝命，建～旧楚。" ❷ 飞扬的样子。《诗经·小雅·都人士》："匪伊卷之，发则有～。"

𩺰 yú 同"渔"。捕鱼。《周礼·天官·𩺰人》："凡～者掌其政令。"

与（與） yǔ ❶ 给予，授予。《左传·僖公七年》："～之璧，使行。"《史记·项羽本纪》："则～斗卮（zhī）酒。"（斗卮：盛一斗酒的大杯。）❷ 结交，亲附。《荀子·王霸》："不欺其～。"（其与：指所结交的国家。）《国语·齐语》："桓公知天下诸侯多～己也。" ❸ 对付。《史记·燕召公世家》："庞煖易～耳。" ❹ 和，跟，同。《庄子·逍遥游》："蜩～学鸠笑之。"《汉书·张骞传》："颇～中国同俗。" ❺ 赞许。《汉书·翟方进传》："朝过夕改，君子～之。"(引)帮助。《战国策·齐策一》："君不～胜者，而～不胜者。" ❻ yù 参加。《左传·僖公三十二年》："蹇（jiǎn）叔之子～师。"（蹇叔：人名。师：军队。）❼ yú 句末语气词。表示疑问或感叹。《论语·宪问》："管仲非仁者～？"司马相如《封禅文》："何其爽～！"（爽：差错。）这个意义后来写作"欤"。

伛（傴） yǔ 驼背。《荀子·儒效》："是犹～伸而好升高也。"(引)曲身，表示恭敬。《庄子·列御寇》："正考父一命而～，再命而偻，三命而俯。"

宇 yǔ ❶ 屋檐。《诗经·豳风·七月》："七月在野，八月在～，九月在户，十月蟋蟀入我床下。"（在宇：在屋檐下。）(引)房屋。《史记·秦始皇本纪》："各安其～。"(泛)界域，边界。《左传·昭公四年》："或无难以丧其国，失其守～。" ❷ 上下四方，天下。贾谊《过秦论》："振长策而御～内。"（振：挥动。策：鞭子。御：控制。）(引)国土，国家。屈原《离骚》："尔何怀乎故～？"（你为什么怀念故国？）❸ 风度，器度。《世说新语·雅量》："世以此定二王神～。"（世：世人。二王：指王徽之和王献之。神：神情。）成语有"器宇轩昂"。

羽 yǔ ❶ 鸟翅膀上的长毛。《左传·僖公二十三年》："～、毛、齿、革，则君地生焉。"(引)鸟或昆虫的翅膀。《诗经·豳风·七月》："六月莎鸡振～。"（莎鸡：昆虫名。）(泛)鸟类的代称。张充《与王俭书》："奇禽异～。" ❷ 古代箭上的羽毛。白居易《放旅雁》诗："拔汝翅翎为箭～。"(引)箭。江淹《别赋》："边郡未和，负～从军。" ❸ 古代用羽毛做成的舞具。《尚书·大禹谟》："舞干～于两阶。"（干：盾牌。）❹ 五音（宫、商、角、徵（zhǐ）、羽）之一。见 491 页"音"字。【辨】羽，翼，翅。"羽"是翅膀上的长毛，"翼"是翅膀，二字不是同义词。有时候，"羽"也当翅膀讲，如"奋翼"也说成"奋羽"；但是"翼"不当羽毛讲，所以"羽毛"不说成"翼毛"，"羽扇"不说成"翼扇"。"翅"与"翼"是同义词，但"翼"比"翅"常见。

俣 yǔ ［俣俣］高大的样子。《诗经·邶风·简兮》："硕人～～。"

麌 yǔ ❶雄性獐鹿。见《尔雅》。❷［麌麌］鹿众多的样子。《诗经·小雅·吉日》："兽之所同，麀鹿～～。"（麀：母鹿。）

禹 yǔ 传说中的夏朝第一代君主。

语（語） yǔ ❶谈论，说话。《论语·乡党》："食不～，寝不言。"《左传·昭公三年》："晏子受礼，叔向从之宴，相与～。"❷yù 告诉。《史记·吕太后本纪》："平阳侯恐弗胜，驰～太尉。"（弗：不。）❸言论，话。《韩非子·五蠹》："无先王之～，以吏为师。"（不用先王的那套言论，而用官吏当老师。）❹谚语，俗语。贾思勰《齐民要术序》："～曰：力能胜贫，谨能胜祸。"（谨：谨慎。）❺语言。《魏书·宣武灵皇后传》："有蜜多道人，能胡～。"【辨】言，语。主动对人说话叫"言"，和别人一起谈论叫"语"。

圄 yǔ 囚禁。《左传·宣公四年》："～伯嬴于轑（liáo）阳而杀之。"（伯嬴：人名。轑阳：地名。）⊗监狱。《晏子春秋·内篇谏下》："景公藉重而狱多，拘者满～，怨者满朝。"［囹圄］见253页"囹"字。

敔 yǔ 古乐器，在雅乐终结时击奏。《尚书·益稷》："合止柷（zhù）～。"（柷：雅乐开始时击奏的乐器。）

龉（齬） yǔ ［龃龉］见210页"龃"字。

圉 yǔ ❶养马。《左传·哀公十四年》："孟孺子泄将～马于成。"（成：地名。）⊗养马的人。《左传·昭公七年》："马有～，牛有牧。"（牧：指牧牛人。）❷边境，边疆。《诗经·大雅·召旻》："我居～卒荒。"（卒：尽。荒：空虚，指百姓都流亡。）❸［囹圉］通"囹圄"。监狱。《史记·秦始皇本纪》："虚～～而免刑戮。"❹yù 通"御"。阻止。《庄子·缮性》："其来不可～，其去不可止。"

庾 yǔ ❶露天的谷仓。《国语·周语中》："野有～积。"㊀一般的谷仓。杜牧《阿房宫赋》："钉头磷磷，多于在～之粟粒。"（钉头磷磷：指建筑物上钉头一颗颗显露的样子。）❷容量单位，一庾等于十六斗。《左传·昭公二十六年》："粟五千～。"

瘐 yǔ ［瘐死］古时指囚犯死在狱中。《汉书·宣帝纪》："今系者或以掠辜若饥寒～～狱中。"（若：或。）

窳 yǔ ❶粗劣。《韩非子·难一》："陶器不～。"❷懒惰。《商君书·垦令》："农无得粜（tiào），则～惰之农勉疾。"（无得：不得。粜：卖粮食。勉疾：勤奋，指努力耕作。）

貐 yǔ ［猰（yà）貐］见469页"猰"字。

驭（馭） yù ❶驾驭车马。《荀子·王霸》："王良、造父者，善服～者也。"（王良、造父：人名。服：驾车。）⊗驾车的人。《庄子·盗跖》："颜回为～。"（颜回：人名。）❷驾驭，控制。《晋书·姚泓载记》："岂是安上～下之理乎？"【辨】御，驭，禦。见506页"御[1]"字。

芋 yù ❶草本植物名。芋头。《史记·项羽本纪》："今岁饥民贫，士卒食～菽。"❷hū 通"幠"。覆盖。《诗经·小雅·斯干》："鸟鼠攸去，君子攸～。"（攸：所。）

吁[2]（籲） yù 呼告。《尚书·召诰》："夫知保抱携持厥妇子，以哀～天。"

聿 yù ❶笔。扬雄《太玄·饰》："舌～之利，利见知人也。"这个意义一般写作"筆"，现简化为"笔"。❷句首、句中语气词。《诗经·大雅·大明》："～怀多福。"《诗经·唐风·蟋蟀》："蟋蟀在堂，岁～其莫。"（莫：暮，晚。）

浴 yù 洗澡。《左传·文公十八年》："二人～于池。"屈原《渔父》："新～者必振衣。"（振：抖。）

欲 yù ❶想要。《论语·颜渊》："己所不～，勿施于人。"《商君书·更法》："今吾～变法以治。"❷欲望，愿望。《孙子兵法·谋攻》："上下同～者胜。"❸情欲，贪欲。刘伶《酒德颂》："不觉寒暑之切肌，利～之感情。"这个意义又写作"慾"。❹将要。许浑《咸阳城东楼》诗："山雨～来风满楼。"

鹆（鵒） yù ［鸲（qú）鹆］见341页"鸲"字。

裕 yù ❶富饶，富足。《荀子·富国》："足国之道，节用～民。"（足国：使国家富足。）❷宽，宽宏。贾谊《新书·道术》："包众容易谓之～。"（包众：包含众物。）

饫（飫） yù ❶饱，足。《左传·襄公二十六年》："是以将赏为之加膳，加膳则～赐。"《后汉书·刘盆子传》："十余万人皆得饱～。"王粲《从军诗》："军人多～饶，人马皆溢肥。"［饫闻］饱闻，听得多。韩愈《燕喜亭记》："宜其于山水～～而厌见也。”❷ 私宴。《诗经·小雅·常棣》：“傧尔笾豆，饮酒之～。”[引]宴饮。《汉书·陈遵传》：“遵知饮酒～宴有节。”

妪（嫗） yù 年老的女人。《史记·滑稽列传》：“即使吏卒共抱大巫～投之河中。”[引]妇女的通称。《南史·邓郁传》：“从少～三十……年皆可十七八许。”（从：跟随。可：大约。）

郁[1] yù ❶［郁郁］1. 有文采的样子。《论语·八佾》：“～～乎文哉！”2. 香气浓烈的样子。范仲淹《岳阳楼记》：“岸芷汀兰，～～青青。”3. 茂盛的样子。陆云《为顾彦先赠妇往返》诗四首之三：“～～寒木荣。”❷ 通“鬱”。（云、气）浓盛的样子。徐陵《咏柑》：“素荣芬且～。”（素荣：白花。）❸ 通“燠”。暖，热。刘孝标《广绝交论》：“叙温～则寒谷成暄，论严苦则春丛零叶。”

郁[2]（鬱） yù ❶ 树木丛生，茂盛。《诗经·秦风·晨风》：“～彼北林。”（彼：那个。）［郁郁］1. 草木茂盛的样子。《古诗十九首·青青河畔草》：“～～园中柳。”2. 忧伤、愁闷的样子。屈原《九章·抽思》：“心～～之忧思兮。”[又]（云、气）浓盛的样子。《三国志·吴书·薛综传》：“加以～雾冥其上，咸水蒸其下。”❷ 忧愁，愁闷。《管子·内业》：“忧～生疾。”❸ 积结。《汉书·路温舒传》：“忠良切言皆～于胸。”［郁陶（yáo）］忧思积结的样子。《孟子·万章上》：“～～思君尔。”❹ 草木腐臭。《荀子·正名》：“香、臭、芬、～……以鼻异。”（芬：草木的香气。）【注意】在古代，“郁”与“鬱”是两个字，只有在“（云、气）浓盛的样子”这个意义上，“郁”可以通“鬱”，其他意义各不相同。现“鬱”简化为“郁”。参见上“郁[1]”字。

育 yù 生育。《周易·渐》：“妇孕不～。”[又]养，抚养。《管子·牧民》：“养桑麻，～六畜也。”《史记·文帝本纪》：“朕下不能理～群生。”[又]培养。《孟子·告子下》：“尊贤～才，以彰有德。”

昱 yù 明亮。《淮南子·本经》：“焜（kūn）～错眩，照耀辉煌。”（焜：明。）辛延年《羽林郎》诗：“银鞍何～爚，翠盖空踟蹰。”

煜 yù ❶ 光耀。梁简文帝《咏朝日》：“团团出天外，～～上层峰。”❷ 火焰。陆云《南征赋》：“飞烽戢～而泱漭。”❸ 盛大。班固《东都赋》：“钟鼓铿鎗，管弦晔～。”

狱（獄） yù ❶ 诉讼，官司。《论语·颜渊》：“片言可以折～者，其由也与？”（由：仲由，孔子学生。）《左传·昭公二十八年》：“梗阳人有～，魏戊不能断。”（梗阳：地名。魏戊：人名。断：决断。）❷ 监牢。杨恽《报孙会宗书》：“妻子满～。”

彧 yù ［彧彧］茂盛的样子。《诗经·小雅·信南山》：“疆埸翼翼，黍稷～～。”何晏《景福殿赋》：“羌瓌玮以壮丽，纷～～其难分。”又写作“郁郁”。

域 yù ❶ 邦国，封邑。《论语·季氏》：“且在邦～之中矣。”《汉书·韦玄成传》：“以保尔～。”❷ 疆界，一定的区域。《周礼·地官·大司徒》：“周知九州之地～广轮之数。”（广轮：指土地面积。）❸ 墓地，坟地。《诗经·唐风·葛生》：“蔹（liǎn）蔓于～。”（蔹：一种蔓草。蔓：蔓延。）

阈（閾） yù 门槛。《论语·乡党》：“立不中门，行不履～。”（履：踩。）[引]门。曹植《应诏》诗：“仰瞻城～，俯惟阙庭，长怀永慕，忧心如酲。”

罭 yù ［九罭］一种细眼渔网。《诗经·豳风·九罭》：“～～之鱼，鳟鲂。”张衡《西京赋》：“布～～，设罜䍡（dú lù）。”（罜䍡：一种小渔网。）

蜮（蟚、魊） yù 传说中一种能含沙射人的动物。《诗经·小雅·何人斯》：“为鬼为～，则不可得。”欧阳修《自岐江山行至平陆驿》诗：“水涉愁～射，林行忧虎猛。”

鴥 yù 疾飞的样子。《诗经·小雅·沔水》：“～彼飞隼，载飞载扬。”[引]迅疾。鲍照《松柏篇》：“人生浮且脆，～若晨风悲。”（晨风：鸟名。）

谕（諭） yù ❶ 告诉，使人知道。《穀梁传·桓公六年》：“修教明～，国道也。”《汉书·张骞传》：“骞既至乌孙，致赐～指。”（指：旨，意图。）[特]上对下的文告、指示。《汉书·南粤王赵佗传》：“故使贾驰～告王朕意。”双音词有“手谕”。❷ 知道，了解，明白。《战国策·魏策四》：“寡人～矣。”❸ 比喻。《汉书·贾谊传》：“谊追伤之，因以自～。”【辨】喻，谕。二字古代通用，后来逐渐有了分工，在比喻的意义上用“喻”，在告诉的意义上用“谕”。

喻 yù ❶ 告诉，使人知道。《淮南子·修务》：“故作书以～意。”❷ 知道，了解，明白。《孟子·告子下》：“征于色，发于声，而后～。”（征于色：表现在面色上。）张说《宋公遗爱碑颂》：“言语不通而心～矣。”成语有“家喻户晓”。❸ 比喻。范缜《神灭论》：“丝缕同时，不得为～。”（丝、缕同时存在，不能拿来做比喻。）【辨】喻，谕。见上“谕”字。

愈 yù ❶ 病好了。《孟子·公孙丑下》："昔者疾，今日～。"（疾：病。）《三国志·魏书·华佗传》："试作热食，得汗则～。"这个意义后来又写作"瘉"、"癒"。❷ 胜过。《左传·襄公十年》："病不犹～于亡乎？"（病：指疲惫。亡：灭亡。）❸ 越，更加。《韩非子·显学》："夫有功者必赏，则爵禄厚而～劝。"（劝：受到鼓励。）

瘉 yù ❶ 病，痛苦。《诗经·小雅·正月》："父母生我，胡俾我～？"❷ 病好了。《汉书·高帝纪》："汉王疾～，西入关。"❸ 胜，胜过。《汉书·艺文志》："彼九家者，不犹～于野乎？"❹ 更加。《荀子·尧问》："吾三相楚而心～卑，每益禄而施～博，位滋尊而礼～恭。"

遇 yù ❶ 相遇，遇到。《论语·阳货》："孔子时其亡也，而往拜之。～诸涂。"（时：通"伺"。等待。涂：途。）《三国志·吴书·吴主传》："～于赤壁。"（赤壁：地名。）㊂会见。《公羊传·隐公八年》："春，宋公、卫侯～于垂。"（垂：地名。）❷ 接触，感触。《庄子·养生主》："臣以神～而不以目视。"❸ 对，对待。《商君书·定分》："故吏不敢以非法～民。"《汉书·季布传》："～人恭谨。"㊂待遇。诸葛亮《出师表》："盖追先帝之殊～。"（追：追念，怀念。）❹ 遇合。指得到君主的信任。杜甫《相逢歌》："垂老～君未恨晚。"㊀机遇。应玚《侍五官中郎将建章台集诗》："良～不可值，伸眉路何阶。"

寓（庽） yù ❶ 寄居，居住。《孟子·离娄下》："无～人于我室。"《晋书·谢安传》："～居会稽。"（会稽：地名。）㊀寓所（后起意义）。徐弘祖《徐霞客游记·滇游日记》："悬于～外。"（悬：悬挂。）❷ 寄托，寄。《管子·小匡》："事有所隐，而政有所～。"《左传·襄公二十四年》："子产～书于子西，以告宣子。"（子产、子西、宣子：都是人名。）［寓言］有所寄托的话，后成为一种故事体裁。《史记·老子韩非列传》："故其著书十余万言，大抵率～～也。"［寓目］亲眼看一看。孙樵《书褒城驿壁》："及得～～，视其沼，则浅混而污。"（沼：池子。污：脏。）

御1 yù ❶ 驾驭车马。《庄子·达生》："桓公田于泽，管仲～。"（田：打猎。泽：沼泽。管仲：人名。）这个意义又写作"驭"。㊂驾车的人。《左传·成公十六年》："其～屡顾。"（屡顾：多次回头看。）❷ 驾驭，控制。贾谊《过秦论》："振长策而～宇内。"（策：鞭子。宇内：天下。）㊂治理。《诗经·大雅·思齐》："以～于家邦。"㊂治事之官。《诗经·大雅·崧高》："王命傅～，迁其私人。"❸ 侍奉。多指侍奉君主。《商君书·更法》："公孙鞅、甘龙、杜挚三大夫～于君。"❹ 进献。多指进献给君主。《潜夫论·赞学》："黼黻（fǔ fú）之章……可～于王公。"（黼黻之章：指华美的衣服。）㊂用。《诗经·郑风·女曰鸡鸣》："琴瑟在～，莫不静好。"❺ 与皇帝有关的事物。如"御驾"、"御旨"。❻ 抵挡，抵御。《诗经·邶风·谷风》："我有旨蓄，亦以～冬。"（旨：好吃的。）这个意义后来写作"禦"。❼ yà 通"迓"。迎。《诗经·召南·鹊巢》："之子于归，百两～之。"【辨】御，驭，禦。在驾驭的意义上，"御"与"驭"相通。但是，"御"常指驾车马的人，"驭"一般指驾驭车马的动作。在抵御的意义上，上古写作"御"（如《诗经》的"御冬"），后来都写作"禦"。"驭"、"禦"二字没有"侍奉"、"进献"、"与皇帝有关的事物"等意义。

御2**（禦）** yù ❶ 抵挡，抵抗。《庄子·马蹄》："毛可以～风寒。"《三国志·吴书·吴主传》："使鲁肃以万人屯巴丘，以～关羽。"❷ 阻止。《左传·昭公十六年》："孔张后至，立于客间，执政～之。"（孔张：人名。）㊂禁止。《周礼·秋官·司寤氏》："～晨行者、禁宵行者、夜游者。"【辨】御，驭，禦。见上"御1"字。

澦（滪） yù ［滟滪堆］见 473 页"滟"字。

遹 yù ❶ 邪僻。《诗经·小雅·小旻》："谋犹回～，何日斯沮。"（回：邪。沮：止。）❷ 遵循。《尚书·康诰》："今民将在祗～乃文考。"（民：指治民。祗：敬。文考：指先父。）❸ 句首语气词。《诗经·大雅·文王有声》："文王有声，～骏有声。～求厥宁，～观厥成。"（骏：大。）

鹬（鷸） yù ❶ 一种水鸟。常在水边或田野中捕食小鱼或贝类。《战国策·燕策二》："蚌方出曝，而～啄其肉。蚌合而拑其喙（huì）。"成语有"鹬蚌相争，渔人得利"。❷ 飞得很快的样子。木华《海赋》："～如惊凫（fú）之失侣。"（凫：野鸭。侣：伴侣。）

繘 yù 井上汲水的绳索。《礼记·丧大记》："管人汲，不说（tuō）～，屈之。"（说：通"脱"。）

豫 yù ❶ 安乐，快乐。《诗经·小雅·白驹》："尔公尔侯，逸～无期。"（无期：无限度。）❷ 出游，特指帝王秋日出巡。《孟子·梁惠王下》："吾王不～，吾何以助？"张衡《东京赋》："度秋～以收成，观丰年之多稌

(tú)。"(稌:稻子。) ❸ 事先有了准备,预先。《荀子·大略》:"先患虑患谓之～,～则祸不生。"《后汉书·任文公传》:"宜令吏人～为其备。"这个意义又写作"预"。❹ 通"与"。参加。《后汉书·东夷列传》:"及楚灵会申,亦来～盟。"(楚灵:楚灵王。申:地名。) ❺ [犹豫]见498页"犹"字。【辨】预,豫。"预"本是"豫"的异体字,后来有了分别:"豫"的❶❷两义不能写作"预","豫"的第三义虽然和"预"通用,但"预"逐渐替代了"豫"。

誉(譽) yù ❶ 称赞,赞美。《庄子·盗跖》:"好面～人者,亦好背而毁之。" ❷ 美名,荣誉。《韩非子·五蠹》:"～辅其赏,毁随其罚。" ❸ 通"豫"。安乐,欢乐。《诗经·小雅·蓼萧》:"燕笑语兮,是以有～处兮。"

毓 yù ❶ 养育。班固《答宾戏》:"鸟鱼之～川泽,得气者蕃滋,失时者零落。" ❷ 产生。嵇康《琴赋》:"详观其区土之所产～。"㊀培养。颜延之《皇太子释奠会作诗》:"禀道～德,讲艺立言。"

燠 yù ❶ 温暖,热。《诗经·唐风·无衣》:"岂曰无衣六兮,不如子之衣,安且～兮。"王褒《圣主得贤臣颂》:"不苦盛暑之郁～。" ❷ [燠休(xǔ)]抚慰痛苦。《左传·昭公三年》:"民人痛疾,而或～～之。"

鬻 yù ❶ 卖。《韩非子·难一》:"楚人有～楯与矛者。"(楯:盾。)㊀买。刘勰《文心雕龙·情采》:"～声钓世。" ❷ 通"育"。生育。《礼记·乐记》:"毛者孕～。"(毛者:指走兽。)㊀抚养。《诗经·豳风·鸱鸮》:"恩斯勤斯,～子之闵斯。"(因为抚育小鸟累病了。闵:病。斯:语气词。) ❸ zhōu 通"粥"。粥。《三国志·魏书·管宁传》:"饭～餬(hú)口,并日而食。"(餬口:勉强维持生活。并日而食:两天只吃一天的饭。)【辨】鬻,卖,沽,售。见380页"售"字。

鸒 yù 鸟名,乌鸦的一种。也叫鸒斯。《诗经·小雅·小弁》:"弁彼～斯,归飞提提。"李白《古风五十九首》之五十四:"～斯得所居,蒿下盈万族。"

YUAN

鸢(鳶) yuān 一种鹰。《诗经·大雅·旱麓》:"～飞戾天,鱼跃于渊。"(戾:至。)沈括《梦溪笔谈》卷三:"若～飞空中。"

眢 yuān 眼睛枯陷失明。㊀井枯竭无水。苏舜钦《难易言》诗:"欲坐～井攀青天。"

冤(寃) yuān ❶ 冤枉,冤屈。《汉书·于定国传》:"于定国为廷尉,民自以不～。"《后汉书·光武帝纪》:"狱多～结。" ❷ yuàn 通"怨"。怨恨,仇恨。李商隐《行次西郊作》诗:"～愤如相焚。"

渊(淵) yuān ❶ 打漩的水。《庄子·应帝王》:"流水之审为～。"(审:当作"潘",通"蟠"。盘曲。) ❷ 深水,深潭。《诗经·小雅·小旻》:"如临深～。"《荀子·劝学》:"积水成～,蛟龙生焉。" ❸ 深。《诗经·邶风·燕燕》:"其心塞～。"(塞:实在。)《庄子·田子方》:"入乎～泉而不濡。"(乎:于。濡:沾湿。)

蜎 yuān ❶ [蜎蜎]虫类爬行的样子。《诗经·豳风·东山》:"～～者蠋,烝在桑野。" ❷ xuān 通"翾"。飞翔。《论衡·齐世》:"昆虫、草木、金石、珠玉、～蜚、蠕动、跂行喙息,无有异者。"(蜚:飞。) ❸ juān [蝉蜎]通"婵娟"。美好的样子。左思《吴都赋》:"檀栾～～,玉润碧鲜。"

鹓 yuān [鹓鶵]凤凰一类的鸟。《庄子·秋水》:"夫～～,发于南海而飞于北海,非梧桐不止,非练实不食,非醴泉不饮。"常用于比喻优秀人才。杨巨源《送司徒童子》诗:"况复元侯旌尔善,桂林枝上得～～。"

元 yuán ❶ 头。《左传·僖公三十三年》:"狄人归其～。"(归:送还。)㊀为首的。《荀子·王制》:"～恶不待教而诛。" ❷ 开始,第一。《公羊传·隐公元年》:"～年者何?君之始年也。" ❸ 善。《左传·文公十八年》:"高辛氏有才子……谓之八～。"[元元]1.善良的。《史记·文帝本纪》:"以全天下～～之民。"2.民众,百姓。《后汉书·光武帝纪》:"狱多冤结,～～愁恨。" ❹ 大。《史记·龟策列传》:"纣为暴虐,而～龟不占。" ❺ 朝代名(公元1279—1368年)。1206年建国。1271年改国号为元。1279年灭宋,建都大都(今北京)。第一代君主是忽必烈。

园(園) yuán ❶ 果园。《墨子·非攻上》:"今有一人,入人～圃,窃其桃李。"㊁种树木或蔬菜的地方。《诗经·郑风·将仲子》:"将仲子兮,无逾我～,无折我树檀。"(将:语气词。仲子:人名。树:种。檀:檀树。)《世说新语·德行》:"管宁、华歆共～中锄菜。"(共:一起。) ❷ 帝王贵族游玩的地方。《史记·高祖本纪》:"诸故秦苑囿～池,皆令人得田之。"(苑:帝王游

Y

乐打猎的场所。田：种庄稼。）❸ 帝王后妃的墓地。《史记·刘敬叔孙通列传》："先帝～陵寝庙，群臣莫能习。"（寝：宗庙中的后殿，放置祖先衣冠的地方。）

沅 yuán 水名，流经今湖南，入洞庭湖。屈原《九歌·湘夫人》："～有芷兮澧有兰。"（澧：澧水。）

鼋（黿） yuán 大鳖。《国语·晋语九》："～鼍（tuó）鱼鳖，莫不能化。"

员（員） yuán ❶ 人数，名额。《汉书·百官公卿表上》："吏～自佐史至丞相，十二万二百八十五人。" ❷ 通"圆"。圆形。《后汉书·赵岐传》："可立一～石于吾墓前。" ❸ yún 动词词头。《石鼓文》："君子～猎，～猎～游。"《尚书·秦誓》："若弗～来。" ❹ yún 句末语气词。《诗经·郑风·出其东门》："缟衣綦巾，聊乐我～。"

圆（圓） yuán ❶ 圆形。《荀子·赋》："～者中规。"（中：符合。规：画圆的工具。）❷ 完备，周全。刘勰《文心雕龙·镕裁》："故能首尾～合。"成语有"自圆其说"。❸ 婉转。白居易《题周家歌者》诗："清紧如敲玉，深～似转簧。" ❹ 天的代称。古时有人认为天是圆形的，地是方形的。《淮南子·本经》："戴～履（lǚ）方。"（履：踩，踏。方：指地。）

垣 yuán ❶ 矮墙。也泛指墙。《左传·僖公五年》："逾～而走。"《管子·轻重丁》："内毁室屋，坏墙～。" ❷ 官署的代称。白居易《张十八》诗："谏～几见迁遗补。"（谏：谏官。迁：升迁。遗补：官名，即拾遗、补阙。）

爰 yuán ❶ 于此。《诗经·魏风·硕鼠》："乐土乐土，～得我所。"㊀于何。《诗经·鄘风·桑中》："～采麦矣？沬之北矣。"（沬：地名。）❷ 于。《尚书·盘庚下》："乃正厥位，绥～有众。" ❸ 于是。张衡《思玄赋》："～整驾而亟行。"（亟：快。）❹ 更换。《汉书·食货志》："休二岁者为再易下田，三岁更耕之，自～其处。" ❺ 通"猿"。猿猴。《汉书·李广传》："为人长，～臂，其善射亦天性。"

援 yuán ❶ 拉，拽。《左传·襄公二十三年》："右抚剑，左～带。"《孟子·离娄上》："嫂溺，则～之以手乎？"（溺：淹在水中。）㊀拿，拿过来。《韩非子·十过》："～琴而鼓。"（鼓：弹奏。）❷ 引，领来。《史记·郦生陆贾列传》："涉西河之外，～上党之兵。"（上党：地名。）㊀引用，引证。刘知几《史通·惑经》："或～誓以表心，或称非以受屈。"（誓：誓言。）❸ 帮助，救助。《三国志·蜀书·诸葛亮传》："身使孙权，求～吴会。"（吴、会：吴与会稽二郡。这里指吴国。）

猨（蝯） yuán 同"猿"。《史记·李将军列传》："广为人长，～臂，其善射亦天性也。"曹植《白马篇》："狡捷过猴～，勇剽若豹螭。"

湲 yuán ［潺（chán）湲］见 40 页"潺"字。

媛 yuán ❶［婵媛］见 39 页"婵"字。❷ yuàn 美女。《诗经·鄘风·君子偕老》："展如之人兮，邦之～也。"

原 yuán ❶ 水源，源泉。《左传·昭公九年》："犹衣服之有冠冕，木水之有本～。"（本：树根。）㊁来源。《孟子·离娄下》："资之深，则取之左右逢其～。"㊀事物的开始，起源。《管子·水地》："地者，万物之本～。"这个意义后来写作"源"。❷ 追究根源。《管子·小匡》："～本穷末。"（将事情的本末追究到底。）❸ 原野，宽广平坦的地方。屈原《九歌·国殇》："平～忽兮路超远。"（忽：辽阔渺茫的样子。超远：遥远。）❹ 赦免，原谅。《后汉书·范冉传》："诏书特～不理罪。"（理罪：治罪。）《三国志·魏书·张鲁传》："犯法者，三～然后乃行刑。"

源 yuán ❶ 水源，源泉。《荀子·法行》："涓涓～水，不雝（yōng）不塞。"（涓涓：形容细水长流的样子。雝：壅，堵塞。）㊀事物的开始，起源。《韩非子·主道》："以知万物之～。"成语有"源远流长"。❷［源源］连续不断的样子。《孟子·万章上》："欲常常而见之，故～～而来。"

嫄 yuán ［姜嫄］后稷之母。《诗经·大雅·生民》："厥初生民，时维～～。"

缘（緣） yuán ❶ 古时衣服的边饰，一般采用与衣服不同的质料做成。《礼记·玉藻》："～广寸半。"（广：宽。）㊀环绕。《荀子·议兵》："限之以邓林，～之以方城。" ❷ 沿着，顺着。陶潜《桃花源记》："～溪行，忘路之远近。"㊀遵循，依照。《商君书·君臣》："～法而治，按功而赏。" ❸ 凭借，靠着。《荀子·正名》："则～耳而知声可也，～目而知形可也。" ❹ 攀援。《孟子·梁惠王上》："犹～木而求鱼也。"李白《蜀道难》诗："猿猱（náo）欲度愁攀～。" ❺ 缘分。白居易《与元九书》："则仆宿习之～已在文字中矣。"（宿习之缘：生来的缘分。）❻ 因为（后起意义）。杜甫《客至》诗："花径不曾～客扫，蓬门今始为君开。"

辕(轅) yuán ❶ 车辕子，车前驾牲口的直木。《墨子·杂守》：“为板箱，长与～等。”（等：相等。）[引]犁辕。贾思勰《齐民要术·耕田》：“今辽东耕犁，～长四尺。” ❷ [辕门]帝王出行时的住处以车辕为门。《周礼·天官·掌舍》：“设车宫～门。”[又]军营的门。《汉书·项籍传》：“羽见诸侯将入～～。” ❸ 帝王或高级官吏出行住的地方。《魏书·李顺传》：“尚书今以西京说朕，仍使朕不废东～。”

苑 yuàn 养禽兽植树木的地方。后来多指帝王游乐打猎的场所。《史记·高祖本纪》：“诸故秦～囿(yòu)园池，皆令人得田之。”（囿：养禽兽的园子。田：耕种。）[引]汇集。《宋书·始平孝敬王子鸾传》：“阅览前王词～，见《李夫人赋》。”[又]荟萃之处。《宋书·傅亮传》：“夜清务隙，游目艺～。”

怨 yuàn ❶ 埋怨，责备。《荀子·法行》：“～天者无识。” ❷ 怨恨，仇恨。《史记·秦本纪》：“缪公之～此三人入于骨髓。”【辨】憾，恨，怨。见 155 页“恨”字。

掾 yuàn 古代属官的通称。《史记·曹相国世家》：“秦时为沛狱～。”（沛：县名。）

瑗 yuàn 孔大边小的璧。《荀子·大略》：“聘人以珪，问士以璧，召人以～，绝人以玦，反绝以环。”《淮南子·说林》：“璧～成器，礛(jiān)诸之功。”（礛诸：治玉之石。）

愿[1] yuàn 老实。《尚书·皋陶谟》：“～而恭。”柳宗元《童区寄传》：“大府召视儿，幼～耳。”（大府：州的上级官府。召视：召见。儿：小孩。幼：幼稚。）

愿[2](願) yuàn ❶ 愿望，心愿。《诗经·郑风·野有蔓草》：“邂逅相遇，适我～兮。”[又]愿意，乐意。《孟子·梁惠王上》：“寡人～安承教。”（寡人：君主自称。）《木兰诗》：“～为市鞍马，从此替爷征。”（市：买。）[又]希望。《史记·秦始皇本纪》：“～大王毋爱财物。”（毋：不。） ❷ 仰慕。《荀子·王制》：“名声日闻，天下～。”【注意】在古代，“愿”和“願”是两个字，意义各不相同。上述义项都不写作“愿”。现“願”简化为“愿”。参见上“愿[1]”字。

YUE

曰 yuē ❶ 说。《孙子兵法·计》：“孙子～：‘兵者国之大事。’”[又]叫作。马融《长笛赋》：“定名～笛。” ❷ 句首、句中语气词。《诗经·小雅·采薇》：“～归～归，岁亦莫止。”（岁：年。莫：暮，晚。止：句末语气词。）《诗经·豳风·东山》：“我东～归，我心西悲。”【辨】谓，曰。见 430 页“谓”字。

约(約) yuē ❶ 捆缚，套。《诗经·小雅·斯干》：“～之阁阁。”（阁阁：上下严密的样子。）《战国策·赵策四》：“于是为长安君～车百乘，质于齐。”（百乘：百辆。质于齐：到齐国做人质。）[又]绳索。《左传·哀公十一年》：“人寻～。”（每人一根八尺长的绳子。寻：八尺为一寻。） ❷ 约束，束缚。《论语·雍也》：“～之以礼。” ❸ 简明，简要。《荀子·强国》：“～而详。”（详：详尽。） ❹ 节俭。《三国志·魏书·荀彧传》：“～食畜谷。”（畜：积蓄。）[引]贫困。《论语·里仁》：“不仁者不可以久处～，不可以长处乐。” ❺ 订约，约定。《史记·高祖本纪》：“与诸将～，先入定关中者王之。”[又]约定的事，盟约。《盐铁论·和亲》：“匈奴数和亲，而常先犯～。”（数：多次。和亲：封建王朝与边疆各族统治集团结亲和好。犯约：指违反和亲时订的盟约。） ❻ 大约（后起意义）。魏学洢《核舟记》：“舟首尾长～八分有奇(jī)。”（奇：余数。）

彟(彠) yuē 法度。屈原《离骚》：“勉升降以上下兮，求矩～之所同。”

乐(樂) yuè ❶ 音乐。《孟子·梁惠王下》：“今之～犹古之～也。”《礼记·乐记》：“金石丝竹，～之器也。”[引]乐器。《荀子·王霸》：“齐桓公闺门之内县～奢泰游抏之修。”[又]乐工。《论语·微子》：“齐人归女～，季桓子受之。” ❷ lè 快乐，高兴。《论语·学而》：“有朋自远方来，不亦～乎？”陶潜《桃花源记》：“并怡然自～。”[引]乐意。《后汉书·张让传》：“万人所以～附之者。”（附：跟从。）成语有“喜闻乐见”。 ❸ yào 爱好，喜爱。《论语·雍也》：“知者～水，仁者～山。”

刖(跀) yuè 古代一种把脚砍掉的酷刑。《韩非子·和氏》：“王以和为诳(kuáng)，而～其左足。”（和：和氏，人名。诳：欺骗。）

礿 yuè 古代祭祀名。夏商时春祭为礿，周时夏祭为礿。《论衡·祀义》：“文王～祭，竭尽其敬。”

岳[1] yuè ❶ 高大的山。《说文解字》作“嶽”，古文隶变作“岳”。《尚书·舜典》：“十有一月朔巡守，至于北～。” ❷ 妻子的父亲，简称岳（后起意义）。

岳[2](嶽) yuè 高大的山。《诗经·大雅·崧高》：“崧高维～。”（崧：

山高大的样子。)[五岳]我国五大名山。即东岳泰山,西岳华山,南岳衡山,北岳恒山,中岳嵩山。陆机《汉高祖功臣颂》:"波振四海,尘飞~~。"

阅(閱) yuè ❶计数。《论衡·自纪》:"稻谷千锺,糠皮太半,~钱满亿,穿决出万。"❷检阅。《左传·桓公六年》:"大~,简车马也。"(简:检视。)❸察看。《管子·度地》:"常以秋岁末之时~其民。"㊀阅读。《后汉书·王充传》:"家贫无书,常游洛阳市肆,~所卖书。"(肆:铺子。)❹经历。《汉书·文帝纪》:"~天下之义理多矣。"㊀根据经历所定的功劳。周必大《何耕墓志铭》:"公积~虽高,然寄禄未至大夫。"❺总聚,汇集。陆机《叹逝赋》:"川~水以成川。"(川:河流。)❻[折阅]见523页"折[1]"字。

悦 yuè 高兴,愉快。《史记·孙子吴起列传》:"吴起不~。"

軏(軏、𨊠) yuè 插在车辕前端与车衡连接处的活销。《论语·为政》:"大车无輗(ní),小车无~,其何以行之哉!"(輗:大车上的活销。)

钺(鉞) yuè 古代一种像斧子的兵器。《尚书·牧誓》:"王左杖黄~,右秉白旄以麾。"《史记·孙子吴起列传》:"约束既布,乃设𫓧(fǔ)~。"(约束:规则。布:宣布。𫓧:通"斧"。)

越 yuè ❶经过,越过。《韩非子·定法》:"穰侯~韩魏而东攻齐。"(穰侯:指魏冉。)❷超出,超过。《汉书·宣帝纪》:"~职逾法,以取名誉。"柳宗元《断刑论下》:"必使为善者不~月逾时而得其赏。"(不越月逾时:不超过月份和季度,指及时。)❸远。《左传·襄公十四年》:"闻君不抚社稷而~在他竟。"(抚:安抚。社稷:指国家。)㊀迂阔,不切实际。《国语·鲁语上》:"~哉!臧孙之为政也。"(臧孙:人名。)❹传播,宣扬。《国语·晋语八》:"宣其德行……使~于诸侯。"❺离,散。《淮南子·主术》:"精神劳则~。"❻坠落。《左传·成公二年》:"射其左,~于车下。"❼周代诸侯国,在今浙江一带。❽[百越]我国古代对南部和东南部各民族的统称。也称"百粤"。【辨】过,越,逾,超。见146页"过"字。

樾 yuè 树荫。《淮南子·人间》:"武王荫暍人于~下,左拥而右扇之。"(暍:中暑。)宋之问《初到陆浑山庄》诗:"浩歌步榛~,栖鸟随我还。"

粤 yuè ❶句首语气词。《史记·周本纪》:"~詹雒、伊,毋远天室。"(詹:瞻。雒、伊:水名。)《汉书·叙传下》:"~蹈秦郊,婴来稽首。"❷古代民族名。《汉书·高帝纪》:"使与百~杂处。"㊀指粤族居住的广东、福建、浙江等地。刘孝标《广绝交论》:"及瞑目东~,归骸洛浦。"

药[2] yuè ❶草名。即白芷。屈原《九歌·湘夫人》:"桂栋兮兰橑,辛夷楣兮~房。"❷通"约"。缠束。潘岳《射雉赋》:"首~绿素,身拕(tuō)黼绘。"(拕:牵引。这里指披。)【注意】古书中"药"和"藥"是两个字,音义都不同,现在"藥"简化为"药"。参见478页"药[1](藥)"字。

龠 yuè ❶量器名。《汉书·律历志上》:"一~容千二百黍,重十二铢。"❷管乐器名。又写作"籥"。❸通"钥"。《睡虎地秦墓竹简·为吏之道》:"城郭官府,门户关~。"

瀹 yuè ❶浸泡。《仪礼·既夕礼》:"菅(jiān)筲(shāo)三,其实皆~。"(其实:指在菅筲中的黍稷。)❷烹煮。《管子·侈靡》:"而雕卵然后~之,雕橑然后爨之。"❸疏导。《孟子·滕文公上》:"禹疏九河,~济漯而注诸海。"(济、漯:河名。)

爚 yuè ❶明亮。《史记·屈原贾生列传》:"弥融~以隐处兮,夫岂从蚁与蛭螾?"(弥:远离。融:明。)何晏《景福殿赋》:"光明熠~,文彩璘班。"㊁照。《吕氏春秋·期贤》:"今夫~蝉者,务在乎明其火、振其树而已。"❷惑乱。《庄子·胠箧》:"彼曾、史、杨、墨、师旷、工倕、离朱,皆外立其德而以~乱天下者也。"

禴 yuè 祭名。夏祭。《诗经·小雅·天保》:"~祠烝尝,于公先王。"(祠:春祭。尝:秋祭。烝:冬祭。)

籥 yuè ❶古代一种管乐器。有吹籥、舞籥二种。《诗经·邶风·简兮》:"左手执~,右手秉翟。"司马相如《上林赋》:"盖象金石之声,管~之音。"❷鼓风吹火用的管子。《老子·五章》:"天地之间,其犹橐~乎?"❸通"钥"。锁。《墨子·备城门》:"方尚必为关~守之。"(方尚:房上。)鲍照《升天行》:"五图发金记,九~隐丹经。"㊀钥匙。《墨子·号令》:"诸城门吏,各入请~,开门已,辄复上~。"

跃(躍) yuè ❶跳。《诗经·大雅·旱麓》:"鸢飞戾天,鱼~于渊。"❷tì[跃跃]同"趯趯"。跳得很快的样子。《诗经·小雅·巧言》:"~~毚兔,遇犬获之。"

鹫(鸑) yuè ［鹫鷟(zhuó)］凤凰一类的鸟。《国语·周语上》："周之兴也，～～鸣于岐山。"嵇康《琴赋》："舞～～于庭阶，游女飘焉而来萃。"也可以单用"鹫"。张衡《南都赋》："鸾～鹓鶵翔其上。"

YUN

氲 yūn ［氤氲］见490页"氤"字。

煴 yūn ❶ 没有火苗的火。《汉书·苏建传》："凿地为坎，置～火，覆武其上，蹈其背以出血。"（武：苏武。）❷［烟(yīn)煴］见469页"烟"字。

云 yún ❶ 说。《论语·子张》："子夏～何？"（子夏：人名，孔子学生。）《三国志·蜀书·先主传》："权遣使～欲共取蜀。"（权：孙权。蜀：四川。）❷ 有。《荀子·法行》："其～益乎？" ❸ 如此，这样。《左传·襄公二十八年》："子之言～，又焉用盟。" ❹ 句首、句中、句末语气词。《诗经·周南·卷耳》："～何吁矣。"（何：多么。吁：忧叹。）《左传·成公十二年》："日～莫矣。"（莫：暮，傍晚。）《史记·伯夷列传》："余登箕山，其上盖有许由冢～。"【注意】在古代，"云"和"雲"是两个字。上述义项都不写作"雲"。现"雲"简化为"云"。

芸 yún ❶ 草名，即芸香，放在书中可以防蛀。故"芸"可以构成有关书籍的词语。陆游《夏日杂题》诗："天随手不去朱黄，辟蠹～编细细香。"（芸编：指书籍。）萧项《赠翁承赞漆林书堂》诗："却对～窗勤苦处，举头全是锦为衣。"（芸窗：书窗。）❷［芸芸］众多的样子。《老子·十六章》："夫物～～，各复归其根。" ❸ 通"耘"。除草。《论语·微子》："植其杖而～。"

纭(紜) yún ［纭纭］众多而杂乱的样子。枚乘《梁王菟园赋》："纷纷～～，腾踊云乱。"

耘 yún 除草。《诗经·小雅·甫田》："或～或耔。"［耕耘］泛指农业生产。《汉书·元帝纪》："劳于～～。"

昀 yún ［昀昀］农田平整的样子。《诗经·小雅·信南山》："～～原隰，曾孙田之。"

筠 yún ❶ 竹皮。《礼记·礼器》："其在人也，如竹箭之有～也，如松柏之有心也。" ❷ 竹子。杜甫《湘夫人祠》诗："苍梧恨不尽，染泪在丛～。"［筠竹］斑竹。李贺《湘妃》诗："～～千年老不死，长伴秦娥盖湘水。" ❸ 管类乐器。庾信《赵国公集序》："大禹吹～，风云为之动。" ❹ jūn ［筠连］地名，在四川。

允 yǔn ❶ 诚实，真实。《尚书·舜典》："夙(sù)夜出纳朕命，惟～。"（夙夜：早晚。出纳：指发布。）㊀的确，确实。《诗经·大雅·公刘》："豳(bīn)居～荒。"（豳：地名。荒：大。）❷ 得当，公平。《后汉书·虞诩传》："祖父经，为郡县狱吏，案法平～。"（经：人名。案法：指处理案子。）刘勰《文心雕龙·丽辞》："务在～当。"（务：力求。）双音词有"公允"。❸ 答应，允许。任昉《为褚諮议蓁让代兄袭封表二》："未垂矜～。"

狁 yǔn ［猃狁］见446页"猃"字。

陨(隕、霣) yǔn ❶ 从高处掉下，坠落。《左传·僖公十六年》："～石于宋五。"（宋：国名。）㊀毁坏。《淮南子·览冥》："雷电下击，景公台～。" ❷ 死亡。《韩非子·说疑》："～身灭国。"又如"陨命"（丧命）。这个意义又写作"殒"。

殒(殞) yǔn ❶ 死亡。《楚辞·九叹·远游》："～余躬于沅湘。"（躬：身。沅、湘：水名。）《史记·汉兴以来诸侯王年表》："～身亡国。" ❷ 通"陨"。坠落。《荀子·赋》："列星～坠。"㊀落，落下。《淮南子·泰族》："闻者莫不～涕。"潘岳《秋兴赋》："槁叶夕～。"（槁：枯干。）

孕 yùn 怀胎。《庄子·天运》："民～妇十月生子。"《后汉书·乌桓传》："见鸟兽～乳，以别四节。"双音词有"孕育"。

运(運) yùn ❶ 运行，转动。《周易·系辞上》："日月～行，一寒一暑。"《列子·汤问》："大王治国诚能若此，则天下可～于一握。" ❷ 运输，搬运。《三国志·蜀书·诸葛亮传》："亮复出祁山，以木牛～，粮尽退军。"（木牛：一种运输器械。）❸ 运用。《孙子兵法·九地》："～兵计谋，为不可测。" ❹ 命运，气数。《晋书·宣帝纪》："帝知汉～方微。"（方：正在。微：衰落。）又如"命运"。

酝(醖) yùn ❶ 酿酒。曹植《酒赋》："或秋藏冬发，或春～夏成。"［酝酿］酿酒。《后汉书·吕布传》："布禁酒而卿等～～，为欲因酒共谋布邪？"㊉事先做准备工作，使之逐渐成熟。严羽《沧浪诗话·诗辨》："然后博取盛唐名家，～～胸中，久之自然悟入。" ❷ 酒。梅尧臣《永叔赠酒》诗："天门多奇～，一斗市钱千。"（市钱千：卖一千钱。）

晕（暈） yùn ❶日、月周围形成光圈。《韩非子·备内》："故日月～围于外。"㉛光影四周模糊的部分。韩愈《宿龙宫滩》诗："梦觉灯生～。" ❷ 昏眩，眼花。姚合《闲居》诗："眼～夜书多。"

餫 yùn 运粮。《左传·成公五年》："晋荀首如齐逆女，故宣伯～诸谷。"（谷：地名。）

愠 yùn 怨恨，生气。《论语·学而》："人不知而不～。"（知：了解。）《后汉书·冯衍传》："～去疾之遭惑。"（去疾：人名。）【辨】愠，怒。"愠"一般指心里怨恨，暗暗生气。"怒"则不但在心里，而且在外表都有明显的表现，"大怒"、"怒责"就不能说"大愠"、"愠责"。

缊（緼） yùn ❶ 新旧混合的丝绵。《论语·子罕》："衣敝～袍与衣狐貉者立而不耻者，其由也与！"（由：人名，子路。） ❷ 乱麻。《汉书·蒯通传》："即束～请火于亡肉家。" ❸ 乱，纷乱。班固《东都赋》："宝鼎见兮色纷～。" ❹ 包，藏。《穀梁传·僖公五年》："晋人执虞公。执不言所于地，～于晋也。" ❺ 通"蕴"。深奥之处。《周易·系辞上》："乾坤其《易》之～邪？" ❻ yūn ［细缊］见 490 页"细"字。

韫（韞） yùn 藏。《论语·子罕》："有美玉于斯，～椟而藏诸，求善贾而沽诸？"㉛怀有。刘孝标《辨命论》："～奇才而莫用。"

蕴（蘊） yùn ❶ 积聚，蓄藏。《左传·昭公十年》："～利生孽，姑使无～乎！"《后汉书·周荣传》："～椟古今，博物多闻。"（椟：木柜。这里指收藏。） ❷ 深奥之处。《宋史·范镇传论》："平易明白，洞见底～。"（洞见：透彻地看到。）双音词有"底蕴"。 ❸ 郁结。《后汉书·王符传》："志意～愤，乃隐居著书三十余篇。"（愤：烦闷。）

韵（韻） yùn ❶ 和谐悦耳的声音。吴均《与朱元思书》："好鸟相鸣，嘤嘤成～。"（嘤嘤：鸟叫的声音。）㊀文章（多指韵文）。陆机《文赋》："收百世之阙文，采千载之遗～。"（采：收集。载：年。） ❷ 诗歌、辞赋等的韵脚。刘勰《文心雕龙·声律》："异音相从谓之和，同声相应谓之～。" ❸ 风度，情趣。《世说新语·任诞》："阮浑长成，风气～度似父。"陶潜《归园田居》诗五首之一："少无适俗～，性本爱丘山。" ❹ 风雅。《世说新语·言语》："或言道人畜马不～，支曰：'贫道重其神骏。'"（支：人名。）

熨 yùn ❶ 用熨斗烫平衣物。王建《春意》诗二首之一："缘逢好天气，教～看花衣。" ❷ wèi 用药热敷。《韩非子·喻老》："疾在腠理，汤～之所及也。"

Z

ZA

匝（帀） zā 周，圈。曹操《短歌行》："月明星稀，乌鹊南飞。绕树三～，何枝可依？"㊀环绕。杜甫《陪郑广文游何将军山林》诗之三："滋蔓～清池。"㊁满，遍。柳宗元《钴鉧潭西小丘记》："不～旬而得异地者二。"

拶 zā ❶压紧。韩愈《辛卯年雪》诗："崩腾相排～，龙凤交横飞。"❷zǎn 旧时一种夹手指的刑具。也叫拶子。

杂（雜、襍） zá ❶各种颜色相配合。《周礼·考工记·画缋》："画缋之事～五色。"刘勰《文心雕龙·情采》："五色～而成黼黻（fǔ fú），五音比而成韶夏。"㊀掺杂，混合。《国语·郑语》："故先王以土与金木水火～。"㊁交错。《汉书·晁错传》："坚甲利刃，长短相～。"❷不纯，混杂。《淮南子·说山》："貂裘而～，不若狐裘而粹。"《韩非子·初见秦》："赵氏，中央之国也，～民所居也。"（杂民：指五方杂处的人民。）[杂然]纷纷地。《列子·汤问》："～～相许。"❸都，共。《国语·越语下》："其事是以不成，～受其刑。"（是以：因此。刑：指祸害。）

ZAI

灾（災、烖） zāi 火灾。《左传·桓公十四年》："御廪（lǐn）～。"（廪：粮仓。）㊀灾害，灾祸。《荀子·臣道》："禽兽则乱，狎虎则危，～及其身矣。"《晋书·天文志中》："～异之作，以谴元首。"（作：发生。元首：指君主。）

哉 zāi ❶语气词。表示感叹。相当于现代汉语的"啊"。《论语·八佾》："郁郁乎文～！"《史记·陈涉世家》："陈涉太息曰：'嗟乎，燕雀安知鸿鹄（hú）之志～！'"❷语气词。表示反问。相当于现代汉语的"呢"、"吗"。《孟子·梁惠王上》："虽有台池鸟兽，岂能独乐～？"㊁表示疑问。相当于现代汉语的"呢"、"吗"。《庄子·山木》："此何鸟～？"

栽 zāi ❶种植。《礼记·中庸》："故～者培之。"贾思勰《齐民要术》卷二："五六月中霖雨时，拔而～之。"❷幼苗。《论衡·初禀》："草木生于实核，出土为～蘖，稍生茎叶。"❸zài 设版筑墙。《左传·定公元年》："孟懿子会城成周，庚寅，～。"

宰 zǎi ❶邑宰，某一邑的长官。《左传·定公五年》："子泄为费～。"（子泄：人名。费：地名。）㊁官吏的通称。《公羊传·隐公元年》："～者何？官也。"㊁辅佐君主统治国家的最高官吏。《诗经·小雅·十月之交》："家伯维～。"（家伯：人名。）❷卿大夫的家臣。《左传·定公十二年》："仲由为季氏～。"（仲由：人名。）❸主宰。《荀子·正名》："心也者，道之工～也。"（工：官。）❹杀牲畜，割肉。李白《将进酒》诗："烹羊～牛且为乐。"❺社宰，里中社祭主持分配胙肉的人。《史记·陈丞相世家》："平为～，分肉食甚均。"

再 zài 第二次。《左传·庄公十年》："一鼓作气，～而衰，三而竭。"（一鼓作气：第一次击鼓时，士气振奋。竭：尽。）㊁两次。《史记·孙子吴起列传》："而田忌一不胜而～胜。"【注意】在古代汉语中，"再"不是"再一次"的意思。如"三年再会"是说"三年之内会面两次"，不是"三年之后再会"。

在 zài ❶存在。《论语·学而》："父～观其志，父没观其行。"范缜《神灭论》："岂容形亡而神～。"（形：形体。神：神智。）❷居于，处于。《左传·昭公十六年》："～位数世，世守其业。"❸问候。《左传·襄公二十六年》："吾子独不～寡人。"❹介词。引出动作的处所、时间、范围等。《三国志·蜀书·诸葛亮传》："时权拥军～柴桑。"（时：当时。权：孙权。柴桑：地名。）柳宗元《田家》诗之二："迎新～此岁。"（岁：年。）㊁在于。《荀子·劝学》："驽马十驾，功～不舍。"

载（載） zài ❶装载。《史记·酷吏列传》："～以牛车。"㊁盛。柳宗元《送薛存义序》："柳子～肉于俎（zǔ）。"（俎：盛食物的器具。）㊁负荷。《周易·坤》："君子以厚德～物。"❷乘坐。汉乐府《陌上桑》："使君谢罗敷，宁可共～不？"（使君：指太守。谢：告。罗敷：人名。宁可：愿意。）㊁乘坐或装载的工具。《尚书·益稷》："予乘四～，随山刊木。"（四载：舟、车、楯、樏。）❸充满。《诗经·大雅·生民》："厥声～路。"（厥：其。）成语有"怨声载道"。❹zǎi

记载。《左传·昭公十五年》："夫有勋而不废，有绩而～。"（勋：功勋。绩：功绩。）❺ zǎi 年。《史记·文帝本纪》："汉兴，至孝文四十有余～。"（兴：指建立。）❻ 开始。《诗经·豳风·七月》："春日～阳。"（阳：温暖。）❼ 动词词头。《诗经·鄘风·载驰》："～驰～驱。"

ZAN

簪 zān 古代男女用来绾住发髻或把帽子别在头发上的一种针形首饰。《韩非子·内储说上》："周主亡玉～。"杜甫《春望》诗："白头搔更短，浑欲不胜～。"㉿在头上插戴。《史记·滑稽列传》："西门豹～笔磬折，向河立待良久。"（笔：指用毛装饰的簪。磬折：指躬身。）

暂（暫） zàn ❶ 副词。突然，忽然。《史记·李将军列传》："广～腾而上胡儿马。"（广：李广。腾：跃起。胡：指匈奴。）❷ 副词。表示短暂的时间。《后汉书·西羌传》："自羌叛十余年间，兵连师老，不～宁息。"【注意】现在的"暂"，指暂时；古代的"暂"，只指时间很短，没有与将来对比的意思。❸ 副词。初，刚。庾信《春赋》："玉管初调，鸣弦～抚。"（玉管：指管类乐器。调：指吹奏。鸣弦：指弦类乐器。抚：抚弄，弹拨。）

赞（贊） zàn ❶ 辅助，辅佐。《商君书·说民》："辩慧，乱之～也。"《后汉书·蔡邕传》："每集譙，辄令邕鼓琴～事。"㉑参与。《史记·孔子世家》："至于为《春秋》，笔则笔，削则削，子夏之徒不能～一辞。"（笔：记载。削：删除。）㉿古代辅助行礼的人。《史记·秦始皇本纪》："阙廷之礼，吾未尝敢不从宾～也。"（阙廷：指宫廷。从宾赞：听从宾赞。宾：也是辅助行礼的人。）❷ 告，告诉。《尚书·咸有一德》："伊陟～于巫咸。"《史记·平原君虞卿列传》："门下有毛遂者，前，自～于平原君曰……"❸ 称赞，赞美。《三国志·魏书·许褚传》："下诏褒～。"这个意义后来又写作"讚"，现简化为"赞"。❹《汉书》、《后汉书》、《晋书》等纪、传的结尾部分有"赞"。略等于一个总评。❺ 文体的一种，一般用于颂扬，多用韵文写成。如柳宗元有《梁丘据赞》，陈亮有《辛稼轩画像赞》等。这个意义一般写作"讚"。

酂（酇） zàn ❶ 周代的一种居民组织，百家为酂。《周礼·地官·遂人》："五家为邻，五邻为里，四里为～，五～为鄙。"❷ 古县名。汉属南阳郡，故址在今湖北老河口市附近。萧何封为酂侯。❸ cuó 古县名。汉属沛郡，故址在今河南永城附近。

瓒（瓚） zàn ❶ 玉勺，古代祭祀时舀酒用的器具。《诗经·大雅·旱麓》："瑟彼玉～。"（瑟：洁净的样子。）❷ 杂有石质的玉。《周礼·考工记·玉人》："天子用全，上公用龙，侯用～。"（龙：当为"駹"，指不纯。）

ZANG

牂 zāng ❶ 母羊。《韩非子·五蠹》："千仞之山，跛～易牧者，夷也。"（夷：平缓。）❷［牂牁(kē)］水名。又郡名。在今贵州境内。

赃（贓） zāng ❶ 通过盗窃或贪污受贿获得的财物。《列子·天瑞》："以～获罪，没其先居之财。"（没：没收。居：蓄藏。）❷ 贪污受贿的行为。《三国志·吴书·潘濬传》："时沙羡长～秽不修，濬按杀之。"（沙羡：地名。）成语有"贪赃枉法"。

臧 zāng ❶ 善，好。《诗经·邶风·雄雉》："不忮(zhì)不求，何用不～？"（忮：忌恨。）［臧否(pǐ)］1. 善恶，得失。《荀子·王制》："国之所以安危～～也。"2. 评论人物的好坏。魏征《十渐不克终疏》："不审察其根源而轻为之～～。"❷ 男奴隶。《庄子·骈拇》："～与縠二人相与牧羊，而俱亡其羊。"（縠：小奴隶。俱亡：都丢失了。）［臧获］奴婢。《韩非子·显学》："行曲则违于～～，行直则怒于诸侯。"（曲：不公正。）❸ 通过盗窃或贪污受贿获得的财物。《后汉书·陈禅传》："受纳～赂。"（纳：收。赂：财物。）这个意义后来写作"贜"，现简化为"赃"。❹ cáng 通"藏"。收藏，隐藏。《管子·侈靡》："故天子～珠玉，诸侯～金石。"《汉书·燕刺王旦传》："～匿亡命。"❺ zàng 通"藏"。贮藏财物的仓库。《史记·孟尝君列传》："乃夜为狗，以入秦宫～中，取所献狐白裘至，以献秦王幸姬。"❻ zàng 通"藏"。内脏，五脏。《汉书·王吉传》："吸新吐故以练～。"（练：锻炼。）这个意义后来写作"臟"，现简化为"脏"。

驵（駔） zǎng ❶ 壮马。《晏子春秋》卷八："闻晏子死，公乘侈舆服繁～驱之。"❷ 牲口交易的经纪人。《吕氏春秋·尊师》："段干木，晋国之大～也。"

藏 zàng 见35页。

ZAO

遭 zāo ❶逢，遇。《庄子·应帝王》："适～无名人而问焉。"《论衡·寒温》："～风逢气，身生寒温。"（寒温：指疾病。）❷周。表示行为的数量。孟郊《寒地百姓吟》："虚绕千万～。"㊀次，趟。陶岳《五代史补》："且共汝辈赤脚入棘针地走三五～，汝等能乎？"

糟 zāo ❶酒渣。《盐铁论·毁学》："～糠不饱。"（糠：谷皮。）㊀未滤的酒。《周礼·天官·酒正》："共后之致饮于宾客之礼，医、酏、～，皆使其士奉之。"❷用酒或酒糟腌制食物。《晋书·孔群传》："公不见肉～淹，更堪久邪？"（淹：腌。堪：能。）

凿（鑿） záo ❶凿子，木工挖槽打孔用的工具。《论衡·效力》："～所以入木者，槌叩之也。"（叩：敲打。）❷凿开，挖通。《战国策·齐策四》："请为君复～二窟。"扬雄《解嘲》："或～坏（péi）以遁。"（或：有人。坏：屋的后墙。）❸zuò 榫眼，卯眼。宋玉《九辩》："圜～而方枘（ruì）兮。"（枘：榫头。）❹zuò ［凿凿］鲜明的样子。《诗经·唐风·扬之水》："扬之水，白石～～。"❺zuò 通"糳"。精米。《左传·桓公二年》："粢食不～，昭其俭也。"（粢食：用黍、稷做的饭。凿：这里指舂得很细。）

蚤 zǎo ❶跳蚤。《庄子·秋水》："鸱鸺夜撮～。"《续博物志》："夫土干则生～，地湿则生蚊。"❷zhǎo 指甲。《荀子·大略》："争利如～甲而丧其掌。"（争利如蚤甲：比喻所得甚小。丧其掌：比喻所失甚大。）这个意义又写作"爪"。❸通"早"。《韩非子·外储说右上》："善持势者～绝其奸萌。"（善持势者：善于掌握权力的人。萌：萌芽。）

澡 zǎo 洗。《史记·龟策列传》："以清水～之。"

璪 zǎo 冕前贯玉的五彩丝绳。《礼记·郊特牲》："王被衮以象天，戴冕，～十有二旒。"

藻 zǎo ❶一种水草。《诗经·召南·采蘋》："于以采～，于彼行潦（lǎo）。"（到什么地方采藻，到那流水的地方。）❷文采。曹植《七启》："华～繁缛。"㊀修饰。《晋书·嵇康传》："而土木形骸（hái），不自～饰。"（把自己的形体看成和土木一样，不肯打扮自己。）❸辞藻。《汉书·叙传上》："摛（chī）～如春华。"（摛：舒展。春华：春花。）

皂（皁） zào ❶植物名。皂斗，其壳煮汁可以染黑色。《周礼·地官·大司徒》："其植物宜～物。"❷黑色。《后汉书·礼仪志上》："执事者冠长冠，衣～单衣。"《宋史·舆服志》："紫地～花。"❸古代一个卑贱的等级。《左传·昭公七年》："士臣～。"（士统治皂。）❹马槽，槽。《史记·鲁仲连邹阳列传》："使不羁之士与牛骥同～。"文天祥《正气歌》："牛骥同一～。"

造 zào ❶到……去。《战国策·宋卫策》："～大国之城下。"成语有"登峰造极"。❷制造，作。《诗经·郑风·缁衣》："缁衣之好兮，敝，予又改～兮。"《后汉书·西羌传》："作大航，～河桥。"［造化］1.自然界的创造者。《庄子·大宗师》："今一以天地为大炉，以～～为大冶，恶乎往而不可哉？"2.创造化育。《汉书·董仲舒传》："今子大夫明于阴阳所以～～。"❸始。《吕氏春秋·大乐》："万物所出，～于太一，化于阴阳。"❹成就，功绩。《诗经·大雅·思齐》："肆成人有德，小子有～。"《左传·成公十三年》："秦师克还无害，则是我有大～于西也。"

慥 zào ❶仓促，急忙。《越绝书·内传陈成恒》："越王～然避位。"❷［慥慥］笃实的样子。《礼记·中庸》："言顾行，行顾言，君子胡不～～尔。"

簉 zào ❶副贰。《左传·昭公十一年》："（泉丘人女）遂奔僖子……僖子使助薳氏之～。"（薳氏之簉：指薳氏之妾。）张衡《西京赋》："属车之～，载猃猲獢。"❷陪，侧。柳宗元《上权德舆补阙温卷决进退启》："自于幼年，是以～俊造之末迹，厕牒计之下列。"❸汇聚。江淹《杂体诗·颜特进侍宴》："中坐溢朱组，步櫩～琼弁。"（步櫩：檐下的走廊。）

噪¹ zào 许多鸟或虫子乱叫。杜甫《羌村》诗："柴门鸟雀～，归客千里至。"㊀喧哗，很多人在一起叫嚷。《北史·流求传》："勇者三五人出前跳～。"这个意义又写作"譟"。㊀毁谤。《论衡·累害》："贞良见妒，高奇见～。"

噪²（譟） zào 喧哗，很多人一起叫嚷。《穀梁传·定公十年》："齐人鼓～而起。"【注意】在古代，"噪"和"譟"是两个字，在"喧哗"的意义上两字相通，在鸟、虫叫的意义上只能写作"噪"。现"譟"作为"噪"的异体字。参见上"噪¹"字。

燥 zào 干。《荀子·劝学》："施薪若一，火就～也。"贾思勰《齐民要术·耕田》："必须～湿得所为佳。"（得所：适宜。）

躁 zào 急躁，不安静。《荀子·劝学》："蟹六跪而二螯，非蛇蟺之穴无可寄托者，用心～也。"《老子·二十六章》："重为轻根，静为～君。"

ZE

则（則） zé ❶ 准则，法则。屈原《离骚》："愿依彭咸之遗～。"（彭咸：人名。）《汉书·贾谊传》："合散消息，安有常～？"成语有"以身作则"。㊀效法。《史记·周本纪》："遵后稷、公刘之业，～古公、公季之法。"（后稷、公刘、古公、公季：都是人名。）❷ 副词。表示肯定，相当于乃，就是。范仲淹《岳阳楼记》："此～岳阳楼之大观也。"（大观：气势壮阔的景象。）❸ 连词。表示因果，相当于现代汉语的"就"、"便"、"那么"。《论语·述而》："用之～行，舍之～藏。"❹ 连词。用在对比句中。《荀子·正论》："内～百姓疾之，外～诸侯叛之。"❺ 连词。表示假设，相当于现代汉语的"假若"。《史记·高祖本纪》："今～来，沛公恐不得有此。"❻ 副词。立即。《汉书·娄敬传》："周王数百年，秦二世～亡，不如都周。"（都周：在周的都城建都。）

责（責） zé ❶ 索取。《左传·桓公十三年》："宋多～赂（lù）于郑。"（宋：国名。赂：财物。郑：国名。）㊀要求。《汉书·黥布传》："楚使者在，方急～布发兵。"❷ 询问。《史记·绛侯周勃世家》："吏簿～条侯。"（条侯：指周亚夫。）❸ 责备，责罚。《史记·殷本纪》："悔过自～。"《新五代史·梁家人传》："数加笞（chī）～。"（笞：用鞭打。）❹ 责任。《后汉书·杨震传》："崇高之位，忧重～深也。"❺ zhài 欠别人的钱财。《战国策·齐策四》："先生不羞，乃有意欲为收～于薛乎？"（薛：地名。）这个意义后来写作"债"。

啧（嘖） zé 争辩，人多口杂。《荀子·正名》："愚者之言，芴然而粗，～然而不类。"《左传·定公四年》："会同难，～有烦言，莫之治也。"［啧啧］1. 虫、鸟的叫声。李贺《南山田中行》："塘水漻漻虫～～。"2. 赞叹声。伶玄《赵飞燕外传》："音词舒闲清切，左右嗟赏之～～。"

帻（幘） zé 头巾。《后汉书·法雄传》："冠赤～，服绛衣。"（绛：深红色。）《晋书·舆服志》："文武官皆免冠著～。"（免：去掉。著：戴。）

箦（簀） zé 竹编的床垫。《礼记·檀弓上》："华而睆（huàn），大夫之～与？"（睆：光泽的样子。）㊀竹席。《史记·范雎蔡泽列传》："睢详死，即卷以～置厕中。"（详：通"佯"。假装。）

赜（賾） zé ❶ 深奥，玄妙。《周易·系辞上》："探～索隐。"❷ 探求。《旧唐书·历志》："太古圣人，体二气之权舆，～三才之物象。"

迮 zé ❶ 突然。《公羊传·襄公二十九年》："今若是～而与季子国，季子犹不受也。"❷ 压。贾思勰《齐民要术·作鱼鲊》："盛着笼中，平板石上～去水。"㊀压迫。《后汉书·陈宠传》："邻舍比里，共相压～。"❸ 狭窄。《隋书·李穆传》："上素嫌台城制度～小。"❹ 阻塞。《新唐书·信安王祎传》："于是分兵～贼路，督诸将倍道进，遂拔之。"

笮 zé ❶ 古代建筑的构件，用竹编成，铺在瓦下椽上。❷ 压。《论衡·幸偶》："蝼蚁行于地，人举足而涉之，足所履，蝼蚁～死。"㊀逼迫。应劭《风俗通·皇霸·六国》："燕外迫蛮貊，内～齐晋，崎岖强国之间，最为弱小。"❸ 窄，狭窄。《宋书·乐志三》："披荆棘，求阡陌，侧足独窘步，路局～。"❹ zuó 竹索。谢灵运《折杨柳行》："负～引文舟，饥渴常不饱。"❺ zuó 通"凿"。马融《长笛赋》："丸挻雕琢、刻镂钻～，穷妙极巧，旷以日月，然后成器。"❻ zuó 我国古代西南部族。❼ zhà 榨酒器。钱大昕《恒言录》："吴人谓压酒具为～床，读如诈伪之诈。"㊀压物使出汁。《后汉书·耿恭传》："吏士渴乏，～马粪汁而饮之。"

舴 zé ［舴艋］小船。杜牧《春日言怀寄虢州李常侍十韵》："织蓬眠～～，惊梦起鸳鸯。"

择（擇） zé ❶ 选择，挑选。《荀子·性恶》："～良友而友之。"❷ 区别。《吕氏春秋·简选》："今有利剑于此，以刺则不中，以击则不及，与恶剑无～。"（恶：坏。）

泽（澤） zé ❶ 聚水的洼地。《韩非子·五蠹》："～居苦水者，买庸而决窦。"（买庸：雇用人工。决窦：开排水道排水。）《后汉书·严光传》："有一男子，披羊裘钓～中。"❷ 雨露。王安石《上杜学士言开河书》："幸而雨～时至。"（时至：按时到来。）❸ 光泽，润泽。屈原《离骚》："芳与～

其杂糅兮。"(芳:芳香。杂糅:混杂糅合。)❹恩泽,恩惠。《史记·滑稽列传》:"故西门豹为邺令,名闻天下,～流后世。"(邺令:邺县的县令。流:流传。)❺汗或津液。《礼记·玉藻》:"父没而不能读父之书,手～存焉尔;母没而杯圈不能饮焉,口～之气存焉尔。"❻汗衣。《诗经·秦风·无衣》:"岂曰无衣,与子同～。"

啧 zé ❶赞叹。《后汉书·光武帝纪论》:"(望气者)遥望见舂陵郭,～曰:'气佳哉!郁郁葱葱然。'"❷[啧啧]鸟鸣声。《淮南子·原道》:"故夫乌之哑哑,鹊之～～,岂尝为寒暑燥湿变其声哉!"❸[嚄(huò)啧]见173页"嚄"字。❹shuò 吮吸。《史记·佞幸列传》:"文帝尝病痈,邓通常为～吮之。"

齰(齚) zé 咬。《史记·魏其武安侯列传》:"魏其必内愧,杜门～舌自杀。"孟郊《偷诗》:"饿犬～枯骨,自吃馋饥涎。"

仄 zè ❶倾斜,偏斜。《管子·白心》:"日极则～,月满则亏。"(极:指正中。)❷汉字声调上、去、入三声的总称。沈约《四声谱》:"上去入为～声。"❸[仄陋]卑贱,低贱。《汉书·循吏传》:"及至孝宣,繇～～而登至尊。"(孝宣:汉宣帝。繇:由。)❹cè 通"侧"。旁边。《汉书·段会宗传》:"何必勒功昆山之～。"[反仄]翻来覆去,辗转不安。《三国志·魏书·陈思王植传》:"踊跃之怀,瞻望～～。"

昃 zè 太阳西斜。《周易·丰》:"日中则～,月盈则食。"《汉书·董仲舒传》:"周文王至于日～不暇食。"谢混《游西池》诗:"景～鸣禽集。"(景:日光。)太阳过午叫"昃",又分为"中昃"、"下昃"。"中昃"指未时,即现在下午一至三时。"下昃"指申时,即现在下午三至五时。

崱 zè [崱屴(lì)]山峰高耸的样子。王延寿《鲁灵光殿赋》:"～～嵫厘,岑崟崰嶷。"

ZEI

贼(賊) zéi ❶害。《墨子·非儒下》:"是～天下之人者也。"(这是害天下人的做法。)㊀害人的人。《论语·宪问》:"幼而不孙弟,长而无述焉,老而不死,是为～。"(孙弟:逊悌。恭顺知礼。)❷杀害。《韩非子·内储说下》:"二人相憎,而欲相～也。"㊀杀人者。《史记·秦始皇本纪》:"燕王昏乱,其太子丹乃阴令荆轲为～。"(丹:人名。阴:暗中。荆轲:人名。)❸对敌人的蔑称。《晋书·谢安传》:"小儿辈遂已破～。"(小儿辈:指谢安的侄子们。遂:于是。)❹强盗。柳宗元《童区寄传》:"～二人得我,我幸皆杀之矣。"(幸:幸亏。)❺狠毒。《三国志·魏书·董二袁刘传》:"董卓狼戾(lì)～忍。"(狼戾:凶狠。忍:残忍。)❻小偷(后起意义)。《世说新语·假谲》:"因潜入主人园中,夜叫呼云:'有偷儿～!'"

【辨】盗,贼。见77页"盗"字。

ZEN

谮(譖) zèn 说坏话诬陷别人。《左传·庄公二十三年》:"士蔿(wěi)与群公子谋,～富子而去之。"(士蔿:人名。)

ZENG

曾 zēng 见37页。

增 zēng ❶增加,加多。与"减"相对。《汉书·司马相如传》:"方将～太山之封,加梁父之事。"(梁父:山名。)《后汉书·隗嚣传》:"～重赋敛,刻剥百姓。"❷céng 通"层"。重叠。萧统《文选序》:"～冰为积水所成。"刘向《说苑·反质》:"宫室台阁,连属～累。"(连属:连接。增累:重叠。)

缯(繒) zēng ❶丝织品的总称。《汉书·灌婴传》:"灌婴,睢阳贩～者也。"❷[缯绫]不平的样子。王延寿《鲁灵光殿赋》:"～～而龙鳞。"❸通"矰"。一种用丝绳系住的用来射鸟的短箭。《战国策·楚策四》:"不知夫射者方将修其碆卢,治其～缴,将加己乎百仞之上。"

罾 zēng 渔网。屈原《九歌·湘夫人》:"～何为兮木上?"(渔网为什么在树上?)㊀用渔网捕捉。《史记·陈涉世家》:"乃丹书帛曰'陈胜王',置人所～鱼腹中。"(丹书:用红色写。置:放进。)

矰 zēng 一种用丝绳系住的用来射鸟的短箭。《庄子·应帝王》:"鸟高飞以避～弋之害。"(弋:用绳系在箭上射。)

甑 zèng 古代做饭用的一种陶器。《孟子·滕文公上》:"许子以釜～爨,以铁耕乎?"贾思勰《齐民要术·作酱法》:"于大～中燥蒸之。"

赠(贈) zèng ❶送,赠送。《诗经·郑风·女曰鸡鸣》:"杂佩以～之。"(杂佩:佩戴的各种玉器。)❷死后追封爵位。《三国志·吴书·吴主传》："步夫人卒，追～皇后。"（步：姓。卒：死。）【辨】赠，贻。见482页"贻"字。

ZHA

哳 zhā ［啁(zhāo)哳］见522页"啁"字。

楂 zhā ❶ chá 木筏。何逊《渡连圻》诗："绝壁无走兽，穷岸有盘～。"❷山楂。《管子·地员》："其阴则生之～藜。"（藜：同"藜"。一种植物。）

札[1] zhá ❶古代用来写字的小木片。《汉书·司马相如传》："上令尚书给笔～。"❷书信。颜延之《赠王太常》诗："遥怀具短～。"（远念友人，因此写了短信。）❸古时铠甲上的金属叶片。《左传·成公十六年》："蹲(cǔn)甲而射之，彻七～焉。"（蹲：叠合。甲：古时士兵穿的护身服。彻：穿，贯通。）❹因瘟疫而死。《列子·汤问》："土气和，亡～厉。"（土气和：水土气候都很调和。亡：无。厉：疠，疫病。）❺［札札］象声词。《古诗十九首·迢迢牵牛星》："纤纤擢素手，～～弄机杼。"

札[2]（劄、箚） zhá ［札子］1. 向皇帝或长官进言议事的一种公文，也称"奏札"。如王安石《本朝百年无事札子》、陆游《上二府论事札子》。2. 宋时君主或中央机构发布指令的文书。《宋史·礼志十》："熹方惩内批之弊，因乞降出～～，再令臣僚集议。"

鲝（鮺、鲊） zhǎ 腌鱼。《世说新语·贤媛》："陶公少时作鱼梁吏，尝以坩～饷母。"

乍 zhà ❶忽然。《孟子·公孙丑上》："今人～见孺子将入于井，皆有怵惕恻隐之心。"《史记·天官书》："其角动，～小～大。"❷刚，才（后起意义）。柳永《黄莺儿·园林晴昼春谁主》："～出暖烟来，又趁游蜂去。"

诈（詐） zhà ❶欺骗。《战国策·秦策一》："大王以～破之。"（破：打败。）【注意】古代凡欺骗的意义都用"诈"，不用"骗"。❷假装。《后汉书·华佗传》："知妻～疾。"

咋 zhà ❶突然。《左传·定公八年》："桓子～谓林楚曰。"❷ zé 咬。干宝《搜神记》卷十九："寄便放犬，犬就啮～，寄从后斫得数创。"（寄：人名。）❸ zé 呼叫。《三国志·蜀书·孟光传》："每与来敏争此二义，光常譊譊讙～。"

吒 zhà 发怒时大声叫嚷。《楚辞·九思·疾世》："忧不暇兮寝食，～增叹兮如雷。"㊀叹息，感叹。郭璞《游仙诗》之四："临川哀年迈，抚心独悲～。"

咤 zhà ❶叹息声。《三国志·蜀书·杨仪传》："叹～之音发于五内。"（五内：指五脏。）❷［叱咤］见51页"叱"字。❸ chà 通"诧"。夸耀。《后汉书·王符传》："穷极丽靡，转相夸～。"

蜡（䄍） zhà 古代年终合祭百神。《礼记·郊特牲》："伊耆氏始为～，～也者，索也。岁十二月合聚万物而索飨之也。"《礼记·礼运》："昔者仲尼与于～宾。"（蜡宾：蜡祭的助祭者。）

ZHAI

斋（齋） zhāi ❶斋戒，祭祀前整洁身心。《吕氏春秋·孟春纪》："天子乃～。"鲍照《数诗》："～祭甘泉宫。"㊀相信佛教的人吃素。杜甫《饮中八仙歌》："苏晋长～绣佛前。"（苏晋：人名。绣：用丝线绣成的。）❷书房或学舍（后起意义）。《世说新语·贤媛》："桓宣武平蜀，以李势妹为妾，甚有宠，常著～后。"（桓宣武：桓温。李势：人名。）《宋史·选举志三》："一～可容三十人。"

宅 zhái ❶住所，住处。《孟子·梁惠王上》："五亩之～，树之以桑，五十者可以衣帛矣。"《汉书·艺文志》："鲁共王坏孔子～，欲以广其宫。"❷居住。《诗经·大雅·文王有声》："～是镐京。"㊀居于。《尚书·舜典》："使～百揆(kuí)。"（使他居于宰相之位。百揆：即后代所称的宰相。）❸墓穴，葬地。《礼记·杂记上》："大夫卜～与葬日。"（卜：选择。）

翟 zhái ❶ dí 长尾巴的野鸡。李白《山鹧鸪词》："山鸡～雉来相劝。"❷ dí 古代乐舞所执的野鸡羽毛。《诗经·邶风·简兮》："右手秉～。"❸ dí 用野鸡羽毛装饰的衣服、车子、道具等器物。《诗经·卫风·硕人》："～茀(fú)以朝。"（茀：遮蔽。）❹ dí 通"狄"。我国古代北部的一个民族。❺姓。

债（債） zhài ❶欠别人的钱财。《史记·孟尝君列传》："宜可令收～。"❷借债。《管子·问》："问邑之贫人，～而食者几何家。"（债而食：靠借债过活。几何家：多少家。）

Z

砦 zhài 同“寨”。营垒。《三国志·吴书·朱桓传》：“多设屯～，置诸道要。”【注意】“砦”、“寨”表示“村庄”的意义很晚产生，大约明代才有。

瘵 zhài 病，痛苦。《诗经·大雅·瞻卬》：“邦靡有定，士民其～。”谢灵运《酬从弟惠连》诗：“寝～谢人徒，灭迹入云峰。”

ZHAN

占 zhān ❶用龟甲或蓍（shī）草推算吉凶。《左传·僖公十五年》：“史苏～之曰：‘不吉。’”（史苏：人名。）㊀预测。龚自珍《送钦差大臣侯官林公序》：“汉世五行家以食妖、服妖～天下之变。”（妖：不正常的。）❷zhàn 口授由别人记录。《后汉书·袁敞传》：“俊自狱中～狱吏上书自讼（sòng）。”（俊：张俊。自讼：为自己辩冤。）㊀随口成文。多作“口占”。杨万里《诚斋荆溪集序》：“试令儿辈操笔，予口～数首。”❸zhàn 估计上报。《汉书·宣帝纪》：“流民自～八万余口。”❹zhàn 占有。《晋书·食货志》：“男子一人，～田七十亩。”这个意义后来又写作“佔”，现写作正字“占”。【辨】卜，筮，占。见30页“卜”字。

沾 zhān ❶浸湿，浸润。《史记·陈丞相世家》：“汗出～背。”《后汉书·谅辅传》：“须臾澍（shù）雨，一郡～润。”（须臾：不一会儿。澍：及时的雨。）㊇布施，施与。《宋书·文帝纪》：“二千石官长，并勤劳王务，宜有～锡。”（锡：赐。）［沾洽］1. 雨露遍及。真德秀《敕封慧应大师后记》：“高下～～，岁以有秋。”（岁以有秋：指年成很好。）2. 恩德遍及。《南史·杜慧度传》：“威惠～～。”3. 学识广博。《三国志·蜀书·许慈传》：“虽学不～～，然卓荦（luò）强识（zhì）。”（卓荦：突出的样子。强识：记忆力强。）［沾醉］大醉。又写作“霑醉”。《资治通鉴·唐僖宗中和四年》：“从者皆霑醉。”❷［沾沾］自矜的样子。《史记·魏其武安侯列传》：“魏其者，～～自喜耳。”【注意】“沾”的❶㊇和［沾洽］［沾醉］中的“沾”都可以写作“霑”，但“沾沾自喜”不能写作“霑霑自喜”。

旃 zhān ❶赤色的曲柄旗。《左传·昭公二十年》：“～以招大夫。”《汉书·田蚡传》：“立曲～。”这个意义后来又写作“旜”。㊂旌旗。陆机《饮马长城窟行》：“收功单（chán）于～。”（单于：匈奴的君主。）❷“之焉”的合音。“之”是代词，“焉”是语气词。杨恽《报孙会宗书》：“愿勉～，毋多谈。”（毋：不要。）❸通“毡”。一种毛织物。《盐铁论·论功》：“织柳为室，～廗为盖。”（盖：指帐篷。）

詹 zhān ❶［詹詹］话多。《庄子·齐物论》：“大言炎炎，小言～～。”（炎炎：有气势。）❷至。《诗经·小雅·采绿》：“五日为期，六日不～。”❸通“瞻”。仰望。《诗经·鲁颂·閟宫》：“泰山岩岩，鲁邦所～。”

谵（譫） zhān ［谵言］病中说胡话。《素问·热论》：“腹满身热，不欲食，～～。”

瞻 zhān 往上或往前看。《论语·子罕》：“～之在前，忽焉在后。”屈原《离骚》：“～前而顾后兮。”（顾：回头看。）㊀瞻仰，恭敬地看。《诗经·小雅·小弁》：“靡～匪父，靡依匪母。”（指人无不瞻仰其父，无不依赖其母。）

饘（饘、飦） zhān 稠粥。《礼记·檀弓上》：“哭泣之哀，齐斩之情，～粥之食，自天子达。”

邅 zhān ❶转，改变方向。屈原《九歌·湘君》：“驾飞龙兮北征，～吾道兮洞庭。”（改变我行路的方向到洞庭去。）［邅回］1. 回旋，徘徊。《楚辞·九叹·怨思》：“下江湘以～～。”（江湘：长江和湘水。）2. 困顿。刘禹锡《洛中酬福建陈判官见赠》诗：“潦倒声名拥肿材，一生多故苦～～。”❷［屯邅］见419页“屯”字。

旜 zhān 同“旃”。赤色的曲柄旗。《周礼·春官·司常》：“通帛为～。”

鹯（鸇） zhān 鹰鹞类猛禽。《孟子·离娄上》：“故为渊驱鱼者獭也，为丛驱爵者～也。”（爵：雀。）

鳣（鱣） zhān ❶鱼名，即大鲤鱼。《诗经·周颂·潜》：“有～有鲔。”❷鱼名，即鲟鳇鱼。贾谊《吊屈原赋》：“横江湖之～鲸兮，固将制于蝼蚁。”❸shàn 鳝鱼。《荀子·王制》：“鼋鼍鱼鳖鳅～孕别之时，网罟毒药不入泽。”

斩（斬） zhǎn ❶砍，砍断。贾谊《过秦论》：“～木为兵，揭竿为旗。”《汉书·高帝纪》：“乃前，拔剑～蛇。”㊀杀。《韩非子·五蠹》：“～敌者受赏。”❷绝。《诗经·小雅·节南山》：“国既卒～，何用不监？”（国家已经绝灭了，你为什么不察看呢？）《战国策·秦策三》：“北～太行之道，则上党之兵不下。”❸丧服不缝下边。《左传·襄公十七年》：“齐晏桓子卒，晏婴粗缞～。”（晏婴：人名。缞：丧服。）

Z

崭（嶃、嶄） zhǎn ❶［崭然］突出的样子。韩愈《柳子厚墓志铭》："～～见头角。" ❷ chán ［崭岩］山高而险峻的样子。司马相如《上林赋》："崇山矗矗，巃嵸崔巍，深林巨木，～～嵾嵳。"（嵾嵳：同"参差"。高低不齐的样子。）

盏（盞） zhǎn 浅而小的杯子。杜甫《酬孟云卿》诗："宁辞酒～空。"又写作"琖"、"醆"。

展 zhǎn ❶ 伸展，扩展。《庄子·盗跖》："两～其足，案剑瞋（chēn）目。"（瞋目：瞪眼睛。）沈括《梦溪笔谈》卷七："稍稍～窥管候之。"（窥管：一种观测天象的管子。候：等待。）❷ 施展，发挥。曹植《名都篇》："余巧未及～。"成语有"一筹莫展"。❸ 陈，陈列。屈原《九歌·东君》："～诗兮会舞。"（会舞：合舞。）《左传·襄公三十一年》："百官之属，各～其物。"双音词有"展览"。㉑申述。《后汉书·郭太传》："乞一会亲属，以～离诀之情。" ❹ 视察，检查。《后汉书·郑玄传》："～敬坟墓，观省野物。" ❺ 诚实。《诗经·邶风·雄雉》："～矣君子。"《国语·楚语下》："～而不信，爱而不仁。"㉑确实。《诗经·齐风·猗嗟》："～我甥兮。" ❻［展转］1. 翻来覆去睡不着的样子。《楚辞·九叹·惜贤》："忧心～～。" 2. 从一处到另一处，转移不定。《后汉书·赵岐传》："～～还长安。"文天祥《指南录后序》："～～四明、天台，以至于永嘉。"（四明、天台、永嘉：都是地名。）上述1、2又写作"辗转"。

辗（輾） zhǎn ❶［辗转］身体翻来覆去。《诗经·周南·关雎》："悠哉悠哉，～～反侧。"㉑从一处到另一处，转移不定。乐府《饮马长城窟行》："他乡各异县，～～不可见。" ❷ niǎn 又写作"碾"。压。孟郊《寄张籍》："辚辚车声～冰玉。"

琖 zhǎn 又写作"盏"。酒杯。《礼记·明堂位》："爵，夏后氏以～，殷以斝，周以爵。"刘禹锡《刘驸马水亭避暑》诗："琥珀～红疑漏酒，水晶帘莹更通风。"

醆 zhǎn ❶ 酒杯。《礼记·礼运》："～斝及尸君，非礼也，是谓僭君。"杜甫《送杨六判官使西蕃》诗："边酒排金～，夷歌捧玉盘。" ❷ 微清的浊酒。《礼记·郊特牲》："～酒涚（shuì）于清，汁献涚于～酒。"（涚：滤酒。）

飐（颭） zhǎn 风吹使物动。和凝《杨柳枝》诗三首之一："青青自是风流主，漫～金丝待洛神。"㉑风浪推物动。刘禹锡《浪淘沙》诗："鹦鹉洲头浪～沙，青楼春望日将斜。"

栈（棧） zhàn ❶ 牲畜棚地上防湿的木格。《庄子·马蹄》："编之以皂～。"（皂：马槽。）❷ 在险绝的山上用竹木架成的道路。《战国策·秦策三》："～道千里，通于蜀汉。" ❸ 竹木做成的车。《韩非子·外储说左下》："孙叔敖相楚，～车牝（pìn）马。"（相楚：做楚国的宰相。牝马：母马。）

战（戰） zhàn ❶ 打仗，战争。《孙子兵法·形》："故善～者，立于不败之地。"《商君书·画策》："以～去～，虽～可也。" ❷ 害怕得发抖。《扬子法言·吾子》："羊质而虎皮，见草而说，见豺而～。"（羊质而虎皮：羊披着虎皮。说：悦。）

绽（綻、袒、組） zhàn ❶ 衣缝裂开。《礼记·内则》："衣裳～裂，纫箴请补缀。"（箴：针。）㉒开裂，裂开。杜甫《寄刘峡州伯华使君四十韵》："凭久乌皮～，簪稀白帽棱。"王禹偁《腊月》诗："日照野塘梅欲～。" ❷ 缝。古乐府《艳歌行》："故衣谁当补，新衣谁当～。"

湛 zhàn ❶ 澄清。陶潜《辛丑岁七月赴假还江陵夜行涂口》诗："凉风起将夕，夜景～虚明。" ❷ 浓重。潘岳《藉田赋》："若～露之晞朝阳。" ❸ 深。宋玉《招魂》："～～江水兮上有枫。"《汉书·扬雄传》："默而好深～之思。"双音词有"精湛"。❹ chén 通"沉"。《汉书·贾谊传》："仄闻屈原兮，自～汨罗。" ❺ jiān 浸，渍。《礼记·内则》："渍，取牛肉必新杀者，薄切之，必绝其理，～诸美酒。" ❻ dān 快乐。《诗经·小雅·常棣》："兄弟既翕，和乐且～。" ❼ dān 通"酖"。沉溺于酒。《诗经·大雅·抑》："颠覆厥德，荒～于酒。"

輚 zhàn 古代一种卧车。班固《西都赋》："于是后宫乘～辂，登龙舟。"

轏 zhàn 用竹木编成的车。《左传·成公二年》："丑父寝于～中。"

蘸 zhàn 以物浸入水中。韩愈《游城南十六首·题于宾客庄》："榆荚车前盖地皮，蔷薇～水笋穿篱。"㉑水浸物。储光羲《田家即事》诗："桑柘悠悠水～堤，晚风晴景不妨犁。"

ZHANG

张（張） zhāng ❶ 把弦安在弓上。《韩非子·外储说左上》："夫工人～弓也，伏檠三旬而蹈弦。"（檠：校正弓弩的器具。）㉠拉开弓。李白《赠江夏韦太守良宰》诗："挟矢不敢～。"（矢：箭。）㉠紧张。《论衡·儒增》："圣人材优，尚有弛～之时。"❷乐器上弦。《荀子·礼论》："琴瑟～而不均。"（瑟：乐器。）成语有"改弦更张"。❸张开。《荀子·议兵》："虚腹～口来归我食。"㉠扩张，增强。《左传·昭公十四年》："臣欲～公室也。"（公室：指诸侯所掌握的国家政权。）㉠夸大。皇甫谧《三都赋序》："虚～异类，托有于无。"（夸张不同的事物，在虚构的事情上寄托实有的事情。）❹设网捕捉。《后汉书·王乔传》："于是候凫至，举罗～之。"❺陈设，设立。《战国策·秦策一》："～乐设饮，郊迎三十里。"《荀子·儒效》："～法而度之。"（度：衡量。）❻量词。张。《左传·昭公十三年》："子产以幄（wò）幕九～行。"（子产：人名。幄幕：帐幕。）❼ zhàng 通"胀"。《左传·成公十年》："将食，～，如厕，陷而卒。"

粻 zhāng 干粮。屈原《离骚》："折琼枝以为羞兮，精琼爢（mí）以为～。"（爢：碎末。）

章 zhāng ❶音乐的一曲。《史记·吕太后本纪》："王乃为歌诗四～，令乐人歌之。"㉠文章或作品的一篇。《三国志·魏书·陈思王植传》："下笔成～。"❷规章。《诗经·大雅·假乐》："不愆不忘，率由旧～。"《三国志·蜀书·诸葛亮传》："不能训～明法。"（不能申明规章法令。）㉠规则，条理。韩愈《送孟东野序》："其为言也，乱杂而无～。"❸奏章。刘知几《史通·言语》："运筹画策，自具于～表。"❹印章。魏学洢《核舟记》："又用篆～一。"❺花纹。《后汉书·孝仁董皇后纪》："舆服有～。"柳宗元《捕蛇者说》："黑质而白～。"（质：底子。）㉠有花纹的纺织品。《古诗十九首·迢迢牵牛星》："终日不成～，泣涕零如雨。"（零：落下。）❻明显，显著。《左传·昭公三十一年》："或欲盖而名～。"（本来想掩盖，反而名声显著。）㉢使显著。《国语·晋语二》："～父之恶，取笑诸侯。"㉢表彰，表扬。《商君书·说民》："～善则过匿（nì）。"（过：过失。匿：掩盖。）这个意义后来写作"彰"。【辨】章，彰。先秦、两汉时期，"章"和"彰"在显著、表扬这个意义上可以通用，汉以后有所区别，如"表彰"、"欲盖弥彰"写作"彰"，不写作"章"。

獐（麞） zhāng 兽名。鹿属。《吕氏春秋·士容》："此良狗也，其志在～麋豕鹿，不在鼠。"

彰 zhāng ❶明显，显著。《荀子·劝学》："顺风而呼，声非加疾也，而闻者～。"东方朔《七谏·沉江》："夷吾忠而名～。"成语有"欲盖弥彰"。❷表彰，表扬。《尚书·毕命》："～善瘅恶。"（瘅：憎恨。）【辨】章，彰。见上"章"字。

嫜 zhāng 丈夫的父亲。杜甫《新婚别》诗："妾身未分明，何以拜姑～？"（姑：丈夫的母亲。）张籍《离妇》诗："堂上谢姑～，长跪请离辞。"

璋 zhāng 一种玉器，形状像半个圭。《诗经·大雅·棫朴》："济济辟王，左右奉～。"《庄子·马蹄》："白玉不毁，孰为珪（guī）～。"（孰：什么。珪：一种玉器，上圆下方。）

长（長） zhǎng 见41页。

涨（漲） zhǎng ❶水面高起来。岑参《江上阻风雨》诗："云低岸花掩，水～滩草没。"㉠增高。杜甫《缆船苦风戏题》诗："～沙霾（mái）草树。"（霾：埋。）❷ zhàng 弥漫。《南史·陈武帝纪》："纵火烧栅，烟尘～天。"

掌 zhǎng ❶巴掌，手心。《论语·八佾》："指其～。"柳宗元《行路难》诗之一："开口抵～更笑喧。"（抵掌：拍掌。）㉢用手掌击。扬雄《羽猎赋》："～蒺藜。"又如"掌颊"。❷主管，掌握。《孟子·滕文公上》："舜使益～火。"李商隐《行次西郊作》诗："今谁～其权？"

丈 zhàng ❶长度单位。十尺为一丈。《韩非子·喻老》："千～之堤，以蚁蝼之穴溃。"❷丈量，测量。《左传·襄公九年》："巡～城。"（巡：往来察看。）❸［丈人］对年长的人的尊称。《论语·微子》："子路从而后，遇～～以杖荷蓧。"（子路：孔子学生。荷：扛。蓧：除草工具。）后来也简称"丈"。杜甫《奉赠李八丈曛判官》诗："我～时英特，宗枝神尧后。"（我丈：指李曛。时：当代的。英特：杰出的人物。）❹［丈夫］成年男子。杜甫《赤霄行》："～～垂名动万年。"

仗 zhàng ❶执，拿着。《战国策·韩策二》："辞独行，～剑至韩。"（韩：国名。）㉠依靠，凭借。《三国志·魏书·桓阶传》："曹公虽弱，～义而起。"❷兵器的总称。郦道元《水经注·河水一》："是吾昔时放弓～处。"❸兵卫。《新唐书·仪卫志上》："朝会之～……皆带刀捉仗列坐于东西廊下。"（捉仗：拿着兵器。）

Z

帐(帳) zhàng ❶帐幕。《史记·文帝本纪》:"帏～不得文绣,以示敦朴。"(示:表示。敦朴:朴素。)㉛军用营帐。《史记·项羽本纪》:"即其～中斩宋义头。"(宋义:人名。)❷床上的帐子。《文选·刘休玄〈拟明月何皎皎〉》:"玉宇来清风,罗～延秋月。"❸登记户籍、账目的簿子(后起意义)。《隋书·高祖纪下》:"凡是军人,可悉属州县,垦田籍～,一与民同。"(籍:户籍。)这个意义后来又写作"账"。【辨】帷,幕,帏,帐。见427页"帷"字。

障 zhàng ❶筑堤防。《左传·昭公元年》:"宣汾、洮,～大泽。"(宣:疏通。)㉝堤防。《管子·立政》:"决水潦,通沟渎,修～防,安水藏。"❷阻塞。《礼记·祭法》:"鲧～鸿水而殛死,禹能修鲧之功。"《国语·周语上》:"是～之也。防民之口,甚于防川。"㉝遮蔽。《淮南子·兵略》:"风雨可～蔽,而寒暑不可开闭。"㉝蒙蔽。《韩非子·诡使》:"而主揜(yǎn)～,近习女谒并行。"❸屏障。《左传·定公十二年》:"且成,孟氏之保～也。无成,是无孟氏也。"(成:城邑名。)❹边塞上的堡塞。《战国策·魏策一》:"卒戍四方,守亭～者参列。"❺帷障。《世说新语·汰侈》:"君夫作紫丝布步～碧绫里四十里,石崇作锦步～五十里以敌之。"❻幛子,有字画的整幅绸布。杜甫《奉先刘少府新画山水障歌》:"元气淋漓～犹湿。"❼通"瘴"。瘴气。左思《魏都赋》:"宅土熇暑,封疆～疠。"

嶂 zhàng 高耸险峻如同屏障一般的山峰。郦道元《水经注·江水二》:"重岩叠～,隐天蔽日。"成语有"层峦叠嶂"。

瘴 zhàng 瘴气。南方山林中的湿热空气,从前认为是疟疾等传染病的病原。杜甫《驱竖子摘苍耳》诗:"江上秋已分,林中～犹剧。"[瘴疠]瘴气引起的疫病。《旧唐书·南平獠传》:"土气多～～,山有毒草及沙虱、蝮蛇。"

ZHAO

招 zhāo ❶打手势叫人。《荀子·劝学》:"登高而～。"❷招来,招集。《汉书·晁错传》:"上～贤良。"㉛招致,招引。屈原《九章·惜诵》:"有～祸之道。"❸箭靶,靶子。《吕氏春秋·本生》:"万人操弓,共射其一～。"《战国策·楚策四》:"以其类为～。"❹qiáo 举。《国语·周语下》:"好尽言以～人过。"❺sháo 通"韶"。上古乐曲名。《史记·五帝本纪》:"于是禹乃兴九～之乐。"

昭 zhāo ❶明亮,明显。《楚辞·大招》:"白日～只。"(只:语气词。)《诗经·小雅·鹿鸣》:"德音孔～。"(德音:美好的声望。孔:很。)㉝明白。《论语·尧曰》:"敢～告于皇皇后帝。"❷显示,表示。《左传·桓公二年》:"是以清庙茅屋……～其俭也。"(是以:因此。清庙:清静肃穆的宗庙。俭:节俭。)[昭穆]古代贵族宗庙排列的次序。始祖庙居中,以下按父子的辈分排列为昭穆,昭居左,穆居右。《国语·鲁语上》:"夫宗庙之有～穆也,以次世之长幼,而等胄之亲疏也。"

啁 zhāo ❶[啁哳(zhā)]鸟鸣声。宋玉《九辩》:"鹍鸡～～而悲鸣。"独孤及《伤春赠远》诗:"杨柳逶迤愁远道,鹧鸪～～怨南枝。"❷zhōu [啁噍(jiū)]鸟鸣声。《礼记·三年问》:"小者至于燕雀,犹有～～之顷焉,然后乃能去之。"又写作"啁啾"。王维《黄雀痴》诗:"到大～～解游飏,各自东西南北飞。"

朝 zhāo 见44页。

爪 zhǎo ❶指甲或趾甲。《史记·蒙恬列传》:"公旦自揃其～以沈于河。"(公旦:周公旦。揃:剪。沈:沉。)❷zhuǎ 鸟兽的脚。《老子·五十章》:"虎无所措其～。"(措:置。)黄庭坚《观刘永年团练画角鹰》诗:"～拳金钩觜屈铁。"(拳:曲。觜:嘴。)❸抓。柳宗元《种树郭橐驼传》:"～其肤,以验其生枯。"(肤:树皮。验:察看。)

沼 zhǎo 水池。《孟子·梁惠王上》:"王立于～上。"《汉书·公孙弘传》:"龟龙游于～。"

召 zhào ❶呼唤,召见。《汉书·高帝纪上》:"愿君～诸亡在外者。"(亡:逃亡。)《韩非子·外储说右上》:"楚王急～太子。"❷招致,招引。《荀子·劝学》:"故言有～祸也。"❸shào 古地名,周初召公奭的封地。《诗经》有"周南"、"召南"。

诏(詔) zhào ❶告,告诉。《周礼·秋官·司盟》:"北面～明神。"屈原《离骚》:"～西皇使涉予。"㉝告诫,教诲。《庄子·盗跖》:"若子不听父之～。"《吕氏春秋·审分》:"问而不～,知而不为。"❷诏书,皇帝的命令或文告。《史记·秦始皇本纪》:"遵奉遗～,永承重戒。"㉝皇帝下命令。《史记·文帝本纪》:"于是～罢丞相兵。"❸召见。《后汉书·冯衍传》:"～伊

Z

尹于亳(bó)郊兮。”(伊尹:商朝大臣。亳:地名。)【辨】告,诰,诏。见128页“诰”字。

炤 zhào ❶照耀。《荀子·天论》:“列星随旋,日月递～。”(旋:旋转。递:依次轮流。)❷zhāo 通“昭”。明显,显著。《诗经·小雅·正月》:“潜虽伏矣,亦孔之～。”(孔:甚,很。)

照 zhào ❶明。《论衡·吉验》:“～察明著。”(明著:显明。)这个意义又写作“炤”。❷照射,照耀。《史记·秦始皇本纪》:“日月所～,舟舆所载。”(舟舆:船车。)❸日光。杜甫《秋野》诗之四:“连山晚～红。”❹照影。李白《梦游天姥吟留别》:“湖月～我影。”❺察知。《战国策·秦策三》:“终身暗惑,无与～奸。”《潜夫论·爱日》:“公府不能～察真伪。”❻按照,依照(后起意义)。《水浒传》九十四回:“宋江教萧让取前日～依许贯忠图画另写成的一轴,付与卢俊义收置备阅。”成语有“照本宣科”。

兆 zhào ❶古代占卜时,烧灼龟甲以判断吉凶,其裂纹叫作兆。《史记·文帝本纪》:“卜之龟,卦～得大横。”(大横:一种卦兆的名称。)㊀预兆,征兆。事情发生前的迹象。《商君书·算地》:“此亡国之～也。”❷开始。《左传·哀公元年》:“能布其德,而～其谋。”(布:施。谋:谋略,计策。)❸祭坛或墓地的界域。《周礼·春官·肆师》:“掌～中庙中之禁令。”《左传·哀公二年》:“素车朴马,无入于～。”(素车朴马:指没有装饰过的运载灵柩的车马。)这个意义又写作“垗”。❹数词。古代以“百万”或“万亿”为兆,常用来表示极多。《尚书·吕刑》:“～民赖之。”屈原《九章·惜诵》:“又众～之所雠。”(雠:仇怨。)

旐 zhào ❶绘有龟蛇的旗。《诗经·小雅·出车》:“彼旟～斯,胡不旆旆(pèi pèi)?”(旆旆:旌旗飘扬的样子。)❷出丧时为棺材引路的旗。《礼记·檀弓上》:“孔子之丧……绸练设～。”

赵(趙) zhào 战国七雄之一。原是晋国的一部分。在今山西北部、河北西部和南部一带。参见202页“晋”字。

棹 zhào ❶船桨。王俭《褚渊碑文》:“鼓～则沧波振荡。”㊂指船。杜甫《赠李十五丈别》诗:“北回白帝～,南入黔阳天。”❷用桨划船。陶潜《归去来兮辞》:“或命巾车,或～孤舟。”❸zhuō 木名。嵇含《南方草木状》:“～树,干叶俱似椿……出高凉郡。”

肇(肈) zhào 开始。《史记·五帝本纪》:“～十有二州,决川。”《后汉书·崔骃传》:“窦氏之兴,～自孝文。”

櫂 zhào ❶船桨。屈原《九歌·湘君》:“桂～兮兰枻。”江淹《杂体诗》:“朱～丽寒渚。”㊂指船。班固《西都赋》:“～女讴,鼓吹震。”❷用桨划船。张衡《思玄赋》:“～龙舟以济予。”

ZHE

遮 zhē ❶拦住。《史记·陈涉世家》:“陈王出,～道而呼涉。”❷遮盖,掩蔽。柳宗元《登柳州城楼寄漳汀封连四州》诗:“岭树重～千里目。”

折[1] zhé ❶折断。《韩非子·五蠹》:“兔走触株,～颈而死。”(走:奔跑。)㊀弯曲。《淮南子·览冥》:“河九～注于海。”李白《梦游天姥吟留别》:“安能摧眉～腰事权贵。”❷死。《韩诗外传》卷三:“无痞、聋、跛、眇、尪蹇、侏儒、～短。”❸挫折,损失。《史记·淮阴侯列传》:“～北不救。”(北:失败。)成语有“损兵折将”。❹驳斥,使对方屈服。刘禹锡《天论上》:“作天说以～韩退之之言。”(天说:指柳宗元《天说》。韩退之:韩愈。)㊀指责。《三国志·魏书·傅嘏传》:“季布面～其短。”(季布:人名。)❺shé [折阅]亏损。《荀子·修身》:“良贾不为～～不市。”(良贾:有本事的商人。市:做买卖。)

折[2]**(摺)** zhé ❶lā 折断。《淮南子·修务》:“～胁伤干。”(胁:肋骨。干:躯干。)❷折叠(后起意义)。庾信《镜赋》:“始～屏风,新开户扇。”

哲(喆) zhé 聪明,有才能。《尚书·皋陶谟》:“知人则～。”㊂聪明、有才能的人。贾思勰《齐民要术序》:“舍本逐末,贤～所非。”[哲人]智慧卓越的人。《诗经·小雅·鸿雁》:“维此～～,谓我劬(qú)劳。”(维:语气词。劬劳:劳苦,劳累。)

晢(晣) zhé ❶明亮。[晢晢]明亮的样子。《诗经·陈风·东门之杨》:“昏以为期,明星～～。”❷明智。《尚书·洪范》:“从作乂,明作～。”

辄(輒、輙) zhé ❶总是。《韩非子·内储说上》:“采金之禁,得而～辜磔于市。”《汉书·曹参传》:“至者参～饮以醇(chún)酒。”(醇酒:浓厚的酒。)《后汉书·皇后纪上》:“每于侍执之际,～言及政事。”❷立即,就。《三国志·魏书·荀彧传》："表请彧（yù）劳军于谯，因～留彧。"（表：上表。谯：地名。）❸ 专擅，独断专行。刘知几《史通·疑古》："夫姬氏爵乃诸侯，而～行征伐。"

蛰（蟄） zhé 动物冬眠，藏起来不食不动。《庄子·天运》："～虫始作。"（作：起来。）

詟（讋） zhé 恐惧。《汉书·项籍传》："诸将～服，莫敢枝梧。"㊀使……恐惧。萧纲《上之回》诗："笳声骇胡骑，清磬～山戎。"

谪（謫） zhé ❶ 谴责。《左传·成公十七年》："国子～我。"（国子：人名。）❷ 处罚。《国语·齐语》："小罪～以金分。"（金分：指罚金。）❸ 被罚流放或贬职。范仲淹《岳阳楼记》："滕子京～守巴陵郡。"（滕子京：人名。）双音词有"贬谪"、"谪居"。㊀被罚罪的人。《史记·秦始皇本纪》："徙～实之初县。"（把被判罪的人迁去充实新设的县。）❹ 过错。《老子·二十七章》："善行无辙迹，善言无瑕～。"㊀灾祸。《国语·周语中》："王孙满观之，言于王曰：'秦师必有～。'"

慴 zhé 恐惧。《庄子·达生》："死生惊惧不入乎其胸中，是故遻（wù）物而不～。"（遻：遇。）

磔 zhé 古代祭祀时，分裂牲畜的肢体。《庄子·盗跖》："～犬流豕。"（豕：猪。）㊀一种分裂肢体的刑罚。《韩非子·内储说上》："采金之禁，得而辄（zhé）辜～于市。"（禁：法令。辄：总是，就。辜：一种分裂肢体的刑罚。）

辙（轍） zhé ❶ 车轮压出的痕迹。《左传·庄公十年》："下视其～。"❷ 车行的路线。杜甫《自京赴奉先县咏怀五百字》："北辕就泾渭，官渡又改～。"

者 zhě ❶ 代词。指人、物、事、时间、地点等。可以译为"的"或"的人"、"的东西"、"的事情"。《老子·七十七章》："高～抑之，下～举之。"《商君书·去强》："治国能令贫～富。"❷ 代词。用在数词后面，可译为"个"、"样"。《三国志·吴书·周瑜传》："此数四～，用兵之患也。"（数四：三四个。患：祸害。）❸ 代词。用在"今"、"昔"等时间词的后面，表示"……时候"。《庄子·齐物论》："昔～十日并出。"（十日：十个太阳。）❹ 代词。放在主语后面，引出判断。《史记·陈涉世家》："陈胜～，阳城人也。"❺ 代词。放在主语后面，引出原因。《战国策·齐策一》："吾妻之美我～，私我也。"

赭 zhě ❶ 红土。《管子·地数》："上有～者，下有铁。"㊀红褐色。徐弘祖《徐霞客游记·滇游日记》："石色～黄。"❷ 伐去树木，使山光秃秃。《史记·秦始皇本纪》："于是始皇大怒，使刑徒三千人皆伐湘山树，～其山。"

褶 zhě ❶ dié 夹衣。《礼记·玉藻》："帛为～。"❷ 衣、裙的褶纹。张祜《观杭州柘枝》诗："看著遍头香袖～。"

襵 zhě 衣、裙的褶纹。刘遵《应令咏舞》："履度开裙～，鬟转匝花钿。"

柘 zhè ❶ 一种常绿灌木。木材可染黄赤色。陆厥《奉答内兄希叔》诗："归来翳桑～，朝夕异凉温。"［柘袍］古代皇帝穿的黄袍。欧阳玄《陈抟睡图》诗："陈桥一夜～～黄。"❷ 通"蔗"。甘蔗。宋玉《招魂》："有～浆些。"

鹧（鷓） zhè ［鹧鸪］鸟名。左思《吴都赋》："～～南翥而中留，孔雀綷羽以翱翔。"

ZHEN

贞（貞） zhēn ❶ 占卜。《周礼·春官·天府》："以～来岁之媺（měi）恶。"（来岁：来年，第二年。媺：美，善。）❷ 坚定，有操守。《史记·赵世家》："且夫～臣也难至而节见。"（且夫：而且，再说。难：灾难。节：气节。见：现。）成语有"坚贞不屈"。㊕封建礼教的一种道德观念，指妇女不改嫁等。《史记·田单列传》："～女不更二夫。"（更：指改嫁。）❸ 正。《尚书·太甲下》："一人元良，万邦以～。"《老子·三十九章》："侯王得一以为天下～。"

桢（楨） zhēn ❶ 一种质地坚硬的树。《山海经·东山经》："太山上多金玉、～木。"❷［桢干］1. 筑土墙时两头用的柱子叫"桢"，两边用的木板叫"干"。《尚书·费誓》："峙乃～～，甲戌我惟筑。"（准备你们的桢干，甲戌那天我要筑工事。）2. 比喻支柱、骨干。《三国志·吴书·陆凯传》："皆社稷之～～，国家之良辅。"（社稷：指国家。）

祯（禎） zhēn （旧读 zhēng）吉祥。《诗经·周颂·维清》："迄用有成，维周之～。"《汉书·宣帝纪》："神光并见，咸受～祥。"

珍 zhēn ❶ 珍宝。《荀子·解蔽》："远方莫不致其～。"（致：送给。）㊀珍味。《吕氏春秋·顺民》："味禁～，衣禁袭。"（袭：

重。)㉛宝贵的,珍贵的。李白《古风五十九首》之五十四:"凤鸟鸣西海,欲集无～木。"(集:鸟落在树上。木:树。) ❷ 珍惜,珍爱。《后汉书·黄琼传》:"盖圣贤居身之所～也。"李白《古风五十九首》之一:"绮丽不足～。"(绮丽:美丽。)【辨】珍,宝。"珍"、"宝"都可以指宝贵的东西,但有时具体所指不同。如钟鼎等器物称"宝"不称"珍",稀有的禽、木和精美的食物称"珍"不称"宝"。"珍藏"和"宝藏"意思不同。

真 zhēn ❶ 本性,本质。《庄子·齐物论》:"无益损乎其～。"(益损:增减。) ❷ 真实。《汉书·宣帝纪》:"使～伪毋相乱。"(毋:不要。)成语有"真知灼见"。㉛原来的。《汉书·河间献王德传》:"从民得善书,必为好写与之,留其～。" ❸ 真诚。《荀子·劝学》:"～积力久则入。"(入:入门。) ❹ 的确,实在(后起意义)。杜甫《莫相疑行》:"牙齿欲落～可惜。"

砧(碪) zhēn ❶ 捣衣石。谢惠连《捣衣》诗:"檷高～响发,楹长杵声哀。"李贺《龙夜吟》:"寒～能捣百尺练。" ❷ 通"椹"。砧板。孙光宪《北梦琐言》七:"馋犬舐鱼～。"㉜古代杀人刑具。韩愈《元和圣德诗》:"解脱挛索,夹以～斧。"

蓁 zhēn ❶ [蓁蓁]草木繁盛的样子。《诗经·周南·桃夭》:"桃之夭夭,其叶～～。"张衡《思玄赋》:"佪(xì)河林之～～兮,伟《关雎》之戒女。"(佪:休息,止息。)㉜积聚的样子。宋玉《招魂》:"蝮蛇～～,封狐千里些。" ❷ 丛生的荆棘。《庄子·徐无鬼》:"众狙见之,恂然弃而走,逃于深～。"

溱 zhēn ❶ 古水名。流经今河南境内。《诗经·郑风·溱洧》:"～与洧(wěi),方涣涣兮。"(洧:水名。) ❷ [溱溱]众多的样子。《诗经·小雅·无羊》:"旐维旟矣,室家～～。"

榛 zhēn ❶ 一种落叶乔木。《诗经·小雅·青蝇》:"营营青蝇,止于～。"宋玉《高唐赋》:"～林郁盛。"㉜榛树的果实。《礼记·内则》:"枣栗～柿,瓜桃李梅。" ❷ 树丛。左思《招隐诗二首》其二:"经始东山庐,果下自成～。"[榛榛]草木盛的样子。班昭《东征赋》:"睹蒲城之丘墟兮,生荆棘之～～。"

臻 zhēn 到,到达。《诗经·小雅·雨无正》:"如彼行迈,则靡所～。"《后汉书·冯衍传》:"元元无聊,饥寒并～。"㉛极尽。《旧唐书·文苑传下·王维》:"书画特～其妙。"

椹 zhēn ❶ 砧板。《战国策·秦策三》:"今臣之胸不足以当～质。" ❷ 箭靶。《周礼·夏官·司弓矢》:"王弓弧弓,以授射甲革～质者。" ❸ shèn 桑葚。《三国志·魏书·武帝纪》裴注引《魏书》:"军人仰食桑～。" ❹ shèn 一种树菌。张华《博物志》三:"江南诸山郡中大树断倒者,经春夏生菌,谓之～。"

斟 zhēn ❶ 舀。屈原《天问》:"彭铿～雉帝何飨(xiǎng)。"(彭铿:人名。雉:鸟名,俗称野鸡。此指雉羹。帝:指尧。飨:享用。)㉛往杯子或碗里倒(一般多指酒和茶)。李白《悲歌》:"主人有酒且莫～。" ❷ [斟酌] 1. 斟酒,往杯里或碗里倒酒。苏武《诗四首》之一:"我有一樽(zūn)酒……愿子留～～。"(樽:古代盛酒的器具。) 2. 反复衡量考虑。诸葛亮《出师表》:"～～损益。"(损益:加一点或减一点。) ❸ 带汁的肉。《史记·张仪列传》:"厨人进～。"

甄 zhēn ❶ 制作陶器的转轮。潘尼《释奠颂》:"若金受范,若埴在～。"(范:模子。埴:陶土。)㉜制作陶器。《汉书·董仲舒传》:"夫上之化下,下之从上,犹泥之在钧,唯～者之所为。" ❷ 培养,造就。任昉《为范始兴作求立太宰碑表》:"臣里闾孤贱,才无可～。"[甄陶] 1. 制作陶器。《盐铁论·力耕》:"使治家养生必于农,则舜不～～而伊尹不为庖。" 2. 培养,造就。何晏《景福殿赋》:"～～国风。"(风:风气。) ❸ 鉴别。李白《与韩荆州书》:"山涛作冀州,～拔三十余人。"(山涛:人名。作冀州:担任冀州刺史。) ❹ 表明,表扬。颜延之《阳给事诔》:"义有必～。"《后汉书·孔奋传》:"为政明断,～善疾非。" ❺ 军队的左右两翼叫"甄"。《晋书·周访传》:"使将军李恒督左～,许朝督右～。"(李恒、许朝:人名。)

箴 zhēn ❶ 针。《荀子·大略》:"今夫亡～者,终日求之而不得。"(亡:丢失。)这个意义后来写作"针"。 ❷ 规劝,劝告。《左传·宣公十二年》:"～之曰:'民生在勤,勤则不匮。'" ❸ 一种文体,用于规诫。如扬雄的《州箴》、《官箴》。

诊(診) zhěn ❶ 诊察,诊断。《史记·扁鹊仓公列传》:"齐侍御史成自言病头痛,臣意～其脉。"(意:人名。)《列子·力命》:"其子弗晓,终谒三医,一曰矫氏,二曰俞氏,三曰卢氏,～其所疾。" ❷ 考察。《汉书·董贤传》:"莽疑其诈死,有司奏请发贤棺,至狱～视……贤既见发,赢～其尸,因埋狱中。"

抮 zhěn 转，变化。《淮南子·精神》："以不化应化，千变万～而未始有极。"

轸（軫） zhěn ❶ 车厢底部后面的横木。《周礼·考工记·总叙》："车～四尺。"㊀车子。《后汉书·黄琼传》："往车虽折，而来～方遒（qiú）。"（往：去。方：正。遒：急。）❷ 弦乐器上转动弦线的轴。《魏书·乐志》："中弦须施～如琴，以～调声。"㊀琴。李白《北山独酌寄韦六》诗："坐月观宝书，拂霜弄瑶～。"❸ 转动。扬雄《太玄·玄摛》："反覆其序，～转其道也。"（四季的次序不断反复，轮转运行是它的规律。）❹ 悲痛。屈原《九章·哀郢》："出国门而～怀兮，甲之鼂吾以行。"（国门：京都的城门。）❺ 通"畛"。田间的路。阮籍《咏怀》之六："昔闻东陵瓜，近在青门外，连～距阡陌，子母相拘带。"

畛 zhěn ❶ 井田沟上的小路。《诗经·周颂·载芟》："徂隰徂～。"（徂：往，到。隰：新开垦的田地。）㊁田间的路。左思《吴都赋》："其四野，则～畷（zhuì）无数。"（畷：田间小道。）❷ 界限。《淮南子·俶真》："而浮扬乎无～崖之际。"

袗 zhěn ❶ 黑衣。《说文·衣部》："袗，玄服。"❷ 单衣。又为穿单衣。《论语·乡党》："当暑，～絺绤，必表而出之。"潘岳《内顾诗》之一："初征冰未泮，忽焉～絺绤。"❸［袗衣］绣着文采的衣服。《孟子·尽心下》："及其为天子也，被～衣，鼓琴。"❹［袗玄］上下同为黑色的衣裳。《仪礼·士冠礼》："兄弟毕～～。"

紾 zhěn ❶ 转，变化。《淮南子·精神》："祸福利害，千变万～。"㊀盘曲。《淮南子·本经》："大钟鼎，美重器，华虫疏镂，以相缪～，寝兕伏虎，蟠龙连组。"㊀扭转。《孟子·告子下》："～兄之臂而夺之食。"❷ tiǎn 纹理粗糙。《周礼·考工记·弓人》："老牛之角～而昔。"（昔：指不鲜润。）

枕 zhěn ❶ 枕头。《战国策·齐策四》："三窟已就，君姑高～为乐矣。"（姑：暂且。高枕：把枕头垫高。）❷ zhèn 枕着。《晋书·刘琨传》："～戈待旦。"㊁临近，靠近。《汉书·严助传》："北～大江。"

裖 zhěn ❶ 同"袗"。黑衣。《说文·衣部》："袗或从辰。"❷ 重叠的样子。宋玉《高唐赋》："盘岸巑岏，～陈硙硙。"

缜（縝） zhěn ❶ 周密，细致。《南史·孔休源传》："累居显职，性～密，未尝言禁中事。"（尝：曾经。禁中：宫里。）颜延之《祭屈原文》："玉～则折。"❷ 通"鬒"。头发稠而黑。谢朓《晚登三山还望京邑》诗："有情知望乡，谁能～不变。"

鬒（黰） zhěn 头发稠而黑。《诗经·鄘风·君子偕老》："～发如云，不屑髢（dí）也。"（髢：假发。）《左传·昭公二十八年》："昔有仍氏生女，～黑而甚美。"

阵（陣） zhèn ❶ 两军交战时队伍的行列。《南史·梁元帝纪》："帝出枇杷门，亲临～督战。"成语有"严阵以待"。㊁军队布置的局势。《后汉书·礼仪志中》："兵官皆肄（yì）孙、吴兵法六十四～。"（肄：学习，练习。）❷ 量词。表示事情或动作经过的段落。王安石《夜直》诗："翦翦轻风～～寒。"

纼（紖） zhèn 牛鼻绳。《礼记·少仪》："牛则执～，马则执靮（dí）。"（靮：马缰绳。）

鸩[1]（鴆） zhèn ❶ 传说一种有毒的鸟，喜欢吃蛇，羽毛为紫绿色，放在酒中能毒死人。《山海经·中山经》："女儿之山……其鸟多白鷮，多翟，多～。"（女儿：山名。鷮、翟：鸟名。）❷ 用鸩的毛泡成的毒酒。《晋书·庾怿传》："遂饮～而卒。"成语有"饮鸩止渴"。这个意义又写作"酖"。㊀用鸩酒杀人。《国语·鲁语上》："使医～之。"《汉书·王莽传下》："莽～杀孝平帝。"

鸩[2]（酖） zhèn 毒酒。《史记·吕不韦列传》："吕不韦自度稍侵，恐诛，乃饮～而死。"

振 zhèn ❶ 挥动，抖动。贾谊《过秦论上》："～长策而御宇内。"（策：马鞭。御：驾驭，控制。宇内：天下。）潘岳《西征赋》："弹冠～衣。"❷ 奋起，振作。《吕氏春秋·孟春纪》："东风解冻，蛰虫始～。"（蛰虫：冬眠的虫。）陈亮《上孝宗皇帝第一书》："以励群臣，以～天下之气。"（励：鼓励。）❸ 整顿。《史记·平津侯主父列传》："诸侯春～旅，秋治兵，所以不忘战也。"（旅：军队。）❹ 救济。《后汉书·赵典传》："散家粮以～穷饿。"成语有"振民育德"。这个意义后来写作"赈"。㊀挽救。《韩非子·五蠹》："智困于内而政乱于外，则亡不可～也。"❺ 通"震"。震动。《史记·蒙恬列传》："是时蒙恬威～匈奴。始皇甚尊宠蒙氏，信任贤之。"（是时：这时。）❻［振古］自古。《诗经·周颂·载芟》："匪今斯今，～～如兹。"【辨】振，震。"振"的本义是振动，"震"的本义是雷震。所以物体或人本身颤动写作"震"，而人挥动别的东西以及由此产生的引申义写作

"振"。

赈(賑) zhèn ❶ 救济。《后汉书·伏湛传》："悉分奉禄以～乡里。"❷ 富裕。张衡《西京赋》："郊甸之内，乡邑殷～。"

震 zhèn ❶ 疾雷。《左传·隐公九年》："大雨～电。"[又]雷击。《春秋·僖公十五年》："己卯晦，～夷伯之庙。"❷ 震动。《三国志·吴书·吴主传》："是岁地连～。"(是岁：这年。)《后汉书·隗嚣传》："由此名～西州，闻于山东。"[引]惊恐，害怕。《三国志·蜀书·马超传》："城中～怖。"❸ 威风，威严。《左传·文公六年》："辰嬴贱，班在九人，其子何～之有。"❹ shēn 通"娠"。怀胎。《左传·昭公元年》："邑姜方～大叔。"(邑姜、大叔：人名。)❺ 八卦名。代表雷。见139页"卦"字。【辨】振，震。见526页"振"字。

朕 zhèn ❶ 第一人称代词。我，我的。《尚书·汤誓》："～不食言。"屈原《离骚》："帝高阳之苗裔兮，～皇考曰伯庸。"(皇考：称死去的父亲。)❷ 秦始皇以后专用为皇帝的自称。《史记·秦始皇本纪》："～为始皇帝。"❸ 征兆，迹象。《庄子·应帝王》："而游无～。"(遨游天下而不留迹象。)

揕 zhèn 刺。《战国策·燕策三》："臣左手把其袖，而右手～其胸。"

镇(鎮) zhèn ❶ 压。枚乘《上书谏吴王》："系方绝，又重～之。"(系方绝：绳子将要断。)[又]压物的东西。屈原《九歌·湘夫人》："白玉兮为～。"❷ 压抑，抑制。屈原《九章·抽思》："愿摇起而横奔兮，览民尤以自～。"(摇起横奔：指远走高飞。览：看。尤：指疾苦。)❸ 震慑，镇住。《三国志·蜀书·诸葛亮传》："威～凶暴，功勋显然。"(显然：显著。)[引]镇守。《三国志·蜀书·诸葛亮传》："魏明帝西～长安。"[又]镇守国家的重要人物。《国语·晋语五》："赵孟敬哉！夫不忘恭敬，社稷之～也。贼国之～不忠。"❹ 安定。《史记·高祖本纪》："～国家，抚百姓。"❺ 市镇(后起意义)。《宋史·岳飞传》："飞进军朱仙～。"❻ 土星。《素问·气交变大论》："上应～星。"

ZHENG

争 zhēng ❶ 争夺，竞争。《韩非子·说林下》："～肥饶之地。"《史记·高祖本纪》："上问左右，左右～欲击之。"❷ 争辩，争论。《战国策·赵策三》："鄂侯～之急，辨之疾。"(辨：通"辩"。争辩。)❸ zhèng 规劝。《后汉书·王充传》："以数谏～不合，去。"(以：因为。)《世说新语·方正》："周、王诸公并苦～恳切。"这个意义后来写作"诤"。

峥 zhēng [峥嵘] 1. 山势高峻的样子。左思《蜀都赋》："经三峡之～～。"2. 深险的样子。《汉书·西域传》："临～～不测之深。"

铮(錚) zhēng [铮铮]金属相击发出的声音。欧阳修《秋声赋》："其触于物也，鏦鏦～～，金铁皆鸣。"[喻]刚强。《后汉书·刘盆子传》："卿所谓铁中～～，佣中佼佼者也。"[喻]有名声。《世说新语·赏誉》："洛中～～冯惠卿。"

筝 zhēng 古代一种弦乐器。张衡《南都赋》："弹～吹笙，更为新声。"杜甫《遣闷》诗："哀～犹凭几，鸣笛竟沾裳。"[风筝] 1. 檐前铁马。杜甫《冬日洛城北谒玄元皇帝庙》诗："～～吹玉柱，露井冻银床。"2. 纸鸢。陈沂《询刍录·风筝》："即纸鸢……如筝鸣，俗呼～～。"

鬇 zhēng [鬇鬡] 1. 毛发乱的样子。韩愈等《征蜀联句》："怒须犹～～。"《寒山诗》五十八："我见百十狗，个个毛～～。"2. 凶恶的样子。元稹《酬独孤二十六送归通州》诗："下观～～辈，一扫冀不存。"

征¹ zhēng ❶ 出征，远行。《左传·僖公四年》："昭王南～而不复。"(复：返。)元稹《答姨兄胡灵之见寄五十韵》："俄随旅雁～。"(俄：一会儿。旅：旅行。)❷ 征伐。《汉书·李广传》："振旅抚师，以～不服。"❸ 争夺，索取。《孟子·梁惠王上》："上下交～利，而国危矣。"❹ 赋税。《孟子·尽心下》："有布缕之～。"[又]征税。《管子·五辅》："关几而不～。"(关几：关卡设检查。)

征²(徵) zhēng ❶ 召，征召。特指君召臣。《史记·吕太后本纪》："赵相～至长安，乃使人复召赵王。"❷ 追究，追问。《左传·僖公四年》："寡人是～。"(寡人追究这件事。寡人：国君自称。)❸ 证明。《荀子·性恶》："善言天者必有～于人。"(善于说天的道理的人，必须用人所做的事来证明。)❹ 应验。如"休征"(好的应验)、"咎征"(不好的应验)。[引]迹象，预兆。《史记·项羽本纪》："兵未战而先见败～。"❺ 求，取。《战国策·宋卫策》："梁王伐邯郸而～师于宋。"《北齐书·苏琼传》："州计户～租。"❻ 征税。《唐会要》卷八十四:“据诸州府应～两税。”【注意】在古代,“征”和“徵”是两个字,除“征收赋税”的意义外,其他意义各不相同。“徵”还音 zhǐ,五音之一(参见 533 页“徵”字)。现“徵”简化为“征”,但五音的“徵”不简化。

怔 zhēng ❶[怔忪(zhōng)]惊惧的样子。《潜夫论·救边》:“羽檄狎至,乃复～～如前。”又写作“征忪”。❷[怔营]惶恐不安的样子。《后汉书·蔡邕传》:“～～怖悸。”又写作“征营”、“正营”。

钲(鉦) zhēng ❶古乐器,形似钟而狭长,战争中击鼓进军,鸣钲收兵。陈琳《檄吴将校部曲文》:“～鼓一动,二方俱定。”❷古乐器,圆形如锣。苏轼《新城道中》诗:“岭上晴云披絮帽,树头初日挂铜～。”

症(癥) zhēng 病名。腹内结块。《史记·扁鹊仓公列传》:“以此视病,尽见五藏～结。”后“症结”引申为问题的关键。纪昀《阅微草堂笔记》卷十八:“故言可行,皆洞见～结之论。”【注意】古代“癥结”的“癥”不写作“症”。古代病的症状写作“證”,后来俗字作“症”(zhèng),音义和“癥”都不相同。现“癥”简化为“症”。但“症结”的“症(zhēng)”和“病症”的“症(zhèng)”音义都不同。

烝 zhēng ❶用火烘烤。《荀子·性恶》:“枸(gōu)木必将待檃栝(yǐn kuò)～矫然后直。”(弯曲的木头一定要经烘烤、用工具矫正才能直。檃栝:矫正弯曲木头所用的工具。)❷用热气蒸。《世说新语·轻诋》:“君得哀家梨,当复不～食不?”(引)热气盛。苏辙《病愈》诗:“炎～度三伏,晻暖觉中虚。”❸进献。《诗经·周颂·丰年》:“为酒为醴,～畀祖妣。”❹以下淫上。指与母辈通奸。《左传·庄公二十八年》:“晋献公……～于齐姜。”(齐姜:晋献公之父晋武公的妃子。)❺众,多。《诗经·大雅·烝民》:“天生～民。”❻祭祀。特指冬祭。《礼记·王制》:“尝则不～。”(尝:秋祭。)

蒸 zhēng ❶细小的木柴。《淮南子·主术》:“冬伐薪～。”(薪:大木柴。)❷气体上升。《后汉书·冯衍传》:“风兴云～,一龙一蛇。”(又)用热气蒸。贾思勰《齐民要术·蒸缹法》:“著甑(zèng)中～之取熟。”(著:置,放。甑:做饭的一种瓦器。)❸众,多。应璩《与从弟君苗君胄书》:“济～人于涂炭。”(济:救。)[蒸庶][蒸黎]百姓。《史记·淮南衡山列传》:“泛爱～庶,布德施惠。”《晋书·元帝纪》:“知～黎不可以无主。”❹祭祀,特指冬祭。《国语·鲁语下》:“社而赋事,～而献功。”(社:春分祭社。)

拯 zhěng 从水里救出淹溺的人。《左传·宣公十二年》:“目于眢(yuān)井而～之。”(眢井:枯井。)(泛)拯救,救援。《论衡·感虚》:“田出谷以～饥。”【辨】拯,救。在“拯救”的意义上,“拯”与“救”是同义词。在“止”、“助”的意义上,一般用“救”不用“拯”。

整 zhěng ❶整齐,有秩序。《左传·隐公九年》:“戎轻而不～。”❷端庄,严肃。《北齐书·刘世清传》:“情性甚～,周慎谨密。”❸整顿,调整。《诗经·大雅·皇矣》:“爰～其旅。”(爰:乃。旅:军队。)

正 zhèng ❶不偏,不斜。《荀子·君道》:“仪～而景(yǐng)～。”(仪:用来测定时刻的日晷。景:影子。)(引)正当,合适。《管子·立政》:“～道捐弃而邪事日长。”(捐弃:抛弃。)❷人的行为正派、正直、公正。《盐铁论·论儒》:“子瑕,佞(nìng)臣也,夫子因之,非～也。”(佞:巧言献媚。因:依靠。)❸纠正,使……正。《荀子·王制》:“～法则,选贤良。”❹正。与“副”相对。《隋书·经籍志一》:“补续残缺,为～副二本,藏于宫中。”❺长官。《左传·哀公元年》:“(少康)为仍牧～……逃奔有虞,为之庖～。”(仍、有虞:都是国名。)❻恰好,正好。《世说新语·文学》:“～在有意无意之间。”辛弃疾《摸鱼儿·淳熙己亥》:“斜阳～在烟柳断肠处。”(又)只,仅。《世说新语·自新》:“乃自吴寻二陆,平原不在,～见清河。”(平原、清河:指陆机、陆云。)❼表示动作的进行,状态的持续。《汉书·燕剌王旦传》:“～讙(huān)不可止。”(讙:喧哗。)❽zhēng 箭靶中心。《诗经·齐风·猗嗟》:“终日射侯,不出～兮。”(侯:箭靶。)❾zhēng 阴历每年第一个月叫“正月”。《三国志·吴书·吴主传》:“三年春～月。”

諍[1] zhèng 谏诤。《战国策·齐策一》:“士尉以～靖郭君,靖郭君不听。”此字不简化为“证”。

证[2]**(證)** zhèng ❶告,告发。《论语·子路》:“其父攘羊,而子～之。”❷证实,验证。屈原《九章·惜诵》:“故相臣莫若君兮,所以～之不远。”❸证据。《大戴礼记·文王官人》:“平心去私,慎用六～。”❹病症。《列子·周穆王》:“其父之鲁,过陈,遇老聃,因告其子之～。”

这个意义后来写作“症”。❺ 通“証”。谏诤。《吕氏春秋·诬徒》：“愎过自用，不可～移。”

政 zhèng ❶ 政治，政事。《左传·襄公十七年》：“大乱宋国之～。”[又]政策，法令。《礼记·乐记》：“礼乐刑～，其极一也。”❷ 通“正”。正直，公正。《韩非子·难三》：“故群臣公～而无私。”❸ 通“正”。恰好。《南齐书·丘灵鞠传》：“身昔为州职，诣领军谢晦，宾主坐处，～如今日。”[又]只，仅。《宋书·沈庆之传》：“骑马履行园田，～一人视马而已。”❹ zhēng 通“征”。征伐。《史记·范雎蔡泽列传》：“～适伐国，莫敢不听。”（适：通“敌”。）

郑(**鄭**) zhèng ❶ 周代诸侯国，在今河南新郑一带。[引]郑声，郑国的音乐。当时认为是淫靡之音。《左传·襄公二十九年》：“为之歌～，曰：‘美哉！其细已甚，民弗堪也，是其先亡乎？’”[引]不正的，低俗的。常“雅郑”连用。刘勰《文心雕龙·体性》：“然才有庸俊，气有刚柔，学有浅深，习有雅～。”❷［郑重］1. 频繁。《汉书·王莽传》：“然非皇天所以～～降符命之意。”2. 殷勤。白居易《庾顺之以紫霞绮远赠以诗答之》：“千里故人心～～。”[引]严肃认真。成语有“郑重其事”。

诤(**諍**) zhèng ❶ 以直言劝告，使人改正错误。《三国志·吴书·吴主传》：“今孤自省无桓公之德，而诸君谏～未出于口。”（孤：帝王自称。自省：检查自己。桓公：齐桓公。）❷ zhēng 通“争”。争夺。《战国策·秦策二》：“今两虎～人而斗，小者必死，大者必伤。”❸ zhēng 通“争”。争论，争辩。谢灵运《斋中读书》诗：“虚馆绝～讼。”（诤讼：争论。）

ZHI

之 zhī ❶ 到……去。《孟子·告子下》：“宋牼将～楚，孟子遇于石丘。”（宋牼、孟子：人名。石丘：地名。）《汉书·高帝纪上》：“沛公引兵～薛。”（沛公：刘邦。薛：地名。）❷ 第三人称代词。他、她、它（们）。《汉书·高帝纪下》：“贤士大夫有肯从我游者，吾能尊显～。”《史记·滑稽列传》：“使吏卒共抱大巫妪（yù），投～河中。”（大巫妪：老巫婆。投之河中：把她投入河里。）《论语·学而》：“学而时习～。”❸ 指示代词。这，此。《诗经·周南·桃夭》：“～子于归。”（这个女子出嫁。）《庄子·逍遥游》：“～二虫又何知？”（这两个动物又懂什么？）❹ 相当于现代汉语助词“的”，放在定语和中心语之间。《诗经·召南·羔羊》：“羔羊～皮。”有时放在主语和谓语之间，取消句子的独立性。《左传·僖公四年》：“不虞君～涉吾地也。”（虞：料想。涉：进入。）《庄子·逍遥游》：“鹏～徙于南冥也，水击三千里。”（徙：迁移。南冥：南边的大海。）

芝 zhī ❶ 灵芝草。一种菌类植物。《论衡·验符》：“～生于土。”❷ 白芷。一种香草。常“芝兰”连用。《荀子·王制》：“好我芳若～兰。”（好：喜欢。）

支 zhī ❶ 枝。《诗经·卫风·芄兰》：“芄兰之～。”《汉书·晁错传》：“～叶茂接。”这个意义后来写作“枝”。[引]动物或人体的四肢。枚乘《七发》：“四～委随。”（委随：柔弱。）这个意义后来写作“肢”。[又]分支。《史记·秦始皇本纪》：“率其～属徙居野王。”（徙：迁移。野王：地名。）李端《送郑宥入蜀迎觐》诗：“巴水一～长。”❷ 支撑。王通《中说·事君》：“大厦将颠，非一木所～也。”（颠：倾倒。）[又]支持。《国语·越语下》：“皆知其资财之不足以～长久也。”[引]拒，抵御。《战国策·赵策二》：“韩、魏不能～秦，必入臣。”《史记·商君列传》：“魏不～秦，必东徙。”❸ 供给，支付。《汉书·赵充国传》：“足～万人一岁食。”（岁：年。）❹ 地支。见126页“干支”条。

枝 zhī ❶ 树的枝条。屈原《离骚》：“冀～叶之峻茂兮，愿俟时乎吾将刈。”[引]肢体，四肢。《管子·内业》：“耳目聪明，四～坚固。”这个意义后来写作“肢”。❷ 分支。《管子·度地》：“水别于他水，入于大水及海者，命曰～水。”《韩非子·说疑》：“内宠并后，外宠贰政，～子配适（dí），大臣拟主，乱之道也。”（适：嫡。）[又]分岔。《荀子·解蔽》：“心～则无知。”❸ 支撑。《庄子·齐物论》：“师旷之～策也，惠子之据梧也。”（策：竹杖。）[又]支持。《左传·桓公五年》：“蔡卫不～，固将先奔。”[引]抗御。刘向《新序·善谋》：“而劲齐韩魏之强，足以～于秦。”上述❷❸又写作“支”。❹ 量词。陆云《与兄平原书》：“书刀五枚，琉璃笔一～。”

肢 zhī 人或动物的四肢。《商君书·算地》：“劳其四～，伤其五脏。”

鳷 zhī ［鳷鹊］1. 汉章帝时条支国进贡的异鸟。《太平广记》卷四六一：“章帝永宁元年，条支国有来进异瑞，有鸟名～～，形高七尺，解人言。”2. 汉宫观名，在长安甘泉宫外。

Z

只²(隻) zhī ❶鸟一只。㉑单个。《公羊传·僖公三十三年》:"匹马～轮无反者。"(反:返。)㉒单数。《宋史·张洎传》:"肃宗而下,咸～日临朝,双日不坐。"❷量词。《后汉书·王乔传》:"于是候凫至,举罗张之,但得一～舄焉。"(罗:捕鸟网。舄:鞋。)【注意】在古代,"只"和"隻"是两个字,意义各不相同。上述义项都不写作"只"。现"隻"简化为"只"。参见532页"只¹"字。

卮(巵) zhī ❶古代盛酒的器皿。《战国策·齐策二》:"乃左手持～,右手画蛇。"(乃:就。)❷一种植物。《史记·货殖列传》:"巴蜀亦沃野,地饶～、姜、丹沙、石、铜、铁、竹、木之器。"(饶:多。)

栀(梔) zhī [栀子]木名。杜甫《栀子》诗:"～～比众木,人间诚未多。"也指其花。韩愈《山石》诗:"升堂坐阶新雨足,芭蕉叶大～～肥。"

汁 zhī ❶汁液。《左传·哀公三年》"犹拾渖也"杜预注:"北土呼～为渖(shěn)。"(渖:汁。)《列子·汤问》:"实丹而味酸,食其皮～,已愤厥之疾。"(已:指治好。)❷xié 通"叶(xié)"。和谐,协调。张衡《西京赋》:"五纬相～,以旅于东井。"(五纬:金、木、水、火、土五星。)

知 zhī ❶知道。《论语·为政》:"～之为～之,不～为不～,是～也。"㉒知觉,感觉。范缜《神灭论》:"手等亦应能有痛痒之～。"㉒知识。《庄子·养生主》:"吾生也有涯,而～也无涯。"❷见解,见识。《商君书·更法》:"有独～之虑者。"(虑:思虑。)❸了解,赏识。《史记·管晏列传》:"～我者鲍子也。"(鲍子:鲍叔牙。)《宋书·谢灵运传》:"从叔混特～爱之。"❹交好,相亲。司马迁《报任安书》:"绝宾客之～。"㉒知己,知心的人。鲍照《咏双燕》之一:"悲歌辞旧爱,衔泪觅新～。"(衔泪:噙着泪。觅:找寻。)❺主持。《左传·襄公二十六年》:"子产其将～政矣。"(子产:人名。)❻zhì 通"智"。聪明,智慧。《商君书·更法》:"～者见于未萌。"(萌:萌芽。)

鼅(鼅) zhī [鼅鼄]同"蜘蛛"。《三国志·魏书·管辂传》:"原自起取燕卵、蜂窠、～～著器中,使射覆。"又写作"鼅鼄"。

胝 zhī [胼胝]见309页"胼"字。

祗 zhī ❶恭敬。《荀子·非十二子》:"案饰其辞而～敬之。"(案:于是。)❷zhǐ(旧读zhī)仅仅,只。柳宗元《敌戒》:"废备自盈,～益为愈。"这个意义又写作"祇"、"衹"、"秖"、"秪"和"只"。今都写作"只"。【辨】祗,祇,衹,秖,秪,只。见532页"祇"字。

脂 zhī ❶动植物所含的油膏。《诗经·卫风·硕人》:"肤如凝～。"❷用脂膏涂车轴,使其润滑。杜甫《赤谷》诗:"我车已载～。"(载:动词词头。)❸含脂的化妆品,特指胭脂。《史记·佞幸列传》:"郎侍中皆冠鵔鸃(jùn yí),贝带,傅～粉。"(冠:戴。鵔鸃:有鸟毛装饰的帽子。贝带:有贝壳装饰的衣带。傅:擦。)

稙 zhī 早种早熟的谷物。《诗经·鲁颂·閟宫》:"黍稷重穋,～稚菽麦。"(稚:后种后熟的谷物。)贾思勰《齐民要术·种谷》:"二月三月种者为～禾,四月五月种者为稚禾。"

榰 zhī 柱子的基础。《说文·木部》:"榰,柱砥。"㉑支撑。《抱朴子·仙药》:"未得作丹,且可服之,以自～持耳。"

执(執) zhí ❶捉拿,拘捕。《公羊传·桓公十一年》:"涂出于宋,宋人～之。"❷握,持。《荀子·哀公》:"上车～辔(pèi)。"(辔:驾驭牲口的缰绳。)㉑持有某种主张。《三国志·吴书·吴主传》:"惟瑜、肃～拒之议。"(瑜:周瑜。肃:鲁肃。拒:抵抗。)❸掌握,控制。《韩非子·扬权》:"圣人～要,四方来效。"(圣人:指君主。要:关键。效:效力,效劳。)㉑主持,主管。《淮南子·说山》:"～狱牢者无病。"[执政]主持政事者。《旧唐书·黄巢传》:"及巢见诏,大诟(gòu)～～。"(诟:斥骂。)❹执行,施行。《汉书·哀帝纪》:"有司～法,未得其中。"(有司:官吏。得其中:指妥当。)❺好友。《礼记·曲礼上》:"见父之～,不谓之进,不敢进。"

絷(縶) zhí ❶用绳索拴住马足。屈原《九歌·国殇》:"霾(mái)两轮兮～四马。"(霾:埋。)❷拴马足用的绳索。《诗经·周颂·有客》:"言授之～,以絷其马。"(言:动词词头。)《左传·成公二年》:"韩厥执～马前。"(韩厥:人名。)❸拘禁,束缚。《左传·成公九年》:"南冠而～者谁也?"韩愈《赴江陵途中》诗:"果然又羁～,不得归锄耰。"

直 zhí ❶直。与"曲"相对。《荀子·劝学》:"木受绳则～。"(受绳:指按墨线加工。)㉑行为正直。《商君书·修权》:"君好法,则端～之士在前。"㉒正确的道理。柳宗元《封建论》："告之以～而不改。"成语有"理直气壮"。❷ 面对，遇到。《汉书·刑法志》："魏之武卒，不可以～秦之锐士。"（魏：魏国。武卒：士兵。锐士：精兵。）《汉书·义纵传》："无～宁成之怒。"（宁成：人名。）㊀值班（后起意义）。特指在殿堂中值班，侍奉君主。《晋书·羊祜传》："悉统宿卫人～殿中。"（宿卫：在宫禁中值班的警卫。）❸ 价值。《史记·酷吏列传》："汤死，家产～不过五百金。"㊀工钱。《后汉书·班超传》："为官写书受～，以养老母。"这个意义后来写作"值"。❹ 副词。仅，只是。《孟子·梁惠王上》："～不百步耳，是亦走也。"❺ 副词。径直，一直。《史记·魏公子列传》："侯生摄敝衣冠，～上载公子上坐。"❻ 副词。特意。《史记·留侯世家》："至良所，～堕其履圯（yí）下。"（圯：桥。）

值 zhí ❶ 面对，遇到。《论衡·实知》："武库正～其墓。"《史记·酷吏列传》："宁见乳虎，无～宁成之怒。"（无：不要。宁成：人名。）㊁碰上……的时候。《世说新语·政事》："～积雪始晴。"㊀价值相当。梅尧臣《京师奉卖梅花》五首之五："移根种子谁辛苦，上苑偷来～几钱？"❷ 价值（后起意义）。《太平广记》卷二三六："授二百万赏其～。"蒲松龄《聊斋志异·王成》："钗～几何？"（几何：多少。）

埴 zhí 制作陶器用的黏土。《管子·任法》："犹～在埏（shān）也。"（埏：以水和土。）

植 zhí ❶ 关闭门户用的直木。《淮南子·本经》："县（xuán）联房～……雕琢刻镂。"（县联：房檐上的木板装饰物。）❷ 竖立。《论衡·吉验》："有一木杖～其门侧。"嵇康《养生论》："～发冲冠。"❸ 栽种。陶潜《归去来兮辞序》："耕～不足以自给。"李白《送郗昂谪巴中》诗："瑶草寒不死，移～沧江滨。"㊁植物。范缜《神灭论》："渐而生者，动～是也。"（动物和植物是逐渐生长的。）❹ 通"殖"。繁殖，生长。《淮南子·主术》："甘雨时降，五谷蕃～。"（蕃：茂盛。）❺ 古代军队中督办工事的将官。《左传·宣公二年》："华元为～，巡功。"（华元：人名。功：通"工"。工事。）

殖 zhí ❶ 繁殖，生长。《吕氏春秋·明理》："禽兽胎消不～。"《荀子·尧问》："草木～焉，禽兽育焉。"㊀增加，增长。《国语·周语上》："财用蕃～。"（蕃：繁多。）❷ 种植。《尚书·吕刑》："农～嘉谷。"（嘉：好。）㊀树立。《国语·周语下》："上得民心，以～义方。"❸ 经商。《列子·杨朱》："子贡～于卫。"（子贡：人名。卫：卫国。）[货殖] 1. 经商。《抱朴子·安贫》："～～营生，累万金之赀（zī）。"（赀：财产。）2. 经商的人。班固《西都赋》："州郡之豪杰，五都之～～。"

职（職） zhí ❶ 职责。《荀子·君道》："然后明分～。"㊁职业。《周礼·天官·大宰》："闲民无常～。"❷ 职位，官职。《后汉书·百官志一》："并官省～，费减亿计。"❸ 执掌，掌管。《管子·大匡》："有司～之。"《后汉书·张皓传》："～事八年，出为彭城相。"（彭城：地名。）❹ 主要。刘知几《史通·叙事》："史之烦芜，～由于此。"（史：史书。烦芜：繁杂。）❺ 贡献。《后汉书·孔融传》："是时荆州牧刘表不供～贡。"❻ zhì 通"识（zhì）"。记。《史记·屈原贾生列传》："章画～墨兮，前度未改。"

跖 zhí ❶ 脚掌。《吕氏春秋·用众》："善学者若齐王之食鸡也，必食其～数千而后足。"（足：满足。）❷ 踩，踏。张协《七命》："上无凌虚之巢，下无～实之蹊。"（蹊：路。）❸ 人名。传说是春秋时奴隶起义的领袖。上述❶❷❸都可以写作"蹠"。

馽 zhí 拴住马足的绳子。《庄子·马蹄》："连之以羁～，编之以皂栈。"㊁拴住牛马等的足。张衡《西京赋》："搤水豹，～潜牛。"㊄束缚。朱熹《与汪伯虞》："脱此羁～，归卧田间。"

摭 zhí 拾取，摘取。《论衡·逢遇》："犹拾遗于涂，～弃于野。"（涂：通"途"。遗：指丢失的东西。弃：指被抛弃的东西。）韦承庆《灵台赋》："游书圃而～芳。"

蹠（蹊） zhí ❶ 踩，踏。屈原《九章·哀郢》："眇不知其所～。"（眇：遥远。）❷ 到。《淮南子·原道》："自无～有，自有～无。"❸ 脚掌。《战国策·楚策一》："上峥山，逾深溪，～穿膝暴。"（蹠穿：指鞋破了，脚掌露出来。暴：露出来。）㊁脚（包括小腿和脚掌）。《淮南子·氾论》："～距者举远。"（腿长的人跨得远。距：大，长。）❹ 人名。传说是春秋时奴隶起义的领袖。

踯（躑） zhí [踯躅（zhú）]徘徊不前。《荀子·礼论》："（大鸟兽）过故乡，则必徘徊焉，鸣号焉，～～焉。"（焉：在那里。）

止 zhǐ ❶ 脚。《汉书·刑法志》："当斩左～者，笞（chī）五百。"（笞：用竹板打。）这个意义后来写作"趾"。❷ 停止。《庄子·齐物论》："曩（nǎng）子行，今子～。"（曩：以往。子：您。）《韩非子·难势》：

"令则行,禁则~。"㉛居住,栖息。《后汉书·张俭传》:"困迫遁走,望门投~。"《诗经·秦风·黄鸟》:"交交黄鸟,~于桑。"(交交:鸟鸣声。)❸禁止,阻止。《韩非子·有度》:"~诈伪,莫如刑。"《左传·桓公六年》:"随侯将许之,季梁~之。"(许:答应。季梁:人名。)❹副词。只是,仅仅。《庄子·天运》:"~可以一宿,而不可久处。"❺语气词。《诗经·小雅·车舝》:"高山仰~,景行行~。"(景行:大道。)

址(阯) zhǐ ❶地基,地址。张九龄《登古阳云台》诗:"楚国兹故都,兰台有余~。"(兹:这里。兰台:台名。)《北史·刘芳传》:"宫阙府寺佥复故~。"(佥:都。)❷山脚。王安石《游褒禅山记》:"褒禅山亦谓之华山,唐浮图慧褒始舍于其~。"(浮图:和尚。慧褒:和尚名。舍:筑屋。)

芷 zhǐ 白芷,一种香草。即"茝(chǎi)"。《荀子·宥坐》:"~兰生于深林。"(兰:兰草。)

沚 zhǐ 水中小洲。《诗经·小雅·菁菁者莪》:"菁菁者莪,在彼中~。"(中沚:沚中。)

祉 zhǐ ❶福。《诗经·大雅·皇矣》:"既受帝~,施于孙子。"❷喜。《诗经·小雅·巧言》:"君子如怒,乱庶遄(chuán)沮;君子如~,乱庶遄已。"(遄:迅速。沮、已:都是"止息"的意思。)

趾 zhǐ ❶脚。《左传·桓公十三年》:"举~高,心不固矣。"徐弘祖《徐霞客游记·滇游日记》:"行者俱不敢停~。"成语有"趾高气扬"。㊂脚趾。李时珍《本草纲目·土部》卷七:"足大~中~甲侧。"❷踪迹,行动所留下的痕迹。王勃《观佛迹寺》诗:"松崖圣~余。"(余:遗留。)❸通"址"。地基。左思《魏都赋》:"亭亭峻~。"(亭亭:高大。)㊂山脚。阮籍《咏怀》之三:"去上西山~。"

只[1] zhǐ ❶句末语气词,表示感叹或决定。《诗经·鄘风·柏舟》:"母也天~,不谅人~!"❷仅仅,只有。杜甫《示侄佐》诗:"~想竹林眠。"【辨】衹,祇,秖,秪,祗,只。见本页"衹"字。

枳 zhǐ 果树名,果似橘而酸。《晏子春秋·内篇杂下》:"橘生淮南则为橘,生于淮北则为~。"

轵(軹) zhǐ ❶古代车轴末端的小孔,用以插入销钉固定轮轴。《周礼·考工记·轮人》:"五分其毂之长,去一以为贤,去三以为~。"(贤:大孔。)㊂车錧。《周礼·考工记·总叙》:"六尺有六寸之轮,~崇三尺有三寸也。"❷古代车厢两侧的栏木。张衡《思玄赋》:"抚軨~而还睨兮,心勺藻其若汤。"

咫 zhǐ 古代的长度单位,周制八寸。《国语·鲁语下》:"其长尺有~。"(尺有咫:一尺八寸。)[咫尺]1.很短或很近。《韩非子·外储说左上》:"用~~之木。"李商隐《行次西郊作》诗:"~~不相见。"2.微小。《战国策·秦策五》:"虽有高世之名,无~~之功者,不赏。"

疻 zhǐ 因殴伤而瘀血。《汉书·薛宣传》:"遇人不以义而见~者,与痏(wěi)人之罪钧。"(痏:殴伤而出血。钧:均。)

旨 zhǐ ❶味美。《诗经·小雅·鹿鸣》:"我有~酒。"㉛美,美好。《尚书·说命中》:"王曰:'~哉!'"❷意思,意图。《周易·系辞下》:"其~远,其辞文。"《旧五代史·寇彦卿传》:"好书史,复善伺太祖之~。"❸帝王的诏书,命令(后起意义)。《旧唐书·刘洎传》:"陛下降恩~。"【辨】甘,旨。见126页"甘"字。

指 zhǐ ❶手指。《战国策·秦策三》:"臣未尝闻~大于臂,臂大于股。"(股:大腿。)㊂脚趾。《史记·高祖本纪》:"汉王伤胸,乃扪足,曰:'虏中吾~。'"(汉王:刘邦。)❷用手指,指向。《论语·八佾》:"~其掌。"❸指责。《汉书·王嘉传》:"千人所~,无病而死。"《论衡·是应》:"司南之杓,投之于地,其柢~南。"❹意思,意图。《尚书·盘庚上》:"不匿厥~。"(厥:其。)王安石《上皇帝万言书》:"孰能称陛下之~。"(孰:谁。称:合乎。)这个意义又写作"旨"。

恉 zhǐ 旨意。许慎《说文解字叙》:"究洞圣人之微~。"

抵 zhǐ ❶击,拍。《战国策·秦策一》:"~掌而谈,赵王大悦。"(按:今本讹作"抵"。)❷投掷,抛。张衡《东京赋》:"藏金于山,~璧于谷。"

衹(秖、秪) zhǐ (旧读 zhī)适,恰好,只。《左传·僖公十五年》:"晋未可灭,而杀其君,~以成恶。"《汉书·邹阳传》:"故无因而至前,虽出随珠和璧,~怨结而不见德。"【辨】衹,祇,秖,秪,祗,只。六个字都可以表示"适、恰好、只"的意思。"祇"(qí)的本义是"神","祗"(zhī)的本义是"敬"。"衹"、"秖"和"秪"是六朝以后的俗字。

黹 zhǐ 缝纫,刺绣。[针黹]缝纫、刺绣一类的针线活。王实甫《西厢记》:"~~

Z

女工，诗词书算，无不能者。”

徵 zhǐ ❶五音（宫、商、角、徵、羽）之一。见491页“音”字。❷zhēng见527页“征[2]（徵）”字。

至 zhì ❶到，到达。《左传·文公二年》：“秦师又～。”（师：军队。）《史记·李斯列传》：“官～廷尉。”❷极。最。《荀子·正论》：“罪～重而刑～轻。”⊗达到了顶点。《史记·春申君列传》：“物～则反。”❸至于。《墨子·非攻上》：“～攘人犬豕鸡豚者，其不义又甚入人园圃窃桃李。”

桎 zhì ❶拘束犯人两脚的刑具，常“桎梏”连用。《战国策·齐策六》：“束缚～梏，辱身也。”❷约束，束缚。《庄子·达生》：“其灵台一而不～。”（灵台：指心。一：专一。）

轾（輊） zhì 车子前面重而前低后高。《诗经·小雅·六月》：“戎车既安，如～如轩。”（轩：车子后面重而前高后低。）《三国志·蜀书·郤正传》：“不乐前以顾轩，不就后以虑～。”

致 zhì ❶送达。《荀子·解蔽》：“远方莫不～其珍。”[引]献出，尽。《论语·学而》：“事君能～其身。”《后汉书·臧洪传》：“凡我同盟，齐心一力，以～臣节。”[引]传达，表达。《汉书·朱博传》：“遣吏存问～意。”（存问：慰问。）双音词有“致谢”、“致敬”。❷招引，引来。《盐铁论·本议》：“～士民，聚万货。”《汉书·公孙弘传》：“～利除害。”[引]取得。《韩非子·外储说左上》：“忠言拂于耳，而明主听之，知其可以～功也。”（拂：违背，不顺。）⊗致使。潘岳《藉田赋》：“展三时之弘（hóng）务，～仓廪于盈溢。”（三时：指春、夏、秋三季。）❸到。《周髀算经》：“引绳～地而识（zhì）之。”❹尽，极。《荀子·仲尼》：“非～隆高也。”（隆：高。）❺意态，情趣。《魏书·茹皓传》：“树草栽木，颇有野～。”双音词有“兴致”、“情致”。❻精密，细密。《汉书·严延年传》：“桉其狱，皆文～不可得反。”（检查他的狱案，文理致密，不可推翻。桉：考察。）

铚（銍） zhì ❶镰刀。《管子·轻重乙》：“一农之事，必有一耜、一铫、一镰、一鎒、一椎、一～，然后成为农。”⊗用镰刀割。《诗经·周颂·臣工》：“命我众人，庤（zhì）乃钱镈，奄观～艾（yì）。”（艾：刈。收割。）❷割下的禾穗。《尚书·禹贡》：“二百里纳～。”

窒 zhì 阻塞，不通。《诗经·豳风·七月》：“穹～熏鼠。”[引]抑止。《周易·损》：“君子以惩忿～欲。”

志[1] zhì ❶心意。《尚书·舜典》：“诗言～。”（诗歌是表达内心思想的。）⊗志向。《史记·陈涉世家》：“燕雀安知鸿鹄（hú）之～哉！”（安：哪里。鸿鹄：天鹅。）成语有“志同道合”、“志大才疏”。⊗对……有志。《论语·为政》：“吾十有五而～于学。”❷记，记住。《史记·屈原贾生列传》：“博闻强～。”❸记述。《庄子·逍遥游》：“齐谐者，～怪者也。”（齐谐是一部记载异闻的书。齐谐：书名。）⊗记事的书或文章。如《三国志》、县志。上述❷❸⊗后来又写作“誌”。❹通“帜”。旗帜。《史记·刘敬叔孙通列传》：“设兵，张旗～。”

志[2]**（誌）** zhì ❶记，记住。《新唐书·褚亮传》：“博见图史，一经目辄～于心。”（图：图表。史：史籍。辄：就。）❷记述。《列子·杨朱》：“太古之事灭矣，孰～之哉？”⊗记事的书或文章。如“碑志”、“墓志”。❸标志，标记。《南齐书·韩系伯传》：“襄阳土俗，邻居种桑树于界上为～。”❹通“痣”。皮肤上生的斑痕。《南齐书·江祏传》：“高宗胛上有赤～。”（胛：肩胛。）

豸 zhì ❶没有脚的虫子。《尔雅·释虫》：“有足谓之虫，无足谓之～。”❷解决。《左传·宣公十七年》：“余将老，使郤子逞其志，庶有～乎。”（余：我。郤子：人名。逞：施展。庶：可能。）

忮 zhì ❶忌恨。《诗经·邶风·雄雉》：“不～不求，何用不臧？”（求：贪求。臧：善。）❷刚愎，狠戾。《管子·形势解》：“能宽裕纯厚而不苛～，则民人附。”[引]违逆。《庄子·天下》：“不苟于人，不～于众。”

帜（幟） zhì 旗帜。《墨子·旗帜》：“鼓三，举一～。”（擂鼓三次，就把一面旗帜举起。）[引]标志，标记。《后汉书·虞诩传》：“以采綖（xiàn）缝其裾（jū）为～。”（用彩线缝在大襟上作为标志。綖：线。）

帙（袟、袠） zhì ❶包书的布套。潘岳《杨仲武诔》：“披～散书，屡睹遗文。”谢灵运《酬从弟惠连》诗：“散～问所知。”❷量词。用于书籍。白居易《长庆集后序》：“前三年，元微之为予编次文集而叙之，凡五～，每～十卷。”

秩 zhì ❶官吏的俸禄。《荀子·王霸》：“重其官～。”《后汉书·百官志二》：“本四百石，宣帝增～。”[引]官吏的品级第次。《汉书·赵广汉传》：“贬～一等。”❷次序。

《汉书·谷永传》:"贱者咸得～进。"(咸:都。秩进:依次进用。) ❸ 常规。《诗经·小雅·宾之初筵》:"是曰既醉,不知其～。" ❹ 十年为一秩。白居易《思旧》诗:"已开第七～。"

紩 zhì 缝。《晏子春秋·内篇谏下》:"古者尝有～衣挛领而王天下者。"

制[1] zhì ❶ 裁制,制作。《诗经·豳风·东山》:"～彼裳衣。"(做那件衣裳。)《孟子·梁惠王上》:"可使～梃以挞秦楚之坚甲利兵矣。"[又]加工。《战国策·齐策四》:"夫玉生于山,～则破焉。"[引]写作。蔡琰《胡笳十八拍》诗:"～兹八拍兮拟俳(pái)优。"(兹:这。八拍:八曲。拟:模仿。俳优:演戏的人。)上述❶[引]又写作"製"。❷ 禁止,遏制。《尚书·吕刑》:"～以刑。"(以:用。)[引]控制,掌握。《荀子·天论》:"从天而颂之,孰与～天命而用之。"(孰与:哪里比得上。) ❸ 规定,制定。《礼记·明堂位》:"～礼作乐。" ❹ 规章,制度。《左传·隐公元年》:"先王之～,大都不过参国之一。"(参:三。)柳宗元《封建论》:"秦～之得,亦以明矣。" ❺ 帝王的命令。《史记·秦始皇本纪》:"命为～,令为诏。"(诏:帝王的命令。) ❻ 规模。范仲淹《岳阳楼记》:"增其旧～。"(扩大岳阳楼原有的规模。) ❼ 古代长度单位。一丈八尺为一制。《管子·乘马》:"季绢三十三～当一镒。"(季:下等的。)

制[2]**(製)** zhì ❶ 裁制衣服。《左传·襄公三十一年》:"子有美锦,不使人学～焉。"(锦:彩色的丝织品。)[引]制造,制作。杜甫《高枏》诗:"近根开药圃,接叶～茅亭。" ❷ 写作。任昉《齐竟陵文宣王行状》:"所～《山居四时序》言之已详。"

质(質) zhì ❶ 本质,实体。《荀子·劝学》:"其～非不美也。"范缜《神灭论》:"形者神之～。"(形体是精神的物质实体。)[引]质地,底子。刘禹锡《砥石赋》:"圭形石～,苍色腻理。"柳宗元《捕蛇者说》:"永州之野产异蛇,黑～而白章。"(章:花纹。) ❷ 朴实,缺乏文采。与"文"相对。《论语·雍也》:"～胜文则野,文胜～则史。"(史:指虚浮。)《后汉书·西域传》:"其人～直,市无二价。" ❸ 质问,问。《汉书·汲黯传》:"黯(àn)～责汤于上前。"(汤:张汤。上:皇帝。) ❹ 评判,对质。刘禹锡《天论上》:"而欲～天之有无。"《礼记·曲礼上》:"虽～君之前。" ❺ 人质,两国交往,各派世子或宗室子弟留居对方作为保证,叫"质"或"质子"。《左传·隐公三年》:"周郑交～,王子狐为～于郑,郑公子忽为～于周。"(狐:人名。为质于郑:到郑国做人质。忽:人名。)[又]做人质。《战国策·燕策三》:"燕太子丹～于秦。" ❻ 买卖的券契。《周礼·地官·质人》:"凡卖价者质剂焉,大市以～,小市以剂。"(长券为质,短券为剂。) ❼ 箭靶。《荀子·劝学》:"是故～的张而弓矢至焉。"(的:箭靶。)[引]目标。《汉书·酷吏传》:"既出不至～,引军空还。" ❽ 刑具,杀人时作垫用的砧板。《汉书·张苍传》:"解衣伏～。"这个意义又写作"椹"、"锧"。❾ 通"贽"。古代初次拜见尊长时所送的礼物。《孟子·滕文公下》:"出疆必载～。"[委质]指初次拜见尊长时送礼。《国语·晋语九》:"臣～～于狄之鼓。"(鼓:地名。)[引]臣服,归顺。《韩非子·有度》:"贤者之为人臣,北面～～,无有二心。"(北面:臣子面向北朝见君主。)

锧(鑕) zhì 腰斩人用的铁砧。常"铁(斧)锧"连用。《公羊传·襄公二十七年》:"夫负羁絷,执铁～……则是臣仆庶孽之事也。"[又]指腰斩之刑。《公羊传·昭公二十五年》:"君不忍加之以铁～,赐之以死。"

踬(躓) zhì ❶ 跌倒,绊倒。《左传·宣公十五年》:"杜回～而颠,故获之。"《韩非子·六反》:"不～于山,而～于垤。" ❷ 遇事不顺利,受挫折。谢灵运《还旧园作见颜范二中书》诗:"事～两如直,心惬三避贤。"钟会《檄蜀文》:"益州先主,以命世英才,兴兵朔野,困～冀、徐之郊。"

炙 zhì ❶ 烤(肉)。古乐府《西门行》:"饮醇酒,～肥牛。"成语有"炙手可热"。❷ 烤的肉。李白《侠客行》:"将～啖(dàn)朱亥,持觞(shāng)劝侯嬴。"(朱亥、侯嬴:人名。啖:给人吃。觞:酒杯。)

治 zhì ❶ 治理,管理。《史记·夏本纪》:"尧求能～水者。"成语有"治国安民"。[又]处理其他事情。有"惩处"、"医治"、"研究"等义。如"治罪"、"治病"、"治学"等。《史记·蒙恬列传》:"高有大罪,秦王令蒙毅法～之。"(高:赵高。蒙毅:人名。)《盐铁论·世务》:"如人有疾,不～则寖以深。"(寖:渐渐。)《汉书·隽不疑传》:"～《春秋》,为郡文学。" ❷ 治理得好,太平。与"乱"相对。《战国策·秦策三》:"以乱攻～者亡。"《史记·秦本纪》:"于是法大用,秦人～。" ❸ 治所。王都或地方官署所在地。郦道元《水经注·江水》:"巫山在县西南,而今县东有巫山,将郡县居～无恒故也。"(居:设置。)

栉（櫛） zhì 梳子、篦子的通称。《庄子·寓言》："妻执巾～。"（执：拿。巾：用来洗脸的手巾。）[引]梳头。《论衡·讥日》："如以发为最尊，则～亦宜择日。"白居易《与元九书》："除盥（guàn）～食寝外无余事。"（盥：洗漱。）成语有"栉风沐雨"。［栉比］［栉栉］形容排列很密。左思《吴都赋》："屯营～比。"（屯营：军营驻扎。）成语有"鳞次栉比"。

峙 zhì ❶山屹立，耸立。沈约《齐故安陆昭王碑》："乔岳峻～。"（乔：高。峻：高大。）[引]立。《后汉书·河间孝王开传》："景～不为礼。"（景：人名。）[引]对峙。潘岳《为贾谧作赠陆机》："六国互～。"❷备，储备。《诗经·大雅·崧高》："以～其粻（zhāng）。"（粻：粮。）

庤 zhì 储备。《诗经·周颂·臣工》："命我众人，～乃钱镈。"（乃：你们的。钱、镈：两种农具。）

畤 zhì 秦汉时祭天地和五帝的祭坛。《史记·秦本纪》："十年，初为鄜～。"（鄜：地名。）

痔 zhì 痔疮。《庄子·列御寇》："秦王有病，召医。破痈溃痤者，得车一乘；舐～者，得车五乘。"

陟 zhì ❶登，上。一般指登山或登高。《诗经·周南·卷耳》："～彼高冈，我马玄黄。"（玄黄：指马病。）[特]帝王升天，即帝王死。《尚书·康王之诰》："惟新～王，毕协赏罚。"❷提升，提拔。诸葛亮《出师表》："～罚臧否，不宜异同。"（臧：好。否：坏。宜：应该。异同：有差别。）

骘（騭） zhì ❶公马。《尔雅·释畜》："牡曰～。"❷定。《尚书·洪范》："惟天阴～下民，相协厥居。"

贽（贄） zhì 古代初次拜见尊长时所送的礼物。《左传·庄公二十四年》："男～，大者玉帛，小者禽鸟。"《论衡·语增》："周公执～下白屋之士。"[又]诸侯之间聘享的礼物。《左传·成公十二年》："凡晋楚无相加戎，好恶同之。……交～往来。道路无壅。"

挚（摯） zhì ❶抓，攫取。《吕氏春秋·忠廉》："～执妻子。"❷诚恳，恳切。王士禛《诚斋诗集序》："于师友之际，尤缠绵笃～。"❸通"贽"。初次拜见尊长所送的礼物。《周礼·春官·大宗伯》："以禽作六～。"❹通"鸷"。凶猛。《史记·货殖列传》："若猛兽～鸟之发。"❺通"至"。到来。《吕氏春秋·孟春纪》："霜雪大～，首种不入。"❻通"至"。极点。《汉书·窦田灌韩传赞》："以韩安国之见器，临其～而颠坠。"

鸷（鷙） zhì 凶猛的鸟，如鹰、雕等。刘禹锡《养鸷词》："养～非玩形。"[引]勇猛，凶猛。《商君书·画策》："～而无敌。"《三国志·魏书·曹真传》："太祖壮其～勇。"（太祖：曹操。）

猘（猘） zhì 疯狗。《汉书·五行志》："宋国人逐～狗，～狗入于华臣氏。"

掷（擲） zhì ❶投掷，抛掷，扔。《后汉书·吕布传》："卓拔手戟～之。"（卓：董卓。戟：一种兵器。）成语有"孤注一掷"。❷跳，腾跃。《世说新语·假谲》："绍遑迫自～出，遂以俱免。"（绍：袁绍。）元好问《楚汉战处》诗："虎～龙拏（ná）不两存。"（拏：抓。）

智 zhì 聪明，智慧。贾谊《治安策》："凡人之～，能见已然，不能见将然。"成语有"智周万物"。

滞（滯） zhì ❶不流畅。《淮南子·时则》："流而不～。"[引]停滞，滞留。屈原《九章·怀沙》："任重载盛兮，陷～而不济。"（盛：多。不济：指不能前进。）骆宾王《春霁早行》诗："乌裘几～秦。"❷遗漏。《诗经·小雅·大田》："此有～穗。"

彘 zhì 猪。《商君书·兵守》："使牧牛马羊～。"【辨】豕，彘，猪，豚。见 374 页"豕"字。

置 zhì ❶赦罪，释放。《汉书·尹赏传》："赏亲阅，见十～一。"❷放到一边，放弃。曹丕《杂诗》："弃～勿复陈。"《史记·项羽本纪》："沛公则～车骑，脱身独骑。"成语有"置之不理"。[又]废弃。《国语·周语中》："今以小忿弃之，是以小怨～大德也。"❸搁，安放。《史记·秦始皇本纪》："金人十二，重各千石，～廷宫中。"（石：重量单位。）成语有"置之度外"。[引]摆，设。《史记·李斯列传》："～酒咸阳宫。"❹立，建立。《管子·任法》："～法而不变，使民安其法者也。"《盐铁论·诛秦》："～五属国，以距胡。"（距胡：抵御匈奴。）[引]购置，添置。《韩非子·外储说左上》："郑人有且～履者。"（且：将。履：鞋。）❺驿站。《韩非子·难势》："五十里而一～。"[又]驿车，驿马。《汉书·刘屈氂传》："乘疾～以闻。"

寘 zhì 放置，安置。《周易·坎》："～于丛棘，三岁不得。"《左传·隐公元年》："遂～姜氏于城颍。"

雉 zhì ❶一种鸟。也叫野鸡。《庄子·养生主》："泽～十步一啄，百步一饮。"❷古代计算城墙面积的单位，长三丈高一丈为一雉。《左传·隐公元年》："都城过百～，国之害也。"潘岳《马汧督诔》："率寡弱之众，据十～之城。"㊀城墙。谢朓《和王著作八公山》："出没眺（tiào）楼～。"（眺：眺望，往远处看。）❸博戏中的一种彩。《晋书·刘毅传》："毅次掷得～，大喜。"

稚（穉） zhì 幼，幼小。《楚辞·大招》："～朱颜只。"（只：语气词。）陶潜《归去来兮辞》："～子候门。"（幼儿在门口等候。）㊁童子。《孟子·滕文公上》："使老～转乎沟壑，恶在其为民父母也？"㊀幼稚，不成熟。《论衡·超奇》："生在今世，文章虽奇，论者犹谓～于前人。"

稺 zhì ❶幼稚。《诗经·鄘风·载驰》："众～且狂。"❷后种后熟的谷物。《诗经·鲁颂·閟宫》："稙～菽麦。"

瘈 zhì ❶狗发狂，疯狂。《左传·哀公十二年》："国狗之～，无不噬（shì）也。"（噬：咬。）❷chì 手足痉挛。《素问·气交变大论》："足痿不收，行善～，脚下痛。"

擿 zhì ❶搔，抓。《列子·黄帝》："指～无痟（xiāo）痒。"（痟痒：痛痒。）❷搔头，古代妇女头上的一种首饰。《后汉书·舆服志下》："诸簪珥皆同制，其～有等级焉。"❸投掷。《庄子·胠箧》："～玉毁珠。"这个意义后来写作"掷"。❹tì 挑。《抱朴子·备阙》："～齿则松槚不及一寸之筳。"㊀挑动，指使。《汉书·谷永传》："卫将军商密～永令发去。"（卫将军王商秘密指使谷永要他离开。）㊁揭发。《后汉书·贾复传》："以～发其奸。"

觯（觶） zhì 古代饮酒器，形似尊而小。《礼记·檀弓下》："杜蒉洗而扬～。"

ZHONG

中 zhōng ❶内，里。《周礼·考工记·匠人》："国～九经九纬。"《韩非子·和氏》："楚人和氏得玉璞楚山～。"（玉璞：玉石。）㊕内心。《诗大序》："情动于～而形于言。"㊀中间。柳宗元《天说》："浑然而～处者，世谓之元气。"（那茫茫一片充塞在天地中间的东西，人们把它叫作元气。）❷半，一半。《战国策·魏策四》："～道而反。"（反：返回。）傅玄《短歌行》："蟋蟀何感？～夜哀鸣。"❸不高不下，中等。《史记·游侠列传》："状貌不及～人。"嵇康《养生论》："上药养命，～药养性。"❹zhòng 符合，适合。《荀子·赋》："圆者～规，方者～矩。"（规：画圆形的工具。矩：画方形的工具。）干宝《晋纪总论》："筹画军国，嘉谋屡～。"成语有"正中下怀"。㊀射中目标。《史记·周本纪》："百发而百～之。"❺zhòng 中伤，诬蔑别人使受损害。《汉书·何武传》："显怒，欲以吏事～商。"（显、商：人名。）

忠 zhōng ❶尽心竭力。《论语·学而》："为人谋而不～乎？"❷忠于君主。《战国策·秦策一》："昔者子胥～其君。"

钟[1]（鐘） zhōng ❶一种乐器。《管子·任法》："～鼓竽瑟。"❷通"钟[2]（鍾）"。酒器。《列子·杨朱》："聚酒千～。"

钟[2]（鍾） zhōng ❶酒器。《论衡·语增》："文王饮酒千～。"❷量器。六石四斗为一钟。《孟子·滕文公下》："兄戴，盖禄万～。"❸积聚。《国语·周语下》："泽，水之～也。"（湖泽，是水积聚而成的。）㊀专注。《世说新语·伤逝》："情之所～，正在我辈。"❹通"钟[1]（鐘）"。一种乐器。《史记·秦始皇本纪》："收天下兵，聚之咸阳，销以为～鐻（jù）。"（兵：兵器。鐻：悬挂钟鼓的架子。）

衷 zhōng ❶贴身的内衣。㊀穿在里面。《左传·襄公二十七年》："楚人～甲。"❷通"中"。中间。《国语·晋语四》："～而思始。"（事情办到中间要想想开始时的情形。）㊁内心。颜延之《五君咏》："深～自此见。"❸zhòng 适当，恰当。《左传·僖公二十四年》："服之不～，身之灾也。"（服：衣服。）❹善。《尚书·汤诰》："惟皇上帝降～于下民。"

妐 zhōng ❶丈夫的父亲。《吕氏春秋·遇合》："姑～知之，曰：'为我妇而有外心，不可畜。'"❷丈夫的姐姐。《礼记·昏义》"和于室人"郑玄注："室人，谓女～、女叔、诸妇也。"

终（終） zhōng ❶终了，结束。与"始"相对。《孙子兵法·势》："～而复始，日月是也。"㊀生命完结，死。《左传·文公七年》："今君虽～，言犹在耳。"（犹：还。）❷终于，终归。《战国策·齐策二》："为蛇足者，～亡其酒。"（为蛇足者：给蛇画脚的人。亡：失掉。）❸自始至终。《战国策·魏策四》："受地于先王，愿～守之。"（受地：接受封地。）㊁尽，全。《老子·二十三章》："骤雨不～日。"❹［终……且……］

Z

既……又……。《诗经·邶风·终风》："～风～霾。"

螽 zhōng 虫名。蝗类的总称。《春秋·桓公五年》："大雩，～。"

种（種） zhǒng ❶ 植物的种子。《诗经·大雅·生民》："诞降嘉～，维秬维秠。"贾思勰《齐民要术·收种》："～杂者，禾则早晚不均。"㉈后代。《战国策·齐策六》："女无谋（媒）而嫁者，非吾～也。" ❷ 种族。《后汉书·东夷列传》："夷有九～。" ❸ 种类。张衡《南都赋》："百～千名。" ❹ zhòng 种植。《战国策·东周策》："今其民皆～麦。"【注意】在古代，"种（chóng）"和"種"是两个字，意义各不相同。上述义项都不写作"种"。现"種"简化为"种"。

冢¹ zhǒng ❶ 高大的坟墓。《史记·高祖本纪》："项羽烧秦宫室，掘始皇帝～。"㉒坟墓。杜甫《咏怀古迹五首》之三："独留青～向黄昏。"上述❶㉒又写作"塚"。❷ 山顶。《诗经·小雅·十月之交》："百川沸腾，山～崒（zú）崩。"（崒崩：崩塌。） ❸ 大，嫡长。如"冢宰"（官名，即后来所称的宰相）、"冢子"（嫡长子）。

冢²（塚） zhǒng 坟墓。李贺《许公子郑姬歌》："相如～上生秋柏，三秦谁是言情客。"

瘇（尰） zhǒng 脚肿。《诗经·小雅·巧言》："既微且～，尔勇伊何。"（微：小腿生疮。）《汉书·贾谊传》："天下之势，方病大～。"

踵 zhǒng ❶ 脚后跟。屈原《离骚》："忽奔走以先后兮，及前王之～武。"（武：足迹。踵武：这里是比喻用法。）《晏子春秋·内篇杂下》："比肩继～而在，何为无人？"（比肩：肩膀并着肩膀。） ❷ 到，走到。《庄子·达生》："～门而诧子扁庆子。"（诧：告诉。子：尊称。扁庆子：人名。） ❸ 跟随。《汉书·武帝纪》："各将五万骑。步兵～军后数十万人。"（将：率领。） ❹ 继承，沿袭。《汉书·刑法志》："～秦而置材官于郡国。"（材官：武官。）

仲 zhòng 排行第二的。《诗经·小雅·何人斯》："伯氏吹埙，～氏吹篪。"㉈位居第二的。"仲春"、"仲夏"、"仲秋"、"仲冬"分别指春、夏、秋、冬的第二个月。屈原《九章·哀郢》："方～春而东迁。"（方：正当。东迁：指向东迁都。）

众（衆） zhòng ❶ 众人，众人的。《韩非子·难势》："身不肖而令行者，得助于～也。"《左传·襄公十年》："～怒难犯。" ❷ 众多，多。《荀子·劝学》："树成荫而～鸟息焉。"《后汉书·华佗传》："汉世异术之士甚～。" ❸ 一般的，普通。《史记·封禅书》："鼎大异于～鼎。"《晋书·陶侃传》："至于～人，当惜分阴。"

重 zhòng ❶ 重量。《史记·秦始皇本纪》："金人十二，～各千石。"（石：一百二十斤。）㉎分量大，程度深。与"轻"相对。《战国策·齐策四》："千金，～币也。"《后汉书·应劭传》："夫时化则刑～，时乱则刑轻。"㉈重要，重大。《论语·泰伯》："任～而道远。" ❷ 重视。贾谊《过秦论》："尊贤而～士。"㉈慎重，不轻易。《荀子·议兵》："～用兵者强，轻用兵者弱。" ❸ 敬重。《三国志·蜀书·诸葛亮传》："又睹亮奇雅，甚敬～之。"（睹：看见。） ❹ 加上，加重。屈原《离骚》："纷吾既有此内美兮，又～之以修能。"《汉书·文帝纪》："是～吾不德也。" ❺ chóng 重叠，重复。张衡《同声歌》："～户结金扃。"（户：门。扃：指锁。）《三国志·蜀书·诸葛亮传》："删除复～。" ❻ chóng 层。《史记·项羽本纪》："汉军及诸侯兵围之数～。" ❼ chóng 副词。重新。范仲淹《岳阳楼记》："乃～修岳阳楼。"（乃：于是。）成语有"重整旗鼓"。

ZHOU

舟 zhōu ❶ 船。《周易·系辞下》："刳木为～，剡木为楫。" ❷ 通"周"。周朝。《诗经·小雅·大东》："～人之子，熊罴是裘。" ❸ 通"周"。环绕。《诗经·大雅·公刘》："何以～之？维玉及瑶。"

侜 zhōu ❶ 欺诳。《诗经·陈风·防有鹊巢》："谁～予美，心焉忉忉（dāo dāo）。"（忉忉：忧念的样子。） ❷［侜张］1. 欺诳。仲长统《昌言》："于是淫厉乱神之礼兴焉，～～变怪之言起焉。" 2. 强横。《南齐书·高帝纪上》："丑羯～～，势振彭泗。"

辀（輈） zhōu ❶ 马车上的单辕。《左传·宣公四年》："伯棼射王，汰～，及鼓跗，著于丁宁。" ❷ 车。屈原《九歌·东君》："驾龙～兮乘雷，载云旗兮委蛇。" ❸［辀张］双声联绵字。强横的样子。《后汉书·董皇后纪》："汝今～～，怙汝兄耶？"（怙：依仗。）又写作"侏张"。《宋书·索虏传》："猃狁侏张，侵暴中国。"又写作"侜（zhōu）张"，见本页"侜"字。

鵃（鸼） zhōu ［鹘（gǔ）鵃］见137页"鹘"字。

州 zhōu ❶古代的一种居民组织。一说二千五百家为一州，一说一万家为一州。《周礼·地官·大司徒》："五党为～。"（党：五百家为党。）❷古代行政区，辖境大小各个时代不相同。两汉三国时州在郡之上，隋唐时州相当于以前的郡。《左传·襄公四年》："芒芒禹迹，画为九～。"《三国志·蜀书·诸葛亮传》："跨～连郡者不可胜数。"

洲 zhōu 水中的陆地。《诗经·周南·关雎》："关关雎(jū)鸠，在河之～。"（关关：鸟叫声。雎鸠：鸟名。）【注意】"洲"表示"五大洲"的意义是明代以后才有的。

周 zhōu ❶周密。《左传·昭公四年》："古者日在北陆而藏冰……其藏之也～，其用之也遍。"《孙子兵法·谋攻》："辅～则国必强，辅隙则国必弱。"❷合。屈原《离骚》："虽不～于今之人兮，愿依彭咸之遗则。"《韩非子·五蠹》："是以天下之众，其谈言者务为辩，而不～于用。"（谈言者：指一般游说之士。）❸环绕，循环。《左传·成公二年》："逐之，三～华不注。"（华不注：山名。）《汉书·礼乐志》："～而复始。"❹周遍，遍及。《史记·秦始皇本纪》："亲巡天下，～览远方。"柳宗元《封建论》："布履星罗，四～于天下。"❺周济，救济。贾思勰《齐民要术序》："～人之急。"这个意义后来写作"赒"。❻朝代名。1. 公元前1046—前256年，第一代君主是姬发，原建都镐京（今陕西西安西南），公元前770年迁都到洛邑（今河南洛阳西），迁都以前称为"西周"，迁都以后称为"东周"。2. 公元557—581年，北朝之一，又称北周，第一代君主是宇文觉。3. 公元951—960年，五代之一，又称后周，第一代君主是郭威。

赒(賙) zhōu 周济，救济。《周礼·司稼》："掌均万民之食，而～其急。"《北史·隋炀帝纪》："虽有侍养之名，曾无～赡(shàn)之实。"（赡：供给人财物。）

粥 zhōu ❶稀饭。《礼记·问丧》："故邻里为之糜～以饮食之。"《晋书·石苞传》："崇为客作豆～。"（崇：人名。）❷yù 通"鬻"。卖。《史记·商君列传》："行而无资，自～于秦客。"《论衡·问孔》："孔子不～车以为鲤椁(guǒ)。"（鲤：孔鲤。孔丘的儿子。）

譸 zhōu ❶［譸张］欺诳。《尚书·无逸》："民无或胥～～为幻。"❷chóu 通"筹(籌)"。揣度。《后汉书·虞诩传》："以诩～之，知其无能为也。"

妯 zhóu ❶chōu 扰动，不平静。《诗经·小雅·鼓钟》："忧心且～。"❷［妯娌］兄和弟的妻子的合称。《北史·崔休传》："家道多由妇人，欲令姊妹为～～。"

轴(軸) zhóu ❶车轴。《左传·定公九年》："尽借邑人之车，锲其～，麻约而归之。"又指车。颜延之《车驾幸京口三月三日侍游曲阿后湖作》诗："万～胤行卫，千翼泛飞浮。"㊀弦乐器转弦的轴。白居易《琵琶行》："转～拨弦三两声，未成曲调先有情。"❷权要的地位。《汉书·车千秋传》："车丞相履伊吕之列，当～处中。"❸卷轴。任昉《齐竟陵文宣王行状》："所造箴铭，积成卷～。"

纣(紂) zhòu 商朝末代君主，相传是暴君。

酎 zhòu 多次酿成的醇酒。宋玉《招魂》："挫糟冻饮，～清凉些(suò)。"（些：语气词。）

绉(縐) zhòu ❶细葛布。《诗经·鄘风·君子偕老》："蒙彼～絺(chī)，是绁袢也。"（絺：细葛布。）❷皱纹。《史记·司马相如列传》："襞积褰～，纡徐委曲。"皮日休《鲁望读襄阳耆旧传见赠五百言》诗："日似新刮膜，天如重熨～。"㊀起皱纹。冯延巳《谒金门》词："风乍起，吹～一池春水。"

咒(呪) zhòu ❶祝告。《后汉书·谅辅传》："时夏大旱……辅乃自暴庭中，慷慨～曰。"（暴：曝，晒。）❷诅咒，咒骂。刘跂《答王升之》诗："谁作不祥语，诅～甚砭伤。"❸佛教经文的一种。李白《僧伽歌》："问言诵～几千遍。"❹某些宗教或巫术的密语。《后汉书·皇甫嵩传》："符水～说。"（水：咒水，道士念咒时口中喷出的水。）

宙 zhòu 古往今来，指所有的时间。《庄子·庚桑楚》："有长而无本剽者～也。"（本剽：本末，指开端和尽头。）

胄 zhòu ❶头盔。贾谊《治安策》："将吏被介～而睡。"（被：披。介：甲。睡：打瞌睡。）❷后代。《三国志·蜀书·诸葛亮传》："将军既帝室之～。"（既：既然。）【注意】"甲胄"的"胄"从"冃(mào)"，"胄裔"的"胄"从"肉"，原本不是一个字。

咮 zhòu ❶同"噣"。鸟嘴。《诗经·曹风·候人》："维鹈在梁，不濡其～。"潘岳《射雉赋》："当～值胸，裂膆破觜。"❷星宿名，即柳宿。

Z

甃 zhòu ❶砖砌的井壁。《庄子·秋水》："出跳梁乎井干之上，入休乎缺～之崖。"⑤井。杜甫《铜瓶》诗："侧想美人意，应非寒～沈。"(沈：沉。) ❷修砌。《管子·四时》："～屋行水。"⑤装饰。李贺《出城别张又新酬李汉》诗："光明靄不发，腰龟徒～银。"

僽 zhòu [僝(chán)僽]见543页"僝"字。

噣 zhòu ❶鸟嘴。《史记·赵世家》："中衍人面鸟～。"(中衍：人名。) ❷星宿名，即柳宿。❸zhuó 同"啄"。鸟啄食。《战国策·楚策四》："俯～白粒，仰栖茂树。"《淮南子·齐俗》："鸟穷则～，兽穷则触，人穷则诈。"

骤(驟) zhòu ❶马奔驰。《诗经·小雅·四牡》："载～骎(qīn)骎。"(载：动词词头。骎骎：马疾行的样子。)⑧奔跑。《庄子·齐物论》："鸟见之高飞，麋鹿见之决～。"⑤快速，急速。《老子·二十三章》："～雨不终日。"(终日：一整天。)成语有"暴风骤雨"。❷屡次，多次。《左传·宣公二年》："宣子～谏。"

籀 zhòu ❶诵读并领会。许慎《说文解字叙》："学僮十七以上始试，讽～书九千字，乃得为吏。"❷古代汉字的一种字体。也叫大篆。刘勰《文心雕龙·练字》："李斯删～而秦篆兴。"(秦篆：即小篆。)

ZHU

朱 zhū 大红色。《韩非子·十过》："墨染其外，而～画其内。"成语有"朱轮华毂"。[朱门]古代王侯用大红色涂门户，所以"朱门"一词用来作为豪门的代称。杜甫《自京赴奉先县咏怀五百字》："～～酒肉臭，路有冻死骨。"【辨】赤，朱，丹，绛，红。见52页"赤"字。

邾 zhū 周代诸侯国，后改称"邹"。参见550页"邹"字。

侏 zhū 矮小。《论衡·齐世》："安得伛～之人乎？"(伛：驼背。)[侏儒]身材短小的人。《史记·滑稽列传》："优旃(zhān)者，秦倡～～也。"(优：演员。旃：人名。倡：表演歌舞的人。)又写作"朱儒"。

诛(誅) zhū ❶责问，谴责。《论语·公冶长》："朽木不可雕也，粪土之墙不可杇(wū)也，于予与何～？"(杇：粉刷，涂饰。予：宰予，孔子学生。)李陵《重报苏武书》："汉厚～陵以不死。"成语有"口诛笔伐"。⑧讨伐。《史记·秦始皇本纪》："故兴兵～之，虏其王。"⑤惩罚。《荀子·富国》："～而不赏，则勤属之民不劝。"("属"当作"厉"。) ❷杀死。晁错《贤良文学对策》："害民者～。"⑤铲除。屈原《卜居》："宁～锄草茅以力耕乎？"❸要求。要别人供给东西。《左传·襄公三十一年》："～求无时。"

茱 zhū [茱萸]植物名。古代在重阳节佩戴茱萸以避邪。宗懔《荆楚岁时记》："九月九日宴会……今北人亦重此节，佩～～食饵饮菊花酒，云令人长寿。"

洙 zhū 古水名。在鲁国(今山东)境内。[洙泗]洙水和泗水。孔子曾在洙泗间聚徒讲学。《礼记·檀弓上》："吾与女事夫子于～～之间。"又指孔子或儒家。阮侃《答嵇康》诗二首之一："～～久已往，微言谁共听？"任昉《齐竟陵文宣王行状》："弘～～之风，阐迦维之化。"

株 zhū ❶露出地面的树根或树桩。《韩非子·五蠹》："田中有～，兔走触～，折颈而死。"(走：跑。) ❷量词。棵，用于树木(后起意义)。《三国志·蜀书·诸葛亮传》："成都有桑八百～。"

铢(銖) zhū ❶古代重量单位，二十四铢为一两。《商君书·定分》："虽有千金，不能以用一～。"[铢两]比喻很少，一点儿。晁错《言守边备塞疏》："亡～～之报。"(亡：无。报：报酬。) ❷钝。《淮南子·齐俗》："其兵戈～而无刃。"(刃：刀锋。)

鼄 zhū [鼅鼄]见530页"鼅"字。

诸(諸) zhū ❶众，各。《诗经·邶风·泉水》："问我～姑，遂及伯姊。"《三国志·蜀书·诸葛亮传》："亮身率～军攻祁山。"(身：亲自。) ❷相当于"之于"("之"是代词，相当于现代汉语的"他、她、它")。《列子·汤问》："投～渤海之尾。"(投诸：投之于，把它投到。) ❸相当于"之乎"("乎"是疑问语气词，相当于现代汉语的"吗")。《左传·昭公八年》："子闻～？"(闻诸：闻之乎，听说过这件事情吗？) ❹第三人称代词。相当于现代汉语的"他、她、它(们)"。《论语·学而》："告～往而知来者。"《左传·僖公十三年》："晋荐饥，使乞籴(dí)于秦。秦伯谓子桑：'与～乎？'"(荐饥：连年饥荒。乞：请求。籴：买粮食。)

猪(豬) zhū ❶家畜名。《墨子·法仪》："此以莫不犓(chú)羊，豢犬～。"(犓：用草喂养。) ❷通"潴"。水汇聚，停聚。《尚书·禹贡》："大野既～，东原底平。"（大野：泽名。）【辨】豕，彘，猪，豚。见374页"豕"字。

潴（瀦） zhū ❶水停聚的地方，陂塘。《周礼·地官·稻人》："以～畜水。"❷水停聚。王安石《上杜学士言开河书》："大浚治川渠，使有所～。"

术² zhú 植物名。可做药。如"苍术"、"白术"。参见384页"术¹（術）"字。

竹 zhú ❶竹子。《世说新语·任诞》："七人常集于～林之下。"㊀竹简。古代用来写字的竹片。《盐铁论·利议》："明枯～，守空言。"［竹帛］书籍。《史记·文帝本纪》："请著之～～，宣布天下。"❷八音之一。箫笛之类的乐器。见491页"音"字。

竺 zhú ❶［天竺］印度的古称。玄奘《大唐西域记》卷二："详夫～～之称，异议纠纷，旧云身毒，或曰贤豆，今从正音，宜云印度。"❷dǔ 通"笃"。厚。屈原《天问》："稷维元子，帝何～之。"

筑¹ zhú 古代乐器名。《史记·高祖本纪》："高祖击～自为歌诗。"参见542页"筑²（築）"字。

逐 zhú ❶追赶，追逐。《左传·庄公十年》："遂～齐师。"㊀随，跟随。《汉书·匈奴传》："～水草移徙。"❷追求。李白《赠江夏韦太守良宰》诗："误～世间乐。"❸竞争。《韩非子·五蠹》："中世～于智谋，当今争于气力。"❹驱逐，赶走。《盐铁论·利议》："是孔丘斥～于鲁君，曾不用于世也。"（曾：用在"不"字前加强否定语气。）

瘃 zhú 冻疮。《汉书·赵充国传》："将军士寒，手足皲（jūn）～。"（皲：皮裂。）

舳 zhú 船尾。郭璞《江赋》："～舻相属，万里连樯。"（舻：船头。）［舳舻］船头和船尾，泛指大船。㊀船。王勃《滕王阁序》："舸舰迷津，青雀黄龙之～。"

烛（燭） zhú ❶火炬。《周礼·秋官·司烜氏》："凡邦之大事，共坟～庭燎。"（坟：大。）后来指蜡烛。杜甫《羌村三首》之一："夜阑更秉～，相对如梦寐。"❷照耀。《吕氏春秋·上德》："东西南北，极日月之所～。"㊁照。《庄子·天道》："水静则明～须眉。"❸洞察。《韩非子·孤愤》："且～重人之阴情。"

蠋 zhú 蛾蝶类的幼虫。《诗经·豳风·东山》："蜎蜎者～，烝（zhēng）在桑野。"（烝：语气词。）

躅 zhú ❶zhuó 足迹。孔稚珪《北山移文》："尘游～于蕙路。"（来往行走的足迹把长着蕙草的路弄脏了。尘：指弄脏。蕙：香草名。）㊀踪迹。王俭《褚渊碑文》："出陪銮～，入奉帷殿。"（銮躅：指帝王的踪迹。）❷［踯躅］见531页"踯"字。

斸（斸） zhú ❶大锄。《国语·齐语》："美金以铸剑戟，试诸狗马；恶金以铸鉏（chú）夷斤～，试诸壤土。"（鉏：锄。）❷掘，挖。贾思勰《齐民要术·槐柳》："～地令熟，还于槐下种麻。"元稹《筑城曲》："平城被虏围，汉～城墙走。"㊁砍。杨万里《远峰》诗："谁将修月斧，～取一尖来。"

主 zhǔ ❶君，国君。《商君书·君臣》："故国治而地广，兵强而～尊。"❷春秋战国时称大夫为主。《左传·昭公二十八年》："～以不贿闻于诸侯。"（主：指魏献子。贿：受贿。）❸皇帝的女儿。《后汉书·宋弘传》："弘被引见，帝令～坐屏风后。"❹主人。《世说新语·简傲》："～已知子猷当往，乃洒扫施设，在听事坐相待。"（子猷：王徽之字。）❺事物的根本，主要的。刘知几《史通·叙事》："叙事之工者，以简要为～。"㊀以……为主，着重于。《国语·晋语五》："阳子华而不实，～言而无谋。"（言：言辞。）❻掌管。《史记·吕太后本纪》："太尉绛侯勃不得入军中～兵。"

拄 zhǔ ❶支撑。《战国策·齐策六》："大冠若箕，修剑～颐。"《世说新语·豪爽》："陈以如意～颊，望鸡笼山叹曰：'孙伯符志业不遂。'"❷讥刺，反驳。《汉书·朱云传》："既论难，连～五鹿君。"

渚 zhǔ ❶水中的小块陆地，小洲。《诗经·召南·江有汜》："江有～。"❷水边。屈原《九歌·湘君》："鼂骋骛兮江皋，夕弭节兮北～。"

褚 zhǔ ❶袋子。《庄子·至乐》："～小者不可以怀大，绠短者不可以汲深。"（绠：汲水用的绳子。）❷储藏。《左传·襄公三十年》："取我衣冠而～之。"❸用丝绵装的衣服。《汉书·南粤王赵佗传》："上～五十衣，中～三十衣，下～二十衣遗王。"❹覆盖棺材的红色布。《礼记·檀弓上》："子张之丧，公明仪为志焉。～幕丹质，蚁结于四隅。"❺zhě 兵卒。扬雄《方言》卷三："楚东海之间，……卒谓之弩父，或谓之～。"（按：古兵卒穿赭色衣。）❻chǔ 姓。

嘱（囑） zhǔ 嘱托，叮嘱。《三国志·吴书·诸葛恪传》："俱受先帝～寄之诏。"（先帝：指孙权。寄：托付。）

瞩（矚） zhǔ 注视，看。《三国志·魏书·张渊传》："凝神远～。"欧阳修《洛阳牡丹记》:"然目之所～,已不胜其丽焉。"

麈 zhǔ ❶一种似骆驼的鹿类动物。也叫驼鹿。司马相如《上林赋》:"其兽则庸旄貘犛,沈牛～麋。"干宝《搜神记》卷二十:"见一大～,射之。"[麈尾]用麈的尾毛做的拂尘,六朝人清谈时常用。《世说新语·言语》:"庾法畅造庾太尉,握～～至佳。"❷麈尾的简称。欧阳修《和圣俞聚蚊》:"抱琴不暇抚,挥～无由停。"

宁[2] zhù 古代群臣朝见君主的地方,即殿上屏风与门之间的地方。一般厅堂上的屏风之间也叫宁。《礼记·曲礼下》:"天子当～而立,诸公东面,诸侯西面。"参见293页"宁[1](寧、甯)"字。

伫(佇、竚) zhù 久立。屈原《离骚》:"延～乎吾将反。"(延:长久的。反:返。)㉤等待。谢灵运《酬从弟惠连》诗:"梦寐～归舟。"

苎(苧) zhù 苎麻。《管子·小匡》:"首戴～蒲,身服袯襫(bó shì)。"(袯襫:蓑衣。)贾思勰《齐民要术·枸橼》:"可以浣治葛、～。"

纻(紵) zhù ❶通"苎"。苎麻。《诗经·陈风·东门之池》:"东门之池,可以沤～。"左思《魏都赋》:"黝黝桑柘,油油麻～。"❷苎麻织成的布。左思《吴都赋》:"～衣絺服,杂沓傱萃。"

贮(貯) zhù ❶积存,储藏。晁错《论贵粟疏》:"商贾大者积～倍息,小者坐列贩卖。"❷通"伫"。等待。《汉书·外戚传上·孝武李夫人》:"饰新宫以延～兮,泯不归乎故乡。"

羜 zhù 幼羊。《诗经·小雅·伐木》:"既有肥～,以速诸父。"

住 zhù ❶停留,留下。《后汉书·蓟子训传》:"蓟先生小～。"杜甫《哀江头》诗:"去～彼此无消息。"㉥暂宿。《南齐书·张融传》:"权牵小船于岸上～。"(权:暂且。)❷居住(后起意义)。《魏书·袁翻传》:"那瓌～所,非所经见。"(那瓌:人名。)辛弃疾《八声甘州·故将军饮罢夜归来》:"移～南山。"❸停止。李白《早发白帝城》诗:"两岸猿声啼不～,轻舟已过万重山。"❹通"驻"。军队驻扎。《三国志·蜀书·诸葛亮传》:"前锋破,退还,～绵竹。"(绵竹:地名。)

注[1] zhù ❶倒入,灌入。《庄子·齐物论》:"～焉而不满。"㉤流入。《诗经·大雅·文王有声》:"丰水东～。"(丰水:河名。)❷附着。《尔雅·释天》:"～旄首曰旌(jīng)。"(把牦牛尾附在旗杆头上,这种旗叫旌。旄:牦牛尾。)㉤集中于某一点上。《晋书·孙惠传》:"四海～目。"又如"注意"。❸记载。《三国志·蜀书·刘禅传》:"国不置史,～记无官。"(史:史官。)❹注释。《世说新语·文学》:"郑玄欲～春秋传。"❺用来赌博的财物。《宋史·寇准传》:"博者输钱欲尽,乃罄(qìng)所有出之,谓之孤～。"(罄:尽。)成语有"孤注一掷"。❻屋檐滴水处。司马相如《上林赋》:"高廊四～,重坐曲阁。"

注[2]**(註)** zhù ❶记载。《后汉书·律历志》:"重黎记～。"(重黎:人名。)❷注释。仇兆鳌《进杜少陵详注表》:"谨以所～诗赋二十四卷。"【注意】"註释"的"註"是晚起字,明代以前都只写作"注",现"註"又作为异体字归并为"注"。

驻(駐) zhù ❶车马停止不前。《三国志·蜀书·先主传》:"乃～马呼琮。"(琮:人名。)㉤暂时停留。《古诗为焦仲卿妻作》:"行人～足听。"❷军队驻扎,驻守。《三国志·蜀书·诸葛亮传》:"分兵屯田,为久～之基。"(屯田:种田以积蓄军粮。基:基础。)

紸 zhù [紸纩(kuàng)]同"属纩"。古人以新丝绵放在临终者口鼻前,观察是否还有呼吸。《荀子·礼论》:"～～听息之时。"

杼 zhù ❶织布机的梭子。《战国策·秦策二》:"其母惧,投～逾墙而走。"❷削薄。《周礼·考工记·轮人》:"凡为轮行泽者欲～。"❸shū 通"抒"。清除污垢。《管子·禁藏》:"～井易水,所以去兹毒也。"(兹:滋长,滋生。)㉥抒发。屈原《九章·惜诵》:"惜诵以致愍兮,发愤以～情。"

柷 zhù 乐器名。奏乐开始时先击柷。《诗经·周颂·有瞽》:"鞉磬～圉(yǔ)。"(圉:通"敔"。用以止乐的乐器。)

祝 zhù ❶祭祀时主持祝告的人。《左传·昭公二十年》:"其～史祭祀,陈信不愧。"(史:史官。)❷祝祷。《韩非子·说林下》:"巫咸虽善～,不能自祓(fú)也。"(巫咸:传说中的神巫。祓:祝祷免除灾难。)《吕氏春秋·乐成》:"酒酣,王为群臣～,令群臣皆得志。"㉦祝愿。如"祝寿"。❸断绝,剪断。《穀梁传·哀公十三年》:"～发文身。"(文:刺画花纹。)❹zhòu 诅咒。《后汉书·贾逵传》:"乡人有所计争,辄令～少宾。"这个意义后来写作"咒"。

著 zhù ❶ 显露，显著。《商君书·错法》："如此，则臣忠、君明、治～而兵强矣。"（治著：政绩昭著。）《战国策·赵策四》："姓名未～而受三公。"双音词有"昭著"。❷ 写文章，写书。《史记·老子韩非列传》："不能道说，而善～书。"这个意义又写作"箸"。❸ zhuó 附着，加……于上。贾谊《论积贮疏》："今驱民而归之农，皆～于本，使天下各食其力。"（本：指农业。）《晋书·刘琨传》："常恐祖生先吾～鞭。"（祖生：人名。著鞭：加鞭。）又如"著笔"、"著眼"、"著手"等。［土著］定居于一地，不是游牧的。《汉书·张骞传》："其俗～～。"【注意】"土著"后来指世代居住本地的人，"著"读为 zhù。❹ zhuó 穿，戴（后起意义）。《木兰诗》："脱我战时袍，～我旧时裳。"《世说新语·任诞》："复能乘骏马，倒～白接篱。"（接篱：帽子。）［衣著］服装。陶潜《桃花源记》："男女～～，悉如外人。"（悉：全。）

翥 zhù 鸟飞。《楚辞·远游》："鸾（luán）鸟轩～而翔飞。"（鸾鸟：传说中像凤凰的一种鸟。轩：高。）

箸¹ zhù ❶ 筷子。《韩非子·说林上》："纣为象～而箕子怖。"（象：象牙。箕子：人名。）《礼记·曲礼上》："饭黍毋以～。"❷ 通"著"。明显，显著。《荀子·大略》："夫类之相从也，如此之～也。"❸ 通"著"。写作。《史记·刘敬叔孙通列传》："及稍定汉诸仪法，皆叔孙生为太常所论～也。"❹ zhuó 通"著"。附着。《战国策·赵策一》："兵～晋阳三年矣。"[又]穿着。《世说新语·贤媛》："桓车骑不好～新衣。"

箸²（筯） zhù 筷子。《世说新语·忿狷》："王蓝田性急，尝食鸡子，以～刺之不得，便大怒，举以掷地。"

馵 zhù 左足白色的马。《诗经·秦风·小戎》："文茵畅毂，驾我骐～。"（骐：有青黑色花纹的马。）

铸（鑄） zhù 铸造。《国语·齐语》："美金以～剑戟……恶金以～鉏夷斤斸。"[引]造就，培养。《扬子法言·学行》："孔子～颜渊矣。"常"陶铸"连用。《庄子·逍遥游》："将犹陶～尧舜者也。"

筑²（築） zhù ❶ 筑墙。古代用夹板夹住泥土，用木杵把土砸实。《诗经·大雅·绵》："～之登登。"（登登：形容用力。）[又]筑墙的木杵。《史记·黥布列传》："项王伐齐，身负板～以为士卒先。"[引]击，捣。《三国志·魏书·三少帝纪》："贼以刀～其口，使不得言。"❷ 修筑，建造。《史记·燕召公世家》："改～宫。"【注意】在古代，"筑"和"築"是两个字，意义各不相同。上述义项都不写作"筑"。现"築"简化为"筑"。

ZHUA

挝（撾） zhuā ❶ 击，打。《东观汉记·第五伦传》："闻卿为吏，～妻父，不过从兄饭，宁有之耶？"❷ 击鼓之法。《后汉书·祢衡传》："衡方为渔阳参～，蹀跃而前。"❸ wō ［老挝］国名。在印度支那半岛。

檛 zhuā ❶ 马棰。史游《急就篇》卷三："铁锤～杖棁柲杸。"❷ 捶击。《后汉书·崔寔传》："父～而走，孝乎？"

髽 zhuā 古人有丧事时的发髻，以麻束发。《左传·襄公四年》："臧纥救鄫，侵邾，败于狐骀。国人逆丧者皆～。鲁于是乎始～。"[泛]以麻束发。《淮南子·齐俗》："三苗～首，羌人括领，中国冠笄。"

ZHUAN

专（專、耑） zhuān ❶ 独，独有，独占。《史记·陈丞相世家》："陈平～为一丞相。"柳宗元《捕蛇者说》："有蒋氏者，～其利三世矣。"（利：利益。三世：三代。）[特]独断专行。《左传·桓公十五年》："祭仲～，郑伯患之。"（患：担忧。）❷ 专门，专一。《战国策·秦策三》："愿君之～志于攻齐，而无他虑也。"王安石《上皇帝万言书》："所谓察之者，非～用耳目之聪明，而听私于一人之口也。"（察：省察。）

颛（顓） zhuān ❶ 愚昧。《汉书·扬雄传》："天降生民，倥侗～蒙。"（倥侗：无知的样子。）❷ 善良。《淮南子·览冥》："猛兽食～民，鸷鸟攫老弱。"❸ 通"专"。专擅，专断。《汉书·外戚传》："恐女主～恣乱国家。"《汉书·朝鲜传》："不能～决，与左将军相误，卒沮约。"（沮：坏。）❹ ［颛顼（xū）］传说中的"五帝"之一。

传（傳） zhuàn ❶ 驿舍，客舍。《三国志·魏书·张鲁传》："作义舍，如今之亭～。"（义舍：指不收钱的客店。）❷ 驿车，传达命令的马车。《韩非子·喻老》："遽（jù）～不用。"（遽：驿车。）[引]官府载人的车。李商隐《筹笔驿》诗："终见降王走～车。"❸ chuán 传递，传送。《墨子·号令》："～令里中有以羽。"（里：古代居民组织。以羽：用羽毛。）㊀传达，传授。《三国志·吴书·吴主传》："因～权旨。"韩愈《师说》："师者，所以～道授业解惑也。"㊁流传。《盐铁论·非鞅》："功如丘山，名～后世。"❹ 文字记载。晁错《贤良文学对策》："臣窃观上世之～。"（窃：谦辞，私下。）㊀传记。一种文体。《史记·太史公自序》："作七十列～。"㊁注释或解释经义的文字。如《诗经毛传》、《春秋公羊传》。❺ 信符，凭证。《汉书·宁成传》："诈刻～出关归家。"【辨】传，递。见82页"递"字。

啭（囀） zhuàn 婉转发声。谢朓《从戎曲》："寥戾清笳～，萧条边马烦。"王维《积雨辋川庄作》诗："漠漠水田飞白鹭，阴阴夏木～黄鹂。"

僎 zhuàn ❶ 具备。《尚书·尧典》："共工方鸠～功。"（共工：人名。方：通"旁"。遍。鸠：聚。）左思《魏都赋》："～拱木于林衡。" ❷ chán ［僝僽（zhòu）］1. 烦恼，憔悴。黄庭坚《宴桃源·书赵伯充家小姬领巾》："天气把人～～，落絮游丝时候。"张辑《如梦令·比梅》："～～、～～，比着梅花谁瘦。"2. 折磨。邵雍《年老逢春》诗："东君不奈人嘲戏，～～花枝恶未休。"（东君：司春之神。）3. 排遣。辛弃疾《蝶恋花·和杨济翁韵》："收拾情怀，长把诗～～。"4. 嗔怪，埋怨。黄庭坚《忆帝京》："恐那人知后，镇把你来～～。"（镇：常。）

撰 zhuàn ❶ 具备。潘岳《藉田赋》："司农～播殖之器。"（司农：官名。）❷ 编集。曹丕《与吴质书》："顷～其遗文，都为一集。"（都：汇集。）㊀写作。《南史·王弘传》："傅亮之徒并～辞，欲盛称功德。" ❸ 持，拿。屈原《九歌·东君》："～余辔（pèi）兮高驰翔。"（余：我。辔：缰绳。）❹ xuǎn 通"选"。选择。《淮南子·说山》："～良马者，非以逐狐狸，将以射麋鹿。"

馔（饌） zhuàn ❶ 陈设或准备食物。《仪礼·士虞礼》："～于西坫（diàn）上。"（坫：放食物的土台。）杜甫《病后遇王倚饮赠歌》："遣人向市赊香粳（jīng），唤妇出房亲自～。"（粳：稻米。）❷ 食物，多指美食。《南史·虞悰传》："盛～享宾。"（享：用酒食款待人。）㊀吃，喝。《论语·为政》："有酒食，先生～。" ❸ xuǎn 古代钱币单位，合金六两。《尚书大传·甫刑》："夏后氏不杀不刑，死罪罚二千～。"上述❶❷又写作"篹"、"篹"。

篆 zhuàn ❶ 汉字的一种字体。刘勰《文心雕龙·练字》："李斯删籀（zhòu）而秦～兴。"（籀：一种字体。）❷ 印章。印章多用篆文，所以称印章为篆。如"接篆"（官员接任）、"摄篆"（暂代官职）。❸［篆刻］1. 雕刻篆文。《明史·文征明传》："能诗，工书、画、～～。"（工：擅长。）2. 雕琢文辞。任昉《为范尚书让吏部封侯第一表》："～～为文，而三冬靡就。"

篹（篹） zhuàn ❶ 同"馔"。饮食。《汉书·杜邺传》："陈平共壹饭之～而将相加驩。"（驩：欢。）❷ 通"撰"。编集，撰写。《汉书·司马迁传赞》："左丘明论辑其本事以为之传，又～异同为《国语》。"

赚（賺） zhuàn （又读 zuàn）诳骗。王定保《唐摭言·散序进士》："太宗皇帝真长策，～得英雄尽白头。"

ZHUANG

妆（妝、粧） zhuāng 打扮，装饰。秦韬玉《贫女》诗："共怜时世俭梳～。"㊕妇女所用的脂粉、衣物等装饰物。《木兰诗》："阿姊闻妹来，当户理红～。"【辨】妆，装。在"打扮、装饰"的意义上，可以写"妆"也可以写"装"。"行装"、"装束"的意义只能写"装"，不能写"妆"。

庄（莊） zhuāng ❶ 庄重，严肃。《荀子·乐论》："而容貌得～焉。"（得：能够。）《汉书·爰盎传》："后朝，上益～，丞相益畏。"（上：指皇帝。）❷ 四通八达的道路。《左传·襄公二十八年》："得庆氏之木百车于～。" ❸ 村庄（后起意义）。杜甫《怀锦水居止》诗："万里桥西宅，百花潭北～。"（宅：住宅。）

装（裝） zhuāng ❶ 行装。《战国策·齐策四》："于是约车治～。"（约车：套车。治装：收拾行装。）❷ 打扮，装饰。宋玉《登徒子好色赋》："不待饰～。"杜甫《蕃剑》诗："又非珠玉～。"这个意义又写作"妆"。㊀装束。《后汉书·清河孝王刘庆传》："常夜分严～衣冠待明。"（夜分：夜半。严装：端整装束。）❸ 装载（后起意义）。《晋书·戴若思传》："遇陆机赴洛，船～甚盛。"【注意】古代"装"字不当"假装"讲，"假装"的意义用"佯"。【辨】妆，装。见上"妆"字。

壮（壯） zhuàng ❶ 壮年，古人三十岁以上为壮年。贾谊《治安策》："大国之王，幼弱未～。"㊀年少。《后汉书·循吏传》："拜会稽都尉，时年十九，迎官惊其～。" ❷ 健壮，强壮。左思《吴都赋》："趫材悍～。”（趫：矫健。）㊂豪壮。《汉书·东方朔传》：“拔剑割肉，壹何～也！”㊂认为豪壮。《汉书·高帝纪上》：“羽～之，赐以酒。”（羽：项羽。）❸ 雄壮。《后汉书·东海恭王强传》：“起灵光殿，甚～丽。”❹ 强盛。司马相如《长门赋》：“邪气～而攻中。”（中：指内心。）❺ 医用艾灸，一灼为一壮。《三国志·魏书·华佗传》：“若当灸，不过一两处，每处不过七八～，病亦应除。”

状（狀） zhuàng ❶ 形状，样子。郦道元《水经注·庐江水》：“其～若门。”《史记·孔子世家》：“孔子～类阳虎，拘焉五日。”（阳虎：人名。）㊂情形。《汉书·丙吉传》：“分别奏组等共养劳苦～。”（组：人名。共：供。）［无状］1. 无功劳，无成绩。《史记·夏本纪》：“鲧（gǔn）之治水～～。”（鲧：人名。）2. 不像样。《史记·项羽本纪》：“秦中吏卒遇之多～～。”❷ 陈述，描绘。《庄子·德充符》：“自～其过。”柳宗元《游黄溪记》：“至初潭最奇丽，殆不可～。”（殆：几乎。）㊂文体的一种，用于下对上叙述事情。《汉书·赵充国传》：“充国上～曰。”

戇（戇） zhuàng 愚直。《史记·汲郑列传》：“甚矣，汲黯之～也！”韩愈《祭张员外文》：“余～而狂，年未三纪。”㊂刚直。《宋史·韩世忠传》：“性～直，勇敢忠义，事关庙社，必流涕极言。”

ZHUI

追 zhuī ❶ 追赶。《左传·桓公六年》：“少师归，请～楚师。”成语有“追亡逐北”。❷ 追求。屈原《离骚》：“背绳墨以～曲兮，竞周容以为度。”❸ 追溯，回溯。《左传·成公十三年》：“吾与女同好弃恶，复修旧德，以～念前勋。”❹ 补救。《论语·微子》：“往者不可谏，来者犹可～。”《左传·哀公十六年》：“悔其可～。”㊂事后补办。《左传·昭公七年》：“卫襄公卒……王使成简公如卫吊，且～命襄公曰。”❺ duī 雕琢玉石。《诗经·大雅·棫朴》：“～琢其章，金玉其相。”（章：花纹。）

骓（騅） zhuī 毛色黑白混杂的马。《诗经·鲁颂·駉》：“有～有駓（pī）。”（駓：毛色黄白混杂的马。）《史记·项羽本纪》：“力拔山兮气盖世，时不利兮～不逝。”

椎 zhuī 见61页。

锥（錐） zhuī 锥子，钻孔的工具。《荀子·劝学》：“譬之犹以指测河也，以戈舂黍也，以～飡壶也，不可以得之矣。”《战国策·秦策一》：“读书欲睡，引～自刺其股。”

坠（墜） zhuì 落下，掉下。《列子·天瑞》：“杞国有人，忧天地崩～。”㊀失。《国语·晋语二》：“敬不～命。”

缀（綴） zhuì ❶ 缝合，联结。《战国策·秦策一》：“～甲厉兵。”（甲：铠甲。厉兵：磨利武器。）张衡《西京赋》：“～以二华。”（二华：指太华、少华二山。）㊂会，聚集。《后汉书·循吏传》：“今～集殊闻显迹，以为《循吏篇》云。”［缀文］写文章。皇甫谧《三都赋序》：“～～之士。”❷ 装饰，点缀。《韩非子·外储说左上》：“熏以桂椒，～以珠玉。”❸ chuò 通“辍”。停止，废止。《荀子·成相》：“春申道～基毕输。”（春申：指春申君，楚国贵族。基：基业。毕输：完全破坏。）

醊 zhuì 连续祭祀。见《广韵》。㊂洒酒于地祭祀。《后汉书·卢植传》：“亟遣丞掾除其坟墓，存其子孙，并致薄～，以彰厥德。”㊁祭奠。《后汉书·何颙传》：“颙感其义，为复仇，以头～其墓。”

惴 zhuì 恐惧。《孟子·公孙丑上》：“自反而不缩，虽褐宽博，吾不～焉。”《后汉书·酷吏传》：“郡中～恐，莫敢自保。”［惴惴］恐惧的样子。《诗经·秦风·黄鸟》：“～～其栗。”（栗：发抖。）

缒（縋） zhuì 用绳子拴着人、物从高处往下送。《左传·僖公三十年》：“许之，夜～而出。”㊂指用绳子拴着从低处升到高处。《左传·昭公十九年》：“子占使师夜～而登。”（子占：人名。）㊂指拴人或物的绳子。《左传·昭公十九年》：“登者六十人，～绝。”

腄 zhuì 脚肿。《左传·成公六年》：“民愁则垫隘，于是乎有沉溺重～之疾。”（重：肿。）

赘（贅） zhuì ❶ 抵押。《汉书·严助传》：“民待卖爵～子，以接衣食。”❷ 入赘，旧指结婚后男住女家。《汉书·贾谊传》：“家贫子壮则出～。”❸ 通“缀”。联结。《韩非子·存韩》：“夫赵氏聚士卒，养从徒，欲～天下之兵。”㊀会，聚集。《汉书·武帝纪》：“毋～聚。”（毋：不要。）❹ 病名。赘疣，俗称瘊子。《庄子·骈拇》：“附～县疣，出乎形哉。”（县：同“悬”。）㊀多余的，无用的。刘勰《文心雕龙·镕裁》：“而委

Z

心逐辞，异端丛至，骈（pián）～必多。”（委心：任心。骈：指本该一个而分为两个。）

ZHUN

迍 zhūn ［迍邅（zhān）］困顿，处境艰难。伍缉之《劳歌》二首之一：“～～已穷极，疢痾复不康。”骆宾王《畴昔篇》：“丈夫坎壈多愁疾，契阔～～尽今日。”又写作“屯邅”。

肫 zhūn ❶禽类的胃。张鷟《朝野佥载》卷六：“渤海高瓒闻而造之，为设鸡～而已。”（造：造访。）❷［肫肫］诚恳的样子。《礼记·中庸》：“～～其仁，渊渊其渊，浩浩其天。”❸ chún 祭祀所用牲后体的一部分。《仪礼·乡饮酒礼》：“介俎：脊、胁、～、胳、肺。”❹ chún 通“纯”。全。《仪礼·士昏礼》：“腊一，～。髀不升。”❺ tún 通“豚”。小猪。《晋书·阮籍传》：“食一蒸～，饮二斗酒。”

窀 zhūn ［窀穸（xī）］埋葬。《左传·襄公十三年》：“唯是春秋～～之事，所以从先君于祢庙者，请为灵若厉，大夫择焉。”[引]墓穴。《后汉书·赵咨传》：“玩好穷于粪土，伎巧费于～～。”

谆（諄） zhūn ❶［谆谆］1. 教诲不倦的样子。《诗经·大雅·抑》：“诲尔～～，听我藐藐。”（诲：教诲。尔：你。藐藐：指听不进去。）2. 昏乱。《左传·襄公三十一年》：“且年未盈五十，而～～焉如八九十者。”（年：年龄。盈：满。）❷辅佐。《国语·晋语九》：“以～赵鞅之故。”（以：因为。赵鞅：人名。故：缘故。）

准（準） zhǔn ❶一种测量水平的器具。《汉书·律历志上》：“～者，所以揆（kuí）平取正也。”（揆：度量。）[引]测量。《汉书·沟洫志》：“令水工～高下，开大河上领。”[引]揣测。《淮南子·览冥》：“群臣～上意而怀当。”（上意：君主的意图。）❷标准，准则。《荀子·致士》：“程者，物之～也。”（程：度量的总名。）[引]以……为标准，效仿。左思《咏史八首》之一：“著论～《过秦》，作赋拟《子虚》。”❸等同。《周易·系辞上》：“《易》与天地～，故能弥纶天地之道。”❹准确。刘勰《文心雕龙·史传》：“若司马彪之详实，华峤之～当，则其冠也。”❺鼻子。《后汉书·光武帝纪》：“美须眉，大口，隆～。”（隆：高。）【注意】“准”是后起字，古代用得不多，唐五代以后主要用于公文，表示“依照”、“许可”等意义。今为“準”的简化字。

ZHUO

拙 zhuō ❶笨。《庄子·胠箧》：“大巧若～。”《孟子·尽心上》：“大匠不为～工改废绳墨。”成语有“笨嘴拙舌”。❷谦辞。如“拙作（对人称自己的作品）”、“拙荆（对人称自己的妻子）”。

捉 zhuō ❶握。《世说新语·容止》：“帝自～刀立床头。”《新唐书·杨师道传》：“～笔赋诗。”❷捉拿，捕捉（后起意义）。杜甫《石壕吏》诗：“有吏夜～人。”【辨】捕，逮，捉。见72页“逮”字。

倬 zhuō 高大、显明的样子。《诗经·大雅·云汉》：“～彼云汉。”（云汉：天河。）

焯 zhuō 明，明白。《说文·火部》：“焯，明也。”[又]照耀。庾阐《吊贾生文》：“焕乎若望舒耀景而～群星，矫乎若翔鸾拊翼而逸宇宙也。”颜真卿等《水堂送诸文士戏赠潘丞联句》：“帘开北陆风，烛～南枝鹊。”

棁 zhuō ❶梁上的短柱。《论语·公冶长》：“臧文仲居蔡，山节藻～。”（山节：梁上的斗拱雕成山形。藻：指有水藻图案。）❷ tuō 小木棒。《淮南子·说山》：“执弹而招鸟，挥～而呼狗。”❸ tuō 通“脱”。疏略。《荀子·礼论》：“凡礼始乎～，成乎文。”

汋 zhuó ❶通“酌”。挹取。《周礼·士师》：“掌士之八成。一曰邦～，二曰邦贼……”（邦汋：盗取邦中密事。）❷ chuò ［汋约］美好的样子。屈原《九章·哀郢》：“外承欢之～～兮，谌荏弱而难持。”《楚辞·远游》：“质销铄以～～兮，神要眇以淫放。”

灼 zhuó ❶烧，烤。《论衡·言毒》：“若火～人。”❷显明，显著。《三国志·吴书·吴主传》：“事已彰～，无所复疑。”这个意义又写作“焯”。［灼灼］鲜亮的样子。《诗经·周南·桃夭》：“～～其华。”（华：花。）

酌 zhuó ❶斟酒。《诗经·小雅·瓠叶》：“君子有酒，～言尝之。”[引]斟酒喝。陶潜《归去来兮辞》：“引壶觞（shāng）以自～。”（觞：装酒用的器物。）[又]酒。李白《陪族叔当涂宰游化城寺升公清风亭》诗：“茗～待幽客。”❷斟酌，经过衡量决定取舍。《左传·成公六年》：“子为大政，将～于民者也。”（为大政：指任中军元帅。酌于民：指对众人的意见加以斟酌。）❸舀取。《诗经·大雅·泂酌》：“泂（jiǒng）～彼行潦。”（泂：远。行潦：指流水。）[又]舀水喝。王勃《滕王阁序》：“～贪泉而觉爽，处涸辙以犹欢。”

茁 zhuó 植物才生长出来的样子。《诗经·召南·驺虞》："彼～者葭(jiā)。"(葭：初生的芦苇。)[茁壮]健壮的样子。《孟子·万章下》："牛羊～～长而已矣。"

卓 zhuó ❶高，高超。《后汉书·祭遵传》："～如日月。"《论衡·程材》："文辞～诡(guǐ)。"(诡：特异。)又如"卓越"、"卓异"、"卓绝"。❷远。《汉书·霍去病传》："～行殊远而粮不绝。"这个意义又写作"逴"。❸zhuō 几案，桌子(后起意义)。徐积《谢周裕之》诗："两～合八尺，一炉暖双趾。"这个意义后来写作"桌"。

斫 zhuó 砍，削。《荀子·性恶》："工人～木而成器。"《史记·孙子吴起列传》："乃～大树白而书之。"㉢击。《三国志·吴书·甘宁传》："受敕(chì)出～敌前营。"(敕：命令。)【辨】斲，斫。见下"斲"字。

斮 zhuó ❶斩。《尚书·泰誓下》："～朝涉之胫，剖贤人之心。"《公羊传·成公二年》："郤克曰：'欺三军者，其法奈何？'曰：'法～。'于是～逢丑父。"❷击。张衡《东京赋》："捎魑魅，～獝狂。"

斲(斵) zhuó 砍，削。《荀子·王制》："农夫不～削、不陶冶而足械用。"(陶：做陶器。冶：冶炼。械：器械。)【辨】斲，斫。"斲"通常指把木头砍削成器物。"斫"除了这个意义外，通常还表示砍击、砍断，可以用于"斫人"、"斫地"等。

浊(濁) zhuó 混浊。与"清"相对。《荀子·君道》："原清则流清，原～则流～。"(原：水源。)潘岳《西征赋》："北有清渭～泾。"(渭、泾：都是水名。)㉢污浊。《楚辞·渔父》："举世皆～我独清。"《史记·平原君虞卿列传》："平原君，翩翩～世之佳公子也。"㉢声音低沉粗重。《晋书·谢安传》："有鼻疾，故其音～。"

诼(諑) zhuó 造谣，毁谤。《楚辞·九思·逢尤》："被～谮(zèn)兮虚获尤。"(谮：说坏话诬陷别人。虚：平白无故地。尤：过错，罪过。)

啄 zhuó ❶鸟用嘴取食。《诗经·小雅·黄鸟》："黄鸟黄鸟，无集于谷，无～我粟。"❷zhòu 通"咮"。鸟嘴。《太平广记》卷二四五："尻(kāo)益高者，鹤俛～也。"(尻：臀。)

琢 zhuó 雕刻玉石。《诗经·卫风·淇奥》："如切如磋，如～如磨。"(磋：磨光。)《礼记·学记》："玉不～，不成器。"

椓 zhuó ❶击打。《诗经·周南·兔罝》："肃肃兔罝，～之丁(zhēng)丁。"(丁丁：象声词。)《淮南子·说林》："椎固有柄，不能自～。"㉢打击，残害。《诗经·小雅·正月》："民今之无禄，天夭是～。"(夭：祸。)❷宫刑。《尚书·吕刑》："杀戮无辜，爰始淫为劓、刵、～、黥。"❸攻击，毁谤。《左传·哀公十七年》："卫侯辞以难，大子又使～之。"

缴(繳) zhuó 见195页。

擢 zhuó ❶拔，抽。《史记·范雎蔡泽列传》："～贾之发以续贾之罪，尚未足。"(贾：人名。续：接续。)㉢植物滋长。韦应物《郡斋移杉》诗："～干方数尺，幽姿已苍然。"(方：才。幽姿：幽雅的姿态。苍然：青翠的样子。)❷提拔，选拔。《汉书·赵充国传》："～为后将军。"(后将军：武官名。)《战国策·燕策二》："～之乎宾客之中，而立之乎群臣之上。"【辨】拔，擢。在"拔、抽"的意义上，"擢"可以指植物滋长，而"拔"只用于人力或风力把东西拔起来。在"提拔"的意义上，"拔"往往指提拔本来没有官职的人，"擢"往往指提升官职。至于"攻取某地"的意义，只能用"拔"，不能用"擢"。

濯 zhuó ❶洗。屈原《渔父》："沧浪之水清兮，可以～吾缨。"(沧浪：河名。缨：帽带子。)❷[濯濯]1. 有光泽的样子。《诗经·大雅·崧高》："钩膺～～。"(钩膺：马颈腹上带子的装饰。)2. 光秃的样子。《孟子·告子上》："人见其～～也，以为未尝有材焉。"3. 娱游的样子。《史记·司马相如列传》："～～之麟。"【辨】濯，涤，洗。见440页"洗"字。

镯(鐲) zhuó 军乐器，形似小钟。《周礼·夏官·大司马》："鼓行，鸣～，车徒皆行。"【注意】"镯"在古代没有"手镯"义。

鷟(鷟) zhuó [鸑鷟]见511页"鸑"字。

ZI

孜 zī [孜孜]勤勉，努力不懈的样子。《史记·滑稽列传》："此士之所以日夜～～，修学行道，不敢止也。"魏征《十渐不克终疏》："陛下贞观之初，～～不怠。"(贞观：唐太宗的年号。)又写作"孳孳"。成语有"孜孜不倦"。

赀(貲) zī ❶罚钱。《秦律·效律》："斗不正，半升以上，～一甲。"(赀一甲：罚一件铠甲的钱。)❷通"资"。

资财，钱财。《后汉书·刘盆子传》："母家素丰，～产数百万。"《新唐书·员半千传》："上书自陈臣家～不满千钱。"（陈：陈述。）㊀价格。《管子·乘马数》："布织财物，皆立其～。"❸计算，估量。《晋书·傅玄传》："一日则损不～，况积日乎？"

觜 zī ❶猫头鹰等禽类头上的毛角。《说文·角部》："觜，鸱旧头上角觜也。"❷星宿名。❸zuǐ 鸟嘴。张衡《东京赋》："秦政利～长距，终得擅场。"

髭（頾） zī 唇上的胡须。《左传·昭公二十六年》："至于灵王，生而有～。"汉乐府《陌上桑》："行者见罗敷，下担捋～须。"

咨 zī ❶商议，咨询。《左传·昭公元年》："子产～于大叔。"（子产：人名。）诸葛亮《出师表》："事无大小，悉以～之，然后施行。"这个意义后来写作"諮"。❷叹词。《尚书·尧典》："帝曰：～，四岳！"（帝：指尧。四岳：指传说中的四个诸侯之长。）［咨嗟(jiē)］叹息，赞叹。李白《蜀道难》诗："蜀道之难，难于上青天，侧身西望长～～。"《晋书·张华传》："有一介之善者便～～称咏，为之延誉。"（一介之善：一点好处。延誉：播扬名誉。）

諮 zī 商议，咨询。《三国志·魏书·荀彧传》："密以～彧(yù)。"

资（資） zī ❶资财，钱财。《国语·齐语》："无受其～。"㊀费用。《三国志·蜀书·诸葛亮传》："军～所出。"❷积蓄。《国语·越语》："贾人夏则～皮，冬则～絺(chī)。"（贾人：商人。絺：细麻布。）❸具有，具备。《文选·蔡邕〈陈太丘碑文〉》："兼～九德，总修百行。"❹供给，资助。《韩非子·说疑》："～之以币帛。"《史记·郦生陆贾列传》："此乃天所以～汉也。"❺凭借。《三国志·魏书·文帝纪》："昔仲尼～大圣之才，怀帝王之器。"（仲尼：孔子字。）柳宗元《封建论》："归周者八百焉，～以胜殷。"（周、殷：朝代名。）㊀凭借的条件。《老子·二十七章》："善人者不善人之师，不善人者善人之～。"❻资质。指天生的才能、性情。班固《为第五伦荐谢夷吾疏》："英～挺特。"（挺特：指突出。）《汉书·陈平传》："然大王～侮人。"（侮：侮慢。）❼资望，资历。《三国志·魏书·荀彧传》："绍凭世～，从容饰智，以收名誉。"（绍：袁绍。世资：世代的资望。饰智：装作有智慧。）干宝《晋纪总论》："不拘～次。"

粢 zī ❶稷，一种谷物。宋玉《招魂》："稻～穱麦。"❷古代供祭祀用的谷物。《左传·桓公六年》："絜～丰盛(chéng)。"（絜：洁净的。丰：丰富的。盛：祭器中所盛的谷物。）❸cí 稻饼。《列子·力命》："食则～粝，居则蓬室。"

趑（趦） zī ［趑趄(jū)］1. 行不进的样子。张载《剑阁铭》："一人荷戟，万夫～～。"㊀徘徊。柳宗元《答韦珩示韩愈相推以文墨事书》："而仆稚騃，卒无所为，但～～文墨笔砚浅事。"2. 恣睢，放纵暴戾。《魏书·乐志》："刘石以一时奸雄，跋扈魏赵；苻姚以部帅强豪，～～关辅。"

兹（茲） zī ❶指示代词。此，这里。《诗经·大雅·泂酌》："挹彼注～。"（挹：指舀水。注：灌。）《论语·子罕》："文王既没，文不在～乎？"㊁这样。《国语·楚语上》："余恐德之不类，～故不言。"（不类：指不善。余：我。）❷年。通常只用在"今兹"和"来兹"中。《吕氏春秋·任地》："今～美禾，来～美麦。"❸通"滋"。益，更加。《汉书·五行志》："赋敛～重。"（赋敛：收税。）❹cí ［龟(qiū)兹］见143页"龟"字。

嵫 zī ［崦(yān)嵫］见469页"崦"字。

孳 zī ❶繁殖，生息。《列子·汤问》："不夭不病，其民～阜亡数。"（夭：未成年就死去。阜：盛。亡：无。）❷［孳孳］勤勉，努力不懈的样子。东方朔《答客难》："日夜～～。"

滋 zī ❶液汁。左思《魏都赋》："墨井盐池，玄～素液。"（玄：黑。素：白。）㊀滋润，润泽。韦庄《同旧韵》："露～三径草，日动四邻砧。"❷滋味。《后汉书·蔡邕列传》："含甘吮～。"（甘：甜。）❸培植。屈原《离骚》："余既～兰之九畹(wǎn)兮。"（既：已经。畹：二十亩或三十亩为一畹。）㊀滋长。《左传·隐公元年》："无使～蔓。"❹副词。益，更加。柳宗元《蝜蝂传》："而贪取～甚。"（甚：厉害。）

镃（鎡） zī ［镃基］大锄。《孟子·公孙丑上》："虽有智慧，不如乘势；虽有～～，不如待时。"又写作"镃錤"。

菑 zī ❶开荒。《尚书·大诰》："厥父～，厥子乃弗肯播。"（厥：其。弗：不。播：播种。）❷初耕一年的土地。沈约《齐故安陆昭王碑文》："宿秉停～。"（宿秉：去年的稻穗。）㊁田地。祖咏《归汝坟山庄》诗："沤麻入南涧，刈麦向东～。"❸zāi 通

"灾"。祸害，灾害。《诗经·大雅·生民》："无～无害。"❹ zì 直立而枯死的树木。《荀子·非相》："周公之状，身如断～。"

淄 zī ❶ 水名，今称淄河，在山东境内。❷ 通"缁"。黑色。《史记·孔子世家》："不曰白乎，涅而不～。"

缁(緇) zī ❶ 黑色。《韩非子·说林下》："天雨，解素衣，衣～衣而反。"(素衣：白色衣服。衣缁衣：穿黑色衣服。反：返。)㊂黑色。《论语·阳货》："不曰白乎，涅而不～。"❷ 指僧侣。《魏书·释老志》："～素既殊，法律亦异。"(素：指俗人。)

辎(輜) zī ❶ [辎车]一种有帷盖的车子。《史记·孙子吴起列传》："居～～中，坐为计谋。"❷ [辎重] 1. 外出时所带的衣物箱笼。《老子·二十六章》："是以圣人终日行不离～～。"2. 军用器械、粮草、营帐、服装等的统称。《史记·淮阴侯列传》："从间道绝其～～。"(间道：小道。绝：断。)

锱(錙) zī 古代的重量单位，一说六铢为一锱，四锱为一两。[锱铢]比喻极微小的数量。《三国志·吴书·贺邵传》："身无～～之行，能无鹰犬之用。"

鼒 zī 小口的鼎。《诗经·周颂·丝衣》："鼐(nài)鼎及～。"(鼐：大鼎。)沈约《需雅》八首之一："或鼎或～宣九沸，楚桂胡盐芼芳卉。"

子 zǐ ❶ 婴儿。《荀子·劝学》："干、越、夷、貉之～，生而同声，长而异俗。"(干、越、夷、貉：都是古代民族名。)㊂儿子或女儿。《汉书·文帝纪》："孝文皇帝，高祖中～也。"《韩非子·说林上》："卫人嫁其～。"㊄植物的籽实。杜甫《少年行》："江花结～已无多。"❷ 对人的尊称，多指男子，相当于现代汉语中的"您"。《论语·子路》："卫君待～而为政，～将奚先？"(奚：什么。)㊂写在姓氏后面，作为对人的尊称。如"荀子"、"庄子"。❸ 古代五等爵位的第四等。《礼记·王制》："王者之制禄爵：公、侯、伯、～、男，凡五等。"❹ 利息。《新唐书·柳宗元传》："～本均。"❺ 地支的第一位。㊂十二时辰之一，等于现在深夜的十一时至一时。见126页"干[1]"字。

秭 zǐ ❶ 禾二百把为一秭。❷ 数量单位。十亿为秭。《诗经·周颂·丰年》："亦有高廪，万亿及～。"

笫 zǐ 竹编的床垫。《左传·襄公二十七年》："床～之言不逾阈(yù)。"(阈：门槛。)

訾(訿) zǐ ❶ 毁谤，诋毁，非议。《吕氏春秋·怀宠》："排～旧典。"《盐铁论·地广》："诽誉～议，以要名采善于当世。"(要名采善：指沽名钓誉。)❷ zī 通"赀"。计算，估量。《商君书·垦令》："～粟而税，则上一而民平。"(上一：国法统一。)《列子·说符》："钱帛无量，财货无～。"❸ zī 通"资"。资财，钱财。《汉书·杜周传》："家～累巨万矣。"(累：累积。)❹ cī 病。《管子·入国》："岁凶，庸人～厉。"(岁凶：年景不好。厉：病。)❺ zī 通"咨"。叹词。《战国策·齐策三》："～！天下之主有侵君者，臣请以臣之血湔其衽(rèn)。"(衽：衣襟。)

梓 zǐ 一种树木。《盐铁论·本议》："江南之楠～竹箭。"(楠：一种树木。箭：可做箭杆的竹子。)[梓宫]皇帝的灵柩。《后汉书·窦皇后纪》："桓帝～～尚在前殿，遂杀田圣。"(田圣：人名。)[梓匠]木匠。《孟子·尽心下》："～～轮舆，能与人规矩，不能使人巧。"[桑梓]指故乡。柳宗元《闻黄鹂》诗："乡禽何事亦来此，令我生心忆～～。"

芓 zì ❶ 麻的雌株。❷ zǐ 通"耔"。培土。《汉书·食货志》："故其《诗》曰：'或芸或～，黍稷儗儗。'"今《诗经·小雅·甫田》作"耔"。

字 zì ❶ 生孩子。《论衡·气寿》："妇人疏～者子活。"(疏：稀疏。)㊄养育。《左传·成公十一年》："又不能～人之孤而杀之。"(孤：孤儿。)㊂爱。《左传·成公四年》："楚虽大，非吾族也，其肯～我乎？"❷ 女子许嫁。《周易·屯》："女子贞不～，十年乃～。"❸ 表字。《史记·陈涉世家》："陈胜者，阳城人也，～涉。"❹ 文字。《汉书·刘歆传》："分文析～。"

牸 zì 母牛。刘向《说苑·政理》："臣故畜～牛，生子而大，卖之而买驹。"㊂雌的。《盐铁论·未通》："戎马不足，～牝入阵。"

自 zì ❶ 自己。《老子·三十三章》："知人者智，～知者明。"㊂亲自。《史记·萧相国世家》："高祖～将。"(将：统率部队。)[自如][自若]像自己原来的样子，不变常态。《汉书·李广传》："吏士无人色，而广意气～如。"(广：人名。)❷ 自然。《商君书·错法》："举事而材～练者，功分明。"❸ 从。《论语·学而》："有朋～远方来。"❹ 由于。《汉书·灌夫传》："侯～我得之，～我捐之，无所恨。"❺ 即使。《汉书·刑法志》："律

Z

令烦多……～明习者不知所由。”❻ 假如。常“自非(假如不是)”连用。王安石《上皇帝万言书》:“～非朝廷侍从之列,食口稍众,未有不兼农商之利而能充其养者也。”(食口稍众:指吃饭的人多。)

恣 zì 放纵,无拘束。《荀子·成相》:“吏敬法令莫敢～。”㊀任凭。《战国策·赵策四》:“～君之所使之。”

眦(眥) zì 眼眶。《史记·项羽本纪》:“瞋(chēn)目视项王……目～尽裂。”(瞋目:瞪眼睛。)

胔 zì ❶ 尚存残肉的骨殖。《礼记·月令》:“掩骼埋～。”❷ 死亡。《大戴礼记·千乘》:“太古之民,秀长以寿者,食也。在今之民,羸丑以～者,事也。”❸ jí 通“瘠”。瘦。《汉书·娄敬传》:“今臣往,徒见羸～老弱。”

剚(倳) zì 插入,刺。丘迟《与陈伯之书》:“张绣～刃于爱子。”

渍(漬) zì ❶ 浸,泡。贾思勰《齐民要术·水稻》:“净淘种子,～经三宿。”(渍经三宿:浸泡三夜。)❷ 染。《周礼·考工记·钟氏》:“淳而～之。”(淳:浇。)《汉书·礼乐志》:“民渐～恶俗。”

胾 zì ❶ 切成大块的肉。《史记·绛侯周勃世家》:“召条侯,赐食。独置大～,无切肉。”(独置:单独设置。)❷ 腐尸。《魏书·孝静帝纪》:“诏尚书掩骼埋～。”

ZONG

宗 zōng ❶ 宗庙,祖庙。《左传·成公三年》:“首其请于寡君而以戮于～。”(首:荀首,人名。)㊁祖宗,祖先。《左传·成公三年》:“使嗣～职。”(使我继承祖宗传下来的职位。嗣:继承。)㊁始祖。《论衡·案书》:“儒家之～,孔子也。”❷ 宗族。同祖称宗。《史记·秦始皇本纪》:“车裂以徇,灭其～。”(徇:示众。)❸ 尊奉。《礼记·檀弓上》:“夫明王不兴,而天下其孰能～予?”(孰:谁。)❹ 本,主旨,宗旨。《老子·十七章》:“言有～,事有君。”(言:言论。事:事理。君:指根本。)成语有“万变不离其宗”。

综(綜) zōng ❶ zèng (旧读 zòng) 织布时使经线上下交错以受纬线的一种装置。㊀编织。陶宗仪《辍耕录·黄道婆》:“错纱配色,～线挈花,各有其法。”(错纱:使纱线交叉。挈花:提花。)❷ 聚总,集合。《史记·周本纪》:“～其实不然。”(实:实际情况。)曹植《七启》:“～孔氏之旧章。”双音词有“综合”。

棕(椶) zōng 树名。即棕榈。《山海经·西山经》:“又西三百五十里曰天帝之山,上多～楠。”

踪(蹤) zōng ❶ 踪迹。《汉书·扬雄传》:“蹑三皇之高～。”(蹑:踏着。)柳宗元《江雪》诗:“千山鸟飞绝,万径人～灭。”(径:小道。)❷ 追随,跟踪。《新唐书·桓彦范传》:“如普思等方伎猥下,安足继～前烈。”(普思:郑普思,人名。猥下:低下。)

鬃 zōng ❶ 高髻。张君房《云笈七签》卷一一三下:“瞎山栖求道,无巾裹～角,布衣事道士。”❷ 马、猪等颈上的毛。徐陵《紫骝马》诗:“玉镫绣缠～,金鞍锦覆幪。”这个意义又写作“騣”。

嵕(㚇) zōng 数峰并峙的山。司马相如《上林赋》:“凌三～之危。”

緵 zōng ❶ 古代布帛以八十根经线为一緵。《史记·孝景本纪》:“令徒隶衣七～布。”(七緵布:二尺二寸幅内仅有五百六十根经线的布。)❷ [緵罟]细密的渔网。《诗经·豳风·九罭》“九罭之鱼”毛传:“九罭,～～,小鱼之网也。”

豵 zōng 一岁的小猪。泛指小兽。《诗经·豳风·七月》:“言私其～,献豜(jiān)于公。”(豜:三岁的野猪。)

总(總、緫) zǒng ❶ 聚合,聚束。潘岳《籍田赋》:“垂髫(tiáo)～发。”(髫:小孩头上垂下的头发。)㊀系结。屈原《离骚》:“～余辔乎扶桑。”❷ 统领。《隋书·元谐传》:“公受朝寄,～兵西下。”(朝寄:朝廷的寄托。)❸ 总括,汇集。《荀子·不苟》:“～天下之要,治海内之众。”❹ 副词。全。杜甫《泛江》诗:“极目～无波。”

偬(傯) zǒng [倥偬]见 225 页“倥”字。

纵(縱) zòng ❶ 发,放。《史记·项羽本纪》:“莫敢～兵。”《后汉书·班固传》:“超乃顺风～火。”㊁释放。《新唐书·杨恭仁传》:“～所俘还之。”(俘:俘虏。)㊀放纵,放任。《左传·僖公三十三年》:“一日～敌,数世之患也。”晁错《贤良文学对策》:“骄溢～恣,不顾患祸。”(骄傲放纵,不顾后患。)❷ 即使。庾亮《让中书令表》:“～不悉全,决不尽败。”(全:保全。)❸ 纵。与“横”相对。东方朔《七谏·沈江》:“不别横之与～。”(别:区分。)❹ zōng 通“踪”。踪迹。《史记·酷吏列传》:“言变事

Z

～迹安起。"(告发非常事件的经过是怎么发生的。)

ZOU

邹(鄒) zōu 春秋时国名，在今山东邹县一带。孟子为邹人。

驺(騶) zōu ❶养马的人(也兼管赶车)。《左传·成公十八年》："程郑为乘马御，六～属焉。"(程郑：人名。乘马御：替诸侯赶车的人。属焉：属于他管理。)❷骑马的侍从。《战国策·楚策四》："于是使人发～征庄辛于赵。"(发：派出。征：召。庄辛：人名。)❸zhòu 通"骤"。车马奔驰。《礼记·曲礼上》："车驱而～，至于大门。"❹qū 通"趋"。小步快走。《荀子·正论》："～中韶护以养耳。"(中：符合。韶、护：都是古乐名。)

诹(諏) zōu 商议。《国语·晋语四》："谋于南宫，～于蔡、原。"(南宫、蔡、原：都是姓。)㊀询问。诸葛亮《出师表》："諮～善道。"

陬 zōu 角，角落。《史记·绛侯周勃世家》："吴奔壁东南～。"(吴：吴王刘濞。壁：营垒。)㊀山脚。束皙《补亡诗》六首之二："在陵之～。"(陵：土山。)

棷 zōu ❶树名。《山海经·中山经》："(风雨之山)其木多～、樿。"❷麻秆。《汉书·五行志》："民惊走，持稿或～一枚，传相付与。"❸sǒu 通"薮"。水泽。《礼记·礼运》："凤皇麒麟，皆在郊～。"

緅 zōu 青赤色的帛。《论语·乡党》："君子不以绀(gàn)～饰，红紫不以为亵服。"(绀：深青带红的颜色。)

鲰(鯫) zōu 杂小鱼。《史记·货殖列传》："～千石，鲍千钧。"[鲰生]对人的蔑称。《史记·留侯世家》："沛公曰：～～教我距关无内诸侯。"李显等《十月诞辰内殿宴群臣效柏梁体联句》："～～侍从忝王枚，右掖司言实不才。"

郰(郰) zōu 地名。春秋鲁地，是孔子乡邑。在今山东曲阜东南。《论语·八佾》："孰谓～人之子知礼乎？"(郰人之子：指孔子。)

走 zǒu ❶跑。《韩非子·五蠹》："兔～触株，折颈而死。"㊁逃跑。《孟子·梁惠王上》："弃甲曳兵而～。"㊁赶跑。《汉书·高帝纪上》："羽大破秦军钜鹿下，虏王离，～章邯。"(羽：项羽。王离、章邯：人名。钜鹿：地名。)❷(旧读zòu)奔向，趋向。《史记·萧相国世家》："诸将皆争～金帛财物之府。"(府：仓库。)《史记·蒙恬列传》："始皇三十七年冬，行出游会稽，并海上，北～琅邪(láng yá)。"(会稽、琅邪：地名。)❸仆人。司马迁《报任安书》："太史公牛马～司马迁再拜言。"(牛马走：像牛马一样被驱使的仆人。)㊀谦称，我。张衡《东京赋》："～虽不敏。"(敏：灵敏，敏锐。)【辨】行，走。现代的"走"古代称"行"，现代的"跑"古代称"走"。

奏 zòu ❶进。《庄子·养生主》："～刀騞(huō)然。"(騞然：刀割东西的声音。)㊁进献。《论衡·逢遇》："以夏进炉，以冬～扇。"㊀呈现，使见。《战国策·秦策一》："愿大王少留意，臣请～其效。"❷向君王进言或上书。《史记·孝文本纪》："书～天子，天子怜悲其意。"㊁奏章。《后汉书·赵充国传》："作～未上，会得进兵玺书。"(会：碰上。进兵玺书：皇帝命令进兵的诏书。)❸奏乐。屈原《离骚》："～九歌而舞韶兮。"(韶：古代乐名。)

ZU

菹(葅) zū ❶酸菜，腌菜。《论衡·福虚》："楚惠王食寒～而得蛭。"(蛭：蚂蟥。)❷肉酱。《礼记·少仪》："麋鹿为～。"㊁古代的一种酷刑，把人剁成肉酱。《韩非子·存韩》："臣斯愿得一见，前进道愚计，退就～戮。"(斯：李斯。道：说。)❸jù 多水草的沼泽地带。《孟子·滕文公下》："驱蛇龙而放之～。"❹枯草。《管子·轻重甲》："请君伐～薪。"(薪：柴。)

足 zú ❶脚。《韩非子·外储说左上》："手～胼(pián)胝(zhī)，面目黧(lí)黑，劳有功者也。"(胼胝：厚茧。黧：黑色。)㊀器物的脚。《三国志·蜀书·诸葛亮传》："如此则荆、吴之势强，鼎～之形成矣。"❷足够，充足。《老子·七十七章》："损有余而补不～。"曹操《置屯田令》："夫定国之术，在于强兵～食。"㊁补足。《列子·杨朱》："以昼～夜。"❸够得上，值得。《荀子·劝学》："百发失一，不～谓善射。"陶潜《桃花源记》："不～为外人道也。"

卒 zú ❶步兵。《孙膑兵法·篡卒》："兵之胜在于篡～。"(兵：军队。篡：选用。)㊁古代军队编制，一百人为卒。《韩非子·显学》："猛将必发于～伍。"(发：产生。伍：古代军队编制。五人为伍。)❷死。《左传·僖公十六年》："公子季友～。"(季友：人名。）❸ 终，完毕，结束。《论语·子张》：“有始有～者，其惟圣人乎！”《史记·匈奴列传》：“语～而单于大怒。”㊂副词。终于。《史记·李斯列传》：“～成帝业。”❹ cù 通“猝”。突然，仓猝。《后汉书·仲长统传》：“军旅～发。”【辨】兵，卒，士。上古时这三个字意义各不相同。兵一般指武器，可以泛指军队；卒是步兵，士是战斗时在战车上的战士。【辨】崩，薨，卒，死，没。见 15 页“崩”字。

崒（崪） zú ❶ 高耸而险峻。柳宗元《邕州柳中丞作马退山茅亭记》：“是山～然起于莽苍之中。”（是：此。莽苍：原野。）㊂高。宋玉《高唐赋》：“其上独有云气，～兮直上。”[崒兀]高耸险峻。杜甫《自京赴奉先县咏怀五百字》：“群冰从西下，极目高～～。”❷ cuì 通“萃”。聚集。贾谊《鵩鸟赋》：“异物来～，私怪其故。”

族 zú ❶ 家族，同姓的亲属。《史记·孙子吴起列传》：“废公～疏远者。”（公族：国君的家族。）㊕姓。《吕氏春秋·异宝》：“问其名～，则不肯告。”㊀类。《淮南子·俶真》：“万物百～。”❷ 种族。《后汉书·东夷传赞》：“厥区九～。”❸ 灭族。古代一种刑罚，一人有罪，灭三族或九族。《史记·秦始皇本纪》：“以古非今者～。”（非：非难。）❹ 聚结。《庄子·在宥》：“云气不待～而雨。”

镞（鏃） zú 箭头。贾谊《过秦论上》：“秦无亡矢遗～之费，而天下诸侯已困矣。”（无亡矢遗镞之费：不费一箭。矢：箭。）

诅（詛） zǔ ❶ 诅咒。《晏子春秋·内篇谏上》：“百姓之咎怨诽谤，～君于上帝者多矣。”❷ 盟誓。《左传·宣公二年》：“初，丽姬之乱，～无畜群公子。”（无：不。畜：养。）《后汉书·西羌传》：“乃解仇～盟。”

阻 zǔ ❶ 险要的地方。《史记·孙子吴起列传》：“马陵道狭，而旁多～隘，可伏兵。”㊂路难走。蔡琰《悲愤诗》：“迥（jiǒng）路险且～。”（迥：远。）❷ 倚仗。《左传·隐公四年》：“夫州吁～兵而安忍。”（州吁：人名。安忍：安于做残忍的事。）《汉书·高帝纪下》：“带河～山，县隔千里。”（县：悬。远。）❸ 阻碍，阻挠，阻止。柳宗元《非国语·卜》：“反以～大事。”杜甫《秋尽》诗：“剑门犹～北人来。”熟语有“通行无阻”。❹ 忧患。《尚书·舜典》：“黎民～饥。”

组（組） zǔ ❶ 丝带。《韩非子·外储说右上》：“使其妻织～。”㊕印绶。《汉书·高帝纪》：“秦王子婴素车白马，系颈以～，封皇帝玺符节，降枳道旁。”[组练]以组和练缀甲，形容装备精良。指精兵。辛弃疾《水调歌头·舟次扬州》：“汉家～～十万。”❷ 编织。《诗经·鄘风·干旄》：“素丝～之。”

俎 zǔ ❶ 祭祀时盛牛羊等祭品的礼器。《左传·隐公五年》：“鸟兽之肉不登于～……则公不射。”（登：指放上。公：国君。）❷ 切肉用的砧板。《韩非子·难言》：“身执鼎～为庖（páo）宰。”（鼎：烹煮用的金属器物。庖宰：厨师。）

祖 zǔ ❶ 祖庙。《尚书·舜典》：“受终于文～。”（受终：指舜继承了尧的帝位。文祖：尧始祖的庙。）❷ 祖先。《盐铁论·结和》：“故先～基之，子孙成之。”（基之：给它打下基础。成：完成。）㊕祖父。柳宗元《捕蛇者说》：“吾～死于是，吾父死于是。”（是：此，指捕蛇。）❸ 开始，初。《庄子·山木》：“浮游乎万物之～。”㊂事业或派别的首创者。如“鼻祖”、“祖师”。❹ 效法。《史记·韩世家》：“秦王必～张仪之故智。”（故智：老计谋。）❺ 出行时祭祀路神。《晋书·谢安传》：“帝出～于西池。”㊀饯行的一种隆重仪式，祭路神后，在路上设宴为人送行。《世说新语·方正》：“杜预之荆州，顿七里桥，朝士悉～。”（之：到……去。）《宋史·胡瑗传》：“以太常博士致仕，归老于家，诸生与朝士～饯东门外。”（太常博士：官名。致仕：年老辞官。）

ZUAN

缵（纘） zuǎn 继续。《诗经·豳风·七月》：“二之日其同，载～武功。”㊂继承。《诗经·鲁颂·閟宫》：“～禹之绪。”（禹：传说中的古代帝王。绪：功业。）《后汉书·文苑传上》：“～修其道。”

纂 zuǎn ❶ 赤色的丝带。《汉书·景帝纪》：“锦绣～组，害女红（gōng）者也。”（女红：指妇女纺织刺绣等工作。）❷ 聚集。《荀子·君道》：“～论公察则民不疑。”（纂论公察：集中众议而不凭私见。）❸ 编纂。《宋史·张昭传》：“藏书数万卷，尤好～述。”（述：著述。）双音词有“纂修”、“纂辑”。❹ 通“缵”。继承。张衡《东京赋》：“况～帝业而轻天位。”（天位：指帝位。）

ZUI

最 zuì ❶ 最，极。《商君书·外内》："故农之用力～苦。"[特]功劳最高，政绩最佳。《汉书·樊哙传》："攻赵贲……灌废丘，～。"（赵贲、废丘：地名。）《后汉书·牟融传》："视事三年，县无狱讼，为州郡～。" ❷ 聚合。《管子·禁藏》："冬，收五藏，～万物。"（收五藏：收藏好五谷。）❸ 总计，总的算来。《史记·绛侯周勃世家》："～从高帝得相国一人，丞相二人，将军、二千石各三人。"（二千石：指俸禄为二千石的高级官员。）

蕞 zuì ［蕞尔］小的样子。《左传·昭公七年》："抑谚曰～～国，而三世执其政柄。"（政柄：政权。）

罪（辠） zuì ❶ 罪恶，犯法的行为。《荀子·王制》："无功不赏，无～不罚。"[又]有罪的人或国家。《汉书·地理志下》："君以成周之众，奉辞伐～，亡不克矣。"（亡：无。没有。）成语有"吊民伐罪"。[又]过失，错误。《孟子·公孙丑下》："此则寡人之～也。" ❷ 惩处，判罪。《韩非子·五蠹》："以其犯禁也，～之。"[引]怪罪。《史记·孔子世家》："孔子曰：'后世知丘者以《春秋》，而～丘者亦以《春秋》。'"（丘：孔丘。春秋：书名。）

醉 zuì 酒醉。《韩非子·说林上》："～寐而亡其裘。"（寐：睡着了。亡：丢失。裘：皮衣。）[喻]极端爱好。《庄子·应帝王》："列子见之而心～。"双音词有"陶醉"。

ZUN

尊 zūn ❶ 酒器。《国语·周语中》："出其～彝（yí）。"（出：拿出来。彝：酒器。）这个意义又写作"樽"、"罇"。❷ 尊贵，高贵，地位高。《商君书·农战》："主待农战而～。"（主：君主。）《后汉书·张湛传》："明府位～德重。" ❸ 尊奉。《史记·李斯列传》："竞并天下，～主为皇帝。"[又]尊重。《史记·蒙恬列传》："始皇甚～宠蒙氏，信任贤之。"

遵 zūn ❶ 循，沿着。屈原《九章·哀郢》："去故乡而就远兮，～江夏以流亡。"（江夏：长江和夏水。）❷ 遵循，遵守。《史记·殷本纪》："不～汤法。"《史记·曹相国世家》："高帝与萧何定天下，法令既明，今陛下垂拱，参等守职，～而勿失，不亦可乎？"

樽（罇） zūn 酒器。李白《江上吟》："美酒～中置千斛（hú）。"（斛：十斗。）

噂 zǔn 聚谈。［噂沓］相对谈话。《诗经·小雅·十月之交》："～～背憎。"（当面一起谈话，背后相互憎恶。）

撙 zǔn 节制，抑制。《管子·五辅》："节饮食，～衣服，则财用足。"［撙节］克制，约束。《礼记·曲礼上》："是以君子恭敬～～，退让以明礼。"［撙衔］控制马勒。《战国策·秦策一》："伏轼～～，横历天下。"

ZUO

捽 zuó ❶ 揪住。《荀子·正论》："詈侮～搏，捶笞膑脚。"《吕氏春秋·忠廉》："王子庆忌～之，投之于江。" ❷ 抵触，冲突。《国语·晋语一》："戎夏交～。" ❸ 拔。《汉书·贡禹传》："农夫父子暴露中野，不避寒暑，～中（草）杷土，手足胼胝。"

岝（岞） zuó ［岝崿（è）］［岝嶺（è）］山高峻的样子。嵇康《琴赋》："互岭巉岩，～崿岖崯。"木华《海赋》："启龙门之～嶺，墾陵峦而崭凿。"

筰 zuó ❶ 竹索。韩愈等《晚秋郾城夜会联句》："雷鼓揭千枪，浮桥交万～。" ❷ 我国古代西南部族。❸ zé 压。《东观汉记·耿恭传》："匈奴来攻，绝其涧水，吏～马粪汁饮之。"

左 zuǒ ❶ 左边。《孙子兵法·虚实》："备～则右寡，备右则～寡。"[又]地理上以东为左。《晋书·温峤传》："元帝初镇江～。"［左右］1. 在旁侍候的近侍近臣。《韩非子·孤愤》："千乘之患，～～太信。" 2. 周围，附近。《三国志·蜀书·诸葛亮传》："令军士不得于亮墓所～～刍（chú）牧樵采。"（亮墓所：诸葛亮墓地。刍：割草。樵：打柴。）3. 表示约数，相当于"上下"。《论衡·气寿》："百岁～～。" 4. 帮助。《史记·萧相国世家》："高祖为亭长，常～～之。" 5. 支配，控制。《左传·僖公二十六年》："凡师，能～～之曰以。"（以：指使用。）6. 书信中对对方的尊称，表示不敢直称对方，只称呼对方的左右执事者。白居易《与元九书》："然亦不能不粗陈于～～。"（陈：陈述。）❷ 古代尊崇右，故以右为较尊贵的地位，而以左为较低的地位。柳宗元《送李渭赴京师序》："过洞庭，上湘江，非有罪～迁者罕至。"（左迁：降职。）[又]以右指亲近、赞助，以左指不亲近、不赞助。《战国策·魏策二》："右韩而～

魏。"（韩、魏：国名。）【注意】古代车骑以左为尊位，"虚左"表示对人的尊敬。《史记·魏公子列传》："公子从车骑，虚～，自迎夷门侯生。"成语有"虚左以待"。❸ 不正，邪僻。《礼记·王制》："执～道以乱政。"成语有"左道旁门"。㊀不合，违背。韩愈《答宝秀才书》："身勤而事～。" ❹ 证据，证人。《新唐书·刘知几传》："举十二条～证其谬。"《汉书·张汤传》："使吏捕案汤～田信等。"

佐 zuǒ ❶ 辅助，帮助。《墨子·贵义》："周公旦～相天子。"《史记·陈涉世家》："陈胜～之，并杀两尉。" ❷ 辅助的官员。《世说新语·排调》："顾长康作殷荆州～，请假还东。"（顾长康：顾恺之，人名。殷荆州：殷仲堪，作荆州刺史。）《晋书·杜预传》："及会反，僚～并遇害。"（会：钟会，人名。僚：属官。）㊀辅佐的。《左传·成公二年》："郑周父御～车。"

作 zuò ❶ 起来，起身。《礼记·少仪》："客～而辞。"㊀兴起。《论衡·佚文》："周秦之际，诸子并～。"[作色]脸上现出怒色，发怒。《史记·苏秦列传》："韩王勃然～～。" ❷ 开始。《老子·六十三章》："天下大事，必～于细。"（细：小。） ❸ 创作，制作。《史记·屈原贾生列传》："屈平之～《离骚》。"《三国志·蜀书·诸葛亮传》："推演兵法，～八阵图。"㊀造作。《史记·孝文本纪》："尝欲～露台，召匠计之。" ❹ 劳作，劳动。杨恽《报孙会宗书》："田家～苦。" ❺ 做，进行工作或活动。《后汉书·华佗传》："体有不快，起～一禽之戏。"（一禽之戏：一种锻炼身体的方法。） ❻ 充任。《尚书·舜典》："汝～司徒。"《世说新语·言语》："谢万～豫州都督。"（谢万：人名。） ❼ 为，成为。李贺《浩歌》："南风吹山～平地。"

阼 zuò 大堂前东面的台阶。古代宾客相见时，客人走西面的台阶，主人走东面的台阶。常"阼阶"连用。《仪礼·乡饮酒礼》："主人～阶上……宾西阶上。"㊀帝王登阼阶以主持祭祀，因此以"阼"指帝位。《史记·孝文本纪》："皇帝即～。"（即阼：即位，登位。）

怍（怎） zuò ❶ 惭愧。《庄子·让王》："行修于内者，无位而不～。"《孟子·尽心上》："仰不愧于天，俯不～于人。" ❷ 颜面变色。《礼记·祭义》："是故孝子临尸而不～。"

柞 zuò ❶ 树名。柞树。《诗经·小雅·采菽》："维～之枝，其叶蓬蓬。" ❷ zé 砍伐树木。《诗经·周颂·载芟》："载芟载～，其耕泽泽。" ❸ zé 窄，狭窄。《周礼·考工记·轮人》："毂小而长则～，大而短则挚。"（挚：不坚固。）

胙 zuò ❶ 祭祀用的肉，祭后分送给参与祭祀的人。《后汉书·邓彪传》："四时致宗庙之～。"（致：送给。） ❷ 赏赐。潘勖《册魏公九锡文》："～之以土。"（土：土地。） ❸ 通"祚"。赐福。《扬子法言·重黎》："天～光德而陨明忒。"

祚 zuò ❶ 福。《文选·班固〈述韩英彭卢吴传〉》："非～惟殃。"㊀赐福。《三国志·蜀书·马良传》："闻雒城已拔，此天～也。"㊀某一封建王朝的国统。《后汉书·灵思何皇后纪》："后遂因何氏倾没汉～焉。" ❷ 通"阼"。帝位。庾亮《让中书令表》："陛下践～。"（践祚：指即位。）

酢 zuò ❶ 客人用酒回敬主人。《荀子·乐论》："众宾……立饮，不～而降。" ❷ 以祭祀谢神。《尚书·顾命》："秉璋以～。"（秉：捧着。璋：一种玉器。） ❸ cù 醋。贾思勰《齐民要术·作酢法》："四月四日可作～。"这个意义后来写作"醋"。

坐 zuò ❶ 古人铺席于地，两膝着席，臀部压在脚后跟上，叫作"坐"。《战国策·魏策四》："先生～！" ❷ 座位。《史记·魏公子列传》："公子引侯生坐上～。"这个意义后来写作"座"。 ❸ 因犯……罪或错误。《汉书·龚遂传》："群臣～陷王于恶不道，皆诛死者二百余人。"㊀入罪，定罪。仲长统《昌言·损益》："犯法不～。"又如"连坐"、"随坐"。 ❹ 因为。汉乐府《陌上桑》："耕者忘其犁，锄者忘其锄，来归相怨怒，但～观罗敷。"（观：看。罗敷：人名。） ❺ 诉讼时在法官面前对质。《左传·昭公二十三年》："晋人使与邾大夫～。"【辨】跪，坐。见144页"跪"字。

凿（鑿） zuò 见515页。

糳 zuò 舂。屈原《九章·惜诵》："捣木兰以矫蕙兮，～申椒以为粮。"㊀舂得的精米。高启《京师尝吴粳》诗："初尝爱精～，想出官田租。"

Z

附录

一　中国历代纪元表

1. 本表从“五帝”开始，到1949年中华人民共和国成立为止。

2. 表中年号后用括号附列使用年数，年中改元时在干支后面用数字注出改元的月份。

干支次序表

1. 甲子	2. 乙丑	3. 丙寅	4. 丁卯	5. 戊辰	6. 己巳	7. 庚午	8. 辛未
9. 壬申	10. 癸酉	11. 甲戌	12. 乙亥	13. 丙子	14. 丁丑	15. 戊寅	16. 己卯
17. 庚辰	18. 辛巳	19. 壬午	20. 癸未	21. 甲申	22. 乙酉	23. 丙戌	24. 丁亥
25. 戊子	26. 己丑	27. 庚寅	28. 辛卯	29. 壬辰	30. 癸巳	31. 甲午	32. 乙未
33. 丙申	34. 丁酉	35. 戊戌	36. 己亥	37. 庚子	38. 辛丑	39. 壬寅	40. 癸卯
41. 甲辰	42. 乙巳	43. 丙午	44. 丁未	45. 戊申	46. 己酉	47. 庚戌	48. 辛亥
49. 壬子	50. 癸丑	51. 甲寅	52. 乙卯	53. 丙辰	54. 丁巳	55. 戊午	56. 己未
57. 庚申	58. 辛酉	59. 壬戌	60. 癸亥				

五帝（约前26—前22世纪）

黄帝		尧	
颛顼[zhuān xū]		舜	
帝喾[kù]			

夏（前2070—前1600）

禹	相	帝芒	帝廑[jǐn]	帝履癸（桀）
启	少康	帝泄	帝孔甲	
太康	帝予（杼）[zhù]	帝不降	帝皋[gāo]	
仲康	帝槐	帝扃[jiōng]	帝发	

商(前 1600—前 1046)

商前期(前 1600—前 1300)

汤	小甲	祖辛
太丁	雍己	沃甲
外丙	太戊	祖丁
仲壬	仲丁	南庚
太甲	外壬	阳甲
沃丁	河亶[dǎn]甲	盘庚(迁殷前)
太庚	祖乙	

商后期(前 1300—前 1046)

盘庚(迁殷后) 小辛　小乙	前 1300—前 1251
武丁	前 1250—前 1192
祖庚　祖甲 廪辛　康丁	前 1191—前 1148
武乙	前 1147—前 1113
文丁	前 1112—前 1102
帝乙	前 1101—前 1076
帝辛(纣)	前 1075—前 1046

周(前 1046—前 256)

西周(前 1046—前 771)

武王(姬发)	(4)	乙未	前 1046—前 1043	孝王(～辟方)	(6)	庚午	前 891—前 886
成王(～诵)	(22)	己亥	前 1042—前 1021	夷王(～燮[xiè])	(8)	丙子	前 885—前 878
康王(～钊[zhāo])	(25)	辛酉	前 1020—前 996	厉王(～胡)	(37)	甲申	前 877—前 841
昭王(～瑕[xiá])	(19)	丙戌	前 995—前 977	共和	(14)	庚申	前 841—前 828
穆王(～满)	(55)	乙巳	前 976—前 922	宣王(～静)	(46)	甲戌	前 827—前 782
共[gōng]王(～繄扈[yī hù])	(23)	己亥	前 922—前 900	幽王(～宫涅)	(11)	庚申	前 781—前 771
懿[yì]王(～囏[jiān])	(8)	壬戌	前 899—前 892				

东周(前 770—前 256)

平王(姬宜臼)	(51)	辛未	前 770—前 720
桓王(～林)	(23)	壬戌	前 719—前 697
庄王(～佗[tuó])	(15)	乙酉	前 696—前 682
釐[xī]王(～胡齐)	(5)	庚子	前 681—前 677
惠王(～阆[làng])	(25)	乙巳	前 676—前 652
襄[xiāng]王(～郑)	(33)	庚午	前 651—前 619
顷王(～壬臣)	(6)	癸卯	前 618—前 613
匡王(～班)	(6)	己酉	前 612—前 607
定王(～瑜[yú])	(21)	乙卯	前 606—前 586
简王(～夷)	(14)	丙子	前 585—前 572
灵王(～泄心)	(27)	庚寅	前 571—前 545
景王(～贵)	(25)	丁巳	前 544—前 520
敬王(～匄[gài])	(43)	壬午	前 519—前 477
元王(～仁)	(8)	乙丑	前 476—前 469
贞定王(～介)	(28)	癸酉	前 468—前 441
考王(～嵬[wéi])	(15)	辛丑	前 440—前 426
威烈王(～午)	(24)	丙辰	前 425—前 402
安王(～骄)	(26)	庚辰	前 401—前 376
烈王(～喜)	(7)	丙午	前 375—前 369
显王(～扁)	(48)	癸丑	前 368—前 321
慎靓[jìng]王(～定)	(6)	辛丑	前 320—前 315
赧[nǎn]王(～延)	(59)	丁未	前 314—前 256

秦(前 221—前 207)

秦始皇(嬴政)	26 年	庚辰	前 221
	27 年	辛巳	前 220
	28 年	壬午	前 219
	29 年	癸未	前 218
	30 年	甲申	前 217
	31 年	乙酉	前 216

（续表）

	32年	丙戌	前215
	33年	丁亥	前214
	34年	戊子	前213
	35年	己丑	前212
	36年	庚寅	前211
	37年	辛卯	前210
秦二世(胡亥)	1年	壬辰	前209
	2年	癸巳	前208
	3年	甲午	前207
秦子婴	1年		

汉(前206—公元220)

西汉(前206—公元25)
包括王莽(公元9—23)和更始帝(23—25)

帝王	年号	干支	公元
高帝(刘邦)	(12)	乙未	前206
惠帝(～盈)	(7)	丁未	前194
高后(吕雉)	(8)	甲寅	前187
文帝(～恒)	(16)	壬戌	前179
	(后元)(7)	戊寅	前163
景帝(～启)	(前元)(7)	乙酉	前156
	(中元)(6)	壬辰	前149
	(后元)(3)	戊戌	前143
武帝(～彻)	建元(6)	辛丑	前140
	元光(6)	丁未	前134
	元朔(6)	癸丑	前128
	元狩(6)	己未	前122
	元鼎(6)	乙丑	前116
	元封(6)	辛未	前110
	太初(4)	丁丑	前104
	天汉(4)	辛巳	前100

（续表）

帝　王	年　号	干　支	公　元
	太始(4)	乙酉	前96
	征和(4)	己丑	前92
	后元(2)	癸巳	前88
昭帝(～弗陵)	始元(7)	乙未	前86
	元凤(6)	辛丑八	前80
	元平(1)	丁未	前74
宣帝(～询)	本始(4)	戊申	前73
	地节(4)	壬子	前69
	元康(5)	丙辰	前65
	神爵(4)	庚申三	前61
	五凤(4)	甲子	前57
	甘露(4)	戊辰	前53
	黄龙(1)	壬申	前49
元帝(～奭[shì])	初元(5)	癸酉	前48
	永光(5)	戊寅	前43
	建昭(5)	癸未	前38
	竟宁(1)	戊子	前33
成帝(～骜[ào])	建始(5)	己丑	前32
	河平(4)	癸巳	前28
	阳朔(4)	丁酉	前24
	鸿嘉(4)	辛丑	前20
	永始(4)	乙巳	前16
	元延(4)	己酉	前12
	绥和(2)	癸丑	前8
哀帝(～欣)	建平(4)	乙卯	前6
	元寿(2)	己未	前2
平帝(～衎[kàn])	元始(5)	辛酉	1
孺子婴(王莽摄政)	居摄(3)	丙寅	6
	初始(1)	戊辰十一	8

（续表）

帝　　王	年　　号	干　　支	公　　元
[新]王莽	始建国(5)	己巳	9
	天凤(6)	甲戌	14
	地皇(4)	庚辰	20
淮阳王(～玄)	更始(3)	癸未二	23

东汉(25—220)

帝　　王	年　　号	干　　支	公　　元
光武帝(刘秀)	建武(32)	乙酉六	25
	建武中元(2)	丙辰四	56
明帝(～庄)	永平(18)	戊午	58
章帝(～炟[dá])	建初(9)	丙子	76
	元和(4)	甲申八	84
	章和(2)	丁亥七	87
和帝(～肇[zhào])	永元(17)	己丑	89
	元兴(1)	乙巳四	105
殇[shāng]帝(～隆)	延平(1)	丙午	106
安帝(～祜[hù])	永初(7)	丁未	107
	元初(7)	甲寅	114
	永宁(2)	庚申四	120
	建光(2)	辛酉七	121
	延光(4)	壬戌三	122
顺帝(～保)	永建(7)	丙寅	126
	阳嘉(4)	壬申三	132
	永和(6)	丙子	136
	汉安(3)	壬午	142
	建康(1)	甲申四	144
冲帝(～炳[bǐng])	永嘉(1)	乙酉	145
质帝(～缵[zuǎn])	本初(1)	丙戌	146

（续表）

帝　王	年　号	干　支	公　元
桓帝（～志）	建和（3）	丁亥	147
	和平（1）	庚寅	150
	元嘉（3）	辛卯	151
	永兴（2）	癸巳五	153
	永寿（4）	乙未	155
	延熹［xī］（10）	戊戌六	158
	永康（1）	丁未六	167
灵帝（～宏）	建宁（5）	戊申	168
	熹［xī］平（7）	壬子五	172
	光和（7）	戊午三	178
	中平（6）	甲子十二	184
献帝（～协）	初平（4）	庚午	190
	兴平（2）	甲戌	194
	建安（25）	丙子	196
	延康（1）	庚子三	220

三国（220—280）

魏		蜀		吴			
帝王	年号	帝王	年号	帝王	年号	干支	公元
文帝（曹丕［pī］）	黄初（7）					庚子十	220
		昭烈帝（刘备）	章武（3）			辛丑四	221
				大帝（孙权）	黄武（8）	壬寅十	222
		后主（～禅）	建兴（15）			癸卯五	223
明帝（～叡［ruì］）	太和（7）					丁未	227
					黄龙（3）	己酉四	229
					嘉禾（7）	壬子	232
	青龙（5）					癸丑二	233
	景初（3）					丁巳三	237

（续表）

魏		蜀		吴			
帝王	年号	帝王	年号	帝王	年号	干支	公元
			延熙(20)		赤乌(14)	戊午	238
齐王(～芳)	正始(10)					庚申	240
	嘉平(6)					己巳四	249
					太元(2)	辛未五	251
					神凤(1)	壬申二	252
				会稽王（～亮）	建兴(2)	壬申四	252
高贵乡公（～髦[máo]）	正元(3)				五凤(3)	甲戌	254
	甘露(5)				太平(3)	丙子	256
			景耀(6)	景帝(～休)	永安(7)	戊寅	258
元帝(～奂)（陈留王）	景元(5)					庚辰六	260
			炎兴(1)			癸未八	263
	咸熙(2)			乌程侯（～皓）	元兴(2)	甲申	264
					甘露(2)	乙酉四	265
					宝鼎(4)	丙戌八	266
					建衡(3)	己丑十	269
					凤皇(3)	壬辰	272
					天册(2)	乙未	275
					天玺(1)	丙申七	276
					天纪(4)	丁酉	277

晋(265—420)

西晋(265—317)

帝　王	年　号	干　支	公　元
武帝(司马炎)	泰始(10)	乙酉十二	265
	咸宁(6)	乙未	275
	太康(10)	庚子四	280

（续表）

帝　　王	年　　号	干　　支	公　　元
	太熙(1)	庚戌	290
惠帝(～衷)	永熙(1)	庚戌四	290
	永平(1)	辛亥	291
	元康(9)	辛亥三	291
	永康(2)	庚申	300
	永宁(2)	辛酉四	301
	太安(2)	壬戌十二	302
	永安(1)	甲子	304
	建武(1)	甲子七	304
	永安(1)	甲子十一	304
	永兴(3)	甲子十二	304
	光熙(1)	丙寅六	306
怀帝(～炽[chì])	永嘉(7)	丁卯	307
愍[mǐn]帝(～邺[yè])	建兴(5)	癸酉四	313

东晋(317—420)

帝　　王	年　　号	干　　支	公　　元
元帝(司马睿[ruì])	建武(2)	丁丑三	317
	大兴(4)	戊寅三	318
	永昌(2)	壬午	322
明帝(～绍)	永昌	壬午闰十一	322
	太宁(4)	癸未三	323
成帝(～衍[yǎn])	太宁	乙酉闰七	325
	咸和(9)	丙戌二	326
	咸康(8)	乙未	335
康帝(～岳)	建元(2)	癸卯	343
穆帝(～聃[dān])	永和(12)	乙巳	345
	升平(5)	丁巳	357
哀帝(～丕[pī])	隆和(2)	壬戌	362
	兴宁(3)	癸亥二	363

（续表）

帝　　王	年　　号	干　　支	公　　元
海西公（～奕[yì]）	太和(6)	丙寅	366
简文帝（～昱[yù]）	咸安(2)	辛未十一	371
孝武帝（～曜[yào]）	宁康(3)	癸酉	373
	太元(21)	丙子	376
安帝（～德宗）	隆安(5)	丁酉	397
	元兴(3)	壬寅	402
	义熙(14)	乙巳	405
恭帝（～德文）	元熙(2)	己未	419

南北朝(420—589)

南朝　宋(420—479)

帝　　王	年　　号	干　　支	公　　元
武帝（刘裕）	永初(3)	庚申六	420
少帝（～义符）	景平(2)	癸亥	423
文帝（～义隆）	元嘉(30)	甲子八	424
孝武帝（～骏[jùn]）	孝建(3)	甲午	454
	大明(8)	丁酉	457
前废帝（～子业）	永光(1)	乙巳	465
	景和(1)	乙巳八	465
明帝（～彧[yù]）	泰始(7)	乙巳十二	465
	泰豫(1)	壬子	472
后废帝（～昱[yù]）（苍梧王）	元徽(5)	癸丑	473
顺帝（～准）	升明(3)	丁巳七	477

齐(479—502)

帝　　王	年　　号	干　　支	公　　元
高帝（萧道成）	建元(4)	己未	479
武帝（～赜[zé]）	永明(11)	癸亥	483
郁林王（～昭业）	隆昌(1)	甲戌	494
海陵王（～昭文）	延兴(1)	甲戌七	494

（续表）

帝王	年号	干支	公元
明帝（～鸾）	建武(5)	甲戌十	494
	永泰(1)	戊寅四	498
东昏侯（～宝卷）	永元(3)	己卯	499
和帝（～宝融）	中兴(2)	辛巳三	501

梁（502—557）

帝王	年号	干支	公元
武帝（萧衍[yǎn]）	天监(18)	壬午四	502
	普通(8)	庚子	520
	大通(3)	丁未三	527
	中大通(6)	己酉十	529
	大同(12)	乙卯	535
	中大同(2)	丙寅四	546
	太清(3)*	丁卯四	547
简文帝（～纲）	大宝(2)**	庚午	550
元帝（～绎[yì]）	承圣(4)	壬申十一	552
敬帝（～方智）	绍泰(2)	乙亥十	555
	太平(2)	丙子九	556

* 有的地区用至五年。
** 有的地区用至三年。

陈（557—589）

帝王	年号	干支	公元
武帝（陈霸先）	永定(3)	丁丑十	557
文帝（～蒨[qiàn]）	天嘉(7)	庚辰	560
	天康(1)	丙戌二	566
废帝（～伯宗）（临海王）	光大(2)	丁亥	567
宣帝（～顼[xū]）	太建(14)	己丑	569
后主（～叔宝）	至德(4)	癸卯	583
	祯明(3)	丁未	587

北朝 北魏[拓跋氏，后改元氏](386—534)

北魏建国于丙戌(386年)正月，初称代国，至同年四月始改国号为魏，439年灭北凉，统一北方。

帝 王	年 号	干 支	公 元
道武帝(拓跋珪[guī])	登国(11)	丙戌	386
	皇始(3)	丙申七	396
	天兴(7)	戊戌十二	398
	天赐(6)	甲辰十	404
明元帝(～嗣[sì])	永兴(5)	己酉闰十	409
	神瑞(3)	甲寅	414
	泰常(8)	丙辰四	416
太武帝(～焘[tāo])	始光(5)	甲子	424
	神䴥[jiā](4)	戊辰二	428
	延和(3)	壬申	432
	太延(6)	乙亥	435
	太平真君(12)	庚辰六	440
	正平(2)	辛卯六	451
南安王(～余)	承平(1)	壬辰二	452
文成帝(～濬[jùn])	兴安(3)	壬辰十	452
	兴光(2)	甲午七	454
	太安(5)	乙未六	455
	和平(6)	庚子	460
献文帝(～弘)	天安(2)	丙午	466
	皇兴(5)	丁未八	467
孝文帝(元宏)	延兴(6)	辛亥八	471
	承明(1)	丙辰六	476
	太和(23)	丁巳	477
宣武帝(～恪)	景明(4)	庚辰	500
	正始(5)	甲申	504
	永平(5)	戊子八	508
	延昌(4)	壬辰四	512

（续表）

帝　　王	年　　号	干　　支	公　　元
孝明帝（～诩[xǔ]）	熙平(3)	丙申	516
	神龟(3)	戊戌二	518
	正光(6)	庚子七	520
	孝昌(3)	乙巳六	525
	武泰(1)	戊申	528
孝庄帝（～子攸[yōu]）	建义(1)	戊申四	528
	永安(3)	戊申九	528
长广王（～晔[yè]）	建明(2)	庚戌十	530
节闵[mǐn]帝（～恭）	普泰(2)	辛亥二	531
安定王（～朗）	中兴(2)	辛亥十	531
孝武帝（～脩）	太昌(1)	壬子四	532
	永兴(1)	壬子十二	532
	永熙(3)	壬子十二	532

东魏（534—550）

帝　　王	年　　号	干　　支	公　　元
孝静帝（元善见）	天平(4)	甲寅十	534
	元象(2)	戊午	538
	兴和(4)	己未十	539
	武定(8)	癸亥	543

西魏（535—556）

帝　　王	年　　号	干　　支	公　　元
文帝（元宝炬）	大统(17)	乙卯	535
废帝（～钦）	—(3)	壬申	552
恭帝（～廓）	—(3)	甲戌一	554

北齐（550—577）

帝　　王	年　　号	干　　支	公　　元
文宣帝（高洋）	天保(10)	庚午五	550
废帝（～殷）	乾明(1)	庚辰	560

（续表）

帝　　王	年　　号	干　　支	公　　元
孝昭帝（～演）	皇建(2)	庚辰八	560
武成帝（～湛）	太宁(2)	辛巳十一	561
	河清(4)	壬午四	562
后主（～纬）	天统(5)	乙酉四	565
	武平(7)	庚寅	570
	隆化(1)	丙申十二	576
幼主（～恒）	承光(1)	丁酉	577

北周(557—581)

帝　　王	年　　号	干　　支	公　　元
孝闵帝（宇文觉）	—(1)	丁丑	557
明帝（～毓[yù]）	—(3)	丁丑九	557
	武成(2)	己卯八	559
武帝（～邕[yōng]）	保定(5)	辛巳	561
	天和(7)	丙戌	566
	建德(7)	壬辰三	572
	宣政(1)	戊戌三	578
宣帝（～赟[yūn]）	大成(1)	己亥	579
静帝（～衍[yǎn]）	大象(3)	己亥二	579
	大定(1)	辛丑一	581

隋(581—618)

隋建国于581年，589年灭陈，完成统一。

帝　　王	年　　号	干　　支	公　　元
文帝（杨坚）	开皇(20)	辛丑二	581
	仁寿(4)	辛酉	601
炀[yáng]帝（～广）	大业(14)	乙丑	605
恭帝（～侑[yòu]）	义宁(2)	丁丑十一	617

唐(618—907)

帝　　王	年　　号	干　　支	公　　元
高祖(李渊)	武德(9)	戊寅五	618
太宗(～世民)	贞观(23)	丁亥	627
高宗(～治)	永徽(6)	庚戌	650
	显庆(6)	丙辰	656
	龙朔(3)	辛酉二	661
	麟德(2)	甲子	664
	乾封(3)	丙寅	666
	总章(3)	戊辰三	668
	咸亨(5)	庚午三	670
	上元(3)	甲戌八	674
	仪凤(4)	丙子十一	676
	调露(2)	己卯六	679
	永隆(2)	庚辰八	680
	开耀(2)	辛巳十	681
	永淳(2)	壬午二	682
	弘道(1)	癸未十二	683
中宗(～显)	嗣圣(1)	甲申	684
睿[ruì]宗(～旦)	文明(1)	甲申二	684
武后(武曌[zhào])	光宅(1)	甲申九	684
	垂拱(4)	乙酉	685
	永昌(1)	己丑	689
	载初(1)*	庚寅	690
武后称帝，改国号为周	天授(3)	庚寅九	690
	如意(1)	壬辰四	692
	长寿(3)	壬辰九	692
	延载(1)	甲午五	694
	证圣(1)	乙未	695

（续表）

帝　　王	年　　号	干　　支	公　　元
	天册万岁(2)	乙未九	695
	万岁登封(1)	乙未十二	695
	万岁通天(2)	丙申三	696
	神功(1)	丁酉九	697
	圣历(3)	戊戌	698
	久视(1)	庚子五	700
	大足(1)	辛丑	701
	长安(4)	辛丑十	701
中宗(李显复唐国号)	神龙(3)	乙巳	705
	景龙(4)	丁未九	707
睿[ruì]宗(～旦)	景云(2)	庚戌七	710
	太极(1)	壬子	712
	延和(1)	壬子五	712
玄宗(～隆基)	先天(2)	壬子八	712
	开元(29)	癸丑十二	713
	天宝(15)	壬午	742
肃宗(～亨)	至德(3)	丙申七	756
	乾元(3)	戊戌二	758
	上元(2)	庚子闰四	760
	— (1)**	辛丑九	761
代宗(～豫)	宝应(2)	壬寅四	762
	广德(2)	癸卯七	763
	永泰(2)	乙巳	765
	大历(14)	丙午十一	766
德宗(～适[kuò])	建中(4)	庚申	780
	兴元(1)	甲子	784
	贞元(21)	乙丑	785
顺宗(～诵)	永贞(1)	乙酉八	805

（续表）

帝　　王	年　　号	干　　支	公　　元
宪宗(～纯)	元和(15)	丙戌	806
穆宗(～恒)	长庆(4)	辛丑	821
敬宗(～湛)	宝历(3)	乙巳	825
文宗(～昂)	太和(9)	丁未二	827
	开成(5)	丙辰	836
武宗(～炎)	会昌(6)	辛酉	841
宣宗(～忱)	大中(14)	丁卯	847
懿[yì]宗(～漼[cuǐ])	大中	己卯六	859
	咸通(15)	庚辰十一	860
僖[xī]宗(～儇[xuān])	乾符(6)	甲午十一	874
	广明(2)	庚子	880
	中和(5)	辛丑七	881
	光启(4)	乙巳三	885
	文德(1)	戊申二	888
昭宗(～晔[yè])	龙纪(1)	己酉	889
	大顺(2)	庚戌	890
	景福(2)	壬子	892
	乾宁(5)	甲寅	894
	光化(4)	戊午八	898
	天复(4)	辛酉四	901
	天祐(4)	甲子闰四	904
哀帝(～柷[zhù])	天祐***	甲子八	904

*　始用周正，改永昌元年十一月为载初元年正月，至久视元年复用夏正。

**　此年九月去年号，但称元年。

***　哀帝即位未改元。

五代(907—960)

后梁(907—923)

帝　　王	年　　号	干　　支	公　　元
太祖(朱晃，又名温、全忠)	开平(5)	丁卯四	907
	乾化(5)	辛未五	911
末帝(～瑱[zhèn])	乾化	癸酉二	913

（续表）

帝王	年号	干支	公元
	贞明(7)	乙亥十一	915
	龙德(3)	辛巳五	921

后唐(923—936)

帝王	年号	干支	公元
庄宗(李存勖[xù])	同光(4)	癸未四	923
明宗(～嗣源、又名亶[dǎn])	天成(5)	丙戌四	926
	长兴(4)	庚寅二	930
闵[mǐn]帝(～从厚)	应顺(1)	甲午	934
末帝(～从珂[kē])	清泰(3)	甲午四	934

后晋(936—946)

帝王	年号	干支	公元
高祖(石敬瑭)	天福1—6年	丙申十一	936
出帝(～重贵)	天福7—9年	壬寅六	942
	开运(4)	甲辰七	944

后汉(947—950)

帝王	年号	干支	公元
高祖(刘暠[gǎo],本名知远)	天福12年*	丁未二	947
	乾祐	戊申	948
隐帝(～承祐)	乾祐1—3年**	戊申二	948

* 后汉高祖即位,仍用后晋高祖年号,称天福十二年。

** 隐帝即位未改元。

后周(951—960)

帝王	年号	干支	公元
太祖(郭威)	广顺(3)	辛亥	951
	显德	甲寅	954
世宗(柴荣)	显德1—6年*	甲寅	954
恭帝(～宗训)	显德6—7年	己未六	959

* 世宗、恭帝都未改元。

宋(960—1279)

北宋(960—1127)

帝　　王	年　　号	干　　支	公　　元
太祖(赵匡胤)	建隆(4)	庚申	960
	乾德(6)	癸亥十一	963
	开宝(9)	戊辰十一	968
太宗(～炅[jiǒng],本名匡义,又名光义)	太平兴国(9)	丙子十二	976
	雍熙(4)	甲申十一	984
	端拱(2)	戊子	988
	淳化(5)	庚寅	990
	至道(3)	乙未	995
真宗(～恒)	咸平(6)	戊戌	998
	景德(4)	甲辰	1004
	大中祥符(9)	戊申	1008
	天禧[xī](5)	丁巳	1017
	乾兴(1)	壬戌	1022
仁宗(～祯)	天圣(10)	癸亥	1023
	明道(2)	壬申十一	1032
	景祐(5)	甲戌	1034
	宝元(3)	戊寅十一	1038
	康定(2)	庚辰二	1040
	庆历(8)	辛巳十一	1041
	皇祐(6)	己丑	1049
	至和(3)	甲午三	1054
	嘉祐(8)	丙申九	1056
英宗(～曙)	治平(4)	甲辰	1064
神宗(～顼[xū])	熙宁(10)	戊申	1068
	元丰(8)	戊午	1078
哲宗(～煦[xù])	元祐(9)	丙寅	1086
	绍圣(5)	甲戌四	1094

（续表）

帝　　王	年　　号	干　　支	公　　元
	元符(3)	戊寅六	1098
徽宗(～佶[jí])	建中靖国(1)	辛巳	1101
	崇宁(5)	壬午	1102
	大观(4)	丁亥	1107
	政和(8)	辛卯	1111
	重和(2)	戊戌十一	1118
	宣和(7)	己亥二	1119
钦宗(～桓)	靖康(2)	丙午	1126

南宋(1127—1279)

帝　　王	年　　号	干　　支	公　　元
高宗(赵构)	建炎(4)	丁未五	1127
	绍兴(32)	辛亥	1131
孝宗(～昚[shèn])	隆兴(2)	癸未	1163
	乾道(9)	乙酉	1165
	淳熙(16)	甲午	1174
光宗(～惇[dūn])	绍熙(5)	庚戌	1190
宁宗(～扩)	庆元(6)	乙卯	1195
	嘉泰(4)	辛酉	1201
	开禧(xī)(3)	乙丑	1205
	嘉定(17)	戊辰	1208
理宗(～昀[yún])	宝庆(3)	乙酉	1225
	绍定(6)	戊子	1228
	端平(3)	甲午	1234
	嘉熙(4)	丁酉	1237
	淳祐(12)	辛丑	1241
	宝祐(6)	癸丑	1253
	开庆(1)	己未	1259
	景定(5)	庚申	1260
度宗(～禥[qí])	咸淳(10)	乙丑	1265

（续表）

帝　王	年　号	干　支	公　元
恭帝（～㬎[xiǎn]）	德祐(2)	乙亥	1275
端宗（～昰[shì]）	景炎(3)	丙子五	1276
帝昺（～昺[bǐng]）	祥兴(2)	戊寅五	1278

辽[耶律氏](907—1125)

辽建国于 907 年，国号契丹，916 年始建年号，938 年（一说 947 年）改国号为辽，983 年复称契丹，1066 年仍称辽。

帝　王	年　号	干　支	公　元
太祖（耶律阿保机）	—(10)	丁卯	907
	神册(7)	丙子十二	916
	天赞(5)	壬午二	922
	天显 1 年	丙戌二	926
太宗（～德光）	天显 2—13 年	丁亥十一	927
	会同(10)	戊戌十一	938
	大同(1)	丁未二	947
世宗（～阮[ruǎn]）	天禄(5)	丁未九	947
穆宗（～璟[jǐng]）	应历(19)	辛亥九	951
景宗（～贤）	保宁(11)	己巳二	969
	乾亨(5)	己卯十一	979
圣宗（～隆绪）	乾亨	壬午九	982
	统和(30)	癸未六	983
	开泰(10)	壬子十一	1012
	太平(11)	辛酉十一	1021
兴宗（～宗真）	景福(2)	辛未六	1031
	重熙(24)	壬申十一	1032
道宗（～洪基）	清宁(10)	乙未八	1055
	咸雍(10)	乙巳	1065
	大康(10)	乙卯	1075
	大安(10)	乙丑	1085
	寿昌(7)	乙亥	1095

（续表）

帝　　王	年　　号	干　　支	公　　元
天祚[zuò]帝(～延禧[xī])	乾统(10)	辛巳二	1101
	天庆(10)	辛卯	1111
	保大(5)	辛丑	1121

金[完颜氏](1115—1234)

帝　　王	年　　号	干　　支	公　　元
太祖(完颜旻[mín],本名阿骨打)	收国(2)	乙未	1115
	天辅(7)	丁酉	1117
太宗(～晟[shèng])	天会 1—13 年	癸卯九	1123
熙宗(～亶[dǎn])	天会 13—15 年	乙卯一	1135
	天眷(3)	戊午	1138
	皇统(9)	辛酉	1141
海陵王(～亮)	天德(5)	己巳十二	1149
	贞元(4)	癸酉三	1153
	正隆(6)	丙子二	1156
世宗(～雍)	大定(29)	辛巳十	1161
章宗(～璟[jǐng])	明昌(7)	庚戌	1190
	承安(5)	丙辰十一	1196
	泰和(8)	辛酉	1201
卫绍王(～永济)	大安(3)	己巳	1209
	崇庆(2)	壬申	1212
	至宁(1)	癸酉五	1213
宣宗(～珣[xún])	贞祐(5)	癸酉八	1213
	兴定(6)	丁丑九	1217
	元光(2)	壬午八	1222
哀宗(～守绪)	正大(9)	甲申	1224
	开兴(1)	壬辰一	1232
	天兴(3)	壬辰三	1232

元[孛儿只斤氏](1206—1368)

蒙古孛儿只斤铁木真于1206年建国。1271年忽必烈定国号为元,1279年灭南宋。

帝王	年号	干支	公元
太祖(孛儿只斤铁木真)(成吉思汗)	—(22)	丙寅	1206
拖雷(监国)	—(1)	戊子	1228
太宗(～窝阔台)	—(13)	己丑	1229
乃马真后(称制)	—(5)	壬寅	1242
定宗(～贵由)	—(3)	丙午七	1246
海迷失后(称制)	—(3)	己酉	1249
宪宗(～蒙哥)	—(9)	辛亥六	1251
世祖(～忽必烈)	中统(5)	庚申五	1260
	至元(31)	甲子八	1264
成宗(～铁穆耳)	元贞(3)	乙未	1295
	大德(11)	丁酉二	1297
武宗(～海山)	至大(4)	戊申	1308
仁宗(～爱育黎拔力八达)	皇庆(2)	壬子	1312
	延祐(7)	甲寅	1314
英宗(～硕[shuò]德八剌)	至治(3)	辛酉	1321
泰定帝(～也孙铁木儿)	泰定(5)	甲子	1324
	致和(1)	戊辰二	1328
天顺帝(～阿速吉八)	天顺(1)	戊辰九	1328
文宗(～图帖睦尔)	天历1—3年	戊辰九	1328
明宗(～和世琜[là])*	天历2年	己巳	1329
文宗	至顺1—3年	庚午五	1330
宁宗(～懿[yì]璘[lín]质班)	至顺3年	壬申十	1332
顺帝(～妥懽帖睦尔)	至顺4年	癸酉六	1333
	元统(3)	癸酉十	1333
	(后)至元(6)	乙亥十一	1335
	至正(28)	辛巳	1341

* 明宗于己巳(1329)正月即位,以文宗为皇太子。八月明宗暴死,文宗复位。

明(1368—1644)

帝　　王	年　　号	干　　支	公　　元
太祖(朱元璋)	洪武(31)	戊申	1368
惠帝(～允炆[wén])	建文(4)*	己卯	1399
成祖(～棣[dì])	永乐(22)	癸未	1403
仁宗(～高炽[chì])	洪熙(1)	乙巳	1425
宣宗(～瞻基)	宣德(10)	丙午	1426
英宗(～祁镇)	正统(14)	丙辰	1436
代宗(～祁钰[yù]景帝)	景泰(8)	庚午	1450
英宗(～祁镇)	天顺(8)	丁丑一	1457
宪宗(～见深)	成化(23)	乙酉	1465
孝宗(～祐樘)	弘治(18)	戊申	1488
武宗(～厚照)	正德(16)	丙寅	1506
世宗(～厚熜[cōng])	嘉靖(45)	壬午	1522
穆宗(～载垕[hòu])	隆庆(6)	丁卯	1567
神宗(～翊[yì]钧)	万历(48)	癸酉	1573
光宗(～常洛)	泰昌(1)	庚申八	1620
熹[xī]宗(～由校)	天启(7)	辛酉	1621
思宗(～由检)	崇祯(17)	戊辰	1628

*　建文四年时，成祖废除建文年号，改为洪武三十五年。

清[爱新觉罗氏](1644—1911)

帝　　王	年　　号	干　　支	公　　元
世祖(爱新觉罗福临)	顺治(18)	甲申	1644
圣祖(～玄烨[yè])	康熙(61)	壬寅	1662
世宗(～胤[yìn]禛[zhēn])	雍正(13)	癸卯	1723
高宗(～弘历)	乾隆(60)	丙辰	1736
仁宗(～颙[yóng]琰[yǎn])	嘉庆(25)	丙辰	1796
宣宗(～旻[mín]宁)	道光(30)	辛巳	1821
文宗(～奕[yì]詝[zhǔ])	咸丰(11)	辛亥	1851

（续表）

帝　　王	年　号	干　支	公　元
穆宗(～载淳)	同治(13)	壬戌	1862
德宗(～载湉[tián])	光绪(34)	乙亥	1875
～溥[pǔ]仪	宣统(3)	己酉	1909

中华民国(1912—1949)

中华人民共和国 1949 年 10 月 1 日成立

二　古代汉语语法简介

阅读古文,不但会碰到词汇方面的问题,还会碰到语法方面的问题。古代汉语语法与现代汉语语法相比,大致是相同的。下面,把古代汉语语法与现代汉语语法不同的地方简单介绍一下。

(一)古代汉语的词类

古代汉语词类的划分和特点与现代汉语大致相同,即分为名词、动词、形容词、数量词、代词、副词、介词、连词、叹词、语气词等几类。其中代词和语气词与现代汉语有较大的不同,简述如下:

(1) 代词

代词可分为人称代词、指示代词、疑问代词三类。

古代汉语的人称代词有:第一人称代词:余、予、吾、我(相当于现代汉语的"我"、"我们");第二人称代词:尔、汝(相当于现代汉语的"你"、"你们");第三人称代词:之、其(相当于现代汉语的"他、她、它"、"他们、她们、它们"和"他的、她的、它的")等。

古代汉语人称代词和现代汉语不同的地方是:a.有些人称代词既可以表示单数,又可以表示复数。b.有些人称代词既可以表示人称,又可以表示领属。例如:"尔"既可以表示"你"、"你们",又可以表示"你的"、"你们的"。

第三人称代词略有不同。"之"只表示"他(她、它)"和"他(她、它)们",不表示"他(她、它)的"。例如:"读他的诗"不能说成"读之诗",而且,只能做宾语,不能做主语。例如,能说"吾能胜之",但不能说"之能胜吾"。

表示"他(她、它)的"和"他(她、它)们的"是"其"。如:"攻其不备,出其不意"。在先秦两汉,"其"不能表示"他"或"他们"。到晋以后,才出现"饮其麻沸散"(给他喝麻沸散)这样的用法。但总的来说,这种用法仍是不多见的。

还有一点应当注意:"之"和"其"虽然是第三人称代词,但有时可以灵

活运用,用来指“我”、“我的”或“你”、“你的”,如:

柳宗元《捕蛇者说》:“蒋氏大戚,汪然出涕曰:‘君将哀而生之乎?’”(蒋氏很悲伤,眼泪汪汪地说:“你要可怜我,救活我吗?”)

曹操《让县自明本志令》:“欲望封侯作征西将军,然后题墓道言‘汉故征西将军曹侯之墓’,此其志也。”(希望能封侯做征西将军,然后死后在墓碑上题着“汉故征西将军曹侯之墓”几个字。这就是我的志向。)

在这里附带说一下“之”字的一种较特殊的用法:有时“之”放在主语和谓语之间,这种“之”字往往翻译不出来。例如:

《论语·微子》:“道之不行,已知之矣。”

《战国策·燕策二》:“故愿王之熟计之也。”

《左传·僖公十四年》:“皮之不存,毛将安傅?”(皮不存在了,毛将附着在哪里呢?)

那么,它在句中起什么作用呢?让我们先看两个现代汉语的句子。(1)“他的到来使大家感到十分兴奋。”(2)“大家都盼望着他的到来。”在这两个句子中,“他到来”本是个包含主语和谓语的独立的句子,在中间加上了“的”,主语就成了定语,谓语就成了中心语,整个成了“定语+中心语”的词组。在例(1)中,这个词组是整个句子的主语;在例(2)中,这个词组是整个句子的宾语。“的”字的这种语法作用通常叫作“取消句子独立性”。古代汉语中放在主语和谓语之间的“之”,起的也就是这种作用。在《论语》例中,“道之不行”是做句子的主语;《战国策》例中,“王之熟计之”是做句子的宾语。《左传》例情况略有不同:“皮之不存”既不是主语,也不是宾语,而是一个表示条件的分句。但“之”的作用仍然是取消句子独立性,表示这不是一个独立的句子,而是一个分句。

了解了这一点,对古代汉语中“其”的用法就能有更深入的理解。上面说过,古代汉语中的“其”,多数是表示“他的”或“他们的”。有时候,比如在《左传·僖公三十二年》“吾见师之出而不见其入也”这样的句子中,“其”字应翻译为“它”,但是实际上,“其”仍然表示“师之入”,只是因为这个“之”字起的是取消句子独立性的作用,所以翻译不出来了。

古代汉语的指示代词有:此、是、斯、兹、彼等。它们和现代汉语的指示代词"这"、"那"基本相同。不同的是"彼"有时也可以做第三人称代词用。如：

《诗经·王风·采葛》："彼采葛兮。"

"其"和"之"也可以做指示代词。如："非其人不可"（非那个人不可），"之二虫又何知？"（这两个动物又懂得什么？）但"之"字这样用的比较少。

古代汉语的疑问代词有：谁、孰、何、奚、安、恶等。"谁"是问人的。"孰"可以问人，也可以问物，还可以用于选择。如：

《韩非子·外储说左上》："画孰最难者？"（画画里头什么是最难的？）

"何、安、奚、恶"做宾语时表示"什么"、"哪里"。如：

《史记·项羽本纪》："沛公安在？"（沛公在哪里？）

做状语时表示"为什么"、"怎么"。如：

杜甫《茅屋为秋风所破歌》："安得广厦千万间？"

除了上述三类代词外，古代汉语中还有一些比较特殊的代词：诸、焉、旃、者、所。

"诸"等于"之于"或"之乎"，"焉"等于"于之"，"旃"等于"之焉"。它们都不是单纯的代词，而是既包含了一个代词"之"，又包含了一个介词"于"或一个语气词"乎"。这种情况是现代汉语没有的。（详见字典中"诸"、"焉"、"旃"各条。）

"者"和"所"表示"……的人"、"……的东西"、"……的原因"。简单地说，这两个字的区别是：它们和动词配合时，"者"代替动作的主动者，"所"代替动作的对象。如："言者无罪，闻者足戒"，"闻者"是指听话的人。而"所见所闻"中的"所闻"，则是指听到的东西了。但是当"所"和"者"结合起来使用时，就都指动作的对象。如："吾所闻者"就是"我听到的东西"。

（2）语气词（附：词头、词尾）

现代汉语中语气词有"吗、呢、啊、吧"等，都是放在句子末尾表示疑问、感叹等语气的。古代汉语中的语气词，除了放在句末外，还可以放在句首和句中。我们根据这些语气词在句中的位置，分别称之为"句首语气词"、"句中语气词"和"语气词"（指放在句末）。

句末的语气词分两类：(1)表示陈述语气，如"也"、"矣"。"也"主要表判断。“矣”表示出现新的情况，大致等于现代汉语的“了”。(2)表示疑问语气，如“乎”、“哉”、“与”、“耶”。这些语气词和现代汉语的“吗”、“呢”、“吧”不能一一对应。如“乎”，有时要翻译为“吗”，有时要翻译为“呢”或“吧”，要根据整个疑问句的类型来定。句首和句中语气词所表达的语气，有的比较清楚，如“其”表示疑问、推测、祈使。但有的不清楚，在翻译时翻译不出来。如“岁云暮矣”、“不可泳思”，就只能翻译成“一年快到头了”、“不能游过去”。语气词“云”和“思”就翻译不出来。在我们的字典中，凡是只说明是“句首语气词”、“句中语气词”或“语气词”的，都属于这一类，在句中不用翻译出来。

应当注意的是：有的句中语气词放在主语和谓语之间帮助判断，或者和“非(匪)”搭配使用，好像等于“是”字。如：“民惟邦本”可以译作“百姓是国家的根本”，“匪莪伊蒿”可以译作“不是蓼莪而是蒿草”。但实际上，“惟”和“伊”仍是句中语气词。因为在古代汉语中，这种句子也可以用“民，邦本也”和“非莪也，蒿也”这样的形式来表达(参见本文(五)“古代汉语的判断句”)，加上“惟”和“伊”只是为了表达某种语气。

附带说说词头、词尾。

词头、词尾不是词，而是词的构成部分。它们没有具体的词汇意义，只起语法作用。在现代汉语中也有词头、词尾。如“老虎”的“老”，它和“老人”的“老”不同，并不表示“年老”的意思(还可以说“小老虎”)，它就是名词词头。又如“钉子”的“子”，它和“瓜子(儿)”的“子”不同，它的作用就在于构成“钉子”这个名词，以区别于动词“钉”。这个“子”就是名词词尾。

古代汉语中词头、词尾比现代汉语多。名词词头有：“阿”、“有”等。如“阿母”(母亲)、“阿女”(女儿)，“有周”(周代)、“有唐”(唐代)。动词词头有“言”、“于”、“薄”等。如“言告师氏”(告诉师氏)，“君子于役”(丈夫去服役了)，“薄浣我衣”(洗我的衣服)。这些词头在翻译时都译不出来。

形容词词尾有：然、如、尔、若、焉、乎等。它们的用法是一样的，都表示“……的样子”。如“巍然”(也可以说成“巍乎”、“巍如”等)就是“高大的样子”。应当注意的是：在古代汉语中，有的形容词加“然”(或“如”、“若”等)，表示的就是后面那个动作的状态。如“喟然长叹”，“喟然”就是“叹气的样子”。“莞尔而笑”，“莞尔”就是“微笑的样子”。在这种情况下，“喟然”、“莞尔”就翻译不出来了。

（二）古代汉语的尊称、谦称和敬辞、谦辞

古代汉语中，有时不用第一人称和第二人称代词，而是用谦称或尊称。谦称有“臣”、“妾”、“仆”、“愚”和“寡人”、“孤”等。尊称有“子”、“君”、“足下”、“陛下”等。这些词可以翻译为“我”和“您”，但它们本身不是人称代词。

古代汉语中的敬辞和谦辞都是放在动词前面做状语的。敬辞有“奉”、“承”和“辱”、“枉”、“惠”等。“奉”、“承”修饰的动词，是自己的动作（但和对方有关），如“奉送”、“承答”等，表示自己在赠送对方，回答对方时十分恭敬。“辱”、“枉”、“惠”等修饰的动词，是对方的动作（但与自己有关），如“辱示”、“枉驾”、“惠赐”，意思是说，对方这样做是受了屈辱或表现了对方的好意。这都是客套话。谦辞有“窃”，修饰的动词是自己的动作，如“窃闻”、“窃以为”，表示自己是私下听说，私下认为，是自谦的说法。

（三）古代汉语词类的活用

古代汉语中名词、动词、形容词的分类和特点与现代汉语基本相同，但词类活用的现象，古代汉语却比现代汉语突出得多，有如下几种情况：

（1）名词用作动词。如：

《史记·陈涉世家》：“旦日，卒中往往语，皆指目陈胜。”（指目：用手指，用眼睛看。“目”是名词用作动词。）

《战国策·齐策四》：“孟尝君怪其疾也，衣冠而见之。”（衣冠：穿着衣，戴着冠。）

（2）动词、形容词、名词的使动用法。

先说动词的使动用法。一般来说，动词后面跟宾语，构成动宾词组，宾语总是动作的对象。但在古代汉语中，有时动词后面跟宾语，却表示使这个宾语所代表的人或事物发出这个动作。这种用法叫“使动用法”。如：

《史记·项羽本纪》：“项伯杀人，臣活之。”（项伯杀了人，我让他

活下来。)

有时也可以不要宾语。如:

《荀子·天论》:"养备而动时,则天不能病。"(供养充足,又按时活动,那么天也不能使人生病。)

正因为动词有使动用法,所以,在古代汉语中就出现了两种值得注意的情况。a.不及物动词能带宾语。如上述《史记》例就是。b.及物动词带宾语,可能是一般的用法,也可能是使动用法,这就要根据上下文加以区别。如:

《孟子·公孙丑下》:"孟子将朝王。"(孟子将朝见王。)

《孟子·梁惠王上》:"欲辟土地,朝秦楚,莅中国,而抚四夷也。"(想开辟土地,使秦楚朝见,君临中国,安抚四夷。)

后一例是使动用法。如果解释成"朝见秦楚",那就和原意正好相反了。

形容词也有使动用法。如"富国强兵",说的不是"富裕的国家,强大的军队",也不是"国家富裕,军队强大",而是"使国家富,使军队强"。也就是说,形容词在这里不是做定语,而是用作动词,而且是使动用法,表示使宾语具有某种性质。

名词也有使动用法。如:

《史记·魏其武安侯列传》:"令我百岁后,皆鱼肉之矣。"(假如我百年之后,就都把他当作鱼肉了。鱼肉之:指宰割他。)

(3)形容词、名词的意动用法。

意动和使动的区别在于:使动是在实际上使宾语具有某种性质或成了某种东西,意动是在主观上认为宾语具有某种性质或当作某种东西。

形容词的意动用法如:

《孟子·尽心上》:"登泰山而小天下。"(小天下:认为天下小。是意动用法。)

这可以和下一例比较:

《孟子·梁惠王下》:"匠人斫而小之。"(斫:砍削。小之:使它变小。是使动用法。)

名词的意动用法如:

《晋书·嵇康传》:"土木形骸,不自藻饰。"(把形体看得和土木一样,自己不加修饰。)

（4）名词用作状语。

名词用作状语，在现代汉语中也有，但不多见。在古代汉语中则相当常见。主要有三种情况：

a. 名词状语表示“像……一样的”，如：

贾谊《过秦论》：“天下云集而响应，赢粮而景从。”（天下像云一样集拢来，像回声一样应和，背着粮食，像影子一样地跟从陈涉起义。响：回声。景：影子。）

表示“像……一样的”这种用法，在现代汉语的成语中还保留着。如“土崩瓦解”、“蚕食”、“鲸吞”。

b. 名词状语表示“像对待……一样的”，如：

《史记·孙子吴起列传》：“齐将田忌善而客待之。”（齐将田忌重视孙膑，像对待客人一样对待他。）

c. 名词状语表示动作的处所或工具，如：

《史记·廉颇蔺相如列传》：“相如廷叱之。”（蔺相如在朝廷上叱骂他。）

《列子·汤问》：“箕畚而运于渤海之尾。”（用箕畚运到渤海边上。）

这几种情况，都要注意把它们和名词做主语区分开来。如果把“土崩瓦解”理解成“土崩溃了，瓦分解了”，那就错了。

（四）古代汉语中的借代

借代是一种修辞方式。但它关系到对词义的理解，所以在这里讲一讲。所谓借代，就是借用一个词来表达另一个词的意义。古代汉语中的借代，常见的有如下几种情况：

（1）以部分代全体。如：

刘禹锡《酬乐天扬州初逢席上见赠》：“沉舟侧畔千帆过。”（以“帆”代替“船”。）

（2）以性质代事物。如：

《史记·陈涉世家》：“将军身披坚执锐。”（以“坚”代替“铠甲”，以

“锐”代替“兵器”。)

(3) 以原料代事物。如:

《汉书·公孙弘传》:“妾不衣丝。”(衣:穿。以“丝”代“丝绸的衣服”。)

(4) 以具体代抽象。如:

《后汉书·申屠蟠传》:“以齿则长,以德则贤。”(论年龄他长,论道德他贤。以“齿”代“年龄”。)

双音词的借代用法也很多。如“万古云霄一羽毛”,是以“羽毛”代“鸟”。“无丝竹之乱耳”,是以“丝竹”代“音乐”。又如“甲兵”、“兵革”、“干戈”、“烟尘”、“鼙鼓”等都可以代“战争”。

应当指出,借代只是一种临时的修辞用法,没有形成固定的词义。如以“帆”代“船”,一般只在“千帆”、“归帆”等词组中,而“轻舟已过万重山”就不能说“轻帆已过万重山”。“披坚执锐”中的“坚”是指铠甲,但在“乘坚策肥”(驾着坚车,赶着肥马)中,“坚”却又指“坚固的车”了。这和“鉴”(镜子)有“借鉴”的意义,是不一样的。这样一些借代的用法,本字典一般都没有列为义项。

(五) 古代汉语的判断句

古代汉语在句法方面与现代汉语差别不大。主要是判断句、被动句和宾语的位置与现代汉语有所不同。

现代汉语中判断句是用“××是××”的形式表达的。如:“北京是中国的首都”,“我是学生”。在古代汉语中,“是”是指示代词,一般不用来构成判断句。古代汉语的判断句有如下几种形式:

基本的形式是:“××者,××也。”如:

《史记·陈涉世家》:“陈胜者,阳城人也。”(陈胜是阳城人。)

也可以不用“者”字,或者“者”和“也”都不用。如:

《史记·老子韩非列传》:“韩非,韩之诸公子也。”

《左传·哀公八年》:“夫鲁,齐晋之唇。”

这里要注意两点:

(1) 有的句子中,在主语和谓语中间出现“是”字。这种“是”字在古代汉语中多半不是判断词，而仍然是指示代词，指上文所叙述的事物。如：

《荀子·天论》："日月星辰瑞历，是禹桀之所同也。"（日月星辰瑞历，这些禹桀时都一样的。）

（2）这种判断句的形式，还可以用来说明原因。如：

《韩非子·五蠹》："十仞之城，楼季弗能逾者，峭也；千仞之山，跛牂易牧者，夷也。"（十仞高的城墙，楼季不能越过去，是因为城墙陡峭；千仞高的山，瘸腿的母羊容易放牧上去，是因为山坡平坦。楼季：古代传说中善于跳跃的人。）

（六）古代汉语中的被动句

古代汉语的被动句有如下几种形式：

（1）用"于"介绍动作的主动者。如：

《左传·成公二年》："郤克伤于矢。"（郤克：人名。）

（2）在动词前面加"见"。如：

《孟子·尽心下》："盆成括见杀。"（盆成括被杀。）

有时"见"和"于"可以搭配起来使用。如：

《庄子·秋水》："吾长见笑于大方之家。"

（3）在动词前面加"为"，或用"为……所"的格式。如：

《韩非子·五蠹》："兔不可复得，而身为宋国笑。"

《史记·项羽本纪》："先即制人，后则为人所制。"（先行动就能控制别人，后行动就被别人控制。）

（4）在动词前面加"被"，这种形式在现代汉语很常见，在古代却是不多见的。如：

《史记·屈原贾生列传》："信而见疑，忠而被谤。"（讲信用却被怀疑，忠心却被毁谤。）

（5）在古代汉语中，有一些动词，既可表示主动，也可表示被动。所以有的被动句，在形式上与主动句没有区别。这种句子，有的称为"意念上的被动句"。如：

《庄子·胠箧》："昔者龙逢斩，比干剖。"（从前龙逢被斩首，比干被剖心。)

《韩非子·五蠹》:“廉贞之行成,而君上之法犯矣。”(廉洁正直的行为做成了,君主的法令就被触犯了。)

这种句子,是主动还是被动,就要根据上下文来判别。

(七)古代汉语中宾语的位置

古代汉语中宾语的位置多数情况下和现代汉语相同,即在动词后面。但在下面几种条件下,宾语在动词前面。

(1) 否定句中的代词宾语常常放在动词前面。如:

《诗经·卫风·竹竿》:“岂不尔思,远莫致之。”(难道不想你吗?路远不能让你来。)

所谓否定句,包括“莫”(没有谁,没有什么)做主语的句子。如:

《庄子·逍遥游》:“(鹏)背负青天而莫之夭阏者。”(莫之夭阏:没有什么能阻挡它。)

如果动词前面有“能”、“敢”、“尝”等助动词或副词,代词宾语还要放到助动词或副词前面。如:

贾谊《论积贮疏》:“民不足而可治者,自古及今,未之尝闻。”(未之尝闻:不曾听说过这种事。)

(2) 疑问代词做宾语时,放在动词前面。如:

《左传·成公三年》:“臣实不才,又谁敢怨?”(又谁敢怨:又敢怨谁。)

《庄子·逍遥游》:“彼且奚适也。”(奚适:到哪里去。)

疑问代词做介词的宾语时,也要放在介词前面。如:

范仲淹《岳阳楼记》:“微斯人,吾谁与归?”(谁与:和谁。)

其他像“奚为”(为什么)、“何由”(凭什么)等,也都是这样。

(3) 指示代词“是”做宾语,有时放在动词前面。这种情况先秦比较多,在后代仿古的文章中也有。如:

《诗经·周南·葛覃》:“是刈是濩。”(割它煮它。是:指葛。)

柳宗元《平淮夷雅·方城》:“是震是拔,大歼厥家。”(震动它,攻下它，大歼敌巢。）

“是”做介词的宾语时，也有放在介词前面的。如“是以”，翻译成现代汉语就是“因为这个”、“因此”。

(4) 在有指示代词“是”或“之”复指的情况下，宾语可以放在动词前面。如：

《左传·僖公五年》：“将虢是灭。”（将要灭亡虢国。）

《墨子·公输》：“宋何罪之有？”（宋国有什么罪？）

有时还可以在前面加上一个“唯”字，构成“唯……是……”的格式。如：

《左传·宣公十二年》：“率师以来，唯敌是求。”

这种格式在现代汉语中还有残留。如“唯利是图”、“唯你是问”。

在古代汉语中，“斯”、“焉”、“于”等词也和“是”、“之”一样，构成宾语提前的格式。但不如“是”和“之”用得多，这里就不一一列举了。

（八）古代汉语句子成分的省略

古代汉语的一些句子成分常常省略。常见的有这几种：

(1) 主语省略。如：

《左传·隐公元年》：“初，郑武公娶于申，曰武姜。”（“曰武姜”的主语不是“郑武公”，而是郑武公娶的妻子，主语在上文没有出现。）

《论语·先进》：“‘唯求则非邦也与？’‘安见方六七十如五六十而非邦也者？’‘唯赤则非邦也与？’‘宗庙会同，非诸侯而何？赤也为之小，孰能为之大？’”（这是曾皙和孔子的问答。但“曾皙曰”和“子曰”都省略了。）

(2) 兼语省略。如：

《左传·僖公三十二年》：“召孟明、西乞、白乙，使出师于东门之外。”（“使”后面的兼语“之”省略。）

(3) 介词的宾语省略。如：

《左传·隐公元年》：“小人有母，皆尝小人之食矣，未尝君之羹，请以遗之。”（“以”的宾语省略。）

《史记·项羽本纪》：“项伯乃夜驰之沛公军，私见张良，具告以事,欲呼张良与俱去。”(“与”的宾语省略。)

《庄子·秋水》:“十年九涝,而水弗为加益。”(“为”的宾语省略。)

(4) 动词宾语省略(不多见)。如:

《荀子·天论》:“养备而动时,则天不能病。”(“病”用作使动,宾语省略。)

《新序·节士》:“天子不得而臣,诸侯不得而友也。”(“臣”和“友”用作动词,宾语省略。)

有一点应该注意:我们不要把“省略”的范围弄得太宽。一个句子其中的某个成分在通常情况下是有的(比如“与之+动词”、“以之+动词”、“为之+动词”等在古书中常能见到),只是有时候在句子中不出现,而我们在分析这些句子的时候,又必须把这个成分加上,这才叫作“省略”。而下面的句子就没有省略:

《史记·项羽本纪》:“亚父受玉斗,置之地,拔剑撞而破之。”

句中几个动词的主语都是“亚父”,一个主语管几个动词,无论是在古代汉语中还是现代汉语中都是正常的,无所谓“省略”。“撞”和“破”共用一个宾语“之”,这也符合古代汉语语法,不能说“撞”省略了宾语“之”;如果在“撞”后面加上“之”,反而不合古代汉语语法。“置之地”,译成现代汉语要说“把它放在地上”,似乎是“地”前面省略了介词“于”。但是,古代汉语中(特别是《史记》中),表处所的名词可以直接放在动词或动宾词组后面,不加介词“于”也能分析这个句子,所以就不必说是介词的省略。

下面的句子中也是有省略的:

《战国策·赵策四》:“对曰:‘老臣窃以为媪之爱燕后贤于长安君。’曰:‘君过矣,不若长安君之甚。’”(“长安君”前的动词“爱”省略。)

但这是语言运用中的省略,不属于语法范畴,这里就不谈了。

三　怎样学习古代汉语

这里所说的“古代汉语”，就是通常所说的“文言文”。这是以先秦的语言为基础形成的一种书面语，不但先秦两汉的许多重要文献（如《诗经》、《左传》、先秦诸子、《史记》等）都用这种语言写成，而且后代很多重要作品（如《资治通鉴》、《聊斋志异》等）也都使用这种语言。这里所说的“学习古代汉语”，主要是指培养阅读古书的能力，而不是指研究古代汉语的语音、语法、词汇。我们并不要求大家都去研究古代汉语，但多数年轻人都需要有一定的阅读古书的能力，这样才能对祖国的文化遗产有所了解。

怎样学习古代汉语？应当注意几个方面：（一）要掌握一批古代汉语常用的词语。（二）要有一些古代汉语语法的基本知识。（三）要懂一点音韵学的常识。（四）要有一定的古代汉语的语感。（五）要知道一些古代的历史和文化常识。下面简要地谈谈这几个问题。

（一）要掌握一批古代汉语常用的词语

前辈学者曾经指出，学习古代汉语最重要的是词汇问题。这是很对的。学习任何一种语言，都需要掌握大量的词汇，词汇量越丰富，阅读能力就越强。在这一点上，学习古代汉语和学习外语是一样的。而且，和学习外语相比，学习古代汉语更需要强调掌握古代汉语词汇。古书读不懂，主要不在于不懂古代汉语语法，因为古代汉语语法和现代汉语语法差别不特别大；主要是不懂古代汉语词汇。如果能掌握一批古代汉语的常用词语，大致上就能看懂那些一般难度的古书。

我们需要掌握哪些古代汉语词汇呢？古代汉语的一些基本的词语，如“人”、“山”、“笑”、“大”等，古今意义没有什么变化，这些我们就不必再去学习了。但还有两类词语，是需要我们下功夫学习的。一类是古代汉语中比较常用，而现代汉语中已经消失了的词语。如“罍”（一种盛酒或水的器具）、“爨”（烧火做饭）、“孔”（表程度高的副词）。一类是古代汉语和现代汉语都很常用，但意义不完全相同的词语。如“池”，现代汉语是“池塘”的意思，古代汉语除了这个意思之外，还有“护城河”的意思。“走”，现代汉语是“行走”的意思，古代汉语却是“跑”的意思。“长”，现代汉语普通话中只能表示长度，古代汉语中还可以表示高度（如“长人”、“长木”）。“但”，现代汉语中是表转折的连词，古代汉语中是表“仅仅”的副词。这两类词语都要努力掌握，但后一类词语值得注意。王力先生主编的《古代汉语》中说，学习古代汉语词汇，难点不在于“迥别”，而在于“微殊”，这是说得很对的。像前一类词语，我们或者根本不认识这个字，或者这个字（如“孔”）虽然认识，但在古书里不是我们今天常用的意思，如在“其新孔嘉”（《诗经·豳风·东山》）这样的句子里，“孔”肯定不会是现代汉语中“小孔”的“孔”，碰到这一类词语，我们就会通过查字词典来弄懂它的意思，一般不会发生错误。而后一类词语，正因为古今意义相近或相关，我们在看古书时很可能拿现代汉语的意思去理解，结果就理解错了。所以，对后一类词语要更加重视，一定要注意其古今意义的区别。

我们这本《古汉语常用字字典》是为了大家学习古代汉语词汇而编纂的，除了具有一般字典的查检功能外，还希望对大家学习古代汉语词汇有所帮助，所以，对后一类词语常常指出其古今意义的不同，希望大家在使用中能加以注意。

学习和掌握古代汉语的词汇需要下功夫，一些重要的古代汉语词语以及它们的各个主要义项，都需要理解并且记住，这是一个日积月累的过程。但是，这不等于说，掌握古代汉语词汇只能靠死记硬背。如果我们能充分注意词汇和词义的系统性，就能更好地掌握古代汉语词汇。

词义是有系统性的。一个词的多个意义（反映在字词典中就是义项）之间是有联系的。例如，“行”，有两个读音：xíng 和 háng。有好几个意义，如：行走、品行、运行、实行、道路、行列等。这些意义，如果孤立地、分散地记，就不容易记住。如果能找到它们之间的内在联系，就比较容易记了。什么是词义之间的内在联系呢？一个词的几个意义里面，一般总有一个是本义，其他的是引申义。本义是一个词最早的意义，一般来说，这就是由它的字形反映出来的意义。比如“行”，甲骨文作 卄，像两条相交的道路，可见“道路”是这个词的本义。引申义是由本义引申出来的。比如,“行走”就是引申义。由“道路”引申出“行走”是很自然的。“行走”是人体的运动,人体的运动叫“行”,其他物体的运动也可以叫“行”。这又产生一个引申义“运动、运行”。人在道路上行走的动作叫“行”,人的其他动作,即做某件事,执行某个命令,实行某种想法,也可以叫“行”。这又是一个引申义“做”,或“执行、实行”。再由此引申,一个人立身行事的准则,以及由此反映出来的道德,即人的“品行”,也叫“行”。人或事物排列成的“行列”,也叫“行”(háng)。如果像这样以本义为纲,按照词义引申的系统把各个引申义贯穿起来,一个词的多个意义就不再是孤立、分散的了,而是有系统的,也就比较容易记忆。本字典中,一个字的多个义项就是按“本义—引申义”以及引申的系列来排列的,如“行”字条义项的排列是:①路。②行走。③运动,运行。④做。⊗执行,实行。⑤品行。⑧行列。这样做是为了便于读者掌握这些意义之间的内在联系。当然,并不是字典中各个字条下的每一个义项都能联系起来。有一些义项很难说清它和其他义项之间的联系。如“行”还有“将要”、“代理”两个义项,它们和“行走”、“执行”有没有联系?这不好说得十分肯定。这些问题可以进一步研究,但初学者不必深究。还有一些义项是假借义,和其他义项根本没有意义上的联系。对于初学者来说,在学习古代汉语词汇的时候,如果能利用这本字典,经过自己的思考,把那些明显有联系的义项联系起来掌握,就可以收到事半功倍的效果。

词汇也是有系统性的。比如,同义词和反义词就是词汇按词义相同和相反形成的系统。我们可以把几个同义词或反义词联系起来掌握。本字典有些条目下设有【辨】这一项,就是为了帮助读者辨析和掌握同义词。在古代,如果两个字读音相同或相近,有时可以借用一个字来代替另一个字,这也是词汇、文字之间的一种关系,这就是“假借”。如古书中的“蚤起”,“蚤”显然不是“跳蚤”的意思,而是“早”的意思。对这种现象,我们应该这样来理解:“蚤”和“早”是两个意义毫不相干的词,只是因为读音相同,古书中“早”这个词有时也可以用“蚤”这个汉字来表示。对于“早”这个意义来说,“蚤”是假借字;对于“蚤”这个字来说,“早”是假借义。假借义既然不是这个词固有的意义,它和这个词固有意义之间当然就找不到意义上的联系了。在本字典里,假借义一般都标明“通‘某’”。假借义也有常用不常用之分，如“剥”通“扑”，用的不很多，而“亡(读 wáng)”通“无”则很常见。那些常用的假借义，也是需要记住的。词汇的系统性还表现在别的方面，但因为和阅读古书没有直接关系，这里就不谈了。

学习古代汉语词汇还需要懂得词的“词典意义”和“句中意义”的关系。“词典意义”就是一个词在词典中每个义项下的释义，“句中意义”就是一个词在具体句子中的意义。词典意义是从众多的句中意义中概括出来的，但词典意义和句中意义有时是会有些差距的。有些词的词典意义放在任何句子中都很切合，如“兕”的词典意义是“雌性的犀牛”，无论“兕”出现在什么句子中，用这个词典意义去解释都很合适。但有些词不是这样，如“就”的词典意义有三个：①接近，靠近，趋向。②完成，达到。③即使。但要用这些词典意义来解释“木受绳则直，金就砺则利”(《荀子·劝学》)中的“就”，都不完全切合。因为，在这个句子中，“就”的句中意义是“放到……上去磨”，这个意义是由“就”的上下文造成的。又如，“鲜”的一个词典意义是“鲜艳，鲜明”，但用这个意义来翻译“芳草鲜美”(《桃花源记》)中的“鲜”也不很切合，在这个句子中，“鲜”的意思是指“绿油油的”。一个词在不同的句子中受上下文的影响，会产生不同的句中意义，这些句中意义不能一一收入词典中去，而只能加以概括成为词典意义。反过来，用词典意义去解释各种句子中的词，也不能死板，而要根据上下文做适当的变通。当然，词典意义既然是概括句中意义而得出的，应该离句中意义不会太远，稍加变通，是能够解释不同句子中的词的。如果我们在阅读古书的时候，觉得句中某个词的意义和词典意义相差很远，根本无法用词典意义解释，那么，有可能是我们自己对这个句子和这个词理解错了，也有可能这个词确实有特殊意义，但这个意义词典没有收入。

学习和掌握古代汉语词汇涉及的问题很多，要深入下去，就需要更多的知识。比如，“解”除了常见的“分解”、“解开”等意义外，古代还有“懈怠”的意义，读“xiè”，这个意义后来写作“懈”。这个意义和“分解”、“解开”等意义有什么关系？为什么读“xiè”？后来字形为什么有变化？这些就牵涉到词汇学、音韵学、文字学等方面的知识。有兴趣的读者可以读一些有关的书，来加深对这些问题的理解。

（二）要有一些古代汉语语法的基本知识

前面说过，古代汉语语法和现代汉语语法差别不很大，不是阅读古书的主要障碍。但这不是说学习古代汉语可以不要古代汉语语法的知识。古代汉语语法和现代汉语语法还是有不同的，如“沛公安在？”这句话不但“安”的词义和现代汉语不同，而且句子结构也和现代汉语不同。要读懂这句话，不但要懂得“安”的意思是“哪里”，还要懂得“安”是个疑问代词，按照古代汉语的语法，疑问代词做宾语是要放在动词之前的。所以，有一些古代汉语语法的基本知识，对我们学习古代汉语是很重要的。

古代汉语语法和现代汉语语法有哪些不同？这在本字典的附录《古代汉语语法简介》中有简要的介绍，这里就不谈了。这里要说的是：有了一些古代汉语语法的基本知识之后，重要的还在于运用。比如，《古代汉语语法简介》告诉我们：古代汉语中名词可以放在动词前面做状语，表示“像……一样的”，如“狼吞虎咽”之类。但是，名词放在动词前面也可以做主语，如“龙腾虎跃”。那么，当我们在读古书时碰到“名词＋动词”的时候，怎样来判断这是名词做主语，还是名词做状语呢？比如王安石《读孟尝君传》中的“鸡鸣狗盗”究竟是哪一种呢？这就要根据整篇文章的文意来具体分析了。如果我们学了古代汉语语法的基本知识，又能具体运用，这就说明我们把语法学好了。

（三）要懂一点音韵学的常识

从表面上看，音韵学知识对于阅读古书似乎不是那么重要，因为汉字不是拼音文字，即使不知道一个字的读音，只要知道它的意义，也可以读懂古书。但是从深一层看，培养阅读古书的能力是一个综合的训练过程，在这个过程中，音韵学的常识也不能缺少。比如，前面说的假借字，有些字的读音在现代汉语中并不相近，为什么古代能够通假？这就要有一点音韵学的常识，知道古今语音是不同的，今音不近，古音却可以相近或相同。又如前面说到的“解”和“懈”，要弄明白其关系也要有一点音韵学的知识。至于要阅读古代的诗词歌赋，就必须明白平仄、押韵等，这就更需要有音韵学的知识了。

为了懂一点音韵学的常识，就需要看一些音韵学的入门书，或者可以看大学的《古代汉语》教材中的音韵学常识部分。这里就不介绍了。

（四）要有一定的古代汉语的语感

学习任何一种语言都是一种综合的过程，词汇、语法、语音可以分开学，但在学习过程中必须把它们综合在一起，而且，离不开对这种语言的感性认识。比如学英语，不可能只靠背字典、背语法就把英语学好，一定还要读大量的英语文本。学习古代汉语也是这样，如果没有大量的阅读，古代汉语是绝对学不好的。现在的大学古代汉语都把文选的学习放在第一位，就是遵循这个学习语言的规律。

我们强调多读，一方面是因为词汇、语法、音韵的知识只有在大量阅读的过程中才能消化和吸收，另一方面是因为只有通过大量的阅读，才能培养起古代汉语的语感，而这对于阅读能力的提高是至关重要的。

为什么要强调语感的重要性呢？因为任何语言的表达，都是“整体大于部分”的。我们通常说“积词成句，积句成篇”，但实际上常有这样的情况：把句中的各个词语机械地依次连接起来读，并不能得出这个句子完整的意思，有些词语之间的关系，需要我们去解读，有时还要加进一些字面以外的意思，才能理解这句话的完整的意思。古代汉语行文简练，这种情况就更加突出。例如，下面《论语》的两段文字就是这样：

> 子路问：“闻斯行诸？”子曰：“有父兄在，如之何其闻斯行之？”冉有问：“闻斯行诸？”子曰：“闻斯行之！”公西华曰：“由也问：‘闻斯行诸？’子曰：‘有父兄在’；求也问：‘闻斯行诸？’子曰：‘闻斯行之’。赤也惑，敢问。”子曰：“求也退，故进之；由也兼人，故退之。”（《论语·先进》）

> 子路从而后，遇丈人，以杖荷蓧。子路问曰：“子见夫子乎？”丈人曰：“四体不勤，五谷不分，孰为夫子？”植其杖而芸。子路拱而立。止子路宿，杀鸡为黍而食之，见其二子焉。明日，子路行以告。子曰：

"隐者也。"使子路反见之。至则行矣。(《论语·微子》)

第一段,"闻斯行诸?"即使懂得了每个字的意义以及句子的语法关系,把句子按字面翻译成"听到就实行吗?"还是不知所云。"求也退,故进之",字面很普通,但在句子里"进"和"退"是什么意思?"之"指的是什么/谁?"进之"是谁发出的动作?这些都需要加上我们的理解,这才能把句子读懂。第二段,"见其二子焉"的主语是谁,需要我们正确理解。"子路从而后","子路行以告","至则行矣"等句子,在读的时候也都要加上一些东西,才能正确地理解其意思。

《论语》是先秦的作品,语言会比较古奥,而且是语录体的,语言必然会比较简练。但后代一些比较浅近的作品,也有这样的情况。如《桃花源记》中的几句:

问今是何世,乃不知有汉,无论魏晋。

第一句是问话,但第二、三句却不是回答。中间怎样衔接,需要读者自己去理解。

这些地方,词语之间是什么关系,除字面之外还要添加一些什么东西,靠查字典是解决不了的,查语法书也无济于事,主要靠读者通过大量阅读培养起来的语感。古书读得多的,根据上下文就能正确地理解;读得少的,碰到这种情况就会一筹莫展。

我们提倡多读,同时也提倡学习必要的古代汉语词汇、语法、音韵的知识。那种不学习古代汉语的有关知识,单纯用"诵读+感悟"来提高阅读古书能力的做法,是古代私塾的做法,今天不应该再提倡。感性认识和理性认识结合,多读古代作品和学习古代汉语有关知识结合,这才是学习古代汉语、提高阅读古书能力的正确途径。

(五)要知道一些古代的历史和文化常识

语言是文化的载体,古代汉语记录的是我国古代的文化。我们不能离开中国古代文化的背景来学习古代汉语。事实上,我们阅读的古代作品都会多方面涉及中国古代文化。很多作品中都会出现古代的人名、地名、朝代名、职官名,有时还会出现古代的器具、服饰、宫室、车马等的名称。《左传》、《史记》等历史文献不用说，就是唐宋时期的一些写景、抒情的文学作品，也会有这些内容。如《岳阳楼记》中的“庆历四年春，滕子京谪守巴陵郡”，“庆历”是年号，“巴陵”是古地名，“守”是职官名。《赤壁赋》中的“壬戌之秋，七月既望，苏子与客泛舟游于赤壁之下……少焉，月出于东山之上，徘徊于斗牛之间。”“壬戌”是干支纪年，“既望”是古代的时间名词，“斗牛”是古代的天文名词。因为时代的悬隔，我们今天读起来会对这些名词感到陌生，不好理解。要解决这些问题，可以查有关的工具书。但碰到一处查一处，这样的效率不高，得到的知识也比较零散。最好能对古代文化常识有一点比较系统的了解，在此基础上再查阅工具书，这样不但效率高，而且能理解得比较深。这方面，我们向大家推荐王力主编的《古代汉语》中的“古代文化常识”部分，这部分内容涉及面比较宽，而篇幅却不很大，是适合中等文化程度的读者阅读的。还有一些作品，牵涉古代的历史事件，反映古代的社会现象，或者包含作者的哲学思想或文学思想，这些作品当然不能单纯从语言的角度去理解，而要求读者对古代的文学、历史、哲学有一定的了解。这就需要大家在平时加强这些方面的学习和积累。这也是学习古代汉语的一个重要方面。

我们希望这本字典能成为大家学习古代汉语的一种有用的工具，同时，也希望大家能在上述几个方面不断努力，较快地提高自己的古代汉语水平。

图书在版编目(CIP)数据

古汉语常用字字典/王力等编.—5版.—北京:商务印书馆,2016(2021.3重印)

ISBN 978-7-100-11916-0

Ⅰ.①古… Ⅱ.①王… Ⅲ.①古汉语—常用字—字典 Ⅳ.①H163

中国版本图书馆CIP数据核字(2016)第005210号

GǓHÀNYǓ CHÁNGYÒNGZÌ ZÌDIǍN

古汉语常用字字典

第5版

原编者 王 力 岑麒祥 林 焘 等

修订者 蒋绍愚 唐作藩 张万起 等

商务印书馆出版

(北京王府井大街36号 邮政编码100710)

商务印书馆发行

北京通州皇家印刷厂印刷

ISBN 978-7-100-11916-0

1979年9月第1版 开本880×1194 1/32

1993年7月第2版 印张20⅝

1998年9月第3版 印数200 000册

2005年7月第4版

2016年6月第5版

2021年3月北京第168次印刷

定价:39.90元